1 MONTH OF
FREE
READING

at

www.ForgottenBooks.com

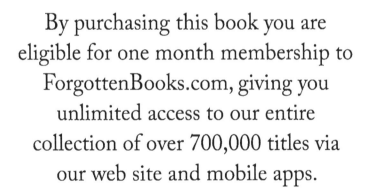

By purchasing this book you are eligible for one month membership to ForgottenBooks.com, giving you unlimited access to our entire collection of over 700,000 titles via our web site and mobile apps.

To claim your free month visit:

www.forgottenbooks.com/free987070

ISBN 978-0-260-91807-9
PIBN 10987070

REPERTORIUM

FÜR

KUNSTWISSENSCHAFT.

——

REDIGIRT

VON

DR. HUBERT JANITSCHEK,

PROFESSOR AN DER UNIVERSITÄT IN STRASSBURG I/E.

VII. Band.

BERLIN UND STUTTGART.
VERLAG VON W. SPEMANN.
WIEN, GEROLD & Co.
1884.

PHOTOMECHANISCHER NACHDRUCK
WALTER DE GRUYTER & CO., BERLIN 1968

Archiv-Nr. 38 48 680

©

1968 by Walter de Gruyter & Co., vormals G. J. Göschen'sche Verlagshandlung — J. Guttentag, Verlags buchhandlung — Georg Reimer — Karl J. Trübner — Veit & Comp., Berlin 30, Genthiner Straße 13.

Printed in the Netherlands

Inhaltsverzeichniss.

**Berichte und Mittheilungen aus Sammlungen und Museen, über
staatliche Kunstpflege und Restaurationen, neue Funde.**

Litteraturbericht.

Notizen.

J. Janitsch, Nochmals Behaim's Kupferstichkatalog im Berliner Museum S. 128. — Der Brief des Bartholomeus Fontius über die Auffindung der römischen Leiche von 1485 S. 238. — *A. Schricker*, Die Fenster-Rosetten der Façade des Südkreuzes des Strassburger Münsters S. 361. — *R. Bergau*, Zwei Grabplatten in Neuhaus S. 364. — *Derselbe*, Ein gesticktes Altartuch in Zehdenick S. 365. — *R. Köhler*, Zur Ikonographie der hl. Martha S. 367. — *Frimmel*, Die Trionfi des Bonifazio S. 368. — *H. Riegel*, M. Rolenaer S. 488. — *W. Schmidt*, Wo haben wir uns die Heimat des Meisters E. S. von 1466 zu denken? S. 490.

Bibliographische Notizen.

Sokolowski, Hans Sues von Kulmbach S. 129. — *Hauser*, Die Dreifaltigkeitssäule am Graben in Wien S. 130. — *Hach*, Das Lübeckische Landgebiet in seiner kunstarchäologischen Bedeutung S. 131. — *Goeler*, Peter Paul Rubens S. 131. — *Reumont*, Del luogo di sepoltura di Lorenzo il Magnifico S. 131. — Illustrirter Katalog der Kunstausstellung in Zürich S. 131. — *Kraus*, Real-Encyklopädie der christlichen Alterthümer S. 132 u. 238. — *Bucher*, Real-Lexikon der Kunstgewerbe S. 132 u. 237. — *H. A. Müller*, Lexikon der bildenden Künste S. 132, 237 u. 495. — *Otte*, Handbuch der kirchlichen Kunst-Archäologie S. 132. — *Grimm*, Zehn ausgewählte Essays S. 235. — *E. Müntz*, Les fabriques de Tapisseries de Nancy S. 235. — *H. Blümner*, Mittheilungen aus Briefen an Leonhard Usteri S. 236. — *A. v. Reumont*, Cornel Peter Bock S. 236. — *A. Venturi*, La data della morte di Vittor Pisano S. 236. — *Hauser*, Spalato S. 237. — *Schliee*, Das Altarwerk der beiden Brüsseler Meister Jan Borman und Bernaert van Orley in Güstrow S. 238. — *G. Hauck*, Arnold Böcklin's Gefilde der Seligen und Goethe's Faust S. 369. — *C. Ruland*, Katalog der Luther-Ausstellung in Weimar S. 370. — *E. Dobbert*, Ist der

---

Berichtigungen.

Auf S. 163, Anm. 1, Zeile 2 ist »neuerer« statt »meiner« Arbeiten zu lesen.
Zu S. 248 Zeile 10—12 bittet uns Herr Niedermayer zu bemerken, dass nach einer
Restauration der »Kreuztragung« durch Herrn Hauser aus München sich auch diese
als ein Werk Grünewald's zu erkennen gab, was Dr. Eisenmann sogleich anerkannte.

DIE WEISEN AUS DEM MORGENLANDE.

Altarbild aus der Wiesenkirche in Soest von H Aldegrever

Eine Verwechslung von Bonifazio Veneziano mit Tizian.

Von Dr. **Th. Frimmel.**

Bei Gelegenheit eingehender Studien über die Ikonographie von Petrarca's »trionfi« musste ich zunächst auf eine Reihe italienischer Staffelei-Gemälde aufmerksam werden, dann auf Miniaturen, Stiche, Teppiche, auf verschiedene Reliefs, welche diese trionfi darstellen. Unter den italienischen Gemälden, welche hieher gehören, sind zwei Bilder des Bonifazio Veneziano im Wiener Belvedere (Nr. 72 und 73 des neuen Kataloges von 1882) nicht uninteressant, welche den Triumph der Liebe und den der Keuschheit vorstellen. Sie beziehen sich unzweifelhaft auf Petrarca's »trionfi«. — Eine Beschreibung der Bilder und ein Hinblick auf das bekannte Gedicht wird dies klar machen.

Nr. 72 zeigt rechts im Mittelgrunde den Triumphwagen der Liebe. Er wird von vier weissen Pferden (roth geschirrt, ohne Zaum) nach links im Bilde gezogen. Das vordere Pferdepaar bewegt sich nach links im Mittelgrunde. Die Thiere gehen im Schritt. Auf dem Wagen zu oberst, nämlich auf der nach rückwärts eingerollten Lehne eines vorn am Wagen angebrachten Sitzes erblicken wir Amor als geflügelten Knaben. Seine Augen sind durch eine Binde verhüllt. Er hält den Bogen schussbereit. Ganz vorne auf dem Wagen der mit Ketten gefesselte Jupiter. Neben und vor dem Gefährte 36 Figuren, von denen viele durch Inschriften gekennzeichnet sind. Leserlich finde ich: Mars und Venus (rechts im Vordergrunde), Daphne, Apollo, Pluto, Octavia, Orfeo, Sofonisba, Perseo, Andromeda, Jason, Medea, Filis, Protesilaos, Deidamia, Alexander, Ipomen, Cexare, Ganimede (verhältnissmässig kleine Renaissanceschrift meist roth oder weiss). Viele andere Schriften sind durch Uebermalung unleserlich geworden, wie denn auch der Wagen complicirte Retouchen zeigt. Tracht der Zeit vorherrschend. Hintergrund: hügelige Landschaft. Leinwand. Br. 2,47. H. 1,53.

VII

Wir finden also auf dem Bilde einen Personen-Apparat ganz
ähnlich (nur weniger umfangreich) wie in Petrarca's trionfo dell' amore.
Nr. 73 ist in ähnlicher Weise angeordnet wie das vorhergehende Bild.
Rechts der Wagen von zwei grün geschirrten Einhörnern ohne Zaum
nach links im Bilde gezogen. Auf dem Wagen sitzen drei weibliche
Figuren; in der Mitte die der Keuschheit, Scepter und Schild tragend.
Vorn auf dem Wagen der nackte Amor mit gerupften Flügeln und durch
goldene Bande an eine Säule gefesselt. Herum zahlreiche berühmte
Persönlichkeiten. Links im Vordergrunde sitzt Judith, das Haupt des
Holophernes im Schoosse haltend. Von den beigesetzten Namen sind
noch deutlich leserlich: Sipion, Josef, Viginia, Ipolito, Dido, Ersilia,
Vestali ... bartolom ... pesaro, Plato, meschino, Sabino. Vor den
Einhörnern schreitet ein Mädchen (Laura), welches mit der Rechten
eine gelblich-grüne Fahne schwingt, worauf ein Hermelin zu sehen ist [1]).
Leinwand. Gegenstück des Vorigen.

Auch bei diesem Bilde zeigt sich eine so auffallende Uebereinstimmung mit Petrarca's Gedicht, dass eine andere Quelle für den
Stoff dieser Darstellungen nicht gedacht werden kann.

Eine Notiz des neuen Belvedere-Kataloges, welcher beide Nummern
als Werke des Bonifazio Veneziano anführt, besagt, dass sie schon im
alten Inventar (um 1719) der Kunstsammlung des Schlosses Ambras
vorkommen. Der Meister war dort nicht angegeben. Später wurden die
Bilder eine Zeit lang dem Cariani zugeschrieben. Heute gelten sie fast
allgemein [2]) als Werke des Bonifazio Veneziano. Wichtig ist es, darauf
hinzuweisen, dass die zwei beschriebenen Bilder bei Beachtung des Umstandes, dass Petrarca sechs Triumphe geschrieben hat und dass auch
die bildlichen Darstellungen zu diesen Gedichten mit wenig Ausnahmen
als Reihen von je sechs Darstellungen vorkommen [3]), offenbar nur als
die Ánfänge oder die Reste einer solchen Reihe angesehen werden
können. Dass der Maler es hat nicht bei diesen zwei Bildern bewenden
lassen, sondern dass er wirklich sechs Bilder mit Triumphzügen gemalt
hat, erfahren wir aus Ridolfi's Maraveglie dell' arte (I, 273 ff.). Ridolfi

---

[1]) Vgl. Petrarca's Trionfo della morte I, V. 19, 20.

[2]) Crowe und Cavalcaselle erwähnen den Triumph der Liebe, ohne ihn einem
bestimmten Meister zuzuschreiben. Cariani wird als möglich hingestellt. Hist. of
paint. in n. italy II, S. 557: »though not unlike a Bergamasque picture and 'hough
possibly by Cariani this allegory is very feebly executed.«

[3]) Bezüglich solcher Reihen vgl. Wastler in der Zeitschrift f. bild. Kunst 1880,
S. 61 ff. — Vigo in »Le danze macabre in Italia«, Livorno 1878, S. 41 ff. — Dob-
bert, im Repert. f. Kunstw., IV. Jahrg. — Frimmel, in der litter. Beilage der Wiener
Montags-Revue 1882, Nr. 51. — Derselbe, in Lützow's Kunstchronik, XVIII. Jahrg.,
Nr. 18, Sp. 318, 319.

erzählt dort in der »Vita di Bonifazio Veneziano pittore« dass dieser Künstler eine Reihe von sechs Triumphzügen (sechs Breitbilder mit unterlebensgrossen Figuren) nach Petrarca gemalt habe. Der Autor erzählt ferner, dass die Bilder nach England gekommen seien [4]) und gibt lange, wenn auch gewiss nicht wissenschaftliche Beschreibungen von den sechs Gemälden, verschiedene Bemerkungen damit verbindend. Ich will Ridolfi's Text, soweit er beschreibend ist, weiter unten vollständig mittheilen; vorausschicken aber möchte ich, dass Ridolfi's Beschreibung der ersten zwei Triumphzüge mit den Gemälden im Belvedere im Allgemeinen zwar übereinstimmt, im Einzelnen dagegen Manches an Genauigkeit ja an Richtigkeit zu wünschen übrig lässt. Trotz mancher Mängel in der Uebereinstimmung, von denen ich später einige anführen werde, glaube ich dennoch, dass die Bilder im Belvedere dieselben sind, welche Ridolfi in seiner Vita di Bonifazio Veneziano als Petrarca's Triumphzüge beschreibt. Denn daran, dass die zwei Gemälde im Belvedere Werke Bonifazio's seien, ist wohl nicht zu zweifeln. Ich führe allsogleich eine Autorität ins Treffen. Morelli schreibt sie in seinem bekannten Buche: »Die Werke italienischer Meister in den Galerien von München, Dresden und Berlin« (S. 181, Anm.) »ohne allen Zweifel« dem Bonifazio Veneziano zu.

Soweit hoffe ich auf keinen Widerspruch zu stossen, vielleicht nicht einmal dann, wenn ich die bestimmte Ueberzeugung ausspreche, dass ich Nachbildungen von den übrigen vier bei Ridolfi beschriebenen Bildern in jenen vier Kupferstichen von Pomarede wieder erkenne, welche als »Tizians vier Triumphzüge« [5]) bisher in der Kunstgeschichte gegolten haben und welche den Triumph des Todes, des Ruhmes, der Zeit und der Gottheit darstellen.

Dass die Pomarede'schen Stiche nicht nach Originalen von Tizian gestochen seien, schien mir bald nach aufmerksamer Betrachtung wahrscheinlich. Auf die Vermuthung, es seien Werke des Bonifazio Veneziano, welche dem Stecher des vorigen Jahrhunderts vorgelegen, kam ich erst bei meinen vergleichenden Studien über die bildlichen Darstellungen

---

[4]) Es müsste dies schon 1648 geschehen sein, denn in diesem Jahre erschienen Ridolfi's »Maraviglie«. Vgl. auch Ces. Bernasconi's Studii sopr. la storia della pittura ital., S. 288: »Egualmente parmi doverglisi assegnare i trionfi del Petrarca che passarono in Inghilterra; e che verso la metà del XVIII. secolo furono intagliati a Roma, ed avuti per opere dipinte da Tiziano.«

[5]) Crowe und Cavalcaselle (M. Jordan), Tizian, S. 811. — Nagler nennt sie im Künstlerlexikon sogar »die vier berühmten Triumphe des Titian, nach Petrarca's Poesien componirt«. — Bernasconi übrigens spricht a. a. O. schon von fälschlicher Zuweisung der Originale an Tizian, allerdings ohne die Stiche als diejenigen von Pomarede zu erkennen.

von Petrarca's Triumphen, welche mir die zwei Bilder im Belvedere wieder ins Gedächtnis brachten.

Ich wurde bei diesen Studien darauf hingewiesen, mir den Zusammenhang so vorzustellen: Bonifazio schuf sechs Breitbilder, von denen zwei im Belvedere bewahrt werden, die andern vier verloren oder verschollen sind. Die ersten zwei wurden frühzeitig von der ganzen Reihe losgetrennt, so dass, als Pomarede im vorigen Jahrhundert die Bilder stach, nur mehr die vier letzten beisammen waren. Der Name des Malers war damals schon vergessen und man taufte die unleugbar von einem venezianischen Meister gemalten Bilder kurzweg auf Tizian. So wäre es gekommen, dass einerseits nur vier solche Stiche existiren, andrerseits in Wien nur zwei Gemälde vorhanden sind, welche aber nicht gestochen sind. In dem Folgenden soll meine Ansicht begründet werden. Zu diesem Zwecke muss vorerst eine Beschreibung der Stiche in der Reihenfolge von Petrarca's Gedichten gegeben werden.

Triumph des Todes. Br. 0,48,5. H. 0,33,5. Rechts im Mittelgrunde der Wagen, auf welchem der Tod sitzt. Letzterer ist als Skelet gebildet und trägt eine Sense. Um seine rechte Schulter und um die Lenden gebunden trägt er einen Mantel (der eher als hell denn als dunkel bezeichnet werden muss). Eine Krone ziert sein Haupt. Das Gefährte, auf dem er sitzt, ein zweiräderiger Karren, wird von zwei Büffeln ohne Zaum nach links gegen den Hintergrund gezogen. Vor dem Tode sitzen die drei Parzen auf dem Wagen. Im Vordergrunde links neben einem Baumstrunk hingestreckt Antonius und Kleopatra. Unter dem Wagen liegt Alexander, über welchen im nächsten Moment die Räder hinweggehen müssen. In der Mitte und rechts im Vordergrunde zahlreiche liegende Gestalten. Thysbe stürzt sich neben Pyramus ins Schwert. Im Hintergrunde Landschaft; links zwei fliehende Gestalten; rechts ein gescheitertes Schiff. Ueber vielen der Figuren finden sich Aufschriften in Renaissance-Majuskeln. »Clotho, Atropos, Lachesis, Thisbe, Pyramus, Scipio, Carthaginenses et Romani, Hector, Pyrrhus, Zenobia, Semiramis, Pompejus, Fabius, Alexander, P. Julius II., in der Mitte des Vordergrunds Cleopatra.

Auf der Rückseite des Triumphwagens lesen wir: »Triumfus mortis.«

Das Blatt ist bezeichnet. Links im Unterrande unter der dicken Einfassungslinie: »Titianus pinxit«, rechts: »Sylv. Pomarede sculp.« (klein). In der Mitte (gross) lesen wir: Triumphus mortis a Francisco Petrarcha versibus elegantissime scriptus, atque in Archetypa Titiani celeberrimi pictoris tabula, quae Domini Joannis Michilli Romani juris est, vivis coloribus ad artis miraculum expressus, heic aeri incisus apparet. Fila hominum vitae nostris cito currite fusis-Dixerunt stabili fatorum numine Parcae-Clotho, Atropos, Lachesis, Mors namque agit alta triumphum.« (Beschrieben bei Vigo a. a. O, S. 46 u. 47 als Stich nach Tizian.)

Triumph der Fama Br. 0,48,5. H. 0,332.

Im Mittelgrunde rechts von der Mitte der Triumphwagen, auf welchem die geflügelte Fama sitzt. Sie stösst in eine Trompete, die sie mit der Rechten emporhält. Nahe dem Schalltrichter der Trompete lesen wir: »Fama«. Die Lehne von Fama's Sitz ist nach rückwärts eingerollt. Ganz vorne am Wagen zu Füssen der Fama, halb sitzend halb liegend der Tod als schöner halbnackter Jüngling. Den linken Arm stützt er auf einen Todten-Schädel. Darunter steht: »Mors« Zwei Löwen ohne Zaum ziehen den Wagen nach links im Bilde. Neben, vor und hinter dem Wagen zahlreiche Figuren, meist schreitend und durch Ueberschriften in Renaissance-Majuskeln gekennzeichnet. Rechts: Saladinus, Fabius, Achilles, Alexander, Plato, Solon, Philosophi, Greci et latini, Diogene. Etwas links von der Mitte des Vordergrundes liegt ein Torso mit der Ueberschrift »Sculptura«. Die weibliche Figur, welche neben den Löwen schreitet und ein Gemälde trägt, ist als Pictura bezeichnet. Links lesen wir über den Figuren: Lucrecia, Zenobia, Semiramis, Camilla, Dido, Julia, Judith, Pyrgotilis, Bellona. In der Ferne links: Romani. Im äussersten Hintergrunde links »Siri et Persi, Arabi« im Kampfe.

Hintergrund Landschaft.

Das Blatt ist bezeichnet. Im Unterrande links lesen wir: »Titianus pinxit,« rechts: »Silvester Pomarede sculpsit Romae Anno Jubilaei 1750«, in der Mitte: »Jo. Ant. Buti del«, darunter: »Famae triumphus a Francisco Petrarca primum excogitatus, et fuso carmine eleganter descriptus, in quo compressa morte, suscitatisque virtutibus liberales Artes subjiciuntur, tum illustres bello, et pace Viri, tum Latinae et Graecae commendatiores Heroinae, quarum una quaeque suis est distincta nominibus, ex vetusto celeberrimi Titiani Archetypo, quod extat in aedibus D. Joannis Michilli Conductoris Generalis Pulveris Nicosiani, et Aquae Vitis status Pontificii.« (Alles in Stichelschrift.)

Triumph der Zeit. Br. 0,48,4. H. 0,33,5. Auch auf diesem Stiche rechts von der Mitte des Mittelgrundes der Wagen. Er wird nach links im Bilde von zwei schreitenden Hirschen ohne Zaum gezogen. Auf dem Wagen sitzt die allegorische Figur der Zeit, ein Greis mit mächtigen ausgebreiteten Flügeln. Er ist mit einem langen Talar bekleidet und hält in der Rechten einen geöffneten Zirkel, womit er an einem Globus misst.

Um den Wagen herum schreiten viele Gestalten. In der Mitte des Vordergrundes Philippus und Agamemnon; rechts auf zwei Krücken gestützt Nestor mit langem Barte; ganz links im Vordergrunde Darius und Alexander. An Inschriften finde ich: Nestor, Vlisses, Agamemnon, Philippus, Diogenes, Diomede, Plato, Alexander, Aristoteles, Darius rex, Alcibiades, Semiramis, Cleopatra, Zenobia, Saladinus, Cyrus, Esculapius, Orithia, Hypolita, Ajax, Lipa, Syphax, Leonidas, Massinissa.

Hintergrund Landschaft.

Das Blatt ist bezeichnet. Im Unterrande links: »Titianus pinxit«, rechts: »Silvester Pomarede incidit«, in der Mitte: »Jo. Anto. Buti delin.« (klein) darunter (gross): »Ex Archetypo celeberrimi Titiani, quod sui juris est exprimi mandavit Dominus Joannes Michilli Generalis Vectigalium Conductor pro Tabacco Romae in suis Aedibus Anno 1748.« (Alles in Stichelschrift.)

Triumph der Gottheit. Br. 0,48,2. H. 0,33,7. Im Mittelgrunde rechts der Wagen, gezogen von den Symbolen der vier Evangelisten. Bewegung auch hier nach links im Bilde. Auf dem Wagen thront Christus. Er sitzt auf einer Weltkugel und hat die Rechte segnend erhoben. An den Rädern des Wagens schieben St. Gregorius, Hieronymus und Augustinus (den vierten Kirchenlehrer, Ambrosius, kann man sich durch den hohen Wagen verdeckt denken). Rechts im Vordergrunde halbnackte Kinder, welche als »Innocentes« bezeichnet sind. Den Hintergrund rechts füllen: »S. J. Baptista, S. Petrus, V. Maria, St. And (reas), Apostoli, Confessori (sic!) Martyri St. Laurentius und mehrere unbenannte Gestalten.« Der Hintergrund links von der Christusfigur wird von den Nachstehenden gefüllt: »Abraham, Patriarchae, Noe, Prophetae, David, Latro, Virgines, Viduae, Sibillae.« Neben diesen ist noch mancher Kopf sichtbar, der keine bestimmte Deutung zulässt. In der äussersten Ferne links oben auf Wolken thronend Gott Vater. Zu ihm empor steigen Adam und Eva, Moses und Aaron und zwei andere Gestalten (die sechs letzten Figuren ohne beigegebene Bezeichnung); rechts in der Ferne Landschaft mit steilen Bergen.

Der Stich ist bezeichnet im Unterrande links: »Titianus pinxit«, rechts: »Sylv. Pomarede sculp.«, in der Mitte (klein): »Jo. Ant. Buti del.«, darunter das Wappen der Colonna. Zu beiden Seiten des Wappens in grosser Schreibeschrift: »Emo & Rmo Principi Hieronymo S. R. E. Diacono Cardinali Columnae amplissimo Palatti Apostollci Praefecto & Archipresbytero Sacrosanctae Basilicae Liberianae, Joannes Michilli Celeberrimi Titiani Opus egregium, Triumphum Divinitatis a Francisco Petrarcha versibus exaratum repraesentans, [quod jam ab anno MDVIII fuerat typis buxeis incisum, teste Vasario] hac aerae in tabula nunc primum delineatum ex autographo juris sui, in perenne obsequii devinctique animi monimentum. D. D. D.«

Aus diesen Beschreibungen nun entnehmen wir, dass (soweit sie die Darstellungen als solche angeht) der Annahme nichts entgegensteht, es seien die Pomarede'schen Stiche wirklich die Reproductionen von jenen vier Bildern des Bonifazio, welche die mit den Belvedere-Bildern begonnene Suite vervollständigen. Denn die Darstellungen auf den Stichen sind denen auf den Gemälden im Belvedere ganz analog gebildet. Die Anordnung ist beiderseits dieselbe. Stets finden wir im Mittelgrunde rechts den Wagen, links die Zugthiere. Die Tendenz, den Triumphzug links gegen den Hintergrund zu leiten, finde ich auf dem Triumph Amors (Belvedere), dem Triumph des Todes und der Gottheit (im Stiche).

Ganz bestimmt für die Zusammengehörigkeit spricht Folgendes: die Form der Lehne, auf welcher Amor sitzt (Belvedere) ist ganz analog derjenigen der Lehne vom Sitze der Fama (Stich). — Bei den Zugthieren ist sowohl in den Gemälden als auch in den Stichen stets Zaum und Zügel ausgelassen. Das Verhältniss der Figuren zur Grösse der Bildfläche ist fast dasselbe auf den Gemälden und auf den Stichen (eine aufrechtstehende Figur im Vordergrunde nimmt etwa die halbe Höhe der Bildfläche ein).

Das Verhältniss der Breite zur Höhe ist bei den Stichen und Gemälden wenig verschieden. Es verhält sich bei den Gemälden die Breite zur Höhe wie circa 8 : 4,9 bei den Stichen wie 8 : 5,5. Die Ueberschriften, welche einzelne Personen nennen, sind (wenngleich in ihrem Vorkommen zeitgemäss, jedoch nicht häufig) ausser auf unseren Stichen und Gemälden nur selten auf den Darstellungen der »trionfi« zu finden (einige trionfi auf Tapisserien zeigen solche Ueberschriften. Z. B. der Triumph der Fama im Kunstgewerbemuseum in Berlin [6]) und die Suite im Besitze S. Majestät des Kaisers von Oesterreich [7]). Dies Alles deutet darauf hin, dass die Gemälde im Belvedere und Pomarede's Stiche derselben Suite zugehören, dass also die Stiche nach Originalen von Bonifazio Veneziano angefertigt sind. Dass man die Originale in den Unterschriften der Kupferstiche ausdrücklich dem Tizian zuschreibt, kann uns wenig anfechten. Der Verfasser dieser Unterschriften (vielleicht Herr Steuer-Pächter Giovani Michillo selbst) dürfte kaum Jemand gewesen sein, der genaue Studien über den Sachverhalt angestellt hat, oder der scrupulös bei der Taufe seiner Bilder vorgegangen ist. Sonst

---

[6]) Vgl. Montagsrevue a. a. O.

[7]) Vgl. die Abbildungen im »Jahrbuch d. Kunstsammlungen des allerhöchsten Kaiserhauses«, I. Bd.

hätte er nicht in der Inschrift auf dem letzten Stiche (dem Triumph
der Gottheit) die gänzlich unzutreffende Einschaltung machen können,
es sei dieses Bild schon einmal in Holzschnitt reproducirt und zwar
als der von Vasari erwähnte Triumph Tizian's. Denn er
meint offenbar den bekannten Triumph Christi in den Holzschnitten
des A. Andreani nach Tizian B. XII, S. 91, Nr. 9, wenn er sagt:
»Titiani opus egregium, Triumphum Divinitatis . . . . . [quod jam ab
anno MDVIII fuerat typis buxeis incisum, teste Vasario«] . . . . .

Der Triumph Christi nach Tizian hat allerdings dem geistigen Inhalte, der allgemeinen Fassung nach, einige Aehnlichkeit mit dem Stiche
des Pomarede, also auch mit dessen Originalen, ja sogar scheint die
Gruppe mit dem Triumphwagen, an dessen Rädern die grossen Kirchen-
gelehrten schieben, vom späteren Künstler dem Tizian'schen Triumphwagen nachempfunden zu sein [8]), nichts destoweniger hätte bei wirklicher Vergleichung der Unterschied sofort in die Augen springen müssen.
Eine solche Confrontation zwischen Gemälde und Holzschnitt ist also
offenbar nicht geschehen. Wahrscheinlich hat der Verfasser der Unterschriften beim Durchlesen der Tizian-Biographie in Vasari die allgemeine
Beschreibung des Holzschnittes vom Triumph des Glaubens (eigentl.
Christi) sofort auf sein Gemälde bezogen. Was Vasari anführt, stimmt
ja auch prächtig überein: Adam und Eva, Patriarchen, Propheten,
Sibyllen, die unschuldigen Kindlein, die Apostel, Märtyrer, Confessores
und besonders die vier Evangelisten und die Doctores der Kirche.
Eine Vergleichung des Holzschnittes selbst mit dem Gemälde erschien
gar nicht nöthig.

Hier ist es, wo ich den Anhaltspunkt finde, um mir zu erklären,
wie man im vorigen Jahrhundert dazu gekommen ist, die vier Vorbilder für die Pomarede'schen Stiche dem Tizian zuzuschreiben. Man
hielt den Triumph der Gottheit für das von Tizian gemalte Original
zu den Holzschnitten des Andreani. War nun das vierte Bild der Reihe
als ein Werk Tizian's angenommen, so mussten wohl auch das erste,
zweite und dritte dem Tizian zugeschrieben werden.

Bevor ich aber in meinen Folgerungen weitergehe, muss ich eine
Anschauung widerlegen, welche vor einigen Jahren über die Stiche
Pomarede's und ihre Originale ausgesprochen worden ist. Wastler
sagt in seinem Eingangs erwähnten Artikel über die Sache Folgendes:
Diese Compositionen, welche vermöge Inschrift auf Grund der im Be-
sitze der Herren Michielli und Romani [9]) befindlichen »Archetypa cele-

---

[8]) Das Motiv stammt nämlich nicht aus Petrarca's Gedicht.
[9]) Als Besitzer der Originale von Pomarede's Stichen wird in den langen
oben wiedergegebenen Inschriften mehrmals ganz deutlich Joannes Michillus, nicht

berrimi Tiziani« angefertigt wurden, glaube ich mit gutem Grunde Tizian absprechen zu können.« Darin, dass die Originale der Stiche nicht von Tizian sein sollen, stimme ich Wastler vollkommen bei; nun aber sagt er: »Allerdings haben einige, besonders Männerköpfe, etwas Tizianisches« (es sollte wohl heissen: sie verrathen die Venezianische Schule), »aber der Faltenwurf gehört entschieden der Zopfzeit an.« Hierin kann ich Wastler's Meinung kaum theilen, gar nicht aber kann ich es, wenn er fortfährt: »und die Triumphwagen, besonders der im Triumph des Ruhmes, haben so ausgesprochene Formen der genannten Zeit, dass eine Versetzung in die Tizianische Epoche völlig ausgeschlossen erscheint.« Wastler hier beizustimmen, ist mir hauptsächlich deshalb nicht möglich, weil ich einen Rückschluss von mittelmässigen Stichen auf ihre Originale in so ausgedehnter Weise für unstatthaft halte. Angenommen, aber durchaus nicht zugegeben, dass die Stiche verzopft seien, so muss doch auch daran gedacht werden, dass jeder Stecher seine Freiheiten hat, und dass eine vollkommene stilgetreue Wiedergabe im Stich nur Sache eines ganz vollkommenen Meisters sein könnte. Pomarede war kein solcher.

Ich halte also trotz Wastler's Behauptung die Originale von Pomarede's Stichen für Gemälde der venezianischen Schule des 16. Jahrhunderts und zwar für Werke des Bonifazio Veneziano. Von Tizian kann allerdings keine Rede sein. Der Umstand, dass in den Quellen für Tizian nirgends von einer anderen Triumphdarstellung die Rede ist, als von einem Triumph des Glaubens, dass aber Ridolfi sechs Triumphe nach Petrarca in der Vita di Bonifazio Veneziano erwähnt und beschreibt, ist zu auffällig, um nicht die einzigen gestochenen Triumphe, welche venezianische Originale aus der Zeit des Bonifazio wiedergeben, auch demjenigen Venezianer zuzuschreiben, der nach Angabe eines Quellenschriftstellers wirklich solche Triumphe gemalt hat. Wenn die Beschreibung Ridolfi's, wie hier vorausgenommen wird, mit den Stichen nicht ganz genau übereinstimmt, so hat das wohl viele gewichtige Gründe. Besonders möchte ich betonen: Ridolfi's unkritisches Vorgehen. Wenn schon (wie wir sehen werden) Ridolfi's Beschreibung nicht einmal genau zu den im Belvedere noch erhaltenen Originalen der zwei ersten Triumphe stimmt, warum sollte sie dann zu den Reproductionen der vier letzten durchaus genau stimmen? Ridolfi hat wohl seine Beschreibung nicht unmittelbar vor den Bildern gemacht;

Michielli genannt. Er hiess also wahrscheinlich Giovanni Michillo. Von einem Herrn Romani finde ich nirgends eine Spur.

[10]) Der Wagen des Amor auf dem Bilde im Belvedere ist nicht vergoldet und war es nie, wie man an einigen gut erhaltenen Stellen sieht.

das Gedächtniss aber, auch das beste, lässt oft im Stiche. Pomarede konnte sich so wenig als einer seiner Mitlebenden dem Einflusse seiner Zeit entziehen; auch seine Reproduction entfernt sich also nothwendigerweise im Sinne der Kunstdes vorigen Jahrhunderts von der absolut richtigen Wiedergabe. Es ist sogar möglich, dass in einzelnen Fällen Ridolfi in diametral entgegengesetzter Richtung vom Original abweicht wie Pomarede. Bedeutende Incongruenzen zwischen Beschreibung und Stich müssten die Folge davon sein, ohne dass deshalb die beiden Vergleichspunkte, Stiche und Beschreibungen nach den Bildern, entwerthet wären. Um aber die Sache genauer behandeln zu können, ist es nöthig Ridolfi's Text hier wiederzugeben. Er lautet:

Furono trasportati in Inghilterra sei lunghi pezzi de' trionfi del Petrarca con figure men del vivo, ne' quali cercò Bonifacio di esprimere l'intentione del Poeta, che brevemente ne tocheremo l'ordine tenuto nel divisarli, acciò sia nota la sua diligenza.

Nel primo appariva Amore ignudo alato con benda à gli occhi, e turcasso pendente da purpurea sbarra, posava sopra dorato [10]) carro tirato da quattro bianchi destrieri in atto di scoccar lo strale, con folta schiera intorno de' seguaci soggiogati, divisi in piu drapelli, ornati di curiosi vestiti: tra primi eravi Cesare che amò Cleopatra; Ottaviano; Livia; Nerone Popea; Marc' Antonio Faustina; Alesadro Tebe; Enea Lavinia; Hercole Deianira, e Jolo; Achille Deidamia, e Briseide; Demofonte, e Filide; Giasone, e Medea & Isifle; Ennone che arse di Paride Ermione d'Oreste; Laodamia di Protesilao; Argia, e Polinice; Venere, e Marte i Plutone, e Proserpina, Apollo, e Giunone e Giove legato innanzi al Carro.

Venirano dopò Massinissa; Seleuco, Perseo & Andromeda; Narciso, Ifi; Alcione, e Ceice; Esaco, Scilla; Galathea & Aci. e Polifemo, Glauco; Canente, e Pico; Egerio, Canace; Pigmaleone e lidippe ingamata con l'aureo pomo & altri, che vissero sogetti alla tirannia d'Amore, cioè Popeo con la diletta sua Cornelia, Agamenone, e Cassandra; Hipermestra; Piramo, e Thisbe infelici amanti Leandro Ero à mano; Ulisse, e Circe; Anibale, Ipsicratea, Portia, Giulia & alcuni Patriarchi Regi, e Duci Hebrei; Giacob, Isaac; Davide Salomone, Sansone, Sichem, Amone, Coferne, e poco· lungi erano Procri, Olefalo Artemisia, Deidamia, Semiramis, Mirra, e trà questi framise il saggio Pittore Lancilotto Tristano, che servirono à Ginevra & ad Isota Regine, e numero d'altri Amanti.

Haveva espressi di più alcuni Poeti, Greci, e Latini, con lauree in capo, e libro in mano, Orfeo con Euridice; Alfeo, Pindaro, Ana creonte; Virgilio, e Lidia; Catullo, e Lesbia; Propertio, e Cinthia; Tibullo, e Delia; Safo, e Faone; Dante con Beatrice; Cin da Pistoja con Selvagia, & altri Poeti Provenzali, che scrissero, & adoprarono le armi per Amore.«

Woher Ridolfi diese Fülle von Namen hat (bei 120 unter Voraussetzung von noch mehrèren) lässt sich nicht mit Bestimmtheit angeben. Auf dem Gemälde kommen nur wenige davon vor, auch in Petrarca's Triumph der Liebe sind nicht alle aufzufinden.

»Nel secondo trionfava la castità formata in modesta giovinetta coperta di bianca veste con palma in mano e corona d'oro in capo: tiravano il di lei carro quattro Alicorni, & era accompagnata da numero di caste donne, trà le prime Penelope, che servò la fede per si lungo tempo al marito Vlisse; Virginia vccisa dal Padre per conservarla intatta dal Decemviro; le Tedesche donne, che essendo i loro mariti fatti vccidereda Mario, si diedero la morte, per conservar l'honore; Hippo Vergine greca, che affogossi in mare; Tutia vestale, che attesto la sua castità portundo l'acqua col cribro; Hersilia col numero delle Sabine; Didone, & altri guidate da madonna Laura, che teneva in mano verde vessillo in cui appariva candito armelino, e più distante era figurato Amore legato ad una colonna battuto, e spenacchiato da molte Vergini, mentre il casto drapello avviavasi al Tempio della pudicitia situato sopra di piacevol colle.«

Castitas trägt auf dem Gemälde keine Palme, keine Krone, allerdings ein Band. Der Wagen ist nur von zwei Einhörnern gezogen. Auch hier nennt Ridolfi mehr Namen als auf dem Gemälde zu finden sind. Uebrigens lässt sich manche Figur aus den Attributen bestimmen, so z. B. die von Ridolfi genannte Vestalin Tutia, welche, ein Sieb tragend, im Vordergrunde des Gemäldes gefunden wird.

Nel terzo trionfava la morte sopra lugubre carro cõdotto da due magri giovenchi, coperta di nero manto, et haveva dalle parti molti popoli Greci, e Latini, e trà questi apparivano i simolacri di Nino, d'Alessandro, di Dario, di Serse, e de' Romani trionfatori; di Scilla di Mario, di Nerone, di Gaio, di Mesentio, e d'altri Tiranni, che involti trà le porpore, & il sangue frà la vile plebe giacevano, con numero de Capitani, & altri Heroi, è vi si vedevano ancora molti Pontefici, Cardinali, Imperadori, e Regi, de quali non si distinguevano i sembianti, che per le Mitre, e le Regie Corone, e come sieno amassato dal mietitore giva quella superba facendo con la falce degli estinti cadaveri alte cataste.

Als Unterschiede von den Stichen seien bezüglich dieses Triumphes genannt: Die Todesfigur auf dem Stiche ist nicht »coperta di nero

manto«, sondern trägt eine Art Schärpe, welche nicht als schwarz bezeichnet werden kann. Ridolfi bringt auch hier mehr Namen und
Gruppen, als auf dem Stiche vorkommen.

»Nel quarto era la Fama con tromba d'oro conculcando cō
piedi il tempo (sic!) e veniva il carro suo guidato da due Elefanti
circondato d'ogn' intorno da coloro, che fecero nel Mondo gloriose
attioni; e perche molti furono i descritti dal Poeta in questo
trionfo, qui parimente ne haveva molti effigiati il Pittore.«

Cesare Dittatore, Scipione, Ottaviano Augusto, Publio Cornelio,
e Gneo Fratelli; Claudio. Q. Fabio Massimo; Due Bruti Marco Ottilio,
Furio Camillo, Marco Pompilio; e (lasciandone i molti) Torquato Curtio,
Tito Manlio Capitolino, Oratio Mutio Scevola, Pompeo Magno, Lucio
Scilla, Mario Trionfatore, Q. Metello, Vespasiano, col figliolo Tito, Nerva
Traiano, Elio, Adriano, Romolo fondatore di Roma, con sei Regi
ornati di manti, e Diademi reali.

Seguivano similmente il trionfo altri esterni Heroi vestiti di varie
spoglie, e Loriche, Annibale, Achille, Etore, due Dari, Filippo Macedone
& Alessandro il Figlio; Bacco Alcide, Epaminonda Alessandro di Epiro,
Aiace, Diomede, Vlisse, Etore, Agamemnone (S. 576): Leonida Spar-
tano, Alcibiade, Temistocle, Milciade, Teseo, Pirro, & altri valorosi
guerrieri.«

»Veniva appresso Giacob, Gioseffo, Ezechia, Noè, Nembrot Ginda
Macabeo & altri degli Hebrei.«

Haveva in oltre espresse alcune illustri Donne famose nelle armi
in succinte gonne con archi in mano, e turcassi à fianchi: Antiope,
Oritia, Hippolita, Menalippe, Pentasilea Regine delle Amazoni, Tomi-
ride, Semiramis, Zenobia, Giuditta: & apresso seguirano Nino, Bello,
Zorastro, Carlo Magno co' suoi Paladini, Gofredo con altri Heroi, e
Capitani.

Ma non si stanchi il Lettore dar di vista ad alcuni ancora famosi
per lettere. Platone, Socrate, Pitagora, Senofonte, Virgilio, Marco
Tulio, Demostene, Eschine, Marco Varone, Salustio, Tito Livio, Plinio,
Plotino, Tucidide, Herodoto padre della greca historia, Euclide e i Numi
della medicina, Apollo, Esculapio, Avicena Galleno, Anasarco intrepido,
Senocrate costante; Archimede Quintiliano, Seneca, Plutarco, Diogene,
Zenone, Porfizio, &·altri Dialetici.«

Einen Beweis, dass Ridolfi nicht correct beschreibt, liefert die
Stelle, wo er davon spricht, dass Fama die Zeit mit Füssen tritt,
da es doch nach Petrarca der Tod sein musste, der von Fama überwunden ist.

Sehr grosses Gewicht ist wohl deshalb besonders hier nicht auf die Unterschiede zwischen den Stichen und Ridolfi's Beschreibung zu legen. Ridolfi spricht von Elephanten als Zugthieren, Pomarede zeichnet Löwen. Ridolfi hatte dabei möglicherweise jenen Triumph der Fama im Gedächtniss, der von Bartsch (Bd. XIII.) dem Nicoletto da Modena zugeschrieben wird. Aus der Stelle »e perche molti furono i descritti dal Poeta in questo trionfo, qui parimente ne haveva molti effigiati il Pittore« scheint hervorzugehen, dass Ridolfi bei seiner Beschreibung neben seinem Gedächtnisse auch Petrarca's Gedicht zu Rathe gezogen habe. Gekannt hat er dieses zweifellos, weil er es mehrmals in seinen Maraviglie citirt (u. a. I, 143 in der Biographie Tizian's).

»Era nel quinto rappresentato il T e m p o, che le mondane cose signoreggìa, fuor che la fama degli huomini eccelenti, benche per lege del Cielo ogni cosa finisca.

In questo haveva finito nella sommita bella citella vestita di rosato co' crini inaneblati cinta da nuvoli ranci, e vermigli ingemando il Cielo di fiori. Segniala il Sole Sopra dorato carro tirato da veloci destrieri, e dietro il Tempo con due grand' ali appoggiato à due sostegni di legno, e seguendo Bonifazio l'intentione del Poeta haveva focunato on drapello d'Heroi, che non temono la forza del Tempo; raccomandati dalle penne degli scritori all' eternità.

Erano ancora divisate in più siti le s t a g i o n i significando in quelle le quattro età dell' huomo. Nella P r i m a v e r a appariva fiorito prato co' fanciulli in puerili ginochi. Chi con tremula canna in mano tentava colpire il proposto segno con altri in aringo, e chi fatto gentil Cavaliere guidava con lacio humile capretto segnito da molti fanciulli con segni di lieti applausi. Altro sopra il compagno saltellava, e Pastorelle tesevano ghirlande di vari fiori.

Nella parte dell E s t a t e erano Contadini, che mieteran spiche; giovanetti cō cani à mano, & angelli rapaci in pugno; un sonava il louto, altro la vinolo; Rustichi danzavano con Pastorelle al suono de zufoli, alcuno scoccava l' arco, altri lottavano; e chi nel seno della sua donna giacevasi.

In quella dell A u t u m o apparivano alberi carichi di frutti, e fra quelle sollitudini erano huomini tagati con libri in mano. Bizzaro Cavaliere scorseggiava sopra generoso destriere; poco lungi on pellegrino stanco mercatante commutava con oltro le merci, ingenioso P i t t o r e ritraera scorticata Anotomia, & industre s c u l t o r e scalpellava ruvido sasso per formarne leggiadra figura.

Nel sito del v e r n o vedevansi i colli coperti di neve; vecchi che raccoglievan monete d'argento, e d'oro; canuto Marinaro raccontava alla sua famigliuola de' trascorsi viaggi le noie; Venerando

Eremita con lunga, & ispida barba, cinto d'horrido cilicio, porgeva preghi al Cielo: vn Filosofo con lacera veste mendicava il pane; scaltra vecchiarella recava all' amante novella dell' amico & attempato Contadino dopò lo havez opulenta la casa dell' ingrato suo Signore, tuttavia zappava la terra, soprastandole in quel laborioso officio la morte.«

Der Triumph der Zeit ist von Ridolfi besonders phantasievoll beschrieben. All' das, was er da aufzählt, kann unmöglich auf einem Bilde dargestellt sein. Eine bestimmte und sehr wichtige Beziehung zwischen Stich und Beschreibung liegt aber in der Erwähnung des Pittore und Scultore. Dergleichen lässt sich denn doch nicht so hinschreiben, ohne eine bestimmte Anregung. Auf Pomarede's Stichen bilden »pittura« und »scultura« einen originellen Zug. Der Stecher dürfte diese zwei Beziehungen ebensowenig aus der Luft gegriffen haben als Ridolfi. Beide also, Ridolfi und Pomarede, scheinen diesen Zug den Originalen des Bonifazio entlehnt zu haben. Ridolfi erinnert sich übrigens nur dunkel, denn auf den supponirten Gemälden kommt scultura und pittura im Triumph des Ruhmes vor und nicht in dem der Zeit.

»L'ultimo de' Trionfi era quello della Divinità, e dopo lo haver dimostrato il Poeta l'ordine delle humane cose, figurandosi un nuovo mondo, considera lo stato di coloro, che rettamente vissero, e come Iddio ente purissimo, lungi da ogni corrutione, sopra le cose tutte trionfa, e quivi adequando il Pittore la visione alla nostra capacità fece sopra à un carro risplendente d'oro, e di gemme, guidato dagli Evangelisti, le tre divine Persone, che stringevano vnitamente lo scettro sopra la palla del Mondo, e gli faceva corona intorno numero di Cherubini e Serafini.

Precorrevano il trionfo i nostri primi parenti, l'inocente Abelle: seguiva Noè on l'arca: Abraamo, Isaac, Mosè, Jacob e Davide, & altri Patriarchi le sibille con stendardi impressi delle cose predette con Sacerdoti, e Leviti, e Profeti, e Duci dell' antica legge. Intorno al carro erano i Dottori della Chiesa, e dietro loro venivano coloro, che alban donarono i trafichi, e le reti per seguir le orme del suo Signore & altri, che si ridussero à menar vita in solilarie grotte cinti di horridi cilici con numero di Verginelle, coperti di candidi veli con corone d'oro, e di fiori in capo, e palme in mano, alcune tenevano coltelli, rasoi, forbici, tenaglie, ruote, e vessilli, ne' quali purpureggiava la croce, avviandosi à godere le nozze nell' Empirea magione col celeste suo sposo, & in vn canto haveva ritratto il Poeta col rocchetto e l' capuc cio in capo, che osservando si bella visione, la riportava ne' suoi morali trionfi.

Quali opere tutte divisò Bonifacio con belle, e legiadre forme, e soave colorito.«

Bezüglich dieses letzten Triumphes sind als Incongruenzen folgende zu verzeichnen. Auf dem Stiche ist keine Dreieinigkeit, sondern nur der segnende Christus auf dem Wagen zu sehen. Abel ist auf dem Stiche nicht erkenntlich gemacht.

Man kann beim Durchlesen dieses langen Citates keinen andern Eindruck haben, als dass Ridolfi nicht vor wirklichen Gemälden seine Beschreibung gemacht habe, sondern dass er angeregt durch den Vorwurf der Gemälde und durch Petrarca's Gedicht, vielleicht auch durch andere ihm bekannte Darstellungen der trionfi, eine Art selbständiger Dichtung geliefert habe, welche also durchaus nicht in jedem Punkte mit Bonifazio's Gemälden, respective mit Pomarede's Stichen übereinstimmen muss. Der Inhalt von Ridolfi's Bildern ist viel zu reich, besonders an Namen, als dass er auf wirklichen Gemälden Platz finden könnte. Hier ist also auf eine genaue Uebereinstimmung mit den Gemälden oder Stichen von vornherein zu verzichten. Das Wichtigste an Ridolfi's Beschreibung liegt wohl für uns darin, dass er die Suite im Leben des Bonifazio überhaupt erwähnt und dass er sie ausführlich beschreibt. Wie wir gesehen haben, gibt übrigens der Text bei Ridolfi auch sonst manch bedeutsamen Wink.

Ich fasse die Resultate meiner Untersuchung nunmehr zusammen:

Laut Ridolfi hat Bonifazio Veneziano sechs Triumphzüge nach Petrarca gemalt. Die Bilder sollen nach England gekommen sein. Diess müsste vor 1648 geschehen sein, weil schon Ridolfi davon in seinen 1648 erschienenen »maraviglie« spricht. Ueber das weitere Schicksal der Bilder bis zum 18. Jahrhundert ist nichts bekannt. Um 1719 tauchen die zwei ersten Bilder der Suite im Inventar der Ambraser Kunstsammlungen auf. Heute befinden sie sich im Belvedere. Die vier übrigen begegnen uns in den Jahren 1748—1750 bei Herrn Giovanni Michillo in Rom, wo sie von Silvester Pomarede gestochen werden. Die Stiche sind erhalten. Unbekannt ist aber, wo ihre vier Originale sich gegenwärtig befinden.

Die Verwechslung der Autorschaft des Bonifazio mit der des Tizian dürfte höchst wahrscheinlich vor 1748 in Rom geschehen sein, dadurch, dass man, von der allgemeinen Aehnlichkeit des letzten Triumphes mit Tizian's (Andreani's) Triumph Christi geleitet, auch das Oelgemäle des Bonifazio, welches einen ähnlichen Triumph darstellt, dem Tizian zuschrieb. Die dazugehörigen Gemälde mussten nun nothwendiger Weise ebenfalls von Tizian sein.

Vielleicht geben diese Zeilen dazu Anlass, dass Kunstgelehrte, denen es vergönnt ist, viel zu reisen und dabei viele Privatsammlungen zu besichtigen, nach diesen verschollenen vier Bildern suchen.

Die Enthauptung der heiligen Katharina.

Oelgemälde auf dem Altar zu Corvara in Tirol.

Nach Cyprian Pescosta von 1512.

Von G. Dahlke.

Wo sich im Hintergrunde des Abteithals die Pfade nach Gröden und Buchenstein verzweigen, da bezeichnet das Dorf Corvara eine alte Stätte romanischer Cultur, die Jahrhunderte hindurch der Gerichtsbarkeit des Frauenstiftes Sonnenburg unterworfen blieb. In dem Chor der einschiffigen, auf dem Grunde der romanischen Katharinencapelle 1498 erbauten, 1501 geweihten Kirche prangt auf den Flügeln des spätgothischen Altars ein Gemälde, dessen Composition und Charakteristik die Verbreitung oberdeutscher Kunst in dem tirolischen Gebirge bezeugen; Holzsculpturen füllen Aufsatz und Schrein.

Als Mittelfigur des dreitheiligen, 1,74 M. hohen, 1,28 M. breiten Feldes steht die Madonna in goldnem, an der rechten Seite aufgerafften Mantel und hält mit beiden Händen das Kindlein an die Brust gedrückt. Um die rundgewölbte Stirn des hocherhobenen Kopfes schmiegt sich ein Kronenreif und diesem Zeichen königlicher Würde entspricht die stolze Haltung der Figur, aber nicht die unbestimmte Miene des Gesichts, dem die Stumpfnase über geradem Munde und das flache Kinn keine edlen Formen geben. Während unter der gebauschten und in stumpfen Brüchen gefalteten Hülle das rothe Kleid in parallelen Linien auf die Füsse niedergleitet, ist des Kindes voller Körper unbedeckt geblieben: die Linke hebt das Kreuz, die Rechte lässt den Apfel sinken, aus dem runden Antlitz leuchtet Lebensfreudigkeit und verständiger Sinn.

Selbstbewusst stützt Katharina zur Rechten beide Hände auf das Schwert, trägt auf der Stirn eine Krone und hat in freiem Wurf den goldnen Mantel wie das grüne gemusterte Kleid um die runden Glieder gelegt. Aus den Augen strahlt geistige Klarheit, ernste Ruhe kündet die Miene, aber die vollen Wangen, der breitgezogene Mund und das lässig niederrieselnde Haar geben der vornehmen Jungfrau einen Anstrich von Weltlichkeit. — Minder ansprechend hebt sich zur Linken der schwächliche Oberkörper des Bischofs von Myra mit schmalen Schultern und plattanliegenden Armen aus dem Rahmen, so malerisch der emporgezogene Mantelstoff die Parallelfalten des Chorrocks und die Brüche der Albe durchkreuzt. Ohne Kraft, ohne Tiefe, das bartlose Gesicht und die glatte, fast verdeckte Stirn, der Blick getrübt, die Gestalt, wie von der Mühsal des Berufes, leicht bedrückt. Knöcherne Finger halten den Stab mit durchflochtener Krümme und das Kugelattribut auf dem Buch. Allen Heiligen dient ein flacher, in der Mittelnische erhöhter, blattartig umzogener Untersatz als Fussgestell, ein Gewirr von Eselsrücken, flachen Bögen und Rankengewinden als dreifacher Baldachin.

Auf den Flügeln sind in Flachrelief St. Jakob mit Wanderstab und Tasche, gegenüber St. Florian in voller Rüstung, beide in gezwungener Stellung und in steifer Gliederhülle dargestellt. Lockiges Haar und vollgerundete Wangen geben dem Gesicht des jugendlichen Ritters frauenhafte Weichheit, die wenig dem unmuthvollen Ausdruck des verzogenen Mundes und dem gleichgültigen Blick der dunklen Augen entspricht; mechanisch giessen die Hände Wasser auf das Dach eines brennenden Thurms: Sinn und Gedanken bleiben von den Erscheinungen der Aussenwelt unberührt. — Ermüdet stützt der Pilger sich auf einen Stab, trübselig nach dem Ziel der Reise schauend. Massiges, gerade abgestutztes Haar fällt unter dem flachen Barett auf die Schulter, krauser Bart umzieht das runde Kinn und den verschobenen Mund. So glatt der Mantel an die flachen Schultern sich schmiegt, so scharf und schnittig ist die Gewandung auf die plumpen verschränkten Füsse herabgezogen, unter denen zierliches Pflanzengeflecht die Sockelleiste bekränzt.

Ueber die Bekrönung des Gesimses steigt ein mässig hoher Aufsatz, dessen senkrechte, von gebogenen Stäben und Ranken durchflochtene Fialen einen offenen Rahmen für die Kreuzigungsgruppe bilden. Obwohl die Figuren geringe Sorgfalt der Technik erkennen lassen, ist der schmerzliche Ausdruck in Christi Haupt, die Betrübniss der Mutter Maria wie der begeisterte Aufblick des Jüngers, gut hervorgehoben, die Draperie in natürlichem Anschluss an die Glieder unter leichtem Wechsel von schwungvollen Brüchen ausgeführt.

An der Staffel, deren leere Nische ein moderner Tabernakel verdeckt, sind die Bildnisse der bemalten Flügel nebeneinander aufgestellt. Von der Vorderseite: St. Rochus und Sebastian —, der Erste greisenhaft, in vorgebeugter Stellung auf die Beule des entblössten Schenkels weisend, in den abgezehrten Wangen und eingesunkenen Augen die

Spuren tiefen Leides tragend, die Glieder von schwerer, dunkelfarbiger
Gewandung bedeckt; der Zweite mit Stricken an das Gemäuer eines
Renaissancebaus geschnürt, von Pfeilen durchbohrt, bei fahlem Fleischton der steifen Glieder und lächelndem Ausdruck des jugendlichen An-
gesichtes von gleicher Unerfreulichkeit. Hier wie dort ist der Nimbus
perspectivisch zu dem Oval einer Mandorla ausgezogen.

Daneben St. Leonhard und St. Antonius von Alexandrien, jener
durch den Bischofsstab und das Schloss mit Kette, dieser durch das
dreitheilige Kreuz, eine Glocke und das thierische Symbol unreiner
Sinnlichkeit unterschieden, beide in graubrauner, schwergefalteter Kutte
mit groben Händen und schwach belebten Zügen. Mangelhafte Zeichnung, dunkle Schattirung der Kleiderstoffe, dunkles Colorit der Gesichter
und befangene Körperhaltung lassen die Figuren auf dem überstrichenen,
tiefblauen Hintergrunde anmuthlos und ohne Farbenharmonie erscheinen.

Rückseitig zeigt der Kasten das rohe, grossentheils zerstörte Bildniss der schmerzhaften, von sieben Schwertern durchbohrten Mutter
Gottes unter offnem Bogen, darunter die vera Icon, mit den genrehaft
gehaltenen Apostelfürsten und dem verwischten Antlitz Christi: — Malerei wie Bildgrund von Namen und Zahlen durchkreuzt, welche bis auf
die Mitte des 16. Jahrhunderts reichen.

Wenn der Schnitzer in dem Aufbau des Altars Sinn für Gleich-
mass bewährte und die verschnörkelten Ornamente nicht ohne Zierlichkeit dem Gerüst des Thurmes verband, so hat er doch weder die Figuren mit geistigem Leben zu durchdringen, noch die Gewandung von
störenden Härten frei zu halten vermocht und, ohne Kraft zu wirkungsvoller Individualisirung, das Werk nachahmend ausgestaltet. Nirgends
deutet Verwandtschaft mit pacherischer Formengebung auf die Schule
des Brunecker Meisters und mehr noch als die Schnitzerei verräth das
Flügelgemälde eine völlig fremde Hand.

In diesem Doppelbilde lässt der Ausblick auf dämmernde Fernen
und phantastische Wolkengebilde die engen Schranken der Begrenzung
verschwinden. Bei geschlossenen Flügeln sieht man zur Linken die
Jungfrau vor dem Kaiser Maximin und dessen Gefolge, zur Rechten,
unter dem Astwerk einer dichtbenadelten Fichte, den Henker mit er-
hobenem Schwert.

Straff und steif, das Scepter an die Schulter gelehnt, mit der
Linken den Griff des Schwertes umfassend, starrt der Monarch betroffen
auf den Schergen gegenüber und lauscht zugleich den Auseinandersetzungen des Richters, der die Begründung seines Urtheils mit spre-
chender Geberde begleitet. Unter der reichverzierten Krone fällt schlicht-
gestrichenes Haar auf den Nacken und die glatte Stirne, das scharfe

Profil der geraden Nase wird durch den weichen Umriss des bärtigen
Mundes und des vorspringenden Kinns gemildert, der aristokratische
Schnitt des fahlen Gesichts durch die schöngeschwungene Braue schärfer
ausgeprägt; aber während mattgrünes Licht das erbleichende Haupt- und
Barthaar umspielt, verdüstert sich der Glanz des Auges und der tief-
ernste Zug des beschatteten Mundes verräth Besorgniss über den Schluss
des Trauerspiels.

In diesem Zwiespalt der Empfindungen bleibt der Richter bemüht,
jedem Zweifel an der Schuld Katharinen's, jeder Milderung des Straf-
gerichtes vorzubeugen. In voller Vorderansicht wendet er das dunkel-
bärtige Haupt dem Kaiser entgegen, als wolle er auf dessen Angesicht
die Wirkung seiner Beredsamkeit lesen, der das Spiel beider Hände
Bekräftigung gibt. Aus dem breiten Munde spricht Verständigkeit,
aus den Augensternen leuchtet Klarheit ohne die Gluth eines Fana-
tikers, ohne milde Wärme des Vermittlers; abgewendet von der Haupt-
gestalt reiht der Hüter des Gesetzes Beweis an Beweis, für die Ver-
letzung des heiligen Götterglaubens Sühne zu heischen und diese Ruhe
kühler Ueberlegung lässt in dem breiten, kräftig modellirten Gesicht den
Mangel edler Formen, wie die Phantastik der Kopfbedeckung übersehen.
Zwei neugierige Köpfe versinnlichen in der hämischen Befriedigung des
einen und dem schüchternen Mitgefühl des andern Zuschauers oder
Zeugen die Wirkung des Vorgangs auf das Volk.

Würdevoll, die schmalen Hände zu flehender Bitte erhoben, kniet
Katharina vor dem Gebieter und neigt das Haupt zur Seite, ob sie
vielleicht ein Wort der Gnade aus seinem Munde vernehme: — ein
hehres Frauenbild, das in der kostbaren, von Perlen und Edelsteinen
flimmernden Haubenkrone und der reichen, nicht überladenen Tracht
den heitern Frieden eines überzeugungstreuen Gemüthes spiegelt. Ein
Streif des weissen Schleiers legt sich über die breite Stirn und auf das
goldblonde, feingerieselte, im Nacken aufgerollte Haar; die braunen, von
begeisterungsvoller Zuversicht strahlenden Augen werden von hochge-
wölbten Brauen umsäumt, und wenn die gerundeten Wangen schon die
Lieblichkeit der ersten Jugendblüthe verloren haben, so leuchtet der
Widerschein sanfter Ergebung und freudigen Opfermuths desto wirkungsvoller aus dem mildverklärten Angesicht. Um den Schwanenhals
ist ein Korallenband mit dem Bildniss eines Mannes geschlungen, weisser
Flor verhüllt den Busen; der Borte des Kleides sind Medaillons — vor
der Brust mit einem Wappenschilde, auf der Achsel mit dem Schwan
— verwoben, die Aermel durch weisse Puffen und einen Perlensaum
verziert. Im Gegensatz zu dem rothen verblichenen, über das Falten-
gewirr des Untergewandes hoch hinaufgezogenen Ueberwurfe, dessen

verwaschene bräunliche Schatten die schweren Brüche wenig vertiefen,
zeigt das grünschattirte, faltenlos um die Brust gelegte Kleid in den
Knitterungen des rechten Aermels die volle Weichheit des biegsamen
Stoffs. So bildet ihre vornehme, schlanke, der heiligen Barbara Holbein's des Aeltern in München vergleichbare, Gestalt in der kleidsamen
Tracht ein treffliches Gegenstück zu der ritterlichen Figur des Impera-
tors, der im Hermelin mit goldnem Ordensbande, in grüner, falten-
reicher Tunica, von dem Bann des Verhängnisses wie gelähmt, ihr
gegenübersteht — und einen harmonischen Abschluss der Gruppe, die
sich auf dieser Tafel lebensvoll zusammenfügt. Kein Schatten trüber
Ahnung gleitet über ihre seelenvollen Züge, keine Regung der Furcht
vermindert die Anmuth der Bewegung, dämpft den Glaubensmuth.

Durch diese Klarheit psychologischer Züge übertrifft die perspecti-
visch abgestufte Gruppe die meisten Marterscenen mittelalterlicher Kunst.
Die Rollen sind vertauscht. Der Henker wächst zum Herrscher über
Tod und Leben, das Opfer erhebt sich zu ungeahnter Seelengrösse und
der Monarch verliert im Grausen vor den Folgen seines Gebotes die
Hoheit irdischer Majestät.

Mit Liebe ist die Erscheinung des Schergen ausgemalt, der zu
wuchtigem Hiebe auf den Hals der Heiligen das doppelschneidige Schwert
über seinem Kopfe schwingt. Die hohe, elastische Figur in bunter,
phantastischer Tracht erinnert an Holbein's Wappenhalter im Museum
zu Basel, obwohl die Landsknechtgesellen nicht die Feinheit seines
Gliederbaus erreichen. Ueber das krause, dunkelbraune Haar legt sich
ein gelber, von Bändern umzogener Rollenbund; leichte Runzeln der
hohen Stirn und die Linien der kurzen, abgestumpften Nase zeichnen
einen Zug entschlossener Thatkraft in das jugendlich weiche, mit der
bärtigen Wange, dem glatten Kinn und der zierlichen Krause des fein-
gestrichelten Hemdes an ein modernes Portrait gemahnende Gesicht.
So prall die Strümpfe und das streifige Beinkleid Schenkel und Waden
umspannen, so locker, wie von innerer Kraft geschwellt, umfangen die
geschlitzten Puffen Knie, Hüfte und Oberarme, während zierliche Bänder
um die Schuhe und das Kniegelenk flattern. In ungezwungener Na-
türlichkeit und meisterhafter Raumausfüllung ist seine freibewegte Gestalt gleichzeitig die Staffage einer Alpenlandschaft, welche von buschigem
Fels und einer Fichte — wie in Altdorfers bekannten Bildern — ein-
gerahmt, mit den Blumen des Vordergrundes, mit Burgen, Ruinen und
den Umrissen ferner Hochgebirge unter den unheimlichen Wolkenge-
bilden eines gewitterschwangern Himmels den Beschauer fesselt und mit
banger Ahnung erfüllt.

Miniaturartig ist dem Mittelgrunde der ersten Tafel eine Scene aus dem Martyrium der heiligen Katharina eingefügt: auf breiter, beschatteter Terrasse das Gerüst mit dem Rade, von Knechten und Kriegern umgeben, die in den Vorbereitungen zur Marter vom Blitz getroffen, zu Boden stürzen, Schrecken und Entsetzen unter den Reisigen und im Volke verbreitend.

Vielfach ist das Flügelbild der Schule Dürer's zugeschrieben, in der Auffassung, wie in der Charakteristik und Gewandbehandlung den Schöpfungen des fränkischen Meisters verwandt bezeichnet worden; indess spricht aus der verständnissvoll entworfenen Composition, bei gleicher Freude an glänzendem Schmuck und der Neigung zu sorgfältiger Gestaltung des Einzelnen, doch ein anderer Geist, dem die gewaltige Kraft zur Gruppirung und Belebung grosser Massen gebrach. So ergibt das Allerheiligenbild im Belvedere, dessen Vollendung mit der Ausführung des Altargemäldes fast zusammenfällt, in Zeichnung, Individualisirung und Draperie der Gestalten so wesentliche Unterschiede, dass Dürer's Einfluss auf den Maler in Corvara mehr als zweifelhaft erscheint. Vergebens sucht man in jener grossartigen Schöpfung nach einer Figur, welche die schlanke Gliederbildung des Schergen oder die feinen Formen der Jungfrau trüge, vergebens späht man in diesem Bilde nach dem markigen Ausdruck des Seelenlebens und dem schwungvollen Faltenwurfe bewegter Gewänder, welche in dem Wiener Heiligenkreise des Nürnberger's Meisterhand bezeugen.

Noch schärfer tritt diese Verschiedenheit in dem gleichzeitigen Holzschnitt der · heiligen drei Könige aus der kleinen Passion in das Licht. Wie frei vertheilt sich hier die kleine Schaar in den ruinenhaften Bau, wie malerisch wirken Linienzug, Licht und Schatten der scharfgebrochenen Kleiderstoffe und wie volksthümlich erscheinen die Gesichter Joseph's und der Magier, zwischen denen das Profil des Madonnenkopfes die Innigkeit eines deutschen Frauengemüthes ahnen lässt! Lebensvoller als die bürgerlich schlichte Himmelskönigin, in tieferer Durchdringung der physiognomischen Züge, hat Dürer die Portraits der Heiligen entworfen und die Vorzüge seiner gereiften Auffassung durch vollendete Ausgestaltung in glänzender Weise zur Schau gestellt.

Indess darf die Einförmigkeit der Männergruppe in dem Flügelbilde zu Corvara nicht als Schwäche des Meisters angesehen werden, der gerade in der steifen Haltung und befangenen Miene des Kaisers die Schrecken des Blutgerichtes abgespiegelt, in der lieblichen Jungfrau eine Gestalt von hohem Formenadel und geistiger Klarheit geschaffen und durch Fernhaltung aller widerwärtigen Züge der realistischen Darstellung einen idealen Hauch verwoben hat. Zwar sind die Farben schwer und dunkel, die Gesichter grünlich fahl, die Gewandstoffe mit

theilweis verwischten Schatten des Glanzes und — durch den hier und
da vortretenden Kreidegrund — der Zusammenstimmung des Colorits
beraubt; allein wenn die leichte, wenig dauerhafte Malweise in der Bestimmung des Gemäldes für eine arme Dorfgemeinde Entschuldigung
findet und microscopisch kleine Punkte geronnenen Oels verrathen,
dass der Maler die Ueberarbeitung der Localfarben unterliess, so verdient die miniaturartige Behandlung und leuchtende Farbengebung von
Katharinens Haar, wie des Gold- und Steinschmucks um so mehr an-
erkennende Würdigung.

Unstreitig war der Maler dem Schnitzer an Gestaltungskraft, Na-
turgefühl und Feinheit der Empfindung, wie in der Technik überlegen;
sein Bild trägt ein fremdartiges Gepräge, das in den kirchlichen Werken
des Alpenlandes kein Seitenstück findet und bei entschiedener Verwandtschaft mit oberdeutscher Kunst im Zweifel lässt, ob die Werkstatt seines
Meisters in Schwaben oder Franken gestanden. Nachdem er in selbständiger Entwicklung die Errungenschaften der neuen Zeit sich angeeignet
hatte, mochte ihm auf einer Reise nach Italien Gelegenheit zur Schöpfung
dieses Altarbildes geboten worden sein, dem die rythmische Gliederung,
Feinheit und Richtigkeit der Zeichnung, wie die sanfte Abstufung des
Empfindungslebens eine hervorragende Stelle unter den tirolischen
Kunstwerken der Uebergangsperiode sichern, dem aber — vierzehn
Jahre nach Michael Pachers Tode — jeder Zusammenhang mit der
Schule des Brunecker Meisters fehlt.

Etwas über barbarische Gemmen.

Von **F. v. Alten.**

Eine in Alsen unter den Wurzeln einer alten Eiche gefundene eigenthümliche, den weiter unten abgebildeten sehr ähnliche, in Glaspaste geschnittene Gemme, welche nach mancherlei Wanderungen in den Besitz der Gesellschaft für Anthropologie etc. in Berlin übergegangen, sowie eine andere im Grossherzoglichen Museum zu Oldenburg befindliche, haben Veranlassung gegeben, über das Vorkommen derselben weitere Nachforschungen anzustellen. Da findet sich denn, dass ausser den von Dr. Bartels beschriebenen [1]) zwölf Stück, in Holland noch sieben und in Oldenburg und Osnabrück je noch eine vorhanden sind.

Von den sieben in Holland befindlichen Pasten der betreffenden Art sind drei in der Erde gefunden, die anderen finden sich gefasst auf dem alten Einbande eines Evangeliums, welches dem 11. Jahrhundert angehört; wie es scheint, entstammt auch dieser jener Zeit.

Der genannte Codex wird in dem Museum des hochwürdigsten Herrn Erzbischofs von Utrecht aufbewahrt; er wurde vermuthlich auf Veranlassung des Bischofs Bernulphus angefertigt, von dem Zedeler erzählt:

Es hatte sich, als das Bischofthum Utrecht durch den Tod des Bischofs Adelboldus vacant worden, so viel Zwiespalt über die Wahl erhoben, dass König Conradus, der Henrico nachgehends im Kaiserthum succediret, vor nöthig fand, selber hinzureisen. Er nahm aber seine hochschwangere Gemahlin mit, welche jedoch, von der Reise ermüdet, in dem Dorfe Oesterbeck stille liegen musste, da es denn geschah, dass sie an obgedachtem Orte bey Bernulpho, der allda Priester war, ihre Niederkunft hielt und ihn darauf mit dieser fröhlichen Botschaft an ihren Gemahl abschickete.

Dieser hatte indessen alles in gute Ordnung gebracht, so dass beide factiones ihm die Wahl eines neuen Bischofs lediglich anheimstellten.

---

[1]) S. Z. für Ethnologie von Bastian 1882, pag. 179 und daselbst v. d. V. auf pag. 546.

Daher er diesen Bernulpho, der schon als ein frommer und auf die
Billigkeit sehender Mann wohl bekannt war, also sofort, mit völliger appro-
bation des Cleri und des gesammten Voiks ins Bisthum einsetzte. Es hat
unter ihm das Stift ungemein zugenommen maassen König Henricus demselben gar viele und ansehnliche Güter geschenket.

Er starb endlich, nachdem er noch verschiedene Kirchen erbaut, und
die alten schön ausgebessert den 19. Jul. 1054 (Wilh. Heda u. Joh. Beka).

Nach einer gef. Mittheilung des Herrn de Watering schenkte Bernulphus dieses Evangelien-Buch einer Kirche zu Deventer. Dasselbe zählt etwa
160 Blätter, ist auf Pergament geschrieben und hat einige goldene Initialien.
Der Deckel misst 33 cm Höhe und 26 cm Breite.

Mitten auf dem Einbande liegt ein prächtiges, von feinen gewundenen
Golddrähten gebildetes, gleichschenklichtes Kreuz, dessen Arme stilisirt in einer
Art Fuss auslaufen. Die Mitte desselben ist mit einem achtspitzigen Schild
gedeckt und geschmückt mit einem runden Edelstein, wie die vier Kreuzesarme
mit ovalen, deren sich noch eine ganze Anzahl auf der Decke befinden. Die
in den vier Ecken befindlichen Symbole der Evangelisten sind in Email auf
Silber ausgeführt, ebenso die vier anderen runden Medaillons an den Langseiten
des Einbandes. Zwei davon stellen einen König und eine Königin vor, vielleicht
Salomo und die Königin von Saba, wie Herr de Watering äussert. Die beiden
anderen zu deuten, wage ich nicht zu unternehmen.

Die in der Mitte der Schmalseite stehenden Medaillons, welche, wohl
ebenso wie die übrigen ausgeführt, zeigen den Hirsch, der nach Wasser schreit.

Da die sechs oder sieben antiken Gemmen unter denen, welche den Deckel
zieren, auf der mir zu Gebote stehenden Photographie nicht deutlich genug
gegeben, so enthalte ich mich einer weiteren Besprechung.

Abgesehen von diesen sehen wir aber an der Langseite des Einbandes
neben den Symbolen der Evangelisten noch vier in Silber gefasste geschnittene
Steine, welche in die Classe unserer barbarischen Gemmen gehören; sie sind,
wie alle bisher bekannten, in dunkelblauem Glasfluss mit heller, Ueberlage
eingeschnitten. Zwei derselben tragen drei Figuren, doch stimmen sie, soweit
die Photographie es erkennen lässt, weder in der Form noch in der Darstellung völlig überein, ebensowenig mit den in der Zeitschr. für Ethnologie
1882, pag. 179 u. pag. 546 abgebildeten.

Die beiden anderen haben nur zwei Figuren, aber auch sie zeigen
sowohl unter sich als mit den sonst bekannten zweifigurigen Gemmen allerlei
Verschiedenheiten. Dasselbe gilt von allen bisher bekannten Steinen dieser
Art, während sämmtliche vom gleichen Material, dunkler Glaspaste mit heller
Ueberlage, gemacht sind. Ein täuschend ähnliches Material ist zu wiederholten Malen tief in unseren Mooren gefunden, u. a. beim Bau des Hunte-
Ems-Canales eine Glastafel von 15 cm Länge und 8 cm Breite, aber nicht
ganz gleicher Dicke von 1,8 bis 0,8. Dieser dunkelblaue Glasfluss hat eine
helle Ueberlage von etwa 1 mm Dicke.

Da angefangene Arbeiten bis dahin fehlen, so dürfte es voreilig erscheinen, aus dem Vorkommen ähnlichen Materials weitere Schlüsse ziehen

zu wollen, indess scheint mir dieser Umstand doch ebensowenig unerheblich als die von einander abweichenden Darstellungen.

Durch diese wird zunächst gezeigt, dass die Arbeit keine schablonenmässige für irgend einen unverrückbaren idealen Zweck angefertigter Gegenstand gewesen ist. Das Vorkommen des Materiales gestattet vielleicht die Annahme, dass diese Arbeiten von umherstreifenden Kunstbeflissenen ausgeführt wurden, wie ja noch heute gerade Graveure zu den Marktbesuchenden gehören.

Wie bereits erwähnt, ist das Material dieser Gemmen dunkelblaue Glaspaste, mit dünner hellblauer, ja weisslicher Lage auf der oberen Fläche, durch diese Lage ist die Darstellung gearbeitet, so dass dieselbe dunkel erscheint. Sämmtliche Gemmen sind facettirt, aber, soviel mir bekannt, niemals als Ring gefasst gefunden. Die Darstellungen zeigen uns eine bis vier höchst mystische Figuren, oft mit Attributen versehen, als: Zweige, Sterne, Kreuz, wie es scheint, Keule? Hörner? Strahlen? Modius? Sie sind unbekleidet, fast alle lang bebartet, nicht selten machen sich geschlechtliche Andeutungen geltend. Besonders auffallend ist, dass die meisten am Rücken und bis in die Gegend der Kniee, wie ein spanischer Degen oder dergleichen steife, nach rückwärts zeigende Ansätze haben. Ja die Gemme des Oldenburger Museums, welche wahrscheinlich im östlichen Holstein gefunden, erscheint, wie der nebenstehende Abdruck (Fig. I.) darthut, geflügelt.

Fig. I.

Die Art der Arbeit kann nicht anders als roh bezeichnet werden, wenn es den Figuren auch nicht an ausdrucksvoller Bewegung fehlt. Alles ist offenbar von wenig geübter Hand mit mangelhaften Instrumenten eingerissen. Man sieht an den Rändern vielfach den muschelichten Bruch des Glases, nirgends aber die Schärfe und Glätte der nachbessernden Hand, noch weniger das Bestreben, den Körper zu modelliren.

Dennoch müssen diese Gemmen unsere Aufmerksamkeit schon deshalb erregen, weil sie einestheils, für jetzt wenigstens noch, zu den selten vorkommenden gehören und ferner, weil sie schon im Mittelalter würdig gehalten wurden, Evangeliarien, die weit berühmte Goldene Tafel von Lüneburg, auch Reliquiarien (Berlin, Osnabrück), mit anderen antiken, meisterhaft geschnittenen Steinen zum Schmuck zu dienen. Ueber ihre Herkunft und künstlerische Bedeutung wissen wir nichts oder doch sehr wenig, einstweilen müssen wir uns begnügen, mit dem Zutagefördern der in Oldenburg, Osnabrück und Holland gefundenen Gemmen, den Verbreitungskreis dieser Arbeiten, welcher sich bisher auf die skandinavischen Länder und das östliche Holstein beschränkte, wesentlich erweitert zu sehen.

Gehen wir jetzt zu den einzelnen Steinen über, so erscheinen auf dem ersten der vier Steine in Utrecht die Figuren etwas fleischiger wie gewöhnlich, namentlich macht sich dies an den Beinen bemerklich, welche auch natürlicher stehen wie sonst üblich. Ueber der mittleren Figur scheint ein Stern zu stehen oder doch ein symbolisches Zeichen. Ihr Kopf ist nicht seitwärts, sondern nach vorwärts gerichtet, sie hält die beiden nebenstehenden an der

Hand, diese selbst wenden sich ihr zu, nur die links stehende Figur hat einen
rückwärts stehenden Ansatz in der Hüftgegend, Stock, Schwanz oder Degen,
welchen sie ergreift. In diesen Dingen stimmen die Figuren zwar mit manchen
anderen überein, weichen aber im Uebrigen wesentlich von denen ab, welche
statt einen zwei oder drei dergleichen Ansätze haben, ebenso ist ihre Beinstellung
weniger gespreizt, die Figuren sind überhaupt mehr in der Ruhe gedacht, als
in der Action. Eine andere Verschiedenheit ist die, dass der Bart, welcher
bei fast allen anderen ausserordentlich lang und spitz, hier so sehr verkürzt
ist, dass sie fast gar nicht bebartet erscheinen.

Die gegenüber gefasste Paste hat gleichfalls drei Figuren, aber weit bewegter und wieder äusserst lang bebartet, sie stehen einander nicht so nah, wie
bei der ersteren, doch erfassen sie sich bei den Händen. Die mittlere, nach
rechts gewandte Figur trägt auf dem Kopf einen Gegenstand, den man versucht sein könnte für einen Modius zu halten. Die rechts stehende, sich wie
es scheint zurückhaltende Figur ist mit nur einem Ansatz am Schenkel geziert, welchen sie aber nicht mit den Händen berührt.

Der links stehenden Figur wächst etwas aus dem Rücken, vielleicht Andeutung eines Flügels, welcher mit der Linken ergriffen. Auch sie trägt ein

Fig. II.
Symbol (Hörner, Modius, Krone) auf dem Haupte. Den
beiden äusseren von diesen drei Figuren scheinen geschlechtliche Andeutungen wie auch der Oldenburger (Fig. I. u. II.)
nicht zu fehlen.

Die beiden anderen Pasten haben nur zwei Figuren,
die eine hat kein Symbol über dem Kopfe, wie es
scheint aber einen Ansatz von zwei divergirenden Strahlen oder Hörnern.

Die langen Bärte wiederholen sich, wenigstens in
der Figur links, auch hier. Ihre Stellung ist eine sehr
bewegte, die links stehende neigt den Oberkörper vor und macht mit der
Linken eine sprechende Bewegung, während mit der Rechten die Linke der
anderen Figur ergriffen wird.

Die rechts stehende Figur steht aufrecht, doch macht sie mit der Rechten
eine ähnliche Bewegung wie die andere.

Die gegenüberstehende Paste hat wieder einen ganz anderen Ausdruck,
es scheint fast, als habe der Künstler andeuten wollen, dass die rechts befindliche Figur, welche in der Rechten eine nach abwärts gerichtete Keule,
Zweig oder Fackel trägt, zu der anderen eilt. Das Haupt dieser letzteren
ist mit Hörnern oder zwei Strahlen geschmückt, auch bemerken wir zwei
Ansätze an der Rückseite dieser Figur, von der der eine den anderen kreuzend,
rauher wie ein behaarter Schwanz (Aehren) erscheint. Beide reichen sich die
Hände. Keine der bisher bekannten Gemmen ist mit dieser Darstellung in
eine Linie zu stellen. Noch weniger gleicht aber die in Fig. II. abgebildete
Gemme irgend einer anderen. Dem Secretär des Provinzial-Museums, Herrn
Kymmer in Assen, verdanke ich die bezüglichen Nachrichten. Sie gehört
gleichfalls Holland an und wurde vor etwa 25 Jahren in der Gemeinde

Roden (Lieveren), Provinz Drenthe, in geringer Tiefe ohne alle anderen Gegenstände gefunden (Pleite Heft 11, pl. LXX). Material wie Arbeit ist ebenso wie
bei den bereits erwähnten Steinen, die Darstellung aber weicht wesentlich ab.
Erstlich sehen wir hier vier Figuren, statt einer oder dreier, dieselben halten
sich freilich auch bei den Händen, die beiden äussern haben auch die beliebten
Rückenverlängerungen, sie zieren die auf dem linken und rechten Flügel stehenden Personen, aber der Ausdruck, die Bewegung der Figuren, das Attribut des
Kreuzes, ist abweichend von allen bisher vorgekommenen. Die am weitesten
links stehende Figur scheint erschrocken, fast in die Kniee zu sinken, und die
vor ihr stehende, zwischen deren Beinen sich ein Grübchen befindet, sich
streng zu ihr zu wenden, mit dem linken Fusse ihr straff entgegentretend,
während die anderen, Kopf und Hälse vorstreckend, sich gegen jene Er-
schrockene wenden und zu ihr sich zu bewegen scheinen.

Doch nicht allein hierin unterscheidet sich diese Arbeit von den übrigen,
es ist auch das Profil der Köpfe, welches, wie ich meine, deutlicher spricht
wie in allen übrigen, soweit sich nach den Abbildungen urtheilen lässt. Hier
ist offenbar die Nase natürlicher hervorgehoben, schon dadurch wird die Verlängerung des Kinns als Bart gekennzeichnet.

Ueberhaupt haben die Köpfe mehr Form, sind besser in den Verhältnissen,
selbst die Körper erscheinen doch menschlicher.

In allen diesen Dingen meine ich einen Fortschritt in der Arbeit erkennen
zu sollen. Nicht ohne Bedeutung dürfte es sein, dass auf dieser Gemme nicht
allein der achtstachelige Stern über den Häuptern der nach aussen befindlichen Figuren steht, sondern auch das gleichschenklichte Kreuz, dessen Querbalken nicht völlig wagrecht. Ausserdem bemerken wir an den vier Enden
der Kreuzesschenkel je zwei divergirende Ausläufer (Strahlen); ob diese eine
besondere Deutung erlauben, wie z. B. die Strahlen an dem Nimbus oder an
der Hand Gottvaters, oder ob sie nur die in ältesten christlichen Kreuzen
fast stets vorkommende Verdickung der Schenkel andeuten sollen, ob das
Anker, lasse ich um so mehr dahingestellt sein, als es der Formen des Kreuzes
ja so unendlich viele gibt, welche aber nach Didron's Ansicht ausnahmslos
von Bedeutung, weil selbst die kleinsten Verschiedenheiten bezeichnend für
eine Epoche, ein Land, eine Idee seien.

Dürfen wir dies Kreuz zu den stilisirten zählen, so darf wohl angenommen werden, dass auch diese Gemme in die Zeit der bei Hallum und
Kloster Klaaerkamp gefundenen gehört.

Die erste dieser beiden Gemmen (s. Pleite, Nederlandsche Oudheiden
1877, Heft 2) wurden 1866 gleichzeitig mit einigen Silberarbeiten und 400
Münzen mit einem Topfe grober friesischer Arbeit ausgegraben. Wir sehen
auf jener Gemme drei ähnliche Figuren mit zwei Sternen wie auf den bereits
beschriebenen. Die erwähnten Münzen gehören in das Zeitalter Carl Martell's
(s. Revue numismatique). Dies würde eben die Zeit sein, in der die stilisirten
Kreuze bereits vielfach angewandt wurden. Die andere Gemme, beim Kloster
Klaaerkamp gefunden, hat ebenfalls drei Figuren, jedoch ohne Attribute.

Von den letzteren der hier zu erwähnenden Gemmen wurde die eine

ʃ. III.) vor etwa 25 Jahren beim Pflügen auf dem Landgute des Herrn
Thünen in Suddens, nördlich von Jever, gefunden, sie gehört ebenfalls zu
dreifigurigen (Oldenburger Volksbote 1884).

Das Material ist das bereits erwähnte, ebenso ist die Ausführung der
uren dieselbe, wie das Profil und beigefügte Abbildung, welche ich Herrn
Thünen verdanke, zeigt.

Die Maasse sind folgende: Bildfläche 25 mm zu 21, Facette 4, Dicke 4.
ı den drei Figuren ist die rechts stehende und die mittlere, welche einen
Zweig mit sieben Aesten in der Hand hält nach links,
die links befindliche aber rechts gewandt, zwischen der
mittleren und dieser steht oben ein dreiastiger, an eine
Wünschelruthe erinnernder Zweig.

Fig. III.

An den beiden auswärts stehenden Figuren sind je
zwei Rückenverästungen zu bemerken, von denen die oberen
mit der Hand gehalten werden. Die untere der links
stehenden ist wieder gerauht. Bei der rechts stehenden
Figur sind geschlechtliche Andeutungen nicht zu verkennen.
Alle drei tragen auf dem Kopfe irgend eine Art Bekrönung,
von welchen die der links stehenden wieder an den
lius erinnert. Die Bewegung dieser drei Figuren, welche sich ebenfalls
den Händen halten, ist nicht sehr ausdrucksvoll, doch weicht auch sie
ıt allein hierin, sondern auch in der Form der Symbole von den ander-
t bekannten ab.

Die andere entdeckte ich im Juli d. J. im Domschatz zu Osnabrück.
ist mit einer anderen Abraxas und mehreren Gemmen auf dem Reliquien-
ein des hl. Crispianus, welcher dem 12. Jahrhundert angehört, eingelassen.
Paste mit zwei Figuren (Fig. IV.) steht der viertbeschriebenen des Buch-
deckels am nächsten, ist aber nicht oval geformt, sondern
nahezu kreisförmig von 1,5 und 1,7 Durchmesser. Material:
dunkle Glaspaste mit heller Ueberlage. Die rechts stehende
Figur, den Oberkörper etwas zurücklehnend, stellt das rechte
Bein leicht gekrümmt vor und ergreift mit der Rechten die
Linke der gegenüberstehenden. Ihrem linken Schenkel entwachsen zwei Verlängerungen, von dem die obere gekrümmt
gerauht, mit der Linken gehalten wird. Das Haupt ist mit einer Kopf-
ckung in Form des Modius versehen und die Nase scharf aufgestülpt.
erhobene Kinn ist lang und spitz bebartet, ebenso wie bei den meisten
früher erwähnten Köpfe.

lg. IV.

Die gegenüberstehende Figur steht aufrecht, das linke Bein etwas ge-
mt vorangestellt, ergreift sie mit der Linken die Rechte der zuerstgenannten.

In der Höhe des Gesässes sehen wir eine gekrümmte bandartige Ver-
erung, wie sie auf den ägyptischen Gemmen oft vorkommen. Dieses
ende Band wird mit der Rechten gehalten. Weiter unten, gegen die
beugungen, ist ein zweiter Absatz, der indess schräg absteht. Auch an
rechten Schulter erblickt man einen horizontal abstehenden, kurzen An-

satz, den man für die Spur eines Flügels halten könnte. Den Kopf schmückt die schon mehrerwähnte Bedeckung, unter der die Nase stark gekrümmt hervortritt. Das Kinn, welches im Gegensatz zu der ersten Figur nach der Brust gerichtet, ist gleichfalls spitz bebartet.

Was den auf dem erwähnten Reliquienschrein befindlichen Abraxas angeht (Fig. V.), so sehen wir einen Löwen, auf dem ein nacktes (geflügeltes?) Kind reitet, der Löwe schreitet der Länge nach auf einem liegenden menschlichen Körper. Unter des Löwen Hals und Bauch ist je ein vierstrahliger Stern, vor demselben, ihm zugewandt, steht eine Figur im langen Gewande, die rechte Hand nach dem Ohr führend, ihr zur Seite sehen wir den Stern ebenso über ihrem Haupte, hier findet sich auch ein rechts gewandter Kopf mit Strahlenkrone, hinter dem reitenden Kinde ist gleichfalls ein links gewandter Kopf, und zwar ein weiblicher mit stehendem Halbmond, auf demselben hinter ihm zwei Sterne, wie einer unter dem Halsabschnitt. Der Löwe trägt den Schweif erhoben gekrümmt, und sehen wir neben der Krümmung eine hockende Kröte oder ähnliches Thier.

Fig. V.

Soweit mir bekannt, ist dies der einzige Fall, wo sich Abraxas zugleich mit unseren barbarischen Gemmen verwendet finden.

Durch die vorstehenden Mittheilungen erscheint der Verbreitungskreis unserer Gemmen so wesentlich erweitert, dass die Frage des Entstehungsortes oder Landes wohl noch als eine offene anzusehen sein dürfte. Die aufgetauchte Annahme, dass dieselben Skandinavien angehören, erscheint vorläufig völlig unhaltbar, besonders wenn angenommen werden kann, dass der im Oldenburgischen mehrfach gefundene, mit dem Material der Gemmen identisch scheinende Glasfluss das verwendete Rohmaterial sei.

Das Vorkommen eines derartigen Steines mit vier Figuren und dem Kreuze steht, soweit mir bekannt, einzig da; es ist auch dies vielleicht geeignet, den Anschauungskreis über Herkunft und Bedeutung derselben zu erweitern.

Wir kennen mit dieser vierfigurigen Gemme 21 derartige Steine, verbreitet von der Ostsee bis in die nördlichen Landstriche Hollands. Von diesen gleicht keine der anderen völlig, im Gegentheil erscheinen die Abweichungen meistens wesentlich, wenn auch die Grundform der Figuren, wohl bestimmt durch die wenig geschickte, aber nicht geistlose Hand des Steinschneiders, dieselbe ist. In Süddeutschland oder Italien habe ich bis dahin keine dieser Gemmen finden können.

Die mystische Art der Auffassung der Figuren, die Attribute oder Symbole, Zweige (Fackel), divergirende Strahlen (Hörner oder Modius des Serapis), Sterne, Kreuz, vielleicht auch die Kügelchen bei einigen, sowie der Umstand, dass keine der Gemmen eine ursprüngliche Fassung hatte, lässt mit Sicherheit annehmen, dass dieselben in die Classe der Talismane oder auch Amulette gehören. Die vielfachen bedeutenden Abweichungen von einander, sowie die Verschiedenheit der Symbole lassen vermuthen, dass die Verfertiger derselben

den verschiedenen Bedürfnissen jener dunklen, an Zauberkünsten mancher Art,
auch metallurgischen und medicinischen, reichen Zeit entgegengekommen.

Auch der wiederholt, namentlich auf einem der Steine aus Utrecht,
deutlich wahrzunehmende Phallus scheint sehr wesentlich darauf hinzudeuten.

Von diesem Gedanken angeregt, möchte ich auf die Abraxas hinweisen;
bei ihnen, welche häufig in blauem Steine geschnitten, finden sich vielfach
Sterne, Zweige, Fackel, der Phallus; Serapis mit dem Modius auf dem Haupte,
auch geflügelte Figuren mit Band (Mitra) und ährenartige oder rauhe Ansätze
an der Rückseite des Körpers kommen vor (vergl. Denon, Kreuzersymbolik;
Lepsius u. dgl. m.). Wenn auch die meisten derselben vortrefflich gearbeitet,
so gibt es unter ihnen doch manche von sehr roher Art, ich erinnere nur
an einige in Cassel befindliche Abraxas (z.B. mit den drei Kriegern, von denen
zwei die Schwerter gezückt, während der zwischen ihnen stehende beide an
der Hand ergreift. Besonders aber an jene in Magnetstein geschnittene Gemme
(Florenz; siehe Passeri), auf welcher der siegende Tod auf einem von zwei
Löwen gezogenen Streitwagen über Gerippe dahinbraust.

Schongauer und der Meister des Bartholomäus.

Von L. Scheibler.

Die folgende Studie, welche an die Arbeit von Wurzbach über Schongauer*) anknüpft, soll eine Art von Besprechung dieser bemerkenswerthen
Schrift sein; durch verschiedene Umstände, die theilweise mir selbst zur Last
fallen, hat sie sich freilich als solche leider ziemlich stark verspätet. Ich
bin dadurch aber in die günstige Lage versetzt, die bis jetzt erschienenen
Kritiken dieses Werkchens[1]), worunter mehrere von berufener Hand, berücksichtigen und benutzen zu können; namentlich habe ich das mit Lübke's ausführlichen »Schongauer-Studien« gethan. Allerdings muss ich gleich betonen,
dass ich mich mit dessen anerkennendem Gesammturtheil über W.'s Leistung
nicht einverstanden erklären kann: ich finde, dass zwar die hier gegebene
Anregung zu einer erneuten Untersuchung über Sch.'s Leben, sowie zu einer
chronologischen Anordnung seiner Stiche und endlich die unbarmherzige
Prüfung der von der sachverständigen sowie der anderen Litteratur dem
Künstler zugeschriebenen Gemälde recht verdienstlich ist, dass aber schon die
Anordnung der Stiche gar zu vielen und schweren Bedenken unterliegt, und
dass der mit grosser Zuversicht auftretende Versuch, den Meister des Bartholo-
mäus-Altars als mit Sch. identisch nachzuweisen, bei der vollkommenen Ein-
stimmigkeit aller Urtheilsfähigen in Ablehnung desselben, als kläglich gescheitert
anzusehen ist. Auf diese Hypothese komme ich unten ausführlich zurück; hier

---

*) Martin Schongauer. Eine kritische Untersuchung seines Lebens und
seiner Werke nebst einem chronologischen Verzeichnisse seiner Kupferstiche von
Alfred v. Wurzbach: IV. u. 125 S. Wien, Manz, 1880.

[1]) (Namenlos): Allg.Ztg.1880, Nr.129 (kritikloser Lobespsalm); W.Schmidt:
ebendort, Nr. 156; Lübke: Zeitschr. f. bild. Kunst 1880—81, S. 74—86; Academy
1880, II, S. 335 (kurz); v. Seidlitz: D. Litter.-Ztg. 1881, S. 20—21; Ephrussi:
Gaz. des B.-Arts 1881, I, S. 95—96; Colvin: L'Art 1881, III, S. 272—278. Kürzere
Bemerkungen über Wurzbach's Auffassung des Meisters vom Barthol.-Altar: A.
Kunst-Chronik 1879—80, S. 640; Wörmann: Gesch. d. Malerei, 2, 488, und Bode,
Jahrb. d. preuss. Kunstsamml., 4, 131.

möchte ich im Allgemeinen nur bemerken, dass durch die Erzeugung solch
schwächlicher Hirngespinste ein im Uebrigen manches Neue und Richtige ent-
haltendes Buch so entstellt werden konnte, dass die Frage entsteht, ob dasselbe der
Wissenschaft mehr Nutzen oder Schaden gebracht hat. Den Sachverständigen
werden die in derartigen Schriften enthaltenen groben Irrthümer freilich weniger
zum Schaden als zur Erheiterung gereichen; aber die Achtung des kunstliebenden
Publicums vor den Ergebnissen der Forschung wird wahrlich nicht dadurch
erhöht werden, dass längst und mit Recht Anerkanntes in Frage gestellt und
an dessen Stelle irgend eine sehr subjective Behauptung gesetzt wird.
Und in Frankreich beruft man sich, wie ich höre, auf die Schrift W.'s schon
als auf einen Hauptbeleg für die angebliche Neigung der deutschen Kunstgelehrten zu wundersamen Traumgebilden. Auch muss dem, welcher sich
nicht scheut, solche Hypothesen zu veröffentlichen, ohne sie vorher der pein-
lichsten Prüfung durch sich selbst und befreundete Fachgenossen unterworfen
zu haben, wenig daran liegen, sein Ansehen zu wahren, auf welches ja
nun einmal bei der Stilvergleichung so viel ankommt.

Zu diesem Mangel an Selbstkritik steht W.'s hyperkritischer Sinn scheinbar in auffallendem Gegensatze. Auch Lübke rügt diese Eigenthümlichkeit W.'s
an mehreren Stellen (S. 79 oben, 82 unten), aber viel zu milde, denn dieselbe verdient m. E. die schärfste Verurtheilung: nur hierdurch können jüngere,
von vermeintlichen negativen Entdeckungen strotzende Kräfte vielleicht abgehalten werden, in jene üble Angewohnheit zu verfallen. Belege für dieselbe bei
W. wird die Besprechung seiner Schrift oft genug bieten; hier will ich nur einen
besonders schlagenden aus einer anderen Arbeit desselben anführen. In seiner
Ausgabe Houbraken's von 1880 sagt er nämlich auf S. VIII der Einleitung:
»Ein Meister, dessen Werke die einen Autoritäten dem Gerard Horebout, die
anderen dem Gerard David, wieder andere dem Liewin de Witte und noch
andere dem Jan van Eyck zuschreiben, kann nicht als festgestellt angesehen
werden.« Nun ist aber die **berufene** neuere Litteratur, aus unumstösslichen
Gründen, vollständig darüber einig, dass die in Frage stehende Gruppe von
Bildern keinem anderen als dem G e r a e r t D a v i d angehört; denn ein Hauptwerk ist urkundlich vollkommen sicher beglaubigt und ein anderes wenigstens
sehr wahrscheinlich. Hyperkritik und Kritiklosigkeit hangen in Wirklichkeit
freilich eng zusammen, wie man denn in der That meist finden wird, dass
gerade diejenigen Kunstforscher, welche die Vorsicht bis zur Albernheit treiben
und in Distinctiönchen von transcendenter Subtilität excelliren, keinen Zaun-
pfahl von einem Kirchthurm unterscheiden können.

Im Eingangscapitel erklärt W., man wisse trotz des grossen Ruhmes,
dessen Sch. sich von jeher bis heute erfreut, so gut wie nichts Sicheres über
sein Leben und seine Kunstweise. Die Aufgabe sei daher, das Gesammtbild,
welches sich die bisherige Litteratur vom Meister gemacht, peinlich zu prüfen.
W. setzt uns schon hier mit der auch auf S. 31 und sonst ausgesprochenen
Entdeckung in Erstaunen, dass wir gar keine Gewissheit darüber hätten, ob

die mit dem bekannten Monogramm bezeichneten Stiche wirklich von Sch. seien. Wenn wir auf diese Weise alle, auch die vertrauenswürdigste Ueberlieferung (vgl. Lübke S. 79 oben) in den Wind schlagen und überall strenge Beweise verlangen wollten, so wäre die Kunstgeschichte eine ebenso einfache als arme Wissenschaft. Freilich ist es W. mit dieser ersten Probe von Hyperkritik gar nicht so ernst: er spricht nach wie vor mit bestem Gewissen von Stichen Schongauer's und verschont uns mit dessen Bezeichnung als Meister M. S.

In Capitel 2 (und S. 28—30, 45—46) behandelt W. darauf die Frage in Betreff des Geburtsjahres Sch.'s, das er um 1450 setzt. Er schliesst sich hiebei an diejenigen an, welche das Datum des Münchener Bildnisses 1483, nicht 1453, lesen. Diese Auffassung, welche früher nur die Minderheit für sich hatte, war neuerdings schon von W. Schmidt und Woltmann mit überzeugenden Gründen vertheidigt worden. W. betont dies weniger als nöthig gewesen wäre, bringt aber allerdings noch einiges zur festeren Begründung des genannten späten Geburtsjahres bei, so dass sich jetzt kein Widerspruch mehr dagegen erheben dürfte. (Die Wiederholung in Siena, deutlich 1453 datirt, halte auch ich für noch schwächer und später als das Münchener Bild.)

Im folgenden Capitel vertheidigt W. das früher viel umstrittene Todes-jahr 1488, worüber die deutsche Kritik schon geraume Zeit einig war, gegen die recht schwachen neueren Einwürfe der Elsasser Forschung.

Dann wendet er sich zur Untersuchung der Kupferstiche Schon-gauer's, und ein Anhang ergänzt dieselbe durch ein ausführliches chronologisches Verzeichniss. Da ich bei deren Anordnung ein eigenes, von W. in vieler Hinsicht sehr abweichendes System habe, so finde ich es gerathen, dies zunächst kurz darzulegen und mich erst dann mit W. auseinander zu setzen. Auf S. 43 sagt er mit Recht, bei der Bestimmung der chronologischen Folge der Stiche sei die technische Fortbildung in untrennbarer Verknüpfung mit der künstlerischen Ausbildung der Formenauffassung zum Ausgangspunkte zu nehmen. Ich habe ihm aber vorzuwerfen, dass er den technischen Gesichtspunkt gegen den anderen sehr vernachlässigt hat, während doch gerade die Untersuchung der technischen Unterschiede, namentlich in Betreff der Schraffirung, hier viel greifbarere Ergebnisse liefert als die immer etwas subjectiv gefärbte Betrachtung der Formenauffassung [2]. Ich glaube nun gefunden zu haben, dass sich, selbst innerhalb der Gruppe von 41 Blättern, die W. auf S. 37 für die spätesten, auch der Mache nach am meisten vollendeten erklärt, in Hinsicht auf die Strichführung sehr deutliche Unterschiede feststellen lassen, welche bei den von ihm meist mit Recht früher gesetzten Stichen noch stärker

---

[2] Bei dieser vorläufigen Zurückweisung der Formenanalyse darf ich wohl daran erinnern, dass ich bei meinen bisherigen Arbeiten über altdeutsche Maler den grössten Nachdruck auf die Kennzeichnung der Formenauffassung gelegt, während ich die bei Gemälden meist so schwer zu beurtheilende Technik nur so weit berücksichtigt hatte, als es unumgänglich nothwendig war. Bei der Untersuchung von Stichen, deren Technik viel leichter zu ergründen ist, scheint es mir hingegen angemessen, das Verfahren umzukehren, um sich zunächst ans Greifbarste zu halten.

hervortreten. Die nach meiner Ansicht allerspätesten Blätter (die auf S. 35 von W. als solche genannte Wappenfolge und drei einzelne Heilige halte auch ich dafür) zeigen nämlich eine ganz reine Kreuzschraffirung, d. h. eine durch zwei Gruppen vollkommen grader, gleichlaufender Linien hervorgebrachte Schraffirung, während die übrigen Blätter, je früher desto mehr, von dieser regelmässigen Weise abweichen, indem sie, im Gegensatze zu jener streng stecherischen Art, mehr zeichnerisch, frei behandelt sind, oft mit Anwendung von Häkchen: »die Strichlagen den Formen folgen lassend« (Woltmann), »mit mannigfaltiger [als beim Meister E. S.] geschwungenen Strichen« (W. Schmidt). Beide Forscher sagen also von der Gesammtheit der Stiche aus, was nur von den früheren gilt; sie haben aber doch wenigstens einen Versuch gemacht, Sch.'s Stechweise zu kennzeichnen, und hievon findet sich bei W. keine Spur [3]). Er spricht hingegen immer nur von grösseren oder geringeren Graden der technischen Vollendung, welche Unterschiede zudem (wenigstens im Bereiche der nicht ganz frühen Blätter) auffallend gering seien (S. 34—35), während er für die formalen Unterschiede der Stechweise gar kein Auge gehabt hat. Auf S. 92 unten sucht er die angebliche »Uniformität« der Stiche durch die Annahme einer kräftigen Ueberarbeitung zu erklären, welche die meisten durch Sch. oder andere Hände erfahren hätten; dem widersprechen aber die ziemlich zahlreichen mit ganz reiner Kreuzschraffirung behandelten Blätter, die auch W. mit wenigen Ausnahmen für Werke der letzten Zeit erklärt, und die in sehr merklichem Gegensatze zur Stechweise der übrigen stehen [4]). Zwingend geht W.'s Mangel an Genauigkeit in Bezug auf den technischen Gesichtspunkt aus Bemerkungen wie der folgenden hervor: beim S. Antonius (B. 46, W. 58) sagt er nämlich ausdrücklich, die Behandlung mahne an die Apostelfolge (und auf S. 36 erklärt er beide Werke für ganz gleichzeitig), während doch die vollkommene Kreuzschraffirung des Antonius von der unruhigen Strichelung der Apostelfolge sehr abweicht. Als weitere Beispiele zur Vergleichung erwähne ich noch: S. Agnes, B. 62, W. 73 (früh) und die grosse S. Katharina, B. 65, W. 74 (spät); auch W. glaubt, die Agnes für früher halten zu müssen, irrt aber jedenfalls darin, dass er sie in die Zeit der Jungfrauenfolge setzt, welche viel später fällt (mit Ausnahme der zwei Blätter B. 78 und 86). Ferner möge man den Tod Mariä B. 33, W. 49 (früh) neben die Taufe Christi B. 8, W. 51 (spät) halten; W. nimmt beide Blätter für gleichzeitig.

  Ich stelle übrigens gar nicht in Abrede, dass manche der früheren

---

[3]) Nachträglich sehe ich, dass auch Galichon (Gaz. des B.-Arts 1859, III, S. 326—327) sich bemüht hat, die Unterschiede in Sch.'s Stechweise zu kennzeichnen; er kommt zu Ergebnissen, die meiner Ansicht einigermaassen ähnlich sind, doch hält er die Stiche von regelmässigerer Technik für die früheren.

[4]) Auch Lübke hat, obgleich er mehr als W. von Technik redet, von den angegebenen Unterschieden in derselben wenig gemerkt; die ganz späte Taufe Christi, B. 8, weist er z. B. »wegen der einfachen Technik« der mittleren Periode zu (S. 78) und den fast eben so späten Johannes auf Patmos (B. 55) hält er sogar für ganz früh, weil »noch in unsicherer, unentwickelter Technik durchgeführt« (S. 76).

Stiche den spätesten in Hinsicht auf die Meisterschaft der Mache gewachsen sind, wenn die Weise der Schraffirung bei beiden auch eine
ganz verschiedene ist; Sch. scheint eben schon sehr bald zu voller Reife
gelangt zu sein, sowohl im Technischen als im Künstlerischen. Betonen
möchte ich aber, dass es sehr unkritisch wäre, den Meister beide Arten
der Schraffirung je nach Laune gleichzeitig anwenden zu lassen, d. h. anzunehmen, er habe bei ungefähr gleichzeitig entstandenen Blättern in dem
einen ausschliesslich die eine, in dem anderen nur die andere gebraucht,
oder auch jederzeit beide Verfahren in beliebigem Verhältniss gemischt. Man
muss sich vielmehr dafür entscheiden, diejenigen Stiche, welche die eine
der beiden Weisen ausschliesslich zeigen, für die frühesten zu halten, dagegen
diejenigen, welche ebenso einseitig die andere anwenden, der spätesten Zeit
zuzuschreiben und, je nach der Mischung beider Behandlungsweisen, Zwischenstufen einzuschieben. Wenn man nun die verschiedenen Stechweisen Sch.'s mit
der des Meisters E. S. vergleicht, so findet sich allerdings, dass die Art des
E. S. mehr Verwandtschaft mit der Kreuzschraffirung Sch.'s als mit dessen
zeichnerischem Verfahren hat. E. S. verwendet nämlich nur ganz gerade Schraf-
firungsstriche, ob kurz oder lang, begnügt sich aber oft nicht, wie Sch. meist
thut, mit zwei Gruppen sich kreuzender Striche, sondern braucht deren
nicht selten mehr, wodurch zuweilen ein wirres Durcheinander entsteht.
Wenn das Dogma von Sch.'s Hervorwachsen aus E. S. wahr wäre (am stärksten
von W. Schmidt vertreten, in Dohme's Kunst und Künstler, S. 26, 35 und
im angeführten Artikel der Allg. Ztg.), so läge es freilich nahe, Sch.'s Stiche
mit reiner Kreuzschraffirung für die frühesten zu halten. Aber dessen Formenauffassung steht der von E. S. schon im Allgemeinen zu fern, als dass man
einen engen Zusammenhang beider Meister annehmen könnte. Und es ist
nicht zu leugnen, dass die meiner Ansicht nach frühen und als solche auch
von W. anerkannten Blätter Sch.'s weit entfernt von einem Vorwiegen der
Kreuzschraffirung sind; anderseits zeigen gerade diejenigen Blätter die reinste
Kreuzschraffirung, welche, wie oben gesagt, W. mit Recht wegen der grössten
künstlerischen (sowohl geistigen als technischen) Vollendung für die allerspätesten hält (S. 35). Dass der Meister E. S. alterthümlicher ist als Sch.,
wird übrigens allgemein zugestanden; möglich ist jedoch, dass letzterer erst
nachträglich durch die Stiche des E. S. veranlasst wurde, die Kreuzschraffirung
mehr und mehr anzunehmen, wenn sich auch von einer unmittelbaren Nachahmung der Stechweise desselben bei Sch. nichts findet. Gegen W.'s unklare
und haltlose Erörterung des Verhältnisses beider Meister (S. 39—40) hat sich
schon W. Schmidt im oben genannten Aufsatz ausgesprochen.

Meine Anordnung der Stiche (abgesehen von einigen unbedeutenden
oder zweifelhaften) ist folgende (innerhalb der einzelnen Stufen mache ich
dabei keine Unterschiede): I. Vorstufe (die technisch und formal noch
etwas unentwickelten Blätter): Grosse Geburt B. 4, W. 4, kleine Kreuzigung
mit Longinus B. 22, W. 106, Madonna mit Papagei B. 29, W. 1, Madonna
auf Halbmond B. 31, W. 105, Versuchung des Antonius B. 47, W. 9,
Schmerzensmann B. 69, W. 2. II. Ueberwiegen der freien Schraf-

firùng: Flucht B. 7, W. 6, grosse Kreuztragung B. 21, W. 24 [5]), Tod Mariä
B. 33, W. 49, wegen einer datirten Copie nicht nach 1481 entstanden, Jacobsschlacht B. 53, W. 7, S. Agnes B. 62, W. 73, thörichte Jungfrau in Halbfigur B. 87, W. 3, Auszug zum Markte B. 88, W. 11. III. Gleichgewicht
von freier und kreuzweiser Schraffirung: Die Passion (ausgenommen Dornenkrönung, Kreuzigung und Auferstehung, die zu IV gehören)
B. 9—19, W. 12—22, Christus und Magdalena B. 26, W. 52 (eine Copie von
1477), grosse Madonna in ganzer Figur B. 28, W. 65, Madonna im Hofe
B. 32, W. 76, Apostelfolge B. 34—45, W. 26—37, S. Georg, rund B. 51,
W. 110, S. Johannes d. T. B. 54, W. 67, S. Martin B. 57, W. 69. IV. Ueber-
wiegen der Kreuzschraffirung: Maria und der Engel der Verkündigung
B. 1—2, W. 77—78, Maria das Kind anbetend B. 5, W. 50, Anbetung der
Könige B. 6, W. 5 (eine Copie von 1482), Dornenkrönung B. 13, W. 16,
Kreuzigung (wie die beiden folgenden, aus der Passion) B. 17, W. 20, Auferstehung
B. 20, W. 23, Kreuzigung mit Schergen B. 24, W. 25, Krönung Mariä B. 72,
W. 53. V. Noch stärkeres Ueberwiegen der Kreuzschraffirung:
Verkündigung B. 3, W. 48 (eine Copie von 1483 oder 1485), grosse Kreuzigung
B. 25, W. 10, S. Christoph B. 48, W. 66, S. Johannes auf Patmos B. 55,
W. 111, S. Michael B. 58, W. 70, S.S. Barbara und Katharina (klein) B. 63
bis 64, W. 62—63, Christus neben Maria thronend B. 71, W. 54, eine kluge
und eine thörichte Jungfrau B. 78, 86, W. 39, 47 (die übrigen der Folge
gehören zu VI), Greif B. 93, W. 86, Bischofsstab B. 106, W. 98, Weihrauch-
fass B. 107, W. 97. VI. Reine Kreuzschraffirung: Taufe B. 8, W. 51,
kleine stehende Madonna B. 27, W. 61, Madonna auf Rasenbank B. 30, W. 75,
S. Antonius Er. B. 46, W. 58, S. Stephanus B. 49, W. 72, S. Georg, klein,
viereckig B. 50, W. 108, S. Laurentius B. 56, W. 68, grosser und kleiner
S. Sebastian B. 59—60, W. 71, 60, Bischof B. 61, W. 59, grosse S. Katharina
B. 65, W. 74, S. Veronika B. 66, W. 64, Christkind B. 67, W. 56, Erlöser
B. 68, W. 57, thronender Christus B. 70, W. 55, Evangelistenzeichen B.
73—76, W. 82—85, vier kluge und vier thörichte Jungfrauen B. 77—86,
W. 38—47 (ausser B. 78, 86, W. 39, 47, die zu V. gehören), Müller B. 89,
W. 80, zwei Männer B. 90, W. 8, Goldschmiedsjungen B. 91, W. 79, Elephant
B. 92, W. 113, Schweine B. 95, W. 81, Wappenfolge B. 96—105, W. 87—96.

Gehen wir nun zu W.'s Anordnung der Stiche über. Nach Abfertigung
der 22 Blätter, womit Passavant höchst überflüssiger Weise Sch.'s Werk ver-

---

[5]) Sidney Colvin's Versuch (L'Art 1881, III, S. 277), dies Blatt durch Vergleichung mit Memlinc's Bild in Turin in die Zeit vor 1477 zu setzen, ist abzuweisen: einmal, weil kein Zusammenhang zwischen den angeblich gleichen Figuren
beider Darstellungen, den Schächern und Soldaten, stattfindet (die Leichtfertigkeit,
womit Behauptungen wie die in Frage stehende noch immer, selbst von den ge-
diegensten Schriftstellern, ausgesprochen zu werden pflegen, ist unglaublich), und
sodann, weil die Gründe, dies Bild für das urkundlich 1477 auf Anregung Willem
Vreland's von Memlinc gemalte zu halten, höchst schwache sind. Renouvier, Grav.
Pays-bas 151, erwähnt eine Copie des Stiches *von 1481*; Zani, auf den er sich zu
berufen scheint, sagt jedoch nichts darüber.

mehrt hatte, werden sechs als bedenklich und neunzehn wegen, zu geringer Bedeutung oder Entstellung durch Retouchen als vorläufig bei Seite zu lassend genannt (S. 33). Von diesen neunzehn erklärt W. im Anhang sieben doch für echt (von B. 54—93), wenn auch bei einigen mit mehr oder weniger Bedenken; ich hege bei keiner dieser Nummern die Spur eines Zweifels und ebensowenig bei den zu dieser Gruppe gehörigen B. 22, 50 und 51, wie auch bei 23, 31, 55 und 92 aus der erstgenannten Gruppe von sechs Blättern. Auch Schmidt und Lübke halten an den meisten der von mir gegen W. vertheidigten Stiche als echt fest; ganz unbegreiflich ist, dass W. den Johannes auf Patmos, den Schmidt mit grossem Rechte für eins der schönsten und reifsten Werke Sch.'s erklärt, als von »harter, späterer Stechertechnik«, verwerfen konnte.

Nachdem er sieben Stiche (»Gruppe der Madonna mit Papagei«) vorläufig ausgesondert, wendet W. sich hierauf zu den 84 Blättern, die er für unzweifelhaft echt und technisch auf beinahe gleicher Höhe stehend hält. Er nimmt als Entstehungszeit derselben fünfzehn Jahre in Anspruch und findet es kaum glaublich, dass während eines solchen Zeitraums »die Technik eines so bedeutenden Künstlers keine stärkere Metamorphose durchgemacht haben sollte«. Wenn dieselbe wirklich so geringfügig wäre, so würde allerdings auch ich mit meinem Erstaunen darüber nicht zurückhalten; man muss sich aber vielmehr darüber wundern, dass W. auf die Schilderung der, wie dargelegt, durchaus nicht unbedeutenden Unterschiede in der Mache der betreffenden Blätter gar nicht eingegangen ist, sondern sich gleich anschickt, dieselben »lediglich auf die in ihnen behandelten Formen hin zu gruppiren«. Nach ihm (S. 35—36) ergibt sich ein natürliches System der Stiche aus dem Gesichtspunkte, dass ein Theil derselben vorwiegend wohlgefällige, ein anderer hässliche Gestalten darstelle. Obgleich dieser falsche Grundsatz, der schon so viel Unheil angerichtet hat, nicht streng durchgeführt ist, da sich nach W. unter den früheren der 84 Blätter (diese früheren nennt W. die »Gruppe der Passion«) auch die grosse und die kleine Geburt Christi, die grosse Kreuzigung und die Jungfrauenfolge befinden sollen, welche alle doch keine »hässlichen, abenteuerlichen grotesken Gestalten« zeigen, so kann ich doch nicht zugeben, dass eine genügende Anzahl der nach W.'s Ansicht zur »Gruppe der Passion« gehörigen Stiche wirklich der Passionsfolge entspricht: nur die Kreuztragung, S. Martin und die Apostelfolge halte ich für der Passion gleichzeitig oder etwas früher. Gleichmässiger ist die auf S. 37 zusammengestellte spätere Gruppe innerhalb der 84 Blätter, welche Gruppe die »der Technik und Form nach am meisten vollendeten« Stiche umfassen soll; dieselben gehören in der That fast sämmtlich zu meinen Stufen V und VI. Beträchtlich früher sind jedoch der Mache nach: Christus und Magdalena B. 26, die grosse stehende Madonna B. 28, Madonna im Hofe B. 32 und namentlich der Tod Mariä B. 33 und S. Agnes B. 62. Nach S. 37 hat W. bei der Scheidung der beiden Gruppen übrigens auch Rücksicht auf die sich in den früheren Arbeiten zeigenden Zeichenfehler genommen, jedenfalls ein gesunderer Grundsatz als der oben besprochene, bei welchem der Gegenstand der Darstellung so leicht zu falschen Schlüssen verleitet.

W. stellt sich nun die Frage, unter welchen Einflüssen Sch. bei diesen drei Gruppen gestanden, oder wenigstens bei den beiden ersten; denn
die dritte zeigt nach seiner Ansicht eine »vollkommen durchgebildete Originalität«, während in den beiden anderen sich ein starker Nachklang von
Weyden geltend mache, wozu bei der zweiten eine Beeinflussung durch gewisse Kölner Meister kommen soll, nebst den Eindrücken von Passionsspielen.
Bei der darauf folgenden Untersuchung der Nachricht Lombard's von der Schülerschaft Sch.'s bei Weyden ergibt sich mit grosser Wahrscheinlichkeit, dass Sch.
sich nur nach den Werken desselben gebildet. Die Litteratur hat auch schon
seit langem die sehr augenscheinliche Beeinflussung Sch.'s durch Weyden
hervorgehoben, und ich glaube zudem, dass dieselbe in allen Stilperioden Sch.'s
sich ziemlich gleichmässig zeigt, also in seiner letzten Zeit nicht so sehr zurücktritt wie W. meint: die Formen Weyden's sind ein wesentlicher Bestandtheil
von Sch.'s Stil geworden, wenn er sie gleich zum Ausdruck einer anderen,
milderen Gefühlsweise umbildet [6]). W.'s Aufstellung der Anlehnung Sch.'s
an Kölner Meister, die sich namentlich in der Passion, der Kreuztragung und
der Apostelfolge zeige, finde ich nicht gerechtfertigt; der andere von ihm genannte Punkt, die Eindrücke von Passionsspielen, ist vielmehr ein genügender
Erklärungsgrund für die in diesen Blättern auftretenden, von Weyden abweichenden derb realistischen Gestalten. Einem Künstler wie Sch. sollte man doch
zutrauen, solche Figuren auf der damals von ihm erreichten Stufe der Entwicklung direct dem Leben entnommen zu haben! Und es ist somit überflüssig,
ängstlich darnach zu forschen, welchem älteren Meister er diese Typen wohl
habe nachbilden können [7]). W. hätte übrigens als denjenigen, auf welchen die
derben Figuren des Altars aus S. Laurentius zu Köln zurückgehen, wodurch
Sch. besonders beeinflusst sein soll (S. 38, Note), ruhig den Stephan Lochner

---

[6]) Dass W. übrigens bei Weyden noch nicht recht sattelfest ist, geht aus
zwei neuerlichen Bestimmungen von ihm hervor. Das Altärchen mit der Kreuzigung,
Nr. 31 in Brüssel (früher bei Middleton in London, vorher bei Wolsey-Moreau in Paris
und bei Zambeccari in Bologna), hat nach ihm (Repert. 3, 88) »mit den echten Werken des Weyden nicht die geringste Aehnlichkeit«, während es unstreitig in sehr naher
Beziehung zu demselben steht (vgl. Crowe-Cavalcaselle S. 252); es ist mindestens
eine tüchtige Arbeit aus seiner Werkstatt. Und bei einer Besprechung der Kreuzigung aus der früheren Sammlung von Friedr. Lippmann in Wien (Zeitschr. f. bild.
Kunst 17, 323) bleibt W. ruhig bei der (freilich allgemein anerkannten) Benennung
»Weyden«, unter ausdrücklicher Berufung auf dessen Altar im Belvedere, und doch
beweist gerade die Vergleichung mit diesem echten Bilde die Unhaltbarkeit jener
Taufe. Prof. Justi stimmt mir darin bei, dass das erwähnte, jetzt bei H. O. Miethke
in Wien befindliche Bild ein unzweifelhafter **Bouts** ist, wofür auch die freie Schul-
wiederholung in Berlin (Nr. 543) spricht.

[7]) Die zur Zeit herrschende Mode verlangt freilich dringend, dass man
sich bei der Stilzerlegung eines Meisters nicht eher beruhige, bis man über die
Art, wie er seine Kunstweise aus möglichst vielen Vorgängern und Zeitgenossen
zusammengestohlen, ein hübsches System fertig gebracht, das allerdings meist nur
für den Eigengebrauch des Erfinders ausreicht. Hoffentlich sind Morelli's Bemerkungen gegen Crowe-Cavalcaselle's Einflussriecherei nicht ganz in den Wind geredet!

nennen können. Ich halte hiebei nämlich, trotz des Widerspruches von Kugler, Hotho und Schnaase, aber in Uebereinstimmung mit Eisenmann, die Urheberschaft dieses Meisters für wahrscheinlich[8]). Aber auch abgesehen davon, ist jedenfalls klar ersichtlich, dass durch die zahlreichen ganz ähnlichen Typen auf der Mitteltafel des Dombildes und Werken aus der unmittelbaren Nachfolge Stephan's, wie dem umfangreichen Heisterbacher Altar in München, Augsburg und Köln (vgl. besonders die dortige Geisselung Nr. 122, von Raps photogr.), dieser Hauptmeister der Kölner Malerei im zweiten Viertel des 15. Jahrh. als der Urheber der betreffenden Gestalten auf den zum Altare aus S. Laurentius gehörigen Frankfurter Apostelmartyrien erwiesen wird (auf S. 99 nennt unser Hyperkritikus den Maler dieses doch aus einer Kölner Kirche stammenden Werkes sogar nur einen angeblich Kölnischen Meister).

Hierauf kommt W. zu der früher vorläufig bei Seite gelassenen, aus sieben Stichen bestehenden »Gruppe der Madonna mit Papagei« zurück, wovon er damals in seiner übertreibenden Ausdrucksweise gesagt hatte, dass sich von ihr aus scheinbar kein Uebergang zu irgend einem der 84 Blätter finden lasse. Jetzt aber entdeckt er bei der Anbetung der Könige und der Versuchung des Antonius doch Anknüpfungspunkte. Beim ersteren Blatte ist die durch die Aehnlichkeit zweier Nebenfiguren vermittelte Verbindung mit der grossen Kreuztragung freilich recht schwach; jene Aehnlichkeit ist eine ganz äusserliche, und die Anbetung der Könige ist im Gegentheil beträchtlich später als die Kreuztragung, was sich schon aus dem viel meisterhafter ausgeführten und bedeutender aufgefassten Kopfe der betreffenden Figur auf der Anbetung ergibt; eher entsprechen dieser Figur einige aus der späten Wappenfolge, namentlich B. 101 (Lübke folgt hier W.). Die übrigen von W. in diese Gruppe gesetzten Blätter halte auch ich für früh: die Madonna mit Papagei, die Versuchung des Antonius und der Schmerzensmann gehören zu meiner Stufe I und die Flucht, die Jacobsschlacht und die thörichte Jungfrau in Halbfigur zu II. Bei der sich in den drei erstgenannten Nummern noch zeigenden Unsicherheit der Zeichnung ist es leicht, dieselben als hieher gehörig zu erkennen, und W. bringt weitere Gründe dafür durch die Untersuchung der Form des Handzeichens bei. Zu den frühesten Werken gehört aber jedenfalls noch die Madonna auf Halbmond B. 31, die W. auf S. 32, 59 und 118 bespricht. Er hält sie für unecht und höchstens für eine Copie nach einem sehr frühen Werke Sch.'s. Bisher wurde sie nie bezweifelt, im Gegentheile für ein Hauptblatt erklärt, und auch ich bin mit Schmidt und Lübke von ihrer Echtheit überzeugt. Sehr früh ist ferner die grosse Geburt, die auch W. im

---

[8]) Die neueste Litteratur will dem Meister Stephan ausser dem Dombilde und der Madonna in der Rosenlaube allerdings nichts lassen. Nach meiner Ansicht sind jedoch Schnaase's Zweifel an der Echtheit der grossen Madonna im Diöcesanmuseum (von Woltmann anerkannt) ebenso hyperkritisch wie seine beim Danziger Bilde gegen die Urheberschaft Memlinc's erhobenen Bedenken. Ferner freue ich mich, den Gekreuzigten mit Heiligen im Germanischen Museum (früher bei E. Förster) und die Darbringung in Darmstadt von 1447 als echt gelten lassen zu dürfen.

Schlussverzeichniss als solche nennt, während er sie auf S. 36 kurz vor die Passion gestellt hatte. Die grosse Kreuzigung dagegen, welche an das Ende der ersten Periode fallen soll, ist entschieden viel später; W. ist wohl durch die ver- hältnissmässig rohe Behandlung der grossen unteren Figuren zu seiner Ansicht verleitet worden. Jene Rohheit der Technik ist in der That so auffallend, dass man gut thut, diese beiden Figuren auf eine Schülerhand zurückzuführen, während das Uebrige in Formen und Mache der späteren Zeit des Meisters angehören muss (wenigstens macht das Berliner Stück diesen Eindruck). Dass W. durch die vermeintlich besonders enge Beziehung dieses Blattes zu Weyden dessen frühe Entstehungszeit nachweisen will, ist ein warnendes Bei- spiel dafür, dass man, wie bemerkt, den Einfluss dieses Meisters auf Sch. nicht zu sehr auf einzelne Perioden desselben beschränken darf.

Dies führt mich zu einem Rückblick auf das Verhältniss meiner An- ordnung der Stiche zu derjenigen W.'s. Selbst auf die Gefahr hin, dass man finden sollte, ich habe die Rücksicht auf die technische Behandlung zu einseitig in den Vordergrund gestellt, halte ich doch meinen Versuch einer strengen Durchführung dieses Gesichtspunktes nicht für überflüssig. Bei einer eingehenden Untersuchung der einzelnen Blätter, welche den mir hier zu Gebote stehenden Raum weit überschreiten würde, muss sich ergeben, dass auch in formaler Hin- sicht bestimmte Gruppen aufzustellen sind, die den aus der Betrachtung der technischen Unterschiede gefundenen entsprechen werden [9]). Die von W. ange- gebenen Formunterschiede sind hiebei natürlich zu berücksichtigen, doch ergibt sich aus dem Gesagten, dass man mit ihnen allein nicht weit kommt. Nament- lich wird dies durch die »Gruppe der Passion« erwiesen, die viel Ungleich- artiges enthält; in Betreff der frühesten sowie der spätesten Stiche ist freilich anzuerkennen, dass W. sie glücklicher zusammengestellt hat.

Capitel V behandelt die bisher dem Schongauer zugeschriebenen Gemälde. Im Eingang wird Wimpfeling's (geb. 1450) bekannte Nachricht von der lebhaften Ausfuhr von Sch.'s »depictae tabulae« ins Ausland ausdrücklich als ebenso glaubhaft angeführt wie die über das Vorhandensein von »imagines« desselben in Kolmar und Schlettstadt. Jene Nachricht ist W. allerdings als

---

[9]) Auf die Benutzung der technischen Unterschiede bei der chronologischen Anordnung der Stiche Sch.'s war ich schon Anfang 1878, also vor Erscheinen von W.'s Schrift, gekommen. Als ich mich darauf mit derselben vor zwei Jahren beschäftigte, erfuhr ich von einem Fachgenossen, der sich mehr als ich mit der Geschichte des Kupferstiches befasst hat, Dr. W. v. Seidlitz, dass auch er auf die Unterschiede zwischen freier und kreuzweiser Schraffirung aufmerksam geworden sei und bei der betreffenden Frage ein grosses Gewicht darauf lege. Derselbe hat ferner den Ver- such gemacht, mit der Berücksichtigung der technischen Unterschiede die der for- malen eng zu verbinden; hoffentlich wird er bald Veranlassung nehmen, seine Ansichten darüber zu veröffentlichen und hiermit meine Arbeit durch positive Vor- schläge in letzterer Hinsicht zu ergänzen. Mein Zweck war nur der, nachdrücklich auf den technischen Gesichtspunkt hinzuweisen, um dadurch zu einer zuverlässigeren Anordnung der Stiche Sch.'s anzuregen.

Stütze seiner später darzulegenden irrigen Ansicht von der Erhaltung zahlreicher Gemälde des Meisters ausserhalb des Elsasses (in Wirklichkeit von einem Kölner) sehr erwünscht, und sie wurde bisher auch fast immer gläubig aufgenommen. Nur W. Schmidt (Kunst und Künstler 1, 28) meint trotzdem, unter den ausgeführten Werken seien zumeist die Stiche verstanden, und Woltmann (Gesch. d. Mal. 2, 106) bemerkt einfach, Wimpfeling habe irrthümlich von den Malereien ausgesagt, was nur von den Stichen gegolten. Betrachten wir nun, zur Prüfung der Zuverlässigkeit Wimpfeling's (der übrigens nicht »wenige Jahre« nach des Künstlers Tode, sondern volle siebzehn nachher geschrieben, i. J. 1505), was vor und nach der betreffenden Stelle steht. Vor derselben, zu Anfang des Capitels »De pictura et plastice« heisst es: »Nostrates quoque pictores esse omnium praestantissimos, vel ipsa experientia apertissime docet. Icones Israëlis Alemanni per universam Europam desiderantur, habenturque a pictoribus in summo precio.« Und der Stelle über Sch. folgt: »Ejus discipulus Albertus Dürer, et ipse Alemannus, hac tempestate excellentissimus est et Nürenbergae imagines absolutissimus depingit, quae a mercatoribus in Italiam transportantur, et illic a probatissimis pictoribus non minus probantur quam Parasii aut Apellis tabulae [10]).« Wimpfeling bezeugt also von den »icones« des Israel von Meckenen und von den »imagines« (depictae) Dürer's dieselbe Verbreitung ins Ausland wie von den »depictae tabulae« Sch.'s. Nun. wissen wir aber, dass Israel sehr viele Stiche gemacht hat, jedoch wahrscheinlich gar keine Gemälde, und dass bei Dürer die Gemälde hinter der Masse seiner Stiche, Holzschnitte und Zeichnungen sehr zurückstanden, namentlich für die Ausfuhr. Es ist also mit grosser Wahrscheinlichkeit anzunehmen, dass Wimpfeling unter den »depictae tabulae« des Sch., die sich durch ganz Europa verbreiteten, dessen Stiche verstanden hat, besonders auch in Anbetracht der grossen Anzahl der Stiche im Verhältniss zur sehr geringen der erhaltenen Gemälde Sch.'s. Wenigstens darf man nicht mit W. sagen: »Wimpfeling kann mit »depictae tabulae« keine Kupferstiche gemeint haben«, denn ebenso wenig ist den bei den beiden anderen Meistern genannten »icones« und »imagines« (depictae) anzusehen, dass darunter Stiche verstanden sind, was doch der Fall sein muss. Uebrigens kam es Wimpfeling nur darauf an, den Ruhm der Deutschen auf allen Gebieten möglichst herauszustreichen (vgl. A. Horawitz in Sybel's Histor. Zeitschr. 1871, 71), während seine Kenntnisse von der künstlerischen Thätigkeit der Zeitgenossen keineswegs besonders gross waren. Dies geht schon aus der schlechten Auswahl der von ihm angeführten Maler hervor, und ferner aus einer Stelle über den Kupferstich, zu Ende des von der Erfindung der Buchdruckerkunst handelnden Capitels 65: »Non piguit, in praesentia eos qui Chalcographiam vel invenerunt vel illustrarunt, memorare.

---

[10]) Dann folgt nur noch ein Loblied auf den verstorbenen Strassburger Maler Johann Hirtz, der in und ausserhalb, seiner Heimat sehr berühmt gewesen sei; während derselbe offenbar nur eine ganz örtliche Grösse gewesen war. Von anderen wirklich berühmten und hervorragenden Malern dieser Zeit (um 1505), z. B. Burgkmair, Holbein d. Ae., Zeitblom und Wolgemut, sagt der Elsasser Historiker kein Wort.

Non sunt enim tantae rei autores sua laude fraudandi, praesertim ut posteritas
sciat, quibus hoc divinum et immortale munus acceptum referre debeat.«
Sicher ist, dass Wimpfeling hier nichts von den Hauptmeistern des Kupferstiches
sagt, und bei der späteren Erwähnung mehrerer derselben in den angeführten
Stellen des Capitels von der Malerei ist ihre Thätigkeit als Stecher gar nicht
erwähnt. Seine Kenntniss der gleichzeitigen Künstler wird also so oberflächlich gewesen sein, dass er zwischen ihrer Thätigkeit als Maler und als
Stecher keinen Unterschied zu machen verstand. Sehr auffallend ist es, dass
W., der doch grade in litterarisch-kritischer Beziehung nach peinlicher Genauigkeit strebt, gar nicht auf den Gedanken gekommen ist, sich die Umgebung
der betreffenden Stelle über Sch. und überhaupt die Glaubwürdigkeit Wimpfeling's etwas anzusehen. Die Zuverlässigkeit desselben bei Nachrichten über
Künstler wird zudem durch seine falsche, schon 1516 von Scheurl berichtigte
Angabe über Dürer's Schülerschaft bei Sch. in schlechtes Licht gestellt (vgl.
Passav., P.-grav. 2, 105); und aus dem bekannten Briefe Lombard's von 1565
geht ja hervor, dass schon damals Sch. im Auslande fast nur als Stecher bekannt war.

Die Nachricht von der Zerstörung fast aller Alterthümer Kolmar's im
Jahre 1796, worunter auch Gemälde Sch.'s, veranlasst W. zu besonderem
Misstrauen gegen die dortigen jenem zugeschriebenen Werke. Die Passions-
folge aus dem Dominicanerkloster fertigt er, im Anschluss an Galichon, in
höchst wegwerfender Weise ab; ich bin dagegen erfreut, es mit der gegen-
theiligen Ansicht von Waagen, His, Schnaase, Woltmann, Lübke, Bayersdorfer,
Eisenmann und Wörmann halten zu können, denen doch ein verständnissvolleres
Urtheil über altdeutsche Gemälde zuzutrauen ist als einem, unserer einheimischen
Kunst so fern stehenden Ausländer (Kraus, Kunst-Statistik von Elsass-Lothr.
2, 372, stimmt Galichon bei). Namentlich unterschreibe ich durchaus Lübke's
Vertheidigung der Bilder als tüchtiger Werkstattarbeiten von »durchweg eigenartigen Compositionen«. Von den auf S. 50 unten von W. verzeichneten angeblichen Entlehnungen aus Stichen Sch.'s und aus Gemälden anderer Meister
habe ich nämlich bei sorgfältiger Vergleichung keine einzige gerechtfertigt gefunden: es zeigen sich immer so starke Abweichungen, dass nie eine zwingende
Veranlassung vorliegt, hier Zusammenhänge anzunehmen. Uebrigens ist gar
nicht einzusehen, weshalb die Urheber dieser Folge, wenn sie wirklich ganz
untergeordnete Nachahmer Sch.'s gewesen wären, hier nicht die Passionsstiche
einfach copirt haben sollten, wie es z. B. bei acht leidlichen Tafeln in der
Städtischen Sammlung zu Frankfurt a. M. der Fall, die auch in der Färbung
ganz Sch.'s Weise zeigen. Die beiden Flügel aus Isenheim verurtheilt W.
mit eben so ungerechter Schärfe wie die Passionsfolge. Allerdings ist neuerdings bekannt geworden, dass das eine der darauf angebrachten Wappen einem
Prior angehört, der erst einige Jahre nach Sch.'s Tode sein Amt antrat; das
schliesst aber nicht aus, dass Sch. diese Tafeln ganz oder theilweise unter
dem Vorgänger jenes Priors gemalt haben kann (vgl. Woltmann, Gesch. d.
Mal. 2, 107, Note und Lübke l. c. 80 unten). Auch in Bezug auf den
künstlerischen Werth derselben halte ich mich W. gegenüber zu der besseren

älteren Litteratur (wozu Quandt und Hugot nicht gehören) und zu Lübke (dem Kraus sich hier anschliesst), welcher sich erlaubt hat, vor den Bildern selbst sich unter W.'s Verdammung derselben nicht zu beugen. Ich sah sie 1876 und 1878; jedesmal sind sie mir so bedeutend vorgekommen, dass ich wenigstens einen beträchtlichen Antheil Sch.'s daran nicht in Abrede stellen möchte.

Hierauf verzeichnet W. mehrere, von verschiedenen Seiten als von Sch. herrührend angegebene Gemälde und findet diese Benennung bei allen sehr wenig angebracht, und zwar mit grossem Rechte. Die Tafel mit Johannes d. T. und Georg (der Kolmarer Pietà verwandt), sowie das Triptychon in Kolmar sind nicht der Rede werth. Die nur von Waagen erwähnte und von ihm für echt gehaltene kleine Madonna in London sah ich 1879 im Vorrath der Nationalgalerie; sie ist in Sch.'s Art, aber zu schwach für ein Original. Bei dem vielbesprochenen kleinen Tode Mariä in derselben Sammlung, neuerdings meist für unecht gehalten (auch der neue Katalog sagt nur »doubtfully ascribed to Sch.«), begnügt sich W. damit, ihn dem Meister abzuerkennen, ohne eine andere Bestimmung zu versuchen [11]). Unter den von W. nicht erwähnten

---

[11]) Dem gegenüber hat Lübke wieder eine Lanze für die Urheberschaft Sch.'s gebrochen und den Ausspruch eines ungenannten befreundeten Fachgenossen, eines »der anerkanntesten Meister der Kunstgeschichte«, zur Verstärkung angezogen. Aller Bewunderung für dies Bildchen gegenüber kann ich jedoch nicht umhin, es für ein sehr fleissiges, aber künstlerisch nicht besonders hoch stehendes Machwerk eines Feinmalers zu erklären, der dabei freilich ein gutes Vorbild benutzt haben mag (als Eideshelfer darf ich Eisenmann nennen). Zwei Bilder derselben Zeichnung mit unwesentlichen Abweichungen sind im Pal. Sciarra zu Rom und in der Prager Sammlung (Nr. 126, früher VI 6); beide gehen nach meiner Ansicht auf ein unbekanntes Urbild eines ausgezeichneten, bisher nur ungenügend erforschten vlämischen Meisters zurück, des Hugo van der Goes. Zufällig hat auch schon Burckhardt (1.—3. Auflage des Cicerone) von dem Stücke in Rom gesagt, es stehe dem Goes nahe, wenn es nicht von ihm selbst sei; ich bin jedoch weit davon entfernt, die Stimme jenes Altmeisters als Stütze meiner Ansicht in Anspruch zu nehmen, der, wie er öfters selbst ausgesprochen, in der Meisterbestimmung altdeutscher Gemälde weniger bewandert ist. Als ich 1879 nach London kam, hoffte ich im dortigen Tode Mariä das Goes'sche Urbild der beiden anderen Stücke zu finden; ich war jedoch erstaunt, in jenem nichts von Goes'scher Kunstweise sehen zu können, sondern überzeugte mich, dass hier ein enger Zusammenhang mit den van Eyck vorliege. Nach Lübke's Vorgang habe nun auch ich einen berühmten Unbekannten aufgetrieben, der meine Ansicht bestätigt oder vielmehr noch erweitert. Derselbe erklärt das Londoner Bild für möglicherweise von Hubert van Eyck (keinenfalls sei es Copie) und, um den Schrecken über diese Kühnheit zu dämpfen, thut er desgleichen bei den beiden »P. Cristus« genannten Tafeln in Petersburg. (Bode, der hiebei gleichfalls nicht an die Benennung »Cristus« glaubt, bezweifelt jedoch deren Zusammengehörigkeit mit dem Tode Mariä). Auf das Verhältniss des Londoner Bildes zu den Wiederholungen in Rom und Prag denke ich übrigens bei Gelegenheit einer Arbeit über Goes zurückzukommen, mit der ich leider noch drei Jahre warten muss, da erst dann die Horazische Frist für die Ablagerung

angeblichen Gemälden Sch.'s befinden sich dagegen einige, die grösseren Anspruch auf Echtheit machen können als die eben genannten. So möchte
ich bei dem von His und Woltmann dem Sch. zugeschriebenen Brustbild
S. Joachim's in Basel die Echtheit wenigstens für möglich halten. Bayersdorfer,
der es kürzlich untersucht hat, theilt mir mit, dass es ganz die Formen Sch.'s
zeige, auch in geistiger Beziehung seiner würdig sei, doch wolle die Malweise,
hauptsächlich der Farbenauftrag, gar nicht zur Madonna im Rosenhag stimmen,
dem einzigen durch seine grossen Verhältnisse zur Vergleichung geeigneten Bilde.
W. Schmidt erklärt eine Geisselung und eine Kreuztragung bei Herrn Ed. Strache
in Dornbach bei Wien für echte und zwar ganz frühe Werke Sch.'s. Ich kenne
nur die von Petrak gemachten Stiche, wonach ich auf Schühlein hinweisen
möchte; Bode, Eisenmann und Lippmann [12]), welche die Originale gesehen
haben, halten sie für tüchtige, aber nicht an Sch. erinnernde Leistungen. Ein
Original Sch.'s ist nach Riegel (Kunstgesch. Vorträge S. 99, 1877 [1871]) die
seit Kurzem im Museum zu Kolmar befindliche Tafel aus Thann mit dem
Heilande und drei Heiligen, von Woltmann ein »sehr schönes Schulbild« genannt; letzterer Ansicht sind auch Bayersdorfer und Jul. Meyer, die es kürzlich in Kolmar gesehen haben. Drei Madonnenbildchen, worunter zwei als
echt anerkannt sind, bespricht W., seiner gleich zu erörternden Identitäts-
Hypothese zu Liebe, erst viel später (vgl. S. 59). Ich will schon jetzt aber
ein ganz verwandtes Täfelchen nennen, das sich im Besitze von M. Gontard
in Frankfurt a. M. befindet (18 × 12 Cm.; früher bei Entres in München).
Das auf dem Schoosse der Maria stehende Kind ähnelt sehr dem Jesuskinde
des Stiches B. 67, doch stellt das Bildchen nicht dies Kind allein dar,
wie W. S. 109 fälschlich meint. Er bemerkt dabei übrigens bloss, das Bildchen
sei von grosser Feinheit, und auch ich habe es bei einer flüchtigen Besichtigung vor einigen Jahren nur für eine Nachahmung nach Sch. gehalten.
Bayersdorfer, Bode und Eisenmann haben sich jedoch, obwohl theilweise gleichfalls erst nach anfänglichem Zweifel, für die Echtheit entschieden. Nach beiden
ersteren sind sicher von Sch. auch zwei Täfelchen der Universitätsgalerie zu
Würzburg, Nr. 3—4, Taufe Christi und Johannes auf Patmos, »von tiefer,
leuchtender Färbung, aber unheilbar zerstört«; bei zwei Besuchen dieser Sammlung waren sie mir nicht aufgefallen. Endlich glaubt Bayersdorfer, eine kleine

---

dieser Hypothese abgelaufen sein wird. Mein Orakel meint schliesslich, »ein stärkerer
Gegensatz in Formen, Gesichtstypen und Gewandung als zwischen dem Meister des
Londoner Bildchens und Sch., lasse sich gar nicht finden«, und ich stimme dem
vollkommen bei. Auch ist dasselbe auf Eichenholz, das sich bei Sch. nie findet,
dagegen spricht jener Umstand für niederländische Herkunft (vgl. S. 52).

[12]) Bei meiner grossen Ehrfurcht vor Kunstlichtern und meinem empfindlichen
Mangel an Selbstgefundenem fühlte ich mich oft veranlasst, mildherzige Fachgenossen
um ein Almosen anzuflehen. Ich will hier Allen, deren Güte ich mit Erfolg in
Anspruch genommen, namentlich den Herren Bayersdorfer und Eisenmann, meinen
Allgemeindank für die gespendeten Beiträge abstatten; ich bemerke dabei noch,
dass, wo bei der Anführung eines Gewährsmannes keine bekannte Quelle vorhanden
ist, immer eine persönliche Mittheilung zu Grunde liegt.

freie Wiederholung der Madonna im Rosenhag, bei Prof. Sepp in München, trotz der starken Uebermalung wohl für ursprünglich echt halten zu müssen; mir war sie wie eine Nachbildung vorgekommen. Auffallender Weise erst am Schlusse des Capitels über die Gemälde Sch.'s kommt die bisher für das sicherste derselben gehaltene Madonna im Rosenhag zu Kolmar an die Reihe. W. erklärt sie mit Recht, im Gegensatze zu Woltmann, für gut erhalten und jedenfalls von einem ausgezeichneten Meister herrührend. Den einzigen Anhaltspunkt aber, sie dem Sch. zuzuschreiben, würde nach seiner Ansicht der Stich B. 31, Madonna auf Halbmond, bieten; leider sei derselbe unecht und deshalb zum genannten Zwecke unbrauchbar. Nun wird die überwältigende Mehrzahl der Fachgenossen, auch abgesehen von diesem den meisten wohl als echt geltenden Stiche, sich keinen Augenblick bedenken, das Bild auf Grund der Gesammtheit der Stiche dem Meister zu geben, und W. scheint hier (S. 59) gar nicht zu wissen, dass er auf S. 118 den angezweifelten Stich für entweder ein retouchirtes Originalwerk Sch.'s oder eine alte Copie erklärt; in beiden Fällen müsste doch aus der von ihm ja zugegebenen engen Verwandtschaft zwischen Gemälde und Stich auf die Urheberschaft Sch.'s bei der Madonna im Rosenhag geschlossen werden! Auch den Einfluss des R. v. d. Weyden leugnet W. bei diesem Bilde; dagegen finde ich denselben, in Uebereinstimmung mit der älteren Litteratur, hier eben so unverkennbar wie bei allen Stichen Sch.'s, nicht bloss bei der Madonna auf Halbmond. Eine Rettung aus der Verlegenheit, worein W. sich höchst unnöthigerweise dem Bilde gegenüber selbst versetzt hat, findet er nun durch den Knalleffect: in Anbetracht der nur einem einzigen Meister dieser Zeit eigenthümlichen Färbung muss diese Madonna vom »Meister des Bartholomäus«[18] sein (später ergibt sich, dass er diesen bisher für einen Kölner gehaltenen Maler für einerlei mit Sch. erklärt).

Da man bisher annahm, zwei Werke des genannten Kölner Meisters seien urkundlich um 1501 entstanden, also geraume Zeit nach Sch.'s Tode, so sucht W. zunächst (Cap. VI) diese seiner Behauptung widersprechende Thatsache zu beseitigen. Bei der ungenauen Fassung der betreffenden Stellen in den beiden Quellenschriften wird es freilich schwer auszumachen sein, ob auch das spätere der beiden Werke, das Triptychon des Kreuzaltars, schon 1501 fertig war, was von dem anderen, dem des Thomasaltars, sicher ist, und hauptsächlich, ob letzteres erst kurz vor diesem Jahr entstanden ist oder bedeutend früher, etwa schon bald nach 1481 (in welchem Jahre die beiden Altäre erbaut wurden) oder wenigstens gleich nach 1485 (schon damals wurden 105 Gulden für die beiden dort anzubringenden Triptychen gestiftet). W. bemüht sich nun,

---

[18] Hoffentlich hat W.'s Schrift wenigstens das Gute, dass über die Benennung dieses namenlosen Meisters Einigkeit erreicht wird; bisher waren mit echt deutschem Sondergeiste drei Namen für ihn im Gebrauche, nämlich ausser dem angeführten noch: »Meister des Altars vom h. Kreuz« (der allerschlechteste) und »Meister des Thomasaltars«. Obgleich letzterer der Kürze wegen eigentlich am empfehlenswerthesten wäre, so wird man doch gut thun, die Münchener Benennung, als die bekannteste, jetzt allein anzuwenden.

glaubhaft zu machen, das Triptychon des Thomasaltars sei schon um 1485
fertig geworden, fiele also noch in die Lebenszeit Sch.'s; indess wird man
ihm nicht zugeben können, dass sich dies mit »starrer Consequenz« aus seiner
Erörterung ergebe, sondern es ist dies höchstens eine mögliche Folgerung.
Seine ganze gequälte Beweisführung wird leider durch die Thatsache hinfällig,
dass die Aussenflügel des Thomasbildes in Anbetracht der Trachten nicht aus
den achtziger Jahren stammen können, sondern frühestens aus den ersten
Jahren des 16. Jahrh., was mit der ungezwungenen Deutung der Urkunden
übereinstimmt (auf die Trachten komme ich später zurück, S. 50).

W. schreitet darauf zum Beweise der Identität von Schongauer's
Kunstweise mit der des »Meisters des Bartholomäus«. Von der Ueberzeugungskraft seiner Aufstellung ist er so durchdrungen, dass er wenige Hinweisungen für genügend zur Begründung hält. Er beruft sich hauptsächlich
auf die Uebereinstimmung in Füssen, Händen und Gesichtszügen, wobei der
erstgenannte dieser drei Anhaltspunkte der wichtigste von allen sein soll und
der zweite wieder wichtiger als der letzte. Es scheint wirklich, als habe W. sich
in die Vergleichung der Füsse so vertieft, dass ihm die Beachtung der beiden
anderen Merkmale (sowie der übrigen) als ziemlich unwesentlich vorgekommen
sei. Nun habe ich bisher geglaubt (und thue dies trotz W. auch noch), dass die
Deutschen des 15. Jahrh. in ihrem schlichten Naturalismus stets die Füsse genau
so bildeten, wie sie ihre von plumpem Schuhwerk entstellten Modelle aufwiesen,
ohne dass diese Maler sich besonders darauf verlegt hätten, Unterschiede in der
Hässlichkeit der Füsse zu zeigen. Nach einigen vergeblichen Versuchen kam ich
deshalb ganz davon ab, bei der Meisterbestimmung auf die Füsse zu achten.
Ich will jedoch W. zugeben, dass aus der Vergleichung der Fussbildung beider
Künstler allerdings etwas zu entnehmen ist, wenn auch nicht viel: beim Kölner
finde ich dieselbe merklich schlechter als bei Sch., mit derben und ungeschickt
verdrehten Zehen. Für viel wichtiger aber halte ich die Hände und für
mindestens ebenso wesentlich die Gesichtszüge, mit welcher Ansicht ich
nicht so einsam dastehen dürfte, wie W. mit seiner Vorliebe für die Füsse.
Die Aehnlichkeit in der Bildung der Hände scheint ihm so auffallend, dass
es überflüssig sei, dieselbe genauer nachzuweisen. Diese Behauptung beweist,
dass er nach seinen tiefen Forschungen an den Füssen den Händen nur wenig
Zeit gewidmet hat. Denn sonst hätte ihm eine auffallende, schon von Waagen
angedeutete Eigenthümlichkeit der Handbildung des Kölners nicht entgehen
können, dass sich bei ihm nämlich die Finger an den Enden, von den Nägeln
an, verbreitern, wie es bei Schwindsüchtigen vorkommen soll (auf den Photographien ist dies am deutlichsten bei der Madonna der Sammlung Dormagen
zu sehen); bei Sch. spitzen die Finger sich dagegen gleichmässig bis ans
Ende zu. Allerdings erreichen sie beim Kölner fast die sehr übertriebene
Länge und Dünnheit der von Sch., aber bei diesem sind sie, trotz aller alterthümlichen Eckigkeit, im Ganzen oft sanft geschwungen und trotz zuweilen merk-
licher übergrosser Zierlichkeit immer sehr ausdrucksvoll bewegt, während sie beim

Kölner stets eckig und unbeholfen bleiben, wobei sein Streben nach Anmuth ins Gezierte überschlägt. Auch in Betreff der Gesichtstypen kann ich nicht glauben, dass W. beide Meister mit der nöthigen Gründlichkeit verglichen hat, ungeachtet der vielen angeblichen Belege für die sich in dieser Beziehung zeigende Uebereinstimmung, von welchen auf S. 77 die Rede ist. Ich habe dieselben einzeln geprüft und immer so viel einzuwerfen gefunden, dass durch diese Vergleichungen die Identität beider Meister sich nicht begründen liess. Im günstigen Falle sind es Zufälligkeiten (z. B. in der Kopfhaltung), die einmal eine angebliche Aehnlichkeit als nicht ganz aus der Luft gegriffen erscheinen lassen. W. hat es verschmäht, bezeichnende Formen der Gesichtsbildung anzugeben, die beiden Meistern gemeinsam wären; er geht nicht hinaus über die Zusammenstellung einzelner vermeintlich einander schlagend ähnlicher Köpfe. Ich finde dagegen in Form und Ausdruck der Gesichter so viele und grundsätzliche Unterschiede zwischen beiden Künstlern, dass schon hiedurch allein die Einerleiheit derselben unmöglich wird. Bei Sch. zeigt sich nämlich nichts von des Kölners platten, breiten und eckigen Stirnen, dem ungeheuren Abstand zwischen Nase und Ohr, den oft ohne Grund gekniffenen Augen, den übertrieben kurzen und schmalen Nasen, den winzigen Mündchen und dem eng am Kopfe anliegenden Haare, das in kurzen und niedrigen Wellen herabfällt (man vergleiche z. B. den Kopf der Madonna vom linken Flügel des Thomasaltars, den des Bildes von Dr. Dormagen und desjenigen in Darmstadt mit der Madonna im Rosenhag, und man wird W.'s felsenfeste Ueberzeugung, dies Bild müsse vom M. d. Barth. sein, gelinde gesagt, abgeschmackt finden).

Noch unbegreiflicher ist es, dass W. von der grossen sich im Gesichtsausdruck zeigenden Verschiedenheit nichts gemerkt hat, zumal schon die ältere Litteratur[14]) die hierin sehr augenfälligen Eigenthümlichkeiten des Kölners treffend gekennzeichnet hatte. E. Förster z. B. sagt sehr richtig von seinen Heiligen: »Es sind flache, lächelnde Charaktere, mit gezierten Bewegungen

---

[14]) Beachtenswerth (zuweilen freilich nur der Merkwürdigkeit wegen) ist hauptsächlich folgendes über den Meister d. Barthol.: Johanna Schopenhauer, Johann van Eyck etc. 2, 20—2 (1822); Passavant, Kunstreise, 422—4 (1833); Versteigerungs-Katalog der Sammlung Lyversberg zu Köln, 3—6 (1837; abgedruckt in Kugler's »Museum« von 1837, 267); Kugler, Studien am Rhein etc. von 1841, 309—10, 348 (in Bd. 2 der Kl. Schriften von 1854); Fortoul, De l'Art en Allemagne 166 (von 1844; lächerliche Verhimmelung); E. Förster, Gesch. der deutschen Kunst 2, 179—82 (1853); Denkmale deutscher Kunst 12, 11—4 (1869); Crowe-Cavalcaselle, Anciens peintres flamands 1, 121; 2, 100—1 (1862); Waagen, Treasures 4, 228 (1857); Handbuch 1, 285 (1862); Niessen, Führer in den geistigen Inhalt der Kölner Gemäldesammlung (1869; 1877); Woltmann, Aus vier Jahrh. deutsch-ndl. Kunstgesch. 25 (1878); Wörmann, Gesch. der Malerei 2, 488—90 (1881); E. Michel, Le musée de Cologne (L'Art 1882, IV, S. 277—8); (übrigens ein hübscher Beleg dafür, wie weit selbst bessere französische Fachgenossen in der deutschen Kunstlitteratur noch zurück sind. Die hier ausgesprochene schonungslose Verdammung unseres Meisters ist zugleich lehrreich in Betreff des Eindruckes, den seine Kunstweise auf ein unbefangenes, fein gebildetes Auge macht.

und verschämten Blicken« (Gesch. d. d. K. 2, 181). Dies gilt namentlich
von den Frauen, bei denen nur ganz ausnahmsweise unbefangene, unverzerrt
lächelnde Gesichter vorkommen, z. B. die Agnes des Barthol.-Altars. Bei den
Männern findet sich theils der blödfreundliche Ausdruck wieder, theils strebt
der Meister hier nach Ergriffenheit und Würde, was ihm jedoch meines Erachtens (Lübke und Wörmann sind anderer Ansicht) immer kläglich misslungen ist: es gibt wenig altdeutsche Maler, die so ausgesucht öde Männerköpfe fertig gebracht haben. Ein Blick auf einige Stiche Sch.'s wird zur
Ueberzeugung genügen, dass auf diesen grossen Künstler die gegebene Schilderung des Kölner Sonderlings durchaus nicht passt; denn wo fänden sich je in
des letzteren Werken Sch.'s selbst bei freundlichem und mildem Ausdruck immer
zu Grunde liegender bedeutsamer Ernst, oder die kraftvolle und tiefe Ergriffenheit seiner Gestalten bei schmerzlichen Scenen? Man prüfe in dieser Beziehung
namentlich zwei der von W. zur Vergleichung anempfohlenen Beispiele: die
Helena des Thomasaltars und die Maria der grossen Verkündigung, sowie den
Christus des nämlichen Altars und den, welcher der Magdalena erscheint. Man
wird bei diesen Vergleichen, abgesehen von den abweichenden Formen, auch
die grosse Verschiedenheit des Geistes beider Meister deutlich wahrnehmen und
überhaupt »die Identificirung derselben nur als eine Herabwürdigung Sch.'s
betrachten können« (v. Seidlitz). W. hegt freilich, wie aus seinem schwärmerischen Loblied auf den Thomasaltar (S. 85—86) hervorgeht, eine uneinge-
schränkte Bewunderung für den M. d. Barth. Er darf sich rühmen, hierin
mit Tante Schopenhauer, dem Versteigerungskatalog der Sammlung Lyversberg,
dem Nazarener Hippolyte Fortoul und dem poetischen Mystagogen Joh. Niessen
übereinzustimmen. Alle unbefangenen älteren und neueren Beurtheiler haben
sich hingegen viel zurückhaltender über die Kunsthöhe des Meisters ausgesprochen
und nie verkannt, dass die Vorzüge desselben (namentlich in Feinheit der Ausführung und Reiz der Farben bestehend) immer stark von seinen Schwächen
und Schrullen beeinträchtigt werden. Auf seine guten Seiten näher einzugehen,
halte ich übrigens für unnöthig, obgleich man daraus schliessen könnte, ich
wolle hier vorwiegend die schwachen herauskehren, um seinen Abstand von
Sch. möglichst gross erscheinen zu lassen. Die Vorzüge, sowie das gesammte
Charakterbild des Kölners, sind nämlich in der sachverständigen Litteratur so
übereinstimmend und richtig dargestellt, dass ich einfach auf dieselbe verweisen
kann. Freilich ist die Anerkennung, die dem Meister von Kugler, Woltmann
und Wörmann zu Theil geworden, mir schon fast zu weit gehend.

Ausser den besprochenen drei Anhaltspunkten bei der Meisterbestimmung
erwähnt W. von solchen nur noch (und zwar ganz flüchtig) Körperbildung,
Farbengebung (letztere S. 61) und Trachten; er hätte gut gethan, auch Körper-
bewegung, Faltenwurf, Landschaft und Maltechnik eingehend zu beachten. Denn
namentlich der Anfänger in der Forschung über irgend eine Malerschule kann
m. E. nicht leicht eine zu grosse Anzahl solcher Anhaltspunkte der Bestimmung berücksichtigen. W. scheint es dagegen mit denen zu halten, welche,
im Vertrauen auf ihr Falkenauge, einen Meister an ganz wenigen Merkmalen
mit grosser Sicherheit erkennen zu können glauben, wobei sie vielleicht sich

auf Morelli berufen, der dieser missverstandenen Auslegung seines Verfahrens aber entgegengetreten ist (Repert. 5, 158). Untersuchen wir nun, was uns die Beachtung der genannten Gesichtspunkte weiter über das Verhältniss beider Meister zu einander lehrt. In Bezug auf die Körperverhältnisse stehen den schlanken Gestalten Sch.'s die untersetzten, grossköpfigen des Kölners gegenüber. Ferner sind bei diesem die Körperbewegungen trotz aller Aufgeregtheit kleinlich und die Haltung von einzeln dastehenden Heiligen lächerlich geziert, so dass er immer in weitem Abstande bleibt von der sich bei Sch. zeigenden kraftvollen Lebhaftigkeit oder tiefen Innigkeit bei bewegten Vorgängen und seiner reinen Anmuth bei Einzelfiguren. Der Faltenwurf ist durchaus nicht übereinstimmend, was schon W. Schmidt betont hat: beim M. d. Barth. ist er zwar fast noch ebenso alterthümlich eckig wie bei Sch. und auch recht kleinknittrig, aber weniger verstanden und überhaupt keineswegs genau in Sch.'s Weise. In Betreff der Landschaften hat Lübke mit Recht W. entgegengehalten, dass sie beim Kölner im Vergleich mit Sch. schon räumlich viel entwickelter sind, dann aber auch eine Ausbildung der Luft-Abtönung zeigen, wie sie frühestens erst zu Anfang des 16. Jahrhunderts aufgetreten ist, also selbst zu den letzten Jahren Sch.'s nicht passt. Hinsichtlich der Färbung beruft W. sich lediglich auf die angebliche Uebereinstimmung derselben bei der Madonna im Rosenhag und den Werken des M. d. Barth. Um von der Farbengebung Sch.'s jedoch eine umfassendere Anschauung zu erhalten, ist es sehr belehrend, die beiden Flügelbilder und die Passionsfolge in Kolmar darauf hin anzusehen, die in dieser Beziehung vollkommen der grossen Madonna gleichen, wie ja überhaupt die Gehilfen und nächsten Nachfolger der Hauptmeister die Färbung derselben treu beizubehalten pflegen. Hätte W. diese von ihm so geschmähten Werke, deren Farben sehr gut erhalten sind, mehr beachtet, so würde er wohl gefunden haben, dass es mit der Uebereinstimmung des Colorits beider Meister nicht so weit her ist: das Sch.'s ist entschieden tiefer und wärmer, entbehrt auch der beim andern so viel verwendeten und verschiedenartigen Schillerfarben. Bestätigt wird dies durch diejenigen von den übrigen Gemälden aus Sch.'s Nachfolge[15]), die am

---

[15]) Trotz des auf S. 1 aus Nagler's Lexicon entnommenen Wahlspruches, welcher eine kritische Untersuchung auch der Werke aus Schongauer's Schule empfiehlt, bekümmert W. sich nicht im geringsten um die betreffenden Gemälde und Stiche. Man sollte doch meinen, er hätte bei diesen Bildern bequem den Einfluss der »späteren Gemälde Sch.'s« (d. h. des M. d. Barth.) nachweisen können; das hat er aber wohlweislich unterlassen (vgl. übrigens Note 17). Diese Schulbilder sind überhaupt bisher recht vernachlässigt worden, obgleich manches Treffliche darunter ist; nur Woltmann hat ein kurzes Verzeichniss derselben gegeben (D. K. im Elsass, S. 245), worin freilich die grossen Tafeln in Mannheim zu streichen sind, die einem ganz rohen Pfälzer angehören. Hinzuzufügen wären etwa noch: Darmstadt 175 Kreuzigung; 217—8 Geisselung und Beweinung; 219 Tod des h. Dominicus; 222 Gefangennehmung (die vier letzten Bilder wohl von derselben Hand); 220—21 Scenen aus der Dominicuslegende. Frankfurt, Städtische Sammlung, die Nothhelfer (aus der Dominicanerkirche) und acht Passionsscenen (nach den Stichen). München,

meisten seiner Weise treu geblieben sind; z. B. Nr. 220—221 in Darmstadt.
Bei keinem der Werke Sch.'s und seiner näheren Umgebung wird ein Unbe-
fangener in Versuchung gerathen, eine besondere Aehnlichkeit mit der so
eigenthümlichen Farbengebung des Kölners zu spüren. (Lübke ist der einzige,
welcher einen Einfluss Sch.'s auf die Färbung des M. d. Barth. als möglich
zugibt.) Es macht dabei wenig aus, ob ein bestimmtes Roth — auf welchen
Umstand W. sich steift — beim Kölner wie bei der Madonna im Rosenhag
vorkomme, was mir übrigens nach meiner Erinnerung nicht überzeugend
scheint. Diese Farbe (graulich karmin mit hellen Lichtern desselben Tones)
war mir nämlich nicht als besonders ungewöhnlich aufgefallen; ich hatte sie
aber aus dem Grunde sorgfältig beachtet, weil von einigen ihre Ursprünglichkeit bezweifelt worden war. (Dies ist allerdings, wie auch W. betont, ganz
ungerechtfertigt; denn dasselbe Roth kehrt bei einigen Rosen genau wieder
[die doch nicht ursprünglich blau gewesen sein können] und ganz ebenso in
der Passionsfolge, z. B. beim Gewande eines Jüngers in der Oelbergscene.)

    In Betreff der Tracht gibt W. »sehr geringe Unterschiede« bei beiden
Meistern zu; ich finde die Abweichungen aber so bedeutend, dass schon hierdurch allein seine Hypothese hinfällig wird. Zunächst kommen die sehr reichen,
oft übertrieben langärmeligen Gewänder der weiblichen Heiligen des Kölners,
ihre Haartracht und wunderlicher Kopfputz bei Sch. nicht vor, der in alle
dem viel alterthümlicher und einfacher ist. Bei einem Kölner Meister um
1500 ist es ferner nur natürlich, dass er das in den Niederlanden und am
Niederrheine (namentlich seit Anfang des 16. Jahrh.) gebräuchliche Kopftuch der
Frauen mit eingeknickter Scheitelfalte anwendet, wie es die beiden Kölner Altäre
zeigen; in Sch.'s Stichen sind die Kopftücher dagegen immer in oberdeutscher
Weise: entweder mit erhabener Falte oder ganz glatt. Am misslichsten für
W.'s Hypothese ist es jedoch, dass auf der Aussenseite des Thomasaltars Trachten
vorkommen, die bestimmt in den Anfang des 16 Jahrh., also nach Sch.'s Tod
fallen. Schon Kugler (Kl. Schriften 2, 310) hatte darauf hingewiesen, was
W. unverantwortlicher Weise ignorirt, obgleich er einen Theil der genannten

---

Nationalmuseum, Bruchstück mit dem Brustbilde der Dorothea; Rückseite: Maria
(aus einer Verkündigung). Düsseldorf, Prof. Andreas Müller, Bruchstück eines
Gekreuzigten (Kopf und Arme). Oldenburg, 236 Madonna und Anna thronend.
Strassburg, Alt S. Peter (Raum links vom Eingang), vier grosse Tafeln: Auferstehung, Christus und Magdalena, sein Besuch bei Maria, Christus und Thomas.
Mainz, 299—307 Scenen des Lebens Mariä (»Grünewald«); hiezu gehören:
Sigmaringen 18 Auferstehung (»Wohlgemut«) und zwei Tafeln, die ich 1882 im
Privatbesitze zu Frankfurt sah: Christus vor Kaiphas und seine Ausstellung, sowie vielleicht eine grosse Beweinung bei Dr. Debey in Aachen. Utrecht, Bildhauer Mengelberg, Geisselung (mit freier Benutzung des Stiches). Uebrigens habe
ich bei zweimaliger Berührung des Elsasses immer nur Kolmar und Strassburg besucht, da ich es für gerathen hielt, mit der Untersuchung der betreffenden Gemälde
an den übrigen Orten bis zur Beendigung von Kraus' Kunst-Statistik zu warten.
Die gründliche Erforschung der mit Sch. zusammenhangenden Bilder am Ober-
rheine wäre eine lohnende Aufgabe für eine Einzelarbeit.

Stelle gelegentlich anführt. Dass namentlich die dort schon überwiegend vorkommenden vorn breiten Schuhe in Deutschland erst zu jener Zeit auftreten,
ist doch allbekannt (vgl. Weiss, Kostümkunde III, 115, 137, 618). Breite
Schuhe bei den Männern finden sich übrigens auch beim Mauritius auf der
Innenseite des Thomasaltars, beim Alexius des Kreuzaltars und auf der Pariser
Tafel. Dass die Frauen die spitzen Schuhe länger beibehielten als die Männer,
ist auch bekannt (l. c. 245); beiläufig darf man deshalb nicht mit Lübke den
Barthol.-Altar wegen der noch spitzen Frauenschuhe früher setzen als die beiden
Kölner Werke. Auch die übrige Kleidung der zahlreichen Knaben auf der Aussenseite des Thomasaltars spricht sehr für die Zeit um 1500, besonders die
durchweg niedrigen Kopfbedeckungen (l. c. 238 und Falke, Mitth. d. österr.
Centr.-Comm. 1860, S. 272): Kalotten und flache Barette verschiedener Art. Die
Trachten dieser Knaben finden wir durchaus nicht bei Sch., wohl aber bei
den deutschen Stechern um 1500, wie Mair von Landshut, M. Zasinger und
den spätesten Blättern Israel's von Meckenen, z. B. dem grossen Johannestanze.
Bemerkenswerth ist noch die auffallende Aehnlichkeit der Tracht bei den Frauen
des Barthol.-Altars mit derjenigen von Nr. 648 in München, drei weibliche Heilige
darstellend, welche Tafel zu einem Altare vom Kölner Meister der h. Sippe gehört
(lithogr. von Strixner). Von diesem um 1480—1520 thätigen Maler wird weiter
unten noch die Rede sein (vgl. Note 18); hier möchte ich nur darauf hinweisen,
dass namentlich Gewand und Mantel der Barbara desselben der Agnes des Barth.-
Altars sehr ähnlich sind, wie auch der Kopfwulst der Christina des ersteren
dem der Cäcilia des letzteren. Der Münchener Altar des Meisters der h. Sippe
ist dem Stile nach aus dessen späterer Zeit, ebenso wie das Hauptwerk in Köln,
wonach dieser Maler benannt wird. An Abbildungen anderer Werke desselben
fehlt es leider, so dass die sich in den Trachten zeigende Beziehung beider
Meister zu einander vorläufig nicht weiter zu verfolgen ist; das Angegebene
wird aber genügen, um die Wahrscheinlichkeit zu verstärken, dass auch der
M. d. Barth. ein um und nach 1500 in Köln thätiger Künstler war.

Von ferneren Gründen dafür, dass derselbe ein Kölner war, und dass
seine Thätigkeit sich über den Tod Sch.'s hinaus erstreckte, lässt sich noch
Folgendes anführen. Erstens fehlen beim M. d. Barth. die grossen, tellerförmigen Heiligenscheine (mit einer, noch zu besprechenden Ausnahme).
Dies wäre schon für einen Kölner des 15. Jahrh., geschweige denn für einen
Oberdeutschen dieser Zeit sehr auffallend; auch finden sich die Heiligenscheine
regelmässig bei den Gemälden aus Sch.'s Schule und bei vielen seiner Stiche,
während es bei einem Kölner um 1500 nichts Befremdendes hat, dass die
Heiligenscheine entweder ganz fehlen oder nur mit feinen Strahlen gegeben
sind. Zweitens sind die drei Altarwerke des M. d. Barth., deren Herkunft
bekannt ist, für Kölner Kirchen ausgeführt worden; wenn man nun auch
zugeben kann, dass ausnahmsweise ein auswärtiger Künstler ein Gemälde für
die Stadt gemacht habe, so ist es doch sehr unwahrscheinlich, dass bei dem
blühenden Stande der einheimischen Malerei ein Auswärtiger so stark in
Anspruch genommen worden sei (auch nach W. weilte Sch. ja während der
Anfertigung der genannten, in seinen letzten Lebensjahren entstandenen Altar-

werke längst nicht mehr in Köln, sondern in Kolmar). Drittens sind die
Bilder unseres Meisters auf Eichenholz gemalt, soweit ich Nachricht über
die Holzart erhalten konnte (bei den Altären in Köln und München sowie den
Tafeln in Mainz, London, Darmstadt und Berlin). Bekanntlich wurde aber
am Niederrheine wie in den Niederlanden auf Eichenholz gemalt, während
in Oberdeutschland verschiedene weiche Hölzer gebraucht wurden. In der That
findet sich meines Wissens bei keinem Gemälde Sch.'s und seiner Schule
Eichenholz: das Bildchen der Sammlung Gontard in Frankfurt sowie die
Madonna im Rosenhag, die Flügel von Isenheim und die Passion in Kolmar
sind sämmtlich auf Tanne (gef. Mittheilung von Archivar Mossmann), die
Madonna in München auf Linde und die des Wiener Belvedere auf Roth-
buche. Von Schulbildern sind 217—22 in Darmstadt (nach Assistent Zehfuss)
und 36, 37, 48 in Karlsruhe auf Tanne, 236 in Oldenburg auf Kiefer, und 562
in Berlin, 175 in Darmstadt und 299—307 in Mainz auf Linde. Nun wäre es
doch sehr befremdend, dass, wenn die dem Kölner Meister zugeschriebenen Werke
wirklich von Sch. herrührten, derselbe dabei nicht die in seiner Werkstatt und
überhaupt in Oberdeutschland gebräuchlichen Holzarten angewandt hätte. Allerdings haben sich erst sehr wenige Verfasser von Katalogen dazu verstanden,
die Holzart der Bilder anzugeben und diesen wichtigen Anhaltspunkt bei der
Bestimmung von deren Herkunft zu beachten; aber von einem auf den Namen
eines Forschers über altdeutsche Malerei Anspruch machenden Schriftsteller
hätte man doch erwarten sollen, dass er nicht unterlassen würde, die Stichhaltigkeit seiner Hypothese in dieser Beziehung zu prüfen. Viertens sind
die Aussenseiten der beiden Kölner Altäre grau in Grau gemalt, was am
Niederrheine (wie in den Niederlanden) oft geschah, nicht aber in Oberdeutschland. Der Umstand, dass bei keinem der bis jetzt bekannten Bilder des Kölner
Meisters Renaissanceverzierungen vorkommen, während er gothisches Laubwerk
gern zur oberen Einfassung verwendet, spricht übrigens dafür, dass seine Thätigkeit sich nicht weit ins 16. Jahrh. hinein erstreckte; auch sind die Trachten
der beiden Kölner Maler, deren Thätigkeit spätestens um 1515 beginnt (der
Meister des Todes Mariä und Bruyn) schon entschieden moderner als die seinigen.

Nach siegesgewisser Erledigung seines kaum zwei Seiten füllenden
»Identitätsbeweises« führt W. noch drei äusserliche Gründe ins Feld.
Zunächst behauptet er, das eine der beiden Wappen am Barthol.-Altar habe
»genau dieselbe Form« wie eins der gestochenen Wappenfolge. Ich finde
aber wesentliche Unterschiede: beim Bilde stehen die beiden Adlerflügel
viel weiter und gleichmässiger auseinander, die Wellen ihrer inneren Be-
grenzungen sind ganz abweichend geformt, und auf dem Stiche fehlen die
beiden Kleeblätter in den oberen Ecken, während die Adlerflügel des Bildes
die auf dem Stiche vorhandenen Knollen an den unteren Enden nicht haben;
ferner ist nur auf diesem das Wappen längsgetheilt. Uebrigens ist es mir
ganz unklar, welchen Gewinn für seine Hypothese W. aus der vermeintlichen
Gleichheit der beiden Wappen ziehen will: er gibt doch zu (S. 114), dass die
Wappen der gestochenen Folge wahrscheinlich Elsasser Familien angehören,
während der betreffende Altar ja von einem Kölner bestellt ist; und dass ein

Meister wie Sch. zu einer bestimmten Zeit einen Adlerflügel nur genau nach demselben Vormuster habe darstellen können, wird W. ihm doch nicht zumuthen. (Die »Aehnlichkeit der Auffassung der Schildhalter bei dieser Folge mit dem als solcher erscheinenden Adler des Thomasaltars« [S. 114] ist eine ähnliche, eben so unrichtige wie zwecklose Behauptung.) Die »sehr nahe liegende Vermuthung«, der Meister des eben erwähnten Altars habe durch die darauf stehende ungewöhnliche Form des Jesus-Monogramms zugleich seinen (Sch.'s) Namen andeuten wollen, erwähnt W. selbst nur als eine »vorübergehende« Bemerkung; gehen wir eiligst daran vorüber!

Etwas grössere Beachtung verdient der letzte der hier zusammengestellten zusätzlichen Gründe; dies freilich nicht wegen seiner aussergewöhnlichen Beweiskraft, sondern weil er als warnendes Beispiel von Bedeutung ist. W. stellt es nämlich als über allen Zweifel erhaben dar, dass der Christus und die Maria des Kreuzaltars unter Benutzung des Stiches der grossen Kreuzigung Sch's. und die beiden weiblichen Heiligen der Flügel, mit unwesentlichen Veränderungen, nach den entsprechenden Gestalten des Barth.-Altars gemalt seien, und zwar, wie der ganze Altar ausser den Engelchören, dem Gerippe hinter Christus und vielleicht den Fernsichten, nach des Hauptmeisters (Sch.'s) Tode, von der rohen Hand eines Gehilfen. Lübke hat leider W. darin Recht gegeben, dass der Gekreuzigte des Gemäldes dem Stiche nachgebildet sei, als ob nicht sehr viele Gekreuzigte von den verschiedensten deutschen Meistern um 1460 bis 1510 eben so grosse Aehnlichkeit in der Zeichnung mit dem des Stiches hätten wie der des Kölner Bildes! Auch die angeblich gleichfalls dem Stiche nachgebildete Maria des Kreuzaltars weicht in »Gestalt, Haltung, Gesicht, Händen« (nebst Kopftracht und Gewandfalten) so von der des Stiches 'ab, dass nicht einzusehen ist, warum W. es vermieden hat, die beiden Johannesgestalten für ganz gleich zu erklären, die ungefähr eben so viel mit einander gemein haben, nämlich gar nichts. Ganz ebenso aus der Luft gegriffen ist die angebliche Entlehnung der beiden heiligen Frauen dieses Altars aus dem Münchener. Schon oben nahm ich Gelegenheit, mich gegen die Leichtfertigkeit auszusprechen, die bei der Gleichheits-Erklärung von verschiedenen Darstellungen desselben Gegenstandes herrscht; meist ist diese Untugend daraus herzuleiten, dass man nicht misstrauisch genug gegen sein Gedächtniss ist. Im vorliegenden Falle aber, wo die unmittelbare Vergleichung durch Abbildungen möglich wird, sind Behauptungen wie die W.'s gradezu wunderbar. Uebrigens hat Lübke S. 84—85 die Meinungen W.'s über den Kreuzaltar schon ausführlich und gebührend abgewiesen. Da jedoch Lübke keine Gelegenheit hatte, die Berechtigung von W.'s absprechendem Urtheil vor dem Bilde selbst neuerdings zu prüfen, so will ich hier nachtragen, dass ausser mir auch Bode, Eisenmann, Justi, Jul. Meyer, v. Seidlitz und Wörmann (Gesch. d. Mal. 2, 490, Note 2) das gethan haben, und dass wir alle die Verdammung dieses Altars unbegreiflich finden. Wenn W. sich übrigens darauf beruft, dass schon vom Stifter Peter Rinck fünfzig Gulden weniger für den Kreuzaltar als für den Thomasaltar gezahlt, oder meinetwegen auch, dass die beiden Werke gerichtlich abgeschätzt worden seien, wobei der Kreuzaltar sich als weniger werthvoll ergeben habe (S. 73), so er-

klärt sich dessen geringerer Preis sehr einfach durch den beträchtlich geringeren Umfang (1,58 Quadratmeter gegen 2,88, wobei die beiden oberen
unbemalten Zwickel des Kreuzaltars nicht einmal abgezogen sind). Wäre der
kleinere Altar wirklich viel schlechter ausgeführt gewesen als der andere, so
würde man sich gehütet haben, ihn verhältnissmässig noch höher zu bezahlen.

Auf S. 85 Note 66 stellt W. die Gemälde des Meisters des Bartholomäus zusammen, welche ausser deń drei Altarwerken aus Köln bisher bekannt
waren. Zu den früher (S. 67) genannten beiden Tafeln in Mainz und London
habe ich übrigens zu bemerken, dass sie allerdings zu einander gehören werden,
da sie ausser in den Maassen auch in der sich über dem aufgespannten
Teppich zeigenden Säule und Fernsicht ganz übereinstimmen (nach Vergleichung
der Photographie des Londoner Bildes mit dem zu Mainz); ob sie aber Theile
des Münchener Altars waren, ist fraglich [16]). Die drei schon längst mit Recht
unserem Meister zugeschriebenen einzelnen Gemälde in Köln (noch immer
bei Dr. Dormagen, photogr. von Raps), Darmstadt und Paris gesteht W.,
theils nicht gesehen theils nicht mehr hinreichend in Erinnerung zu haben; es
ist nicht alle Hoffnung aufzugeben, dass sie dazu beitragen werden, ihm seinen
Wahn zu benehmen, wenn er, bewaffnet mit seiner jetzigen grossen Vorliebe
für den Meister, wieder vor sie tritt. Ich habe sie alle nach Erscheinen seiner
Schrift wiedergesehen; namentlich das Louvre-Bild mit den vielen Gestalten in
lebhafter Bewegung (die allerdings von leidlich gutem Ausdruck für den Meister
sind) ist geeignet, die Zusammenschmelzung mit Sch. als ungereimt erscheinen
zu lassen; die ursprünglichen Farben sind übrigens in der gelben Brühe er-
trunken, die in Frankreich früher so beliebt war.

Es war mir nicht gelungen, den genannten sechs grösseren oder kleineren
Werken unseres Meisters neue hinzuzufügen, während meine Vorgänger in
der Erforschung der Kölner Malerschule des 15. und 16. Jahrh. mir doch die
Möglichkeit offen gelassen hatten, das Werk fast aller anderen dortigen
Meister bedeutend zu erweitern. Nach der verhältnissmässigen Spärlichkeit
der Gemälde dieses Künstlers zu urtheilen, scheint er also nicht lange gelebt
zu haben. Nur einige Bilder aus seiner Schule hatte ich hinzu gefunden: Schul-
copien der Flügel des Thomasaltars im Barbarakloster zu Koblenz; eine

---

[16]) Es können die Tafeln in London und Mainz nicht die »abgesägten Aussenseiten« der Münchener Flügel sein, weil jene beiderseitig bemalt sind, was bisher
unbekannt war. Die Rückseite des Londoner Bildes zeigt (nach gütiger Mittheilung
von Director Burton) rechts die bekrönte Maria mit dem Kinde auf dem rechten
Arme, stehend, und links S. Johannes Ev. mit Kelch; hinten Brocatteppich und
oben blauer Himmel. Die Darstellung auf der Rückseite des Mainzer Bildes hielt
ich, noch ohne Kenntniss von der zugehörigen anderen, für das Bruchstück einer
Anbetung der Könige: in einer sich zum Knieen anschickenden Gestalt glaubte ich
den alten König und in einer stehenden mit Gefäss den mittleren zu sehen. Diese
beiden Bilder waren wegen der gröberen Behandlung und der schlechteren Erhaltung offenbar Aussenseiten, während die anderen Seiten den Münchener Tafeln in
nichts nachstehen.

Madonna mit Anna bei Dr. Debey in Aachen, Jacobstrasse; und eine h. Familie, Nr. 28 in Sigmaringen (Katalog von 1871: Schule des Lucas van Leyden). Erst vor kurzem sind zwei weitere eigenhändige Arbeiten aufgetaucht: eine Kreuzabnahme bei der Hon. Mrs. Meynell Ingram in London (Eaton Square 88) und eine Anbetung des Kindes bei Herrn Oskar Hainauer in Berlin. Ersteres Bild war unter dem Namen »Dürer« auf der Londoner Gemäldeausstellung von Anfang 1881 (Nr. 229) und wurde damals von mehreren deutschen Sachverständigen, worunter Eisenmann, Justi und v. Seidlitz, übereinstimmend als von unserem Meister erkannt. Dem erstgenannten verdanke ich einige Angaben über diese Tafel, die 29 engl. Zoll hoch, 18½ breit ist: »Ein höchst reizendes oder wenigstens interessantes Werk; es zeigt weniger gebrochene Farben als sonst und erscheint dadurch anfangs etwas bunt, bildet aber schliesslich doch ein ungemein fesselndes Ganzes. Dazu trägt freilich nicht am wenigsten die tiefe Empfindung bei, womit das Bild aufgefasst ist, dies namentlich bei der Magdalena. Mit Christus sind es neun Personen; auf Goldgrund, sehr gut erhalten.«

Die Berliner Tafel wurde 1881 bei der Versteigerung der Pariser Sammlung Beurnonville, worin sie »Lucas van Leyden« hiess, von ihrem jetzigen Besitzer angekauft. Bode's Bestimmung als M. d. Barth. fand bei Gelegenheit der Berliner Ausstellung von Anfang 1883 (Renaiss.-Cabinet Nr. 3) allgemeinen Anklang (vgl. auch die Besprechungen des Bildes von Eisenmann im Repert. 6, 252 und von Bode im Jahrbuch d. preuss. Kunstsamml. 4, 131). Eine Photographie ist unter den von A. Braun gemachten Aufnahmen jener Ausstellung. Dies Werk unseres Meisters ist deshalb von ganz besonderer Wichtigkeit, weil es früher als alle anderen bisher von ihm bekannten Gemälde sein muss, was aus verschiedenen äusseren und inneren Gründen hervorgeht. Von äusseren sind anzuführen: der grosse scheibenförmige Heiligenschein der Maria und der lilienförmige des Kindes; der mit Gold ausgeführte Mantelsaum der Maria; die nach Art der Eyck'schen Schule geformten bauschigen Chorröcke der Engelchen (man vergl. die viel moderneren des Thomasaltars); die einfachen Gewänder der Frauen, von denen eine den noch ganz dem 15. Jahrh. angehörigen, mit Tüchern umwundenen Kopfwulst nebst Kinntuch trägt, und eine andere sogar noch ein haubenartiges Kopftuch mit nach aussen gerichteter Längsfalte; die recht eckigen, aber spitzer als sonst zulaufenden und nicht gezierten Finger und schliesslich die sowohl im Bruche als in der Heraushebung gegen die späteren Bilder harten, jedoch weniger kleinknittrigen Gewandfalten. Die Färbung ist entschieden tiefer als sonst beim Meister, auch finden sich hier seine Schillerfarben noch nicht. Der frühen Entstehung entsprechen auch die Bewegungen, welche von der sonstigen Geziertheit erst Spuren zeigen (bei Joseph und den Hirten); sie sind eher noch etwas alterthümlich befangen. Und dieselbe Beobachtung kann man beim Ausdruck der Gesichter machen: er ist durchweg ernster als in den späteren Bildern, dazu bei der stehenden Frau rechts trotzdem von sehr ansprechender Freundlichkeit, die bei der links knieenden allerdings schon etwas ans Süssliche streift; Josephs Mine wird durch sein Bemühen, würdig-freundlich auszusehen, sogar arg verzerrt. Naiv ungeschickt

sind auch die Hirten, und das Kind wie die Engel zeigen nichts weniger als
Schongauer'sche Anmuth. Die Gesichtsbildung ist schon die von diesem so
abweichende des Kölners, was namentlich bei der Vergleichung der Maria mit
derjenigen vom Thomasaltare deutlich wird, und überhaupt zeigt sich im Berliner
Bilde, trotz der angeführten Abweichungen von der gewöhnlichen Weise des
Meisters, ein so enger Zusammenhang mit derselben, dass die Echtheit keinem
Zweifel unterliegt, zumal die Ausführung durchaus seiner würdig ist.

Untersuchen wir nun, was uns die Berliner Tafel über das Verhältniss
des Kölners zu Schongauer lehrt, so stehen wir einer sehr schwierigen
Frage gegenüber, nämlich der, ob der M. d. Barth., wenn gleich nicht derselbe wie Sch., doch wenigstens von ihm beeinflusst sei, und der ferneren nach
den anderen etwaigen Vorgängern des Kölners. Bei ihrer Besprechung der
Hypothese W.'s haben Ephrussi, Lübke, Wörmann und Bode die Identität
beider Meister zwar entschieden geleugnet, den Einfluss der Stiche Sch.'s
auf den Kölner jedoch wenigstens als möglich eingeräumt (nur Lübke gibt,
wie erwähnt, auch in der Färbung Aehnlichkeiten zu). Ich will nun anerkennen, dass sich in der Fingerbildung und -Bewegung, sowie im milden
und freundlichen Gesichtsausdrucke des M. d. Barth. eine Einwirkung Sch.'s
kundgeben könne, doch müssten dann dessen Eigenthümlichkeiten vom Kölner
fast bis zur Unkenntlichkeit verzerrt worden sein, und überhaupt zeigt die
Kunstweise beider Meister so wesentliche Abweichungen, dass es mir als viel
wahrscheinlicher vorkommt, es habe gar kein Zusammenhang stattgefunden [17]).
Auch das frühe Berliner Bild steht dem Sch. nicht näher als die anderen;
dagegen bin ich durch die Typen der neben Maria befindlichen Frauen desselben auf eine Aehnlichkeit mit den kurzen, rundlichen Näschen und den
kleinen Mündchen der Frauen Stephan Lochner's gebracht worden, deren
Anmuth und Heiterkeit sich ja auch beim M. d. B. nachgebildet findet (bei
der Maria des genannten Bildes ist die Nase hingegen schon mehr spitz, in
seiner gewöhnlichen Weise). Unter den Kölnischen Vorgängern desselben ist
Stephan überhaupt derjenige, dessen Wesen ihm am meisten zusagen
musste. Auch Lübke bemerkt übrigens (S. 83), dass der M. d. Barth. auf
Grundlage der älteren Kölner Schule vor allem nach Anmuth strebe.
Zu diesem altkölnischen Antheile aber kommt bei ihm jedenfalls eine sehr
starke Einwirkung der niederländischen Kunst, die namentlich in Färbung und
Behandlung so auffallend ist, dass wohl ein Aufenthalt des Meisters in den
Niederlanden oder gar dessen Herkunft von dort angenommen werden muss.

---

[17]) Der Unparteilichkeit zu Liebe will ich jedoch nicht verschweigen, dass
mir ein Umstand vorgekommen ist, der als eine unwillkürliche Bestätigung der
Verwandtschaft des M. d. Barth. mit Sch. aufgefasst werden kann. Es sind mir
nämlich von verschiedener, gar nicht unberufener Seite mehrere Bilder genannt
worden, die stark an den Kölner erinnern sollen, während sie nach genauer
Kenntniss derselben für dem Schongauer verwandt halten muss; auch spricht die
Holzart in allen drei Fällen für oberdeutschen Ursprung. Es sind dies Nr. 175 in
Darmstadt, die Folge in Mainz und das Bild in Utrecht (vgl. Note 15).

Man vergleiche nur die viel flüchtigere Mache der beiden anderen um 1500 und früher in Köln thätigen Maler, des Meisters von S. Severin und des der h. Sippe. In der älteren Litteratur ist mehrfach (Waagen, namentlich Treasures 4, 228; E. Förster, Denkm. 12, 14 und Marggraff) eine Beeinflussung des Kölners durch Massys angenommen worden. Dies wäre der Zeit nach möglich, da letzterer schon 1491 Meister wurde; auch hat der Kölner in der Feinheit der Ausführung, der Kraft der Modellirung und der hellen Färbung wirklich einige Verwandtschaft mit jenem; ebenso sind die langen, sich gar nicht zuspitzenden Finger des Massys und das Lionardeske Lächeln mancher seiner Frauenköpfe nicht ohne Beziehung zum Kölner. Doch wäre es immerhin gewagt, mit Bestimmtheit von einem Zusammenhang beider Künstler sprechen zu wollen.

E. Förster allein hat auf den Meister der h. Sippe [18]) als Vorgänger des M. d. Barth. hingewiesen (Gesch. d. d. Kunst 2, 179), insofern als er die

---

[18]) Nach E. Förster's anfänglicher Benennung (Gesch. d. d. K. 2, 167) hatte ich ihn früher »Meister der heiligen Familien« genannt; da die betreffende Darstellung jetzt jedoch durchweg als »die h. Sippe« angeführt wird, so halte ich es für gerathen, diese unwesentliche Aenderung auch beim Namen des Künstlers anzubringen.

Ueber den Meister der h. Sippe möchte ich hier eine kleine Abschweifung machen. Benannt wird er nach dem Altarwerk Nr. 199 des Museums zu Köln; dasselbe ist nach Merlo, Familie Hackenay S. 70, etwas nach 1518 entstanden, für welche Zeit der Stil des Werkes recht alterthümlich erscheint. Es stammt aus der Hauscapelle der genannten Familie in Köln (photographirt von Raps; Stich in Förster's Denkmalen 12). Von Passavant, Kugler, Förster und Waagen sind dann als demselben Meister angehörig erkannt worden: Köln, Museum, Nr. 200 Altärchen mit S. Katharina und Dorothea; 202—4 grosser Altar mit der Sebastianslegende (ziemlich früh); Köln, Dom, die Glasgemälde im nördlichen Seitenschiff, von 1508 und 1509 (photographirt): München, 32, 637, 648 Altar mit Beschneidung und je 3 Heiligen (lithographirt von Strixner, als »Massys«). Nicht jedes dieser Werke wird von jedem der Genannten angeführt, und trotz dieser Vorgänger wussten Schnaase und Woltmann nur je ein Werk dieses Künstlers zu nennen. Ich schreibe ihm dagegen noch eine beträchtliche Anzahl anderer Gemälde zu, namentlich grosse Altarwerke, aber auch kleine, fein ausgeführte Stücke. Der Meister ergibt sich danach als einer der fruchtbarsten Kölner Maler. Eigenhändige Werke von ihm sind folgende: Augsburg, zwei grosse Tafeln mit je zwei Heiligen; Berlin, im ersten Zimmer des oberen Magazins, grosser Altar mit thronender Madonna und Heiligen; Bonn, Dr. W. Virnich, zwei Flügelbilder mit Anbetung der Könige und Auferstehung; Rückseiten: Verkündigung (vorher bei Wwe. Baumeister in Köln; Katalog der Sammlung Lyversberg Nr. 29—32); von besonders feiner Ausführung, wahrscheinlich zum folgenden Mittelbilde gehörig (vgl. Hotho, Gesch. der deutschen u. niederländ. Malerei 2, 185); Brüssel, 126 (früher 84) Kreuzigung, aus Richterich bei Aachen stammend; Köln, 201 Beweinung (früh); München, 621 Anbetung der Könige; Nürnberg, 37 Drei weibliche Heilige; 38 Pestbild (der Stifter starb 1492); 40 Kreuzigung; 43 S. Hieronymus sich kasteiend; Utrecht, Erzbischöfl. Museum, Messe Gregor's, datirt 1486; das alterthümlichste und frühest datirte Werk des Meisters; Vallendar, Kirche (bei Ehrenbreitstein), Altar mit

stilistische Aehnlichkeit der sechs Heiligen auf zwei Flügelbildern jenes Malers in
München, Nr. 637 u. 648, mit den Gestalten des Barth.-Altars hervorhob.   Er
hielt jene Tafeln damals sogar für Jugendwerke des M. d. Barth., und erst
später (Denkm. 12, 24) hat er eingesehen, dass sie vom Meister der h. Sippe
sind.   Von Förster und anderen wird derselbe auch für den Lehrer des Meisters
vom Tode Mariä gehalten, und dazu soll dieser (nach Kugler, Förster, Waagen),
wie auch der Meister der h. Sippe (Förster, Marggraff), von Massys beeinflusst
sein.   Die Einwirkung des Massys ist bei beiden Malern allerdings wahrscheinlich, beim Meister der h. Sippe aber wohl erst in dessen späterer Zeit eingetreten,
denn das Bild desselben von 1486 in Utrecht zeigt noch nichts davon.   Was
nun den angeblichen Einfluss dieses Meisters auf den M. d. Barth. betrifft, so
glaube ich, dass Förster darauf nur durch die freilich verführerische Aehnlichkeit gekommen ist, welche die genannten Münchener Bilder mit einander in
Gegenstand und Trachten zeigen.   Im Uebrigen sind beide Maler einander nicht
stärker verwandt, als es fast immer bei ungefähr gleichzeitigen Künstlern desselben Ortes der Fall sein wird.   Es wäre auch gar nicht unmöglich, dass
bei den betreffenden Münchener Altären, die beide aus S. Columba zu Köln
stammen, umgekehrt der jüngere den älteren Meister beeinflusst hätte.   Ueberhaupt aber wäre zu wünschen, dass man das übermässige Grübeln über Beein-
flussungen wenigstens auf dem Gebiete der altdeutschen Malerei so lange ruhen
liesse, bis das Werk der Hauptmeister etwas besser zusammengestellt und

---

Kreuzigung; erst seit einigen Jahren dort, aus der Trierer Gegend stammend.   Zu
den besseren Werkstattbildern gehören: Brüssel, 106 Messe Gregor's; Köln,
196 dieselbe Scene; 222—3 Verkündigung und Geburt Christi; 284 Lesende Maria.;
310 S. Bernhard, predigend; München, 85 Beweinung; 1284 Scenen aus der
Legende der Eremiten Antonius und Paulus; 1343 Drei männliche Heilige. Schliesslich möchte ich noch auf 31—33 in Nürnberg (früher 9, 39, 40 der Moritzcapelle)
aufmerksam machen, Scenen des Lebens Mariä; es sind vielleicht frühe Werke
unseres Malers, auch hangen sie mit dem Meister der Passion etwas zusammen.
Jedenfalls liegen hier hervorragende Kölnische Bilder dieser Zeit vor, und ihr Urheber muss zu ergründen sein.
     Die hauptsächlichsten Eigenthümlichkeiten des Meisters der h. Sippe lassen sich
kurz so angeben: die Bewegungen seiner Gestalten sind von der gewöhnlichen Kölnischen Lebhaftigkeit und Anmuth, wenn sie gleich, selbst in den späteren Werken, nicht
bis zur Freiheit des Meisters vom Tode Mariä gediehen sind.   Auch der Gesichtsausdruck ist lebendig und innig: dabei sind die Köpfe der Frauen meist recht
hübsch und freundlich.   Die Gewandfalten sind unruhig und hart, mit röhrenartig
herausstehenden Erhebungen (E. Förster).   Die Färbung ist in der früheren Zeit
etwas schwer bräunlich, geht aber bald in einen sehr hellen, goldigen Ton über,
mit stark röthlichem Fleischton.   Auch die weiten Landschaften, die der Meister liebt,
sind sehr licht gefärbt, mit hellblauer, verschwommener Ferne.   Goldener Himmel
kommt nur noch selten bei ihm vor.   Von dem wahrscheinlich etwas älteren Meister
von S. Severin, der geraume Zeit (bis in den Anfang des 16. Jahrhunderts hinein),
gleichzeitig mit ihm thätig gewesen sein muss, ist unser Meister an Gesichtsformen
und Färbung leicht zu unterscheiden.   Der Anfang seiner Thätigkeit ist nach dem
datirten Bilde in Utrecht um 1486 zu setzen und das Ende derselben um 1520.

bekannt sein wird als bisher. Wenn Stilzusammenhänge so unverkennbar
sind, wie z. B. zwischen Weyden und Memlinc oder Schongauer, Jan Joest
und dem Meister des Todes Mariä, diesem und Bruyn, so fällt es mir zwar
nicht ein, die Augen vor solchen Thatsachen zu verschliessen; es verdriesst
mich aber gar nicht, wenn ich gestehen muss, dass ich durchaus keinen Vorgänger für einen bestimmten Künstler ausfindig machen kann.

Am Schlusse des dem »Identitätsbeweise« gewidmeten Capitels, S. 80—82,
kommt W. auf die früher nur kurz erwähnten drei kleinen Bildchen Sch.'s
in München, Wien und Paris zurück (worunter die beiden ersteren allgemein
anerkannt sind), weil erst jetzt, nach Erkenntniss der grossen Gemälde »desselben« (d. h. des M. d. Barth.), Anhaltspunkte genug zur Beurtheilung der
genannten kleinen vorhanden seien. Selbst W. hat nun freilich eingesehen,
dass diese Bildchen in Färbung und Formenauffassung sich von den Gemälden
des M. d. Barth. wesentlich unterscheiden; er versucht deshalb, sie als Jugendarbeiten Sch.'s hinzustellen, noch ganz unter niederländischem Einflusse gemalt und zwar in den Niederlanden selbst (S. 84). Letzterem widerspricht
aber unter anderem die Thatsache, dass zwei dieser Stücke (nebst dem ähnlichen in Frankfurt) schon auf weichem Holze, nicht auf Eiche, gemalt sind
(vgl. S. 52), während die Bilder des M. d. Barth., die nach W. grade späte
Werke Sch.'s sein sollen, wie gesagt sich nicht auf weichem Holze, sondern
auf Eiche befinden. Auch ist die Behauptung von der besonderen Verwandtschaft der drei Bildchen mit den sieben meist frühen Stichen, die W. als
»Gruppe der Madonna mit Papagei« zusammengestellt hat (S. 34), eben so
haltlos wie die frühere von der schier unüberbrückbaren Kluft zwischen dieser
Gruppe und den späteren Stichen. Die Echtheit der mir unbekannten, ausser
bei W. nur von Woltmann erwähnten Madonna aus der Sammlung Klinkosch
in Wien, seit 1882 bei Baron Edmund v. Rothschild in Paris, wird übrigens
von Bayersdorfer anerkannt, doch höre ich, dass von anderen Seiten Zweifel
geäussert werden.

Im Schlusscapitel endlich gibt W. einen Rückblick auf Leben und künstlerische Entwicklung Sch.'s, wie dieselben sich nach den vorhergehenden
Untersuchungen in seinen Augen darstellen. Er kommt zum Ergebniss, dass
wir vom grössten deutschen Maler seiner Zeit und von dessen Werken nichts
wissen würden, »wenn das Gebäude, welches die registrirende Kunstforschung
über seinem Namen errichtete, bei der leisesten Berührung mit der Kritik
nicht wie ein Kartenhaus zusammengefallen wäre«. Dieser siegesfrohen Hoffnung gegenüber stehe ich glücklicherweise mit meiner Ansicht nicht allein,
dass das erwähnte Unglück im Gegentheil so mancher Aufstellung W.'s, namentlich seiner Identification des Kolmarer Meisters mit dem Kölner, widerfahren ist,
und dass die deutsche Kunstforschung vor W. genug über Sch. sichergestellt
hatte, um sich von seiner Kunstweise einen klaren Begriff machen zu können.

<hr />

Nach dem unglücklichen Erfolge seines Versuches, die Namenlosigkeit des
Meisters des Barthol. durch Zusammenschmelzung desselben mit einem bekannten
auswärtigen Künstler zu heben, hätte man erwarten sollen, W. würde sich

nun vor derartigen gewagten Hypothesen etwas mehr in Acht nehmen. Unlängst aber hat er die bestürzten Fachgenossen und die gläubigen Kunstfreunde mit einer ganz desselben Schlages überrascht (Zeitschr. f. bild. K. 18,
S. 46—59, Herbst 1882), und ich will desshalb anhangsweise auch diese
neue »Entdeckung« etwas beleuchten.

Sie besteht darin, dass auf Grund des erst seit Kurzem mehr bekannt
gewordenen beglaubigten frühen [19] Altarwerkes von Scorel in Ober-Vellach [20]
(datirt 1520) die zahlreichen Bilder, welche man seit mehr als vierzig Jahren
diesem Holländer abgesprochen und an dessen Stelle einem Kölner, dem
»Meister des Todes Mariä«, zugetheilt hatte, doch von Scorel herrühren sollen,
und zwar aus dessen Frühzeit, vor Auftreten des italienischen Einflusses, dem
dieser Maler schon bald nach 1520 ganz unterworfen war. Der grosse Tod
Mariä in München und der Altar im Wiener Belvedere (beide vom Kölner
Meister) sollen dem Ober-Vellacher Bilde sogar noch näher stehen, als beide
erstgenannten dem kleinen Tode Mariä in Köln. Leider habe ich den Kärntener Altar selbst nicht gesehen [21], doch liegt mir die ausgezeichnete Aufnahme vor, die Hofphotograph Angerer (Wien, Theresianumgasse) davon
gemacht hat. Da auch die drei angeführten Werke des Meisters vom Tode

[19] An dieser Stelle möchte ich noch einmal auf ein von mir schon im Jahrbuch der preuss. Kunsts. 2, 213 erwähntes Bild aufmerksam machen, das von Passavant (Kunstblatt 1841, S. 50) und Merlo (Nachrichten S. 413) besprochen wurde.
Es ist eine Landschaft mit dem vom Engel begleiteten Tobias, welcher vor dem
Fische flieht, bezeichnet: Joannes scorell de holandia 1521 (nach Merlo); H. 1' 8",
B. 2' 7¼". Obgleich Passavant die Echtheit der Inschrift bezweifelt und auch
die Malweise, trotz einiger Aehnlichkeit mit der [späteren] Scorels, nicht recht als
die seinige anerkennen will (nach Merlo ist das Bild »zuverlässig echt«), so halte
ich es doch für wahrscheinlich, dass hier ein zweites frühes Werk Scorel's vorliegt. Bis 1848 war es im Besitz von J. B. Boden in Köln; vielleicht tragen diese
Zeilen etwas dazu bei, es wieder zum Vorschein zu bringen.

[20] Die Bezeichnung wurde erst bei Gelegenheit der Wiederherstellung in Wien
gefunden. Noch kurz vorher hatte Ilg erklärt, von der Benennung »Scorel« sei
»absolut nichts zu halten«. (Mitth. d. österr. Centr.-Comm. 1879, XL.)

[21] Bayersdorfer, der das Gemälde zu zwei verschiedenen Malen genau untersucht hat, theilt mir auf meine Bitte Folgendes darüber mit: »Wurzbach's Hypothese
hat mich in das grösste Erstaunen versetzt, aber auch in keinem Punkte überzeugt.
Als ich den Altar zum ersten Male sah, noch ehe ich von der Inschrift etwas wusste,
sprach ich ihn für ein holländisches Werk an, und der Meister des Todes Mariä, den
ich doch sonst im Kopfe zu haben pflege, ist mir gar nicht dabei eingefallen. Das
Bild hat auch nicht mehr mit ihm gemein, als was allen Werken der verschiedenen
niederdeutschen Malerschulen am Anfange des 16. Jahrhunderts gemeinsam ist.
Genauer betrachtet, stimmt gar nichts; übrigens sagt Ihnen die Photographie genug. Meine Lesung der Inschrift: »Joannes Scorel9 Holanding pictorie amator
pingebat« weicht von der Wurzbach's sehr ab; nur das letzte Wort ist undeutlich.
Von Custos Schellein wurde die Inschrift ebenso gelesen.« (Zwei andere Le-
sungen zeigen weitere Abweichungen; so heisst es in den M. d. C. C. 1881 L:
»Joannes Scoreel hollandin. pictor fecit«, und im Repert. V, 87 [v. Eitelberger]:
»Joannes Sorel holandier«.)

Mariä, nebst einer Anzahl anderer desselben, photographirt sind, so ist es leicht, über die Aufstellung W.'s ein Urtheil zu gewinnen. Als Anhaltspunkte der Bestimmung, aus denen sich die Identität beider Meister hauptsächlich ergeben soll, führt W. nun folgende an: »Hände, Weise zu individualisiren, Kinderphysiognomien, Costüm der Frauen, Landschaft, Farbe, und Behandlung des Pelzwerkes«. Die Untersuchung der »typischen Bildung der Hände« lehrt freilich schon, dass die kurzen, dicken Finger Scorels sehr wenig zu den bezeichnend langen und dünnen, oft etwas unruhig, aber immer lebhaft bewegten des Kölners passen. Unter der »Weise zu individualisiren« ist wohl die Behandlung der bildnissartig wirkenden Köpfe verstanden; auch hier finde ich gar keine sonderliche Uebereinstimmung zwischen beiden Meistern. So sind die Köpfe der älteren Figuren auf dem Mittelbilde des Ober-Vellacher Altars zwar von ausserordentlicher Treue und von grosser Kraft des Ausdruckes, die holländische Ruhe desselben steht aber in starkem Gegensatze zum lebhaften Geiste des Kölner Meisters, von dessen Sinn für Anmuth Scorel hier zudem nicht die geringste Spur zeigt. Mit der Uebereinstimmung in der »typischen Bildung der Kinderphysiognomien« ist es auch nicht weit her: der ältliche Zug der Kinderköpfe Scorel's fehlt denen des Kölners, und letztere sind dabei viel rundlicher und haben ganz zartes Flaumhaar, nicht die stark entwickelten und sehr gekrausten Locken der Kinder des anderen. W.'s Behauptung, das Frauencostüm sei dasselbe, ist ganz besonders auffällig; namentlich wird er auf keinem Bilde des Kölners Kopftrachten nachweisen können, die denen auf dem Kärntener Altare ähnlich wären. Auch die Art, wie bei der Apollonia und der Frau links vorn auf dem Mittelbilde das Brusttuch geformt ist, findet sich nie beim Kölner. Es ist zudem ja sehr natürlich, dass Scorel hier Kärntener Trachten dargestellt hat, zumal die Figuren des Mittelbildes (etwa mit Ausnahme von Maria und dem Kinde) Bildnisse zu sein scheinen. In Betreff der Landschaft kann man schon aus den Photographien sehen, dass dieselbe bereits auf diesem frühen Bilde der späteren Art Scorel's viel verwandter ist als dem Meister des Todes Mariä (was Bayersdorfer mir nach seiner Kenntniss des Ober-Vellacher Gemäldes ausdrücklich bestätigt).

Nach meiner Ansicht erinnert die Behandlung der vorderen Bäume auch noch sehr an den Hauptlehrer Scorel's, Jacob Cornelisz van Amsterdam; und diesem steht der frühe Stil Scorel's überhaupt viel näher als dem Meister des Todes Mariä, wie ich denn überhaupt auf die enge Beziehung des Ober-Vellacher Bildes zu Jacob van Amsterdam schon dreiviertel Jahr vor dem Erscheinen von W.'s Aufsatz (Jahrbuch d. preuss. Kunstsamml. 1882, S. 19) aufmerksam gemacht hatte, nach Vorgang von Justi (ebendort 1881, S. 195 u. 199) [22]). Will man noch einen besonders schlagenden stilistischen Beleg dafür

---

[22]) Von den erhaltenen Werken des Jacob Cornelisz, der ihn doch als Lehrer Scorel's hätte beschäftigen müssen, weiss W. nichts weiter zu sagen, als dass der Ochse im Amsterdamer Rathhause sein »angeblich einziges bezeichnetes Bild« sei. Die beiden auch bei Justi angeführten monogrammirten Gemälde desselben in Kassel und dem Haag (wie auch die Holzschnitte), hatte aber schon Passavant richtig benannt, und es war davon in der neueren Litteratur, namentlich durch W. Schmidt, öfter die

haben, dass der Meister des Todes Mariä nicht mit Scorel's Frühzeit identisch
sein kann, so vergleiche man den Christoph des Kärntner Bildes mit derselben
Figur auf der Rückseite des Altärchens vom Kölner Meister in Berlin (derselbe
Heilige ist auch auf den Aussenseiten des Münchener und des Kölner Altars).
Es ist in der That unglaublich, dass der nämliche Meister zur gleichen Zeit
zwei so völlig verschiedenartige Gestalten gemacht haben soll.

Neben den mit Vorstehendem natürlich lange nicht erschöpften inneren
Gründen gegen die Hypothese W.'s sprechen auch mehrere äussere dagegen.
Zunächst sind die Werke des Meisters vom Tode Mariä bekanntlich so zahlreich
und nach Ausführung, sowie theilweise auch nach Umfang so bedeutend, dass
zu deren Herstellung ein gutes Menschenleben beansprucht·werden muss;
und das alles soll Scorel vor Ablauf seines 25. Lebensjahres zu Stande
gebracht haben! (über den genaueren Zeitpunkt seiner Italisirung werde ich
sogleich reden).   Auch nennt· sein sonst so wohl unterrichteter Biograph
van Mander kein einziges der vielen erhaltenen Gemälde des Kölner Meisters
als von Scorel herrührend. Ferner ist zweifellos, dass, während Scorel nach
van Mander nur einmal und ganz vorübergehend in Köln weilte, der Meister
des Todes Mariä sich hingegen geraume Zeit daselbst aufgehalten haben muss.
Denn vier seiner Werke sind für dortige Kirchen oder wenigstens für einheimische Auftraggeber ausgeführt: die beiden Altäre mit dem Tode Mariä in
München und Köln, der von Frankfurt und die heilige Nacht der Sammlung
Clavé von Bouhaben in Köln (letztere nach Merlo für· Peter von Clapis
gemalt).   Noch mehr aber spricht für einen längeren Aufenthalt des Meisters
in Köln der Umstand, dass sein Einfluss sich bei den dortigen Gemälden vom
Anfang des 16. Jahrh. sehr bemerklich macht, und namentlich, dass Barthol.
Bruyn, der Hauptmeister der Kölnischen Malerei in der zweiten Hälfte des Jahrhunderts, ganz aus ihm hervorgegangen ist; zwei Punkte, welche schon die
ältere Litteratur hervorgehoben hatte, und zwar zuerst Passavant, Kunstblatt
von 1841, Seite 423, 426—428 (über die frühesten Bilder Bruyn's, von denen
eins schon von 1515 datirt ist, vgl. man Woltm.-Wörmann's Gesch. d. Mal.
2, 497). Gegenüber solchen Thatsachen kann ich eine von W. auf S. 47
ausgesprochene Behauptung nur als eine bedauernswerthe Leichtfertigkeit kennzeichnen.   Er sagt nämlich, es habe allerdings hundert Jahre früher in Köln
eine Malerschule geblüht, aber eine Nachblüte derselben zu Anfang des 16. Jahrhunderts sei erst zu Gunsten des Meisters vom Tode Mariä erfunden worden,
um diesen um jeden Preis zu einem Kölner zu stempeln.   W. liefert damit
lediglich wieder ein Beispiel seines bekannten Hanges zur Hyperkritik; denn
das Fortbestehen der Kölner Malerschule im Verfolge des 15. Jahrh. bestreitet
gegenwärtig niemand, wie auch die Thätigkeit Barth. Bruyn's in Köln von 1519

Rede gewesen, schon ehe mehrere darauf kamen, Waagen's »Westfälischen Meister«
mit jenem Amsterdamer in eins zu schmelzen (vgl. meinen Artikel über denselben l. c.,
auch in Wörmann's Gesch. d. Mal. bereits verwerthet, deren betreffenden Abschnitt
W. ja schon kannte). Hätte also W. die neuere Forschung mehr beachtet, so würde
er vor seiner verfehlten Hypothese vielleicht bewahrt worden sein.

an (bis 1555/56) beglaubigt ist. Durch ein solches Ableugnen der sicheren Ergebnisse der neueren Forschungen bringt W. die altdeutsche Kunstgeschichte vielmehr wieder dorthin, wo sie sich zur Zeit der Boisserée befand, welche ja die Werke aller bedeutenden Kölner Maler von 1450 bis 1550 Auswärtigen zuschrieben, wie Israel von Meckenen, Massys, Lucas van Leyden, Scorel und Heemskerck.

Einer der stärksten Gründe gegen die Identificirung Scorel's mit dem Meister vom Tode Mariä ist noch folgender, der sich schon bei Passavant findet (Kunstblatt 1841, S. 427). Das allgemein als echt geltende Frankfurter Altarbild des Kölners wurde bekanntlich 1524 gestiftet (nach Aegid. Gelenius, De sacra et civili magnitudine Coloniae, von 1645, S. 410). Es ist, wie Passavant richtig sagt, »im Allgemeinen noch sehr niederdeutsch und fern von directem italienischen Einfluss«; wirklich unterscheidet es sich kaum von den um 1515 datirten Werken des Meisters. Scorel aber kehrte noch innerhalb des Jahres 1520 aus Palästina nach Venedig zurück, hielt sich einige Zeit dort auf und kam nach dem Besuch mehrerer italienischen Städte bald nach Rom, wo er sich bei seinem eifrigen Nachbilden der dortigen antiken und Renaissance-Kunstwerke in kurzer Zeit völlig italisirt haben wird. Schon bald nach dem Tode seines Gönners Hadrian VI. (Herbst 1523), kehrte er als ausgelernter Zögling der »Römischen Schule« nach Holland zurück (im Leben Jan Swart's sagt Mander ausdrücklich, dies sei um 1522 oder 1523 geschehen). Scorel kann also das 1524 entstandene Frankfurter Bild, das zu seiner italisirenden Kunstweise gar keine Beziehung hat, nicht gemalt haben, noch weniger aber diejenigen Gemälde des Kölners [23]), welche nach allen Anzeichen noch später als das Frankfurter Bild fallen müssen, namentlich die grössere Anbetung der Könige in Dresden und dieselbe Darstellung in Neapel (in diesen Galerien hat man ja Gelegenheit, sich durch Vergleichung der genannten Werke mit solchen aus der früheren Zeit des Kölners von der viel späteren Entstehung der beiden Anbetungen der Könige zu überzeugen). An Kirchenbildern des Meisters vom Tode Mariä, die nach 1524 datirt wären, fehlt es leider bisher; doch schreibe ich ihm das Ehepaar in Kassel von 1525 und 1526 (Nr. 49—50) sehr bestimmt zu (Eisenmann ist freilich hier mehr für Bruyn, aber letztere Benennung halte ich wegen dessen Bildniss des Ryth von 1525 in Berlin für verfehlt, das schon ganz die gewöhnliche Behandlung Bruyn's zeigt, besonders seinen stark röthlichen Fleischton und seinen in Vergleich mit dem Meister des Todes Mariä un-

---

[23]) Der grosse Tod Mariä in München ist meist (auch von W.), aus lediglich stilistischen Gründen, nur wenig später als das kleine Exemplar von 1515 in Köln gesetzt worden. Dem gegenüber möchte ich daran erinnern, dass das erstere Altarwerk wahrscheinlich zum Schmucke der Prachtcapelle in S. Maria im Cap. bestellt wurde, die durch den Lettner dieser Kirche gebildet wurde (Kugler, Kl. Schr. 2, 374). Derselbe mit seinen in Mecheln gefertigten, das Datum 1523 tragenden Bildwerken und allem Zubehör wurde aber erst 1524 aufgestellt (Ennen, Zeitschr. f. bild. Kunst 7, 139). Es liegt also kein Grund vor, die Entstehung des zugehörigen Triptychons viel früher als 1524 anzusetzen, und so fällt auch dies Werk wohl in die italienische Zeit Scorel's, kann also nicht von ihm herrühren.

durchsichtigen Auftrag). Das spätest datirte Werk dieses Künstlers ist das Bildniss
eines 27jährigen Mannes von 1528 in der Sammlung Dormagen zu Köln (vgl.
Merlo, Nachrichten S. 71, der es für Bruyn hält), Die genannten drei Bildnisse haben nun nicht die geringste Aehnlichkeit mit den beiden frühesten
Pilgertafeln von Scorel in Utrecht, die nach S. Muller (Schilderyen van Scorel,
S. 16) von 1525 sind. Als letzter der äusseren Gründe gegen W.'s Hypothese
ist zu erwähnen, dass, wie schon Waagen und Förster richtig bemerkt haben,
auf des Kölners beiden Dresdener Bildern und dem Pariser eine Figur vorkommt, die höchst wahrscheinlich das Bildniss des Malers ist; dieselbe stimmt
aber nicht entfernt mit den um dieselbe Zeit entstandenen Selbstporträts Scorel's
auf den eben genannten Utrechter Tafeln und auf der ähnlichen in Haarlem.

W. scheint die Absicht zu haben, unter den Bildern, die man bisher
dem Meister des Todes Mariä zuschrieb, fürchterlich Musterung zu halten: er
redet von der Verballhornung »Scorel's«, wozu die »Vielschreiberei der jüngsten
Generation« geführt habe, und von der Nothwendigkeit, das Werk so manchen
Meisters durch die Abgabe von den »Scorel« unrechtmässig vorenthaltenen
Werken wesentlich zu verkleinern. Dem gegenüber hat Wörmann, auf dessen
Verzeichniss der Hauptwerke des Kölners W. einen sehr unbedachten Angriff
gemacht hatte, bereits ausgesprochen (Kunstchronik 18, 168), dass die sach-
verständige Litteratur über die hauptsächlichsten Werke des Meisters schon
seit langem einig war; wie zurückgebliebene Kataloge, namentlich italienische,
die betreffenden Gemälde nennen, kann ja nur gleichgültig sein. Um W. jedoch noch weitere Opfer für sein kritisches Messer zu liefern, will ich in der
Note die mir bis jetzt persönlich bekannten Gemälde des Kölners zusammen-
stellen, ausser den in Wörmann's Gesch. d. Mal. schon genannten [24]).

Während es nun nach den Aeusserungen W.'s auf S. 47 (oben) aussieht,
als erkenne er die um 1840 erfolgte Aufstellung eines namenlosen Meisters des
Todes Mariä als berechtigt an, indem er von der offenkundigen Zusammengehörigkeit mehrerer der früher Scorel genannten Bilder spricht (und in der

---

[24]) Amsterdam 519 m. Bildniss. Berlin, Museum 578 Altärchen mit
Anbetung der Könige, 591 m. Bildniss; Gal. Raczynski 86 h. Familie nebst Anna;
Gal. Redern 34 m. Bildniss. Braunschweig 5—6 Ehepaar. Brüssel 28 h. Familie und Anna. Dresden 1175 m. Bildniss. Drieburg, Gal. Sierstorpff, Anbetung der Könige (gute Schulcopie des Originals in Neapel). Florenz, Uffizien,
316 kleines m. Bildniss. Genua, Pal. Balbi-Senarega, Anbetung der Hirten (neben
der bekannten h. Familie des Meisters hangend; vielleicht datirt 1517, rechts in der
Mitte). Hamburg, Consul E. F. Weber, Kreuzigung. Köln, Museum 553 m. Bildniss; Samml. Dormagen m. Bildniss von 1528 (siehe oben). Lucca, Gal. Mansi
(bei S. Maria foris portam) Madonna (»Memlinc«). Mailand, Sammlung Cereda-
Rovelli, Hieronymus im Zimmer; w. Bildniss. Modena, 315 Madonna und Anna.
Nürnberg 47—48 Ehepaar, 51 w. Bildniss, 49 ebenso, 50 m. Bildniss (beide letzteren
nicht ganz unzweifelhaft). Paris 679 Erlöser. Stuttgart 409 w. Bildniss. Wien,
Belvedere I. 13, Lucretia, 16 Madonna, 20 ebenso (vielleicht nur freie Schulcopie
nach dem ausgezeichneten Urbild in Genua), II. 44 Albrecht von Mainz (bessere
Wiederholung in Rom, Pal. Corsini); Akademie, h. Familie (Schulcopie?, nach
dem Urbild in Petersburg).

That lässt er auf S. 58 fünf derselben als von einem und demselben her-
rührend gelten), so spottet er müssigerweise gleich darauf über das auf dem
Gebiete der altdeutschen Kunst so unumgängliche Verfahren, zusammengehörige
Bilder unbekannter Herkunft vorläufig unter dem Namen eines anonymen
Malers zu° vereinigen. Er zeigt dabei ein so rührendes Mitgefühl für die letzten
Anhänger der alten Boisserée'schen Scorelhypothese, dass man· glauben sollte,
es müsse hiebei doch eine gute Ueberlieferung zu Grunde gelegen haben.
Wenn wir darauf hin aber den Briefwechsel der Boisserée durchgehen (1862
unter dem Titel »Sulpiz Boisserée« erschienen, Band 1), so finden wir, dass
die Taufe ihres Todes Mariä ebenso aufs Gerathewohl geschehen sein muss,
wie die fast aller übrigen Gemälde ihrer Sammlung (nach Hotho hat ihre
Benennung sich nur bei einem Hauptbilde, dem grossen Memlinc, bewährt).
Die Frage über den Urheber dieses Altarwerkes wird im genannten Buche
zuerst 1811 (S. 131—132) erwähnt, in welchem Jahre dasselbe in die Sammlung der Boisserée überging (S. 179); Sulpiz gesteht hier, dabei früher an Holbein d. J. gedacht zu haben. Dann aber geräth er durch die beiden Dresdener
Bilder des Kölner Meisters in Verwirrung über denselben: das kleinere bestimmt
er zuerst als von der nämlichen Hand wie der Tod Mariä, in demselben Athem
aber als »Schule des Todes Mariä«; welcher bestimmte Maler hier jedoch zu
Grunde liege, das werde sich erst bei einer Reise in die Niederlande ermitteln
lassen. Das grössere Dresdener Bild sei hingegen vom »vermeintlichen Scorel«
selbst. Sulpiz ist dann noch so kindisch, sich von der Dresdener Bestimmung
dieses Bildes als »Mabuse« einen gewaltigen Schrecken einjagen zu lassen
(die ganze angeführte Stelle siehe bei W. S. 47, Note 2). 1814 heisst es
weiter (S. 229): »Seit einer diesjährigen Reise nach Brabant nennen wir den
Maler vom Tode Mariä mit Sicherheit Scorel«; auf welches beglaubigte oder
nur so genannte Bild hin dies geschehen, darüber haben die Boisserée, wie bei
so manchen ihrer wunderbaren Taufen, ihr Geheimniss mit sich ins Grab genommen. Man war damals freilich noch nicht so kleinlich, bei jeder Bilder-
bestimmung nach einem zu· Grunde liegenden beglaubigten Werke zu fragen,
sondern benannte die Gemälde, mit unbeschränkter Willkür, am liebsten nach
den Meistern, die van Mander besonders ausführlich besprochen hatte, was
natürlich namentlich bei den Holländern der Fall gewesen war; so kam es, dass
die Boisserée die Gemälde der drei Kölner Hauptmeister vom Anfange des
16. Jahrh, drei Holländern zuschrieben, von denen echte Werke damals noch
kaum bekannt waren. Im Jahre 1838 (S. 754) stellt Sulpiz ausser dem Münchener
Bilde das Pariser, die beiden Dresdener und das Frankfurter als von derselben
Hand herrührend (»in Scorel's Art«) zusammen. Als er aber endlich 1841
(S. 800) ein sicheres Werk Scorel's kennen lernt (die Madonna in Utrecht),
gesteht er, dass dieses gar keine Aehnlichkeit mit dem Tode Mariä habe und
sieht sich unverweilt nach einem neuen Anwärter für sein Bild um (wobei
er zunächst den Orley ins Auge fasst, S. 803). Auch dieser Umstand spricht
dafür, dass die bisherige Benennung »Scorel« rein aus der Luft gegriffen war;
denn sonst würde Sulpiz jetzt doch wenigstens einen Versuch gemacht haben,
diesen dreissig Jahre lang festgehaltenen Namen zu retten.

Es ist vielleicht nicht überflüssig, hier einen Bericht über die von dem
eben erwähnten Funde S. Boisserée's unabhängige Entdeckung des echten
Scorel und die daraus erfolgte Beseitigung des falschen anzuschliessen; bei der
jetzt herrschenden geringen Kenntniss der älteren Kunstlitteratur werden W. und
manche andere wohl einiges Neue dadurch erfahren. Schon in dem Jahre
vor Sulpiz's Besuch von Utrecht war Passavant dort gewesen, und er berichtete
darauf über die dortigen beglaubigten Werke des Holländers im Kunstblatte
von 1841, S. 49—50, wobei er nur noch zwei andere, herkömmlich diesem
zugeschriebene Bildnisse in Wien als echt gelten liess. Ferner war 1842 die
um 1840 in Steinfeld gefundene Kreuzigung, im Besitze von E. Bourel in Köln,
mit dem Namen Scorel's und 1530 bezeichnet, eine Zeit lang in München (jetzt
im Bonner Provincialmuseum), und das Kunstblatt jenes Jahres brachte eine
ausführliche Besprechung derselben von E. Förster (S. 21—23). Dieser sowohl als Passavant hoben mit Recht hervor, dass durch die Vergleichung der
beglaubigten Bilder mit den bisher ohne Spur eines Grundes Scorel getauften
die Unhaltbarkeit dieser Benennung bei den letzteren klar erwiesen werde,.
und sie freuten sich höchlich über die endliche Bannung des Boisserée'schen
Gespenstes. Dabei bemerkten sie übrigens, dass die wissenschaftliche Kunstforschung längst nicht mehr daran geglaubt, den falschen Scorel hingegen
schon früher für einen Kölner gehalten habe (vgl. auch Waagen, England II.,
S. 465, von 1838). Gleich in den Schriften von Kugler, Hotho, Waagen, Nagler
und Immerzeel aus dem Anfang der vierziger Jahre wurden nun die Werke
des echten und des falschen Scorel richtig auseinander gehalten (nur Rathgeber
mit seinem beschränkten Compilatorverstande warf sie in seinem Buche von
1843 noch lustig durcheinander). Also nicht erst seit Waagen's Handbuch von
1862 begnügte man sich damit, dem Scorel nur ganz wenige Gemälde zu
lassen, was W. meint; und z. B. schon Hotho in seinem Buche von 1843
(S. 188 und 172) spricht deutlich vom »sogenannten Scorel, dem Maler des
Todes Mariä«, während man diesen Meister nach W. (S. 48 oben) erst »später«
erfunden haben soll. Hatte es bis 1840 gedauert, ehe ein leidlich scharf-
sehender deutscher Bilderforscher nach Utrecht kam und die Kenntniss von
Scorel's Kunstweise anbahnte, so ging es mit der weiteren Auffindung von
dessen Werken gleichfalls nur sehr langsam voran, hauptsächlich wohl wegen
der Entlegenheit jener Stadt, die durch Niemanden vom älteren Geschlechte
deutscher Kunstforscher ausser Passavant und Waagen besucht wurde (letzterer
hatte auch das Bonner Bild in München kennen gelernt). Erst 1861 erwähnte
Kramm die beglaubigten Gemälde Scorel's in Haarlem, aber ohne Selbstschau und
die Arbeit von Taurel in dessen »Christelyke Kunst« II. (etwas vor 1881) enthielt
zwar ausführliche Besprechungen der Bilder des Meisters in beiden Städten,
zeigte aber den den jetzigen Niederländern (mit sehr wenigen Ausnahmen) eigenthümlichen unglaublichen Mangel an Scharfblick in der Unterscheidung der Werke
ihrer alten Meister. Bei diesen Umständen war es also gar nicht zu verwundern,
dass die neuere deutsche Forschung in Betreff der künstlerischen Eigenthümlichkeit und der erhaltenen Werke Scorel's sehr viel Neues beibringen konnte,
wie Justi's Aufsatz im Jahrbuch d. preuss. Kunstsamml. von 1881 zeigt.

W. meint freilich (Note zu S. 46), hier sei in Betreff der zahlreichen dem Meister zugeschriebenen Bilder »des Guten zu viel gethan«[25]); aber ich bitte ihn, zu bedenken, dass erst in den letzten Jahren die beglaubigten Haarlemer Bilder mehr bekannt wurden, worunter namentlich die Taufe Christi[26]) wie auch die erst jetzt dem Privatbesitze entrückte Bonner Tafel für die Bestimmung der Geschichtsbilder und Landschaften Scorel's sehr wichtig sind, da sie viel zahlreichere und festere Anhaltspunkte dafür bieten als die Utrechter Madonna. Ueberdies war W. schwerlich dazu berechtigt, über die Echtheit der meisten der demselben in jenem Aufsatze zugeschriebenen Bilder zu entscheiden, da aus seinen wegwerfenden Aeusserungen über die späteren Gemälde Scorel's hervorzugehen scheint, dass er letztere lediglich nach der älteren deutschen Litteratur, ohne genügende eigene Anschauung, beurtheilt[27]). Und doch sollte man glauben, es müsse ihm daran gelegen haben, sich eine gründliche Kenntniss dieser Werke zu verschaffen, um die Stilwandlung Scorel's gehörig beurtheilen und die späten Bilder des Kölners mit den ungefähr gleichzeitigen des Holländers vergleichen zu können; er hätte uns dann vielleicht mit seiner zweiten Identitäts-Hypothese verschont.

Um uns möglichst vor einer dritten zu bewahren, habe ich diese ungebührlich lange Widerlegung W.'s niedergeschrieben, und ich möchte mir nun von ihm als einzigen Lohn für meine grosse Mühe ausbitten, dass er seine Thätigkeit zunächst der besseren Begründung seiner beiden Hypothesen und der Entkräftung meiner Einwürfe zuwende. Er hat offenbar die Ueberzeugungskraft seiner Behauptungen für so stark gehalten, dass er eine eingehende Beweisführung überflüssig fand; da ihm nun aber Niemand glauben will, so darf er es wohl nicht übel nehmen, wenn ich ihn um etwas stärkere Gründe bitte.

---

[25]) Recht ergötzlich ist es, dass W. bei dieser wohlfeilen, unbelegten Verdächtigung Bode und mich (die ein ergänzendes Verzeichniss der Werke beigefügt hatten) trotzdem mit der Benennung »sachkundig« beehrt; in Deutschland wenigstens herrscht bei sachkundigen Kunstforschern doch längst nicht mehr der Brauch, ins Blaue hinein zu taufen! Ungeachtet der entsetzlichen Gefahr, W.'s Missfallen noch zu verstärken, will ich hier gestehen, dass wir beide neuerdings **sieben** weitere Bilder Scorel's gefunden haben: eine Taufe Christi in Landschaft und eine Madonna, in Berlin (1. Zimmer im oberen Magazin; standen wegen des Umbaues Jahre lang in einem unzugänglichen Winkel); Bildniss des Widertäufers David Joris, Nr. 148 in Basel (nach dem Katalog und Woltmann von Aldegrever); Bildniss eines Utrechters, Nr. 1174 in Dresden (»Mor«); freie Copie der Colombina von Luini (Petersburg) in Nürnberg (Bode); Ehepaar, Nr. 478—9 in Petersburg.

[26]) W. wiederholt den Irrthum Bürger's, dass die in Rotterdam verbrannte Darstellung dieser Scene das bei van Mander erwähnte Bild sei; er hätte schon aus Kramm, Michiels (France), Taurel, Justi und Wörmann erfahren können, dass das Rotterdamer Stück aus der S. Janskerk zu Utrecht stammte, während er selbst erwähnt, das Haarlemer komme aus der dortigen »Commandery von S. Jan«, wofür Scorel doch nach van Mander grade eine Taufe Christi gemalt hat.

[27]) Es ist sogar zweifelhaft, ob er die Utrechter Werke Scorel's kennt; eine Bemerkung über das Papstbildniss (Note 5 auf S. 51) lässt nämlich darauf schliessen, dass er von den schon 1873 erfolgten Ortsänderungen der dortigen Bilder nichts weiss.

Habe ich mir doch bisher grosse aber vergebliche Mühe gegeben, auch nur einen einzigen auf dem Gebiete der altdeutschen Malerei bewanderten Fachgenossen zu entdecken, der W.'s Erfindungen zustimmte; wo immer ich anfragte, stets hiess es, seine beiden Hypothesen seien ganz unbegreiflich. Am liebsten gäbe ich mich freilich der schönen Hoffnung hin, dass W. sich durch gründliche Erwägung des allgemeinen Widerspruches und meiner besonderen Einwendungen von der Hinfälligkeit seiner Aufstellungen überzeugen und mit ehrlichem Eingeständniss seiner Sünden »fratres peccavi« rufen möchte; die wörtliche Befolgung des veralteten »nonum prematur in annum«, wenigstens bei ferneren Identitätshypothesen, würde für ihn dann die heilsamste, sich selbst aufzuerlegende Busse sein.

Berichte und Mittheilungen aus Sammlungen und Museen, über staatliche Kunstpflege und Restaurationen, neue Funde.

Graz. Culturhistorische Ausstellung. Die Werke der Kunst und Kunstindustrie
Den Hauptpunkt des Programmes des im Juli d. J. abgehaltenen Festes der 600jährigen Zugehörigkeit Steiermarks zum Hause Habsburg bildete die Eröffnung der Ausstellung culturhistorischer Gegenstände, »welche entweder im Lande oder· von Landeskindern geschaffen wurden, oder durch lange andauernde· Verwendung Bedeutung für Land und Leute erlangt haben«. Die Ausstellung (nach· neuestem Beschluss bis Mitte September ·eröffnet) umfasst acht Sectionen. Sie ist in überraschender Weise gelungen und gibt ein prächtiges vielseitiges Bild des Kunstschaffens der Steiermark und jener Werke, welche, wenn auch nicht in Steiermark entstanden, im Culturleben des Volkes seit Jahrhunderten eine Rolle spielten.

Wir wollen uns hier nur mit den Werken der Kunst und Kunstindustrie befassen und beginnen zunächst mit der Section IV (bildende Kunst). In dieser Section war man bemüht, nur Werke steirischer Künstler vorzuführen, was freilich bei den Schöpfungen der früheren Jahrhunderte, wo Maler und Bildhauer nicht so gewissenhaft signirten wie heutigen Tages, oft ziemlich problematisch blieb. Die steirische Architektur finden wir durch Photographien grösseren Formates zur Anschauung gebracht. Da ist zunächst der prächtige Hof des Landhauses in Graz [1]) 1558—1563 durch Domenico de Lalio erbaut. Dieser tüchtige Künstler, welcher ·den Titel: »Sr. röm. Majestät innerösterreichischer Baumeister« führte, hat ausser dem Landhause auch den originellen achteckigen Campanile auf dem Schlossberge, das Wahrzeichen von und das Schloss Radmannsdorf in Weiz erbaut. Er bürgerte in Graz die Renaissance ein und als er 1563 starb, hinterliess er daselbst eine scharf ausgeprägte Schule, deren Werke, im Geiste der Hochrenaissance concipirt, interessante Beimischungen· venetianischer Frührenaissance und originell verarbeiteter deutscher Elemente charakterisiren. Die auf diese strenge classische Richtung folgende Barockzeit ist vertreten durch das »Mausoleum Ferdinands II.

---

[1]) Abgebildet bei Lübke: Geschichte der Renaissance in Deutschland.

in Graz«, erbaut von dem Hofkammermaler und Hofarchitekten Peter de Pomis [2]). Die Renaissancearchitektur Steiermarks war demnach bis gegen die Mitte des 17. Jahrhunderts in den Händen italienischer Künstler. Da traten einige deutsche Meister in den Vordergrund, welche der deutschen Renaissance zum Siege verhalfen, so Adam Wundegger, der Erbauer der schönen Fassade des landschaftlichen Zeughauses, dann die leider unbekannten Künstler, welche die Schlösser Eggenberg, Hollenegg und Riegersburg erbauten. Aber nicht lange währte diese Blüthe nationaler Kunst. Steiermark liegt zu nahe an Italien, als dass nicht fort und fort ein Zuzug italienischer Künstler stattgefunden hätte. Als z. B. der baulustige Abt zu St. Lambrecht, Benedict Pirin, ein Italiener, daran ging, sein Stift umzubauen, und zu vergrössern, rief er einen Landsmann, den Domenico Sciassia, welcher den genannten Bau und auch den Umbau der gothischen Kirche in Maria Zell leitete. Ebenso baute ein Italiener, Joachim Carlon, das opulente Chorherrenstift Pöllau sammt Kirche, und andere Stifte und Klöster im Lande folgten nach, so dass am Ausgange des 17. Jahrhunderts wieder im ganzen Lande der italienische Stil herrschte und die deutsche Renaissance bei den oben genannten Erstlingsversuchen stehen blieb.

In der neuen Zeit besitzt Steiermark einige tüchtige Architekten, welche aber meist auswärts wirken. Von Hans Petschnig sehen wir in der Ausstellung dessen malerisch angelegte Oberrealschule in Ofen in gothischer Backsteinarchitektur durchgeführt, die Entwürfe für die gothischen Kirchen zu Neunkirchen in Niederösterreich und Szegszard in Ungarn und die Innendecoration des Sophiensaales in Wien. Von Wilhelm Bücher, dem Leiter des Baudepartements der Statthalterei in Graz, einem geborenen Wiesbadener, ist das Blasiusmünster von Admont vorhanden, das er nach dem Brande des Stiftes im gothischen Stile trefflich ausführte, dann ein Project zur Restaurirung des Domes von Graz, welcher ohne gemauerten Thurm geblieben und nach Bücher's Entwurf einen solchen bekommen soll. Leider wird das Project eben Project bleiben, da ein Fond für die kostspielige Ausführung nicht vorhanden ist.

Von Jos. Horky und von Georg Hauberisser finden wir Projecte für Universität und technische Hochschule in Graz, von letzterem eine Reihe von Ansichten und Interieurs seines Meisterwerkes, des Rathhauses von München. Dominik Schallhammer ist durch ein reich durchgeführtes Schloss zu Nadelburg in Niederösterreich vertreten. August Ortwein durch ein Project der Herz-Jesukirche für Graz und kleinere Entwürfe. Endlich sind noch die Entwürfe von Robert Mikovics für die fürstlich Liechtensteinische Grabcapelle in Wies, das Project für das Gebäude des deutschen Reichstages in Berlin von August Gunolt, dann die Entwürfe von Friedrich König und Feldscharek für einen Boulevard von Wien nach Dornbach zu nennen, welch letztere von der Meisterhand Rudolf Alt's in Aquarell ausgeführt sind. Aus allen diesen Werken sieht man, dass der Aufschwung, den die österreichische Architektur seit der Wiener Stadterweiterung genommen, auch

---

[2]) Siehe Repertorium VI, 2. Heft.

nach ·Steiermark hinein seine Wellen schlägt und dass allseitig ein frisches fröhliches Schaffen auf dem so lange vernachlässigten Gebiete Platz greift.

In der Plastik ist zunächst ein höchst bedeutendes Object zu nennen, das zwar nicht in der Section IV, sondern in der prähistorisch-römischen (I) zur Ausstellung gelangte. Es ist dies die 20 cm hohe Bacchusmaske aus Bronze, welche erst vor Kurzem nahe bei Cilli ausgegraben wurde und Eigenthum des dortigen Bezirksmuseums ist. Der prächtig modellirte Kopf mit offenem Munde ist von üppigen Haarlocken und .einem eigenthümlich stilisirten Bart umrahmt, an welchem die Haarbüschel späneartig angeordnet sind und in dieser Bildung an die eigenthümlichen Bärte assyrischer Bildwerke erinnern. Dass man es hier mit einem Werke aus der Blüthe der römischen Kunst, aus dem Zeitalter Augustus zu thun hat, liegt auf der Hand, und es wird selbstverständlich unter die ersten Werke dieser Art, selbst italische Fundorte nicht ausgenommen, eingereiht werden müssen.

Dass in Steiermark, wie in allen Gebirgsländern, die Technik der Holzschnitzerei vielfach betrieben wurde, dürfte keinem Zweifel unterliegen, obwohl es der Kunstforschung bis jetzt noch nicht gelungen, aus der gothischen, geschweige denn aus früheren Perioden besonders viele Künstlernamen festzustellen. Gab es doch, besonders im Oberlande, zahlreiche figurirte Flügelaltäre bis spät in die Renaissance hinein, zu denen sich noch eine erkleckliche Zahl auf unsere Tage gerettet hat. Auch in den Capellen der Calvarienberge und an den Landstrassen findet sich noch manches beachtenswerthe Object aus dem 15. und dem Beginne des 16. Jahrhunderts. Hieher gehören die beiden fast lebensgrossen polychromirten Statuen der hl. Maria und des hl. Johannes aus Hartberg, in derem fliessend drapirten Faltenwurf das Scharfbrüchige der Gothik noch hineinspielt. Auch die ebenso einfach als innig gebildeten Köpfe haben das porträtartige der Frührenaissance, so dass man sie in den Anfang des 16. Jahrhunderts setzen kann. Das grosse Holzrelief vom Portal der Servitenkirche in Bruck an der Mur, die hl. Familie darstellend, ist ein Werk, das bereits völlig auf italienischen Renaissancevorbildern beruht.

Die prächtige Brunnenlaube aus Bronze im Hofe des Landhauses [8]) von den Grazer Erzgiessern Thomas Auer und Max Wening ist als Hauptwerk der Plastik des 16. Jahrhunderts in Steiermark selbstverständlich in Photographie vorhanden. Diese erzene Brunnenlaube führt uns zu den schmiedeeisernen, von denen im Lande zahlreiche Beispiele existiren, als deren bedeutendsten die in Bruck a. M., Hollenegg, Riegersburg zu nennen sind. Die Ausstellungs-Commission hatte die glückliche Idee, den ganzen Brunnen des Hauptplatzes in Bruck a. M. von 1626 als Mittelstück des Hauptsaales in natura hinzustellen. Man bewundert daran ebenso den Schwung der Ornamentik, wie die köstliche Verwerthung des dehn- und schweissbaren Metalles zu jenen originellen Spiralblumen, welche diesen Werken der Schmiedeeisenkunst ein so charakteristisches Ansehen verleihen. Das grosse Publicum, welches sich selbstverständlich mit

---

[8]) Abgebildet in den Mittheilungen der k. k. Central-Commission für Kunst und historische Denkmale VII, pag. 194.

der Beziehung der Formgebung zur Structur des Materiales nicht zu befassen pflegt, unterhält sich an der launigen Inschrift am Sockel, welche lautet:

> Ich Hanns Prasser
> Trinckh lieber Wein als Wasser
> Trunckh ich das Wasser so gern als Wein
> So kundt ich ein reicherer Prasser sein.

Neben diesem Meisterwerk der Schmiedekunst [4]) sind dann zahlreiche Oberlichtgitter (vom ehemaligen eisernen Thor, circa 1550, vom Calvarien-berg etc.), ein prächtiger Schmiedeschild von 1680, Zunft- und Herbergszeichen der Hufschmiede (Radkersburg), Innungskassen, geätzte und tauschirte Cassetten, Wasserspeier, Laternen, Thürklopfer etc. ausgestellt, welche ein glänzendes Zeugniss von der einstigen Tüchtigkeit der Schmiedetechnik in Steiermark geben. Auch die ehrwürdige gothische Sacristeithüre der Stadtpfarrkirche zu Bruck a. M. von 1450 mit reichen, fast filigranartigen Füllungsornamenten [5]) hat in der Ausstellung ihren Ehrenplatz gefunden, desgleichen das Werk eines steirischen ländlichen Ghiberti: eine Thüre in Eisen getrieben aus dem Schlosse Kalsdorf bei Ilz mit den vier Musen: Euterpe, Urania, Erato und Kalliope, welche zwar nichts weniger als classische Schönheit besitzen, aber gerade in ihrer Derbheit und künstlerischen Unbeholfenheit Zeugniss geben, dass der ländliche Schmied, der das Alles aus dem Eisen haustrieb, vor den höchsten Zielen nicht zurückschrak, wenn er sie auch durch die Rauhheit seiner Kunst nur andeuten und nicht erreichen konnte.

Wir sind nun von der grossen Kunst abgekommen, und wollen wieder zu derselben zurückkehren. Im 17. Jahrhundert wurde in Steiermark, so wie anderwärts, unendlich viel gemeisselt, aber wir kennen keinen einzigen bedeutenden Künstler deutschen Namens. Die Bildhauer waren meist sogenannte »Gartenkünstler«, Decorationsbildhauer, welche die griechischen Götter und mythologischen Figuren in Sandstein zu bilden hatten, mit denen die Gärten der Schlösser und Villen geschmückt wurden. So der handwerksmässige Andreas Marx, der 1663 die vier grossen steinernen Statuen vor dem Eggen-bergerschlosse um 64 fl. fertigte, so der unbekannte Plastiker, der zwischen 1614 und 1624 die zwei nicht weniger als 5·7 m hohen Kriegshelden in Sandstein vor dem Mausoleum der Eggenberger in Ehrenhausen meisselte, welche ebenfalls nur eine Decorationsleistung sind, bei welcher es auf das eine oder andere geschwollene oder difforme Glied nicht ankam. Wir vermögen nur einen bedeutenden Plastiker dieses Jahrhunderts in Steiermark zu verzeichnen, und dieser scheint ein Italiener zu sein, nämlich den unbekannten Künstler, welcher um 1644 die beiden herrlichen Sandsteinfiguren mit theilweiser Vergoldung am Portal des landschaftlichen Zeughauses in Graz: Mars und Bellona geschaffen. Auch diese Figuren (in der Ausstellung durch Photographien vertreten) haben, ihrer Bestimmung gemäss, einen decorativen Charakter; sie sind der Zeit entsprechend, nicht ohne Uebertreibung in den Be-

---

[4]) Abgebildet in den Mittheilungen der k. k. Central-Comm. XV, pag. 63.
[5]) Abgebildet in den Mittheilungen der k. k. Central-Comm. XV, pag. 63.

wegungen, aber sie sind höchst genial concipirt und stehen so stramm und trotzig in ihren Nischen, als wären sie sich ihrer Aufgabe vollinhaltlich bewusst, jenes Zeughaus zu bewachen, das, von allen europäischen das Einzige, der Nachwelt die völlig ungeänderte und unversehrte Aufstellung und Ausrüstung einer Waffenkammer des 17. Jahrhunderts aufbewahrt hat. Wir stehen nicht an, diese beiden Figuren den allerersten plastischen Werken der gleichen Zeit in Deutschland an die Seite zu setzen und müssen nur wünschen, dass es der Kunstforschung noch gelingen möge, den Namen des tüchtigen Künstlers zu eruiren.

Im 18. Jahrhundert beherrschen drei specifisch steirische Künstler: Schoy, Stammel und Schokothnigg die Plastik Steiermarks; die italienischen Namen sind nun verschwunden. Joh. Jakob Schoy, k. Hofkammerbildhauer in Graz (gestorben 1733), ist durch eine lebensgrosse Pietà, in Holz geschnitzt, polychrom, vertreten. Die Gruppe baut sich in prächtigen Linien auf, die Anatomie des Leichnams Christi ist von grosser Wahrheit, der Ausdruck der Köpfe von ergreifender Wirkung. Thaddäus Stammel war in seiner Jugend bei Schoy. thätig, ging aber dann zur weiteren Ausbildung nach Italien. Zurückgekehrt wurde er Stiftsbildhauer in Admont, wo er eine höchst fruchtbare Thätigkeit entfaltete. Von ihm sind die vier Colossalfiguren im Mittelpavillon der Admonter Bibliothek, die vier letzten Dinge darstellend: Tod, Gericht, Himmel und Hölle, aus Holz geschnitzt und bronzirt, so dass sie in dem farbenreichen Bibliotheksaal den Eindruck von Bronzefiguren machen. In der ersten Gruppe ist der Mensch als Pilger aufgefasst, der vom Tode, einem schwebenden Gerippe, überfallen wird. Das Gericht ist durch einen Jüngling dargestellt, die Hölle durch einen prächtig behandelten nackten Mann (der Zorn), auf einer diabolischen Bocksgestalt reitend, der Himmel durch eine liebliche, von Engeln getragene Frauengestalt. Es geht ein grosser Zug durch diese Compositionen, und nur ein höchst genialer Künstler konnte seine Gedanken durch den zu jener Zeit beliebten allegorischen Wust hindurch so klar zum Ausdrucke bringen. Diese interessanten Werke sind durch Photographien zur Anschauung gebracht, ebenso die beiden charakteristischen Apostelfiguren Petrus und Paulus des Portales der Grazer Stadtpfarrkirche von Josef Schokothnigg.

Ein vielbeschäftigter Künstler war seinerzeit Veit Kininger, ein Tiroler, der circa 1768—1780 in Graz lebte und wirkte. Von ihm sind zwei Kolossalfiguren: Erzengel Gabriel und hl. Maria (Verkündigung), in Holz geschnitzt, ausgestellt, welche bei allem Baroken der Darstellung eine grosse Auffassung zeigen. Kininger wurde 1780 von der Kaiserin Maria Theresia nach Wien berufen, wo er unter Anderem die vier Figuren: Paris, Aesculap, Mars und Minerva aus weissem Tiroler Marmor im Parterre des Schönbrunner Gartens arbeitete. Bereits in unser Jahrhundert reicht der Elfenbeinschnitzer Nicolaus Klammer, dessen ausgestellter, in Elfenbein geschnitzter »Blumenstrauss« eines jener Werke ist, deren Feinheit und Delikatesse dem Künstler viel Ruhm und Bewunderung einbrachte, ohne ihn jedoch vor Mangel und Entbehrungen schützen zu können.

Von lebenden Künstlern nennen wir: Ein trefflich gearbeitetes Crucifix

in Elfenbein von Jakob Gliber in Admont, dann Porträtbüsten, ein Brunnen-
project und das Denkmal aus Carrara- und steirischem Marmor für Professor
v. Planner von Carl Lacher. Lacher, als eine der Hauptstützen des neuesten
Aufschwunges der heimischen Kunstindustrie und als Meister im Entwerfen
kunstgewerblicher Gegenstände auch in Deutschland wohl accreditirt, hat in
diesem kleinen aber reizenden Monumente seine Beherrschung der Renaissance-
formen neuerdings bekundet, und erreicht hier eine besonders gute Wirkung
im Malerischen durch Verwerthung verschiedenfärbiger Gesteinsarten, aus denen
die architektonische Umrahmung des Porträtmedaillons hergestellt ist. Von
dem talentvollen jungen Bildhauer Hans Brandstetter sind die Gipsbüsten
der steirischen Dichter Robert Hammerling, R. v. Leitner und P. K. Rosegger
ausgestellt, welche durch frappirende Aehnlichkeit allseitig ansprechen. Bei
der sitzenden Figur des »Platon« liess Brandstetter seinem grossen Geschick
in der Behandlung des Faltenwurfes so zu sagen die Zügel schiessen. Er
suchte die schwierigsten Probleme der Drapirung auf, um sie alle glänzend
zu besiegen. Der »Rattenfänger von Hameln« endlich, das neueste Werk
des Künstlers, ist ein für den Bronzeguss in Wachs modellirtes Figürchen, bei
welchem Zartheit und Geschmeidigkeit der Behandlung und die glückliche
Wiedergabe der dämonischen Natur des Helden (nach der Wolf'schen Dichtung) sich angenehm verbinden.

In der Malerei ist besonders die alte Schule des 15. und des beginnenden
16. Jahrhunderts würdig vertreten. Das Hauptwerk bildet das hochinteressante
Holztafelbild von 1457, die Kreuzigung Christi darstellend, welches Eitelberger
in diesen Blättern eingehend gewürdigt hat [6]). Selbstverständlich rückte Graz
mit allen seinen Hauptwerken ins Treffen. Die beiden Bilder der Leechkirche:
»Madonna im Rosengarten« (Votivbild des Ritters v. Stuchwitz) und die heiligen
Frauen: Margaretha, Katharina und Barbara (beide wiederholt beschrieben in
den Mittheilungen der Cent.-Comm. etc.), das Grazer Stadtrichterbild von 1478 [7]),
das schöne Stiftungsbild der Familie Rottal von 1505 [8]), können wir, als bereits bekannt, hier übergehen. Aus dem Dunkel der alten Friedhofkirche von
Obdach trat zum ersten Mal an das Licht der Oeffentlichkeit ein originelles
Holztafelbild: »Kaiser Friedrich III. und der hl. Florian«. Es stellt die beiden
fast lebensgross, nebeneinander stehend, dar, den Kaiser als Beschützer gegen
die Türken-, den hl. Florian gegen Feuersgefahr, weswegen auch beide mit
Heiligenscheinen versehen sind. Der etwas überschlank gerathene hl. Florian
trägt eine Rüstung, Kaiser Friedrich einen grossgeblümten Talar und hält anstatt
des Scepters einen Pfeil in der Hand. Im Hintergrunde sieht man die durch
Friedrich befestigte Stadt Obdach. Ein anderes nicht minder interessantes
Werk aus etwas späterer Zeit ist der »hl. Martin« von der Bürgerspitalskirche
zu Bruck a. M. Es stellt den Heiligen zu Pferde dar, mit dem Rücken gegen
den Beschauer, wie er seinen Mantel mit dem Armen theilt. Ausser Letzterem

---

[6]) Repertorium V, 3. Heft; abgebildet in den Blättern f. vervielfältigende Kunst.
[7]) Repertorium VI, 3. Heft, pag. 315.
[8]) Repertorium V, 4. Heft, pag. 410.

ist noch eine Bettlerfamilie, aus Mann, Weib und Kind bestehend, vorhanden, welche ebenfalls auf eine Gabe zu harren scheint. Prächtig gezeichnet ist das Pferd, welches mit dem des Colleoni in Venedig verwandtes Blut hat. Im Hintergrunde ist eine Stadt sichtbar mit reichen Baulichkeiten: Kirchen, Thürmen, Stadtthoren etc., theils gothisch, theils schon im Renaissancestil. Ausser der Stadt liegt in blühender Landschaft ein Schloss, den Hintergrund bilden die obersteirischen Schneeberge. Die Landschaft könnte von Dürer nicht phantasiereicher componirt sein, und das will bekanntlich viel sagen. Im Vordergrunde knieen, in kleinen Gestalten, links der Stifter, rechts dessen Ehegattin, deren Wappen anzeigt, dass sie der Familie Reigham angehören. Das Bild ist mit J. A. in einem Wappenschilde und der Jahreszahl 1518 signirt. Ein Flügelaltar aus Köflach mit dem Stifter: Ritter von Graden sammt Hausfrau, aus dem letzten Drittel des 15. Jahrhunderts, und einige Holztafelbilder aus obersteirischen Flügelaltären vervollständigen die schöne und reiche alte Schule.

Waren alle diese Werke durch und durch deutsch, so finden wir am Ausgange des 16. Jahrhunderts ausschliesslich welsche Kunst am Grazer Herzoghofe, getragen von den durch Carl II. nach Steiermark berufenen Hofmalern Teodoro Ghisi, Baldassare Grineo und dem Hofmaler Ferdinands II.: Peter de Pomis. Von Ghisi ist das 1588 gemalte: »Symbolum apostolorum« der landschaftlichen Galerie, von Peter de Pomis die von uns in seiner Lebensbeschreibung [9]) näher besprochenen Werke der Galerie Attems: »Aufnahme der Erzherzogin Maria unter die Auserwählten des Himmels«, »der Alte und Neue Bund« und das »Selbstporträt« vorhanden. In der Mitte des 17. Jahrhunderts tritt in Graz der von seiner Römerreise zurückgekehrte steirische Künstler Joh. Adam Weissenkircher auf, welcher bis zum Ausgange des Jahrhunderts den Führer der Künstlerschaft in Graz bildet. Von seinen zahlreichen Altarbildern sind ausgestellt: »Eine Verkündigung«, »die vierzehn Nothhelfer« und eine »Jmmaculata« (aus Algersdorf), dann kleinere Werke: »hl. Hieronymus und Paulus«, endlich »Venus und Satyr« der landschaftlichen Galerie. Weissenkircher ist ein tüchtiger Meister, der strenge Zeichnung und Anmuth der Gestalten mit einem blühenden Colorit verbindet.

Der besonders als Frescomaler hervorragende Joh. Cyriak Hackhofer ist durch ein Oelbild: »die hl. Magdalena von Engeln bedient« vertreten, Franz Carl Remp durch ein grosses farbenfrisches Werk der Attem'schen Galerie: »Raub der Sabinerinnen«. Von dem Hofkammermaler Joh. Veit Hauckh (gestorben 1746) ist eine kleine Madonna und ein grosses Gelegenheitsbild vorhanden, das eine zu Ehren der Kaiserin Maria Theresia beim Schlosse Ernau in Obersteier veranstaltete Gemsenjagd darstellt, mit Hunderten von Figuren: Maria Theresia, Franz I., Hofcavaliere, Jäger, Treiber, gejagte und erlegte Gemsen etc. Die Landschaftsmalerei der Mitte des vorigen Jahrhunderts ist durch Arbeiten von Flurer, Joh. Pruger und Franz Christoph Janneck, dem berühmten österreichischen Conversationsmaler, repräsentirt.

Ein origineller Künstler ist der obersteirische Joh. v. Lederwasch,

---

[9]) Repertorium VI, 2. Heft.

welcher steirische Bauernscenen (wovon 6 Stück vorhanden) in niederländischer Manier malte. Sein Schüler ist der als einer der ersten österreichischen Landschafter in Wien (1856) gestorbene Ignaz Raffalt, welcher nach Absolvirung der Akademie in Wien sich in seine Heimat Murau zurückzog und das Wirthsgeschäft seines verstorbenen Vaters fortführte. Dort malte er seine Stammgäste in der Wirthsstube, seine Knechte und Mägde, und ward auf diese Weise zum Genremaler. Aus dieser seiner ersten Zeit sind acht Werke vorhanden, von denen die »Sennerin« und das »Pferd« wahrhafte Cabinetsstücke sind. Erst später zog er wieder nach Wien und widmete sich ausschliesslich der Stimmungslandschaft.

Aus Mangel an Raum können wir uns mit den lebenden Künstlern nicht eingehend befassen. Wir erwähnen nur die trefflichen Genrebilder: »der Findling« von Mallitsch und: »ein Mädchen beschenkt eine arme Familie im Dachstübchen« von Ernst Moser, beide aus dem Belvedere, dann: »Auf Urlaub« von Gabriel Hackl, das »Porträt Waldmüllers« von Mallitsch, und einige andere tüchtige Porträts von Schwach und Prinzhofer. Unter den Aquarellen finden wir einige Serien guter alter Miniaturporträts, dann moderne Aquarelle von Bank, Perko (aus der Dalmatiner Reise des Kaisers), Jos. v. Arbesser (venetianische Architekturen), Anna Lynker, endlich eine köstliche in Aquarell ausgeführte Reproduction des Frescos im Palazzo Communale in Siena von Sodoma: die »Auferstehung Christi« von Eduard Kaiser in Florenz, jenem in Graz geborenen Künstler, welcher, seit 16 Jahren in Italien lebend, sich zur Lebensaufgabe gestellt hat, die berühmtesten altitalienischen Fresken zu reproduziren. — Von steirischen Kupferstechern sind ausser einigen alten Stechern des 17. Jahrhunderts die beiden Schabkünstler Joh. Veit Kauperz und Rungaldier, dann der Stahlstecher Joh. Passini durch ihre besten Werke vertreten.

Auf das kunstindustrielle Gebiet übergehend sind von Werken der Goldschmiedekunst zu nennen: der 103,5 cm hohe Prunkpokal, Landschadenbundbecher genannt, Eigenthum des Landes Steiermark, ein Prachtstück ersten Ranges aus der Schule Wenzel Jamnitzers; das Taufbecken mit Kanne der gräflichen Familie Herberstein, wahrscheinlich Augsburger Arbeit des 17. Jahrhunderts; der Leobner Pokal in Gestalt eines Strausses, des Wappenthieres der Stadt, von 1708; der schöne Buckelpokal der Familie Scherfenberg etc. etc. Sehr reich ist auch die Sammlung von Innungsbechern und Humpen, Innungsladen etc. und es ist überraschend, welche Prachtstücke einzelne kleine Gebirgsorte einzusenden in der Lage waren. An Majoliken ist die Ausstellung ziemlich arm; nur von sogenannten Bauernmajoliken finden sich einige interessante Stücke. Ganz hervorragend ist die Holztechnik vertreten. Da sind zunächst zwei prächtige Holzportale aus Schloss Radmannsdorf von 1564 [10]), zu den schönsten Arbeiten dieser Art in Deutschland zählend, dann eine reich eingelegte Thüre aus dem Schlosse Riegersburg (17. Jahrhundert), zahllose Kästen, Truhen, Prunkkästchen etc. etc. Hieher gehören auch die zwei Re-

---

[10]) Eines derselben veröffentlicht im Formenschatz 1882, 6. Heft.

liquienschreine der Grazer Domkirche, ursprünglich Brauttruhen der Kaiserin
Eleonore v. Gonzaga, aus Mantua stammend, von Ebenholz mit Elfenbein-
intàrsien und sechs herrlichen Elfenbeinreliefs, die Trionfi Petrarca's darstellend [11]), bekanntlich Kunstwerke allerersten Ranges von ca. 1460.

Einem modernen Ausstellungsbedürfniss Rechnung tragend, hat die Aus-
stellungscommission nicht verfehlt, um auf die »Stimmung« der Besucher zu
wirken, einige Gelasse zusammenzustellen, und so wurde denn ein Studier-,
ein Schreib-, ein Schlaf- und ein Speisezimmer im Charakter des 17. Jahrhunderts und ein Rococozimmer errichtet. Von den Werken der Textilkunst
sind zunächst die fünf Maulthierdecken der Fürsten v. Eggenberg, welche Fürst
Johann Anton 1637 bei seinem feierlichen Einzug als ausserordentlicher Gesandter in Rom verwendete, reich in Gold und Seide gestickt, ein besonders
prächtiger Gobelin derselben Familie, die Anbetung der hl. drei Könige darstellend, die schönen Landschafts-Gobelins aus dem Palais Attems zu nennen.
In der Section kirchliche Kunst finden wir zwei schöne 1½ m hohe Bronze-
candelaber aus dem 16. Jahrhundert von der Pfarrkirche Murau, dann Kirchen-
geräthe aller Art, von denen die gothische Monstranze von Jagerberg und der
gothische Kelch von Maria Rast besonders hervorragen. In einem eigenen
Schrein befinden sich Weihegeschenke von Maria Zell, grossentheils Prachtwerke mit Emails und Edelsteinen übersät, aus dem 16., 17. und 18. Jahrhundert. Von Kirchenparamenten nennen wir den berühmten Gösser Ornat [12])
aus dem 13. Jahrhundert, drei prächtige Casulen der Kirche Xaveri bei Ober-
burg (eines im schweren pomphaften Stil Louis XIV., Geschenk des französischen
Hofes, eines eigenhändig von der Kaiserin Maria Theresia gestickt, das dritte
vom polnischen Hofe), eine Casula für die Jagdcapelle in Radmer, von den
Töchtern Kaiser Ferdinands II. gestickt (grosse stilisirte Vögel im persischen
Stil), und zahllose andere, theils historisch merkwürdig, theils durch Schönheit
der Arbeit auffallend.

Man hat nicht geglaubt, dass das kleine Gebirgsland Steiermark so viel
Interessantes und Tüchtiges, ja theilweise Prächtiges birgt. Die Ausstellung
gibt der gegenwärtigen Generation Gelegenheit, sich an den Werken der Vorfahren zu erbauen und viel Schätzens- und Nachahmungswerthes kennen zu
lernen und zu studiren. Möchte sie auch Anlass dazu geben, dass die Besitzer
von Kunst- und historischen Objecten endlich einsehen lernen, dass das Ver-
äussern an herumreisende Händler und Agenten eine schwere Versündigung
gegen die patriotischen Pflichten in sich schliesst, damit endlich das Ver-
schleppen aus dem Lande sein Ende finde.   *Jos. Wastler.*

---

[11]) Zeitschrift für Kunst, XV. Bd., und Kirchenschmuck 1881.
[12]) Mittheilungen der Central-Comm. III, pag. 57.

Die illustrirten Handschriften der Hamilton-Sammlung zu Berlin.

(Fortsetzung.)

Italien, XV. Jahrhundert.

41) **Mariani de Vulterra, monachi Carthusiensis, Carmina.** Fol. Am Ende des 7. Buches des Heptalogus Salvatoris in Cruce steht: compilatus ab A. D. 1425 ad 1430, correctus 1438, in qua correctione addidit auctor versuum duo milia vel circa. — Schöne Handschrift mit zierlichen Initialen und einer Darstellung des zum Gekreuzigten betenden Autors auf einem Blatt, welches in goldenen Buchstaben auf farbigem Grund die Anfangsworte des »Heptalogs« enthält.

42) **Barbo, Ludovicus: Epistola ad monachos congregationis de observantia s. Justine.** Autograph, Treviso 1440. 4°.. Die erste Seite ist durch eine Einfassung von feinen schwarzen Ranken mit bunten stilisirten Blumen und goldenen Knospen geziert, in welche rechts die hl. Justina, unten der kniende Autor eingelassen ist, während eine sich hieran anschliessende Initiale den hl. Benedict enthält. Der Autor war anfänglich Abt des Klosters der hl. Justina zu Padua, dann Bischof von Treviso. Endschrift: Scriptum manu mea in palatio tarvisino et completum . . . ultima die Junij . . . mille quadringentesimo quadragesimo.

43) **Antiphonale.** Folio max. Mit fünf grossen, etwa die halbe Seite einnehmenden Initialen, welche im Innern biblische Szenen enthalten; 45 etwa viertelblattgrossen Initialen mit Halbfiguren von Propheten etc., sowie überaus zahlreichen ornamentalen Initialen in Roth oder Blau mit weisser Musterung, auf Blattgoldgrund und mit spitzblätterigen bunten Ranken im Innern.

Die fünf grossen Initialen enthalten die folgenden Darstellungen: Die Auferstehung Christi nebst den hl. Frauen am Grabe (Bl. 1 v., in einem Rahmen von mosaikartig zusammengesetzten bunten fassettirten Steinen, um welchen sich überdies eine Einfassung von buntem Blättwerk auf stark vortretendem Blattgoldgrunde hinzieht; im unteren Theil dieser Einfassung drei kleinere Szenen, in deren einer der hl. Benedict vorkommt. Die Himmelfahrt Christi; die Ausgiessung des hl. Geistes; das Abendmahl Christi; die hl. Dreifaltigkeit nebst den drei Engeln vor Abraham. Der solide Blattgoldgrund spielt bei allen diesen Darstellungen eine grosse Rolle; die Färbung ist licht, der Fleischton röthlich; deutlich tritt das Bestreben zu Tage, die Gesichter zu beleben und durch fleissige Modellirung hervorzuheben. Solches gelingt dem Künstler am besten bei den Männerköpfen, namentlich bei denen der Propheten, die meist würdevoll und von Innigkeit erfüllt sind, während manche derselben freilich eine das richtige Maass überschreitende Erregung zur Schau tragen. Die Frauengesichter sind nach alter Weise zart, aber wenig belebt geschildert. Manche Anklänge lassen auf einen jüngeren Zeitgenossen Fiesole's schliessen, weniger jedoch auf einen Florentiner, als auf den Bewohner einer der vielen von Florenz abhängigen Städte.

Eine kleine unfertige Initiale, mit einem das Weihrauchfass schwingenden Priester, auf der Rückseite des Blattes mit dem Abendmahl, ist dadurch interessant, dass sie die leicht und geistreich mit der Feder ausgeführte Vorzeichnung und die für Aufnahme des Blattgoldes bestimmte wachsartige Grundirung zeigt.

44) **Petrarca, Francesco**: Rime col comento sopra de Misere Francesco Philelfo poeta (enthält nur den Commentar zu Petrarca's Werken). Folio. Sehr schöne Handschrift mit reichen Umrahmungen von dichtem goldenem Dornblattmuster mit rothen und blauen Blüthen und nackten Putten dazwischen. Die Einfassung sammt Initiale der ersten Seite enthält die idealisirter Bildnisse von Petrarca und Laura, auf die Amor Pfeile herabschiesst. Einzelne grössere Initialen sind in Gold ausgeführt und mit weissen Bändern durchschlungen, während der zwischen durchscheinende Grund roth, blau und grün gehalten ist.

Die sechs Trionfi von Amor, Caritas, Mors, Fama, Tempus und Aeternitas sind mit halbblattgrossen Darstellungen geschmückt, die in strengem Stil ausgeführt, sich trefflich der decorativen Ausstattung anschliessen. Zwischen den I. und II. Gesang des Trionfo della Fama ist der Commentar zur Africa eingeschoben, die Darstellung der Geschichte von Scipio, Masinissa, Sophonisbe in gleicher Grösse wie die vorigen enthaltend.

45) **Petrarca, Francesco**: Rime col expositione di F. Philelfo, (endigt mit Sonett 85). 4⁰. Vorzügliche Handschrift auf ausgesuchtem Pergament, mit schönen Initialen. Auf der ersten Seite in einer grösseren Initiale die idealisirten Brustbilder von Laura und Petrarca; unten das von zierlichem Rankenwerk eingefasste Wappen des Conrado de Johanno de Fogliano. Auf der drittletzten Seite beginnen Eintragungen, von 1459 bis 1495 gehend und die Geburten der Kinder von Gabriella, Tochter des Marchese von Mantua und Gemahlin Conrado's, seit 1474 die der Kinder von Ludovica, Tochter des Palavicino dei Marchesi Palavicini und Gemahlin des Lodovico de Foliano Marchese de Pelegrino, verzeichnend.

46) **Ptolemaei Catalogus fixarum stellarum**. Imagines Ptholemei cum stellis suis verificatis tempore Alfonsi regis (Alfons X. 1252 bis 1284). Gr. Fol. Erste Hälfte des XV. Jahrhunderts. Blattgrosse Darstellungen der Sternbilder. In der ersten Initiale eine feine Halbfigur des Ptolemäus.

47) **Terentii Comoediae**. 4⁰. Aeusserst zierliche Schrift. Die ornamentale Ausstattung sehr reich und gewählt. Auf der ersten Seite in einer Initiale das Brustbild des Terenz in mittelalterlicher Tracht. Am Anfang einer jeden der sechs Komödien eine Initiale mit den zwei bis drei Hauptpersonen in Halbfiguren, wobei Männer wie Frauen das reiche phantastische Costüm der Zeit Vittore Pisano's (u. A. mehrfach Turbans) tragen und die zu diesem Costüm passende graziöse Geziertheit an den Tag legen. Von den Initialen geht reiches buntes Blattwerk aus, das bald blauen, bald goldenen Grund durchblicken lässt und in dessen Rand goldene Kugeln eingefügt sind. — In der ersten Einfassung ist unten das von zwei fliegenden Engeln gehaltene Wappen der Tiepolo angebracht.

48) **Theloforus.** Epistola fratris Thelofori heremite ad m. v. Antonium Jan(uensem) ducem clariss. de devotione religionis et ecc(lesi)e militantis. Folio. Mit 24 ziemlich flüchtigen coiorirten Feder-zeichnungen. Die Erwähnung von Karl (VII., reg. 1422—1461) dem Sohne Karls als König von Frankreich im Verein mit derjenigen des Kaisers Fried-rich III. (zum Kaiser gekrönt 1452), ermöglicht die Datirung zwischen 1452 und 1461. Die merkwürdigen Zeichnungen schildern u. A. die Loslassung des Satans; die Art, wie er Clerus und Fürsten verführt, falsche Päpste krönt u. s. w., und schliessen mit dem Sturz des Antichrist und der Einsperrung Satans.

49) **Psalterium cum Hymnis**; Officium B. M. V. etc. 16⁰. (Venedig) 1461. Diese Jahrzahl steht auf den Scheiben zum Auffinden der beweglichen Feste. Mehrfach dreiseitige Einfassungen von Ranken mit Blumen und goldenen Knospen dazwischen. Kleine Initialen mit figürlichen Darstellungen. Ursprüng-licher braunlederner Einband mit in Gold aufgepresstem reich verschlungenem Bandornament.

50) **Columella de re rustica.** Folio. 1469. Schlusschrift: Henrietus Roffinus de Murialdo scripsit M⁰ cccc⁰ LXVIIIJ⁰ die X septembris. Die erste Seite von einer Einfassung von weissen Verschlingungen auf stück-weise blauem, rothem, grünem weiss punktirtem Grunde umgeben, in deren Ecken Rundmedaillons mit den Darstellungen der ländlichen Beschäftigungen. An Stelle der üblichen Initialen eine grössere von classisch architektonischem Rahmen eingefasste Darstellung. — Am Anfang eines jeden der 13 Bücher Leisten in der Verzierungsweise der obigen Einfassung und kleine Rundbilder, meist landschaftlichen Charakters.

51) **Horatii Carmina.** Folio. Eines der Hauptstücke der Sammlung, laut dem auf der ersten Seite angebrachten Wappen für Ferdinand I., König von Neapel (1458—1494) angefertigt. Auf sehr schönem, festem und glattem Pergament in gleichmässiger, doch den Charakter der Handarbeit wahrender Weise geschrieben; Titel und Schlussschrift in abwechselnd goldenen und blauen Zeilen (Capitalien); Ueberschriften der einzelnen Dichtungen in Gold; die An-fangsbuchstaben aller Zeilen abwechselnd gold und blau; der erste Buchstabe jeder Dichtung in Gold auf blauem oder rothem quadratischem Grunde. Am Anfang eines jeden der zehn Abschnitte (mit Ausnahme des sofort zu be-sprechenden ersten) baut sich an der einen Seite des Blattes eine reichge-gliederte candelaberförmige Leiste auf, meist in mattem Gold sich von leicht gefärbtem Grunde abhebend; eine grössere in kräftigen Farben gehaltene Initiale reiht sich ihr regelmässig an. So ist denn ein Werk von ungewöhnlicher Vornehmheit der Ausstattung entstanden.

Die erste Textseite wird durch eine goldene Bordüre eingefasst, welche sich in möglichst strengen antiken Formen als Ehrenpforte aufbaut. Auf den Sockeln der beiden Pilaster stehen links eine Frau mit zwei Säuglingen in den Armen (Aufschrift auf dem Sockel: Saluti rei publicae; diese Gestalt ist, laut gefl. Mittheilung des Herrn Prof. v. Sallet, einer Kupfermünze der Fausta, Gemahlin Constantin's des Grossen, ziemlich genau nachgebildet), rechts ein römischer Krieger mit Hellebarde und langem Schwert (auf dem Sockel: Divus

Augustus pater). Ueber diesen Figuren ist jeweils das Wappen Ferdinand's angebracht. Oben an den Seiten des Gesimses sitzen zwei Putten, die eine (mit einem weiblichen Medaillonkopf en face geschmückte) Fruchtschnur halten und deren jeder ausserdem ein von Perlen und Edelsteinen umgebenes Rund-medaillon (links mit einem jugendlichen Frauenkopf, rechts mit dem Bildniss des Titus, laut Umschrift) an einer Schnur längs den Pilastern herablässt. Unten, zwischen den Sockeln, ist eine höchst vollendete bildartige Darstellung angebracht: Maecenas, in langem rothem, mit weissem Pelzwerk gefuttertem Gewand und in rother Kappe, mit einem Feldarbeiter sich unterredend; im Hintergrund bergige Landschaft. Die Initiale dieser Seite enthält die drei Grazien als goldenes Relief in quadratischem Rahmen.

Die Farbenpracht, Schlichtheit der Formgebung und Sicherheit der Ausführung lassen auf einen Künstler der Veroneser oder Paduaner Schule schliessen. — Eine Leiste und eine Initiale, abgebildet in Dibdin's Biblio-graphical Decameron, vol. I. (Lond. 1817) ad p. CXIV. Nach einer Notiz in diesem Werk hat die Handschrift James Edwards, später dem Marquis of Douglas gehört.

52) **Xenophon. Cyropaedie.** Italienische Uebersetzung des Jacopo di Messer Poggio († 1479), gewidmet dem König Ferdinand (I.) von Neapel. Folio. Sehr vornehm ausgestattete Handschrift. Gegenüber der ersten Seite der Vorrede die blattgrosse Darstellung des Triumphs des Königs Ferdinand, von kaum zu übertreffender Feinheit der Ausführung. Auf hohem, altarartig sich aufbauendem, von vorn gesehenem Gestell, welches von vier von Pagen gerittenen Schimmeln gezogen wird und an den Seiten mit dem Sinnbild eines brennenden Herzens und dem Wahlspruch: Amor m'inçiende et mi attussie (attossica?) geziert ist, sitzt der König, mit Helm und Harnisch neben sich, während dichtgedrängtes Gefolge (die einzelnen Köpfe vortrefflich individualisirt) den Wagen umgibt. Nach dem Hintergrunde zu öffnet sich der Blick in ein weites, von Bergen begrenztes Thal.

53) **Ceccho d'Ascoli (Francesco Stabili): Libro dicto Lacerba.** Folio. 1475. Schlussschrift: Explicit liber iste in Mcccclxxv die ueneris Vigessimo octauo mensis aprilis. Qui fecit hoc opus a deo sit benedictus. (Merkwürdiger Ausspruch über ein Werk, dessen Autor im Jahre 1327 als Häretiker verbrannt wurde.) Fast die ganze erste Hälfte des Textes ist in dieser Abschrift kreuzweis durchstrichen worden.

Die Initiale der ersten Seite zeigt den Autor mit mathematischen Studien beschäftigt. 74 zart umrissene und leicht aquarellirte Federzeichnungen, die sich namentlich bei der Wiedergabe weiblicher Gestalten oft zu hoher Anmuth erheben, sind über das Werk vertheilt. Den Beginn machen Darstellungen der Himmelserscheinungen; dann folgt die Erschaffung Eva's, Maria als Schützerin, die vier theologischen Tugenden einzeln (unter denen die Temperantia beson-ders anmuthig), die Freigebigkeit, Demuth, Keuschheit und der Edelsinn (no-bilitas, durch einen Jäger zu Pferde repräsentirt); der Neid, die Unmässigkeit, die Hoffart, der Zorn, die Fleischeslust (amore); die Vögel mit dem Phönix beginnend, die Wasserthiere (Sirene etc.), die Reptilien (Basilisk, Drache etc.), endlich die Vierfüsser. Die Gesteine etc. haben keine Abbildungen. Der Künstler dürfte den Einfluss des Pierro dei Franceschi erfahren haben und in den Marken, etwa in Urbino, zu suchen sein.

54) **Eutropii Historia Romana.** 12°. Minutiöse Schrift auf sehr feinem Pergament. Laut der griechischen Widmung geschrieben von Angelo Durante von Messina für Andrea Mattheo Acquaviva von Aragona (1457—1529), einem eifrigen Förderer der Wissenschaft. Auf der ersten Textseite eine Einfassung aus Vasen, Kandelabern, Fruchtschnur mit Ochsenschädel gebildet, mit dem Wappen des Fürsten im unteren Theil. In der Initiale die Halbfigur des Eutrop. Die 9 übrigen Einfassungen zeigen weisse Verschlingungen auf blauem, rothem, grünem weiss punktirtem Grunde.

55) **Lucian's Calumnia** übersetzt von Barth. Fontio. 8°. Dem Hercole (I.) duca di Ferrara (1431—1505) gewidmet. Auf der ersten Seite eine dreiseitige Einfassung mit Putten und dem Wappen des Herzogs. Das eine der beiden vorgesetzten Blätter von stärkerem Pergament enthält eine halbblattgrosse Darstellung der Urtheilsscene, mit Beischriften, die scheinbar von derselben Hand herrühren, wie der Text. Auf den Deckeln ist noch der alte schöne Einband von dunkelrothem Leder mit blind aufgepressten feinen Bandverschlingungen erhalten.

56) **Caesaris Commentarii.** Folio. Schön geschrieben auf feinem Pergament. Auf der ersten Seite eine reiche Einfassung, sowie eine Initiale mit dem dahinsprengenden Cäsar.

57) **Petrarca: Rime.** Folio. Venedig. Laut dem Sonett am Schluss Geschenk des Tito Meratti »cassinense decan benedettino di san giorgio maggiore« an die Bibliothek dieses Klosters. Auf dem ersten Textblatt eine Einfassung von verhältnissmässig roher, aber gewandter Ausführung: helles Rankenwerk auf theilweise blauem, rothem, grünem Grunde, mit Vögeln etc. und einem Wappen, welches jedoch ausgekratzt ist.

58) **Hieronymi (S.) Epistolae.** Folio. Sehr schön geschrieben auf vorzüglichem Pergament. Die erste Seite enthält die blattgrosse Darstellung des in einem hohen Raum sitzenden hl. Hieronymus, welcher einen von Mönchen begleiteten venezianischen Procurator (dem in der Einfassung angebrachten Wappen nach einen Mocenigo) empfängt: die schönste Miniatur der Sammlung, unübertrefflich in Feinheit der Ausführung und Leuchtkraft der Farben bei vollkommen durchgeführtem Helldunkel. Der Ausblick durch die tief im Grunde angebrachte Thür auf Fluss und Berge dehnt den Raum in glücklichster Weise aus; die vier nackten Putten im Vordergrunde, von denen zwei den Kreuzstab und den Cardinalshut hoch emporhalten, während der dritte auf der Geige musicirt und der vierte mit dem Löwen am Fuss der Säulen Verstecken spielt, bilden einen harmlos heiteren Contrast zu dem würdevollen Ernst der Hauptscene.

Diese Malerei ist von einer reichen und äusserst vornehm wirkenden Bordüre umgeben. Auf einem edel ornamentirten, abschnittweise verschieden, doch stets tief gefärbten Grund ist eine aus goldenen Medaillons und dazwischen eingeschobenen Kristallröhrchen und Perlen gebildete Kette befestigt. Die in den Ecken befindlichen Medaillons enthalten die grau in Grau gemalten Halb-figuren der vier theologischen Tugenden; die in der Mitte der Seitenleisten befindlichen je zwei einander zugekehrte antike Köpfe; ein grösseres unten stellt den hl. Hieronymus, von zwei Engeln mit Palmzweigen geschlagen, bei der Gestalt der Religion Schutz suchend, dar (in Grisaille); ausserdem sind noch kleinere mit Edelsteinen gezierte Medaillons und zwei Schilde mit dem Wappen der Mocenigo an den Seitenleisten angebracht.

Die Handschrift enthält überdies 108 äusserst präcis ausgeführte Initialen, farbig auf anderfarbigem leicht ornamentirtem Grunde.

59) **Ciceronis Tusculanae Quaestiones.** Folio. Sehr schöne Hand-schrift. Die erste Seite von einer Einfassung umgeben, die unten das Wappen der Erizo enthält. Die Initiale dieser Seite zeigt in Bronzefarbe mit Gold-höhung einen weiblichen Profilkopf in rundem Medaillon; die vier übrigen gleichfalls en camayeu behandelten und mit Gold gehöhten Initialen entnehmen ihre figürlichen Motive der Antike. Ursprüngliche Blindpressung des Deckels.

60) **Visconti, Gasparo: Romanzo di Paolo e Daria** (in ottava rima). Folio. Mailand; die Dichtung ist Ludovico il Moro gewidmet, und die Hand-schrift augenscheinlich für ihn angefertigt, da die fünfte Einfassung sein Wappen enthält. Bramante wird mehrfach und in sehr hochschätzender Weise am Anfang und Ende des Gedichts erwähnt. Die sieben sehr reichen und äusserst mannichfaltig, meist architektonisch gebildeten Einfassungen, welche an der Spitze der einzelnen Gesänge stehen und in kleinen Scenen die Hauptereignisse des Liebesromans zeigen, entfalten alle Pracht und alle Anmuth, welche dieser Zeit eines Bramante und Lionardo zu Gebote stand. Die jugendlichen Gestalten bekunden offenbar den Einfluss des letzteren.

Aus den Darstellungen seien angeführt: Empfang des Helden durch den Dogen von Venedig und Einschiffung mit einer Pilgerschaar (V. Gesang); See-schlacht gegen die Türken (VI.); endlich beim letzten Gesang die Pilger am Grabe Christi, der Tod der beiden Liebenden und eine figurenreiche Allegorie: Justinian, hinter dem Dichter stehend, weist den Herrscher von Mailand auf die Justitia, während Apoll mit den Musen davonzieht.

61) **Ducale** des Dogen Agostino Barbarigo; Ernennung des Pietro Capello zum Podesta von Vicenza. Datirt Venedig 6. Oct. 1496. Kl.-Folio. Am Anfang eine Einfassung von zart gefärbtem Laubornament auf theils blauem, theils violettem und grünem Grunde, mit Figuren in kleinen Runden und dem von zwei Putten gehaltenen Wappen des Capello. — Ursprünglicher Einband mit Goldpressung.

62) **Horae B M. V.** in usum eccl. Rom. Kl. 8°. Am Ende der Todten-vigilien die Angabe: Hunc libellum scripsit frater iohannes antonius de Nouaïa. Beim Kalender kleine Zeichen des Thierkreises, in Runden. Vier Einfassungen von bunten Blättern und goldenen Knospen mit Putten, Thieren und kleinen Scenen und Halbfiguren dazwischen, sowie figurirte Initialen, am Beginn der Officia passionis, crucis, mortuorum (hier jedoch aus goldenem Laubwerk auf buntem Grunde), sowie der Busspsalmen. Die etwas matte und

einförmige Färbung bei äusserst präciser Ausführung der minutiösen Figürchen entbehrt nicht eines eigenartigen Reizes.

63) **Campanitius, Joh. Bapt.: Virtutis et Potentiae Disputatio.** 8⁰. Auf der ersten Seite eine Einfassung mit dem Wappen und Bildniss des Johannes II. Bentivoglio de Aragona (geb. 1443, † 1509), dem die Handschrift gewidmet ist. Die Anführung seines Beinamens de Aragona lässt die Handschrift zwischen 1482 und 1506 datiren: in ersterem Jahre ward ihm der Beiname verliehen, in letzterem wurde er aus Bologna, seinem Herrschaftssitze, vertrieben.

64) **Musikalische Weisen,** ohne Worte. Kl.-Folio. Auf dem ersten Blatt eine Rankeneinfassung mit einer Initiale, in deren Innerem Tubal Kain. Die einmal vorkommenden französischen Textworte sind augenscheinlich erst nachträglich hinzugefügt worden.

65) **Officium B. M. V.** sec. consuetud. Rom. curiae. 16⁰. Mit 4 blattgrossen Darstellungen der Verkündigung, des betenden David, der Pietà und des sich kasteienden hl. Hieronymus, denen jedesmal ornamentale Einfassungen gegenüber stehen; und 12 kleineren Darstellungen, sowie figurirten Initialen. — Die würdevolle Einfachheit der Composition, die kraftvolle Sicherheit der Ausführung, welche auf scharfen Contour nicht achtet und die Schatten breit aufsetzt, fallen in so später Zeit (Wende des Jahrhunderts) auf —, und weisen auf Venedig, speciell die Schule Bellini's.

Italien. Erste Hälfte des XVI. Jahrhunderts.

66) **Ducale** des Dogen Agostino Barbadico (Barbarigo, † 1501); Ernennung des Giov. Cappello zum Procurator von S. Marco. Kl. Folio. Von vorzüglicher Ausführung. Am Anfang eine Einfassung mit goldenem Rankenwerk auf abwechselnd rothem, grünem, blauem Grunde; dabei eine Initiale mit dem hl. Marcus und eine mit Johannes d. T. Stil der Schule Bellini's.

67) **Praeparatio ad missam.** 19 Bll. Folio. 1520 von einem gewissen Federicus (laut Bezeichnung am Schluss) für Papst Leo X. geschrieben, laut den Inschriften auf der blattgrossen Darstellung am Anfang, welche die feierliche Ueberreichung der goldenen Pantoffeln an den Papst, in einem Gemach des Vaticans, zeigt und von einer reich ornamentirten Einfassung umgeben ist, die oben Gottvater, unten das Mediceerwappen, an den Seiten die Heil. Johannes d. T. und Laurentius in ganzer Figur, den hl. Petrus und drei Evangelisten als Brustbilder enthält. Gegenüber eine ähnliche Einfassung mit den Heil. Cosmas und Damianus, Paulus und drei Jüngern.

In den reich verzierten Initialen kommt das Brustbild des Papstes 29mal in verschiedenen Stellungen vor. — 17 Leisten mit dem Mediceerwappen, dem Wahlspruch der Medici, Emblemen und Putten.

Eine überschwängliche und daher schwer wirkende Pracht macht sich in diesem Werk geltend.

68) **Missale Romanum.** Gross Folio. 1520 von dem berühmten Kalligraphen Ludovicus Vicentinus für den Cardinal Giulio de' Medici, nach-

maligen Papst Clemens VII. auf vorzüglich gebleichtem Pergament geschrieben. Inschrift: Sedente Leone X. Pont. Maximo Ludovicus Vincentinus scribebat Romae An. Sal. MDXX. Von ganz aussergewöhnlicher Pracht der Ausstattung und Feinheit der Ausführung. Ueber alle Seiten des voluminösen Werks sind Initialen verschiedener Grösse reichlich vertheilt: die grösseren und mittleren bunt auf mit Blumen bestreutem quadratischem Goldgrund, oder golden auf rothem oder blauem mit Silber gemustertem Grunde, auch mit Perlen, dem Medicäerwappen oder Devisen der Medici geziert; die kleineren in Gold auf rothem Grunde. Entsprechend häufig finden sich Leisten mit Blumen, Perlen, Gemmen auf Goldgrund, auch Abbildungen verschiedenartiger Vögel. Den Hauptschmuck enthalten jedoch die 28 mit breiten, sehr mannichfaltig gestalteten Einfassungen versehenen Seiten, in deren innerem Raum sich jedesmal eine mit vollendeter Kunst ausgeführte Darstellung befindet und zwar in der ersten Hälfte vorwiegend kleinere, quadratisch eingefasste (11 an der Zahl), in der Mitte am Anfang des canon missae eine blattgrosse: Christus am Kreuz nebst Maria und Johannes; die übrigen 16 meist in grösseren, aus Groteskfiguren gebildeten Initialen, vorwiegend in der zweiten Hälfte. In allen ist die Landschaft mit besonderer Zartheit behandelt.

Die dargestellten Gegenstände sind: am Anfang David im Gebet; dann die 11 kleinen, das Leben Christi schildernden Scenen, von der Predigt Johannes des Täufers bis zu der Heilung des Taubstummen; vereinzelt folgt dann die Anbetung der Könige und gegenüber dem grossen Kreuzesbilde die Darstellung der hl. Messhandlung. Weiterhin die Auferstehung, die Himmelfahrt Christi, die Ausgiessung des hl. Geistes, das Abendmahl Christi, Petri Fischzug, die Madonna (sehr schön), Johannes d. T., das Martyrium Petri und Pauli, die Himmelfahrt der Maria, Cosmas und Damianus, Allerheiligen, die hl. Katharina, endlich beim Todtenamt der Tod, an einen Kindergehstuhl gelehnt stehend und auf umherliegende Rüstungstheile' tretend, während Blitze vom Himmel herabzucken.

In der ersten Hälfte sind die Einfassungen in fröhlichen lichten Farben gehalten, wie gleich die erste mit ihrem architektonischen Aufbau, den Edelsteinen, Perlen und Kameen, und den zahlreichen in sie eingelassenen Brustbildern von Heiligen etc. beweist. Späterhin werden sie — bei stets gleichbleibender Feinheit der Ausführung — schwerer durch die Abdämpfung des goldenen Grundes mittels feiner schwarzer Strichelungen, sowie durch die Einführung von grotesken Gebilden, von Vögeln etc. — Der Messkanon enthält zahlreiche Initialen in Gold auf rothem oder blauem Grunde, in deren Innerem der Priester in seinen verschiedenen Handlungen dargestellt ist.

Bisher ist es noch nicht gelungen, den Künstler, einen Miniator allerersten Ranges, festzustellen. Er zeigt manche Verwandtschaft mit jenem Antonio da Monza, von dem die Albertina in Wien eine für den Papst Alexander VI. ausgeführte, mit dem Namen bezeichnete grosse Miniaturmalerei: die Ausgiessung des hl. Geistes, das Berliner Kupferstichcabinet eine Heimsuchung und eine Verkündigung besitzt. Immerhin bleibt noch zu untersuchen, ob nicht mit grösserem Recht die Veroneser Schule den Künstler für sich beanspruchen darf. — Verkleinerte Abbildungen einer Einfassung und einer Initiale in der Illustrirten Frauenzeitung vom 29. Januar 1883.

69) **Horae B. M. V.** sec. usum Rom. eccl. Schmal 8°. Mit 14 Miniaturen in Einfassungen von grosser Mannigfaltigkeit, bald ornamentalen, bald naturalistischen Charakters. Am Anfang der .Todtenvigilien ist der hl. Hieronymus, einen Todtenschädel betrachtend, angebracht. Die zahlreichen Initialen sind ebenso behandelt, wie in dem vorhergehenden Missale. Wahrscheinlich rühren auch die Miniaturen von demselben Künstler her; nur wird hier die Ausführung durch zu sorgsame Behandlung der Gewandfalten bisweilen hart und die Farben grell. Schöner Einband des XVI. Jahrh. von C l o v i s   E v e.

70) **Ducale** des Dogen A n d r e a   G r i t t i; Instruction für G i o v a n n i M i c h a e l als Befehlshaber der nach Beirut segelnden Galeeren. Klein Folio. 1532, 18. Juli. Die erste Seite durch eine Malerei eingenommen: in der Mitte der Marcuslöwe, in der Einfassung oben Gottvater, links Johannes d. Ev., rechts Nicolaus von Bari, unten eine Galeere.

---

71) Die Hs. von **Dante's Divina Commedia** mit den Zeichnungen S a n d r o   B o t t i c e l l i's sei hier der Vollständigkeit wegen erwähnt, im Uebrigen aber auf Fr. Lippmann's Aufsatz über dieselbe im Jahrbuch der Königlich Preussischen Kunstsammlungen IV. (1883), Heft 1, S. 63 fg. verwiesen. Besprechungen derselben brachten auch die Zeitschrift für bild. Kunst (von Rosenberg 1883, Heft 4, mit Abb.) und Nord und Süd (von Lübke, Band 25, S. 35 fg.). Abbildungen in der Leipziger illustrirten Zeitung vom 10. Februar und in der Illustrirten Frauenzeitung vom 29. Januar 1883. Eine des Werkes würdige vollständige Reproduction ist in Angriff genommen.

F r a n k r e i c h.   Z w e i t e   H ä l f t e   d e s   XIV.   u n d   e r s t e   H ä l f t e   d e s   XV.   J a h r h u n d e r t s.
(Mit Ausschluss der Livres d'Heures.)

72) **Bible historiée.** La   b i b l e   h y s t o r i a u s   o u   l e s   h y s t o i r e s e s c o l a s t r e s,   translatée   de   latin   en   françois   de   P i e r r e   C o m e s t o r   o u L e   M a n g e u r,   par   G u y a r t   D e s m o u l i n s   en   1291.   2 Bände gr. Folio. In 2 Col. Mit 76 Darstellungen von sehr sorgfältiger Ausführung, doch etwas befangener steifer Composition. Die Gewänder farblos, nur in Grau schattirt (en grisaille); durchgehend gemusterter Grund. Am Anfang jedes Bandes ein grösseres Bild: im ersten .Gottvater thronend und segnend, in den Ecken die Evangelistensymbole; im zweiten (bei den Sprüchen Salomonis) vier zusammengeordnete auf Salomo bezügliche Scenen; jedesmal in einer Dornblatteinfassung. Die übrigen, in der Breite einer Columne, vertheilen sich ziemlich gleichmässig über das Ganze. Die Schöpfungsgeschichte ist sehr ausführlich behandelt.

73) **Livre des Louanges** s. Jehan l'Evangéliste. Ci   c o m m e n c e   l e p a r a l o g u e   dun   liure   qu'a   fait   un   maistre   en   divinite   de   lordre   des f r e r e s   p r e s c h e u r s   des   loanges   mons.   s.   iehan   leuuangeliste.   Folio.

In 2 Col. Mit 20 kleinen Darstellungen; am Anfang der Autor, dann Illustrationen zu der Mehrzahl der 21 Capitel des Werks: Johannes als Kind, seine Abberufung von der fleischlichen zur geistlichen Hochzeit (wobei ihm Christus eine höchst reizende Braut vorführt), die Vorgänge aus Christi Leben, denen er beiwohnt; sein weiteres Leben bis zu seiner Heiligung; endlich Zusammenstellung mit Johannes d. T., mit Petrus, Paulus etc.

Die zierlichen Abbildungen sind, wie beim vorhergehenden Werk, meist als Grisaillen ausgeführt, mit spärlicher Colorirung; den Grund bilden gelblich graue Erde und tiefblauer Himmel.

74) **Le Dit du Lion.** In Versen. Folio. In 2 Col. Mit 10 kleinen Darstellungen (für eine Reihe anderer ist der Platz unausgefüllt geblieben), die vorwiegend Liebesscenen schildern, wobei die Damen mit langen an den Seiten herabhängenden Locken, die Herren in anschliessenden kurzen Röcken mit Kapuze, das Schwert an der Seite, erscheinen.

Durchgehend noch gemusterter oder goldener Grund; die Kleider vielfach in Grisaille ausgeführt; wenn gleich sich hier die Umbildung der starren gothischen Weise in eine freiere bereits bemerklich macht, wird die Hs. noch dem XIV. Jahrh. (Ende desselben) angehören.

75) **Chroniques de France** (Chr. de St. Denis). 2 Bde. Gr. Folio. In 2 Col. Mit 91 Darstellungen, die mit Ausnahme der halbblattgrossen am Anfang des ersten Bandes, je die Breite einer Columne einnehmen. Die ungebrochenen Farben, bei nur schwacher Schattirung, wirken trotz der sorgfältigen Ausführung monoton, da keine lebendig bewegte Zeichnung sie hervorhebt. Ein Theil der Bilder hat zudem durch Nässe gelitten. — Gemusterter Hintergrund (z. B. goldene Ranken auf Purpur) kommt vor, dagegen kein Schachbrettgrund. — Die Einfassungen bestehen theils aus goldenem Dornblattwerk, theils aus bunten Ranken mit goldenen Knospen dazwischen.

Das am Anfang angebrachte Wappen gehört wahrscheinlich dem Johann de la Pole, Herzog von Suffolk, an (gest. 1491).

76) **Romant de la Rose** (des Guill. de Lorris; beendigt von Jean de Meung). Folio. In 2 Col. Die 101 sehr schönen, je die Breite einer Columne einnehmenden Darstellungen in Grisaille, mit gleichzeitiger Anwendung einiger kräftiger Farben und des Goldes bei Schmucksachen, schildern die Personen und Vorgänge, die dem Dichter während seines Traumes begegnen: die weiblichen Personificationen verschiedener Widerwärtigkeiten, als Haine, Avarice, Tristesse, Pauvreté u. A., ziehen an ihm vorüber; dann wird er durch ein reizendes Mädchen in einen Garten eingelassen, in welchem er fröhliche Gesellschaft antrifft und von dem Liebesgott, einem schlanken Jüngling in langem mit Blumen besätem Gewande, mit seiner Auserwählten, die von den Repräsentantinnen aller angenehmen Eigenschaften, wie Richesse, Jeunesse etc. umgeben ist, zusammengeführt. In dem Rosengarten, in welchem er nun gefangen ist, hat er den Kampf mit dem Danger, einem Bettler mit Keule, zu bestehen; worauf die Dichtung, in deren weiterem Verlauf Venus und Nature eine Hauptrolle spielen, in das volle Fahrwasser der Didaktik geräth; dabei bieten jedoch die vorgeführten Beispiele vom Wechsel des Glücks

(Seneca, Crösus etc.), von unerlaubter Liebe (Abailard und Heloise), weiblicher Untreue (Dido) u. s. w. reichen Stoff für die bildliche Darstellung.

Die Männer tragen meist einen weiten bis zu den Knien reichenden, am Halse fest geschlossenen Rock, mit sehr weiten offenen Aermeln; spitze Schuhe; das Haar kurz, aber nach den Seiten hin in dichten Büscheln abstehend (Anfang des XV. Jahrh.).

77) **Ordre de Chevalerie, Le Livre de l'.** 8⁰. Mit 2 nahezu blattgrossen Darstellungen von feiner und farbiger Ausführung, jedoch noch licht in den Schatten: der Autor dem König (Karl VII., 1422—1465) sein Buch überreichend; der König einem Ritter das Schwert umgürtend. — In die feinen Dornblatteinfassungen sind bereits bunte halb naturalistisch behandelte Blumen verflochten. — Die grösseren Initialen blau auf Goldgrund, mit rothen und blauen Dornblättern im Innern (eine Form, die hauptsächlich während des zweiten und dritten Viertels des Jahrhunderts angewendet wird); die kleineren noch nach alter zierlicher Weise in Blau mit rothen, oder in Gold mit blauen kalligraphischen Schnörkeln.

Wie Eintragungen beweisen, gehörte die Hs. in der ersten Hälfte des XVII. Jahrh. einem Vicomte de la Rivière.

78) **Chartier (Alain): Le Quadrilogue et autres Poésies.** Folio. Mit 8 drittel- bis halbblattgrossen Darstellungen, die mit Ausnahme einer am Beginn der Poesien stehenden, auf den Quadrilogue entfallen. Die erste zeigt den Autor vor König Karl VII. knieend; die letzte denselben dem Dauphin Louis (XI.) sein Werk überreichend. Ausführung und Ornamentirung tragen durchaus die gleichen Merkmale, wie in der vorhergehenden Hs.; Goldgrund erscheint hier nur noch als Himmel; die Dornblattranken der Einfassungen beginnen sich in einander zu verschlingen und wechseln mit buntem Rankenwerk, welches sich gleichfalls stark kräuselt. — Der Dauphin (geb. 1423) scheint hier als Jüngling dargestellt zu sein, wonach die Hs. etwa um 1440 zu datiren sein dürfte.

79) **Guilleville (Frère Guillaume de): Le Roman des trois Pélérinages.** Folio. In 2 Col. Im Jahre 1437 geschrieben laut der Endschrift: »Ce livre est a messire loys martel cheualier seigneur dangieruille conseiller et chambellant de mons. le duc da ... lequel la fait escripre. Ce fut fait en lan mil quatrecent trent sept.« Der Schreiber Frommentin hat seinen Namen nebst folgenden Worten hinzugefügt: »Explicit hic liber, scriptor sit crimine liber. Detur pro pena scriptori pulchra puella.« Die beiden ersten Blätter fehlen, die übrigen sind alt foliirt. Mit 281 Abbildungen, welche sich gleichmässig über die drei Theile des Gedichts vertheilen: 1) die Pilgerreise des Menschen bei seinen Lebzeiten, wobei die Gestalten des Autors (als Mönch), der Grace dieu (Jungfrau Maria), Raison und Nature die Hauptrollen spielen und weiterhin die Personificationen verschiedener Hindernisse und Laster, die der Autor mit Hülfe der Grace dieu zu überwinden hat, wie Rude entendement (als Bettler mit Keule), Orgueil, Paresse etc. hervortreten, und zum Schluss die Strafen der Verdammten in greulicher Mannichfaltigkeit vorgeführt werden; 2) die Pilgerfahrt der Seele; 3) diejenige Jesu Christi, in Form

einer Evangelienharmonie, von zahlreichen alle einzelnen Momente illustrirenden Bildern begleitet.

Die Bilder sind in leicht lavirten Umrissen, mit theilweiser Aquarellirung in lichten Farben, hauptsächlich an Gewändern und Gebäuden, ausgeführt. Auf den ersten 8 Blättern sind dieselben sorgfältig und mit Geschick behandelt, die weiteren dagegen wahrscheinlich von derselben.Hand nur vorgezeichnet, jedoch von einer anderen roheren, dabei in etwas kräftigeren Farben colorirt und endlich, wahrscheinlich von einer dritten und späteren, roh in den Umrissen nachgezogen. Gegen Ende macht sich eine noch schwächere Hand bemerklich.   *W. v. Seidlitz.*

Litteraturbericht.

Theorie und Technik der Kunst. Kunstunterricht.

The Literary Works of Leonardo da Vinci compiled and edited from the Original Manuscripts by **Jean Paul Richter,** Ph. Dr. In two volumes. London, Samson Low, Marston, Searle & Rivington. 1883.

Es liegen jetzt die beiden Bände von J. P. Richter's Werk: The literary works of Leonardo da Vinci compiled and edited from the Original Manuscripts vor, und bringen auf 866 Seiten ein grosses und nicht leicht zu bewältigendes Material zum Studium Lionardo's, so dass ich mich vorerst auf eine Inhaltsangabe der beiden Bände beschränke. Das Werk, welches der Königin von England gewidmet ist, gereicht den englischen Verlegern und dem deutschen Drucker W. Drugulin in Leipzig zur Ehre. Von beiden ist nichts versäumt worden, um das Buch würdig auszustatten. Alle, welche sich mit dem Studium des Lionardo beschäftigt haben, sind Herrn Dr. J. P. Richter für die Herausgabe des grossen Werkes, die Frucht jahrelanger Bemühungen, zu grossem Danke verpflichtet. Die Publication der Handschriften und Handzeichnungen Lionardo's hat durch dies Richter'sche Werk einen grossen Schritt nach vorwärts gethan. Es wird damit nicht bloss den Kunsthistorikern, sondern auch den Naturforschern, Architekten und Kunsttheoretikern reicher Anlass zu ernstem Studium geboten. Zu einer oberflächlichen Lecture ist diese Publication freilich nicht geeignet, sie verlangt ein eingehendes Studium und ein grosser Theil der Schriften Lionardo's ist nur für Leser, welche mit der Mathematik vertraut sind, verständlich. Mit vollem Recht sagt Lionardo: »non mi legga chi non é matematico nelli principi«, behandelt doch Lionardo die Malerei als eine Wissenschaft, welche ihre Basis in der Mathematik hat, und betrieb doch Lionardo die Malerei selbst nur nebensächlich; den grössten Theil seines Lebens hat Lionardo sich mit bautechnischen und mechanischen Wissenschaften und mit Durchführung von Aufgaben beschäftigt, die ohne mathematische Grundlage gar nicht zu behandeln sind. Es werden daher in den beiden Bänden der Richter'schen Ausgabe der Scritti literari di Lionardo, vorerst jene Kunsthistoriker, welche sich mit Naturwissenschaften fachmännisch beschäftigt haben, die reichste Ausbeute finden. Ebenso reiches Materiale bringt die Richter'sche Publication jenen Kunsthistorikern, welche sich mit der Biographie Lionardo's beschäftigen, und jenen Malern, die sich; wie der geistreiche Maler Heinrich Ludwig, mit der Theorie der Malerei eingehend befreundet haben.

Das Studium der litterarischen Werke Lionardo's hat aber Dr. J. P. Richter nicht leicht gemacht. Die Behandlung ist zu wenig übersichtlich. Er hat zwar jedem Bande eine ziemlich ausführliche Inhaltsanzeige vorausgeschickt, aber ein genau gearbeiteter Sach- und Personenindex fehlt. Es wird daher die Benützung des Richter'schen Werkes für jeden sehr erschwert, der nicht schon mit der Lionardo-Litteratur sehr vertraut ist. Hoffentlich findet sich bald ein jüngerer Kunsthistoriker, der die nützliche Arbeit von Indices zu dem Richter'schen Werke macht. Richter hat es für zweckmässig gehalten, den Lionardischen Text unverändert zu geben, ohne ihn in das moderne Italienisch zu transcribiren. Es steht zwar jedem Texte eine englische Uebersetzung gegenüber, wie bei der Ravaisson-Molliér'schen Ausgabe dem Lionardischen Texte eine französische Uebersetzung gegenübergesetzt ist. Aber es ist sehr mühsam, bis man die Uebersetzung der Lionardischen Worte findet, zudem auf den Tafeln die Nummer des Textes nicht angegeben ist, auf welcher Seite oder Nummer die Transcription der Lionardischen Handschrift zu finden ist. Die französische oder italienische Sprache wäre allerdings viel geeigneter gewesen, einem Lionardischen Texte gegenübergestellt zu werden, als die englische Sprache. Aber bei einem Werke, welches wesentlich doch als ein englisches zu betrachten ist, ist das wohl zu rechtfertigen. Diese Bemerkungen mögen genügen, um den Ausdruck zu erklären, dass die Richter'sche Ausgabe wenig handsam und schwerfällig ist. Was aber für Künstler und Kunstfreunde von hohem Werthe ist, mögen sie sich eingehend mit Lionardo beschäftigen oder nicht, das sind die zahlreichen und authentischen Handzeichnungen, welche in den heliographisch reproducirten Tafeln und den Holzschnitten abgebildet sind. Man lernt aus diesen Abbildungen die künstlerische Handschrift Lionardo's in den verschiedenen Perioden des Künstlers kennen. Es wird einige Zeit brauchen, bis diese Handzeichnungen künstlerisch verwerthet werden. Auch die verschiedenen Zeichnungsmethoden Lionardo's lassen sich aus diesen Handzeichnungen beurtheilen. Da die meisten der reproducirten Zeichnungen aus englischem Besitze stammen, so sieht man, welche Kunstschätze das heutige England beherbergt. Die Grossherzigkeit, mit welcher die englischen Aristokraten ihre kostbarsten Besitzthümer der Wissenschaft zur Verfügung stellen, ist im höchsten Grade anerkennenswerth. Und alle Kunsthistoriker müssen diese grossartige Gesinnung der englischen Amateurs laut anerkennen.

Nach diesen allgemeinen Bemerkungen gehe ich zur Inhaltsanzeige der beiden Bände über, und schicke nur die Bemerkung voraus, dass zwischen der Herausgabe der Scritti literari des Lionardo und der Ludwig'schen Ausgabe des Codex Vaticanus keine Concurrenz besteht. Beide behalten ihren vollständigen selbständigen Werth. Nichts ist für das Studium des Richter'schen Werkes geeigneter, als die vollständige Kenntniss der Ludwig'schen Ausgabe des Codex Vaticanus. Besonders jüngern Kunstgelehrten und Künstlern würde es nicht zu rathen sein, sich mit Richter zu beschäftigen, ohne die Ludwig'sche

Ausgabe des Vaticanischen Codex, der durch die Richter'sche Ausgabe seine volle Bedeutung gewonnen hat, zur Hand zu nehmen, und dieselbe Passus für Passus zu vergleichen.

Der erste Band, welcher mit dem bekannten Porträt Lionardo's ge-.ziert ist, bringt die Einleitung, in welcher die stattliche Reihe der Sammlungen ·aufgezählt werden, denen die Originale entnommen sind; hierauf folgt das Inhaltsverzeichniss des ersten Bandes und das Verzeichniss der LXIV Tafeln, welche dem ersten Bande beigegeben sind. Dann folgen 1) Prolegomena und die General introduction to the Book of Painting mit dem Clavis sigillorum und dem Index der Manuscripte, der mit den Massstäben der Manuscripte. versehen ist; 2) die Abhandlungen über Linearperspective, dann 3) die sechs Bücher über Licht und Schatten; 4) die Aufzeichnungen über die Prospet-tiva de' perdimenti; 5) die Theory of colours; 6) die Prospectiva de' colori und die Prospectiva aerea; diese fünf Abhandlungen behandeln Fragen der Optik, die auch für Künstler von Wichtigkeit sind; 7) dann folgt das Buch On the Proportions and on the Movements of the Human Figure, geschrieben wahrscheinlich vor 1498. Es wird in diesem Buche auch die Gewandung be-rührt. Dann folgen 8) Botany for Painters and Elements of Landscape painting; 9) the Practice of Painting; 10) Studies for Pictures and Decorations. Die 9. Abhandlung behandelt jene allgemeinen precetti, welche in allen Ausgaben des Lionardo in den Vordergrund gestellt werden, und wohl mit vollem Rechte. Den Schluss des Bandes, der nicht weniger als 367 Gross-Octav-Seiten umfasst, und mit zahlreichen, vorzüglich ausgeführten Holzschnitten versehen ist, bildet eine Uebersichtstabelle, in der nummerischen Reihenfolge der Capitel. Jedes der 10 Capitel ist mit einer kurzen, in englischer Sprache geschriebenen Einleitung versehen, welche einige sachliche und kritische Bemerkungen all-gemeiner Natur über den Inhalt jedes Buches geben. Auf eine kritische um-fassende Beleuchtung des Inhaltes geht Richter in den Vorworten selbstver·ständlich nicht ein. Es werden sich die grössten Bedenken über die Art, wie Richter. die Lionardischen Aufzeichnungen über das Malerbuch, die Perspective behandelt hat, erheben. Um zu diesen Büchern genügende Vorworte zu schrei-ben, gehörten Fachmänner, wie es Brücke und Ludwig sind. An der Wiener Universität wirken neben Brücke mehrere Anatomen und Physiologen, die sich mit Kunststudien beschäftigen, und ganz berufen wären, diese Abtheilungen des Lionardo zu commentiren, wie die Professoren E. v. Fleischel, Exner und Lange.

Der zweite Band, der für Kunsthistoriker und Architekten ein ganz besonderes Interesse bietet, bringt 11) in den Notes on sculpture grosses Material zur Würdigung des Sforzadenkmales, über das Trivulziodenkmal, die Münze in Rom, technische Mittheilungen über das Prägen der Medaillen, über Gips und über den Bronceguss im Allgemeinen. Diesen Abhandlungen über Sculptur in Marmor und Bronce folgen, in englischer Sprache geschrieben, einleitende Bemerkungen von Heinrich v. Geymüller über die architek-tonischen Zeichnungen und die architektonischen Schriften Lionar-do's. Diese Bemerkungen, von der Hand eines so gelehrten Fachmanns, wie es Architekt Geymüller ist, werfen viel Licht auf die architektonischen Bestrebungen

Lionardo's. Wer diese Bemerkungen aufmerksam liest, wird den Wunsch nicht unterdrücken können, es möchte Herr v. Geymüller sich bestimmt finden, auch die architektonischen Zeichnungen Lionardo's gesammelt und erläutert zu publiciren. Nach den einleitenden Bemerkungen Herr v. Geymüller's folgen die Capitel 12 u. 13 unter dem Titel: Architectural Desings und Theoretical writings on Architectur. Diese Capitel 12 u. 13 seien Kunsthistorikern und Architekten ganz besonders empfohlen. Es werden darin eine Reihe von Centralbauten und Kirchen erwähnt, welche in der Geschichte der Architektur eine hervorragende Rolle spielen, so die Kirchen S. Lorenzo, S. M. della Grazie in Mailand, das Baptisterium in Florenz. Auch das verdient ganz besonders bemerkt zu werden, dass sich Lionardo mit der genauen Construction der Basis einer jonischen Säule nach Vitruv und L. B. Alberti beschäftigt hat. Das 13. Capitel für Ingenieure und Architekten ist dadurch bemerkenswerth, dass es (Nr. 779—788) sich mit der Construction der Gewölbe und ähnlichen architektonischen Fragen beschäftigt. Sie sind zum ersten Male publicirt.

Das 14. Capitel bringt Aufzeichnungen über Anatomie, Zoologie und Physiologie. Einige von diesen Absätzen dieses Capitels wären zweckmässiger schon in einem früheren Capitel eingereiht. Liegt einmal ein systematischer Index vor, so werden sie sich zweckmässiger einordnen lassen. Jetzt ist die Benützung dieser Capitel sehr erschwert.

Das 15., 16., 17. und 18. Capitel behandelt Aufschreibungen über Astronomie, physische Geographie, Topographie, Mechanik und Musik. Diese Capitel geben volle Einsicht in die umfassenden Studien und Reisen, welche Lionardo unternommen hat. Bei jenen Capiteln wäre es gewiss sehr nützlich gewesen, wenn sich Richter mit einem Fachmann über Hydrostatik und Wasserbau in eben derselben Weise in Verbindung gesetzt hätte, wie es bei den architektonischen Capiteln der Fall gewesen ist. Das 19. Capitel enthält unter dem Titel »Philosophical maxims, Morals, Polemics und Speculations« Lebensansichten Lionardo's, die für eine künftige Biographie des grossen Denkers ebenso lehrreich sind, als die drei letzten Capitel, welche 20) die Humorus writing, 21) Lettres, Personal Records und datirten Aufzeichnungen; 22) verschiedene Bemerkungen (Miscellaneous notes) enthalten, welche sich nicht leicht in einem anderen Capitel unterbringen liessen. Der Uebersichtsrubrik in der Reihenfolge der Capitel folgt ein Appendix, S. 479—499, welcher den Versuch einer Geschichte der Manuscripte bringt.

Der zweite Band enthält 56 Tafeln mit einer eingehenden Beschreibung derselben. Nicht zu übersehen ist die Einbanddecke, denn diese bringt zum ersten Male die Knotenverzierung mit der Umschrift de Leonardi academia Leo. Vic. vollständig. Dass diese Knotenverzierungen ihre Anregung durch die orientalischen und mailändischen Ageminaarbeiten empfangen haben, scheint mir zweifellos. Möglich, dass der grübelnde Geist Lionardo's ihnen auch eine symbolische Bedeutung gegeben hat.

Hütteldorf, Ende Juni 1883.   *R. v. Eitelberger.*

Bruno Meyer, Dr., Professor der Kunstgeschichte an der polytechnischen
Schule zu Karlsruhe: Glasphotogramme für den kunstwissenschaftlichen Unterricht, im Projectionsapparat zu gebrauchen. Erstes Verzeichniss Nr. 1 — 4000. Mit einer Einleitung und einer reich illustrirten
Abhandlung über Projectionskunst. Selbstverlag des Herausgebers. Karlsruhe i. B. 1883, 4°, XXXII u. 127 S. Preis 3 Mark.

Ein Professor der zugleich als Leiter einer photographischen Anstalt an
der Spitze einer industriellen Unternehmung steht, ist, zumal in Deutschland, der Heimat des vom praktischen Leben oft allzusehr abgewendeten Ge-
lehrtenthums, eine so eigenthümliche Erscheinung, dass sie einer Erklärung
bedarf. Der Verfasser gibt sie in der Einleitung; das Resultat ist, dass der
Mann der Wissenschaft Schritt für Schritt auf den Weg der praktischen
Thätigkeit gedrängt worden ist, und dass den Widerstrebenden gerade das
wissenschaftliche Interesse auch dann noch festgehalten hat, als die Unternehmung den Charakter des industriellen Verfahrens annehmen musste, aber
doch den Charakter der wissenschaftlichen Arbeit beibehalten sollte. Und in
der That lässt sich nichts Erfreulicheres denken, als dass die einseitigen industriellen Tendenzen unablässig dadurch gezügelt werden, dass der Mann der
Wissenschaft selbst die Leitung übernommen hat und nun seine Gesichtspunkte
in Bezug auf Gewissenhaftigkeit der Auswahl der Vorbilder, auf Genauigkeit
und Sorgfalt der Ausführung, auf Sachkenntniss und Erfahrung betreffs der
Bedürfnisse des Unterrichts die maassgebenden werden. So hat das von der
Tradition Abweichende auch sachlich seine Berechtigung, vorausgesetzt, dass
der eingeschlagene Weg sich als ein für die Förderung der Kunstwissenschaft
nützlicher erweist.

Die Entstehungsgeschichte des vorliegenden, alle Zeiträume und Kunst-
gattungen, ja selbst die Hilfswissenschaften wie »Tracht und Sitte« umfassenden
Verzeichnisses erklärt die Zusammenstellung und Auswahl, welche, zumal als
ein erster Theil, nicht als eine nach allen Richtungen gleichmässige betrachtet
werden kann, zumal der Verfasser hier vielfach vom freundlichen Entgegen-
kommen Einzelner sowohl als ganzer Anstalten abhängig war. Im Allgemeinen
hat er »Einsicht und Liberalität« in erfreulicher Weise gefunden. Besonders
auffallen muss es daher, wenn Bruno Meyer S. XII erwähnt, dass er bei einer
Stelle auf »Widerstand gestossen« sei, die »in einem mächtigen und an Kunst-
besitz unermesslich reichen Staate zur Förderung der Kunst und der Kunstwissenschaft officiell berufen ist«: da der Verfasser den königlichen Behörden
zu Berlin, besonders auch der Generalverwaltung der königlichen Museen den
»reichlichen Tribut« seiner Erkenntlichkeit« darbringt (S. XIII), so wird man
wohl, so ungern man es thun mag, jenen »Widerstand« an der Donau suchen
müssen. Der Verfasser ist sich dieser »Lückenhaftigkeit« selbst am besten
bewusst: ein bald erscheinendes zweites Verzeichniss wird die Aufgabe haben,
ihr abzuhelfen und dadurch der Ausführung die Abrundung zu geben, welche
dem zu Grunde liegenden Plan eignet und dem vom Verfasser eingenommenen
Standpunkt wissenschaftlicher Arbeit entspricht. Statt also hier auf Einzelheiten hinzuweisen, gedenken wir vielmehr einen kritischen Blick auf das

durch Bruno Meyer für die Kunstwissenschaft praktisch gemachte Mittel der Anwendung der Projectionskunst selbst zu werfen.

Jeder der einen grösseren Kreis in irgend einem für das volle Verständniss an die Anschauung gefesselten Gebiete unterrichtet, kennt die Schwierigkeit, Anschauung und Belehrung für alle Theilnehmer parallel gehen zu lassen. Dieses für das Ziel des Unterrichtes unbedingt nothwendige Zusammengehen zu erreichen, gibt es zwei Mittel, und beide sind in neuerer Zeit eingeschlagen worden. Der eine bietet einen für den Ankauf so billige Vervielfältigung, dass es jedem Einzelnen leicht ist, ein Exemplar zu besitzen: so kann Vortrag und Anschauung Hand in Hand gehen, soweit es durch den Vortrag möglich ist die Demonstration zu ersetzen und den Hörer durch Deutlichkeit zu zwingen eben das mit dem Auge zu verfolgen, was ihm das Ohr vermittelt, eine Schwierigkeit, die besonders auf dem Gebiete der Architektur nicht immer ganz leicht zu überwinden ist. Der andere Weg erwählt die grosse Darstellung der Wandtafel, welche die Demonstration trefflich ermöglicht, aber ihre Grenze theils in der wachsenden Entfernung bei grösser werdender Zahl der Hörer, theils in der theuren Beschaffung findet, soweit letztere überhaupt für wissenschaftliche Zwecke erreichbar ist. Hier tritt nun die Projectionskunst in ihr Recht, deren Verfahren S. XV—XXXII eingehend geschildert und an Illustrationen erläutert ist. Sie ermöglicht einerseits ausser dem für Alle gleichzeitigen Anblick — selbstverständlich gleichfalls durch die Entfernung begrenzt — die Demonstration und gibt somit eine wirksame, dem Missverständniss mit Sicherheit entzogene Unterstützung des Vortrags; andererseits aber gewährt sie in Folge der verhältnissmässigen Billigkeit der Beschaffung einen grösseren Reichthum der Anschauung als es je bei Wandtafeln möglich wäre. Ein ganz besonderer Vortheil liegt aber darin, dass mit Hilfe der Photographie Abbildungen herbeigezogen werden können, welche, in kostbaren Werken enthalten, für weitere Kreise unzugänglich bleiben. Ebenso kann eine Fülle von Originalaufnahmen vermittelt werden, welche durch das mechanische Verfahren jeder Umbildung sich entziehen, so dass gerade hierdurch eine Genauigkeit des Bildes erzielt wird, welche auf keinem anderen Wege sich erreichen lässt. Freilich ist damit auch der nicht zu unterschätzende Nachtheil der Vergänglichkeit oder richtiger des raschen Vorüberziehens des Bildes verbunden, welches, der Betrachtung auch noch so lange ausgesetzt, doch ohne andere Spur verschwindet, als die allmählich verblassende, durch keine Nachhilfe unterstützte Erinnerung. Es will uns daher scheinen, dass die Wanddarstellung, sei sie Wandtafel oder Projectionsbild, nicht allein das Ziel des Unterrichts erreichen wird. Man wird nicht einen der beiden Wege einzuschlagen haben, sondern man muss die beiden combiniren: das billige Blatt in der Hand mit seiner Unvergänglichkeit des Nachbildes und der Leichtigkeit des Besitzes, das Wandbild mit seiner Ermöglichung sicherer Demonstration, das Projectionsbild mit seinem Reichthum der Erscheinung als Ergänzung der Anschauung, mit seiner Genauigkeit als Correctur der Betrachtung.

Eine weitere Frage ist die nach dem Publicum für das Projectionsbild. Für den engen Kreis des gelehrten Unterrichtes auf der Universität ist es kein

Bedürfniss: hier ist es nicht nur möglich, sondern nothwendig, dass der
Lernende den Lehrapparat der kunstwissenschaftlichen Werke sowohl als auch
der Nachbildungen, seien es künstlerische oder mechanische, selbst sehe, selbst
in die Hand nehme und mit der Kenntniss zugleich ein fachmännisches Urtheil sich erwerbe. Hiermit ist aber freilich die Bedeutung der Kunstwissenschaft auf der Hochschule nicht erschöpft, wie sie es wäre, wenn die Kunst
nur ein Gegenstand des gelehrten Studiums bleiben sollte. Sie soll es aber
nicht; sie ist vielmehr bestimmt, ein wesentliches Element unserer Bildung zu
werden und ist dazu geeignet, weil sie ihrem eigensten Wesen nach ein un-
verlierbares Moment idealer Kraft in sich trägt, die ein vortreffliches Gegen-
gewicht gegen die sich immer mehr vordrängende materielle Richtung bilden
kann. Sie wird nach dieser Richtung hin die Stelle einnehmen, welche früher
die Philosophie behauptete und welche diese in Folge einseitiger, dem Grund-
zuge der Zeit auf Gegenständlichkeit abgewendeter Spekulation mehr und mehr
zu verlieren scheint. Während die Forschung selbstverständlich in der Kunstwissenschaft Sache der Fachmänner bleiben wird, muss die in den Kunstwerken
latente ästhetische Kraft durch eben diese Kunstwissenschaft geweckt, muss
von ihr die Sprache verständlich gemacht werden, welche für so viele der
Gebildeten ein Buch mit sieben Siegeln bleibt und welche, wie jede andere,
gelehrt und gelernt werden kann. So wie der Gegenstand der Kunst der
Mensch mit seinen Empfindungen ist, so ist auch diese Seite der Wirkung
der Kunst nicht an ein einzelnes Fach gebunden; sie ist vielmehr gerade geeignet, die getrennten Fächer auf dem allen gemeinsamen Boden zu vereinigen.
Freilich müsste dazu schon auf der Schule vorgearbeitet werden. Und in der
That denkt sich Bruno Meyer die höhere Schule als ein besonders geeignetes
Feld der Wirksamkeit seines Apparates im Dienste der Kunstwissenschaft. Dies
aber wird nicht eher möglich sein, als bis auf der Hochschule der künftige
Lehrer nicht sich dabei beruhigt, gelegentlich einen Blick in die Archäologie
geworfen zu haben, sondern bestrebt ist, wie in die Geschichte der philosophischen Entwicklung, so in die Geschichte der ästhetischen Entwicklung der
Bildkunst einen allseitigen Einblick gewonnen zu haben, der ohne in gelehrte
Specialstudien sich zu verlieren, doch weit davon entfernt ist, oberflächlich
oder unwissenschaftlich zu sein. Gerade nach dieser Seite hin zu wirken, ist
aber offenbar die eigentlichste Aufgabe des Projectionsapparates, für welchen
in erster Linie Hochschule und Polytechnikum, weiterhin die Gymnasien
humanistischer und realistischer Richtung die dankbarsten Gebiete sein werden;
in weiterer Linie stehen alle die grösseren Kreise, welchen es ein ernstes
Anliegen ist, in die Alltäglichkeit des Lebens den belebenden Lichtstrahl der
Kunst fallen zu lassen, um an ihm die oft unverständlich gebliebenen Empfindungen zu klären und zu läutern Hier kann das Meyer'sche Unternehmen
Vortreffliches wirken, und wir begrüssen es besonders nach dieser Seite der
civilisatorischen Aufgabe der Kunst, welche sich nur an der Hand der Kunstwissenschaft vollziehen kann, als eine wesentliche Erleichterung und Förderung,
der wir den besten Fortgang wünschen.   *Veit Valentin.*

Kunstgeschichte. Archäologie.

Joh. Joachim Winckelmann's Geschichte der Kunst des Alterthums nebst einer Auswahl seiner kleineren Schriften. Mit
einer Biographie Winckelmann's und einer Einleitung versehen von Prof.
Dr. **Julius Lessing.** Zweite Auflage. Heidelberg, 1882. G. Weiss, Uni-
versitäts-Buchhandlung. (Historisch-politische Bibliothek. II.)

Das Buch ist ein genauer Wiederdruck der ersten Auflage, welche. 1870
in Berlin im Verlage von L. Heimann erschien. Nur die Biographie Winckelmann's hat infolge des inzwischen vollendeten Buches von Justi einige Zusätze
erfahren, ohne dass sie im Uebrigen neu durchgearbeitet wäre; ja der Anschluss an den älteren Druck ist so eng, dass der komische Druckfehler der
ersten Auflage »rastlos excerzirte er die dicken Folianten« nicht etwa in
»excerpirte« verbessert, sondern zu einem regelrechten »exerzierte« (S. X)
weiterentwickelt worden ist! Ebenso getreu sind auch in der Kunstgeschichte
selbst die Druckfehler der früheren Auflage conservirt worden (z. B: S. 73
»Chiräma«), vollends natürlich die Druckfehler der Originalausgabe von
1764 (z. B. S. 104, Anm. 3 „ἐδεινον"): Winckelmann würde seinen Aerger über
»Correctoren die nicht Griechisch lesen können« im neunzehnten Jahrhundert
so gut wie im vorigen gehabt haben. Inhaltsübersicht und Register, welche
sich in der Originalausgabe finden, sind fortgejassen, und da zugleich am
oberen Rande keinerlei Hinweis den Leser orientirt, in welchem Theile des
Werkes er sich befindet, auch sonst keine übersichtliche Eintheilung angebracht ist, so ist für eine bequeme Benutzung der Ausgabe gar nicht gesorgt.
Aber schwerer wiegt ein anderes Bedenken gegen die Ausgabe im Ganzen.
Der Herausgeber hat sich doch seine Aufgabe allzu leicht gemacht, indem er
die Ausgabe von 1764 (abgesehen von der Modernisirung der Orthographie)
einfach abdruckte und von allen den Ergänzungen und Berichtigungen absah,
welche Winckelmann selbst in späteren Werken und in der neuen Bearbeitung der Kunstgeschichte die der Wiener Ausgabe von 1776 und den Ge-
sammtausgaben der Werke zu Grunde liegt, niedergelegt hat. So ist beispielsweise der Abschnitt über die angeblich 1760 in Rom gefundenen Gemälde
(S. 194 ff.) wiederholt worden, ohne eine Andeutung, dass es sich dort um
Fälschungen handelt, mit denen Mengs seinen Freund zu dessen grossem
Aerger getäuscht hatte.

Eine neue Ausgabe von Winckelmann's Kunstgeschichte kann einen
doppelten Zweck verfolgen. Entweder gilt es nach wissenschaftlichen Grundsätzen eine kritische Ausgabe herzustellen, welche die beiden von Winckelmann
herrührenden Bearbeitungen in ihrem Verhältniss zu einander anschaulich zu
machen hätte. Dies könnte wohl am besten so geschehen, dass die erste, allein
ganz authentische Ausgabe von 1764 zu Grunde gelegt und die später einge-
schalteten blossen Zusätze in den Text eingefügt, aber etwa durch kleineren
Druck kenntlich gemacht würden, während Umarbeitungen unter dem Text in
Form von Varianten ihren Platz finden würden; an nicht allzu vielen Stellen
würden diese Varianten grössere zusammenhängende Abschnitte umfassen müssen.
Das wäre eine nicht grade schwierige kritische Arbeit, welche die Verschieden-

heit der beiden Ausgaben und die Art, wie Winckelmann an seinem Lebenswerk
weiterarbeitete, deutlich vor Augen stellen würde: eine ähnliche Arbeit, wie sie
über kurz oder lang doch auch wohl einmal für Vasari gemacht werden muss.
Eine ganz andere Aufgabe ist es, eine solche Ausgabe der Kunstgeschichte zu
veranstalten, welche diese dem grösseren Lesepublicum von heute nahe zu rücken
vermöchte. Hier würde allerdings auch die Ausgabe von 1764 zu Grunde zu
legen, aber von Winckelmann's späteren Zusätzen und Berichtigungen ohne
Weiteres so viel einzufügen sein, wie theils zur Klarstellung von Winckelmann's
schliesslichen Ansichten, theils zur reicheren Illustration derselben mit neuen
Belegen nöthig oder wünschenswerth erscheinen möchte. Weiter aber müssten
die sämmtlichen Verweisungen auf antike Schriftsteller nach den heut üblichen Ausgaben und der dadurch bedingten Citirmethode umgeschrieben
werden, damit sie nicht blosser unbenutzbarer Ballast seien, wie es die vielen
heute nur mit Mühe zu verificirenden Citate der bisherigen Ausgaben thatsächlich sind. Zugleich dürfte es sich auch empfehlen entschiedene Fehler, namentlich in Namen, zu verbessern oder wenigstens die richtige Form in Paren-
these hinzuzufügen. Endlich wäre es für diesen Leserkreis wünschenswerth bei
allen oder wenigstens den vorzüglichsten der von Winckelmann erwähnten
Kunstwerke anzugeben, wo diese sich jetzt befinden und so weit wie möglich
auf eine gangbare Abbildung hinzuweisen. In solcher Weise, erneut und ergänzt, könnte Winckelmann's Werk noch heute hoffen auch in weiteren Kreisen
Nutzen zu stiften und Begeisterung zu wecken.   *Ad. Michaelis.*

Artisti Modenesi, Parmensi e della Lunigiana in Roma nei secoli
    XV, XVI e XVII. Ricerche e studi negli archivi Romani di A. Bertolotti.
    Modena, Tipografia di G. F. Vincenzi e Nipoti 1882. 8⁰. SS. 129.
A. Bertolotti: Giunte agli Artisti Lombardi in Roma. Milano, Tipografia
    Bortolotti di dal Bono e C. 1883. 8⁰. SS. 25.

Wieder eine neue Abtheilung des umfassenden Werkes, das nach Bertolotti's Absicht sich auf ganz Italien erstrecken sollte und das, nachdem eine
bureaukratische Verfügung den Verfasser von dem Centralherd seiner Studien
entfernte — leider unvollendet bleiben dürfte. Aehnlich wie in den anderen
Abtheilungen seines Werkes (Artisti Subalpini, Artisti Lombardi, Artisti Urbinati, Artisti Siciliani, Artisti Belgi ed Olandesi a Roma) gibt der Verfasser
nicht abgerundete Aufsätze, sondern Material zu solchen, archivalische Studien-
früchte. Auch hier wie sonst fliessen die Quellen am reichsten für die
spätere Zeit des 16. und des 17. Jahrhunderts. So klein nun aber die Landstriche sind, auf welche sich dieser neue Theil von Bertolotti's Forschungen
bezieht, das gebotene Material ist dennoch für die italienische Kunstgeschichte
von hervorragender Bedeutung. Modena und Parma ist namentlich durch
Maler vertreten, die Lunigiana — wie es selbstverständlich erscheint, wenn man
an Carrara denkt — besonders durch Bildhauer. Aber auch die übrigen Zweige
der Kunst und Kunstindustrie haben ihre Vertreter nach Rom gesandt. Der
bedeutendste Architekt des 15. Jahrhunderts aus diesen Gegenden, Agostino
di Nicola da Piacenza ist uns bereits aus den von E. Müntz mitgetheilten Daten
bekannt (Les Arts à la cour des papes I. S. 235 fg.), von Bildhauern wurde

namentlich ein Jacopo da Carrara beschäftigt, von Goldschmieden ein Vincenzo da Piacenza. Im 16. Jahrhundert tritt uns natürlich eine weit grössere Zahl von Künstlern entgegen — einige schon bereits bekannt, andere der Kunstgeschichte noch unbekannt.

Von Letzteren nenne ich den Architekten Alberto da Piacenza. Die kostbarste auf ihn bezügliche Nachricht ist folgende:

1509 . . ducat. 23 baj. 7½ per coprire la tribuna della capella fatta in Sancta Maria de Popolo secondo l'ordine e stima di mastro Bramante. Damit ist 1) Vasari's Aussage bestätigt, dass Bramante den Plan für die Erweiterung der Chorcapelle geliefert habe, 2) ist damit die neuerdings von Schmarsow aufgestellte Behauptung, die Malereien Pinturicchio's seien nach den »stilistischen Merkmalen« 1505 entstanden, als hinfällig erwiesen. Das »hoc anno« des Albertini bezieht sich dann eben auf die Zeit, da er seinem Buche die letzte Redaction gab. Von sonstigen Architekten, die im 16. Jahrhundert in Rom arbeiteten, ist es namentlich der jüngere Vignola (Giacinto), über den reiches urkundliches Material beigebracht wird, doch geht auch der ältere Vignola nicht leer aus. Von Malern treten uns entgegen: Pellegrino von Modena — ob Pellegrino Munari oder Pellegrino Aretusi, die beide im Anhang Raphael's in jener Zeit in Rom thätig waren, bleibt unentschieden (vergl. Repertorium II, S. 416 fg.) —, dann Giuseppe Porta, gen. Salviati, Dom. Carnevale, der Miniator Antonio Bernieri da Correggio und der universelle Giulio Mazzoni. Die Zahl der Bildhauer ist zwar besonders gross, doch tritt kein Name von hervorragender Bedeutung uns darunter entgegen. Von Goldschmieden sei hervorgehoben ein Schüler des Caradosso Donino von Parma. Der vornehmste Architekt des 17. Jahrhunderts aus diesen Provinzen ist Gian Maria Barratta; von Bildhauern seien erwähnt als hervorragend thätig: Francesco und Andrea Baratta, Gregorio de' Rossi, Domenico Guidi — von den Malern hielt den Primat der Cav. Lanfranchi; das auf ihn bezügliche Material ist besonders reich. Ich weise an dieser Stelle zugleich auf die Nachträge, welche Bertolotti zu seinem zweibändigen Werke: Artisti Lombardi in Roma erscheinen liess. Die wichtigsten Nachträge beziehen sich auf die Solari, auf Muziano, auf Caradosso, auf Pompeo de Capitaneis (jenes Goldschmieds, der von Cellini aus Eifersucht ermordet wurde), auf Marcello Venusti, dessen Hinterlassenschafts-Inventar mitgetheilt wird. Schliesslich mache ich noch auf eine besonders interessante Notiz aufmerksam: Neben Isaia da Pisa erscheint am 25. Juli 1472 ein M°· Andrea marmoraro di Milano alias Eleam als Schiedsrichter zwischen einem Antonio da Brescia und Giov. Alfano (einiger Marmortafeln wegen). Ich glaube, dass die Notiz zunächst so viel sicher stellt, dass der darin neben Isaia da Pisa als Schiedsrichter fungirende Andrea da Milano »marmoraro« ein in jener Zeit in Rom renommirter Meister ungefähr auf der Stufe des Isaia und des Mino gewesen sein müsse. Nach Schmarsow's trefflichem Essay über »Meister Andrea« erscheint es mir nicht mehr möglich, den Meister Andrea Fusine oder da Fusine mit dem Meister des Piccolomini-Altars in Siena und des Altars in der Sacristei von S. M. del Populo zu identificiren (Jahrbuch der k. preuss. Kunsts. IV, S. 18 fg.), aber ebensowenig vermöchte ich die gewaltsame Verschmelzung dieses Andrea mit dem Künstler der Grabinschrift in der Minerva zuzugeben; sie ist und bleibt eine in der Luft schwebende Hypothese. Dagegen erscheint es mir weit wahrscheinlicher, dass wir in dem als Schiedsrichter fungirenden Andrea da Milano den Meister des Altars von 1473 in der Sacristei von S. M. del Populo und des Piccolomini-Altars von 1485 zu sehen haben. Bemerken will ich, dass ich das »vicinus meus« des Platina nicht mit »mein Landsmann«, sondern »mein Nachbar« übersetzen möchte. Die Lesung des Beinamens »Eleam« wird nachzuprüfen sein. *H. J.*

Bibliothèque internationale de l'Art. Paris, 1882—83. Rouam. Bd. 1—4.

Das Repertorium hat noch die Ehrenpflicht einzulösen, die von der Verlagshandlung Rouam herausgegebene und von E. Müntz redigirte Bibliothèque internationale de l'Art zur Anzeige zu bringen. International soll die Bibliothek vor Allem darin sein, dass die Kunst- und Künstlergeschichte der verschiedenen Culturländer darin gleiche Berücksichtigung finden soll; in zweiter Linie auch, durch die Autoren, welche an dem Unternehmen mitwirken sollen. Thatsächlich sind auch bereits einige Arbeiten angekündigt, deren Verfasser nicht französischem Boden angehören. Möge sich hier eine so friedlich wetteifernde Gemeinschaft zusammenfinden wie in der von Brockhaus herausgegebenen internationalen naturwissenschaftlichen Bibliothek. Der Name des Gelehrten, unter dessen Direction das Unternehmen in wissenschaftlicher Beziehung steht, konnte nur hochgespannte Erwartungen erregen. Man durfte darauf rechnen, dass uns hier Forschungen in anziehender Form — aber eben Forschungen, selbständig und gründlich geboten werden; diese Erwartungen sind durch das bereits Gebotene nicht getäuscht worden. E. Müntz selbst hat die Serie der Bände mit einer eigenen Arbeit vielverheissend eröffnet: **Les précurseurs de la renaissance** (Ouvrage accompagné de 66 gravures dans le texte et de 14 planches tirées à part), ein Werk, das bereits allenthalben die verdiente Anerkennung gefunden hat. Mit Recht. Gibt doch E. Müntz in dieser Arbeit eine ebenso anziehende wie gründliche Darstellung der Anfänge der Renaissance wie sie sich in der Kunst, in der Litteratur und in den künstlerischen und litterarischen Neigungen der Gesellschaft äusserten. Kritische Verwerthung der Forschungsresultate Anderer, verbunden mit kostbaren Ergebnissen eigener Forschung (besonders in den Capiteln über die Amateurs und Sammler des 15. Jahrhunderts) reihen die Arbeit zu den wichtigsten Erscheinungen, welche nach der gewaltigen Initiative Burckhardt's, die heute von den geschichtlichen Studien so bevorzugte Epoche illustriren. Die zahlreichen Abbildungen bringen viele Inedita und auch diese Auswahl, die von umfassender tief eingedrungener Kenntniss des Monumentenschatzes jener Zeit zeugt, verdient unsern Dank.

Der zweite Band ist einem grossen Amateur gewidmet. Bonnaffée eröffnete damit wohl eine Serie von Biographien hervorragender Sammler und Kunstfreunde Frankreichs: **Les Amateurs de l'ancienne France. Le surintendant Foucquet.** Foucquet ist der erste Amateur in ganz modernem Sinne; seiner Sammelleidenschaft steht nichts fern, kein Zweig der Kunst, keine Zeit,

kein Volk. Unter seinen Commissionären in Italien finden wir auch den älter‹
Poussin. Als sein trauriges Schicksal ihn von seinen Sammlungen fort
Gefangenschaft brachte, die zu einer lebenslänglichen wurde, sind doch d
von ihm erworbenen Kunstschätze zum grossen Theile in Frankreich gebliebe‚
Bonnaffée vermochte es, uns ein vollständiges Bild der Sammlungen Foucquet‚
herzustellen und seinen eifrigen Nachforschungen ist es gelungen, bei ein‹
nicht geringen Zahl von Stücken in französischen Sammlungen die Foucquet'scl
Provenienz nachzuweisen, wo diese noch nicht feststand. Zu manchen w‹
teren Nachweisen wird die Schrift sicher noch anregen. Der Vortheil, d‹
aus solchen Forschungen die Museographie zieht, braucht nicht hervorgehob‹
zu werden; aber auch der culturgeschichtliche Werth solcher Arbeiten, d‹
uns in die intimsten Neigungen und Interessen solcher hervorragenden R‹
präsentanten ihrer Zeit einführen, muss auf das Nachdrücklichste betont werde‹
    Der dritte Band publicirt ein interessantes künstlerisches Ineditum: I
Livre de fortune. Recueil de deux cents dessins, inédits de Jean Cousi‹
publié d'après le manuscrit original de la Bibliothèque de l'Institut par Ludov
Lalanne. Es gehört zu den im 16. und 17. Jahrhundert so beliebten Emblemat‹
Werken. Der Text ist in solchen Büchern immer langweilig — aber d‹
künstlerische Theil hat auch noch in den schlimmsten Reproductionen zu‹
Mindesten ikonographischen Werth. Das berühmteste und älteste Werk dies‹
Art: Die Emblemata des Andr. Alciati (erste Ausgabe 1532) hat den W‹
gewiesen, allen anderen Werken dieser Art — und der künstlerische Einflus
ist auch in den von Lalanne publicirten Zeichnungen merkbar. Nach Lalanne'
Untersuchungen rührt der Text des Livre de fortune von Imbert d'Anlez‹
seigneur de Dunflun her, der in kriegerischen Diensten Franz I. und desse
Nachfolger stand. Der Herausgeber hatte ganz mit Recht vom Text nur sovi‹
mitgetheilt, als zum Verständniss der Zeichnungen nothwendig ist. Der Auto
der Zeichnungen soll Jean Cousin sein, die Hauptstütze dieser Zueignung lieg
allerdings nur in der — nach Urtheil von Palaiographen — ca. drei Jahrzehnt
nach Entstehung des Werkes auf das Titelblatt hingeschriebenen Notiz: De I
mam de Jehan Cousin del., da aber auch die künstlerischen Qualitäten für de‹
angeführten Namen sprechen, so hat Lalanne mit Recht diesen Namen in de
Ausgabe beibehalten. Keinesfalls gereichen diese Zeichnungen dem Künstle
zur Unehre; an den figürlichen Darstellungen ist das allegorische Elemen
durch die aus dem privaten und öffentlichen Leben der Zeit gewählten Motiv
und deren geistreich-realistische Behandlung stark in den Hintergrund g‹
drängt; das Rahmenwerk der Embleme und Symbole dagegen — meist Ca‹
touchenornament — zeigt eine unerschöpfliche Fülle an Motiven, darunter viel
von feinem und originellem Geschmack, so dass auch für die moderne Orn‹
mentik hier manche Anregung zu schöpfen ist. Die Wiedergabe der Zeicl
nungen ist eine sehr genaue. Die Originalzeichnungen sind durch M. Drouc
gebaust, und nach diesen Bausen wurden dann die Heliogravuren hergestell
    Im vierten Bande gibt Baron Davillier eine Studie über den Ursprun
des Porzellans in Europa. (**Les Origines de la Porcelaine en Europe, le
fabriques italiennes du XV**e **au XVII**e **siècle** avec une étude speciale sur le

porcelaines des Medicis d'après des documents inédits), ihre Resultate sind von grundlegender Bedeutung für die Geschichte dieses Zweiges der Kunstindustrie. Wohl hat in den letzten Jahren die italienische Localforschung eine Reihe von Daten zu Tage gefördert, welche die bisherige Meinung über den Ursprung des Porzellans in Europa als hinfällig hinstellte, und Graesse konnte bereits in der siebenten Ausgabe seiner Guide de l'amateur de Porcelaines et de Poteries drei mediceische Marken publiciren; Davillier hat nun aber nicht bloss in die zerstreuten Forschungen Kritik und Zusammenhang gebracht, sondern einige glückliche Urkundenfunde haben ihn auch in den Stand gesetzt, den Thatbestand wesentlich zu berichtigen. Er liefert den Nachweis, dass bereits 1470 in Venedig Porzellan fabricirt wurde, dass man solches ebendort 1504 herstellte, dass 1519 dorthin ein Auftrag Alphons I. von Ferrara ging in derselben Sache. Freilich ist bis jetzt ein Product dieser ältesten Porzellanfabrication nicht vorhanden. Die Sache selbst aber ist zweifellos. Neben der Behandlung des Ursprungs des Porzellans in Europa liegt dann der Schwerpunkt der Arbeit Davillier's in der Darstellung der Geschichte der Mediceischen Porzellanfabrication von den Siebziger Jahren des 16. Jahrhunderts an. Und dies Capitel erhält dann seine ganz besondere Bedeutung durch den beschreibenden Katalog der bis jetzt bekannten in den verschiedenen Sammlungen zerstreuten Piecen Mediceischen Porzellans (34), wozu dann noch die Beschreibung einiger unsicheren Stücke kommt. Als Anhang gibt der Verfasser Porzellan-Inventare von Isabella der Katholischen bis Philipp II. aus den Archiven von Simanca etc.

H. J.

Lorenzo de' Medici il Magnifico. Von **Alfred von Reumont.** Zweite vielfach veränderte Auflage. Zwei Bände. Leipzig, Verlag von Duncker & Humblot. 1883.

Man möchte sagen endlich! neun Jahre sind ja verstrichen bis dieses Werk — eines der anziehendsten Denkmäler historischer Biographik — in neuer Auflage erscheinen konnte. Die Studien jener glänzenden Epoche haben in dieser Zeit weder in Frankreich und Italien noch in Deutschland gefeiert; für die Erforschung des Details, die verschiedenen Seiten des Culturlebens jener Zeit ist viel geschehen. Kaum etwas von Belang ist hier dem Verfasser entgangen, der ja bis in die letzte Zeit hinein Italien mit den Arbeiten Deutschlands über italienische Geschichte bekannt machte. Die revidirende und corrigirende Thätigkeit des Verfassers zeigt fast jede Seite des Werkes. Die Vorzüge der Art des Verfassers zu schreiben sind bekannt — auch jener Mangel, der mit diesen Vorzügen in innigem Zusammenhang steht. An intimer Kenntniss der florentinischen Dinge kommt dem Verfasser wohl kein Lebender gleich; daher die anziehende Fülle und Lebendigkeit seiner Darstellung. Wer diese beiden Bände mit Bedacht gelesen, hat nicht bloss ein Bild des grossen Repräsentanten der Mediceischen Familie, sondern der florentinischen Entwicklung überhaupt, des florentinischen Geistes in allen seinen Emanationen in Gesellschaft, Politik, Kunst, Litteratur. Die Fülle zuströmender Daten beeinträchtigt freilich oft die plastische Gestaltung des Stoffes, aber möchte man damit rechten, wo so viel Fesselndes auf jeder Seite uns begegnet? höchstens möchte man Beschränkung wünschen, wo der Verfasser der Fülle historischer Erinnerungen auch da freie Bahn lässt, wo er Persön-lichkeiten vorführt, die ausserhalb des florentinischen Centrums stehen, die also nur soweit in Schilderung zu treten hätten, als sie in directem Zu-sammenhang mit Lorenzo und des von ihm geleiteten Florenz stehen. Der Standpunkt, welchen der Verfasser in seinem Urtheil über die Cultur, die in Lorenzo den glänzendsten Förderer erhielt, einnimmt, ist bekannt; der Ver-fasser ist nur ein sehr bedingter Freund der enthusiastischen Wiederbelebung paganer Cultur — aber das hindert nicht, dass er den Thatsachen selbst vollauf gerecht wird. Und ebensowenig — was nachdrücklich betont werden muss — zeigt sein Urtheil kirchliche Befangenheit. Ich weise da nur auf die Charakteristik der Regierungsthätigkeit Innocenz' VIII.

Zu den glänzendsten Partien des Werkes gehört das vierte Buch: Die Medici im Verhältniss zu Litteratur und Kunst. Der dritte Abschnitt dieses Buches ist der Geschichte der Kunst jener Zeit gewidmet. Eine ausführliche Geschichte der Kunst unter den Medici kann der Verfasser natürlich nicht geben — denn das hiesse die Geschichte der florentinischen Kunst während ihrer Glanzzeit überhaupt erzählen — aber was der Verfasser bringt, zeigt ein-gehende Kenntniss des historischen Theils und feines Verständniss — wie dies nicht anders zu erwarten von dem trefflichen Verfasser der Andrea del Sarto-Biographie. Auch diese Seiten zeigen allenthalben die verbessernde Hand. — Die falsche Angabe des Todesjahres Masaccio's (1443) blieb wohl nur in Folge eines Uebersehens stehen.

So freuen wir uns denn von Herzen, dass der Altmeister italienischer Geschichtschreibung uns mit dieser neuen Ausgabe seines Werkes beschenkt hat, einem Werke, in welchem feurige Begeisterung für den Gegenstand mit der geistigen Herrschaft über denselben in völliger Harmonie steht.

Architektur.

Der Einfluss der Architektur auf Plastik und Malerei, von **Carl Böhme**, Architekt. Dresden, Gilbers, 1882.

Dem Werkchen Böhme's fehlt ein Vorwort. Anstatt dessen deutet der Ver-fasser in einer Einleitung an, was er beabsichtigt, nämlich in gedrängtem Raume eine Art Tektonik nach Semper's Vorbild zu verfassen, ohne in des letzteren weit-schweifige Gelehrsamkeit und häufig vorkommende Dunkelheit des Ausdrucks zu verfallen. Das Büchlein hat immer sein Verdienstliches und wird dem Anfänger, der sich nicht in Semper's geistreiche Deductionen vertiefen kann, manches Werth-volle bieten. Doch leidet es, wie alle derartigen Versuche der Architekten, Theo-rien ihrer Kunst aufzustellen, an nicht genügender philosophischer Grundbildung ihres Autors und in Folge dessen an Nichtcorrectheit und Ungeschicktheit im Aus-druck. So sagt einmal der Autor »Knotenpunkt« anstatt des besseren Ausdruckes »Kernpunkt« oder »Schwerpunkt«, »Brennpunkt«. Auch bleibt der Autor auf dem einseitigen Standpunkt Semper's stehen und macht dem gothischen Stil bei jeder ihm passend erscheinenden Gelegenheit schroffe und ungerechte Vor-

würfe, stellt bei Beurtheilung der Bauweisen der Vergangenheit Behauptungen
über die Entstehung der Kunstformen auf, ohne diese Behauptungen genügend
zu unterstützen und zu beweisen. So ist dies Büchelchen auch nur als ein
Versuch anzusehen, der sehr hinter dem Original von Semper zurückbleibt
und das Problem, in welchem Verhältniss die Architektur zur Malerei und
Plastik stehen sollen, ebensowenig vollständig und genügend löst, als dies
Hübsch seinerzeit in seiner ähnlich lautenden Schrift gelungen ist.   *T.*

Die Entwicklungsgeschichte der Architektur, von **R. Klette,** Architekt. Leipzig, Knapp, 1881.

Eine kurze, gedrängte Darstellung der Geschichte der Baukunst aus der
Feder eines Architekten wird gewiss stets von Baugewerkschulen und ihren
Zöglingen willkommen geheissen werden, und für diese ist auch zunächst das
genannte Schriftchen bestimmt. Wenn aber Architekten das Gebiet der Bau-
geschichtschreibung betreten wollen, so muss man, und das erst recht bei
einem so knappen Ueberblick, wie dieses Schriftchen einen solchen geben will,
verlangen können, dass nicht nur die Entwicklungsgeschichte richtig dargestellt,
sondern auch, dass die orientirende Einleitung eine klare ist, dass ferner
die Abbildungen geschmackvoll und correct behandelt sind. Diesen Anforderungen entspricht dieses Werkchen in keiner Weise und es wäre zu wünschen,
dass docirende Architekten lieber Lübke's Abriss der Geschichte der Baustile
ihren Vorträgen zu Grunde legten, als solche Bücher wie das oben citirte verfassten, welche den bescheidensten Ansprüchen nicht genügen können. Ein
Inhaltsverzeichniss haben wir vergeblich gesucht.   *T.*

Die Renaissance in Holland, von **Georg Galland.** Berlin, Dunker, 1882.

Gewiss verdienstlich ist dieser Versuch, einen Ueberblick über die Entwicklungsgeschichte der Renaissance in Holland zu geben, aber mehr als ein
Versuch ist die Schrift nicht, denn einestheils ist sie viel zu unvollständig,
anderntheils ist das Verhältniss der Renaissance in Holland zu den Nachbar-
ländern viel zu wenig klar bestimmt. So beispielsweise ist oftmals von den
Einflüssen der deutschen Renaissance auf die holländische die Rede, aber
weder constatirt, wo solche Einflüsse bestimmt nachweisbar sind, noch auf die
nicht weniger oder sogar noch viel mehr bedeutenden Einflüsse der holländischen auf die deutsche Renaissance hingewiesen.

Dankbar wollen wir dem Verfasser indessen doch sein. Wer ist er?
Das Buch nimmt sich wie eine schlechte Uebersetzung aus dem Holländischen
aus. So steht z. B. stets »der«, statt »die« Zuider-See; so steht S. 7 anstatt
»Stichhaltigkeit« »Probehaltigkeit«. Der Stil ist überhaupt ein sehr mangel-
hafter, man weiss sehr oft nicht, was der Verfasser will, so, wenn er von
der deutschen Architektur auf S. 8 sagt: »Ihr ganzer Fortschritt . . . . . war
mithin nur, dass sie sich nicht mehr im Dienste der Kirche für Phänomene
zu begeistern vermochte . . . . .« — was bedeutet Phänomene? Als Stilprobe
diene auch folgender Satz, der sich auf das Rathhaus in Leyden bezieht (S. 62):
»Gleichzeitig (1597) offenbarte sich zum ersten Male an einem öffentlichen,
dazu so bedeutenden Gebäude, in der Provinz Holland, der Einfluss der Deutsch-

renaissance, die sich während der verflossenen Dezennien mit der Macht ihrer Phantasie weit ungestörter hatte entwickeln können und die damals grade aus den gesegneten Gegenden Nürnbergs, Heilbronns, Heidelbergs und Liebensteins mit ihren heiter sprudelnden Gebilden wie Frühlingshauch in die zertrümmerte Stätte des Krieges wehte.« So ist auch schwer verständlich, was der Verfasser mit dem oft angeführten Ausdruck »Optimismus«, »optimistische Thätigkeit der Architektur« eigentlich meint.

Der Verfasser kennt im Allgemeinen viel zu wenig die Baukunst seines Vaterlandes sowie der Nachbarländer, um etwas wirklich Gutes über die holländische Renaissance zu schreiben. So ist der Beginn des Capitels über die Frührenaissance bunt durcheinander geworfen. Von den schönen Renaissance-grabdenkmälern im Dom zu Utrecht und in der Kirche von Breda scheint er nichts zu wissen, ebensowenig von dem charakteristischen Cartouchenstil des Cornelis Floris, welchen schon Vasari als den Erfinder der Cartouche bezeichnet und der schon 1527 in Breda thätig war, von 1536 an aber durch sein Cartouchen-werk die ganzen Niederlande und Deutschland beeinflusste. So kam dieser Stil durch Collins van Mecheln an den Otto Heinrichsbau im Heidelberger Schloss und durch einen unbekannten Meister an die Chorstühle des Capitel-saals im Dom zu Mainz, sowie an viele Grabdenkmäler der deutschen Renaissance. Galland erwähnt auch nicht die Theile der Nieuwe Kerk und Oude-kerk in Amsterdam, die der Frührenaissance angehören, ebensowenig die höchst bedeutenden Orgelbüffets, Lettner, Chorgitter etc. in Enkhuizen, Naar-den, Haarlem, Herzogenbusch und anderen Orten, die Decoration des Rath-haussaales in Kampen, von welchem er nur den Kamin erwähnt, das Gestühl im Rathhaus zu Nymegen, die Chorgestühle von Dortrecht und Anderes, lauter Werke ersten Ranges, die man unmöglich verschweigen darf. Das Haus des Martin van Rossum von 1530 hätte einer ausführlichen Berücksichtigung be-durft und guter Abbildungen, wohingegen die vielen ausführlichen Beschrei-bungen von Giebelfassaden der Spätrenaissance erspart werden könnten. Die ganze Eintheilung des Stoffes in eine Frührenaissance, eine eklektische Periode der Architektur, die Hochrenaissance und die Barockstilarten ist eine sehr will-kürliche, denn eine Hochrenaissance im Sinne der italienischen gibt es eben nur an wenigen strengeren Sculpturwerken und Schnitzereien, während die Renaissance in Holland stets nur ein Eklekticismus war mit Ausnahme dieser genannten strengeren Arbeiten. Die Tafeln autographirter Abbildungen geben nur Proben von Details von Spätrenaissancebauten. Das Werkchen enthält immerhin viel schätzbares Detailmaterial, das bei einer vollkommeneren Dar-stellung der holländischen Renaissance verwerthet werden kann. Der Verfasser würde gut thun, bei einer zweiten Auflage gründlichere Studien zu machen und auch die topographischen Werke des 17. und 18. Jahrhunderts über Hol-land zu berücksichtigen.   *T.*

Die Holzarchitektur Hildesheims. Herausgegeben von **Karl Lachner,** Architekt. Hildesheim, 1882. Verlag von Franz Borgmeyer.

Braunschweig, Halberstadt, Münden, Hildesheim, — das sind die Städte, wo der deutsche Fachwerkbau seine schönsten Schöpfungen hinterlassen hat.

Und Hildesheim steht da wieder allen voran. Mag Braunschweig mehr Pracht-
bauten dieses Stils als Hildesheim besitzen, so ist doch Hildesheim von packen-
derer Kraft in der Gesammtphysiognomie. So mangelt es denn auch nicht
an guten Abbildungen der hervorragendsten Bauten Hildesheims; neben trefflichen Photographien sind die reichen Aufnahmen in Ortwein's grossem
Sammelwerk nicht zu vergessen und auch Fritsch' Deutsche Renaissance hat
bereits Einiges durch Lichtdruck bekannt gemacht. In jedem Falle aber war
ein Werk erwünscht, das historisch und technisch über die Holzbauten Hildesheims gründlicher und ausführlicher orientirt, als dies bisher bei compendiöser
Behandlung möglich war. So wird das von Karl Lachner mit Liebe zur
Sache und zugleich grosser Sachkenntniss geschriebene Werk sicherlich überall
sympathische Aufnahme finden. An den Eingang seiner Arbeit stellt der
Verf. den Rathbauhof, nicht als ob es keine älteren Fachwerksgebäude gebe,
sondern »weil seine Holzsculpturen so eigenartig sind, dass sie kaum ohne
Zusammenhang mit einer weit älteren Behandlungsweise, Holzgebäude zu
schmücken, gedacht werden können.« Der Verf. ist der Meinung, dass diese
Sculpturen — bei deren Deutung ihn zum Mindesten richtige Gesichtspunkte
leiten, mag Einzelnes auch noch der Correctur bedürfen — entweder von
einem möglicherweise bereits dem 12. Jahrh. angehörenden Gebäude entnommen, und nach einer Ueberarbeitung im Geiste des 16. Jahrh. wieder
verwendet, oder doch nach einem solchen Gebäude umgebildet wurden. Uns
dünkt das Letztere das Wahrscheinlichste — als zur Zeit des Baues selbständig entstandene. ornamentale Schöpfungen können diese Bilderfriese und
Thorfahrten nicht angesehen werden. Der Verf. bespricht dann die Bauten
der gothischen Periode, und da mit besonderer Ausführlichkeit das Trinitatis-
hospital, bei dessen Baugeschichte ihm die Forschungen von Dr. Kral, die
dem Verf. auch an anderen zweifelhaften oder schwierigen Stellen zu Hilfe
kamen, besonders gute Dienste leisten. Die technische Erörterung ist hier
besonders ausführlich und für die Kenntniss der Hospital-Architektur des
Mittelalters von allgemeinem Werth. An der Spitze der Renaissance-Archi-
tektur steht dann natürlich das Knochenhauer-Amthaus, das auch eine besonders eingehende Beschreibung findet, desgl. das Haus zum goldenen Engel,
das ja ebenfalls die Elemente der Uebergangs-Architektur aufweist. Die Uebersicht der vorhandenen Bauten ist dann wohl eine ganz vollständige. Nicht
unterlassen sei der Hinweis auf die allgemein technischen Erörterungen in
Bezug auf das Wesen des gothischen und Renaissance-Fachwerkbaues und die
Charakteristik der wichtigsten Elemente. Im Anhang gibt der Verf. den Text
der Sprüche an den Schwellen und Holzplatten, welche an den Häusern
Hildesheims in so grosser Zahl vorhanden sind. Die Abbildungen erläutern
in genügender Weise die bautechnische Beschreibung. Möge das Werk des
Verf., aus der Liebe zum guten echten deutschen Haus alter Zeit hervor-
gegangen, die Frucht bringen, die der Verf. wünscht: dass Bürger und Behörden
Hildesheims sich die Pflege der schönen ehrwürdigen Denkmäler, die die Stadt
in so reicher Zahl besitzt, auf das Wärmste sich angelegen sein lassen.   *i.*

Die ehemalige Benedictiner-Abtei-Kirche zum heiligen Vitus in
Ellwangen. Von Dr. **Franz Joseph Schwarz.** Mit 22 artistischen Blättern
in Lichtdruck von M. Rommel, 8 Holzschnitten von A. Closs in Stuttgart
nach Aufnahmen und Zeichnungen von Architekt J. Cades in Ulm und
einem Farbendruck von A. Gatternicht in Stuttgart, nach der perspectivischen
Zeichnung von J. Cades entworfen von Maler X. Kolb in Ellwangen.
Stuttgart. Verlag von Adolph Bonz & Comp. 1882.

In seiner Geschichte der romanischen Baukunst in Deutschland (S. 334)
hat Otte das Bedauern ausgesprochen, dass von der Stiftskirche in Ellwangen
noch immer genügende Abbildungen fehlen. Nun liegt uns ein Werk vor,
das sowohl in baugeschichtlicher Beziehung, als auch in der Art der architektonischen Aufnahme kaum etwas zu wünschen übrig lässt. Das dringende
Bedürfniss umfassender Restauration hat den Verfasser zunächst bestimmt, an
diese Arbeit zu gehen — einestheils um für das so hervorragende Monument
romanischer Baukunst Sympathien zu wecken, andererseits um der künftigen
Restauration künstlerisch und historisch die Wege zu weisen, welche hier
gegangen werden müssten. Der Verf. gibt eine quellenmässige Darstellung
der Gründung des Klosters Ellwangen, versucht es dann, aus litterarischen
Andeutungen heraus das Bild des ersten ursprünglichen Baues zu entwerfen.
Was den Kern des jetzigen — wahrscheinlich dritten — Baues betrifft, so
verficht der Verf. die Ansicht, dass er nach der Bauregel von Clugny ent-
standen sei, möge auch der Name des St. Veitsklosters' Ellwangen in der
Liste der Klöster fehlen, welche nach der Chronik die Clunyacenser Reform
erhalten haben. Fremden Einfluss bei diesem Bau hat schon Schnaase erkannt
(Gesch. s. b. K., 2. Aufl., III. Bd., S. 279), aber er rieth auf sächsischen
Einfluss; der eingehende Vergleich, den der Verf. mit der Mutterkirche der
Clunyacenser anstellt, fällt entschieden zu Gunsten der Ansicht des Verf. aus.
Die Anbauten und Veränderungen, welche die Kirche dann weiter erfuhr,
namentlich nach Aufhebung des Klosters, waren der grossartigen Gesammt-
anlage nicht bloss nicht mehr würdig, sondern thaten der Wirkung derselben
merklich Abbruch. Die Restauration wird wohl desshalb doch etwas radi-
caler vorgehen müssen, als der Verf. vorschlägt — wenngleich wir freilich
vor dem Radicalismus des Puristen den gleichen Schauer haben, wie der Verf.
selbst. Doch darüber zu verhandeln, ist noch nicht an der Zeit. Hoffen
wir, dass durch die ausgezeichnete Arbeit des Verf. und seines künstlerischen
Mitarbeiters, des Architekten Cades, die Aufmerksamkeit auf dies grossartige
Denkmal romanischen Stils gelenkt, damit die achte Säcularfeier in der in
früherer Grösse und Reinheit des Stils hergestellten Kirche begangen werden könne.
Die Verlagsfirma hat es an nichts mangeln lassen, der trefflichen Arbeit eine
ausgezeichnete artistische Ausstattung angedeihen zu lassen; die beigegebenen
Abbildungen erläutern das Werk nicht bloss dem Laien, sondern werden auch
dem Fachmann, dem Architekten voran, zum Zwecke eingehenden Studiums
des Bauwerkes sehr willkommen sein. *i.*

Pienza. Aufgenommen und gezeichnet von den Architekten **Mayreder** und
C. Bender. Text von Dr. **Heinrich Holtzinger.** Hiezu 10 Tafeln. (Separat-
Abdruck aus der »Allgemeinen Bauzeitung«). Wien 1882. Verlag von
R. v. Waldheim.

Ich habe gelegentlich einer Besprechung der bei Gilbers erschienenen ausgezeichneten Publication über Carpi den Wunsch ausgesprochen, dass Pienza
bald eine ähnliche wissenschaftliche Bearbeitung und einen ebenso splendiden
Verleger derselben fände, wie Carpi. Vielleicht war damals, als ich diese Worte
schrieb, die Publication, die mir erst jetzt zur Hand kam, bereits erschienen;
mein Wunsch wäre zwar auch dann — wenn mir die vorliegende Publication
bereits bekannt gewesen wäre, nicht unausgesprochen geblieben, aber ich hätte
doch darauf, als auf einen guten Anfang, hinweisen können. Pienza ist damit
endlich dem baugeschichtlichen Studium zugänglich gemacht — die ganze
Bautengruppe — eine so eminente Emanation des Baugeistes jener Zeit — in
helleres Tageslicht gestellt worden. Allerdings ist in der Aufnahme nur auf das
Nothwendigste Bedacht genommen worden — die Aufnahmen selbst tragen dann
meist den Charakter des Skizzenhaften, doch zunächst ist man eben auch mit
Wenigem zufrieden; die reiche Decoration im Palazzo Piccolomini hat unterdessen
in einem colorirten Blatte der Raschdorff'schen Publication über die Renaissance-
Architektur Toscanas eine Ergänzung erfahren. Der Text von Dr. Holtzinger ist
— was die Beschreibung betrifft gut, in Bezug auf das Baugeschichtliche aber
doch gar zu — lakonisch. Ich weiss nicht wann der Text geschrieben wurde, aber
jedenfalls war damals schon der III. Band der neuen Vasari-Ausgabe und der
I. Band von E. Müntz' Werk Les Arts à la Cour des Papes erschienen; der
Verfasser hätte daraus zum Mindesten entnehmen können, wie sehr die moderne Forschung wieder zu Gunsten des Bernardo di Matteo gen. Rossellino
gestimmt ist. Es hätte ihn auch reizen müssen, dem auf die Spur zu kommen,
was es denn auf sich hat mit den von Milanesi angekündigten »chiarissimi
documenti«, welche die Autorschaft Rossellino's an den Bauten von Pienza sicher
stellen sollen, und die noch immer nicht erschienen sind. Doch sollten dieselben
auch nicht ausschlaggebend lauten oder gar fehlen, so wird man so lange nicht
Bernardo di Lorenzo als Baumeister von Pienza urkundlich verbürgt ist, Bernardo
di Matteo, d. h. Rossellino als solchen gelten lassen müssen, 1) weil Bernardo
di Matteo uns bis jetzt durch keinen einzigen Bau bekannt ist — (der Verfasser ist im Irrthum, wenn er von einem Antheil des Bernardo di Lorenzo
am Palazzo Venezia spricht, denn selbst wenn er den angezogenen Vertrag
(25. Januar 1466) nicht — was wahrscheinlich ist — als Bauunternehmer
sondern als Architekt geschlossen, so muss er ganz kurze Zeit darauf rückgängig
gemacht worden sein, indem am 14. Juni desselben Jahres bereits ein Vertrag
ähnlichen Inhalts mit anderen Bauunternehmern abgeschlossen wird) — und
2) weil — wie es auch dem Verfasser nicht entgangen ist — eine mehr als
oberflächliche Verwandtschaft zwischen den Palästen Piccolomini in Pienza und
Siena und dem Palazzo Rucellai (Fensterbildung, Schlussgesimse) herrscht; es
ist aber kaum anzuzweifeln, dass Rossellino bei dem Bau des Rucellai-Palastes
als Capo maestro des Baues fungirte. Die Baugeschichte von Pienza ist eines

der wichtigsten Capitel der Baugeschichte der Frührenaissance; möge sie endlich die eingehendste Erörterung finden; die Lösung des Räthsels das sie auf-
gibt, wird zugleich eine Reihe anderer Fragen beantworten.   *H. J.*

Malerei.

The Miniatures of the Ashburnham-Pentateuch, edited by **Oscar von
Gebhardt**. London, Asher & Cie. 1883. Gr.-Fol.

Mit aufrichtiger Freude können wir die neue Publication begrüssen, die
es ermöglicht, rasch und bequem Einblick in den Charakter einer Bilderhandschrift zu nehmen, die durch ihr hohes Alter und ihre kunstgeschichtliche
Bedeutung gleicherweise interessant ist. Der Ashburnham-Pentateuch stammt
nemlich zum grössten Theil aus dem 7. Jahrhundert, und seine Miniaturen
weisen in ihrer breiten Ausführung, in ihrer Selbständigkeit gegenüber dem
Text, auf einen Buchmaler, der dem Süden und zwar Italien angehört hat;
auch die lateinische Schrift, eine Unciale von etwas roher Ausführung, ist fern
von jenen kalligraphischen Zügen, welche die gleichzeitig im Norden entstandenen Bilderhandschriften auszeichnet. Der neue Pentateuch schliesst sich
also im weitesten Sinne jener Gruppe von Manuscripten an, die uns in der
Wiener Genesis, im Vaticanischen Virgil, in der Mailänder Ilias u. a. gegeben
ist, ohne dass übrigens eine nähere Beziehung zu einem der eben genannten
Codices zu erkennen wäre; ja sogar hat sich der Ashburnham-Pentateuch
mehr als diese von der Antike entfernt.

An der neuen Publication sind manche Vorzüge zu rühmen, welche
wir neben wenigen Mängeln in der folgenden Beschreibung des Buches andeuten wollen.

Gebhardt's Einleitung, die 24 Seiten in Folio umfasst, weist zunächst
darauf hin, dass im Ashburnham-Pentateuch dasselbe Manuscript vorliege,
welches sich vormals in der Stadtbibliothek zu Tours als Nr. 4 des ältesten
Kataloges von 1706 befunden hat. Der Herausgeber geht den Spuren nach,
die sich in der älteren bibliographischen Litteratur über den Codex finden; er
weist nach, dass der Pentateuch aus der Bibliothek der Kathedrale S. Gatien
zu Tours nach der französischen Revolution in die Stadtbibliothek dieses Ortes
gelangt sei, er spricht davon, dass der vorliegende Pentateuch dasselbe Buch
sei, das im Katalog der Sammlung Libri von 1846, den der genannte Bücher-
freund für private Zwecke zusammengestellt hatte, unter Nr. 13 verhältnissmässig ausführlich beschrieben ist. Als Ort der Provenienz wird dort vorsichtshalber der Convent von Grotta-Ferrata bei Rom angegeben. Libri hatte Ursache zur Vorsicht, denn der Pentateuch war von ihm 1842 in Tours —
gestohlen worden. Seitdem Gebhardt seine Einleitung geschrieben hat, ist
dieser Diebstahl, der nur ein Glied einer langen Kette ähnlicher Heldenthaten
bildet, von De Lisle scharf beleuchtet worden. Von dem, was der gelehrte
Directeur der Pariser Nationalbibliothek über die Angelegenheit veröffentlicht
hat, ist mir Folgendes zugänglich gewesen:

»Communication faite à l'Académie des inscriptions le 22 février 1883«,
als Brochure erschienen unter dem Titel: »Les très-anciens manuscrits du
fond Libri dans les collections d'Ashburnham Place, extrait du journal Le
Temps du 25 février 1883« — und: »Rapport au ministre de l'instruction
publique et des beaux arts sur l'affaire des manuscrits du comte d'Ashburnham« im Journal officiel de la Republique française 2. Juli 1883.

Es ist wohl nicht überflüssig, das Wesentliche, unsern Pentateuch Be-
rührende, aus diesen Publicationen hier mitzutheilen :

Die Bibliothek von Lord Ashburnham zerfällt in 4 grosse Gruppen:
1) Fonds Libri (darunter die Manuscripte von Diebstählen in Tours), 2) Fonds
Barrois (darunter die aus der Bibliothèque Nationale entwendeten Manuscripte),
3) Fonds Stowe, 4) Appendix.

Lord Ashburnham dürfte kaum genaue Kenntniss von der Unrecht-
mässigkeit seines Besitzes gehabt haben, denn er publicirte eine Reihe von
Katalogen seiner Bibliothek. De Lisle bietet durch die Aufzählung dieser Kataloge einen werthvollen Beitrag zur Bibliographie. Ueber die Art und Weise,
wie der Fonds Libri in Lord Ashburnham's Besitz gelangt sei, erhalten wir
durch De Lisle vollkommene Aufklärung. Er erzählt die geheimen Unter.
handlungen Libri's wegen Bücherverkaufs mit dem brittischen Museum. Sie
blieben ebenso erfolglos, wie spätere Unterhandlungen mit der Universitäts-
bibliothek in Turin. Erst Lord Ashburnham zeigte sich geneigt, Libri's Manuscripte zu erwerben. Buchhändler Road ging 1847 als Experte nach Paris
und brachte als Proben vorläufig den Pentateuch und das Gebetbuch Lorenzo's
de Medici zu Lord Ashburnham. Der Ankauf der ganzen Sammlung wurde
hierauf beschlossen. Die Manuscripte trafen am 23. April 1847 wohlverpackt
bei Lord Ashburnham ein. Sehr werthvoll ist das von De Lisle gegebene
Verzeichniss der Manuscripte, die Libri in Tours gestohlen. Unser Pentateuch
also gehört auch dazu.

Ich kehre zu Gebhardt's Einleitung zurück. Im II. Abschnitt derselben
gibt sie eine Beschreibung des Manuscriptes, das 142 Blätter enthält. Der
Pentateuch ist ohne Worttrennung und in zwei Columnen geschrieben. Die
Initialen sind wenig grösser als die übrige Schrift und vor die Zeile gerückt.
Die ersten drei Zeilen jedes Buches und die erste Zeile jedes Capitels sind
roth. Abkürzungen werden selten und in geringer Anzahl verwendet.

Im III. Abschnitt der Einleitung wird von den Miniaturen, ihrer Färbung,
von der abgebildeten Architektur gesprochen und auf die zahlreichen Geräthe
hingewiesen, die auf den Miniaturen vorkommen. Bezüglich der Technik der
Malereien bekennt der Herausgeber, dass er eingehende Mittheilungen nicht
zu geben vermöge. Nur auf das frische Colorit der in Wasserfarben ausgeführten Bilder wird hingewiesen. Die Miniaturen dürften alle von derselben
Hand stammen (S. 8). Gebhardt leugnet starken Einfluss der Antike und
römischen Ursprung, wie ihn Libri in seinem Katalog angegeben hatte. Er
bringt hierauf das Gutachten der Palaeographical Society über den Pentateuch,
welches wir hier in Kürze zusammenfassen: der Codex ist wahrscheinlich in
Nord-Italien und in der zweiten Hälfte des 7. Jahrhunderts entstanden. Spätere

Ergänzungen sind erkennbar. Die erste, gegen Ende des Codex, hat noch in Italien und im 8. Jahrhundert stattgefunden. Im 9. Jahrhundert kam das Manuscript über die Alpen. Die Miniaturen sind zugleich mit der ältesten Schrift des Codex entstanden und stammen wahrscheinlich sogar von derselben Hand.

Kaum zu unterdrücken ist hier die Bemerkung, dass es gewiss nicht überflüssig gewesen wäre, das auf die Autorität der Palaeographical Society hin angenommene Urtheil näher zu motiviren, was die Einleitung unterlässt. Zu lebhaft ist uns noch Springer's glänzende paläographische Beurtheilung des Utrecht-Psalters im Gedächtniss, als dass wir nicht auch hier den Wunsch nach eingehender Begründung empfänden.

Die Einleitung weist hierauf noch auf die grosse Vertrautheit mit dem Orient hin, welche der Urheber der Miniaturen besessen haben dürfte. Die naturgetreue Wiedergabe der Palmen, der Kameele wird hervorgehoben. Eine nicht uninteressante philologische Betrachtung der Eigenthümlichkeiten des Textes überlässt es dem Leser, sich die Consequenzen selbst abzuleiten. In einem kurzen Anhang wird auf die von uns erwähnte »Communication« von De Lisle verwiesen, welche erst nach der Drucklegung der Einleitung erschienen ist.

Nun folgt die gewissenhafte Beschreibung der Tafeln und ihrer Originale, die den werthvollsten Theil der Publication bilden möchte. Wie es scheint, und wie der Titel andeutet, sind sämmtliche Miniaturen des Codex reproducirt; dies ausdrücklich zu erwähnen, hat der Text allerdings vergessen.

Die auf den Tafeln dargestellten Gegenstände umfassen Scenen aus Genesis III. bis Numerus XI, 16, so dass also ein grosser Theil des IV. Buches Mosis und das ganze V. ohne Bild bleibt. Es würde zu weit führen, hier auf Einzelnes einzugehen. 19 Tafeln in Lichtdruck entsprechen allen Anforderungen, die man heute an dieses Reproductionsverfahren stellen kann. Beigegeben ist eine 20. Tafel in Farbendruck, welche dieselben Darstellungen wiedergibt wie die 18. Lichtdrucktafel. Auf diese Weise ist ein Anhaltspunkt dafür gegeben, wie man sich die farbigen Originale der Lichtdruckbilder vorzustellen habe. *Dr. Th. Fr.*

Schrift, Druck, graphische Künste.

Geschichte des Kupferstichs. Ein Versuch von **D. A. Frantz**. Magdeburg. Creutz'sche Buch- und Musikalienhandlung. (R. & M. Kretschmann.) 1883. 308 S. kl. 8°.

Eine gute und sei es wissenschaftlich oder praktisch brauchbare Geschichte des Kupferstichs, die nach jeder Richtung hin befriedigen würde, muss erst geschrieben werden. Aber es wird wohl noch eine geraume Zeit vergehen, bis die wissenschaftlichen Vorarbeiten so weit gediehen sein werden, dass es überhaupt wird möglich sein, die Geschichte des Kupferstichs vom rein wissenschaftlichen Standpunkte aus zu bearbeiten. Eine für das blos praktische Bedürfniss berechnete Geschichte des Kupferstichs hingegen zu verfassen, ist selbst für den Einzelnen, vorausgesetzt dass er über die erforderliche Zeit und

über die nothwendigen Mittel verfügt, heute keine Unmöglichkeit mehr, wo die
Quellen für eine solche und die bestehende Litteratur darüber in den grossen
Sammlungen des Continents jedem zugänglich gemacht sind. Und auf diesem
Standpunkt der blossen praktischen Brauchbarkeit, sei es für Schulen, Liebhaber,
Sammler oder Sammlungen, stehen auch grösstentheils die wenigen, erst in
letzterer Zeit erschienenen Handbücher wie: Duplessis, Les merveilles de la
gravure, Paris 1869, und dessen etwas breiter behandelte Histoire de la gravure,
Paris 1880, dann Bucher, Geschichte des Kupferstichs in der Geschichte der
technischen Künste Lfg. 9—11, Stuttgart 1876—77, und Delaborde, La gravure,
Paris 1882. Sie alle erfüllen ihren Zweck mehr oder weniger leidlich. Zu
ihnen gesellt sich nun auch das obengenannte Buch. Es steht auf demselben,
oder vielmehr noch auf einem etwas tieferen Standpunkt, da es nur eine Hilfe
für »Anfänger im Sammeln und für Freunde von Kupferstichen« (S. 9) sein
soll. Aber nicht das allein. Nach dem Motto und einigen Raisonnements in
der Darstellung zu schliessen hat der Verfasser etwas mehr angestrebt. Er
wollte, wie es scheint, den Gegenstand wissenschaftlich durchdringen und die
Erscheinungen in ihrem ursächlichen Zusammenhange darstellen. Aber in
jedem Falle, und selbst wenn er nur ein praktisches Handbuch allein liefern
wollte, muss sein »Versuch« als vollständig misslungen bezeichnet werden.
Ein so geradezu albernes Buch wie das vorliegende dürfte seinesgleichen suchen.
In, fast möchte ich sagen, beneidenswerther Beschränkung und Beschränktheit
hat der Verfasser sich begnügt, in der »Darstellung dieser Geschichte nur
einen Commentar zu seiner Kupferstichsammlung zu geben, in welcher die in
diesem Büchlein genannten Meister mit mehr oder weniger Blättern vertreten
sind, die ihm aber doch hinzureichen schienen, um diesen Meistern selbst die
Stellung in dem Zusammenhange der Geschichte, wie hier geschehen ist, anzu-
weisen« (S. 8—9). Für alles Uebrige verweist er auf das »praktische Handbuch für Kupferstichsammler von Joseph Heller, 2. Aufl., Leipzig bei T. O. Weigel
1850 —« (S. 9). Darnach ist es auch erklärlich, dass er sich »mit den Räthseln
der Erfindung nicht herumschlagen will« (S. 7) und dass er vieles nur vom
Hörensagen weiss. Das Soll und Mag spielt in seiner Darstellung eine grosse
Rolle. So versichert er (S. 16): »Franz v. Bocholts höchst seltene Blätter
sollen ebenso vollendet sein, wie die des Meisters E. S.« Seine Sammlung
dürfte also wohl kein Blatt von diesem Meister aufweisen und er auch sonst
keines gesehen haben. Für seine Sammlung ist dies sehr bedauerlich und um
so mehr bedauerlich, wenn all' die Meister, besonders aber die älteren, die
nicht genannt erscheinen, in derselben nicht vertreten sein sollten! Um nur
auf Einiges hinzuweisen, beginnt er die Darstellung der Geschichte des Kupferstichs in Holland mit Lukas von Leyden, auf welchen gleich Crispin van de
Passe und seine Schule folgt. Uebrigens ist er von der Kunst des ersteren
nicht besonders erbaut. »Seine Vorzüge,« meint er, »lassen keineswegs den
Mangel an sittlicher Schönheit vergessen« (S. 31). Ferner sucht man bei
den Italienern unter anderen den Namen eines Jacopo dei Barbari vergebens;
und doch ist er einer der wenigen italienischen Kupferstecher älterer Zeit, der
auch auf die Kupferstichkunst in Deutschland Einfluss geübt hat. Und selbst

von den ältesten Kupferstechern Deutschlands werden vor Dürer nur der Meister E. S., Martin Schongauer, der vom Hörensagen gekannte Franz von Bocholt und dann noch Israel von Mecken genannt, von welch letzterem der Verfasser die Vermuthung aufstellt, dass »er seiner Zeit ein beliebter Künstler gewesen sein mag« (S. 16). Was er dann weiter (S. 17—22) von Dürer und (S. 26—27) von den beiden Beham sagt, ist das Naivste, das man sich denken kann, denn eine Litteratur der Kupferstichkunde existirt für Herrn D. A. Frantz, der ja auch eine andere Kupferstichsammlung als seine eigene nicht gesehen zu haben scheint, überhaupt nicht. Wahrscheinlich hat er einfach nur vergessen, neben der Kupferstichsammlung auch eine Bibliothek der einschlägigen Litteratur sich anzulegen. Er steht darum auch noch auf dem leichtgläubigen und fabulösen Standpunkt der Alten.

Zudem ist seine Darstellung vielfach eine so kindliche, ja manchmal geradezu auch kindische, dass ich es mir nicht versagen kann, nur eine kleine Stelle aus Dürer's Biographie hier als Probe anzuführen: »Er erlernte bei seinem Vater diese (Goldschmied-) Kunst, dann seit 1486 die Malerei bei Michel Wolgemuth, ging auf die Wanderschaft, und als er wieder heim kam, handelte Hans Frey mit seinem Vater, und gab ihm seine Tochter, mit Namen Jungfrau Agnes, zur Frau, 1494. Von da an begann er als selbständiger Künstler die Malerei; weil er aber wenig Aufträge erhielt, griff er zum Kupferstich und Holzschnitt« (S. 17). Sehr heiter ist auch, was er (S. 28) über die Erfindung der Radirung sagt: »Schon Dürer hat einige Blätter radirt, und man meint, er habe das Radiren erfunden. Vielleicht hat er nur die bekannte Wirkung des Scheidewassers auf Kupfer angewendet, um einen Kupferstich herzustellen«. Und so geht es fort. Kurz die Darstellung betreffend das 15. und 16. Jahrhundert ist nach jeder Richtung hin und für jedermann unbrauchbar. Theilweise etwas besser ist, was die Sache, nicht aber was den Stil anbelangt, die folgende Zeit behandelt, vermuthlich weil der Verfasser in seiner Sammlung über mehr Material verfügte, aber auch hier ist die Verarbeitung eine sehr unausgegohrene. Schon der Standpunkt des Nazarenerthums, auf dem der Verfasser steht, verhindert ihn objectiv zu urtheilen. Erklärt er doch einerseits (S. 245), dass es »nie und nirgend eine Kunst gibt ohne Religion«, sowie er andererseits auf das »Fabelgesindel der antiken Mythologie« (S. 46) nicht gut zu sprechen ist.

Ich glaube, dies dürfte genügen, um die praktische und wissenschaftliche Unbrauchbarkeit des Buches gezeigt zu haben. Den Fachgenossen und sachverständigen Liebhabern rathe ich, es zu einer Stunde, wo sie von übler Laune und von Grillen geplagt werden sollten, in die Hand zu nehmen, der erheiternden Wirkung bin ich gewiss. Laien und nicht sachverständigen Liebhabern aber empfehle ich es gar nicht.

Wien. *S. Laschitzer.*

Les gravures Françaises du XVIIIe siècle ou catalogue raisonné des
estampes, eaux-fortes, pièces en couleur, au bistre et au lavis,
de 1700 à 1800 par **Emmanuel Bocher**. Fasc. 1—4 à Paris à la librairie
des bibliophiles et chez Rapilly 1875—1877; fasc. 5 et 6, Paris chez
Damascene Morgand et Charles Fatout 1879—1882. 4°.

> Ier fasc. Nicolas Lavreince, 1875, 67 pag.
> IIe „ Pierre-Antoine Baudouin, 1875, 76 pag.
> IIIe „ Jean Baptiste Siméon Chardin, 1876, 128 pag.
> IVe „ Nicolas Lancret, 1877, 124 pag.
> V^e „ Augustin de Saint-Aubin, 1879, 271 pag.
> VIe „ Jean-Michel Moreau Le Jeune, 1882, 751 pag.

Da das breit angelegte und hervorragende Werk Bochers in dieser Zeitschrift noch keine Besprechung erfahren hat, sei es mir gestattet, obgleich es
schon seit dem Jahre 1875 im Erscheinen begriffen ist, dennoch auf dasselbe
als Ganzes jetzt noch des Näheren einzugehen, dies um so mehr, weil in der
Kupferstichlitteratur gar wenige so vorzügliche und so, fast nach jeder Richtung
hin befriedigende Kataloge zu finden sind.

Die Kupferstichkunst hatte in Frankreich im 17. Jahrhundert ihren
Höhepunkt erreicht; im 18. Jahrhundert währte eine Art Nachblüthe fort. In
der Technik leistete man fast dasselbe, ja man erweiterte sie noch durch Erfindung neuer Stichmanieren. Man producirte rasch, leicht und viel, doch waren
die wenigsten Kupferstecher auch selbsterfinderisch, sondern grösstentheils nur
die getreuen Interpreten der erfindenden, d. i. der zeichnenden und malenden
Künstler. Die Kupferstichkunst stand demnach fast ganz in Diensten der
gleichzeitigen Malerei. Aber gerade darum war sie auch sehr populär geworden.
Jene leichtlebige Zeit jedoch brachte es mit sich, dass den Künstlern die
idealen Ziele der Kunst völlig entschwunden waren. Sie wirkte nicht mehr
erhebend und veredelnd, sondern wurde eine Dienerin des verdorbenen Zeit-
geschmackes. Es ist dies die Periode der galanten Darstellungen. Die Anschauungen und das Leben der Nation, wenigstens eines grossen Theiles derselben, spiegeln sich in den gleichzeitigen Erzeugnissen der Kunst wieder,
darum haben sie, wenn auch keinen so hohen künstlerischen, so doch einen
um so grösseren culturhistorischen Werth. Es war also ein sehr glücklicher
Griff Bocher's, die Kunsterzeugnisse dieser Zeit im Kupferstich, die zugleich auch
die der zeichnenden und malenden Kunst überhaupt darstellen, in einem allgemeinen Kataloge zu vereinigen. Auch vom Standpunkte der Sammler aus
ist das Werk gerechtfertigt, da es jetzt Mode geworden ist, gerade diese Stiche
zu sammeln, so dass bei Auctionen für manche Blätter ganz unglaublich hohe
Preise gezahlt werden.

Nur in Frankreich und speciell in Paris ist es möglich, dass ein Einzelner
ein derartiges Werk in Angriff nehmen und fast nur allein auf Grund des
in Paris vorhandenen Materials auch erschöpfend und abschliessend durchführen kann, da Paris der Centralsammelpunkt aller geistigen, wissenschaftlichen und Kunstschätze der französischen Nation ist und es von jeher auch
war. Dort gewähren die grossartigen wissenschaftlichen und Kunstsammlungen

einen vollständigen Ueberblick über das geistige und Culturleben der Nation zu jeder Zeit. So ist namentlich auch die Kupferstichsammlung der National-bibliothek von einer Reichhaltigkeit und Vollständigkeit der Werke einheimischer Künstler wie in keinem anderen Lande. Da hat also ein Kupferstichkatalog-verfasser es nicht nothwendig, erst weite Reisen und beschwerliche Forschungen zu machen, wie bei uns in Deutschland, wo die Kunstdenkmäler auf so viele Sammlungen zerstreut sind; er ist sicher, schon in den Sammlungen und bei den Sammlern der Centrale das Werk eines einheimischen Künstlers so voll-ständig als möglich zusammenbringen zu können. Daher auch für uns Deutsche die betrübende Erscheinung, dass uns in der Kupferstichlitteratur die Franzosen, insbesonders was die Reichhaltigkeit und Vortrefflichkeit der Katalogisirung betrifft, doch theilweise auch in Bezug auf wissenschaftliche Vertiefung jetzt· voraus sind.

Mit besonderer Vorliebe wenden sich nun gegenwärtig die französischen Forscher ihren einheimischen Künstlern des 18. Jahrhunderts zu. Die ganze Periode vollständig behandelt das für den Handgebrauch eingerichtete, über-sichtliche und alle Stecher des 18. Jahrhunderts umfassende Werk von Portalis und Beraldi: Les graveurs du dix-huitième siècle. 3 Vol., Paris 1880—1882. Es bietet in alphabetischer Ordnung hauptsächlich Biographien der Stecher, die Werke werden nur auszugsweise verzeichnet. Doch lässt es sowohl an Wissenschaftlichkeit als auch an Zuverlässigkeit und Beherrschung des Materials viel zu wünschen übrig, mehr als man bei einem so weitläufigen Werke und im Hinblicke auf die wenigen Vorarbeiten ohnehin in Rechnung stellen muss. Abgesehen von diesem allgemeinen Werke erschienen in letzterer Zeit noch eine ganze Reihe theils ganz vorzüglicher und musterhafter, theils immerhin brauchbarer Monographien, auf die ich ganz kurz hinweisen will. Zu den ersteren gehören:

Les Drevet (Pierre, Pierre-Imbert et Claude). Catalogue raisonné de leur oeuvre, précédé d'une introduction par Ambroise Firmin-Didot. Paris 1876;

J.-J. de Boissieu. Catalogue raisonné de son oeuvre. Paris et Lyon 1878, verfasst von einem gleichnamigen Verwandten des Künstlers, der ein Jahr später (Paris 1879) in Ergänzung dieses Katalogs noch folgendes Werk publicirte: Notice sur la vie et les oeuvres de J.-J. de Boissieu;

Jules Hédou, Jean Le Prince et son oeuvre, suivi de nombreux docu-ments inédits. Paris 1879, worüber ich bereits in dieser Zeitschrift Bd. V, S. 454—456 ausführlicher berichtet habe, und

Joseph De Longuel, sa vie — son oeuvre par F. Panhard. Paris 1880; zu den letzteren:

Catalogue raisonné de l'oeuvre peint, dessiné et gravé d'Antoine Watteau par Edmond de Goncourt. Paris 1875;

L'oeuvre de Moreau Le Jeune. Catalogue raisonné et descriptif avec notes monographiques et bibliographiques par M.-J.-F. Machérault. Paris 1880, das jetzt von dem obgenannten Katalog Bocher's weit überholt ist, und

Gilles Demarteau, graveur du roi 1722—1776. Bruxelles 1883.

Dazu kommt nun noch das obenangeführte Werk Bocher's, das das Ziel verfolgt, die Leistungen auf dem Gebiete der französischen Kupferstichkunst des 18. Jahrhunderts umfassend und erschöpfend zu verzeichnen. Es soll also mit der Zeit ein vollständiges und genaues Verzeichniss sämmtlicher in Frankreich vom Jahre 1700—1800 erschienener Kupferstiche bringen, gleichviel ob sie in Linienmanier, in Radirung, in Farbendruck, in Bister- oder Tuschmanier ausgeführt wurden. Zu dem Ende theilt Bocher dieselben im Grossen und Ganzen nicht etwa nach den reproducirenden Künstlern, den Stechern, sondern nach den erfindenden, den Zeichnern und Malern, auf; er gibt also nicht Verzeichnisse von Stecherwerken, sondern von Malerwerken, ein Verfahren, das für den Kupferstich in Frankreich in der angegebenen Periode sowohl vom wissenschaftlichen wie vom praktischen Standpunkte aus betrachtet, im Allgemeinen vollständig gerechtfertigt erscheint, vom wissenschaftlichen darum, weil nicht die eigentlichen Stecher sondern die erfindenden Künstler, obwohl selten und meist nur in geringem Masse selbst in der Kupferstichtechnik reproducirend, doch auch dieser Kunstübung ihr allgemeines charakteristisches Gepräge aufdrücken, vom praktischen aber in Rücksicht auf eine einheitliche Beschreibung sowohl von Folgen, als insbesonders der so beliebten und so häufig angewandten Buchillustrationen.

Ueber die allgemeine Anlage des ganzen Werkes sowohl, wie über die Durchführung im Detail spricht sich der Verfasser in der Einleitung zum ersten Bande besonders aus. Er hat sich bis jetzt streng nach den dort entwickelten Grundsätzen gehalten. Man kann sich mit ihnen durchaus einverstanden erklären. Für die allgemeine Anordnung der Werke der Künstler kommt kein einheitliches Verfahren in Anwendung, sondern je nach der allgemeinen Beschaffenheit des jeweiligen Gesammtwerkes eines Künstlers wird ein anderes Auftheilungsprincip gewählt. Dagegen lässt sich nichts einwenden, denn alles über den gleichen Leisten schlagen wollen, führt oft zu Absurditäten. Die in den vorliegenden sechs Bänden nun praktisch durchgeführte allgemeine Auftheilung ist im Grossen und Ganzen zu billigen, nur wären die zugeschriebenen oder falschen Blätter wie in Fasc. 3 bei Chardin nicht besonders, sondern mit den echten Werken fortlaufend zu numeriren, weil dadurch das Citiren erleichtert würde. Die Durchführung der Beschreibungen der Blätter im Detail habe ich ebenso gewissenhaft genau wie erschöpfend gefunden, so dass sie für die Behandlung der Kupferstiche jener Zeit und ähnlicher Kunstübung als in jeder Beziehung nachahmenswerthes Muster hingestellt werden kann. Es wäre darum nur zu wünschen, dass Bocher's Vorgehen bei der Anlage und Durchführung derartiger Kupferstichkataloge allseitig Nachahmung finden möchte. Ohne auf jeden in Betracht zu ziehenden Punkt im Einzelnen eingehen zu wollen, erlaube ich mir nur auf das allgemeine Arrangement der Beschreibungen als besonders übersichtlich und auf die ikonographischen Beschreibungen der einzelnen Blätter selbst als besonders musterhaft aufmerksam zu machen. Letztere sind klar, präcis, erschöpfend und übersichtlich. Nicht so ganz in jeder Hinsicht befriedigend ist die Beschreibung der Zustände und ihrer Unterscheidungsmerkmale, meist genügend, sind sie doch für die Praxis nicht immer ausreichend; hier wäre manchmal etwas mehr Ausführlichkeit, Präcision und

Consequenz nothwendig gewesen. Einerseits sind die einzelnen Zustände nicht immer in der richtigen Weise auseinander gehalten und andererseits ist ihre Beschreibung manchmal zu unbestimmt.. Ich verweise unter Anderem auf Fasc. 6, Nr. 873, 875 und 877. Hier müssen die unter 2 beschriebenen Zustände in zwei geschieden und darum auch · unter zwei besondere Zuständenummern gestellt werden, in die vor und in die mit den angeführten Arbeiten in den Platten, welche ausserdem ganz genau zu kennzeichnen sind. Das Gleiche gilt vom 1. Zustand bei Nr. 879 und 1209. Auch im Fasc. 4, Nr. 13 müssen je nach der Verschiedenheit der Unterschrift zwei Zustände unterschieden werden. Ferner könnte im Fasc. 6 bei Nr. 1353 und 1354, Zustand 1 und 2, auf Grund der Beschreibung allein der jeweilige Zustand des einzeln vorliegenden Blattes unmöglich bestimmt werden. Um dies mit Sicherheit thun zu können, müsste man stets beide Blätter vor sich haben. Die Beschreibung der Unterscheidungsmomente der Zustände soll aber so genau sein, dass man auf Grund derselben allein schon in den Stand gesetzt ist, den jeweiligen Zustand jedes einzeln vorliegenden Blattes mit Sicherheit zu bestimmen.

Noch eine kleine Ungleichmässigkeit, die in der Folge vielleicht vermieden werden könnte, da sie manchmal das Citiren erschwert, möchte ich bemängeln: Wiederholungen, wie die im Fasc. 6 unter Nr. 763 und 765 beschriebenen, sollten jedenfalls wenigstens durch Buchstaben auseinandergehalten werden. Ueberhaupt wäre die consequente Durchführung des sonst und namentlich bei Chardin beobachteten Verfahrens, wenn mehrere Reproductionen einer und derselben Darstellung zu beschreiben sind, sie alle unter eine einzige Nummer zu stellen und nur durch beigesetzte Buchstaben zu unterscheiden, vom Standpunkte der Uebersichtlichkeit aus besonders zu empfehlen.

Sehr schätzenswerth sind dann die im Anschlusse an die Beschreibung der einzelnen Blätter gegebenen bibliographischen Notizen und gleichzeitigen kunsthändlerischen Anzeigen, sowie die Angabe der damaligen Preise und die Bemerkungen über die etwa gegenwärtig noch vorhandenen Bilder und Originalzeichnungen.

Da es der ausdrückliche und wiederholt ausgesprochene Wunsch des Verfassers ist, etwa beobachtete Ergänzungen oder Berichtigungen mittheilen zu wollen, schliesse ich die wenigen ergänzenden Bemerkungen, die ich auf Grund der in der Albertina befindlichen Werke der bereits bearbeiteten Künstler mit Ausschluss von Augustin de Saint-Aubin machen konnte, hier an. Dass es deren nur so wenige und so geringe sind, ist zugleich auch ein beredtes Zeugniss für die grosse Vollständigkeit und für die Vorzüglichkeit des Werkes.

Fasc. 1: Nr. 6 hat die Jahrzahl 1783; Nr. 14 hat in der Mitte unten noch die Buchstaben: A. P. D. R.; Nr. 41: da die erwähnten Probedrucke vor alter Schrift sind, wären sie wie die Zustände zu behandeln gewesen.

Fasc. 3: Nr. 4 unbeschriebener 2. Zustand mit den angegebenen Unterschriften, nur die Verse fehlen; Nr. 6 unbeschriebener 2. Zustand mit der geänderten Adresse: à Paris chez Deschamps rue St Jaques aux Associés; Nr. 18

ist bezeichnet mit Chardin pinxit 1749 links unten und le Bas Sculp rechts
und in der Adresse folgt nach rue noch de la Harpe.

Fasc. 4: Von Nr. 13 existirt eine Copie im Gegensinne, Radirung mit
dem Stichel vollendet. Sie ist rechts unten bezeichnet mit Lancret pinxit.
I. Tinney sculpsit. und trägt in der Mitte unten die Benennung: THE
BACCANALIAN DANCE. Links und rechts davon stehen je vier Verse in
zwei Zeilen: Lct Mirth . . . . Lover warms, darunter von der Mitte gegen rechts
die Adresse: London, Printed for Robt Sayer, Map & Printseller, at the Golden
Buck, near Serjeants Inn Fleet Street. Das Blatt ist zusammengesetzt aus
zwei Platten, H. 560 mm, B. 892 mm; bei Nr. 30 steht rechts von den Versen
noch M. Roy und bei Nr. 37 rechts unter den Versen N. D.; in der Beschreibung
von Nr. 44 (p. 34) muss es à G. anstatt à D. heissen; Nr. 52 hat unten links
die Bezeichnung Lancret Pinxit und rechts St Fessard Sculpsit 1758; bei
Nr. 53 ist rechts unten in der Ecke noch gedruckt: G. F. Schmidt fec. Paris;
Nr. 57 hat rechts unten noch folgende Unterschrift in zwei Zeilen: Par Son
tres humble et tres-obeissant Serviteur P. E. Moitte und unter dem liegenden Einhorn ist radirt: De Seve delin.; Nr. 59 unbeschriebener 2. Zustand
mit der Adresse A Paris chés Buldet in der Mitte unten zwischen den Versen.

Fasc. 6: Nr. 255 (A.) unbeschriebener Zustand zwischen den 4. und 5.
einzureihen mit der Adresse: A Paris chez Carl Guttenberg, Rue St Hyacinthe
pré la Place St Michel, N° 5. und vor den Worten: Pierron imp. rue Mont-
faucon 1; Nr. 897 unbeschriebener Zustand zwischen den 1. und 2. einzureihen, vor dem Worte Tom. II. und den übrigen Unterschriften nur mit
J. M. morau Le J^e del. Gros. f. geätzt rechts unterhalb des Stichfeldes;
Nr. 1199—1226. Da mehrere Blätter dieser Folge wie z. B. Nr. 1200, 1202,
1207, 1210, 1225 die im Stichfelde eingeätzte Bezeichnung in den späteren Zu-
ständen nicht mehr haben, hätte sie in die ikonographische Beschreibung nicht
aufgenommen werden sollen, sondern nur in die Zuständebeschreibung, und
es hätte der Zustand, der diese Bezeichnung nicht mehr trägt, genannt werden
müssen. Nr. 1392 unbeschriebener 4. Zustand mit theilweise getilgter Unterschrift in der Mitte, deutlich erkennt man nur noch das fecit. Der Rücken
des Blattes ist bedruckt, desgleichen auch alle anderen zu dieser Folge gehörigen Blätter in der Albertina. Nr. 1611 ist bezeichnet links unten mit
Dessiné par J. M. Moreau le jeune, rechts: Gravé par J. B. Simonet, in der
Mitte: 1782. Bei Nr. 1691 wäre der bei Portalis et Beraldi, Les Graveurs
du XVIIIe siècle III, 615, Nr. 13 erwähnte Stich von Vidal anzuführen gewesen,
wenngleich er in der Composition ziemlich abweicht. Dieselbe ist von einem
Rahmen umgeben, in dem unten folgende Unterschrift steht: MEMNON OU
L'ECOEUIL DU SAGE Conte de Voltaire; links im Rahmen ist geätzt: moreau
invent, rechts ist ein Name getilgt; deutlich sieht man noch ein J und fecit.
Ausserhalb des Stichfeldes ist dann gestochen links unten: M. Moreau le J^{ne}
del., rechts: Vidal sculp. H. 368 mm, B. 267 mm. In der Albertina befinden
sich zwei dem Moreau Le Jeune zugetheilte Blätter, Zustände vor aller Schrift,
die wohl wahrscheinlich nach dessen Zeichnungen von Gros in Tuschmanier
ausgeführt wurden: 1) Feierlicher und öffentlicher Empfang der französischen

Werbungsbotschaft von Seite des österreichischen Kaiserpaares. 2) Das Gala-
diner zu Ehren der französischen Werbungsbotschaft, H. 120 mm, B. 165 mm.

Ausser der möglichst vollständigen und genauen Beschreibung der Werke
der Künstler findet man in dem Buche von Bocher noch viele andere, zu
ihrer Beurtheilung höchst werthvolle Notizen, so Beschreibungen von Zeichnungen, chronologische Listen über Ausstellungen von solchen im Louvre,
bei Moreau Le Jeune noch ein Verzeichniss von sämmtlichen, gegenwärtig in
Frankreich befindlichen Zeichnungen und Gemälden des Meisters, bei Chardin
und Lancret ein solches nur von Gemälden, das aber auch auf die im Auslande befindlichen ausgedehnt ist, ferner Kataloge über den künstlerischen
Nachlass der behandelten Meister und schliesslich ein chronologisches Auctions-
verzeichniss theils von Gemälden, theils von Zeichnungen derselben. Das
letztere ist für einige Meister nur bis in den Beginn dieses Jahrhunderts geführt, während es bei Chardin, Lancret und Moreau Le Jeune bis in unsere
Tage reicht. Da nun Bocher, wo es eben möglich war, die erzielten Preise
beisetzt, sind diese Verzeichnisse auch von actuellem praktischem Werthe, abgesehen davon, dass es ausserordentlich interessant ist, zu wissen, welch geradezu horrende Preise für Zeichnungen z. B. von Moreau Le Jeune heutzutage
gezahlt werden. So erzielten ein paar einzelne Blätter desselben bei der Auction
Mahérault im Jahre 1880 die Summe von je 12 000 Fr. All diese Zugaben
sind von hohem culturhistorischem Interesse und wenn bei ihnen Vollständigkeit, wie es scheint, nicht angestrebt wurde, kann man doch dem Verfasser
für ihre Mittheilung nur dankbar sein.

Den Schluss eines jeden Kataloges bilden mehrere verschiedene vergleichende Tabellen und Verzeichnisse, die höchst praktisch angelegt, die Benützung der Kataloge ausserordentlich erleichtern und jedem Kupferstich-
katalogverfasser zur Nachahmung bestens empfohlen werden können. Die
Ausstattung ist eine sehr splendide, festes geschöpftes Papier, geschmackvolle,
schöne Lettern; nur ist in Folge davon der Preis ein etwas höher — der
Fasc. 6 allein kostet 60 fl. ö. W. —, so dass ausser bemittelten Liebhabern
wohl nur die grösseren und besser dotirten Sammlungen und Bibliotheken in
der Lage sein werden, das Werk sich anzuschaffen.

Ich muss mir versagen, um nicht zu viel Raum in Anspruch zu nehmen,
die in der Albertina befindlichen Zeichnungen der behandelten Künstler näher
zu beschreiben, aber einen Wunsch für die Fortsetzung hätte ich dem Verfasser
noch ans Herz zu legen: Er führt zwar an der Spitze eines jeden Kataloges die
jeweilige biographische Litteratur an, doch würde die Brauchbarkeit und Vollständigkeit des Werkes entschieden noch gewinnen, wenn demselben in knappen
Umrissen gehaltene Lebensbeschreibungen der Künstler beigegeben wären.

Zum Schlusse kann ich nur den Wunsch aussprechen, dass es dem
Verfasser gelingen möge, das Werk in derselben mustergiltigen Weise rasch
weiter zu fördern und in nicht allzuferner Zeit, freilich müssten die Lieferungen
in etwas rascherem Tempo aufeinander folgen, auch zu vollenden. Wir werden
es fortan nicht unterlassen, die Leser der Zeitschrift auf jeden neuerschienenen
Band sogleich aufmerksam zu machen. *Simon Laschitzer.*

L'oeuvre de Jan van den Velde décrit par **D. Franken Dz.** et **J. Ph. van der Kellen.** Amsterdam et Paris 1883. 194 S. 8⁰.

Unter den zahlreichen Stechern und Radirern, die in der ersten Hälfte des 17. Jahrhunderts in den Niederlanden lebten und wirkten, nimmt Jan van den Velde eine hervorragende Stelle ein, sowohl was die Reichhaltigkeit und Vielseitigkeit seines Schaffens als grossentheils auch was die Correctheit und Vortrefflichkeit der Zeichnung in seinen Werken anbelangt. Er handhabte den Stichel mit derselben Freiheit wie die Radirnadel und verstand es auch, beide Kunsttechniken geschickt zu verbinden. Technisch am gelungensten sind einerseits einige der landschaftlichen Radirungen und andererseits die in der Goudt'schen Manier auf die Wirkungen des Helldunkels und der verschiedenen Lichteffekte gestochenen Blätter, sowie einige mit besonderer Feinheit des Stichels behandelte Porträte. Die dargestellten Gegenstände sind den verschiedenartigsten Gebieten entnommen. Jan van den Velde ist vor Allem und in erster Linie ein geistreicher Landschaftsradirer, aber auch ein ebenso geschickter und feiner Porträtstecher; er ist ebenso heimisch auf dem Felde der historischen Darstellung wie im Genre. Er war vielfach selbsterfinderisch und zeichnete seine Landschaften wohl grösstentheils nach der Natur, aber er arbeitete auch nach Zeichnungen und Gemälden seiner Zeitgenossen, wie nach Buytewech, Franz Hals, P. Molyn, Saenredam und anderen. Trotzdem nun seine Blätter wegen ihrer vortrefflichen Eigenschaften von jeher sehr geschätzt wurden und darum auch schon sehr selten geworden sind, waren sie bis jetzt nur summarisch und nothdürftig in Nagler's Künstlerlexicon Bd. 20 verzeichnet; eine umfassende und erschöpfende Beschreibung existirte nicht. Es ist nun das Verdienst Franken's und v. d. Kellen's, diese Lücke in der Kupferstichlitteratur in zum grossen Theile befriedigender und genügender Weise ausgefüllt zu haben. Es sei mir darum gestattet, das erwähnte Werk in etwas eingehenderer Weise zu besprechen.

In den einleitenden biographischen Notizen sind die bisherigen geringen Resultate der Forschungen, die van der Willigen und Havard in ihren Werken über Jan van den Velde und dessen Familie niedergelegt haben und jene, die im 2. Bande des Archief voor Nederlandsche Kunstgeschiedenis enthalten sind, kurz zusammengefasst. Es ist nun allerdings sehr wenig, was wir über die Lebensverhältnisse dieses Künstlers wissen; nicht einmal das Geburts- und Todesjahr sind bekannt. Zudem bleiben auch noch einige Widersprüche in den übermittelten Nachrichten zu lösen übrig. Neues bietet demnach dieser Theil nichts. Ausserdem enthält die Einleitung noch eine knappe und zutreffende Würdigung des Meisters. Der Wiederabdruck der vier Briefe aus dem Archief mit der beigegebenen französischen Uebersetzung hätte auf jeden Fall mit den Supplementen vereinigt werden sollen, auch wäre es besser gewesen, diese gleich an die Biographie anzuschliessen. Ueberhaupt ist die Behandlung der Quellen sowohl hinsichtlich ihres Abdruckes als auch hinsichtlich ihrer Verwerthung und Benutzung durchaus dilettantenhaft. Um nämlich ganz klar zu sehen, muss man auf die ersten Publikationen bei van der Willigen, Havard und im Archief selbst zurückgehen. Für den Zweck einer allgemeinen Orientirung genügen jedoch diese Notizen vollständig.

Was nun das Verzeichniss der Werke selbst anbelangt, das eben den Haupttheil des Buches ausmacht, möchte ich ein paar allgemeine Bemerkungen vorausschicken. Im Grossen und Ganzen ist der Katalog Franken's über das Kupferstichwerk der van de Passe zum Muster genommen, doch nicht vollständig; so sind hier, was die allgemeine Anordnung betrifft, die Porträte ohne besonderen ersichtlichen Grund abweichend von dem dort angewandten Auftheilungsmodus an die Spitze gestellt. Naturgemäss hätten sie der zweiten Abtheilung folgen sollen. Sonst aber kann man sich mit der Anordnung im Allgemeinen einverstanden erklären, wenn man im Einzelnen auch Allem und Jedem gerade nicht immer zuzustimmen vermag. Das Porträt des Lorenz Coster Nr. 487 hätte, obwohl nur als Buchillustration verwendet, doch auch in der Abtheilung der Porträte seinen Platz finden sollen, bei der Beschreibung des Buches wäre dann auf die betreffende Nummer nur hinzuweisen gewesen. Da die Verfasser ferner mit Recht eine besondere Rubrik für die zweifelhaften Blätter gemacht haben, ist der Grund nicht abzusehen, warum sie das gleichfalls als zweifelhaft bezeichnete Blatt Nr. 96 unter die unzweifelhaft echten Werke eingereiht haben. Dass alle Blätter fortlaufend numerirt wurden, ist ganz richtig; im Einzelnen aber wäre Mehreres zu bemängeln: Die unter Nr. 58 und 62 einerseits, Nr. 59 und 60 andererseits beschriebenen Blätter hätten, abgesehen davon, dass sie auch sonst gleichmässig zu behandeln gewesen wären, je nur unter eine einzige Nummer gestellt werden sollen, da die unter Nr. 59 und 62 genannten Blätter nur verschiedene Zustände der unter Nr. 58 und 60 beschriebenen Platten sind. Einfache Aufschriften mit den Hinweisen auf die eigentliche Beschreibung hätten genügt. Ganz dasselbe gilt hinsichtlich der Nr. 395 und 411. Hier ist sogar ein und dasselbe Blatt doppelt und in verschiedener Weise beschrieben. Ferner hätten die unter Nr. 456—465 erwähnten Porträte hier keine eigene Numerirung verlangt, da sie ja schon unter den Porträten jedes für sich eine Nummer erhalten haben. Auch da wäre ein blosser Verweis auf die betreffenden Nummern hinreichend gewesen. Diese Art der doppelten Numerirung ist zugleich auch irreführend, weil uns so die Endnummer nicht die richtige Gesammtsumme der geschaffenen Werke angibt. Auch in diesem Kataloge stehen gleich wie in jenem der van de Passe die Nummern der Folgen zwar an der Spitze der Beschreibung derselben, aber es ist unterlassen, bei jedem einzelnen Blatte die Nummer nochmals zu setzen. Dies Vorgehen bringt bei grösseren Folgen, wie Nr. 373—408 oder noch mehr bei Nr. 271—330, die 36 und 60 Blätter umfassen, in Betreff des Citirens und der praktischen Behandlung in Sammlungen zum Mindesten das Missliche mit sich, dass man im Buche zu jedem Blatte die betreffende Nummer erst selbst beischreiben muss, wenn man im Bedarffalle etwas schnell finden will. Um z. B. dem Citate bei Nr. 411 nachzugehen, muss man in der Folge Nr. 373—408 erst durch Abzählen die Nr. 395 heraussuchen. Es ist dies also gewiss eine höchst unpraktische Art zu numeriren. Ein Fehler hat sich endlich bei der Numerirung der Folge Nr. 116—120 eingeschlichen. Da dieselbe aus sechs Blättern besteht, müssten ihr die Nr. 116—121 vorstehen und das folgende Blatt die Nr. 122 erhalten; so aber kommt Nr. 121 zweimal vor.

Die Beschreibungen der einzelnen Blätter im Ganzen, insbesonders aber
die gegenständlichen Beschreibungen sind im Allgemeinen richtig und ausreichend, wenn auch nicht immer in dem Masse gleichmässig gehalten, als es
wünschenswerth wäre. Nur bei den Porträten sollten die Umschriften und
Unterschriften, wenn sie Namen, Titel, Alter oder dgl. der dargestellten Person
enthalten, vollständig wiedergegeben werden. Mit geringer correctioneller
Sorgfalt sind hingegen die verschiedenen Inschriften und Unterschriften
reproducirt. Im Principe erscheint zwar der richtige wissenschaftliche Grundsatz des paläographisch genauen Abdruckes angewendet, im Einzelnen sind
aber die Abweichungen davon sehr zahlreich. Auf eine vollständige Richtig-
stellung dieses Theiles muss ich daher verzichten, aber um nur Eines hervorzuheben, bemerke ich, dass die eigens für den Namen des Verlegers Claes
Jansz. Visscher hergestellte Type unrichtig ist, denn fast durchaus wird der
Name mit zwei langen ff und nur selten mit zuerst langem f und darauf-
folgendem kurzen s (fs) geschrieben; nirgends aber habe ich die in der Type
beliebte Schreibweise sf gefunden. Zudem wird einmal die Type angewandt,
ein andermal ganz ohne sichtbaren Grund wie z. B. in Nr. 55 wieder nicht.
Derartige incorrecte und inconsequente Reproductionen haben nun weder einen
praktischen noch einen wissenschaftlichen Werth. Inconsequent sind die Verfasser ferner auch vorgegangen bei der Copiatur der Adressen; meist sind sie
wörtlich und getreu wiedergegeben, manchmal ist auf sie aber nur im Allgemeinen hingewiesen. Ebenso verhält es sich mit der Wiedergabe der
Monogramme, sei es jener der Verleger, sei es jener der Künstler; das eine Mal
werden sie aufgelöst, der Name wird in Klammern ergänzt, das andere Mal
wieder nicht. Manchmal wird unter ganz gleichen Verhältnissen der erste
Zustand der Beschreibung des Blattes zu Grunde gelegt, manchmal hingegen
der zweite. Kurz es fehlt überhaupt an der nothwendigen pedantischen Gleichmässigkeit in der Behandlung des Gleichartigen.

Die dem Kataloge vorangestellte chronologische Tabelle der Werke und
das Verzeichniss der nach anderen Künstlern gestochenen Blätter erfüllen
ihren Zweck nicht vollständig, da sie nicht vergleichend angelegt sind, d. h. die
betreffenden Nummern des Kataloges nicht beigesetzt enthalten.

Im Folgenden gebe ich einige Berichtigungen, Ergänzungen und Nachträge, welche mir die in den beiden grossen Wiener Kupferstichsammlungen,
der k. k. Hofbibliothek und der Albertina, aufgestellten Werke Jan van den
Velde's boten:

18. H. = 177 mm, nicht 133 mm.

19. Im 2. Zust. ist auch das Wort et getilgt.

24. 1. Zust. vor aller Schrift. Hofbibliothek.

27. 1. Zust. vor aller Schrift, vor der Cartouche, in welcher die
vier Verse angebracht sind, und vor den schiefliegenden strichlirten Linien des
Hintergrundes.

40. 1. Zust. Die Umschrift steht auf vollständig weissem Grunde,
während derselbe im 2. Zust. (= dem 1. Zust. bei Franken) durch parallele
Linien schraffirt ist.

44. Das Blatt hat links unten unter den Versen folgende Adresse: J. J. Proost excudit.

50. Im 3. Zust. lautet die Adresse Carolus (nicht Hugo) Allardt excudt. Hofbibliothek.

51. 1. Zust. vor der Nummer und vor aller Schrift. Hofbibliothek.

57 ist, wie die Verfasser schon im Nachtrage bemerken, mit Nr. 193 identisch; nur ist bei ersterer Nummer die Beschreibung theilweise unrichtig, denn die Ruinen des Schlosses sind nicht rechts im Hintergrunde, sondern in der Mitte, während bei letzterer Nummer die Grössenangaben zu klein angesetzt sind; richtig sind die bei Nr. 57 stehenden.

62. 3. Zust. mit den Monogrammen des Erfinders und Verlegers, aber vor der Nummer 2. Die Blätter mit der Nummer 2 repräsentiren also einen 4. Zustand.

72. Das Blatt hat folgende, ausserhalb des Stichfeldes stehende Unterschrift: VANITAS VANITATUM ET OMNIA VANITAS.

92 und 95. Die Composition beider Blätter ist sehr ähnlich, so dass möglicherweise letzteres Blatt nur eine freie Copie nach ersterem und nicht von Jan van den Velde selbst gestochen ist.

100—107. Die Beschreibung des 2. Zust. ist theils unrichtig, theils unvollständig. Die Blätter tragen rechts unten die Nummern 1—8. Das Blatt 1 (Nr. 100) hat rechts unten am Boden die Adresse Fisscher excudebat, dafür sind links nach fecit die Worte et excudit getilgt. Am Blatte 5 (Nr. 104) ist nur das Wörtchen et zwischen fecit und excud getilgt (also nicht auch fecit) und durch das Monogramm des Verlegers Claes Jansz. Fisscher ersetzt.

114. Copie im Gegensinne von Melchior Küsell mit den folgenden Ueberschriften: PYTHONISSA in der Mitte oben, I. Sam. links oben in der Ecke, Cap. XXVIII. 8 seq. rechts oben in der Ecke und mit der Nr. 40 rechts unten in der Ecke, sämmtlich ausserhalb des Stichfeldes. Das Blatt gehört in den zweiten Theil von dessen »Biblischen Historien Figuren des alten Testaments«, die, im Jahre 1679 in Augsburg erschienen sind. H. 94, B. 141.

138—141. Auf dem Exemplare der Albertina hat Nr. 138 unter den Worten Buytenweg in noch die Adresse: G valck ex,. Da nun Franken in der Anmerkung sagt, dass das von ihm eingesehene Blatt unter dem Namen eine Rasur zeigt, so sind von dieser Folge drei Zustände zu unterscheiden: 1. Zust. = Fr. 1; 2. Zust. mit der Adresse G valck ex,; 3. Zust. diese Adresse radirt (= Fr. 2). Ich bemerke noch, dass in Nr. 141 der Name WBuyttewech auch über einer Rasur steht, so dass früher etwas anderes dagestanden zu haben scheint.

187—190. Im 2. Zust. tragen die Blätter auch noch keine Nummern (Hofbibliothek). Bei Nr. 188 sind in der Beschreibung die Bezeichnungen der Seiten unrichtig: anstatt rechts soll es links und anstatt links rechts heissen.

191 hat eine Breite von 160 mm, nicht 198 mm.

193. Vgl. die Bemerkung zu Nr. 57.

202—204. Der dritte Zust. hat nach der Adresse Hugo Allardt Exc noch die Jahrzahl 1652.

271—330. Aus welchem Grunde vermuthet wird, dass ein Theil der
Blätter dieser Folge zuerst ohne Nummern erschienen sei, ist nicht abzusehen,
da kein einziges Blatt ohne Nummer angeführt erscheint. Die ganze Zuständebestimmung dieser Folge ist daher rein hypothetisch und darum gänzlich unbrauchbar. Auch ist es ein ganz verfehltes Verfahren, für die ganze Folge
geltende Zuständeunterschiede aufzustellen und dann wieder solche für jedes
Blatt besonders. Dadurch entsteht nur Verwirrung. Im Einzelnen bemerke
ich, dass vom 2. Theil Nr. 9 früher die Nummer 23 und Nr. 10 die Nummer 21
hatte, und dass vom 5. Theil Nr. 4 früher die Nummer 24 und Nr. 7 die
Nummer 26 trug. Auf dem letteren Blatte mit der Nummer 26 fehlt auch
noch die Luftschraffirung über den Wolken und die Platte hat noch nicht
den von oben nach unten reichenden Sprung in der Mitte. Die Blätter befinden sich in der Hofbibliothek.

364. 1. Zust. vor der Nummer 2.

365. 1. Zust. vor der Nummer 3.

480. Das Blatt hat eine Unterschrift, 12 Verse in 4 Zeilen: Dit is
dat . . . kerke staet. Die Albertina besitzt auch einen Zustand mit der
Adresse: P. Goos excudit links unten in der Ecke des Stichfeldes.

481. Zust. mit der Adresse: P. Goos excudit links unten in der Ecke
des Stichfeldes.

486. Zust. mit der Adresse: P. Goos exc. links unten in der Ecke des
Stichfeldes. Der Name des Stechers steht nicht im Anschlusse an die
Unterschrift, sondern im Stichfelde rechts unten unter dem Namen des Erfinders.

533. Das Incipit und Explicit der Verse lautet: Soo Ceres . . .
beesten sijn.

1) Die Schlossruine mit den zwei runden Eckthürmen.

Links ist zwischen Bäumen eine an der Stirnseite von zwei runden
Eckthürmen flankirte Schlossruine sichtbar, zu der über einen mit Wasser
gefüllten Graben eine steinerne Brücke führt, gegen welche sich von rechts
her drei Wägen nähern; rechts Ausblick auf eine weite Ebene. In der Mitte
im Vordergrunde sitzen zwei Personen, links am Rande des Blattes ein hoher
Baum. Rechts oben in der Ecke die Bezeichnung: J. V. V. fe. Das Stichfeld
nur theilweise eingefasst. H. 120, B. 181.

2) Das Gehöfte an dem Ufer eines Flusses.

Im Vordergrunde ein Theil des Wasserspiegels und das Ufer eines
grösseren Flusses; im Mittelgrunde ein mittelst einer Planke abgeschlossener
Hofraum eines rechts stehenden grösseren Gehöftes; im Hintergrunde mehrere
grössere Gebäude, wovon das in der Mitte des Blattes befindliche einen hoch
in die Lüfte rauchenden Rauchfang zeigt. Am Ufer des Flusses bemerkt man
in der Mitte des Blattes ein theilweise ans Land gezogenes Schiff, in dessen
Hintertheile ein Mann in gebückter Stellung, vom Rücken gesehen, sich befindet, gegen rechts zwei Waschweiber, gegen links einen Mann unter einem
Kessel Feuer schürend, hinter diesem einen anderen Mann Holz hackend, ganz
links ein ausgespanntes Fischernetz. Links hinter der Planke und rechts hinter
dem Dache des Hauses sind die Segelstangen und das Takelwerk zweier

grossen Schiffe sichtbar. Rechts unten am Wasserspiegel steht die Bezeichnung: I. V. Velde fecit und daneben die Adresse: Fisscher excudit. Das Stichfeld einfach eingefasst. H. 195, Br. 300.

3) Die tafelnde Gesellschaft in der Gartenveranda.

Neben einem mit Speisen besetzten Tische sitzt links eine junge Dame und ein junger Mann, letzterer vom Rücken gesehen, Guitarre spielend. Rechts sitzt vor dem Tische ein zweiter junger Mann, in der Linken ein Glas haltend; hinter ihm lehnt rechts eine Guitarre. Im Hintergrunde Aussicht auf einen Garten und auf Gebäude. Am Boden etwas gegen links: Esaijas van den Velde inventor. J. V. Velde fe. Fisscher ex. Einfach eingefasst. H. 162, B. 248. Hofbibliothek.

4) Die heilige Katharina.

Sie steht nach links gewendet und in ½ Profil herausschauend vor einem Felsen. In der Rechten hält sie einen an die rechte Achsel gelehnten Palmzweig. Neben ihr am Felsen lehnt ein grosses Schwert und ein mit Haken versehenes Rad. Im Stichfelde unten links steht die Bezeichnung: J. v. Velde, inv. und in der Mitte: W. Akersloot. scul: Das Stichfeld ist einfach eingefasst. Unterschrift ein Distichon in einer Zeile: Pro Christi . . . suo. §§ H. 222, B. 112. Erwähnt bei Nagler, Künstlerlexicon, 20, p. 40.

Da von den erhaltenen Zeichnungen des Künstlers, wie es scheint, nur ausnahmsweise ein paar beschrieben werden, eine Vollständigkeit in dieser Richtung von den Verfassern jedenfalls nicht angestrebt wurde, kann auch ich um so leichter darauf verzichten, die in der Albertina befindlichen schönen und gewiss echten Zeichnungen hier genauer zu verzeichnen. Zum Schlusse sei noch ausdrücklich hervorgehoben, dass trotz der obigen kritischen Bemerkungen und Ergänzungen dem Buche die Verdienstlichkeit und Brauchbarkeit im Grossen und Ganzen nicht abgesprochen werden soll und, dass insbesonders die grössere Vollständigkeit gegenüber dem Kataloge über das Werk der van de Passe rühmend zu erwähnen ist.

Wien.   *Simon Laschitzer.*

Kunsttopographie. Museen.

Les Curiositez de Paris. Réimprimées d'apres l'edition originale de 1716 par les soins de la société d'encouragement pour la propagation des livres d'art. Paris, A. Quantin, Imprimeur-Éditeur, 7 Rue Saint-Benoit. 1883. X u. 399 SS. Preis 20 Mark.

In keinem andern Lande ist die Zahl der Bibliophilen eine so grosse wie in Frankreich — wesshalb uns auch von dort her die meisten angenehmen Ueberraschungen auf dem Gebiete künstlerischer Buchausstattung zu Theil werden. Als eine solche angenehme Ueberraschung ist auch der Wiederabdruck der Curiositez de Paris von 1716 zu bezeichnen, jenes beliebten Führers von Paris, der dann im Laufe des 18. Jahrhunderts noch eine Reihe von — allerdings veränderter — Ausgaben gefunden hat. Das Buch ist seinem Inhalte nach interessant für den Historiker, den Culturhistoriker, für den, der

sich mit der Kunstgeschichte von Paris befasst, aber auch für den Laien, der
mit Eifer und Interesse das moderne Paris durchwandert. Die zahlreichen
alten Abbildungen setzen ihn in Stand, aus dem modernen Paris den Weg in
das Paris Louis XIV. und Louis XV. zu finden, den Umwandlungsprocess
namentlich der letzten Jahrzehnte klar zu verstehen und abzuschätzen. Anatole
de Montaiglou hat .die Einleitung zu dem Wiederabdruck geschrieben. Die
Nachforschung nach dem Verfasser der Curiositez hat noch kein positives Resultat ergeben; sicher scheint nur zu sein, dass es George-Louis Le Rouge,
Ingenieur und Geograph Louis XV., wie Guerard (Supercheries littéraires) und
Barbier vermutheten, nicht gewesen ist, und dass die grösste Wahrscheinlichkeit für Claude-Marin Saugrain als Autor spricht.

Die zweite Edition der Curiositez erschien bereits 1719; ein Nachdruck
dieser Ausgabe 1728 zu Amsterdam — die dritte Pariser Ausgabe wurde 1760
ausgegeben, die vierte 1771, die fünfte — bereits auf 3 Bände angewachsen —
1778. Es war selbstverständlich, für den Wiederabdruck die Originalausgabe,
als die älteste, zu wählen. Der Abdruck ist ein getreuer; sämmtliche Abbildungen (60 Holzschnitte) von Vincent-le-Sueur »le plus abile aujourd'hui
dans cette Profession«, wie das Avis au Lecteur sagt, sind getreu wiedergegeben; dieser Vincent-le-Sueur gehört sicher der Holzschneiderfamilie dieses
Namens aus Rouen an und dürfte ein Sohn des Pierre-le-Sueur des Aelteren
und Bruder des Pierre-le-Sueur des Jüngeren gewesen sein. Worauf die Aussage des modernen Herausgebers sich gründet, dass die Zeichnungen für diese
Holzschnitte von Marot und Sylvestre herrühren, weiss ich nicht. Auch die
alte Orthographie ist beibehalten, nur einige typographische Versehen sind verbessert und in die Register durch den neuen Herausgeber durch ein Namens-
verzeichniss der in den Curiositez genannten Maler, Bildhauer und Architekten
vermehrt, was die kunstgeschichtliche Ausnützung des Buches erheblich erleichtert. Die vornehme typographische Ausstattung ist der Firma Quantin
würdig.   *i.*

La R. Galleria Estense in Modena. Studii di **Adolfo Venturi,** R. Ispet-
tore della Galleria Estense. Modena, Paolo Toschi & Cie. 1883. kl. 4°.
485 SS. Mit 131 Zinkographien.

Es wurde bereits an dieser Stelle auf dies Werk aufmerksam gemacht
(Repertorium VI, S. 308); nun liegt dasselbe vollendet vor, ein hervorragendes
Zeugniss, wie der historisch-kritische Geist auch die locale Kunstgeschicht-
schreibung Italiens zu durchdringen beginnt. Die Geschichte der modenesischen Galerie, wie sie hier vorliegt, ist eine Musterleistung in ihrer Art und
es ist nur lebhaft zu wünschen, dass auch die übrigen Galerien des Königreichs eine ähnliche Bearbeitung fänden. Es wurde in der ersten Anzeige
des Werkes aufmerksam gemacht, auf welche Art die Geschichte der Reste
der berühmten estensischen Sammlungen in Ferrara — die ja den Grundstock
der modenesischen Galerie abgaben — behandelt wurde, in gleicher Art
werden nun die weiteren Geschicke der Sammlung erzählt. Jedem einzelnen
Capitel folgen dann die urkundlichen Zeugnisse: der Carteggio degli artisti
und der Carteggio della Galleria. Für die Kunstgeschichte des 17. Jahrh. ist

der erstere Carteggio von hohem Interesse — als directe Quelle —, er enthält aber auch viele interessante Daten und Hinweise für die frühere Zeit. Am meisten profitirt die italienische Kunstgeschichte des 17. Jahrh., besonders die Geschichte der bolognesischen Schule (III. Predominio dell' arte bolognese mit den darauf folgenden Documenten, namentlich Guido Reni und Guercino betreffend), dann aber auch die allgemeine Kunstgeschichte (IV. La Galleria di Francesco I.), da unter Franz I. eine Reihe hervorragender Künstler, wie Velasquez, Sustermans, Mignard, Bernini mit dem modenesischen Hof in Beziehung standen. Ebenso hervorragenden Interesses ist der Abschnitt, der über den für die modenesische Galerie so schmerzlichen Verkauf an die Dresdener Galerie handelt.

Der historische Theil ist so vollständig, dass kaum eine grössere Nachlese an Documenten noch möglich sein wird. Auch der kritische Theil ist alles Rühmens werth. Nüchternheit, Besonnenheit tritt uns überall entgegen; von Flunkern mit Namen, wie dies die officiellen Kataloge namentlich kleinerer italienischer Galerien zeigen, ist hier keine Spur. Ein fein gebildetes künstlerisches Urtheil begegnet uns allenthalben und dies wird wohl in den meisten Fällen — wo es sich um italienische Bilder handelt — volle Zustimmung finden. Der Verf. ist eben nicht bloss mit dem Urtheile der hervorragendsten italienischen Kunstkritiker vertraut, sondern auch mit den Resultaten der Kritik und Kunstgeschichte in Deutschland — von Frankreich ganz abgesehen. Es konnte hier nur angedeutet werden, was in dem Buche zu finden; die einzelnen Resultate der Untersuchung werden von allen denen stets in Beachtung zu ziehen sein, deren Arbeit in irgend welchem Bezug zu Werken steht, die einstens in der modenesischen Galerie sich befanden, oder sich dort noch befinden. Denn was von der Provenienz eines solchen Werkes zu erfahren, hat Venturi in den meisten Fällen evident gemacht. Dass Manches wie vordem im Dunkel bleibt, ist selbstverständlich — so z. B. jenes in letzter Zeit oft genannte Frauenbildniss, das den Namen Giorgione führt; — jedenfalls führt es auf die Schule Giorgiones zurück — während der Verf. geneigt ist, mit Mündler es auf Garofalo zurückzuführen; recht hat er aber wohl, in ihm nicht ein Original, sondern eine Copie zu sehen. Es kam in den Achtziger Jahren des vorigen Jahrh. in die Sammlung.   *H. J.*

Kunstindustrie. Costüme.

Revue Des Arts Décoratifs. Paris, A. Quantin, Imprimeur-Éditeur, 7 Rue Saint-Benoit. 3e année, N° 2—12. Preis pro Jahrgang 20 Mark.

Es wurde schon bei Anzeige des 1. Heftes des III. Jahrgangs der Revue (Repertorium V, S. 453) auf die Tendenz und die ausgezeichnete Wirksamkeit dieses Organs hingewiesen. Das Rühmliche, das dort gesagt wurde, haben die weiteren Hefte des Jahres vollinhaltlich bestätigt. Die Revue kämpft für keinen bestimmten Stil; mit umfassenden Blick nimmt die Redaction (Victor Champier) ebenso Bedacht auf die Kunstindustrie der Vergangenheit wie auf jene der Gegenwart, und wenn selbstverständlich das Hauptgewicht auf die Entwicklung und Illustration der französischen Kunstindustrie fällt, so wird doch auch die ausserfranzösische Kunstindustrie, namentlich soweit sie der Vergangenheit angehört, in gebührender Weise bedacht. In gleicher Weise wird neben der Kunsttechnik auch die Geschichte der Industrien berücksichtigt. Es seien nur einige Hauptartikel hervorgehoben, um das Gesagte zu bezeugen. Victor Champier gibt in seinem zweiten Artikel »La maison modèle« eine übersichtliche Geschichte des Betts, in einem dritten und vierten Artikel behandelt er die Möbelvertheilung im Schlafzimmer. Rioux de Maillou behandelt in gediegener Weise die Küchengeräthe vom kunstindustriellen Standpunkt. A. de Champeaux gibt einen sehr interessanten Artikel über die Decoration einiger deutschen Werkzeuge im 16. Jahrhundert. Mit der deutschen Kunstindustrie befassen sich auch die Briefe Hermann Billung's über die Ausstellung in Nürnberg, Ph. Burty beginnt eine Serie von Artikeln über die grössten Meister der französischen Kunstindustrie im 19. Jahrhundert mit dem grossen Goldschmied F. D. Froment-Meurice, worauf dann Gerspach den grossen Meister der modernen Faiencetechnik, den Th. Deck (geb. zu Gebweiler 1823), folgen lässt. Die Technik der Kunst ist vertreten durch die Serie von Aufsätzen von Garnier: Cours de peinture sur faience et sur porcelaine, durch Gaspach's La technique de la mosaïque décorative, durch L. Falize: A Propos de la ciselure. Eine feine Studie über das griechische Ornament bringt J. Passepont. Nicht vergessen sei dann der fleissige Essay von Passepont über die Fächer-Malereien des Adam Risse. Dazu dann Ausstellungsbriefe, fortlaufende Chronik über den kunstgewerblichen Unterricht, Notizen über Auctionen etc. Jedes Heft bringt ausser den zahlreichen Textillustrationen vier besondere Kunstbeilagen, ebenso ist dann der Revue das Bulletin officiel de l'Union Centrale des Arts Décoratifs beigegeben. Man darf sagen, dass die Revue das bestgeleitete und inhaltlich reichste kunstgewerbliche Organ ist.

Notizen.

(Nochmals Behaim's Kupferstichkatalog im Berliner Museum.) Im VI. Band des Repertoriums macht Herr J. E. Wessely auf das Manuscript von Paul Behaim's Kupferstichkatalog im Berliner Museum aufmerksam. Er bespricht einige Partien desselben kritisch und sucht zuletzt dessen Veröffentlichung anzuregen. Da das Manuscript nicht, wie Herr W. irrthümlich meint, »unter Verschluss« gehalten wird, sondern zu Jedermanns Einsicht jederzeit bereit steht, wird sich wohl ein Kupferstich- und Schriftkundiger die Mühe einer ernsten Durchsicht nicht verdriessen lassen.

Ich habe Herrn W.'s Angaben in Bezug auf Dürer und einige andere deutsche Meister nachgeprüft, ward aber durch die Ergebnisse etwas ernüchtert.

Da Herr W. augenscheinlich nach älteren Notizen gearbeitet, ohne dieselben durch eine nochmalige Vergleichung mit dem Manuscript zu verificiren, so haben sich ihm die Dunkelheiten, welche das Manuscript an manchen Stellen unzweifelhaft bietet, unnöthigerweise um einige neue vermehrt. Ich rede nicht davon, dass bei seiner Wiedergabe die Schreibweise des Originals auch an den Stellen nicht immer gewahrt wurde, die durch Anführungszeichen sich als diplomatisch getreu auszugeben scheinen, dass wohl einmal (wie beim Titel, der mit »Orndliche verzeichnus« beginnt) ein Wort ausgefallen ist; gelegentlich hat ihm die ungewohnte Lesung der alten Schrift einen argen Streich gespielt. Auf pag. 3 findet sich unter Dürer's Kupfern ein »Olberg in bley geetzet [pag. 177 geätzet] h. Folio«, die bekannte Eisenradirung Bartsch 19; Herr W. las »Albrecht in bley geezet« und fügt hinzu: Ich weiss nicht, wohin ich es einreihen soll.

Irriger Weise vermisst Herr W. in Airer's Verzeichniss der Holzschnitte die Apokalypse, die Dreifaltigkeit und das Bildniss Maximilian's, welche doch pag. 180 bezw. 179· und 181 deutlich angeführt sind.

Der Ritter auf Ritter, Tod und Teufel ist jedesmal deutlich Philipp Rinnck genannt, nicht Rinneck.

Auch in Bezug auf Lucas Cranach ist Behaim's Verzeichniss nicht ganz so unrichtig, als es dort hingestellt wird. »Lutherus Contrfeth als er 1522 (1552 bei W. ist wohl Druckfehler) in seinem Pathmo gewessen«, steht nicht unter den Kupfern, sondern in der nächsten Abtheilung, deren erste Hälfte die Ueberschrift trägt: »Geistliche Historien in Holz«, die zweite sodann: »Weltliche Historien«, wobei doch offenbar zu ergänzen ist »in Holz«. Dass in derselben Rubrik »Zwen herzoge von Sachsen, hinder denen die stiftkirchen zu Wittemberg« angeführt werden, hat seinen Grund darin, dass eben diese Stiftskirche auf der Rückseite des Blattes in Holzschnitt ausgeführt ist. Es ist das Titelblatt des Wittenberger Heiligthumbuches (erschienen 1509 zu Wittenberg, 4°).

Nach genauer Lesung werden sich wohl noch mehr Dunkelheiten aufklären und die Wichtigkeit der Handschrift sich im selben Grade verringern. Ein geschulter Forscher mag sich der Sache annehmen und das Verzeichniss durchprüfen; aber im Interesse seiner Mitarbeiter hoffen wir, dess er von einer Publication des ganzen Manuscripts abstehen wird. *J. Janitsch.*

Bibliographische Notizen.

Von Prof. Maryan Sokołowski in Krakau erschien in polnischer Sprache eine Studie über Hans Sues von Kulmbach (Hans Sues von Kulmbach. Jego obrazy w Krakowie i jego mistrz Jacopo dei Barbari. Kraków, 1883), auf die zunächst nur durch Angabe des Inhaltsverzeichnisses hingewiesen sei, welches

uns der Verfasser in deutscher Uebersetzung in liebenswürdiger Weise zur
Verfügung stellte. Hoffentlich ist es uns bald möglich, die Leser des Repertoriums mit den Resultaten der wie es scheint für die deutsche Kunstgeschichte
so interessanten Untersuchung bekannt zu machen.

I. Abschnitt. 1) Einleitung. 2) Beschreibung des Cyclus von Darstellungen aus dem Leben der hl. Katharina von Alexandrien. 3) Beschreibung
des Cyclus von Darstellungen aus dem Leben des Evangelisten Johannes.
4) Beschreibung der beiden Cyklen vom technischen Standpunkt. 5) Beschreibung der beiden Cyklen in Rücksicht auf ihren Kunststil. 6) Gegenwärtiger
Zustand der Gemälde. 7) Ursprüngliche Bestimmung der Gemälde.

II. Abschnitt. 1) Ueber die Quellen, aus welcher der Maler die dargestellten Scenen entnahm. 2) Ausführlichere Betrachtung der Art und Weise,
wie er in seinen Gemälden die legendarischen Traditionen des Mittelalters
verwerthete, besonders in Rücksicht auf a) die Darstellung der beiden Heiligen,
b) die Darstellung des Judas und c) die Darstellung der Vision des Johannes.
3) Die Behandlung des Landschaftlichen durch Johann Sues. 4) Die Behandlung des Architektonischen. 5) Ueber den Einfluss des alten deutschen straf-
rechtlichen Verfahrens auf die dargestellten Hinrichtungs- und Folterscenen.
6) Kleidertracht und Putz der dargestellten Persönlichkeiten. 7) Nachweis,
dass Agnes Dürerin sich unter den dargestellten Persönlichkeiten befindet.

III. Abschnitt. 1) Einfluss Dürer's. 2) Die Gestalt der hl. Katharina
in der Disputations-Scene, eine Nachbildung von Dürer's Sponsa mortis. 3) Jacopo dei Barbari. 4) Einfluss des Jacopo dei Barbari. 5) Vergleichung seiner
Darstellung des hl. Sebastian mit der Darstellung des hl. Johannes durch Hans
Sues. 6) Vergleichung der Einwirkungen Dürer's und Jacopo dei Barbari's.
7) Endresultat.

IV. Abschnitt. 1) Leben des Hans Sue's von Kulmbach. 2) Sein Name
und sein Monogramm. 3) Seine übrigen Werke. 4) Die Beurtheilung seiner
Bilder durch die bisherigen Kunsthistoriker. 5) Die Beziehungen Krakaus zu
Nürnberg am Ende des 15. Jahrhunderts. 6) Die Beziehungen des polnischen
Hofes und der Krakauer Bürgerschaft zu Dürer, seinen Brüdern und seinen
Schülern im 16. Jahrhundert. 7) Schluss.

Ein Beitrag zur Geschichte der Kunst in Oesterreich liegt in A. Hauser's Schrift: Die Dreifaltigkeitssäule am Graben in Wien vor (Wien, Selbstverlag des Verfasser). Man muss dem Verfasser zunächst für die völlig vor-
urtheilslose ästhetische Würdigung des Monuments — eines Hauptwerkes
italienischen Barockstils in Deutschland — alle Anerkennung zollen. Der
Verfasser weist auf zwei verschiedene Richtungen hin, die innerhalb dieses
Stils wahrnehmbar sind — den italienischen Barockstil der deutschen Meister
und den der Italiener — und er charakterisirt mit Feinsinn diese Unterschiede.
Aber auch die Baugeschichte dieses Werkes wird an der Hand neuer urkund-
licher Forschungen gründlich umgestaltet; Burnacini's, Fischer's Antheil erhält dadurch wesentliche Beschränkung und eine Reihe anderer Künstler,
namentlich Rauchmüller, kommen dadurch zu dem ihnen lange vorenthaltenen

Rechte. Die Ausführung der Säule wurde am 18. October 1679 durch kaiserliche Entschliessung decretirt und sofort in Angriff genommen.

Dr. Theodor Hach, als gründlicher Arbeiter den Lesern des Repertoriums bekannt, publicirte eine kleine Schrift: Das Lübeckische Landgebiet in seiner kunstarchäologischen Bedeutung (Lübeck, 1883), worin er einerseits darthut, wie viel Reste des Alterthums im Lübecker Landgebiet, in Folge des Mangels an Obsorge noch in den jüngsten Jahrzehnten vernichtet wurden und andererseits die noch vorhandenen Denkmäler, die aller Obsorge werth, hervorhebt. Von besonderem Interesse ist die Einleitung der Schrift, welche den heutigen Zustand des Inventarisationswesens darlegt, und die Grundsätze andeutet, nach welchen darin vorgegangen werden sollte. Es wurde im Repertorium wiederholt darauf hingewiesen, wie Noth es thue, hier zur Einigung zu kommen, was allerdings nur möglich wäre, wenn diese Angelegenheit als eine gemeinsame Angelegenheit des deutschen Staats vom Bundeskanzleramt aus geregelt würde.

Dr. Goeler von Ravensburg publicirt in der Sammlung von Vorträgen, herausgegeben von Frommel und Pfaff (Heidelberg, C. Winter 1833), ein Charakterbild des Peter Paul Rubens als Gelehrter, Diplomat, Künstler und Mensch. Neues wird hier natürlich nicht gegeben, doch die anregende Darstellung wird den Gegenstand dem grossen Publicum, für welches die Schrift bestimmt ist, nahe bringen.

Eine kleine interessante Untersuchung über den Begräbnissort des Lorenzo Magnifico publicirt A. Reumont im jüngsten Hefte des Archivio storico italiano. Er kommt nach eingehender Kritik der Quellen zu dem Resultate, dass Lorenzo Magnifico und sein Bruder Giuliano 1559 im Sarkophag Giuliano's des Jüngeren beigesetzt wurden. Die Beweisführung Reumont's ist sehr eindringlich und eine Untersuchung des Sarkophags in der Sagrestia Nuova, die kaum ausbleiben dürfte, wird wohl die Verification der Ausführungen Reumont's ergeben.

»Post festum« kommt die Anzeige des Illustrirten Katalogs der Kunstausstellung in Zürich, welchen die Verlagshandlung von Orelli, Füssli & Co. in Zürich publicirte. Der Katalog hat aber doch ein über den Augenblick hinausgehendes Interesse, indem er eine Reihe von Illustrationen bringt, welchen Originalzeichnungen der Künstler, die ausgestellt hatten, zu Grunde liegen. So besitzt man in dem Katalog ein anziehendes Andenken an die Ausstellung, welche mindestens auf dem Gebiete der Malerei ein nicht ungünstiges Bild des gegenwärtigen Kunstzustandes der Schweiz bot. Dem Katalog ist eine Studie beigefügt: Die Kunst auf der Schweizerischen Landesausstellung, die in guter Absicht den Laien »ästhetisch« und »historisch« zu orientiren sucht. Die Studie mag aus guter Gesinnung hervorgegangen sein, aber sie ist nach Inhalt und Form sehr, sehr — mittelgut.

Von der von Kraus herausgegebenen Real-Encyklopädie der christlichen
Alterthümer (Freiburg i. B., Herder) liegt die achte Lieferung vor, den Buchstaben I enthaltend und den Buchstabe K bis — Kanonisation. Den Mittelpunkt des Interesses bilden hier die Artikel Jesus Christus und Inschriften —
beide von Kraus; auf diese seinerzeit·zurückzukommen, namentlich auf den
ersteren, behalten wir uns bis zum Abschluss des Werkes vor.

Von Bucher's Real-Lexikon der Kunstgewerbe (Wien, Verlag von G. P.
Faesy) sind die Lieferungen 2 und 3 erschienen (vgl. Repertorium VI, S. 312).
Was Rühmliches wir von Heft 1 sagten, gilt auch für die vorliegenden Hefte;
die Erwartungen wurden nicht getäuscht — das Buch dürfte uns kaum in
einer Frage, die auf die Geschichte oder die verschiedenen Techniken Bezug
nimmt, im Stiche lassen. Und die Antwort ist immer klar, ganz sachlich und
knapp. Für Alle, welche irgend welches Interesse für Kunst und Kunstgewerbe
hegen, wird dies Lexikon — das nun bereits bis zu dem Artikel Ornament
gediehen ist, ein wahres Vademecum werden.

Ein Lexikon der bildenden Künste von Dr. H. A. Müller hat im Verlage des Bibliographischen Institus in Leipzig zu erscheinen begonnen. Es ist
auf 17 Lieferungen geplant, von welchen die erste vorliegt. Mythologie, Geschichte, Theorie der Kunst und ihre verschiedenen Zweige soll darin Platz
finden. Wir werden, wenn das Werk weiter vorgeschritten, darauf zurückkommen und sehen, wie weit es die sich gestellte Aufgabe gelöst hat. So viel
geht von Anfang an hervor, dass es sich hier um ein Handbuch für das
grosse Publicum handelt, und gewiss that die Abfassung eines solchen Handbuches dringend Noth.

Von der fünften, gründlich umgearbeiteten Auflage des Handbuches der
kirchlichen Kunst-Archäologie von Dr. Heinrich Otte (Leipzig, T. O. Weigel)
ist bereits die dritte Lieferung ausgegeben worden. Mag diese Neuausgabe —
auf die wir alle mit Ungeduld warteten -- rüstig fortschreiten; selbstverständlich kommen wir auf das Werk in seiner neuen Gestalt, sobald es vollendet
vorliegt, ausführlich zurück.

Mathias Grünewald.

Von **Friedrich Niedermayer**.

(Von der technischen Hochschule in München gekrönte Preisschrift.)

I.

Schon zu Sandrart's [1]) Zeiten war der Lebenslauf des hochbedeutenden Malers so sehr in Vergessenheit gerathen, dass unser deutscher Vasari sich genöthigt sah, die bestehenden Lücken durch persönliche Ansichten zu ergänzen. Wir müssen daher seine biographischen Nachrichten mit grosser Vorsicht aufnehmen.

Ueber Geburtsort und -Zeit weiss Sandrart gar nichts zu berichten. Fiorillo [2]) lässt ihn 1480 zu Aschaffenburg geboren sein; Malpé setzt die Zeit seiner Geburt ins Jahr 1450, ohne Angabe des Ortes. Was diesen betrifft, so hat in neuester Zeit Dr. F. Gwinner [3]) nach Passavant's [4]) Vorgang den Versuch gemacht, den Meister Mathias zum Frankfurter Landsmann zu erheben, indem er schreibt:

»Es ist nachgewiesen, dass der Name Grünewald seit den ältesten Zeiten bis zum heutigen Tage durch eine bürgerliche Familie in Frankfurt vertreten gewesen. Schon 1444 war Heinz Grünewals, der Schwager des Malers Fyol [5]), hier angesessen; zufolge einer Uebereinkunft von 1454 auf St. Valentinstag verkaufte Sebald Fyol, Maler, und Katherina seine Hausfrau an den Deutschorden einen Gulden Geld als ewigen Zins auf dem Hause ihres Schwagers und ihrer Schwester, Heinz Grünewals und Annen seiner Hausfrauen in Sachsenhausen. Dieser Heinz Grünewals dürfte der Vater unseres Mathias Grünewald gewesen sein.«

---

[1]) Der Teutschen Akademy II. Theil, III. Buch, S. 236 ff. und III. Theil, S. 68.

[2]) Geschichte der zeichnenden Künste in Deutschland und den Niederlanden 1817, S. 417.

[3]) Kunst und Künstler in Frankfurt a. M. 1862, S. 16 ff.

[4]) Deutsches Kunstblatt 1841, S. 430.

[5]) Diesen Namen finden wir in den Aschaffenburger Stiftsacten bereits zu Anfang des 14. Jahrhunderts.

Abgesehen davon, dass der Name nicht genau stimmt, was bei
der schwankenden Orthographie jener Zeit wenig Bedeutung hat, darf
man dieser Notiz aus dem Grunde keinen grossen Werth beilegen, weil
der Name Grünewald auch an anderen Orten, insbesondere in Franken,
seit den frühesten Tagen bis auf unsere Zeit nachweisbar ist.

In Nürnberg [6]) wird ein Heinrich Grünewald bereits im Jahre 1396
als Giesser der Glocke zu St. Sebald genannt. 1464—1504 findet sich
ein Hans Grünewald in den Rathsbüchern mehrfach erwähnt; er war
ein berühmter Plattner, der sogar von Kaiser Maximilian mit Aufträgen
beehrt wurde. In verwandtschaftlicher Beziehung zu ihm stehen Hermann, Dr. Anthoni, Barbara, Elsbeth, Margaretha und Cordula Grünewald. Christoph Grünewald, ein Sohn des Plattners, zeigt sich im
Jahre 1518 zu Würzburg.

Abkömmlinge von dieser Familie scheinen nach Leipzig über-
gesiedelt zu sein, denn wir treffen daselbst 1549 einen Hans Grünewald,
Sohn eines Bürstenbinders, Hans Grünewald von Nürnberg; ferner
Cunz, Jörg, Endres, Libilla und Margaretha Grünewald.

Vorstehendes liesse möglich erscheinen, dass Mathias Grünewald
aus Nürnberg stamme und würde sich damit auch eine Erklärung des
mehreren seiner Monogramme beigesetzten N bieten. Da jedoch nichts
weiter eine Abstammung von Nürnberg begründet, ist nunmehr zu
untersuchen, ob sich für die in der neueren Kunstlitteratur fast allgemeine Annahme, dass Aschaffenburg die Vaterstadt des Meisters ist,
genügende Beweise beibringen lassen.

Der durch seine Kunstforschungen um Aschaffenburg hochverdiente
greise Hofrath Dr. Kittel hörte, wie er mir erzählte, in seinen Kinderjahren über Grünewalds erste Entwicklung oftmals folgende Angaben,
die sich durch Tradition unter den Stiftsherrn zu Aschaffenburg fort-
gepflanzt hatten: »Die Grünewalds stammen aus dem sogenannten Kahl-
oder Caldagrund in der Nähe Aschaffenburgs; ein Familienzweig liess
sich schon in frühen Jahren zu Aschaffenburg in der Sandgasse nieder,
um das Bäckergewerbe auszuüben. Dieser Aschaffenburger Linie entstammt Mathias, der schon in seinen Kinderjahren die in ihm wohnen-
den künstlerischen Anlagen verrieth. Einem alten Brauche gemäss wurden
nämlich von den Bäckern, wie auch jetzt noch, zu gewissen Zeiten verschiedene Figuren aus Teig geformt. Der junge Mathias nahm an dieser
Beschäftigung lebhaften Antheil und zog bald die Aufmerksamkeit der
Stiftsherrn auf sich, welche die erste Anregung gaben, dass sich der
talentvolle Junge im Zeichnen übte. Der künstlerische Lebenslauf ward

---

[6]) Eitelberger'sche Quellenschriften zur Kunstgeschichte X. Neudörfer's Nachrichten S. 54 ff.

ihm endgiltig bestimmt, als eines Tages von auswärts ein Künstler kam, der Grünewald's Zeichnungen sah und Veranlassung gab, ihn zu einem Maler in die Lehre zu schicken.«

Ich glaubte, diese Erzählung nicht vorenthalten zu dürfen, um so mehr, als ich für Einzelheiten in den Aschaffenburger Archivalien Belege fand.

Für's erste lieferten mir die wenigen in der Registratur des Magistrates zu Aschaffenburg befindlichen Actenstücke — Steuerregister des Elisabethenspitals —, welche den für uns wichtigen Zeitraum von 1472—1559 umfassen, werthvolles Material. Ergänzend treten hiezu dann Einträge in Acten des Stiftsarchivs daselbst.

Zunächst fand ich bestätigt, dass der Name Grünewald in der Nähe Aschaffenburgs sehr häufig auftritt. Dies beweist der Eintrag in einem Anniversarium aus dem Stiftsarchiv, das 1472 eine Katherina Grünewald de Budingen nennt, dies beweisen ferner zahlreiche Einträge in den erwähnten Spitalregistern, welche Grünewalds mit den Taufnamen Hans, Heinz, Michel, Jost, Fritz etc. in Bessenbach, Dham, Obernheim, Dornau und Geilenbach aufführen.

Das Anniversarium spricht ferner von »Tristram Gruenewalt civ. Aschaffen. Elsbeth uxor« ohne Angabe des Datums. Ausserdem ist im Kreisarchive zu Würzburg eine Urkunde, gemäss der im Jahre 1544 ein Clauss Grünewald zu Aschaffenburg Urfehde schwört, wobei seine Brüder Michel und Jost Bürgschaft leisten.

Höheres Interesse bieten die Steuereinträge einer Familie Grünewald von Aschaffenburg in obigen Spitalregistern, welche ich hier in thunlichster Zusammenfassung wiedergebe.

Ein Act in Schmalfolio, betitelt: »Receptum hospitalis per me philippum horken vicarium« 1471—1496 bringt unter der Ueberschrift »receptum in censibus« in den Jahren 1471 und 1472, dann 1474 bis 1482 den Eintrag:

»Item iijß (Batzen) hannß grunwalt alias Franck.«

Im Jahre 1473 lautet er umgekehrt: »Item iijß Hanß Franck alias Grunewalt«, woraus ersichtlich, dass beide Namen gleichberechtigt gebraucht wurden. Solche Beinamen finden sich viele im Register und haben theils auf körperliche Eigenschaften, theils auf die Herkunft Bezug.

Im Jahre 1485 scheint obiger Hans Grünewald nicht mehr am Leben gewesen zu sein, denn von jetzt ab steht mit einigen unbedeutenden Abweichungen eingetragen:

»Heinrich Grunwalt alias Frank prius pater suus« oder »Relicta Hans grunwalt alias Frank.«

Im Jahre 1491 tritt eine abermalige Veränderung ein; der Eintrag lautet:

»Item iijß Conrat wijdemann Sartor portenarius Im Sande prius
henne grunwalt.«

Von 1492 bis 1496 endlich: »Item iijß Conrat wijtmann prius
Heintz Grunwalt.«

Diese Einträge bestimmten mich, auch dem Namen Frank Auf-
merksamkeit zu schenken und fand ich von 1472 an in denselben
Acten unter dem Titel »Census ex parte der gimsrade« mit geringen
Abänderungen den Eintrag: »Item j malter Kerner et Frank pistoris
In aschaffenburg de agro an der Steinbrucken.«

Ziehen wir nun die Summe aus dem bis jetzt vorgeführten Material, so ergibt sich unschwer, dass in Aschaffenburg »am Sande«
(wohl gleichbedeutend mit der Sandgasse) eine Familie Grünewald ansässig war, die 1484 bereits erwachsene Söhne hatte. Auch dürfte der
Griff nicht zu kühn sein, wenn wir mit dem letzt angeführten Eintrag
den Zunamen der Grünewalds »Frank« in Beziehung bringen; dann
trifft auch noch zu, dass Grünewalds in Aschaffenburg eine Bäckerei
besassen. Dieses erhärtet weiterhin ein Eintrag in einem Actenstück
des Stiftsarchivs »Registrum frugum ac censuum S. Eccl. Pet. et. Alex.
1584—1596«:

»j stein 12 ϑ Hans rimenschneider modo Conrad Kammerer pistor-
meister modo hans grunwalt«, wohl derselbe Hans Grünewald, der im
Jahre 1600 als Bürger, Bäckermeister und Sichamtsbaumeister von
Aschaffenburg genannt wird [7].

Nach all diesem wäre also möglich, dass die traditionelle Erzählung nicht jeder historischen Grundlage entbehre. Nun frägt es sich,
ob es wahrscheinlich, dass Mathias Grünewald der Sohn des zuerst genannten Hanns Grünewald ist. Dann würde er wohl auch wie sein
Bruder Heintz um 1485 schon erwachsen gewesen sein. Wie sich das
auch verhalten möge, jedenfalls erweist das Spitalregister von 1489,
dass um diese Zeit ein Meister Mathias Maler in Aschaffenburg war.

Ein grosser Sturm hatte nämlich im genannten Jahre den Glocken-
thurm der Spitalkirche zerstört und mehrfache Reparaturen veranlasst,
wobei unter anderen auch ein Jost Frank im Taglohn verwendet wurde.
Unter den Ausgaben figurirt nun auch, nachdem vom Kreuze des
Thurmes die Rede gewesen, folgende:

»Item 1ᵃˡᵇ Meinster Mathis dasselbe Crutze zu molen.«

Dieser geringfügigen Arbeit des Meisters Mathis steht aus derselben Zeit eine ehrendere zur Seite, indem, wie Dr. Kittel [8] mittheilt,

---

[7] Dr. Kittel im Lehrprogramm der Gewerbeschule zu Aschaffenburg, Jahrgang 1858—59.

[8] Dr. Kittel a. a. O. 1856—57. Der Verfasser erzählte mir, dass die Archi-

»Meister Mathis Maler« im Jahre 1489 für den Liebfrauenaltar in der Agathekirche ein Altarbild nebst den Flügelthüren an denselben zu fertigen hatte. Leider konnte ich diesen Eintrag nicht auffinden; denn die Pfarrei St. Agatha zu Aschaffenburg besitzt jetzt die Archivalien nicht mehr, aus denen Dr. Kittel schöpfte, desgleichen ist auch das Bild aus der Kirche spurlos verschwunden.

Wie wir später sehen werden, ist Grünewald in den älteren Schriften nie anders als »Meister Mathis« genannt. Neuerdings fand ich dies wieder bestätigt auf der Rückseite des Porträts Grünewald's in Erlangen. Mit einer Schrift, die dem Anfang des 17. Jahrhunderts angehören mag, ist eine Reihe von Malern mit Tauf- und Familiennamen angeführt, nur Grünewald figurirt als »Mathes von Aschaffenburg«. Wir können daher keinen Zweifel hegen, dass auch hier unter dem Meister Mathis unser Grünewald verstanden ist.

Ohne dem weiteren Verlauf der Untersuchung vorgreifen zu wollen, möge doch schon an dieser Stelle bemerkt werden, dass die ausgereifte Kunst seiner uns erhaltenen Werke unbedingt eine längere Entwicklungszeit voraussetzt. Daher ist durch diese Einträge nur bestätigt, was uns der Augenschein von seinen Bildern lehrt.

Hiemit dürfte der Streit erledigt sein, wo man den Geburtsort Grünewald's zu suchen habe. Auch die weitere Frage, wann er das Licht der Welt erblickt hat, ist nicht mehr in das tiefe Dunkel gehüllt, wie bisher. Sicher ist Fiorillo's Mittheilung falsch. Der Meister Mathis wird im Jahre 1489 wohl die erste Zeit seiner Meisterschaft gehabt haben und vielleicht im Anfang der zwanziger Jahre gestanden sein. Wir werden daher das Geburtsjahr am richtigsten zwischen 1460 und 1470 zu setzen haben.

Für den späteren Lebenslauf ist uns Sandrart die einzige unsichere Quelle. Er weiss nur zu berichten, dass Grünewald sich meistens zu Mainz aufgehalten, ein eingezogenes melancholisches Leben geführt habe und »übel« verheirathet gewesen sei.

Belege für diese Angaben finden sich nicht. Wir müssen daher das, was uns die Jahrhunderte nicht in Schriften erhalten haben, aus den Werken zu lesen trachten, zu deren eingehender Behandlung ich jetzt übergehe.

II.

Das grossartigste seiner erhaltenen Werke ist zugleich auch das best beglaubigte. Aus diesem Grunde soll es auch zuerst zur Sprache

---

valien Aschaffenburgs noch in diesem Jahrhundert durch Einstampf eine bedauerliche Verminderung erlitten haben.

kommen, um so mehr, als mit dem gebotenen Material eine chronologische Behandlung der Werke nahezu unmöglich ist.

Wir haben weit zu wandern von der Vaterstadt des Meisters, um
sein Hauptwerk zu sehen. Es sind die Gemälde, die einst den Hoch-
altar der Antoniter zu Isenheim im Elsass schmückten und jetzt
nebst dem aus demselben Kloster stammenden Werk Schongauer's den
schönsten Schmuck des Museums zu Colmar bilden.

Der Hochaltar, ein sogenannter Wandelaltar [9]), war aus Werken
der Holzschneidekunst und Malerei zusammengesetzt. Von jeher hat
er den Beschauer zur Bewunderung hingerissen und schon in frühen
Tagen begeisterte Schilderungen gefunden.

Da die Holzsculpturen für uns weniger Interesse bieten, begnüge
ich mich mit der Mittheilung eines darauf Bezug nehmenden Docu-
mentes, das durch M. S. Dietrich in der Revue d'Alsace 1873, p. 70,
veröffentlicht wurde unter dem Titel:

La dépouille du convent des Antonites d'Issenheim.

Extrait de l'Inventaire dressé le 4 février 1793 par Louis Vaillant
et Louis Homberger, commissaires nommés par arrêté du district de
Colmar pour procéder à l'estimation des bâtiments et dresser l'inventaire des meubles du convent des Antonites d'Issenheim:

»Dans l'église.

Premièrement, dans le choeur, le maitre-autel en bois marbré et
doré, au-dessus duquel se trouve un grand tableau peint sur bois représentant un Christ. Ce tableau est peint sur deux battants fermant
en forme d'armoire, Iaquelle renferme différentes autres peintures aussi
sur bois, dans le fond de laquelle se trouve une statue en bois d'une
sculpture antique, représentant la figure de Saint-Antoine.

Au dessous de ces tableaux sont des bustes ou demi-reliefs sculptés
en bois, peints en huile et dorés, représentant les figures de Jésus
Christ et des ses douze apôtres. La sculpture de ces bustes, quoique
antiques, nous a paru digne de l'attention des connaisseurs. — Aux
deux côtés de ce tableau s'en trouvent deux autres aussi sur bois, qui
sont attenants, dont l'un représente Saint-Antoine et l'autre Saint-
Sebastian. La peinture de tous ces tableaux est antique et paraît sortir
du pinceau d'un artiste célèbre.« (Archive de la préfecture du Haut-Rhin.)

Auch ein Visitationsprotocoll von 1628, jetzt im Bezirksarchiv von
Oberelsass, bringt eine Beschreibung der Sculpturen [10]).

Eingehendere Behandlung fanden die Gemälde, deren früheste von

---

[9]) Die Bedeutung der Wandelaltäre setzte Dr. A. Springer in seinen »Ikonographischen Studien« auseinander. Mittheilungen der k. k. Centr.-Comm. 1860.

[10]) Dr. Kraus »Kunst und Alterthum im Elsass«, II. Bd., 1. Abth., S. 188.

Remigius Fesch (gestorben 1666 zu Basel) herrührt und »Mathis von Oschnaburg« als den Meister des Werkes nennt. Leider konnte ich den Aufbewahrungsort dieses wichtigen Manuscriptes nicht erkunden [11]).

Ausser diesem Document gibt es noch eine auf den alten Standort in Isenheim zurückgehende ausführliche Beschreibung der Bilder, deren Original auf der Stadtbibliothek zu Colmar liegt. Sie rührt wahrscheinlich von Marquaire, einem ehemaligen Stadtbibliothekar von Colmar, her, der 1789 im Auftrag der Regierung mit dem Miniaturmaler J. Karpff, genannt Casimir, im ganzen Bereiche des Districtes die Schätze der Kunst und Wissenschaft inventarisiren sollte. Da sie gemacht, als der Altar noch am ursprünglichen Orte stand, enthebt sie uns jeden Zweifels, welche Gemälde zum Altar gehörten, worüber einmal Unklarheit herrschte [12]). Das Schriftstück hat in französischer Uebersetzung durch Ch. Goutzwiller [13]) in seinem ganzen Umfange Veröffentlichung gefunden; ich citire aus dem deutschen Urtext die für die Beschreibung wichtigsten Stellen.

Die Schrift ist betitelt: »Anzeige der Gemählde und Statuen in der ehemaligen Antonier Kirche zu Isenheim im Obern Elsass« und beginnt mit einem langathmigen werthlosen kunstgeschichtlichen Excurs, worauf dann eine Untersuchung über den Meister folgt, als der Dürer genannt wird.

Dann heisst es: »In der Kirche sind verschiedene Gemählde Martin Schön's, die mir, als ich sie zum ersten Mal sah, um so viel merkwürdiger waren, da ich, ohne mich nach dem Chor umzusehen, die Gemählde Albrecht Dürer's, von denen ich schon so viel gehört hatte, unter ihnen suchte. So schön aber einige derselben sind und so vortreflich und bewunderungswürdig mir besonders für die damaligen Zeiten Zeichnung und Colorit an einem Christus Kind schienen, so konnte ich ihnen doch in der Folge, da das Chor geöfnet wurde und ich den Hoch-Altar einmal gesehen hatte, nur noch flüchtige Blicke schenken. Ueber diesem Hoch-Altar sind zwey doppelte Thüren, eine hinter der anderen, die auf beyden Seiten gemahlt sind und sechs Gemählde enthalten, weil auf der äusseren Seite der verschlossenen Flügel nur ein Stuck ist.

»Zu beyden Seiten des Altars gehen noch zwey bevestigte Flügel heraus, mit denen also diese kleine Gallerie aus acht Gemählden besteht, zu denen man noch an Bildhauer Arbeit die hinter den Flügeln

---

[11]) Die Mittheilung rührt aus »Chronique des Dominicains de Guebwiller« 1844, éd. Mossmann, pag. 109.

[12]) Kunstblatt 1820, S. 413.

[13]) Le musée de Colmar. Appendice.

in dem innern des Altars sich befindenden drey Statuen in Lebensgrösse, verschiedene in halb Lebensgrösse und dreyzehen in halben Figuren rechnen muss. Die Gemälde auf den geschlossenen Flügeln haben
etwa 8 bis 9 Fuss in der Höhe und ungefähr ebensoviel in die Breite,
die auf der innern Seite der geöfneten Flügel haben die nämliche Höhe
und die Hälfte der Breite.

»I. Gemählde auf den geschlossenen äusseren Flügeln.
Christus Tod am Kreuz, unten an demselben auf der rechten Seite
des Gemäldes die Mutter Gottes, Johannes und Maria Magdalena, auf
der linken Seite, Johannes der Täufer und ein Opferlamm mit dem
Kelch und Fahnen. Die Figuren in Lebensgrösse obgleich ohne proportion unter einander.

»Der Mahler hat den Augenblick gewählt, da Christus sein Haupt
neigte und verschied. Dieser Augenblick des Hinscheidens ist nicht nur
in der ganzen Christusfigur, sondern auch hauptsächlich in der Wirkung,
die die traurige Begebenheit auf die dabey stehende Mutter und Freunde
thut, sichtbar.

»Christus hängt am Creuze mit ganz niedergesenktem Haupte,
welches die Zeichnung des oberen Cörpers und der Arme um so viel
schwerer aber auch um so viel schöner macht da die ein wenig zu
dünnen Arme ausgenommen alles und besonders der Ausdruck
der Muskeln und Sennen vortreflich gerathen ist. An den geschlossenen Augen sieht man, dass sie der Schmerz noch vor dem Tode er-
löschen machte; das ganze Gesicht ist edel, selbst bei den sichtbaren
Wirkungen nie gefühlter Leiden. In dem Mund und in den Fingerspitzen ist ein Zug, der allein den Mahler verewigen würde wenn auch
sonsten nichts von dem Gemählde übrig geblieben wäre; der Sterbende
öfnet in der Todes Angst den schon halbwelken Mund nach Erhohlung,
das letzte Streben der sinkenden Natur verursacht Zückungen die sich
bis in die äussersten Fingerspitzen verbreiten — er stirbt und die
Finger bleiben wie in Zückungen gekrümmt und der Mund, wie schwer
und ängstlich athmend, halb geöfnet. Der übrige Cörper ist gut und
richtig gezeichnet, nur dass die Beine etwas zu dick und die Füsse zu
plump sind, ein Fehler in den die Künstler der· damaligen Zeit um so
viel eher verfielen als sie die Natur ohne Wahl und ohne Kenntniss
der Anticken studirten. Das Colorit ist durchaus gut und die von der
Geisselung verursachten Wunden sind in der möglichsten Mannigfaltigkeit theils noch blutend, theils schon halb getheilt theils nur geschwollen
bis zum Entsetzen wahr gemahlt und sogar das Holz am Creuz scheint
wahres Holz zu seyn.

»Die beyden äusseren Flügel, auf denen die Creuzigung ist, wer-

den in der Mitte grad wo sich ein Arm Christi an den Cörper anschliesst geöfnet und entdecken zur rechten und linken die auf der
anderen Seite desselben sich befindenden Gemälde, und zu gleicher Zeit
die beyden inneren Flügel.

»I. Hinter-Gemählde der äusseren Flügel auf der rechten
Seite. Die Verkündigung Maria. Dieses Gemählde ist in Geschmack, Erfindung und Zeichnung weit unter dem vorigen. Der Engel
dessen ganze Gestalt sehr materiel aussieht und dessen schweres zu
Boden ziehendes Gewand, das über der Erde schweben das der Mahler
hat anzeigen wollen, unmöglich macht, streckt mit einer unbedeutenden
Bewegung Arm und Hand gegen die Heil. Jungfrau aus, die statt des
reinen unschuldigen Erstaunens seinen Gruss mit einer Mine des Un-
willens und des Schreckens, die bis zur Grimasse steigt, empfängt.
Das hochrothe in dem Gesicht und in den Haaren des Engels, sowie
in den Gewändern beyder Figuren, so gut übrigens der Jungfrau ihres
drappirt ist, thut eben nicht die beste Wirkung. Uebrigens ist dieses
Stück äusserst fein und fleissig gemacht, und was in den Figuren an
Wahrheit des Ausdrucks vermisst wird, findet man in einem so viel
höheren Grad in der Architektur des Zimmers in einigen Geräthschaften
und Büchern von denen besonders ein aufgeschlagenes neues Testament
bis zur vollkommensten Täuschung wahr gemahlt ist.

Das II. Hinter Gemählde auf der Linken Seite.

Die Auferstehung Christi.

»Christus schwingt sich leicht und triumphirend aus dem Grabe
gen Himmel. Der obere Theil des Cörpers ist in dem leichtesten Glanze
seiner Verherrlichung, ganz mit dem Licht vereinigt und nur noch in
den äussersten und feinsten Umrissen sichtbar. Nur Schade dass dieser
Glanz zu Cirkelförmig und der untere Cörper, besonders die Kniee sehr
unrichtig gezeichnet sind. Von den Soldaten die am Grabe nieder-
stürzen sind die beyden Vordersten in Zeichnung und Colorit ausneh-
mend schön und wahr, in einiger Entfernung sieht man einen dritten,
der aber ohne die mindeste degradation der Tinten gegen alle Reglen
der Luft Perspecktive gemahlt ist und in Vergleich mit den andern
einem Zwerg und nicht einer durch die Ferne verkleinerten Figur ähnlich sieht. Hätte der Mahler das Helldunkle gekannt und seinem Lichte
grössere Massen von Schatten entgegen gesetzt, so würde dieses Gemählde eine um so viel auserordentlichere Wirkung thun, da eine glückliche Erfindung und erhabene Zusammensezung es auch ohne diesen
Vorzug schon bewunderungswürdig machen.

Ausseres Gemählde auf den inneren, geschlossenen Flügeln.
»Die Jungfrau Maria sizt mit dem Jesus Kind in einer Landschaft,
die etwas noth gelitten, aber noch schöne Theile und wohlgewählte
Lagen zeigt. Mit dem Ausdruck der zärtlichsten Liebe blickt die Mutter
auf das Kind herab das in jeder Rücksicht meisterhaft gemahlt ist.
Sein Fleisch ist wahres Fleisch, seine Bewegung wahres Leben. Gerne
vergisst man den verzeichneten Hals und Schulter der Mutter bey ihrem
im grösten Geschmacke drappirten Gewand und bei dem herrlichen
Gedanken, den Kopf des Kindes ohne ihm einen Schein zu geben so
glänzend zu machen, dass er wie ein leuchtender Körper alles, was um
ihn ist und besonders die Fingerspitzen der Mutter auf das künstlichste
erhellt und ganz durchsichtig macht. Ueber der Jungfrau, sieht man
in der grösten Entfernung hoch in den Wolken, Gott den Vatter mit
dem ganzen Himmelsheere. Gegenüber wird ihr wie in einem Gesicht
die künftige Verehrung und Herrlichkeit die sie zu gewarten hat, gezeigt. In einem reich geschmückten Saal von sehr schöner Architektur
sogenannter gothischer Bauart stimmen die Himmelsbewohner, mit allen
musicalischen Instrumenten begleitete Lobgesänge zu Ehren der Heiligen Jungfrau an, die in verschiedenen Gestalten angebetet und ver-
ehrt wird. Einige gute Beleuchtungen, edle Engelsgestalten und die
geistige Gesichtsmässige Behandlung des ganzen, halten für die Rosen-
farbschichte, abscheulich verzeichnete Bassgeiger mit Engelsflüglen,
schadlos. Die Wiege und ein Kübel mit nasser Wasche zu den Füsen
der Jungfrau sind ganz Natur und würdens noch mehr seyn, wann
Licht und Schatten in grösseren Massen und besser vertheilt wären.
I. Hinter Gemählde der innern Flügel auf der Linken Seite.
Die Versuchung des Heil. Antonius.
»Schaarenweis stürmen die Teufel von Seiten auf den armen Heiligen zu, den einige derselben auf dem Boden liegend herumzerren.
Die lebhafte Einbildungskraft des Mahlers zeigt sich in der mannichfaltig-
sten Erfindung der theils grotesken, theils scheusslichen Teufels-Gestalten
von denen verschiedene um den qualvollen Zustand der bösen Geister
anzuzeigen, ganz mit Geschwüren übersäet sind, andere aber, mitten
in der Beschäftigung den Heiligen zu ängstigen von den schrecklichsten
bis zum Abscheu wahr . ausgedrukten Schmerzen überfallen werden.
Der sehr fein gemalte Kopf des Heiligen ist etwas zu klein und ohne
Ausdruck. Haar und Bart aber und besonders das Gewand vortreflich.
Einige alte halbzerfallene Gebäude in der Ferne auf denen noch unzählige Teufel herumschwärmen, schicken sich sehr gut zu dieser Scene.
Alle Gemählde sind zwar sehr gut erhalten, aber dieses ist noch so frisch
und die Farbe so lebhaft als wenn sie so eben wären aufgetragen worden.

II. Hinter Gemählde der innern Flügel auf der rechten Seite.
Der Heil. Antonius mit dem H. Paulus dem Einsiedler in der
Wüsten.

»In einer wohlgewählten und meisterhaft nach der Natur colorirten
Landschaft, der zwey gegen einander überstehende bemooste Felsen,
zwischen denen durch man die entferneren Lagen sieht, und einige
mit Moos und andern Kräutern bewachsene, halb entblätterte Bäume
das vollkomene Ansehen einer Wüste geben, sizen die Ehrwürdigen
Greise halb nackend und blos mit Schilf bekleidet an dem Rand einer
Quelle. Ihre Gesichter drücken Ernst und stilles Bewusstsein der besonderen Gnade Gottes aus, und Sachen von der grösten Wichtigkeit
scheinen der Gegenstand ihrer Unterredung zu seyn. Um die Quelle
sind verschiedene, nach der Natur gemahlte, Pflanzen und Blumen, die
so wie alles übrige bis in das geringste détail ein wässerichtes Erdreich
anzeigen. Die Greise sind bis auf die Haare an den Armen und Beinen
äusserst fein und wahr gemahlt aber in einem etwas gothischen Geschmack der Zeichnung. Der Rabe der das Brod bringt ist abscheulich, desto schöner aber einige in der Entfernung weidende Hirsche.
Nach der Creuzigung ist dieses Gemählde meiner Einsicht nach wegen
der vortreflichen ganz in dem titianisch. Geschmack gemahlten Landschaft, das schönste und merkwürdigste.

I. Bevestigter Flügel auf der rechten Seite des Altars.
Der Märtyrer Tod des Heil. Sebastians in Lebensgrösse.

»In einem verschlossenen Ort steht der Heil. an eine Säule ange-
bunden mit verschiedenen Pfeilen durchschossen. Ein Engel, den man
in der Ferne durch ein offenes Fenster sieht, eilt in vollem Flug mit
der Märtyrer Crone auf ihn zu. Der ganze Cörper ist äusserst fleisig
und wahr gemahlt, Haar und Bart aber, sowie die ganze Ausführung
des Kopfes unverbesserlich. Die Figur ist übrigens im höchsten Grade
unedel, man erkennt in derselben eben so wenig einen Heiligen, als
einen Sterbenden, sondern blos das Ausdrucksleere, gefühllose Bildnis
eines rothköpfigten Bauers der vermuthlich dem Mahler zum Modell gedient hat. Vortreflich ist eine kleine Ecke Landschaft, die man durch
das Fenster sieht.

II. Bevestigter Flügel auf der linken Seite des Altars.
Der heilige Antonius im Bischofs Ornat in Lebensgrösse.

»Eine meisterhaft gezeichnete und gemahlte Figur, voll edlen An-
stands und Ausdrucks. In dem Gesicht, Bart, Händen und Gewand,
überall herrscht die gröste Wahrheit und Kunst. Vorzüglich schön ist
noch ein Fenster mit einer zerbrochenen Scheibe durch die ein Teufel
seine Klauen nach dem Heiligen ausstreckt. In allen bisher angezeigten

Gemählden bemerkt man augenscheinlich die nämliche Manier der Zeichnung und der Behandlung, aber in Ansehung der höheren Theile der Kunst, der Erfindung, Zusammensetzung und Bedeutung, stehen die übrigen weit unter der Creuzigung. Diese Bemerkung hat mich schon mehr als einmal auf den Gedanken gebracht, dass Albrecht Dürer blos das erste Gemählde, einer seiner Schüler aber die übrigen müsse verfertigt haben. Was dieser Muthmassung einen noch höheren Grad der Wahrscheinlichkeit gibt, ist die Verschiedenheit der Mutter Gottes Bilder deren man drey auf den angezeigten Gemählden antrift. Dürer mahlte sie, wie bekannt, vorzüglich schön und so ist in allen seinen Theilen das erste auf der Creuzigung auch sogar dem Ideal, das sich der Vater der teutschen Kunst von der Heil. Jungfrau schuf, ähnlich. Die auf dem zweyten und vierten Stuck sind ganz von der ersten verschieden und scheinen beyde nach dem nämlichen Modell, nach einer sehr blonden und nicht gar schönen Frauens Person gemahlt zu sein.

»Die Statuen in dem Innern des Altars sind von Holz und nach der Natur gemahlt. Die Bildnisse des Heil. Antonius sizend und des Heil. Augustinus und des Heil. Hieronymus neben ihm stehend sind in Lebensgrösse und wegen der feinen und meisterhaften Ausführung, besonders in den Händen, merkwürdig. Der Heil. Antonius hat seine gewöhnlichen Begleiter, die Hirten und Schweine bey sich. Die kleineren Bildnisse in halben Figuren stellen den Heiland mit seinen Jüngern vor. Einige derselben sind bis zur Täuschung wahr und lebendig, alle aber gleich den grosen so äusserst fleisig und genau ausgearbeitet, dass sie nebst den Gemählden zu denen man noch eine Begräbnis Christi, die die kleineren Statuen bedeckt, rechnen muss, diesen Altar zu einer der merckwürdigsten und seltensten Gallerien des XVI. Jahrhunderts machen [14].«

Am Ende dieser langen Beschreibung, welche mich einer eigenen überheben mag, findet sich folgende für die Datirung des Werkes höchst wichtige Notiz:

»Une note trouvée dans les Archives d'Isenheim prouve en attendent que je puisse découvrir le nom du Peintre, que ce ne fut ni Hagerich von Chur, ni Abel Stymmer et que les Tableaux sont antérieurs à l'année 1578, marquée derrière l'autel. Cette note se trouve sur une feuille volante intitulée:

---

[14]) Mehr oder minder gute Abbildungen finden sich bei: Goutzwiller a. a. O.: Die Versuchung des hl. Antonius, Antonius und Paulus in der Wüste, die Kreuzigung, der hl. Antonius, der hl. Sebastian, Grablegung; bei Ch. Blanc, histoire des peintres und A. Woltmann, Geschichte der Malerei: hl. Antonius, hl. Sebastian, Geburt Christi.

»Praeceptoria Isenheimensis ante annos quadringentos fundata Praeceptores habuit, saltem quorum nomina inventa sunt etc. Guido Guersi
Ecclesiam domum mirifice illustravit 1493 ... Auctor est Iconis ad Altare
majus, Sedilium in choro, Sacristiae, omnium fere Vertium Sacerdotalium.
Ecclesiam ampliavit nave et collateralibus inchoatis et fere perfectis, ut
ex ejus insignibus undique micantibus patet-mortuus 1516. 19. Febr.

»Les Armes de France au Sautoir de Gueule chargé de cinq vannets. Ces armes se trouvent réellement sur un des Tableaux du Maitre
Autel d'Isenheim, et par conséquent l'opinion commune qu'ils sont
d'Albert Dürer reçoit un nouveau degré de force.«

Durch diese interessante Notiz wird uns also für die Entstehung
des Werkes der Zeitraum von 1493 bis 1516 als Grenze bestimmt.

Den Beweis, dass das auf dem Altarwerk angebrachte französische
Wappen in der That dem Italiener Guido Guersi eigen war, erbringt
Ch. Goutzwiller [15]).

Die nächste Bestätigung findet nun obige Nachricht in Hans Stolz'
»Vrsprung und Anfang der Statt Gebweyler«. Die Beschreibung endet mit
dem Jahre 1540, in welchem Hans Stolz gestorben zu sein scheint [16]).

Das Originalmanuscript ist nicht mehr vorhanden, doch bewahrt
das städtische Archiv in Colmar laut gütiger Mittheilung des Herrn
Bibliothekar André Waltz noch eine Abschrift vom Jahre 1620 (Mscpt.
Nr. 529), welche ein Nicolaus Talloutsche herstellte und die Fol. 21 folgende Angabe enthält.

»Tausend fünffhundert sechzehen Jar auf Zinstag vor St. Matheysztag starb der Zepter zu St. Theinigen zu Jszenheim, er war ein frommer
man. Und liesz bauen den glockhen Thurn den hohen gabel die gewelb in der Kiirchen vnd die Thaffel auf dem from Altar, er hett
St. Theny grosz ehr erbotten.«

Des ferneren findet sich daselbst eine Copie der Chronik von
Gebweiler, die Seraphim Dietler (für die ältere Zeit unter Zugrundelegung
von Stolz' Angaben) schrieb und bis 1723 fortsetzte.

Mossmann hat seiner Versicherung nach das Dietler'sche Originalmanuscript noch in Händen gehabt; es unterschied sich von der aus
dem Jahre 1821 stammenden Abschrift nur durch Weglassung von drei
bedeutungslosen Worten. Das Manuscript (Nr. 649) betitelt sich »Chronik
der Stadt Gebwiller 1821« (Bemerkung von Stoffel: Copie de la chronique
de Seraphim Dietler) und lässt uns aus dem Jahre 1516 Folgendes ersehen: »1516: Am zinstag vor sanct Mathiastag (19. Februar) starb

---

[15]) A. a. O. Capitel XIII.
[16]) Mossmann a. a. O. Vorrede.

der ehrwürdige Herr Präceptor zu sanct Theinigen in Isenheimb; er
war ein frommer Mann; er liesse den Gloggenthurn, den hohen Gabell
undt die Gewölb in der Khurchen bauwen; die Taffeln, so überaus
khünstlich gearbeitet von dem weltberiempten Khünstler Albrecht Dürer,
Mahler und Bildhauwer zugleich liess er auch machen auff den Fron-
altar und anders mehr. Gott gebe ihm den ewigen Lohn.«

Es ist zweifellos, dass hier nur eine Erweiterung der Stolz'schen
Chronik stattgefunden hat. Gerade der Umstand, dass Stolz den Namen
des Künstlers nicht nennt, ist ein Zeichen für das höhere Alter seines
Textes. Den Chronisten der damaligen Zeit schien es vor Allem wichtig,
dass die Nachwelt den frommen Stifter des Werkes kenne, der Künstler
erschien ihnen nur als Werkzeug und der Ueberlieferung an die Nachwelt nicht werth.

Sei es nun absichtliche Fälschung, um den Werth der Gemälde
in den Augen des weniger kunstverständigen Publicums zu erhöhen,
sei es eine rein individuelle Anschauung des späteren Kopisten — genug,
der Altar wurde dem Meister zugeschrieben, der mit seinem Ruhme
die ganze Welt erfüllte.

Noch eine Stelle bringt Dr. Kraus bei, welche zeigen mag, wie
frühe schon der Name des wahren Urhebers verloren war. Er schreibt: [17])

»Eine »»Description de l'Alsace Haut-Rhin««, welche allem An-
scheine nach Seitens der französischen Regierung nach der Annexion
im 17. Jahrhundert veranlasst wurde und von der eine Abschrift in
der Stadtbibliothek zu Trier sub Nr. 1312 (Stand n. 1320) aufbewahrt
wird, hat nachstehende Angaben:

»Isenheim, deux églises qui y sont, que l'on peut appeler à tous
beaux vaisseaux. La première est une ancienne commanderie de St. Antoine, avec un hôpital toit joignant où 12 religieux français de l'ordre
des pères des anacorestes (!) font le service avec beaucoup édiffication (!).
Le Retable du maistre Autel est une chose digne de la curiosité des
plus délicats dans la peinture et sculture puisqu'il est de la main d'Albert Durer est que des seuls tableaux qui l'ornent le prince Maximilien
dernier mort père de l'électeur de Bavière d'aujourdhui en vouler donner
jusqu'a mil Ecus.«

Aus all dem bisher Gesagten ergibt sich, dass das Altarwerk vor
1516, in welchem Jahre dessen Stifter starb, entstanden sein muss und
dass der Name des wahren Autors bald vergessen und schon im
17. Jahrhundert Albrecht Dürer dafür in Anspruch genommen wurde.
Bezüglich der Entstehungszeit bin ich in der glücklichen Lage, sie ganz

---

[17]) A. a. O.

genau präcisiren zu können durch einen Fund, den ich bei einer genauen Untersuchung des Altares in Colmar machte. Am Salbengefässe der heiligen Magdalena füllen den unten abschliessenden Fries folgende Zeichen: ‾1‾5‾(‾)‾1‾5‾ unstreitig die Jahrzahl 1515; denn man wird doch nicht annehmen wollen, dass es Verzierungen sind, die sich ganz zufällig zu der noch dazu sehr zutreffenden Jahrzahl gestalteten. Die Ziffern, die der regelmässigen Form entbehren, wird sich der Meister gemäss seines Realismus als wirklich in Thon gravirt und daher weniger schwungvoll gedacht haben.

Was nun den wahren Autor des Werkes anlangt, so hat ihn das 16. Jahrhundert noch sehr wohl gekannt. Zuerst nennt ihn Bernhard Jobin im Vorwort seines 1573 erschienenen Werkes »Accuratae effigies pontificum maximorum«, wo er bei Gelegenheit der Besprechung deutscher Künstler sagt: »Mathis von Oschenburg, dessen köstlich Gemal zu Isna zu sehen.«

Das von dem Frankfurter Buchhändler Vincenz Steinmeyer 1620 herausgegebene Holzschnitzbüchlein[18]) hat eine an den »kunstverständigen Leser« gerichtete Vorrede, die folgende Stelle enthält: »Albertus Dürer, der hochberühmteste...., bei welches Lebzeiten berumpt gewesen der wunderliche künstler und Maler Mathis von Aschaffenburg, dessen künstlich Gemäld man itziger Zeit noch zu Lesheim bei Colmar, wie dann auch zu Maintz im Thumb zu Aschaffenburgk und an anderen Orten mehr findet.«

Eine weitere Bestätigung liefert, wie bereits oben erwähnt, die Beschreibung des Remigius Fesch, welche vor 1666 entstanden ist und den Künstler Mathis von Oschenburg nennt[19]).

Zweifelsohne ist nur eine Verunglimpfung des Namens Isenheim anzunehmen, wenn Sandrart sagt:

»Es soll noch ein Altarblatt in Eisenach von dieser Hand (Grünewald's) sein und darinnen ein verwunderlicher St. Antonio, worinnen die Gespenster hinter den Fenstern gar artig ausgebildet sein sollen.«

In seiner lateinischen Ausgabe nennt Sandrart den Ort, den er, wie aus Obigem erhellt, nicht selbst besucht hat, Isenacum, was er in der deutschen Ausgabe mit Eysenach übersetzt.

Die der Zeit nach nächste Notiz bringt Ichtersheim[20]) und bei ihm sehen wir nun den Namen des Künstlers schon verloren:

---

[18]) Eine Nachahmung des in den Jahren 1578—1580 und 1599 von S. Feierabend edirten Kunst- und Lehrbüchleins von F. Amman.
[19]) Siehe S. 13 der Abhandlung.
[20]) »Elsässische Topographia« 1710, II. Bd., IV. Cap., S. 30.

»Isenen, ein schöner und grosser Marktflecken, gehört dem Herrn
Herzog von Mazerini, es gehet die Landstrasse hier durch, in diesem
Ohrt ist ein Closter ordinis St. Antonii Eremitae, dergleichen wenig in
Teutschlanden in Pohlen und Moskau aber viel seyend, in dieser Kirchen
ist ein sehr kunstreicher von Holzwerk geschnitzter Altar dafür der
Anno 1674 im Land gelegene Churfürst von Brandenburg eine nahm-
hafte Summa Gelds geben wollen.«

Die verschiedenen Schreibweisen von. Isenheim dürfen nicht be-
fremden. In Baseler und Augsburger Urkunden lautet der Ortsname
bei Gelegenheit des an den älteren Hans Holbein von dort ergangenen
Auftrags Eyszenen und Isenen, was die Verwechslung Sandrarts noch
erklärlicker macht.

In unserem Jahrhundert erinnert zuerst Engelhardt[21]) wieder an
den richtigen Meister und gibt bei dieser Gelegenheit eine gute Charakteristik des eingehend besprochenen Altars. Er hebt insbesondere hervor,
dass das Colorit mehr mit dem der Italiener bei ihrer völligen Entwickelung als mit dem heiteren der alten deutschen Meister übereinstimmt.

Quandt[22]) und Waagen[23]) glaubten dagegen in den Werken mit
Bestimmtheit Schöpfungen des Hans Baldung Grien erkennen zu müssen.
Waagen sowohl als Bartsch[24]) fällt die in der That herrschende Aehn-
lichkeit in der Landschaft mit Altdorfer auf; letzterer nimmt bereits
wieder Grünewald als Maler an, will aber dreierlei Hände, darunter die
Dürer's im Werke erkennen.

Auch von Hefner-Alteneck, der 1866 die Gemälde mit Woltmann be-
sichtigte, sprach sich entschieden für Grünewald aus[25]), während damals
Woltmann rückhaltlos für Hans Baldung Grien Partei nahm und diese
Ansicht auch in der Zeitschrift für bildende Kunst (I. S. 257 ff.) niederlegte.

Bald bekehrte sich Woltmann zur richtigen Ansicht und vertrat sie
seitdem mehrmals in der Oeffentlichkeit[26]). Seine allerwärts anerkannten
Ausführungen fanden nur Widerspruch bei Ch. Goutzwiller, der die Bilder für
italienisch hält und dessen Ansichten man wohl auf sich beruhen lassen kann.

---

[21]) Kunstblatt 1820, S. 413.
[22]) Kunstblatt 1840, S. 322.
[23]) Kunst und Künstler in Deutschland, II. Bd., S. 307.
[24]) Kunstblatt 1844, S. 151.
[25]) Goutzwiller a. a. O., Cap. XIII.
[26])˜ Zeitschrift für bildende Kunst VIII, S. 321. Geschichte der deutschen
Kunst im Elsass, 1876. Kunst und Künstler des Mittelalters und der Neuzeit von
Dohme, X. Allgemeine deutsche Biographie X, S. 52. Geschichte der Malerei, Bd. II,
S. 436. Um zu oftes Citiren Woltmann's zu vermeiden, möge der Hinweis auf diese
Werke auch für die Belege genügen, welche er der älteren Litteratur entnahm.

(Schluss folgt.)

Jugendwerke des Benedetto da Majano.

Seine Thätigkeit in den Marken. — Ausführung des Grabmals der Maria von Arragonien in der Chiesa di Montoliveto zu Neapel.

Von **W. Bode.**

Die Marken Italiens haben an der Entwicklung der bildenden Künste nur einen unbedeutenden Antheil genommen; abgesehen vom Kunsthandwerk, von dem ein Zweig, die Majolicafabrication, hier ihren Hauptsitz hatte, kann dieser Theil Italiens nur Einen grossen Künstler aufweisen, den Melozzo da Forli; aber auch dieser ist nicht in den Marken, sondern wesentlich unter florentinisch-umbrischen und niederländischen Einflüssen gross geworden. Die politischen Verhältnisse dieser Provinz mussten jede gedeihliche Entwicklung unmöglich machen: die kleinen Tyrannen, die sich unter einander auf's heftigste befehdeten, und in deren Häusern heimtückischer Mord in allen Formen epidemisch war, mussten zu ihrem Schutz Bundesgenossen in ihren mächtigen Nachbaren suchen, deren Beute sie schliesslich wurden. Ehe jedoch diese Einverleibung der Marken in den Kirchenstaat, in das Herzogthum Urbino und in die Republik Venedig vor sich ging, entfaltete sich an den kleinen Tyrannenhöfen, deren Herrscher sich in ihren ununterbrochenen Fehden zu den gesuchtesten Condottieren Italiens ausbildeten, wenigstens vorübergehend ein gewisses geistiges Leben, an dem auch die Künste mit Theil nahmen; vornehmlich in Rimini, dem Sitz der Malatesta, des angesehensten Geschlechts in den Marken. Hier war es Sigismondo Malatesta, der um sich eine Reihe von Litteraten und Künstlern zu seiner Verherrlichung zu versammeln bemüht war. Der Antheil der bildenden Künste concentrirte sich auf seinen Tempel, auf den Umbau von San Francesco zu Rimini, zu dem ihm Leo Battista Alberti den Entwurf machte und dessen Ausführung Matteo de' Pasti leitete. Bei der Ausschmückung fiel der Löwenantheil der Plastik zu; für dieselbe

gewann Alberti ausschliesslich florentiner Künstler [1]): den bejahrten
Ciuffagni, Agostino di Duccio und wahrscheinlich auch den Simone
Fiorentino (Simone Ferrucci) — freilich Künstler zweiten Ranges, denen
es in Florenz selbst schwer wurde, sich neben ihren grossen Lands-
leuten glücklich zu behaupten, oder die, wie Agostino, ausser Landes
verwiesen waren.

Neben dieser älteren, wesentlich unter Donatello's Einfluss gross
gewordenen Gruppe florentiner Bildhauer finden wir etwas später
zwei Bildhauer einer florentiner Künstlerfamilie, Giuliano und Benedetto
da Majano, in den Marken thätig. Wie für jene, so besitzen wir auch
für die Thätigkeit dieser Künstler bisher nur ganz geringen, oberflächlichen Anhalt; wir sind hier fast ganz auf einige wenige Notizen Vasari's angewiesen. In seinem Leben des Giuliano da Majano sagt derselbe, dass dieser Künstler im Auftrage des Papstes Paul II. den Umbau
der Kirche von Loreto begonnen und dass Benedetto denselben vollendet
habe durch Wölbung der Kuppel über der Kirche. Des Weiteren berichtet er im Leben des Benedetto, den er irrthümlich zum Neffen
(statt zum jüngeren Bruder) des Giuliano macht, dieser habe schon als
Jüngling in Loreto, als er mit seinem Onkel Giuliano dort war, für die
Sacristei einen Brunnen mit Engeln aus Marmor gearbeitet (Vasari ed.
Milanesi, III. S. 335). Während er hier von Benedetto's Bauthätigkeit
in Loreto nichts wieder erwähnt, sagt derselbe (S. 337 f.) über seine
weitere Thätigkeit in den Marken: »In Faenza fece una bellissima
sepoltura di marmo per il corpo di San Savino . . . Onde prima che par-
tisse di Romagna, gli fu fatto fare il ritratto di Galeotto Malatesta.«

---

[1]) Dass gerade Agostino di Duccio am plastischen Schmuck von San Francesco
hervorragend betheiligt war, habe ich in der letzten Ausgabe des Cicerone (1879)
zuerst ausgeführt, soweit es in den Rahmen dieses Buches passte. Angedeutet hatte
ich es schon in einem 1878 in der »Zeitschrift f. bild. Kunst« und kurz darauf in
Uebersetzung in »l'Art« erschienenen Briefe über die Renaissancebildwerke der Tro-
cadero-Ausstellung zu Paris, worin ich zugleich einige andere Werke des Agostino
auf jener Ausstellung, in Florenz u. s. f., diesem Meister zurückzugeben versuchte.
Auf eine Anfrage, welche Herr Charles Yriarte in Folge dieses Briefes an mich
richtete, habe ich demselben ausführlich mitgetheilt, wesshalb ich gerade diesen
Künstlern die Sculpturen in San Francesco zuschriebe, und wie sich diese unter
ihnen vertheilen. In seinem 1882 erschienenen interessanten und anregend geschriebenen Buche »Rimini, Etudes sur les lettres et les arts à la cour des
Malatesta« hat Yriarte, wie ich sehe, seine eigenen, mir brieflich mitgetheilten,
sehr abweichenden Ideen aufgegeben und jene meine Ansicht im Wesentlichen
acceptirt, freilich mit starker Ueberschätzung des Agostino. Trotzdem gibt er sie
als seine und obenein als völlig neue Ansicht; meine Arbeiten citirt er nur einmal,
und zwar, um mir einen Irrthum in Bezug auf ein Jugendwerk des Agostino
nachzuweisen.

Jener Sacristeibrunnen in Loreto ist uns erhalten; er befindet sich in der von Signorelli mit Fresken ausgeschmückten sogenannten hl. Capelle, welche Giuliano mit Intarsiageschränk von einfacher, vornehmster Zeichnung versah. Die beiden Engel, welche den plastischen Schmuck des Brunnens ausmachen, zeigen schon die schönen Formen und den lieblichen Ausdruck der jugendlichen Gestalten Benedetto's; nur erscheinen sie noch etwas befangener, weniger voll und weniger weich im Faltenwurf, als wir Benedetto zu sehen gewohnt sind. Dieser Charakter würde mit Vasari's Angabe, dass sie Jugendarbeiten des Künstlers seien, übereinstimmen [2]). In Loreto befinden sich ferner aussen über der Thür dieser wie der übrigen Sacristeien die Gestalten der Evangelisten im Hochrelief; zwei derselben bemalt und glasirt (weiss auf blauem Grunde), die anderen beiden, wie es scheint, aus Thon oder Stuck und bemalt. Mit dem alten Luca della Robbia, dem sie zugeschrieben werden, haben sie nichts gemein; vielmehr scheinen sie mir die Hand des Benedetto zu verrathen, der freilich auch hier, wie in den Engeln des Marmorbrunnens, noch jugendlich befangen und herber erscheint als in seinen bekannten Werken in Florenz und San Gimignano. Dass zwei dieser Reliefs glasirt sind, hat durchaus nichts Auffallendes, und wir brauchen desshalb keineswegs anzunehmen, dass Benedetto in das Geheimniss der Robbias eingeweiht gewesen wäre. Denn wir haben eine Reihe von Beispielen, die uns beweisen, dass Luca sowohl wie sein Neffe Andrea gern bereit waren, gelegentlich die Arbeiten befreundeter Künstler in ihrer Werkstatt glasiren zu lassen.

· Dass diese Werke Benedetto's in Loreto, wenn überhaupt in die Zeit der Regentschaft von Sixtus IV., so jedesfalls in den Anfang derselben fallen, beweist der Vergleich derselben mit einem anderen Jugendwerk Benedetto's in den Marken, das schon eines seiner Meisterwerke genannt zu werden verdient: der von Vasari beschriebene Sarkophag des hl. Savinus im Dom zu Faenza. Freilich macht G. Milanesi grade in seiner neuen Auflage des Vasari die Angabe, dass diese Arbeit im Jahre 1493 ausgeführt sei; doch sollen — nach mündlicher

---

[2]) Ueber die Zeit der Entstehung dieser und der übrigen Arbeiten Benedetto's wie des Giuliano in Loreto fehlen uns genaue Angaben. Das Rovere-Wappen, welches, theils mit der Tiara, theils mit dem Cardinalshut, in sämmtlichen Sacristeien, die capellenartig in den Pfeilern der Kuppel angelegt sind, angebracht ist, macht es wahrscheinlich, dass dieselben erst unter Papst Sixtus IV. entstanden oder wenigstens vollendet sind. Ricci's Angabe, dass wahrscheinlich Sixtus' Neffe, Giuliano della Rovere die Sacristeien im Jahre 1478 habe erbauen und ausschmücken lassen, ist sicher nicht richtig, da die Brüder da Majano von 1475—1481 urkundlich in Florenz nachweisbar sind, wo sie im Palazzo Vecchio thätig waren.

Mittheilung eines Domgeistlichen in Faenza — die Urkunden des Domes
ergeben, dass das Werk 1468 durch Giovanna Manfredi gestiftet und etwa
1471 und 1472 durch Benedetto da Majano ausgeführt wurde. Damit
stimmt der Charakter der Arbeit, welche durch die treffliche Photographie
Alinari's jetzt hoffentlich mehr nach Verdienst gewürdigt werden wird.
Die Reliefs mit Scenen aus dem Leben des Heiligen sind von einer
Frische in der Erzählung, sind so klar componirt und von einem so
malerischen Reiz trotz der ausserordentlich fleissigen Ausführung, dass
sie darin die verwandten und wohl nur wenige Jahre späteren Reliefs
der Kanzel in Sta. Croce zu Florenz noch übertreffen. Die jugendliche Mässigung und Strenge in der Formenbehandlung und Gewandung
zeigen am deutlichsten die beiden Heiligengestalten im Relief am Sarkophag, sowie die köstlichen Statuetten der Verkündigung, die auffallend an Bernardo Rossellino's gleiche Figuren in Empoli erinnern.
Das Vorbild eines der beiden Rossellino macht sich auch in der Form des
Sarkophags geltend, bei welchem Benedetto ein Jugendwerk des Antonio
Rossellino (wie ich vermuthe) i· nächster Nachbarschaft von Faenza,
den jetzt im Museum des Ginnasio zu Forli aufgestellten Sarkophag des
hl. Marcolinus vom Jahre 1458, sich zum Muster nahm. Besonders streng
ist, den übrigen bekannten Werken Benedetto's gegenüber, namentlich
auch die Decoration des Ganzen; doch erscheint der Künstler hierin
mehr als Nachfolger des Desiderio wie der beiden Rossellino; die Pflanzendecoration der Pilaster sammt ihren Vasen, aus welchen sie sich entwickelt, ist in der Zeichnung und den etwas mageren Formen ganz
denen von Desiderio's Tabernakel in San Lorenzo zu Florenz verwandt;
ebenso wie der Fruchtkranz, welcher das Halbrund schmückt, die
Capitelle u. s. f. im Charakter der gleichen Decorationen Desiderio's in
Sta. Croce und San Lorenzo gehalten sind. In der eigenthümlichen
Bildung des Rankenwerks am äussersten Pilaster, welcher rechts die
Relieftafeln abschliesst, zeigt sich sogar noch der Einfluss von Donatello's
wirkungsvoller, aber etwas schwerfälliger Decorationsweise.

Was aus der Büste (»ritratto«) des Galeotto Malatesta geworden
ist, welche Benedetto nach Vasari's Angabe gleichzeitig ausgeführt
haben soll, ist nicht bekannt. Muthmasslich hat sich Vasari — wie
ich gleich ausführen werde — im Namen des Malatesta geirrt, da kein
Galeotto Malatesta zu Benedetto's Zeit lebte. Seine Mittheilung, dass
Benedetto für die Malatesta beschäftigt war und ebenso die Verbindung
desselben mit der Herrscherfamilie von Faenza, mit den Manfredi,
haben mich auf die Vermuthung gebracht, dass zwei andere etwa
gleichzeitige Bildwerke in den Marken, das Grabmal der Barbara Manfredi in San Biagio zu Forli, sowie das Grabmal des Sigismondo Mala-

testa in San Francesco zu Rimini Jugendwerke des Benedetto da Majano sein könnten. Die junge Barbara, Gattin Pino's II. Ordelaffi, Herrn von Forli, starb 1466 im dreiundzwanzigsten Jahre. Ihre Mutter, Giovanna Manfredi, machte 1468 die Stiftung, aus welcher wenige Jahre darauf Benedetto der Auftrag auf den Altar und das Grab des hl. Lavinius ertheilt wurde. Der Gedanke, dass der Künstler des einen Monuments auch berufen wurde, ein zweites Denkmal für dieselbe Familie herzustellen, liegt also nahe. Es fragt sich daher nur, ob wirklich die künstlerische Eigenart des Grabmals der Barbara eine solche Annahme nicht ausschliesst.

Das Denkmal zeigt ein einfaches Nischengrab mit zierlicher Pflanzendecoration, in einem Halbrund abschliessend, welches ein Madonnenrelief mit je einem Cherub zur Seite schmücken; in der Nische auf hohem viereckigem Untersatz, an dem zwei sitzende Putten die Inschrift halten, ruht die Todte in sanftem Schlummer; die Wand ist mit einem gerafften Teppich bedeckt. Das Grabmal zeigt also durchaus den florentinischen Typus, wie er durch Bernardo Rossellino und Desiderio da Settignano ausgebildet war. Auf Desiderio's Vorbild insbesondere geht auch die ganze Decoration des Monuments zurück: das zierliche, noch etwas magere Pflanzengewinde der Pilaster, das sich aus einer schöngeformten Vase entwickelt, ist denen ganz ähnlich, die wir am Grabmal Marzuppini und am Tabernakel in San Lorenzo sehen. Die hängenden Fruchtgewinde am Sockel, der Fruchtkranz um das Madonnenrelief, der Palmettenfries und die spielend zierlichen Capitelle tragen in ihrer Erfindung wie in ihrer etwas scharfen, für den Standpunkt sehr fein berechneten Ausführung den gleichen auf Desiderio's Vorbild zurückgehenden Charakter. Dasselbe gilt aber auch von dem figürlichen Schmuck. Madonna und Kind nähern sich in Haltung, Anordnung, ja theilweise selbst in der Gewandung und im Ausdruck dem Madonnenrelief des Marzuppini-Grabes. Die holden Cherubim zur Seite des Reliefs hat der Künstler, statt der sonst gebräuchlichen verehrenden Engel, des beschränkten Raumes wegen gewählt, wie es auch Desiderio im Abschluss seines bekannten Tabernakels gethan hat. Die Anordnung der Gestalt der Todten, deren individuelle Bildung ebensoviel Geschmack als feinen naturalistischen Sinn bezeugt, entspricht der des Marzuppini. Auch die Engel am Sockel, wie so häufig in Florenz in ihrer Anordnung denen an Donatello's Grabmal Papst Johann's XXIII. im Battistero zu Florenz nachgebildet, verrathen in ihren etwas eckigen, aber lieblichen Formen Desiderio's Einfluss.

Damit, dass wir das Grabmal der Barbara Manfredi auf einen Florentiner und speciell auf einen Nachfolger des Desiderio zurückführen können,

ist allerdings noch keineswegs bewiesen, dass Benedetto da Majano
der Verfertiger desselben sei. Denn von Benedetto ist es gar nicht
einmal überliefert, dass er ein Schüler Desiderio's war; und aus seinen
bezeugten Werken ist zwar abzunehmen, dass er unter dem Einflusse der
beiden Rossellino sowohl als des Desiderio aufwuchs, aber zum eigentlichen Schüler des letzteren kann man ihn nach jenen Werken allein kaum
erklären. Auch zeigt ja das Monument des San Savino, welches wir oben
als das älteste zweifellose Werk des Benedetto nachzuweisen suchten,
bereits sehr ausgesprochen den eigenartigen Charakter Benedetto's, wenn
auch noch sehr gehalten, voll Maass und Ernst. Dem gegenüber müssen
wir aber, glaube ich, daran festhalten, dass das Grabmal der Barbara
etwa fünf Jahre früher entstanden ist als das des hl. Savinus, ein Zeitraum welcher in der Jugendzeit eines Künstlers einen wesentlichen
Unterschied in seiner Entwicklung auszumachen pflegt. Wenn Benedetto
mit vier- oder fünfundzwanzig Jahren das Grabmal der Barbara Manfredi
ausführte, so hatte er damals gewiss noch nicht seine Eigenart
scharf ausgebildet, zumal wenn er — wie Vasari, mit allem Anschein
der Wahrheit, angiebt — unter der Aufsicht seines älteren Bruders
Giuliano zunächst als Intarsiator ausgebildet und beschäftigt wurde.
Wenn man dies berücksichtigt, lässt doch der Vergleich des Barbara-
Grabes mit dem Monument des hl. Savinus, obgleich letzteres wesentlich als Altar gedacht ist, sowie selbst mit späteren Arbeiten Benedetto's
soviel verwandte Eigenthümlichkeiten bestehen, dass ich meine Benennung nicht für zu gewagt halten möchte. Man vergleiche den Aufbau,
die Decoration der Pilaster, welche dem des einen Pilasters links am
San Savino-Denkmal fast genau entspricht; man bemerke, wie der Kranz
um das Madonnenrelief dem Eichenkranz am Sarkophag des San Savino
gleicht, und wie die beiden Cherubim daneben in beiden Monumenten in
der gleichen Weise zur Raumausfüllung angebracht sind. Auch der
figürliche Schmuck des Grabmals, das in seinen durchweg glücklichen
Verhältnissen und seiner zierlichen Decoration trotz aller Verwandtschaft mit älteren florentiner Monumenten doch einen eigenartigen, hervorragenden Künstler verräth, lässt sich sehr wohl mit Benedetto's bekannten Bildwerken zusammenreimen. Die holden Engelsköpfe neben dem
Madonnenrelief sind genau so angebracht wie am Deckel vom Sarkophag
des hl. Savinus und haben einen ähnlichen Typus. Auch Maria
und das Kind haben jenen lieblichen, schwärmerischen Ausdruck, der
Benedetto eigenthümlich ist, freilich noch mit einer etwas herben Formenbehandlung und einem fast schüchternen Zug, der die Abhängigkeit
von Desiderio verräth. Am abweichendsten sind die Engel, die wohl
einer der ähnlichen unter Donatello's Vorbild entstandenen Arbeiten in

Florenz (etwa den Engeln am Sarkophag des Orlando de' Medici in der
S^{ma} Annunziata) nachgebildet sind. Die Figur der schönen jungen Todten
ist ganz ausserordentlich reizvoll in der Anordnung wie in der Durchführung, namentlich von Kopf und Händen. Grade Benedetto hat eine
ganz ähnliche, freilich bisher nicht als sein Werk erkannte Gestalt geschaffen, die Grabfigur der Maria von Arragon in deren schönem, dem
Antonio Rossellino zugeschriebenen Monumente der Ch. di Montolivéto
in Neapel, auf das ich zum Schluss näher eingehen werde. Freilich
zeigt diese um dreizehn oder vierzehn Jahre später entstandene Arbeit
den Künstler schon in seiner vollen Weichheit und Fülle der Formen
wie der Gewandung.

Der Besteller des Grabmals der Barbara Manfredi, ihr Gatte Pino
Ordelaffi, liess gleichzeitig — wie das Alter des Dargestellten beweist —
eine grosse Marmorbüste in voller Rüstung von sich ausführen, die in der
Sammlung des Ginnasio zu Forli aufbewahrt wird. Dass sie der Künstler
jenes Grabmals ausführte, also Benedetto — wenn ich ihm dasselbe
mit Recht zuschreibe — ist schon desshalb sehr wahrscheinlich, weil
die Marken selbst nicht über eigene Bildhauer verfügten und die
Herbeiziehung eines tüchtigen Ausländers stets seine Schwierigkeiten
hatte. In der That zeigt aber die Büste, trotz des erbärmlichen Zustandes, in dem sie sich befindet (Nase, Unterlippe und beide Augen-
brauen sind modern ergänzt, die Haare und andere Theile arg zer-
stossen), durchaus florentiner Charakter: freie Haltung, lebensvolle
Anordnung, nur im Ausdruck noch etwas jugendliche Befangenheit.
Am meisten erinnert sie mich, soweit jetzt noch ein Urtheil zulässig
ist, an die irrthümlich dem A. Pollajuolo zugeschriebene Thonbüste
eines jungen Mannes im Museo Nazionale zu Florenz, die gleichfalls
mit Benedetto grosse Verwandtschaft zeigt.

Dem Meister des Grabmals der Barbara muss mit Bestimmtheit
ein in Florenz erhaltenes Bildwerk zugeschrieben werden, das Marmor-
relief der Maria mit dem Kinde in der Via della Chiesa. Dasselbe ist
nämlich, worauf mich kürzlich Herr Dr. H. von Tschudi aufmerksam
machte, eine treue Wiederholung des Madonnenreliefs in jenem Grabmal, nur dass letzteres in das Rund componirt ist. Ich habe dasselbe
früher [3]) mit unter den Arbeiten der Werkstatt des Verrocchio aufgezählt,
die auf dessen bekanntes Madonnenrelief im Bargello zurückgehen. Doch
hat mich der wiederholte Vergleich desselben mit dem Madonnenrelief
in Desiderio's Grabmal Marzuppini überzeugt, dass es vielmehr einem
Nachfolger des Desiderio angehört, wenn derselbe auch — wie Benedetto

---

[3]) Vgl. Jahrbuch der Kgl. preuss. Kunstsammlungen 1882, S. 92.

namentlich in seiner vollen bauschigen Gewandung und dem schwärmerischen Liebreiz seiner jugendlichen Köpfe zu bezeugen scheint — einen
gewissen Einfluss von Verrocchio mit in sich aufgenommen hat. Wir
haben also auch dieses Madonnenrelief, wenn mein obiges Raisonnement
richtig war, als eine Jugendarbeit des Benedetto anzusehen. Jedenfalls
wird durch dasselbe der Beweis erbracht, dass der Künstler des Manfredi-
Monumentes ein Florentiner war.

In den Marken, und zwar in unmittelbarer Nähe von Forli, ist
noch ein zweites Grabmal, das gleichzeitig mit dem Denkmal der Barbara Manfredi entstand und demselben so ähnlich ist, dass es nicht
nur zweifellos auf einen florentiner Bildhauer, sondern auch auf dieselbe Hand wie jenes schliessen lässt: das Grabmal des Sigismondo
Malatesta in San Francesco zu Rimini. Dasselbe steht jetzt gleich
beim Eingang in die Kirche, zur Rechten. Ob es von vornherein für
diesen Platz bestimmt oder hier aufgestellt war, scheint mir zweifelhaft; jedesfalls ist dasselbe jetzt unvollständig, da für das unange-
nehm störende leere Halbrund sicherlich irgend ein Schmuck, wahrscheinlich ein Madonnenrelief, vorgesehen war. Inmitten der reichen
und schwerfälligen Decoration Alberti's und seiner Mitarbeiter, welche
— wie ich oben schon hervorhob — den massigen und derben Charakter der aus gothischen Elementen sich herausarbeitenden Decorationsweise Donatello's verräth und diese theilweise selbst in das Plumpe
ausgeartet zeigt, fällt das Grabmal des stolzen Gründers dieser Kirche
durch seine Einfachheit und seine zierliche Decoration sofort als das
Werk einer neuen, der jüngeren florentiner, mit Desiderio voll in's
Leben tretenden Künstlergeneration in's Auge. Charles Yriarte freilich
urtheilt anders. Nach ihm (»Rimini« S. 207) soll Sigismondo sein Grabmal bei seinen Lebzeiten nach Alberti's Zeichnung haben errichten
lassen; wenn man auch nicht jenes Zeugniss dafür hätte [dass Alberti's
Bildniss, als Reliefportrait, über dem Grabmal gegenüber von dem Sigismondo's angebracht sein soll], so würde man doch schon die Signatur
des Meisters in den Palmetten des Frieses erkennen. Diese »Signatur
Alberti's« ist eine ganz neue Entdeckung Yriarte's; einen ähnlichen
Palmettenfries wird man vergeblich sowohl in San Francesco als in
allen anderen beglaubigten Bauten Alberti's suchen. Um Yriarte's Behauptung zu widerlegen, verweise ich nur auf die von ihm selbst gegebene Abbildung auf S. 272 seines Werkes [4]).

---

[4]) Yriarte stützt seine Behauptung, dass das Grabmal schon zur Zeit des
Baues von San Francesco durch Alberti entworfen und damals ausgeführt worden
sei, auf den Umstand, dass über dem Grabmal die Reliefbildnisse des Sigismondo
und des Alberti als Gegenstücke angebracht seien. Aber abgesehen davon, dass

Das Grabmal des Sigismondo Malatesta ist ein Nischengrab, wie das der Barbara Manfredi, jedoch ganz ohne figürlichen Schmuck. Von den Abweichungen abgesehen, die dadurch bedingt und die wieder in durchaus künstlerischer und origineller Weise gelöst sind, zeigen sich beide Monumente im Aufbau wie in der Decoration auf's engste verwandt. In einzelnen kleinen Verschiedenheiten, wie in der Bildung des Frucht-kranzes um den halbrunden Abschluss, in den dicken Fruchtguirlanden, welche zur Seite des Monuments herabhängen, in der Gruppirung und im Binden des Fruchtkranzes am Untersatz des Sarkophags und in der Bildung der Capitelle ist die Verwandtschaft mit Desiderio's Werken womöglich noch grösser, als bei dem Grabmal der Barbara. Uebrigens stimmen die Zeichnung der Untersätze, die Profilirung und die meisten Details der Architektur beider Grabmäler, der Palmettenfries (die »Sig-natur« des Alberti, wie ihn Herr Yriarte nennt), die aus kleinen Vasen aufsteigenden Pflanzenornamente der Pilaster fast genau über-ein. Doch erscheint fast durchweg das Grabmal der Barbara in Zeich-nung und Ausführung feiner und zierlicher, so dass demnach die frühere Ausführung des Grabmonuments in San Francesco und damit Yriarte's leider sonst durch keinen sicheren Anhalt zu stützenden Be-hauptung, Sigismondo habe sein Grabmal sich noch vor seinem Tode (1468) selbst errichten lassen, wahrscheinlich wird. Für meine Ver-muthung, dass wir in beiden Denkmälern Jugendwerke des Benedetto da Majano vor uns haben, mache ich noch besonders auf die Verwandt-

---

ich das letztere nicht habe verificiren können, weil es hinter einem Thürvorbau versteckt ist, haben diese Reliefs, die nicht einmal als Gegenstücke gedacht sind, da sie sich nicht ansehen, gar keine Beweiskraft für das Grabmal, weil sie nicht in der geringsten Verbindung damit stehen. Ein eigenes Geschick hat der Verfasser übrigens mit seiner Abbildung dieser beiden Porträts gehabt: der Be-schauer wird sich verwundert fragen, wo denn in diesen beiden kahlköpfigen Alten die Aehnlichkeit mit den bekannten Zügen von Sigismondo Malatesta und L. B. Al-berti liegen solle? Das Räthsel löst sich sehr einfach: der Zeichner konnte auf der Photographie, nach der er zeichnete, das Reliefporträt des Sigismund nicht erkennen; das des sog. Alberti fehlte aber auf der Photographie, da es durch die Thür verdeckt wird; er nahm also das erste beste Porträt und zwar, wie es scheint, das des Federigo von Urbino, welches er gerade in Arbeit hatte (S. 276) und setzte es in beide Reliefs! Aehnliches Unglück scheint Herr Yriarte in der Wiedergabe der Inschrift am Sarkophag mit dem Setzer gehabt zu haben. Die Inschrift lautet:
SVM. SIGISMVNDVS. MALATESTA. E. SANGVINE. GENTIS.
PANDVLFVS. GENITOR. PATRIA. FLAMINIA. EST.
VITAM. OBIIT. VII. ID. OCTOB. ETATIS. SVE. ANN. I. ET. L. MENS. III. D. XX. ET
MCCCCLXVIII.
Damit vergleiche man Yriarte's Abschrift auf S. 207! Leider sind andere Inschriften seines Buches, die ich zufällig mit den Originalen habe vergleichen müssen, in ähnlicher Weise entstellt.

schaft aufmerksam, welche die Profilirung und die Erfindung der architektonischen Details des Malatesta-Grabmals mit bezeugten, obgleich
wesentlich späteren Arbeiten Benedetto's aufweist, wie namentlich die
berühmte Prachtthür in der Sala dell' Udienza des Palazzo Vecchio zu
Florenz. Mit den Monumenten keines anderen Meisters dieser Epoche
zeigt dasselbe auch nur entfernt solche Verwandtschaft. Selbst Benedetto's eigenthümliche sternartig an einander gereihte Blumendecoration
und der Schmuck der inneren Leibung jener Thür finden sich auch
schon am Grabmal Sigismondo's.

In Verbindung mit diesem Grabmal muss auch die bekannte Marmorbüste, jetzt im Campo Santo zu Pisa, welche man herkömmlich
als die Büste von Sigismondo's Gattin Isotta bezeichnet, wenigstens
erwähnt werden. Die Richtigkeit der Benennung dieser Büste ist
neuerdings angezweifelt worden. Freilich mit jener anmuthigen Erscheinung der jungen Frau mit dem feuchten Blick, dem zierlichen
Mund und den weichen, vollen Formen, wie wir sie aus den berühmten Medaillons des Matteo de' Pasti und des Vittore Pisano vom
Ende der vierziger Jahre kennen, hat diese knochige Matrone mit ihren
scharf ausgesprochenen, herben Formen, dem grossen Mund und den
Glotzaugen keine Aehnlichkeit. Aber wenn wir das spätere Profilrelief
der alten Sammlung Nani betrachten, das (nach der Abbildung, in welcher
dasselbe allein bekannt ist; vgl. Yriarte, »Rimini« S. 153) mit Wahrscheinlichkeit schon durch Yriarte auf Agostino di Duccio zurückgeführt
ist, so begreift man sehr wohl, wie dieselbe Frau etwa zwölf Jahre
später die Formen zeigen konnte, welche die Pisaner Büste verewigt.
Dass dieselbe nicht von Mino da Fiesole herrührt, der als Verfertiger der
Büste genannt wird, beweist der Vergleich mit den sehr charakteristischen
bezeugten Arbeiten aus dessen früherer Zeit. Mich erinnert die Auffassung und Behandlung vielmehr an den Künstler der Marmorbüste
des Pino Ordelaffi und der Grabmäler Manfredi und Malatesta, die
wir oben besprochen haben, also an Benedetto da Majano, wenn ich
denselben richtig in diesen Arbeiten erkannt habe. Dafür spricht auch
die etwas scharfe, kantige Behandlung, auch in dem Ornament des
Costüms, das gleichfalls an die Decoration jener Denkmäler erinnert.
Mit der Zeit der Enstehung der Büste würde diese Bestimmung sich
gleichfalls sehr wohl vereinigen lassen, da die Büste die Isotta, welche
(nach ihrem Alter auf den Medaillons von 1446) um 1420—1422 geboren wurde, als eine Frau von einigen vierzig Jahren erkennen lässt.

Wenn ich jene beiden Grabmäler und die anscheinend mit ihnen
in Verbindung stehenden Bildwerke nur mit einiger Wahrscheinlichkeit

auf Benedetto, für den eine längere Thätigkeit in den Marken grade
in seiner früheren Zeit bezeugt ist, zurückzuführen wage, so kann ich
mit um so grösserer Entschiedenheit ein sehr umfangreiches und berühmtes
Denkmal des Quattrocento, welches bisher unangefochten dem Antonio
Rossellino zugeschrieben wird, das Grabmal der Maria von Arragon
in der Chiesa di Montoliveto zu Neapel, für eine Arbeit des Benedetto
da Majano erklären, und zwar für ein Werk aus dessen mittlerer Zeit.
Freilich kann es mir nicht einfallen, dem Antonio die Erfindung dieses
herrlichen Monuments zu bestreiten: ist dasselbe doch im Wesentlichen
eine Copie vom Grabmal des Cardinals von Portugal in San Miniato
über Florenz, das Antonio 1461—1466 ausführte, und wurde ausdrücklich als Copie nach diesem vom Gemahl der 1470 jung verstorbenen
Tochter des Königs Ferrante bei Antonio in Auftrag gegeben. Aber
wir wissen jetzt auch, dass Antonio diesen Auftrag nur theilweise oder
überall nicht ausführte; denn wie eine Note in Milanesi's Ausgabe des
Vasari (III. S. 95, Anm. 2) besagt, verlangte Antonio Piccolomini, Herzog von Amalfi, der Gemahl der Maria von Arragon, 1481 von den
Erben des Antonio Rossellino die Auszahlung von 50 Goldgulden »in
restituzione di quel di più che aveva pagato all' artefice pel detto
lavoro«.

Diese Notiz veranlasste mich kürzlich, das Grabmal, dessen Gestalten ich schon früher gar nicht recht mit Rossellino's bekannten
Bildwerken hatte zusammenreimen können, näher daraufhin anzusehen,
wie weit Antonio's Arbeit darin zu erkennen sei, und wer etwa das
Werk vollendet haben könne. Jetzt, wo ich nicht mehr von dem Vor-
urtheil beherrscht war, die Arbeit müsse von Rossellino sein, erkannte
ich auf den ersten Blick den Verfertiger des Denkmals: jede Figur,
jede Gewandfalte verräth Benedetto da Majano und zwar so unzwei-
deutig, dass ich nur einige von dessen Werken, die etwa gleichzeitig
entstanden, namhaft zu machen brauche, um — wie ich hoffe — für jeden
Beschauer die gleiche Ueberzeugung zu erwecken. Die Madonna in einem
Fruchtkranz, welchen zwei Engel schwebend tragen, ist zwar genau in
Haltung, Anordnung und Gewandung nach Rossellino's Madonna am
Grabmal in San Miniato copirt: dennoch gleicht sie ihr keineswegs; Mutter
und Kind sind vielmehr nach denselben Modellen gearbeitet, nach denen
Benedetto 1480 die Thonstatue der Madonna (unter dem Namen »Madonna
dell' Ulivo« bekannt) fertigte, die jetzt im Dom zu Prato steht. Auch das
Kind in dem Madonnenrelief des Fina-Altars zu San Gemignano zeigt
noch fast die gleichen Züge. In den Engeln darunter, den schwebenden
sowohl als den knieenden, hat sich der Copist schon weniger treu an sein
Vorbild gehalten und lässt sich desshalb um so weniger in seiner scharf

ausgeprägten Eigenthümlichkeit verkennen. Wie für die Madonna, so fehlt es auch für die Engel nicht an unmittelbaren Vergleichen unter den verhältnissmässig zahlreichen Werken Benedetto's: man stelle mit den knieenden Engeln im Grabmal die Leuchter haltenden Engel neben dem Tabernakel in San Domenico zu Siena zusammen; die schwebenden Engel dort mit dem ähnlich bewegten Engeln an den Grabmälern der hl. Fina und des hl. Bartolus in der Collegiata zu San Gemignano oder auch mit den anbetenden Engelgestalten auf dem Tabernakel in der Badia zu Arezzo, in den mir gleichfalls die Hand des Benedetto nicht zu verkennen zu sein scheint, wenn auch ein Theil desselben von Handwerkern ausgeführt wurde. Am auffallendsten gleicht aber der eine der knieenden Engel wieder einer ähnlichen Engelsgestalt, wahrscheinlich aus der Capella dell' Ulivo in Prato, jetzt im Besitz des Herrn Senator Morelli zu Mailand [5]). In dem kleinen Auferstehungsrelief, welches hier im Grabmal der Maria von Arragon an die Stelle jenes Schmuckthürchens aus orientalischem Alabaster im Grabmal des Cardinals getreten ist, lässt Benedetto noch weniger sich verkennen; man vergleiche zum Beweise das kleine Relief der gleichen Darstellung an Benedetto's Verkündigungsaltar in derselben Kirche Montoliveto: die Figur des Christus mit seinem bauschig bewegten Gewande von dickem Stoffe, die schwärmerisch ihn verehrenden Engel, die schlafenden Kriegsknechte wie die Landschaft sind gleichmässig charakteristisch für Benedetto. Dies ist kaum minder der Fall in den Engelsköpfen wie in den nackten Putten, die das Tuch der Bahre halten, ja selbst — trotz der Rücksicht auf die Individualität — in der Gestalt der Todten; denn ihren Zügen ist unverkennbar ein gutes Theil des bekannten Typus von Benedetto's idealen jugendlichen Frauengestalten beigemischt. Die greifbarste Verschiedenheit in den Typen beider Meister sind aber, wie bekannt, bei Antonio Rossellino die mehr rundliche Kopfform, bei Benedetto dagegen das Oval des Kopfes, in ein langes Kinn auslaufend; statt Antonio's neckisch vorspringender Oberlippe und stark geschwungener, fein bewegter Linie des Mundes, dessen Bewegung beim Lachen ein reizendes Grübchen auf der Backe hervorruft, zeigt Benedetto eine viel geradere Linie desselben, während sonst seine Formen runder und fester sind als bei Antonio. Man sieht den Gestalten des Letztern schon in ihrer schlankeren, meist knochigeren Bildung das lebhafte Temperament an, welches sie in jeder Bewegung bethätigen: seine

---

[5]) Die ausserordentliche Verwandtschaft mit den Engelsgestalten am Grabmal der Maria von Arragon bestimmte wohl den Besitzer, seine köstliche Figur nach der alten Benennung jenes Monumentes dem Antonio Rossellino zuzuschreiben. Ich möchte darin einen jener beiden von Vasari (III, 344) beschriebenen Engel aus unbemaltem Thon vermuthen, die früher neben der Madonnenstatue aufgestellt waren.

schwebenden Engel machen im Fluge so kräftige Schwimmbewegungen, dass ihre Gewänder im Winde flattern, die Beine theilweise entblösst zeigen und dem Körper sich anschmiegen, dessen Formen durch reiche, mannigfaltig bewegte Gewandung stets gehoben, nicht verhüllt werden. Die gleiche Lebhaftigkeit und Mannigfaltigkeit zeigt sich auch im Ausdruck, der von stiller schwärmerischer Andacht bis zu ausgelassener Kinderfreude sich steigert. Dagegen ist bei Benedetto der etwas einförmige, aber holdselige Ausdruck beschaulicher Glückseligkeit, mit dem die schönen offenen Augen seiner Gestalten unseren Blick unwillkürlich fesseln, auch in der grösseren Ruhe derselben bethätigt. Die weiten Gewänder mit ihren langen Falten bauschen sich bei rascherer Bewegung so massig zusammen, dass sie an den Beinen fast das Aussehen weiter Pluderhosen haben. Die Körper sind voller, die Köpfe weniger individuell und mannigfaltig, von regelmässiger Bildung, die Haare glatt gekämmt. Auch ein kleiner mehr äusserlicher Unterschied hilft mit zu ihrer Unterscheidung: die Fittige der Engel, die Rossellino gleichfalls naturalistischer bildet, lässt derselbe in seinen Reliefs, bei seiner stark ausgesprochenen malerischen Richtung, stets beide sehen, während Benedetto den hinteren Flügel in der Regel ganz fortlässt oder sehr versteckt. Die innere Verschiedenheit spricht sich auch äusserlich in der Behandlung der beiden Künstler aus: während diese bei Antonio gelegentlich etwas scharf ist und durch eine ausgesprochene Vorliebe für das Stehenlassen der Bohrlöcher zur Erhöhung der malerischen Wirkung gekennzeichnet wird, ist dagegen Benedetto's Behandlungsweise des Marmors auffallend weich und glatt, in seiner späteren Zeit geradezu weichlich.

In der Chiesa di Montoliveto lassen die beiden urkundlich auf Antonio und Benedetto zurückgehenden Altäre, beides Werke aus der letzten Zeit der Künstler (von denen wieder Benedetto's Arbeit nach dem Vorbilde des älteren Werkes von Rossellino bestellt und ausgeführt wurde), ihre Eigenart in besonders scharf ausgeprägter Weise erkennen und bieten die günstigste Gelegenheit zum Vergleich, sowohl unter einander als mit dem Grabmal der Maria von Arragonien. Letzteres hat jedoch vor Benedetto's Verkündigungsaltar die liebevollere und bescheidenere Auffassung und Behandlung, die tüchtigere naturalistische Durchbildung der mittleren Zeit des Künstlers voraus, der es nach dem Vergleich mit seinen übrigen Arbeiten offenbar angehört. Der Umstand, dass das Monument der, wie erwähnt aus dem Jahre 1480 datirten Madonna dell' Ulivo in Prato so ähnlich ist, dass augenscheinlich die gleichen Modelle für beide Arbeiten benutzt wurden, macht es mehr als wahrscheinlich, dass Benedetto im Jahre 1481, als der Herzog vor

Amalfi sein vorausgezahltes Geld von den Erben des Antonio Rossellino zurückverlangte, bereits an der Ausführung des Grabmales beschäftigt war, welches von Antonio höchstens erst im Rohen begonnen sein konnte, da seine Hand in keiner der Figuren mehr herauszuerkennen ist.

Dass man in Neapel nach dem Tode von Antonio Rossellino zur Vollendung des unfertig von Antonio hinterlassenen Grabmales zunächst an Benedetto da Majano dachte, ist nach den urkundlichen Angaben, die wir über die Thätigkeit seines Bruders Giuliano in Neapel besitzen, sehr begreiflich: Giuliano war damals der bevorzugte Architekt von König Ferrante; und dass Benedetto auch sonst gerade mit dem Gemahl der Maria von Arragonien in Verbindung stand, beweist der Auftrag desselben auf jenen mehrfach erwähnten Altar mit der Verkündigung, der 1489 in derselben Kirche in Montoliveto zur Aufstellung kam, wie er später ebenda auch für die plastische Ausschmückung des Portals von Castelnuovo gewonnen wurde.

Fassen wir unser Urtheil über das Grabmal in der Kirche von Montoliveto zusammen, so werden wir zwar dem Antonio Rossellino die Erfindung desselben voll und ganz belassen müssen, welche sogar bei der Ausführung durch einen Dritten in ihrer Frische und Originalität theilweise beeinträchtigt ist: in seiner Ausführung gehört das Monument dagegen ganz dem Benedetto und darf in seinen einzelnen Gestalten als ein Werk seiner besten Zeit gelten; welches alle Vorzüge des Künstlers ebenso charakteristisch als reich und voll zur Geltung bringt.

Die Madonna Sixtina und der Kupferstich Ed. Mandel's.

Von A. v. Reumont.

Man weiss wie karg und unzureichend die älteren Nachrichten über Raphael's schönstes Altargemälde sind. »Für die Schwarzen Mönche von San Sisto zu Piacenza malte er das Bild des Hochaltares, darin Unsere Liebe Frau mit dem hl. Sixtus und der hl. Barbara, ein wahrhaft seltenes und ausgezeichnetes Werk.« So lauten Vasari's wenige Worte, bei denen nur der ihnen angewiesene Platz, nach den architektonischen Arbeiten im Vatican und anderwärts in Rom wie für den Bischof von Troia (Pandolfini) in Florenz und vor dem hl. Michael für K. Franz I., 1518, im Allgemeinen auf die Zeit der Entstehung hindeutet [1]). Von allen Bildern Raphael's ist die Sixtinische Madonna das Kirchenbild par excellence. Es ist keine Handlung und keine Begebenheit, von der es berichtet, es ist eine himmlische Erscheinung ohne einen andern als geistigen Zusammenhang mit dem Irdischen, über welches die beiden Heiligengestalten sich verklärt erheben, während die beiden aufschauenden Engel gleichsam der verkörperte Ausdruck des innerlich beseligten Menschenauges sind. Ueber Charakter und Composition des Bildes vermag ich nichts zu sagen, was meiner Anschauung und meinem Gefühl besser entspräche als das, was Anton Springer in seinem »Raffael und Michelangelo« über dasselbe ausgesprochen hat. Ueber die Geschicke des Gemäldes, seit es die Aufmerksamkeit des sächsischen Polenkönigs auf sich zog, und die Urtheile neuerer Zeiten hat Julius Hübner unter Benutzung amtlicher Actenstücke in einem ausführlichen Aufsatze im III. Bande der Zahn'schen Jahrbücher für Kunstwissenschaft berichtet. Diesen Nachrichten hat ein italienischer Autor, der Erzpriester G. Tononi in Piacenza in einem im J. 1874

---

[1]) Die Milanesi'sche Ausgabe des Vasari, Bd. IV (1879), S. 365, hat nichts von den Ergebnissen meiner Arbeiten in Bezug auf die Geschicke des Bildes, indem sie blos des Kaufs durch K. August III. und des Steinla'schen Stiches erwähnt.

daselbst gedruckten Aufsatze [2]) einige Notizen hinzugefügt, welche sich
auf die Verhandlungen zwischen den Behörden des polnischen Königs
und den parmesanischen beziehen und die Dresdener Nachrichten ergänzen. Alsbald nach dem Erscheinen dieser wenigen Blätter habe ich
von denselben Kunde gegeben, glaube jedoch einen Theil des damals
Gesagten wiederholen zu dürfen, da es in einem politischen Blatte
(Allgemeine Zeitung, 1874, Nr. 284) gedruckt für die Kunstgeschichte
gewissermassen verloren ist.

Die Benedictiner von San Sisto in Piacenza befanden sich dem
Anschein nach in Geldnoth, was nach den langen Kriegsnöthen und
den politischen Wechseln in Oberitalien wie in Folge der durch den
Po auf ihren Besitzungen angerichteten Verheerungen nicht gerade
zum Verwundern ist. Sie hatten sich mit dem König-Kurfürsten
mittels des Paters (Abtes) Giovanni Batista Bianconi in Bologna schon
ziemlich tief eingelassen, bevor sie in Parma Schritte thaten, um die
Erlaubniss zum Verkauf zu erhalten. Der Herzog-Infant Philipp von
Parma trug dem Präsidenten des in Piacenza residirenden Obersten-
Rathscollegiums, Grafen Alberto Scribano Rossi, Berichterstattung
über die Angelegenheit auf. Am 21. Juni 1753 entsprach dieser
mittels einer langen Deduction dem Auftrag. In diesem Schriftstück
heisst es nach einigen historischen, wesentlich aus Vasari entlehnten
Daten und Bemerkungen über den Kunstwerth des Bildes, der an-
gebotene Preis sei ein hoher, entspreche jedoch der Bedeutung des
Gemäldes nicht. Die Krone dürfe überhaupt dem Gesuch der Mönche
nicht Folge geben, Stadt und Land nicht eines Schatzes berauben, der
zu jeder Zeit zahlreiche Besucher angezogen habe. Der Schutz des
Besitzes sei ein Majestätsrecht, das schon in anderen Fällen geltend gemacht worden sei. Die pecuniären Verhältnisse des Klosters seien
nicht von der Art, dass bei weiser Oekonomie und Beschränkung die
ansehnlichen Güter desselben nicht vollkommen ausreichten. Das Kloster
sei übrigens dem Staat um so mehr verpflichtet, da es königlicher Fun-
dation, nämlich durch Kaiser Ludwigs II. Gemahlin Engelberga gestiftet und mit reichem Grundeigenthum ausgestattet, und ursprünglich
ein Frauenkloster in den Tagen der Grossgräfin Mathilde an die Benedictiner übergegangen sei. Neuerdings noch habe die Krone den drohenden Verlust eines andern Meisterwerks verhindert; auch im gegenwärtigen Falle möge sie von der ihr zustehenden Befugniss Gebrauch

---

[2]) »La Madonna di San Sisto« in einem kleinen Sammelwerke, welches diesen
Aufsatz als Beitrag zu Denkwürdigkeiten der Geschichte der Herzogthümer Parma
und Piacenza von 1731—1859 bringt.

machen. Letzteres bezieht sich auf das unter dem Namen der Madonna di San Girolamo bekannte Altarbild Corregio's, von welchem es im Jahre 1749 in Parma hiess, derselbe König August habe 14000 Zechinen dafür geboten, worauf die Gemeindeverwaltung Protest einlegte und den Handel rückgängig machte.

Piacenza war weniger glücklich als Parma. Anfangs schien Alles gut zu gehen. Scribani erhielt den Auftrag, sich nach San Sisto zu begeben und dem Abt und Cellerarius das höchste Missfallen über den eigenmächtig eingeleiteten Handel auszudrücken. Diese entschuldigten sich so gut sie konnten und versprachen die Sache ungeschehen zu machen, worüber Scribani am 2. Juli berichtete. König August aber war nicht Willens, sich den Raphael ebenso wie den Coreggio entgehen zu lassen. Am 26. November benachrichtigte der Abt Dom Benedetto Vittorio Carracciolo den Rathspräsidenten von dem bevorstehenden Abschlusse des Contracts über den höchsten Orts genehmigten Verkauf. Die Sache war zwischen den beiden Höfen abgemacht worden, und vielleicht nur der Form wegen hatte man hinter dem Rücken Scribani's andere Mitglieder des Rathes um ihr gehorsamstes Gutachten ersucht. Am 17. Januar 1754 zeigte der Präsident, der seine üble Laune officiell nicht auslassen durfte, dem Staatssecretär in Parma an, der Abate Bianconi sei mit mehreren Leuten angelangt, das Gemälde in Empfang zu nehmen. Man hatte dann noch einige Schwierigkeiten mit der Zollverwaltung, wegen der Ausfuhrrechte, welche die Zollpächter nach dem Massstabe eines Preises von 27000 Zechinen bemessen wissen wollten. Auch diese Schwierigkeit scheint wie alle übrigen mit Gratificationen erledigt worden zu sein. Königlicherseits sparte man das Geld nicht und in Parma gab es unter der neuen bourbonischen Verwaltung Hände genug, namentlich fremde, französische wie spanische, die es annahmen. In Piacenza scheint man den Verlust mit mehr Gleichgültigkeit ertragen zu haben als anderwärts in ähnlichen Fällen geschehen ist, z. B. in Perugia, als man Raphael's Grablegung, in Pescia, als man dessen Madonna del Baldacchino verkaufte, Bilder, die denn doch nicht ausser Landes gingen, sondern in Rom und Florenz blieben. Die Verzögerungen bei dem Abschluss des Handels, welche sich aus Hübner's oben angeführtem Aufsatz ergeben, sind wahrscheinlich durch die bezeichneten Umstände entstanden.

Am 13. December 1873 schrieb mir Eduard Mandel, mit dem ich die Projecte neuer Arbeiten, so von Stichen nach dem Violinspieler und der Poesie Raphaels in der Stanza della Segnatura längere Zeit vorher besprochen hatte, Projecte, welche zum Theil an äussern Schwierigkeiten scheiterten, wie folgt: »Sehr erstaunen werden Sie, zu erfahren, dass ich im verflossenen Sommer mit der Fertigung einer Zeichnung der Madonna Sixtina in der Dresdener Gallerie beschäftigt gewesen bin. Lange ehe Steinla und Keller ihre Stiche dieses Bildes begonnen hatten, war es mein, jenen Kollegen mitgetheilter Wunsch und Absicht, das Bild zu stechen. Natürlich wurde ich durch die Arbeiten Jener abgehalten, früher meinen Lieblingswunsch zur Ausführung zu bringen. Jetzt ist die Zeichnung vollendet und ich darf glauben, dass Sie eine würdige Vorlage für meinen Grabstichel ist; auch ist die Platte seit vier Wochen begonnen. Sie werden, so hoffe ich, Freude an meiner Auffassung und Wiedergabe dieses einzigen Bildes haben, wenn Sie bei einem Besuche Berlins meiner freundlichst gedenken wollen. Es dürfte diese Arbeit wohl, wenn mir Gott Leben und Gesundheit verleiht, der würdigste Abschluss meiner Künstlerlaufbahn sein, und ich hoffe dann auf Ihren Beifall und gütige Theilnahme.«

Am 19. October 1881 schrieb er mir Nachstehendes: »Eine gute Spanne Zeit ist vergangen, seit ich die Ehre hatte, Ihnen Nachricht über meine jetzige Arbeit, den Stich der Sixtina zu geben. Denn es sind am 3. November dieses Jahres acht Jahre, dass ich denselben begann, ohne in diesem langen Zeitabschnitt auch nur Einen Strich einer anderen Arbeit zu gönnen. Wenn man erst das 71. Jahr überschritten hat, soll man mit seiner Zeit haushalten und darnach trachten, das kurze Leben an würdige Werke zu verwenden. Und welches Werk könnte dem Kupferstecher, besonders bei der jetzigen Vielbildnerei, wohl grössere Erhebung und Ermunterung gewähren, als jenes hohe welt-bewunderte Bild Raphael's? Und so berichte ich Ihnen denn, dass ich mit dem Stich weit vorgeschritten bin; dennoch wird, so Gott will, wohl noch ein Jahr vergehen, ehe ich das Ende erreiche. Ihre mir stets be-wiesene Güte und Theilnahme, besonders die Erinnerung Ihrer Vermitt-lung bei dem Grossherzog von Toscana behufs der Erlaubniss, eine Zeichnung der Madonna della Sedia für meinen Kupferstich anfertigen zu dürfen, lässt mich hoffen, dass diese Zeilen nachsichtig und in ge-wohnter Güte von Ihnen aufgenommen werden werden.«

Es war Mandel's letzter Brief an mich. Ich habe den trefflichen Freund und ausgezeichneten Künstler nicht wieder gesehen. Nicht viel über ein Jahr nach dem Datum dieses Schreibens wurde er unerwartet abberufen, ohne die letzte Hand an das Werk legen zu können, dem er beinahe ein volles Decennium gewidmet hatte.

Ich drückte ihm einst eine Art Bedauern aus, dass er, nach den vorausgegangenen, jedenfalls tüchtigen Stichen der Sixtina, namentlich nach dem eben erschienenen Keller'schen, nicht ein anderes Bild ge-wählt habe. Er antwortete mir: Ich sehe die Sixtina anders als Keller.

Ich begriff dies vollkommen. So sehr ich Keller's Arbeit als Werk des Grabstichels bewunderte, erschien mir in der Auffassung etwas, was dem Charakter des Originals nicht entsprach; mehr noch nach der Vollendung des Stichs, als da ich im Herbste 1868 den Probedruck der fast beendigten Arbeit sah. Ich machte Keller kein Hehl daraus. Jetzt ist der Unterschied mir klar geworden. Mandel hat den Raphael vollkommener wiedergegeben. Von den vier grossen Blättern nach der Sixtina von Friedrich Müller, Steinla, Keller und Mandel (ich lasse Desnoyers unerwähnt, weil dem Meister, der in seiner frühern Zeit Raffaelische Bilder mit so vielem Glück wiedergegeben hatte, in seinem vorgerückten Alter der Sinn für das Mass von Licht und Schatten so zu sagen abhanden gekommen schien, wie manchen Malern der Sinn für Farbe) ähneln je zwei und zwei einander, das Müller'sche und Keller'sche, das Steinla'sche und Mandel'sche. Die beiden ersteren sind nach fremden, die beiden letztern nach eigenen Zeichnungen gearbeitet. Wenn man den Steinla'schen Stich mit dem Müller'schen vergleicht, dem er in mancher Beziehung so weit nachsteht wie Tüchtigkeit hinter der Genialität zurückbleibt, und beide neben das Original stellt, so wird man augenblicklich inne, wie ungleich treuer Steinla's Zeichnung ist. Diese Treue theilt Mandel's Blatt mit ihm, welches es an Kraft und Freiheit der Behandlung bei weitem überragt, während es im Gesammtausdruck ihm ähnelt. Es hat überhaupt die frühern an Harmonie, Feinheit und Wahrheit hinter sich gelassen. Ueber das Ganze ist eine Klarheit und Ruhe ausgegossen, welche den geistigen Ausdruck wiedergibt, ohne nach irgend einem Effect zu suchen, der dem Urbilde fremd ist. Ich unterlasse es, in das Detail einzugehen. Der individuelle Ausdruck der Köpfe, die breite und einfache Behandlung der Gewänder, in denen vielleicht nur ganz wenige Stellen in der Wiedergabe die letzte Hand vermissen lassen, der helle Glanz des mit Engelsköpfen übersäeten Himmels, die Leichtigkeit und Ursprünglichkeit, welche über das Ganze verbreitet ist, könnte wohl nicht treuer wiedergegeben werden, soferne die Mittel des Grabstichels hierbei in Betracht kommen. Mandel, dessen Talent sich einst für Meister wie Tizian oder Van Dyck vorzugsweise zu eignen schien, hat in seinen Blättern nach Raphael, in den Madonnen Colonna, Cowper und della Seggiola wie in dem Bildniss des Jünglings im Louvre bewiesen, dass er Raphael vollständig verstanden hat. Er hat nicht die Freude gehabt, die Wirkung seines Werkes auf das Publicum zu erleben, aber dies Werk, sein grösstes, ist der glänzende Abschluss einer glänzenden Künstlerlaufbahn.

Gegenwärtige Bemerkungen lagen zur Absendung bereit, als mir der Aufsatz von F. Pecht in Nr. 306 der Allgemeinen Zeitung zu

Gesichte kam, der von der Sixtina und Mandel's Stich handelt. Einem Theil des Inhalts kann ich nur beipflichten, anderm muss ich widersprechen. Zuvörderst was das Bild betrifft, kann ich mich unmöglich entschliessen, in den Engelknaben ein Einschiebsel après coup zu sehen. Es dünkt mich ein völliges Verkennen des Wesens Raphaelischer Composition. Der Künstler konnte den Wolkengrund malen, um eine vollständige Anschauung der Wirkung zu haben, selbst wenn die Engel, die den Abschluss des Ganzen bilden, sich in seinem ursprünglichen Entwurf befanden. Die Madonna della Seggiola mit einem Fornaria-porträt in Verbindung zu bringen widerstrebt mir; ich wüsste auch nicht mit welchem. Die Authenticität der Donna Velata ist mir je öfter ich sie gesehen (und ich habe sie oft gesehen), immer zweifelhafter geworden. Was die Stecher der Sixtina betrifft, so haben nicht die Schwierigkeiten der Aufgabe an sich, die neben den Schwierigkeiten auch so viel Erhebendes hatte, an deren Geschick den Antheil gehabt, welchen der Verfasser denselben beimisst. Wie es sich mit dem unglücklichen Müller verhielt, haben die ausführlichen und äusserst interessanten Mittheilungen über ihn und seinen Vater in den Württembergischen Jahrbüchern dargethan. Nicht die Sixtina hat Keller's Gesundheit gebrochen: sie war gebrochen und zwar durch die Arbeit an der Disputa, ehe er sich an das Dresdener Bild begab. Nur machte er es sich selber nicht klar. Noch kurze Zeit vor seinem Tode, als er einen Abend bei mir in Bonn verbrachte, sprach er mit grosser Lebendigkeit von seiner Hoffnung, zwei der Raphaelischen Tapeten, den Fischzug und ich glaube Pauls-Predigt, im Stiche zu vollenden. Wie es mit Mandel stand, braucht nach dem, was er ein Jahr vor seinem Tode schrieb, nichts beigefügt zu werden. Noch bemerke ich, dass Keller für die Köpfe eigenhändig grosse Kreidestudien machte.

Martin Schongauer als Kupferstecher *).

Von **W. v. Seidlitz.**

Nachdem man die Stellung, welche, Schongauer in der Entwickelungsgeschichte der Kunst des XV. Jahrhunderts einnimmt, sein Hervorgehen aus
den Vlamen, seine geistige Verwandtschaft mit einigen italienischen Zeitgenossen, seine Einwirkung auf Dürer und die übrigen deutschen Künstler zu
präcisiren gesucht, war A. v. Wurzbach der Erste, der in seinen 1880 erschienenen Studien über Schongauer unternahm, ein Bild der Entwickelung
des Meisters zu entwerfen. Die unglückliche Hypothese von der Identität Schongauer's mit dem Meister des Bartholomäusaltars machte freilich ein Gelingen
von vornherein unmöglich; aber Wurzbach's Anregung wollen wir mit Dank
aufnehmen, da es ihm, wie wir glauben, gelungen ist, einige wichtige Punkte
hinsichtlich der Kupferstiche des Meisters zu fixiren.

Es genügt nicht, zu wissen, woher ein Künstler seine Anregungen ge-
holt hat, wie er auf seine Umgebung und die nachfolgende Generation gewirkt hat; der ganze zwischen diesen Endpunkten liegende Zeitraum, der uns
den Künstler inmitten seines Schaffens, während der verschiedenen Wandlungen
seiner Auffassungs- und Darstellungsweise zeigt, gehört ebenso gut der Geschichte
an, bedarf ebenso gut der Ergründung, soweit sich für eine solche die Handhaben bieten. Werden, wie üblich, nur einzelne Hauptwerke herausgehoben
und ohne Rücksicht auf die Stellung, welche sie innerhalb des Entwickelungs-
ganges des Künstlers einnehmen, ihrem Gehalt nach geprüft, so erwächst daraus
nur geringer Gewinn für die Kenntniss des Künstlers und seiner Individualität,
die schliesslich doch noch von grösserem Belang ist, als die einzelnen aus ihr
geflossenen Werke. Wohl ist eine solch unpersönliche Betrachtungsweise bei
Behandlung der älteren Kunstepochen mit ihren vorwiegend typischen Verfahrensweisen durchaus am Platz; mit dem XIV. und mehr noch mit dem XV. Jahrhundert

---

*) Die nachfolgende Arbeit war im Wesentlichen bereits vor mehreren Jahren
niedergeschrieben. Da Dr. Scheibler in seinem Aufsatz über Schongauer (im letzten
Heft des Repertoriums) die Kupferstiche des Meisters, nicht mit der gleichen Ausführlichkeit behandelt hat, wie die Gemälde, so hielt ich es für angemessen, jetzt
seiner Anregung Folge zu geben und meine Arbeit als Ergänzung der seinigen zu
veröffentlichen.

gelangt aber die Individualität des bedeutenden einzelnen Künstlers zu immer grösserer Geltung und fordert entsprechende Berücksichtigung. Dieses individuelle Moment, welches die Werke vorwiegend als Ausflüsse der künstlerischen Persönlichkeit betrachten heisst, bildet ja das unterscheidende Merkmal der neueren Kunstgeschichte gegenüber der Archäologie einer — und der allgemeinen Geschichte andererseits.

Nun ist freilich keiner der zahlreichen (115) Kupferstiche Schongauer's datirt; für einige wenige Blätter lässt sich der späteste Termin ihrer Entstehung durch datirte Copien feststellen: doch ist damit nicht viel gewonnen, da hier der Zufall stark hineinspielt und der übrig bleibende Spielraum ein zu grosser ist. Andererseits springt eine grosse Verschiedenheit in der Behandlungsweise der einzelnen Blätter, als deren Folge sich gewisse Gruppen nothwendig zu einander gehörender Schöpfungen ergeben, sofort in die Augen. Einige Blätter haben ein so alterthümliches Aussehen, dass man sie nur schwer als Werke Schongauer's anerkannt hätte, falls sie unbezeichnet gewesen wären (ist doch wirklich ein solches, die Madonna mit dem Halbmond, noch jüngst von A. v. Wurzbach dem Meister abgesprochen worden); in anderen sprechen die starken Anklänge an Roger van der Weyden († 1464) in Typen und Formgebung, an den oberdeutschen Kupferstecher E. S. (von 1466, 67) in der Grabstichelführung, für eine relativ frühe Entstehungszeit. Dagegen ist die Anzahl derjenigen Blätter, in denen die für den Meister charakteristischen Typen mit den rundlichen Formen und dem eigenthümlich bestrickenden sanften Liebreiz des Ausdrucks in voller Ausbildung auftreten nicht übermässig gross. Da sich in ihnen zugleich die höchste Einfachheit, Feinheit und Eleganz in der Führung des Grabstichels offenbart, so werden wir nicht fehl gehen, wenn wir sie als die letzten Werke dieses in der Vollkraft seines Schaffens (1488) dahingerafften Künstlers betrachten. Die dazwischenliegenden Werke bieten theils grössere Berührungspunkte mit diesen letzteren, theils mit den ersteren, theils schliessen sie sich zu besonderen Gruppen zusammen.

Bei dem Vorhandensein solch greifbarer Anhaltspunkte, wie sie die Verschiedenheiten der Formgebung und der Technik bieten — ja wir werden sehen, dass auch die Art, wie das Künstlerzeichen, das Monogramm, gebildet ist, Berücksichtigung verdient — erscheint der Versuch, die Stiche des Meisters zu Gruppen zu vereinigen, die Aufeinanderfolge dieser Gruppen nach Möglichkeit zu bestimmen und so ein Bild von dem Entwickelungsgang des Künstlers herzustellen nicht nur gerechtfertigt, sondern auch nothwendig. Denn in weit höherem Maasse noch als bei Gemälden bilden die bald zu sehr verachteten, bald in ihrer Bedeutung überschätzten äusseren »technischen« Kennzeichen bei den Kupferstichen in den Fällen, wo andere Nachrichten fehlen, das einzige Mittel, um Stilunterschiede festzustellen und Entwickelungsphasen abzugrenzen. Der Kupferstecher kann bei seiner mühsamen Arbeit nicht so viel probiren wie der Maler; er ist weniger abhängig von fremden und namentlich von verschiedenartigen Vorbildern; sein Streben ist hauptsächlich darauf gerichtet, die Sicherheit seiner Hand auszubilden; hat er es soweit gebracht, dass er sicher ist, die zur Vorlage dienende Zeichnung treu wiederzugeben, so kann er da-

nach trachten, die Kraft oder Feinheit oder Brillanz seiner Stichelführung zu
erhöhen; sein Vorschreiten wird daher in der Regel — abgesehen von den
ersten Versuchen — ein stätiges, innerhalb der ihm eigenthümlichen Behandlungsweise begrenztes, sein und ebensowenig wie er bloss vorübergehend sich
an fremde Muster anlehnen wird, wird er plötzlich auf alte von ihm längst
verlassene Verfahrensweisen zurückgreifen. Werke, die nur einige der Eigenthümlichkeiten der frühesten Zeit besitzen, werden als dem Uebergang zur
mittleren Periode angehörend betrachtet werden können; solche, in denen
noch nicht alle Eigenheiten der letzten Zeit entwickelt sind, dagegen als
Ausklänge dieser mittleren Periode. Die einmal erworbene Technik, welche
den Künstler in ihrem Bann hält, bildet auch für uns die Richtschnur, an
der wir des Künstlers Wirken verfolgen können.

Wurzbach unterscheidet drei Perioden in der Thätigkeit Schongauer's als
Kupferstecher; der frühen ersten weist er 11 Blätter zu; der mittleren 36, darunter die Passion, die Apostelfolge und die klugen und thörichten Jungfrauen;
die übrigen (soweit nicht die Goldschmiedevorlagen als schwer classificirbar
bei Seite gelassen sind oder Blätter als dubios oder falsch ausgeschieden werden)
der letzten, die Merkmale der Vollendung an sich tragenden. Mit der ersten
Rubrik werden wir uns im Wesentlichen einverstanden erklären können; der
zweiten hätte eine grössere Zahl der oben genannten Folgen durchaus ähnlich behandelter Blätter eingefügt werden sollen; dann hätte auch die dritte
einen weniger gemischten Charakter erhalten.

Als das früheste Blatt scheint Wurzbach die Madonna mit dem Papagei
(Bartsch 29) zu betrachten. Ich muss jedoch den Schmerzensmann zwischen
Maria und Johannes (B. 69) und besonders die von zwei Engeln gekrönte
Madonna (B. 31), welch letztere ich keineswegs gleich Wurzbach als unächt
verwerfe, für noch früher halten. In beiden Darstellungen wird der Raum durch
Halbfiguren von breiten Körperformen in einer an den Reliefstil gemahnenden
Weise ausgefüllt, ohne dass ein Streben, den Raum nach seiner Tiefe hin
auszunutzen, sich bemerklich machte. Vielleicht, dass hier noch Gewöhnungen
des Metallarbeiters nachwirken: das Unfreie, welches einer solchen Uebertragung aus einer Stilweise in die andere anhaftet, würde sich hierdurch ebenso,
wie andererseits das grossartig Würdevolle und Einfache der Composition
erklären lassen. Durch die eigenthümliche Behandlungsweise wird in beiden
Blättern der Eindruck des Flachen noch erhöht: Gewänder wie Fleischtheile
sind in durchaus gleichmässiger Technik mittels kurzer, nicht zu feiner und
nicht zu dichter Strichelchen, welche bei den Halblichtern in Häkchen übergehen, modellirt; in den tiefsten Schatten sind diese Arbeiten nicht wesentlich
verstärkt, dagegen werden sie bis dicht an die höchsten Lichter herangeführt.
Die Umrisse sind noch verhältnissmässig wenig betont. — Auf dem »Ecce
homo« ist der dreifach verschiedene Ausdruck des Schmerzes nur durch Weniges
in Geberde und Ausdruck gegeben, aber gerade durch dieses Maasshalten wird
eine um so tiefere Wirkung erzielt. Maria und Johannes, beide ältlich dargestellt, erinnern unleugbar an Typen van der Weyden's (Wurzbach weist auf

den Johannes der Madrider Kreuzabnahme hin); Christus dagegen, dessen
Körper fleischig und mit ziemlich genauer Anlehnung an die Natur gebildet
ist, zeigt in seinem wenig individualisirten Gesichtstypus keine Verwandtschaft
mit dem vlämischen Meister. Diese Gestalt steht ebenso vereinzelt unter den
damaligen Schöpfungen deutscher Stechkunst, ja selbst in Schongauer's Werk,
wie andererseits die von Engeln gekrönte Madonna mit ihren vollen rundlichen
Zügen [1]). Die in den Lüften schwebenden kleinen Engel mit den lang flatternden Gewändern sind auf beiden Darstellungen bereits von jenem liebenswürdig kindlichen Typus, welcher erst in der Folgezeit von Schongauer voll
ausgebildet wurde [2]).

Eine kräftige Gesammtwirkung erzielt die Madonna mit dem Papagei
(B. 29). Die langgestreckten unentwickelten Körperformen weisen noch auf
eine frühe Zeit hin; die mehr zeichnerische als stecherische Modellirung der
Fleischtheile mittels feiner den Formen in ihrer Richtung folgender Strichelchen
zeugt noch von einer unsicher tastenden Hand; die Behandlung der Gewandung aber, welche nicht ohne Glück sogar die einzelnen Stoffe zu charakterisiren sucht und dem Blatt Farbe und Glanz verleiht, verräth vorhergehende
Uebung im rein Technischen und zwar wird hier fast einstimmig das Vorbild
des Meisters E. S. erkannt, also desjenigen Stechers, welcher vor Schongauer
die Hauptrolle in Deutschland spielte. Passavant (und mit ihm Scheibler) erkennt in der Madonna den Typus des van der Weyden. Jedenfalls ist derselbe
hier stark verblasst, wenn überhaupt vorhanden, was Wurzbach leugnet. Die
Beziehung zu dem Meister E. S., dessen Stiche zum grossen Theil in den
Jahren 1466 und 1467 entstanden sind, bietet auch eine Handhabe, um annähernd den Beginn von Schongauer's Thätigkeit zu bestimmen. Dieselbe wird
nicht wohl vor die Mitte der sechziger Jahre fallen, was mit der neuerlich
durch Wurzbach begründeten Annahme über die Zeit seiner Geburt, um die
Mitte des fünfzehnten Jahrhunderts, wohl übereinstimmt. In der Folgezeit
muss sich aber der Meister ungewöhnlich rasch entwickelt haben, wie er ja

---

[1]) Scheibler (laut mündl. Mitth.) erkennt in ihr Verwandtschaft mit der Maria
des Middelburger Altars von R. v. d. Weyden in Berlin und der Veronica auf dem
Bild desselben Meisters in der Wiener Galerie. Ich mag das nicht geradezu leugnen,
will jedoch constatiren, dass hier mindestens von directer Uebernahme eines Typus
des R. v. d. Weyden nicht die Rede sein kann.

[2]) Wurzbach sieht mit Recht in den die Madonna krönenden Engeln Aehn
lichkeit mit jenen auf der bald zu besprechenden grossen Geburt Christi (B. 4),
überdies auch mit Engeln auf Bildern R. v. d. Weyden's; er constatirt die Verwandtschaft, welche zwischen den Gesichtszügen des Christkindes hier und denjenigen auf der Madonna mit dem Papagei (B. 29) besteht, worin ich ihm gleichfalls beistimme; er findet sogar die grösste Uebereinstimmung dieser Madonna mit
derjenigen auf dem Gemälde der Colmarer Pfarrkirche (was ich nicht wohl zu erkennen vermag) und (!) mit Figuren auf Gemälden des Meisters des Bartholomäusaltars: nach ihm sind das jedoch lauter Einzelheiten, die der Copist, angeblich
derselbe, welcher die Taufe Christi copirt hat, den Werken des Meisters entnommen hat.

durchaus den Eindruck eines jener glücklich veranlagten Menschen macht, die mit heiterer Ruhe an's Werk gehen und von Erfolg zu Erfolg vorschreitend stätig aber rasch den Gipfel der Vollendung erklimmen: denn vom Jahre 1477 bereits ist die Copie einer seiner grossartigsten Schöpfungen: der vor Christus knieenden Magdalena (B. 26) datirt [3]). Im Jahre 1488 wurde der Meister, dessen jugendliche Züge Hans Burgkmair (geb. 1472), einer seiner letzten Schüler, festgehalten, vom Tode dahingerafft.

Wegen der stilistischen Merkmale: lockerer Modellirung mittels zarter Strichelchen — woher Kraft und Glanz hier noch fehlen —, wenig detaillirter Formgebung und einer gewissen, für die Jugendzeit Schongauer's charakteristisch erscheinenden Passivität in Geberden und Ausdruck, müssen diesen ersten Versuchen zwei Arbeiten angereiht werden, die den Meister bereits ganz auf eigenen Füssen stehend zeigen: die grosse Geburt Christi (B. 4) und die Versuchung des hl. Antonius (B. 47), beide von durchaus ähnlicher Behandlung, silbriger Wirkung. Erstere gehört zu den schönsten Schöpfungen deutscher Kunst: die jungfräuliche, demuthvoll das Kind anbetende Maria — hier mit rein van der Weyden'schem Profil — die mit freudiger Scheu nahenden Hirten, die jubilirenden Engel in den Lüften, das Alles ist zu einem Bilde voll zartester Innigkeit vereinigt und wird durch die epheuumrankte Ruine — merkwürdiger Weise ein romanischer Bau — poesievoll abgeschlossen. — Die Versuchung des hl. Antonius, welche, hauptsächlich wohl wegen der Neuheit der Erfindung sich einer so grossen Berühmtheit erfreute, zeigt den Meister auf einem Gebiet, welches seinem Naturell wenig entsprach; so ungeheuerlich die Bildungen seiner Plagegeister auch sind, Schrecken einzuflössen vermögen sie nicht; die Wuth ist ebenso wenig in ihren Bewegungen ausgedrückt, wie in denen des Heiligen die Angst. Nur in einigen wenigen Blättern hat Schongauer es unternommen, ähnlich erregte Scenen zu schildern: in der grossen Kreuztragung, der Jakobschlacht und einigen Bildern der Passion, Darstellungen, die wir für verhältnissmässig frühe Erzeugnisse seiner Kunst halten.

Die bisher besprochenen Blätter sind sämmtlich mit einem Monogramm bezeichnet, dessen M durch zwei senkrechte, somit parallele Striche begrenzt wird (M) [4]). Die gleiche Bezeichnung findet sich noch auf den folgenden Blättern, die ohne Bedenken dieser ersten Periode beigezählt werden können: den Marktbauern (B. 88) [5]) und dem hl. Georg (B. 51, rund). Ferner auf den übrigen drei Darstellungen in Folio, welche zusammen mit der grossen Geburt Christi einen Cyclus von Scenen aus dem Leben der Maria bilden: der Anbetung der Könige, der Flucht nach Aegypten und dem Tod der Maria. Doch ist auf

---

[3]) Wurzbach freilich bezweifelt die Richtigkeit dieser allein von Galichon (Gaz. des B.-A. III. [1859] S. 331) angeführten Jahrzahl, doch ohne stichhaltige Gründe anzuführen.

[4]) Bei dem Schmerzensmann nur im ersten Zustand, während es im zweiten entfernt ist; eine zweite von dieser Form Λ $\mathfrak{E}$ $\mathcal{S}$ ist daselbst um etwa 16 mm höher als die erste angebracht.

[5]) Ob auch der durchaus ähnlich behandelte Müller mit dem Esel (B. 89), vermag ich nicht anzugeben.

diese Blätter, die sich ihrer Behandlungsweise nach als zu verschiedenen Zeiten entstanden erweisen, das gleiche sehr roh hergestellte Zeichen offenbar erst nachträglich gesetzt worden, wie bereits Wurzbach erwähnt.

Den genannten Werken der ersten Periode reiht sich die grosse Kreuz- tragung (B. 21) in technischer Hinsicht unmittelbar an. Zugleich aber bekundet sie einen so wesentlichen Fortschritt des Künstlers, dass von ihr an ein neuer Abschnitt in seiner Entwickelung gerechnet werden muss. Ja sie ist an Umfang, Figurenreichthum und tiefseelischem Gehalt ohne Frage die bedeutendste Schöpfung Schongauer's, ein Merkstein in der Entwickelung nicht bloss der deutschen Kunst, sondern der Kunst überhaupt [6]). Es ist daher viel- fach (u. A. von Galichon) [7]) diese grossartige Composition der letzten Zeit des Meisters zugewiesen worden. Aber die Modellirung zeigt noch, wenngleich sie hier eine wesentlich kräftigere und reichere Wirkung erzielt, die gleiche Freiheit der Behandlung, welche ich bei den ersten Blättern zu charakterisiren gesucht habe. Noch fehlen die Kreuzschraffirungen fast gänzlich. Die Ge- sichter haben noch jenen ältlichen grämlichen Zug, von dem die oberdeutsche Kunst sich erst verhältnissmässig spät, und zwar erst durch den Einfluss Schon- gauer's, befreite. Besonders charakteristisch erscheint dieser verkümmerte Typus in dem Johannes der weiter zurückstehenden Mariengruppe. Die Formen der einzelnen Gliedmassen, namentlich der Finger, sind noch nicht so eckig und manirirt, in den Gelenken so accentuirt, wie auf den Werken seiner späteren Zeit, sondern von rundlicher etwas allgemeiner Bildung, wie auf allen Blättern der Frühperiode.

Dagegen sind hier als durchaus neue Momente diejenigen hinzugetreten, welche der Composition ihre grosse und berechtigte Berühmtheit erworben haben: die dramatisch erregte Schilderung der Handlung und die überraschend naturgetreue Individualisirung der Gestalten. Bis dahin hatte in der deutschen Kunst der Charakter epischer Ruhe vorgeherrscht; selbst bei den heftigst bewegten Scenen, z. B. denen aus der Passion, hatte jede Gestalt ihren gesonderten Platz eingenommen, ohne in das Ganze einzugreifen. Hier zum ersten Mal, in einer Schilderung von ungewohnter Grösse und ungewöhnlichem Figurenreichthum, war es Schongauer gelungen, eine grosse mannichfaltig bewegte Volksmenge über mehrere Pläne zu vertheilen, die verschiedenen Phasen des Vorgangs zu deutlicher Gestaltung zu bringen und doch das Interesse auf die eine Hauptfigur zu konzentriren. Der Reichthum in den unmittelbar der Natur abgelauschten Bewegungen und Stellungen ist ein so grosser, die Bildung des Nackten eine so füllige und gesunde, dass man sich versucht fühlt, hier an italienische Einflüsse zu denken. Unmöglich ist das ja nicht, aber zu einem näheren Nachweis fehlt bisher noch alles Material. Im Grunde seines Wesens bleibt der Meister doch durchaus deutsch. Seine Schergen sind die gewohnten grotesken, z. Th. wohl absichtlich carrikirten Figuren mit den heftigen, eckigen und harten

---

[6]) Siehe die ansprechende Untersuchung Dehio's über Schongauer's, Dürer's und Raphael's Kreuztragungsbilder, in der Zeitschrift f. bild. Kunst, 1881.

[7]) S. Gazette des B.-Arts III (1859), pp. 257, 321.

Bewegungen. In schroffem Gegensatz zu ihnen steht die Leidensgestalt des Heilandes, der im Niedersinken sein schmerzvoll brechendes Auge auf den Be. schauer richtet und doch seine mit Milde gepaarte Würde bewahrt. Dieser Christustypus, die eigenste Schöpfung Schongauer's ist zugleich die früheste Verkörperung der modernen Empfindungsweise, welche in dem Erlöser in erster Linie den Repräsentanten der leidenden Menschheit sieht.

Der Meister steht in diesem Blatt auf der vollen Höhe seines Könnens, die er unserer Ansicht gemäss rasch und sicheren Fusses erklommen haben muss. Die Erscheinung, dass ein Künstler gerade zu jener Zeit, da er zum vollen erhebenden Bewusstsein seiner Kraft gelangt ist, auch sein Höchstes leistet — nicht sowohl hinsichtlich der technischen Ausführung, die ohne Grenzen vervollkommnungsfähig ist, als vielmehr hinsichtlich der Vertiefung in den darzustellenden Gegenstand — ist ja nichts Aussergewöhnliches, sondern dürfte eher die Regel bilden. Auch von diesem Standpunkt aus erscheint uns also Schongauer als der Typus eines im höchsten Sinn normal veranlagten Menschen. Gestalten wie Tizian, Rubens und Rembrandt, wie Raphael und Dürer, die noch bis in die letzten Jahre ihres Lebens zu gesteigerter Entfaltung ihrer Kräfte sich angehalten sahen, bilden eben Ausnahmen.

Gleichzeitig mit der Kreuztragung scheint die kleine Darstellung Christi am Kreuz, mit Pilatus (B. 22), entstanden zu sein.

Des gleichen Formats wegen wird die Jakobsschlacht (B. 53) gewöhnlich als ein Gegenstück zur Kreuztragung betrachtet. Durch die einander entgegengesetzten Bewegungen der Kämpfenden einerseits, der Fliehenden andererseits erhält das Blatt ein für jene Zeit ungewöhnliches Leben. Doch wird es, obwohl der unvollendete Zustand die Beurtheilung erschwert, wegen der Lahmheit in Stellungen und Gesichtsausdruck eher als eine Werkstattarbeit anzusehen sein, wofür auch die sonst bei Schongauer nicht vorkommende Form des Zeichens (M + S) zu sprechen scheint.

Waren schon auf der Kreuztragung die Umrisse der Figuren kräftig gezeichnet, so ist das in noch viel höherem Grade bei dem Tod der Maria (B. 33) der Fall. Durch diesen Umstand rückt dieses Blatt, welches im Uebrigen annähernd die gleichen technischen Merkmale zeigt, wie die Kreuztragung, bereits nahe an die Passionsfolge heran. Wiederum sehen wir die höchsten Anforderungen, die an eine Composition gestellt werden können, erfüllt: ergreifenden Zusammenklang mannichfaltiger Empfindungen, lebendige Schilderung verschiedener Charaktere und Altersstufen, volle Ausnutzung und naturgetreue Wiedergabe eines geschlossenen Raumes in seiner ganzen Tiefe. Man hat darum auch dieses Blatt, welches bereits Vasari zu den besten des Meisters zählt, welches mächtig auf die Folgezeit gewirkt hat und selbst auf Dürer seinen Bann ausübte, in die letzte Zeit Schongauer's versetzt. Auch Wurzbach hat nicht den Muth gehabt, es seiner zweiten (der Passions-) Gruppe zuzuzählen. Dass wir auf die frühe Form des Monogramms in diesem Fall nichts geben, ist bereits gesagt worden. Aber ernste Beachtung verdient der Umstand, dass eine Copie danach, diejenige des Wenzel von Olmütz, bereits die Jahrzahl 1481 trägt. Und dieses Jahr scheint nicht einmal die äusserste Grenze für seine

Entstehungszeit zu sein; denn die sicher später entstandene Scene von Christus und Magdalena ist, nach Ausweis einer Copie, im Jahre 1477 bereits geschaffen gewesen. Für eine relativ frühe Entstehungszeit des Todes der Maria spricht übrigens die Anlehnung an den Typus van der Weyden's im Kopf der Sterbenden, sowie die Gesichtsbildung des Johannes, welche zwischen dem älteren grämlichen und dem für Schongauer's spätere Zeit charakteristischen jugendlichen Typus in der Mitte steht, somit deutlich eine Zeit des Uebergangs bezeichnet.

Durchaus die gleiche Behandlungsweise mittels feiner, stark gekrümmter Häkchen in den Halblichtern, die gleiche zierliche und knitterige Faltengebung machen sich an der hl. Agnes (B. 62), einer der anmuthvollsten Schöpfungen Schongauer's, bemerklich. Ferner gehören hierher der allein von Galichon (S. 334) beschriebene Christus am Kreuz (ohne Strahlennimbus), welchen Wurzbach mit Stillschweigen übergeht (das mir bekannte Exemplar des Berliner Kupferstichkabinets zeigt jedoch, dass hier eine Originalarbeit Schongauer's vorliegt[8]); der hl. Martin (B. 57) und Johannes d. T. (B. 54), sowie wahrscheinlich auch der kleinere hl. Sebastian (B. 60), welche Blätter Wurzbach allesammt seiner dritten (letzten) Epoche zuzählt.

Erst in der Passionsfolge (B. 9—20) treten diejenigen Typen und diejenige Behandlungsweise auf, welche als die Schongauer durchaus eigenthümlichen, somit für ihn besonders charakteristischen erscheinen, weil sie in der überwiegenden Mehrzahl seiner nunmehr zu nennenden Werke wiederkehren[9]). Von den bereits angeführten kann Solches nur von den beiden der Passion wohl unmittelbar vorhergehenden Blättern: dem Tod der Maria und der hl. Agnes, gesagt werden. Eine milde Freundlichkeit ist es, die vor Allem aus diesen Gesichtern spricht, soweit es nicht eben gilt, wie bei den Henkern, niedrig brutale Gesinnung zu schildern. Der Christustypus mit seinen weit geöffneten Augen unter hoch gewölbten Brauen, mit dem breiten Nasenrücken, dem kleinen, zwischen aufgedunsenen Backen liegenden Munde, dessen Lippen wulstig hervorquellen, endlich dem zurücktretenden mit spärlichem Bartwuchs bedeckten Kinn, hat etwas Weichliches; den Frauen aber stehen diese Züge, die auf ihren Gesichtern ähnlich, nur verfeinert, wiederkehren, wohl an. Schlank und biegsam sind die Gestalten, aber von eckiger, magerer Bildung der einzelnen Gliedmaassen, was bei den schmalen langen Fingern mit ihren scharf betonten Gelenken besonders auffällig hervortritt. Die möglichst detaillirte und doch kräftige Zeichnung des Contars ist es, worauf jetzt des Meisters Aufmerksamkeit vorwiegend gerichtet ist. Damit hängt auch die Vorliebe zusammen, mit der er die tiefen, scharfen Falten der bauschigen Gewänder ausführt. Mit erstaunlicher Kraft und Sicherheit wird hier der Grabstichel gehand-

---

[8]) Ist es doch auch, gleich so vielen anderen Blättern Schongauer's, von dem »Meister W.« (Pass. Nr. 59) copirt worden.

[9]) Ich stimme vollständig mit Scheibler darin überein, dass die drei Darstellungen: Dornenkrönung (B. 13), Christus am Kreuz (B. 17) und Auferstehung (B. 20) später als die übrigen entstanden seien. Sie scheinen mir aus gleicher Zeit wie die klugen und thörichten Jungfrauen zu stammen.

habt und die Modellirung mittels einer weise angewandten, aus Kreuzschraffirung und freier malerischer Behandlung gemischten Methode hergestellt. In dieser Passionsfolge sehen wir Schongauer auf der Bahn, die er mit seiner grossen Kreuztragung betreten, fortschreiten. Die figurenreichen, meist heftig bewegten Darstellungen zeigen alle Anwesenden an dem Hauptvorgange unmittelbar betheiligt. Manche Uebertreibungen, manche durch zu starke Gegensätze erzielte Wirkungen machen sich noch bemerklich; aber das Alles tritt zurück gegenüber der ächt dramatischen Concentration, der Beschränkung auf das Wesentliche, welche aus dem tiefen Grunde des Gemüthes kommt und daher unmittelbar zum Herzen redet. Wohl absichtlich ist hier die Landschaft nur in ihren einfachsten Elementen gegeben. Scenen wie die Gefangennehmung, Geisselung, Kreuztragung und Grablegung sind in einem hohen, der vorhergehenden Zeit durchaus fremden Geist erfasst, und unvergängliches Eigenthum der nachfolgenden Generationen geworden.

Derselben Zeit entstammt die Kreuzigung mit den Schergen (B. 24), der hl. Christophorus (B. 48) und sein Gegenstück: der grössere hl. Sebastian (B. 59), die Wurzbach beide der letzten Periode zuzählt; ferner die thörichte Jungfrau in halber Figur (B. 87) [10]).

Ob die Folge der Apostel (B. 34—45) etwas früher oder später als die Passion in ihrem Hauptbestande fällt, lässt sich schwer entscheiden, denn nicht alle Blätter sind gleichzeitig entstanden (Jacobus major, B. 36, eines der spätesten). Für Letzteres scheint der Umstand zu sprechen, dass die Schattirung in den Haupttheilen durch Schraffirungen hervorgebracht ist. Andererseits spielen bei der Modellirung die feinen Häkchen noch eine grosse Rolle und ist die Charakterisirung mancher dieser Apostel eine zu flache alltägliche. Es muss übrigens anerkennt werden, dass wenn auch von ihnen bis zu Dürer's gottbegeisterten Gestalten noch ein unermesslicher Schritt bleibt, sie sich wenigstens über die Schöpfungen des Meister E. S. bedeutend erheben. Mit dieser Folge müssen wegen der durchaus gleichen Behandlungsweise die hl. Barbara (B. 63) und Christus am Kreuz zwischen Maria und Johannes (B. 23) gruppirt werden.

Schwierigkeiten bereitet auch die Einordnung der beiden einzelnen Verkündigungsfiguren (B. 1 und 2). Wahrscheinlich sind sie nach der Passion entstanden; aber manche Einzelheiten erinnern noch an die frühere Zeit: das Massige der Gestalten bei doch schlaffer Haltung, die sie fast zusammensinken lässt: der ausgesprochene Typus des Roger van der Weyden und dabei gewisse Eigenthümlichkeiten in der Bildung der einzelnen Gesichtstheile, mit denen der Meister lange zu ringen hatte: die hohe vorspringende Stirn (welche in gleich unangenehmer Weise sich auf dem Gemälde der Madonna im Rosenhag bemerklich macht) und die unschöne Vertiefung unmittelbar über der Nasenwurzel. Dieselben Kennzeichen trägt die Krönung der Maria (72). Wegen der Gleichheit der Bezeichnung (s. am Ende dieses Abschnitts) können

---

[10]) Doch könnte dieses kräftig ohne Kreuzlagen behandelte Blatt vielleicht auch einer etwas früheren Zeit angehören.

auch die (grössere) Madonna (B. 28) und der Elephant (B. 92) hier angereiht
werden. In der scharfen Faltenbrechung stimmt mit diesen Blättern auch die
Flucht nach Aegypten (B. 7) überein, eine Composition von zartester Innigkeit
der Empfindung, mit einer Landschaft, welche in ihren liebevoll ausgeführten
Einzelheiten, in den Bäumen des Vordergrundes, wie in den Gebäulichkeiten
des Hintergrundes, merkwürdiger Weise ausgesprochen südländische Reminis-
zenzen aufweist.

Etwa gleichzeitig mit den späteren Blättern der Passion scheinen die
drei zusammengehörenden und mit der Krönung Mariä zu einer Folge ver-
einigten quadratischen Darstellungen entstanden zu sein: die (kleinere) Geburt
Christi (B. 5), die Taufe (B. 8) und Christus und Magdalena (B. 26) [11]. Ferner
die hl. Stephanus (B. 49) und Laurentius (B. 56), die hl. Veronika (B. 66),
Maria im Hof (B. 32), vielleicht auch die Maria auf der Rasenbank (B. 30)
und der (viereckige) kleine hl. Georg (B. 50) [12].

Auf allen Blättern dieser mittleren Periode ist das M des Zeichens klein
gebildet, mit abstehenden, meist nach unten sich verstärkenden, selten durch
kurze Querstriche begrenzten Schenkeln und kurzem mittlerem Winkel, ungefähr
in dieser Form: $\mathcal{M}$. Ausnahmen bilden nur die Flucht und der Tod Marias
(wie bereits erwähnt), die hll. Martin und Johannes d. T. (bei denen man
an eine Uebungsform denken könnte), sowie die im Zusammenhang besprochenen
Blätter: die (grössere) Madonna, die Krönung Mariä und der Elephant. Auf
ihnen ist das M von ansehnlicher Grösse, ziemlich gleicher Stärke der Striche
und die Schenkel sind unten durch Querstriche begrenzt ($\mathcal{M}$).

Im Gegensatz zu der dramatischen Lebendigkeit der Schilderung und zu
der scharf markirten, bewegten, oft eckigen Zeichnungsart, welche in den bisher
genannten Blättern vorwalten, stehen die Ruhe und der sanfte Linienfluss,
welche die in technischer Hinsicht vollendetsten Werke Schongauer's auszeichnen. Das Ideal der Schönheit ist ihm aufgegangen; mit jener Anmuth,
die seinem Wesen eigen, die jedoch der oberdeutschen Kunst bis dahin so fremd
gewesen, erfüllt er seine Gestalten, in Ausdruck wie in Haltung, und wird hierdurch zum Bahnbrecher für die nahe bevorstehende Renaissance.

Eine Reihe von Blättern vermitteln den Uebergang zu dieser neuen Weise,
vor Allem die Folgen der klugen und thörichten Jungfrauen und der Wappen.
Hier wird die Modellirung vorwiegend mittels Kreuzlagen erreicht, die sehr dicht
und fein gezogen sind und dadurch eine weiche, reich abgestufte Gesammtwirkung erzeugen. Die Umrisse treten nicht mehr so stark, wie früher, her-

---

[11] Den grösseren hl. Georg (B. 52), der überdies unbezeichnet ist, müssen
wir Sch. absprechen, wenngleich ihn Bartsch für »incontestabel« erklärt. Möglicher
Weise rührt er von dem Meister A. G., einem Nachfolger Sch.'s her.

[12] Copie nach letzterem Blatt vom Jahre 1477 (nach Galichon). — Bei
Wurzbach finden sich diese Blätter bereits gruppirt; Gleichzeitigkeit der Entstehung
braucht übrigens noch nicht aus der Uebereinstimmung im Format gefolgert zu
werden. — Wurzbach's »Folgen« der grösseren und kleineren Heiligen sind schon
im Format zu verschiedenartig.

vor; der knitterige Faltenwurf aber ist in seinen Einzelheiten zierlicher ausgeführt, namentlich mehren sich die Augen, d. h. die in geschlossene Runde
auslaufenden Faltenenden, welche bereits in einigen Blättern der vorhergehenden
Zeit die in Häkchen frei auslaufenden Enden zu ersetzen begannen. Dagegen
ist die Magerkeit in den Gestalten noch nicht überwunden, sind die Gelenke
an den Fingern noch stark betont und ist in den, wenn auch bereits sehr
anziehenden, Köpfen, besonders den Frauenköpfen, jener liebliche Typus noch
nicht erreicht, welcher als für Schongauer charakteristisch betrachtet werden
kann. — Wenn Wurzbach die Folge der klugen und thörichten Jungfrauen
(B. 77—86) noch zu der Gruppe der Passion zählt, so ist er wohl durch das
alterthümliche Aussehen einiger dieser Blätter dazu bestimmt worden. Offenbar
hat die Arbeit Unterbrechungen erfahren; auch Scheibler constatirt bei zwei
Blättern (B. 78 u. 86) eine frühere Entstehung; die überwiegende Zahl gehört aber
der späteren Zeit und zwar erscheint B. 80 als das späteste, den Wappen bereits
nah verwandte. Der Gegenstand ist für die künstlerische Darstellung undank-
bar; so ist er denn auch ohne innere Vertiefung aufgefasst: durch nichts als
die Lampen sind die beiden Gruppen als einander entgegengesetzte charakterisirt; interessant jedoch sind diese Gestalten als Verkörperungen des specifisch Schongauer'schen Frauenideals zu jener Zeit, da sich der Meister auch in
dieser Hinsicht zu voller Selbständigkeit durchgerungen, aber noch nicht jener
hohen Grazie nachstrebte, die seine letzten Werke auszeichnet. Galichon charakterisirt diesen Typus treffend als eine Mischung von natürlicher Anmuth,
Züchtigkeit und einem gewissen vornehmen Anstand. Im Einzelnen hebt er
das oval gerundete Gesicht, die hohe stark gewölbte Stirn, die feine Taille
und die kleinen straffen Brüste hervor. — In nächster Beziehung zu diesem
Werk, wenn auch bereits eine höhere Stufe der Vollendung bezeichnend
steht die Wappenfolge (B. 96—105), in welcher Schongauer's an den Goldschmiedearbeiten grossgezogenes ornamentales Geschick seine höchsten Triumphe
feiert. Die ungezwungene, anmuthende Weise, wie die Gestalten der Schildhalter und besonders diejenigen der Schildhalterinnen sich in das Rund einfügen, hat ihnen selbst bis in die von Renaissance-Anschauungen erfüllte Gegenwart ihr Daseinsrecht bewahrt.

Folgende Blätter dürften hier anzureihen sein: die hl. Barbara (B. 63),
das Christuskind (B. 67), der segnende Christus (B. 68), Christus thronend
(B. 70), Christus mit Maria thronend (B. 71), die beiden Männer im Gespräch
(B. 90), der Drache (B. 93), die Schweine (B. 95) [13]).

Hier scheint auch der Platz zu sein, um das letzte der grossen Blätter
aus dem Marienleben zu besprechen, die Anbetung der Könige (B. 6).
Abgesehen davon, dass es in Typen und Technik durchaus zu den vorgenannten
Blättern stimmt, ist eine Copie dieser Darstellung mit der verhältnissmässig
späten Jahrzahl 1482 bezeichnet, ein Umstand, welchem bisher zu wenig Gewicht beigelegt worden. Jahrzahlen auf anonymen, der Zeit nach den Originalen nahestehenden Copien führen in der Mehrzahl der Fälle auf den Schluss,

---

[13]) Ob auch Hirsch und Reh (B. 94) vermag ich nicht anzugeben.

dass der Copist wegen ungenügender Verbreitung des Originals sich noch in der
Lage befindet, seine Arbeit als etwas Neues dem Publicum darzubieten [14]). Die
Jahrzahlen 1477, 1482 und 1485 auf den Blättern: Christus und Magdalena,
Anbetung der Könige und Verkündigung (B. 3) weisen diesen Schöpfungen die-
selbe Reihenfolge an, welche auch aus der Stilbetrachtung hervorgeht. Die
Zwischenräume zwischen ihnen scheinen ausreichend, um die Wandlungen in
der Behandlungsweise zu erklären. Diese Zahlen führen dahin, die Thätigkeit
Schongauer's als Kupferstecher hauptsächlich in die siebziger und die erste
Hälfte der achtziger Jahre zu verlegen. Der Umstand, dass ein Werk wie die
Verkündigung, welche wir der spätesten Zeit des Künstlers zurechnen zu
müssen glauben, bereits vor 1485 entstanden ist, schliesst ja die Möglichkeit
nicht aus, dass Schongauer auch noch später in Kupfer gestochen habe; andererseits aber ist es durch nichts bezeugt, dass er — der doch gleichzeitig Maler
war — gerade bis an sein Lebensende dieser Beschäftigung obgelegen.

Mit Ausnahme des letztgenannten tragen alle diese Blätter noch das
gleiche Zeichen wie diejenigen der vorhergehenden Periode.

.Die spätesten Werke zeichnen sich durch das schöne Ebenmaass der
Gestalten, ihre anmuthvoll-natürliche Haltung, die Sanftheit, welche aus den
wohlgebildeten Gesichtern spricht, endlich auch durch die hierzu passende
weiche Behandlungsweise aus. Schongauer strebt nunmehr weniger eine reiche
Farbenwirkung mit kräftigen Contrasten an, als eine möglichst saubere und
gleichmässige, ächt stecherische Wirkung. Von manchen Gewöhnungen der
früheren Zeiten befreit er sich übrigens auch hier nicht ganz; trotzdem im Wesentlichen die reine Kreuzschraffirung zur Anwendung gelangt, werden doch bisweilen (wie beim Johannes auf Pathmos) die Uebergänge vom Schatten zum
Licht durch kleine gerundete Häkchen vermittelt; neben den wohlgefällig gerundeten Falten (Verkündigung) treten noch die kleinen knitterigen (der grosse
Christus am Kreuz, die Evangelistensymbole) auf; die Finger, wenn auch nicht
mehr in den Gelenken allzustark betont, bleiben übermässig lang und schmal.
Der Engel des Matthäus in der Folge der Evangelistensymbole (B. 73—76)
kann als typisch bezeichnet werden für die von stiller Beseligung, gleichsam
Verklärung erfüllten Gestalten dieser Zeit, in denen wir ein treues Abbild der
jugendlich reinen Seele des Meisters zu erblicken glauben. Die gleichen rundlichen Gesichtszuge verleiht Schongauer jetzt seinem Johannes, nur erscheint
bei dieser Gestalt der Blick, der bei dem Engel unbefangen und frei war,
von kindlicher Trauer umflort. Dieser Typus, der bereits bei der Kreuzigung
aus der Passion (B. 17) vorbereitet war, tritt uns in voller Reinheit auf zwei
Blättern entgegen, die Wurzbach arg misskannt hat, indem er das eine, den
(grossen) Christus am Kreuz der ersten Periode zuzählt, das andere, Johannes
auf Pathmos, dem Meister gar abspricht. Beide Stiche gehören nah zusammen.
Johannes auf Pathmos (B. 35) erscheint freilich in ungünstiger Profilstel-
lung, doch ist der Typus nicht zu verkennen, und wird das Blatt allgemein und

---

[14]) Anders liegt der Fall, wenn, wie beim Tode der Maria, sich der Copist
(Wenzel von Olmütz) nennt; dann fällt die betrügerische Absicht fort.

mit Recht der späten Zeit zugewiesen; der Christus am Kreuz (B. 25) fällt wiederum, in den gewöhnlichen Abdrücken wenigstens, durch die Ungleichmässigkeit der Behandlung auf. Während die Composition aus einem Guss ist, klar disponirt und von ergreifender Grossartigkeit, mit einer, wie Wurzbach richtig bemerkt, von vlämischen Reminiscenzen erfüllten Landschaft, welche einen ungemein wohlthuenden, ruhig-heitern Hintergrund für die Tragik des Vorganges bildet: fallen der obere und der untere Theil des Bildes dadurch völlig auseinander, dass Christus und die ihn umschwebenden klagenden Engel in der für Schongauer's letzte Zeit charakteristischen feinen und sauberen Weise ausgeführt sind, während die Gewänder der Maria und des Johannes in schwere brüchige Falten gelegt und grob modellirt sind. Nur durch die Annahme späterer Ueberarbeitung oder Zuthat — etwa durch die Hand des Meisters W., der vornehmlich nach Schongauer copirt hat — lässt sich Solches erklären; Galichon führt einen früheren Zustand an, welcher möglicher Weise in allen Theilen die gleiche, der oberen Hälfte entsprechende Behandlungsweise zeigt.

Dass die Copie nach der schönen Verkündigung (B. 3) für die Datirung der Werke dieser letzten Periode besonders wichtig sei, ist bereits erwähnt worden. Die verkehrt geschriebene Jahrzahl ist verschieden gelesen worden: 1482 von Duchesne (im Voyage iconographique), 1483 von Galichon (S. 328 oben), 1485 von Heineken (Neue Nachr. I, 398) und Passavant. Nur die letzte Lesart ist richtig, wie das Exemplar im British Museum darthut. — Gleichzeitig mit diesem Blatt ist der hl. Michael (B. 58). Zu den spätesten endlich gehören die (grosse) hl. Katharina (B. 65), die kleine Madonna (B. 27), der hl. Antonius (B. 46) und der Bischof (B. 61).

Auf allen diesen Blättern, mit Ausnahme der Evangelistensymbole, welche das Zeichen in der Form der mittleren Periode tragen (die Bezeichnung des grossen Christus am Kreuz festzustellen habe ich leider keine Gelegenheit gehabt), ist das M klein und zierlich aus vier annähernd gleich langen und gleichmässig starken Strichen gebildet (M).

Absichtlich haben wir die Ornamentstiche Schongauer's nicht in Betracht gezogen. Abgesehen von den mit vollendeter Meisterschaft ausgeführten beiden Hauptblättern: dem Bischofstab (B. 106) und dem Rauchfass (B. 107), welche in Folge mehrfacher Merkmale der Spätzeit zuzuweisen sind, bieten die übrigen zu wenig Handhaben für eine genauere Datirung. Schon bei der Bestimmung der figürlichen Darstellungen sind bisweilen die Grenzen, welche die einzelnen Gruppen von einander scheiden, zu scharf gezogen worden. Ist doch unser Urtheil stets nur durch die Abdrücke, die uns zufällig zu Gesicht gekommen, bedingt; und von wie manchen Blättern müssen wir bekennen, frische und durchaus genügende Abdrücke nicht gesehen zu haben [18]). Eine solche schroffe Stellungnahme erschien aber nothwendig bei dem unzureichenden Stande, in welchem sich gegenwärtig noch die Kenntniss Schongauer's befindet. Es galt die für gewisse Gruppen seiner Werke charakteristischen Momente möglichst

---

[18]) Das gilt namentlich von der Flucht nach Aegypten und der Verkündigung (B. 3).

scharf zu fassen, die wahrscheinliche Aufeinanderfolge dieser Gruppen aus
Gründen der Technik und der Formgebung abzuleiten und mit Hilfe solch
eingehender Betrachtungsweise die Feststellung von Schongauer's Entwickelungsgang zu versuchen. Klärung über diese Punkte bildet die nothwendige Grundlage für eine ausreichende Charakteristik des Meisters. Anders gestaltet sich
sein Bild, wenn man, mit Galichon, Blätter wie die von Liebreiz umflossene
Verkündigung und den hl. Michael für frühe, die Kreuztragung, den Tod Mariä
und die Passion aber wegen der in ihnen herrschenden herben Bestimmtheit
für späte Werke ausgiebt; anders, wenn man die Reihenfolge umkehrt und
nun den Meister von stillen Anfängen durch eine Periode übersprudelnder
Kraft zu völliger Läuterung hindurchdringen sieht. — In den Resultaten freue
ich mich somit im Wesentlichen mit Scheibler übereinzustimmen. Dass er
ein Blatt, wie die Anbetung der Könige, um Weniges früher setzt, als ich;
andere Werke dagegen, wie den Christophorus, die Taufe, die hh. Stephanus
und Laurentius und die beiden h. Sebastian, um Weniges später, ist nicht
von grossem Belang. Es bleibt Raum für die Hoffnung, dass auf solcher
Grundlage eine allgemeine Einigung mit der Zeit erzielt werden könne.

Bemerkungen zu einigen Bildern Rembrandt's.

Von **Alb. Jordan.**

I.

Die im wesentlichen sich gleich bleibenden Bedürfnisse der Kirche, die Beschränkung der Laien auf die Kenntniss bestimmter Partien der Bibel hatten auch eine gewisse Beschränkung‧ in der Zahl der darzustellenden Stoffe und eine gewisse Gleichmässigkeit in der Behandlung zur Folge gehabt. Die Reformation entzog einen grossen Theil der bis dahin mit Vorliebe gewählten Stoffe der künstlerischen Thätigkeit, legte aber anderseits durch die Förderung einer umfassenderen Bibellektüre einen bis dahin noch wenig benutzten Schatz von zum Theil höchst fruchtbaren Stoffen der Phantasie der Künstler näher.

Bei keinem andern Meister ist die Erweiterung resp. Veränderung des Stoffgebietes so in die Augen fallend als bei Rembrandt. Wie in der Wahl der Stoffe, zeigt sich auch in der Art, wie er sie auffasst, wie er ihnen ganz andere Seiten abzugewinnen weiss als die frühern (auch als seine nächsten Vorgänger), die ganz veränderte Stellung zur Bibel, der vollständige Bruch mit der Tradition. Beide Umstände gewähren seinen Darstellungen einen eignen Reiz, erschweren aber mehrfach ihr Verständniss. Eine Anzahl derselben hat sich die wunderbarsten Benennungen gefallen lassen müssen, und einige harren noch immer der richtigen Deutung. Dass Begebenheiten der modernen Geschichte darzustellen ihm fern lag, ist jetzt allgemein anerkannt, die Zahl der aus der alten Mythologie und Geschichte entnommenen ist auch nicht gross, viel kleiner wenigstens als man früher anzunehmen geneigt war. Die .weit überwiegende Mehrzahl seiner historischen Darstellungen ist der Bibel entnommen. Seit Koloff hat sich diese Erkenntniss immer mehr Bahn gebrochen. Neuerdings will nun A. Springer auch in dem grossen Stockholmer Bilde Ziskas sammansvärjning eine Scene des alten Testamentes erkennen (cfr. W. Bode, Studien p. 483), und zwar das Gesicht des Judas Maccabäus, wie ihm Jeremias in Gegenwart des alten Onias ·das heilige Schwert überreicht, damit er seine Feinde mit demselben schlagen solle. Diese Deutung hat doch ihre grossen Bedenken. Näher liegt es jedenfalls, an Scenen zu denken wie 1. Chron. 30, 22—26: **Und assen und tranken desselbigen Tages vor dem Herrn mit grossen Freuden. Und machten das anderemal Salomo, den Sohn Davids, zum**

Könige . . . . . Also sass Salomo auf dem Stuhl des Herrn, ein König an
seines Vaters Statt, und ward glückselig und ganz Israel war ihm gehorsam.
Und alle Obersten und Gewaltigen, auch alle Kinder des Königs David
thaten sich unter den König Salomo etc. Salomo spielt freilich im
Werke Rembrandt's keine grosse Rolle, aber ganz fehlt er doch nicht, vgl.
u. a. besonders die »Inwijdingh van den Tempel Salomons, in't graeuw« im
Inventar von 1656. Auch für die Judenbraut im Museum van der Hoop liegt
der Gedanke an eine biblische Scene am nächsten. Woltmann hat an Juda
und Thamar gedacht. Dagegen macht C. Lemcke geltend, dass das Fehlen
von Ring, Schnur und Stab, sowie die reiche Kleidung des Weibes dieser
Situation nicht entsprächen. Letzteres freilich mit Unrecht, da Rembrandt
auf der Handzeichnung in der Albertina Thamar . eine nicht minder reiche
Gewandung gegeben. Aber auch der Gesichtsausdruck beider steht dieser
Deutung entgegen. Lemcke seinerseits bezieht das Bild auf Boas und Ruth
(Ruth 2, 11). Dagegen spricht, dass wir unzweifelhaft Tagesbeleuchtung vor
uns haben. Mehr Wahrscheinlichkeit dürfte die Deutung auf Esther und
Ahasverus (Stücke in Esther cp. 4) haben. Esther hat sich reich geschmückt
aufgemacht bei dem Könige für ihr. Volk zu bitten. Sie erscheint vor ihm,
sinkt aber bei seinem Anblick zusammen. »Da wandte Gott dem Könige sein
Herz zur Güte und ihm ward bange für sie und empfing sie mit seinen
Armen, bis sie wieder zu sich kam, und sprach sie freundlich an: Was ist
dir, Esther, ich bin dein Bruder, fürchte dich nicht, du sollst nicht sterben.
Die Vers 5 ausdrücklich hervorgehobene Mischung von grosser Schönheit,
fröhlicher Zuversicht und banger Sorge ist es, die Rembrandt, den Meister in
der Darstellung complexer psychologischer Vorgänge, angezogen hat. Als
Weib hat sie alle Schönheit, alle Pracht aufgeboten des Königs Herz zu gewinnen, als die von ihm bevorzugte Gemahlin glaubt sie eine gewisse Hoffnung auf Erfüllung ihres Wunsches hegen zu dürfen, aber als Jüdin, als
Gegnerin des allmächtigen Günstlings des Königs Mardochai, pressen sich ihr
im Gefühl der Gefährlichkeit ihres Unternehmens die Lippen ängstlich zusammen und die Augen bekommen etwas ängstliches, starres, der Ausdruck
trotz aller Schönheit etwas herbes, beklommenes. Für diese Erklärung dürfte
auch noch die vielfach übereinstimmende Pracht desselben Paares auf dem
»Triumph der Mardochai« (Bl. 12) sprechen.
     Mit mehr Sicherheit lässt sich, glaube ich, die Deutung eines andern
Bildes geben, das bisher falsch benannt ist, ich meine die sog. Danaë in
Petersburg. Eine Erklärung aus dem alten Testament hat, so viel ich weiss,
zuerst W. Bode in seiner kurzen Besprechung der Meisterwerke der holländischen Schule in der Eremitage, Petersburg 1873, gegeben. Die von ihm
damals aufgestellte und jetzt in seinen »Studien« p. 449 wiederholte Ansicht,
dass das Bild die Zuführung des Tobias zu seiner Braut vorstelle, habe ich,
als dem Geiste der Tobiaserzählung widersprechend, nie wahrscheinlich gefunden, und freue mich, meine Bedenken auch von Riegel (Beiträge II, 258)
getheilt zu sehen. Die richtige Deutung ist die auf die Zuführung des Abraham zur Hagar (1. Mos. 16, 2). Dass dies nicht längst erkannt ist, liegt daran,

dàss uns die Darstellung dieser Scene in umgekehrter, sich an den ferner liegenden Vers 5 anschliessenden Fassung als Zuführung der Hagar zum Abraham geläufiger ist. Aber Rembrandt hat sich wie gewöhnlich genauer als andere an den Wortlaut der Erzählung angeschlossen. Man braucht der Alten, die im Hintergrunde den Vorhang des Bettes aufhebt, nur die Worte der Sarah, Vers 2, in den Mund zu legen, und die Scene ist erklärt. Das Alter dieser Figur und das grosse Schlüsselbund als Abzeichen der Hausfrau passt für die Sarah, Gestus und Gesichtsausdruck der Hauptfigur ist der Situation der jungen Sklavin angemessen. Sinnlichkeit und eitle Selbstgefälligkeit (die sich ihrer Herrin gegenüber später zu Stolz steigert) kämpfen mit einem Rest jungfräulicher Scham. Dass der alte Patriarch nicht zur Darstellung gebracht, ist gewiss ein Zeichen richtigen künstlerischen Tactes. Welchen Ausdruck hätte er dem Fünfundachzigjährigen geben sollen? An die Parallelscenen, 1. Mos. 30, 3 resp. 9 (Jakob und Bilha resp. Silpa) zu denken verbietet, abgesehen von anderm, das Alter der Frau. Darstellungen aus der Geschichte Abraham's finden wir aber gerade um 1636 bei Rembrandt mehrfach; aus dem vorhergehenden Jahre ist die Opferung Isaaks in der Eremitage, aus dem folgenden die Radierung Hagar von Abraham verstossen (Bl. 3), aus denselben Jahren auch Abraham den Isaak liebkosend (Bl. 4). Also Hagar, nicht Danaë ist das Bild zu nennen.

Nicht anders wie bei den Gemälden ist es natürlich bei den Handzeichnungen; so ist der »Chevalier romain, se précipitant dans son glaive; près de lui un serviteur avec un bouclier« in Dresden (cfr. Vosmaer, p. 395) natürlich niemand anders als König Saul, der in sein Schwert »fällt« u. s. w.

II.

Die allgemeine Angabe von Orlers, dass Rembrandt »omtrent den Jaere 1630« von Leyden verzogen sei, sucht W. Bode (Graph. Künste III, p. 51, Studien p. 362) dahin näher zu bestimmen, dass Ende 1631 oder Anfang 1632 diese Uebersiedlung stattgefunden habe. Diese Ansicht, speciell die letztere Form derselben, die durch die Aenderung in der Zahl und der Bezeichnung der Radierungen in dem Jahre 1632 eine nicht unwichtige Bestätigung findet, rückt die Uebersiedlung und die Entstehung des ersten bedeutenderen auf Bestellung gearbeiteten Werkes des jungen Meisters so eng zusammen, dass man kaum umhin kann, einen Zusammenhang zwischen beiden anzunehmen. Die unter Tulp's Leitung im Jahre 1632 veranstaltete Secierung (Object war die Leiche des Kokermakers Adriaan Adriansz, eines Landsmanns Rembrandt's, 28 Jahre alt, der um seines »Muthwillens« mit dem Strange bestraft war) fand am 31. Januar statt. Sollte nicht Tulp's an dieselbe sich anschliessende Bestellung auf eine Gruppe von 8 Porträts bei Rembrandt den Entschluss zur Reife gebracht haben, seine Heimat mit der grossen Weltstadt zu vertauschen?

Ist aber das Bild von Anfang an auf 8 Porträts berechnet gewesen? Je öfter ich es gesehen und genau untersucht habe, um so zweifelhafter ist dies mir geworden. Zwei von den Porträts nämlich, Jacop Jansz Coolevelt (der äusserste links) und Franz van Loenen (der stehende), unterscheiden sich in ihrer Gesammthaltung ganz wesentlich von den übrigen. Vor dem Bilde selbst ist mir der Unterschied immer so auffällig erschienen, dass es mir räthselhaft ist, wie diese Thatsache bei einem so zugänglichen und für den Entwicklungsgang Rembrandt's so wichtigen Bilde bisher hat unbemerkt oder wenigstens unbesprochen bleiben können. Die beiden Köpfe fallen, wenn man das Bild aus einiger Entfernung betrachtet, vollständig aus dem Zusammenhang mit den übrigen heraus, und bei genauerer Untersuchung lassen sich, meine ich, hinreichende Unterschiede in der Behandlung aufweisen, welche diese Verschiedenheit in der Wirkung erklären. Die Köpfe zeigen nicht das feste Fleisch, nicht den röthlichen Ton der Carnation, auch nicht die bestimmten Umrisse, wie die andern, die Augen verrathen nichts von dem Temperament, von den Vorgängen im Innern der Personen, die von Coolevelt erscheinen den andern gegenüber gläsern, die von Franz van Loenen blöde und verschwommen. Bei dem von links oben einfallenden Lichte stehen die Spuren von Licht unten links vom Ellbogen Coolevelts in keinem Verhältniss zu der Dunkelheit der entsprechenden Partien seines Nachbars Adriaan Cornelisz Slabberan. Unklar ist bei derselben Figur die Schulterpartie, man sieht nicht, wo sie sich zum Arm heruntersenkt, eine grosse, steife Falte, die vom Nacken ausgeht, deutet auf einen Mantel hin, ohne dass ersichtlich wäre, wie und wo er befestigt wäre. Auch die Behandlung der Kragen ist eine verschiedene, die der beiden genannten sind breiter angelegt und ihr unterer Rand von Wellenlinien, die der Form der Falten folgen, gebildet, während die andern, auch der von Hartmann Hartmansz (Nr. 3), dort kleine kurz hingesetzte Pinselstriche zeigen. Noch andere Unterschiede ergeben sich vor dem Original besonders durch eine Vergleichung von Nr. 8 mit 2 und 7 mit 4. Deckt man die beiden Köpfe zu, so erscheint das Ganze unendlich geschlossener, einheitlicher und alles, was zum Lobe des Bildes in Bezug auf seine Composition gesagt ist, scheint mir dann in weit höherem Maasse Geltung zu haben.

Die Acten der Chirurgijns Gild auf dem Amsterdamer Archiv bieten zur Entscheidung der angeregten Frage kein Material. In dem Anatomij Boek (Inv. 22, 5) finden sich die von dem jedesmaligen Leiter und den »overluijden« unterschriebenen Protocolle, aber die Namen der Unterzeichner der Protocolle von 1631 und 1632 (auch 1633) decken sich nur zum Theil mit den Personen unseres Bildes. Ueber die sonst etwa noch bei den Demonstrationen anwesenden Personen finden sich keine Angaben. Der Name Franz van Loenen findet sich überhaupt nicht in den Acten und Verzeichnissen der Gilde, nur von einem (Sohn desselben) Cornelis Fransz van Loenen findet sich im Gildenboek (Inv. 22, 8, fol. 51) die Notiz, dass er am 31. Juli 1642 in die Gilde aufgenommen ist. Sind überhaupt die Spuren der jetzt erhaltenen Inschrift ausreichend, um den Namen sicher zu stellen? Wo findet er sich zuerst? Schon vor Wagenaar? Diese und einige ähnliche Fragen zu beantworten fehlt mir augenblicklich in meiner litterarischen Wüste leider alles Material [1]). Doch wird ausser dem von

---

[1]) Besonders bedaure ich, dass ein Aufsatz Rogges, auf den Scheltema mich s. Z. aufmerksam zu machen die Güte hatte, mir unzugänglich geblieben ist.

mir benutzten archivalischen Material wesentliches zur Entscheidung dieser Frage kaum vorhanden sein.

Der Unterschied in der Behandlung der beiden Porträts und demgemäss ihrer malerischen Wirkung muss also allein entscheiden. Diese kann aber meiner Ueberzeugung nach nicht geleugnet werden. Die beiden Köpfe sind in breiterem, flüssigerem Auftrag mit geringerer geistiger Theilnahme des Künstlers, ohne die gleiche Lust und Liebe zur Sache mehr geschäftsmässig flüchtig behandelt. Darf man daraus folgern, dass sie später hinzugefügt sind? Der graue Ton des Fleisches liesse sich dafür anführen, dass sie auf den schon vorhandenen dunkeln Grund gemalt sind. Auch die Reihenfolge, in der die Personen auf dem Zettel, den Hartman Hartmansz in der Hand hält, aufgezählt sind, scheint für diese Vermuthung zu sprechen. Sie beschreibt von Tulp ausgehend einen Bogen nach oben über 3, 2, 4 und kehrt dann über 5 und 6 zu ihm zurück. Die beiden erwähnten Köpfe haben die Nummern 7 und 8 [2]).

---

[2]) Ist aber die Inschrift, wie sie jetzt lesbar ist und wie sie V. de Stuers wiedergibt, die ursprüngliche, oder sind Reste einer andern darunter zu erkennen?

Berichte und Mittheilungen aus Sammlungen und Museen, über staatliche Kunstpflege und Restaurationen, neue Funde.

Wien. Die jüngsten Erwerbungen der Galerie Liechtenstein.

Die fürstlich Liechtenstein'sche Galerie in der Rossau überrascht uns durch eine Reihe von hervorragenden Gemälden, welche der kunstsinnige Besitzer derselben erst in den letzten Jahren seiner Sammlung einverleibt hat. Auch in der Art der Aufstellung der Bilder ist viel geschehen, was den Kunstfreund befriedigt. Die Kunstliebe des Fürsten erstreckt sich übrigens nicht bloss auf Gemälde, sondern auch auf Kunstwerke anderer Gattung aller Zeiten und Völker. Die berühmte Hauslab'sche Sammlung ist durch ihn für Oesterreich erhalten und befindet sich vorläufig im Parterregeschosse des Galeriegebäudes, und erwartet ihre Katalogisirung durch einen Fachmann. Er liess der Benndorf'schen Expedition nach Lykien seine ganz besondere Förderung angedeihen. Die Akademie der bildenden Künste und das österr. Museum erhielten durch Fürst Johann Liechtenstein werthvolle Bereicherungen.

Unter den Gemälden nehmen zwei Porträts Rembrandt's einen ersten Rang ein; sie sind datirt 1636 und monogrammirt, 65 × 112 cm, von vorzüglicher Erhaltung, und stammen aus der Sammlung der Marchese Incontri in Florenz[1]); sie allein lohnen einen Besuch der fürstlichen Galerie. Dazu kommen: ein Benj. Cuyp vom Jahre 1636, ohne Monogramm, ein Porträt einer jungen vornehmen Dame, Kniestück 75 × 105 cm von sehr guter Erhaltung; zwei Porträts in Ovalformat, 57 × 60 cm von G. Maes, in der Art des Netscher; ein männliches Porträt von Francia Bigio vom Jahre 1517, 38 × 54 cm; ein männliches Porträt von Licinio Pordenone, 39 × 46 cm; ein männliches Porträt von Franz Hals, das kühn gemalt; eine Madonna von Romanino, auf Holz gemalt, 49 × 113 cm, gehörte zu einem Altar; trotz einiger Restaurirung von feinen Ausdruck; ein grosses Altarbild von Battista Farinati (B. Zelotti), die Grablegung Christi, ein interessantes Bild mit lebensgrossen Figuren (Farinati, geboren zu Verona 1532,

---

[1]) S. W. Bode, Studien zur Geschichte der holländischen Malerei, Braunschweig 1883, p. 576.

gestorben 1592); ein feines Porträt eines Gelehrten geistlichen Standes, 87×69 cm; drei interessante Ansichten von Venedig, von Francesco Guardi, dem Schüler Canaletto's; das Porträt des Musikers Cimarosa von Giov. Longhi (geb. 1766, gest. 1831), Kniestück. — Von ganz besonderem kunsthistorischen Werthe sind einige monogrammirte Bilder von Meistern, die sehr selten vorkommen; ich zähle auf: das Genrebild von dem seltenen Meister A. de PAPE, 42 × 52 cm; eine Landschaft des seltenen Meisters Joh. Goedaert aus Middelburg, Holzbild, 65 × 46 cm; ein Altarbild aus der älteren Schule Veronas mit der alten spitzbogigen Umrahmung, in der Mitte die Madonna und zu beiden Seiten die Heiligen: Johannes Bapt., Michael, Sebastian und Andreas; eine Anbetung der Hirten von einem Veroneser Meister, der von der Schule des Giorgione beeinflusst ist (ist costümlich sehr interessant), 69 × 101 cm; ein reizender Frauenkopf, von Anselmo da Forli, 24 × 52 cm, am Halse restaurirt (ist gleichfalls von costümlichem Interesse); eine Landschaft von P. P. Rubens aus der Galerie Düsseldorf; zwei Jacob Ruisdael, eine Landschaft von P. van Slingeland, eine Landschaft von Salomon Ruisdael, eine Landschaft von Wynants, signirt; zwei Bilder von G. Dou; eine Landschaft von Pynaker, mit Staffage, signirt und datirt 1670; eine andere von Pieter van den Avont; eine kleine Landschaft mit einer Quelle von Wouvermann, signirt H. W.; ein Seestück von Wilhelm v. d. Velde, bezeichnet und datirt vom Jahre 1572.

Das sind die Gemälde, die ich bei einem flüchtigen Besuche als neue Bereicherungen der Galerie notierte, die es aber wohl verdienten, eingehender beschrieben zu werden. Doch schon diese kurze Anzeige deutet an, welch reiches und neues Material zum Kunststudium die fürstliche Galerie bietet. Fürst Johann von und zu Liechtenstein ist nicht bloss der grösste Grundbesitzer, sondern ohne Frage der hervorragendste Kunstfreund der österreichischen Monarchie. Von vornehmer Bescheidenheit vermeidet der Fürst jede Ostentation, und widmet sich den Kunststudien mit einer Hingebung, die bezeugt, wie sehr ihm die Kunst Bedürfniss seines Geistes ist. In den Privatbesitz des Fürsten, aber bisher der Galerie noch nicht einverleibt, ist die höchst interessante Madonna del Leggio übergegangen, welche als Werk Michel Angelo's angesehen wird. Dieses war einst in dem Besitze des bekannten englischen Kunstfreundes und Künstlers Morris Moore. Das Bild ist ein Rundbild auf Holz gemalt, 66 cm im Durchmesser und gut conservirt. Es wurde am 9. Mai 1851 von Morris Moore in Perugia erworben. Giuseppe Campori erwähnt es in seinem trefflichen Werke »Raccolta di cataloghi ed inventarii inediti«, Modena 1860, S. 168, 169 in folgender Weise: »Catalogo dei quadri, dei disegni e nelle scolture della casa Meniconi in Perugia, 1651: Un Tondo di Michel Angelo Bona Rota di diametro circa duoi piedi con festone a torno tutto dorato, la Vergine col putto in collo che dorme, E. Giovanni a' piedi sedendo figure intieze non molto grande, Sc. 250.« Das ist der Preis, um welchen es in den Besitz Meniconi's seiner Zeit übergegangen ist.

Wenn in Frankreich, Belgien oder in England für eine Privatgalerie,

welche die Kunstliebe des Besitzers jedem Kunstfreunde und Künstler zugänglich macht, so zahlreiche Kunstwerke in einer so kurzen Zeit erworben worden
wären, wie würden die, öffentlichen Blätter ausführliche Berichte bringen!
Aber das politische Interesse ist jetzt in Oesterreich so stark, dass Bereicherungen von so grosser Bedeutung nur selten und nur mit wenigen Worten
besprochen werden.

Hoffentlich wird es nicht lange dauern, dass in allen deutschen Landen
Erwerb hervorragender Kunstwerke als wirkliche Bereicherung der Nation und
des Landes angesehen und demgemäss auch Würdigung finden wird. *R. v. E.*

**Regensburg. Noch einmal die Wandmalereien im von Hösslin'schen Hause
(Bierl'sche Apotheke zum „Elefanten").**
Im V. Band des Repertoriums S. 416 f. haben wir nach einer einmaligen
Betrachtung im schlechten Licht eines Spätnachmittags über diese hochinteres-
santen Wandmalereien berichtet: Heuer war es uns gegönnt, dieselben an
einem ziemlich hellen Tage zu besichtigen, und ein Gerüst zu improvisiren,
das eine Betrachtung in unmittelbarer Nähe gestattete. Da die Zerstörung
und Abbleichung der Malereien schon gegen das vorhergehende Jahr beträchtlich vorangeschritten war, so dürfte es erwünscht sein, genauere Daten über
den Fund zu geben, bevor die Malereien gänzlich unkennbar werden. Das
»Germanische Museum« in Nürnberg hat unterdess einen Zeichner beauftragt,
durch eine Pause die Umrisslinien festzustellen, eine Arbeit, welche wohl in
diesem Augenblick schon vollendet sein wird.

Der Raum hat folgende Form:

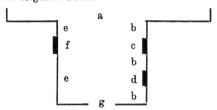

a Lichthof. b rechte Wand mit Malereien. c Treppe. d Thüre in die Apotheke. e linke Wand mit Malereien. f Thüre ins Magazin. g Eingangsthor
von der Strasse aus. Die Länge jeder Wand vom Thor bis zum Hof ist
11,50 Meter. An der Wand selbst ist unten eine gemalte Zierleiste von 28 cm;
dann folgen die Bilder in einer Höhe von 89 cm und ein schmales Spruchband mit den darüberstehenden Wappen von 28 cm, so dass also die Malerei
1,45 Meter des oberen Theiles der Wand einnimmt. Die Höhe der Köpfe an
den in der ersten Ebene stehenden Figuren beträgt ca. 12 cm.

Wir beginnen in unserer Beschreibung mit der rechten Seite (b) vom
Eingang aus und zwar von der Hofseite gegen die Strasse vorrückend: Eine
stehende und eine sitzende Frau, dann eine, welche sich der letzteren naht,
und zwei Figuren, deren Köpfe beschädigt sind. Vier Reiter, zwei auf weissem,
einer auf braunem, einer auf schwarzem Pferd. Darauf eine gedeckte Tafel,

hinter ihr ein Mönch. — Sodann ist eine Darstellung aus der heiligen Geschichte eingefügt, wahrscheinlich eine Krönung Mariä. (Sie entspricht, wie wir vorgreifend bemerken, einer Darstellung auf der Wand gegenüber, welche in ebenso eigenthümlicher Weise wie die Krönung zwischen den anderen Schildereien steht, eine Anbetung der Magier, s. u.)

Nach der Krönung Mariä folgen sechs bis sieben Reiter. Untertheil der Figuren und die Köpfe sind beschädigt. — Nach der Thüre in die Apotheke (d) kommt eine grössere zusammenhängende Darstellung. Vom Lande stürmen Ritter gegen ein am Ufer befindliches Schiff an. Ein Ritter im Boote, der dem Lande zunächst ist, schlägt mit einer Ruderstange gegen die Anstürmenden. Der nächste Ritter zieht mit dem Schwerte aus. Ein Mann biegt sich über den Rand des Schiffes, wie um den Anker aufzuziehen. Das Wasser ist in der üblichen Weise der bildlichen Darstellungen des Mittelalters mit Fischen belebt. — Im Schiffe folgen eine Frau, ein gekrönter Mann, und Männer in Rüstung, von denen einer rudert.

Dann eine Stadt mit einem Thurm, der unten ein Fallgitter hat. Oben schauen drei Köpfe herunter. — Kampfscenen in zwei Abtheilungen folgen. —

Auf der **l i n k e n** Seite vom Eingang wieder an der Hofseite (e) beginnend, sehen wir über der Thüre in das jetzige Magazin (f) eine Jagd, springendes Reh, Jagdpferd und Hunde, sodann die schon oben berührte Anbetung der Magier. Deutlich ist zu erkennen die sitzende Figur, das Kind mit bräunlichem Kleid und rothem Nimbus mit der rechten Hand segnend, und eine (vielfach beschädigte) Gestalt, deren Hand eben ein Gefäss öffnet. Nach einer stark beschädigten Stelle, welche mehrere Meter in Anspruch nimmt, kommt diejenige Stelle, welche neben der Scene im Schiff (von der anderen Seite b) am deutlichsten erkennbar ist. — Wir sehen hier fünf Minnepaare, zuerst ein kosendes Paar, dann zwei Jungfrauen, die zwei kniende Ritter mit einem Reif krönen, ein Ritter im Schooss einer sitzenden Frau liegend, und sodann den Minnethurm, und an demselben eine Königin, in deren Schooss ein Ritter liegt. Nach diesem Thurm sehen wir neun Ritter auf dem Pferde mit verschiedenen Schildzeichen, anstürmend gegen einen Baldachin, unter dem an einem gedeckten Tisch wieder eine Königin sitzt. Vier Personen umgeben sie. Ein Emblem auf einem der Spitzschilde, und zwar das auf dem Schilde des letzten Ritters — ein Heiliger oder Christus mit rothem Gewand und goldenem Nimbus — scheint darauf hinzuweisen, dass hier ein Kampf der Vertreter des guten Princips gegen die Mächte der Verführung dargestellt werden soll. Die übrigen erkennbaren Embleme auf den Schilden sind ein Löwe, ein Thurm, eine Rose. An der anderen Seite des Baldachins ist ein wegsprengender Ritter zu erkennen.

Das leider bis auf geringe Reste zerstörte Spruchband lässt auf der linken Seite (e) noch einige Personennamen erkennen, indess auf der rechten Seite (b) nur noch vereinzelte Buchstaben enträthselt werden können, wie z. B. über den Thurm mit dem Fallgitter VRMT.

Auf der linken Seite über dem zweiten und dritten Minnepaar lesen wir: LEV ... RIVT . DIT .... (also vielleicht Leufried. Dit (fried). Ueber dem Minnethurm ist zu lesen: REVMHILT. Ueber dem dritten der gegen den

Baldachin anstürmenden Ritter: HER ? ORIT, also hervorit oder herborit, und über dem letzten dieser Ritter WOLF .... (also wahrscheinlich Wolfrit) [1]).

Das ganze Spruchband scheint nur aus Namen zusammengesetzt gewesen zu sein, welche sich wohl auf die unter demselben dargestellten Personen bezogen.

Ueber dem Spruchband läuft ein Streifen mit halbliegenden Spitzschilden, auf welchen sich Wappen befinden. Die Embleme der wenigen Wappen, welche noch erkennbar sind, nämlich der Balken, die Rose, das Schachbrett, die Lilie, der Halbmond, kehren in den späteren Wappenbüchern (bei Conrad Grünenberg [2]), bei Siebmacher) so häufig wieder, und die Farben sind in der Regensburger Malerei meistentheils so verblichen, dass auch auf diesem Wege Näheres über Bedeutung und Beziehungen der Darstellungen nichts zu erfahren war. Eines der bezeichnendsten Embleme, ein Ruderhaken mit Ring (Seite b) kommt bei Grünenberg überhaupt nicht vor, und erscheint auch nicht bei Siebmacher in den Wappen der regensburgischen Geschlechter [8]). Für die Minnepaare haben wir Analogien in von der Hagen's »Bilder aus dem Ritterleben« [4]) Taf. IV. V. 2 nach einer Elfenbeinschnitzerei der fürstl. Oettingen-Wallerstein'schen Sammlung und nach einer ebensolchen in der königl. Kunstkammer in Berlin (v. d. Hagen, Bildersaal, Atlas XLV. 1). — Für die Minneburg verweisen wir auf Taf. VI des erstgenannten v. d. Hagen'schen Werkes, wenn auch die Regensburger Darstellung viel einfacher ist.

Als Zeit der Entstehung dieser Malereien wird man das Ende des 13. oder Anfang des 14. Jahrhunderts angeben dürfen; unsere frühere Datirung hat sich nach eingehenderem Vergleich mit zeitgenössischen Werken als irrthümlich herausgestellt.

Wir haben in den Malereien des Hösslin'schen Hauses wahrscheinlich Illustrationen zu einem Gedichte zu erkennen, welches eine ritterliche Fahrt nach dem Orient mit ihren Fährlichkeiten schilderte. Aus dieser durch die neuerliche Betrachtung genommenen Erkenntniss ist unsere erste Auffassung von 1882, nach welcher wir »eine Allegorie unter Verwendung der Motive aus dem ritterlichen Leben« zu erkennen glaubten, in eine concretere Form übergeführt. Einige Gedichte mit solchem Inhalt, wie er in Folge der Kreuzzüge die Gemüther erfüllte, sind uns erhalten, z. B. das Alexanderlied, König Rother, König Orendel, St. Oswald.

Die bildliche Darstellung dieses Stoffes war besonders geeignet für ein Haus der Donaustadt, bei welcher viele der fahrenden Ritter oder Kaufleute zu Schiffe stiegen, um stromabwärts zu fahren. Der Weg an der unteren Donau führte durch Völkerschaften, mit denen ein Zusammenstoss, wie der auf der rechten Wand geschilderte, nach den Berichten der Kreuzfahrer oft

---

[1]) Förstemann, altdeutsches Namenbuch, I. Bd. Personennamen, hat Liutfrid S. 865. Dietfrid S. 1172. Rimihild S. 1056. Heribord S. 621. Wolfrid S. 1346.

[2]) Des Conrad Grünenberg Wappenbuch. Stillfried und Hildebrand 1875.

[8]) Siebmacher, Wappenbuch 1734, Tafel 221 ff.

[4]) F. v. d. H., Berlin 1856. Publicationen der Akademie, phil.-hist. Cl. 1855.

vorkam. Auch reizende Jungfrauen, die den Ritter von der Erfüllung seiner heiligen Aufgabe abzuhalten suchten, gab es, wenigstens in der Phantasie der Sänger, nicht wenige.

Die Namen des Spruchbandes, eine Reumhilt, ein Herborit haben sich nach unseren und den Nachforschungen germanistischer Freunde in den bekannten Gedichten der bezeichneten Art nicht vorgefunden. Vielleicht bringt ein glücklicher Zufall oder das Zusammenwirken Vieler an den Tag, was dem Suchenden verborgen blieb.   *Dr. A. Schricker.*

Litteraturbericht.

Allgemeine Kunstgeschichte.

Raphael und Michelangelo von **Anton Springer.** Mit Illustrationen. Zweite verbesserte Auflage. Zwei Bände. Gross 8°. Leipzig, Verlag von E. A. Seemann. 1883.

Um eine eigentliche Besprechung der zweiten Auflage des Werkes kann es sich hier nicht handeln; aber der Freude soll Ausdruck gegeben werden, dass sie so schnell erscheinen konnte. Dem an dieser Stelle (Repertorium III, S. 427 fg.) von einem verehrten Fachcollegen geäusserten Bedenken, ob es nicht misslich sei, die beiden Biographien zu verschmelzen, antwortet der Verfasser mit dem Hinweis: dass erst gemeinsame Betrachtung, die Stellung und Bedeutung Beider in der Geschichte des italienischen Volkes vollkommen erkennen lasse. Der Verfasser hätte auch sagen können, dass erst eine solche Doppelbiographie das abgerundete Bild des künstlerischen Zustandes der Hochrenaissance ergebe. Wie in seiner ersten Auflage, so repräsentirt auch jetzt das Werk den Höhepunkt der Michelangelo- und Raphaelforschung; die ursprünglichen Resultate der ersteren sind durch keine Arbeit von Belang in irgend einem Punkte alterirt worden; der Fortschritt der letzteren ist eng mit dem Namen des Verfassers verknüpft. Die Jugendentwicklung Raphael's hat durch seine besonnene Auseinandersetzung mit Morelli-Lermolieff viel von ihrem Dunkel verloren. Das Resultat, dass Timoteo Viti aller Wahrscheinlichkeit nach der Lehrer Raphael's vor dessen Eintritt in das Atelier des Perugino gewesen sei, einverleibt Springer seinem Buche. Die entschiedene und schlagend begründete Ablehnung des Venezianischen Skizzenbuchs ist auch aus des Verfassers Aufsatz über Raphael's Jugendentwicklung bekannt (Repertorium IV, S. 370 fg.). Rückhaltlos stimmt nun auch der Verfasser dem Urtheile jener bei, welche die Cartoncini zu den Fresken in der Libreria in Siena ausser Verbindung mit Raphael lassen. In der Revision des Capitels über die Jugendentwicklung Raphael's hatte die »verbessernde« Hand am meisten zu walten; doch hier wie an allen Punkten, wo mit neu aufgetretenen Urtheilen oder Thatsachen zu rechten war, begegnen wir stets der unbestochenen besonnenen Kritik des Verfassers, der jedes Verdict unter strenge historische Zucht stellt — der auch nicht den Anschein erwecken will, willkürliche Meinungen, auch nicht um den Preis blendender Originalität, als Thatsachen zu escomptiren. Mustergiltig ist auch in dieser Richtung seine Interpretation des Raphael'schen Gemäldecyclus in den Stanzen; ich freue mich, dass auch der Verfasser gegen Hettner's Hypothese, dass die Bilder der späteren Stanzen das lateranische Concil verherrlichen, Stellung nimmt; mir erschien diese Hypothese von Anfang an als zu gekünstelt (Repert. IV, S. 219). — Springer widerlegt sie aus den Thatsachen selber. Ich habe die Ueberzeugung, dass die Exegese der Raphael'schen Stanzenbilder in den Auseinandersetzungen des Verfassers ihren Abschluss gefunden hat. Dagegen möchte ich anderswo gegen den Verfasser polemisiren: er beharrt bei dem 28. März als wahrscheinlichstem Geburtstagsdatum. Es kann hier nicht Vasari gegen Bembo ausgespielt werden. Vasari fusst auf der Legende; Bembo durfte denn doch durch seinen intimen Verkehr mit Raphael zur Kenntniss des wahren Geburtstags gekommen sein. Und dass nicht auch er sich vom Kirchenkalender abhängig machte, zeigt die Grabschrift, die des Charfreitags gar nicht gedenkt, sondern schlankwegs den Monatstag nennt mit dem klaren zweifellosen »quo die natus est eo esse desiit«, was dann durch die Formel »vixit An. XXXVII integer integros« nur seine Verstärkung erhielt. Auch die Aussage des Fabio Chigi in seinem Leben des Agostino Chigi (ed. Cugnoni, p. 30): »obiisse constat anno MDXX die VI Aprilis, eadem qua natus erat septem supra triginta ante annos« tritt als nicht bedeutungslos zu den bereits vorhandenen Zeugnissen; doch meine ich, dass Bembo's Zeugniss allein genügte, die Streitfrage des Geburtsdatums zu schlichten.

Dann kann ich einigen Vermuthungen, die Springer der sog. Fornarina im Pal. Barberini gegenüber äussert, nicht beistimmen. Man fühlt es zunächst, dass der Verfasser nur ungern dies Portrait als Werk Raphael's gelten lässt, dass ihn im Wesen nur die äussere Geschichte des Bildes zu solchem Zugeständniss bestimmt. Doch auch im äussersten Falle — selbst wenn das Barberini-Bild — wie Morelli so energisch betont — kein Werk Raphael's ist, so geht es doch als Copie auf ein Raphael'sches Original zurück. Dies aber dürfte man nicht mit dem von Vasari citirten Bilde der Beatrice ferrarese identificiren können. Diese Beatrice ferrarese gehörte in Raphael's Zeit, wie ich aus einer Stelle in Pietro Aretino's Ragionamenti nachweisen konnte (Repertorium VI, S. 176), zu den anziehendsten und vornehmsten Courtisanen Roms — sie ist nicht identisch mit ihrer Landsmännin Imperia, die von Aretino gleichfalls genannt wird; — könnte es sich Raphael erlauben, die Geliebte des Herzogs Lorenzo von Urbino wie seine Leibeigene mit dem berüchtigten Armring, der seinen Namen trägt, und dann halbnackt zu malen? Nein, nach dem Portrait der Beatrice ferrarese müssen wir anderswo suchen. —

Das ist Alles, womit ich den Meister »meistern« möchte.

Erwähne möchte ich, dass der Verfasser die von Thausing angefochtene Interpretation des »Principe della sinagoga« (Repert. III, S. 433) aufrecht erhält; ich habe nie daran gezweifelt, dass dies die richtige sei; syntaktisch und sachlich kann die Stelle des Briefes des Sebastiano nicht anders gedeutet werden. Die Popularität des Principe della sinagoga als Schimpfname erhärtet Springer mit einer Fülle von Belegstellen.

Man darf sicher sein, dass die Zeitspanne zwischen zweiter und dritter Auflage eine kürzere sein werde als zwischen erster und zweiter. Es giebt wenige Bücher in unserer Litteratur, in welchen sich strenge Wissenschaftlichkeit mit künstlerischer Gestaltung des Stoffes und edler einfacher Darstellung so harmonisch vereinigen, wie in Springer's Raphael und Michelangelo. Die praktische Brauchbarkeit des Buches hat der Verfasser noch erhöht durch die Angabe der besten Stiche nach den einzelnen Werken der beiden Künstler; dann dass die angezogene Litteratur gleich unter dem Texte citirt wird. Nur die grösseren Anmerkungen und Excurse sind an den Schluss jedes Bandes verwiesen worden. Wünschenswerth ist es, dass in einer neuen Auflage, wie früher in der ersten, bei den Excursen und Anmerkungen die Seitenzahl des Textes, auf welchen sie sich beziehen, notirt würde. —

Der Verleger hat den ausgezeichneten Rang des Buches in seiner Weise gewürdigt; die Zahl der Abbildungen wurde vermehrt — eine neue Auflage ersetzt wohl auch die wenigen schlecht gelungenen, wie z. B. die der Galatea in der Farnesina, durch bessere. — Das Format ist handlicher geworden und doch stattlich geblieben; die typographische Ausstattung lässt keine Wünsche übrig.   *H. J.*

Jahrbuch der kunsthistorischen Sammlungen des allerhöchsten Kaiserhauses. II. Band. Wien 1884. Druck und Verlag von Adolf Holzhausen, k. k. Hofbuchdrucker.

Der eben veröffentlichte zweite Band des Jahrbuches umfasst zwei Theile. Der erste Theil enthält auf 238 Quartseiten die Abhandlungen von Bergmann, Hartmann-Franzeshuld, Kenner und Birk, welche im ersten Bande begonnen haben; sie liegen nun abgeschlossen vor. Sie enthalten reiches, gelehrtes und interessantes archäologisches und kunsthistorisches Material. Zu diesen Abhandlungen treten im zweiten Bande neue hinzu und zwar: von dem verstorbenen Director Dr. Ed. v. Sacken, »Zur Gemmenkunde«, über »zwei Bronzebilder des gehörnten Dionysos« von Dr. R. Schneider, über die »Limousiner Grisaillen in den k. k. Haussammlungen« von Dr. A. Ilg; »über einige Jagdwaffen und Jagdgeräthe« von Wendelin Boeheim. Director E. R. v. Engerth setzt seinen Bericht »über die im kunsthistorischen Museum neu zur Aufstellung gelangenden Gemälde« fort. Schliesslich bringt Dr. Fr. Kenner eine ausführliche Biographie über Dr. Ed. Freiherr v. Sacken. Dieser Theil schliesst mit einem eingehenden Register. Er ist reich illustrirt; die Abbildungen sind ganz vortrefflich.

Der zweite Theil ist den »Quellen zur Geschichte der kaiserlichen Haussammlungen und den Kunstbestrebungen des durchlauchtigsten Erzhauses« gewidmet. Derselbe bringt werthvolle »Urkunden und Regesten aus dem k. k. Statthalterei-Archive in Innsbruck«, herausgegeben von Dr. David Schönherr. S. I—CLXXIII. 4°, mit einem Personen-Register. Eine Reihe von Urkunden und Regesten bezieht sich auf die Geschichte der Bronzefiguren am Grabmale des Kaisers Max in der Innsbrucker Kirche und gibt ganz neue Aufschlüsse über den Bronzeguss; ausserdem erhalten wir Daten

über die Geschichte der Triumphpforte und die Gründung einer Glashütte in
Hall bei Innsbruck. Mit diesem zweiten Bande wurde auch die zweite Hälfte
vom »Triumph des Kaisers Maximilian« ausgegeben, dieselbe umfasst nun
vollständig 137 Tafeln in Querfolio. Der erläuternde Text befindet sich im
ersten Bande. Unter allen Publicationen ähnlicher Art, welche in diesem
Jahre auf deutschem Boden erschienen sind, ist diese von künstlerischem und
technischem Standpunkte aus, die vollendetste Publication. Adolf Holzhausen
hat den Druck meisterlich besorgt. Dem Vernehmen nach sind die nächsten
Bände des Jahrbuches bereits in Vorbereitung. Wünschenswerth wäre eine
concisere Behandlung der Stoffe in den Abhandlungen und Beschränkung des
gelehrten Apparates, damit der Leser nicht ermüdet wird. Es erscheint ohne-
dem auf archäologischem und kunsthistorischem Gebiete so viel, dass jeder
Autor gut thut, sich einige Selbstbeschränkung aufzulegen.   *R. v. E.*

Jahrbuch der königlich preussischen Kunstsammlungen. Vierter Band. Berlin 1883. Weidmann'sche Buchhandlung.

Die amtlichen Berichte dieses Jahrganges verzeichnen wieder eine Reihe
hervorragender Erwerbungen, von welchen diesmal der werthvollste Theil
der Gemäldegalerie zufällt. Ist doch dieselbe um zwei Porträts von Dürer,
darunter das berühmte Muffelporträt (Sammlung Narischkin) reicher geworden. Wunderlicher Weise finden sich unter den neuen Erwerbungen noch
nicht die beiden Bilder Rembrandt's: Susanna und die Vision Daniel's, die
doch schon in dem Nachtrag der zweiten Auflage des Katalogs der Gemäldegalerie beschrieben sind, verzeichnet. Ein bezeichneter Squarcione aus der
Sammlung Lazzara in Padua muss auch zu den glücklichsten Erwerbungen
dieses Jahres gerechnet werden. Dagegen reicht die sehr ausgebildete architektonische Perspective in der in Florenz erworbenen Darstellung einer
Wochenstube nicht aus, dieselbe als »ein charakteristisches Werk des seltenen
Meisters« Masaccio zu bestimmen; man wird vorläufig dies Bild nur als das
anonyme Werk eines Florentiners aus der Mitte des 15. Jahrhunderts gelten
lassen können; es wurde auch vergessen anzuführen, dass die Malerei auf
der Rückseite, ein nackter Knabe mit einem Hündchen spielend, viel später
angesetzt werden muss als die Malerei der Vorderseite.

Die Galerie in Kassel hat wieder augenblicklichen Zuwachs erfahren
durch einige hervorragende Erwerbungen der dort ausgestellten Habich'schen
Sammlung. Zunächst hat sich die Rückseite der Grünewald'schen Kreuzigung,
eine Kreuztragung, als ein eigenhändiges Werk des Meisters herausgestellt;
dazu kamen bezeichnete Werke von Abraham van den Tempel, Brouwer,
Ferd. Bol, Lingelbach, dann ein Reisealtärchen aus der Schule des Jan van
Eyck, ein Bild von de Wet, und das Fragment einer Anbetung der Könige
von Crespi. Die Sammlung des Städel'schen Instituts in Frankfurt a. M. verzeichnet auf das Jahr 1882 die Erwerbung einer bedeutenden Zahl von Zeichnungen und Entwürfen aus der Jugendzeit des Cornelius und auf 1883 die
einer Hirschjagd von Adriaen van de Velde (bez.).

Die Studien und Forschungen zeigen, dass die wissenschaftliche Bear-

beitung der aus Hamilton's Erwerbung herrührenden Schätze bereits sehr
energisch betrieben wurde. An die Spitze muss da gestellt werden Mommsen's, mit reichen Anmerkungen zum Abdruck gekommener Vortrag über die
»Berliner Excerptenhandschrift des Petrus Donatus«, deren wissenschaftliche
Bedeutung keines Wortes weiter bedarf nach Mommsen's Schätzung: »Ich
kenne keine zweite einzelne Handschrift, welche die Anfänge der classischen
Epigraphik beider Sprachen so deutlich und drastisch uns vor die Augen
führte, wie diese bis vor wenigen Wochen schlechthin unbekannten Collectaneen
des Petrus Donatus.« Hieran reiht sich Lippmann's Aufsatz über die Zeichnungen des Sandro Botticelli zur göttlichen Komödie; dieser Aufsatz ist nicht
bloss wichtig wegen seiner Ausführungen über die Entstehung des grossen
Cyclus, über dessen Bedeutung für die Charakteristik Botticelli's, sondern
auch durch die Erörterung des Verhältnisses dieser Botticellizeichnungen zu
den Stichen der Danteausgabe von 1481. Was bisher schwanke Vermuthung
war, wird nun Gewissheit: »Unzweifelhaft scheint es mir jedoch, dass dem
Stecher die Compositionen Botticelli's vorgelegen haben, da er nicht daran
denken konnte, auf den wenige Zoll grossen Blättern und mit seiner unge-
fügen Technik den ganzen Reichthum der Botticelli'schen Entwürfe wiederzugeben, musste er sich mit einer Art Auszug begnügen.« Einem seit dem Jahre
1842 im Besitz der Galerie befindlichem Bildchen — einer Predellatafel mit
dem Martyrium der hl. Lucia — weist jetzt erst Bode den zutreffenden Platz
an. Jedenfalls stimmt der von Bode vorgeschlagene Name: Domenico Veneziano viel besser zu dem Bilde, als der ältere: Pesellino. Auch die Vermuthung
über den Zusammenhang dieser Tafel mit dem aus der Kirche S. Lucia stammenden Altarbilde in den Uffizien hat einen hohen Grad von Wahrscheinlichkeit für sich.

Eine Miniatur im Kupferstichcabinet, die einmal eine Handschrift der
Apokalypse illustrirte, gibt Frimmel Anlass, die apokalyptischen Bilderhandschriften nach bestimmten Gruppen zu sondern, und jene Gruppe festzustellen,
an welche die Apokalypsen unter den Blockbüchern anknüpfen. Der Verfasser
kommt zu dem Resultat, dass wir diese Gruppe in der Roxburghe-Club-Apo-
kalypse am augenscheinlichsten vertreten haben. Die fleissige Studie ist von
nicht minderem ikonographischem als bibliographischem Interesse.

An die Erwerbung einer Gypscopie der Wachsbüste von Lille knüpft sich
eine Studie H. Grimm's, welche die Hypothese Thode's über den Zusammenhang der Liller Büste mit der römischen Leiche von 1485 und der mit der Büste
öfters in Verbindung gebrachten Albertina-Zeichnung mit Erfolg zurückweist.

In Zusammenhang mit der königl. Galerie steht auch C. Justi's Aufsatz
über den Bildercyclus aus dem Leben des hl. Bonaventura von Herrera d. A.
und Zurbaran, der sich ursprünglich in der Kirche des hl. Buenaventura in
Sevilla, jetzt aber zerstreut in verschiedenen, in öffentlichen und Privatsammlungen Europas befindet. Das letztere nachzuweisen und der Meinung zu
begegnen, jener Cyclus sei verloren, ist der Inhalt unseres Aufsatzes.

Der Pommer'sche Kunstschrank, wohl das merkwürdigste und reichste
Stück deutscher Kunstindustrie im Berliner Kunstgewerbe-Museum wird von

J. Lessing in einer ausführlichen Studie behandelt, die im Wesentlichen auf bisher nicht benutzten urkundlichen Quellen beruht.

Einen hervorragenden Theil des Bandes nimmt der von Bode und Dohme über »die Ausstellung von Gemälden älterer Meister im Berliner Privatbesitz« abgefasste Bericht ein. Einen Ueberblick dessen, was diese Ausstellung bot, brachte das Repertorium aus Eisenmann's competenter Feder. Bode und Dohme geben den kunstwissenschaftlichen Ertrag dieser Ausstellung: Ich hebe da besonders hervor, Dohme's Abriss einer Geschichte der Berliner Privat-sammlungen, mit besonderer Berücksichtigung der Privatsammlungen des könig-lichen Hauses; Bode's ausgezeichnete Bearbeitung der Abtheilung der Bilder niederländischer Meister dieser Ausstellung, dann Dohme's Monographie über Watteau [1]).

A. v. Kretschmar weist nach, dass der sogen. Hippolyt-Altar im Museum Waltraf-Richartz in Köln nicht die Legende dieses Heiligen, sondern ausschliess-lich die des hl. Georg zu seinem Gegenstand habe.

Von jenen Studien, welche ausser Zusammenhang mit den königlichen Sammlungen stehen, seien zunächst zwei genannt, welche Beiträge zur Geschichte der römischen Bildhauerei in der zweiten Hälfte des 15. Jahrhunderts bilden. A. Schmarsow handelt über den Meister Andrea, H. v. Tschudi über Giovanni Dalmata. In beiden Studien haben wir es nur mit hypothetischen Endresultaten zu thun, da leider! nicht Urkunden, sondern nur »Steine« zum Reden gebracht werden konnten. Was Schmarsow's Studie betrifft, so ist eine Frucht dersel-ben der Nachweis, dass der Meister Andrea da Fusine nicht identificirt werden könne mit dem Meister des Piccolomini-Altars in Siena und des Altars in der Sacristei von S. M. del Populo; was aber seine Hypothese von der Identität jenes römischen Meisters Andrea mit Andrea Bregni betrifft, so schwebt die-selbe völlig in der Luft; viel wahrscheinlicher ist es, dass der erstgenannte Meister Andrea identisch ist mit jenem »M. Andrea marmoraro di Milano alias Eleam« der am 25. Juli 1472 neben Isaia da Pisa in einem Rechtshandel als Schiedsrichter fungirt (vergl. Bertolotti, Giunte agli Artisti Lombardi in Roma). Der Aufsatz Tschudi's ist der erste mit Dank aufzunehmende Versuch, den Giovanni Dalmata als concrete Künstlerpersönlichkeit in die noch so dunkle Künstlergeschichte Roms in der zweiten Hälfte des 15. Jahrhunderts einzu-führen. Ich möchte nicht ganz verzagen, dass sich noch einmal zur Sprache der Steine, die allerdings von einem feinfühligen Auge gelesen wurde, auch die der Urkunden gesellen werde. J. Friedländer handelt in einem Aufsatz über Mantegna's Familienbilder der Gonzaga in Mantua, J. Janitsch führt in der kleinen Studie »Dürer's Türkenzeichnung« den Nachweis, dass die aquarellirte Federzeichnung in der Sammlung Malcolm in London, drei Türken vorstellend, und 1514 datirt die freie Wiederholung einer Gruppe sei, die sich in Gentile Bellini's Kreuzreliquienprocession befindet. H. Grimm unternimmt in seinem vierten Beitrag »zu Raphael« einen Sturm gegen die

---

[1]) Der Ausstellungsbericht Bode's und Dohme's ist auch in Separatausgabe im Weidmann'schen Verlag erschienen.

bisher für echt gehaltenen Raphael-Porträts. Die Studie von Frey: Die Gedichte des · Michelangelo Buonarroti im Vaticanischen Codex ist das Product
ganz lobenswerthen Fleisses aber auch ganz jugendlicher Anmassung. Männer
wie Milanesi und Guasti werden es zwar ertragen, dass ein Jüngling, der mit
italienischer Kunst und Litteratur sich eben zu beschäftigen anfing, ihnen so
hart die Leviten liest, aber wir alle, die wir etwas vertrauter mit den Resultaten italienischer Kunstforschung sind, müssen diese Art, bei nicht gerade
epochemachenden Resultaten »Heureka« zu schreien, entschieden zurück-
weisen.   *H. J.*

**Anzeiger für Schweizerische Alterthumskunde.   Indicateur d'Antiquités
Suisses.** 16. Jahrgang. Druck und Commissionsverlag von J. Herzog. 1883.
    Auch in diesem Jahrgang nimmt die erste Stelle Rahn's Statistik der
schweizerischen Kunstdenkmäler ein.. Und zwar wird der Canton Freiburg
bis Hauterive behandelt. Die Besprechung der Kunstdenkmäler der Stadt
Freiburg ist so umfassend, dass sie für sich eine kleine Monographie bildet.
Den Mittelpunkt bildet die gründliche Beschreibung der interessantesten Kirche
Freiburgs, St. Nicolas.
    Gleichfalls von Rahn beigesteuert ist die Mittheilung über den interes-
santen Todtenschild von Seedorf, der wahrscheinlich dem XIII. Jahrhundert
angehört, dann die Beschreibung der Glasgemälde Christoph Murer's aus Zürich
im Germanischen Museum zu Nürnberg. Salomon Vögelin giebt die Fortsetzung seiner Arbeit, über die Façadenmalerei in der Schweiz; er behandelt
Schaffhausen (Schluss) Zürich und Winterthur. Zürich hat niemals hervorragende Façadenmalereien besessen; . Winterthur war nicht arm daran, aber
die Bau- und Tünchewuth der ersten Jahrzehnte unseres Jahrhunderts haben
Alles zerstört; Schaffhausen bietet das vollständigste Bild, da in den Zeichnungen des Schaffhauser Malers J. Beck uns von den meisten der seit Anfang der
30er Jahre zerstörten Wandmalereien ein Abbild erhalten ist. Mit grosser Freude
haben wir die Notiz gelesen, dass Vögelin eine Publication der berühmten
Wandmalereien am Hause zum Ritter in Stein am Rhein vorbereitet. Von
besonders interessanten Aufsätzen seien dann noch hervorgehoben die Studie
Th. v. Liebenau's über die Geschichte des Klosterbaues von St. Urban, jenes
Klosters, dessen Ziegeleien durch ausgezeichnete Arbeiten aus dem gothischen
Uebergangsstil berühmt sind, dann Ludwig Meyer's Aufsatz über den ehemaligen
Capitelsaal und die neue Pfalz des Stiftes St. Gallen.
    Auch die kleineren Nachrichten, die wieder Ch. Brun mit Bienenfleiss
gesammelt und redigirt hat, seien ihrer grossen Brauchbarkeit wegen hervor-
gehoben.

Steirisches Künstler-Lexikon von **Josef Wastler.** Graz, Leykam, 1883.
    Die vorliegende Arbeit hat es sich zur Aufgabe gestellt, die Entwicklung
des Kunstlebens in einem Lande, über welches in dieser Richtung bisher nur
wenige, zumeist bescheidene und mitunter nicht sehr verlässliche Daten vorliegen, zu schildern. Der Verfasser hatte trotz vieljähriger Studien begreiflicher-
weise für diese erste Arbeit, welche die Künstler der Steiermark behandelt,

kein überreiches Material zur Verfügung, das Vorkommen einzelner Namen in Urkunden und Acten, auf Gemälden, alten Stichen etc., war oft die einzige Quelle, welche ihm zu Gebote stand, er hat nach derselben auch gewissen- haft jeden dieser Namen und alle irgendwie zugänglichen Daten über den Träger derselben und seine Werke verzeichnet und wohl auch hauptsächlich wegen der Unmöglichkeit, manchen Namen mit mehr als den dürftigsten solcher Daten belegen zu können, die lexikalische Form für sein Werk ge- wählt. Dass diese Form des Buches schon wegen der raschen Auffindbarkeit des Einzelnen grosse Vortheile gewährt, lässt sich nicht läugnen. Man muss die Mühe zu würdigen wissen, welche es macht, im Lande Steiermark Material für derartige Arbeiten zusammenzutragen, da sich in so vielen Kreisen daselbst eine merkwürdige Indolenz solchen oder ähnlichen Forschungen gegenüber, wie der Schreiber dieser Zeilen leider aus eigener Erfahrung bestätigen kann, kundgibt. Es bleibt in den meisten Fällen nichts anderes übrig, als jene Orte, wo man Brauchbares vermuthet, selbst zu besuchen und wie so manches bleibt dann noch dem Forscher verborgen, das sich etwa in einem versteckten Winkel des Landes befindet, an dessen Besuch der Suchende am wenigsten denkt. Die im Sommer des Jahres 1883 zu Graz veranstaltete Ausstellung culturhistorischer Gegenstände hat, wie für so manche andere Zweige, so auch in künstlerischer Richtung überaus Bemerkenswerthes geleistet und mag derartigen Untersuchungen mehr als eine neue Handhabe geboten haben. Der Verfasser des vorliegenden Werkes fungirte dabei als Obmann der bezüg- lichen Section für bildende Kunst und dürfte heute schon eine Reihe von Nachträgen für dieses steirische Künstlerlexikon vorbereitet haben, welche der genannten Ausstellung zu verdanken sind. — Doch um auf das Buch selbst, wie es jetzt vorliegt, zurückzukommen, so bietet es vor Allem eine Zahl eingehender biographischer Artikel über »steirische Künstler«, d. h. solche, »welche entweder durch Geburt oder durch längere Thätigkeit im Lande auf diesen Namen Anspruch erheben können« — Artikel, die man in solcher Ausführlichkeit in keinem Handbuche allgemeineren Charakters findet. Dass sich das Hauptgewicht jenen Namen zuneigt, die unserer Zeit näher stehen oder derselben geradezu angehören, liegt nach dem Gesagten auf der Hand. Als Beispiele seien hier nur die förmlichen kleinen Monographien über Alfred R. v. Frank, Jakob Gschiel, Georg Haubrisser, Eduard Kaiser, Jos. Kuwasseg, Friedrich Loos, Aug. Ortwein, Joh. Passini, Ign. Raffalt, Friedrich Schöpfer, Heinrich Schwach, Jos. A. Starck angeführt, insbesondere die genauen Dar- stellungen des Lebens und der künstlerischen Thätigkeit von Joh. Veit Kau- perz und Nicolaus Klammer. Es findet übrigens auch eine Zahl von Künstlern aus älterer Periode eingehendere Behandlung, so ausser Giovanni R. de Pomis: Teodoro Ghisi, Mathias von Görz, Joh. Casp. Hackhofer, J. N. Hauck, Fr. Chr. Janneck, Jos. Ad. R. v. Mölk, Thadd. Stammel, Joh. Ad. Weissenkircher u. A. Die gedruckten Quellenwerke hat Wastler mit Umsicht benützt. Manches hätte vielleicht grössere Ausführlichkeit verdient und dürfte der Grund, warum dieselbe nicht in Anwendung kam, dem Uebersehen des einen oder des andern vorhandenen Aufsatzes zuzuschreiben sein. So wäre die Angabe über den

für die Steiermark als Formschneider (und Typograph) sehr bemerkenswerthen
Zacharias Bartsch: »Nähere Lebensumstände des tüchtigen Künstlers sind
nicht bekannt,« dahin zu berichtigen, dass sowohl das Statthalterei-Archiv in
Graz als auch das steiermärkische Landesarchiv manches actenmässige Datum
über Bartsch enthält, Richard Peinlich aber in seiner (in den Mitth. d. histor.
Vereines für Steiermark, XXVII. Heft, S. 136—173 publicirten) Abhandlung:
»Zur Geschichte des Buchdruckes in Graz« eine Zahl von historisch sehr
interessanten Beiträgen zur Lebensgeschichte des durch die Religionswirren
jener Zeit im Lande vielfach bedrängten protestantischen Künstlers und Typo-
graphen lieferte.   Auch Mathäus Vischer, dessen »Schlösserbuch« heute noch
als Rarität hohe Preise erzielt und der für die Kunstgeschichte der Steiermark
von hoher Bedeutung ist, hätte ausführlicher behandelt werden können.   Doch
wollen wir durch ähnliche Bemerkungen dem mühsamen Werke des fleissigen
Forschers nicht etwa zu nahe treten und freuen uns dessen herzlich, was er
geboten.   Möge es ihm gegönnt sein, bald eine »Geschichte der bildenden
Künste in Steiermark« zu vollenden, deren Ausführung er im Auge zu haben
scheint, keiner ist dazu berufener als er.

Als eine Correctur sei noch angeführt, dass der Seite 148 angeführte
Schlögl, Franz, sich Schlegel schreibt.   *A. Sch.*

Architektur.

**Die Martinikirche in Breslau und das von Rechenberg'sche Altar-
werk in Klitschdorf** (Kr. Bunzlau). Festschrift zu dem 25jährigen Jubiläum des Museums schlesischer Alterthümer, am Festtage den 12. Januar 1883
herausgegeben von dem Verein für das Museum schlesischer Alterthümer.
Druck von **Robert Nischkowsky** in Breslau.

Die Festschrift wird eröffnet durch einen Bericht über das Werden und
Wachsen des Museums schlesischer Alterthümer.   Die Fülle von Arbeit, die
damit verbunden war, doch auch die Erfolge, die man erzielte, lassen es begreifen, dass der Verein für das Museum schlesischer Alterthümer die Selbst-
ständigkeit seiner Schöpfung gegenüber dem Provincial-Museum nicht preisgeben
wollte.   Aber mehr als dies, die Motive, welche der Vorsitzende des Vereins
in der Rede, mit welcher die Uebersiedlung des Museums in die bescheidenen
im Provincialmuseum angewiesen erhaltenen Räume gefeiert wurde, auseinander-
setzte, sind vollständig ausreichend für die Opposition, die man einer Verschmelzung mit dem Provincialmuseum entgegensetzte: das Ausschlag gebende
war, »dass der historische Charakter der Sammlung durch Rücksichten auf
die Präsentabilität der einzelnen Objecte wesentlich beeinträchtigt und in den
Hintergrund gedrängt« werden würde.   Breslau ist durch diese Opposition
um eine interessante und segensreich wirkende Anstalt von entschieden aus-
geprägtem Charakter reicher geblieben.

Nach der Geschichte des Museums folgen zwei Abhandlungen — die
eine über die Martinikirche in Breslau — von Regierungsbaumeister M. Salzmann, die andere — über das Rechenberg'sche Altarwerk — von dem Director

des Museums, Luchs, beigesteuert. Salzmann weist in der ganz unansehnlichen, heute in recht trostlosem Zustande sich darstellenden Martinikirche eine der seltenen gothischen Centralanlagen nach; die Entstehung dieses Baues weist Salzmann dem Beginn des 14. Jahrhunderts zu. Ob hier nicht ein zu früher Entstehungstermin angenommen ist? —

Die zweite Abhandlung über das Altarwerk in Klitschdorf macht uns mit einem im Aufbau originellen, in der Durchführung tüchtigen Werke der zweiten Hälfte des 16. Jahrhunderts bekannt. Die lebensgrossen Figuren der Stifter, welche auf der untersten Altarstufe knieen, erscheinen in solcher Anordnung wohl auf keinem zweiten Werke der Epoche; die Figuren auf den Simsen der Altarwand haben doch wohl erst später dort ihre Aufstellung erhalten? —

Malerei.

Zeichnungen von Albrecht Dürer, in Nachbildungen herausgegeben von Dr. Friedrich Lippmann, Director des k. Kupferstichcabinetes zu Berlin. Berlin, G. Grote'sche Verlagshandlung. 1883.

Diese Prachtpublication manifestirt deutlich den Umschwung und mächtigen Aufschwung, der in der Verwaltung der königlichen Museen zu Berlin eingetreten ist, wenn man sie mit dem analogen Unternehmen vergleicht, welches im Jahre 1871 zum vierhundertjährigen Dürerjubiläum herausgegeben wurde unter dem Titel: »Albrecht Dürer's Handzeichnungen im königlichen Museum zu Berlin«. Damals sahen wir uns genöthigt, in der »Zeitschrift für bildende Kunst« (Lpz. 1871. VI. 114) den weitaus grössten Theil des dort befindlichen Vorrathes von Dürerzeichnungen für platte Fälschungen zu erklären, als was dieselben trotz längerem Widerstreben nunmehr auch allgemein anerkannt sind. Wie ganz anders nimmt sich heute der Besitz des Berliner Cabinetes an Dürerzeichnungen aus! Jenes vielbesagte Heer von »linkshin gewandten Profilköpfen« ist bei Seite geräumt und an seine Stelle ist eine lange Reihe wirklicher Dürerzeichnungen getreten, zumeist unzweifelhafte Originale, viele Werke erster Qualität, manche wohl auch zweifelhaft, aber darum doch Arbeiten anderer gleichzeitiger altdeutscher Meister; hier und da vielleicht eine Copie, aber verhältnissmässig wenige evidente Fälschungen. Diese günstige Veränderung herbeigeführt zu haben, ist das unbestrittene Verdienst des neuen Directors des königlichen Kupferstichcabinetes, Friedrich Lippmann. Ebenso verdienstlich ist der grossartige Plan, zu dessen Ausführung mit der Publication des obgenannten Prachtbandes der erste Schritt geschehen ist. Der Herausgeber entwickelt diesen Plan selbst im Vorberichte mit folgenden Worten:

»Herausgeber und Verleger wollen in vorliegendem Werk eine Sammlung getreuer Nachbildungen der Zeichnungen Albrecht Dürer's schaffen. Es soll diese Publication ein möglichst vollständiges Corpus der Zeichnungen des grossen Meisters bieten und dieselben angesichts der Zufälligkeiten, welchen die Originale ausgesetzt sind, wenigstens in Nachbildungen der Zukunft überliefern.

»Dürer's Kupferstiche und Holzschnitte sind in vielen öffentlichen und Privatsammlungen mehr oder minder gut vertreten und im Original stets zugänglich; seine Zeichnungen dagegen sind nur zerstreut und einzeln zu finden und man ist in den seltensten Fällen im Stande, Zusammengehöriges beisammen zu sehen und zusammen zu vergleichen. Gerade sie aber bilden bei Dürer einen wesentlichen Theil des künstlerischen Schaffens, in ihnen hat er die köstlichsten und freiesten Erfindungen seiner Phantasie niedergelegt.

»Die bisherigen photographischen Reproductionen vermögen ein wirklich charakteristisches Bild der Originale nicht zu geben. In eintöniger Färbung lassen sie über den Effect und das Colorit der Zeichnungen im Unklaren; ja oft entstellen sie völlig die Wirkung derselben und lassen einen eigentlichen Kunstgenuss nicht aufkommen. Zudem sind sie meist ohne kritische Auswahl gemacht.

»Unser Werk will eine Reform nach diesen Richtungen anbahnen und zunächst an dem einen Meister Dürer praktisch durchführen.

»Zur getreuen Herstellung unserer Nachbildungen sind auf der Grundlage mechanischer Aufnahmen alle Mittel der modernen Technik, sowie Combinationen der verschiedenen graphischen Verfahren angewendet, und für jedes Original ist die seinem Charakter angemessene Vervielfältigungsart gewählt worden. Wir selbst haben die höchsten Anforderungen an die Reproductionen gestellt, mit aller Sorgfalt ihre Herstellung überwacht und die Correctur hat nicht eher geruht, bis die möglichste Uebereinstimmung mit den Originalen erreicht schien. Dass diese letzteren selbst Qualitäten besitzen, welche sich auf keine Weise nachahmen lassen, dass die Technik und das Material der Originalzeichnungen sowie der Zustand, in den sie im Laufe der Zeit gerathen sind, der getreuen Wiedergabe zuweilen unbesiegbare Hindernisse in den Weg legen und dass daher trotz aller Sorgfalt doch noch Abweichungen vorkommen, ist uns wohl bewusst. Dem Text sind deshalb Notizen beigefügt, welche das Verhältniss der Reproductionen zu den Originalen gewissenhaft angeben.

»Bei den Nachbildungen aquarellirter oder ganz in Farben ausgeführter Zeichnungen musste menschliche Hand zu Hilfe genommen werden. Wir haben ihnen deshalb Lichtdruckcopien beigelegt. Diesen haften natürlich alle Mängel der gewöhnlichen Photographien an, aber sie werden, neben die farbigen Reproductionen gehalten, einerseits durch dieselben ihre Rectification empfangen, andererseits den Beschauer in den Stand setzen, Zeichnung und Contour der Farbenblätter selbständig zu controliren. Nur auf diese Weise glaubten wir die Frage, wie farbige Zeichnungen publicirt werden sollen, lösen zu können.

»Die Reproductionen haben die Grösse der Originale, wenn Anderes nicht bemerkt ist. Die Masse dieser selbst, an der linken Seite und am Unterrande genommen, sind im Text in Millimetern angegeben. Beschreibung und Angabe der Wasserzeichen haben wir unterlassen. In den meisten Fällen sind sie gar nicht zu ermitteln und ihr Werth scheint uns besonders bei Zeichnungen gering.

»In jeder Abtheilung haben wir die Zeichnungen nach ihrer durch die Datirung gegebenen oder muthmasslichen Entstehungszeit angeordnet.

»Der beigegebene Text soll nicht mehr als ein kurzes Verzeichniss sein, welches die nothwendig wissenswerthen Daten über die einzelnen Blätter bringt. Erst wenn unser Werk zu einem gewissen Abschlusse gelangt ist, soll eine Abhandlung nachfolgen, welche das ganze publicirte Material zusammenfasst.«

Diesen Principien kann man nur von ganzem Herzen zustimmen, und so hoch gespannt die hier an die Reproduction gestellten Anforderungen erscheinen mögen, sie sind in den 99 Blättern, welche uns zunächst geliefert werden, in der That erfüllt. Die denkbar grösste Aehnlichkeit mit den Originalen ist mit dem Aufwande aller Mittel erreicht. In diesen mehr materiellen und artistischen Vorzügen liegt weitaus der Schwerpunkt, die Bedeutung der ganzen Publication. Der Text soll ja der Hauptsache nach erst nachfolgen und darin wird dann wohl auch die getroffene Auswahl aus dem ungeheuren Vorrathe von noch erhaltenen echten und zugeschriebenen Zeichnungen Dürer's gerechtfertigt werden. Das wird aber bei der Grösse des Unternehmens noch lange dauern. Inzwischen darf Forschung und Kritik nicht stille stehen, und es wird uns wohl gestattet sein, vorzugreifen und auf die Gefahr hin in jenem künftig zu erwartendem Texte widerlegt zu werden, uns jetzt schon eine Meinung über den Werth und die Echtheit der zur Reproduction ausgewählten Zeichnungen ein Urtheil zu bilden. Hier müssen wir den Herausgeber schon jetzt beim Worte nehmen, und zwar bei seinem oben von uns gesperrt gedruckten Wort. Vor allem muss die Frage der Echtheit einer Zeichnung entschieden sein, bevor man an die doch immer mühevolle und kostspielige Reproduction schreitet, und da an echten Zeichnungen von Dürer kein Mangel ist, so sollten vorerst die unbestritten echten, dann die zweifelhaften, endlich die zugeschriebenen — gar nicht aber die offenbar gefälschten Zeichnungen aufgenommen werden. In dieser Hinsicht aber scheint bei dem vorliegenden, so verdienstvollen Unternehmen nur der Zufall gewaltet zu haben. Der Mangel eines jeden Systemes für die Reihenfolge der publicirten Stücke und der Mangel an Kritik bezüglich ihrer Echtheit, das ist die einzige Schwäche der Publication.

Allerdings ist auch in dieser Hinsicht im Verhältniss zu jener Festpublication von 1871 ein gewaltiger Fortschritt zu verzeichnen. Waren dort fast keine echten Dürerzeichnungen enthalten, so bilden die echten Zeichnungen von Dürer hier weitaus die Mehrzahl. Dies gilt insbesondere von den 30 Zeichnungen aus englischem Privatbesitz, welche den Schluss des Bandes einnehmen. Unter diesen befindet sich bloss ein unechtes Stück aus der Sammlung von J. Malcolm, Nr. 93: »Dürer's Türkenzeichnung«, wie es im Jahrbuch der k. preuss. Kunstsammlungen IV. S. 59 heisst, wo zwar der Nachweis einer Entlehnung dieser Figuren aus Gentile Bellini's Processionsbild, gar nicht aber ein Beweis für die Urheberschaft Dürer's geliefert wird; es sei denn, dass die angerufene Autorität Charles Ephrussi als Aequivalent für die Beweisführung gelten darf. Solche »Türkenzeichnungen« mit bocksteifen Figuren und falschem Dürermonogramm von der Hand desselben ungeschickten Illuministen kommen in verschiedenen Sammlungen vor, sogar auf altem Papier mit dem Ochsenkopf; z. B. ein linkshin reitender Türke in der Albertina. Mit dieser einzigen Ausnahme sind sämmtliche Zeichnungen der Herren Mitchell, Malcolm und

Locker werthvolle Originale; fürwahr ein seltenes Zeichen der objectiven Unbefangenheit, mit welcher diese englischen Kunstfreunde ihren eigenen Schätzen
gegenüberstehen!

Während aber sonst an Privatsammlungen viel weniger Kritik geübt
wird, als an öffentlichen Staatssammlungen, besteht in der vorliegenden Publication das umgekehrte Verhältniss. Die Vorbilder der vorangehenden 69
Blätter gehören sämmtlich dem Berliner Museum an und stammen zum grössten
Theile aus jenen neueren Ankäufen, durch welche sich Director Lippmann um
das dortige Museum wohl verdient gemacht hat. Solche Enbloc-Erwerbungen
werden dadurch nicht entwerthet, dass man weniger Gutes und gar Falsches
mit in den Kauf nehmen muss. Dafür kann kein Director verantwortlich gemacht werden. Verantwortlich wird erst der Kunsthistoriker, der die verdächtige
und falsche Waare gleichwerthig mit der echten auf den gelehrten Markt bringt.
Da beginnt die Pflicht der wissenschaftlichen Kritik, der wir uns hiermit unterziehen.
Von den 69 Berliner Zeichnungen, welche Dr. Lippmann so musterhaft publicirt
hat, sind 51 unzweifelhafte, tadellose Originale von Dürer's Hand. Nr. 3, das
Reiterpaar von 1496, ist eine werthvolle Zeichnung aus jenem Jahre von der
Hand eines verwandten Nürnberger Meisters, aber nicht von Dürer. Es würde
auch nichts für Dürer beweisen, wenn, wie der Herausgeber berichtet, die
Gruppe auf dem grossen Kupferstiche von PPW, der den Schweizerkrieg von
1499 illustrirt, vorkäme. Dass sie aber dort vorkomme, ist bloss eine der
vielen unwahren Behauptungen, von denen es in den Schriften des M. Charles
Ephrussi wimmelt, die aber ein ernster Forscher ohne Prüfung nicht nach-
schreiben sollte. Nr. 17, der Profilkopf Kaiser Maximilians I. ist eine gute alte
Zeichnung, die offenbar in Dürer's Besitz war, denn sie trägt rechts unten von
Dürer's Hand die Zahl 1507 und den Namen des Dargestellten. Vermuthlich
hatte ihm das Blatt als Studium zum Kaiser im Roserkranzfeste von 1506 zu
Venedig gedient; vielleicht ward sie ihm von einem Augsburger Meister geliefert. Die Zeichnung scheint nach einer Münze oder Medaille vergrössert zu
sein und ist so unklar und gewischt, dass die Hand Dürer's schwerlich mehr
in ihr zu erkennen ist. Die Zeichnung bleibt mindestens zweifelhaft, was doch
gesagt werden sollte. Nr. 43 und 44 sind originale Landschaftsskizzen eines
anderen Meisters, wie schon die fremde, doch gleichzeitige Schrift und das
Datum 1515 auf den Blättern beweist. Wie kann man dem Betrachter der
drei anderen echten Landschaften im Bande zumuthen, diese beiden Dürer
zuzuschreiben, der überdies 1515 mit der Ehrenpforte u. ä. vollauf beschäftigt
war und sich nicht in Schwaben aufhielt! Nr. 69, Draperiestudien sind jedenfalls nicht von Dürer, vielleicht von Baldung Grien. Alle bisher genannten
Blätter sind übrigens werthvoll genug, um mit richtiger Benennung für das
Studium von Dürer's Zeitgenossen willkommen zu sein.

Protestiren müssen wir nur gegen die 8 Nummern 8, 9, 11, 12, 13, 15,
33 und 48, denn diese sind sämmtlich Fälschungen, und zwar meist von der
Hand eines und desselben Betrügers, der ein auf den ersten Blick erkennbares
falsches Monogramm mit ausgebogenen Schäften des A und mit einem im
Querbalken des A hängenden D affichirt. Diese sieben Stücke sind das Papier

nicht werth, auf welches ihre Facsimile gedruckt wurden. Es entfallen somit auf den Berliner Antheil der Publication 13 Zeichnungen, die hätten wegbleiben können, eine zweifelhafte, vier von andern Meistern und acht offenbare Fälschungen.

Das ist freilich kein. Unglück, aber deshalb doch bedauerlich, weil bei einiger Vorsicht andere, echte, ungleich werthvollere Stücke im Berliner Cabinet hätten gefunden werden können. Ungerne vermissen wir auch die eine herrliche Dürerzeichnung des benachbarten Beuth-Schinkel-Museums, welche eine Vorstufe zu dem Altarflügelchen mit der Philisterschlacht darstellt. Gerade die Zusammenstellung mit dem nach langer Vorbereitung vollendeten Werke wäre sehr lehrreich gewesen. Oder theilt vielleicht auch hierin der Herausgeber die Meinung seines Freundes M. Charles Ephrussi, dass jene Zeichnung des Beuth-Schinkel-Museums unecht sei? Das kann ich doch von einem Kenner wie Director Lippmann nicht annehmen; vielmehr ist zu hoffen, dass er sich von der höchst merkwürdigen Zeichnung mit ihrer echten Inschrift: »Memento mei« anrufen lasse und uns dieselbe in einem folgenden Bande seines verdienstlichen Werkes nachliefere. Ueberhaupt möchten wir der Auffassung nicht Raum lassen, als ob wir die Verdienste, die sich Director Lippmann durch sein Prachtwerk um Dürer erworben hat, herabsetzen wollten. Wir appelliren bloss von dem übel berathenen Herausgeber an den besser zu berathenden, indem wir eine Pflicht der Kritik üben, zu der wir uns nach wie vor berufen fühlen. Und wenn schon — wie wir wiederholen — im Verhältniss zu der Berliner Dürer-Festpublication von 1871 diejenige von 1883 einen so grossen Fortschritt constatirt, so hoffen wir auch zuversichtlich, dass es noch nicht der letzte sei. Dem Einbande, zu dessen Verzierung die sogenannte Tapete Dürer's, ein ihm fälschlich zugeschriebener Holzschnitt, benützt wurde, hätte eine geschmackvollere Farbenzusammenstellung wohlgethan.

Rom, im November 1883. *Moriz Thausing.*

Studien zur Geschichte der holländischen Malerei von **Wilhelm Bode**. Mit Facsimiles der Künstlerinschriften. Braunschweig, Druck und Verlag von Friedrich Vieweg und Sohn 1883.

So bedeutend unsere Kenntniss der niederländischen Malerschulen durch Einzelforschungen in den letzten zwei Dezennien auch gefördert wurde, so ist doch der Versuch einer Gesammtdarstellung bisher nicht gemacht worden. Wenigstens in Deutschland, wo doch das Verständniss und die Liebe für diese Schulen so gross ist als irgendwo, erscheint das vorliegende Werk Bode's nach dem Waagen'schen Handbuch als das erste, welches in gewissem Sinne abgerundet die Detailforschungen zusammenfasst. Da nun der Verfasser unbestritten als die erste Autorität auf diesem Gebiete bei uns gilt, so haben wir alle Ursache, seine Studien zur Geschichte der holländischen Malerei mit der grössten Freude zu begrüssen, zumal dieselben als reife Frucht eines zwanzigjährigen Studiums vom Baume seiner Erkenntniss abgefallen sind und nicht unreif von einem speculativen Verleger unter Assistenz des Autors abgeschüttelt wurden. Bode hätte uns zwar gewiss, wenn er gewollt, noch mehr geben können, aber in der Beschränkung zeigt sich auch hier der Meister. Er fühlte am besten, dass selbst seine Kräfte zu einem Gesammtbilde der holländischen Malerei noch nicht ausreichten, oder dass die Stunde hiefür überhaupt noch nicht gekommen und hat dies gleich in den ersten Sätzen der Vorrede zu seinem Buch offen ausgesprochen, indem er sagt: »Die vorliegende Sammlung von Aufsätzen über holländische Maler bietet einen Theil des Materials, welches der Verfasser für eine Geschichte der holländischen Malerei gesammelt hat. Ueber den Vorarbeiten zu diesem seit längerer Zeit geplanten Unternehmen ist es ihm jedoch klar geworden, dass die Zeit für eine glückliche Lösung einer so schwierigen Aufgabe noch nicht gekommen ist.«

Einen soliden Grundstein aber hat er in diesen Studien dazu gelegt. Einzelne Capitel desselben stammen zwar aus älterer Zeit, wie die über Frans Hals, Elsheimer und die Jugendentwickelung Rembrandt's, sind aber gründlich überarbeitet, durch neues Material vermehrt und in einen inneren Zusammenhang gebracht. Der Schwerpunkt des Ganzen indess liegt in der Schlusshälfte des Buches, einem ebenso umfangreichen als durch die unerreichte Beherrschung und einsichtsvolle Sichtung des Materials epochemachenden Werk über die gesammte künstlerische Entwickelung Rembrandt's nebst einem geographisch angeordneten Verzeichniss von dessen Gemälden. Dadurch sind alle bisherigen Versuche der Art antiquirt, selbst der Vosmaer's, welcher sich im Verlaufe der Bode'schen Arbeiten eine ganze Reihe von Richtigstellungen und Ergänzungen gefallen lassen muss.

»Die Entwickelung der holländischen Malerei in ihren Grundzügen« bildet das erste Capitel des Buches, welches zum Theil dem von Jul. Meyer und Bode gemeinsam verfassten »Verzeichniss der Sammlungen des Herrn B. Suermondt« mit des Ersteren Zustimmung entnommen ist. Jedermann kennt die vortrefflichen Ausführungen dieser Publication, die, weil nicht im Buchhandel erschienen, mit praktischem Griff schon in der dem Frans Hals gewidmeten Biographie von Dohme's »Kunst und Künstler« zur Verwerthung kamen. Sehr dankenswerth ist bei dem revidirten Neuabdruck derselben besonders die grosse Anmerkung, welche dem von Bode sogenannten »Braunschweiger Monogrammisten« gewidmet ist, den der Verfasser hier auf Grund der bis jetzt von demselben bekannten Werke einer zusammenfassenden Betrachtung würdigt. Er zählt ihn ohne Weiteres zu den Holländern, ob mit Recht, werden wir bald sehen. Dabei deutet er, wenn auch nicht ausdrücklich, so doch beiläufig darauf hin, dass derselbe italienischen Einfluss und zwar hauptsächlich des Michelangelo empfangen habe. Im Allgemeinen charakterisirt er denselben folgendermassen: »Naiv derbe, aber keineswegs sinnliche Auffassung, ruhige, fast etwas steife Haltung, tüchtige Modellirung, durchgehende Typen seiner Männer und Weiber (an denen der Meister sofort erkennbar ist), reiche und feine Färbung bei einem warmen bräunlichen Ton sind die charakterischen Eigenschaften dieser Bilder.«

Ich glaube kürzlich auf einer Studienreise durch Holland und Belgien die Spur des Meisters in einem mit vollem Künstlernamen bezeichneten Bilde entdeckt zu haben. Derselbe wird den meisten Fachgenossen, die sich für die Frage interessiren, überraschend klingen, doch bin ich fest überzeugt, dass ich richtig gesehen. Im Museum zu Brüssel findet sich nämlich unter Nr. 293 eine Scene aus dem Leben des verlorenen Sohnes und zwar eine, die vortreff. lich zum bekannten Darstellungskreis des Monogrammisten passt — der verlorene Sohn unter den Dirnen. Man wird fragen, wesshalb Bode selbst nicht auf dieses Gemälde aufmerksam geworden und dessen Urheber mit seinem Braunschweiger Monogrammisten identificirt habe? Ich denke, weil er es noch nicht gesehen hat. Es ist nämlich erst im Jahre 1881 vom Grafen Necanda erworben worden. Die Bezeichnung desselben, links am Rande eines Tisches befindlich und in der neuesten Auflage des Brüsseler Kataloges facsimilirt, läutet: IOÊS DE HEMESSEN PINGEBAT, 1536 (nicht 1556, wie Jos. van den Branden in einem Nachtrag seiner kürzlich vollendeten »Geschiedenis der Antwerpsche Schilderschool« irrthümlich angibt). Im Vordergrund des Bildes sitzt der verlorene Sohn in der offenen Vorhalle des Hauses vor einem mit Resten einer Mahlzeit bedeckten Tische zwischen zwei jungen Weibern, deren Eine mit rother, die Andere mit blauer Jacke angethan ist. Rings um den Tisch gruppirt sich noch weiteres Bordellinventar, Kuppler, Kupplerinnen und Musikanten. Links im Mittelplan, auf der Treppe des Hauses, wird der bethörte Jüngling von den Dirnen hinweggejagt und im Hintergrund sieht man ihn als Schweinehirt und endlich als reuiger Sünder ins Vaterhaus zurückkehrend. Die kleinen Figuren des Mittel- und Hintergrundes sind in Bewegung, Farbe und Ausdruck genau dieselben, wie auf den bekannten Gemälden des Monogrammisten zu Braunschweig, Berlin und Frankfurt. Dem widersprechen auch die grossen Figuren des Vordergrundes nicht, die in ihrer Gesammthaltung durchaus zu jenen passen und weder das Abstossende im Ausdruck noch den trüben bräunlichen Ton wie die Werke Hemessen's beispielsweise in der Mündener Pinakothek haben, wogegen die drei grossen genrehaften Bilder im Belvedere zu Wien wieder grosse Verwandtschaft mit diesem Brüsseler Gemälde zeigen. Dazu kommt, dass das Monogramm des Braunschweigers gut zu dem Namen Jan Sanders van Hemessen passt, wenigstens mit den drei ersten Buchstaben I (Jan), S (Sanders), V (van) — die weiteren Buchstaben aber sind zwischen Bode und Riegel strittig. Der Erstere gibt das Monogramm in Facsimile so wieder, dass es mit Sicherheit ein I, ein S, ein V und ein M enthält, ausserdem ein halbes H, wenn man so will, und ein halbes A. Riegel dagegen so, dass man bei gutem Willen neben den genannten sicheren Buchstaben ein ganzes A und noch ein L lesen kann. Dazu kommt aber eine dritte Auffassung von Seiten Scheibler's, die er mir brieflich dargelegt und die nur die ganz zweifellosen Buchstaben I, S, v und M gelten lassen will. Welchem der drei Forscher soll man nun folgen? Ich wage keine Entscheidung und behaupte nur so viel, dass keine dieser Lesarten meiner Auslegung des Monogramms widerspricht. Zu dem vollen Namen Jan Sanders van Hemessen passen mit Ausnahme des L, dessen Vorhandensein mir übrigens fraglich erscheint, alle von den obigen Gewährsmännern gelesenen Buchstaben. Und somit wiederhole ich meine Ueberzeugung, dass der »Braunschweiger Monogrammist« kein Anderer als Hemessen ist. Als Beleg seien noch zwei weitere

Gemälde desselben Meisters angeführt, über welche mir Scheibler schreibt: »Ich
sehe jetzt, dass auf der Photographie des Hemessen in Madrid (»Operation«)
die kleinen Figuren des Hintergrundes merkwürdig an den Monogrammisten
gemahnen. Auch erinnere ich Sie daran, dass ich das Bild in Karlsruhe der
Figürchen des Hintergrundes wegen dem Monogrammisten zugeschrieben habe
und auch bei den grossen des Vordergrundes nicht an Hemessen glauben wollte,
wie Woltmann das Bild genannt hatte.« Es sind dies Einräumungen, die mir
Scheibler macht, nachdem er von vornherein und im Allgemeinen sich skep-
tisch gegenüber meiner Wahrnehmung verhalten. Doch ich bin völlig zufrieden mit diesen schliesslichen Zugeständnissen, denn was kann mehr für
mich sprechen, als wenn Woltmann ein früher anders (Massys) benanntes
Bild dem Hemessen zuweist (offenbar nach den grösseren Figuren im Vordergrunde) und dann Scheibler aus den Figürchen im Hintergrunde auf den
Braunschweiger Monogrammisten schliesst? Stimmt da nicht beides auffallend
zu meiner Ansicht und behalten wir nicht schliesslich alle Drei Recht?

Zu des Künstlers Charakteristik in Bode's Anmerkung möchte ich nur
noch hinzufügen, dass mir in den kleineren Figuren des Brüsseler Bildes der
unverkennbare italienische Einfluss mehr von Andrea del Sarto als von Michel
Angelo auszugehen scheint, während Bode offenbar ganz Recht hat, wenn er
bei dem Hauptwerke in Braunschweig eher an michelangeleske Reminiscenzen
denkt.

Nicht etwa zufällig oder weil der Verfasser seine frühesten Studien
auf Frans Hals concentrirt hätte, sondern historisch folgerichtig reiht er der
allgemeinen Betrachtung über die holländische Malerei sein berühmtes Capitel
über jenen ältesten und neben Rembrandt wichtigsten Meister der Blüthezeit
an. Ihm hat er von jeher eine besondre Liebe und Sorgfalt gewidmet. Mit
Recht, war er doch vorher von den Forschern und Sammlern ungebührlich
vernachlässigt. Dass er ihm freilich eine so grosse Anzahl von Schülern und
Nachfolgern vindicirt, hat namentlich früher, wo der Nachweis so überraschend
kam, manches Kopfschütteln hervorgerufen, aber man hat sich doch allmälig
daran gewöhnt, da man fand, dass der Verfasser in den meisten Fällen Recht
hatte. Auch hat dieser es über sich vermocht, in einzelnen Punkten sich
selbst zu rectificiren. So z. B. in Bezug auf van der Helst, von dem er ein-
räumt, dass derselbe nicht ein Schüler des Hals, wohl aber des Thomas de
Keyser gewesen sein dürfte.

Auch der Rang des Meisters selbst muss sich am Schluss eine Einschränkung gefallen lassen. Verfasser findet, dass Frans Hals in letzter Zeit
überschätzt und überzahlt worden sei — und er mag darin nicht Unrecht haben.

Mit dem Capitel, in welchem van der Helst berührt wird, sind wir bereits zur Schule und weiteren Nachfolge des F. Hals übergegangen. Hier
möchte ich an die Vermuthung des Verfassers, jener berühmte Bildnissmaler
sei nicht in Haarlem, sondern in Amsterdam ausgebildet worden, meinerseits
eine Frage knüpfen, welche aufzuwerfen gewiss nicht unnöthig erscheint. Zugegeben, v. d. Helst sei ein Schüler des Th. de Keyser gewesen, wer war dann
aber der Lehrer des Letzteren? Man weiss, dass Waagen ihn in die Um-

gebung des Hals rücken wollte, Bode dem aber widersprach. Doch wenn ich mir ein Bild ins Gedächtniss zurückrufe, welches im letzten Zimmer des Ryksmuseums zu Amsterdam II. Stock links, sich findet, Nr. 183, Rombout Hogerbeets mit Frau und Kindern in einem Park stehend, kleine Figuren, so kann ich mich der Vermuthung nicht entschlagen, der Urheber desselben (es ist mit dem bekannten Monogramm Thomas de Keyser's gezeichnet) habe seinen Unterricht neben Dirk Hals genossen. Denn es hat eine auffallende Aehnlichkeit mit den Werken dieses Bruders und Schülers des alten Frans. Und auch sonst scheinen mir die Werke dieses ausgezeichnetsten unter den älteren Amsterdamer Meistern, namentlich diejenigen mit kleinen Figuren, in welchen die sicheren Pinselstriche einzeln und unvertrieben neben einander stehen, ganz in der Art der beiden Hals, deutlich dafür zu sprechen, dass Th. de Keyser seinen Hauptanstoss aus jener einflussreichen Schule von Haarlem empfangen habe. Wer war auch ums Jahr 1612—1615, da derselbe seine Ausbildung zum Meister genoss, in ganz Holland befähigter, als F. Hals, einen Schüler zum Porträtmaler auszubilden? Ueberdies ist de Keyser, wie man jetzt annimmt, um 14—15 Jahre jünger als Hals, kann also füglich sein Schüler gewesen sein. Ich hoffe, mein verehrter College Bode wird diese Controverse wenigstens nochmals überlegenswerth finden.

Unter den Bildnissmalern, welche sich unbestritten unter Hals ausgebildet haben, ist der bekannteste Jan Cornelisz Verspronck, der seinem Vorbild zuweilen so nahe kommt, dass Werke des Schülers dem Meister zugeschrieben werden, wie es z. B. noch hartnäckig mit der Nr. 175 im Städelschen Institut geschieht. Dem Verzeichniss seiner Werke in deutschen Sammlungen, welches Bode giebt, möchte ich das Bildniss einer älteren Frau in der Galerie zu Stuttgart, Nr. 348, hinzufügen, welches dort ausnahmsweise dem Rembrandt zugeschrieben wird, eine Täuschung, welche durch die gefälschte Bezeichnung hervorgerufen scheint.

Den Bildnissmalern lässt der Verfasser »die Gesellschaftsmaler« und »die Maler des Bauernlebens«, diesen »die Architektur-« und endlich »die Stilllebenmaler« folgen. Gegen diese Eintheilung und Reihenfolge wird Niemand etwas einzuwenden haben, nur möchte ich auf eine kleine äussere Inconsequenz in Bezeichnung der Unterabtheilungen durch Buchstaben aufmerksam machen, indem im dritten Capitel »Das holländische Sittenbild« u. s. w. auf A. die »Gesellschaftsmaler« kein B. folgt, was doch der Rubrik »die Maler des Bauernlebens« zukäme.

Die reichste Abtheilung ist gemäss der Entwickelung dieser Schule die genannte dritte, das Sittenbild. Und hier steht natürlich Allen voran Dirk Hals, der Chorführer der ganzen Haarlemer Gruppe. Von ihm zählt Bode eine Reihe Bilder auf, die bisher in der Litteratur nicht verzeichnet waren, wie denn überhaupt des Verfassers Studie aus dem Jahre 1871, Frans Hals und seine Schule, in dem zur Besprechung stehenden Buche eine durchgreifende Umarbeitung und Vermehrung erfahren hat. Doch müssen dem hier aufgestellten Werke des Dirk Hals nach meiner Meinung wieder drei Nummern abgenommen werden, nämlich die aus der vormals gräflich Sier storpf'schen, jetzt Baron von Cramm'schen Sammlung angeführten. Es sind ziemlich indifferente Schulbilder, die schwerlich einen der bedeutenderen Namen der Haarlemer Gesellschaftsmaler verdienen, auch den des Duck nicht, den zwei derselben führen, wogegen — um dies nachträglich noch zu erwähnen — das kleine Bildniss eines stehenden jungen Mannes, welches der Verfasser bei den Zusätzen und Berichtigungen unter Frans Hals aus dieser Privatsammlung nachträgt, ächt und hübsch ist. Nebenbei bemerkt verdient diese, in dem reizend gelegenen westphälischen Bade Driburg befindlich, sehr wohl den Besuch aller Freunde der niederländischen Malerei.

Dem Haarlemer Dirk Hals reiht sich der Delfter Antoni Palamedesz Stevaerts an, dessen Biographie Bode richtig stellt. Man weiss, dass derselbe früher öfters mit seinem jüngeren Bruder Palamedes Palamedesz St. verwechselt wurde, was nach den Daten, die für Beide jetzt urkundlich feststehen, nicht mehr möglich ist. Neuerdings wurde auch noch der 27. November 1673 als sein Todestag festgestellt. Eine directe Berührung mit F. Hals ist zwar für ihn nicht nachzuweisen, indess spricht, wie der Verfasser mit Recht hervorhebt, »die schlichte Lebenswahrheit und eine feine Farbenstimmung in hellem kühlem Tone« wenigstens indirect für den Einfluss des Haarlemer Altmeisters in ähnlicher Weise, wie wir es in den Bildern des Verspronck sehen. Dies sagt er indess nicht, ohne vorher, was eben so wahr ist, in den lebensgrossen Bildnissen des Palamedesz den Mangel einer frischen energischen Auffassung und Behandlung hervorgehoben zu haben. »Seine kleinen Bildnisse in ganzer Figur«, fährt Bode sehr fein fort, »haben dagegen nicht nur durch Auffassung, Anordnung und Umgebung einen ähnlich sittenbildlichen Reiz wie seine Gesellschaftsstücke, sondern in Folge jener vornehmen Zurückhaltung und Einfachheit seiner Anschauung etwas Behäbiges, wie Thomas de Keyser, und Distinguirtes, wie Gerard Terborch. In solchen Bildnissen wird er daher mit dem Ersteren gelegentlich verwechselt und ist er der Vorläufer des Letzteren.«

Zum Verzeichniss der Gemälde des A. Palamedesz ist eine Wachtstube aus der Sammlung E. Habich in der Galerie zu Kassel nachzutragen, bezeichnet A. Palamedes, ein coloristisch sehr reizvolles Werk. Und die kleine Zahl seiner Zeichnungen hat durch Bode selbst eine unerwartete Bereicherung erfahren, indem derselbe die durch mehrfache Nachbildung allgemein bekannte Studie des auf einen Stuhl sich stützenden jungen Cavaliers, unter dem Namen Frans Hals aus der Sammlung Suermondt in das Berliner Museum übergegangen, jetzt wohl mit Recht dem Palamedesz gibt.

Ihm, den Kunsthändler und Liebhaber noch immer als Collectivnamen behandeln, lässt der Verfasser den bisher in seinem Autornamen ebenfalls sehr missbrauchten Duck folgen. Unter französirender Verballhornung seines Namens als Jean le Ducq in der Laien Munde wurden und werden ihm und Palamedes mit der grössten Hartnäckigkeit alle Werke dieser sittenbildlichen Richtung aufgebürdet. Bei Duck ist dies insofern erklärlich und verzeihlich, als man sich bis vor Kurzem selbst in den Fachkreisen über seinen richtigen Namen nicht klar war, ja es selbst jetzt noch nicht völlig zu sein scheint. Schuld daran ist, dass er in den ächten Bezeichnungen seinen Vornamen niemals ausgeschrieben, sondern immer nur mit Initialen angedeutet hat. Am häufigsten ist es ein mit einem A verschlungenes J, zuweilen aber auch, wie Bode anführt, ein blosses A. Trotzdem aber will man sich jetzt darüber einigen, ihn Jacob zu nennen, da A. Bredius verschiedene Erwähnungen von. Gemälden aus dem XVII. Jahrhundert gefunden hat, deren Urheber diesen Vornamen führt und die sehr wahrscheinlich von ihm herrühren. Er war von Utrecht, trat als Lehrling 1621 in die Gilde daselbst ein, und wurde 1630 zu deren Mitglied gemacht. Bald nach dieser Zeit muss er sich aber in Haarlem aufgehalten haben, da ein Gesellschaftsstück von ihm 1636 in einer von Haarlemer Künstlern veranstalteten Verloosung vorkommt.

Mit grosser Liebe und Ausführlichkeit behandelt der Verfasser sodann den neuerdings als Amsterdamer Kind nachgewiesenen Pieter Codde. Und mit Recht; ist er doch gleichsam sein eigenstes Geschöpf, das er, wenn auch nicht wie Pygmalion seine Frau selbst erschaffen, so doch wiederbelebt hat, nachdem es, wenigstens von der Kunstlitteratur, gänzlich vergessen war. Wer wusste vor 20 Jahren etwas von Pieter Codde? Niemand. Wer weiss jetzt nicht von ihm? Niemand. Dies ist Bode's Verdienst, auf das er ein wenig stolz sein darf. Denn Codde steht an Bedeutung den Vorgenannten um nichts nach und wir möchten ihn in dem Concert der holländischen Malerei heute nicht mehr missen.

Leider ruht seine Biographie noch auf sehr schwachen Füssen, wenigstens in soweit sie von Henry Havard herrührt und es kann uns hier nur interessiren, was Bode über eine Entdeckung von A. de Vries mittheilt. Darnach bekam nämlich ein Maler Namens Pieter Codde aus Amsterdam im Jahre 1637 den ehrenvollen Auftrag, das von Frans Hals unfertig gelassene Doelenstück der Amsterdamer Schützengilde, welches im dortigen Rathhaus noch existirt, zu vollenden. Und dies dürfte doch wohl kein anderer als Bode's Codde gewesen sein. Da dieser aber damals gerade nicht der Würdigste in Amsterdam war, die letzte Hand an dieses ausgezeichnete Werk des grossen Bildnissmalers zu legen, so liegt es nahe, diesen Auftrag durch persönliche Beziehung zu F. Hals zu erklären. Dadurch wird natürlich die Ansicht Bode's von der Schulbeziehung Codde's zu Haarlem stark unterstützt. Mir selbst war es indess nicht möglich, die Hand des P. Codde in der von dem Verfasser bezeichneten Figur auf dem Gemälde zu erkennen. Doch gebe ich zu, das Bild hängt so schlecht beleuchtet, dass ich vielleicht nicht genügend scharf sehen konnte. Möglich, dass Bode mit der Leiter näher gerückt ist.

Derselbe ist jetzt im Stande, wenn ich recht gezählt habe, 58 Werke dieses Malers nachzuweisen, welche ich noch durch zwei weitere vermehren kann zwei Pendants in der kleinen Sammlung der Akademie der bildenden Künste zu Brüssel, Kniestücke eines jungen Mannes und eines Mädchens in kleinen Figuren. Der Erstere, auf einem Stuhl sitzend und die Mandoline spielend, während das Mädchen oder junge Frau ebenfalls auf einem Stuhl sitzend zuzuhören scheint. Letztere mit dem gewöhnlichen, aus P und C zusammengesetzten Monogramm bezeichnet. Sie sind in dem Codde eigenthümlichen bräunlichen Gesammtton sehr fein durchgeführt.

Von einem umfänglich und inhaltlich bedeutenden Werke, das früher im Haag im Privatbesitz, jetzt in der Oudheitkundige Genootschap zu Amsterdam sich befindet, ist zu bemerken, dass es aus Versehen von dem Verfasser an z w e i Stellen seines Buches unter verschiedenen Namen angeführt wird; einmal hier, S. 151, Anmerkung, unter Codde und dann S. 170 unter Jan van Bylert. Es soll die »Bruiloft von A. Plovs van Amstel mit Agnes van Byler 1616« darstellen und gehört offenbar in die Nähe Codde's, während es bei Bylert unbedingt zu streichen ist. Letzterer scheint mir überhaupt per nefas in die Schule des Frans Hals gerathen zu sein.

Den vier bisher behandelten Gesellschaftsmalern unter dem Einflusse des F. Hals fügt Bode als nach seiner Meinung ebenbürtig, ja zum Theil überlegen den Jan Kick an. Ich gestehe, denselben zu wenig zu kennen, um mir ein Urtheil darüber zu erlauben.

Alsdann folgt als hierher gehörig eine Reihe von minder wichtigen Künstlern, über die wir bis jetzt keine biographische Nachrichten besitzen, ja deren Namen zum Theil noch nicht einmal mit Sicherheit feststehen, indem sie nur in Monogrammen gezeichnet haben, deren Entzifferung entweder strittig oder vorerst gar nicht möglich ist.

Zu jenen gehört der Monogrammist HP, in welchem man theils Horatius Paulyn, theils Hendrik Pot gesucht hat. Bode selbst wagt keine letzte Entscheidung, neigt aber stark zur Ansicht, dass es Hendrik Pot sei und bringt dafür auch schwerwiegende Gründe bei.

Auf alle Uebrigen können wir uns hier nicht weiter einlassen und nennen nur noch ihre Namen. Es sind: W. C. Duyster, M. Stoop, H. Doncker, Laurence Neter, Isack Elyas, ein Limborch (nicht Hendrik), M. v. Musscher (nicht der bekannte 1645 zu Rotterdam geborene dieses Namens, sondern ein älterer), Fr. Badens, Kastelyn und die Monogrammisten W. v. H. und F. W.

Pieter Potter und einige Andere, die der Verfasser desshalb hier noch nennt, weil sie »gelegentlich« — ein Wort, das Bode von Waagen übernommen und das er gleich diesem in der drolligsten Weise zu Tode hetzt — ebenfalls sittenbildliche Vorwürfe für ihre Gemälde wählten, seien nur kurz erwähnt. Potter erweckt ein besonderes Interesse durch seinen berühmten Sohn, dem zuweilen gerade Werke des Vaters aus dieser Richtung zugeschrieben werden, wie z. B. die Reiter, welche in einem Stall Stroh schneiden (Nr. 280 des Ryksmuseums zu Amsterdam).

Von den sieben Gemälden des Ludolf de Jonghe, welche Bode als hierher gehörig aufzählt, werden die meisten Fachgenossen nur die beiden in der Galerie zu Aschaffenburg und in der Sammlung des Baron Steengracht im Haag kennen, letzteres in der That so gut, dass sein Urheber einen hervorragenden Platz unter dieser Gruppe von Gesellschaftsmalern verdient.

Sodann sind Pieter Quast und W. Bartsius, welch' Letzterer in Zukunft eine grössere Rolle zu spielen berufen sein dürfte, mit einigen wenigen Bildern genannt und wird das Capitel mit einem einschlägigen Werke des Jan Baptista Weenix geschlossen, das, wenn auch vielleicht das Einzige dieser Art von ihm doch so ausgezeichnet ist, »dass kaum ein Bild der bisher genannten

Meister diesem gleichkommen möchte.« Die derbkomische, ja bedenkliche Scene ist in ihrer Bedeutung nicht ganz klar, doch folgert Bode aus der phantastisch-antikisirenden Tracht der agirenden Personen, es könne ein historisches oder biblisches Motiv, vielleicht Simson bei Delila gemeint sein. Im vorigen Jahrhundert in der Galerie Orléans, befindet es sich jetzt in der gewählten Sammlung des Grafen Mniszek zu Paris.

Weenix, der sich sonst auf ganz anderer Bahn bewegt, wäre hier vielleicht besser weggeblieben, indem Bode selbst zugesteht, dass auch dies Unicum im Werke des Künstlers schon mehr den Einfluss Rembrandt's, als den des Hals zeige und dass dies noch mehr der Fall sei bei dem auf der Auction Beurnonville versteigerten Gegenstück desselben.

Dagegen hätte er vielleicht beiläufig des Pieter de Bloot, der ja kein Vlame, sondern wie man neuerdings erfahren, ein Rotterdamer war, und des Hendrik Heerschop erwähnen können, von denen einzelne Werke vorkommen, die einen deutlichen Einfluss der Haarlemer Schule bekunden, für Heerschop z. B. das Bild Nr. 650 der Kasseler Galerie, Soldaten mit einem Weib Karten spielend, worin er sich dem Jacob A. Duck sehr verwandt zeigt und für Bloot Nr. 39 im Trippenhuys zu Amsterdam, das Bureau eines Advocaten, eine ziemlich rohe Leistung, aus der aber unverkennbar Abhängigkeit von der um Dirk Hals sich schaarenden Künstlergruppe spricht.

Eine Art Uebergang von den Gesellschaftsmalern zu den Malern des Bauernlebens bildet Jan Miensen Molenaer, dem jetzt Bode mit Recht auch jene wenigen, auffallend zur Hals'schen Schule stimmenden Bilder aus dem Anfang der dreissiger Jahre zuschreibt, welche er ihm in seinem Aufsatze: Frans Hals und seine Schule vom Jahre 1871 noch absprechen zu müssen glaubte, doch nicht, weil er sie scheinbar »Rolenaer« bezeichnet fand, sondern weil ihm damals noch die Uebergänge von dieser frühen Manier des Molenaer zu seiner späteren Rembrandtischen fehlten, die er seither in Gemälden der Galerien zu Kopenhagen, des Fürsten Liechtenstein, des Städel'schen Instituts und der interessanten Sammlung des Senators G. Morelli zu Mailand gefunden hat. Eines derselben, das in der erstgenannten Galerie, führt in seiner Aufschrift übrigens nicht das fatale R, während es in den Monogrammen späterer Werke wieder auftaucht. Ich halte es für das harmlose Schluss-R des Namens Molenaer und scheint mir »Rolenaer« ein Unding von Namen zu sein, das in ganz Holland weder je vorkam, noch vorkommt; es ist, wie wenn man aus Müller — »Rüller« machte, eine Namensbildung, die sicher in Deutschland nicht zu finden ist.

Dagegen kann ich Bode nicht beipflichten in der Entzifferung des Namens auf dem Bilde des Landraths von Niesewand in Mülheim bei Köln a. R., den er MOLENAER 1629 liest. Wenigstens konnte ich beim besten Willen diesen Namen nicht in der darauf befindlichen Bezeichnung erkennen, wenn ich auch gern zugebe, dass der Maler dieses Bildes mit dem Boursse bei Sir Richard Wallace nichts zu thun hat, sondern dem Dirk Hals und Molenaer nahe steht. Doch fand ich es feiner, als die Werke wenigstens des Letzteren.

Seitdem man angefangen, Ostade's frühe Werke aus den 30er Jahren als solche anzuerkennen und nicht mehr seinem Bruder Isack oder dem Brouwer zu geben, liegt seine Entwickelung als Schüler des Frans Hals so klar vor uns und ist so unbestritten, dass wir hier nicht weiter darauf einzugehen brauchen. Bode's Charakteristik dieser ersten Periode Ostade's ist übrigens so scharf und treffend, dass wir sie dem Leser nur angelegentlich zur Kenntnissnahme empfehlen wollen.

Minder klar liegt das Verhältniss bei dem andern ebenso berühmten Schüler des F. Hals, bei Adriaen Brouwer, der sogar eine Zeit lang der Haarlemer Schule ganz und gar entzogen werden sollte. Es war W. Schmidt, der durch seine im Jahre 1873 veröffentlichte, dialektisch vorzüglich geschriebene Schrift den Glauben an die Tradition, Brouwer habe bei Hals gelernt, stark erschütterte und hatte ich damals eine schwere Stellung, als ich ihm bei Besprechung seiner Schrift entgegentrat und den conservativen Standpunkt wahrte. Heute steht die Sache umgekehrt. Schmidt sieht sich in seiner Position durch die Zeichnung des Mattys van den Bergh scharf bedrängt und wird sich, wie ich höre, durch Auffindung weiterer Beweise dafür, dass Brouwer in Haarlem lernte, noch mehr bedrängt sehen. Man gönne mir den kleinen Triumph, dies schon jetzt zu verrathen! Es stehen die Publication eines jüngeren holländischen Kunstforschers, der neues Licht in dieser Frage verbreiten wird, wie mir A. de Vries kürzlich mittheilte und eine Monographie Brouwer's von Seiten Bode's in Aussicht, auf die man gespannt sein darf. So viel steht indess jetzt schon fest, sie werden die holländische Herkunft Brouwer's mehr und mehr erhärten. Bode wird ausserdem auch, fürchte ich, unter den dem Brouwer zugeschriebenen Gemälden scharfe Musterung halten und wohl manchem verdächtigen Cantonisten den Laufpass ertheilen.

Was schliesslich die moralische Rettung Brouwer's anlangt, so ist dieselbe endgültig ebenfalls verunglückt, denn nach van den Branden's urkundlichen Mittheilungen ist der auch hierin gelehrige Schüler des alten lustigen Frans keineswegs ein Muster an Fleiss, Ordnung und Sparsamkeit gewesen, und die »Schnurren«, welche Houbraken und Andere über ihn beibringen, stimmen sehr wohl zu dem Bilde, das man sich auf Grund jener Mittheilungen von dem genialen Adriaen machen muss. Dafür malte er aber zuweilen ausgezeichnete Bilder, die indess nach Ausscheidung der vlämisch aussehenden, welche wahrscheinlich von Teniers herrühren, einen stark ausgeprägten holländischen Zug zeigen.

Auch war es ein Irrthum, den Dirk van Delen der Schule des F. Hals abzusprechen. Bode macht mit Recht darauf aufmerksam, dass man es mit der Logik des C. de Bie nicht allzu genau nehmen dürfe und die bewusste Stelle doch nicht auf Wouwerman, sondern auf Delen zu beziehen sei. Dies beweise nicht allein das Bild des Hiob Berck-Heyde im Haarlemer Museum, welches das Atelier des Frans Hals und unter den Schülern des bejahrten Meisters auch den Dirk van Delen darstelle, sondern der Charakter seiner Gemälde selbst und der Umstand, dass gerade die Meister aus dem Kreise der Hals'schen Schüler und Nachahmer die Gemälde des Delen staffirt haben.

Den wichtigeren Gemälden, welche der Verfasser von diesem Künstler erwähnt, möchte ich noch ein besonders umfangreiches und interessantes beifügen. Vom Museum zu Brüssel 1881 erworben, stellt es die Vorhalle eines Palastes nebst Umgebung dar, belebt durch zahlreiche theils promenirende und plaudernde, theils musicirende Gruppen von der Hand des A. Palamedes, denen später merkwürdiger Weise Bildnisse ganz im Vordergrunde beigefügt sind, aus deren dem Beschauer zugewandter, zur übrigen Staffirung des feinen Werkes nicht passender Pose sich, wie der Katalog jenes Museums richtig bemerkt, schliessen lässt, dass sie die Familie des späteren Besitzers desselben darstellen. Sie sind von der Hand des Emanuel Biset, an sich ganz hübsch. Das Bild ist indess nur von D. v. Delen bezeichnet und 1642 datirt.

Unter den vom alten Hals beeinflussten Stilllebenmalern übergehen wir den jüngeren Frans Hals, P. Roestraten und Willem Claasz Heda, um bei dem neuerdings stark in Aufnahme gekommenen Monogrammisten P. C. einen Augenblick zu verweilen. Bekanntlich hat A. Bredius denselben mit grosser Wahrscheinlichkeit als Pieter Claasz, Vater des Nicolaas Berchem glaubhaft gemacht und hat man seitdem eine Reihe von Werken desselben nachgewiesen, die Bode aufzählt und die noch durch zwei weitere im Besitze von Victor de Stuers im Haag zu vermehren wären. Ein leiser Zweifel, der gegen die Richtigkeit dieses Nachweises noch erhoben werden könnte, wird vielleicht durch den kürzlich ausgegebenen Katalog des Suermondt-Museums zu Aachen getilgt, der das facsimilirte Monogramm eines Stilllebens mittheilt, welches neben dem P oben noch ein deutliches r enthält.

Von F. Hals und seiner Umgebung geht der Verfasser zu Elsheimer über. Man könnte diesen Schritt einen willkürlichen und unorganischen nennen wollen, aber er ist es nicht, sobald man die Gründe berücksichtigt, welche dazu veranlassten. Der erste Bahnbrecher der holländischen Malerei in ihrer Blüthezeit ist Frans Hals, der zweite, jüngere, Rembrandt. Da dieser aber nicht aus Hals herausgewachsen, sondern auf andern Schultern steht, so muss es uns nothwendig interessiren, zu erfahren, auf welchen. Und da ist es nun erklärlich, dass der Verfasser, um dies nachzuweisen, etwas weit ausholt und auf die Quellen der holländischen Vorläufer Rembrandt's zurückgreifend den Deutschen Adam Elsheimer und seine Schule der Betrachtung eines zweiten grossen Capitels zu Grunde legt. Von Seiten der Holländer hat man ihm dies zum Theil als deutschen Chauvinismus zum Vorwurf gemacht, doch mit Unrecht. Elsheimer ist unstreitig ein Künstler von tiefgehendster Bedeutung, war aber, ehe ihn Bode einer erschöpfenden Betrachtung würdigte, trotz der ihm gewidmeten Studien Passavant's, Kolloff's, Schnaase's, Vosmaer's und Anderer noch immer nicht genug beachtet. Man sollte fast vermuthen, dass die meist unscheinbaren Formate seiner Bilder dieselben einer geringeren Würdigung anheimfallen liessen, als sie bei näherer Betrachtung verdienten; doch ist nicht zu vergessen, dass die Zahl seiner heute noch nachzuweisenden Werke eine verhältnissmässig geringe ist, dass sie sehr zerstreut sind und dass zur vollen Würdigung dieses merkwürdigen Künstlers vor Allem eben auch seine Zeichnungen gehörten, auf die mit besonderem Nachdruck hinge-

wiesen und deren Verzeichniss zusammengestellt zu haben, Bode's eigenstes
Verdienst ist.

Nach einer kurzen Einleitung, in welcher er die Gründe auseinander-
setzt, wesshalb er hier eine ausführliche Würdigung Elsheimer's gibt und den
bisherigen Stand der Forschung andeutet, beschreibt er uns seinen Lebenslauf, geht auf seine Entwicklung als Mensch und Künstler ein und stellt alsdann ein Verzeichniss der Werke auf. Für die Biographie benutzt er, wenn
auch nicht zuerst, so doch vollständig, wie sie es verdient, die »Vita di Adamo
Tedesco« des Baglione, die er im italienischen Wortlaut abdruckt. Ihr reiht
er zwei auf Elsheimer bezügliche Stellen eines spanischen Malers (Martinez)
und eines italienischen Arztes (Mancini) an, auf welche Justi und Janitschek
aufmerksam gemacht haben, und gewinnt dadurch ein wesentlich anderes
Bild des Lebens und Wirkens dieses eigenartigen Künstlers, als Sandrart und
Andre es uns überliefert haben.

Wir wissen jetzt, Elsheimer lebte in keinen glänzenden Verhältnissen,
aber von seiner Verschuldung und daran sich knüpfenden Schuldhaft ist keine
Rede mehr. Er war von einsiedlerischem, in sich gekehrtem Wesen, aber
dabei von grosser Liebenswürdigkeit und Beliebtheit bei den Italienern sowohl
als seinen nordischen Collegen. Ja, er stand selbst bei dem Papst in solcher
Gunst, dass dieser ihn durch Naturallieferungen aus dem vaticanischen Palast
unterstützte. Daraus geht wohl hervor, dass er Katholik war, worüber sich
Bode nicht äussert. Seine Frau war eine Schottin, keine Römerin, wie man
bisher annahm. Ueber den Zeitpunkt seines Todes macht zwar Baglione
keine genaue Angabe, doch verlegt ihn der Verfasser auf Grund anderer Anhaltspunkte mit ziemlicher Sicherheit in das Jahr 1620.

Hinsichtlich der künstlerischen Stationen, die Elsheimer durchlaufen, wird
die ansprechende Vermuthung aufgestellt, derselbe habe sehr wahrscheinlich
seinen Weg nach Rom über Venedig genommen und daselbst Rottenhammer's
Unterricht genossen. Es ist dies übrigens keine blosse Hypothese von Bode,
sondern er stützt sich dabei ausser auf merkliche Uebereinstimmung in manchen
Werken Beider auch auf die Unterschrift des Hollar'schen Stiches von Elsheimer's Bildniss, welcher 1649 in der Sammlung der Künstlerbildnisse von
Jan Meyssens erschien. Denn sie lautet: faisoit son aprentisage a Venise chez
Johan Rottenhamer gran dessignateur etc.

Weitere directe Einflüsse, abgesehen von seinem Jugendunterricht bei
Philipp Uffenbach, sind wohl kaum bei ihm nachzuweisen, wie denn überhaupt sein Entwickelungsgang sehr schwer zu verfolgen ist, da er seine Ge-
mälde nie datirt. Desshalb versucht auch der Verfasser keine systematische
Darlegung verschiedener bestimmter Phasen seiner Künstlerlaufbahn, sondern
macht nur auf einige in offenbar frühen Bildern des Meisters hervortretende
Einwirkungen italienischer Meister, wie der Caracci, Guercino's, Caravaggio's,
Correggio's u. s. w. aufmerksam, wozu in seinen Zeichnungen noch Studien
nach Raphael, Mantegna, Lucas von Leyden und auch seiner niederländischen
Zeitgenossen Rubens, Jacob de Gheyn etc. kommen, und datirt dann seine selb-
ständige Weise etwa vom Jahre 1605 ab. Diese Periode der Meisterschaft

charakterisirt Bode sehr eingehend und mit tiefem Verständniss. Es ist ein höchst geistvoll und warm geschriebenes Capitel, an dem sich jeder Leser erfreuen wird.

In dem nun folgenden Verzeichniss der Werke Elsheimer's werden etwa 60 Gemälde aufgezählt, ohne dass damit künftiger Vermehrung eine Schranke gesetzt wäre. Ich möchte z. B. gleich aus der Sammlung Milani in Frankfurt a. M. noch ein kleines Bildchen nachtragen, der junge Tobias mit dem Engel auf der Reise, welches dort seinem Schüler Johannes König zugeschrieben wird, aber nach der »sammetartigen« und leuchtenden Färbung gewiss von ihm selber ist und zwei weitere Werke in der Sammlung des Duke of Wellington in London, die in einem gewöhnlich nicht zugänglichen Raume des Palastes aufbewahrt werden. Das eine zeigt Judith, wie sie eben das Haupt des Holofernes abschlägt, der Gegenstand des anderen ist mir momentan nicht gegenwärtig.

An Zeichnungen weist Bode etwa 300 nach, fügt jedoch bei: »Nach dem Umstande, dass mir in kleinen Privatsammlungen wie bei Händlern und auf Versteigerungen echte Zeichnungen Elsheimer's gar nicht selten vorgekommen sind, zweifle ich nicht daran, dass sich diese Zahl mit der Zeit nicht unwesentlich wird erhöhen lassen.« Vielleicht dass man gerade unter Zeichnungen, die dem Rembrandt zugeschrieben werden, eine Vermehrung dieser Liste suchen dürfte, wie ich mich z. B. erinnere, im Teyler-Museum zu Haarlem ein schönes Blatt von ihm unter Rembrandt's Namen gesehen zu haben. Und dies ist verzeihlich, denn wenn es einen Vorläufer des Letzteren in seiner breiten und wirkungsvollen Weise zu zeichnen gegeben hat, so war es eben Elsheimer.

Hier sei noch erwähnt, dass die aus der vormals Weigel'schen Sammlung von Bode citirten kleinen Studien zu Figuren und Gruppen seither in den Besitz des Hrn. Ed. Habich in Kassel übergegangen sind.

Wir wenden uns nun zu denjenigen Schulen, welche mehr oder weniger Anregung durch Elsheimer empfangen. Der Verfasser berührt hier nur im Allgemeinen die Impulse, welche die Kunstweise des deutschen Meisters der italienischen Landschaftsmalerei jener Zeit gegeben, um dann ganz besonders auf die unverkennbare und gewiss nicht zufällige Verwandtschaft zwischen ihm und Claude Lorrain hinzudeuten, wobei er sich mit Recht wundert, dass darauf bisher noch Niemand aufmerksam geworden war.

Unter den Deutschen werden als seine eigentlichen Schüler nur Jacob Ernst Thoman von Hagelstein und Johannes König genannt, doch kennt von dem Ersteren selbst Bode kein sicheres Werk und von König wenigstens nichts Bedeutendes.

Ohne Vergleich wichtiger und weitreichender ist des Meisters Einfluss auf die Niederländer. Hier schickt der Verfasser die Vlamen Teniers d. Aelt. und Rubens voran. Nach dem Zeugniss des C. de Bie soll der Erstere zehn Jahre bei Elsheimer »gewohnt« haben. Bode weist nach, dass dies ein Irrthum sein müsse und betont überdies mit Recht, wir würden in den Bildern des Teniers ohne das Zeugniss Sandrart's und de Bie's schwerlich einen so nahen

Zusammenhang mit Elsheimer erkennen. Der Eindruck, den dagegen Rubens von dem deutschen Meister empfangen, war schon früher durch die beiden Rubens'schen Darstellungen der Flucht nach Aegypten in der Kasseler Galerie und im Louvre, Bearbeitungen des gleichen Gegenstandes von Elsheimer, sowie durch die eigentlichen Copien nach Bildern und Zeichnungen desselben bekannt genug. Dass die beiden Künstler auch persönlich mit einander in Berührung gekommen, hat man erst neuerdings durch die Publication eines Briefes von Rubens an Peeter van Veen erfahren, worin derselbe über eine besondere Manier Elsheimer's, die Kupferplatte mit einer weissen Masse zu decken und darin zu radiren sich ausspricht — ein Verfahren, über das ihn Elsheimer seiner Zeit selbst belehrt habe.

Weit intensiver jedoch ist der Eindruck, den Elsheimer's Kunstweise auf die Holländer hervorbrachte.

Cornelis Poelenburg und die ganze Reihe seiner Nachfolger gehen direct auf ihn zurück — dies ist zu einleuchtend, als dass wir dabei zu verweilen brauchten. Nur einige von Bode neu in die Litteratur eingeführte Künstler verdienen wenigstens mit Namen genannt zu werden; es sind: P. van Hattik, P. van Laeck, Cornelis Willaerts, der Monogrammist S. K. und Jan Lap. Ich füge denselben noch Wernherus Rysen, von dem eine allerdings nur mit dem Monogramm W. R. bezeichnete büssende Magdalena, dem Poelenburg zum Verwechseln ähnlich, nur etwas kühler im Ton, in der Galerie zu Kassel sich befindet, und A. v. Ertvelt bei, ein Name, den ich auf zwei kleinen Landschaften der retrospectiven Ausstellung in Amsterdam 1883 fand, welche einen etwas derben, aber evidenten Nachfolger Elsheimer's kennen lehren. Sollte es der gleichnamige Antwerpener Marinemaler sein?

Als ein Schüler von Poelenburg wird gewöhnlich auch Breenbergh genannt, doch wohl mit Unrecht, denn abgesehen davon, dass er nicht so spät geboren ist, als man bisher annahm, — Havard hat gefunden, dass er im Jahre 1633 schon 33 Jahre alt war — sprechen auch seine Werke dagegen. Sie haben einen durchaus eigenartigen Charakter, sind viel energischer, in manchen Beziehungen auch alterthümlicher, als die Bilder Poelenburg's, der etwas Weichliches, ja oft geradezu Süssliches hat, was bei seinen Schülern noch auffälliger zu Tage tritt. Auch spricht der Umstand, dass einige seiner Gemälde von der Hand Poelenburg's staffirt sind, doch keineswegs dafür, dass er sein Schüler war, sondern bezeugt nur ein gegenseitiges freundschaftliches Verhältniss der Beiden. Viel wahrscheinlicher ist es mir und stimme ich darin durchaus mit Bode und Schlie überein, dass Breenbergh sich nach Elsheimer gebildet habe, nur bin ich der Ansicht, dass dafür weniger die Nro. 493 als vielmehr 495 der Kasseler Galerie zum Beweis dienen könne.

Wohl Rembrandt's wegen, zu dem sie den organischen Uebergang bilden, lässt Bode erst jetzt eine Gruppe von älteren Meistern folgen, die ebenfalls Elsheimer nahe, ja noch näher stehen, als die eben Besprochenen. Es sind Moses van Uytenbroeck, P. Lastmann, Jan und Jacob Pynas, Jacob van Swanenburgh, Claas Moeyaert, Gerrit Claesz Bleker und Leonard Bramer. Sie sind das eigentliche Bindeglied zwischen Elsheimer und

Rembrandt, sind Schüler oder Nachfolger des Ersteren und theils Lehrer, theils Vorläufer dès Letzteren.

Die Zahl der Gemälde Uytenbroeck's, deren Vosmaer nur erst fünf kennt, weiss der Verfasser beträchtlich zu vermehren;· ebenso die des Pieter Lastmann. Zu den Zeichnungen, die er von Letzterem erwähnt, ist nachzutragen, dass das Blatt »Opfer Isaaks« aus der Sammlung Weigel in den Besitz von Ed. Habich zu Kassel übergegangen ist. Die Bemerkung Bode's, dass das darauf befindliche frühe Datum (1598) und die Namensbezeichnung von späterer Hand aufgesetzt seien, scheint mir richtig, doch ist die Zeichnung selbst echt und bedeutend. Sehr dankenswerth sodann erscheint, was über die beiden Pynas, Jacob und Jan, Ersterer angeblich Lehrer Rembrandt's, beigebracht wird. Dieselben waren, wenigstens in ihren Gemälden, bisher so gut wie gar nicht bekannt, auch ist die Eigenart der beiden Brüder (?) sehr schwer auseinander zu halten, d. h. sie gleichen sich oft so, dass auch Bode kein entscheidendes Urtheil wagt. Er zählt ein halbes Dutzend ihrer Gemälde auf, während Vosmaer selbst in der zweiten Auflage seines Rembrandt noch keines kennt oder wenigstens keines nennt. Vielleicht liesse sich die Zahl derselben noch um ein siebentes vermehren, um ein Porträt in der öffentlichen Sammlung zu Gotha. Es ist das Brustbild eines Mannes mit braunem Haupthaar und Bart, in einem violettbraunen Mantel, lebensgross — ein tüchtiges Werk, das, allerdings H P bezeichnet, noch näher darauf zu untersuchen ist, wie es zu dem Namen Pynas kommt.

Die Zeichnungen dieser beiden Maler sind dagegen weit häufiger, wenigstens die des Jacob. Doch haben diese, wie Bode mittheilt, im Vergleich mit einer grau getuschten Kreidezeichnung des Jan, einer sonnigen italienischen Hügellandschaft, die er aus dem Kunsthandel kennt, »einen etwas philiströsen und kleinlichen Zug«.

Die Frage, ob Jacob Pynas wirklich einer der Lehrer Rembrandt's war, lässt der Verfasser unerörtert, findet aber, dass einzelne Typen auf einem i. J. 1876 der Berliner Galerie zum Kauf angebotenen bezeichneten und datirten Gemälde desselben einzelnen Gestalten auf Rembrandt's frühesten Werken auffallend verwandt sind.

In den wenigen von Jacob van Swanenburgh, Claas Moeyaert und Gerrit Claesz Bleker oder Blecker auf uns gekommenen Werken ist die Verwandtschaft, beziehungsweise Abhängigkeit von Elsheimer ebenso augenscheinlich, wie bei den bisher Genannten, wenigstens bei den beiden Ersten. Bleker kam jedoch wahrscheinlich erst nach Elsheimer's Tode nach Italien und hat nur aus dessen Werken Anstoss empfangen. Moeyaert aber wurde aus einem Vorläufer später ein Nachfolger Rembrandt's. Aus dieser Periode ist ein Bild von ihm auch in Schleissheim vorhanden, welches Bode entgangen zu sein scheint.

Als der Eigenartigste dieser Gruppe wird zuletzt Leonard Bramer genannt. In seinen frühesten Bildern kleinen Formats gleichfalls mit Elsheimer'schen Elementen versetzt, wird er wie Moeyaert in seinen späteren Werken wohl ebenso als ein Nachfolger dieses grossen Meisters zu gelten haben. Man hat bemerkt, dass er ausserdem auch durch die Kunstweise Honthorst's beeinflusst

worden sei. Dies fand ich bewahrheitet in einem Gemälde a. d. J. 1642,
welches sich in der interessanten kleinen Sammlung des Herrn des Tombe
im Haag befindet.

Nachdem so die Bahn bereitet war, trat das grösste Genie Hollands auf,
um die Schule seines Landes zum Gipfel der Vollendung zu führen. Doch
nicht fertig und in sich beschlossen, wie zu ihrer Zeit die Brüder van Eyck,
sondern in langsamem Ringen, in steter Fort- und Umbildung seiner Kräfte
begriffen, schreitet Rembrandt seine vierzigjährige Laufbahn dahin, anfangs
auf den Schultern seiner Vorläufer fussend, aber bald in dem zum höchsten
malerischen Prinzip durch ihn erhobenen Helldunkel als der grösste Maler
aller Zeiten sich bekundend. Jedermann kennt ihn als solchen in den Werken
seiner höchsten Vollendung, wenn auch nicht Alle in gleicher Weise von dem
märchenhaften Zauber dieser eigenthümlichen geschlossenen Beleuchtung hin-
genommen sind. Weniger jedoch pflegen ihn Laien und Künstler in den
Werken seiner Jugend zu erkennen und zu schätzen, ja selbst den Fachgenossen ist er darin weniger geläufig, als man es annehmen sollte, wie denn
z. B. Hermann Riegel eines der bezeichnendsten und schönsten aus dieser
Zeit den »Paulus im Gefängniss« a. d. J. 1627 im Museum zu Stuttgart, für
unecht erklärt und es dem Jan de Wet geben will.

Ich selbst bekenne mich schuldig, während der ersten Zeit meines
Aufenthaltes in Kassel an der Echtheit des kleinen, hier befindlichen Selbstporträts gezweifelt zu haben. Dasselbe ist allerdings weniger in dem Sinne
eines eigentlichen Bildnisses, denn vielmehr als Beleuchtungsstudie entstanden,
aber seine Echtheit steht mir jetzt ausser aller Frage.

Auf diese höchst interessanten Jugendwerke nun mit ganz besonderem
Nachdruck hingewiesen, sie vielfach erst bestimmt, ihre Zahl zusammengetragen, ihre Bedeutung richtig erkannt und definirt zu haben, dies ist das
grosse Verdienst Wilhelm Bode's.

Er hat dieser ersten Entwickelungsphase Rembrandt's in der Zeitschrift
»Die graphischen Künste« vor zwei Jahren eine eingehende, mit guten Abbildungen versehene Studie gewidmet, die er nun hier mit einigen Zusätzen
in dem »Rembrandt's künstlerischer Entwickelungsgang in seinen Gemälden«
betitelten Buche voranstellt. Ich könnte dieselbe als allgemein bekannt voraussetzen und gleich einen Schritt weitergehen, wenn ich mich nicht mit dem
Verfasser in einem Punkte, der ihm aber, wie man weiss, besonders am
Herzen liegt, uneins wüsste. Es ist die Frage über die Echtheit des im Germanischen Museum zu Nürnberg befindlichen frühen kleinen Selbstporträts.
Ich muss ihm darin leider Unrecht geben, denn ich halte dasselbe entschieden
für unecht. Dass ich mich dagegen bezüglich des hiesigen Studienköpfchens,
wozu sich der jugendliche Meister ebenfalls selbst gesessen, zur besseren Einsicht bekehrt, bemerkte ich bereits oben und hatte es auch schon in dem vor
zwei Jahren erschienenen Führer durch die Kgl. Gemäldegalerie zu Kassel
ausgesprochen.

Wenn ich somit dem Jugendwerke Rembrandt's ein ihm zugeschriebenes
Bild nehmen zu müssen glaube, so möchte ich ihm dafür, wenn auch nur

zögernd und mit einem Fragezeichen, ein bisher wie mir scheint zu wenig beachtetes, jedenfalls höchst gediegenes und interessantes kleines Gemälde, die Nr. 511 der Galerie zu Brüssel, zuschreiben. Dasselbe stellt eine alte Frau auf dem Todtenbett dar und ist im Jahre 1880 aus der Vente Kühnen als »holländische Schule« erworben. Die charaktervolle, markige Auffassung, die malerische Behandlung, der feine graue Ton ganz wie in den besten Werken vor dem Jahre 1630 scheinen mir entschieden für Rembrandt zu sprechen.

Aus der nun folgenden weiteren Darstellung Bode's, in welcher er die gesammten Schöpfungen des Meisters in ihrer chronologischen Folge einer kritischen Würdigung unterzieht, wobei er indess nicht pedantisch und äusserlich verfährt, sondern nach inneren Gründen und immer das Ganze im Auge behaltend, greife ich, wie bisher, nur einzelne Punkte heraus, da es den Rahmen einer Anzeige überschreiten würde, wenn ich dem Verfasser Schritt für Schritt folgen wollte, zumal ich in den allermeisten Fällen durchaus mit ihm übereinstimme.

Bode gibt seinen Capiteln folgende Ueberschriften:

I. Die Jugendzeit.
1627—1636.
Einleitung.

1. Die Thätigkeit Rembrandt's in seiner Vaterstadt Leyden: Erste Anfänge, 1627—1631.

2. Erste Thätigkeit in Amsterdam: Sturm- und Drangperiode, 1632—1636.

Rembrandt als Modebildnissmaler in Amsterdam, 1632—1634.

Selbstbildnisse und Studienköpfe.

Die Gattin Saskia van Ulenburgh und die Familie des Künstlers in den Werken Rembrandt's.

Historische Darstellungen.

II. Mannesalter und Meisterschaft.
1637—1654.

Erste Periode: Herrschaft des goldig-braunen Tones, 1637—1642.

Zweite Periode: Das farbige Helldunkel, 1642—1654.

III. Die Werke des Alters.
1655—1669.

1. Trübe Tage, 1655—1657.

2. Letzte Thätigkeit in gesammelter Kraft und leuchtender Färbung, 1658—1669.

Diese Eintheilung geht im Einzelnen von richtiger Beobachtung aus, aber im Ganzen nicht von denselben Principien, denn einmal knüpft sich dieselbe an die verschiedenen Orte, an welchen der Künstler thätig war, dann an die Personen, mit denen er in Berührung trat, ferner an die Gegenstände, die er behandelte, weiter an die Qualität seiner Malerei und endlich an seine äusseren Schicksale. Ich fürchte, dass dies bei Uneingeweihten einige Confusion hervorrufen wird. Gewiss ist ja solche Eintheilung eine rein äusserliche und ziemlich gleichgültige Angelegenheit, aber wenn wir sie als Deutsche nöthig haben, da wir nun doch einmal dazu verurtheilt sind, Principien zu reiten,

so möchte ich vorschlagen, die allereinfachste zu wählen, also z. B. die gesammten Unterabtheilungen wegzulassen und nur die drei Capitel: Jugendzeit, Mannesalter und Meisterschaft, die Werke des Alters zu nehmen.
Alles Uebrige verwirrt nur und ist zu incongruent — »Sturm- und Drangperiode« für den Verfasser, der mit Recht alles Poetisiren und Aesthetisiren
in solchen Dingen perhorrescirt, zu poetisch, »Rembrandt als Modebildnissmaler« zu picant, »Herrschaft des goldig-braunen Tones« lässt sich in dieser
scharfen Abgrenzung nicht festhalten, »Trübe Tage« ist zu sentimental und
»Letzte Thätigkeit in leuchtender Färbung« kann auf den Maler bezogen, also
in komischer Weise missverstanden werden.

In dem Capitel: Rembrandt's Thätigkeit in Amsterdam bespricht der
Verfasser unter den hervorragendsten Werken aus dem Jahre 1632 oder 33
auch den sogenannten Coppenol, Nr. 358 der Kasseler Galerie, an dessen
richtiger Benennung in Bezug auf die dargestellte Persönlichkeit er aber mit
Grund zweifelt. Dieses Bildniss kann unmöglich identisch mit dem Coppenol
der Radirungen sein, da dem nicht allein der Bau der Nase, sondern des
ganzen Gesichtes, ja Kopfes widerspricht.

Während Bode dieses Gemälde mit Recht sehr hoch schätzt, scheint er
mir dagegen den damit in Parallele gestellten Poeten Jan Krul aus derselben
Sammlung zu unterschätzen. Er findet die Anordnung etwas nüchterner, die
Durchführung fast zu weit getrieben und das Licht von einem kühleren, fahl-
grauen Ton, während ich davon nichts sehen kann, ja mir sogar der Eindruck
bedeutender, die Durchführung mindestens ebenso breit und der Ton ebenso
warm wie bei dem sogenannten Coppenol erscheint.

Sehr erfreulich dagegen war mir, was der Verfasser über das Selbstporträt mit der Sturmhaube vom Jahre 1634 in derselben Galerie sagt, indem
er gegenüber der oft beobachteten Unterschätzung dieses Bildes seitens der
Laien dessen Auffassung ebenso originell als lebendig, die Beleuchtung ausserordentlich wirkungsvoll, die Färbung von grosser Feinheit findet.

Wesshalb Bode aber das sehr feine Bildchen in der Sammlung des
Herzogs von Arenberg zu Brüssel, Tobias salbt die Augen seines Vaters, nicht
gelten lassen will, ist mir unverständlich, er müsste es denn lange nicht mehr
gesehen haben. Ich dagegen prüfte es mit des Verfassers Verdacht im Kopf
und seinem Buch in der Tasche ganz kürzlich eingehend und fand es über
allen Zweifel erhaben. Auch ist dasselbe, abgesehen von seinen übrigen
Qualitäten, links gegen unten echt bezeichnet und datirt.

Der früher sogenannte Bürgermeister Six in der Kasseler Galerie, Nr. 364,
hat auf des Verfassers Vorschlag seiner Zeit diesen Namen mit dem Rembrandt's selbst vertauscht und liess ich mich eine Zeit lang überreden, diese
Umtaufe annehmbar zu finden. Doch bin ich neuerdings zur Ueberzeugung
gekommen, dass dieses weingrüne Gesicht nicht dasjenige des Künstlers sein
kann. Die Züge sind doch gar verschieden von denen Rembrandt's, auch
trägt der Dargestellte hellblondes Haar, während jener bräunliches hatte, und
zeigt, wie gesagt, eine etwas verdächtige Gesundheit auf Wangen und Nase
zur Schau, welche auf keinem Selbstbildniss Rembrandt's sonst zu finden ist.

Mit der Annahme, dass das Porträt der Saskia in der Galerie zu Antwerpen nur eine freie Copie des bekannten Profilbildnisses in Kassel sei, hat Bode gewiss Recht und begreife ich nicht, wie Vosmaer jenes vergleichsweise rohe Product für ein, Original halten kann. Doch bezweifle ich gleich diesem, dass das in Berlin Saskia genannte Bild a. d. J. 1643 auch wirklich die Frau Rembrandt's darstelle.

Die hl. Familie, welche unter dem Namen »Die Holzhackerfamilie« bekannt ist, Nr. 366 derselben Sammlung, war von mir als hl. Familie schon in der vierten Auflage des Verzeichnisses der in der Kgl. Gemälde-Galerie zu Kassel befindlichen Bilder so benannt, was der Verfasser übersehen zu haben scheint. Ebenso ist der Irrthum in Angabe des Datums, 1636 statt 1646, auf der kleinen Winterlandschaft Nr. 368 ebendort längst getilgt.

Die beiden Studienköpfe eines Mannes in mittleren und eines in älteren Jahren, Nr. 362 und Nr. 363 in der Galerie zu Kassel, sind keine Gegenstücke, da der Kopf auf Nr. 363 beträchtlich grösser ist als derjenige der vorhergehenden Nummer.

Der »Architekt« ebenda, dessen Originalität Bode in Schutz nehmen zu müssen glaubt, ist gewiss weder von A. de Gelder, noch von Nicolaas Maes, den man auch schon in Vorschlag gebracht hat, oder sonst einem Schüler, sondern von des Meisters eigener Hand, nur durch schlechte Rentoilage und plumpe Retouchen im Gesammteindruck derart beeinträchtigt, dass ein Zweifel an der Echtheit allerdings erklärlich erscheint, wie denn der Verfasser auch richtig beobachtet hat, dass die Bezeichnung sowohl als die Jahreszahl des Bildes, in ihrem gegenwärtigen Zustand wenigstens, nicht mehr ursprünglich sind. Das Bildniss in Schwerin, welches er mit dem eben besprochenen in Parallele stellt, kenne ich nicht, doch das Porträt eines jüngeren Mannes in der Pinakothek zu München, welches er ebenfalls damit in Zusammenhang bringt, hat nach meiner Ueberzeugung mit dem Kasseler Architekten nichts gemein und ist, wenn auch kein Carel Fabritius, so doch jedenfalls auch kein Rembrandt, vorausgesetzt, dass wir Beide dasselbe Gemälde meinen. Ich bin geneigt, es für ein ausgezeichnetes Werk des Bernaert Fabritius zu nehmen, muss mir indess eine nochmalige Besichtigung vorbehalten.

Das Datum auf dem Bildniss des Nicolaus Bruyningh lese ich, nachdem es gereinigt worden, 1652, nicht 1658, das auf dem Selbstporträt Rembrandt's aus späteren Jahren, Nr. 360 der Kasseler Galerie, 1654, nicht 1659.

Diese wenigen Bemerkungen genügen natürlich nicht, um einen Begriff von dem gewaltigen Material zu geben, welches uns der Verfasser in seinem Buche bietet. Doch mögen sie wenigstens als Anregung dienen, dass Berufene sich selbstthätig und befruchtend damit beschäftigen. Ihm selbst aber, der hier schon das Schwierigste für eine erschöpfende Erkenntniss von Rembrandt's Wirksamkeit geleistet, die Erkenntniss und Kritik seiner Gemälde, möge es vergönnt sein, auch eine Würdigung seiner Radirungen und Zeichnungen, sowie das biographische Material hinzuzuthun, um damit eine abschliessende Monographie des grössten holländischen Künstlers zu vollenden. Daran schlössen sich dann vielleicht mit der Zeit die Schüler desselben und die noch fehlenden

selbständigen Holländer, ein Jan Steen, Cuyp u. s. w., desgleichen die Vlam-
länder. Denn welchen Berufeneren gäbe es, uns ein treffendes Bild von Rubens und seiner Schule zu entwerfen, als eben Bode?

Zum Schluss sei mir gestattet, noch auf Folgendes aufmerksam zu
machen.

Es ist ein eigenthümliches Zusammentreffen, dass Bode gerade zwei Gemälde Rembrandt's mit besonderer Wärme in seinem Buche S. 484 u. 485
hervorhebt und ausführlich beschreibt, welche nicht lange, nachdem dasselbe
erschienen, durch günstige Verkettung der Umstände in den Besitz der Berliner
Galerie übergingen. Sollte dieses thatkräftige Zugreifen nicht in ursächlichem
Zusammenhang mit Bode's Erkenntniss stehen?

Ich habe die beiden Werke, eine »Susanna« und »Joseph von Potiphars
Frau verklagt«, noch nicht gesehen, aber man wird nach der übereinstimmen-
den Bewunderung, die ihnen von allen Seiten zu Theil wird, offenbar der
Berliner Galerie ganz besonders zu diesen Erwerbungen Glück wünschen dürfen
und so sehen wir Bode's theoretische und praktische Wirksamkeit in erfreu-
lichster Weise Hand in Hand gehen.   *O. Eisenmann.*

Litteratur über Museen, Ausstellungen, Kunstinstitute.

Raphael Santi in der Ungarischen Reichs-Galerie. Von Dr. **Karl
v. Pulszky.** Mit vierzehn Illustrationen im Text. Budapest. Friedrich
Kilian. 1882.

Von dem Director der Ungarischen Reichs-Galerie Dr. Karl v. Pulszky,
der sich gleich durch seine kunstgeschichtliche Erstlingsarbeit »Raphael und die
Antike« als ein ebenso gründlicher wie feinsinniger Raphaelforscher erwiesen
hat, liegt mir eine Studie vor, welche es versucht, die in der Ungarischen Reichs-
Galerie Raphael zugeeigneten Gemälde und Handzeichnungen in die künstlerische Entwicklung des Meisters einzureihen. Der Pester Galerie thut es
nicht Noth, sich für ihre Werke nach grossen Namen umzusehen; vollständige
wissenschaftliche Unbefangenheit kommt der Studie zu und es dürfte schwer
werden, einen wissenschaftlich zureichenden Beweis zu erbringen, dass der
Verfasser in Zuweisung der besprochenen Arbeiten zu hoch gegriffen habe.

Den Beginn macht die Studie mit der Besprechung einer Madonna mit
dem Kinde (Nr. 48), die unter jene Madonnenfamilie gehört, die gemeiniglich
auf Ingegno zurückgeführt wird; da dessen Künstler-Persönlichkeit — dessen
historische Existenz ja zweifellos ist — aber noch ganz physiognomielos ist,
so hat Pulszky mit vollem Rechte sich begnügt zu constatiren, dass das Bild
eine peruginische Arbeit vom Ende des 15. Jahrhunderts sei [1]). Es ist dies das

---

[1]) In meiner Mittheilung über einen Besuch in der Pester Galerie (Repertorium V, S. 80) führte ich dies Bild als »wahrscheinlich« von Pinturicchio an.
Unter diesem Namen kommt es auch im Katalog von 1870 vor. Pulszky bestätigt
dies Urtheil nur in Betreff der Annunziata der Staffel des Rahmens. Dieser Rahmen
hat aber nicht ursprünglich zu dem Bilde gehört, wie Pulszky nachweist.

einzige Bild, welches die umbrische Kunstrichtung in der Pester Galerie vertritt. Die Besprechung der Raphael'schen Arbeiten beginnt mit der Federzeichnung, die Passavant unter Nummer 240 anführt; sie gehört zu den Studien Krönung Mariäs, die Raphael auf Bestellung Maddalena's degli Oddi für San Francesco in Perugia malte und legt das interessante Zeugniss dafür ab, dass Raphael anfangs eine Himmelfahrt malte und dann erst im Verlaufe der Arbeit einen Compositionswechsel eintreten liess — wie später bei der Grablegung und der Transfiguration; Springer hat bereits die Ausführungen Pulszky's in ihrem Resultat acceptirt (vergl. Raphael und Michelangelo II. Aufl. I. S. 69). Die Echtheit dieses Blattes ist also bereits von so competenter Seite anerkannt; für jene aber, die trotz alledem mit hyperkritischen Zweifeln an das Blatt herantreten möchten, lasse ich eine Stelle aus einem Briefe Pulszky's an mich folgen, die den stilistischen Zusammenhang der Pester Zeichnung mit einer Reihe anderer Blätter, die zu dem Krönungsbild in fernerer oder näherer Beziehung stehen, unwiderleglich darthut: Pulszky schreibt: Ich glaube für den Raphael-schen Ursprung noch folgendes vorbringen zu können:

»Das Oxforder Blatt Pass. 493, Robinson 9, besteht aus zwei Blättern, die zusammen montirt sind, auf dem einen steht in alter Schrift 38, auf dem andern 39. Auf 38 ist die Actstudie für den Tamburinschläger des Bildes, der am ersten Platz am Rand der Krönung steht, die Anordnung aller Glieder stimmt überein, nur der Kopf ist auf dem Act, mehr in Vorder-Ansicht. Am selben Platz in der Himmelfahrtszeichnung steht ein Violinspieler, zu dem die Actstudie auf 39 gehört, Fussstellung, Wendung des Oberkörpers, Kopfhaltung, Richtung des Blickes — nach unten zu seiner Rechten — ist identisch, nur die Hände sind ein wenig verschieden, was durch die verschiedene Grösse der Instrumente bedingt ist; auf unserer Zeichnung spielt er die Geige, auf der Oxforder die Taschenviole. Die Stellung des linken Fusses des Tamburin-spielers auf dem Bild, und die Haltung der Hände, die auf dem Oxforder Blatt besonders studirt worden ist, kommt auf der Himmelfahrt bei dem Tamburin-spieler vor, der hinter dem Geiger am zweiten Platz steht, das rechte Knie dagegen bleibt unsichtbar, und die Kopfhaltung ist verschieden, da unserer zur Madonna hinaufblickt. Raphael hat also das Motiv des vorderen Engels der Himmelfahrt, das er nach der Natur auf Oxford 39 studirt hat, fallen lassen und dafür den Tamburinspieler der Himmelfahrt und des Oxforder 38 an die erste Stelle gerückt.

Zwischen dem Engel, der auf dem Bild die Violine spielt, (am rechten Rand) der Naturstudie in Lille, Pass, 383 und dem Engel am selben Platz unserer Himmelfahrt, der die Taschenviole spielt, ist wieder ein enger Zusammenhang. Die Fussstellung ist bei uns und in Lille identisch — die Sohle seines rechten Fusses, der ganz im Profil steht und die Spitze des linken, der aus voller Vorderansicht verkürzt ist, stehen in einer Höhe — auf dem Bild ist diese linke Fussspitze nach unten gerichtet, so dass wir eine Draufsicht haben, und der Contour dieses Fusses mit dem der rechten Sohle einen rechten Winkel bildet. Das Gewandmotiv am untern Theil des Körpers stimmt auf dem Bild und unserer Zeichnung. Auf der Liller Zeichnung flattert nur das untere Ende des Rocks, bei uns und auf dem Bild hat der Rock bei den Hüften einen flatternden Bausch. Oberkörper und Kopf sind bei uns ganz im Profil, in Lille ³/₄, — der Blick ist aber noch wie bei uns nach unten gegen die Mitte des Bildes gerichtet — auf der Krönung in Vorderansicht, der Blick nach unten aber gegen den Rand des Bildes gerichtet. Die Kopftypen unserer Engel sind verschieden. Der Tamburin- und Violinspieler haben verhältnissmässig stumpfe Nasen, breite Kinnbacken, ziemlich kurzes Kinn, im Vergleiche zu ihnen hat der Harfen- und Taschenviolespieler spitze Nase, schmales Gesicht, längeres Kinn. Den ersten Typus finden wir auf den Oxforder Naturstudien Pass. 493 auf dem Kopf nach der Natur in Lille P. 407, den zweiten Typus sehen wir bei dem Liller Geigenspieler P. 383, der Maria in der Oxforder Zeichnung zur Präsentation P. 456, dem Louvrecarton zur Anuntiation bei dem Engel P. 320 und etwas weniger ausgeprägt auf der Studie zum Geigenspieler des Bildes im British Mus. P. 440. Die zwei Typen lassen sich auch sonst in den sicheren Handzeichnungen Raphaels verfolgen.

Der Zusammenhang unserer Madonna und der der Krönung scheint mir auch ziemlich augenfällig. Zwei Motive der Himmelfahrtzeichnung wurden auf dem Bild beibehalten: das des Mantels, der den Kopf bedeckt, das Gesicht umrahmt, den Hals und Ausschnitt des Unterkleids sehen lässt, auf der Brust mit einer runden Schnalle geschlossen ist, wieder auseinander geht und die Hände und Leib blicken lässt und bei den Hüften wieder zusammengeschlossen ist. Eine vermittelnde Stellung zwischen den verschiedenen Kopfhaltungen der Himmelfahrt- und Krönungs-Madonnen nimmt eine Zeichnung ein, die meines Wissens noch nicht in Verbindung gebracht worden ist mit diesem Werk. Es ist eine wunderschöne Kopfstudie, die bereits von Ottley (The Italian school of dessin) abgebildet, dann 1879 in Paris in der Ecole des Beaux Arts ausgestellt war, von Braun photographirt wurde (N. 116) bei Passavant 367, Ruland p. 332 XXIV angeführt ist. Das Mantelmotiv ist dasselbe wie bei uns und dem Bild. Den Contouren des Mantels und der Schultern nach zu urtheilen, gehört der Kopf zu einer stehenden Figur. Der Blick ist aber nicht nach oben, sondern nach unten gerichtet, die Stirne kommt also weiter vor und das Kinn weiter zurück als auf der Himmelfahrt, und wir haben keine Untersicht der Nase wie bei uns, sondern eine Draufsicht. — Hat Raphael etwa im Laufe des Componirens an eine Madonna della Cintola gedacht? — Der gesenkte Blick ist im Bild geblieben, aber hier neigt die Madonna den Kopf nach ihrer linken Schulter, und ihr Hals ist fast im Profil; auf der Zeichnung neigt sie den Kopf nach ihrer rechten Schulter und die gegenseitige Stellung des Halses und des Kinnes ist ganz so wie auf der Himmelfahrt. Das andere Motiv, welches auf unserer Himmelfahrt und dem Bild übereinstimmt, bei der Madonna ist die Haltung der Hände; die Fingerspitzen berühren sich, die beiden kleinen Finger sind von den übrigen ein bischen getrennt, auf dem Bild dasselbe en contrapartie.

Für einen ganz specifisch Raphael'schen Zug halte ich die beiden Engelkinder, die bei den Füssen der Madonna, neben der Mandorla emportauchen — es sind keine Seraphim, diese sind ja die Kinderköpfe mit sechs Flügeln,

auf der Himmelfahrt sind ihrer fünf oder sechs; an der oberen Spitze der
Mandorla, rechts und links in der Luft, unten, unter den Füssen der Madonna
zwei und vielleicht ein dritter zwischen ihnen, dem obersten entsprechend, von
diesen unteren ist nur das halbe Gesicht da, der untere Rand der Zeichnung
durchschneidet sie. Die Engelkinder sind beflügelte Putti, deren Schultern und
Hände sichtbar sind. Ich erinnere mich nicht, dass sie vor Raphael bei Perugin
oder Pintoricchio vorkommen. Jenes links auf der Zeichnung hat die Hände
gefaltet und blickt nach oben, wie der entsprechende auf dem Bild, nur sind
die Hände nach aussen gerichtet und der Kopf nach seiner linken Schulter
geneigt, während auf dem Bild dies umgekehrt ist. Jener rechts hält seinen
Kopf ganz so wie der entsprechende des Bildes, seine Arme sind kaum angedeutet.

In der Beschreibung des Bildes habe ich den Jüngling rechts — vom
Beschauer aus — für den St. Johannes angesehen, den links mit dem Buch
für den Jacobus. Dies lässt sich freilich nicht beweisen. Ich habe auch übersehen, dass Passavant und Ruland umgekehrt den mit dem Buch für Johannes
aussprechen. Die Confusion, die sie mit den darauf bezüglichen Studienblättern
machen und die ich berichtigt habe, bleibt dieselbe, da sie den Kopf des Venezianer Buchs auf den Johannes, die Köpfe in Oxford und bei Maleolen auf
den Jacobus beziehen, während sie alle mit einer Figur — meinem Johannes —
zu thun haben. Kahl's Bemerkung über den schmerzlichen Ausdruck des
Venezianer Kopfes ist richtig und darauf hin kann man ihn ruhig aus der
Serie streichen.

Crowe und Cavalcaselle beschreiben im neuen Raphael p. 113, 144 ausführlich unsere Zeichnung, aber begehen dabei einen kleinen Irrthum. Sie sagen »the
head of the Eternal in the assex of the Mandorla«, sie mussten die Flügel
des Seraph für einen Bart angesehen haben. Dann steht »the left side of the
drawing is much staind.« Dieser Theil der Zeichnung ist ebenso erhalten wie
die übrigen, nur ist mit rother Kreide ein Acanthusblatt hingezeichnet.«

Der Entwicklung Raphael's folgend kommt nun der Verfasser zur Besprechung der beiden Gemälde, welche die Galerie von Raphael besitzt. Das
eine, das Portrait eines jungen Mannes in braunem Gewand, rothem Unter-
kleid und mit einem rothen Biretum auf dem Kopfe, ist bereits von Passavant
und Ruland als ein Werk Raphaels in Anspruch genommen worden; Springer
und Cavalcaselle schweigen davon. Den Charakter der Echtheit trägt das
Werk; es gehört der florentinischen Periode an. — Die Anordnung der
Figur ähnelt unbedingt der des Angelo Doni-Portraits, doch ist die Haltung
ungezwungener, freier, deutet also auf einen Fortschritt über jenes erste Stadium
hinaus — ich möchte desshalb nicht gerade mit dem Verfasser die gleichzeitige
Entstehung des Bildes mit dem Doni Portrait als evident hinstellen — freilich
könnte die Zeitspanne, welche sie trennt, nur eine geringe sein. Das andere
Gemälde ist die bekannte Madonna Esterhazy. In der Composition zeigt sie
die letzte Höhe seiner florentinischen Entwicklung. Die Ruinen-Architektur,
die in dem Bilde vorkommt, hat schon Manchem den Text verschoben, man
hat darin schon die Bekanntschaft mit der Trümmerwelt der ewigen Stadt

sehen wollen. Nichts von alledem. Weder vor dem Bilde, noch jetzt ·vor
einer genauen Nachzeichnung der Architektur in dem Bilde, vermochte und
vermag ich ein bestimmtes römisches Motiv aufzufinden; der allgemeine Charakter
weicht nicht ab von jenen architektonischen Hintergründen und Mittelgründen,
wie sie uns namentlich oft in den Bildern der umbrischen Schule begegnen.
Ein solches Zusammensein von Resten antiker Tempelarchitektur und christ-
lichem Kirchenbau konnte man wohl auch ausserhalb Roms zu Gesicht bekommen; überdiess deutet die ganze Anordnung auf phantasievolle Composition,
nicht aber auf eine Aufnahme nach der Wirklichkeit. Die Zeichnungen, welche
zur Esterhazy-Madonna in Beziehung stehen, werden vom Verfasser eingehend
erörtert, Alles drängt darauf hin, die Entstehung des Bilds unmittelbar vor
Raphael's Uebersiedlung nach Rom zu setzen; da es nicht ganz vollendet wurde,
so gehört es wohl zu jenen Arbeiten, die er nach Vasari's Aussage in Folge der
Abreise unvollendet in Florenz zurückgelassen hat. Der unfertige Zustand des
Bildes gewährt einen Einblick in Raphaels Technik. · Pulszky theilte mir das
Ergebniss einer eingehenden Prüfung derselben mit. Die Zeichnung ist mit
Silberstift auf den sehr glatten Kreidegrund aufgetragen, die Localfarben mit
entsprechenden Farben untermalt, die Schatten und Lichter grösstentheils
pastos aufgesetzt. Lasuren sind sehr selten; dünn aufgetragene Farben, die nicht
vollständig decken, also den Grund oder die Untermalung an einzelnen Stellen
frei lassen, kommen mehr vor; von Tempera lässt sich nichts nachweisen.

Nun kommt Pulszky zur Besprechung der Handzeichnungen, welche
die Galerie zur Disputa besitzt. Ein Blatt, das auf beiden Seiten Figuren
zeigt, giebt auf der einen Seite eine Studie zu einem Sculpturwerk in ganz
leicht hingeworfener Sepiazeichnung, auf der anderen Seite oben eine zu-
sammengedrängte Gruppe von neun Engelkindern, darunter nur in wenigen
Strichen angedeutet den Oberkörper eines Jünglings; die Identität dieser Figur
mit der »etwas mehr ausgeführten« auf dem Oxforder Blatt (Passavant 503,
Ruland S. 182, 91) erscheint mir zweifelhaft, dagegen ist die Gruppe der
Engel als Studie für die Engelsglorie in der Disputa wohl gesichert; der
eine aus der Gruppe des Pester- Blattes erscheint sogar unverändert auf dem
Bilde. Während das jetzt beschriebene Blatt bisher unbeachtet blieb, ist eine
andere Studie zur Disputa von den Raphaelforschern bereits notirt worden.
Ruland hat es beschrieben (S. 163, Nr. 110) und mit der Bemerkung ver-
sehen »wahrscheinlich eine alte Copie« der in der Sammlung des Herrn
Gasc in Paris oder der in der Sammlung des Herzogs von Devonshire in
Chatsworth befindlichen Zeichnungen. Pulszky spricht bestimmt aus, dass es
Copie sei, und dass wahrscheinlich Giovan Battista franco der Autor sei. Die
Darstellung der Entwicklung der Composition der Disputa, die Pulszky mit
grosser Ausführlichkeit gibt, hat ihren besonderen Werth für die Geschichte
dieses Werkes Raphael's. Den Schluss der Studie bildet die Besprechung einer
Handzeichnung, welche Pulszky als Handzeichnung zur Roxane benennt. Ich
glaube an den Raphael'schen Ursprung der Roxane-Zeichnung in der Albertina;
auch der Raphael'sche Ursprung der Zeichnung der Pester Galerie ist zweifellos
— auch Ruland hat sie in seinem Katalog erwähnt (S. 317 Nr. XXXI), aber

den Zusammenhang mit der Roxanezeichnung in der Albertina möchte ich nicht einräumen. Wo soll dieser liegen? Die Haltung der Arme und Hände an der Pester Zeichnung ist eine solche, dass sie, wenn man hundert Acte betrachten würde, mit neunzig übereinstimmte. Sie kann auch gar nicht als Entwicklungsstufe der Composition — wie sie die Albertinazeichnung andeutet — betrachtet werden, es ist höchstens auf das gleiche Modell für dieses und das Albertinablatt zu schliessen. Die Arbeit Pulszky's beweist auf's Neue einer wie ausgezeichneten Kraft die Leitung der Ungarischen Reichsgalerie anvertraut ist.   *H. J.*

Kunstindustrie.

Molinier, E., Les majoliques italiennes en Italie. Paris, Picard, 1883.

Die Neubearbeitung des seit längerer Zeit vergriffenen Katalogs der Majolica-Sammlung des Louvre, welche der Obhut des Verfassers anvertraut ist, hat Molinier zum Studium zunächst der italienischen Sammlungen veranlasst. Dass trotz des massenhaften Exports während mehrerer Jahrhunderte doch noch eine Reihe nicht unbedeutender Sammlungen von Majoliken in Italien vorhanden sind, ist bekannt; doch ist mit Ausnahme der im Museo Correr von keiner derselben ein Katalog vorhanden. So darf man es nur mit Freude begrüssen, dass ein mit der Sache durchaus vertrauer Mann in dem vorliegenden Buch über das in Italien vorhandene Material Bericht erstattet.

Wir haben es hier mit einer wirklich vortrefflichen, nüchternen, streng kritischen Arbeit zu thun, welche sich sehr vortheilhaft von sonstigen französischen und — deutschen Büchern über Keramik unterscheidet. Molinier möchte seine Arbeit, die früher bruchstückweise in der Zeitschrift »L'art« erschienen ist, als »une contribution à l'histoire des majoliques, comme diraient nos voisins d'outre-Rhin« bezeichnet wissen. Der Verfasser ist weit entfernt, Kataloge der von ihm besuchten Sammlungen zu geben: er begnügt sich, den Werth derselben kurz zu charakterisiren, hebt dann die wichtigeren Stücke durch genauere Beschreibungen hervor, wobei gelegentlich Skizzen, vor Allem aber Marken in Facsimile gegeben werden und streut, wenn sich Veranlassung bietet, kleine Excurse ein. Ist schon diese Sichtung in nebensächliches und für specielle Forschungen wichtiges Material von Werth, so liegt die Bedeutung des Buches in den oben erwähnten Excursen, die zum Theil höchst werthvolle Untersuchungen enthalten, welche der Verfasser an anderer Stelle hoffentlich weiter ausführen wird. Diese kleinen Untersuchungen sind unzweifelhaft der werthvollste Theil des Buches, sie zeigen am deutlichsten, in wie weit Molinier das Gebiet, auf dem er sich hier bewegt, beherrscht: es ist hier Manches zum ersten Mal gedruckt, zum Theil bewiesen, was unter den Fachleuten schon lange als wahrscheinlich galt; freilich werden dadurch auch manche bisher als »fables convenues« geltende Dinge umgestossen.

Der Verfasser hat zum ersten Mal die zahlreichen erhaltenen Majolica-Fussböden Italiens, deren Herkunft nach urkundlichen und inschriftlichen Zeug-

nissen feststeht, in den Bereich seiner Untersuchungen gezogen; wie sofort
in die Augen springt, ein überaus wichtiges, bisher unverwerthetes Material.

Wir erhalten hier die ersten zuverlässigen Copien der Inschriften des
Fussbodens in San Petronio zu Bologna.   Seit Malagola's Untersuchungen
(memorie stor. sulle maioliche di Faenza. Bologna 1880), welcher eine Casa
Betini als Werkstatt in Faenza nachweist, konnte nicht mehr daran gezweifelt
werden, dass die theilweise zerstörte Hauptinschrift dieses Fussbodens zu er-
ergänzen sei: »(in casa) Betini fecit.«: Molinier hat dies zuerst ausgesprochen;
dadurch ist der Fussboden als Erzeugniss von Faenza ebenso sicher gestellt,
wie durch dies Factum eine ganze Reihe von Majoliken, die heute Caffagiolo
zugeschrieben werden, Faenza zurückgegeben werden müssen.

Denselben Ursprung schreibt Molinier, auf Grund der Verwandtschaft mit
den Bologneser Fliesen, dem Fussboden der Capelle Lando in San Sebastiano zu
Venedig zu, datirt vom Jahre 1510, aber nicht bezeichnet.   Lazari nahm s. Z.
Castel Durante als Herstellungsort an, Fortnum dagegen wies ihn, zum Theil
allerdings verleitet durch die mir sehr fragliche Verwandtschaft der auf einzelnen Fliesen vorkommenden Monogramme mit den Marken gewisser Majoliken,
Faenza zu.   Man wird überhaupt allmählich immer mehr dahin kommen, den
Botegen von Faenza weit mehr zuzutheilen, als heute geschieht.   Namentlich
seit Malagola's Untersuchungen, welche neben vielem Verkehrten auch sehr
viel neues und richtiges Material enthalten, wird die neben Urbino berühmteste
Stätte der Majolicafabrication allmählich wieder zu ihrem Recht gelangen; man
spricht eben nicht umsonst von »Faïence«!

Der Fussboden in San Pietro zu Perugia gibt dem Verfasser Veranlassung
zu einem Excurs über die Majolica von Deruta.   Deruta ist eine der dunkelsten
Fabriken und wenn man Molinier auch darin beistimmen kann und muss,
dass die von ihm hier zusammengestellten Gruppen einer Fabrik angehören,
so hat er den Beweis, dass diese Stätte Deruta sei, noch nicht geliefert.   Selbst
im mündlichen Verkehr, wo wir ausführlicher auf diese Frage eingehen konnten,
hat mich Molinier nicht überzeugen können.   Die bezeichneten Stücke von
Deruta gehören durchweg einer späteren Zeit — das früheste ist 1535 datirt —
an; für die frühere Zeit fehlt jeder Anhalt, auch die litterarische Ueberlieferung
ist äusserst spärlich.   Die bekannte Marke: C mit einem verticalen geschwungenen Strich wird allgemein als Marke von Deruta angesehen, eine Annahme,
die aber erst noch zu beweisen ist.   Die Gruppe von Majoliken, welche Molinier als Deruta ansieht, umfasst zunächst jene grossen Schüsseln, deren tiefen
Boden zumeist ein grosser Profilkopf, in scharfem blauen Contour und kräftiger
Schattirung in gleicher Farbe schmückt.   Der Rand ist in der Regel in einzelne Felder getheilt, abwechselnd mit schuppenartigen Ornamenten und stilisirten Blütenzweigen in lebhaften aber kalten Farben geziert; gelegentlich
bedeckt ihn ein streng stilisirtes laufendes Muster.   Die Stücke sind in den
Sammlungen bald Caffagiolo, bald Faenza, bald Deruta zugetheilt: sicherlich
gehören sie einer und derselben Fabrik an.   Ferner rechnet Molinier, für
mich wenigstens, mit grosser Wahrscheinlichkeit hieher die ganze Masse der
bald Pesaro, bald Deruta zugeschriebenen grossen Schüsseln mit Gold- und

Perlmutter-Lüster. Dieselbe Art des Decors in Fond und Rand, dieselbe Modellirung ausschliesslich in blau würden nicht lustrirte Stücke sofort als zur ersten Gruppe gehörig erkennen lassen. Die Anwendung bunter Farben fällt hier des Luster wegen meist fort; mir sind nur gelb und blau vorgekommen. Als Herkunft dieser Majoliken geben Piccolpasso und Passeri ihre Heimat Pesaro an. Nun ist Piccolpasso eine bisher ebenso wenig von berufener Seite untersuchte Quelle, wie Passeri; dass letzterer ersteren ausgeschrieben, steht fest. Passeri wusste, das ist ihm auf jeder Seite nachzuweisen, über die Majoliken seiner zweiten Heimat nicht mehr, als er aus den Stücken ersehen konnte; das archivalische Material, welches er verarbeitet hat, bringt uns hier nicht weiter. Jedenfalls ist die kritische Bearbeitung der älteren Schriften über die italienische Majolica eine dringend nöthige Arbeit, die der Herausgabe des Katalogs der Berliner Majolica-Sammlung vorausgehen wird. Die Notizen bei Piccolpasso und Passeri gelten dem Verfasser in dieser Hinsicht gar nichts, mir scheint durchaus mit Recht: diese Majoliken sind also vorläufig heimatlos. Gleicher Art ist nun der Fussboden in San Pietro zu Perugia, — leider ist er nicht bezeichnet. Wir sind damit der Lösung der Deruta-Frage um keinen Schritt näher, die Wahrscheinlichkeit ist ja da, aber es fehlt der Beweis für die Zugehörigkeit dieser Gruppe zu Deruta. Mit einer »vorläufigen« Benennung solcher namenloser Majoliken kann ich mich absolut nicht befreunden; das gibt nur zu Irrthümern aller Art Veranlassung und bringt die ganzen keramischen Studien, worin ohnehin genug von Ignoranten »gearbeitet« wird, in Misscredit. Damit wende ich mich keineswegs gegen Molinier; es sollte hier nur darauf hingewiesen werden, dass dieser wichtige Passus in seiner Arbeit als noch nicht abgeschlossen angesehen werden kann; in der Sache stimme ich ihm unbedingt bei, soweit vermag ich seiner ganz methodischen Untersuchung zu folgen; dagegen kann ich zu einem Abschluss in Bezug auf die Herkunft nicht gelangen, da ich, um mit Otto Jahn zu reden, es vorziehe, die Acten zum Spruche vorzubereiten, als diesen zu übereilen, wenn ich ihn nach reiflicher Ueberlegung nicht mit gewissenhafter Ueberzeugung fällen kann.

Von grossem Werth sind die genaueren Nachrichten, welche Molinier über die höchst wichtige Sammlung zu Pesaro, von der ein unbrauchbares Verzeichniss seit einigen Jahren vorhanden ist, giebt. Der Reichthum dieser Sammlung an Stücken von Gubbio scheint nur durch unsere in dieser Hinsicht allerdings einzig dastehende Berliner Sammlung übertroffen zu werden. Eine bei dieser Gelegenheit erwähnte Fabrik von Santa Natoia (Mark Ancona) war bisher gänzlich unbekannt.

Zum ersten Mal stellt Molinier die eigenthümlichen Arbeiten der Familie Cutius von Pavia zusammen: Arbeiten, die Fortnum und Genolini noch als »poterie d'amateur« ansahen, hauptsächlich deshalb, weil nur von einem Antonius Maria Cutius gezeichnete Stücke bisher bekannt waren; durch die Einführung eines Johannes Antonius Barnabas Cutius in die Geschichte der Keramik macht der Verfasser wahrscheinlich, dass wir es hier mit einer Familie zu thun haben, in der das Töpferhandwerk heimisch war, d. h. wir haben hier eine sichere Werkstätte in Pavia, allerdings aus dem 17. Jahrhundert.

Noch näher auf Einzelnes einzugehen, verbietet der Raum; schon diese
Besprechung ist etwas lang geworden; ich hielt es jedoch für wünschenswerth,
auf das werthvolle, von ernsten Studien zeugende kleine Buch hinzuweisen,
zumal es in Deutschland voraussichtlich nur in Weniger Hände gelangen wird.
Berlin.   *A. Pabst.*

Die Geschichte der Textilkunst. Nebst Text zu den 160 Tafeln des
   Werkes »Ornamente der Gewebe« von **Friedrich Fischbach**, Director der
   Kunstgewerbeschule zu St. Gallen. Commissionsverlag von G. M. Alberti in
   Hanau. 1883. Lex.-8⁰, XXIV u. 208 SS.

»Schwieriger als das Sammeln und Lithographiren der Ornamente war
die Abfassung des Textes, welcher theils als Erläuterung der Tafeln, theils
als Geschichte der Textilkunst zu ordnen war,« sagt der Verfasser in dem
Nachwort, und das kann man ihm auf's Wort glauben. Aber etwas mehr,
als dass er sich die Sache hat herzlich sauer werden lassen, dürfte der vorliegenden Arbeit selbst W. v. Lübke nicht bezeugen können, dessen in dem
bekannten überschwänglichen Stil gehaltene Anzeige der Publication »Ornamente der Gewebe« auf dem Umschlag der »Geschichte« abgedruckt ist. Nicht
ohne Theilnahme wird man beobachten, wie überzeugt der Verfasser ist, die
Aufgabe gelöst zu haben, vor welcher »Bötticher und Semper« einst zurück-
schraken, während er doch nur den gänzlichen Mangel der Befähigung dafür
darthut. Darüber, dass ihm die Behandlung der deutschen Sprache grosse
Schwierigkeiten bereitet und dass er — was in solchem Falle ja nicht ungewöhnlich — sich in Phrasen gefällt, deren Sinn dem Leser dunkel bleibt,
liesse sich hinwegsehen. Allein er ist sichtlich ausser Stande, sein grosses
Notizenmaterial zu sichten und zu gruppiren, und drückt sich auch da, wo
ganz positiv gestellte Fragen, z. B. aus der Technik, gestellt sind, häufig so
verschwommen aus, dass Zweifel erwachsen, ob er selbst über dieselben im
Klaren sei. Man vergleiche z. B. was er S. 74 ff. über Siklatûn, bedruckte
und golddurchwirkte Stoffe u. s. w. sagt, oder das Capitel über die Technik
des Spinnens und Webens bei den Alten. Augenscheinlich hätte er sich besser
auf das erläuternde Verzeichniss zu seinem Ornamentenwerke beschränkt;
wie nöthig dem letzteren die, S. 177—200 der »Geschichte« einnehmende,
Beschreibung ist, machen die vielfachen Berichtigungen in Beziehung auf die
Farbe deutlich, die manchmal auch höchst originell gefasst sind. So zu Nr. 25:
»Das Roth ist im Original heller wiedergegeben. (!) Auch tritt bei der leuchtenden Seide die blaugraue Seide weniger hell hervor.« Zu Nr. 7: »Das Original zeigt kein Gold. Die Goldpunkte dienen nur dazu, um den Schimmer
der Seide hervorzubringen.« Und dabei soll die Publication eine »classische
Schule der Ornamente der Gewebe« sein!   *B. B.*

Bibliographische Notizen.

H. Grimm's »Zehn ausgewählte Essays zur Einführung in das Studium der Neueren Kunst« sind in zweiter Auflage erschienen (Berlin, F. Dümmler's Verlagsbuchhandlung, 1883). Zu den zehn Essays der ersten Auflage, die keiner wesentlichen Umarbeitung vom Verfasser unterzogen wurden, trat ein Anhang von sieben hinzu, die — sieht man von dem bereits im Jahre 1861 geschriebenen über Tizians Assunta ab — sämmtlich neuesten Ursprungs sind. Ich hebe da hervor die Besprechung der beiden letzten, im Frühlinge 1883 bei Gurlitt in Berlin ausgestellten Gemälde Arnold Böcklin's, welche eine gerecht abwägende und in die Tiefe dringende Charakteristik des grossen Meisters gibt. In der Untersuchung über Raphael's Geburtstag entscheidet sich nun auch der Verfasser für den 6. April, nachdem er früher für den 28. März als Geburtstag des Künstlers eingetreten war. Die Grabschrift Bembo's lässt auch keine andere Deutung als den 6. April zu — und der Werth dieser Quelle steht jedenfalls höher als der Vasari's, abgesehen von anderen Zeugnissen, welche Bembo's Angabe stützen. Die Abhandlung »Raphael und das neue Testament« gibt eine dankenswerthe Erörterung von Raphael's Stellung zur Vulgata; das Paradoxon, dass in der Schule von Athen Paulus als Hauptfigur dargestellt sei, wird hier als selbstverständliche Thatsache gegeben. Die Polemik gegen die Kunstakademien, die in verschiedenen Essays mit Schärfe geführt wird, steht im Dienste eines durchaus richtigen und gesunden Gedankens. Es ist unleugbar: nach ihrer jetzigen Organisation sind sie förderlicher der Vermehrung des Künstlerproletariats als der Erziehung wahrhaft grosser Künstler.

Von E. Müntz liegt eine kleine Schrift vor: Les Fabriques de Tapisseries de Nancy (Nancy, Typographie de G. Crépin-Leblond, 1883), welche wiederum einen wichtigen Beitrag zur Geschichte der Teppichweberei gibt. Es scheint, dass der Verfasser zu dieser Arbeit ganz besonders durch die 1882 in Wien im Künstlerhause veranstaltete Ausstellung von Tapeten und Gobelins angeregt wurde. Sie gibt die Geschichte dieses Industriezweiges in Nancy, der dort zwar schon Ende des 16. Jahrhunderts in Aufnahme kam, dessen höchste Blüthe-Epoche aber dem 17. Jahrhundert angehört. Der Verfall desselben ist erst mit Ende des 18. Jahrhunderts ganz entschieden. Der Verfasser bedauert es, dass von dieser reichen Production in Nancy selbst kaum etwas von Belang

zurückgeblieben sei. Die zahlreichsten und werthvollsten Arbeiten der Teppichweberei in Nancy besitzen die Sammlungen des österreichischen Kaiserhauses
in Wien. Die Studie von E. Müntz zeigt jene feine sorgfältige Durcharbeitung,
welche wir schon gewöhnt sind, bei diesem Forscher als selbstverständlich
vorauszusetzen.

H. Blümner gibt in einem Separatabdruck (aus der Neuen Züricher
Zeitung?) Mittheilungen aus Briefen an Leonhard Usteri. Abgesehen
von deren allgemein culturgeschichtlichem Werth, geben sie werthvolle Nachträge zu dem vor Kurzem publicirten Briefwechsel Winckelmann's an seine
Züricher Freunde. Von Winckelmann selbst bringen diese Mittheilungen zwei
bisher unedirte Briefe, der eine ist an Hans Rudolf Fuessli gerichtet, der andere
an Paciaudi. Beide betreffen den jungen (Hans Heinrich) Fuessli. Interessant
sind diese Mittheilungen auch deswegen, weil wir aus den zahlreich angeführten Brieffragmenten ein gutes Bild des jungen Fuessli gewinnen, der durch
die enthusiastische Neigung Winckelmann's zu einer historisch interessanten
Individualität geworden ist.

Von Alfred v. Reumont liegt eine ausführliche Biographie des Alterthums-
forschers Cornel Peter Bock vor (besonderer Abdruck aus dem V. Band
der Zeitschrift des Aachener Geschichtsvereins, Aachen, 1883, Palm), die
nicht bloss willkommen geheissen werden muss, weil sie eine Dankespflicht
gegen einen im Verhältniss zu seinen Leistungen zu wenig gekannten Gelehrten
abträgt, sondern auch weil sie wieder die Aufmerksamkeit auf eine Reihe von
Untersuchungen lenkt, welche namentlich für die Kunstgeschichte des Zeitalters Karls des Grossen von grundlegender Bedeutung sind. Die Erfüllung
des Wunsches des Biographen: es möge zum mindesten eine Sammlung der
zerstreuten kleinen Schriften des Autors veranstaltet werden, lässt hoffentlich
nicht zu lange auf Erfüllung warten; wie wäre es, wenn der gelehrte Biograph
selbst eine solche Sammlung redigirte?

Von A. Venturi, dem ausgezeichneten Verfasser der Geschichte der
Modenesischen Sammlungen, liegt eine kleine Abhandlung, La Data della
Morte di Vittor Pisano, vor (Abdruck aus »per nozze Bovigli-Valcavi, Modena, Toschi, 1883), welche einen kaum anfechtbaren Beweis bringt, dass das
von Crowe und Cavalcaselle beigebrachte Datum, wornach Vittor Pisano noch
am 17. August 1455 die Zahlung von Lionello d'Este erhalten haben soll, irrig
gelesen worden sein muss. Die Zahlung fand statt August 1445. Darnach
ist das Todesdatum Pisano's wieder auf ca. 1451 fixirt, zu welcher Annahme
schon früher kritische Exegese zeitgenössischer Zeugnisse drängte.

Prof. A. Hauser liess zwei von ihm im österr. Museum gehaltene Vorträge über Spalato im Druck erscheinen (Wien, 1883, Alfred Hölder). Der
erste bespricht die römischen Monumente Spalato's, der zweite die Restauration
des dortigen Doms. Im ersten stellt Hauser die grosse kunstgeschichtliche
Bedeutung des Palastes Diocletians fest: derselbe »steht ebenso zwischen dem

römischen und christlichen Style, wie die Bauten der Diadochenzeit zwischen dem griechischen und römischen Style stehen« — und zwar bekundet sich diese Stellung in der Art der Verwerthung von Säule und Bogen (Anordnung von Bögen unmittelbar auf Säulen). Im zweiten Vortrag legt Hauser die Grundsätze dar, welche ihn bei dem Restaurationsproject — dessen Urheber er ist — leiteten. Wir müssen dieselben vollkommen billigen: der Dom von Spalato darf seinen historischen Charakter nicht verlieren; hätte man ihn einseitig als antikes Monument wieder herstellen wollen, so wäre dies ebenso fehlerhaft gewesen, wie wenn man in erster Linie die christlichen Um- und Zubauten berücksichtigt hätte. Also Erhaltung und Wiederherstellung der ursprünglichen Anlage, aber auch der künstlerisch werthvollen Theile der späteren Zeit, dagegen Entfernung alles Flickwerks, aller Provisorien. Möge es dem Verfasser gegönnt sein, nicht bloss die Restauration des Innern, sondern auch des Thurmes und des Aeusseren nach seinem Plane und seinen Grundsätzen durchzuführen.

Von Bruno Bucher's Real-Lexikon der Kunstgewerbe (Verlag von G. P. Faesy in Wien) sind die beiden Schlusslieferungen (4 und 5) ausgegeben worden. Ein Werk von eminenter praktischer Brauchbarkeit ist damit zum Abschluss gekommen. Der Schwerpunkt liegt und musste liegen in der Erklärung der kunsttechnischen Ausdrücke — aber auch das Historische ist entsprechend berücksichtigt worden. Doch konnte hier nur das Nächstliegende, Wissensnothwendigste gesagt werden. Eine gewisse Ungleichmässigkeit in Behandlung der Grenzgebiete räumt der Verfasser selbst ein — er hat aber auch recht, dass hier ein annähernd richtiger Abschluss zu den schwierigsten Aufgaben gehört. Hier kann die Kritik die besten Winke geben. Sehr gesteigert wird der Werth dieses trefflichen Handbuches durch die umfassenden Litteraturnachweise, welche der Verfasser nach den Hauptzweigen der Kunstindustrie geordnet in einem Anhang gibt. Auch diese Litteraturnachweise sollen nicht dem gelehrten Fachmann imponiren, sondern dem gründliche Belehrung über diesen oder jenen Zweig des Kunstgewerbes Suchenden das Beste der vorhandenen Litteratur kund geben. Dass in einer zweiten Auflage, die gewiss nur ganz kurze Zeit auf sich warten lassen wird, der Worterklärung hie und da Illustrationen zu Hilfe kommen mögen, dem möchte auch ich das Wort reden. Noch nachträglich muss ich so nebenbei einen hervorragenden Kunstindustriellen Oesterreich nehmen: Theodor Deck ist nicht Steyrer, sondern Elsässer; er wurde zu Gebweiler 1823 geboren.

Von Hermann Alex. Müller's Lexikon der bildenden Künste (Leipzig 1883, Verlag des bibliographischen Instituts) liegen Lieferung 2—5 vor (bis Artikel Florenz). Soweit nach dem Vorhandenen ein Urtheil möglich, dürfte auch in diesem Lexikon ein recht praktisches Handbuch — namentlich dem grossen Publicum willkommen — geschaffen werden. Ikonographie, Kunst- und Künstlergeschichte, Kunsttopographie, künstlerische Technik finden abgemessene Berücksichtigung und in den meisten Fällen zeigt sich der Verfasser mit den vorgeschrittensten Resultaten der Forschung vertraut. Zur Correctur von Details wird wohl von verschiedenen Seiten nach Abschluss des Werkes beigetragen werden. Eine allgemeine Bemerkung sei jetzt schon gemacht: die Litteraturangaben sind zwar nicht ohne Wahl und Kritik getroffen, aber doch ohne System; sie werden bei einzelnen Artikeln in Reichlichkeit gegeben, bei vielen mangeln sie ganz. Wäre nicht am besten gewesen, ähnlich wie im oben besprochenen Lexikon der Kunstgewerbe, dem Werke als Anhang einen knappen litterarischen Handweiser zu geben und im Texte alle Litteraturangaben fortzulassen?

Von P. X. Kraus, Real-Encyklopädie der christlichen Alterthümer (Freiburg i. B., Herder), ist die neunte Lieferung erschienen. Es wird darin die umfangreiche Abhandlung über die Katakomben (von dem Herausgeber) abgeschlossen. Von den andern Artikeln heben wir hervor: die über katechetischen Unterricht und Katechumenen von Weiss, die Artikel Stevenson's über Kathedrale und Kathedra des hl. Petrus (mit Zusätzen von Kraus), von Seidl über den Kelch. Den Schluss des Heftes bildet der Beginn der Abhandlung über liturgische Kleidung. Es ist keine Aussicht vorhanden, dass das Werk dem ursprünglichen Plan entsprechend in zwölf Lieferungen den Abschluss finden wird.

Im Verlage von Opitz & Co. in Güstrow erschien soeben »Das Altarwerk der beiden Brüsseler Meister Jan Borman und Bernaert van Orley in der Pfarrkirche zu Güstrow«, neun Photographien mit kurzer Erläuterung von Schlie. Das Repertorium wird über diese schöne und interessante Publication demnächst ausführlich handeln; der hohen Wichtigkeit wegen sei das Erscheinen noch folgender Werke signalisirt, auf die wir in den nächsten Heften des Repertoriums ausführlich zurückkommen werden: Mme Mark Patisson: Claude Lorrain, Cavalucci et Molinier: Les Della Robbiae, beide im Verlage von J. Rouam in Paris, schliesslich die für die kunstgeschichtliche Bibliographie so wichtige Neuausgabe des Katalogs der Bibliothek des österreichischen Museums von Bibliothekar Ed. Chmelarz.

Notizen.

(Der Brief des Bartholomeus Fontius über die Auffindung der römischen Leiche von 1485.) Es wurde in der letzten Zeit die Auffindung der römischen Leiche von 1485 in der kunstgeschichtlichen Litteratur vielfach discutirt. Die vorhandenen zeitgenössischen Nachrichten fanden Ergänzung — so wurden z. B. fast zu gleicher Zeit der Brief eines Messer Daniel da San Sebastiano, dann der Brief eines Anonymus im Hartmann Schedel'schen Codex (716 der Münchner Bibliothek), im Courrier de L'Art (28. Juni 1883) und im Juliheft der Mittheilungen des Instituts für österreichische Geschichtsforschung publicirt. Als wichtigstes Document blieb aber doch bestehen der

Brief des Bartholomeus Fontius an Francesco Sacchetti. Da der erste Abdruck desselben in meiner Schrift: »Die Gesellschaft der Renaissance in Italien
und die Kunst«´durch erhebliche Druckfehler entstellt ist, da ferner die Handschrift selbst, nach welcher der Abdruck geschah, eine nicht gerade sorgfältige
Abschrift des Originals zu sein scheint, so publicire ich nun diesen Brief
in einer zweiten, von Fontius gleich anfänglich für die Publication hergestellten
Redaction. Mein hochverehrter College, Herr Professor Michaelis, hat dieselbe in dem Codex Asburnham, fond Libri no 1174 entdeckt und sofort eine
sorgfältige Abschrift für mich genommen. Alles Zweifelhafte der Bologneser
Handschrift wird damit beseitigt, jede Conjectur in Bezug auf dort verdorbene
Stellen unnöthig gemacht. Der in den einleitenden Zeilen des Briefes erwähnte
Liber kann kein anderes Werk sein als jenes, das Fontius während seines ersten
Aufenthaltes in Rom (1461 bis ca. 1467) verfasste und das bereits 1469 circu-
lirte. Im December dieses Jahres nämlich heisst es in einem Briefe an Guillelmo
Rocciforte: »Is (Cosmus Saxettus) per litteras mihi significavit antiquitatis
noscendae te cupidum valde optare quae olim veterum monumenta collegerim.
Quare quum me totum ad te amandum jampridie fama tui nominis excitaris,
hanc meae erga te optimae voluntatis declarandae idoneam nactus occasionem
eum ad te librum transmisi ut huic tuo honestissimo desiderio inservirem...«

1481 ging Fontius neuerdings nach Rom, wo er bis gegen Ende 1485
verblieb. Auf Ersuchen seines Gönners Francesco Sachetti vervollständigte
er dann jenen Liber de monumentis antiquis mit seinem Bericht über die
Auffindung des Leichnams. (Vergl. Ambrosii Traversari Epistolae ed. Mehus,
bes. pag. LVI).

Bartholomeus Fontius Francisco Saxetto suo sal.

Petiisti a me, Saxette charissime, cadaver ut illud foemineum in Appia
via nuper repertum ceteris hujus libri monumentis insererem. Quā
sane in re non solum probo sed etiam laudo vehementer studium tuum in
tantis occupationibus antiquitatis noscendae percupidum. Sed vellem aequare
posse scribendo cadaveris huius formam et vetustatem mille et cccc annos iuditio omnium excedentis. Quod incredibile videretur fideque ad
posteros careret, nisi testem haberet omnem Romanam civitatem, quae
eius visendi studio in Capitolium commigravit. Nam XVIII. Cal. Maii
operariis quibusdam fundamenta sepulchrorum ad inquirenda marmora ad VI.
ab urbe lapidem in via Appia, eruentibus, munitissimum lateritium arcum intra
terram pedes XII cum evertissent, marmoream capsam invenere. Qua ada-
perta cadaver in faciem cubans odoro oblitum cortice repertum est ad cras-
situdinem duorum digitorum. Capsa quoque omnis interior eiusdem erat
odoribus tanquam tectorio quodam circumlita. Quo suave fragranti amoto
cortice facies (ut a capite ordiar) erat subpallida, ac si eodem die puella se-
pulta esset. Capilli et longi et nigri, cuti tenaciter adhaerentes, in nodum
torti comamque in geminam puellari more dispartiti, reticulo erant serico
atque aureo obvoluti. Aures exiguae; frons brevis; supercilia nigra; decentes
oculi albidique intus apparebant. Nares quidem adeo molles et integrae, ut
digito pressae flecterentur et cederent. Labra erant in rubro pallentia; dentes

nivei et exigui; lingua tota a palato coccinea. Genas, mentum, collum, iugu-
lum spirantis diceres. Brachia integra humeris pendentia quacunque duceres
sequebantur. Manus in longitudinem patens, digitique teretes et longi cum
unguibus atque adeo haerentes et firmi, ut velli ab internodiis nequirent.
Pectus autem et stomachus venterque se in latum coaequaverant et adoro
amoto cortice candicabant. Cervix quidem et renes sedesque statum suum
et gratiam optinebant. Coxarum quoque ac feminum crurumque decus viventis
faciem praeferebat. Ad summam et formosissima simul et generosissima haec
puella florente adhuc urbe Romana fuit. Sed cum insigne monumentum quod
supra terram. extabat multis ante saeculis eversum sit nullo titulo apparente,
cumque in capsa hac marmorea nullae sint incisae litterae, et nomen et
genus et aetas latet huius admirandi cadaveris, quod ita conqueri Tamyras
adolescens Romanus inducit hoc carmine:

Me licet absumptum corpus spectetis et umbram,
　　Et nihil extincto gutture posse loqui,
Spiritus hic habitat vivoque includitur artu,
　　Nostraque in exiguo sanguine vena tepet.
Quid iuvat haec igitur spoliato cortice membra
　　Inficere? et somnos laedere quidve iuvat?
Hae mihi sunt vestes; has si mihi supprimis, alter
　　Sic veniat cineri crudior oro tuo.
Nonne satis fuerat violasse sepulchra parentum
　　Quae mihi cum luctu composuere gravi?
Pro pudor, hinc illinc iaceant cum mille ruinae,
　　Huic poteras saxo parcere, saeva manus.
Attamen hoc nihil est, dolor hic est triste, quod urbem
　　Quo quondam visa est lumine non video.

Caeterum hoc corpus cum XVIII. Cal. Maii anno a nativitate Christi mille-
simo quadringentesimo octogesimo quinto, sedente Innocentio PP. VIII., anno
ejus pontificatus primo, repertum sit apud casale fratrum Sanctae Mariae
novae in via Appia ad sextum ab urbe lapidem, biduo post relatum est in
Capitolium maximo populi concursu jussu conservatorum urbis.«

　　Es folgt nun die sehr ungelenke Zeichnung des nackten Leichnams,
auf einer Art Sarkophag ruhend, und mit einer rothen netzartigen Kopf-
bedeckung versehen.　　　　　　　　　　　　　　　　　　　*H. J.*

Verzeichniss der wichtigeren Besprechungen.

Armand, Alfr. Les médailleurs italiens des quinzième et seizième siècles. (Revue ·de l'art chrétien, octob. — Revue critique d'histoire, 34.)

Bädeker, Karl. Griechenland. (Furtwängler, Deutsche Litter.-Ztg., 42.)

Benndorf. Zwei österreichische archäologische Expeditionen nach Kleinasien. (Kekulé, Deut. Litter.-Ztg., 24.)

Blades' Numismata typographica. (Academy, 18. Aug.)

Blümner, H. Laokoon-Studien. II. (Hirschfeld, Deut. Litter.-Ztg., 35.)

Bode, W. Italienische Porträtsculpturen des XV. Jahrhunderts. (W. v. Seydlitz, Deut. Litter.-Ztg., 28.)

Bötticher, A. Auf griechischen Landstrassen. (Belger, Allgem. Ztg., B. 166.)

Boito, Cam. Architettura del medio evo in Italia. (Ridolfi, Arch. stor., XII, 4.)

Bologna, Carlo. Inventario de' mobili di Francesco di Angelo Gaddi, 1496. (Archivio stor., XII, 4.)

Bosc, Ern. Dictionnaire de l'art. (Deut. Litter.-Ztg., 43.)

Bournand. Histoire de l'art. (Revue critique, 28.)

Burckhardt - Biedermann, Th. Das römische Theater zu Augusta Raurica. (Lübke, Allgem. Ztg., B. 184.)

Burty, Ph. Froment-Meurice, argentier de la ville de Paris. (Gaz. des B.-Arts, nov. — Le Livre, octob.)

Breuner-Enkevoërth, Graf. Römisch kais. Maj. Kriegsvölker im Zeitalter der Landsknechte. Mit Text von Jak. v. Falke. (Graph. Künste, VI, 1.)

Brun, Carl. Luini. (Courrier de l'Art, 37.)

Catalogue des livres de la bibliothèque de l'Académie r. des sciences, des lettres et des beaux-arts de Belgique. (Athenæum belge, 9.)

Cavvadias. Histoire de l'art grec. (Rev. critique, 24.)

Cavalcaselle, G. B. e J. A. *Crowe.* Storia della pittura in Italia. II. (Janitschek, Deut. Litter.-Ztg., 42.)

Champfleury. Les vignettes romantiques. (Athenæum, 2918.)

Chodowiecki's · Reise von Berlin nach· Danzig. (Lessing, Westermann's Monatshefte, October.)

Crowe and *Cavalcaselle.* Raphael. (Göttinger gelehrte Anzeigen, 32.)

Cuno u. C. *Schäfer.* Holz-Architektur vom XIV—XVIII. Jahrhundert. (Blätter f. Kunstgew., 8.)

Curtis, Ch. B. Velasquez and Murillo. (Leroi, L'Art, 455. — Athenæum, 4. Aug.)

Davillier. Les origines de la porcelaine en Europe. (Athenæum, 25. Aug. — Litterär. Centralbl., 45.)

Delaborde, H. La gravure en Italie avant Marc-Antoine. (Gaz. des B.-Arts, nov. — Le Livre, août.)

De la Croix, Cam. Mémoire archéologique sur les découvertes d'Herbord, dites de Sanxay. (Revue de l'art chrétien, oct.)

Delaville le Roulx. Les archives, la bibliothèque et le trésor de Saint-Jean de Jérusalem à Malte. (Marsy, Cte de, Revue de l'art chrétien, octob.)

Delisle, L. Les très anciens manuscrits du Fonds Libri. (Litterar. Centralbl., 39.)

Desforges, Et. Notice historique sur le château de S. Germain en Laye. (Corblet, Rev. de l'art chrétien, oct.)

Desjardins, Abel. La vie et l'oeuvre de Jean Bologne. (Graph. Künste, VI, 1.)

Dix, J. A. English art and art criticism. (The Nation, 5. Juli.)

Du Cleusiou, H. L'art national. (Le Livre, juillet.)

Dütschke. Antike Bildwerke in Oberitalien. (La Cultura, 1. Juni.)

insbesondere zur Geschichte d. Oetting. Münzwesens. (Anzeig. f. K. d. deutsch. Vorzeit, 9.)

Lognon, Aug. Documents parisiens sur l'iconographie de Saint Louis. (Richard, Rev. de l'art chrétien, oct.)

Loriquet, Ch. Les tapisseries de Notre-Dame de Rheims. (Le Livre, juillet.)

Magenta. I Visconti e gli Sforza nel castello di Pavia. (Litteraturbl. f. german. u. romanische Philologie, 8. — Scartazzini, Allgem. Ztg., B. 195.)

Die Martinikirche in Breslau und das v. Rechenberg'sche Altarwerk in Klitschdorf. (Lübke, Zeitschr. f. bild. Kunst, B. 40.)

Matz. Antike Bildwerke in Rom. (La Cultura, 1. Juni.)

Mayer, A. Wiens Buchdrucker-Geschichte 1482—1882. I. (Anzeig. f. Kunde der deut. Vorzeit, 9.)

Ménard, René. Histoire artistique du métal. (Allg. Kunst-Chronik, 29.)

Michaelis. Ancient marbles in Great Britain. (La Cultura, 1. Juni.)

Milchhöfer, A. Die Anfänge der Kunst in Griechenland. (Veit Valentin, Zeitschrift f. bildende Kunst, XIX, 1. — Philolog. Rundschau, 32. — Westermann's Monatshefte, Sept.)

Milet, Ambr. Riocreux, conservateur du musée céramique de Sèvers. (Leroi, L'Art, 460.)

Müller, Alex. Lexicon der bild. Künste. (Anzeig. f. K. d. deut. Vorzeit, 10.)

Müller, P. Das Riesenthor des S. Stephans-Domes zu Wien. (Allgemeine Kunst-Chronik, 26.)

Müntz, Eug. Les arts à la cour des papes. III. (Litterar. Centralbl., 35.)

— Les mosaiques de Naples. (Revue de l'art chrétien, octob.)

— La tapisserie. (Schneider, Deutsche Litter.-Ztg., 42.)

— Les précurseurs de la renaissance. (Brun, Zeitschr. f. bild. Kunst, 12.)

Müntz & Frothingham. Il Tesoro della basilica di S. Pietro in Vaticano. (Arch. della Soc. Romana di storia patria, VI, 1. 2.)

Niemann, G. Palastbauten des Barockstils in Wien. (Zeitschr. f. bild. Kunst, 10.)

Oeri, J. J. Der Onyx von Schaffhausen. (Lübke, Allgem. Ztg., B. 184.)

Paoli, Cesare. Programma di paleografia latina e di diplomatica. (Cipolla, Archivio stor., XII, 6.)

Plon. Benvenuto Cellini. (La Cultura, 1. Juli.)

Perrot. Histoire de l'art dans l'antiquité. (Rev. politique et littéraire, 20.)

Perrot Les céramiques de la Grèce propre. (Journ. des Savants, mai.)

Perrot, G. u. Ch. *Chipiez.* Geschichte der Kunst im Alterthum. I. (Lübke, Allg. Ztg., B. 173.)

Piscicelli-Taeggi, O. Paleografia artistica di Montecassino. (Arch. stor., XII, 4.)

Rahn, R. Kunst- und Wanderstudien aus der Schweiz. (Leutz, Allg. Ztg., B. 228 ff.)

— Lübke, Allg. Ztg., B. 184.)

Richter, J. P. Italian Art in the National Gallery. (Monhouse, Academy, 582.)

— The literary works of Leonardo da Vinci. (Zeitschr. f. bild. Kunst, B. 38.)

— Blind, Gegenwart, 28.)

Riegel, Herm. Beiträge zur niederländischen Kunstgeschichte. (Litterar. Centralbl., 41.)

— Peter Cornelius. Festschrift. (Zeitschr. f. bild. Kunst, B. 45.)

Rodt, E. v. Kunstgeschichtliche Denkmäler der Schweiz. (Lübke, Allgem. Ztg., B. 184.)

Roquette, O. Friedrich Preller. (Deutsche Litter.-Ztg., 38.)

Rosenberg, A. Geschichte der modernen Kunst. (Litterar. Centralbl., 36.)

Die Sammlung Sabouroff. (Hirschfeld, Deutsche Rundschau, Sept.)

Saint-Paul, Anath. Histoire monumentale de la France. (Revue de l'art chrét., octob.)

Schaafhausen, Herm. Der Schädel Raphaels. (Wiedersheim, Deut. Litter.-Ztg., 38.)

Schmarsow, A. Bernardino Pinturicchio in Rom. (Janitschek, Deutsche Litter.-Ztg., 37.)

Schreiber. Die Athena Parthenos des Phidias. (Revue critique, 26.)

Schultze, F. O. Rückblicke auf die römische Kunstausstellung. (Deutsches Kunstbl., 1883, 19.)

Silvestre. Recherches et classement des monnaies et médailles de l'Annam. (Schlegel, Rev. belge de numismat., 4.)

Soleil, Félix. Les heures gothiques et la littérature pieuse au XVe et XVIe siècles. (Le Livre, juillet.)

Spectator, Englische Kunstzustände. (Gegenwart, 27.)

Städtewappen, die 236, in Neumann's geographischem Lexicon. (Clericus, Deutscher Herold, 9.)

Sybel, v. Kritik des ägyptischen Ornaments. (Justi, Deut. Litter.-Ztg., 27.)

Taylor, Js. The Alphabet. (Academy, 15. Sept. — Litterar. Centralbl., 34.)

Thode, H. Die Antiken in den Stichen Marcantons. (Lübke, Allgemeine Ztg., B. 194.)

Vachon, M. La vie et l'oeuvre de Pierre Vaneau, sculpteur franç. du XVIIe siècle. (Gauchez, L'Art, 458.)

Vaudin, Eug. Bourdin père et fils, sculpteurs orléanais. (Leroi, L'Art, 454.)

Venturi, A. La data della morte di Vittor Pisano. (Ephrussi, Chronique des Arts, 32.)

Verzeichniss der Gemälde u. plastischen Bildwerke im Museum d. Westfälischen Kunstvereins zu Münster. (Scheibler, Westdeutsche Zeitschr., II, 3.)

Wauters, Alph. Recherches sur l'histoire de l'école flamande de peinture pendant la seconde moitié du XVe siècle. (Athenæum belge, 9.)

Weiss, Herm. Geschichte der Tracht u. des Geräths im Mittelalter. (Schultz, A., Deutsche Litter.-Ztg., 40.)

Westdeutsche Zeitschrift für Geschichte und Kunst. (F. Muller, De Nederlandsche Spectator, 21.)

Winckelmann's Briefe an seine Züricher Freunde, herausgeg. von H. Blümner. (Litterar. Centr.-Blatt, 43.)

Mathias Grünewald.

Von **Friedrich Niedermayer.**

(Von der technischen Hochschule in München gekrönte Preisschrift.)

(Schluss.)

Ich gehe nun zu den übrigen noch vorhandenen Werken Grünewald's über. In seiner Vaterstadt und deren Umgebung haben sich
nur wenige Spuren seiner Thätigkeit erhalten. Diese wenigen aber legen
neuerdings Zeugniss ab, dass wir ihm die Gemälde in Colmar mit vollem
Recht zuschreiben dürfen.

Zunächst ist es eine Predella in der Stiftskirche zu
Aschaffenburg, welche durch ihre frappante Uebereinstimmung mit
der am Isenheimer Altar auffällt [27]).

In der Mitte liegt der mit Striemen und Wunden bedeckte, hell
aus der dunklen Umgebung hervortretende Leichnam Christi mit ideal
aufgefasstem Kopfe. Die blauen Lippen, die ins Blaue und theilweise
ins Grünliche übergehenden Schatten lassen ein bereits vorgeschrittenes
Stadium der Verwesung ahnen. Wie unabhängig von aller Tradition
Grünewald zu Werke geht, beweisen zwei ringende Hände einer sonst
unsichtbaren Figur, wahrscheinlich Maria angehörig. Dahinter kommt
das Antlitz eines Mannes, wohl des hl. Johannes, zum Vorschein. Zu
den Füssen des Leichnams ist Magdalena, die vor Seelenschmerz in
lautes Schreien ausbricht.

Zur äussersten Linken hält ein älterer Mann das Mainz-Branden-
burger Wappen, während gegenüber ein Pilger das Wappen der Schenk
von Erbach herbeiträgt.

Christus scheint soeben vom Kreuze genommen zu sein, denn
hinter Maria ist der Kreuzesstamm sichtbar, an dem noch die Leiter

---

[27]) Dieses, wie verschiedene andere Gemälde Grünewald's habe ich bereits
kurz in der Kunstchronik XVI, Nr. 43 besprochen.

lehnt; dicht daneben steht der hölzerne Sarg. Die noch freien Stellen füllt eine in Dämmerung gehüllte bergige Landschaft aus [28]).

Das Bild hat alle Vorzüge und alle Fehler der Colmarer Grablegung. Ueberaus satte glänzende Farbengebung, im Leichnam bis zum Entsetzen naturwahre Auffassung, aber auch grosse Verstösse gegen die Zeichnung und Vernachlässigung aller Proportion der Figuren zu einander. Ferner scheint sich der Meister bei beiden Bildern keine Rechenschaft gegeben zu haben, wie die Körperstellung der Nebenfiguren zu denken ist. Entschieden aber verdient das Aschaffenburger Bild in fleissiger Durchbildung und Farbenschönheit den Vorzug vor dem in Colmar.

Die beiden Wappen geben uns einige Anhaltspunkte über die Zeit der Entstehung. Das Brandenburger Wappen beweist, dass das Bild zur Regierungszeit Albrecht II. (1514—1545) gemalt wurde. Der Cardinalshut über dem Wappen gibt die weitere Einschränkung, dass wir sein Entstehen nach 1518, in welchem Jahre Albrecht Cardinal wurde, zu setzen haben.

Die Schenk's von Erbach, denen das zweite Wappen angehört, bekleideten hohe Stellen im Mainzer Clerus und zeichneten sich durch mannigfache Stiftungen aus. Einer von ihnen war sogar (1434—1459) Erzbischof, während andere bis in die kritische Zeit als Stiftskanoniker in Aschaffenburg genannt werden. Am weitesten herab reicht in dem bereits mehrfach citirten Anniversarium ein Reinhard Schenk, Canonicus von 1482—1515, wörtlich: »26. Febr. Reinhard Schenk c. h. e. 1482—1515.« Den Beleg, dass der Eintrag auf einen Schenk von Erbach Bezug hat, bringt die im gleichen Archivstücke befindliche Stelle: »8. Febr. Schenk Hans de Erbach (✝1458) Margaretha uxor ejus, qui pro se et Margaretha ejus conjuge et Eberhardo ejus filio h. e. c. 30 fl. (modo Reinhard Schenk).

Die Verbindung der beiden Wappen stellte ausser Zweifel, dass ihre Inhaber in irgend welcher engerer Beziehung zu einander standen und liegt es wohl am nächsten, dass der »Dominus de Erbach« ein Glied des Aschaffenburger Clerus war.

Es bleiben nun zwei Erklärungen; entweder ist der Erbach, von dem das Bild gestiftet wurde, im Anniversarium gar nicht genannt, oder es hat der aus irgend welchem Grunde dankschuldige Albrecht II. das Gemälde dem Untergebenen als Theil eines Epitaphiums gewidmet, wofür auch der Gegenstand passend ist. Solche Widmungen finden sich mehrere in der Stiftskirche.

---

[28]) Durch eine vorzügliche Restauration des Bildes, welche Herr Hauser in München vornahm, ist uns jetzt wieder sein ungeschmälerter Anblick gegönnt.

Ein anderes Gemälde Grünewald's in der Stiftskirche muss schon bald nach seiner Entstehung zu Grunde gegangen sein. Der noch erhaltene Sockel zeigt uns mit rother Farbe auf goldenem Grunde nebst der Angabe der Stifter auch das Monogramm des Meisters. Die in zwei Theilen getheilte Inschrift lautet:

Ad honorem festi nivis deiparae Virginis Henricus Retzmann hujus aedis Custos et Canonicus ac Caspar Schauz Canonicus ejusdem.

Der Sockel befindet sich an seinem ursprünglichen Platz in der erhöht angelegten von den Gebrüdern Georg und Kaspar Schanz, Stiftskanoniker, erbauten Schneecapelle.

EE 1519.

Ich glaube Anhaltspunkte zu haben, dass das Bild eine Anbetung der hl. Drei Könige darstellte, da der Altar der Capelle den drei Weisen gewidmet war.

Im Jahre 1532 verkaufte nämlich Hans Scherer der Jung von Niedernburg an Eckhard Stenger, Vicar des Stifts zu Aschaffenburg »für den Altar trium regum auf der neuen Kapelle« 1 Malter Korn Gilt[29]; ferner im Jahre 1533 Schulz von Elsshofen an Adam Muris, Vikar »der neuen Vikaria trium regum im Stift zu Aschaffenburg« 1 Malter Korn[30].

Mit dem Worte »auf« ist deutlich die erhöhte Lage der Schneecapelle bezeichnet.

Das Gemälde scheint bald aus der Capelle entfernt oder zerstört worden zu sein, denn schon im Jahre 1577 wurde es durch eine Anbetung der hl. drei Könige (auf Wunsch wohl derselbe Gegenstand wie früher) von dem sonst unbekannten und diesem Werke nach auch unbedeutenden Maler Isack Kining aus Speier ersetzt[31].

Dies sind die wenigen Reste Grünewald'scher Thätigkeit in seiner Vaterstadt selbst.

In dem nahen Tauberbischofsheim war bis vor Kurzem eine Kreuzigung von unserem Meister, welche nunmehr in den Besitz des Herrn Habich in Kassel übergegangen ist[32].

Zweifel an der Urheberschaft Grünewald's können hier überhaupt nicht aufkommen. Es ist bis auf unbedeutende Aenderungen in der

---

[29]) Pergamenturkunde Nr. 1648 im Stiftsarchiv zu Aschaffenburg.

[30]) Pergamenturkunde Nr. 1362 ebenda.

[31]) Der Name Kining findet sich nach den erwähnten Spitalregistern auch in Aschaffenburg.

[32]) Herr Dr. Eisenmann, der mir in der liebenswürdigsten Weise Auskunft über das Gemälde gab, theilte mir auch mit, dass es jetzt leihweise der Kasseler Galerie einverleibt ist. Ich kenne das Bild nur nach der Photographie.

Fingerstellung und an der Draperie des Schamtuches ganz derselbe Christus, ganz dieselbe zu Tode gemarterte krampfverzerrte Jammergestalt, wenn auch in plumperen Körperverhältnissen wie in Colmar. Links vom Kreuze steht stumm vor Schmerz Maria, rechts händeringend und schmerzvoll aufblickend Johannes.

Das Bild soll prächtig gemalt und der Leichnam packend modellirt sein. Dennoch glaube ich, nach den etwas derberen Formen und dem schematischen unbeholfenen Faltenwurf zu schliessen, dass diese Kreuzigung vor der in Colmar also vor 1515 entstanden ist.

Auf der Rückseite ist noch ein Bild »Christus fällt mit dem Kreuze«. Nach Eisenmann stammt es zwar aus derselben Zeit, ist aber viel geringer und jedenfalls nicht von Grünewald.

Das Bild war ursprünglich in einer längst abgebrochenen Capelle bei Tauberbischofsheim, kam dann in die Stadtkirche daselbst, wo es bis vor Kurzem einen Seitenaltar, den sogen. Kreuzaltar, schmückte. Tauberbischofsheim war früher eine »Kellerei« des Kurfürstenthums Mainz, wodurch sich die Beziehungen zu Aschaffenburg von selbst ergeben.

Die möglichst ergreifende Versinnlichung der Worte des Evangeliums »Und es ward Finsterniss über das ganze Land und die Sonne verlor ihren Schein und Jesus sprach die Worte »»Es ist vollbracht««, neigte sein Haupt und verschied« scheint Grünewald mit Vorliebe erwählt zu haben.

Das Baseler Museum birgt ebenfalls eine Kreuzigung von Meister Mathis. Sie unterscheidet sich von den übrigen hauptsächlich durch grösseren Figurenreichthum. Am Fusse des Kreuzes knieen zwei jammernde Frauengestalten, links davon steht Maria, anscheinend bereits unempfindlich gegen alle schmerzlichen Regungen, rechts, dicht am Kreuze mit dem Ausdruck des tiefsten Seelenschmerzes Johannes, daneben ein geharnischter Ritter mit der emporgehobenen Rechten, der die nebenan stehenden Worte spricht: »Vere, illic erat filius Dei.« Auf den dunkelblauen Grund hellblau in den Umrissen gemalt, schweben von allen Seiten händeringend und schmerzerfüllt Engel zum Kreuze herzu.

Der sterbende Christus selbst zeigt alle Zuckungen des Todeskampfes, verräth aber weniger anatomische Kenntnisse des Malers als die bereits besprochenen. Abweichend von allen übrigen Kreuzigungen ist auch die Stellung der Füsse; insbesondere aber ist zu bemerken, dass hier noch nicht der Querbalken an den letzten Kraftanstrengungen des Heilandes theilnimmt. Diese Umstände bestimmen mich, die Kreuzigung als die früheste und überhaupt als das älteste uns von Grünewald erhaltene Werk zu bezeichnen.

Bei dem Anblicke des Johannes dachte ich unwillkürlich an folgende Zeilen Sandrarts:

»Gleichfalls ist zu meiner Zeit in Rom ein heiliger Johannes mit zusammengeschlagenen Händen, das Angesicht über sich, ob er Christum am Kreutz schauete, gewesen überaus andächtig und beweglich in Lebensgrösse mit herrlicher gratia, so ästimiret und auch hoch für Albert Dürer's Arbeit geschätzt worden, da ich aber von wem es wäre erkanndt und den Unterschied der Manier gezeigt, habe ich gleich hinterher mit Oelfarbe (womit ich eben damals des Papstes Contrafät machte) dessen Namen also setzen müssen: ‚Matthäus Grünewald Alemann fecit'.«

Die Angabe Woltmann's, dass die Originalzeichnung zu diesem Bilde im selben Museum aufbewahrt werde, beruht in so ferne auf Irrthum, als diese Studie bis ins kleinste Detail mit dem Colmarer Crucifixus übereinstimmt, am wenigsten aber mit dem Baseler. Es ist immerhin möglich, dass dieses Blatt auch als Grundlage für andere Kreuzigungen gegolten hat. Grau in Grau mit Wasserfarben gemalt bringt es das Streben des Meisters nach Helldunkelwirkung durch tiefe Schlagschatten wieder zur vollen Geltung. Die Anwendung von Wasserfarben scheint Grünewald mehrmals geübt zu haben, wie aus der Beschreibung eines Bildes, die Sandrart gibt, erhellt:

»Absonderlich ist sehr preiswürdig die mit Wasserfarben gebildete Verklärung Christi auf dem Berg Tabor, als worinnen zuvorderst eine wunderlichschöne Wolke, darinnen Moyses und Elias erscheinen sammt denen auf der Erde knieenden Aposteln von Invention, Colorit und allen Zierlichkeiten so vortrefflich gebildet, dass es Selzamkeit halber von nichts übertroffen wird, ja es ist in Manier und Eigenschaften unvergleichlich und eine Mutter aller Gratien.«

Ausser der Wasserfarbenskizze zum Colmarer Altar besitzt Basel auch noch eine Kreideskizze des Gekreuzigten. Sie ist auf blaues Papier mit schwarzer Kreide gezeichnet und weiss aufgehöht. Wir finden wieder den gebogenen Querbalken, im übrigen aber mehr Mässigung im Ausdruck der krampfhaften Zuckungen. Die Fussstellung harmonirt am meisten mit der in warmen Tönen gehaltenen Kreuzigung des Museums.

Sandrart berichtet noch von einer weiteren Kreuzigung, die er bei Herzog Wilhelm von Bayern gesehen hat, mit den Worten: »Ferner haben Ihre fürstl. Durchlaucht Herzog Wilhelm von Bayern hochseligsten Angedenkens als vernünftiger Urtheiler und Liebhaber der edlen Kunst ein klein Crucifix mit unser lieben Frauen und S. Johann sammt einer niederknieenden und andächtig betenden Maria Magdalena so fleissig gemahlt von seiner Hand, auch sehr geliebt, ohne dass sie gewusst, von wem es sei, selbiges ist wegen des verwunderlichen Christus

am Creutz, so gantz abhenkend auf den Füssen ruht, sehr seltsam, dass
es das wahre Leben nicht anderst thun könnte und gewiss über alle
Crucifix natürlich wahr und eigentlich ist, wann ihm mit vernünftiger

Geduld lang nachgesonnen wird, solches ist deswegen Halb-Bogen gross
auf gnädigen Befehl hohgedachten Herzogs Anno 1605 von Raphael
Sadler in Kupfer gestochen worden und erfreute sich nachmalen Ihre
kurfürstliche Durchlaucht Maximilian seligste Gedächtniss höchlich, da ich
des Meisters Namen geoffenbaret.« (Siehe Abbildung.)

Das Gemälde ist vermuthlich, wie so manches andere werthvolle
Stück beim Residenzbrande 1674 zu Grunde gegangen. Der Kupferstich
hat sich aber erhalten und lässt uns die völlige Analogie mit den besprochenen Kreuzigungen konstatiren. Das gewichtige Zeugniss Sandrart's, der noch vieles Beglaubigte von der Hand des Meisters gesehen
hat und ihn völlig richtig würdigte, lässt die letzten Bedenken schwinden, dass wir vorschnell in der Benennung der bisher behandelten Gemälde zu Werke gegangen sind.

Die Hofzahlamtsrechnungen vom Jahre 1605, aus welchem der
Kupferstich stammt, erwähnen nur, dass »Raphael Sadeler Kupferstecher
fur drei gemachte stuck 30 fl.« ausbezahlt erhielt, ohne über den Gegenstand der Stiche und die zu Grunde gelegten Originalien Auskunft zu
geben.

Die mit dem Münster in Basel verbundene mittelalterliche Sammlung enthält ein mit grosser Feinheit geschnitztes Relief, dem auch obige
Kreuzigung zu Grunde gelegt wurde — ein Beweis, welcher Beliebtheit
sich das Bild zu erfreuen hatte.

Bezüglich einer Kreuzigung mit Jahrzahl 1503 in der Schleissheimer
Galerie kann ich mich Bayersdorfer's, Eisenmann's und Scheibler's Ansicht nicht anschliessen. Was sie mit Grünewald gemein hat, ist stark
realistische Auffassung, die durch freiere Anordnung der Kreuze nothwendig gewordenen Verkürzungen, endlich ziemlich warmes Colorit;
in der Proportion der Figuren, in der für Grünewald so charakteristischen Behandlung der Extremitäten und in der Technik weicht sie entschieden von dem ab, was bis jetzt unzweifelhaft für Grünewald in
Anspruch genommen werden muss.

Auch stimme ich von Reber und Schmid[33]) bei, wenn sie die zwei
Gemälde in der Frauenkirche zu München, Saulus Bekehrung und der
hl. Martinus, nicht für Werke Grünewald's halten. Wie mir Dr. Eisenmann, der zuerst bei den Gemälden an unsern Meister dachte, sagte,
ist auch er jetzt von seiner früheren Ansicht zurückgekommen.

Ich hege dagegen kein Bedenken, dem Aschaffenburger Meister
eine Auferstehung im Baseler Museum zuzuschreiben. Es macht
sich hier dasselbe Haschen nach Lichteffekten geltend wie beim Bilde
gleichen Gegenstandes zu Colmar, während man allerdings in der Composition das packende Erfassen des Momentes vermisst.

In dem »vergleichenden Verzeichniss der verschiedenen Kataloge
und Inventarien des Auerbach'schen Cabinets« ist das Bild mit der Bezeichnung angeführt: »Jtem Ufferstand Christi in die nacht sampt drey

---

[33]) Zeitschrift für bildende Kunst 1880, S. 635.

liechter Mathis von Aschenburg arbeit [34]).« Die drei Lichter gehen von
Christus in der Höhe, einem Engel im Grabe und einem Wachtfeuer
der Soldaten aus.

Wegen der Aehnlichkeit in der Auffassung mit dem entsprechenden Colmarer Bilde ist auch eine Versuchung des heiligen Antonius
im Wallrafmuseum zu Köln Grünewald zugeschrieben worden. Wenn
mich die Photographie nicht täuscht, ist es aber ein Schulbild Cranach's,
unter welchem Titel es auch im Katalog angeführt ist [35]). Den Gegenstand finden wir in ähnlicher Composition oftmals wieder, so auch bei
den Holzschnitten Cranach's.

Unter den reichen Kunstschätzen des Klosters Heilsbronn gehören vier weibliche Heiligengestalten, Margaretha, Lucia,
Katharina und Barbara — Flügelbilder des Altars der 11 000 Jungfrauen auch Altar der hl. Ursula genannt — unserm Meister an.
Zu den Füssen der hl. Barbara ist der Stifter des Altars, Abt
Sebald Bamberger knieend abgebildet, neben ihm der Wunderbrunnen.
Sebaldus, von 1493—1513 Abt, legte laut Eintrag im Vigilienbuch [36])
für die Gemälde 44 1/2 fl. aus »ad in corparandam tabulam xj virginum
x l ᴛᴋ«. In einem Sammelbande [36]), der die Ausgaben kürzer zusammengefasst, ist der Ertrag also: »Tabula Ursule contat x l ᴛ.«

Am Altaruntersatze sieht man im gothischen Schnitzwerk auf sechs
Schildchen die Marterwerkzeuge Christi, die Jahreszahl 1513 und die
Buchstaben S. A. (Sebaldus Abbas) [37]).

Im Laufe der Zeit gingen mit den Bildern manche Veränderungen
vor sich. Gegenwärtig sind mit dem Altar nur mehr die Flügel, Katharina und Barbara darstellend, vereint, während die zwei anderen
im Seitenschiffe Platz gefunden haben.

Waagen [38]) sagt: »Diese Bilder gehören in jedem Betracht zu dem
Schönsten, was ich von deutscher Kunst aus dem Ablauf des 15. Jahrhunderts kenne. Die Gesichter sind voll seltener Schönheit der Form
und grosser Reinheit des keuschen edlen Ausdrucks, die Gestalten
schlank, die Stellungen einfach und edel in den Linien, die Gewänder
von überraschender Schönheit und Schlichtheit der Falten. Besonders
anziehend ist aber die durchgehende Klarheit und Helligkeit der Fär-

---

[34]) Archiv der Kunstsammlungen Basels. Auf das Bild machte zuerst Woltmann in »Kunst im Elsass« aufmerksam.

[35]) Leider konnte ich mein Vorhaben, dieses Gemälde wie die Kreuzigung in
Kassel zu besichtigen, bis jetzt nicht zur Ausführung bringen.

[36]) Reichsarchiv zu München.

[37]) Muck, Geschichte des Klosters Heilsbronn, Bd. I, S. 208.

[38]) Kunst und Künstler in Deutschland, I, S. 307.

bung, welche im Fleische warm bräunlich, in den Gewändern vorzugsweise hellroth und hellgrün ist.« Schliesslich schreibt er sie mit Vorbehalt Grünewald zu. Er erwähnt ferner, dass der Hintergrund von blauen Feldern gebildet wird; gegenwärtig ist er golden, jedenfalls, weil man den blauen Grund als Uebermalung erkannt hat.

Diese Werke Grünewald's wurden wie mehrere andere von Woltmann verworfen, weil er voraussetzte, dass sie jener Gruppe von Bildern angehören dürften, welche Waagen und mit ihm andere Forscher jener Zeit gewöhnlich Grünewald zuzuschreiben pflegten[39]).

Dasselbe Schicksal traf ein Bild im grossherzoglichen Mu-

---

[39]) Für den noch unbekannten Urheber dieser Bilder gebraucht man jetzt meistens den Namen Pseudogrünewald. Dass dieselben von Aschaffenburg ihren Ausgang nahmen, sowie dass ihr Urheber zu Grünewald in irgend einer Beziehung gestanden haben muss, ist ziemlich sicher. Ich glaube annehmen zu dürfen, dass sich hinter diesem Unbekannten ein Maler Simon von Aschaffenburg verbirgt. In einem Gläubigeract Albrecht II. von Brandenburg aus dem Kreisarchiv zu Würzburg findet sich nämlich der höchst bemerkenswerthe Eintrag:

»Item ist man für alle schuldt So Maister Simon Malerswitwe von Aschaffenburgk furgewendt nemlich 1000 fl. Haubtschuld vnd erschinen pension davon darzu ij hundert vnd etlich fl. der rechnung halben vber das den Newen Baw zu Aschaffenburgk mit Ir ains worden also das Sie gantz vnnd gar Zufrieden gestellt mit ij hundert vnd x x fl. wie Sie sich den Solches bey dem Notario Winecks Substituten verzeigen vnd ist Ir Itzo ij c fl. von dem claider gelt geliffert, die andern 70 fl. soln Ir of nechstkunfftige mess werden 150 fl. zu 15 batz   168 fl. 18 alb.«

Der folgende Eintrag dürfte die Quittung über die restirenden 70 fl. sein:

»Item hat man entlehent auß dieser Kisten I x x fl. Zu bezalung Meister Simon Malers seligen Wittbin zu Aschaffenburg. Söll von dem geldt der cleider wiederumb dahin erlegt werdenn   70 fl.«

Aus dem Zusatz »und erschienen Pension« geht unzweifelhaft hervor, dass Meister Simon Hofmaler des Cardinals Albrecht II. war, denn der stets geldbedürftige Kunstmäcen hätte ohne Verpflichtungen wohl keine Pension verabreicht. Die für die damalige Zeit enorme rückständige Summe weist auf vielfache Verwendung des Meisters hin.

Die Rechnung wegen des neuen Baues bezieht sich auf die nunmehr in Ruinen liegende hl. Grabkirche zu Aschaffenburg. Mehrere auf sie bezügliche Einträge lauten auf »den neuen Bau«, der zwischen den Jahren 1541—1543 zur Ausführung kam.

Wie die malerischen Ruinen zeigen, war die Kirche aus Bruchsteinen ausgeführt, innen mit Mörtel verputzt und sicher, wie alle derartigen gothischen Kirchen, reichlich bemalt.

Da die angeführten Einträge vom Jahre 1546 stammen und Meister Simon noch bei dem 1543 vollendeten Kirchenbau beschäftigt war, haben wir die Zeit seines Todes zwischen diese Jahre zu setzen.

Eingehender behandelte ich diesen Gegenstand in der Kunstchronik XVII, Nr. 9 u. 23, was zu Erwiderungen Wörmann's ebenda XVII, Nr. 13 und in seiner Geschichte der Malerei, II. Bd., S. 793 führte.

seum zu Weimar, das, soweit ich es bei der ungünstigen Situation des Bildes beurtheilen konnte, ebenfalls von Grünewald herrührt. Hinter einem Betstuhl steht die in ein mittelalterliches olivengrünes Kleid gehüllte Maria; vor ihr kniet der Donator. Die Scene ist von einem grauen Rande mit spätgothischen Details umgeben. In der Mitte unten steht die Jahrzahl 1518. Schuchardt hält das Bild mit Grünewald verwandt [40]).

Durch die Verwandtschaft zu den Heilsbronner Bildern fiel mir eine bis jetzt unbeachtete Verkündigung in der Pfarrkirche zu Schwabach auf [41]). Die Composition stimmt überein mit der Verkündigung in Colmar, nur ist der Affect der die Engelsworte vernehmenden Maria in Schwabach gelungener. Die farbige Behandlung entspricht ganz den anerkannten Werken Grünewald's. Die rechts kniende blonde Maria hat ein karminrothes Kleid mit blauem Mantel, der ebenfalls blonde Engel ein weisses Kleid mit rothem Kreuz über der Brust. Die in den Contouren goldenen Flügel sind hochroth, die Agraffe des Mantels und der Stab golden. Hinter Maria erhebt sich ein rother Baldachin mit Goldfransen und einem olivengrünen Vorhang, der in den Lichtern golden schimmert. Rechts davon dehnt sich eine in Altdorfer's Geschmack gehaltene blaue Gebirgslandschaft aus, wie wir sie auch am Isenheimer Altar wahrnehmen können. Leider wird der reine Anblick des Gemäldes an mehreren Stellen durch Uebermalung gestört.

Neben den allgemeinen kommen auch noch untergeordnetere Merkmale unserem Urtheil zu Hilfe, wie die abstehenden Daumen und frappante Aehnlichkeit des Marienkopfes mit dem auf der Geburt Christi des Colmarer Altares. Der Faltenwurf erinnert insbesondere an die Gemälde in Heilsbronn, aber auch an die nunmehr zu besprechenden Flügelbilder im städtischen Museum zu Frankfurt.

Der eine dieser Flügel führt uns den hl. Cyriakus vor Augen, wie er eine Besessene heilt, der andere den hl. Laurentius mit dem Roste. Die Gestalten sind grau in grau gemalt, das den Hintergrund bildende Laubwerk dunkelgrün mit hellgrünen Lichtern. Die Figuren haben kurze Proportionen, noch kürzer als auf den Schmalflügeln in Colmar, mit denen sie ausser in verschiedenen Details auch in der Geziertheit der Stellung übereinstimmen. Die mit reicher Haarfülle versehenen Köpfe sind sehr fleissig gemalt; die Bücher so naturwahr, dass man sie umblättern zu können glaubt.

---

[40]) Schuchardt, Lukas Cranach, Bd. II, S. 134.

[41]) Auf die Kunstschätze in Schwabach machte mich Herr Dr. R. Vischer aufmerksam, welcher in einzelnen die Hand Grünewald's erkennen zu müssen glaubte. In den näheren Bestimmungen weiche ich vielleicht von seinen Ansichten ab.

Ein weiterer, nicht zu unterschätzender Vergleichspunkt ist die ausserordentlich freie und naturalistische Auffassung des vegetabilischen Hintergrundes, der sehr an die Säulen- und Sockelornamente in Colmar erinnert; beim hl. Laurentius wird er durch Mispelzweige und Hopfenranken, beim hl. Cyriakus durch Feigenblätter und Früchte gebildet.

Ausser den augenscheinlichen Beweisen für die Autorschaft Grünewald's finden wir einen weiteren in der Angabe Sandrart's, welche ich, da sie auch sonst von Bedeutung ist, wörtlich wiedergebe:

»Dieser fürtreffliche Meister (Grünewald) hat zur Zeit Albert Dürer's ungefähr Anno 1505 gelebt, welches an dem Altar von der Himmelfahrt Mariä, in dem Prediger Closter zu Frankfurt von Albrecht Dürer gefärtigt, abzunehmen als an dessen 4 Flügel von aussenher, wann der Altar zugeschlossen wird dieser Matthäus von Aschaffenburg mit liecht in grau und schwarz diese Bilder gemahlt; auf einem ist S. Lorenz mit dem Rost, auf dem anderen eine S. Elisabeth, auf dem dritten ein S. Stephan und auf dem 4. ein ander Bild so mir entfallen ist sehr zierlich gestellet, wie es noch allda zu Frankfurt zu sehen.«

Das Sandrart entfallene Bild ist der hl. Cyriakus. Nun hat er allerdings, wie Thausing [42]) nachweist, den Fehler begangen, diese Bilder mit den Grisailleseitenbildern des Heller'schen Altars zu verwechseln. Dass die ohne Untermalung mit sehr dünner Farbe hergestellten Bilder nicht mit den Flügeln des erwähnten Altares identificirt werden dürfen, geht schon aus einem Briefe Dürer's an Heller vom 19. März 1508 hervor, in dem wörtlich steht: »... aber nichts desto weniger sind die Aussenseiten der Flügel bereits entworfen — das wird von Steinfarbe, habs auch untermalen lassen.«

Neben dem Namen S. Laurentius steht das Monogramm ᴁ⋁N das uns schon beim Aschaffenburger Bildsockel begegnet ist.

In dem nunmehr zu besprechenden Altarwerk treffen der echte und der Pseudogrünewald zusammen. Es ist der hl. Erasmus mit Mauritius als Mittelbild, Chrysostomus, Magdalena, Lazarus und Martha als Flügelbilder, jetzt in der Pinakothek zu München.

Nur ein einziges Mal wurden diese 5 Gemälde sämmtlich Grünewald abgesprochen. Es war, als Woltmann zur Ueberzeugung kam, die Colmarer Bilder seien von Grünewald. Er schloss aus dem Umstande, dass die 5 Tafeln von Merkel [43]) nicht als Werke Grünewald's angeführt werden, sie hätten diesen Namen erst in München bekommen, wohin

---

[42]) Zeitschrift für bildende Kunst, Bd. VI, S. 137 ff.
[43]) Beschreibung der Miniaturen in der Schlossbibliothek zu Aschaffenburg, S. 11 u. 5.

sie 1836 versetzt wurden. Die Erwähnung geschieht jedoch so vorübergehend, dass der Verfasser sehr gut den Namen ihres Schöpfers
wissen konnte, ohne gerade Veranlassung zu nehmen, ihn anzugeben;
zudem nennt er unter den Künstlern, die für Albrecht thätig waren,
sehr wohl auch Grünewald.

Kurz nach Woltmann's Erklärung hat W. Schmidt [44]) zuerst die
Behauptung aufgestellt, dass das Mittelbild in der That ein Werk unsers
Meisters ist. Bezüglich der Benennung des Bildes stimme ich mit Förster [45])
überein, der hier keine Bekehrung des hl. Mauritius finden kann; denn
es steht gerade dieser belehrend vor dem ruhig zuhörenden Erasmus.
Dass die Tafel kurz nach ihrer Anfertigung noch nicht diesen Namen
trug, geht aus dem Inventar der Kunstschätze der Haller Kirche [46])
vom Jahre 1525 hervor:

»Uff dem Altar Mauricii, an deß Probsts seitten, Im auffgange
Eyne Kunstliche gemahlte taffel mit sanct Moritz vnd S. Erafmo etc.«

Dies ist sicher unser Mittelbild, wodurch auch die Zweifel gehoben
sein dürften, welche bei einzelnen Kunstschriftstellern wie Passavant,
Kugler etc. über den früheren Standort des Altarwerks herrschten und
diesen von Anbeginn in Aschaffenburg suchten, wohin es erst mit dem
Rückzuge Albrecht II. aus Halle (1540) gelangte.

Sehr beachtenswerth ist, dass an dieser Stelle von Flügelbildern
noch nicht die Rede ist. Man kann daher immerhin annehmen, dass
sie entweder erst später zum Mittelbild bestellt wurden oder gar nie
zum Altare gehörten.

Zu ersterer Ansicht neige ich mich hin und denke, wie Eingangs
erwähnt, dass hier Grünewald und Pseudogrünewald gemeinsam wirkten,
eine Vermuthung, welche auch Dr. Eisenmann aussprach [47]).

Es ist nicht unwahrscheinlich, dass ein Eintrag im »Registrum
quietantiarum 12 electorum a Joanne Nass (oviensi) usque ad Albertum
cardinalem incl« [48]) auf dieses Bild Bezug hat. Unter dem Titel:
›Quitantzien zu Her Diether Wenken Chamerschreibers seligen Rechnung gehörig steht fol. 81 und 82‹.

»Quitantz Meister Mathes Molers vber 1ᶜxalvij gulden schulden 1524«
»Quitantz Meister Mathes Malers vber xx gulden In abschlag seiner
schuldt Anno 1525.«

---

[44]) Beilage zur Augsb. Allgem. Ztg. 1874, S. 4911.
[45]) Geschichte der Malerei, II. Thl., S. 319.
[46]) Im Kreisarchiv zu Würzburg; das Inventar trägt den Titel: Inventarium
über die Cleinodien, Orndt, Kelch etc. des Stieftts Hall 1525.
[47]) Dohme a. a. O. Capitel XIII.
[48]) Kreisarchiv zu Würzburg, N. cur. 62.

So viel ist gewiss, dass mit Meister Mathes nur unser Grünewald gemeint ist.

Zu den späteren Werken Grünewald's gehören endlich noch ein Altar und ein Heiligenbild in Schwabach.

In der Annencapelle der Pfarrkirche daselbst steht ein Altarschrein aus Werken der Holzsculptur und Malerei zusammengesetzt. Er wurde schon in den frühesten Zeiten »der Altar der schönen Maria« genannt.

Bei geschlossenen Flügeln zeigt er vorne die Verkündigung mit der Jahrzahl 1520, auf dem linken Flügel den hl. Nikolaus, auf dem rechten den hl. Erasmus. Innen bemerkt man in der Mitte eine Madonnenstatue mit dem Jesuskinde; hinter ihr — auf der Rückseite der Altarflügel — gehen relief gearbeitete Goldstrahlen auf blauem Grunde nach allen Richtungen auseinander, während die Ecken durch 4 musicirende Engel ausgefüllt sind. Entschieden gehört zu diesem Altar auch der Sockel mit dem Veronikaschweisstuch, der zwar jetzt davon getrennt ist und als Dürer'sche Arbeit gilt, in Petzold's Chronik von Schwabach (1856) aber noch als mit dem Altar verbunden geschildert wird.

Ich halte für nothwendig, vor eingehenderer Beschreibung zuerst die historischen Notizen zu bringen, da sie uns mancher Bedenken beim Anblicke des Altars entheben werden. Dies geschieht schon durch die unter dem hl. Erasmus angebrachte Inschrift: »Diesen Aldar Hatt der Erber Hanns Odden des Eldern Rats wider verneuern vnd Renoviren lassen in 1602.«

Leider ist diese Uebermalung eine sehr weitgehende, doch wurden glücklicher Weise fast durchweg die nackten Theile verschont. Die älteste Chronik Schwabach's [49]) berichtet über den Altar:

»Der Altar, nächst der Schülers Thür, mit der schönen Maria, wie ein M. St. redet, ist an. 1520 am Sonntag nach Jacobi eingeweyhet, an. 1602 von Hannss Otten des ältern Raths renovirt, an 1715 aber bey vorgenommener Kirchenrenovirung abgebrochen, und in die Rosenbergerkapelle gebracht worden. Dieses ist vermuthlich derjenige Altar, welcher in dem Registro Collationum, Altare B. M. V. Annuncitae genennet wird.«

Im 2. Theil der »Antiquitates Nordgaviae« des Bisthums Eichstädt von Falkenstein findet sich in Registrum Collationum et praesentationum Seite 300 folgende Stelle: »De praesentatione Senioris ex Genealogia Linck

Schwabach Capellania B. M. V. Annunciatae.«

---

[49]) Chronicon Svabacense von Freiherrn von Falkenstein 1740, S. 43.

Die jüngste Chronik Schwabach's von Petzold weiss ebenfalls über den Altar nichts Neues zu berichten.

Am Fusse der Verkündigung sind 2 Wappen, wovon eines der Familie Waldstromer von Reichelsdorf, das andere der Familie Gartner von Nürnberg eigen war [50]).

Die archivalischen Forschungen blieben erfolglos. Der Meister des Altars wird nirgends erwähnt; doch genügen die unversehrt gebliebenen Theile, ihn zu erkennen.

Die Verkündigung ist in derselben Anordnung gegeben, wie in den zwei besprochenen Bildern gleichen Gegenstandes. Links kniet Maria vor einem Gebetbuche, rechts schreitet der verkündende Engel herbei, oben schwebt der hl. Geist in Gestalt einer Taube. Durch die Uebermaluug ist, wie an einigen verletzten Stellen sichtbar, die gothische Architektur des Zimmers, in dem die Handlung vor sich geht, verschwunden. Wohl ist auch anzunehmen, dass die Lichtstrahlen der Taube gleiches Loos erfuhren, worin mich ein Altar im Nationalmuseum zu München bestärkt. Der aus Weissenburg in Mittelfranken stammende Altar ist fast eine getreue Copie des eben beschriebenen nur in ganz handwerksmässiger Weise ausgeführt. Wir können daher um so mehr annehmen, dass die Idee, vom Himmel aus durch ein rückwärts befindliches Fenster die Lichtstrahlen auf die Taube fallen zu lassen, nicht originell ist, sondern vom Schwabacher Altar abgenommen. Diese Art der Lichtquelle finden wir auch in den Colmarer Bildern vertreten. Im Allgemeinen ist die Auffassung des Gegenstandes viel gemässigter als dort. Bemerkenswerth ist noch die Gesichtsähnlichkeit des verkündenden Engels mit dem des hl. Cyriakus in Frankfurt.

Am schlimmsten wurden die HH. Nikolaus und Erasmus von der Uebermalung betroffen. Fast unversehrt haben sich dagegen die 4 musicirenden Engel erhalten. Sie können uns die Begeisterung Sandrart's begreiflich machen, in die er mehrmals über die Lieblichkeit und Innigkeit der weiblichen Köpfe des Meisters ausbricht.

Die bauschige Gewandung ist meist in zarten Farben gehalten, hellrosa, weiss mit gelben oder hellblauen Schatten; daneben aber auch kräftige satte Töne.

Aehnlichkeit zweier Köpfe mit dem des hl. Laurentius zu Frankfurt ist unverkennbar. Dazu treten als weiteres Kennzeichen die dem Meister eigenthümlichen kräftigen Schlagschatten.

Tiefer Seelenschmerz ist in dem durch die Renovirung leider sehr beschädigten Christuskopfe ausgedrückt. Das Schweisstuch hängt an einem gothischen Zweiggerüste, hinter welchem rother Grund zum

---

[50]) Wappenbuch von Siebel.

Vorschein kommt. Hier brach sich im Meister die Neigung zum Naturalismus wieder Bahn; denn obwohl das Gesicht selbst frei von Blut-
spuren, bemerkt man auf der Stirne deutlich die blutigen Striemen,
welche die Dornenkrönung verursacht hat.

Die Flügel des Sockels haben, damit man ihn in einen Winkel
der Capelle brachte, mehrfache Verstümmelung erdulden müssen. Auch
wurden sie mit schwarzer Farbe bedeckt, durch die man kaum mehr
das realistisch geschwungene Wein- und Mispellaub — Anklang an die
Colmarer und Frankfurter Bilder — erkennen kann.

Von grosser Bedeutung ist endlich eine hl. Ursula am selben
Orte. Die Heilige mit edlem würdevollen Kopfe, blondem Haar, blen-
dend weissem Gesichte tritt bei warmer coloristischer Behandlung lebendig
aus dem beinahe schwarzen Grunde hervor. Der Kopfputz und die
Halskette ist golden mit gothischem Muster, das Kleid hochroth, Mieder
und Aermelvorstösse schwarz. Die Technik ist völlig übereinstimmend mit
der des Altars der schönen Maria. Die Lichteffecte weisen unleugbar
auf andere Werke Grünewald's insbesondere auf sein Bild in München hin.

Ueber die Geschichte des Bildes ist nur wenig bekannt. In der
Zeitschrift für Bauwesen von Erbkam (1871) wird gesagt, dass wir es
mit dem Porträt einer Patriciertochter Schwabach's zu thun haben,
welche durch den Heiligenschein und Pfeile zur hl. Ursula gemacht ist
und damit das Recht erworben hat, in der Kirche Platz zu finden.

Der Meister verwendete zum Bilde den Flügel eines alten Altars
wie es sich aus der Rückseite des Bildes und durch die Aufmalung
hindurch auch auf der Vorderseite erkennen lässt. Dieser Umstand veranlasste mich, den Grund genau zu prüfen, wobei ich auf folgendes
mit schwarzer Farbe auf den dunkelgrauen Grund gemaltes Monogramm stiess: *MC*
1523

Es könnte nun darüber Zweifel herrschen, ob wir es hier mit
einem C oder einem G zu thun haben. Jedoch abgesehen von der
künstlerischen Verwandtschaft mit Gemälden Grünewald's kennen wir
aus obiger Zeit keinen grossen Maler M. C., der dieses Meisterstück altdeutscher Kunst hätte schaffen können. Ich halte sogar das Monogramm für sehr charakteristisch, da es entschieden zu der vom Meister
ausschliesslich angewandten Gothik hinneigt; allerdings entfernt es sich
von dem sonst bekannten Zeichen.

Damit habe ich alle Gemälde berührt, die mir von dem grössen
Meister bekannt sind [51]). Wohl mag das eine oder andere noch

---

[51]) Das Amorbach'sche Inventar erwähnt noch zwei Tafeln, die gegenwärtig
im Directoriatzimmer des Museums zu Basel sind, mit folgenden Worten:

unerkannt in den fränkischen Gegenden verborgen sein, zu dessen Auffindung und Sicherstellung vorliegende Arbeit vielleicht behilflich sein könnte.

Den Verlust einer grösseren Anzahl von Werken Grünewald's haben wir nebst der Raubgier der Schweden einem bedauernswerthen Missgeschick zuzuschreiben. Sandrart berichtet nämlich, dass die Schweden im Jahre 1631 und 1632 Kunstschätze aus Mainz geraubt und in Schiffe verpackt haben, die aber auf dem Meere zu Grunde gingen [52]). Unter den geraubten Gemälden beschreibt er auch zwei von unserem Meister in folgender Weise:

»Ferner waren von dieser edlen Hand zu Maynz in dem Domen auf der linken Seiten des Chors in drey unterschiedlichen Kapellen 3 Altarblätter, jedes mit zweyen Flügeln in- und auswendig gemahlt gewesen, deren erstes war unsere liebe Frau mit dem Christkindlein in der Wolke, unten zur Erden warten viele Heiligen in sonderlicher Zierlichkeit auf. S. Katherina, S. Barbara und Ursula alle dermassen adelich natürlich, holdselig und correct gezeichnet, auch so wohl kolorirt, dass sie mehr im Himmel als auf Erden zu sein scheinen.

Auf ein anderes Blatt war gebildet ein blinder Einsiedler, der mit seinem Leitbuben über den zugefrorenen Rheinstrom gehend auf dem Eiss von zween Mördern überfallen und zu todt geschlagen wird und auf seinem schreienden Knaben liegt, an Affecten und Ausbildung mit verwunderlich natürlichen wahren Gedanken gleichsam überhäuft anzusehen; das 3. Blatt war etwas imperfecter als vorige zwey.«

Schlimmer noch als mit den Gemälden scheint die Zeit mit den Handzeichnungen des Meisters verfahren zu haben. Sandrart hat deren wie nachfolgende Zeilen uns lehren, noch eine grosse Zahl gesehen:

»Es sind bereits 50 Jahre verflossen, dass ein sehr alter aber kunstreicher Mahler zu Frankfurt, Namens Philipp Uffenbach, gelebet, der vormals ein Lehrjung des berühmten Teutschen Mahlers Grimmers gewesen. Dieser Grimmer hat bei ermeldetem Matthäus von Aschaffen-

---

»Zwo zimlich tafeln, eine grosse mit Wasserfarben uf tuch in der einen Cephalus und Procris im Schnee, in der andern S. Hieronymus betend in der Wildnus. Sind beid von Mathis Aschenburg oder Hans Lowen.« Ich glaube, dass weder der eine noch der andere Meister Antheil an ihnen hat. Was die Negirung des Hans Leu betrifft, kann ich mich freilich nur auf das monogrammirte Bild im selben Zimmer berufen.

[52]) Zur selben Zeit wurden auch viele Archivalien geraubt. Ich wendete mich auf Anrathen des Herrn Rathes Martin in Aschaffenburg an die Universität in Upsala, welche mir zur Antwort werden liess, dass die gewünschten Acten von Aschaffenburg vor längerer Zeit auf Veranlassung des geheimen Rathes Herrn Dr. v. Löhr an die bayr. Regierung ausgeliefert worden seien. In München aber ist bis zur Stunde nichts eingetroffen.

burg gelernet, und alles, was er von ihme könne zusammen tragen,
fleissig aufgehoben, absonderlich hat er, nach seines Lehrmeisters Tod
von dessen Wittib allerhand herrliche Handrisse meistens mit schwarzer
Kreid und theils fast Lebensgrösse gezeichnet bekommen, welche alle,
nach dieses Grimmer's Ableiben, obgedachter Philipp Uffenbach, als
ein nachsinnlicher berühmter Mann an sich gebracht, damals ging ich
unweit seiner Behausung zu Frankfurt in die Schul und wartete ihme
offtmals auf, da er mir dann wann er in gutem humor ware, diese
in ein Buch zusammengesammelte edle Handrisse des Matthäus von
Aschaffenburg, als dessen Ort er fleissig nachstudirte gezeigt und deren
löblich Qualitäten und Wohlstand entdecket. Dieses ganze Buch ist
nach gedachten Uffenbach's Tod von seiner Wittfrauen dem berühmten
Kunstliebhaber Herrn Abraham Schelken's theur verkauft und von demselben neben vielen anderen herrlichen Kunststücken von den bästen
alten und modernen Gemälden raren Büchern und Kupferstichen, die
viel zu lang zu erzählen fallen würden, in sein berühmt Kunstkabinet
zu ewiger Gedächtnis dieser ruhmwürdigen Hand und allen Kunstliebenden süsser Vergnügen gestellet worden, wohin ich also den günstigen Leser will gewiesen heben.«

Diesem Hinweis hat wohl Moncony[53]) gefolgt, der die Blätter bei
»Chelekens« mit den Worten erwähnt: »un liuvre des dessins d'un
Martin d'Aschafenburg bien plus éstimé infiniment qu'Albert Dure, mais
peu connu en France.«

Die Verwechslung von Mathias mit Martin darf uns bei den vielen
kleinen Irrthümern in den Reiseberichten des französischen Kunstlieb-
habers nicht auffällig erscheinen.

Diese grosse Sammlung ist bis jetzt durch ein einziges Blatt
vertreten. Es ist ein betender Pilger in der Albertina zu Wien, mit
schwarzer Kreide auf braunes Papier gezeichnet und in den Lichtern
weiss aufgehöht. Das Blatt verräth eine ungeheuer flüchtige Hand und
ist ganz im Charakter der männlichen Figuren Grünewald's[54]).

Von den 20 Handzeichnungen, die das Auerbach'sche Inventar
mit den Worten »Mathis Aschenburg 20« aufweist, haben sich vorläufig nur die bereits erwähnten Kreuzigungen gefunden[55]).

---

[53]) Voyage d'Allemagne 1664, pag. 280.

[54]) In dem von Rettberg »Nürnberger Briefe« S. 175 erwähnten hl. Andreas
des Kupferstichcabinets zu München kann ich Grünewald's Hand nicht erkennen.

[55]) Siehe Abhandlung S. 46 u. 47. Von den sonstigen mir vorgelegten Blättern, die ich allerdings nur flüchtig durchsah, möchte ich keines Grünewald zuschreiben. Herr Director Dr. His-Heusler sprach mir gegenüber die Vermuthung
aus, dass auch Auerbach schon in eine Verwechslung mit Grien gerathen sei.

Wenn ich in dem Conterfei Grünewald's aus der Erlanger Universität mit dem Monogramm und der Jahrzahl 1529 ein Selbstporträt
erkenne, glaube ich mich nicht zu täuschen. Leider ist die ursprüngliche Silberstiftzeichnung fast ganz verschwunden und später durch un-
kundige Hand in den Contouren mit Tinte ergänzt worden. Da ich
das zweite Porträt in der Weigel'schen Sammlung in Leipzig mit der
Bezeichnung »Contrafactur des hochberumpten Malers Mathes von
Aschafenburg« nicht kenne, ist mir auch eine Entscheidung nicht möglich, ob beide oder nur eines als ächt zu bezeichnen ist. Immer wieder
irre geleitet durch die Frankfurter Bilder, spricht Sandrart davon, dass
das von ihm zuerst publicirte, dem Meister aber durchaus unähnliche
Bild von Dürer herrühre, während er vom zweiten folgende Notiz bringt:
    »Seitdem der curiose Her Philipp Jakob Stromer ein Herr des
Raths hiesiger hochlöblicher Reichstadt in seinem berühmten Kunstkabinet ein noch älteres und perfecteres Contrafeyt von gedachtem
Meister mir gezeigt als habe ich bildlich solches diesem hochgestiegenen
teutschen Corregio zu Ehren hie beyfügen und theilhafftig machen
wollen.«
    Sandrart's Mittheilung, dass Grünewald auch Formschneider war,
lässt sich durch nichts bestätigen. Sie beruht wahrscheinlich auf seiner
irrthümlichen Meinung über Gerung's Holzschnittfolge [56]). Auch andere
Holzschnitte mit dem verschlungenen M und G als Monogramm haben
nichts gemein mit Grünewald.
    Mit der Jahrzahl 1523 und dem Beisatze »Matthiaß von Ascha-
burg ein berühmter Mahler« ist sein Monogramm versehen, das sich in
einem Monogrammverzeichniss zu Augsburg [57]) findet. Der Handschrift
nach stammt das Schriftstück, wahrscheinlich dem Entwurf einer Ency-
klopädie der Wissenschaften angehörig, aus dem 17. Jahrhundert. Wenn
auch hierin die übrigen Monogramme ziemlich den von den Meistern
gebrauchten entsprechen, so ist doch nicht ausgeschlossen, dass der An-
fertiger des Verzeichnisses bei obiger Notiz das Bild der hl. Ursula in
Schwabach im Sinne hatte. Ausser den genannten Monogrammen werden noch verschiedene andere mit dem Meister in Beziehung gebracht.
    Christ [58]) sucht ohne Anhaltspunkte darzuthun, dass sich Grüne-
wald mit den Buchstaben M S bezeichnet habe und übersetzt sie mit

---

[56]) Diese Holzschnittfolge, eine Offenbarung mit Jahrzahlen zwischen 1544
und 1555 (siehe Nagler, Künstlerlexikon), hat man nunmehr längst als Arbeiten des
Mathias Gerung von Nördlingen erkannt.
    [57]) von Nagler citirt; damals aber noch im Besitze des städtischen Archivars
Th. Herberger, jetzt im städtischen Archiv.
    [58]) Dictionnaire des Monogrammes 1750.

Mathias Schaffnaburgensis. Auguste Demmin [59]) und Bruilott [60]) lassen auch Holzschnitte mit dem Monogramm *M* als Erzeugnisse Grünewalds gelten; mir selbst ist kein.solcher bekannt. Interessant ist mir jedoch das Zeichen, da es mich an das in Schwabach erinnert.

III.

Was wir nun über den Meister Mathis und seine Werke gehört haben, wird genügen, einzustimmen in Sandrart's Worte: er war ein vortrefflicher hochgestiegener Geist und verwunderlicher Meister.

Sandrart war es auch, der, wie oben mitgetheilt, Grünewald »den hochgestiegenen deutschen Corregio« nannte. Dies äusserst charakteristische Wort nahm auch Woltmann [61]) in seine Abhandlung auf und wies in geistvoller Weise auf die Analogien in der Auffassung der Gegenstände, im Ausdruck der Gefühle und in der coloristischen Behandlung hin. Er legte dar, dass Grünewald in der deutschen Kunst einen ähnlichen Ehrenplatz einnehme, wie Corregio in der italienischen. Nur so sind Sandrart's und dann Woltmann's Worte zu verstehen, und mit keiner Silbe ist behauptet, wie Goutzwiller herausklügelt, dass Grünewald in irgend welchem Schulzusammenhang mit Corregio stand.

Bilden wir uns nun an der Hand des gebotenen Materials ein Urtheil über Grünewald! Während er auf der einen Seite fest am Alten hält, eilt er anderseits seinen Zeitgenossen weit voran.

Die Renaissance in der Architektur, die damals in Italien in der höchsten Blüthe stand, geht an ihm fast spurlos vorüber, wohl ein sicheres Zeichen, dass er nie in Italien war; nur ein einziges Mal und zwar auf dem Bilde des hl. Antonius am Isenheimer Altar finden wir einen Renaissancepilaster. Auch die häufige Verwendung von Gold, das er aber im Gegensatz zu den früheren Meistern nicht als Plattgold, sondern als wirkliche Farbe anwendet, dürfte noch ein Ueberrest aus früherer Zeit sein, obwohl man sie auch als Streben nach prunkvoll schillernder Erscheinung der Gemälde betrachten kann. Das rein coloristische Talent ist es ja, was den Meister vor allen auszeichnet. Mit breitem Pinsel setzt er die glühenden Farben auf und erzielt eine Wirkung, die uns in Erstaunen setzt. Er hat in der Behandlung nichts gemein mit den älteren Malerschulen des Nordens, die die Natur beinahe mikroskopisch wiedergeben, er weiss nichts von dem zeitraubenden gewinnlosen »Klaübeln« Dürer's; er ist hierin ganz Autodidakt.

Ganz originell ist Grünewald auch in der Helldunkelbehandlung,

---

[59]) Charles Blanc, histoire des peintres ecole Allemande.
[60]) Bruillot, »Les monogrammistes«.
[61]) Deutsche Kunst im Elsass.

die unsere Gedanken in einigen Bildern, wie in der Auferstehung zu Colmar, unwillkürlich zum nachmals grössten Meister des Helldunkels, Rembrandt, hinlenket. Woltmann hat die interessante Bemerkung gemacht, dass Rembrandt in der That in vierter Linie Schüler von Grünewald ist. Uffenbach, den Sandrart in die Lehre zu Grünewald's Schüler Grimmer gehen lässt, ist nämlich Lehrmeister des berühmten Helldunkelmalers Elsheimer und dieser der Lehrer des Pieter Lastmann, aus dessen Schule Rembrandt hervorging.

Die oft vom crassesten Realismus durchdrungenen Darstellungen, in denen Grünewald nicht versäumt, sich auch als Meister in der Verkürzung zu zeigen, verrathen eine geradezu krankhafte Phantasie und können als Beleg für Sandrart's Mittheilung dienen, dass er ein melancholisches Leben geführt habe. Die Schuld davon mag immerhin darin gelegen sein, dass er »übel verheurathet« war — ein Loos, das die Fama bekanntlich auch Dürer und Holbein zu Theil werden liess.

Erst in seinen späteren Werken, dem Erasmusbild, dem Altar der schönen Maria, der hl. Ursula tritt an die Stelle wilder stürmischer Bewegheit hohe Würde und selige Anmuth.

Bei der allseitigen Originalität des Meisters und dem Mangel aller glaubwürdigen Nachrichten ist die Frage, wo er gelernt haben mag, nicht leicht zu entscheiden.

Die Annahme, dass Grünewald dem älteren Cranach nahe stehe, fällt durch die neueren Untersuchungen von selbst [62]). Auch Sandrart's Angabe, dass er Schüler Dürer's gewesen sei, steht nicht auf festen Füssen [63]) und beruht wohl auf der besprochenen irrigen Combination der Frankfurter Bilder mit dem Heller'schen Altar. Denselben Irrthum begeht Gwinner und dann auch Förster, indem er schreibt: »aus Dürer's Briefen geht hervor, dass Grünewald 1516 die Flügelbilder zu dessen Heller'schen Altar in Frankfurt gemalt hat.« In den Briefen ist keine einzige Stelle zu finden, welche einen solchen Schluss rechtfertigt.

Auch ist durch nichts erwiesen, dass Grünewald je längere Zeit in Frankfurt gelebt hat. Selbst für einen langen Aufenthalt in Mainz

---

[62]) Das Bild in Schleissheim, das ich aber nicht als Werk Grünewald's anerkenne, stünde allerdings der Cranach'schen Schule nicht ganz ferne.

[63]) Evident wäre die Nachricht Sandrart's bewiesen, wenn Bayersdorfer bezüglich eines jüngsten Gerichtes im germanischen Museum recht hätte. Das nicht über die geniale Skizze hinaus gediehene Bild ist entschieden aus der Schule Dürer's. Die Composition, die man ähnlich öfters treffen kann, stimmt in allen Theilen überein mit Fries- und Tympanonfüllung der Allerheiligenbildrahme Dürer's. Bei meinem letzten Besuche in Freiburg kam mir vor dem berühmten Altarwerk des Hans Baldung Grien der Gedanke, dass das jüngste Gericht von diesem Meister herrühren könnte.

sind keine Beweise beizubringen; doch hat es viel Wahrscheinliches für sich, dass er, der katholischen Sache ergeben, dem Kunstmäcen Albrecht in seine zweite Residenz gefolgt ist.

Immer bleibt uns noch die Frage: wer war Grünewald's Lehrmeister? Bei aller Originalität können wir nicht annehmen, dass er Autodidakt gewesen ist.

Alles drängt zu dem Schlusse, dass die uns bis jetzt bekannten Werke des Meisters im 16. Jahrhundert entstanden sind; die lange Entwickelungsperiode im 15. Jahrhundert ist uns völlig unbekannt. Diese Zeit war lange genug, dass Grünewald Schulmanieren zu grosser Originalität umbilden konnte.

Ich habe die Ueberzeugung, dass Grünewald am meisten von der niederländischen Schule beeinflusst ist[64]), wozu mich hauptsächlich die weiblichen Gesichtstypen bestimmten. Um eine engere Grenze zu ziehen, möchte ich die Behauptuug aufstellen, dass Grünewald unter dem directen Einfluss Schongauer's († 1488) stand, der sich bekanntlich in den Niederlanden bildete. Nicht allein, dass der Altar in Isenheim besagt, es müsse Grünewald in dortiger Gegend bekannt gewesen sein, können wir auch mehrfach Aehnlichkeiten mit den allerdings sehr verbreiteten Kupferstichen Schongauer's constatiren. Die Architektur Schongauer's prangt in derselben naturalistischen, ich möchte sagen heraldischen Spätgothik, mit der Grünewald den Baldachin über den musicirenden Engeln am Isenheimer Altar aufbaute. Auch die »zierlich gestellten« Heiligen Grünewald's werden dem Kenner der Schongauerischen Kupferstiche nicht fremd erscheinen und sind wohl von gothischer Plastik beeinflusst.

Noch kräftigere Stütze erhielte meine Meinung, wenn sich erweisen liesse, was der Katalog von neun Bildern aus dem Marienleben im städtischen Museum zu Mainz sagt:

»Diese neun Gemälde hat Mathias Grünewald um 1480, 30 Jahre vor seinem Tode, für den Kurfürsten Adolph II. von Nassau gemalt. Der Churfürst L. F. von Schönborn machte 1720 damit ein Geschenk an die Wälschnonnen in Mainz, von wo aus sie unter dem Maire Maké 1810 der Stadtgallerie einverleibt wurden.«

---

[64]) Ein aus Aschaffenburg stammendes grosses Altarwerk im bayr. Nationalmuseum verräth deutlich auch den Einfluss der niederländischen Schule. Der Altar wurde von den Brüdern Heinrich Kaltofen alias Niedernburger canonicus aschaffenburgensis, Johann Kaltofen cantor et can. Aschaf. und Conrad Kaltofen burger zu aschafenburg laut Inschrift gestiftet und war jedenfalls schon 1498 gemalt, da in diesem Jahre laut Einträgen im citirten Anniversarium Conrad gestorben ist. Auf Grünewald selbst als Meister des mancher Schönheit nicht entbehrenden Werkes, weist nichts hin und doch sollte man annehmen, dass die drei Aschaffenburger keinen Fremden beriefen, da sie den tüchtigen Mathis bei sich hatten.

Schriftlich und mündlich eingezogene Erkundigungen hatten die
Antwort zur Folge, dass man den Ursprung obiger Nachrichten nicht
mehr kenne. Vielleicht beruhen sie auf Tradition. Das freilich sehr
kurze Verzeichniss der Gemälde bei Brühl (1829) [65]) sagt nur: »Ein
Cyklus aus dem Leben der Maria. Altdeutsch«, worunter wohl obige
Bilder verstanden sind. Damals also scheint man von Grünewald noch
nichts gewusst zu haben. Die Mittheilung enthält zum mindesten mehrere Anachronismen und nur die Zeit der Entstehung könnte richtig
sein. Wenn die Gemälde wirklich für Adolf von Nassau gemalt wurden, so musste dies vor 1475 geschehen sein, in welchem Jahre der Kurfürst starb. Das angenommene Todesjahr Grünewald's ist natürlich
falsch und beruht auf der irrigen Angabe Sandrart's.

Die Bilder entstammen entschieden der Schongauerischen Schule
und ist besonders die Uebereinstimmung der Anbetung der hl. drei
Könige mit dem entsprechenden Schongauerischen Kupferstiche (Bartsch 6)
augenscheinlich, in nichts lassen sie aber die Eigenthümlichkeiten erkennen, welche Grünewald in den späteren Jahren auszeichnen.

Wie alles andere Biographische ist auch die Zeit und der Ort des
Todes noch unbestimmt. Sandrart hat sich in der Zeit geirrt, ob sich
der Irrthum auch auf den Ort, nämlich Mainz, erstreckt, ist zweifelhaft.

Für das Todesjahr ist der einzige Anhaltspunkt das erwähnte
Selbstporträt des Meisters mit der Jahrzahl 1529. Nach dieser Zeit
finden wir keine Spuren mehr von ihm, und wird er wohl, indem ich
Bezug nehme auf die Eingangs entwickelte Geburtszeit, bald darauf als
Greis von angehend 70 Jahren gestorben sein.

---

[65]) Heinrich Brühl, »Mainz geschichtlich und topographisch dargestellt«.
1829, S. 209.

Heinrich Aldegrever als Maler.

Beleuchtet durch das einzige bis jetzt bekannte grössere Altarwerk in der Wiesenkirche in Soest.

Von Architekt **Memminger.**

Es ist mir eine angenehme und dankbare Aufgabe, die Ehre und das Ansehen eines bisher fast von allen neueren Kunstgeschichtsschreibern in seiner Eigenschaft als Maler bedeutend unterschätzten Künstlers aus den Reihen der sogenannten Kleinmeister des 16. Jahrhunderts auf Grund eines bisher nicht richtig erkannten Jugendwerkes in etwas wiederherzustellen und zu heben.

Während man früher eine grosse Anzahl zum Theil ziemlich verschiedenartiger Bilder Aldegrever glaubte zuschreiben zu können, ist jetzt eine in ihrer Vorsicht entschieden zu weit gehende Reaction eingetreten, so dass z. B. Wörmann, nach Vorgang Anderer, ihm nur eine biblische Composition glaubt zuschreiben zu können.

Dass Aldegrever viel mehr gemalt hat, ist nach K. v. Mander unzweifelhaft; derselbe erwähnt auf S. 148 der Ausgabe von 1617 u. A.: »eenen Kerstnacht, seer wel gedaen« von ihm »in Soest in der ouden Kerk«.

Um nun den Nachweis zu führen, dass das vorerwähnte, wohl früher schon vermuthungsweise ihm zugeschriebene, aber neuerdings ganz unberücksichtigt gebliebene grosse Werk eine Jugendarbeit Aldegrever's ist, wird es nöthig sein, das Wenige, was über den Meister und seinen Namen bekannt ist, vorauszuschicken [1]).

Heinrich Trippenmeker ist nach Ausweis der Inschrift auf seinem Selbstporträt um 1502 geboren und zwar in Paderborn, wo seine Eltern, Hermann und Katharine, bis zu ihrem urkundlich 1545 erfolgten Tode wohnten.

---

[1]) Einige wichtige, bisher mir unbekannte Notizen verdanke ich der fleissigen Forschung des Herrn Rectors Göpner in Soest und des Herrn Dr. Jordan in Dortmund.

Aus einem im Rathsarchive der Stadt Soest (Bd. II, S. 333) befindlichen Briefe des Rathes von Soest an den Rath von Paderborn
geht hervor, dass unser Meister Heinrich ein »ingesettener Bürger« von
Soest war, und es wird in dem Briefe das von den Eltern hinterlassene
Erbe für ihn ernstlich requiriret.

Im Jahre 1530 führt ihn der bekannte Spottdichter Daniel von
Soest als Eideshelfer für die Patrocli-Schützengesellschaft auf [2]).

1531 erhält er von der evangelisch gesinnten Bürgerschaft Soest's
den ehrenvollen Auftrag, den zur Entwerfung einer evangelischen Kirchen-
ordnung von Lippstadt nach Soest berufenen Prädikanten Gert Oemike
zu geleiten, was er auch demnächst gethan hat.

Endlich geht aus einem Briefe des Rathes von Soest an den Rath
von Strassburg vom Jahre 1561 hervor, dass Aldegrever derzeit nicht
mehr am Leben war.

Es wird nämlich in letzterem Briefe Auskunft erbeten über die
Familienverhältnisse eines Sohnes unseres Meisters, welcher in Strassburg das Niederlassungsrecht nachgesucht hatte, und der Rath von Soest
bezeichnet in seiner Antwort den Vater als »gewesenen Glasmeker« u. s. w.
Der im Paderborner Stadtarchive befindliche Recess vom Jahre 1532
meldet, dass schon die Eltern unseres Meisters treue Anhänger der
Reformation und deshalb in hohe Geldstrafe genommen waren. Der
gleichgesinnte Sohn hat wahrscheinlich schon früh den Wanderstab
ergriffen, ist der damaligen Metropole der deutschen Kunst (Nürnberg)
zugewandert und hat später seinen Wohnsitz in Soest aufgeschlagen.

Ein ungefährer Anhalt für diese Annahme ist wohl in der Thatsache zu finden, dass der Rath von Paderborn dem Heinrich Aldegrever
sein elterliches Erbtheil verweigerte und den »Vürbrief« vom Soester
Rathe nöthig erscheinen liess.

Als Goldschmied und Juwelier finden wir den Meister zuerst
erwähnt 1534 in dem Gedichte des Daniel von Soest, dann in einem
Briefe des ihm befreundeten Kämmerers des Herzogs von Cleve (1552),
welcher wiederholt um endliche Fertigstellung eines Siegels und eines
Ringes ersucht.

So viel über die persönlichen Verhältnisse Aldegrever's. Wenden
wir uns nun der Betrachtung des Werkes selbst zu.

Es ist ein zweiflügeliger Schrein von 2,35 m Breite und 1,88 m
Höhe und befindet sich jetzt unter dem mittleren Fenster des nördlichen
Seitenschiffes der neurestaurirten Wiesenkirche. Vor der Restauration

---

[2]) Vergl. Dr. Gehrken's Biographie Aldegrever's, S. 152 u. f., in der Zeitschrift
für vaterländische Geschichts- u. Alterthumskunde, Bd. IV.

derselben stand der Schrein an der entgegengesetzten Seite. Der 0,50 m hohe Untersatz ist auf einer Schmalseite consolartig ausgekragt, während die andere Schmalseite mit dem Schreine gerade abschneidet.

Man erkennt hieraus, dass das Werk ursprünglich in einer Ecke Aufstellung erhalten hat, folglich nicht für die Wiesenkirche gefertigt ist, weil die letztere gar keine Ecke zur Aufstellung bietet.

Aus der Anfangs bezeichneten Notiz Karl v. Mander's dürfte man folgern, dass es ursprünglich für die Petrikirche, welche in Urkunden immer die »alde Kerke« heisst, gefertigt ist.

Der Hauptschrein enthält in seinem Obertheile in drei Abtheilungen die in Holz geschnitzten und vergoldeten Figuren der Maria (in der Mitte) und zu ihren Seiten die der hl. Agathe und des hl. Antonius erem., während der ebenfalls schrankartige Untersatz in sieben Abtheilungen die Brustbilder des Heilandes und von sechs Aposteln barg. Diese sind jetzt verschwunden und man sieht jetzt nur noch die Holzdübel, welche zur Befestigung der Figuren gedient haben.

Die Thür zu diesem Untersatz ist — was vielfach übersehen zu sein scheint — beiderseits bemalt, und zwar enthält sie innen in drei Rundbogenfeldern je zwei Brustbilder der sechs andern Apostel und aussen, in drei ebenfalls gemalten Rundbogenfeldern, die Verkündigung, hl. Familie, wobei ein Engel das Kind hält, und die Anbetung der Weisen.

Die zwei Thüren des Hauptschreines zeigen auf den Innenseiten links die hl. Familie in Gesellschaft kleiner musicirender Engel, rechts die Anbetung der Weisen und auf den Aussenseiten dieselben drei Heiligen, wie die Holzschnitzereien des Innern; links die Maria und rechts Antonius und Agathe.

Von den Holzschnitzereien ist hier nur zu sagen, dass sie, ganz dem Charakter der damaligen Zeit entsprechend, trockene und hagere Figuren mit tief gegrabenem, steifem Faltenwurf zeigen und dass die Strahlenglorie um die Maria mit einem Kranze von Rosen umsäumt ist.

Die Umrahmungen der Figuren sind in spätestgothischen Architekturformen, als sehr zierlich durchbrochene Baldachine mit vielfach gewundenen und durchflochtenen Säulchen darunter, hergestellt.

Zur näheren und eingehenderen Betrachtung der Malereien übergehend, verweise ich zunächst auf das rechtsseitige Flügelbild (Fig. 1).

Wir sehen hier im Hintergrunde die drei Weisen von drei verschiedenen Richtungen her mit grossem Gefolge ankommen und im Vordergrunde dem Kinde ihre Geschenke darbringen, während hoch in den Lüften ein Engel den Stern voranträgt.

Joseph, mit einem Korbe voll Eier aus einem Gemache kommend, lüftet ehrerbietig den Hut und schielt etwas scheu zu den hohen Gästen herüber. Der Waffenschmuck der Weisen ist äusserst sorgfältig gemalt und kennzeichnet den Maler als einen geschickten Goldschmied. Höchst naiv sind die beiden kleinen nackten Engel als Guirlandenträger über dem Joseph dargestellt und erinnern sehr an Dürer.

Der andere Flügel zeigt die hl. Familie in Gesellschaft zierlicher Engel, deren einer dem Christkinde eine Panspfeife vor den Mund hält, während hoch in den Lüften drei andere Engel von einem Notenblatte das »Gloria in excelsis deo« singen.

Joseph hat in der rechten Hand eine brennende Kerze und zwar so, dass letztere zwischen Mittel- und Goldfinger in der hohlen Hand steht [8]). Hinter der hl. Familie nahen in heiliger Scheu mehrere Hirten, deren vorderste beiden durch ihre scharf ausgeprägten Züge sich als Porträts kennzeichnen. Die Säulen der Architektur sind wie Goldschmiedearbeit der Renaissance behandelt und treten somit in Gegensatz zu den Holzschnitzereien des Schreines.

An der Mauer des Raumes (Stalles), in dem die hl. Familie sich befindet, steht auf einem ausgekragten Steine ein Holzschuh [4]), dem

Fig. 2.

der Maler — um ihn nicht mit einem Lederschuh verwechseln zu lassen — einen Sprung oder Riss angemalt hat. Siehe Fig. 2 (in wirkl. Grösse).

Von besonderem Interesse sind die auf die Innenseiten der Untersatzklappe gemalten sechs Apostelfiguren, weil an ihnen einestheils der unmittelbare Einfluss Dürer's, anderntheils die Selbständigkeit Aldegrever's in der Behandlung der Gewandungen deutlich hervortritt.

Gleiches Interesse erweckt die Maria auf der Aussenseite der grossen Flügelthür, denn an ihr finden wir in der mehr grau gehaltenen Malerei einen Uebergang zum Kupferstich, in welchem Aldegrever später so Herrliches geleistet hat.

Endlich sei noch auf die beiden Künstlerzeichen aufmerksam gemacht, welche über dem Kopfe der Paulusfigur in der Klappe des Untersatzes sich befinden. Das eine derselben ist das Monogramm

---

[8]) Die Haltung der Kerze, welche auch bei der weiter unten beschriebenen Darstellung, sowie bei Antonius, auch sonst vielfach in Bildern der Zeit wiederkehrt, ist sonderbar und wohl aus dem praktischen Grunde gewählt, die hohle Hand als Lichtteller zum Auffangen des heruntertropfenden Wachses und zugleich als Lichtschutz dienen zu lassen.

[4]) Diese Holzschuhe heissen niederdeutsch »Trippen«, und bezieht sich diese Darstellung jedenfalls auf den Familiennamen: »Trippenmeker«.

Aldegrever's, während das andere höchstwahrscheinlich das Zeichen des Holzbildhauers ist.

Es mögen nun einige Bemerkungen über den künstlerischen und kunsthistorischen Werth der Malereien folgen. Die Ausläufer der Kölnischen Schule mit ihren manierirten und bis zur Widerlichkeit versüsslichten Gestalten hatten auch · in Soest manch Denkmal gesetzt und dabei in handwerksmässiger Oberflächlichkeit das Möglichste geleistet, besonders aber musste ein Bild, wie wir es im südlichen Chorbau der Wiesenkirche haben, mit seiner rosenrothen und ohne irgend welches Verständniss der Perspective gemalten Architektur einen Künstler wie Aldegrever geradezu zur Reaction gegen solche Ungeheuerlichkeiten reizen. In Folge dessen gewahren wir an unserem Werke zunächst eine sehr sorgfältige, auf gründliches Studium des menschlichen Körpers basirte Zeichnung des Figürlichen, freie, von den Fesseln traditioneller Gebundenheit unabhängige Composition der Gruppen, Klarheit in der Ausprägung der künstlerischen Gedanken und stramme, etwas langgestreckte Gestalten, wie sie in fast allen späteren Werken Aldegrever's, namentlich im westfälischen Hochzeitszuge wiederkehren. Insonderheit muss die durchaus naturwahre und weit über Dürer hinausgehende Behandlung der Gewandung überraschen, während die Köpfe der Apostel, namentlich von Petrus und Paulus direct von Dürer entlehnt scheinen [5]). Die Pinselführung ist zwar flott, aber dabei fern von allem Handwerksmässigen oder Flüchtigen, namentlich ist die Behandlung des Haares der Dürer'schen fast gleich.

In einem Punkte scheinen ihn die Typen seiner westfälischen Umgebung allzusehr beeinflusst und von einer künstlerischen Idealisirung der Frauengesichter abgehalten zu haben. Maria erscheint uns wie eine behäbige westfälische Patrizierfrau, der es nicht gegeben ist, ihre Seelenvorgänge durch das Gesicht zu verrathen. Auch bei Agathe ist das der Fall.

Wenn Aldegrever in seiner Reaction gegen die Auswüchse der Kölnischen Schule in diesem Punkte zu weit gegangen ist, so ist das wohl zu entschuldigen mit Rücksicht auf das Streben nach Naturwahrheit und die Sorgfalt, mit welcher der damals etwa 22 jährige Künstler auch scheinbar ganz bedeutungslose Gegenstände aufgefasst und wiedergegeben hat. So z. B. ist in das Gesicht des Joseph (auf dem linksseitigen Flügelbilde) eine Fliege mit mikroskopischer Feinheit gemalt, während auf der anderen Gesichtsseite eine Warze sichtbar ist.

---

[5]) Man vergleiche die 1514 begonnene Apostelfolge, Bartsch 46, 1525 und beachte dabei die höchst sonderbare Schädelform des Paulus und die Darstellung des Petrus.

Herrliche Ritter- und Magistergestalten sind die drei Weisen in ihrem kostbaren Waffenschmuck und sie bringen in ihrer strammen Haltung nicht nur das Ritter-, Bürger- und Gelehrtenthum Soests aus dem 16. Jahrhundert klar zur Anschauung, sondern zeigen auch, dass Aldegrever bis auf Aeusserlichkeiten von der kirchlichen Ueberlieferung sich los gemacht hatte, denn nicht als Könige, sondern als Patrizier und Magister sind die Weisen dargestellt. Auch technisch steht er als Meister da, denn die Farben mit ihren Reflexen sind so lebendig und frisch, als ob sie erst vor einigen Monaten und nicht schon vor Jahrhunderten aufgetragen wären.

Fassen wir alle diese Momente, deren noch eine Fülle dem aufmerksamen Beobachter sich darbietet, zusammen, so müssen wir bekennen, dass wir es mit einem Maler von hervorragender Bedeutung zu thun haben, dessen sich sein grosser Meister (Dürer) nicht zu schämen brauchte und von dem Sandrart in seiner »Deutschen Kunstakademie« mit Recht ausrufen konnte: »dass der hell in Westfalen leuchtende Stern nach dem Absterben Aldegrever's zu bald verschwunden und das Land in die vorige Dunkelheit verfallen sei.«

Wir wollen nun die Autorschaft Aldegrever's aus dem Werke selbst finden und beweisen, und sehen dabei zunächst auf das Monogramm 𝕳𝕿 (Heinrich Trippenmeker), wie es über dem Kopfe des Apostels Paulus erkennbar ist.

Es könnte kühn erscheinen, gerade hieraus die Autorschaft herleiten zu wollen, viel eher dürfte man ja auf das Gegentheil schliessen, weil alle anderen bekannten Arbeiten Aldegrever's das Monogramm 𝕬 tragen.

Hiergegen ist hervorzuheben, dass das Monogramm Dürer's fast ebenso aussieht wie das spätere Aldegrever's 𝕬 , und bei directen Uebertragungen durch Umdruck geradezu verwechselt werden konnte.

Um diese Unannehmlichkeit zu vermeiden, hat Aldegrever erst nach Dürer's 1528 erfolgtem Tode sein 𝕬 geführt und bis dahin die Anfangsbuchstaben seines Familiennamens benutzt, wie wir es auf unserem Bilde sehen.

Dass es aber auch wirklich diese Anfangsbuchstaben sein sollen, hat der Maler durch den Eingangs dieses Artikels erwähnten Trippen, rechts von der Krippe im Stalle, klarlegen wollen.

Zum anderen hat der Künstler sein Selbstporträt einem der beiden Hirten im Mittelgrunde des linksseitigen Flügelbildes aufgeprägt, wie eine Vergleichung der beiden Porträts Fig. 3 u. 4, namentlich mit Berücksichtigung der originellen Nase, ergibt. Aus diesen Porträts können wir aber auch das ungefähre Alter des Künstlers erkennen, denn wenn

Aldegrevers hec est praesens pictoris imago Hinrici propriae quam Genvere manus Anno sue Actavis XXVIII.

Anno Domini MDXX.

Fig. 4.

Fig. 3.

er zur Zeit der Anfertigung des Kupferstichs (1530) laut Inschrift 28 Jahre
alt war, so muss er zur Zeit der Anfertigung dieses Altarbildes erheblich jünger gewesen sein, wie ein Blick auf die Porträts deutlich zeigt.
Wäre nun anzunehmen, dass Aldegrever einer der Evangelischen gewesen, die 1524 aus Nürnberg verwiesen wurden, so fiele die Anfertigung
dieses Bildes zwischen 1524 und 1528, also in die Alterszeit vom 22. bis
zum 26. Jahre, und wir können nur bedauern, dass der so hochbegabte
Künstler sich später mehr dem Kupferstiche und der Juwelierkunst zugewandt hat.   Vielleicht aber tragen diese Zeilen dazu bei, noch mehr
Werke seiner Hand ausfindig zu machen und ihm den Platz in den
Reihen der deutschen Maler zu sichern, der ihm unstreitig gebührt.

Alterthumsfälscher auf und mit Cypern.

Von **Max Ohnefalsch-Richter**, Curator des Cyprus-Museum.

Wenn Jemand Geldmünzen täuschend nachahmte und die gefälschten Stücke als echte in den Handel brächte, hat er doch nur einen kleinen Bruchtheil der Menschen geschädigt. Nach erfolgter Entdeckung empfängt der Fälscher die verdiente gesetzlich normirte Strafe. Wer nicht falsches Geld für echtes nahm, ist nicht in Mitleidenschaft gezogen.

Wie aber, wenn Jemand Alterthümer fälscht, mögen es nun Münzen, Bildwerke, Gefässe oder Grundrisse eines antiken Bauwerks, mögen es gefälschte Fundortsangaben von echten Alterthümern sein? — Das Gesetz hat da noch zu wenig vorgesehen. Und doch können geriebene Alterthumsfälscher auf die gesammte Menschheit viel unheilvoller einwirken, als je moderne Falschmünzer.

Wie aber ist es möglich, höre ich fragen, dass in unserem Zeitalter fortgeschrittener allgemeiner Bildung, fortgeschrittener Fachgelehrsamkeit und praktischer Tüchtigkeit die gesammte Welt (die wissenschaftliche miteingeschlossen) selbst durch Charlatane in der Alterthumskunde auf's schändlichste hintergangen werden kann? — Unsere Tagespresse trägt mit Schuld daran. Eine Menge von Redactionen und darunter manche von recht angesehenen Blättern haschen nach neuen Nachrichten und möglichst sensationellen dazu. So öffnen sie nur zu oft ihre Spalten Individuen, von denen sie nie etwas gehört hatten. — Einen weiteren Schuldantheil haben wiederum die in Zeitungen erscheinenden Kritiken über Forschungen oder über erdichtete Leistungen. Ich habe z. B. viele Kritiken über die Cypern-Litteratur gelesen, manche gute und manche schlechte. Ich frage, wie kann Jemand die Berichte eines Cypernreisenden richtig beurtheilen, ohne selbst einen Fuss in den Orient oder nach Cypern gesetzt zu haben? — Es gesellen sich zu nachlässigen oder erdichteten Berichten nur zu oft nachlässige und verfehlte Kritiken, der bezahlten, lobhudelnden Reclameartikel nicht zu gedenken.

Es wäre zu wünschen, dass aus dem Scandalprocess Feuardent-
Cesnola, wie er sich soeben vor den Schranken des United States
Circuit Court zu New-York abrollt, Museumsvorstände wie Redactionen
von Blättern Vortheil zögen. Die Gerichtsverhandlungen beweisen, dass
ein geheimer Zeitungscorrespondent von Louis Palma di Cesnola be-
soldet war, stets gegen die dem Museumsdirector gemachten Angriffe
zu schreiben.

Selten ist die Welt in so plumper Weise von Alterthumsfälschern
betrogen worden, wie von den Gebrüdern Louis und Alexander Palma
di Cesnola. Der Löwenantheil von den Leistungen des edlen Gebrüder-
paares kommt dem älteren Cesnola, Louis, zu, obgleich auch die Fälschungen des jüngeren Cesnola, Alexander, was sogenannte Fundortsangaben und Restaurationen angeht, nichts an Unzuverlässigkeit zu
wünschen übrig lassen.

An den Fingern beinahe abzählen lassen sich die auf uns mit
Sicherheit gekommenen, als echt nachgewiesenen Originalwerke eines
Päonios, Kanachos, Phidias oder Praxiteles. Solche Meisterwerke lassen
sich überhaupt nicht nachahmen oder nur sehr schwer von grossen
Künstlern. Die Mehrzahl aller in den Museen aufgespeicherten Alterthümer haben ihren Hauptwerth, dass sie uns echte Spiegelbilder längst
dahingegangener Culturen und Völker abgeben. Sobald wir ihre Echtheit anzweifeln müssen, ist auch ihr Werth dahin. Unsere modernen
Kunsthandwerker und nun gar unsere Künstler von Gottes Gnaden
sind im Stande, Werke zu schaffen, die vielen antiken den Rang im
Werthe ablaufen, sobald man den Werth des Alters ausser Acht lässt.

Es ist wohl verzeihlich, aber trotzdem höchst bedauerlich, dass
sich auch tüchtige deutsche Gelehrte durch den Humbug und die Fäl-
schereien der Gebrüder di Cesnola haben täuschen lassen und noch bis
heute getäuscht werden. Zufällige Glücksfunde, zumal an Alterthümern,
haben sehr verführerische Folgen. Nicht umsonst sagt ein deutsches
Sprüchwort: »Dumm muss der Mensch sein, um Glück zu haben.«
Unbedeutende Talente werden da plötzlich als grosse Genies gepriesen,
während andere grosse, wahre Talente nie zur Anerkennung gelangen.
Ein Glücksritter und wissenschaftlicher Industrieritter par excellence ist
Louis Palma di Cesnola. Wir Deutsche haben zu bedauern, dass ihm
Männer von Ruf, wie G. Ebers, L. Stern (siehe die deutsche Bearbeitung von L. P. di Cesnola's Cypern. Jena 1879) und andere, die
Steigbügel gehalten haben. Jeder, der ehrlich ist und mit offenen Augen,
etwas Kenntnissen und Fähigkeiten begabt, das Glück hatte, wie ich
auf Cypern jahrelang nach Alterthümern zu graben, musste die grenzen-
losen Schwindeleien und Pfuschereien der Cesnolas aus eigener Initia-

tive erkennen. So machte ich, bereits lange bevor man in Amerika
das erste ernste Wort gesprochen hatte, meine deutschen Freunde auf
die hirnverbrannten Handlungen der Gebrüder di Cesnola aufmerksam.
Meine Freunde nahmen mit Interesse Kenntniss, aber nicht ohne mich
zu warnen, nicht öffentlich eher gegen die Cesnolas aufzutreten, bis
die schlechte Frucht von selbst oder durch andere reife. Man würde,
so lange ich allein stände, mir andere Motive unterschieben, schrieb
man, Eifersucht, Neid, als alleinige Triebfedern betrachten. — Trotzdem uns jetzt vor den Gerichtsschranken des United States Circuit
Court ein Zeuge nach dem andern geradezu ekelerregende Details aus
dem figurenreichen schwarzen Gemälde einer Antikenfabrik heraus-
schneidet, hat man mir wiederum noch vor wenigen Wochen und von
wohlmeinender Seite bedeutet, Cesnola's Verdienste seien doch unbestritten grosse und aus mir müsse doch wohl Eifersucht sprechen. Damit beweist man also, dass man trotz den überseeischen Kabeln noch
heute in Deutschland wenig von dem weiss, was sich jenseits des
grossen Oceans abspielt. Es thut deshalb sehr noth, das deutsche
Publicum über den wahren Sachverhalt der Cesnolaaffaire aufzuklären.
Hoffentlich wird man ferner Männern, die aus reiner Liebe zur exacten
Wissenschaft bestrebt sind, gegen Mächte und Männer der Finsterniss
zu Felde zu ziehen, keine unlauteren Motive unterschieben.

Gewiss sind nur eine Anzahl der Cesnola'schen Alterthümer gefälscht. Nur leiden auch von nun an alle echten, nicht in den Cesnola-
Fabriken in Cypern und New-York hergerichteten Stücke, weil ihre
Echtheit fraglich ist. Die cyprischen Alterthümer (und das gilt besonders von den von Louis Palma di Cesnola gesammelten) haben das
Interesse der Alterthumsforscher in hohem Grade in Anspruch genommen. Es sind nicht technische Vollendungen und Schönheiten der
für sich betrachteten reinen ägyptischen oder assyrischen oder griechischen Kunst, welche bei den cyprischen Bildwerken imponiren. Zwar
hat man auch viele bessere griechische Arbeiten aus dem Dunkel der
cyprischen Erde an's Tageslicht gezogen. Ich darf wohl hinzufügen,
auch in den Ausgrabungen, welche ich für das British Museum sowie
das Cyprus-Museum zu leiten die Ehre hatte. So anmuthige und
liebliche Blüthen von griechischen und griechisch-cyprischen Künstlern
auf Cypern gezeitigt wurden, so können dieselben an Kunstwerth doch
nie mit den besten griechischen Funden Ionien's geschweige mit den
der Erde von Hellas selbst entstiegenen wetteifern. · Andererseits ist
wohl hervorzuheben, dass selbst bisher verschiedene unserer besten
Kunsthistoriker der griechischen Cultur auf Cypern ein viel zu kleines
Feld einräumten, weil sie sich auf nur einseitig und fast nie syste-

matisch betriebene Ausgrabungen stützten. L. Stern urtheilte voreilig, indem er das L. di Cesnola'sche Buch »Cypern« ein Handbuch
der cyprischen Alterthumskunde nannte. So stark der assyrisirende
oder ägyptisirende Geschmack bei cyprischen Bildwerken vorwalten
mag, so treten doch so gut wie nie (vielleicht einzelne importirte Gemmen ausgeschlossen) die Künste Assyriens oder Aegyptens in ihrer
vollen Reinheit auf. Andere Einflüsse von Kleinasien, Hamath oder
Babylon, sowie die so beträchtlichen von Phönizien, an sich schon
(Babylon ausgenommen) keine reinen selbstständigen Kunstarten, wirkten
weiter ein, die cyprische Mischkunst zu schaffen. Alle diese verschiedenen bisher genannten Kunstausübungen bauten aber auf einer Cypern
bereits eigenen prähistorischen in den bei weitem meisten Fällen auf. —
Je nachdem sich in dem einen Inseltheile andere Völker ablösten als
in einem andern, nahm die cyprische Kunst eine andere und oft sehr
bestimmte Färbung an. In vielen andern Fällen wurde freilich das
Resultat so vieler oft zeitlich neben- und miteinander einwirkender Factoren ein so verschwommenes, dass der einzelne Factor kaum je klar
definirbar sein wird. Um eine Geschichte der cyprischen Kunst schreiben
zu können, müssen wir uns eben an die klaren Fälle halten, an die
Funde der mehr reinen Nekropolen, Gräber oder Heiligthümer. Und
auf Fälle dieser Art stösst der praktische, mit Schaufel, Spaten, Messer,
Hand und Sieb arbeitende Forscher oft genug. — So war es mir bisher trotz umfangreicher Ausgrabungen unmöglich, in Salamis und
seinen nächsten Umgebungen, sowie in den Tempeln zu Achna und
Voni nur eine minimale Scherbe jener cyprischen Thongefässe mit auf-
gemalten concentrischen Kreismustern und andern sich nach der Ver-
ticale und Horizontale hin entwickelnden geometrischen Figuren zu
entdecken, an denen z. B. Kition, Idalion, Kurion Ueberfluss haben. Der
Werth solider cyprischer Forschungen ist auch über Cypern hinaus
ein ungewöhnlich grosser. Sie sind dazu berufen, hochwichtige Fragen
über die Anfänge gewisser Culturen und Kunstarten zu lösen, besonders auch der griechischen. Sie sind berufen, das homerische und
vorhomerische Zeitalter weiter aufzuhellen und namentlich das wichtigste
Mittelglied zwischen einer uralten trojanischen und mykenischen Cultur
herbeizuschaffen. Zu einem sehr kleinen Theile haben auch cyprische
Ausgrabungen und Forschungen, soweit sie solide waren, schon treffliche Dienste geleistet. Die Anerkennung, welche meinen Bestrebungen
von Autoritäten wie A. H. Sayce (Oxford), H. Schliemann, Conze
(Berlin), U. Köhler (Athen), J. Naue (München) gezollt wurde, ist mir
die beste Bürgschaft. — Für die angezogenen grossen Fragen sind die
von den Gebrüdern di Cesnola in die Sammlungen gebrachten Alter-

thümer vielfach gar nicht oder nur zu einem kleinen Bruchtheile zu gebrauchen.

Die Gebrüder di Cesnola haben in Masse falsche Fundortsangaben gemacht. Viele der von Louis Palma di Cesnola als Golgoi- oder Kurion-Funde bezeichnete Gegenstände sind factisch ebensowenig bei den heutigen Dörfern Athieno oder. Episkopi ausgegraben, wie viele der Alexander P. di Cesnola'schen Salamis-Funde in der Gegend zwischen den beiden heutigen Dörfern A. Sergi und Engomi.

Die Cesnola's setzten kopflosen Statuen Köpfe anderer Bildwerke von irgend einer Oertlichkeit auf und schufen so trotz gefälliger Aussenseite werthlose antikisirende Missgeburten, der an- und eingeflickten nicht zusammengehörigen Gewandtheile, Extremitäten, Attribute nicht zu gedenken.

Wer sich über die Fälschungen Louis Palma di Cesnola's näher informiren will, den verweise ich auf die amerikanische Presse [1]), besonders für den Zeitabschnitt vom October vorigen Jahres an seit dem Beginn des Feuardent-Cesnola-Processes. Die Mittheilungen der Hauptzeugen gegen Cesnola, Beamte des New-Yorker Museum selbst, wie Hutchins, F. Gehlen, I. Baillard, D. Savage, C. Henkel, sind der gravirendsten Art und werden n i e dementirt werden können.

Wer sich aber gelegentlich wie ich auf Cypern selbst informiren will, der wird hier Hunderte von Zeugen kennen lernen, welche über das Fälscherhandwerk der Gebrüder di Cesnola haarsträubende Aufschlüsse geben. Erst jetzt beginnen die Cyprioten zu begreifen, dass es von Werth ist, genau und sicher zu wissen, wo eine Antike gefunden war. Erst jetzt dämmert es hier bei Vielen auf, dass es am Ende doch ein Betrug sei, einen Kopf von Paphos auf eine Statue von Salamis zu setzen, oder einen Unterschenkel von Amathus an einen Oberschenkel von Karpasia. Die Gebrüder di Cesnola betrieben auf Cypern ihr Fälscherhandwerk so öffentlich, dass die allermeisten der Cyprioten dasselbe nicht nur für erlaubt, sondern für nothwendig geboten erachteten, um einer Antike erst den ihr gebührenden Werth zu verleihen. Alexander P. di Cesnola, der Begründer der Londoner Lawrence-Cesnola-Collection war so gütig, mich 1878 in sein Studio zu Ormidia zu führen, als ich ihm daselbst einen Besuch als Zeitungs-

---

[1]) Ich nenne New York Times, New York Herald, The Morning Journal, The World, The Life, vor Allem aber auch die illustrirte Monatsschrift »The Art Amateur«, December-Nummer 1883, wo man einen vortrefflichen summarischen, von Illustrationen begleiteten Bericht findet. Verschiedene der Statuen sind in zwei Gestalten abgebildet, in der ursprünglichen, in der sie gefunden, und in der restaurirten von heute.

correspondent und Interviewer machte. Es war das im September, als ihm Sir Garnet Wolseley noch nicht gewaltsam das Handwerk gelegt hatte. — Alex. P. di Cesnola, der doch auf meiner Cartè sah, in welcher Eigenschaft ich zu ihm kam, war naiv genug, mir sogar zu zeigen, wie er aus verschiedenen Statuettenfragmenten ganze Statuetten zusammensetzte.

Lazari, das ehemalige Factotum Alex. P. di Cesnola's, hatte später (1882) für mich die im Artemis-Kybele-Tempel zu Achna ausgegrabenen für das British Museum bestimmten Alterthümer einzupacken. Mitleidig musterte Lazari meine Sammlung und sagte: »Aber »Herr, Du verzeihst, wenn ich Dir erkläre, Du verstehst die Arbeit »nicht recht gut. Wenn Du hättest meine früheren Patrone, die Ces- »nola's, gesehen! Die verstanden das Geschäft. Warum schickst Du »diese Statue ohne Kopf und jenen Kopf ohne Rumpf, warum stopfst »Du hier nicht die Löcher zu und warum giebst Du diesen Köpfen »ohne Nasen nicht neue Nasen? Ich habe noch etwas guten Leim von »Alexander Cesnola. Wenn Du willst, ich hole ihn und mache Dir »die Sachen ganz, damit Du Ehre einlegst in London.«

Schliesslich habe ich noch auf ein vortreffliches Werk aufmerksam zu machen, das demnächst in Paris erscheint. Es hat einen auch um archäologische Forschungen in Frankreich verdienstvollen Gelehrten zum Verfasser, J. J. de Morgan. — Das ganze Werk ist nichts als eine grosse Anklage und Verurtheilung der Louis Palma di Cesnola'schen Thaten. De Morgan hat mit grossem Fleisse besonders auch alles über und von Cesnola Erschienene gesammelt. Dabei ist er auf die unglaublichsten Widersprüche gestossen, die L. P. di Cesnola selbst in seinen verschiedenen Publicationen macht. So hat er, um nur einiges hervorzuheben, selbst zwei verschiedene Grundrisse des Tempels der Pseudo-Aphrodite von Golgoi veröffentlicht. Ueber einen bestimmten Fund macht er in den verschiedenen Auslassungen, Briefen, Publicationen total verschiedene Fundortsangaben. J. de Morgan hat sich auch da der grossen Mühe unterzogen, eigene Carten zu construiren, um den imaginären Transport cyprischer Alterthümer Cesnola's zu illustriren. Der Autor war so gütig, mir grosse Bruchstücke seiner Arbeit in Abschrift zukommen zu lassen.

Das Hospital Santo Spirito zu Rom im 15. Jahrhundert.

Von Heinrich Brockhaus.

Wie sah Rom im Zeitalter der Frührenaissance aus, als es sich nach der Rückkehr der Päpste von neuem rühmen durfte, das Haupt der Welt zu sein, und auf Befehl der Päpste seine langezeit vernachlässigte äussere Erscheinung mit der wiedererlangten Würde in Einklang zu bringen versuchte? In dieser Frage gipfelt das Interesse, das uns antreibt, die römische Denkmälerwelt des 15. Jahrhunderts zu erforschen. Bisher freilich sind wir noch sehr im Unklaren über das damalige Aussehen der vielen Kirchen und Paläste, deren Erbauung und Ausschmückung zeitgenössische Schriftsteller uns melden. Diesem Mangel zunächst auf einem engbegrenzten Gebiete, im Bereiche des Hospitals S. Spirito, abzuhelfen, das als eine der grössten einheitlichen Schöpfungen des 15. Jahrhunderts in Rom bezeichnet werden muss, ist der Zweck der folgenden Untersuchung [1].

Auf dem rechten Tiberufer, in der Nähe des Vaticans, nimmt das Hospital mit seinen mehrere Höfe umschliessenden Anstalten einen grossen dreieckigen Flächenraum von fast 30 000 Quadratmeter [2] Ausdehnung ein, dessen Grenzen auf der einen Seite der Tiber, auf den beiden anderen der Borgo Santo Spirito bildet, welcher an der Kirche S. Spirito in spitzem Winkel umbiegt und jenseit des Stadtthores seine Verlängerung in der Via della Longara

---

[1] Die Speciallitteratur über S. Spirito umfasst die folgenden Schriften: Petrus Saulnier, »De capite sacri ordinis S. Spiritus dissertatio«, Lugduni 1649«; Adinolfi, »La portica di San Pietro ossia Borgo nell' età di mezzo, 1859«, die Einleitung zu »Resoconto statistico per l'anno 1865 degli Ospedali di Roma, Anno secondo, Roma 1866«, und Azzurri, »I nuovi restauri dell' archiospedale di S. Spirito in Saxia, Roma 1868«. Im Archiv zu S. Spirito geben ferner vielfachen Aufschluss über die Geschichte des Hospitals: Die Sammlung aller auf dasselbe bezüglicher Bullen, und das Sterberegister der Brüderschaft, das auf dem Titel bezeichnet ist als »Annalia Canonicorum S. Spiritus in Saxia. 33«. Adinolfi verdanken wir die Kenntniss von 20 Documenten aus den Jahren 1363—1523 und 1626, Azzurri und Letarouilly, Edifices de Roma moderne, III, Pl. 256, Grundrisse der ganzen Anstalt.

[2] Azzurri, S. 16: 28 725 Quadratmeter.

findet. Die Stiftung der Kirche, welche dem Gottesdienste der Brüderschaft und ihrer Pflegebefohlenen geweiht ist, wird ins 8. Jahrhundert gesetzt und auf Briten und Sachsen zurückgeführt, deren Namen man noch in ihrer Benennung »S. Spirito in Saxia« erkennen kann. Ihr älterer Name, der anfänglich auch auf das Hospital übertragen wurde, war »Sa. Maria in Saxia«; erst im Laufe der Zeit wurde er bei beiden mit dem Namen desjenigen Ordens vertauscht, welchem ihre Leitung oblag: des Ordens zum heiligen Geiste. Die in früheren Jahrhunderten nahebei errichteten Hospitalbauten stehen mit dem Hospital S. Spirito in keinem Zusammenhang.

Das Hospital war von Innocenz III. erbaut und 1204 der Brüderschaft des Heiligen Geistes übergeben worden. In der zweiten Hälfte des 14. Jahrhunderts befand es sich in bestem Wohlstande, kurz darauf aber drohte es gänzlich zu verkommen, als Krieg und Entzweiung der Adelsgeschlechter die Stadt dem Verderben nahe brachten. In wie kläglichem Zustande es sich damals, zu Anfang des 15. Jahrhunderts, befand, bezeugen Notizen in einem Tagebuche, das aus jener Zeit auf uns gekommen ist[3]). Am 10. October 1409, heisst es da, blieb der Commendator, der Vorsteher des Hospitals, allein mit drei Brüdern übrig. Dann schlugen Kriegstruppen im Hospitale ihr Lager auf und benutzten den alten Campanile seiner Kirche als Bollwerk im Kriege, indem sie in den Fenstern Wurfmaschinen aufstellten. Selbst die Kirche wurde durch Einlagerung einer starken Söldnertruppe entweiht, da sich hier der geeignetste Punkt darbot, um die nahe Engelsburg zu belagern. So darf es nicht Wunder nehmen, dass der Commendator eines Tags entfloh, und dass in der Folge sowohl die Erneuerung des Ordens als auch der Neubau der ihm gehörigen Baulichkeiten nothwendig wurde. Das Hospital in seiner jetzigen Gestalt stammt daher völlig aus der Zeit der Renaissance.

Die Inschrift »Sixtus IIII. fundavit«, welche in steter Wiederholung über den Fenstern des neuen Hospitals prangt, stellt die Neustiftung als eigenstes Werk des Papstes Sixtus' IV. hin und lässt vergessen, dass auch Andere mit und vor ihm hier Verdienstvolles geleistet haben: Papst Eugen IV. und die beiden Generalmagister des Ordens, welche von den letzten Jahren dieses Papstes an bis fast zum Tode Sixtus' IV. ihr Hospital mit Liebe und Energie leiteten. Die vorhergehenden Päpste hatten in den allgemeinen Wirren der Kirche kaum etwas mehr thun können als den Orden zu bestätigen, und auch Eugen dem IV. (1431—1447) waren die Hände noch sehr gebunden. Nach Möglichkeit nahm er sich jedoch des Hospitals mit regem Eifer an, wie sich den von ihm erlassenen Bullen entnehmen lässt, und wofür auch seine offene Erklärung ein beredtes Zeugniss gibt, welche von dem Geschichtsschreiber des Ordens (Petrus Saulnier) rühmend erwähnt wird: »er selbst wolle, wenn der Generalmagister seine Pflicht nicht erfülle, dessen Lasten auf seine Schultern nehmen, er selbst wolle den Generalmagister des Ordens, den Vorsteher des Hospitals, spielen und halte dies mit der Würde seiner Tiara für sehr gut

---

[3]) Diarium des Antonius Petri, abgedruckt bei Muratori, »Rerum italicarum scriptores,« XXIV, auch von Saulnier erwähnt.

verträglich.‹ Der Generalmagister, dessen Benehmen einen solchen Ausspruch seitens des Papstes hervorrief, war sein Neffe Petrus Barbus, der spätere Papst Paul II. Wie hoch sich die Summe belaufen haben mag, welche Eugen IV. den Baubedürfnissen des Hospitals widmete, ist nicht bekannt. Die einzig nachweisbare Zahlung von 237 Ducaten, über welche sich im vaticanischen Archiv eine Urkunde erhalten hat, gibt keinen Massstab für die grossen und vielseitigen Wohlthaten, welche er dem Hospitale erwies. Er riss es aus seiner Geldnoth, machte der Unordnung, welche der Brüderschaft alle Kraft lähmte, ein Ende und stellte die verfallenen Gebäude wieder her, damit es seiner Bestimmung entsprechend, wiederum Hospitalität üben könne [4]).

Von Allem, was Papst Eugen IV. hier ausführen liess, ist freilich nichts mehr zu erkennen, weil es bald durch umfassendere Neuschöpfungen verdrängt und ersetzt wurde. Ein Gleiches widerfuhr auch den im Auftrage seiner Nachfolger Calixt III. und Pius II. vorgenommenen Arbeiten. Von ihnen allen finden sich in den kürzlich veröffentlichten Urkunden des päpstlichen Archivs zusammen drei Zahlungen verzeichnet, welche an Steinarbeiter, für Aufführung einer Mauer und für Holzarbeiten geleistet wurden [5]). Wahrscheinlich handelte es sich hierbei lediglich um Ausbesserung und Wohnbarmachung der stark beschädigten Gebäude, einschliesslich eines dazugehörigen päpstlichen Palastes. Erst in den folgenden Jahrzehnten hören wir sodann von grossen Neubauten, welche zuerst den Campanile und gleich darauf das eigentliche Hospital gänzlich umgestalteten.

Der Campanile von S. Spirito ist ein besonders glücklich entworfenes Kunstwerk der römischen Frührenaissance. In ihm offenbart sich das dieser eigenthümliche neue Princip der Schönheit und Ruhe, das hier zum Siege gelangt ist über das unbeschränkte Aufwärtsstreben der mittelalterlichen Thürme Roms. Die Vielheit der aufeinander gethürmten Stockwerke ist überwunden, der Thurm gleicht einem zweistöckigen Renaissancebau, dem sich die Fensterreihen schön einfügen, zu zwei und zwei zusammengefasst durch gemeinsame Pilaster und daraufliegendes Gesims. Eigenthümlich berührt an ihm die Einordnung eines in der Mitte, zwischen den Fenstern stehenden dritten Pilasters, welcher den Stockwerken ihre Breite benimmt. Die Fenster sind rundbogig und werden durch ionische Säulchen in zwei wiederum von Rundbogen überspannte Hälften getheilt.

Welcher Künstler in dieser Weise seinen feinen Sinn für Verwendung

---

[4]) Die ›Annalia Canonicorum‹ sagen von Eugen IV. (7. kal. martii): ›multa bona contulit domui et hospitali nostro tam spiritualiter indulgenciis et gratiis apostolicis quam temporaliter in pecuniis et fabricis et possessionum et castrorum recuperatione ... domum qui, nostram et religionem valde ampliavit‹. In der Bulle ›Salvatoris nostri‹ vom 8. kal. april. 1446 sagt der Papst: ›(hospitale) in suis aedificiis collapsum ... ita in aedificiis restauravimus, ipsius reformavimus religionem‹. (Azzurri, S. 6.)

[5]) Müntz, ›Les arts à la cour des papes‹, I, S. 37 fg., 50, 203, 294. An Calixt III. heben sowohl Platina wie Filippo de Lignamine (Muratori, ›Rerum italicarum scriptores‹, IX) grosse Mildthätigkeit gegen die Armen hervor.

und Belebung antiker Architektur bekundete, bleibt uns leider unbekannt. Nur
den Stifter des schönen Campanile und die Zeit seiner Errichtung können
wir angeben. Die im Archiv bewahrten »Annalia Canonicorum« sagen uns,
dass Generalmagister Petrus Matthaeus, unter dessen langjähriger segensreicher
Leitung Orden und Hospital erstarkten, den vom Alter hart mitgenommenen
Campanile niederreissen und ihn, prachtvoll und fest, von Grund aus neu
erbauen liess [6]). Dass dies 1471, und zwar noch unter der Regierung Paul's II.,
geschah, besagt eine in einem vaticanischen Codex erhaltene Inschrift [7]), deren
Zugehörigkeit zum Campanile bisher nicht bekannt war, doch jetzt durch jene
Notiz der »Annalia Canonicorum« erwiesen wird. Als noch im selben Jahre
Paul II. starb und Sixtus IV. (1471—1484) ihm in der Regierung folgte, mag
dieser vielleicht wegen unbedeutender, für die gänzliche Vollendung noch
nöthiger Arbeiten sich die Berechtigung zuerkannt haben, sein Andenken auch
hier vermittelst einer Marmortafel zu verewigen. Die Tafel, welche Namen
und Wappen Sixtus' IV. enthält, darf uns aber nicht verleiten, den Campanile für sein Werk zu halten.

An den übrigen Hauptgebäuden des Hospitals dagegen ist mit vollem
Recht der Name Papst Sixtus' IV. als ihres Begründers in den Stein gegraben.
Die Verdienste dieses Papstes um Orden und Hospital sind nicht hoch genug
anzuschlagen, wenn auch hervorgehoben werden muss, dass er im Vergleich
mit Eugen IV. nur der glücklichere und daher bekanntere, deshalb aber nicht
nothwendigerweise auch der grössere Wohlthäter gewesen ist. Auch muss er
seinen Ruhm mit dem Generalmagister Innocentius Romanus, der mit ihm
denselben Familiennamen della Rovere trug, theilen, in welchem der Orden
das Glück hatte, die von Eugen IV. auf Petrus Mathaeus übergegangenen Re-
formbestrebungen auch nach des letzteren Tode (1473), jetzt wiederum nachdrücklich begünstigt vom Papste selbst, fortleben zu sehen [8]). Schon Eugen IV.
hatte 1446 die Brüderschaft des Heiligen Geistes erneuert, aber offenbar mit
nur geringem Erfolge. Sixtus IV. schritt 1478 zu einer nochmaligen Erneuerung und widmete darauf den Interessen der Brüderschaft so rege Auf-

---

[6]) (4. kal. Jul.): »... Campanile, quod erat omnino vetustate consumptum,
mandato ejus ex toto funditus dirutum, refecit illudque solidius et hono-
rificentius ampliavit.« Petrus Matthäus starb am 28. Juni 1473. Eine Abbildung des Campanile gibt Burckhardt »Geschichte der Renaissance«, S. 144.

[7]) Forcella, »Iscrizioni delle chiese e d'altri edificii di Roma«, VI, S. 384:
»Anno natalis Chri MCCCCLXXI | pontificatus Pauli II. pont. | max. anno IIII. frater
Petrus | Matthaeus Romanus praeceptor | hujus sacri hospitalis ac totius | ordinis
ejusdem generalis hu|milisque magr̄. dirutum funditus | longe amplius refi-
ciendum curavit.« Jahreszahl und Regierungsjahr des Papstes stimmen nicht
überein; an Stelle von »anno IIII.« hat vermuthlich »anno VII.« gestanden.

[8]) Leider enthalten die »Annalia Canonicorum« keine Notiz über Sixtus IV.
Ueber Innocentius Romanus de Ruere erfahren wir aus ihnen (no. febr.): »dictum
hospitale a fundamentis restauravit, introitus crevit, pulcherrima ornamenta
fecit ecclesiae«; ähnlich sagt seine Grabschrift (Forcella, VI, S. 385, vom 3. Nov. 1484
datirt): »hoc hospitale restitui curavit, redditus et ornamenta ecclesiae auxit.«

merksamkeit, dass es bald Sache fürstlicher Höflichkeit und der Mode wurde, ihr beizutreten, seinen Namen unter den des Papstes in das Brüderschaftsbuch einzutragen [9]).

Die Vorliebe Papst Sixtus' IV. für Orden und Hospital bethätigte sich in grossem Maasse in der Ertheilung von Privilegien und in Vermehrung der sicheren Einnahmen. Der Papst hielt es, wie er sagte, für nothwendig, das Hospital ganz neu erbauen zu lassen, weil die vorhandenen Gebäude ihm viel zu eng und niedrig, ja überhaupt so ungeeignet vorkamen, dass sie mehr zum Verderben als zur Heilung der herzuströmenden Armen und Schwachen zu bestehen schienen [10]), ein Umstand, welcher die Angabe Vasari's, dass 1471 ein Brand Anlass zum Neubau gegeben habe, widerlegt. Desshalb wurden die Einsturz drohenden Bauten niedergerissen und dafür grosse und schöne Anlagen aufgeführt. Für ihre Erbauer haben Papst Sixtus und der genannte Innocentius Romanus zu gelten. Letzteren nennen die »Annalia Canonicorum« ausdrücklich als solchen, also eine zuverlässige Quelle, der wir vertrauen müssen; der Papst jedoch wollte sich selbst als den Erbauer angesehen wissen, und zwar ebenfalls mit einem gewissen Rechte, da er von dem Grundsatz ausging, dass die frommen Stiftungen, welche von dem Gelde der Kirche einstmals errichtet und aus ihren Einkünften dotirt sind, dafür auch der Kirche und dem Papste als Eigenthum zugehören [11]).

Das neue Hospital ist grossartig angelegt und konnte daher den modernen Anforderungen Rechnung tragen, wie sie kurz vorher Leon Batista Alberti ausgesprochen hatte, dass nämlich die Kranken nach der Art ihrer Krankheit getrennt und auch die Frauen gesondert von den Männern und die Pfleger gesondert von den Kranken untergebracht werden sollten [12]). Es besteht aus einem langen Hauptgebäude und den zweistöckigen Wohn- und Wirthschaftsgebäuden, welche zwei Höfe umgeben. Das Hauptgebäude wendet seine nördliche Langseite der Strasse »Borgo S. Spirito« zu, deren früherer Name »Via Sixtina« an Sixtus IV. erinnerte, dem Rom ihre Entstehung verdankt. Dem Hospitalgebäude legt sich hier ein langer Bogengang, eine Art Loggia, bis zu halber Höhe der Mauer vor. Im Uebrigen ist dasselbe sehr einfach gebaut: es wird von einem einzigen langen, luftigen Saale ausgefüllt, über dessen Mitte eine achteckige Kuppel sich erhebt. Der Saal ist 126 Meter lang, über 12 Meter breit und 13^1/$_2$ Meter hoch [13]).

Obschon spätere Anbauten und andere der Zweckmässigkeit dienende Veränderungen das Hospital theilweise umgestaltet haben, so können wir doch

---

[9]) Das Brüderschaftsbuch wird im Archiv zu S. Spirito bewahrt. Die Namen einer Anzahl hervorragender Mitglieder daraus theilen Saulnier, S. 107, und Piazza, »Eusevologio Romano overo delle oper pie di Roma, 1698«, S. 352, mit.

[10]) Bulle »Illius qui pro dominici« vom 21. März 1477; stärkere Ausdrücke in der »Vita Sixti IV.« (Muratori, »Rerum italicarum scriptores« III, pars II, col. 1064).

[11]) Bulle »Illius qui pro dominici«.

[12]) Mit Leon Batista Alberti, »De re aedificatoria«, lib. V, cap. 8, wäre zu vergleichen Saulnier, S. 157, worauf Azzurri, S. 13, verweist.

[13]) Morichini, »Degli istituti di capità in Roma«, 1870, S. 100.

von seinem ursprünglichen Aussehen noch immer ein klares Bild gewinnen, wozu uns die von Zweckmässigkeitsplänen nicht betroffene Kuppel einen festen Anhalt bieten wird. Die **Kuppel** ist achtseitig, ruht im Innern auf vier an den Kanten abgeschrägten weiten Rundbogen, die auf an einander stossenden Halbpfeilern aufliegen, und steigt senkrecht aus dem Gebäude empor, von niedrigem Spitzdach überdeckt. Ihr Grundriss ist kein gleichseitiges Achteck, sondern wird durch abwechselnd längere und kürzere Linien umschrieben, wodurch eine den Blick ermüdende Gleichförmigkeit in Anlage und Ausschmückung vermieden und eine anziehende Form erreicht wird. Ein einfach gegliedertes Gesims theilt sie in zwei niedrige Stockwerke, deren acht Seitenflächen schmucklose Pilaster einfassen, über welche letztere sich ein scharf gegliederter Architrav legt. Die Fenster, welche das obere Stockwerk der Kuppel enthält, sind rundbogig und werden durch dünne Pfeilerchen in zwei, an den breiteren Seiten in drei hohe Kleeblattfenster getheilt, deren gemeinsames Lünettenfeld von einer rosettenförmigen Oeffnung durchbrochen wird [14]. Das untere Stockwerk ist fensterlos. Dass seinen breiteren Seiten zwischen den beiden einfassenden Pilastern noch ein dritter in der Mitte vorgelegt wird, lässt den Stil der Kuppel dem des Campanile auch hierin ähnlich erscheinen.

Durch Rückschluss von der Kuppel suchen wir uns nun das Hauptgebäude, einheitlich in demselben Stile erbaut, vor Augen zu führen. Aber freilich sind die harmonischen Maasse, welche den Eindruck im Ganzen bestimmten, gestört, seit man der vorliegenden Loggia ein niedriges Stockwerk aufgesetzt hat, das einen Theil der Obermauer verdeckt. Und wenn auch die Wand über der Loggia noch die alten Pilaster aufweist, welche sie in regelmässigen Abständen in eine Reihe bald fensterloser, bald Fenster enthaltender Wandflächen zerlegen, so sind doch die Fenster ihres charakteristischen Schmuckes beraubt. An den oberen Fensterrahmen sehen wir nur noch die päpstlichen Insignien, und darüber die Inschrift »Sixtus IIII. fundavit«; die Fensterfüllungen aber, welche auch hier wie an der Kuppel in Pilastern, Kleeblattbogen und Rosettenöffnungen bestanden, sind herausgebrochen worden. An den äusseren Wänden des Gebäudes hatte der Architekt harmonische Flächen geschaffen, welche von geradlinigen antik gebildeten Baugliedern fest umschlossen wurden. Ein wenig nur milderte den Eindruck ernster Harmonie, den diese strenge Bauweise hervorrufen musste, das Festhalten an den Verzierungsweisen früherer Jahrhunderte, an der Theilung der Fenster und dem Anbringen bunter Steinplatten am Campanile. Aber auch in der sparsamen Vertheilung dieses Schmuckes und in der Bildung seiner Formen herrschte der Sinn der Renaissance. Um uns das Hospitalgebäude in seiner eigentlichen, durch spätere Verbesserungen noch nicht entstellten Gestalt zu vergegenwärtigen, brauchen wir nur im Saale selbst ein Fresco zu betrachten, welches den Neubau

---

[14]) Die Meinung Azzurri's, S. 4 fg., die Fenster seien Ueberreste des alten Baues Innocenz' III., ist gewiss irrig; nach derselben Quelle soll auch ein Theil der verbauten Ostfront noch vom alten Bau herrühren.

darstellt, wie er vor den Augen des Papstes seiner Vollendung entgegen-
wächst [15]). Hier erkennen wir die ursprüngliche Architektur und sehen, wie
über der offenen Loggia die Obermauer sich erhebt, in der geschilderten Weise
durch Pilaster und leichte Fensterfüllungen gegliedert und geschmückt.

Wir dürfen annehmen, dass ein Lieblingsbau des Papstes, auf dessen
würdige Ausschmückung so eifrig Bedacht genommen wurde, auch eine entsprechend schöne F a ç a d e erhalten habe. Diese ist nicht mehr vorhanden,
sie musste, ebenso wie der Schmuck der Langseite, zu Grunde gehen, als
Benedict XIV. zu seinen grossen Erweiterungen des Hospitals schritt. Trotzdem
aber ist sie uns wohlbekannt, denn wir haben sie in der Sixtinischen Capelle auf jenem Fresco Botticelli's, welches die Versuchung Christi darstellt,
vor uns. Hier dient das Hospital als Tempel, von dessen Dache der Verführer
auf die weiten Lande zu seinen Füssen herabweist. Dass der Florentiner
Meister für diesen Zweck die soeben erst aufgeführte Façade von Santo Spirito
wählte, ergibt sich aus dem Vergleich mit Abbildungen derselben, wie sie
uns aus dem 15.—17. Jahrhundert in de' Rossi's »Piante iconografiche« und
in Saulnier's erwähntem Buche überliefert sind. Ihrer unteren Hälfte trat
die Loggia vor, deren Fortsetzung sich noch jetzt, wie erwähnt, als lange
Halle an der Strassenseite entlang zieht. Einige Stufen führten zu dem
vorspringenden Portal empor, das, von einem Dreiecksgiebel gekrönt, die Bogen-
reihe der Loggia unterbrach. Ueber ihr stieg, genau wie an der Längsseite,
die eigentliche Mauer auf, welche ebenfalls dorische Pilaster und zweitheilige
Fenster aufwies, unter denen ein stark vorspringendes Gesims, auf einer Reihe
kleiner Bogen aufliegend, sich hinzog. Ein niedriges Giebelfeld, dessen Mitte
eine Rosette zierte, schloss die Façade ab. So hat sie uns auch Botticelli
dargestellt, nur dass er sich in verzierender Ausschmückung der Friese und
anderer Bauglieder gefallen und in gleichem Sinne die Fenstertheilung weiter
fortgesetzt hat [16]). Abgesehen von diesen Einzelheiten, welche sich von selbst
als fremde Bestandtheile in römischer Architektur zu erkennen geben und ihre
Erklärung in der Freude des Malers und des Florentiners am Malerischen
finden, haben wir in Botticelli's Tempelfaçade diejenige des neuen Hospitals
zu erblicken, überragt vom Unterbaue der Kuppel, auf welchem der Heiland
und der Verführer stehen.

Das lange Hauptgebäude, über dessen einstiges Aussehen nun kein Zweifel
mehr sein kann, war und ist noch jetzt der Krankenpflege gewidmet. Hierin
lag jedoch nicht die alleinige Bestimmung der Stiftung Innocenz' III. Ihr zweiter
Hauptzweck, der in der Aufnahme und Erziehung verlassener Kinder bestand,
erforderte noch andere Bauten. Diese sind zweistöckig und schliessen zwei Höfe

---

[15]) Es ist Bild 18, dessen Beschreibung mit der der übrigen Fresken später folgt.

[16]) Noch zwei geringere Abweichungen fallen auf: da, wo im Fresco die beiden
mittleren Fenster sind, zeigt Saulnier's Stich je eine grosse runde Oeffnung; bei
de' Rossi jedoch, sowie noch jetzt an den verstümmelten Resten der Façade, sehen
wir an Stelle der beiden mittleren Fensterfelder ein einziges breiteres Feld. Und
zweitens fehlt im Fresco der in Saulnier's Stich vorhandene Dreiecksgiebel über
dem Portaleingang.

ein, welche sich an die südliche, von der Strasse abgewandte, Langseite des Haupt-
gebäudes so anlegen, dass sie den Raum zwischen zwei späteren Anlagen, der
Sala Alessandrina und dem Commendatoren-Palast, ausfüllen. Zwei Säulenhallen
übereinander umgeben die Höfe; über den unteren Säulen stehen, um ein Drittel
kleiner als diese, ebensoviele dünne Säulchen. Die Capitelle und die ihnen
entsprechenden Consolen des unteren, kreuzgewölbten Ganges sind ionisch gebildet, mit Eierstab und darunter sich hinziehendem aufrecht gerieftem Bande,
und haben in der Mitte der dünnen Deckplatte eine Rosette. Der einzige sonstige
Schmuck zeigt sich über den Bogen der oberen, eine flache Decke tragenden
Säulenreihe, wo kleine Schilde das Wahrzeichen von Santo Spirito, das Kreuz
Christi mit doppeltem Querbalken, aufweisen. Ueber den Fenstern des einen
Hofes erkennt man noch das Rovere-Wappen mit der bekannten Inschrift
»Sixtus IIII. fundavit«. Abbildungen der Höfe finden wir wiederum in den
Fresken des grossen Saals [17]).

Jahrhunderte lang bevor Innocenz III. das Hospital hier gegründet, bestand schon die alte Kirche. Wie sie gestaltet war und welche Schicksale
sie in den letzten Zeiten des Mittelalters und den ersten der Renaissance erlitt,
ist nur aus spärlichen Andeutungen zu erkennen. Ein Testament aus dem
Jahr 1363 lehrt uns, dass damals eine neue Kirche im Entstehen war, welche
zur Vergrösserung (ad augmentationem) der Kirche Sa. Maria in Saxia dienen
sollte [18]). Aus dem 15. Jahrhundert findet sich keine Nachricht über einen
gründlichen Neubau vor; auch von Sixtus IV. und Generalmagister Innocentius
Romanus wurde die Kirche nur restaurirt und mit neuem Schmucke versehen [19]). Diese Kirche, welche dann im 16. Jahrhundert durch eine neue
ersetzt wurde, war einschiffig, wie es die neue auch ist, stimmte jedoch in
ihrer Lage nicht mit dieser überein: in den von de' Rossi publicirten alten
Abbildungen Roms hat sie dieselbe Längenrichtung wie das Hospital, so dass
dieses gleichsam ihre Verlängerung bildete [20]).

Nur wenig besser als über die Kirche und den alten Campanile [21]) sind
wir über das alte Hospitalgebäude unterrichtet, obwohl wir es in zwei

---

[17]) In den Fresken 19 und 20. Der eine Hof mit seinen Renaissance-Bäumen
ist abgebildet bei Letarouilly, III, Pl. 259.

[18]) 1363 wird die Kirche noch »Sa. Maria in Saxia de Urbe« genannt (Adinolfi, S. 261, 194).

[19]) Franciscus Albertinus, »De Roma prisca et nova« im Capitel über die
Hospitale; vgl. die in Anm. 8 mitgetheilte Notiz der »Annalia Canonicorum«.

[20]) Ueber den Neubau der Kirche im 16. Jahrhundert s. später. Auffallenderweise werden noch kurz vorher, 1520, fünf Altäre geweiht (Adinolfi, S. 194).

[21]) In der 'Ansicht Roms (etwa vom Jahre 1465), welche Eugène Müntz in
dem einen Fresco des Benozzo Gozzoli zu S. Gimigniano erkannt und in den »Procès-
verbeaux de la Société nationale des Antiquaires de France, 1880« veröffentlicht hat,
glaubt man den damaligen Campanile zu erkennen. Aber in dem Zustande, wie
er hier erscheint, hätte schwerlich Anlass vorgelegen, ihn niederzureissen, was bald
darauf geschah. So scheint mir eher wahrscheinlich zu sein, dass der Maler den
Neubau für sich in Gedanken ausgeführt habe, und zwar nach dem Muster des
nebenstehenden vaticanischen Campanile.

Fresken zu erkennen glauben[22]). Denn es fehlt die Gewähr einer getreuen Wiedergabe nach der Natur. Seine Längswand war durch Wandstreifen vertical gegliedert, zwischen denen hoch oben je ein schmales, wie scheint im Kleeblattbogen geschlossenes Fenster sich befand. Ein grosses rundbogiges Portal, über dem ein Rundfenster war, führte hier in das Innere des Gebäudes. Zum Hauptportale an der Schmalseite desselben stieg man nach de' Rossi's Abbildungen auf Stufen empor.

Gern würden wir die Architekten kennen lernen, welche das alte Hospital Innocenz' III. und das neue Sixtus' IV. errichtet haben. Man hat lange Zeit geglaubt, darüber Bescheid zu wissen, da Vasari erzählt, dass der alte Bau von Marchionne, der neue von Baccio Pintelli herrühre[23]). Aber das erstere ist unerwiesen und unwahrscheinlich, das letztere nachweislich falsch. Ob es gelingen wird, in Zukunft die Architekten mit Sicherheit zu ermitteln, ist sehr zweifelhaft. Denn das Zurückführen von Kunstwerken auf bestimmte Künstler wird überhaupt in Rom dadurch sehr erschwert, dass hier während der Frührenaissance der Ruhmsinn des Stifters das künstlerische Interesse überwogen hat. Bis gegen Ende des Jahrhunderts melden die Zeitgenossen meist nur, wer die Gründungen vollzog, nicht aber, wer der schaffende Künstler war, selbst nicht in einem Falle wie diesem, wo die Versicherung, dass »von allen Seiten die besten Architekten« herbeigerufen worden seien[24]), allen Glauben verdient. Dass Vasari irrt, wenn er den Baccio Pintelli zum bevorzugten Architekten Sixtus' IV. macht, ist bereits von Anderen nachgewiesen worden[25]). Die Datirung des Baues wird dieses Resultat in Bezug auf S. Spirito bestätigen. Denn bis 1482, das sich als Vollendungsjahr das Hospitals ergibt, lebte Baccio Pintelli nicht in Rom, sondern in Pisa und Urbino. Von ihm müssen wir also völlig absehen und vorderhand auf die Lösung der Frage nach dem Architekten verzichten. Genug, dass wir nunmehr über die Stifter des Neubaues und über die Zeit seiner Entstehung annähernd Gewissheit erlangen können.

Die Päpste Eugen IV. und Sixtus IV. sind, wie oben ausgeführt wurde, als die Neuschöpfer der Brüderschaft und die hochverdienten Förderer der Bauten, die beiden Generalmagister Petrus Matthäus und Innocentius Romanus als die eigentlichen Erbauer zu betrachten. Ueber die Zeit, in welcher dieselben die umfassende Neuschöpfung vollzogen, ergeben sich die folgenden Daten. Nachdem die schadhaften Gebäude Jahrzehnte lang durch nothdürftige Ausbesserungen in einigermassen brauchbarem Zustande erhalten worden waren, schritt man unmittelbar vor der Stuhlbesteigung Sixtus' IV. zur Erneuerung des Campanile, welcher sodann unter der Regierung dieses Papstes die Erneuerung sämmtlicher Hospalräume folgte. Der Bau des prächtigen Campanile fällt in

---

[22]) In den Fresken 15a u. 16.

[23]) Vasari, ed. Sansoni, I, S. 277 und II, S. 653, im Leben des Arnolfo di Lapo und der Bildhauer und Architekten Paolo Romano, Mino, Chimenti Camicia und Baccio Pintelli.

[24]) Dies besagt die Unterschrift des Bildes 18, s. später.

[25]) Von Milanesi in seiner Ausgabe des Vasari, ed. Sansoni, II, S. 659 fg.; und Müntz, III, S. 67, 75.

das Jahr 1471, wofür die schon erwähnte Inschrift den Beweis liefert [26]). Die Grundsteinlegung des Hospitals vollzog der Papst selbst zwischen Sommer 1473 und Sommer 1474, wie sich aus ihrer Erwähnung in der Chronik des Filippo da Lignamine und anderen gleichzeitigen Quellen ergibt [27]). Auf die neuen Gebäude wird schon 1476 und 1477 in päpstlichen Bullen Bezug genommen [28]), doch waren sie damals noch nicht ganz vollendet, da die Fresken erst einige Jahre später gemalt sein können und 1482 als Erbauungs- d. h. offenbar als Vollendungsjahr in einer Inschrift neben dem Kuppelbogen im Hauptsaale angegeben wird [29]). Diese Inschrift ist zwar modern, muss aber doch, so lange nicht ein besserer Anhalt gefunden wird oder die Wahrscheinlichkeit gegen sie spricht, beachtet werden. Eine andere Inschrift, welche die Jahreszahl 1489 ohne weitere Erklärung überlieferte, kann nur auf die Ausschmückung des Ortes, an dem sie sich befand, der Capelle unter der Kuppel, Bezug gehabt haben nicht jedoch auf die Haupträume des Hospitals, da der Innenschmuck des Saals und die Facade aus der Zeit Sixtus' IV. († 1484) herrühren.

So weit sich aus dem vorhandenen, lückenhaften Material schliessen lässt, haben diese Zeitangaben als die aller Wahrscheinlichkeit nach richtigen zu gelten. Der Neubau von S. Spirito fand demnach, abgesehen von dem erst sieben Jahre später fertig gestellten Mittelraum, in einem Zeitraum von zwölf Jahren, 1471—1482, statt, dessen Beginn durch den Bau des Campanile, dessen Abschluss durch die Vollendung des Freskenschmucks bezeichnet wird.

---

[26]) Siehe S. 284.

[27]) Muratori, »Rerum italicarum scriptores«, IX, S. 276. Auch die »Vita Sixti IV.«, welche gleichfalls nur bis etwa 1474 reicht, erwähnt die Grundsteinlegung. In den »Annalia canonicorum« wird erst dem Innocentius Romanus, nicht dem Petrus Matthaeus († 28. Juni 1473) das Verdienst des Neubaus zuerkannt.

[28]) In den Bullen »Etsi universis« vom 23. Jan. 1476 und »Illius qui pro dominici salvatione« vom 21. März 1477. Das von Müntz, III, S. 166, veröffentlichte Schriftstück, die Beschaffung von Bauholz betreffend, spricht bereits im Januar 1475 von »lo edificio che al presente se fa nel dicto Sancto Spirito«.

[29]) »Erecta a. MCCIV reaedificata a. MCCCCLXXXII«; ihr entspricht auf der andern Seite: »Instaurata anno MDCCCLXXIV«. Die Jahreszahl »MCDLXXXIX«, hat Alveri, »Roma in ogni stato, 1664«, II, S. 272, in der Capelle in der Mitte des Hospitals, also im Kuppelraume gelesen.

(Schluss folgt im nächsten Heft.)

Filarete's Mitarbeiter an den Bronzethüren von St. Peter.

Von **Hugo von Tschudi.**

Als Eugen IV. im Wetteifer mit der florentinischen Bürgerschaft die Hauptkirche von Rom mit ehernen Prachtthüren schmücken wollte, wandte er sich an einen Künstler von Florenz: Antonio Averlino, genannt Filarete. Unbegreiflicherweise gerade an diesen, meint Vasari[1]), und giebt ihm gleich, wie um den päpstlichen Missgriff auszubessern, den geschickten Erzbildner Maestro Simone, den sog. Bruder Donatello's als Gehülfen bei. Dies galt denn auch der späteren Zeit als Thatsache, ja man war sogar geneigt, dem Künstler der Bronzeplatte vom Grab Martins V. den besseren Theil der Thüre, das reiche Blattwerk des Rahmens mit seinem heiteren figürlichen Schmuck zuzuweisen.

Eine nähere Betrachtung hätte indess doch zeigen müssen, dass die ganze Behandlungsweise die Annahme zweier selbständig neben einander schaffender Künstler nicht rechtfertigte. So weit auch die vier grossen Relieffiguren einerseits und die Thürumrahmung andererseits in der Auffassung auseinandergehen, so nahe stehen sie sich wieder in der charakteristischen Durchführung der Details. Und dieselben stilistischen Eigenthümlichkeiten finden sich auch in den beiden Darstellungen der Enthauptung Pauli und der Kreuzigung Petri sowie in den vier schmalen Reliefs mit den Schilderungen aus der gleichzeitigen Papstgeschichte[2]). Offenbar nun spricht sich in diesen letzten Arbeiten Filaretes Kunstart am reinsten aus. Ebenso ist die breite, wenn schon etwas ungeschickte Erzählungsform und die Freude am localisirenden Detail ganz im Geiste der Zeit. Zum Unterschied von den übrigen Darstellungen. Denn gewiss hat Milanesi Recht, wenn er die Befangenheit und Armseligkeit des Christus und der Madonna, sowie der beiden Apostelfiguren — die leider durch ihre Ausdehnung für den ungünstigen Eindruck der Thüren bestimmend werden — auf eine, sei es nun freiwillige oder geforderte Nachahmung altchristlicher Vorbilder zurückführt. Aber auch der Rahmen mit seinen Akanthusranken, in die sich ein buntes Fabelreich eingenistet hat, stammt nicht aus erster Hand. Es war ein richtiges Gefühl, wenn auch kein klares Urtheil, das

---

[1]) Vasari, ed. Milanesi, vol. II.

[2]) Es ist hier leider nicht der Raum, die Stilfrage und die ikonographische Bedeutung der Thüre ausführlicher zu erörtern.

in ihm wiederholt ein antikes Werk sehen liess. In der That bewahren noch heutzutage die vaticanischen Grotten einige Marmorbruchstücke[3]), die, angeblich vom neronischen Circus herstammend, mit ihrem üppigen, von figuralen Elementen reich durchflochtenen Blattwerk deutlich zeigen, woran sich Filarete's Phantasie begeistert hatte. Auch lag die Anregung nahe genug, denn die Fragmente schmückten damals noch in der alten Basilika die Eingangsthüre zum Oratorium Johanns VII.

Noch etwas Anderes hätte Vasari's Behauptung gegenüber zur Vorsicht mahnen sollen. Wohl wenige Werke sind in so ausgiebiger Weise mit der Künstlersignatur versehen, wie die Thüren von St. Peter; aber eine Andeutung von Simone's Mitarbeiterschaft sucht man vergebens. Ueberall hat Filarete nur seinen Namen hingesetzt und die Art, wie er es thut, lässt keinen Zweifel übrig, dass er der alleinige Schöpfer des Werkes sei. Unter dem Relief der Enthauptung Pauli das von Genien gehaltene Medaillon mit dem nach rechts gewandten baarhäuptigen Profilbildniss Filarete's. Ringsum die Inschrift: ANTONIVS. PETRI. DE. FLORENTIA. FECIT. MCCCCXLV. Als Pendant dazu auf dem andern Thierflügel der Revers der Medaille mit der Bezeichnung OPVS ANTONII. Ferner am oberen Rahmen des Enthauptungsreliefs: OPVS ANTONII. DE. FLORENTIA. An der entsprechenden Stelle des rechten Flügels vermochte ich nur FLORENTIE zu entziffern. Endlich hat Filarete in seinem Tractat, der gerade durch die verschiedenen Künstlernotizen eine besondere Bedeutung erhält, den Meister Simone nirgends erwähnt, was er doch kaum unterlassen hätte, wenn er in so nahen Beziehungen zu ihm gestanden wäre. Auf diesem Wege scheint Jansen[4]) dazu gekommen zu sein, zum ersten Mal mit Entschiedenheit die Mithülfe Simone's zurückzuweisen. Er verfährt aber willkürlich, wenn er auf eine immerhin ungenaue Bemerkung des Tractates hin an dessen Stelle zwei bestimmte Schüler setzt.

Richtig ist nun allerdings, dass Filarete gemeinsam mit seinen Schülern an den Thüren gearbeitet hatte. Ein unwiderlegliches Zeugniss dafür bietet jenes köstliche kleine Relief, das an der inneren Seite des linken Thürflügels angebracht ist und in dem sich der Künstlerhumor jener Zeit in so naiver Weise ausspricht[5]). Die beiden Enden der schmalen Platte nehmen zwei Reiter ein, der linke auf einem Esel einen Krug vor sich haltend und am Sattel ein Schwein (oder einen Weinschlauch). Unter dem Esel die Buchstaben APO. CI. Eine ebenso unerklärbare Inschrift PIO und VI neben dem Kopf des rechtsseitigen Reiters. Dieser letztere bläst die Hirtenpfeife und sitzt auf einem Thier, das überflüssigerweise als DROMENDARIVS bezeichnet ist. Zwischen diesen Beiden nun, dem Schenken und dem Musikanten, bewegen sich in heiterem Reigen die sieben Künstler, mit den Werkzeugen ihres Berufes in den Händen. Es liegt etwas von der derben Grazie und dem genrehaften Reiz niederländischer Bauerntänze in dieser Darstellung. Als Motto dazu spricht

---

[3]) In der Capelle S. Mariae de Febri. Abgebildet bei Dionigi, tav. III, 1—3; photogr. von Parker Nr. 2985 u. 2987.

[4]) S. Meyer's Künstlerlexikon II, 471 ff.

[5]) Abgebildet in Valentini, Bas. vat. I, tav. 24.

Filarete die übermüthigen Worte: CETERIS. OPERE. PRETIVM. FASTVS. FVMVS. VE. MIHI. HILARITAS [6]).

Denn dass wir in dem Vortänzer, der sich auch durch die reichere Gewandung auszeichnet, in der That Filarete zu sehen haben, wird abermals durch eine Inschrift bekräftigt: ANTONIVS ET DISCIPVLl MEI. Dadurch wird aber jeder Gedanke an eine eigentliche Mitarbeiterschaft, wie sie gerade in Rom so vielfach schon contractlich formulirt erscheint und auch stilistisch nachweisbar ist, ausgeschlossen.

Immerhin sollte es Wunder nehmen, wenn bei der grossen Redseligkeit des Reliefs nur die Schüler namenlos ausgegangen wären. Und wirklich schienen einige von Schmutz und Patina halb verdeckte Buchstaben [7]) zu versprechen, was eine genauere Untersuchung denn auch in vollem Maasse gehalten hat. Es ergab sich, dass unter oder zwischen den Füssen der Schüler ihre Namen in leicht entzifferbaren Capitalen eingegraben sind. Von links nach rechts gelesen, reihen sich dieselben in folgender Weise aneinander: ANGNIOLVS. IACOBVS. IANNELLVS. PASSQVINVS. IOVANNES. VARRVS FLORENTIE.

In zweien der Künstler erkennen wir sofort alte Bekannte wieder. Von dem Einen, Varro aus Florenz, erzählt schon Filarete, dass er bei ihm in Rom gearbeitet habe. Die spärlichen Notizen zur Lebensgeschichte dieses vermuthlich nicht sehr hoch stehenden Künstlers erhalten also keine wesentliche Bereicherung. Sein eigentlicher Name ist Beltrame oder Beltramio. Er war der uneheliche Sohn eines Angelo Belferdelli (oder di Belferdeli oder Belferdino). Milanesi [8]) nennt als Geburtsdatum das Jahr 1420. Von 1450—54 zeigen ihn die päpstlichen Rechnungsbücher mit den verschiedensten oft sehr bescheidenen Arbeiten beschäftigt. Calixt endlich verwendet ihn 1457 am Ponte molle, wo ihm nach Müntz' Vermuthung die Wappen am Thurm zunächst der Brücke angehören dürften [9]). Um diese Zeit scheint Varrone aus Rom fortgezogen oder gestorben zu sein. Sein Name findet sich nicht mehr unter den Aufzeichnungen der Tesoreria. Auch sind die beiden Hauptwerke, die er nach Vasari für Pius II. ausgeführt haben soll, die Andreasstatue bei Ponte molle und die Reliefs am Andreastabernakel in St. Peter, wie die Nachforschungen von Müntz ergeben haben, anderen Künstlern zuzuweisen. Vasari nennt als seinen Genossen an diesen beiden letzteren Arbeiten Niccolò, einen Künstler, den Filarete gleichfalls unter seinen römischen Schülern verzeichnet. Da sein Name aber auf dem Relief fehlt, scheint derselbe erst nach 1445 zu ihm gekommen zu sein. Man weiss ja aus einem interessanten Document [10]), dass Filarete jedenfalls

---

[6]) Es ist kein Zweifel, dass so gelesen werden muss, obgleich die Inschrift aus erhabenen Buchstaben besteht und nur das Wort Hilaritas, das sich über dem Kopf des ersten Schülers zum Mund Filarete's herabbiegt, eingegraben ist. — Jansen hat demgemäss auch richtig übersetzt: Andern lohnt Prahlerei oder Beräucherung die Arbeit, mir Lustigkeit.

[7]) Nur diese von Müntz, Les précurseurs de la Renaissance, p. 91, erwähnt.

[8]) Vasari, ed. Milanesi, II, 462.

[9]) Müntz, Les arts à la cour des papes I, 88, 116, 121, 145, 195, 202.

[10]) Von Müntz publicirt im Courrier de l'art, janv. 1883, Nr. 3, p. 33.

noch 1447, dem Todesjahr des Cardinals von Portugal, Antonius de Clavibus, dessen Grabmal er auszuführen hatte, in Rom thätig war.

Der andere Schüler, von dem wir sonst noch sichere Kunde haben, ist Pasquino. Auch er wird von Filarete in dieser Eigenschaft erwähnt, neu ist nur, dass er schon so früh mit ihm in Verbindung stand. Er war kaum zwanzigjährig, da die Thüren vollendet wurden. Jedenfalls erscheint Pasquino di Mattheo da Montepulciano als der bedeutendste der Künstler, die aus Filarete's Werkstatt hervorgingen. 1450—51 arbeitet er mit Maso di Bartolommeo an dem Thor von S. Domenico zu Urbino. In den Jahren 1461—64 beendet er das berühmte Bronzegitter der Cappella della cintola im Dom von Prato. Ebenda schätzt er 1473 die von Antonio Rossellino und Mino da Fiesole gelieferten Kanzel [11]). Zu diesen documentirten Nachrichten fügt Vasari noch ein bedeutendes Werk, das nach 1464 ausgeführte Grabmal Pius II. Freilich nennt er als Mitarbeiter Bernardo Ciuffagni, der schon 1456 gestorben war. Ueberdiess führt er ein andermal als Urheber des Werkes Niccolò della Guardia und Pietro Paolo da Todi auf. Diese letzteren sind wohl als Goldschmiede, unbedingt abzuweisen. Dagegen mag immerhin bis auf weiteres Pasquino's Antheil aufrecht erhalten bleiben [12]), wobei allerdings zu bemerken ist, dass sich mit Sicherheit zum mindesten zwei Hände an dem Monument nachweisen lassen.

Weniger günstig steht es um die Identificirung der übrigen Schüler. Manchen Namen, wie Jovannellus und Agniolus begegnen wir überhaupt nicht unter den in Rom arbeitenden Künstlern, andere wieder finden sich nur zu häufig vertreten. Wer wollte entscheiden, ob wir in unserem Jovannes den Giovanni da Verona [13]), der schon um 1455 in Rom auftritt, oder den Giovanni d'Andrea de Varese [14]) oder Giovanni di Biondo [15]) oder Giovanni da Firenze [16]), die überdiess alle erst unter Pius II. erwähnt werden, zu sehen haben. Aber auch das wäre gewagt, in Giacomo da Pietrasanta, dem wichtigen Bildhauer-Architekten, der indess unter Nicolaus V. nur in seiner ersteren Eigenschaft thätig war [17]), oder in Jacopo d'Antonio da Fiesole [18]), der erst zur Zeit Pius II. auftaucht, den Jacobus des Filarete erkennen zu wollen.

Ob diese Fragen für immer unbeantwortet bleiben, ist wohl erst dann zu unterscheiden, wenn auch das Archivio notarile zu Rom eine systematische Durchforschung erfahren hat, wie sie von Bertolotti leider nur begonnen wurde und wie sie Müntz in so mustergültiger Weise für das Staatsarchiv unternommen hatte.

---

[11]) Vasari, ed. Milanesi, II, 363, 462, 650.

[12]) Oldoinus nennt in seinen Adnotationes zu Ciaconius II, 1028 als Künstler des Grabmales nur Pasquinus Politianus.

[13]) Müntz, Les arts à la cour etc. I, 195, 198, 260.

[14]) Müntz a. a. O. I, 259, 278, und Bertolotti, Art. lomb. a Roma I, 29, 31.

[15]) Müntz a. a. O. I, 258.

[16]) Müntz a. a. O. I, 278.

[17]) Müntz a. a. O. I, 84, 149.

[18]) Müntz a. a. O. I, 257.

Berichte und Mittheilungen aus Sammlungen und Museen, über staatliche Kunstpflege und Restaurationen, neue Funde.

Die illustrirten Handschriften der Hamilton-Sammlung zu Berlin.

(Fortsetzung.)

Frankreich und Flandern. Mitte des XV. Jahrhunderts.

(Mit Ausschluss der Horarien etc.)

80) **Missale** secundum usum fratrum ordinis b. Dei genitricis Mariae de monte Carmeli. Fol. In 2 Col. Für den Herzog Franz I. von Bretagne (geb. 1414, Herzog seit 1440, † 1450), wahrscheinlich bei Gelegenheit seiner im Jahre 1441 erfolgten Vermählung mit Isabella, der Tochter Jacob I., Königs von Schottland, angefertigt. Voran geht ein Kalender mit den Darstellungen der Monatsbeschäftigungen und den Zeichen des Thierkreises in den Einfassungen. Von den 27 drittelblattgrossen Darstellungen auf schachbrettartig gemustertem Grunde enthalten die am Anfang und in der Mitte des Werkes befindlichen bretagnische Herzöge (auf den drei ersten Bildern dieser Art Johann V. [1364—99] mit seiner ersten Frau Maria, Tochter Eduards III. von England; ferner mit seiner dritten Frau; endlich Johann VI. [1389—1442]; auf dem letzten Franz I. mit seiner ersten und seiner zweiten Frau zugleich dargestellt), welche sammt ihren Familien durch Schutzheilige der Fürsprache der hl. Jungfrau empfohlen werden und (in anderen Bildern) sich hierfür durch Stiftung reicher Kirchenschätze und Austheilung von Geschenken an die Karmeliter erkenntlich erweisen. Einer von ihnen, offenbar Franz I. selbst, lässt sich in einer Capelle durch die Schwere der von ihm geschenkten goldenen Gefässe aufwiegen. In der zweiten Hälfte des Bandes überwiegen die Darstellungen aus dem Leben Christi und der Maria, einzelner Apostel etc. Die letzten Bilder (namentlich der Tempelgang Mariä und die Anbetung der Maria durch die weltlichen und geistlichen Herrscher) sind in tieferen, harmonisch zusammenstimmenden Farben gehalten und entstammen einer weit späteren Epoche; die untersetzten Gestalten mit ihren gewöhnlichen Gesichtszügen stechen von den zarteren vorhergehenden Bildungen ab, fesseln jedoch durch ihre gesunde Kraft. Im Einklang mit dieser derberen Ausführung steht auch die breitere, weniger

sorgfältige, aber um so sicherere Behandlungsart. Derselben späteren Hand
gehören die beiden blattgrossen Darstellungen am Eingang des Canon missae
an: Christus am Kreuz, und der thronende Gottvater; mit Hülfe der
an ihren Rändern angebrachten Bildnisse des Herzogs Franz II. nebst Frau
(verh. 1471, † 1487) und seines im Jahre 1476 zum Cardinal creirten Bruders
Peter lässt sich die Entstehungszeit dieser späteren Bilder auf 1476—87
festsetzen. Ausserdem kommen 15 kleinere, nur die Breite einer Columne
einnehmende Darstellungen, viele Zierleisten, die dem Werk ein besonders
prächtiges Aussehen verleihen, und Initialen, in deren Innerem mehrfach figürliche Szenen enthalten sind, vor.

81) **Chartier, Alain:** Oeuvres. Fol., in 2 Col. Cursivschrift. 13 Darstellungen von der Breite einer Columne, deren 6 auf das Quadrilogue entfallen.
Am Anfang der Autor in reicher modischer Tracht (weite Puffärmel und
turbanartige Kopfbedeckung) einem Schreiber dictirend. Am Beginn der Poesien ist derselbe lesend in seiner Studierstube dargestellt (s. auch Nr. 78).

82) **Chroniques de France** (1286—1380). Fol. In den Initialen kommt
das Wappen der Bourbons vor, Johanna, der Tochter König Karls VII. und
(seit 1450) Frau Johanns II., Herzogs von Bourbon, angehörend. Am Anfang
eine halbblattgrosse, mit künstlerischer Freiheit und vollendetem Geschmack
ausgeführte (in Gold gehöhte) Darstellung des Schreibers, eines Geistlichen,
der in einem Zimmer dem von seinem Hofstaat umgeben thronenden König
Karl VII. die Handschrift kniend überreicht (s. auch Nr. 75).

83) **Villon, François:** Oeuvres poëtiques. 8⁰. In die Einfassung
der ersten Seite ist das Wappen der normandischen Familie Malet de Gra-
ville eingelassen. Daselbst eine halbblattgrosse, sehr fein ausgeführte, mit
Gold gehöhte Darstellung, die in ihrem unteren Theil Pan und Syrinx, in
dem oberen Pan, Cupido und Venus zeigt. Alle diese Gestalten sind bekleidet
und zwar in der modischen Weise der Zeit. Vielleicht ist die Handschrift für
Louis M. d. Gr., Grossadmiral von Frankreich († 1516), angefertigt.

84) **Augustin (S.):** La cité de Dieu. Uebersetzung des Raoul de
Praelles. 2 Bde. Gr.-Fol. In 2 Col. Im Ganzen 23 Darstellungen von Drittel-
blattgrösse, mit Rankeneinfassungen.

Der erste, Buch 1—10 enthaltende Band ist noch im XIV. Jahrhundert,
wahrscheinlich bald nach Beendigung der Uebersetzung (welche laut der Endschrift des zweiten Bandes im Jahre 1375 erfolgte), geschrieben und illustrirt
worden. Am Anfang ist die Ueberreichung des Werkes an König Karl V.
von Frankreich dargestellt. Die übrigen zehn je am Beginn eines Buches
stehenden Bilder suchen in ziemlich schematischer Weise den für bildliche
Darstellung wenig geeigneten Stoff (im wesentlichen Angriffe auf die heidnische
Religion und Lebensart) zu illustriren. Meist enthalten sie innerhalb eines
Rahmens zwei, vier, auch mehr Szenen, durchgehend auf gemustertem Goldgrund. An einzelnen Stellen ist leichte Goldhöhung angewandt.

Der zweite Band ist erst um die Mitte des XV. Jahrhunderts geschrieben
und illustrirt worden. Die zwölf am Beginn der einzelnen Bücher stehenden
Darstellungen sind in durchaus freier Weise nach vorwiegend künstlerischen

Gesichtspunk'en dem Inhalt entlehnt; jede derselben bildet ein abgeschlossenes, mit grösster Feinheit in leuchtenden Farben ausgeführtes Gemälde. Die Typen tragen deutlich das Gepräge der Schule Roger van der Weyden's. Diese Fortsetzung ist höchst wahrscheinlich für Philipp den Guten von Burgund (1419—67), den begeisterten Förderer der Miniaturmalerei, angefertigt worden. Den Beginn macht die Erbauung der Stadt Gottes, welche Alle, die Liebe zu Gott hegen, umfasst (Buch 11). Wie diese Gemeine, die nach Gottes Rathschluss sammt den Abtrünnigen von einem und demselben Stammvater herkommt, allmählich anwächst, schildern die Bücher 12—18; die Schluss-bücher 19—22 aber behandeln die Hoffnung auf ein besseres Jenseits, die Erwartung des jüngsten Gerichts, die Schrecken der ewigen Verdammniss und die ewige Seligkeit. Demgemäss schildern die Abbildungen zu Buch 12 fgg. die Erschaffung Eva's, die Vertreibung aus dem Paradiese, die Einsetzung des Todes in Folge des Sündenfalls (eine wunderliche Alle-gorie: der Mensch auf einem Baume, dem Abbild seines Lebens, sitzend, dessen Wurzeln von zwei Drachen angenagt, dessen Stamm von dem Tode angesägt wird; ein Teufel hält ihm irdischen Schmuck, ein Engel die himmlische Krone hin); Kain als Repräsentant der Stadt der Welt; das Zeitalter der Patriarchen, durch Noah repräsentirt; dasjenige der Propheten (Saul den David krönend); die übrigen Völker, die Häretiker, welche ausserhalb der Stadt Gottec sich befinden, sind dargestellt durch drei modisch geputzte Jünglinge, die, von einem Narren begleitet, musizirend auf einer Landstrasse einherziehen. Am Beginn des 19. Buches ist der hl. Augustinus selbst dar-gestellt; die weiteren Bilder stellen jüngstes Gericht, Hölle und Krönung Mariä dar, letzteres durch Anmuth der Mienen und Bewegungen ausgezeichnet. Goldhöhung ist nur spärlich angewendet.

85) **Chansons.** Französische Handschrift. Folio. Mit zwölf drittelblatt-grossen Darstellungen, deren drei erste das Gedicht vom Chevalier Ancian, sowie zwei andere Rittergedichte illustriren, während die übrigen (gegen Ende) die Dichter kleinerer Lieder in reicher Modetracht inmitten von Landschaften stehend darstellen. Solcherweise werden hier vorgeführt: Regnault de Trye, Chambrillac, (Karl) Herzog von Orleans (in einer Halle sitzend) u. A. Gehörte nach Ausweis der Goldpressung auf dem reichen Einband Elisabeth Charlotte von der Pfalz, der Schwägerin Ludwigs XIV.

86) **(Modus.)** Le livre du Roi Modus et de la Reine Ratio lequel fait mention comment on doit deviser de toutes manieres de chasses. Fran-zösische Handschrift. Folio. Mit 78 in freier malerischer Weise behandelten Darstellungen von Jagden, wobei die Männer kurze gegürtete Röcke mit stark gepufften, am Ellbogen lang geschlitzten Aermeln und die hohe spitze Kopf-bedeckung tragen.

87) **Armorial.** Le blason de tous les royaulmes et des cheva-liers et compaignons de la table ronde. Französisches Wappenbuch. Gr.-Fol. In 2 Col. Enthält 1540 Wappen, beginnend mit demjenigen der Könige von Frankreich; dann folgen die Herzöge etc., die fremden Herrscher (darunter auch der Chan der Tartarei, der Sultan von Babylon, ferner das

Wappen Christi), die verschiedenen Städte Europas, die Grafen, die übrigen französischen Adelichen nach Provinzen geordnet. In ursprünglichem reichem Sammetbande.

88) **Boccaccio, Gio**: Le livre des cas des nobles hommes et femmes infortunez, übersetzt (laut der Endschrift) von Laurens de Premierfait, clerc du diocese de Troies, im Jahre 1409. Burgundische Handschrift aus der Zeit um 1460. Gr.-Fol. In 2 Col. Dieses mit grosser Eleganz geschriebene Buch bildet hinsichtlich der Pracht der Ausstattung ein würdiges Seitenstück zum Augustinus (s. Nr. 84). Zehn halbblattgrosse figurenreiche, mit äusserster Präcision ausgeführte Malereien und 74 eincolonnige Darstellungen zieren dasselbe. Nur waltet hier der Charakter einer, freilich zu höchster Vollkommenheit entwickelten, handwerklichen Kunst vor, während die Illustrationen des Augustinus die Hand eines Künstlers freierer Art verrathen, welcher Charaktere, Geberden, Färbung und Landschaft jedes Mal zu einem besonderen, von künstlerischer Conception zeugenden Effekt zusammenstimmt, nicht aber, wie hier geschieht, sein Augenmerk in erster Linie auf möglichst präcise und vollendete Durchführung richtet, ohne die gleichförmige Schwere zu beachten, welche aus der stetigen Wiederkehr der gleichen Farben und der gleichen Compositionselemente hervorgeht. Charakteristisch ist, dass hier die Goldhöhung bereits eine grössere Rolle spielt. Die Schilderung pathetischer Szenen und Grauen erregender Unglücksfälle, wie sie diese mit dem Sündenfall anfangenden Erzählungen aus der alten Geschichte (selbstverständlich in zeitgenössischem Costüm) enthalten, steht mit der prunkvollen Glätte der Ausführung in einem unlösbaren Gegensatz. In diesen Darstellungen spiegelt sich jene am Hofe von Burgund besonders deutlich ausgeprägte Uebergangszeit von dem feudalen Mittelalter zu der autokratischen Neuzeit, welche äusserlich an dem ritterlichen Treiben festhielt, für dessen Tendenzen jedoch keinen Sinn mehr besass, sondern die naive Freude an edlen Thaten mit der Lust am Pomphaften, stark auf die Sinne Wirkenden, vertauscht hatte. — Diese Handschrift zeichnet sich durch ausserordentliche Erhaltung aus.

89) **René d'Anjou, roi de Naples**: Ung petit traictie dentre lame deuote et le cuer le quel sappelle le mortifiement de vaine plaisance. Mit 8 Abbildungen. Kl.-Folio. Das Werk ist im Jahre 1455 verfasst und Johann Bernardi, Erzbischof von Tours, übersandt worden. Nicht unmöglich erscheint es, dass hier das Dedicationsexemplar vorliegt, denn die aus grünen und goldenen Weinranken gebildete Einfassung der ersten Seite enthält das vereinigte Wappen René's und seiner zweiten Gemalin Johanna von Laval (die Vermälung fand in demselben Jahre 1455 statt), ferner mehrfach das Emblem ihrer Ehe (zwei gekoppelte Turteltauben, mit der Devise: per non per) und über die ganze Einfassung verstreut die Anfangsbuchstaben der beiden Ehegatten: i und r. In der Vorrede wird der Inhalt des Werkchens wie folgt angegeben: lame deuote a seule crainte de dieu et parfaite contriction se complaint piteusement du cuer plain de vaine plaisance qui la tormente fort (hierzu die erste allegorische Darstellung), et lors seule crainte et parfaitte contriction se saisissent du cuer (Bild 6) et puis le baillent a souverain amour

a vraye esperance et a ferme foy. Lesquelles pour du tout le joindre a la passion de son sauveur le clouent sur larbre de la croix et grace divine pour mortifier sa vaine plaisance luy met le fer de lance ou couste (Bild 7). Et par ainsi lame deuote vit en ce monde en grant contentesse et repos auecques son cuer (Bild 8).

Im zweiten Bilde stehen Gottesfurcht und Zerknirschung, als Frauengestalten, vor der gleichfalls weiblich gebildeten Seele, welche über ihrem Herzen trauert; im dritten fährt die Seele, gekrönt, als Braut Gottes, mit Hülfe eines Fuhrmanns (l'entendement raisonnable) zu Gott; im vierten überschreitet sie, mit einem Sack (lamerite, die Mühsal des Lebens) beladen, mit Hülfe eines hölzernen Steges (des Gewissens) einen Bach (den Zorn Gottes); im fünften ist die Belagerung einer Stadt (der Welt) durch einen Ritter (Christus) und dessen Tochter (la gloire de paradis) dargestellt.

90) **Vegetius:** De re militari. Kl.-8°. Mit fünf Darstellungen kriegerischen Inhalts. Vielleicht venezianisch unter niederländischem Einfluss.

91) **Eutropius.** Le livre de leflorement du monde. Folio. In 2 Col. Mit Dornblatteinfassungen und 51 Darstellungen von der Breite einer Columne. Wenn auch die Compositionen etwas lahm sind, so wirken sie namentlich durch den Glanz und die Frische der Farben, welche in den Schatten nicht gebrochen, sondern nur vertieft sind, und im Licht durch leichte Goldhöhung gehoben werden. Mit dem Wappen der bretagnischen Familie du Fou, und zwar (wegen der hinzugefügten zwei Falken) wahrscheinlich für Yves du Fou, seit 1472 Grand Veneur, geschrieben.

Französische Handschriften vom Ende des XV. und Anfang des XVI. Jahrhunderts.

92) **Thomas von Aquino:** Le livre du regime des princes translate de latin en francois ala requeste de treshault et puissant prince . . . Mons. Le Comte Dangolesme (d'Angoulême) Charles premier de ce nom. Von Charles de S. Gelais, orateur. Folio. Mit einem halbblattgrossen Widmungsbilde und drei je an den Anfang der weiteren Bücher gestellten Darstellungen. In ursprünglichem, mit Lilien ornamentirtem Einbande.

93) **Castellin, George:** Hympnes Louanges et Canticques ditz Georgines (laut Schlusswort des ersten Abschnitts im Jahre 1495 verfasst). 4°. Mit drei ³/₄blattgrossen Darstellungen: der Empfängniss Mariä, dem Autor in seinem Arbeitszimmer, woselbst ihm Maria erscheint, und den zehn Frauen, welche in dem letzten Gedicht besungen werden (Science, Éloquence, Profundité, Gravité de sens, Richesse de sens etc.). Die Handschrift gehörte laut Eintragung im Jahre 1769 C. A. Picard, laut dem Wappen auf dem Einband später P. A. Hanrott.

94) **Empereurs de Rome et Dalmaigne par ordre.** — Les Papes de Romme. — Les Roys de France (bis zum Jahre 1497 gehend). 4°. Mit drei halbblattgrossen Darstellungen: Julius Cäsar; Petrus; Pharamond. Die Einfassungen, wie in dieser späteren Zeit in der Regel, auf mattem Goldgrund.

95) **Bonifacii VIII.** decretalium liber sextus cum commentario. 4°. Am Anfang des Textes eine halbblattgrosse, in kräftigen Farben schön ausgeführte Darstellung der Ueberreichung des Werkes an den in Gegenwart seiner Cardinäle thronenden Papst (Alexander VI.?); ein vortreffliches Specimen für Gestaltung der französischen Kunst unmittelbar nach Aufnahme der italienischen Kunstform, gegen 1500. Würde und Klarheit herrschen in der Composition, schönes Maass in der Innen-Architektur; nur die gothische Bildung des Thrones erinnert noch an die vorhergehende Epoche. — Das auf dieser Seite unten angebrachte Wappen gehört einem Cardinal aus dem Hause Amboise, höchst wahrscheinlich George, der im Jahre 1498 Cardinal wurde, Erzbischof von Rouen war und im Jahre 1510 starb [1]. Laut Eintragung auf dem ersten Blatt befand sich die Handschrift im Jahre 1581 noch in Rouen in der Bibliothek des Lod. Martelli.

96) **Bonaventura, S.** Leben des hl. Franziscus, französ. Kl.-4°. Von den 62 Darstellungen beziehen sich die grösseren auf das Leben des Heiligen, die kleineren und zahlreicheren auf die Wunder, welche der Glaube an ihn bewirkt hat. Gleich der vorhergehenden Handschrift ein gutes Beispiel für die mit behaglicher Breite und frischer Lebendigkeit erzählende französische Kunstweise um 1500. Mit reichlich angewandter Goldhöhung.

97) **De la Vigne, Grace:** Romantz des oiseaulx, in Versen. Fol. In 2 Col. Innerhalb einer Einfassung, welche abwechselnd Streifen und Quadrate von theils dunkelfarbigem Grunde (mit goldenen und blauen Ranken darauf), theils mattgoldenem Grunde (mit halbnaturalistischen Blumen) zeigt, ist auf der ersten Seite in einem halbblattgrossen Bilde die Uebergabe der Handschrift an den Herzog René II. von Lothringen († 1508) dargestellt. Dass das unten angebrachte Wappen in jener Form erscheint, in der es der Herzog als Graf von Vaudemont (somit vor 1470) führte, steht in bisher ungelöstem Widerspruch mit dem Charakter des Bildes, welches in Trachten und Architektur (Renaissance) deutlich auf die ersten Jahre des XVI. Jahrhunderts weist.

98) **De la Vigne, Andry.** (Krönung der Königin Anne de Bretagne am 16. Nov. 1504.) »Comment la Royne a sainct Denys sacree fut dignement en grant solempnyte Pareillement comme estoit acoustree quant a paris elle fit son entree Jay tout escript en ce petit traicte.« 4°. Mit drei blattgrossen Darstellungen der Krönung, des Einzugs und des Essens, in goldenen architektonischen Einfassungen. Die gegenüber liegenden Seiten sind mit Einfassungen versehen, welche die Initialen der Königin und verschlungene Schnüre auf mattgoldenem Grunde zeigen. Die figurenreichen, in lebhaften Farben gehaltenen Szenen sind im Ganzen mit grosser Beherrschung der Perspective in die weiten Räume hineincomponirt.

99) **Radegonde.** »Vie et legende de madame sainctte Radegonde

---

[1] Aus diesem im XVI. Jahrhundert an hohen Prälaten so überaus reichen Geschlecht käme noch ein Ludwig, Bischof von Autun, in Betracht (1506 Cardinal, † 1517). — Gefl. Mittheilung des Herrn Geheimrath Dielitz, dessen Freundlichkeit ich alle hier aufgenommenen Nachrichten über Heraldik und Genealogie verdanke.

(† 13. August 587) fille du roy de thoringue et espouse du roy clothaire premier de ce nom extraicte tant des legendes composees par mons. sainct fortune
evesque de poictiers et baudouyne religieuse et servante de ladicte dame que
de vincent historial et graps cronicques de france.« Nebst lateinischem Officium
und französischem Bericht von zwei Wundern. Folio. Mit 11 Darstellungen.
Auf der Rückseite des ersten Blattes Christus am Kreuz, von einem französischen
Prinzen, der von der hl. Radegundis empfohlen wird, angebetet (blattgross).
Am Beginne des Textes eine Einfassung, welche fünf Wappen von Gliedern
des französischen Königshauses enthält; innerhalb derselben das von zwei
Hirschen gehaltene Phantasiewappen der Heiligen. Die acht Szenen aus dem
Leben der Heiligen ($^2/_3$ blattgross) sind von ziemlich handwerksmässiger Aus-
führung. Den Schluss macht die Darstellung eines französischen Prinzen, de
nebst seiner Gemalin durch Radegundis der Madonna empfohlen wird. Vorn
die Eintragung: ex dono ducasse sacerd. oratorii; weiterhin: ex libris P. B
De La Haye.

100) **Roman de la Rose** (ältere Handschriften derselben Dichtung s. Nr. 29
u. 76). 4°. In 2 Col. Prachthandschrift aus dem Anfang des XVI. Jahrhunderts.
Alle Seiten sind mit Leisten geziert, die aus abwechselnd blauen, braunen etc.,
in einer helleren Tönung derselben Farbe ornamentirten Querstreifen zusammengesetzt sind. Mit zwei blattgrossen und 100 kleineren, äusserst fein,
in leuchtenden, aber sanft gestimmten Farben (viel hellblau und rosa) ausgeführten Darstellungen. Aeusserst reichhaltige und charakteristische Darstellung zierlich-höfischen Lebens und des damaligen Ideals weiblicher Anmuth.
Die beiden grossen einander gegenüber stehenden Bilder stellen den Liebes-
garten dar, in dessen Mitte Amor und die Schönheit unter einer Laube thronen;
sowie einen Tanz, an welchem eben dieselben Theil nehmen; unter diesen
Darstellungen sind zwei symbolische Wappen angebracht: das eine mit drei
Rosen wird von drei Todten, das andere mit drei Todtenschädeln und zwei
Knochen wird von zwei Putten gehalten. — Die Gesichter zeigen bereits meist
den zu dem Vorgang passenden Ausdruck; dagegen sind die Bewegungen noch
bisweilen etwas unfrei. So vortrefflich das durch den geschlossenen Raum
spielende Licht (nach dem Vorgang der vlämischen Schule) wiedergegeben ist,
so mangelhaft ist noch die Kenntniss des Nackten, welches in übertriebener
Magerkeit erscheint (wovon man sich leicht an den ungenirten, keineswegs
jedoch mehr naiven Bildern des letzten Theils überzeugen kann). Hieraus lässt
sich entnehmen, dass zu einer Zeit, da bereits Architektur und Costüm durchaus den Renaissancecharakter angenommen hatten, die Malerei noch an den
Gewöhnungen der vorhergehenden Periode festhielt. — Schwarz-lederner Einband von Clovis Eve.

101) **(Anne de Bretagne).** »Commemoration et advertissement de la
mort [9. Jan. 1513] de trescrestienne treshaulte trespuissante et tresexcelle(n)te
princesse ... Madame Anne deux fois royne de france duchesse de Bre-
taigne ...« Kl.-Folio. Mit zehn handwerksmässig ausgeführten Darstellungen
der Vorrichtungen für die Leichenfeier. Wahrscheinlich nur gleichzeitige Abschrift der Originalhandschrift.

102) **Le Moyers.** Le blason darmoiries la nature propriete et ma-
niere de blasonner ... Avec le repertoire de noblesse. Allein der I. Bd. Folio.
Mit vier blattgrossen Darstellungen des französischen Wappens und des Wappens
Franz I., ferner der Ueberreichung des Werkes durch den Autor an den in einem
Saal thronenden, noch bartlosen König Franz I.; alle auf den ersten zwei Blät-
tern. Ferner 326 Abbildungen zur Erklärung heraldischer Bezeichnungen.

103)' **Dante Alighieri.** Die sieben ersten Gesänge des »Paradies«, französische Uebersetzung von Franç. Bergaigne. Laut der
Widmung für den französischen Admiral Guill. Gouffier gen. Bonnivet,
eine der einflussreichsten Persönlichkeiten am Hofe Franz I., verfasst. 4°.
Auf äusserst feinem Pergament sehr sorgfältig geschrieben. Mit dem Wappen
Bonnivet's und je einer blattgrossen Darstellung zu jedem Gesang, in Renais-
sancerahmen nach Art der Hardouyn'schen Gebetbuchverzierungen. 1) Dante
und Beatrice in der Feuersphäre. 2) Die Mondsphäre; unten fährt Dante in
das bisher noch nicht betretene Gebiet hinein. 3) Die Seelen derjenigen,
welche ihr Gelübde nicht vollständig erfüllt, nackt im Himmel knieend; unten
Constanza, die spätere Gemalin Kaiser Friedrichs II., von Soldaten aus einem
Kloster gezerrt (Beischrift: Ille de Cecile [Sicilien]). 4) Aehnliche Darstellung,
mit der Beischrift: Palerme. 5) Mercursphäre; Dante hält die beiden Schlüssel,
welche Herz und Himmel öffnen, in der Hand; unten der jüdische Opferaltar
und die beiden angeführten Beispiele falsch gelobter Opfer: Jephta und Iphigenia, in solcher Weise vermischt, dass Jephta der vor ihm knieenden Iphigenia (beide laut Beischrift) den Kopf abhaut. 6) Am Himmel Mercur; unten
Justinian mit seinem Heere Rom verlassend, um seinen Herrschersitz in
Byzanz aufzuschlagen. 7) Am Himmel »Mars« und knieende Seelen; unten
der Sündenfall und die Erlösung. — Den einzelnen Gesängen sind Rondeaux
und »Declarationen« in Prosa beigefügt. — Da das Wappen Bonnivet's bereits
die Admiralsinsignien zeigt, welche demselben im Jahre 1517 verliehen wurden,
muss die Handschrift zwischen diesem Jahre und 1525, dem Todesjahre Bonnivet's († in der Schlacht von Pavia), entstanden sein.

104) **Pauli (Sancti)** Epistolae. 12°. Aeusserst zierliche Handschrift
mit schönen goldenen Initialen auf rothem und blauem Grunde. Sechs blattgrosse Darstellungen in reichen goldenen altarartigen Umrahmungen, die Heil.
Hieronymus, Paulus, Jacobus, Petrus, Johannes und Judas in ganzer
Figur zeigend. Die gegenüber liegenden Seiten sind gewöhnlich mit einer Einfassung von goldenen Ornamenten strengen Stils auf farbigem Grunde, doch
auch mit solchen von Blumen etc. geziert. Die zierliche Zeichnung bei scharfem, stark bewegtem Umriss, die leuchtende Farbengebung bei zart duftiger und
minutiöser Ausführung der landschaftlichen Ferne weisen auf einen Franzosen,
der von Herri Bles und Jan Gossaert beeinflusst gewesen, aber auch Italien
besucht und von dort lebhafte Eindrücke heimgetragen haben muss.

Das Wappen, welches auf den in zierlicher Goldschmiedearbeit ausgeführten Schliessen des Bändchens angebracht ist, ist nicht (wie der Auctionskatalog angibt) dasjenige der Medici, sondern gehört der französischen Familie
de Leuville an. Der erste Besitzer dieser Handschrift (deren Verfertigungszeit

um 1525—1530 zu setzen ist) dürfte Jacques de Leuville, erst Abt von
St. Denis, dann Bischof von Angers, als welcher er 1540 starb, gewesen sein.
105) **Diodorus Siculus.** »Les trois premiers livres des antiquitez
degipte ethiopie et autres pays dasie et daffrique translatez de latin en francoys
par Maistre Anthoine Macault notaire secretaire et valet de chambre ordinaire du roy.« Folio. Für König Franz I. von Frankreich gefertigtes Exemplar.
Gegenüber dem Beginn des I. Buches eine blattgrosse, mit äusserster Sorgfalt
vollendete Darstellung: Franz I., in einem mit Strohmatten belegten Zimmer
vor einem Tisch sitzend, empfängt aus den Händen des Uebersetzers das
Werk, während seine drei Söhne: der Dauphin Franz, Heinrich (später
Heinrich II.) und Karl, Herzog von Orleans, sowie Hofleute und Würden-
träger, voran ein Cardinal, daneben stehen. Die drei Prinzen sind in das
gleiche prächtige rosa Gewand gekleidet; ein Windspiel befindet sich in ihrer
Nähe. Vor dem König auf dem Tisch sitzt ein Affe. Das Ganze ist von einer
schön ornamentirten architektonischen Umrahmung umgeben. Wie sich diese
Darstellung durch ihr glückliches Streben nach Bildnisstreue auszeichnet, so
zeigt sie auch hinsichtlich der weniger deckenden und weniger kräftigen Färbung eine merkliche Abweichung von der bis dahin üblichen Behandlungsweise.
Durch die fein strichelnde Pinselführung nähert sie sich bereits derjenigen
Technik, welche im 17. Jahrhundert vorwiegend auf Elfenbein, im 18. auf
Porzellan angewandt und schlechtweg mit dem Namen der Miniaturmalerei
belegt wurde. — Von den Initialen enthalten 41 sehr fein ausgeführte figürliche Darstellungen. Der ursprüngliche Einband ist noch in der mit geschmackvoller, die Initialen des Königs enthaltender Pressung verzierten Deckeln erhalten. — Gehörte später (laut Eintragung) J. Em. de Rieux.
        Dem Alter der Prinzen nach muss die Handschrift aus dem Ende der
zwanziger Jahre des 16. Jahrhunderts stammen.
        106) **La Victoire et Triumphe d'Argent contre le Dieu d'Amours ...;**
La Victoire et Triumphe d'Honneur et d'Amour contre Argent nagueres vaincu
dedans Paris; la responce des Oracles dapollo revellee par la saincte sybille
cumee lan de grace 1531 de la divine et merveilleuse destinee des tresnobles
et tresillustres princes les trois enfans de france ...; La vision et prodiges
celestes precedens le trespas de Madame mere du Roy ...; la legende Madame
saincte Valere ... 4°. Mit zwei blattgrossen Darstellungen: dem Triumph
des Geldes, eines silbernen Cupido, der von zwei Affen auf einem Wagen
gezogen wird; und dem Triumph der Ehre und Liebe, welche durch
Franz I. und den Liebesgott repräsentirt auf einem von zwei Einhornen gezogenen Wagen sich befinden und ihre Füsse auf den gefesselten Gott des
Geldes setzen. Dem Wappen nach für den Prinzen Franz von Bourbon,
Graf von St. Paul († 1545) geschrieben. — Einband von Clovis Eve. —
Gehörte (laut Eintragung) im Jahre 1742 Charles Adr. Picard.
        107) **Franz I., König von Frankreich:** Auszüge aus seinen Dichtungen,
von einer Hand aus der Mitte des XVI. Jahrhunderts herrührend. — Vorangesetzt: Paris le filz de Priam und andere Gedichte. 4°. Mit einer ²/₃-
blattgrossen Darstellung des Raubes der Helena nach Raphael.

Niederländische Handschriften vom Ende des XV. und Anfang des XVI. Jahrhunderts.

108) **Johanna's,** der Tochter Ferdinands von Castilien und Gemalin des Erzherzogs Philipp von Oesterreich, Einzug in Brüssel am 9. Dec. (V. Id. Dec.) 1496. Papierhandschrift in Folio. Mit 58 blattgrossen in Wasserfarben colorirten Federzeichnungen (mit gegenüberstehendem Text) von der in solchen Bilderhandschriften gewöhnlichen flotten Ausführung, und zwei Blatt mit den Wappen Isabella's und Philipp's. Das erste Blatt zeigt den· hl. Michael in Wolken; dann kommen Geistlichkeit, Stadtregenten, Zünfte, dazwischen Musikanten und Masken, zuletzt die Schützengilde, in deren Mitte die Prinzessin. Besonderes Interesse erwecken die nun folgenden Nachbildungen der figurenreichen Gemälde (effigies seu scemata figurarum »quas personagias vocamus«), welche längs dem Wege an Gerüsten befestigt waren und durchgehend einen Bezug auf die Prinzessin enthielten. Es sind die folgenden (nach der Schreibweise der Beischriften):

Tubal Cain.   Judith.

Tobias und Sara (zwei gesonderte Szenen).

Thecuites und Abimelech.

Salomo und die Tochter Pharao's.

David.   Michol und Abner.

Isaac und Rebecca (nach Art der Biblia pauperum in drei Bildern neben einander und einem kleineren darüber angeordnet).

Assuerus und Ester (zwei Szenen auf einem Bilde).

Mandanes und deren Vater Astyages.

Elisabeth, die Mutter Johannes d. T.

Deiphilis (die zusammen mit ihrer Schwester Argina die Stadt Theben zerstörte).   Sinopis (Bekämpferin des Hercules).

Ipolita.   Menelopa (Schwester der Hippolyte).

Semiramis.   Lampeto.

Thamaris [Tomiris].   Theuca.

Panthasilea.   Salomo und Königin von Saba.

Florentius, Herzog von Mailand, und Meriana, Prinzessin von Castilien, Hochzeit haltend.

Deborah und Baruch.   Jahel und Sisara.

Drei Jungfrauen, deren eine an einer Schnur eine Taube, welche eine Krone hält, herablässt.   Das Urtheil des Paris.

Domus delicie et jocunditatis (eine nach unseren Begriffen sehr freie Darstellung, namentlich im Hinblick auf die Gelegenheit).

Der hl. Lucas die Madonna malend.

109) **Romuleon** (Geschichte Roms von Romulus bis Constantin). Französisch. Papierhandschrift in Folio, in 2 Col. Mit 127 halbblattgrossen, braun getuschten Federzeichnungen, die in vortrefflicher Weise das ritterliche Leben um 1500 illustriren. Am Anfang das Reiterbild eines Chauvigny Chevalier Pluvet. Die gut disponirten und lebendig gestalteten Zeichnungen rühren

von einem niederländischen, stark an Jacob von Amsterdam erinnernden Künstler her, der Italien besucht haben muss, wie die Decoration der Architektur und die Costüme zeigen.

Deutschland. XV. Jahrhundert.

110) **Thomasin von Zirclaria**: Der wälsche Gast (nicht wie der Auctionskatalog sagt: Hans Vindler, Buch von den Tugenden und Untugenden). Folio. 2 Col. Mit 116 Darstellungen von der Breite einer Columne. ∗Die Ausführung in ungebrochenen und kaum in den Schatten abgetönten Farben ist eine unbeholfene und trotz allen Strebens nach Präcision rohe. Durch das Unzureichende in Ausdruck und Bewegung werden die an sich schon undankbaren Allegorien steif und leblos. Dornblatteinfassungen, schachbrettartig gemusterter Grund und Spruchbänder sind durchgehend angewandt. Dem am Anfang angebrachten Wappen zufolge für Kaiser Maximilian und dessen Gemalin Bianca Maria Sforza angefertigt.

Der Anfang des Gedichts (welchem das Inhaltsverzeichniss vorhergeht) lautet hier:

Der gern liset gute mêr,
Ob der selb gut wêr,
So wer bewant (statt: gestatet) sin leben (st.: lesen) wol.
Ein ieglich man sich flissen sol
Daz er bege (st.: ervüll mit) guter tât
Was er gutes gesehen (st.: gelesen) hat.

Wie namentlich aus den gesperrt gedruckten Worten hervorgeht, weicht diese Redaction von der Heidelberger, welche H. Rückert seiner Ausgabe des Gedichts (Quedlinburg u. Leipzig 1852) zu Grunde gelegt hat, fast durchgehend ab, stimmt dagegen mit den in Dresden, München etc. aufbewahrten, dem XV. Jahrhundert angehörenden Papierhandschriften im Wesentlichen überein.

111) **Breviarium Romanum.** 2 Bde. 4⁰. In 2 Col. Köln (?) um 1480. Mit zahlreichen Einfassungen und (zum Theil figurirten) Initialen.

Am Ende des dem Sommertheil vorgesetzten Kalenders befindet sich eine Anweisung zum Auffinden des Sonntagsbuchstabens für die Jahre von 1480 an. — Auf das Vorsatzblatt desselben Theils ist ein Pergamentblatt geklebt, welches den Vermerk enthält: Anno dñi 1551 februarij 7 hanc partem breviarij aestivalem vna cum altera parte hiemali, illustris et generosus dñs Georgius a Witgenstein, maioris ecclesiae Coloniensis Decanus etc. per dñm et magistrum Joannem Betgyn Ewsechensem suum capellanum dono dedit huic nṙo Conventui s. Maximini in Colonia ... etc.

Besonders in Hinsicht auf die geschmackvolle kalligraphische Ausstattung interessant. Die grösseren Initialen auf Goldgrund und im Innern mit sehr präcis ausgeführtem buntem Blattwerk belegt. Die Darstellungen, zumeist dem Neuen Testament entnommen, sind ängstlich, fast ohne Modellirung, in ziemlich blassen Farben ausgeführt und entbehren fast ganz des Ausdrucks. In die Einfassungen sind eine Menge Wappen deutscher Fürsten, offenbar nur als schmückende Zuthaten, eingelassen; doch kann aus der abweichenden Art, wie am Anfang und Ende des Sommertheils das Wappen des im Jahre 1473 zum Kurfürsten von Köln erwählten Landgrafen Hermann von Hessen († 1508) angebracht ist, geschlossen werden, dass die Handschrift ursprünglich für ihn angefertigt worden.   *W. v. Seidlitz.*

(Schluss folgt.)

Schloss Laxenburg. Ledertapeten.

Unter den zahlreichen alten Kunstwerken, welche die verschiedenen Baulichkeiten im k. k. Lustschlosse Laxenburg bei Wien schmücken, befinden sich auch drei kostbare alte Ledertapeten mit figuralen Darstellungen, welche Kennern längst bekannt und höchst geschätzt, bis jetzt trotzdem in mehr als einer Hinsicht den Beschauern — Räthsel dargeboten hatten. Ich bin nun in der Lage, über diese ebenso seltenen als werthvollen Producte alter Kunstindustrie genügendere Auskünfte zu ertheilen und erachte eine Erörterung des Gegenstandes für allgemein interessant.

Gleichzeitig mit der Franzensburg wurde auch das Gebäude der Maierei nach den Entwürfen des so geschäftigen Schlosshauptmannes Michael Riedl von Leuenstern errichtet und eingerichtet. Es geschah diess im Jahre 1801. Zu Zwecken der inneren Ausstattung des Hauses, welches einen alterthümlichen Bau nach Schweizer Art vorstellen soll und ausser der Wohnung des Maiers im Erdgeschoss, im Stockwerke einen grösseren Saal und zwei kleinere Cabinete enthält, verfuhr Riedl nach seiner Gewohnheit, nach seinem in der Einrichtung der Franzensburg beachteten Recepte, indem er ohne Rücksicht auf Stil, Zeitalter, farbige Wirkung oder sonstige historische und künstlerische Gesichtspunkte, wie dieselben massgebend sein sollten, alte Objecte aller Art zusammenstellte und das Fehlende nach der Anschauung seiner Zeit und seiner mithelfenden Künstler »entsprechend« alterthümlich dazu fertigen liess. Wir haben indess nicht die Absicht, die Methode derartige Alterthumsliebhaberei, die im modernen »Deutsch-Renaissance-Zimmer« eine gar nicht viel gescheidtere Wiedergeburt feiert, zu besprechen, und begnügen uns mit der Bemerkung, dass auf diese Weise Getäfel aus Schloss Mühlgrub, Möbel aus Ambras (heute wieder dahin zurückgebracht), Gemälde aus Scharnstein in Oberösterreich, moderne Glasmalereien etc. etc. in friedlichem Vereine die Maiereilocale zu schmücken auserkoren wurden. Und ausserdem jene Tapeten.

Dieselben bedecken drei Wände des linken Seitengemaches. Ihre Höhe ist gleichmässig 260 Ctm., in der Breite messen die beiden grösseren 325 Ctm., die schmälere 225 Ctm. Ehe ich weiter auf ihre Beschreibung eingehe, muss ich indessen ihrer Litteratur gedenken.

Sowie alle auf die damaligen Umgestaltungen und Neueinrichtungen in Laxenburg bezüglichen Dinge finden auch sie ihre früheste Erwähnung in einem Manuscripte, welches der bekannte Prager Topograph Professor Schottky im Jahre 1821 verfasste. Es stützt sich in den meisten Angaben auf mündliche Mittheilungen Riedl's und hat insofern Werth. Was Schottky sonst aus Eigenem hinzugab, sind überschwängliche Naturschilderungen, Tiraden über die Romantik der »Ritterzeit«, welche zu lesen heutzutage Einem kaum möglich wird. Das Manuscript ist Eigenthum der k. k. Hofbibliothek. Mit demselben haben wir übrigens die Litteratur schon beinahe complet angeführt, denn bis auf das 1878 auf Befehl des Herrn Oberstkämmerers F.-Z.-M. Grafen Folliot de Crenneville durch Regierungsrath Quirin von Leitner verfasste Prachtwerk Laxenburg und meinen seitdem angestellten Untersuchungen hat ein Autor nach dem Andern, Weidmann, Tschischka, Schmiedl, Realis und wie sie heissen mögen, nur reproducirt, was Dr. Schottky aus Riedl's Munde wusste.

Die Tapeten betreffend ist Leitner der Erste, der ihre Entstehungszeit richtig bestimmte, es sind Arbeiten des 17. Jahrhunderts. Aber auch über die Sujets der Darstellungen sind sich die älteren Autoren nicht im Klaren und tasten bei diesen kinderleicht zu errathenden Vorwürfen vorsichtig mit »man hält« und »es sollen« herum.

Die Tapete zur Linken des Einganges zeigt die Zusammenkunft zweier Fürsten. Sie und ihre Begleiter sind zu Pferde; den jüngeren, augenscheinlich Höhergestellten umgibt die Reiterschaar als Gefolge, der Aeltere wird als Gefangener geführt. Des seiner Harrenden ersichtig geworden, beugt er das greise Haupt tief auf den Hals des Rosses nieder und kreuzt die Hände demüthig vor der Brust. Der Andere begegnet ihm ernst, mit hoher Würde, die Untergeordneten stehen in stummer, ehrerbietiger Haltung. Oben sieht man ein Stückchen Landschaft, einen Waldeingang, zwischen dessen Stämmen geharnischte Reiter in raschem Laufe hindurchsprengen; es ist das letzte Tempo der Schlacht, deren Verlauf in der Scene im Vordergrunde gipfelt, die siegreiche Schlacht des 24. April 1547, in welcher die Truppen Karl's V. die gegen ihn verbündeten norddeutschen Fürsten und Stützen des Protestantismus so gewaltig niederwarfen. Es ist somit ganz richtig, die Darstellung die Schlacht auf der Lochauer Haide zu benennen, welche auch als jene von Mühlberg und bei Wittenberg bekannt ist, dagegen ein Irrthum, wenn man ihr die Bezeichnung: Gefangennehmung des Kurfürsten Johann Friedrich von Sachsen und des Herzogs Ernst von Braunschweig-Lüneburg verleiht, denn nur der Moment der Ersteren ist hier vergegenwärtigt. Johann Friedrich war zunächst dem Herzog von Alba übergeben und von diesem, auf sein eigenes Ersuchen, zu dem Kaiser gebracht worden, welcher mitten in der Haide mit seinem Pferde hielt. Erst später liess Alba den gleichfalls gefangenen Braunschweiger in's Lager bringen. Dass der besiegte Fürst im Bilde, wie erwähnt, mit weissem Bart und Haupthaar dargestellt ist, scheint dieser Deutung allerdings zu widersprechen, denn Kurfürst Johann Friedrich I. zählte damals erst 45 Jahre; indessen wir werden im Verlaufe die Umstände kennen lernen, welche es erklärlich machen, wesshalb wir scharfe Porträtähnlichkeit in den hier dargestellten Persönlichkeiten nicht suchen dürfen. Vergleicht man den Kopf Johann Friedrich's z. B. mit dem Oelgemälde im Besitz der II. Gruppe der kaiserlichen Kunstsammlungen oder mit den Holzschnitten Cranach's, so erscheint gar manches Abweichende; auch dieser Karl V. ist mehr ein Idealtypus als ein Porträt zu nennen.

Ueber den Gegenstand der beiden übrigen Tapeten kann gar kein Zweifel aufkommen. Diejenige, welche der Lochauer Schlacht gegenüber angebracht ist und mit ihr gleiche Grösse hat, stellt abermals ein Schlachtfeld mit hoher

Perspective, in der Ferne Gebäude und Bäume vor. Vorne tobt ein gewaltiger Kampf zwischen geharnischten Reitern und Fussvolk. Ein Reiter vertheidigt sich, über seinem gestürzten Pferde stehend, vergeblich gegen die anstürmenden Fusstruppen; einige berittene Gefährten leisten ihm noch Beistand. Die Waffen des Helden zeigen die Lilie Frankreichs, das Bild stellt König Franz' Gefangennehmung bei Pavia, am 24. Februar 1525, vor. Die Tödtung des Rosses ist bekanntlich historisch, Niclas von Salm hatte es dem Könige unter dem Leibe erstochen, worauf sich dieser, ohne von seinen Gegnern gekannt zu sein, noch eine Weile gegen die ihn umdrängenden spanischen Soldaten wehrte, bis ihn der herbeieilende Pomperant erkannte.

Im Bilde der dritten, schmäleren Tapete, zur Rechten der Thüre, sehen wir Kaiser Karl V. zur Seite Papst Clemens VII. unter einem Baldachin einherreiten, als er zur Krönung nach Bologna, 1529, gekommen war. Ein glänzendes Gefolge umgibt ihn, Jünglinge mit den Reichsinsignien schreiten voran, im Hintergrunde werden die Salven aus den aufgestellten Stücken gegeben.

Gleich den Gesichtern der Dargestellten machen auch die Costüme der Figuren auf historische Treue keinen Anspruch. Die Waffentracht bewegt sich zwischen dem Charakter des Historischen und dem einer antikisirenden Auffassung. Demgemäss tragen einige Reiter römische Helme mit hohen Kämmen und Rossschweifen, daneben aber erscheint der zeitgemässe spanische Morion etc. Die deutsche Landsknechttracht ist in diesen Gemälden, obwohl ihr Sujet dazu die dringendste Veranlassung bieten würde, nicht angewendet oder doch nur unvollkommen verstanden, welcher Umstand darauf hindeutet, dass der entwerfende Meister kein Deutscher und der Zeit nach von der Herrschaft jener Tracht schon ziemlich entfernt lebend sein musste.

Beides lehrt uns übrigens auch schon der allgemeine Kunstcharakter der Tapeten, in deren Composition und Zeichnung sich die überreife Kunst Italiens nach der Wende des 16. Jahrhunderts deutlich verräth. Alles ist mit grosser Wirkung, effectvoll und gross gedacht, die Zeichnung nicht ohne Manierirtheit, die Gruppirung gewandt gemacht; man fühlt, dass hier eine oft erprobte, erfahrene Hand gewaltet hat.

Und diese Künstlerhand ist nun entdeckt. Die Laxenburger Ledertapeten mit den drei Darstellungen aus dem Leben Karl's V. enstprechen einer Suite von Kupferstichen, welche mit Antonio Tempesta inventor bezeichnet sind. Dieser Florentinische Maler, 1555 geboren, 1630 gestorben, durch eine erstaunliche Schaffenskraft ausgezeichnet, eignete sich durch das Studium des Stradanus, des Lodovico Cardi, Santo Titi und anderer Meister einen im Sinne jener Zeit akademischen Stil, eine äusserst geschickte und leichte Vortragsweise an, die man vielleicht damit am treffendsten bezeichnen könnte, dass man sie mit der Eloquenz beim Schriftsteller vergleicht. Seine Fähigkeit und Geläufigkeit, Alles vorzutragen, Alles mit gleicher Leichtigkeit zu bewältigen, ist bewundernswerth; freilich ergab sich aus dieser Eigenheit auch bei Tempesta eine gewisse Monotonie, gewannen seine Schöpfungen schablonenhaften Charakter. Die Zeichnung ist oft incorrect, beliebte Motive wiederholen sich oftmals, der feinere Ausdruck ist vernachlässigt, aber seine Erfindungskraft scheint unerschöpflich und Alles belebt ein Zug des Gewaltigen, Grossen. Bekannter als seine Malereien wurden die unzähligen Stiche, die er nach eigenen Entwürfen unermüdlich fertigte und welche ein gut gehender Verlagsartikel wurden. Besonders gern lieferte er ganze Suiten, Figuren und Scenen aus der hl. Schrift, die Jahreszeiten, die Weltwunder, die Thaten des Hercules, Helden aller Zeiten, Scenen aus Tasso, die Thaten und Schlachten des Scipio, des Alexander, die geistlichen Orden, die Stadt Rom, Jagden, Landschaften, Carricaturen u. s. w. Schon ein älterer Kunstschriftsteller beziffert die von Tempesta selbst gestochenen Blätter auf mehr als 1500, nach ihm sollen durch andere Künstler noch etwa 500 herausgegeben worden sein.

Zu den Letzteren gehören nun auch diejenigen Blätter, deren Darstellungen mit unseren Ledertapeten vollkommen genau übereinstimmen. Es sind acht Blatt, mit dem Titel neun, in Querfolio, die wichtigsten Momente aus dem Leben Karls V. verherrlichend, nach Angabe des Nr. 8 im Jahre 1614, nach derjenigen des Nr. 1 in Amsterdam bei Robert Baudoez verlegt. In die Arbeit des Stechers theilten sich zwei bekannte Niederländische Künstler: der jüngere de Gheyn und Cornelis Boel. Als Erfinder ist überall Tempesta angegeben. Unter den Darstellungen befinden sich lateinische Disticha, durch welche wir über die Gegenstände derselben nicht in Zweifel gelassen werden; auf dem 8. Blatte führt sich N. Wassenaer als ihr Verfasser auf.

Ich gebe hier in Kurzem das Verzeichniss der Blätter und setze jedesmal den Namen des Stechers bei:

1. Die Gefangennehmung Königs Franz I. De Gheyn.
2. Die Einnahme Roms durch den Connetable von Bourbon. C. Boel.
3. Der Einzug in Bologna. Derselbe.
4. Die Eroberung von Goletta. De Gheyn.
5. Die Gefangennehmung des Kurfürsten von Sachsen. Derselbe.
6. Der Friede von Cambray. Derselbe.
7. Triumph Karls V. und seines Bruders Ferdinand nach der Befreiung Wiens von den Türken. C. Boel.
8. Karl als Gründer von Klöstern und Kirchen, von Künstlern umgeben, nach seiner Abdankung. Derselbe. Dieser jüngere Jacob de Gheyn hat überdies zwei unserer Compositionen, nämlich die Schlacht von Mühlberg und jene von Pavia nach denselben Originalen Tempesta's, nochmals einzeln in Grossfolio gestochen.

Aus der Lebensgeschichte des merkwürdigen Künstlers ist der Umstand bemerkenswerth, dass er, — wie er überhaupt grosses Talent zu decorativen Arbeiten hatte und sich mit solchen gerne beschäftigte, — mit Santo Titi im Zubereiten von Cartons für Gobelinweber gewetteifert hat. Dies ist für unsern Gegenstand nicht unwichtig. Wissen wir, dass Tempesta für Tapetenweber Entwürfe machte und überhaupt Decorationen u. dgl. ersann, so liegt es sehr nahe, dass ebensowohl auch der Verfertiger von Wandtapeten einer anderen Technik von seinen Erfindungen Nutzen gezogen haben kann, mit anderen Worten, dass möglicherweise die Laxenburger Tapeten direct nach Tempesta's Zeichnungen geschaffen sein könnten. Ich will zwar nicht allzukühne Ver-

muthungen aussprechen. Es ist auch annehmbar, dass erst die Suite der
Stiche dem Tapetenarbeiter zur Vorlage gedient habe, — und wir kennen
genug gewerbliche Producte, welche nach Stichen oder Holzschnitten gefertigt
wurden, — aber das Andere ist ebensowenig ausgeschlossen. Aus den Worten:
Antonio Tempesta inventor ist nichts Bestimmtes zu schliessen; als Zeichner
der direct für die Tapeten gemachten Cartons ist er ebenso der Erfinder, als
wenn es blosse Zeichnungen zu keinem weiteren Zwecke der Verwerthung
gewesen wären. Boel und de Gheyn können ebensowohl nach derartigen
Zeichnungen als nach den Cartons oder nach den fertigen Tapeten gestochen
haben: die Uebereinstimmung ist wie gesagt eine vollkommene, ausserdem zeigt
auch der allgemeine Kunstcharakter der Tapeten, deren ursprünglich selbstverständlich ebensoviele als Stiche gewesen, dass sie vor 1630, dem Todesjahre des Künstlers, entstanden sind.

Ich gehe nun zu einer kurzen Schilderung des Malerischen und Technischen an den herrlichen Werken über. Dieselben sind ganz in Farben gesetzt und machen den Eindruck eines Gemäldes, dem feinen Sinne der Zeit
entsprechend jedoch keineswegs so, als wollte sie der Verfertiger etwa für
Oelgemälde ausgeben. Obwohl »ein Bild«, bewahren sie dennoch den Charakter
der Tapete und speciell den der Ledertapete. Die Farben entsprechen allen
Anforderungen des Sujets, aber sie bleiben dieselben wohlbekannten coloristischen Effecte, welche wir an dem bunten, gepressten Lederstuhl, an der mit
einem ornamentalen Dessin versehenen Ledertapete des 17. Jahrhunderts gewohnt sind. Diese Beschaffenheit noch schärfer auszuprägen, trägt ein weiterer
Umstand ansehnlich bei. Vollkommen getreu der Technik jener Art Decoration,
hat der Verfertiger wirkliche Metalltöne reichlich in den Tapeten zur Anwendung
gebracht, nämlich Silber und ein Gold, welches, wie meistens bei derlei Lederarbeiten, gleich röthlicher Bronze wirkt. Und nicht genug an dem! Ganz so
wie an Stuhlüberzügen und Wandtapeten anderer Art finden wir auch hier
die charakteristischen Pressungen in Gold und Silber, ornamentale Details,
welche mittelst heissgemachter Stanzen eingedrückt wurden, womit das Riem-
zeug der Pferde, Waffen, Kleider etc. ausgeschmückt erscheinen.

Sehr schwierig gestaltet sich die Frage über die Fabricationsstätte der
drei Tapeten. Ich zweifle zwar nicht, dass dieselben nur spanischen oder
niederländischen Ursprunges sein können, aber die Entscheidung zwischen
diesen beiden Möglichkeiten fällt schwer. Man behauptet, die Spanier hätten
schon in der ersten Hälfte des 16. Jahrhunderts (wohl viel früher) Wandtapeten aus Leder erzeugt, die Niederländer kannten die Technik aber ebenfalls seit langem her. Ich möchte dafürhalten, dass Spanien das Mutterland
für dieselbe sei und auch die Niederlande von daher mit dem Verfahren bekannt wurden. Die Einflüsse Spaniens auf jene Gebiete machen solches wahrscheinlich, das Auftreten der Ledertechnik im Norden dürfte so ziemlich mit
dem Beginn der Beziehungen zu jenem südlichen Lande zusammenfallen, dieses
selbst aber betrieb die Manufactur zu verschiedenen Zwecken schon seit langen
Jahrhunderten, es hatte sie mit so vielen anderen Techniken und Künsten
von den Arabern übernommen. Ich habe über diese Frage manches histo-

rische Materiàl in meiner Abhandlung: »Ein Hausaltärchen von altspanischer Lederarbeit« in den Mittheilungen der k. k. Centralkommission, 1873, pag. 1 ff., vereinigt.

Im kunsthistorischen Sinne also dürften die spanischen und die spanisch-niederländischen Lederarbeiten sich ziemlich decken. Was ich von beiden kenne, lässt bis in's 18. Jahrhundert, wo in Holland Dank dem Einfluss der ostasiatischen Wunderdinge ein naturalistischer Geschmack und das Chinoi-serienwesen auch auf diesem Felde Platz greift, keine scharfen Unterschiede erkennen. Im k. k. Oesterr. Museum war vor einigen Jahren eine ganze Col-lection lederner, gepresster und vergoldeter Messgewänder ausgestellt, welche mich sehr genau an die Technik unserer Tapeten erinnerten, deren spanische Provenienz aber verbürgt war.

Mögen sie nun aber spanischen oder niederländischen Ursprunges sein, in jedem dieser Fälle entstanden die kostbaren Tapeten wohl für das Habs-burgische Haus. Seitens desselben ist es sehr begreiflich, dass auch noch nach einem Jahrhundert der Ruhm des grossen Ahnherrn in einer Suite von Kunst-gebilden gefeiert wurde, und da es Karl V. ist, dem die Huldigung zugedacht ist, so werden wir wohl an die spanische Linie zunächst gewiesen.

Nun liegen weitere Vermuthungen vor, nach welchen es sehr glaublich wäre, dass die Tapeten in der That einst in Spanien gewesen seien. Als man Laxenburg mit alten Kunstschätzen einzurichten begann und so viele Adelige, Stifte, Städte und Private Schenkungen zu dem Zwecke machten, da spendete auch unsere Gegenstände ein österreichischer Cavalier, der Landmarschall Joseph Graf Dietrichstein. Wenn dieselben nun ein altes Eigen des Dietrichstein'schen Hauses gewesen sein sollten, wie anzunehmen, so konnten sie sehr wohl aus Spanien gekommen sein, denn wir finden bereits frühe die Dietrichstein in jenem Lande oder in dessen Interessen thätig. Schon Adam Freiherr von Dietrichstein war kaiserlicher Gesandter in Madrid, wo er sich mit einer Verwandten des königl. Hauses, Herzogin Margaretha von Cordova, vermählte. Cardinal Franz, dessen Sohn, vollzog die Trauung der Braut König Philipps III., der Erzherzogin Margaretha per procurationem, desgleichen traute er 1631 die Infantin Maria Anna mit Kaiser Ferdinand III. Die Verheirathungen Dietrichsteinischer Spröss-linge mit Mitglieder spanischer Familien kommen äusserst zahlreich vor. Ich deute diese Momente nur an, deren genaue Erforschung wohl auf eine sichere Spur leiten müsste.

Wenn die in Vorstehendem gegebenen neuen Aufschlüsse über die kunst-historischen Eigenthümlichkeiten der hier besprochenen Werke auch noch manchen Punkt des Details nicht in voller Klarheit erscheinen lassen, so dürften sie dennoch bereits genügen, um ihren Werth und ihre Bedeutung in ein völlig neues Licht gerückt zu haben. *Dr. Alb. Ilg.*

Wien. Internationale Special-Ausstellung der Graphischen Künste.
In der Zeit vom 1. September bis 18. November des verflossenen Jahres war in den Räumen des Künstlerhauses in Wien eine ganz eigenartige Ausstellung arrangirt, die ebensosehr die Aufmerksamkeit der gebildeten und kunstliebenden

Laien als das besondere Interesse aller Künstler und Kunstschriftsteller, vor Allem
aber das der in gleicher Richtung thätigen Künstler hervorrufen musste. Die Idee,
eine derartige Special-Ausstellung zu veranstalten, muss unbedingt als eine glückliche bezeichnet werden, wenngleich das Bedürfniss nach einer solchen nicht in dem
Maasse vorhanden ist, wie etwa nach Gemälde- oder anderen Kunstausstellungen, da
in Folge des vielfältigen Vorkommens der einzelnen Kunstwerke dieser Richtung und
ihrer verhältnissmässig leichten Zugänglichkeit eine genaue Kenntniss des einzelnen
Werkes sowohl als eine allgemeine Uebersicht über die Gesammtleistungen auf
diesem Kunstgebiete auch sonst selbst von einem Einzelnen nicht so schwer erzielt
werden kann.

Die Aufgabe dieses kurzen Referates kann es nun nicht sein, an dem von der
Gesellschaft für vervielfältigende Kunst veranstalteten Unternehmen und an dessen
Durchführung eine eingehende Kritik üben zu wollen, obwohl man gewünscht hätte,
dass manches anders und mit mehr Plan und Consequenz gemacht worden wäre;
aber einige Bemerkungen nach dieser Richtung zu machen, möchte ich mir doch
erlauben, um meinen Standpunkt für das folgende Referat zu rechtfertigen.

Dem Programme gemäss hätte diese Ausstellung, von anderen modernen
Kunstausstellungen abweichend, die historische Entwickelung der graphischen Künste
seit dem Jahre 1850, also für den Zeitraum der letztverflossenen 30 Jahre, zur Anschauung bringen sollen, in der That aber war sie nicht viel anders gestaltet, als
die meisten modernen Kunstausstellungen überhaupt. Sie eröffnete uns eben nur
einen ziemlich genauen Einblick in den jetzigen Stand einer bestimmten — d. i. der
graphischen — Kunstübung und sonst nicht viel mehr. Nur für Oesterreich hatte
man einen schwachen Versuch gemacht, dem eigentlichen Programme in einer eigenen
Abtheilung gerecht zu werden; aber es war eben nur ein schwacher Versuch.
Gerade Oesterreich eignet sich wenig dafür, da es für die graphischen Künste nie
irgendwie tonangebend oder bahnbrechend war oder es jetzt ist. Ich kann daher
ganz wohl davon absehen, auf diese, zudem gar nicht übersichtlich und instructiv
gemachte Zusammenstellung des Näheren einzugehen. Für die übrigen Länder begnügte man sich, eben nur jene Werke aufzunehmen, die nach dem Jahre 1850
entstanden sind, und hängte und stellte sie kunterbunt ausschliesslich mit Rücksicht
auf die Raumverhältniss unter- und nebeneinander. Um ferner eine historische
Entwickelung der graphischen Künste zur Anschauung bringen zu sollen, war der
Zeitraum von 30 Jahren im Vorhinein viel zu kurz gegriffen, denn die graphischen
Künste sind im Allgemeinen viel zu sehr stationär, um in so kurzer Zeit eine Entwickelung erkennen lassen zu können. Dass es sich so verhält, trat in dieser Ausstellung deutlich zu Tage. Ich werde mich daher im Folgenden darauf beschränken,
mehr von wissenschaftlichen Gesichtspunkten aus nur eine allgemeine Uebersicht über
den gegenwärtigen Stand der graphischen Künste zu geben, wie eine solche auf
Grund dieser Ausstellung aber erst durch eine mühsame Vergleichung gewonnen
werden konnte. Dies allein halte ich eben für möglich. Obgleich nach keiner Richtung hin absolut Vollständiges geboten war, hatten ja einige Länder, wie Spanien
und Schweden, gar nicht ausgestellt, so waren doch von den übrigen Ländern
wenigstens die hervorragenderen Meister dieser Kunstübung vollzählig vorhanden und
ihre Werke hinreichend vertreten.

Es würde zu weit führen, wollte ich die Fülle des ausgestellten Materials nur
im Allgemeinen übersichtlich zusammenfassen und aus der grossen Menge des Interessanten auf jedes beachtenswerthe Blatt speciell hinweisen. Ich werde mich damit
begnügen, nur die bedeutendsten Namen zu nennen und dazu noch hie und da auf das

eine oder andere besonders hervorragende Werk aufmerksam zu machen; im Uebrigen
aber verweise ich auf den Katalog, über welchen ich am Schlusse noch ein paar Worte
anfügen will. Vor Allem werde ich mein Augenmerk auf die wirklichen Kunsterzeugnisse richten und sie eingehender behandeln; die mannigfachen mechanischen
Reproductionsarten aber, die nicht mehr in's Gebiet der Kunst selbst fallen, sondern
ihre Wichtigkeit und ihren Werth hauptsächlich für die allgemeine und leichte
Verbreitung derselben haben, werde ich zum Schlusse nur nebenbei erwähnen.
Dabei werde ich nicht in der Weise vorgehen, dass ich die Anordnung der Ausstellung, welche die Kunsterzeugnisse nach den einzelnen Ländern gruppirte, befolge,
sondern ich werde mich zunächst an die verschiedenen Arten der Technik halten,
in der die Kunstwerke selbst hergestellt wurden. Dadurch wird sich meine Studie
naturgemäss in mehrere Abtheilungen und Unterabtheilungen gliedern. Erst innerhalb einer jeden solchen Gruppe werden die Kunstleistungen der einzelnen Cultur-
staaten und Nationen nach der Rangstufe ihres Werthes summarisch ihre Würdigung
finden, indem der Raum der Zeitschrift eine ausgreifende und in's Einzelne gehende
Behandlung nicht gestattet.

Da die graphische Kunst in Oesterreich fast ausschliesslich nur in Wien ge-
pflegt und geübt wird, und da die Künstler, die auf Beachtung Anspruch erheben
können, fast durchgängig der deutschen Nationalität angehören, sei es, dass sie im
Deutschen Reiche geboren wurden, dort ihre Schule genossen und sich dann erst
in Wien ansässig gemacht haben, oder sei es, dass sie als geborene Oesterreicher
von deutschen Eltern herstammen, da also die graphische Kunst in Oesterreich
wesentlich eine deutsche Kunst ist, zudem aber auch im Wesen und Charakter von
jener in Deutschland sich durch nichts unterscheidet, so werde ich ihre Leistungen
stets im Anschlusse an die deutsche Kunst besprechen. Zugleich aber möchte ich
schon hier ausdrücklich hervorheben und besonders betonen, dass es in Oesterreich
hauptsächlich zwei Factoren sind, welche sich die Pflege der graphischen Künste
angelegen sein lassen. Es sind dies S. Majestät der Kaiser Franz Josef I. durch
das Oberstkämmereramt und die Gesellschaft für vervielfältigende Kunst. Alle nur
einigermassen hervorragenden Arbeiten gehen auf die Initiative und Bestellungen
dieser zurück. Welche Zahl von Künstlern sie beschäftigen und welche Zahl von
Blättern durch sie publicirt wurde, trat erst durch diese Ausstellung so recht zu
Tage. Aber mit Bezug auf die Leistungen und Bestrebungen der Gesellschaft für
vervielfältigende Kunst sei es mir gestattet, einen Wunsch auszusprechen, der meines
Erachtens sowohl im Interesse der schaffenden Künstler als im Interesse des
empfangenden und geniessenden Publicums liegt: Nicht auf die Quantität der Kunstwerke soll sie ihr Schwergewicht legen, sondern auf die Qualität derselben, sie soll
nicht eine so grosse Menge Mittelmässiges und unter Mittel Stehendes bieten, sondern
mehr grössere und bedeutendere Aufträge an hervorragende und besonders ver-
sprechende Talente ertheilen; dafür soll die Pflege der mechanischen Vervielfältigungsarten, die jetzt schon einen so grossen Raum einnimmt, ganz bei Seite und der
Privatindustrie überlassen bleiben, da sie selbst ja ebensowenig wie die Photographie
eine Kunst sind.

I. Tiefdruckblätter.

1) Der lineare Kupferstich. Als lineare Kupferstichblätter im engsten Sinne
des Wortes bezeichnet man eigentlich nur die Abdrücke von jenen Platten, welche
mittelst des Grabstichels allein bearbeitet wurden. Heutzutage jedoch gibt es fast
keinen Kupferstecher, der nur mit dem Grabstichel allein arbeiten würde, jeder bedient sich auch des Aetzwassers, sei es, dass er bestimmte stärkere und dunklere

Partien der Composition vorätzt, die er dann mit dem Grabstichel nur etwas mehr
aufarbeitet, oder sei es, dass er nebensächliches Beiwerk vollständig und allein durch
Aetzung herstellt. Zumeist sind es zum Mindesten die Umrisse und die Gründe,
wohl auch die tieferen Schraffenlagen, welche geätzt werden. Einzelne Theile werden
dann noch mit dem Grabstichel mehr oder weniger übergangen, andere bleiben rein
vorgeätzt; nur die feineren Modellirungen in den Fleisch-, Haar- und Gewandpartien
sind gewöhnlich in reiner Stichelarbeit ausgeführt. Daher ist es auch begreiflich,
dass solche Blätter jene harmonische, einheitliche und glänzende Gesammtwirkung
nicht erzielen, wie etwa die reinen Grabstichelblätter eines Edelinck, Vischer oder
Nanteul. Andererseits ist es aber auch schwer, eine richtige Classification dieser
Blätter durchzuführen, denn wo liegt da die Grenze für die Bezeichnungen Kupferstich und Radirung? Welche Blätter können und sollen als Kupferstiche, welche
als Radirungen angesehen werden? Wollte man aber eine Mittelstufe zwischen reinem
Kupferstich und reiner Aetzung aufstellen, etwa Blätter in gemischter Technik
(mittelst Grabstichel und Aetzung) ausgeführt, und von den ersteren abtrennen, so
würde in die erste Abtheilung, der reinen Grabstichelarbeit, gegenwärtig fast kein
Blatt einzureihen sein und andererseits wäre in dieser neuen Abtheilung doch wieder
die bunteste Gesellschaft vereinigt, abgesehen davon, dass es dem fernstehenden
Beobachter oft gar nicht mehr möglich wäre, eine mit dem Grabstichel gut über-
gangene schwache Vorätzung später stets wieder zu erkennen. Ich glaube daher am
Besten zu thun, wenn ich hier alle jene Arbeiten zusammenfasse, bei welchen
wenigstens das Hauptsächlichste der Composition entweder zum grössten Theile nur
mit dem Grabstichel allein hergestellt wurde, oder wo die Vorätzung in derselben
dann fast durchgehends mit dem Grabstichel mehr oder weniger überarbeitet wurde,
wo also die eine oder andere Art der linearen Stichmanier selbst bei der Aetzung
angewendet erscheint.

Wenn man von einigen Porträten, die als ursprüngliche Arbeiten gelten
müssen, absieht, sind die in der linearen Kupferstichtechnik thätigen Künstler wie
schon seit Langem so auch heute noch durchgehends nicht selbst schöpferisch, sondern
nur reproducirend. Vor Allem sind es die monumentalen Werke der Malerei, die
absoluter ästhetischer Werthschätzung sich erfreuen, denen sie sich zuwenden; fast gar
nicht aber befassen sie sich mit der Wiedergabe selbst bedeutenderer moderner Kunst-
schöpfungen der Malerei, wie es in anderen Perioden dieser Kunstthätigkeit grösstentheils der Fall war, indem vorzüglich der lineare Kupferstich als Dienerin der zeitgenössischen Malerei für ihre Popularisirung sorgte. Der Grund, dass die Sachlage
heutzutage eine andere geworden, liegt in verschiedenen Umständen. Grössere Grab-
stichelarbeiten erfordern nämlich einen bedeutenden Zeitaufwand, ihre Herstellung ist
mit viel Mühe und Kosten verbunden, sind sie dann nicht selbst wieder bedeutende
Kunstwerke durch glänzende Bewältigung der Technik, durch getreue und geistreiche
Wiedergabe der Vorlage und wenigstens theilweise auch stecherisch von absolutem
Werthe, so hat der Künstler umsonst gearbeitet, denn Niemand kauft derlei Blätter
und es findet sich kein Verleger, der ihm die Platte abnehmen würde, weil durch
die anderen Reproducirungsarten — seien es künstlerische oder mechanische — sowohl
schneller wie auch billiger für die allgemeine Verbreitung gesorgt ist. In den
kleineren Blättern, in der Vervielfältigung und Wiedergabe der Tageserzeugnisse
kann sich so der schwierigere Kupferstich schon mit den verschiedenen leichteren
Aetzverfahren und dem billigeren Holzstich nicht mehr messen, um wie viel weniger
erst mit der Photographie und mit den immer mehr sich ausbildenden und über-
handnehmenden mechanischen Vervielfältigungsarten! Nur so ist die zu Tage

tretende, fast ausschliessliche Beschränkung der linearen Kupferstecher auf die monumentalen und absoluten Werke der Alten zu erklären, und wie leicht begreiflich, sind es gerade die tüchtigeren und besseren Künstler, die von der Tagesproduction sich gänzlich fern halten.

Ueberblickt man nun die Kunsterzeugnisse des eigentlichen Grabstichels aller Länder und Nationen, so ist fast allseitig nur ein sehr bedauerlicher Rückschritt, sowohl in der künstlerischen Qualität als vorzüglich auch in der Quantität, in der Masse der Production, zu erkennen. Die Künstler, die noch mit Geschick den Grabstichel führen können, sind überall leicht gezählt, desgleichen ihre bedeutenderen Werke. Aber auch für die Zukunft ist nicht viel zu hoffen, es fehlt ein entsprechender Nachwuchs. Dass diese edle und vornehme Kunst so immer mehr und mehr verfällt, liegt theils in der Ungunst der Verhältnisse, theils und nicht zum geringsten Theile in dem verdorbenen Zeitgeschmacke, wo jede Photographie oder jede andere noch so schlechte mechanische Reproduction für ein Kunstwerk angesehen wird. Der für die wahre Kunst begeisterte, verständige Theil des Publicums ist daher schon vor längerer Zeit zur richtigen Erkenntniss gelangt, dass diese im Verfalle begriffene Kunst einer ausgiebigen öffentlichen Unterstützung bedarf. Denn nicht nur, dass da die Staaten fördernd einzugreifen beginnen, haben sich auch Privatgesellschaften gebildet, welche die Pflege der graphischen Künste, und zwar hauptsächlich und in erster Linie die des linearen Kupferstiches, der edelsten aber auch der schwierigsten unter den übrigen, zu ihrer Aufgabe stellten. Um so mehr bedauerlich und tadelnswerth ist es, wenn selbst ein derartiges Institut, wie die Gesellschaft für vervielfältigende Kunst in Wien, dem verirrten und ungesunden Geschmacke des gebildeten und ungebildeten Publicums in einer Weise entgegenkommt, dass die im Sinne der Gründer gelegene Absicht nicht nur nicht erreicht, sondern, fast möchte ich sagen, geradezu vereitelt wird, indem sie, ich wiederhole es nochmals, anstatt die einer kräftigen und ausgiebigen Unterstützung bedürftige Kunst des linearen Kupferstichs durch bedeutende und zahlreiche Aufträge an hervorragende Talente zu heben und dadurch auch den Geschmack des Publicums zu bessern, lieber diesem durch billige Massenproduction zu schmeicheln sucht. Unter solchen Umständen ist bei uns in Oesterreich wenig Hoffnung auf Besserung vorhanden. Viel besser jedoch als bei uns, und dies verdient besonders hervorgehoben zu werden, entsprechen die in Frankreich und Italien bestehenden Gesellschaften und Institute ihrem vorgesetzten Zwecke. Nach dieser kurzen, aber wie ich meine, theilweise denn doch zur Sache gehörigen Abschweifung kehre ich wieder zum eigentlichen Gegenstande selbst zurück.

An der Spitze der Leistungen auf kupferstecherischem Gebiete stehen die der Deutschen, sowohl was die Bewältigung der Technik als auch was die künstlerische Durchdringung und getreue Wiedergabe der Vorlagen anbelangt. Glänzender und auf den ersten Blick bestechender mögen allerdings einige unter den französischen Werken sein, aber solider und gehaltvoller sind sie gewiss nicht. Den ausgezeichneten Grabstichelblättern des bereits verstorbenen Mandel ist nichts an die Seite zu stellen. Sie vereinigen mit einer soliden und glänzenden Technik eine geistreiche, gehaltvolle und doch getreue Wiedergabe des Nachgebildeten. Blätter wie Raphael's Madonna Sixtina, Madonna della Sedia, dann Tizian's La Bella, Carl I. nach van Dyck u. s. w. sind, abgesehen von dem dargestellten Gegenstande, als stecherische Leistungen allein schon von absolutem künstlerischen Werthe. Neben Mandel zählt aber Deutschland noch eine ganze Reihe älterer und jüngerer Künstler, deren Werke Jenen der übrigen Nationen um nichts nachstehen. Zu den ersteren gehören die

gleichfalls schon verstorbenen Moriz Steinla, dessen Hauptwerke noch vor das
Jahr 1850 fallen, und Josef v. Keller, der in seiner Disputa nach Raphael ein Werk
geschaffen, das nicht nur in seinen Dimensionen unerreicht dasteht — es ist der
grösste auf einer einzigen Kupferplatte ausgeführte Stich —, sondern das auch
künstlerisch alle anderen stecherischen Reproductionen dieses monumentalen Werkes
hoch überragt. Ausserdem aber verweise ich auf die vorzüglichen Arbeiten von
Eugen Eduard Schäffer, Johann Burger, Nicolaus Barthelmess, Felsing und Louis
Jacoby, letzterer hervorragend durch einige gute Porträtstiche. Hingegen fällt sein
Hauptwerk, Raphael's Schule von Athen, abgesehen von Anderem, hauptsächlich
auch als stecherische Leistung bedeutend ab. Das Beste an dem Blatte ist die von
Bültemeyer radirte architektonische Umfassung. Ganz tüchtige und vielversprechende
Arbeiten lieferten einige jüngere Künstler, die theilweise noch in den Bahnen der
älteren Schule, welche in der Hauptsache mit dem Stichel arbeitete und das Aetzwasser nur subsidiär verwendete, fortschreiten, theilweise aber davon abweichend,
die Hauptarbeit mittelst Aetzung herstellen und mit dem Stichel nur nachhelfen und
ausgleichen, dabei aber die alte Stichmanier beibehalten. Ich hebe von diesen nur
einige hervor, so Rudolf Stang, dessen Sposalizio nach Raphael den Stich Longhi's
zwar nicht erreicht oder ersetzt, aber dennoch selbst jenem classischen Werke gegenüber einige Vorzüge aufweist, ferner Josef Kohlschein, Gustav Eilers, Hans Meyer und
Fr. Weber, von dem auch Werke in der französischen Abtheilung aufgenommen waren.
Sein Hauptwerk jedoch, die irdische und himmlische Liebe nach Tizian, fehlte.

Von den deutschen Künstlern, deren Werke hauptsächlich in der österreichischen Abtheilung ausgestellt waren, sind ausser den bereits oben genannten
Louis Jacoby, Johann Burger und Gustav Eilers noch J. Fr. Vogel, E. Büchel und
Johann Lindner zu nennen, welche die Kupferstichtechnik ziemlich gleichwerthig
beherrschen. Von den wenigen einheimischen Künstlern steht in erster Reihe
Johannes Sonnenleiter mit seinem Hauptwerke, dem Venusfeste nach Rubens. Neben
ihm kommen noch in Betracht Eugen Doby, Victor Jasper und Johann Klaus,
letzterer mehr Radirer als Stecher.

Ausser in der österreichischen waren auch noch in der deutschen Abtheilung
die älteren Werke des Kupferstichs ziemlich gleichmässig vertreten. Mit Bezug auf
letztere muss ich hier einer Erscheinung besonders gedenken. In Deutschland war
nämlich im Anschlusse an die classicistische Periode zur Reproduction der Werke
jener Zeit eine besondere Art des linearen Kupferstiches, der sogenannte Cartonstich,
zu ausgedehnter Entwickelung gelangt, denn er war vorzüglich geeignet, den allgemeinen Charakter der künstlerischen Schöpfungen jener Meister getreu wiederzugeben. Viele dieser Kupferstiche sind erst nach dem Jahre 1850 entstanden, und
haben so in der Ausstellung Aufnahme gefunden. Heutzutage ist diese Stichmanier
aber schon fast ganz verschwunden und mit Recht, denn vom stecherischen Standpunkte aus war dieselbe ein entschiedener Rückschritt. Der ausgezeichnetste Vertreter
dieser Richtung war J. C. Thäter. Auch mehrere seiner Schüler, wie z. B. Louis
Jacoby in seinen Erstlingsarbeiten, haben Vorzügliches geleistet.

Nächst Deutschland sind die Leistungen Frankreichs im Kupferstiche zu
nennen. In Bezug auf die Anzahl tüchtig schaffender Künstler und die Fülle der
geschaffenen Kunstwerke dürfte es Deutschland sogar übertreffen, aber so monumentale und künstlerisch bedeutende Werke wie dieses hat es nicht aufzuweisen.
Auch in der Zeichnung sind die Franzosen vielfach correcter, in der Technik manchmal glänzender, doch erreichen sie die Deutschen nicht in der Kraft und Solidität
der Mache und in der Tiefe der Auffassung. Im Allgemeinen sind die ersteren be-

stechender, die letzteren gehaltvoller. Die Stichmanier der Franzosen ist von jener der Deutschen im Grossen und Ganzen nicht viel verschieden, ein durchgreifender genereller Unterschied zwischen beiden ist nicht zu erkennen. Nur arbeiten die Franzosen in der Regel mehr mit Aetzwasser, ja manche Künstler, wie z. B. Blanchard, arbeiten fast nur mit dem Aetzwasser, aber nicht etwa in der Weise wie die eigentlichen Radirer, sondern sie behalten die Manier der Stecher in Zeichnung und Schraffirung bei. Allen voran geht der Altmeister des gegenwärtigen französischen Kupferstichs Henriquel-Dupont. Leider war er nur durch zwei Blätter vertreten, die, obwohl geeignet, seine allgemeinen stecherischen Eigenschaften zu charakterisiren, ihn jedoch nicht als den tüchtigen Meister des Grabstichels erscheinen lassen, der er in der That ist, wie dies z. B. das wundervolle Blatt, die Vermählung der heiligen Katharina nach Correggio, zeigt. In den ausgestellten Blättern prävalirt die ursprüngliche starke Vorätzung, während in diesem der reinen Stichelarbeit ein breiteres Feld eingeräumt ist. Sehr tüchtig und werthvoll sind ferner die Arbeiten von Bertinot, François und Lévy. Ausserdem aber wären noch zu erwähnen Danguin, Desvachez, Garnier, Goutière, Huot, Lamotte, Lefèvre, Martinet, Rousseaux und Salmon. Auch der vorzüglichen Sculpturstecher Jacquet und Levasseur sei noch gedacht.

Eine ganz abgesonderte Stellung nicht nur unter den Franzosen, sondern unter allen lebenden Stechern überhaupt nimmt der Franzose Claude Ferdinand Gaillard ein. Seine Stichmanier ist eine von allen übrigen wesentlich verschiedene. Er arbeitet mit Aetzwasser, Grabstichel und kalter Nadel in einer bewunderungswürdigen Schärfe und Feinheit. Ganz ausgezeichnet eignet sich seine Art zu stechen für Porträtstiche. Ich erinnere vor Allem an die prächtigen Porträte der Päpste Pius IX. und Leo XIII. mit ihrer lebensvollen und lebendigen Charakteristik. Auch die Wiedergabe von Metallsculpturen gelingt ihm ganz meisterhaft. Hingegen ist seine Stichmanier weniger geeignet für die Reproduction der monumentalen Historienmalerei. Wegen der grossen Feinheit und Zartheit seiner Arbeiten sind sämmtliche Vorzüge derselben sowie ihre ursprüngliche glänzende Wirkung nur in den ersten Abzügen von den Platten zu beobachten. Ganz eigenartig wie seine Werke war auch seine Ausstellung. Sie gewährte einen vollständigen Einblick in die Art und Weise seines Schaffens, indem er in zahlreichen Zeichnungen und Probedrucken das allmählige Entstehen der meisten seiner Werke zeigte. Vollständig in der Manier Gaillards arbeitet auch sein Schüler Burney.

In Italien, wo bis in die dreissiger Jahre unseres Jahrhunderts noch ein Raphael Morghen, ein Giuseppe Longhi und bis in die fünfziger Jahre hinein ein Paolo Toschi ihre classischen Werke schufen, leben und wirken zwar gegenwärtig noch einige gerade nicht unbedeutende Stecher, doch reichen ihre Arbeiten nicht am entferntesten an die Werke ihrer berühmten Vorgänger hinan; sie fallen selbst gegen die Leistungen der Deutschen und Franzosen bedeutend ab. In der Stichmanier schliessen sie sich im Allgemeinen fast durchgängig an die Muster ihrer erwähnten Vorgänger an, doch erreichen sie nicht die unvergleichliche Harmonie, den bestechenden Glanz und die grosse Schärfe derselben, sondern sind stets unruhiger und härter, theilweise auch schwächer in der Zeichnung. Eine tüchtige Arbeit ist die Disputa nach Raphael von Luigi Ceroni, doch kann sie sich mit dem Werke Kellers nicht vergleichen. Schöne Stichelarbeiten sind auch Michele Martini's Galathea nach Raphael und Gaetano Micale's Fortuna nach Reni. Endlich erwähne ich noch die Leistungen von Poretti, Juvara, Mancion und die im Tone besonders harten, sonst aber gerade nicht schlechten Stiche von Marcucci.

Belgien, das zu Zeiten das classische und tonangebende Land des Kupferstichs war, hat zwar jene Bedeutung nicht mehr wie einstens, doch nimmt es in
der Kupferstichkunst noch gegenwärtig unter den übrigen Ländern eine ehrenvolle
Stelle ein. Eine grosse Menge von Künstlern hat es nicht aufzuweisen, dafür aber
stehen diese wenigen künstlerisch auf ziemlich hoher Stufe. Ihre Werke zeigen
keinen einheitlichen Charakter wie etwa die der Italiener; neben den mit ausserordentlicher Zartheit und Feinheit ohne Vorätzung ausgeführten Stichen Josef
Franck's stehen die stark vorgeätzten, in breiter und kräftiger Manier gearbeiteten
Werke von Jean Baptiste Michiels. In der Mitte zwischen diesen liegen die tüchtigen Arbeiten Gustave Biot's, dessen Triumph der Galathea eine ganz vorzügliche
Leistung ist. Als mehr oder weniger beachtenswerthe Stecher sind dann noch zu
nennen Joseph Arnold Demannez, Jean Baptiste Meunier und Corneille Joseph Bal.

Wie Russland auf dem Gebiete der Kunst überhaupt eine bescheidene Rolle
spielt, so auch auf dem Felde der graphischen Künste. Der einzige Stecher, der
einigen Anspruch auf Beachtung erheben kann, ist Feodor Iwanowitsch Jordan. Er
lebte längere Zeit in Italien und hat seine bedeutenderen Werke auch dort geschaffen.

Das reiche England scheint gegenwärtig keinen nur einigermassen nennens-
werthen Grabstichelkünstler zu besitzen, denn in der sonst ziemlich zahlreich be-
schickten englischen Abtheilung war nicht ein Blatt zu finden, das hier genannt
werden könnte. Auch Holland, Dänemark und die Schweiz hatten kein Grabstichel-
blatt ausgestellt und die paar hierher gehörigen Blätter in der amerikanischen Abtheilung konnten einen Anspruch auf Beachtung nicht erheben.

2) Der Stahlstich, der in der ersten Hälfte unseres Jahrhunderts eine so
grosse Bedeutung erlangt hatte und im weiten Umfange geübt worden war, ist
gänzlich eingegangen, seitdem sein Hauptzweck, von der im Verhältniss zum Kupfer
härteren Stahlplatte eine grossere Menge von Abdrücken zu erlangen, durch die Erfindung der Verstählung von Kupferplatten gegenstandslos geworden war. Denn die
Arbeit in der harten Stahlplatte ist immer eine schwierigere als in der weichen
Kupferplatte. Zudem steht der mildere Kupferstich in der künstlerischen Wirkung
höher als der stets etwas hart erscheinende Stahlstich. Auf der ganzen Ausstellung
waren nur wenige Blätter dieser Kunstübung mehr zu sehen, einige in der historischen Abtheilung Oesterreichs und dann noch ein paar Stücke in der englischen Abtheilung nämlich von Stocks und Sharpe.

3) Die Radirung. Im Vergleiche zum linearen Kupferstiche nimmt die
Radirung heutzutage auf dem allgemeinen Gebiete der graphischen Künste ein
viel grösseres Feld ein. Sie ist eben technisch viel leichter zu bewältigen als der
Kupferstich, denn die Radirnadel ist nicht viel anders zu handhaben als der Zeichen-
stift. Die Zahl der Radirer ist daher in allen Ländern eine bedeutend grössere als
die der Kupferstecher. Noch sind die Radirer vielfach auch Maler oder doch zugleich Zeichner für den Holzstich, aber immer mehr und mehr erscheinen Künstler,
die nur mit der Radirnadel allein arbeiten. Waren die Radirer in früheren Zeiten
und viel länger als die linearen Kupferstecher fast durchaus selbstschöpferisch, so
wird die Radirung gegenwärtig schon vielfach und in ausgedehntem Maasse zur Reproduction verwendet. In dieser Richtung beschränkt sie sich nicht nur auf die Wiedergabe der Gemälde alter Meister, sondern bemächtigt sich auch der bedeutenderen
Werke der modernen Malerei, Architektur und Sculptur; vorzüglich und ganz auffällig
tritt das Letztere bei den Franzosen zu Tage. Aber fast durchgängig sind es die Nur-
radirer, welche in solcher Weise das Feld ihrer Thätigkeit erweitern und dadurch
auch dazu beitragen, den linearen Kupferstich immer mehr und mehr zu verdrängen.

Die Entwickelung scheint also darauf hinauszugehen, dass auch die selbstschöpferischen Malerradirer, wenn nicht ganz verschwinden, so doch gegen einst und jetzt noch mehr an Zahl abnehmen werden.

Bei der grossen Mannigfaltigkeit der verschiedenen Manieren zu zeichnen, also auch zu radiren, kann man wohl bestimmte Schulen und Richtungen unterscheiden, aber unmöglich ist es, durchgehende charakteristische, in der Technik oder Manier ruhende nationale Unterschiede aufstellen zu wollen. Die Radirung ist, obwohl unter den graphischen Künsten die individuellste, doch im Allgemeinen die internationalste. Im Vergleich zum Kupferstich und in Hinsicht auf die Leistungen der Vergangenheit steht gegenwärtig die Radirung auf einer bedeutenden Stufe der Entwickelung. Es wird nicht nur massenhaft producirt, sondern die Werke mancher Radirer überragen auch künstlerisch selbst hervorragende Meister der Vergangenheit. Der Originalität sind eben da durch die Technik noch keine Schranken gezogen.

Obenan stehen die Leistungen der Franzosen, sowohl was die Masse der Production als auch was den künstlerischen Werth anbelangt. Eine solche stattliche Reihe tüchtiger und glänzender Meister der Radirnadel wie Frankreich hat kein anderes Land aufzuweisen. Die Radirtechnik ist eben unter den graphischen Künsten für ihre allgemeinen künstlerischen Anlagen die anpassendste und natürlichste. Die französischen Radirungen athmen einen sprühenden Geist, sind vielfach auch originell in der Technik, glänzend im Ton, bestechend in der Form und fast durchgängig correct in der Zeichnung. Aus der grossen Menge bedeutender Künstler will ich nur die allerbedeutendsten hervorheben: Ausserordentlich vielseitig productiv ist Charles Albert Waltner. Er trifft den Charakter eines Rembrandt'schen Gemäldes gerade so gut wie den eines Munkácsy'schen Bildes; ganz Vorzügliches leistet er aber im Porträt. Nicht minder gewandt und glänzend in der Technik ist Leopold Flameng. Seine Radirungen nach Rembrandt in Rembrandtscher Manier sind Meisterwerke. Technisch originell und von eigenthümlichem Reiz sind die landschaftlichen Radirungen von Théophile Chauvel; ausgezeichnet in der Perspective, treten sie nur beim Anblicke aus einer bestimmten Entfernung in ihre volle beabsichtigte Wirkung. Noch will ich erwähnen die prächtigen Radirungen von Charles Kœpping, dem vorzüglichen Interpreten Munkácsy'scher Gemälde, dessen Frou-Frou nach G. Clairin durch die ausserordentliche Feinheit der Nadel und durch die wundervolle malerische Wirkung gerechte Bewunderung erregte. Tüchtige Radirer sind ferner Charles Louis Courtry und Frédéric Auguste Laguillermie. Endlich sind nicht zu vergessen die schönen Architekturradirungen von Alfred Alexandre Delauney.

Nicht so glänzend und bestechend durch ihre Technik wie die Radirungen der Franzosen sind die der Deutschen, aber an Gediegenheit der Form und Originalität der Auffassung stehen sie jenen nicht viel nach. Mehr als in Frankreich sind gegenwärtig in Deutschland noch Malerradirer thätig, die ihre eigenen Compositionen durch die Radirnadel vervielfältigen, ohne dass sie früher auf Leinwand und in Farben gesetzt worden wären. Zu diesen gehören in erster Linie die Altmeister der zeitgenössischen Kunst Ludwig Richter und Adolf Menzel, deren geistvolle Radirungen zu den originellsten und besten in dieser Kunstübung gezählt werden müssen. Im Uebrigen aber ist die Radirung in Deutschland im Allgemeinen mehr quantitativ als qualitativ von Bedeutung. Ich hebe nur einige bedeutendere Namen hervor, wenn ich auf Hugo Bürkner, Ernst Forberg, Wilhelm Hecht, Wilhelm Krauskopf, Ludwig Kühn, B. Mannfeld, der unter anderen die schöne Architekturradirung, Ansicht des Kölner Domes, ausgestellt hatte, Johann Leonhard Raab und Johann Wilhelm Schirmer speciell hinweise.

In Oesterreich tritt besonders ein Radirer epochemachend und tonangebend hervor, William Unger. Bewunderungswürdig durch die fast schon unübersehbare Menge seiner Arbeiten und durch die Leichtigkeit in Ueberwindung technischer Schwierigkeiten, ist er leider manchmal flüchtig und incorrect in der Zeichnung. Nicht selbstschöpferisch thätig, sondern nur reproducirend, gelingt es ihm auch nicht immer, das Charakteristische der Vorlage richtig zu treffen, obgleich es wieder andererseits Meister gibt, die Niemand besser interpretiren könnte als er. Es ist wohl überflüssig, aus der grossen Anzahl seiner ausgestellten Werke auf einzelne besonders hinweisen zu sollen. Unger hat auch bereits eine grössere Schule gemacht, und einige seiner Schüler leisten ganz Tüchtiges, nur folgen sie öfters den Fussstapfen des Meisters fast zu ängstlich. Neben Unger und seiner Schule sind von Oesterreichern noch zu nennen Johann Klaus, den ich bereits als tüchtigen Stecher bezeichnen konnte, und der ausgezeichnete Architekturradirer H. Bültemeyer, dessen Votiv- und St. Stefanskirche den besten Architekturradirungen überhaupt anzureihen sind.

Bei der Besprechung des linearen Kupferstiches habe ich auch nicht einen nur einigermassen bedeutenden englischen Stecher namhaft machen können, in Betreff der Radirung ist dies anders. England hat gegenwärtig einige ganz hervorragende Radirer, die in geschickter und origineller Handhabung der Technik ganz wohl mit berühmten Radirern anderer Nationen sich messen können. Allen voran steht Hubert Herkomer, der in origineller Manier mit kräftiger Nadel eine grosse Mannigfaltigkeit zeigt, insbesondere aber im Porträt durch vorzügliche Charakteristik glänzt. Ich nenne ferner als ganz tüchtige Radirer John Henry Bradley und Leopold Lœwenstam. Auch die Architekturradirungen Axel Haig's sind im Allgemeinen nicht schlecht, nur in den Schatten gar zu tief geätzt. Ferner sind hier noch zu nennen die Blätter nach den Gemälden der Rosa Bonheur und anderen Meistern von Gilbert, Landseer und Lewis, die zum allergrössten Theile mittelst Aetzung hergestellt sind.

Von den ziemlich zahlreichen belgischen Radirern, von welchen einige ganz vorzügliche Blätter sowohl in Bezug auf die Technik als auch in Bezug auf Zeichnung und künstlerische Auffassung ausgestellt hatten, verdienen erwähnt zu werden Alfred Elsen, J. B. Michiels, François Lauwers, Felix Cogen und Jules Guiette. Sehr spärlich waren die Holländer vertreten. Erwähnenswerth sind die Radirungen von Storm van s'Gravesande.

Auch die Amerikaner leisten in der Radirung Anerkennenswerthes. Sie sind zwar gerade nicht originell in der Technik, dafür aber fast durchaus selbstschöpferisch im Sujet. Ihre Hauptstärke liegt in der Landschaft. Einige ihrer Landschaftsradirungen können den besten dieses Genres an die Seite gestellt werden. Um nur ein paar Namen zu nennen, verweise ich auf Henry Farrer, Stephen Parrish und Chas. C. Platt.

Italien ist in der Radirung nicht so bedeutend wie im Kupferstich. Nur ein paar Künstler ragen über die Mittelmässigkeit empor. In erster Linie stehen die technisch vielfach originellen Arbeiten von Alberto Masso Gilli. Sie sind nicht reine Radirungen; die Modellirungen in den Köpfen sind vielfach mit kalter Nadel, theilweise selbst mit Zuhilfenahme des Stichels ausgeführt. Ausser ihm kommen noch in Betracht Celestino Turletti, der in Verbindung mit kalter Nadelarbeit schöne malerische Wirkungen erzielen kann, und Antonio Piccinni.

Qualitativ steht Russland in der Radirung etwas höher als im linearen Kupferstich, aber nicht quantitativ. Fast in der Manier, wie ein Stecher arbeitet, sind die im Tone kräftigen Blätter von Victor Alexejewitsch Bobrof geätzt. Ich erinnere nur an die vortrefflichen Porträte des jetzigen russischen Kaiserpaares. Ausser diesem Radirer hatte nur noch Leon Dimietriew-Kawkazskij mehrere Blätter ausgestellt.

Schliesslich sei noch aus der schweizerischen Abtheilung der grossen Landschaftsradirungen von Caspar Huber und aus der dänischen Abtheilung der kleinen gemüthlichen Blättchen von Karl Bloch gedacht.

4) Die Schab- oder Schwarzkunst, die einst in einem so bedeutenden Umfange geübt wurde und zeitweise, wie z. B. im vorigen Jahrhundert in England, alle übrigen graphischen Künste dominirt hat, ist gegenwärtig verdientermassen ganz dem Verschwinden nahe, da die Photographie fast denselben Effect erzielt. Nur das Land, wo sie den allgemeinen Kunstgeschmack lange Zeit beherrschte und auch ihre grösste künstlerische Ausbildung erlangt hatte, England allein hat noch ein paar in dieser Kunsttechnik hergestellte Blätter ausgestellt gehabt. Und gerade einer der hervorragendsten lebenden Radirer, Hubert Herkomer, arbeitet zugleich auch in dieser Technik. Ich erinnere an das Porträt des Dr. Thomson. Sonst hat gegenwärtig die Schabtechnik nur noch eine Bedeutung in Verbindung mit der Radirung. Ich werde daher im folgenden Absatze bei der Besprechung der gemischten Manieren auf diese nochmals zurückkommen.

5) Die gemischten Manieren. Eine grössere künstlerische Bedeutung haben diese Arten der graphischen Künste nie recht erlangt, denn ihr Werth und ihre Wirkung geht über die einer Lithographie nicht viel hinaus. Sie diente von jeher und auch heute noch mehr der Befriedigung der Tagesbedürfnisse als den strengeren Anforderungen der höheren Kunst. Strenge genommen wären hier eigentlich auch alle jene Blätter zu besprechen, die durch Verbindung der Radir- und Stichtechnik und hie und da noch unter Beihilfe der kalten Nadel entstanden sind. Ich habe diese jedoch je nach dem Vorwalten der einen oder anderen Art der Technik unter die Kupferstiche oder Radirungen aufgetheilt und meine Gesichtspunkte für dieses Vorgehen oben schon angedeutet. Hier reihe ich nur jene Blätter ein, die durch Verbindung einer der eben erwähnten edleren und künstlerischen Techniken mit einer untergeordneteren hergestellt wurden. Da sind nun die verschiedensten Combinationen und Manieren möglich. Es würde zu weit führen, wollte ich sie alle hier erklären, oder bei jedem einzelnen Künstler seine eigenthümliche Art, die Techniken zu verbinden, charakterisiren, oder endlich gar bei jedem einzelnen Blatte diese selbst bestimmen. Ich erwähne nur im Allgemeinen die häufigst vorkommenden Fälle. Gewöhnlich geben die Künstler den Blättern einen Ton, sei es, dass sie ihn mittelst der Wiege oder Roulette, also in der Technik der Schabkunst, hervorbringen, oder sei es, dass sie ihn in Aquatinta-Technik ätzen. Die Wirkung ist in beiden Fällen so ziemlich dieselbe, die Arbeit jedoch eine ganz verschiedene. Im letzteren Falle müssen die Lichter ausgespart bleiben und die verschiedenen Töne durch mehrfaches Aetzen schichtenweise erzielt werden, während sie im ersteren Falle mittelst des Schabeisens nachträglich nach Belieben herausgenommen werden können. Die Umrisse, kräftigeren Schattirungen und Modellirungen werden dann in dem einen wie in dem anderen Falle durch Radirung aufgesetzt, wobei gegenwärtig gewöhnlich die Punktirmethode eine grosse Rolle spielt.

Die gemischten Manieren kommen vorzüglich in England und in Deutschland in Anwendung. Es waren daher nur in den Abtheilungen dieser beiden Länder zahlreichere Werke ausgestellt; besonders Hervorragendes war aber weder dort noch hier zu sehen. Von englischen Künstlern, die im Vergleiche zu den deutschen bezüglich der Technik im Allgemeinen höher stehen, nenne ich: W. H. Simmons,

T. O. Barlow, Fred. Stackpoole, Richard Josey, G. S. Shury und T. L. Atkinson. Auch der bereits unter den Radirern an erster Stelle genannte Hubert Herkomer bedient sich öfters zur Herstellung eines getonten Grundes der Roulette.

Von deutschen Künstlern kommen hier vor Allem in Betracht Gustav Lüderitz und Ernst Mohn, ferner noch P. Habelmann, H. Dröhmer, Sagert, Schwindt, Becker und andere. Endlich sei noch der Radirungen von Max Georg Klinger gedacht, die, auf einem tonigen Grund kräftig geätzt, eine gute Wirkung hervorbringen.

In der französischen Abtheilung war im Vergleiche zu der englischen und deutschen eine ganz verschwindende Zahl von Blättern zu sehen, die in gemischter Technik gearbeitet waren. Hingegen bedienen sich mehrere, selbst bedeutendere französische Radirer der Aquatintatechnik, um die Gründe ihrer Blätter abzutonen, und erzielen damit öfters überraschende Effecte.

Die Leistungen der übrigen Länder in den hier besprochenen Manieren kommen gar nicht in Betracht, sei es, dass sie überhaupt keine aufzuweisen haben, oder sei es, dass sie keinen Anspruch auf Beachtung verdienen.

II. Hochdruckblätter: Der Holzstich.

Der Holzstich, nach der einstmaligen Art der Technik ganz allgemein, aber mit Unrecht auch gegenwärtig noch Holzschnitt genannt, hat in unseren Tagen eine Stufe der technischen Vollendung erreicht, die eine weitere technische Ausbildung und Vervollkommnung nicht leicht mehr gewärtigen lässt. Im Gegentheile, es treten schon vielfach Symptome der Entartung in ein blosses technisches Virtuosenthum zu Tage, das mittelst des Holzstiches alles und jedes in einer beliebigen Manier darstellen will. Indem die Holzstecher gegenwärtig gerade so mit dem Stichel arbeiten, wie die Kupferstecher es von jeher gethan, nur mit dem einzigen Unterschiede, dass jene es mit einem viel weicheren und gefügigeren Materiale zu thun haben als diese, so ahmen sie auch all die Stichmanieren, die sich im Kupferstiche im Laufe der Jahrhunderte nach und nach herausgebildet haben, mehr oder weniger glücklich nach. Aber nicht bloss sämmtliche Kupferstichmanieren werden hervorgesucht und angewendet, sondern abgesehen selbst von dem Nacheifern in der einfachen zeichnerischen Weise des alten Holzschnittes, trachtet man auch all die mannigfachen Radir- und Zeichenmanieren und die verschiedenen Arten der übrigen graphischen Künste auf den Holzstich zu übertragen. So vereinigen sich im modernen Holzstich alle die technischen und zeichnerischen Errungenschaften der graphischen Künste aller Zeiten. Indem ferner der Druck von den Holzstöcken oder Clichés, ein blosser Typendruck, mittelst jeder Druckmaschine hergestellt, die Original-Holzstöcke zudem durch galvanoplastische Clichés beliebig vervielfältigt und so das eine Werk in einer fast unendlichen Zahl von gleichwerthigen Abdrücken verbreitet werden kann, so ist man vollkommen berechtigt, den Holzstich wegen seiner so allgemeinen Verbreitung, Wohlfeilheit und Beliebtheit als die populärste vervielfältigende Kunst der Gegenwart zu bezeichnen. Aber schon fängt sein allgemeines Herrschungsgebiet allmählig an, eingeschränkt zu werden. Die verschiedenen mechanischen Vervielfältigungsarten haben bereits einen grossen Theil der ephemeren Bedürfnisse an sich gerissen, doch den wirklichen Kunsterzeugnissen des Holzstiches haben sie noch nicht zu schaden vermocht. Im Gegentheil werden hervorragendere Talente, die durch Ueberproduction sich verflachen mussten, nun auf die höheren Aufgaben ihrer Kunst concentrirt, auch künstlerisch Bedeutenderes zu leisten im Stande sein.

Zu keiner Zeit wurde so viel illustrirt als in unseren Tagen. Abgesehen von der fast unübersehbaren Menge illustrirter periodischer Zeitschriften, erscheinen fast von Tag zu Tag immer mehr und mehr selbst voluminöse Folianten, in welchen die Illustrationen die Hauptsache, der begleitende Text nur die Nebensache bildet. Dazu kommt das grosse Heer illustrirter lehrhafter und wissenschaftlicher Werke, Reisebeschreibungen u. s. w. Alle diese Werke und Zeitungen bedienen sich zu ihrer Ausschmückung fast ausschliesslich des Holzstiches im Gegensatze zu früheren Zeiten, wo der Kupferstich, die Radirung oder Lithographie dazu verwendet wurden. Dass eine solche Massenproduction einer Organisirung der Arbeit bedarf, ist selbstverständlich. Der einzelne Holzstecher kommt nur ausnahmsweise in Betracht, die Regel ist die organisirte Werkstatt. Der allergrösste Theil der heutzutage producirten Holzstiche kann daher auch als gemeinsame Arbeit Mehrerer auf besonderen künstlerischen Werth kaum einen Anspruch erheben.

In der Periode der alten Holzschnitttechnik waren bei Herstellung eines jeden Blattes fast durchgehends zwei Künstler beschäftigt, der Zeichner und der Schneider. Auch bei dem modernen Holzstiche war es seit seinem Aufblühen bis in die jüngste Zeit nicht anders der Fall; und heute noch verhält es sich im Wesentlichen so. Nur hat da die Erfindung der Photographie helfend eingegriffen. Durch sie ist es nämlich ermöglicht worden, dass der zeichnende Künstler die Zeichnung nicht mehr direct auf den Holzstock selbst zu machen braucht, sondern auf jedes beliebige Blatt Papier, denn durch die Photographie kann jede beliebige Zeichnung auf den Holzstock übertragen, vergrössert oder verkleinert werden. In vielen Dingen ist eine Vorzeichnung gar nicht nothwendig. Es genügt öfters schon die photographische Naturaufnahme allein, um dem Holzstecher ein hinreichendes Substrat für seine Arbeit abzugeben. In diesem Falle ist sein eigener künstlerischer Antheil ein grösserer als in dem anderen Falle, wo er nur ein getreuer Interpret des vorzeichnenden Künstlers sein soll. Aus der Beihilfe der Photographie ist es auch erklärlich, dass so viele moderne Holzstiche den allgemeinen Charakter derselben an sich tragen und ihre Wirkung nachahmen. Vom künstlerischen Standpunkt aus hat somit der Holzstich durch die Photographie nicht gewonnen.

Bei der unübersehbaren Massenproduction des modernen Holzstiches konnte in der Ausstellung auch nur eine Auswahl Platz finden, die freilich nicht immer gerade das Beste, sondern mitunter sogar sehr Mittelmässiges bot. Bezüglich der Leistungen der einzelnen Länder will ich mich kurz fassen. An die Spitze möchte ich auch hier die Arbeiten der Deutschen stellen, nicht bloss darum, weil in Deutschland bei Weitem mehr producirt wird als in irgend einem anderen Lande, sondern weil Deutschland auch die meisten wirklich künstlerisch bedeutenden Werke schon seit Jahren hervorbringt. Es hat nicht nur tüchtige Zeichner für den Holzstich, sondern auch Stecher, welche den Intentionen der Zeichner im vollsten Maasse gerecht zu werden vermögen. Vorzüglich gilt dies von den älteren Meistern. Als Zeichner allen voran geht auch hier der so vielseitige Adolf Menzel, und gerade hierin hat er Unsterbliches geleistet. Freilich standen ihm Holzstecher zur Seite, wie Unzelmann, Hermann Müller, Albert und Otto Vogel, die durch die Meisterschaft ihres Stichels unsere gerechte Bewunderung erregen. Nächst Menzel möchte ich die so einfachen, fast nur in Umrissen gehaltenen, aber trotzdem so wirkungsvollen Holzstichblätter nach den humor- und gemüthvollen Zeichnungen L. Richter's nennen. Auch die gehaltvollen Compositionen von Alfred Rethel, Schnorr v. Carolsfeld, Schwind, Führich, Liezen-Meyer und zahlreicher anderer Künstler fanden in Holzstechern wie Bürkner, Gaber etc. vortreffliche Interpreten. Von den zahlreichen heutzutage in Deutschland thätigen Holzstechern oder vielmehr Holzstichofficinen will ich lieber keinen Namen besonders hervorheben, denn im regen concurrirenden Wetteifer leisten alle mehr oder weniger Bedeutendes, ja auch vieles über den allgemeinen Rahmen Herausfallendes. Wie in Deutschland die Kunstthätigkeit überhaupt nicht so concentrirt ist als etwa in Frankreich oder bei uns in Oesterreich, sondern auf mehrere, theils grössere, theils kleinere Centren vertheilt, und wie selbst kleinere Städte den einen oder anderen Künstler von Ruf aufzuweisen haben, so verhält es sich insbesondere auch mit dem Holzstich: grössere und mehrere Holzstichwerkstätten finden sich in Berlin, Dresden, Leipzig, München, Stuttgart, daneben aber auch noch mehrere kleinere in anderen Städten.

In Oesterreich hingegen kommen einzig und allein nur die Wiener Holzstecher und Holzstichofficinen in Betracht. Fast jeder der bedeutenderen Holzstecher hält sich nämlich auch eine Werkstatt. Daraus ist es erklärlich, dass die aus ihnen hervorgehenden und mit dem Namen des Inhabers versehenen Arbeiten durchaus nicht gleichwerthig sind. Künstlerisch hochstehend sind gewöhnlich nur die von den Meistern eigenhändig oder unter ihrer persönlichen Leitung gestochenen Blätter. In dieser Richtung sind mehrere Namen zu nennen, die den deutschen Künstlern in vollständiger und vielseitiger Beherrschung der Technik und in künstlerischem Nachempfinden in nichts nachstehen. Ich verweise auf die ausgestellten Arbeiten von Bader, Paar, Günther, Rücker, Riewel, Geisbe und anderen. In technischer Hinsicht arbeiten sie im Allgemeinen in derselben Weise wie ihre deutschen Collegen.

Auch der moderne französische Holzstich zeigt keinen von den deutschen wesentlich verschiedenen Charakterzug. Nach der ·Auswahl jedoch, die auf der Ausstellung gemacht war, war es unmöglich, seine Bedeutung vollständig zu würdigen, weil eine entsprechende Collection illustrirter Werke fehlte. Die ausgestellten einzelnen Blätter documentirten nur im Allgemeinen seine technisch hohe Vollendung. Ich erinnere an die schönen Holzstiche von Chapon, Pannemaker, Kohl, Bellenger, Langeval, Brabant etc.

Ich schliesse gleich hier die Besprechung des amerikanischen Holzstiches an. Er steht eben auf einer Stufe der Entwickelung, die einen Vergleich mit den bereits besprochenen ganz wohl verträgt, ja in technischer Hinsicht nach einer bestimmten Richtung hin sogar überragt. Die Mehrzahl der ausgestellten Blätter zeigte nämlich eine ganz merkwürdige Feinheit der Strichführung und in Folge davon einen wundervollen Silberschimmer, der ihren Werken einen eigenthümlichen bezaubernden Reiz gewährt. Von diesen Feinmeistern ragt besonders Robert Hoskin hervor. Im Uebrigen aber sind die Leistungen aller ziemlich gleichwerthig, so dass ich es mir ersparen kann, mehr Namen zu nennen.

Von den anderen Ländern, mit Ausnahme von England, über das ich am Schlusse berichte, waren die meisten, wie Italien, Russland, die Schweiz, Dänemark, Holland im Holzstiche höchstens durch ein oder zwei Stecher, also so mangelhaft vertreten, dass man sich ein vollgültiges Urtheil über ihre diesbezüglichen Gesammtleistungen nicht bilden konnte, andere, wie Belgien, hatten gar nichts ausgestellt. Was aber von den ersteren an Holzstichen zu sehen war, fiel gegen die Durchschnittsarbeiten der ausführlich besprochenen Länder nicht viel ab.

. Obwohl der englische Holzstich im Vergleiche zu dem der übrigen Länder eine hervorragende Stellung einnimmt und demnach gemäss seiner Rangstellung früher hätte besprochen werden sollen, habe ich es doch vorgezogen, über ihn ganz besonders zu handeln, weil er in ganz charakteristischer Weise aus dem Rahmen der übrigen herausfällt.

Während nämlich der Holzstich in den anderen Ländern zum allergrössten

Theile eine Klein- und Feinkunst ist, d. h. sich einerseits in kleinen. Dimensionen bewegt und andererseits eine feine und zarte, wenngleich manigfache Strichführung aufweist, zeigt der englische Holzstich in der Regel einen monumentalen Charakter, er strebt nach grösseren Dimensionen und nach einer einfachen breiten und kräftigen Strichführung. Ganz charakteristisch und ausschliesslich ihm · eigenthümlich sind die breiten, hellen Lichter, eine Folge der von den englischen Künstlern beliebten Art, dem Stecher für den Holzstich vorzuzeichnen. Es sind dies nämlich stark mit Weiss aufgehöhte Tuschzeichnungen. Während ferner die Holzstecher der übrigen Nationen die verschiedensten Arten der Strichführung in Nachahmung des Kupferstichs, der Radirung und anderer Stichtechniken in Anwendung bringen, so zwar, dass schon meistens ein und derselbe Stecher in verschiedenen Manieren sticht, sei es, dass er hierin nur den verschiedenen Vorzeichnungen gerecht wird, oder sei es, dass er bei derselben Art der Vorzeichnung anpassend, den verschiedenen dargestellten Gegenständen eine andere Manier wählt, gebrauchen die englischen Holzstecher fast für alles ein und dieselbe einfache Art der Strichführung. Dadurch gewinnt der moderne englische Holzstich gegenüber dem buntscheckig unruhigen Charakter der übrigen Länder etwas homogen Ruhiges. Ich würde Unrecht thun, wollte ich von den englischen Holzstichzeichnern und Holzstechern, die auf der Ausstellung vertreten waren, nur einige besonders namhaft machen, denn abgesehen von der gleichen Art zu zeichnen und zu stechen, stehen sie sich auch so ziemlich gleich in der virtuosen Beherrschung ihrer Technik.

Der Farbenholzstich. Obwohl sich nur wenige in dieser Technik ausgeführte Blätter auf der Ausstellung fanden, so kann ich sie doch wegen ihrer hohen künstlerischen Vollendung nicht mit Stillschweigen übergehen. Denn all die verschiedenen Arten und Versuche, in Farben zu reproduciren, werden in künstlerischer Hinsicht von dieser Reproductionsweise weit in den Schatten gestellt. Leider ist die Technik einerseits eine sehr schwierige und grosse technische Meisterschaft verlangende, andererseits auch eine so zeitraubende, dass sich die Arbeit durch sich selbst gar nicht oder nur schlecht lohnt, daher einer besonderen Unterstützung bedarf. Dadurch allein ist es erklärlich, dass sie in so bescheidenem Umfange geübt wird. Oesterreich kann sich rühmen, hierin einzig dazustehen. Zwei Wiener Künstler allein erweckten mit ihren künstlerisch wirklich meisterhaften Werken die Aufmerksamkeit und Bewunderung der Kunstkenner und Sachverständigen. Es sind dies Hermann Paar mit seinen facsimilirten Trachtenbildern nach Dürer und mit seiner wundervollen Aquarellreproduction, das Kegelwerfen nach Ostade, und dann Heinrich Knöfler, von dessen gelungenen Blättern ich nur die Reproduction eines Marienfensters aus der Votivkirche namentlich hervorhebe.

Damit wäre das Referat über den modernen Holzstich eigentlich zu Ende. Aber eine auffällige Erscheinung möchte ich zum Schlusse doch noch erwähnen. Trotzdem der Holzstich, wie wir gesehen haben, grosse Fortschritte gemacht und nun eine hohe Stufe der Vollendung erreicht hat, und obgleich unter den lebenden Holzstechern sehr bedeutende Künstler sich finden, hat das Preisgericht sich doch nicht bewogen gefunden, auch nur einen Holzstecher oder eine Werkstatt einer Auszeichnung zu würdigen. Gewiss ein ganz ungerechtfertigtes Vorgehen!

III. Flachdruckblätter: Die Lithographie.

So wie die Schabkunst sich längere Zeit einer grossen Beliebtheit erfreute und die übrigen graphischen Künste aus dem Felde zu schlagen schien, so gelangte auch die Lithographie bald nach ihrer Erfindung zu einem dominirenden Einfluss. Aber so wie jene gegen die übrigen den Kampfplatz nicht behaupten konnte und gegenwärtig fast gänzlich verschwunden ist, so hat nun auch die Lithographie schon bedeutende Einbusse erlitten und geht dem Verfalle entgegen. Die Erfindung der Photographie hat ihr den ersten Todesstoss versetzt und die Vervollkommnung der mannigfachen mechanischen Vervielfältigungsarten wird ihr schliesslich über kurz oder lang den Garaus machen. Der Verfall dieser Kunst in unserer Zeit war durch die Ausstellung deutlich documentirt. Welch bescheidene Rolle spielte sie gegenüber den anderen graphischen Künsten und wie breit machten sich dagegen bereits die verschiedenen mechanischen Vervielfältigungsarten, von welchen manche in der Wirkung der Lithographie sehr nahe kommen. Und selbst die wenigen vorhandenen Blätter gehörten grösstentheils nicht unserer Zeit, sondern der Vergangenheit an. Freilich waren dies andererseits wieder Werke, die zu den besten dieser Kunst gezählt werden müssen und dieselbe auf der Höhe ihres Könnens zeigten und dadurch zugleich auch den Beweis für ihre Existenzberechtigung neben den anderen graphischen Künsten erbrachten. Wie könnte dies denn anders und glänzender dargethan werden, als durch die geistvollen, technisch meisterhaften lithographischen Arbeiten eines Adolf Menzel!

Von älteren deutschen Lithographen schufen unter anderen noch Tüchtiges Ferdinand Piloty und Franz Hanfstängl. Auch gegenwärtig zählt Deutschland noch einige in dieser Technik geschickte Künstler.

Von Oesterreichern sind nur die älteren Meister, wie die im Porträte vortrefflichen Künstler Kriehuber und Dauthage von einiger Bedeutung, die jüngeren erheben sich nicht über die Mittelmässigkeit.

Ganz vorzügliche Lithographien waren in der französischen Abtheilung zu sehen. Ich verweise unter anderen Arbeiten von Jean Jules Jacott auf dessen sieben Todsünden, dann auf die lithographischen Blätter von Chauvel, Emile Vernier und François Grellet.

Eine reichliche Auswahl von Lithographien bot die belgische Abtheilung. Fast ein Dutzend tüchtiger Lithographen hatten das eine oder andere ihrer Werke ausgestellt, Blätter von beinahe durchwegs sowohl künstlerischer wie technischer Vollendung.

Die übrigen Länder, selbst mit Einschluss Englands, wo die Lithographie thatsächlich noch eine Rolle spielt, hatten entweder gar nicht oder doch nur das eine oder andere Blatt ausgestellt, kommen daher hier nicht weiter in Betracht.

Die Chromolithographie. Die zur farbigen Reproduction von Gemälden und Aquarellen am meisten angewandte, weil am leichtesten und am billigsten zu handhabende Technik ist die Chromolithographie. Im Verhältniss zu ihrer thatsächlichen Uebung und allseitigen Verbreitung war sie auf der Ausstellung spärlich und höchst ungenügend vertreten, fehlten doch z. B. die vorzüglichen Publicationen der Arundel Society in London. Eine umfassende Würdigung dieser Technik war so unmöglich. Nur Oesterreich und Amerika, theilweise auch Italien und Deutschland hatten eine grössere Collection aufzuweisen. Freilich ist diese Technik im Grossen und Ganzen nur auf die Befriedigung der Tagesbedürfnisse der grossen Masse gerichtet und leistet in Folge davon künstlerisch Hervorragendes gerade nicht. Gute Producte findet man trotz ihrer so grossen allgemeinen Verbreitung höchst selten.

IV. Die verschiedenen mechanischen Vervielfältigungsarten.

Von einer Ausstellung der graphischen Künste hätten diese im Vorhinein ausgeschlossen bleiben sollen, denn keinem Kunst- und Sachverständigen wird es einfallen, sie etwa zu den Künsten selbst zu zählen, wiewohl sie mit ihnen im engsten Zusammenhange stehen. Ich will daher von einer näheren Besprechung derselben und einer Darlegung des gegenwärtigen Standes ihrer Entwickelung vollständig absehen. Um Missdeutungen vorzubeugen, muss ich aber ausdrücklich bemerken, dass ich weit davon entfernt bin, ihre allgemeine Nützlichkeit in Abrede stellen zu wollen. Ihre Erfindung ist in vieler Beziehung eine wahre Wohlthat, nur sollen sie auf die practischen Zwecke allein beschränkt werden, wo sie wirklich Erspriessliches zu leisten vermögen. Vor Allem soll alles vermieden werden, wodurch das Publicum, das sie ohnehin für wirkliche Kunst zu nehmen geneigt ist, noch im Glauben bestärkt werden könnte, sie seien für sich selbst schon eine Kunst. Es hat da schon die Photographie im Kunstgeschmacke des Publicums so viel Unheil angestiftet, von den verschiedenen mechanischen Vervielfältigungsarten droht noch grössere Gefahr. Der Kunstsinn und die Liebe für die edleren graphischen Künste schwindet in sehr bedauerlicher Weise immer mehr. Schon aus dem hier angedeuteten Grunde allein wäre es daher vom künstlerischen Standpunkte wünschenswerth gewesen, dass die mechanischen Vervielfältigungsarten in dieser Ausstellung, die sich als eine Ausstellung der graphischen Künste ankündigte, keinen Platz gefunden hätten. Wohl aber wäre es ein für die Sache gewinnbringendes Unternehmen, wenn eine Special-Ausstellung dieser in Verbindung mit der Photographie in der Weise veranstaltet würde, dass nicht bloss die fertigen Producte zur Ausstellung gelangen würden, sondern dass auch sämmtliche Apparate, Chemikalien, Stoffe etc., die zu ihrer Herstellung nothwendig sind, in einer instructiven Weise zusammengestellt und dadurch der allmählige Prozess des Werdens veranschaulicht würde. Nur von einer derartigen Ausstellung liesse sich auch ein praktischer Gewinn erhoffen, indem manche zu neuen Versuchen angeregt würden, um die gewiss noch vielfach verbesserungsbedürftigen Proceduren einer grösseren Vervollkommnung entgegenzuführen. Dem Publicum wäre zugleich auch augenscheinlich demonstrirt, dass diese Vervielfältigungsarten eine Kunst an und für sich nicht sind.

Zum Schlusse noch einige Worte über den Katalog. An einen Ausstellungskatalog soll und darf man nicht denselben kritischen Massstab anlegen, wie an ein wissenschaftliches Werk, aber gewissen praktischen Forderungen muss selbst ein solcher gerecht werden. Die Auftheilung des Stoffes in demselben ist eine ganz merkwürdig verwirrte. Sie mag für die erste Ausgabe ihre motivirte Entschuldigung finden, aber gewiss nicht für die späteren Auflagen. So blieb der Katalog in allen seinen Phasen und für die ganze Dauer der Ausstellung höchst unhandlich. Was aber das Sachliche anbelangt, so hätte man doch wenigstens eine genaue und sachgemässe Bestimmung der Technik, in der die Blätter hergestellt wurden, erwarten sollen; man hätte ja nur von jedem Aussteller die Angabe derselben bestimmt zu verlangen brauchen. Was nun so in diesem Kataloge alles als Kupferstich oder Stich schlechthin bezeichnet erscheint, ist oft geradezu verwunderlich. Auch hierin hätte manches in den späteren Ausgaben geändert und verbessert werden können.

Der illustrirten Ausgabe ist je eine kleine Abhandlung über jeden einzelnen Zweig der graphischen Kunst beigegeben. Für die Sachverständigen sind diese überflüssig, weil jeder Künstler und Kunstkenner davon gewiss mehr versteht, aber auch ebenso überflüssig sind sie für das grosse Publicum, weil aus diesen kurzen und oberflächlichen Bemerkungen Niemand weder über die Technik und das Wesen noch über die Entwickelungsgeschichte der betreffenden Kunst irgend ein Verständniss wird schöpfen können. Am Besten ist in dieser Hinsicht noch das von W. Hecht über den modernen Holzstich Gesagte.

Wien.   *Simon Laschitzer.*

Graz. Landesmuseum-Verein.

Die culturhistorische Landesausstellung, die im vorigen Jahre in Graz veranstaltet wurde, und ein überraschendes Zeugniss gab von der Fülle von Schätzen der einheimischen Kunstindustrie, die in Steiermark noch vorhanden, hat die Anregung gegeben, einen Verein zu gründen, der einerseis diese Kunstschätze im Anschlusse an die Sammlungen des Landesenmuseums Johanneum dem Lande zu erhalten sucht, andrerseits den Schutz der noch vorhandenen Kunstdenkmäler des Landes sich angelegen sein lässt. Mit Freuden wird man das Wirken dieses Vereins begrüssen, zumal Männer an der Spitze stehen, deren Name dafür bürgt, dass es weder an Verständniss noch an beharrlichem Willen fehlen wird, die Zwecke des Vereins zu realisiren. Der erste Thätigkeitsbericht, der uns vorliegt, erfüllt uns mit grossen Erwartungen für die Zukunft. Wohl sind die materiellen Mittel des Vereins noch gering, die Zahl der Mitglieder noch sehr beschränkt; um so staunenswerther, was mit diesen geringen Mitteln bereits erreicht wurde. Das Verzeichniss der Ankäufe weist ein vollständiges Zimmer von 1568 auf (aus Schönberg bei Oberwölz) — sogar die vier Fenster mit theilweise farbigen Butzenscheiben sammt Holzläden und Eisengittern fehlen nicht — dann ein Holzportal mit zwei Thüren von 1571, ein anderes von 1591, dazu Schränke, Truhen, Stühle, Handwerkzeuge etc. — Alles aus dem 16. und 17. Jahrhundert und Alles aus dem Lande selbst, so dass auch die heimische Kunstindustrie von solchen aufgestellten Mustern profitiren wird. Auch die Textilindustrie ist durch einige Ankäufe vertreten.

Zu den Ankäufen gesellt sich die erhebliche Zahl der Geschenke (von 82 Spendern 341 Gegenstände), unter welchen namentlich Schlosser- und Schmiedearbeiten aus dem 16. und 17. Jahrhundert hervorragen. Endlich zeigt sich die Theilnahme auch darin, dass dem Vereine werthvolle Objecte der Kunst und Kunstindustrie zur Ausstellung leihweise überlassen wurden. Die Landeshauptstadt Graz ging mit gutem Beispiele voran, unter vielen für die Geschichte des Landes wichtigren Erinnerungsstücken hat sie auch das interessante Stadtrichterbild von 1478 der Ausstellung übergeben. Dem Beispiele der Landeshauptstadt folgten eine Reihe anderer steyrischer Gemeinden. Die Zahl der Privaten, die in solcher Weise die Zwecke des Vereins förderten, ist noch gering, doch darf man das Beste hoffen. Es wird nicht lange dauern, so wird die Sammlung des aus unmittelbarer Initiative der Bevölkerung selbst hervorgegangenen Landesmuseums-Vereins den Stolz der steyrischen Bevölkerung bilden, und jeder Landesbewohner wird mit Freuden die Schätze der Kunstindustrie und Kunst, die in seinem Besitz, dort nicht bloss dem allgemeinen Interesse und Nutzen zugänglich machen, sondern auch wissen, dass er auf solche Weise sich sein ihm lieb gewordenes Eigenthum am Besten sichert. Das aus kleinen Anfängen hervorgegangene Museum in Salzburg mag als treffliches Beispiel voranleuchten.

Litteraturbericht.

Theorie und Technik der Kunst. Kunstunterricht.

Les Manuscrits de Léonard de Vinci par **Charles Ravaisson-Mollien.** Les Manuscrits B et D de la Bibliothèque de l'Institut. Paris, A. Quantin, 1883. Fol.

Die Publication der Manuscripte Lionardo's, welche sich in der Bibliothek des Instituts de France befinden, schreitet rasch weiter. Von den zwölf Handschriften Lionardo's des Institutes bringt der so eben erschienene zweite Band das Manuscript B, welches 84 Kleinfolioblätter, und das Manuscript D, welches 10 Blätter umfasst. Die photographischen Facsimiles sind vorzüglich.. Der uns vorliegende Folioband enthält eine ausführliche Vorrede, welche die beiden publicirten Manuscripte eingehend würdigt. Dann folgt das Manuscript B auf 6 bis 90. Der Text ist in französische Sprache übersetzt, der italienische Text des Lionardo unter dem Facsimile mit kurzen Anmerkungen versehen. Das Manuscript B behandelt vorzugsweise Mechanik, Befestigungskunst, enthält aber auch zahlreiche für Baukunst und Kunstgeschichte wichtige Notizen. Die ersteren beziehen sich auf Versuche in der Aeronautik· und auf das Telephon. In mancher Beziehung kann man das Manuscript B mit dem Codex Atlanticus vergleichen. Da Mailand, der Herzog, die Herzogin und Marchisio erwähnt werden, so lässt sich auch der Zeitpunkt seiner Abfassung fixiren. Das Manuscript D ist ausschliesslich der Optik und Perspective, welche Disciplinen in einem untrennbaren Zusammenhang stehen, gewidmet und führt das Original den Titel DELL OCHIO. Der Text ist sehr ausführlich, und für alle, welche· sich mit Optik und Perspective beschäftigen, von grossem Interesse. Der Band bringt ferner zahlreiche Rectificationen zum Manuscripte A und zu Richter's Lit. Works of L. da Vinci und schliesst mit einem ausführlichen Sach- und Personen-Index für diesen Band.

Die ganze Publication zeigt, wie umsichtig und sorgfältig Herr Ravaisson-Mollien die Publication der Manuscripte des Institutes vorbereitet hat. Wenn diese Ausgabe sich auch ferner auf derselben Höhe hält, so werden in nicht langer Zeit die Freunde des Lionardo die sorgfältige Facsimile-Ausgabe der Manuscripte des Instituts in ihren Händen haben. Mit Anerkennung hebt Herr Ravaisson die Ludwig'sche Ausgabe des Malerbuches des Lionardo hervor, welche 1880 bei Braumüller in Wien erschienen ist. *R. v. E.*

Kunstgeschichte. Archäologie.

Dr. Rudolf Adamy, Einführung in die antike Kunstgeschichte. Mit
123 Illustrationen. Hannover, Helwing'sche Verlagsbuchhandlung, 1884. 8.
M. 3. —

Das vorliegende Buch verdankt seine Entstehung einem Cyclus öffentlicher Vorträge, welche der durch sein grösseres Werk: »Architektonik auf
historischer und ästhetischer Grundlage« vortheilhaft bekannte Autor im Winter
1883 in Darmstadt hielt. Der Verfasser will durch seine Arbeit mehr zum
Kunststudium anregen als belehren, er wendet sich deshalb hier namentlich
an jene Kreise, denen vorerst ein eingehendes Berufsstudium der Formen
nicht Absicht ist. Er will mit diesem Buche das Interesse für die Kunst der
antiken Völker und für die Erkenntniss des Zusammenhanges derselben mit
den Culturverhältnissen der einzelnen Länder und deren Bewohner wecken.
Das Schwergewicht der Arbeit ruht demnach auch in jenen Abschnitten,
welche über die Entwicklung der Kunst im Allgemeinen und über die culturhistorischen Verhältnisse bei den Aegyptern, Griechen, Römern, Persern
und Indiern im Besonderen handeln, wogegen die Besprechung der Monumente und Kunstwerke selbst nur als Erläuterung hierzu dient. Das entsprechend illustrirte Buch wird den angestrebten Zweck umsomehr erreichen,
als es interessant und anregend geschrieben ist und den Leser auch mit den
neuesten Forschungsresultaten in Troja, Samothrake, Olympia, Pergamon
u. s. w. bekannt macht.   *A. H.*

Die neueste Raphaellitteratur.

Unter den Schriften über Raphael, welche wir dem Jubiläumsjahre verdanken, besitzen die von Crowe und Cavalcaselle, von Geymüller und
von E. Müntz verfassten schon mit Rücksicht auf das grosse Ansehen der
genannten vier Männer das Anrecht auf eingehende Würdigung. Jedes der
drei Werke regt andere Interessen an und behandelt Raphael von einem anderen Standpunkte. Die gemeinsame Arbeit des italienischen Kunstkenners und
englischen Schriftstellers [1]) erhebt den Anspruch, das ganze Leben und die
sämmtlichen Werke Raphael's selbständig zu schildern und in ein helleres, vielfach ganz neues Licht zu stellen. Geymüller's Buch [2]) führt uns Raphael's
Thätigkeit als Architekt vor die Augen und weist ihr einen viel grösseren
Umfang zu, als bisher angenommen wurde. Auf das litterargeschichtliche Gebiet lenkt uns endlich die Schrift von E. Müntz [3]), indem sie eine vollständige
Bibliographie Raphael's aufstellt. Am kürzesten darf sich die Kritik über Müntz'
Leistung aussprechen. Sie spendet derselben unbedingten Beifall. Alle Eigen-

---

[1]) Raphael: his life and works with particular reference to recently discovered records and an exhaustive study of extant drawings and pictures. Vol. I.
London 1882. Deutsche Uebersetzung von Carl Aldenhoven. Leipzig, Hirzel 1883.

[2]) Raffaello Sanzio studiato come architetto, con l'aiuto di nuovi Documenti.
Milano 1884.

[3]) Les historiens et les critiques de Raphael. 1483—1883. Essai bibliographique pour servir d'appendice a l'ouvrage de Passavant. Paris 1883. (Bibliothèque internationale de l'art.)

schaften, welche den französischen Forscher so rühmlich auszeichnen, die umfassende Gelehrsamkeit, das gründliche Quellenstudium, die freie Beherrschung
des Stoffes, das stets sachliche, ruhige Urtheil finden sich in seinem jüngsten
Werke wieder. Die Nützlichkeit eines solchen Unternehmens, wie es Müntz
geplant und sorgfältig ausgeführt hat, braucht nicht erst bewiesen zu werden.
Dasselbe bietet dem Raphaelforscher eine geradezu unentbehrliche Handhabe,
um sich rasch über die Summe unseres Wissens von Raphael Kunde zu verschaffen und bei jeder einschlägigen Frage über den Stand der Litteratur zu
belehren. Eine richtig geordnete Bibliographie bietet noch ein anderes Interesse. Die Schriften über Raphael chronologisch verfolgend, erblicken wir in den
einzelnen Zeitaltern eine starke Wandlung des Urtheils und einen wiederholten
Wechsel des Gesichtspunktes, unter welchem Raphael's Werke gross erscheinen.
Diesen Dingen nachzugehen, sie im Zusammenhange zu betrachten, auf die
allgemeine Zeitstimmung zurückzuführen, hat nicht bloss einen tiefen Reiz,
sondern auch wissenschaftlichen Werth, da sie uns über das Nachleben Raphael's
genauer unterrichten. Zum vollen Verständniss der Bedeutung eines Künstlers
gehört aber, dass auch sein Nachwirken nach dem Tode und sein Einfluss
auf die späteren Geschlechter erkannt wird. Dem sechszehnten Jahrhundert
danken wir fast alles, was wir vom Leben Raphael's wissen. Auf eine genaue
Beschreibung der einzelnen Werke lassen sich mit Ausnahme Vasari's die
wenigsten Schriftsteller ein. Die Menschen stehen unter dem Banne der Persönlichkeiten Raphael's und Michelangelo's. Die Parteinahme für den einen oder
den anderen ist an der Tagesordnung. Erst ziemlich spät im siebzehnten
Jahrhundert beginnt die eigentliche Bilderkritik, zugleich auch das Entdeckungsfieber, wodurch unser Vorrath an ächten, aber noch mehr an unächten Raphaels namhaft vergrössert wird. Die Quellen für das Raphaelstudium sind
nicht mehr ausschliesslich in Italien zu suchen. Frankreich wird wie überhaupt der Sammelplatz der feineren Kunstkennerschaft, so insbesondere der
Mittelpunkt des Raphaelcultus. Im achtzehnten Jahrhundert feiert überdies
die ästhetische Betrachtungsweise ihr goldenes Zeitalter. Mit Vorliebe wird
bei den Untersuchungen über den Begriff und die Natur des Schönen auf
Raphael zurückgegangen und eine Reihe von Urtheilen über ihn gefällt, die
auch noch heutigen Tages Geltung besitzen. Raphael's Thätigkeit in Rom am
Hofe Julius II. und Leo X. erscheint im Vordergrunde; auf seine jugendlichen
Arbeiten haben erst die Romantiker wieder die grössere Aufmerksamkeit gelenkt. Wenn in der jüngsten Zeit die Jugendperiode Raphael's gleichfalls mit
dem grössten Eifer durchforscht wird, so ist dieses kein Rückfall in die romantischen Anschauungen. Bei den berechtigten Versuchen, die Entwickelung der
Raphaelischen Kunstweise von ihren ersten Anfängen an bis zu ihrer völligen
Ausreife klarzulegen, spielt natürlich die Jugendgeschichte eine Hauptrolle. Für
alle diese hier kurz angedeuteten Erwägungen und wissenschaftlichen Folgerungen bietet Müntz reichen Stoff. Er hat sein Buch so angeordnet, dass er
zuerst die Biographien Raphael's chronologisch von Vasari bis in unsere Tage
aufzählt (wobei auch die gelegentlichen Aeusserungen über Raphael in Briefen
und Gedichten erwähnt werden) und dann systematisch die Schriften anführt,

welche sich auf die einzelnen Werke Raphaels, die Fresken, die Darstellungen
aus dem Leben Christi, die heil. Familien und Madonnen, Heiligenbilder, die
mythologischen Schilderungen, Porträte u. s. w. beziehen. Kurze kritische Bemerkungen begleiten in allen wichtigeren Fällen die Titelangaben und erleichtern
dem Leser die Orientirung in dem sonst schwer zu überblickenden litterarischen
Materiale. Eine absolute Vollständigkeit liess sich natürlich nicht erreichen.
Doch dürften nur sehr wenige Schriften von Belang vergessen sein. Ich vermisste die Anführung des Ardinghello von Heinse in der Litteratur über die
Stanza della Segnatura und den Aufsatz von E. Maruéjols (Gaz. d. b.-a.
2ᵉ pér., t. V, p. 299) über die Freske von S. Onofrio. Der Brief Polidoro
Papera's steht in Bottari, Lettre pittoriche, V, p. 264 und nicht, wie S. 17 wohl
durch einen Druckfehler zu lesen ist, p. 174. Müntz begnügte sich übrigens
nicht damit, eine treffliche Bibliographie Raphaels zusammenzustellen und die
wichtigsten Schriften kritisch zu beleuchten, er zierte sein Buch überdies durch
die Beigabe mehrerer theils unedirter, theils bisher wenig bekannter Urkunden.
Sie beziehen sich auf eine Reise Raphael's nach Urbino 1507, auf verschiedene
Zahlungen an denselben 1513, 1517 und 1519, auf den Ankauf von Bau-
plätzen in seinen letzten Lebensjahren, auf die Herstellung der Teppiche in
Flandern und geben Auszüge aus dem Diarium des Paris de Grassis, aus
Bilderkatalogen des sechszehnten und siebzehnten Jahrhunderts, endlich aus
Mariette's Briefen an Bottari. Bieten diese Documente auch keine neue Kunde
von hervorragender Wichtigkeit, so vermehren sie doch in erfreulicher Weise
unseren kunsthistorischen Urkundenschatz, um dessen Bereicherung sich Müntz
längst die grössten Verdienste erworben hat.

Aehnlich wie Müntz bewegt sich auch Hr. von Geymüller in seinem
Buche über »Raffaello architetto« auf heimischem Boden und auf einem Gebiete, welches er vollkommen beherrscht. Geymüller versteht die Sprache und
Ausdrucksweise des grossen Architekten des Cinquecento wie wenige andere
Forscher und erkennt in den flüchtigsten Rissen die Hand der einzelnen Meister
mit gleicher Sicherheit, wie wir in rasch hingeworfenen skizzirten Figuren und
Gruppen den Stil des einen oder anderen Malers entdecken. Es würde am
nächsten liegen, einer so anerkannten Autorität einfach zu folgen und auf
jeden Widerspruch zu verzichten, zumal wenn nicht die gleiche Erfahrung im
Studium architektonischer Zeichnungen in die Wagschale geworfen werden
kann. Dennoch muss (amicus Plato, magis amicus veritas) auf einzelne Punkte
hingedeutet werden, in welchen die Beweisführung des Verfassers, wenigstens
nach meiner Ansicht, nicht ganz überzeugend wirkt.

Zwischen den älteren und neueren Biographien Raphael's waltet ein
durchgreifender Unterschied. Jene, Passavant mit eingeschlossen, erblickten
in Raphael ausschliesslich den grossen Maler und erwähnten nur nebenbei
seine Thätigkeit als Baumeister. In scharfem Gegensatze zu dieser Darstellung
betonen die neueren Biographien gerade die Wirksamkeit auf dem Gebiete der
Architektur in seiner letzten Periode am stärksten. Schon im Jahre 1878
wurde der Satz niedergeschrieben: »Wenn wir Raphael's Entwickelung über-
blicken, so gewinnen wir die Ueberzeugung, dass ihn in den letzten Jahren

seines Lebens eigentlich die Architektur am meisten fesselte und der Ruhm des hervorragenden Baukünstlers ihn in hohem Maasse reizte.« Diese Auffassung, welche das historische Bild von Raphael wesentlich ändert, findet in Geymüller einen eifrigen Vorkämpfer. »Ich für meinen Theil glaube,« sagt er in der Einleitung, »dass wenn Raphael 50 bis 60 Jahre gelebt, er geradeso wie Bramante die Malerei ganz bei Seite gesetzt hätte, so sehr fühlte sich sein Genius zu der schöpferischen Kunst der Architektur hingezogen.« Die Behauptung einer stetig wachsenden Neigung Raphael's zu architektonischer Thätigkeit stützte sich bisher vornehmlich auf die anschaulichen, von Campori mitgetheilten Schilderungen der Zeitgenossen. Geymüller hat sich nun erfolgreich bemüht, dieselben auch durch die eingehende Prüfung der Baupläne und Bauzeichnungen Raphael's näher zu begründen.

Die Anordnung des Stoffes in Geymüller's reich ausgestattetem Buche möchte man klarer und übersichtlicher gehalten wünschen. Der Inhalt der vier ersten Capitel wird theilweise in dem Schlussabschnitt »Riassunto e Conclusione« wiederholt und ergänzt, so dass man erst durch fortwährende Vergleichung der beiden Abschnitte zu voller Erkenntniss der Ansichten des Verfassers gelangt. Das ist für den Leser, zumal auch die Illustrationen nicht immer am rechten Orte stehen, etwas unbequem, verringert aber natürlich nicht den sachlichen Werth des Buches.

Woher stammen Raphael's Baukenntnisse? Geymüller ist geneigt, dem Palaste von Urbino, welchen Raphael bis in sein siebzehntes Jahr stets vor Augen hatte, einen entscheidenden Einfluss auf des Jünglings Bauphantasie zuzuschreiben, Luciano Lauranna als den ersten, wenn auch nur mittelbaren Lehrer Raphael's zu preisen. Die Säulenkapitäler auf dem Bilde der Verkündigung (Predella der Krönung Mariä), welche mit jenen im Palasthofe zu Urbino identisch sind, ein an den Palast von Urbino und den gleichfalls von Luciano entworfenen Palast von Gubbio erinnernder Aufriss einer Fassade im Museum zu Lille (Braun 79) unterstützen diese Annahme. Wir weisen natürlich jeden Gedanken an eine strenge Facherziehung zurück, welche etwa Raphael in Urbino genossen hätte. In der Renaissance gehen die Architekten nicht mehr wie im Mittelalter aus den Bauhütten hervor. Darauf beruht nicht nur ein äusserer, sondern auch ein tief eingreifender innerer Gegensatz zwischen dem Bauwesen des Mittelalters und der Renaissance, auf welchen hier nicht weiter eingegangen werden kann. Wir würden es nicht verstehen, wie namentlich im Cinquecento die Pläne zu den grossartigsten Schöpfungen von Männern ausgingen, welche wir nach modernem Sprachgebrauche Dilettanten nennen möchten, wüssten wir nicht, dass das Studium der Perspective und der Proportionen eine wegsame Brücke zwischen der Architektur und den anderen Künsten schlug. Namentlich gegen den Schluss des fünfzehnten Jahrhunderts kamen die perspectivischen Studien in Aufnahme und wurden in allen Schulen mit gleichem Eifer betrieben. Von den phantastischen, gehäuften, architektonischen Hintergründen, auf welche wir in den Bildern aus der ersten Hälfte und Mitte des Quattrocento so häufig stossen, wird zur Darstellung realer, nicht selten antiker Gebäude übergegangen und an diesen die neu erlernte perspec-

tivische Kunst erprobt. In den Kreis solcher in der Perspective gut geschulter
Maler tritt nun auch Raphael in seiner umbrischen Periode ein. Für seine
Kenntnisse ist er natürlich der Lehre Perugino's verpflichtet. Doch darf man
in den Tempeln und Hallen, welche Raphael in seinen Bildern als Hintergrund
zeichnet, keineswegs einen besonderen umbrischen Stil erblicken. Perugino
dankt diese architektonischen Typen seinem Aufenthalte in Florenz und Rom.
Auf der Freske in der Sixtina »Uebergabe der Schlüssel« kommen sie zum ersten
Male bei ihm zur Verwendung und zeigen hier deutlich ihre Abstammung
von römischen und Florentiner (Baptisterium) Monumenten.

Der Aufenthalt Raphael's in Florenz ging scheinbar vorüber, ohne dass
er Gelegenheit fand, seine perspectivisch-architektonischen Kenntnisse weiter
zu entwickeln. Zwar wurde früher ein Einfluss Baccio d'Agnolo's angenommen,
auf Grund der bekannten Stelle bei Vasari (ed. Sansoni, V, 350) und mit
Rücksicht auf die Aehnlichkeit, welche zwischen dem Pal. Bartolini und dem
Pal. Pandolfini waltet. Die Beweiskraft des letzteren Umstandes hat aber
Milanesi in bedenklichster Weise erschüttert. Derselbe sagt im »Prospetto cro-
nologico« zum Leben d'Agnolo's: »1520. Da il disegno del Palazzo Bartolini
in Piazza di Santa Trinità.« Darnach kann also der P. Bartolini nicht mehr
als Vorbild für den P. Pandolfini gelten. Das historische Gewissen findet sich
bei aller Achtung für Milanesi's Autorität durch die lakonische Fassung des
Satzes nicht beruhigt und muss eine genauere Angabe der Quelle wünschen.
Denn unbegreiflich erscheint, wenn Milanesi's Datirung richtig ist, das Auf-
sehen, welches die »finestre quadre con frontispizii« als etwas Unerhörtes bei
den Florentinern erregten. Sollten Florentiner Schöngeister 1520 nicht gewusst
haben, dass diese Anordnung in Rom durch Bramante eingebürgert, in Florenz
durch Raphael's Entwurf des Palastes Pandolfini eingeführt war? Vasari erzählt ferner (IV, 444), dass Baccio im Wetteifer mit Cronaca das Kranzgesims
des P. Bartolini gezeichnet habe in der Absicht, das berühmte Gesims am
P. Strozzi zu übertreffen. Wer die Sätze unbefangen liest, empfängt den Eindruck, dass kein längerer Zeitraum die beiden Werke trennte, Baccio nicht
erst zwölf Jahre nach Cronaca's Tode und nachdem ein halbes Menschenalter
seit der Errichtung des P. Strozzi vorübergegangen war, den Gedanken eines
Wettstreites mit Cronaca fasste. Eine Aufklärung dieser verworrenen Sachlage liegt im besonderen Interesse der Partei, welche Raphael, kaum dass er
den römischen Boden betreten, sofort eine ausgedehnte praktische Wirksamkeit als Baumeister entfalten lässt. Bereits im Jahre 1509 zeichnete nach
Geymüller Raphael den Plan zur Kirche S. Eligio und zur Farnesina. Den
Beweis dafür, dass nicht Bramante oder Peruzzi, sondern Raphael die Kirche
S. Eligio entworfen hat, liefert ein von Salustio Peruzzi copirter Grundriss der
Kirche mit der Beischrift: »S. Alo degli Orefici opera di Raffaello da Urbino.«
Dass dieses aber bereits 1509 geschehen sei, darüber besteht, wie eine Contro-
verse zwischen Geymüller und Müntz zeigt, keine vollkommene Sicherheit.
Die Stiftung der Kirche 1509 steht fest, ebenso aber der Abbruch eines Theiles
derselben (wegen Baufälligkeit oder im Interesse der Strassenregulirung?) im
Jahre 1514. Wenn in Folge dessen ein Neubau oder Umbau der Kirche nöthig

wurde, so könnte Raphael's Entwurf möglicherweise sich erst auf diesen letzteren beziehen. Zu erwägen bleibt jedenfalls, dass Raphael, als er die Pläne zu S. Eligio zeichnete, sich bereits vollständig in Bramante's Stil eingelebt hatte (nach Geymüller copirte Raphael in der Kuppel eine der kleineren Kuppeln Bramante's in S. Peter), und dass (ebenfalls nach Geymüller) die Proportionen in S. Eligio jene in der Chigicapelle, etwa 1511 begonnen, an Schönheit weit überragen. Nicht nur der Bau von S. Eligio, sondern auch jener der Farnesina fällt in das erste römische Jahr Raphael's. Vasari's ausdrückliches Zeugniss zu Gunsten Peruzzi's wird aus folgenden Gründen zurückgewiesen: »Peruzzi hat sich bis zu Raphael's Tode nicht als Architekt bethätigt, Agostino Chigi hat alle anderen Bauten von Raphael aufführen lassen, die Farnesina entspricht nicht dem Stile, welchen Peruzzi sonst anwendet.« Ueber die Glaubwürdigkeit Vasari's kann man verschiedener Meinung sein. Was aber schlechterdings nicht angeht, ist eine Deutung seiner Worte, als bezögen sich dieselben nur auf den gemalten Fassadenschmuck. Es ist richtig, dass Vasari vorher und nachher Peruzzi als Fassadenmaler rühmt; aber die Worte »molto più (di nome e fama) gliene diede il modello del palazzo d'Agostino Chigi, condotto con quella bella grazia che si vede, non murato, ma veramente nato« können nur vom Bau selbst verstanden werden, zumal Vasari unmittelbar hinzufügt: »e l'adornò fuori di terretta, con istorie di sua mano molte belle.« Auch die Fähigkeit Peruzzi's kann nicht füglich bestritten werden, nachdem Geymüller selbst an einem anderen Orte den Beweis geliefert, dass er in den Jahren 1505—1506 von Bramante als Zeichner von Bauprojecten beschäftigt wurde. Es bleibt in der That nur die Stilfrage übrig. Den Männern vom Fache muss die Entscheidung zugeschoben werden, ob die in der Farnesina angewendeten Bauformen, Maasse und Verhältnisse mit Nothwendigkeit nur auf Raphael als ihren Schöpfer schliessen lassen. Der Historiker durfte den Wunsch nicht unterdrücken, dass die Bedenken, die von seinem Standpunkte gegen eine grössere Bauthätigkeit Raphael's in seinem ersten römischen Jahre sprechen, eine schärfere Widerlegung erfahren. Es kostet schon, rein psychologisch betrachtet, eine grössere Ueberwindung, anzunehmen, dass Raphael in einer Zeit, in welcher er sich sichtlich erst langsam in die Stanzenfresken einarbeitete — man erinnere sich nur an die vielen Entwürfe zur Disputa —, auch schon die Musse fand, als Architekt aufzutreten und die eben erst empfangenen Lehren Bramante's unmittelbar, gleichsam spielend, in die Praxis umzusetzen. Wir werden uns von der Thatsache, mag sie auch räthselhaft erscheinen, beugen, wir dürfen aber verlangen, dass uns der Wechsel der Ueberzeugung nach Kräften erleichtert wird. Das eine muss Geymüller zugestanden werden: die einzige authentische Zeichnung Peruzzi's, welche sich auf die Farnesina bezieht, wirft kein Gewicht in die Wagschale zu Gunsten Peruzzi's. Sie enthält den Grundriss des oberen Saales mit Angabe der Maasse. Da die Dicke der Mauern nicht angegeben ist, so kann sie nicht zu den architektonischen Skizzen gezählt werden. Offenbar diente sie dem decorirenden Künstler zur Grundlage bei der Vertheilung und Bemessung des Wandschmuckes. Aus dem Umstande, dass sie einem anderen Zwecke diente, folgt aber noch nicht unbedingt der Ausschluss Peruzzi's von der Theilnahme an der Architektur der Farnesina. Es konnte doch auch der Baumeister, wenn ihm nachträglich die Decoration der inneren Räume übertragen wurde, zu diesem Behufe einen neuen Grundriss skizziren.

Die weiteren Capitel des mit 8 Tafeln und 70 Textbildern ausgestatteten Werkes behandeln die Chigicapelle, die Loggien im Vatican, die Privatbauten Raphael's und endlich die Villa Madama. Dieser letztere Abschnitt ist von besonderer Wichtigkeit. Auf Grund eingehender Studien der erhaltenen, zum Theil erst von Geymüller aufgefundenen und richtig benannten Zeichnungen empfangen wir nicht nur über diese prächtigste Anlage der Renaissance trefflichen Aufschluss, sondern auch über Raphael's Antheil an dem Werke genaue Kunde. Die zahlreich eingestreuten feinen Bemerkungen über Bramante, über die Stellung Raphael's zu diesem Meister, die besonderen Merkmale des Raphaelischen Baustiles u. a. können hier nicht einzeln angeführt werden. Die Leser, deren recht viele dem Buche zu wünschen sind, werden sie ohne Mühe finden und geniessen. Geymüller's Werk gehört ohne Zweifel zu den werthvollsten Bereicherungen, welche die Raphaellitteratur in den letzten Jahren gewonnen hat.

Nach dem seit langer Zeit begründeten Ansehen Crowe's und Cavalcaselle's möchte man das Gleiche von ihrer Biographie Raphael's voraussetzen. Erst in den jüngsten Tagen ist eine gewisse Reaction gegen die Autorität der beiden unzertrennlichen Forscher bemerkbar geworden und wird ziemlich geringschätzig von ihren Verdiensten gesprochen. Das jüngere Geschlecht kennt eben nicht den Stand der Kunstgeschichte vor zwanzig Jahren, als Crowe und Cavalcaselle ihre »New history of painting in Italy« zu schreiben begannen. An einzelnen werthvollen Monographien fehlte es zwar nicht; wer sich aber eine zusammenhängende Kenntniss der italienischen Malerei verschaffen wollte, musste zum alten Lanzi greifen. Mit Lanzi's Geschichte der italienischen Malerei muss man Crowe's und Cavalcaselle's Werk vergleichen, um die Bedeutung desselben zu würdigen. Unvergessen wird ihnen bleiben, dass sie zum ersten Male eine durchgreifende Sichtung des von Vasari überlieferten Materiales versuchten und auf die technischen Eigenschaften der einzelnen Meister die Aufmerksamkeit lenkten. Sie haben sich in der Zuweisung der Werke an bestimmte Maler oft geirrt, die Bilder nicht selten flüchtig und falsch beschrieben. Niemand ist blind gegen diese Mängel, welche gewiss auch die Verfasser bei der Nachprüfung des Werkes verbessern würden. Sie treffen aber nicht den Kern desselben, nehmen ihm wenig von seinem Werthe. Gewichtiger erscheint der Tadel, dass in einer »Geschichte« der Malerei die strenge historische Entwickelung gegen die kritische Erörterung der Einzelbilder so auffallend zurücktritt. Die Künstler werden nicht nach ihrem inneren Zusammenhange gruppirt und nach inneren Gegensätzen geschieden, sondern einfach nebeneinander gestellt. Sie schweben gleichsam in der Luft, berühren nicht den Boden, dem sie doch entwachsen sind und aus welchem sie reiche Nahrung ziehen. Sie scheinen nicht mit dem Volke, sondern fast ausschliesslich mit den Fachgenossen zusammenzuleben, von welchen ihre technische Kunst mannigfache Einflüsse empfängt. Dass ihre Phantasie auch von der Laienumgebung, von der herrschenden Sitte, den waltenden Anschauungen angeregt wurde, wird selten betont. Die Verfasser dürfen zu ihrer Rechtfertigung anführen, dass sie in erster Linie eine kritische Zusammenfassung der Vasari'schen Tradition bieten wollten und diese Arbeit am meisten Noth that. Wer wollte leugnen, dass ihr Werk in dieser Hinsicht die trefflichsten Dienste geleistet hat? Die spätere Forschung, auch wo sie ergänzend und berichtigend einspricht, hat die Verpflichtung, an ihre Leistung anzuknüpfen. Sie wollten in ihrer »History of painting in Italy« kein streng historisches, sondern ein wesentlich kunstkritisches Buch liefern. Um so gespannter durfte man ihrem Vorsatze, in der Biographie Raphael's ein erschöpfendes Bild seiner Entwickelung zu zeichnen, also ein wirklich historisches Werk zu schaffen, entgegensehen. Der erste bis jetzt gedruckte Band reicht bis zum Eintritte Raphael's in die römische Kunstwelt. Eine deutsche Uebersetzung macht ihn bei uns weiteren Kreisen zugänglich. Dieselbe ist ganz wortgetreu gehalten bis auf eine immerhin bemerkenswerthe Ausnahme. Die Originalausgabe fügt dem Titel noch die Bemerkung bei: »with particular reference to recently discovered records.« In der Uebersetzung erscheint diese Bemerkung gestrichen und zwar mit Recht, denn auch die peinlichste Prüfung kann in dem Buche keine Benützung neuer, bisher unbekannter Urkunden entdecken. Die Verfasser begnügen sich mit dem alten Materiale, verwenden aber dasselbe, wie gleich hinzugefügt werden muss, in überraschender, für die meisten Leser neuen Weise. Offenbar fand die herrschende Methode, auf Grundlage kritischer Sichtung der Quellen Geschichte zu schreiben, nicht ihren Beifall, mag auch dieselbe auf allen historischen Gebieten sich eingebürgert haben. Sie suchten und entdeckten ihr Ideal in der naiv geschriebenen Chronik, welche emsig die erhaltenen Traditionen sammelt, sie auf sinnige Art verflechtet und die Begebenheiten im Tone unmittelbarer Ueberzeugung erzählt. So haben es die Menschen gehalten, als sie anfingen, sich um vergangene Dinge zu kümmern, so tritt uns die älteste Geschichtschreibung bei den Griechen und dann wieder, nur in gröberer Form, in den Jahrhunderten des Mittelalters entgegen. So wird es vielleicht wieder am Ende der Geschichtschreibung gehalten werden, wenn »alle Mühsal erwägender kritischer Forschung wird beendigt, jeder wichtige Zweifel gelöst, jede Ungewissheit über das vergangene Leben wird gehoben sein«. Ob diese Zeit schon gekommen, bleibe dahingestellt. Doch muss zugegeben werden, dass August Hagen, als er vor fünfzig Jahren den gleichen Weg einschlug, einen nicht geringen Erfolg erzielte. Seine Norica, seine Chronik Ghiberti's und Wunder der h. Katharina von Siena erfreuten zahlreiche Leser und führten der Kunstgeschichte eifrige Jünger zu. Nur wenige erkannten, dass die Chronik Ghiberti's aus Vasari's Berichten künstlich zusammengestellt war, so trefflich war Hagen die Täuschung gelungen, so glücklich hatte er den naiven Ton des alten Erzählers getroffen. Wenigstens die eine Bedingung muss derjenige heutzutage erfüllen, welcher die Geschichte als Chronik schreibt. Er muss in seinem Buch den Charakter der letzteren festhalten und den gläubigen Sinn der Leser zu locken verstehen. Crowe und Cavalcaselle

haben sich leider um einen grossen Theil der Wirkung dadurch gebracht, dass
sie regelmässig aus dem naiven Tone der Schilderung herausfallen, die Un-
mittelbarkeit ihrer Zeugenschaft durch einzelne unfreiwillige Geständnisse wieder
abschwächen. Die beiden Wörtchen »vielleicht« und »wahrscheinlich« spielen
in ihrem Buche eine grosse Rolle. Im Lexikon eines naiven Chronisten sollten
diese Worte nicht vorkommen. Sobald er sie gebraucht, gibt er zu, dass wohl
einige Gründe dafür, andere aber auch dagegen sprechen. In diesem Falle
genügt aber die naive Erzählung nicht, darf der Leser vielmehr ein genaueres
Abwägen der Gründe fordern. Noch ein anderer Umstand macht den harm-
losen Leser bedenklich. »Die Jugendgeschichte Raphael's,« erklären die Verfasser, »ist, soweit es sich um Urkunden handelt, ein weisses Blatt.« Trotzdem füllen sie dieses Blatt von unten bis oben mit farbenreichen Bildern. Sie
haben nicht bloss viele äussere neue Thatsachen entdeckt — für diese könnten
vielleicht indirecte Beweise angerufen werden —, sondern auch die intimsten
Empfindungen des jugendlichen Raphael's belauscht, welche Eindrücke die verschiedensten Ereignisse auf ihn machten, ihm abgehorcht. Sie begleiten ihn
Schritt für Schritt auf seinen Ausflügen und verfolgen ihn selbst auf den
kleinsten Zwischenstufen seiner künstlerischen Entwickelung. Muss nicht auch
dem glaubenseligsten Leser im Angesichte des Bekenntnisses, dass für alle diese
Dinge die historischen Nachrichten fehlen, der Verdacht aufsteigen, dass dann
alles nur Fiction der Verfasser sei? An anderen Stellen geben die Verfasser ihre
Quellen an. Auch das stimmt schlecht mit dem Charakter des Buches, welches
doch offenbar nach der litterarischen Intention der Verfasser sich dem kritischen Urtheile entzieht, vorwiegend naiven Glauben verlangt. Dadurch wird
der Leser geradezu aufgerufen, selbst zu vergleichen, und ob die Angabe der
Quelle entsprechen, zu prüfen. Die Prüfung fällt, wie mit Bedauern wahr-
genommen wird, nicht zu Gunsten der Verfasser aus. Ein Beispiel für viele.
Der Schlusssatz des Buches lautet: »Durch das übereinstimmende Urtheil des
grössten Papstes und des grösten Bildhauers der Renaissance anerkannt, stand
Raphael (1508) da als der beste Mann in seinem Fache, welchen Italien
jemals besessen hatte.« Ausführlich wird vorher auseinander gesetzt, dass
Michelangelo Raphael's Ruf nach Rom bewirkt, diesen als Maler für die Sixtina
vorgeschlagen habe. Die Verfasser citiren dabei Condivi, wo allerdings diese
Anekdote in Cap. 33 zu lesen ist. Sie citiren aber ferner den Briefwechsel
Michelangelo's. Und das war vom Uebel, denn dadurch wird Condivi's Aussage gründlich widerlegt, die Glaubwürdigkeit der alten Legende vollkommen
beseitigt. Dass sie den Brief Michelangelo's an Fattucci in das Jahr 1508 statt
1524 verlegen, ist vielleicht nur ein Schreibfehler. Bedeutungslos ist das letztere Datum nicht, denn dadurch wird der Brief aus der Reihe der gleichzeitigen
Zeugnisse, auf welche es doch wesentlich ankommt, gestrichen.

Sie führen aber als weiteren Gewährsmann noch den Pietro Rosselli an
und verweisen auf dessen Brief an Michelangelo. Dieser Brief stammt aus
dem Jahre 1506. Schon damals wurde mit Michelangelo wegen der Fresken
in der Sixtina verhandelt und die sogenannte »Intrigue« Bramante's dagegen
gesponnen. Von Raphael war natürlich nicht die Rede, noch weniger von

einer Empfehlung desselben durch Michelangelo. Man kann, je nachdem man sich zur legendarischen oder zur historischen Darstellung gezogen fühlt, Condivi's Anekdoten oder die urkundlichen Berichte zu Grunde legen, man kann aber nicht Condivi und die Urkunden als gleichwerthig benützen, ohne die Einheit der litterarischen Composition zu zerstören und den Leser zu verwirren. Das Gute hat allerdings der durch die Quellenangabe offenkundige Dualismus der Verfasser, dass er uns über ihre Methode belehrt. Sie gelangen zu ihrer biographischen Kunde einerseits durch die reiche Ausmalung der Vasari'schen Tradition, andererseits durch die Zurückführung vieler Werke Raphael's auf bestimmte persönliche Ereignisse. Mehrere Zeichnungen sind der Wiederhall der politischen Stürme, welche er in Perugia miterlebte und mit regem Interesse verfolgte; der Carton für »Aeneas' Ausfahrt« wurde durch eine glänzende Cavalcade des Herzogs von Urbino im September 1504 angeregt, an welcher vielleicht Raphael selbst theilnahm u. s. w. Diese Methode, das Leben eines Künstlers aus seinen Werken zu erklären, ist nicht neu. Sie wurde im vorigen Jahrhundert gegenüber den holländischen Malern regelmässig angewendet. Gegenwärtig gilt sie für veraltet. Man wirft ihr die Willkür vor, mit welcher sie Lebensverhältnisse construire, und behauptet, dass sie ein Scheinwissen wecke, welches den wahren Thatsachen durchaus nicht entspricht. Ob die Uebertragung der Methode auf Raphael grösseren Beifall finden wird, mögen Andere entscheiden.

Aehnlich wie der biographisch-historische Theil regt auch die kritische Erörterung der Einzelwerke Raphael's, die Schilderung ihres allmählichen Wachsthums aus flüchtigen Skizzen heraus, mannigfachen Widerspruch an. Auch auf diesem Gebiete die Streitfragen der Reihe nach durchzunehmen, erscheint eine missliche und noch mehr eine unfruchtbare Sache. An eine Verständigung oder wohl gar Entscheidung ist nicht zu denken, da es sich hier nicht um Thatsachen, sondern um subjective Meinungen handelt, welche um so schroffer einander entgegentreten, je weniger sie durch äussere Gründe beglaubigt werden können. Das ist z. B. der Fall bei dem Venezianischen Skizzenbuche, welches in dem Buche Crowe's und Cavalcaselle's eine so grosse Rolle spielt. Sie halten mit noch mehreren Kunstkennern an dem Raphaelischen Ursprung eben so hartnäckig fest, wie es von anderen heftig bestritten wird. Augenblicklich ist keine Aussicht vorhanden, die Frage zu lösen, da einzelne Anzeichen darauf schliessen lassen, dass der Streit theilweise das persönliche Gebiet anstreift, Kennerschaft gegen Kennerschaft ausgespielt wird. Es werden hoffentlich bald ruhigere Zeiten kommen, in welchen die Sache ganz unbefangen erörtert werden kann. Folgende Bemerkungen mögen aber schon hier Platz finden.

Selbst wenn man den Raphaelischen Ursprung des Skizzenbuches zugeben wollte, darf dasselbe in einer Entwickelungsgeschichte des Künstlers in den Vordergrund gestellt werden? Die Verfasser werden vielleicht gestatten, dass die scheinbar aus intimster Quelle geschöpfte Kunde über Ursprung und Zweck des Skizzenbuches, über die Weise seines Gebrauches als ein artiges Phantasiespiel ohne Anspruch auf historische Wahrheit aufgefasst wird. Doch

davon abgesehen. Sie erkennen in dem Venezianischen Skizzenbuche auch den
sichersten Wegweiser, um Raphael's Jugendentwickelung zu verfolgen, und
schildern wesentlich an seiner Hand die Fortschritte, welche Raphael von den
frühen Knabenjahren an bis tief in die Florentiner Periode in seiner Kunst
machte. Nun besitzen wir eine zwar nicht stattliche, aber immerhin ausreichende Reihe von Zeichnungen, deren Aechtheit niemand, auch nicht unsere
Verfasser, in Zweifel gezogen hat. Stellt man diese den selbständigen Studien —
die Copien nach Pinturicchio, nach den Philosophenbildern in Urbino kommen
dabei nicht in Betracht — im Venezianischen Skizzenbuche gegenüber, so entdeckt man eine vollständige Verschiedenheit in der Zeichnung, in den Maassen
und Proportionen, in der Gewandfaltung, in der ganzen Auffassung. An dieser
Thatsache lässt sich nicht mäkeln und deuten. Man vergleiche nur z. B. die
bekannte frühe Madonnenskizze in Oxford, den Bogenschützen in Lille, die
Studien zu einer Auferstehung in Oxford, die Skizzen zur Krönung Mariä, die
Madonna mit dem Granatapfel in Wien mit den Zeichnungen, welche im
Venezianischen Skizzenbuche angeblich in die Jahre 1500—1504 fallen. Ich
glaube, die jedem Historiker gebotene Vorsicht müsste auch einen begeisterten
Anhänger der Raphaeltheorie bestimmen, höchstens folgendes Urtheil zu fällen
Ausser mehreren Zeichnungen, welche sich auf ausgeführte Jugendwerke Ra-
phael's beziehen oder den absolut gleichen Stil mit diesen zeigen, gibt es noch
zahlreiche Skizzen von Raphael zu eigener Uebung vorwiegend nach fremden
Mustern und Vorbildern entworfen, in welchen daher seine eigene Weise nicht
vollständig zur Geltung kommt. Das letztere leugnen zwar die Verfasser und
bringen viele Skizzen mit Raphaelischen Gemälden in unmittelbare Verbindung.
Das ist aber der zweite Punkt, gegen welchen Einsprache erhoben werden
muss. Eine bloss allgemeine Aehnlichkeit, eine ungefähre Verwandtschaft im
Typus, eine Uebereinstimmung in einzelnen Aeusserlichkeiten, z. B. im Kopfputz, genügt nicht, um die betreffende Zeichnung den Studien für ein bestimmtes
Gemälde einzuordnen. Die Verfasser gehen aber in der Regel über solche
allgemeine Analogien nicht hinaus, bleiben (Sposalizio) bei der »Wahrscheinlichkeit«, bei der »Aehnlichkeit«, dem »sehr gleichen« stehen, müssen das
Blatt erst wenden, die Haltung und Bewegung ändern, um die Verwandtschaft
glaublich zu machen. Sie entdecken z. B. in einer Federzeichnung in Venedig
eine Studie zu dem Apollo in dem falschen Raphael des Mr. Morris. Sie geben
zu, dass die Zeichnung ursprünglich für eine Anbetung der Könige entworfen
war, meinen aber, wenn man die Stellung der beiden Arme vollständig ändert,
das rechte Bein anders bewegt denkt, den Oberkörper und die Beine in anderen
Maassen hält und endlich die ganze Figur umdreht, dass dann die Skizze zum
Apoll dem Auge sich zeige. In der deutschen Ausgabe stellen sie eine Land-
schaftsskizze in Venedig und den Hintergrund in der Mad. Terranuova bildlich nebeneinander. Aber auch hier kann von einer zutreffenden Aehnlichkeit,
einer zwingenden Beziehung keine Rede sein. Auf dem halben Abhange eines
von Mauern und Thürmen eingeschlossenen Hügels steht eine Kirche. Weder
decken sich die Umrisse des Hügels, noch der Linienzug des Mauerringes. Man
muss alles umkehren, die meisten Einzelheiten ändern, um die Verwandtschaft

zu errathen. Dazu kommt, dass die Landschaft im Skizzenbuche sich offen als das Werk eines künstlerisch ganz ungeschulten Dilettanten kundgibt, welcher von der Architektur keine Ahnung besass, den Kirchthurm statt über die Vierung neben dieselbe setzte. Diese Zeichnung, welche in das Jahr ca. 1505 fallen müsste, kann unmöglich auf Raphael zurückgeführt werden. Die weiteren Folgerungen ergeben sich von selbst. Noch ein letzter Punkt weckt Bedenken. Wie in ihrem grossen Werke lieben es auch hier die Verfasser, den Stil der einzelnen Bilder durch die Addition mannigfacher Einflüsse zu erklären. Im Crucifix Raphael's mischen sich die Einwirkungen Perugino's, Signorelli's, Niccolo's da Fulgino's. Von dem Adam auf der gänzlich verdorbenen Kirchenfahne in Città di Castello heisst es in der Originalausgabe: »he unites classicisme of an antique with the realisme of nature in its fleshy elasticity.« Das Sposalizio zeigt ausser Perugino's Einfluss Anklänge an Lionardo und Bramante. Apoll und Marsyas sind ganz im Geiste der Antike gehalten. Die Predella in der Mad. Ansidei erinnert an Masaccio, die Mad. Terranuova an Michelangelo. In der Predella zur Grablegung erscheinen Michelangelo, Lionardo und Fra Bartolommeo combinirt. Für Raphael's Individualität bleibt beinahe gar kein Raum übrig.

Die Auffassung Raphael's bewegt sich in schroffem Gegensatze zu der Richtung, welche die neuere Kunstgeschichte eingeschlagen hat. Die meisten Historiker huldigen der Ansicht, dass es Sache der Forschung sei, nachdem das vorige Jahrhundert die Biographie Raphael's mit zahlreichen Details willkürlich beladen, die Summe seiner Werke bis in das Maasslose angeschwellt hat, nun eine strenge kritische Sichtung vorzunehmen, insbesondere die Gemälde und Zeichnungen auf ihre Echtheit genau zu prüfen. Die letztere Arbeit ist erst halb gethan, und wenn nicht alle Anzeichen trügen, wird schon die nächste Zukunft die Zahl der sicheren Raphaelischen Werke noch ungleich stärker reduciren, als es schon jetzt geschieht. Den Verfassern ist es im Gegentheil wesentlich darum zu thun, die alten Traditionen wieder zu Ehren zu bringen. Man empfängt von ihrem Buche den Eindruck, dass die Verfasser die Ueberzeugung hegen, die ganze Raphaelforschung des letzten Menschenalters bewege sich auf durchaus falschem Wege. Möglicherweise theilen viele Andere diese Ansicht. Dass sich der Verfasser dieses Aufsatzes der Meinung nicht anschliesst, wird ihm gewiss kein billig Denkender verargen. *Anton Springer.*

Plastik.

Neues über die Venus von Milo. Von **Veit Valentin.** (Beiträge zur Kunstgeschichte, Heft VII.) Leipzig, Verlag von E. A. Seemann. 1883.

Unter den Forschern, die sich in neuerer Zeit mit der Venus von Milo beschäftigt haben, ist Veit Valentin entschieden einer der hervorragendsten. Auch wenn wir seiner speciellen Ergänzung und Erklärung der Statue nicht beistimmen, müssen wir dies anerkennen. Wie gründlich, scharfsinnig und geistvoll er alle hierher gehörigen Fragen und Probleme zu behandeln weiss, hat er in seiner Hauptschrift: »Die hohe Frau von Milo. Berlin 1872« und seinen beiden durch des Ref. Buch »Die Venus von Milo« veranlassten Aufsätzen in den »Grenzboten« (1880, S. 16 ff.) und in dieser Zeitschrift (1880, III,

VII   23

S. 327 ff.) bewiesen und beweist es von neuem in vorliegender Schrift, die
für Jeden, der sich mit der vielbesprochenen Venus beschäftigt, interessant
und lehrreich ist. Er gibt in dieser Schrift einerseits eine ausführliche Besprechung der neuesten, d. h. seit 1878 erschienenen Arbeiten über die melische
Statue — von Geskel Saloman, Hasse, Overbeck und Kiel — und anderseits legt er uns seine eigenen neuen Untersuchungen vor, welche seinen Er-
gänzungs- und Erklärungsversuch weiter ausführen und motiviren.

Zuerst wird die Schrift Geskel Saloman's: »La statue de Milo. Stockholm 1878 und 1880« besprochen. Valentin erkennt mit Recht den Fleiss, die Ausdauer, die Sorgfalt der Arbeit Saloman's an, bedauert aber, dass diese Vorzüge
nicht einer besseren Ueberzeugung zu Gute gekommen sind. Die Widerlegung
des Saloman'schen Ergänzungsversuches, die der Verfasser gibt, erscheint uns
zu eingehend und ausführlich gegenüber einer Ansicht, die von Hause aus
auf Niemandes Zustimmung rechnen konnte und die ihr Urheber selbst —
was dem Verfasser freilich nicht bekannt sein konnte — bereits wieder aufgegeben hat. In einem Briefe an den Referenten vom 4. September 1882
sagt G. Saloman: »Ich sehe ein, dass ich mich geirrt, wenn ich die Statue
mit der Fabel des Prodikos in Verbindung gebracht habe. Um so mehr aber
halte ich an meiner Deutung als Venus-Proserpina und an meiner Restauration fest. Ich bin dabei, eine deutsche Umarbeitung zu bewerkstelligen, in
welcher ich den Hercules ganz aus dem Spiele lassen und auch den Grund
meines Irrthums offen bekennen werde.«

Es folgt an zweiter Stelle die Besprechung der Arbeit C. Hasse's:
»Die Venus von Milo. Jena 1882.« Valentin kommt wesentlich zu demselben
Resultate wie Referent in der Besprechung der Hasse'schen Schrift in dieser
Zeitschrift (1883, I, S. 165 ff.). Den Versuch Hasse's, die Situation der Venus
von Milo als Toilettenscene und den Apfel als zusammengeballtes Haarband
zu erklären, weist er entschieden zurück, erklärt dagegen für sehr werthvoll
die anatomische Analyse der Statue. Recht bedeutungsvoll sei es, dass Hasse
die Wichtigkeit der anatomischen Untersuchungen auf dem Gebiete der Plastik
so nachdrücklich betone. Von den Ergebnissen der anatomischen Untersuchung
Hasse's hebt Valentin natürlich besonders einen Satz hervor, den er in Uebereinstimmung mit seiner Ansicht findet, dass nämlich »die Haltung des Kopfes
den Eindruck mache, als wolle er in mässigem Grade einer von links her
kommenden Gewalt ausweichen oder derselben entgegenwirken«. Auf den
wichtigen Punkt, die Haltung der Arme, wie sie Hasse festgestellt hat, geht
dagegen Valentin nicht näher ein. Uebrigens stimmt er, wie wir später
sehen werden, mit dem Resultate Hasse's (und Tarral's) wesentlich überein. Am Schlusse dieser Besprechung wendet sich Valentin noch gegen die
beiden Armfragmente und bestreitet von neuem deren Zugehörigkeit, natürlich
ohne irgendwie entscheidende Gründe. Die Uebereinstimmung des Oberarm-
fragmentes mit der Statue (Marmorart, Technik, Maasse) ist derart, dass wenigstens bezüglich dieses Fragmentes nur Voreingenommenheit sie läugnen kann.
Dass die linke Hand mit dem Apfel das Resultat einer späteren Restauration
sein kann, ist zwar möglich; jedoch ist dies eine Annahme, die völlig in der

Luft schwebt, aber allerdings, wie manche derartige Möglichkeiten, nicht absolut widerlegt werden kann. Wichtig ist vor Allem die Zugehör des Ober-
armfragmentes, weil sich aus ihm die Haltung des Unterarmes bestimmt.

Der dritte Autor, mit dem der Verfasser sich beschäftigt, ist Overbeck.
Er wird ziemlich scharf angegriffen und des Verfassers Ton erscheint uns hier
doch etwas zu polemisch. Es handelt sich zunächst um Overbeck's Untersuchungen über die Zugehörigkeit des Basisfragmentes mit der Künstlerinschrift
(in den Berichten d. Sächs. Ges. d. W., Phil. hist. Cl. 1881, S. 92 ff.). Durch
seine gründliche und scharfsinnige Erörterung dieser vielbesprochenen und viel-
verwirrten Frage hat Valentin, unserer Ansicht nach, die Zugehörigkeit des
Basisfragmentes endgültig zurückgewiesen und Overbeck, der sie vertheidigt,
widerlegt. Der Verfasser weist vor Allem darauf hin, dass die Zeichnung des
Basisfragmentes, auf die sich Overbeck in erster Linie stützt, die flüchtige
Arbeit eines 17jährigen Malschülers ist und dass in ihr ausser der Inschrift
alles Andere — also auch die entscheidende Berührungslinie — als ganz nebensächlich behandelt ist. Er zeigt, wie diese Zeichnung für die Zugehörigkeit
des Fragmentes gar nichts beweisen und die Aussagen von Quatremère de
Quincy und Clarac (welche es für nicht zugehörig erklärten) nicht widerlegen
könne. Damit ist dann auch Overbeck's neuer Ergänzungsversuch, welcher
die Göttin mit der Linken einen Schild halten lässt, der auf einen Pfeiler auf-
gestützt ist (Gesch. d. gr. Plastik, III. Aufl. 1882. IV. S. 336 ff.) bereits widerlegt. Was Valentin ausserdem noch gegen denselben anführt, hängt mit seiner
Annahme zusammen, dass die Figur in momentaner Bewegung sei. Auf das
Motiv der Spiegelung im Schilde geht er nicht näher ein.

Recht schlimm wird vom Verfasser Kiel und seine Schrift »Die Venus
von Milo. Hannover 1882« behandelt. Er eröffnet die Besprechung derselben
mit den Worten: »Es ist nicht mehr als recht und billig, dass auf Arbeit eine
Erholung, auf die Kämpfe des ernsten Dramas das heitere Satyrspiel folge.«
Das sagt schon genug. Auch Referent hat in der Besprechung der Kiel'schen
Schrift in dieser Zeitschrift (1883. I, S. 168) den Ergänzungsversuch, der in
allerdings etwas selbstbewusster Weise in derselben dargelegt wird, entschieden
zurückgewiesen; aber eine derartig spöttische und ironische Kritik, wie sie
V. Valentin hier übt, können wir doch nicht billigen.

Die neueren Arbeiten über die Venus von Milo — so lautet das schliess-
liche Urtheil Valentins — haben also wesentlich nur Negatives zu Tage gefördert. Der Grund liege in der hergebrachten Methode der Untersuchung.
Hasse habe aus eigener Initiative mit der Tradition gebrochen und den richtigen Weg der exacten Forschung, der anatomischen Beobachtung betreten,
den der Verfasser schon vor 12 Jahren eingeschlagen. Der Kern der Untersuchung liege in der Frage: wozu waren die Hände verwandt, da das linke
Bein die Aufgabe hat, das Gewand zu halten? Da der Oberkörper nun eine
starke Bewegung zeige, eine energische Handlung ausdrücke, so könne von
keiner gleichgültigen Veranlassung — wie z. B. einer Toilettenscene — die
Rede sein. Nur ein Motiv könne das Weib zur kräftigen körperlichen und
geistigen Gegenwirkung anregen: das sei die Annäherung eines Mannes, wenn

es sich im Zustande der Entblössung befindet. So kommt also Valentin auf seine frühere Ansicht, die er zuerst in der »Hohen Frau von Milo« darlegte. Aber er modificirt sie jetzt bedeutend. Dort nahm er einen thatsächlichen Angriff im eigentlichen Sinne des Wortes an, jetzt aber wird dies gemildert. »Man hat nicht nöthig, den Ausdruck ‚Angriff auf ihre Keuschheit' in des Wortes verwegenster Bedeutung zu nehmen.« Jetzt denkt der Verfasser sich die hehre Frau nicht mehr angegriffen, d. h. angefasst, sondern »sie will sich vor der Berührung eines Mannes und sei es auch nur einer solchen mit den Augen schützen.« Er lässt sogar die Annahme frei, dass der sich nähernde Mann gar nicht mitdargestellt war, sondern dass es unserer Phantasie überlassen sei, ihn zu ergänzen [1]).

Valentin's Ergänzungs- und Erklärungsversuch hat durch diese Modification auf der einen Seite entschieden gewonnen: das Verletzende und zu dem Charakter der Figur absolut nicht Passende, was in der ursprünglichen Annahme, in dem brutalen, factischen Angriff lag, fällt nun weg. Auch mit der von Tarral und Hasse festgestellten Haltung des linken Armes verträgt sich nun Valentins modificirte Ansicht, indem er jetzt den linken Arm nicht mehr seitwärts ausgestreckt sein und die Hand die Schulter des Mannes fassen, sondern dieselbe mit abwehrender oder zurückweisender Geste erhoben sein lässt. Auf der anderen Seite aber, hinsichtlich der Erklärung des eigenthümlichen Körpermotivs, hat die modificirte Ansicht Valentin's verloren. Bei der früher angenommenen Situation konnten die beiden Hände absolut nicht das Gewand halten, das linke Bein musste nothwendig dafür eintreten; denn beide Hände waren nicht frei. Jetzt sind beide frei, also warum halten sie das Gewand nicht? Ist das Emporstrecken der Linken zur abwehrenden Geste so unbedingt nöthig? Warum das linke Bein zu Hülfe genommen wird, erklärt die jetzige Annahme Valentin's kaum besser, als eine andere Ergänzungsweise der Statue, z. B. die mit dem Apfel. Valentin will es als eine unwillkürliche Bewegung erklären, die aus der Situation folge und darum motivirt sei. Auch die energische Bewegung, die Valentin annimmt, das Ausweichen vor einer von links kommenden »Gewalt« ist jetzt, wo der thatsächliche, brutale Angriff fehlt, lange nicht mehr so erklärlich, als bei der früher angenommenen Situation.

Im zweiten Theile seiner Schrift (Abschn. VI—IX) sucht Valentin die Frage nach der Bedeutung der melischen Statue und ihrer Stellung in der Kunstentwicklung einer Lösung näher zu bringen. Zu diesem Zwecke gibt er eine historische und ästhetische Darstellung der Entwicklung der Motive in der griechischen Kunst, welche, wenn man von seiner Erklärung der Statue ausgeht, bei derselben in Frage kommen. Es sind dies drei: das Motiv der Zurückweisung (der Annäherung eines Mannes), das Motiv der Entblössung des weiblichen Körpers und das Motiv der Schamhaftigkeit. Die sich hieraus ergebenden Resultate sucht dann der Verfasser auf den besonderen Fall anzu-

---

[1]) Es ist bemerkenswerth, dass nunmehr G. Saloman, Overbeck und V. Valentin ihre ursprüngliche Annahme, dass die Venus von Milo zu einer Gruppe gehörte, aufgegeben haben und sie als Einzelfigur betrachten.

wenden und die Stellung der melischen Statue in dieser Entwicklungsreihe nachzuweisen. Wir müssen uns versagen, auf diese scharfsinnigen und gründ-lichen Darlegungen einzugehen, die auch abgesehen von dem speciellen Bezug auf die Venus von Milo höchst interessant und werthvoll sind. Im Schluss-resultate bezeichnet Valentin die melische Statue als »die Verselbständigung eines vor und nach 400 v. Chr. in der statuarischen griechischen Kunst sich öfter wiederholenden, sich mehr und mehr vordrängenden Motivs, nämlich das der Zurückweisung der sinnlichen Annäherung eines Mannes, beseelt und ge-adelt durch das in jener Zeit in der Kunst lebendig werdende Motiv der weib-lichen Schamhaftigkeit«.

Wir geben zu, dass der Verfasser Vieles anführt, was zu Gunsten seiner Ansicht spricht, aber anderseits erscheint uns noch immer die Annahme ent-schieden gewagt und zweifelhaft, dass die griechische Kunst das Motiv der Zurückweisung u. s. w. in einer Statue oder Gruppe in der Weise ausgestaltet habe, wie Valentin für die Venus von Milo annimmt. Auch sind alle Beispiele der Darstellung einer solchen Scene auf Reliefs u. s. w. ganz verschieden davon und eine Analogie lässt sich nicht finden. Die ganze Idee hat etwas Modernes.

Zum Schlusse kommt Valentin kurz auf die Entstehungszeit der Statue zu sprechen; er setzt sie zwischen das Ende des 5. Jahrhunderts und die Wirksamkeit des Praxiteles. Dieser Ansicht stimmen wir vollkommen bei.

Auf einen Punkt kommt der Verfasser in seiner Schrift nicht zu spre-chen, auf den schon mehrfach (auch von Kiel wieder) gemachten Einwand, dass das Gesicht des Melierin eine ruhige Hoheit zeige, die zu der von Valentin behaupteten heftigen Bewegung schlecht passt. Dieser Einwand scheint uns wichtig. Jedesmal, wenn wir die Statue wieder betrachten, haben wir ganz unmittelbar diesen Eindruck einer über sie ausgegossenen erhabenen Ruhe und Hoheit. Und dies neben den anderen Gründen bestimmt uns, bei aller An-erkennung der Verdienste V. Valentin's, an der Restauration mit dem Apfel festzuhalten. Im übrigen ist es uns erfreulich, wenigstens in Bezug auf die Haltung der Arme uns jetzt in Uebereinstimmung mit ihm zu befinden.

Frdr. v. Goeler-Ravensburg.

Malerei.

»Peintures, ornements, écritures et lettres initiales de la Bible de Charles le Chauve conservée à Paris — publiés par le Comte **Auguste de Bastard**, membre du comité des travaux historiques et des société savantes.« Paris. Impr. Nat. 1883. gr. Fol. XXX Tafeln.

Die genannte Publication betrifft, wie der Titel besagt, die Bibel Karl's des Kahlen in Paris. Eine nähere Präcisirung wird darin nicht gegeben; denn die Publication bietet, soweit ich nach dem mir vorliegenden Exemplar schliessen kann, keinen Text und begnügt sich mit einer trockenen, knapp gehaltenen Table des planches. Obwohl nun die Pariser Bibel Karl's des Kahlen (Bibl. Nat. fonds lat. Nr. 1.) [1]), die im Jahre 850 von Vivianus, dem Vorsteher

---

[1]) Nr. 225 der ausgestellten Manuscripte. — Vergl. S. 41 der »Notice des objets exposés«.

der Abtei S. Martin zu Tours, an Karl'n überreicht wurde, dem Kunsthistoriker mehr oder weniger genau bekannt[2]) sein muss, wäre ein die bisher über die Handschrift veröffentlichten Mittheilungen zusammenfassender Text dennoch sehr erwünscht gewesen. Wahrscheinlich trägt der vor Kurzem erfolgte Tod des Herausgebers an diesem Mangel Schuld. Demnach dürfte es nicht überflüssig erscheinen, das Verhältniss der Vivianus-Bibel zu anderen Pracht-Bibeln derselben Periode mit einigen Worten anzudeuten:

Die grösste Verwandtschaft zeigt die Bibel Karl's des Kahlen (Nr. 1) mit der Londoner Alkuins-Bibel und mit der Bibel von S. Callisto (Bibliothek von S. Paolo fuori le mura); geringere Verwandtschaft mit der Bamberger Vulgata [vergl. Rahn a. a. O. S. 19, 21]. Die sog. Bibel von S. Denis in der Biblithèque Nationale zu Paris (Fonds lat. Nr. 2) ist angeblich auch für Karl den Kahlen geschrieben, zeigt aber einen mehr irischen Stil (spitzendigende Schlingen und schmales Geriemsel).

Was den Inhalt der neuen Publication anbelangt, so muss erwähnt werden, dass die erste Tafel Schriftproben aus der Zeit zwischen dem 4. und 6. Jahrhundert und solche aus carolingischer Zeit (Alphabete in Capitalschrift, in Capitalis rustica, in Uncialschrift, in Halb-Unciale und Cursive) gibt. Die Tafel könnte höchstens aushülfsweise zur ersten Einführung in die lateinische Paläographie benützt werden, hat aber neben den Reproductionen in Werken wie Sickel's »Monumenta graphica« oder Silvestre's »Palaographie universelle« keinen selbständigen Werth. Eine etwas grössere Bedeutung haben die Schriftproben von zusammenhängenden Textstücken, welche die folgenden Tafeln geben. Leider sind sie, wie die erste Tafel, nicht mit Zuhülfenahme der Photographie, sondern (wie es scheint) nach Bausen und in Steindruck reproducirt, ermangeln also jener Treue, welche eine moderne Wiedergabe von Schriftproben auszeichnen sollte. Die Sache klärt sich auf, wenn wir die Unterschriften einiger Tafeln lesen; diese nennen als Zeit der Herstellung mehrmals die 40er Jahre, wonach also die Sammlung als eine nur im Titelblatt neue sich herausstellt, in den Tafeln aber schon ein Alter von ungefähr 40 Jahren aufweist.

Auch die Art und Weise, wie die Initialen und Miniaturen wiedergegeben sind, welche die meisten Tafeln der Sammlung füllen, kann nicht als zeitgemäss bezeichnet werden. Wir finden farblose Umrisszeichnungen, die für ikonographische Studien und für solche über Ornamentik vollkommen ausreichen, die aber keinen zutreffenden Begriff von der Wirkung des Originals geben und die Farbenpracht desselben nicht einmal ahnen lassen. Zu diesem scheinbar sehr strengen Urtheil werde ich besonders dadurch veranlasst, dass gerade Bastard in seinem berühmten grossen Werk »Peintures et ornements des manuscrits« vortreffliche farbige Abbildungen aus demselben Manuscript gegeben

---

[2]) Ich weise besonders auf das hin, was R. Rahn in seiner Publication des Psalterium aureum von St. Gallen über die Bibel Karls des Kahlen sagt. Vergl. auch die bei Rahn benützte Litteratur. Waagen hat in Kunst und Künstler in Paris eine Beschreibung des Manuscriptes gegeben.

hat. Wer sich nach Abbildungen einen Begriff von der Wirkung des Originals bilden wollte, der müsste denn auch vor Allem Bastard's ältere farbige Reproductionen in Betracht ziehen, die aber bekanntlich sogar in grossen Bibliotheken sehr selten sind. Die Beigabe wenigstens e i n e r Farbendrucktafel hätte sich also bei der neuen Publication sehr empfohlen; die farblosen Umrisszeichnungen allein sind nur mit den oben angedeuteten Vorbehalten verwendbar. *Dr. Th. Fr.*

Die Miniaturen des Codex Egberti in der Stadtbibliothek zu Trier in unveränderlichem Lichtdruck herausgegeben von **Franz Xaver Kraus.** Freiburg i. Br., Herder'sche Verlagsbuchhandlung 1884, kl. Fol., 27 S. und LX Tafeln.

Ein nicht unwesentlicher Fortschritt der modernen Kunstgeschichte des Mittelalters liegt darin, dass man ein schärferes Augenmerk als bisher auf die Schätze von Denkmälern wirft, die uns in den Bilderhandschriften des frühen und hohen Mittelalters erhalten sind. War man viele Jahre hindurch kaum etwas Anderem in der Litteratur über Miniaturmalerei begegnet als Umrisszeichnungen von meist zweifelhafter Zuverlässigkeit und noch dazu mit geringer Ausnahme nur Zeichnungen nach einzelnen ziemlich willkürlich ausgewählten Miniaturen [1]), so tauchen in letzter Zeit immer häufiger vollständige Publicationen ganzer Codices auf, und zwar solche, bei denen man durch Zuhilfenahme der Photographie eine anerkennenswerthe Treue in Wiedergabe der Formen erzielt. Jede solche Publication bedeutet eine wesentliche Bereicherung der Litteratur. Dies gilt auch von der Veröffentlichung des Egbert-Codex, welcher die folgenden Zeilen gewidmet sind.

Der Herausgeber stellt in der Einleitung zunächst alles Bedeutende über den Trierer Erzbischof Egbert (977—993) zusammen, streift Egbert's politische Thätigkeit an der Seite Otto's II. in Italien, weist sodann hin auf die Wiederherstellung der gesunkenen kirchlichen Stiftungen im Bereiche seines Sprengels, auf die Hebung der Kunst während seiner 16jährigen Regierung, auf Egbert's Sammeln zahlreicher Reliquien in Italien, auf seine »Bemühungen neue Paramente und Cultusgegenstände für seinen eigenen Dom zu erwerben«. »Von besonderem Interesse,« sagt Kraus, »ist es hier für uns, zu sehen, dass sich der Erzbischof u. A. auch die Beschaffung kostbarer liturgischer Bücher, Evangelien u. s. f. angelegen sein liess.« Kraus führt nun einige Beispiele von Goldschmiedearbeiten an, die zu Egbert's Zeit in Trier entstanden sind und geht hierauf zu den Zeugnissen für die Pflege der Buchmalerei durch Egbert über. »Besitzen wir für die Ausarbeitung von Handschriften unter Egbert im Allgemeinen Indicien verschiedener Art (ich zähle dahin.z. B. die einer Hand-

---

[1]) Seltene Ausnahmen finden sich schon früh in umfassenden Werken über grosse Bibliotheken. So hat z. B. P. Lambecius in seinem grossen 1776 erschienenen Werke über die Wiener Hofbibliothek (III. Bd., S. 3—28) sämmtliche Bilder der Wiener Genesis in Kupferstich mit Schattenangabe veröffentlicht. Stilgetreu sind die Stiche allerdings nicht; ebensowenig wie die Umrisszeichnungen aus demselben Manuscript, die Seroux d'Agincourt im V. Band seiner »Histoire de l'art par les monuments« (Peinture, Pl. XIX) gibt (1823).

schrift des Floridus des Lambertus Audomariensis [c. 1120] in Gent ange-
hängte Copie eines Trierer Bischofskataloges, der bis Egbert geht), so ist uns
namentlich die Ausführung eines Codex mit dem Leben des hl. Adalbert durch
Mettlacher Mönche bezeugt ....; weiter bewahrt die Trierer Stadtbibliothek
ein Bruchstück einer reichverzierten Copie des Registrum Gregorii I. mit Versen
zum Lobe Kaiser Otto's II. Viel bedeutender ist das jetzt in Cividale aufbe-
wahrte, zuerst durch Lorenzo della Torre und Gori, in unserer Zeit durch
Eitelberger [2]) näher bekannt gewordene Psalterium, welches .... durch Ver-
mittlung des Patriarchen Berthold, Bruders der Herzogin Gertrud von Meran ...
nach Friaul in den Besitz des Capitels kam.« Der »Codex Gertrudianus«, der
im Jahre 981 entstanden ist, wird von Kraus vermuthungsweise als ein Product der Miniatorenschule der Reichenau angesehen. Lamprecht (in den Jahrb.
d. Ver. f. Alterthumsfr. i. Rh. 1881) lässt diesen Codex in Trier entstanden sein.

Im weiteren Sinne wird von Kraus als Erzeugniss Egbert'scher Kunst
auch das Echternacher Evangeliar in Gotha in Anspruch genommen und endlich als »bedeutendstes Denkmal der Buchmalerei, welches sich mit Egbert's
Namen verknüpft«, der nunmehr publicirte Codex Egberti in Trier bezeichnet.

Kraus lässt hierauf Angaben über die Provenienz des C. E. folgen. Das
Evangeliar, das den Namen des Codex Egberti führt, ist bekanntlich aus der
Miniatorenschule der Reichenau hervorgegangen, wie aus mehreren Inschriften
erhellt, namentlich aus denen des Dedicationsbildes, wo dem »Egbertus Trevi-
rorum archiepiscopus« von »Keraldus« und »Heribertus Augigenses« der Codex
übergeben wird. Auf dem Titelblatte heisst es: »hunc Egbte librum . divino
dogmate plenū suscipiendo vale . nec non in scla gaude . augia fausta tibi.
quē̄ defert p̄sul honori.«

Der Codex kam zunächst nach Trier zu Egbert und scheint von diesem
dem von ihm mehrfach begünstigten Stifte des Heiligen Paulinus geschenkt
worden zu sein. Bei Aufhebung des Stiftes fiel die Handschrift dem letzten
Canonicus Wilhelm Götten zu, der sie im Jahre 1810 der Stadtbibliothek schenkte.
Bezüglich der Entstehungszeit kommt Kraus zu dem Schluss, dass der C. E.
nicht vor 980 entstanden sein dürfte [3]).

Die Beschreibung [4]) des Codex ist sorgfältig, wie es bei Kraus nicht
anders zu erwarten war, desgleichen die Zusammenstellung der einschlägigen
Litteratur. Lamprecht's [5]) Verdienste um das Studium des Codex werden nach
Gebühr gewürdigt. Im Ganzen lässt sich von der Publication sagen, dass sowohl Autor als Verleger sich damit gewiss den Dank aller Kunstgelehrten, die
sich mit Geschichte des hohen Mittelalters befassen, erworben haben. Die

---

[2]) Der betreffende von Kraus angezogene Artikel Eitelberger's findet sich
wieder in des letzteren »Gesammelten Schriften« III. Bd., S. 323 ff.

[3]) Hierüber auch Lamprecht a. a. O.

[4]) Unter den Bemerkungen, die Kraus der Beschreibung hie und da beigibt,
müssen hervorgehoben werden die zu Tafel XV über die Namen der Magier und
die zu Taf. XLIX über Stefaton.

[5]) Vergl. »Jahrbücher des Vereins von Alterthumsfreunden im Rheinlande«,
Heft LXX. Bonn 1881.

Lichtdrucke sind gut; eine Probe in Farbendruck wird insofern vermisst, als dadurch die in der Beschreibung zwar gewissenhaft, aber doch etwas zu allgemein angegebenen Farben und der coloristische Charakter des Ganzen klarer geworden wäre, als es ohne eine solche Beigabe der Fall ist. Beim Lesen der Beschreibungen einzelner Tafeln wird es hier wieder recht offenbar, wie unzureichend die einfachen Ausdrücke roth, blau, grün u. s. w. sind, wenn nicht das Pigment näher bezeichnet wird. Eine feinere Gruppirung von Bilderhandschriften nach Miniatorenschulen wird eher nicht möglich sein, als man auf eine genaue Beachtung der angewendeten Pigmente (neben der Rücksichtnahme auf Eigenthümlichkeiten und Verschiedenheiten in der Zeichnung etc.) eingeht. Trotz dieses vielleicht in pedantischer Weise aufgestöberten kleinen Mangels (der mir übrigens die Vergleichung mit einigen verwandten Handschriften sehr erschwert) gibt die Publication einen so guten Begriff von den Miniaturen des in ikonographischer Beziehung hochwichtigen Codex Egberti, dass wohl keine Schule, an der Kunstgeschichte in wissenschaftlicher Weise getrieben wird, an dem neuen Buche wird theilnamslos vorübergehen können.

Einer Aufzählung der verschiedenen auf den 60 Tafeln reproducirten Darstellungen sind wir deshalb enthoben, weil eine solche schon in den Mittheilungen der k. k. Centralcommission f. E. u. E. bei Gelegenheit der Publication des Bremer Evangeliars (aus Echternach) und danach in Woltmann's Geschichte der Malerei gegeben worden ist. Auf einige stilistische Fragen aber, die bisher wenig berücksichtigt sind, möchte ich in Kürze zu sprechen kommen. Der Codex Egberti zeigt nämlich mit einer Gruppe gleichzeitiger und wenig später entstandener Bilderhandschriften, von denen ich vermuthe, dass sie mehr oder weniger unter italienischem Einflusse entstanden sind, grosse Aehnlichkeit in der Zeichnung und in manchem Andren, was unten zu erwähnen sein wird. Er unterscheidet sich dagegen von anderen fast gleichzeitigen miniirten Manuscripten, die (wie es scheint) unter einem allerdings sehr äusserlichen und oberflächlichen byzantinischen Einfluss hergestellt sind. Auch von jenen in Deutschland entstandenen Manuscripten, die weder jenen wahrscheinlichen italienischen noch einen byzantinischen Einfluss verrathen, unterscheidet sich der Egbert-Codex ganz hinreichend. Dass ihn eine verhältnissmässig tiefe Kluft von der gleichzeitigen südfranzösisch-spanischen Miniaturmalerei [6]) trennt, kann nicht auffallen. Zu erklären habe ich nun,

---

[6]) Hieher gehört das von Woltmann sonderbarer Weise im Capitel über sächsische Hofkunst abgehandelte Psalterium in Stuttgart (öffentliche Bibliothek) und die von mir im Jahrbuch der königl. preuss. Kunstsammlung (1883, Heft I) zusammengestellten Bilderhandschriften der Apokalypse. Diese Manuscripte lassen, besonders in der Schrift karolingische Einflüsse sehr vermissen, wogegen die gleichzeitigen Bilderhandschriften Deutschlands von der karolinger Kunst nicht nur die mit Minium geränderten Initialen aus Goldbändern und die Sauberkeit der Schrift im Allgemeinen, sondern auch die Costüme etc. überkommen haben. Die südfranzösisch-spanischen Bilderhandschriften des hohen Mittelalters zeigen zudem wenige aber deutliche maurische Einflüsse (Hufeisenbögen), die in den deutschen Handschriften jener Zeit gänzlich mangeln.

was mit jenem Italienisiren und äusserlichen Byzantinisiren gemeint sei. Das
letztere beziehe ich auf jene verhältnissmässig seltenen Bilderhandschriften
des 11. und 12. Jahrhunderts, die in ihren Inschriften lateinische und grie-
chische Worte und Buchstaben vermengen, wie das in dem Evangelistar (A,
II, 46) der königl. Bibliothek zu Bamberg der Fall ist. Woltmann führt als
Beispiele solcher Vermengung an: das Pariser-Evangeliar (Bibl. Nat. lat. Nr. 8851)
und das oben erwähnte in Gotha (Herzogl. Bibl. Nr 19). Bezüglich der letzteren
Handschrift dürfte Woltmann im Irrthum gewesen sein. Lamprecht (a. a. O.
S. 110) tritt mit guten Gründen der Annahme byzantinischen Einflusses in dem
Golhaer Evangeliar entgegen und entkräftet auch Schnaase's (G. d. b. K. IV,
628) Argumente. Codices wie das Evangelistar in Bamberg mögen allerdings
unter dem Einfluss importirter byzantinischer Manuscripte entstanden sein.
Unter dem Italienisiren verstehe ich eine nicht ganz unauffällige Ueberein-
stimmung, die sich zwischen gewissen deutschen Miniaturen und italienischen
Wandgemälden des hohen Mittelalters, Mosaiken u. s. w. bemerken lässt. Sie
betrifft die Gesichtstypen mit Glotzaugen und meist bartlos, besonders aber die
Tracht der Haare. Es scheint nämlich in Italien [7] im hohen Mittelalter der
Gebrauch verbreitet gewesen zu sein, auf bildlichen Darstellungen heiliger, auch
wohl profaner Personen die Haare nicht einfach gescheitelt zu bilden, sondern
in der Weise, dass man in die Stirn ein Haarbüschel herabreichen liess, das
aus zwei bis drei kurzen schmalen Strähnen oder schmalen Einzelbüscheln besteht. Zwar kann ich es nicht wagen, hier eine Entwicklungsgeschichte dieses
Motives der Haartracht zu geben, doch erlaubt es mir eine Reihe von Notizen,
wenigstens einige begründete Vermuthungen auszusprechen.

Vor dem 7. Jahrhundert ist mir ein Vorkommen des erwähnten Stirn-
büschels nicht bekannt. Es fehlt in den Katakombenbildern, in den altchristlichen Mosaiken von Rom [8], von Ravenna. Keine Spur davon in den Miniaturen der Wiener Genesis, des Codex Rossanensis, des Ahsburnham-Pentateuchs.
Zum erstenmale finde ich es im Cosmas Indicopleustes der Vaticana (Nr. 699,
saec. VII, VIII) z. B. an den Figuren von Christus, Johannes, Isaak (vergl.
Taf. IV bis VIII u. XI in Kondakoff's Geschichte der byzantinischen Miniaturmalerei). Dann wieder ist es zu sehen an dem Elias in der Topographie des
Cosmas in der Vaticana aus dem 9. Jahrhundert, aus welcher Seroux d'Agincourt (V. Peint. Pl. XXXIV) ein Bild mittheilt. Zu dieser Zeit tritt das Stirnbüschel auch häufig an Mosaiken und Wandmalereien auf, so an dem Apsismosaik von Sta. Maria Navicella in Rom (das Christkind und mehrere andere
Figuren zeigen es), ferner an dem Mosaik in der Tribuna von St. Ambrogio in
Mailand (Christus zeigt dort das Stirnbüschel, wogegen es auf den älteren
Mosaiken Mailands in San Lorenzo fehlt). Im 10. bis 11. Jahrhundert kommt
es vor auf dem Brustbild des hl. Vitalis in einem der niederen Gänge von

---

[7] Es ist nur Ober- und Mittel-Italien gemeint. Dieses kommt hier, wo es
sich um die Zeit der Ottonen handelt, am meisten in Betracht.

[8] Das vereinzelte Vorkommen auf dem Mosaik mit S. S. Cosmas und Petrus
in der Concha von S. S. Cosma e Damiano in Rom (VI. saec.) dürfte durch eine
Restauration seine Erklärung finden.

S. Stefano in Bologna (Wandmalerei). Hieran schliesst sich das Vorkommen auf dem unlängst auf Leinwand übertragenen Wandgemälde derselben Kirche an, das den betlehemitischen Kindermord vorstellt [9]) (12. Jahrh.). Im Atrium von S. Ambrogio zu Mailand zeigt auf den wenigen Resten von Wandmalerei an der Eingangswand ein Christuskopf aus dem 12. Jahrhundert ein deutliches Stirnbüschel; dieses aber fehlt auf den spätmittelalterlichen Resten desselben Atriums. Noch einige Beispiele, genommen von Mosaiken des 12. Jahrhunderts, seien angeführt. Das Apsismosaik von Sta. Maria in Trastevere [10]) hat einen thronenden Christus mit deutlichem Stirnbüschel aufzuweisen. Auch das Mosaik an der Fassade von S. Frediano in Lucca gehört hieher. Als Beispiel auf einem Tafelgemälde der bezeichneten Periode nenne ich die Madonna des Andrea Riccio di Candia in der Uffiziengalerie (Nr. 1).

Mit Cimabue's Auftreten wird das Stirnbüschel seltener und ist in der Zeit des Giotto fast gänzlich verschwunden. In der Academia zu Pisa, die eine Reihe interessanter Tafelgemälde aus der Zeit vor Cimabue besitzt [11]), zeigen nur diese das Stirnbüschel; bei den späteren Bildern fehlt es. Nur in der Abgeschlossenheit mancher Klöster scheint sich das Motiv besser conservirt zu haben als im lebendigen Strome der grossen Kunst. Die (gothischen) Missale der Pisaner accademia zeigen das Stirnbüschel noch im 13. und 14. Jahrhundert. Die Miniatoren von San Marco in Florenz kennen es (wenn ich mich recht entsinne) nicht mehr, wie es denn überhaupt gegen Ende des 13. Jahrhunderts schon selten wird. Noch zeigen es einige Köpfe der untersten Schicht der Wandmalereien von San Zeno in Verona [12]) und das Apsismosaik (1297), sowie das Fassadenmosaik von San Miniato al monte bei Florenz, doch fehlt es schon auf den späteren Wandmalereien von San Zeno. Es fehlt schon 1302 auf dem Mosaik in der Apsis des Pisaner Domes. Auch Sta. Maria nuova (13. Jahrh.) in Rom zeigt (nach der Abbildung in de Rossi's »Musaici crist.«) kein Stirnbüschel mehr.

Manche andere Beispiele könnten wohl noch herangezogen werden, um die Grenzen und die Häufigkeit des Auftretens näher zu bestimmen. Aber auch aus dem Wenigen heute gebotenen möchte erhellen, dass zwischen dem 8. und 13. Jahrhundert jenes Stirnbüschel in Italien vielmals vorkommt.

Nun findet sich diese Haartracht auch im Codex Egberti und in einer Reihe von andern Bilderhandschriften, die im 10. und 11. Jahrhundert nördlich der Alpen entstanden sind. Ich hebe unter diesen Manuscripten folgende hervor, weil sie mir eine verhältnissmässig grosse Verwandtschaft mit Egbert's Evangeliar zu haben scheinen; es ist die reichillustrirte Apokalypse der königl. Bibliothek zu Bamberg [13]), ein Gebetbuch mit vielen Miniaturen in

---

[9]) Das Bild ist für die Pinakothek bestimmt worden und befindet sich vielleicht schon dort.

[10]) Vergl. de Rossi's »Musaici cristiani«.

[11]) Der dort befindliche angebliche Cimabue ist entweder von einem Vorgänger oder von einem geistlosen Zeitgenossen des grossen Künstlers.

[12]) Links vom Eingang in die Sacristei (die nebenstehende Inschrift lässt ihrem paläographischen Charakter nach auf das 13. Jahrhundert schliessen).

[13]) A, II, 42. Vergl. Murr: Merkwürdigkeiten der Fürstbischöfl. Residenz-

der Bever'schen Bibliothek zu Hildesheim [14]) und ein Evangeliar in der königl.
Bibliothek zu München (Cim. 58) [15]). Was das letztgenannte Manuscript anbelangt, so zeigt es in den Gesichtstypen mit den Glotzaugen, in der Haltung
der Köpfe (meist in Halbprofil), in der Stellung der Figuren, ja sogar im Zier-
motiv der Ränder [16]) viele Analogien mit dem Codex Egberti und mit der
Bamberger Apokalypse. Diese wieder lässt so viel Gemeinschaftliches einerseits
mit Codex Egberti, andererseits mit dem Beverin'schen Gebetbuch erkennen,
dass ein Zusammenfassen der genannten Manuscripte in eine Gruppe wohl
gerechtfertigt erscheint. Das Evangeliar in Bremen muss als directe oder indirecte Descendenz des Cod. Egberti sicherlich auch mit einbezogen werden.
Nur hat sich der Bremener Codex schon mehr von der italienisirenden Art
frei gemacht und zeigt mehr Verwandtschaft mit specifisch deutschen Codices
jener Zeit. So findet man z. B. in den (noch aus Goldband-Verschlingungen
gebildeten) Initialen den blauen und den grünen Grund häufig weiss getupft.
Codex Gertrudianus scheint auch hieher zu gehören. Dass auch der Echternacher Codex in Gotha mit einzubeziehen sei, ist nach der Zusammenstellung,
die Lambrecht a. a. O. Taf. III—X gegeben hat, sehr wahrscheinlich.

Es würde zu weit führen, hier alle besonderen Analogien aufzuzählen.
Viele Gewandmotive und Stellungen wiederholen sich im Codex Egberti und
der Bamberger Apokalypse so genau, dass sie fast von einander copiert sein
könnten. Wäre ich über die Farben des Trierer Evangeliars genauer unterrichtet, so könnte ich wohl den ganzen Zusammenhang auch genauer präcisiren. In den erwähnten analogen Bilderhandschriften, besonders aber in der
Apokalypse in Bamberg und den »Orationes« in Hildesheim ist ganz besonders
die discrete Farbengebung auffallend; jeder Ton ist durch Deckweiss gebrochen;
Neapelgelb findet auffallend reiche Verwendung; die Nimben sind meist hell-
gelb (wie Neapelgelb) hellgrün (milchig gebrochen) und hellblau (ebenso).
Auch Gold-Nimben kommen vor. Ein oftmaliges Auftreten rother Haare dürfte
nicht zu übersehen sein; auf die Glotzaugen wurde schon hingewiesen.

In all' diesen Manuscripten [17]) findet sich häufig das oben besprochene
Stirnbüschel. Sollte man, die angeführten Beispiele dieses Motives berück-
sichtigend, nicht zur Annahme geneigt sein, es läge hier italienischer Einfluss
vor? Das umgekehrte annehmen zu wollen, wäre absurd; woher sonst aber
als aus Italien sollten die deutschen Bilder das Motiv genommen haben?

---

stadt Bamberg (1799), J a e c k : Handschriften (1831), W a a g e n : Deutschl. (1845),
P i p e r : Mythologie d. chr. K. (1851), K u g l e r : Kleine Schriften. S c h n a a s e : IV,
S. 623, L o t z : Kunsttopogr. II, 38.

[14]) »Orationes ad singulas dies«, 4⁰, 96 fol. U, I, 19 — 11. Jahrhundert Anfang — meines Wissens noch nicht in die Kunstgeschichte eingeführt. Es scheint
von derselben Hand illuminirt wie die Bamberger Apokalypse.

[15]) Vergl. Woltmann: Geschichte der Malerei I, 248 f. und die dort angegebene Litteratur.

[16]) Dieses stammt wohl aus Italien.

[17]) Ob auch in dem Bremener, das kann ich aus der Publication desselben
und aus meinen Notizen nicht entnehmen.

Noch wäre an Byzanz zu denken. Im Ganzen ist es auch nicht unwahrscheinlich, dass in dem erwähnten Stirnbüschel nichts Andres vorliegt, als eine unter byzantinischem Einfluss in Italien verbreitete Umformung jener schon auf altchristlichen Bildern vorkommenden Frisur, welche die Haare in die Stirn reichen lässt und zwar in der Mitte stärker als an den Seiten. Die byzantinische Kunst hat das Motiv nur stilisirt und endlich ganz von der Naturähnlichkeit entfernt. Kaum aber dürfte angenommen werden, dass das Stirnbüschel direct aus Byzanz nach Deutschland gekommen sei. Viel enger war der Zusammenhang Deutschlands mit Italien als mit Griechenland. Den vielen Zügen der Ottonen nach Italien ist der Wechselverkehr zwischen Deutschland und Griechenland in jener Zeit nicht gleichzusetzen.

Ich komme auf den Codex Egberti zurück. Mit den heute gegebenen Beobachtungen über den Stil der Miniaturen im hohen Mittelalter und über den gleichzeitiger Kunstwerke in Italien hoffe ich, es wahrscheinlich gemacht zu haben, dass der Maler des Codex Egberti, somit eine Reichenauer Miniatoren-Schule des 10. Jahrhunderts nicht ohne Fühlung mit der gleichzeitigen Kunst Italiens geblieben ist.

Lässt sich doch auch an den Wandgemälden der Georgskirche zu Oberzell auf der Reichenau [18]) mehr als ein italienischer Zug nachweisen. Nur scheinen dort ältere Vorbilder benützt worden zu sein, die der altchristlichen Kunst näher standen, als die Vorbilder des Codex Egberti [19]). Erwähnt sei übrigens, dass die Mäanderform mit dem Hackenkreuz, wie sie auf den Gemälden in St. Georg zu Oberzell vorkommt, sich in genau derselben Weise auch auf ungefähr gleichzeitigen Wandmalereien Nord-Italiens findet. Als ein Beispiel (das allerdings etwas später fallen mag als die Wandgemälde der Reichenau) erwähne ich die Bordüre an dem oben angeführten betlehemitischen Kindermord in Sto. Stefano zu Bologna.

Kraus kommt ganz zum Schluss der Einleitung gleichfalls auf das Verhältniss des Egbert-Codex zu den Wandmalereien der Georgskirche auf der Reichenau zu sprechen und betont, wie mir scheint, ganz richtig, dass sich die stilistische Behandlung der letzteren nicht mit der an den Miniaturen deckt, dass aber ein innerer Zusammenhang beider Serien ganz unleugbar sei. »Nur tritt bei den Wandgemälden die Anlehnung an altchristliche Typen stärker noch als bei den Miniaturen hervor: in der Farbengebung und Farbentechnik mögen die Urheber der letzteren von byzantinischen Vorlagen beeinflusst gewesen sein oder auch von jenen griechischen Künstlern aus der Zeit und Umgebung Otto's II. und der Theophano gelernt haben — immerhin legen auch sie dafür Zeugniss ab, dass der Byzantinismus nur vorübergehende und locale Invasionen auf das Gebiet der abendländischen Kunst gemacht hat, dass aber von einer ‚Herrschaft' desselben nicht mehr gesprochen werden kann.« Dass ich hier keinen byzantinischen, sondern einen italienischen Einfluss für wahrscheinlich halte, wurde oben gesagt.

---

[18]) Von Kraus fast gleichzeitig mit C. E. veröffentlicht.
[19]) Die Reichenauer Wandgemälde zeigen kein Stirnbüschel.

Die Publication des Codex Egberti wird hoffentlich Anstoss dazu geben,
das schwierige Studium der Miniaturmalerei des hohen Mittelalters mit erneutem
Eifer zu pflegen. Vielleicht lockt der gelungene Versuch noch andere wichtige
Codices, jener Kunstperiode ans Tageslicht, vielleicht gibt er Anlass, schon be-
kannte aber noch nicht genügend beschriebene Bilderhandschriften in ähnlicher
Weise zu publiciren. Am meisten wünschenswerth erschiene in dieser Be-
ziehung zuvörderst eine vollständige Publication des Codex Gertrudianus in
Cividale und der Apokalypse in Bamberg.   *Dr. Th. Frimmel.*

Joseph von Führich's Briefe aus Italien an seine Eltern 1827
   bis 1829. Herder'sche Verlagsbuchhandlung. Freiburg i. B. 1883. 12. VIII
   und 164 S.

   Die für das Verständniss eines Künstlers bedeutungsvollste Zeit ist diejenige, welche in seiner Entwicklung durch einen entscheidenden Schritt zu
einem gewissen Abschluss führt, so dass die Folgezeit sich als die Entfaltung
des in solcher Weise festgewurzelten Keimes darstellt. Dieser wichtige Process
vollzog sich bei Führich wie bei so vielen Andern während seines Aufenthaltes in Italien. Hierdurch wird die uns von des Meisters Sohne, Lukas von
Führich, in diesen Briefen aus Italien gewährte Einsicht in das Wesen des
Künstlers zu einer ganz besonders werthvollen, zumal sich der Schreiber in
seiner ganzen Ursprünglichkeit und Unbefangenheit gibt, die vom Herausgeber getreu bewahrt worden ist. Nach der menschlichen Seite zeigt sich
Führich als der unablässig besorgte treue Sohn und Bruder, der mit seinem Herzen
ganz in der Heimath lebt und die Zeit kaum erwarten kann, in welcher er die
Seinen wieder umarmen darf. Alle die kleinen Sorgen des Hauses, die wegen
ihres Mangels an Bedeutung für das Wesen des Künstlers wohl absichtlich
vom Herausgeber nicht weiter erklärt sind, berühren ihn auf's lebhafteste und
veranlassen ihn Rath und Verhaltungsmaassregeln zu geben: diese Thatsache ist
das allein Wichtige. Als Künstler kommt er in seiner herrschenden Auffassung fertig nach Rom: er betrachtet die Welt vom ausgesprochensten religiösen und selbst confessionellen Standpunkte; aber innerhalb dieses Rahmens
wird er sich selbst einer bedeutsamen Erweiterung seines Gesichtskreises bewusst (S. 122). Besonders charakteristisch ist das feine Gefühl für die
historische Atmosphäre, in welche in Rom Alles getaucht ist und deren Bewusstsein ihn nie verlässt, so dass er von der Grossartigkeit, »welche so mächtig aus den Geschichten der Urwelt herüber weht« (S. 115), stets auf's neue
berührt wird. Am wichtigsten aber ist die Auffassung der Aufgabe des
Künstlers, wie sie in ihm mehr und mehr reift: »Wenn es ihm gelingt, den
geistigen Zusammenhang aller Dinge in eine einzige grosse Anschauung zu-
sammenzufassen, so werden alle seine Werke gleichsam nur ein einziges Bild
seines Gemüths, und er darf sich unter die Lehrer der Menschheit stellen, indem er ihr den grossen Begriff einer höheren Schönheit und Güte darstellt
und sie an die Verwandtschaft mit einer anderen Welt und mit Gott erinnert«
(S. 111). Diese Worte sind geradezu der Schlüssel zum Verständniss des
künstlerischen Wirkens Führich's, der sich nie mit der ihm so reich zu Gebote stehenden ästhetischen Wirkung begnügt, sondern das Einzelne, um es

unter einen grossen Gesichtspunkt unterzuordnen, sinnvoll in Beziehungen zu bringen versteht, welche jenen geistigen Zusammenhang klarlegen. Eine nicht zu unterschätzende Seite dieser Briefe sind die stimmungsvollen Schilderungen des Lebens, besonders des kirchlichen, sowie der Natur, welche in Führich's Werl⸱ eine so wesentliche Rolle spielt; so die Schilderung des Sturmes - S. . ⸳ ', der Besteigung des Vesuvs S. 152. Verfolgt man noch das bei aller ⸳cheidenheit wachsende Selbstbewusstsein, welches den Meister im letzten Briefe zum klaren und scharfen Ausdruck seines Gegensatzes zum gewöhnlichen Treiben bringt, so ergibt sich ein reiches und interessantes Bild menschlicher und künstlerischer Entwicklung, für dessen Mittheilung dem Herausgeber der wärmste Dank gebührt. *Veit Valentin.*

Hermann Riegel: Peter Cornelius. Festschrift zu des grossen Künstlers hundertstem Geburtstage, 23. September 1883. Mit 4 Lichtdrucken und 4 Holzschnitten. Berlin 1883. R. v. Decker's Verlag (Marquardt & Schenck). 8⁰, XXII und 457 S.

Es ist sicherlich für die Kunstwissenschaft von Werth, wenn jemand das mühselige Werk unternimmt, über einen einzelnen Künstler ein Repertorium anzulegen, in welchem sie alles findet, was sich irgend über ihn in Erfahrung bringen lässt. Riegel's neueste Arbeit über Cornelius ist ein Beitrag zu einem solchen Repertorium, in welchem der Teil, auf welchen er den grössten Werth zu legen scheint und den er an die Spitze stellt (»Mein Umgang mit Cornelius«), freilich die geringere Bedeutung hat. Liest man die ausführliche Inhaltsübersicht, so lässt sich des Interessanten ausserordentlich viel erwarten; sieht man, was ihm im Texte entspricht, so ist es meist recht wenig, zumal wenn man die verheissungsvolle Richtschnur (S. 10) im Auge behält: »Nur das, was für den Charakter, die Anschauungsweise, Lebensgewohnheit und künstlerische Thätigkeit von Cornelius bezeichnend und bedeutend war, schien der Wiedergabe würdig zu sein.« Wenn Cornelius das zu lesen bekommen hätte, was hier als charakteristisch der Wiedergabe für würdig erachtet worden ist, so würde er vermuthlich dem Erzähler das Stilgefühl abgesprochen haben, jenes Gefühl, welches er bei seinem Schaffen in so hohem Grade betonte, welches das Bedeutende und Wesentliche erkennt, das Unbedeutende, Zufällige aber übergeht und absichtlich bei Seite setzt. Wäre eben dieses Wesentliche aus dem persönlichen Umgange gegeben, wie es der Darmstädter Maler R. Hofmann in seinem S. 348 f. abgedruckten Bericht ohne irgend eine Spur von Selbstgefälligkeit, ohne irgend ein lästiges Vordrängen seiner Persönlichkeit gethan hat, so erschiene freilich der Umgang weniger bedeutend der Ausdehnung nach; er wäre aber gehaltvoller, und man wüsste genauer ob Cornelius oder der Erzähler die wichtigere Person ist. Der Umgang fällt in die letzte Lebenszeit des grossen Meisters und kann daher naturgemäss nur noch einen schwachen Reflex des Wirkens und Denkens des Mannes geben, dessen Schaffen im Wesentlichen abgeschlossen hinter ihm lag und der sich der Mitwelt und besonders Jüngeren gegenüber, welche seiner künstlerischen Ueberzeugung ferne stehen, herbe und abfällig genug verhält; so Knaus, so selbst Steinle gegenüber, dessen Bedeutung ungerecht und einseitig verkannt wird. Seltsamer-

weise ergibt sich aber aus diesen Mittheilungen der Hauptpunkt, auf welchen
Riegel's ganze Auffassung von Cornelius sich stützt, und zwar nach unserer
und gar mancher Anderer Ueberzeugung sich falsch und unberechtigt stützt,
als ein durchaus zweifelhafter. Bekanntlich bezeichnet Riegel die Berliner Zeit
von Cornelius als die »classische« Epoche und bemüht sich, diese Classicität
als den Erfolg der Bekanntschaft von Cornelius mit »Phidias« bei seinem Besuch in England hinzustellen. Auch hier kehrt dies wieder (S. 16): »Wie ich
[Cornelius] die Arbeiten des Phidias gesehen, ist eine neue Welt in mir aufgegangen,« und S. 97 sagt C., er habe zwar die Abgüsse schon in Rom gesehen;
aber er habe »die Schönheit dieser Werke doch erst in London vollkommen
erfasst«. S. 105 fragte nun R.: »wie und wo ihm denn das volle Verständniss
des Phidias aufgegangen sei?« Die merkwürdige Antwort heisst nicht: In
London, 1842; sondern: »er wusste darauf nicht Rechenschaft zu geben«!
»Desshalb« d. h. da Cornelius selbst darüber nichts weiss, führt nun R. aus,
»dass der Einfluss des Phidias doch zuerst in den ältesten Domcartons zu erkennen sei,« obgleich auch schon früher das tiefe Studium der Antike sichtbar
sei. Cornelius bestätigt zwar, dass auch er die letzten Cartons für bedeutender
als die der Glyptothek halte, veranlasst aber durch die zögernde Zustimmung
die weitere Frage: »da der Phidias erst mit dém Domhofe bei ihm lebendig
geworden, so möchte ich [Riegel] wissen, wie das zugegangen« (S. 106). Und
die Antwort? »Cornelius wusste das selbst nicht«! Trotz dieser Ablehnung
dringt R. weiter in den Meister, der auf die Bemerkung: »es kommt wie eine
Offenbarung« dies auch gerne zugibt, aber hinzufügt: »mit einem Male war
es mir klar, und ich weiss selbst nicht wie es zuging,« aber nicht sagt: »in
London wurde mir es plötzlich klar und ich wusste nicht, wie es zuging«: er
ist sich dieser durch den Anblick der Originale in ihm aufgegangen sein sol-
lenden Offenbarung überhaupt nicht bewusst, ja er behauptet, dass wer die
Abgüsse nicht verstehe, auch die Originale nicht verstehe (S. 106); diese aber
hatte er längst vorher in Rom gesehen! Riegel aber zieht aus dieser Unterredung das seltsame Resultat: »Es ist unzweifelhaft [!], dass der Anblick der
Originale in London von dem bestimmendsten Einflusse war«, von welchem
aber Cornelius selbst nichts weiss! Wäre durch diesen Anblick in der That
eine plötzliche Offenbarung über den Künstler gekommen, und zwar so, dass
sie eine gänzliche Umgestaltung in seinem Schaffen hervorgebracht und damit
eine durchaus neue Epoche seines Schaffens eingeleitet hätte, so wäre dieser
Augenblick dem Meister nie entschwunden: er hätte von da an selbst und mit
vollem Bewusstsein eine neue Schaffensepoche datirt; dies thut aber nicht er,
sondern Riegel, der damit zugleich auf Cornelius einen Begriff überträgt, den
der Classicität, der dem bis zum letzten Athemzuge für eine neue Richtung
der Kunst kämpfenden und zwar gerade durch seine Werke kämpfenden Meister
trotz aller Grösse gar nicht zukommen kann: Classicität eignet dem auf der
Höhe einer Entwicklung, nicht einem am Beginne einer Neuentwicklung
stehenden Schaffen.

Der wichtigste Theil der Festschrift sind Cornelius' eigene Briefe an
Wenner, welche in die bedeutungsvolle Zeit seines Aufenthaltes in Rom fallen.

Hier tritt in der That ein solcher Umschwung der künstlerischen Ueberzeugung ein, der für das Schaffen des Meisters folgenreich wird. Er erkennt in jenem Briefe, auf dessen einschneidende Bedeutung ich in meiner Charakteristik des Künstlers (in Dohme's »Kunst und Künstler des 19. Jahrhunderts«, Lief. 8—10, S. 26) hingewiesen habe und der hier S. 239 sich findet, dass das Vaterländische nicht im Stoffe liege, dass er daher, ohne undeutsch zu sein, Romeo und Julia behandeln könne, obgleich der Stoff nicht deutsch sei, aber er sei echt menschlich; das Werk könne, wie Goethe's Tasso, trotz des Stoffes seinem innersten Wesen nach deutsch sein. Damit überwindet Cornelius die Enge der nationalen Beschränktheit, die ihn früher von der Behandlung Shakespeare's zurückgehalten hatte, und gewinnt die Möglichkeit der umfassenden Schöpfungen aus allen Gebieten, wo sich »echt menschlich« empfinden lässt. Der Abdruck dieser Briefe, die bisher in ihrer Gesammtheit nur im Manuscripte zugänglich waren, sind die dankenswertheste Gabe dieser Festschrift und wichtiger als alles Andere, auch wichtiger als die Feststellung des 23. September als des Geburtstages: dass dieser nicht unbedingt sicher ist, wird in der Kunstchronik 1884 Nr. 3 nachgewiesen. Wenn aber unter denen, welche ein anderes Datum nennen, Förster mit seiner Geschichte der deutschen Kunst angeführt wird, so war es unbillig, dessen Buch über Cornelius zu ignoriren, in dessen erster Zeile der 23. September als der Geburtstag genannt wird.   *Veit Valentin.*

Kunstindustrie.

Les Arts du Bois, des Tissus et du Papier. Ouvrage contenant 338 Illustrations. Paris, A. Quantin, Imprimeur-Editeur. 7, Rue Saint-Benoit, 1883. (Publication de l'Union Centrale des Arts décoratifs.)

Die siebente retrospective Ausstellung der Pariser Union Centrale des Arts décoratifs war ausschliesslich jenen Kunstindustrien gewidmet, welche die Franzosen summarisch als Les Arts du Bois, des Tissus, du Papier bezeichnen.

Von der vorhergegangenen retrospectiven Ausstellung hatte man nur die eine Section — Metallindustrie — zum Gegenstande einer Publication gemacht; vielleicht hat der Erfolg der damals durch Bapst vorzüglich besorgten Arbeit mit dazu beigetragen, eine ähnliche, aber noch unvergleichlich reicher illustrirte Publication der letzten Ausstellung in ihrem ganzen Umfange zu Theil werden zu lassen.

Die wichtigsten Objecte der Ausstellung, zu der die staatlichen wie die renommirtesten Privatsammlungen Frankreichs Ausgezeichnetes beigetragen, wurden so im Bilde festgehalten; und wie Bapst in der früher erwähnten Publication einen treffenden Abriss der Geschichte der Metallindustrie bot, so erhalten wir hier die Geschichte der auf der Ausstellung vertreten gewesenen Kunstindustrien im Anschluss an die interessantesten und wichtigsten Ausstellungsobjecte; in knapper Form konnte hier ein reicher Inhalt gebracht werden, da die Verfasser der einzelnen Abschnitte nicht mit dem lückenhaft, oft eben erst zusammengelesenen Wissen gewöhnlicher Berichterstatter an die Sache herantraten, sondern durchwegs als Meister der von ihnen behandelten Materien bereits bekannt sind.

So hat A. de Champeaux die Geschichte des Meuble geschrieben, Meuble im weitesten Sinne — des sacralen sowohl wie des profanen; entsprechend dem Charakter der Ausstellung, ist selbstverständlich die Geschichte des französischen Meuble am ausführlichsten behandelt, und es erschien mir, als ob dieser Abriss für die Geschichte der Meuble-Industrie im 18. Jahrhundert eine quellenmässige Bedeutung habe. Die Abtheilung: Wand- und Fussteppiche behandelte Darcel; eine interessante Partie dieses Abschnittes ist wieder jene, welche der ganz dunklen Geschichte der französischen Tapisserie im 16. Jahrhundert gewidmet ist (vgl. Müntz, La Tapisserie, S. 244); Darcel konnte dieses Dunkel zwar nicht ganz erhellen, doch manches neue Streiflicht warf er auf diesen Zeitraum. Die Geschichte der Gewebe, Stickerei, Spitzen, Posamentirarbeiten schrieb der gelehrte Director des Museums von Rouen, Gaston Le Breton.

Das älteste Gewebe, das sich auf der Ausstellung befand, kam aus dem Kensington Museum — dort auf das 12. Jahrhundert datirt; Le Breton eignet es dem 7. oder 8. Jahrhundert zu; mir scheint die Wahrheit in der Mitte zu liegen; es wird dem 9. oder 10. Jahrhundert am sichersten zuzuweisen sein. Ein Saal der Ausstellung war der Kunstindustrie der Vergangenheit und Gegenwart des Orients gewidmet; Paul Gasnault weist auf die wichtigsten Stücke dieser Exposition hin. Glänzend war jene Abtheilung der Ausstellung bedacht, welche »Les Arts du Papier« vorführte, also Druck, Bucheinband, Formschnitt und Tapeten.

Germain Bapst übernahm es, die Geschichte des Bücherdrucks und die Geschichte des Einbands zu illustriren, — wenn letztere hauptsächlich nur den französischen Bucheinband berücksichtigt, so gibt er in ersterer einen Abriss der Geschichte des Bücherdrucks, welche den fortgeschrittensten Standpunkt auf diesem nicht gerade planen Gebiete der Forschung zeigt; auch Linde's zwar etwas wunderliche aber in immensen Studien wurzelnde Arbeit findet gebührende Berücksichtigung. Die Illustration der dem Formschnitt gewidmeten Abtheilung schrieb ein Meister dieses Faches, wie es Georges Duplessis ist. Dutuit's Collection bot wieder die interessantesten und werthvollsten Piecen (z. B. 9 Blätter vom Meister E. S., die, wie Duplessis betont, den renommirtesten öffentlichen Cabineten fehlen), diesen zunächst standen die Blätter aus der Sammlung des Victorien Sardou (besonders interessant für die Geschichte der Tracht, Sitten, Gewohnheiten in Frankreich, namentlich im 18. Jahrhundert) und Beurdeley's (decorative Vorlage-Blätter). Die Geschichte der Tapeten, die ja nicht sehr alten Ursprungs sind, gab Rioux de Maillou.

Die letzte Abtheilung der Ausstellung war dem modernen Meuble gewidmet; diese erläuterte Victor Champier, der ausgezeichnete Redacteur der Revue des Arts décoratifs. Die Renaissance und das Zeitalter Louis XV. beherrschen in gleicher Weise hier den Geschmack der Gegenwart, es scheint aber, dass das Zünglein der Wage sich mehr Louis XV. als François I. zuneigt.

Die Illustrationen sind der grossen Mehrzahl nach vollkommen zufriedenstellend; sie bieten dem Künstler eine Fülle anziehender Muster, Allen aber in Verbindung mit dem ausgezeichneten Text die anziehend geschriebene Geschichte der auf der retrospectiven Ausstellung vertreten gewesenen Industrien.

J. Fr. Sick, Notice sur les ouvrages en or et en argent dans le Nord. Copenhague, Lehmann & Stage, 1884.

Muss uns jeder Beitrag zu der verhältnissmässig noch so wenig bearbeiteten nordischen Kunstgeschichte willkommen sein, so ist er dies doppelt, wenn er in einer der grossen Cultursprachen verfasst ist, wir also nicht genöthigt sind, uns, wie bei den Schriften von Nyrop und der beiden Hildebrand, mühsam in dänischen oder schwedischen Text einzuarbeiten. Ueberdies hält die vorliegende Arbeit mehr, als ihr bescheidener Titel zu versprechen scheint. Auf den ersten 30 Seiten gibt sie eine gedrängte, aber an sehr schätzbaren Nachweisen und Documenten reiche Uebersicht der Entwickelung der Edelmetallindustrie in Dänemark, Norwegen, Island; daran reiht sich ein Verzeichniss von Goldschmiedemarken und Beschauzeichen. Der Verfasser hat verständigerweise hierbei Frankreich und England, über welche Chaffer's Hall works und andere Werke genügende Auskunft ertheilen, nur in ihren Hauptstädten berücksichtigt, hingegen nicht allein von den skandinavischen Ländern, Russland und Holland, sondern auch von Deutschland, Portugal, der Türkei eine grosse Zahl von Marken beigebracht, welche unseres Wissens noch nirgends gesammelt waren. Von etwa 200 sind Abbildungen beigegeben, sowie auch von einzelnen interessanten nordischen Silberarbeiten. *B. B.*

Friedrich, C., die Kammfabrication, ihre Geschichte und gegenwärtige Bedeutung in Bayern. Eine Ausstellungsstudie. Nürnberg, Bieling.

»Die Darstellung der Geschichte der einzelnen Gewerbe ist noch nicht über die ersten Anfänge hinausgekommen. Es ist daher die nächste Aufgabe, ihr durch Monographien über diesen und jenen Zweig tüchtig vorzuarbeiten.« Diese einleitenden Worte des Verfassers kann man unbedingt unterschreiben. Nur müssen die »tüchtigen Vorarbeiten« anders ausfallen als die vorliegende Studie. Die Geschichte der Kammfabrication — dieser erste Theil des Buches geht uns hier allein an — beruht durchaus auf litterarischem Material; Denkmäler werden nur herangezogen, wenn sie publicirt sind; der Verfasser scheint überaus wenig gesehen zu haben. Er hat aus ihm zugänglichen Büchern fleissig zusammengetragen, ohne genügend zu verarbeiten; das angezogene Material ist locker aneinander gereiht, ohne leitende Gesichtspunkte. Vor allem hat der Verfasser gerade das in der Geschichte des Kammes Charakteristische nicht betont: die durch Jahrtausende bis heute stabilen Formen, die kaum bei einem andern Gebrauchsgeräth in gleicher Weise nachzuweisen sein dürften. Weiter ist kein Unterschied zwischen Gebrauchs- und Schmuck- (Einsteck- etc.) Kämmen gemacht: gerade letztere haben eine überaus reiche Ausbildung erfahren, die gar nicht berücksichtigt ist. Ferner mussten die Kämme der asiatischen Culturvölker, vor allem der Inder herangezogen werden, die mit den mittelalterlichen Kämmen eine überraschende Aehnlichkeit haben.

Der oben gerügte Mangel an Denkmälerkenntniss des Verfassers hat im Einzelnen zu allerlei Irrthümern geführt. Die Darstellungen auf dem bekannten Kamm in Bamberg (Becker-Hefner I. 28), je zwei gegenüberstehende Tauben und Hunde, deutet der Verfasser (pag. 19) auf eheliche Eintracht und Zwietracht. Eine derartige »Symbolik« liegt dem Mittelalter gänzlich fern: es handelt sich hier, wie der Verfasser bei anderer Gelegenheit (pag. 20) selbst ausführt, um den orientalischen Stoffen entlehnte typische Muster. Die angeführten Denkmäler selbst lassen sich ohne ·Schwierigkeit erheblich vermehren: vor allem sind die pag. 35 angeführten französischen Kämme gar nicht selten und trotz ihrer Aehnlichkeit gewiss von ganz verschiedenen Arbeitern und zu ganz verschiedenen Zeiten hergestellt.

Der Verfasser hat in der Studie eine Menge Material zusammengetragen, welches einem späteren Bearbeiter des Themas nützlich werden kann: eine Geschichte der Kammfabrication hat er nicht geliefert.   *A. P.*

Kataloge. Museen.

Katalog der Bibliothek des k. k. österr. Museums für Kunst und Industrie. Von Eduard Chmelarz. Ausgegeben im Dezember 1883. Wien, Verlag des k. k. österr. Museums. 1883. XI. und 581 S.

Die Thatkraft und Ideenfülle, welche Eitelberger seit Begründung des österreichischen Museums demselben ununterbrochen zur Verfügung stellte und noch stellt, hat es bewirkt, dass dieses Institut bei verhältnissmässig beschränkten Mitteln so schnell wie kaum ein zweites emporgedieh und die colossalsten praktischen Erfolge erzielte. Jede einzelne Abtheilung des Museums bekundet dieses schnelle und doch durchaus gesunde Wachsthum, an der Spitze die Bibliothek, der bei Realisirung der Ziele des Museums eine so vornehme Rolle zugetheilt ist. Man vergleiche die Katalogausgaben von 1865 und 1869 mit dem eben jetzt zur Ausgabe gekommenen, der von dem ebenso gelehrten wie in seinem Berufe mit Hingabe der ganzen Persönlichkeit wirkenden Vorstand der Bibliothek unter treuer Beihülfe des Bibliothekar-Adjuncten Ritter mit musterhafter Solidität hergestellt wurde. Der erste Gesammtkatalog zählte 2415 Inventarnummern, der heutige über 7500, in 13,975 Bänden und Heften. Das österreichische Museum ist zunächst Kunstgewerbe-Museum, doch so wie in den Sammlungen mit Recht der innige Zusammenhang der Kleinkünste mit der Monumentalen Kunst berücksichtigt wurde und wird, so geht auch die Bibliothek über die engsten Fachgrenzen hinaus, und ohne aufzuhören, zunächst kunstgewerbliche Fachbibliothek zu sein, wird der Theorie wie der Geschichte der Kunst die weitgehendste Aufmerksamkeit zu Theil und ebenso sind die Standard Works aller Hülfsdisciplinen der Kunstgeschichte vertreten. Man vergleiche z. B. die Abtheilungen griechische und römische Kunst, oder die umfassende Litteratur für italienische Kunst. Der Katalog gliedert den gesammten Bücherschatz in 27 Gruppen; sehr gefreut hat es uns, die frühere Gruppe »Varia« in die übrigen Gruppen aufgearbeitet zu sehen und jetzt neben der Unterabtheilung Volkswirthschaft, Handel und Gewerbe, Vereinswesen, Arbeiterfrage, eine zweite besondere für Geographie, Geschichte und Litteratur aufgestellt zu finden, so dass man nicht mehr z. B. die Lucrezia Borgia (von Gregorovius) unter dem Schlagworte »Volkswirthschaft« aufzusuchen braucht. In die letztere Unterabtheilung »Litteratur« speciell gehören auch Lavater's Physiognomische Fragmente, die sich jetzt in der Abtheilung Aesthetik, Kunstphilosophie eingereiht finden. Unter den angeführten Lexika vermisste ich Zani's Enciclopedia — sollte dieses noch immer sehr brauchbare lexikalische Werk der Bibliothek mangeln? Namen- und Sachregister von Ritter zusammengestellt, erhöhen die praktische Brauchbarkeit des Buches, das nicht nur dem willkommen sein wird, der im Stande ist, die Bibliothek des österreichischen Museums benützen zu können, sondern das überhaupt dem Fachmann und Laien vielfach ein erwünschter Führer auf dem Felde kunstgeschichtlicher Litteratur sein wird. Das schnelle Wachsthum der Bibliothek, aber auch des Besuches derselben lässt die Klage über Raumbeschränktheit und kaum zu bewältigende Arbeitsfülle des Bibliothekars und seiner Beamten erklärlich erscheinen; möge da bald Abhülfe geschafft werden. Die mustergültige Leitung der Bibliothek verdient im Interesse des Instituts die regste Erfüllung ihrer so berechtigten Wünsche. *H. J.*

Notizen.

[**Die Fenster-Rosetten der Façade des Südkreuzes des Strassburger Münsters.**] Es ist das Verdienst Victor Guerber's, ehemaligen Professors am grossen Seminar zu Strassburg, die engen Beziehungen erkannt und dargelegt zu haben, welche zwischen den beiden Rosen im »hortus dèliciarum« der Herrad von Landsberg unter der Ueberschrift »Vetus Testamentum cum Novo conjunctum« und den beiden Cyclen von Glasgemälden in der Façade des Südkreuzes am Strassburger Münster vorhanden sind. Nachdem er in seinem »Essai sur les vitraux de la cathédrale de Strasbourg (Strasbourg, Le Roux 1848, pag. 39, 45) die Deutung der wichtigen Umschriften offen gelassen hatte, führte ihn einige Jahre später »ein glückliches Ungefähr« zu dem hortus deliciarum und die Ergebnisse der an seinen Fund sich anschliessenden Studien legte er im »Katholischen Kirchen- und Schulblatt f. d. Elsass« 1855, S. 332 ff. nieder. Dort (S. 336) lesen wir:

»Um die Münsterrosen stehen zwei Inschriften, bei denen es bis jetzt nicht glücken wollte, einen zusammenhängenden Sinn herauszubringen. Sie finden sich an derselben Stelle im hortus deliciarum, wo der Maler sie copirt hat, und bilden jede zwei Hexameter. Um die Rose des alten Bundes steht:

»Sanguine mundandum de sanguinibus fore mundum
Ritus legalis docet et sanguis pecualis.«

Welches heisst: »Des Gesetzes Vorschrift und der Opferthiere Blut lehren, dass von ihren Sünden (de sanguinibus) durch Blut müsse gereinigt werden die Welt.« — Ueber dem Worte »de sanguinibus« steht als Erklärung »de peccatis«; wie denn auch die Worte im Psalm 50: »Libera me de sanguinibus,« von Sünden zu verstehen sind.

Um die Rose des neuen Bundes ist zu lesen:

»Rex et crux lux sunt, bos, ara figura fuerunt;
Cedat ovis, capra, bos, fit victima vera Sacerdos.« [1])
»König und Kreuz sind das Licht, Ochs und Altar waren bloss der Schatten.
Es mögen weichen Schaf, Ziegenbock und Ochs, denn das wahre Schlacht-
opfer ist der Priester selber.« — »So wären denn die grossen Inschriften
deutlich und sind selbe leicht mittelst der Ueberbleibsel herzustellen.«

Janitsch, der im Repertorium B. III, S. 269 in seiner Arbeit über »die
älteren Glasgemälde des Strassburger Münsters« auch diese Rosetten behandelt,
bezieht sich auf den Essay Guerber's, führt die Umschriften an den Rosen
der Herrad an, und fügt hinzu: »Diesen Versen entsprechen die Schriftreste
der Münsterrose so genau, dass kein Zweifel an ihrer ehemals vollständigen
Uebereinstimmung sein kann.«

Unterdessen werden als Publication der historischen Gesellschaft des
Elsass die Reproductionen der noch vorhandenen Durchzeichnungen aus dem
hortus deliciarum (von Canonicus Straub) herausgegeben und in der III. Lieferung sind als Pl. XXII. und XXIII auch die beiden Rundbilder von der
Harmonie des alten und neuen Testaments erschienen.

Dies war für uns die Veranlassung, die Frage wieder aufzunehmen.

Das Interesse an ihr war gleicherweise ein antiquarisches, als ein praktisches, denn V. Guerber spricht aus, dass seine »Andeutungen bei späterer
Wiederherstellung der Gemälde als Leitfaden dienen könnten«. Und eben im
Hinblicke auf eine solche Wiederherstellung wollten wir untersuchen, wie
weit die Uebereinstimmung zwischen den Umschriften der Münsterrosen und
denen der Herrad wirklich vorhanden sei.

Die schwierige Art der Arbeit, da sich bei der Höhe des Standortes
»nirgends eine Annäherung bewerkstelligen lässt«, hat Janitsch a. a. O. hervorgehoben.

Als in einer vorläufigen Untersuchung die Grösse der Fenster und der
Umfang der einzelnen Buchstaben nach dem Augenmass gemessen, und darnach die Zahl der im Umkreise der Münsterrose unterzubringenden Buchstaben
mit der Zahl der Buchstaben in den Versen der Herrad verglichen wurde, ergab
sich, dass von einer vollständigen Uebereinstimmung der Umschriften an der
Rose des »neuen Bundes« nicht die Rede sein könne, da viel weniger Raum
vorhanden ist, als die Verse der Herrad einnehmen würden.

Im Einzelnen ergab sich, dass beide Münsterrosen irgend einmal, wahrscheinlich der Reparatur wegen, auseinander genommen worden sind, und
von einem des Lateinischen unkundigen Arbeiter ohne Aufsicht wahllos wieder
zusammengefügt wurden, sodann dass schon bei der Fertigung der Glasgemälde,
deren Entstehung in die Zeit vom zweiten Viertel des 13. Jahrhunderts an
gesetzt wird, für die Rose des »neuen Bundes« ein Auszug aus den Versen der
Herrad gewählt wurde, während die Unterschrift des »alten Bundes« bis auf eine
unwesentliche Aenderung die gleiche ist, wie auf der Tafel des Hortus deliciarum.

Im den folgenden Tafeln wird gezeigt, in welcher Weise die einzelnen

---

[1]) Will als gereimter Vierzeiler gelesen sein.

'Theile einstmals untereinander geworfen wurden. Aus dieser Darstellung geht auch hervor, dass fast alle Theile des einstigen Werkes noch vorhanden, und die nothwendigen Ergänzungen somit geringfügig sind.

Münsterrose. Alter-Bund. Dermaliger Zustand:

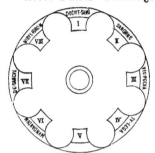

Es gehört:	VII. an Stelle von V.
III. an Stelle von II.	VIII. » » » VI.
II. » » » III.	VII. (ergänzt.)
VI. » » » IV.	IV. » » » VIII.

Es ergibt sich nach dieser Umstellung die Aufeinanderfolge mit VIII. beginnend, wobei die Ergänzungen mit kleiner Schrift eingetragen sind:

Der Anfang lautet hier, abweichend von den entsprechenden Worten in der Rose der Herrad: Ritus legalis docuit, sanguis pecualis; die folgenden Worte sind die gleichen, wie im hortus deliciarum: Sanguine mundandum de sanguinibus fore mundum.

Münsterrose. Neuer Bund. Dermaliger Zustand:

Es gehört III. an Stelle von II.

III. ergänzt.

II. »   »   » IV, unter Wegfall der Buchstaben CMR.

VI. »   »   » V.

V. »   »   » VI.

ıstaben von VII. in dem zweiten Theil von VI.

IV. an Stelle von VII.

sind mit anders gearteten Charakteren als die der Umschrift die Buch-
CMR eingefügt.

Es ergibt sich nach dieser Umstellung, wobei die Ergänzungen wieder
einer Schrift eingetragen sind, die Aufeinanderfolge:

Die Umschrift lautet also:

> Rex et crux lux sunt,
> Cedat ovis capra ara bos;
> Figura fuerunt.   *Dr. A. Schricker.*

[**Zwei Grabplatten in Neuhaus.**] In der in den Jahren 1591—93
ɔn, sehr malerisch auf dem Abhange eines hohen Berges, welcher noch
inen einer Burg trägt, gelegenen Kirche zu Neuhaus (auf dem Wege
onach nach Sonneberg) befinden sich, früher im Fussboden der Sacristei
ssen und durch Schutzbretter gedeckt, jetzt hinter dem Altar der Kirche
Wand aufgestellt, die vortrefflich erhaltenen bronzenen Grabplatten[1])
ıns Fr. Gottsmann († 1611) und seiner Ehefrau Magdalena († 1605).
d auf denselben die Verstorbenen in Lebensgrösse in Hautrelief darge-
Der Mann ist in kräftigstem Mannesalter, in voller Rüstung, mit Schwert
ırschallstab, den Helm zwischen den Füssen, die Frau in älteren Jahren
.ronaler Tracht, Gebetbuch und Rosenkranz (?) in den Händen haltend,
t. In den Ecken beider Grabplatten befinden sich je vier Wappen.
dlichen Darstellungen sind von Rändern umgeben, in welchen in je
eilen folgende Inschriften in erhabenen lateinischen Lettern angebracht
»Der Edle, Gestrenge und Ehrenveste Hans Friedrich Gottsmann uff
ıs, Buch, Thurn und Brand hat seiner herczliebsten Hausfrauen der

---

[1]) In derselben Kirche befindet sich auch ein grosses in Alabaster ausge-
, aber künstlerisch wenig bemerkenswerthes Epitaph mit den lebensgrossen
len Gestalten der Verstorbenen.

Edlen viel Ehrn- und Tugendsamsten Frawen Magdalenen Geborenen von Ebleben aus dem Haus Tannenstein zum Gedechtnis irer ihm bis ins XXXXIII Jar
geleisteter Ehlichen Lieb und trew dieses Grabmahl legen lassen. Do sie
Anno MDCV den XVIII Decemb ein virtel Stunde nach X Uhr in der Nacht
inn Gott christlich selig und sanft entschlaffen. Ihres Alters im LVIII jar
derer Leichnam hier ruhende einer frölichen Aufferstehung wartet. Amen.«
und: »Anno 1611 den XVIII Septembris ist in Gott selig eingeschlafen der
Edle und Gestrenge und Veste Hans Friedrich Gottsmann auff Neuenhaus,
Burg Thurn und Brandt, der letzte seines Stammes und Namens und seines
Alters im 80. Jahr. Hat im Eherstand mit Frawen Magdalena von Ebleben
gelebt 43 Jahr, darinnen zwo Töchter gezeuget und im Wittwenstandt 6 Jahr.
Ist in dieser Kirchen welche er Gott zu Ehren, ihme zu seinem Ruhebettlein
und guten Gedächtnis von Grundt auff seine Unkosten new erbauet mit Schild
und Helm begraben worden einer frölichen Aufferstehung zum ewigen Leben
wartend und hat seine einzige nachgelassene Tochter Magdalena von Bunau
Wittfrau auff Treben ihrem hertzlieben Vattern diesz Grabmahl zum Gedächt-
nus verfertigen lassen.« Die Gesichter mit geschlossenen Augen sind sehr
individuell gebildet und offenbar ähnlich. Stil und Ausführung der Gestalten
sind mit Verständniss und Geschick behandelt. Der Guss ist meisterhaft; die
Ciselirung sehr sorgfältig. Auf der Platte mit dem Bilde der Frau ist der
Hintergrund mittels Gravirung und Mattirung mit einem Teppichmuster versehen; auch das Gewand der Frau hat ein gravirtes Muster.

Wie aus den mitgetheilten Inschriften sich ergibt, ist die Grabplatte der
Frau bald nach dem Jahre 1605, auf Bestellung ihres Gemahls, jene des Mannes
bald nach dem Jahre 1611, auf Bestellung seiner Tochter, gefertigt worden.
Stil und technische Ausführung dieser Grabplatten deuten auf Nürnberg hin,
eine Stadt, welche damals schon seit 1¹/₂ Jahrhunderten wegen der dort gefertigten Bronze-Grabplatten weltberühmt war. Und zwar sind sie höchst wahrscheinlich Arbeiten des Meisters Benedict Wurzelbauer, welcher 1548 bis 1620
lebte, über dessen Leben und anderweitige Arbeiten ich im Jahrgang XV der Zeitschrift für bildende Kunst nähere Nachrichten mitgetheilt habe. *R. Bergau.*

[Ein gesticktes Altartuch in Zehdenick.] In dem adeligen Fräu-
leinstift zu Zehdenick (in der Provinz Brandenburg), welches aus dem im
Jahre 1250 durch die Markgrafen Johann und Otto und deren Schwester
Mathilde, Herzogin zu Braunschweig, gestifteten Cisterzienser-Nonnenkloster
entstanden ist, befindet sich neben andern Schätzen mittelalterlicher Kunst,
welche Kirchner in den »Märkischen Forschungen« Bd. V, S. 180—181 aufgezählt hat, und von welchen der romanische Altarkelch durch die Abbildung
und Beschreibung F. v. Quast's in seiner »Zeitschrift für christliche Archäologie und Kunst« Bd. II S. 135 und darnach in Otte's Handbuch der kirchlichen Kunst-Archäologie in weiteren Kreisen bekannt geworden ist, auch ein
grosses leinenes Altartuch mit Stickereien, welches durch den Stil der Zeichnung und die Art seiner Ausführung als eine Arbeit aus dem frühen Mittelalter, der Periode der romanischen Baukunst, sich zu erkennen gibt. Das-

selbe nimmt als Seltenheit[1]) ersten Ranges, seines hohen Alters sowohl als seiner kunstreichen Ausführung wegen, unser lebhaftes Interesse in Anspruch. Kirchner beschreibt es a. a. O. nur ganz kurz, flüchtig und nicht ganz richtig. Seinen hohen antiquarischen Werth erkannte zuerst F. v. Quast. Er hatte es längere Zeit im Hause und beabsichtigte eine Abbildung und nähere Beschreibung desselben zu publiciren, was jedoch meines Wissens nicht geschehen ist. In einer Notiz Bd. II, S. 187 seiner oben genannten Zeitschrift bezeichnete er es als »der Zeit bald nach Stiftung des Klosters angehörend«. Gelegentlich meiner Bereisung der Provinz Brandenburg, zum Zweck der Aufnahme eines Inventars der in derselben noch vorhandenen Bau- und Kunstdenkmäler, hatte ich Gelegenheit diese Decke näher zu untersuchen, habe auch eine Abbildung eines Theils derselben in Lichtdruck für dieses Werk herstellen lassen.

Die Decke ist jetzt 3,70 m lang (war ursprünglich 4,00 m lang), und 1,70 m breit. Der Fond des Tuches besteht aus glatter, verhältnissmässig feiner Leinwand und Filet. In 8 Reihen übereinander und 19 Reihen nebeneinander sind in schachbrettartigem Wechsel Kreise von 0,18 m Durchmesser angeordnet, jeder umgeben von 4 kleineren, nur 0,07 m grossen Kreisen, alles aus Filet gearbeitet. Der sich ergebende sternförmige, achtzackige Zwischenraum ist durch glatte Leinwand ausgefüllt, auf welcher bildliche Darstellungen in Weissstickerei von 0,15 m grossen Kreisen umrahmt, ausgeführt sind. Solche Kreise waren im frühen Mittelalter bei Geweben und Stickereien ein beliebtes, oft angewendetes Motiv, um kleinere bildliche Darstellungen, welche im Zusammenhang eine Geschichte bilden, einzufassen. Anastasius Bibliothekarius nennt solche Stoffe »pallia rotata« oder »cum orbiculis«. Die kleinsten Kreise in Filet sind mit 3 in regelmässiger Folge sich wiederholenden Sternen und Rosetten gefüllt. Die grösseren Kreise in Filet enthalten zum Theil figürliche Darstellungen, darunter das Osterlamm, die Zeichen der vier Evangelisten, Ritter Georg nebst erklärenden Beischriften, ein gekröntes weibliches Brustbild, Thiere und Anderes, zum grössten Theil aber sehr schöne, aus dem quadratischen Netzwerk des Filets entwickelte, geometrische Ornamente von meist centraler Bildung und zwar alle verschieden unter einander. Die Muster auf dem Filetnetz sind mittels dicht und sorgfältig in einander geflochtener Fäden hergestellt. Die figürlichen Darstellungen auf der glatten Leinwand enthalten, in 76 Bildern Scenen aus dem Leben Jesu, von der Verkündigung Mariä bis zur Ausgiessung des hl. Geistes, das jüngste Gericht, mehrere Heilige und die symbolischen Zeichen der vier Evangelisten mit Spruchbändern, auf welchen anscheinend ursprünglich die Namen in dunkleren Fäden eingenäht waren. Diese Kreise enthalten bis zu fünf Figuren; reichere Compositionen sind auf mehrere Kreise vertheilt. Zeichnung und Composition sind sehr charakteristisch für das frühe Mittelalter. Die körperlichen Formen erscheinen selbstverständlich nicht plastisch sondern flach. Die Ausführung in gemustertem Plattstich ist in liebevoller, sorgfältiger Weise so hergestellt, dass die unbeklei-

---

[1]) Ein ähnliches Altartuch im Dom zu Brandenburg a. d. H. hat E. Wernicke im Christlichen Kunstblatt, Jahrgang 1875, S. 34—36 beschrieben.

deten Körpertheile durch ein gleichmässig wiederkehrendes, feinkörniges Muster charakterisirt sind. Haare und Bart werden durch mehr oder weniger lange parallele Stichlagen dargestellt; die Gewänder und das Fell der Thiere werden durch mosaikartig zusammengesetzte Muster, deren Stiche der Richtung der Fäden des Grundgewebes folgen, gefüllt. Die Conturen und Falten der Gewänder und Fleischtheile sind durch Freilassen des Grundes markirt, scheinen aber ursprünglich, wie aus einigen Spuren noch zu erkennen ist, mit dunkleren Fäden ausgenäht gewesen zu sein. — Oben und unten läuft ein schmaler Streifen Filet entlang, in welchem folgende Inschrift in lateinischen Majuskeln angebracht ist: »Constat in altari carnem de pane creari. Hiç panis deus est. Qui dubitat reus est. Esca salutaris que sacris ponitur aris si capitur.« Rechts läuft ein 0,20 m breiter Streifen Filet entlang, auf welchem acht Brustbilder unter Bogenstellungen dargestellt sind, von denen vier mit Heiligenschein, vier mit Kronen versehen sind. Ein entsprechender Fries auf der linken Seite ist jetzt abgetrennt. *R. Bergau.*

[Zur Ikonographie der hl. Martha.] Zur Ergänzung der »ikonographischen Studie« von Berthold Riehl über »Martha, die Patronin der Hausfrau« (oben Bd. 6, S. 234 ff.), sei auf eine Darstellung der Heiligen hingewiesen, die sich auf dem einen von zwei Altarflügelbildern befindet, welche in der Vorhalle des Thurmes der Grossherzoglichen Bibliothek zu Weimar aufbewahrt werden. Jedes dieser in Tempera gemalten Bilder stellt zwei sich gegenüber stehende Heilige dar mit einer in gothischen Buchstaben gemalten lateinischen Unterschrift unter jedem. Auf dem linken Bilde stehen die Unterschriften: Sanctus. bonifatius. Sancta. marta. hospita. dm̄.; auf dem rechten: Sanctus. philippus. Sanctus. iacobus. minor. In Bezug auf die drei männlichen Heiligen genügt hier die Angabe, dass Philippus mit dem Antoniuskreuz, Jacobus mit dem Walkerhammer und einem Buch, Bonifatius als Bischof und mit dem Buch in der Rechten und dem durch das Buch gehenden Schwert in der Linken dargestellt ist. Martha aber ist mit einem rothen Obergewand, einem grünen, unten mit einem breiten, weissen Pelzstreifen besetzten Untergewand und einem um den Hals gewundenen und über den Kopf geschlagenen, nur Augen, Wangen, Nase, Mund und Kinn unbedeckt lassenden weissen Tuch bekleidet und hält in der etwas erhobenen Rechten eine Schüssel mit einem gebratenen Vogel — Huhn oder Gans? — und in der Linken eine Deckelkanne. Die Hospita Domini ist also in einer recht naiven, bisher noch nicht nachgewiesenen Weise gekennzeichnet. — Den Hintergrund jedes Bildes bildet ungefähr bis zur Mitte der Köpfe ein mittelst einer Schnur an einem Stab hängender schwarzer Teppich mit bräunlichen Ornamenten, darüber wölbt sich ein braun gemalter Rundbogen, und zwischen ihm und dem Teppich ist Luft. Die Bilder sind wohl im 15. Jahrhundert oder noch am Anfang des 16. Jahrhunderts gemalt und stammen aus einer Kirche des weimarischen Landes; leider habe ich bis jetzt nicht ermitteln können, aus welchem Orte.

Weimar. *Reinhold Köhler.*

[Die Trionfi des Bonifazio.] Zu meinem Artikel: »Eine Verwechslung von Tizian mit Bonifazio Veneziano« im 1. Heft des laufenden Jahrgangs habe ich in dem Folgenden einen kleinen aber nicht unwesentlichen Nachtrag zu liefern.

Ich hatte in der genannten Arbeit zwei Bilder der Suite übersehen, jene
zwei Trionfi nämlich, die sich in der grossherzoglichen Gemäldesammlung zu
Weimar befinden. Hofrath C. Ruland in Weimar hatte die Güte, mich auf das
Versehen aufmerksam zu machen. Zu meiner Entschuldigung möchte ich Folgendes anführen: Die Stelle in Ruland's Verzeichniss der Reproductionen nach
Tizian (Crowe u. Cav. — Jordan S. 811), auf welche ich zu Beginn der Arbeit
verwiesen hatte, lautet: »Die 4 Triumphe des Petrarca, zwei derselben in dem
Museum zu Weimar. — 4 Stiche von S. Pomarede 1748—50. Stich von J. Th.
de Bry: der Triumph des Todes«[1]. Ich suchte nun im Weimarer Galeriekatalog
den Namen Tizian und fand keine Trionfi, ich suchte vorsichtshalber bei Cariani,
bei Busi, bei Bonifazio, ich fand abermals keine Trionfi und musste mir nun
die unleugbar etwas unklare Stelle des Verzeichnisses dahin deuten, dass in
diesem Falle doch wohl die Stiche dort gemeint seien, wo es heisst: »zwei
derselben in dem Museum zu Weimar.« — Dass im Katalog unter dem Schlag-
wort »Venezianische Schule« ein Triumph der Zeit und ein Triumph Christi
verzeichnet seien, das war mir also entgangen, wonach ich auf den Irrthum
verfiel, von der vollständigen Reihe mit sechs Bildern vier statt nur zwei als
verschollen zu erklären.

Was ich übrigens hier erwähnen möchte, ist, dass die Weimarer Bilder
meine Beweisführung vollkommen bestätigen. Die zwei Trionfi in Weimar
sind einerseits wirklich die Vorlagen für Pomarede's Stiche, andrerseits wirklich die Pendants zu den von mir beschriebenen Bildern im Wiener Belvedere,
wodurch klar wird, dass meine Gründe stichhaltig waren.

Noch möchte ich hier eine von mir in dem ersten Artikel vergessene
allerdings weniger wichtige Erklärung nachholen. Sie betrifft die etwas allgemeine Bezeichnung der Gemälde als Werke des »Bonifazio Veneziano«. Ich
habe diese gewählt, um mich nicht in die meine Kräfte einstweilen über-
steigende Frage nach der Unterscheidung der verschiedenen Bonifazios einlassen zu müssen. Ich weiss zwar jene späten Bonifazios mit den vielen
aufrechten Heiligenfiguren und den vielen Wappen, Bilder, die sich zumeist
in der Akademie zu Venedig, in der zu Wien und in der Belvedere-Galerie
befinden, recht wohl zu unterscheiden von den Bildern der früheren Bonifazios, aber eine sichere, zweifellose Gruppirung dieser früheren ist mir noch
nicht gelungen. Auf diese aber käme es bezüglich der Trionfi an, die gewiss
nicht von jenem späten Bonifazio gemalt sind. Auch mit Lermolieff in der
Hand konnte ich der Sache bisher noch nicht auf den Grund kommen, weshalb ich die allgemeine Bezeichnung vorgezogen habe. Zu berichtigen ist
übrigens noch ein Schreibfehler im Citat aus Lermolieff, wo ich anstatt »Boni-

---

[1] Ich kenne diesen Stich nicht, wohl aber einen Triumph des Glaubens
nach Tizian von J. Th. de Bry.

fazio« (allein) »Bonifazio Veneziano« geschrieben habe. Morelli meint, wie aus dem Zusammenhange erhellt, den Bonifazio Veronese. Da ich auf eine weitere Sonderung der verschiedenen Bonifazios einstweilen verzichtet habe, ist dieser Schreibfehler ohne grosse Bedeutung für meine Arbeit.

Im Interesse der Sache möchte ich wünschen, dass ich recht bald auch die noch ausständigen letzten zwei Bilder der Reihe in einem zweiten Nachtrage erwähnen dürfte. *Dr. Th. Frimmel.*

Bibliographische Notizen.

G u i d o H a u c k , der sich durch einige schwerwiegende Arbeiten auf dem Gebiete der Perspectiv-Lehre einen ausgezeichneten Namen erworben, macht in seiner neuesten kleinen Schrift: A r n o l d B ö c k l i n »G e f i l d e d e r S e l i g e n u n d G o e t h e 's F a u s t (Berlin, Julius Springer. 1884) eine Excursion auf das Gebiet der Kunstkritik. Berliner Zungen haben mit Witz und ohne Witz — immer aber mit viel Behagen — das Werk Böcklin's in der Berliner National-Galerie so vielfach verlästert, dass eine eingehende Analyse des philosophischen und poetischen Gehalts des Bildes wohl am Platze war. Es ist das eine Ehrenrettung des Bildes — die freilich nur für den hyperkritischen Berliner nothwendig war; die flüssigere Phantasie der Mittel- und Süddeutschen hat von Anfang an sich der Gewalt der elementaren Poesie, die Böcklin's Schöpfungen eigen, willig hingegeben. Die technischen Eigenheiten, besonders der malerische Vortrag des Bildes werden von Hauck mit Feinsinn charakterisirt, das Abweichen derselben von der »alltäglichen Erscheinung der realen Wirklichkeit« als Forderung der Phantasiewelt, in welche das Dichten des Künstlers uns in diesem Werke führt, erkannt. Und wo ist die Heimat dieser Phantasiegeschöpfe, die der Künstler uns vorführt? Hauck weist auf den II. Theil von Goethe's Faust. ·Wie der Schreiber dieser Zeilen, so werden gewiss noch viele andere Leser manchen Einzelausführungen des Verfassers gegenüber sich ungläubig verhalten; die Deutung der Hauptgestalten aber auf Chiron und Helena hat so viel Ungezwungenes, dass man gerne hier einen festen Punkt sieht, von wo aus wir einen tiefen Einblick in die geheimnissvolle Stoffwelt dieser Schöpfung haben.

Das Museum von Weimar hat den Luthertag damit gefeiert, dass eine Luther-Ausstellung veranstaltet wurde, in der man versuchte, »Luther, seine Fürsten und seine Freunde auch einem grösseren Kreise so vorzuführen, wie die Zeitgenossen sie gesehen und abgebildet, wie diese Männer selbst gedacht und geschrieben, in welcher Gestalt die Erzeugnisse ihrer Feder zuerst vor die

Mitwelt getreten«. So umfasste die Ausstellung fünf Abtheilungen: Porträts, Medaillen, Handschriften (bezw. Urkunden, Briefe), Originaldrucke und Moderne Darstellungen. Zu den Schätzen des Museums hatten noch besonders das Sachsen-Ernestinische Gesammt-Archiv und die Grossherzogliche Bibliothek beigesteuert. Die Ausstellung muss sehr interessant und sehr reich gewesen sein, wie der von C. Ruland sorgfältig hergestellte Katalog zeigt (Weimar, Hermann Bölau, 1883). Die der Porträts (darunter viele Originalstiche und -Holzschnitte) umfasste 93 Nummern, die der Medaillen 143, die Zahl der Originaldrucke Luther'scher Schriften erreichte die Zahl von fast hundert Nummern. Der Katalog, welcher jede einzelne Nummer mit jener knappen Sachlichkeit verzeichnet, die alle Ruland'schen Arbeiten auszeichnet, wird seine dauernde Bedeutung für den Kunsthistoriker und den Forscher auf dem Gebiete der Reformationsgeschichte behalten.

In der »Russischen Revue« hat E. Dobbert eine Studie publicirt: »Ist der Knabe auf dem Delphin ein Werk von Raphael's Hand?« Die Ausführungen Dobbert's richten sich namentlich gegen Herrn von Guedenow, der das Werk in der Petersburger Eremitage nicht bloss mit Wahrscheinlichkeit, sondern mit Sicherheit Raphael zueignen will, »der in Raphael nicht bloss den Urheber des Modells sondern auch der Ausführung in Marmor sehen möchte«. Auch Dobbert sieht in dem »Knaben auf dem Delphin« mit Wahrscheinlichkeit ein Werk Raphael's, aber er weist nach, dass die vorhandenen Quellen ungenügend sind, diese Wahrscheinlichkeit als »historische Gewissheit« hinzustellen. Man muss solcher wissenschaftlichen Rechtlichkeit allen Beifall zollen und man muss auch auf Seite des Verfassers stehen, wenn er in jedem Falle Raphael's Theilnahme an der Ausführung in Marmor ausschliesst.

Ueber die im verflossenen Jahre abgehaltene Schweizerische Landesausstellung in Zürich erschienen im Verlage von Orell Füssli & Co. Fachberichte der einzelnen Gruppen, von welchen an dieser Stelle der von Professor Dr. J. R. Rahn gegebene »Bericht über Gruppe 38: Alte Kunst« hervorgehoben werden muss. Bot doch diese Abtheilung — trotz ablehnenden Verhaltens so hervorragender Museen wie der zu Basel und Bern — namentlich auf dem Gebiete der Thonindustrie und der Glasmalerei eine Fülle hervorragender und interessanter Specimina. Rahn's Katalog gibt bei Betrachten der einzelnen Objecte der verschiedenen Gruppen stets einen geschichtlichen Abriss der Geschichte des betreffenden Zweiges der Kunst oder Kunstindustrie in der Schweiz. Die wichtigsten ausgestellten Objecte erhalten damit zugleich ihre geschichtliche Stellung in bestimmter Weise angewiesen. Hervorgehoben sei auch Rahn's Besprechung der Abgüsse von Tessiner Bildhauerarbeiten der Renaissance; nicht bloss der Schreiber dieser Zeilen, sondern wohl jeder, der die Ausstellung besuchte, wird überrascht gewesen sein von der Vollendung solcher Tessiner Bildhauerarbeiten, die namentlich im decorativen Detail den besten Renaissance-Schöpfungen Toscana's gleichgestellt werden dürfen.

Der XXIX. Band der Germania bringt eine kurze Abhandlung von Reinhold Köhler: »Zur Legende von der Königin von Saba oder der Sibylla und dem Kreuzholze«, die für den Kunstkritiker durch die zahlreichen Hinweise auf die Quellen der betreffenden Legende von grossem Interesse ist. In Italien ist das eine Motiv — die Königin von Saba kniet vor dem Bach — gewöhnlich mit der Kreuzeslegende dargestellt worden, z. B. ausser in Gaddi's Fresken auch in denen des Piero de' Franceschi in Arezzo. Das Motiv war durch Jacobus da Voragine populär geworden. Der Germanist kann dem Kunsthistoriker vielfach zu Hilfe kommen und er darf für jede Gabe auf den wärmsten Dank rechnen.

Von Eitelberger's kunsthistorischen Schriften ist der dritte Band erschienen (Wien, Braumüller 1884). Er enthält neben Aufsätzen von actuellem Interesse (die Aufgaben des Zeichenunterrichts) vier kunstgeschichtliche Abhandlungen von hervorragender Bedeutung. Wir kommen im nächsten Hefte ausführlich auf diesen Band zurück. — Auch Hettner's kleine Schriften (von der Wittwe herausgegeben. Braunschweig, Vieweg & Sohn, 1884), die der Mehrzahl nach der Kunstgeschichte angehören, sollen im nächsten Hefte ausführliche Würdigung finden.

Verzeichniss der wichtigeren Besprechungen.

Gay, V. Le glossaire archéologique du moyen âge et de la renaissance. (Bonnaffé, E., Gaz. d. B.-Arts, janv.)

Gerlach, M. Allegorien und Embleme. (Clericus, Deut. Herold, XV, 3. — Schönfeld, Zeitschr. f. bild. Kunst, B. 3.)

Geymüller, E. de. Raffaello Sanzio considerato come architetto. (Il Buonarroti, S. III, I, 8. — Allg. Ztg., B. 51.)

Goncourt, Edmond et Jules. L'art du XVIIIe siècle. (Le Livre, nov.)"

Gonse, L. L'art japonais. (Graph. Künste, VI, 2. — Lützow, Oesterr. Monatsschrift f. d. Orient, X, 1 ff. — Mantz, Gaz. des B.-Arts, déc. — Revue des arts décorat., décemb.)

Guide à l'exposition bibliographique de Budapest. (Revue critique, 51.)

Häutle. Geschichte der Residenz in München. (Allgem. Ztg., B. 304.)

Hartmann-Franzenshuld, E. v. Geschlechter-Buch der Wiener Erbbürger. (Deut. Herold, XIV, 12.)

Heiss. Les médailleurs de la renaissance. (Revue belge de numismat., 1, 1884.)

Herdtle. Ostasiatische Bronzegefässe und -Geräthe. (Lübke, Allgem. Ztg., B. 11.)

Hildebrandt's Aquarelle. (Lübke, Allg. Ztg., B. 334.)

Hrachowina, Initialen und Alphabete und Randleisten. (Guglin, Allgem. Kunst-Chronik, VII, 46.)

Jahrbuch der kunsthistorischen Sammlungen des Allerh. Kaiserhauses. (Anz. f. Kunde d. deut. Vorzeit, 1883, 11. 12. — Lützow, Allg. Ztg., B. 24.)

Jahrbuch der königl. preussischen Kunstsammlungen I—III. (Anzeig. f. Kunde d. deut. Vorzeit, 1883, 11. 12.)

Janin, H. Les imprimeurs et les libraires dans la Côte d'Or. (Revue critique, 45.)

Jouin, H. Antoine Coyzevox. (Le Livre, novemb.)

Kahl, R. Das Venezianische Skizzenbuch. (Lützow, Zeitschr. f. bild. Kunst, 3.)

Klemm, A. Württembergische Baumeister u. Bildhauer. (Lübke, Allg. Ztg., 35.)

Kraus. Die Wandgemälde zu Oberzell in der Reichenau. — Der Codex Egberti in Trier. (Pecht, Allg. Ztg., B. 57. — Engelmann, Zeitschr. für bild. Kunst, B. 20.)

Lambert, A. et A. *Rychner*. L'architecture en Suisse aux différentes époques. (Schweizer. Gewerbebl., IX, 3.)

Le Bon, G. La civilisation des Arabes. (Véron, L'Art, 471.)

Lippmann, Fr. Zeichnungen von A. Dürer in Nachbildungen. (Lübke, Allg. Ztg., B. 27. — Wickhoff, Zeitschr. für bild. Kunst, 5.)

VII

Lundstedt, B. Katalog öfver Finspongs Bibliothek. (Borman's Athenæum belge, VI, 12. — Le Livre, décemb.)

Luthmer. Der Schatz des Freiherrn Karl von Rothschild. (Pabst, Zeitschr. für bild. Kunst, 3.)

Maspero's Handbook to the Boolak Museum. (Edwards, Academy, 610.)

Mayer, A. Buchdruckergeschichte Wiens. (Scherzer, Allg. Ztg., B. 316.)

Meyer, F. S. Ornamentale Formenlehre. (Lübke, Allg. Ztg., B. 11.)

Meyer, Jul. Königl. Museen zu Berlin. Beschreibendes Verzeichniss der Gemälde. (Rosenberg, Zeitschr. f. bild. Kunst, B. 11.)

Morelli. Italienische Meister in deutschen Galerien. (Monkhouse, Academy, 603.)

Mothes, O. Die Baukunst des Mittelalters in Italien. (Schubert, Archiv f. kirchl. Kunst, VII, 12. — Deininger, Allgem. Kunst-Chronik, VII, 45.)

Müller, H. A. Lexicon der bild. Künste. (Allg. Bau-Ztg., 1.)

Müntz, E. Raphael. (Lützow, Zeitschr. f. bild. Kunst, 3.)

Noelas. Histoire des faienceries roanno-lyonnaises. (Valabrègue, Courrier de l'Art, 45.)

Okoma, roman japonais illustré par Fel. Régamey. (Burty, L'Art, 470.)

Pattison, Claude Lorrain. (Wedmore, Academy, 614.)

Perrot, G. et Ch. *Chipiez*. Histoire de l'art dans l'antiquité. (Corroyer, Gazette des B.-Arts, décemb.)

Perrot. Les céramiques de la Grèce propre. (Journ. des Savants, décemb.)

Rade, M. Königl. histor. Museum zu Dresden. — Auswahl von Ornamenten. (Lübke, Allgem. Ztg., B. 305. — Zeitschrift f. bildende Kunst, 5.)

Rayet, O. Monuments de l'art antique. (Bayet, C., Gaz. des B.-Arts, févr.)

Richter, J. P. The literary works of Leonardo da Vinci. (Förster, Allgem. Ztg., B. 55 ff.)

Rooses, M. Geschichte der Malerschule Antwerpens. (Rosenberg, Zeitschr. f. bild. Kunst, 3.)

Rosenberg, M. Quellen zur Geschichte des Heidelberger Schlosses. (Bach, Zeitschrift f. bild. Kunst, B. 17.)

Rousseau, Jean. Camille Corot. (Courrier de l'Art, 48.)

Ruelens. Les amis de Rubens. (Revue critique, 50.)

Schultz, A. Kunst und Kunstgeschichte. (Ehrenberg, Zeitschr. f. bild. Kunst, B. 16.)

25

Semper, Gottf. Kleine Schriften. (Pecht, Allg. Ztg., B. 57.)

Semper, Schulze, Barth. Ein Fürstensitz der Renaissance. (Lübke, Zeitschr. für bild. Kunst, 3.)

Springer, A. Raffael und Michelangelo. (Lützow, Zeitschr. f. bild. Kunst, 3.)

Sully-Prudhomme. L'expression dans les Beaux-Arts. (Guéroult, Chronique des Arts, 8.)

Treu, G. Sollen wir unsere Statuen bemalen? (Springer, Zeitschrift f. bild. Kunst, B. 21.).

Ujfalvi, E. de. Les cuivres anciens du Cachemire. (Valabrègue, L'Art, 471.)

Véron, E. Le Havre d'autrefois (1516 à 1840) Reproduction d'anciens tableaux, dessins, gravures et antiquités, se rattachant à l'histoire de cette ville. (L'Art, 469.)

Willshire's Catalogue of early prints. (Middleton-Wake, Academy, 605.)

Yriarte, Ch. La vie d'un patricien de Venise au XVIe siècle. (Fabriczy, Zeitschrift f. bild. Kunst, B. 21.)

Das jüngste Gericht.

Eine ikonographische Studie [1]).

Von **Anton Springer**.

Der biblische Bilderkreis des Mittelalters zerfällt in zwei Gruppen, je nachdem der bildlichen Darstellung ein einziger Schrifttext zu Grunde gelegt erscheint, oder mehrere Scenen, verschiedene Schrifttexte in derselben zusammengefasst und vereinigt werden. Die Bilder der ersten Kategorie und selbst jene der zweiten, welche aufeinander folgende Scenen in einen Raum neben oder unter einander stellen, lassen sich leicht deuten; schwieriger, aber auch für den Forscher fesselnder ist die Erklärung der Kunstwerke, zu welchen der Inhalt erst aus mannigfachen Quellen zusammengetragen wurde. Eine Reihe von Fragen harrt in solchen Fällen der Lösung. Wer hat die verschiedenen Texte zusammengebracht? wann geschah es und unter welchen Umständen? Hat die Combination ihre ursprüngliche Fassung beibehalten oder wurde diese im Laufe der Zeiten verändert und weiter entwickelt? Das wichtigste aus der Verbindung mehrerer Schriftstellen hervorgegangene Bild ist unstreitig jenes vom jüngsten Gericht.

Die Schriftstellen, welche auf das jüngste Gericht Bezug nehmen, sind bereits unzählige Male zusammengestellt worden. Es genügt daher hier, sie nur im Allgemeinen anzudeuten. Ausser den häufigen An-

---

[1]) Anlass, mit dieser vor langer Zeit entworfenen Studie jetzt vorzutreten, gab mir die jüngst publicirte Abhandlung: Die Darstellung des Weltgerichts bis auf Michelangelo von Dr. P. Jessen. Berlin 1883. Da ich andere Wege der Forschung eingeschlagen habe und zu entgegengesetzten Resultaten gelangt bin, hielt ich es für meine Pflicht, auch diese den Fachgenossen vorzulegen. Erst während der endgiltigen Niederschrift des Aufsatzes kam mir das Buch von F. X. Kraus über die **Wandgemälde zu Oberzell auf der Reichenau** in die Hand, worin er auch über das jüngste Gericht ausführlich handelt. Ich stimme in allen wesentlichen Punkten mit ihm überein und konnte mich daher über manches kürzer fassen, mich oft begnügen, seine Abhandlung in Einzelheiten zu ergänzen. D. V.

spielungen in den Psalmen und der bekannten Stelle in der Apokalypse
20, 11 verdienen noch Erwähnung: Ev. Matth. 24, 30 und 25, 31 und
Ev. Marcus 13, 27. Anschauliche Züge, welche die spätere künstlerische
Darstellung verwerthen konnte, sind folgende: Der weisse Stuhl oder
Thron, auf welchem Gott sitzt (Apok.), der Menschensohn in den
Wolken (Marc.), die auferstandenen Todten (Apok.), die aufgeschlagenen
Bücher (Apok.), der feurige Pfuhl (Apok.), das Zeichen des Menschen-
sohnes im Himmel (Matth.), alle heiligen Engel (Matth.), Engel mit
Posaunen (Matth.), die vier Winde, von welchen her die Auserwählten
sich sammeln (Matth. und Marc.), die Schafe und Böcke (Matth.). Hier
finden sich bereits manche Elemente des Bildes des jüngsten Gerichtes
vor, doch noch nicht das Bild selbst. Ehe zur Darstellung eines solchen
geschritten werden konnte, musste der Inhalt sich noch stärker ver-
dichten, die einzelnen Elemente zu grösserer Einheit zusammengefasst
werden. Dieser Process währte merkwürdig lange.

Die Didache, welche als älteste Urkunde in Bezug auf Verfassung,
Bekenntniss und Cultus der Kirche angesehen und in das zweite Jahrhundert versetzt wird, gibt der Erwartung der letzten Tage und dass
vorher der Antichrist (Pseudoapostel) auftreten werde, offenen Ausdruck
und fährt dann (nach Harnack's Uebersetzung) fort: »Nachdem die
Schöpfung der Menschen in das Feuer der Bewährung gekommen, viele
verloren gehen, welche aber glauben, gerettet werden, dann werden
erscheinen die Zeichen der Wahrheit: erstens das Zeichen, dass sich
der Himmel aufthut, dann das Zeichen des Posaunenstosses und drittens
die Auferstehung der Todten, jedoch nicht aller, sondern wie da gesagt ist: kommen wird der Herr und alle Heiligen mit ihm. Dann
wird die Welt den Herrn kommen sehen auf den Wolken des Himmels.«
Dieser Schilderung fehlen die anschaulichen Züge, wie sie auch den
Beschreibungen des Gerichtes bei Commodian, sowohl in seinen In-
structiones, wie im Carmen apologeticum, das leider gerade hier ver-
stümmelt ist, mangeln. »Der Herr kommt mit den Engeln herab, die
Posaune erschallt, die Todten stehen auf, die Gerechten frohlocken,
während die Ungläubigen in den Schatten des Todes hinweggehen.«
Lebendiger hat die Phantasie des hl. Basilius die letzten Dinge geschaut.
Doch verweilt er in seiner Predigt über den 33. Psalm ausschliesslich
nur bei der Aufzählung der Schrecken der Hölle. Dem fürchterlichen
Gericht wird Christus auf hohem Throne vorsitzen. Alle Creaturen
werden sich um ihn versammeln, mit Zittern und Beben zu ihm empor-
blicken. Jeder Mensch muss einzeln vortreten und von seinen Thaten
Rechenschaft ablegen. Den Sündern stellen sich alsbald schreckliche,
unförmliche Engel zur Seite mit feurigen Gesichtern und Feuer aus-

athmend. Sie werden in die tiefe Hölle gestürzt werden, wo ewige, unbeschreibliche Finsterniss herrscht. Denn das Höllenfeuer brennt, aber leuchtet nicht. Schlangengewürm speit daselbst Gift und nagt unersättlich an dem Fleische der Verworfenen, ihnen unsägliche Schmerzen bereitend.

Den gelehrten Theologen steht natürlich ein ungleich reicheres Material aus der patristischen Litteratur zu Gebote als dem Kunsthistoriker. Sie sind aber, soweit unsere Kunde reicht, und wie auch die jüngsten Untersuchungen des Gegenstandes von Fr. X. Kraus beweisen, gleichfalls zu keinem andern Resultate gekommen und geben zu, dass die Vorstellung eines universalen Gerichtes in der altchristlichen Zeit keinen greifbaren Körper gewonnen. Die oft besprochene Darstellung eines Todtengerichtes in der Katakombe des hl. Prätextatus widerlegt keineswegs unsere Behauptung, hilft im Gegentheile diese bestätigen.

Davon ganz abgesehen, dass der rein christliche Ursprung der Abreptio Vibies et descensio zweifelhaft bleibt, haben wir es nur mit einem Einzelgerichte zu thun. Von Mercur geführt nahen sich Vibia und Alcestis dem göttlichen Richter Dispater, welchem Proserpina zur Seite sitzt und die Fata divina im Rechtsprechen beistehen. Allerdings stand im Vordergrunde des altchristlichen Bewusstseins der Glaube an die leibliche Auferstehung und an den Eingang in das selige Leben, und so lebendig wurde dieser Glaube empfunden, dass er die religiöse Phantasie vollkommen beherrschte und sich auch der künstlerischen Darstellung willig darbot. Wir danken de Rossi und le Blant den Nachweis, dass die ganze sepulcrale Kunst der ersten christlichen Jahrhunderte von dem Gedanken an die Auferstehung und das Verweilen in himmlischen Gefilden erfüllt ist. Die Vorstellungen vom Gerichte, vom Lohne und besonders von der Strafe nach dem Tode besassen jedoch keine rechte sinnliche Kraft. Wenn Christus einzelnen Auserwählten Kränze aufsetzt, so bedeutet diese Handlung doch nur die Ertheilung des Lohnes an besondere Personen und erscheint nur als matter Anklang an den Einzug der gebenedeiten Schaaren am jüngsten Tage in das Paradies, von welch letzterem gleichfalls nur allgemein symbolische Anschauungen vorherrschten. Selbst das Bild der Scheidung der Schafe von den Böcken entbehrte noch der scharfen Beziehung zum Gericht, sonst wäre es nicht in Ravenna (S. Apollinare nuovo) mitten unter andere neutestamentliche Scenen gerückt worden. Wohl fürchteten die Gläubigen das Weltende, setzten es sogar in eine nahe Zeit und verknüpften es mit dem sichtlich bevorstehenden Untergange des römischen Reiches. Was jenseits des Weltendes oder Weltbrandes lag, dämmerte nur im Bewusstsein der Zeitgenossen; desto gespannter harrten sie auf die Zeichen, welche das Weltende ankündigen sollten. Dass sie sich mehr um die letzteren kümmerten als um die Ereignisse, welche jenseits des Endes ihrer Welt lagen, lässt sich psychologisch begründen. Auf die furchtsame Stimmung wirken die Symptome eines Uebels immer stärker, als das ausgebrochene Uebel selbst. Aus dem gleichen Grunde ist es begreiflich, dass seit dem 6. Jahrhundert, nachdem die christliche Cultur sich von dem local römischen Boden losgelöst hatte, eine Aenderung der Anschauungen über die letzten Dinge eintrat. Die Lehre vom Antichrist und von den Zeichen des Weltendes erhält sich nur als eine Nebenströmung in der Phantasie, die Vorstellungen von dem allgemeinen Gerichte, vom Ende der Tage, von den Räumen des Paradieses und der Hölle gewinnen an Kraft und Deutlichkeit. In welcher Weise das spätere Mittelalter von den Vorzeichen des jüngsten Gerichtes dachte, darüber belehrt uns wohl am besten das dem hl. Hieronymus traditionell zugeschriebene Gedicht von den 15 Zeichen des jüngsten Tages. Aus der weiten Verbreitung desselben zu schliessen (die englische Version ist in zahlreichen Handschriften auf uns gekommen [2]), ein französische Version ist gleichfalls nachgewiesen worden, noch Jacobus a Voragine beruft sich ausdrücklich auf den hl. Hieronymus, »qui in annalibus Hebraeorum invenit XV signa praecedentia iudicium«) haben die späteren Geschlechter vorwiegend ihre Kenntnisse aus dem Gedichte geschöpft. Die Zeichen sind in den 15 aufeinander folgenden Tagen folgende: Das Meer steigt 40 Fuss hoch und verschwindet beinahe vollständig wieder; alle Fische steigen aus dem Wasser heraus und klagen; es brennt das Wasser; die Bäume bluten; die Gebäude, alles was aufrecht stand, stürzt ein; die Sterne kämpfen miteinander; die Erde bebt, die Berge schwinden, der Erdboden wird eben; die Menschen laufen wie rasend herum, voll Furcht, wie wilde Bestien ihre Höhlen suchen; das todte Gebein steht auf; die Sterne fallen vom Himmel; alles stirbt; die Erde brennt, endlich am 15. Tage blasen vier Engel aus den vier Weltecken und stehen die Todten auf. Christus kommt wie ein Blitz vom Himmel herab, Engel tragen Lanze, Nägel, Kreuz und Dornen, das Gericht im Thale Josaphat beginnt. Christus, so zornig, dass die eigene Mutter lieber der Hölle Pein ertragen möchte, als sein Antlitz, während das Gericht dauert, schauen, zeigt seine bitteren Wunden und fragt: Sieh, was ich für dich gelitten, was hast du für mich gelitten? Die Menschen, welche die Werke der Barmherzigkeit geübt, belohnt er; die Verdammten werden von feuerspeienden Teufeln ergriffen und in die Hölle geworfen.

   Zum ersten Male stossen wir auf bildliche Züge, welche eine

---

[2] Publicationen der Early english text society, 1879, p. 92.

künstlerische Verwerthung zulassen und in der That auch von der späteren Kunst verwerthet werden, so die Posaunen blasenden Engel, die Engel, welche die Passionswerkzeuge tragen, der zornige Christus, welcher die Wundmale zeigt, also die Hände gleichmässig ausstreckt, die zitternde Madonna. Das letzte Motiv, die bebend von Christus sich abkehrende Madonna, kehrt bekanntlich in dem jüngsten Gerichte im Campo santo zu Pisa und in Michelangelo's Freske wieder.

Etwa ein Jahrhundert jünger ist das bald Beda, bald Alcuin zugeschriebene Gedicht: »De die iudicii«, von welchem gleichfalls eine altenglische Version [3]) sich erhalten hat. Nachdem der Dichter die Vorzeichen des jüngsten Gerichtes, zu welchem alle, »qui sunt, qui fuerant, fuerint vel quique futuri« aufgerufen werden, in Kürze aufgezählt, schildert er namentlich die Qualen der Hölle und die Freuden des Paradieses. Die Seligen, von den Engeln, Patriarchen, Propheten und Heiligen in die Mitte genommen, werden von Maria, an der Spitze der weissgekleideten heiligen Jungfrauen, in dasselbe eingeführt. Wichtig ist, dass von nun an, d. h. vom achten Jahrhunderte, die eingehenden Beschreibungen der Hölle und des Paradieses immer häufiger auftreten. Natürlich konnte, da die Schriftquellen fehlten, der Einblick in diese Räume nur auf übernatürlichem Wege gewonnen werden. Nachdem schon früher Wundergeschichten und Legenden die Stelle der antiken Mythen ersetzt hatten, gesellten sich nun als neuer Litteraturzweig die Visionen hinzu. Das fünfte Buch der Historia ecclesiastica Beda's enthält bereits ausführliche Schilderungen des Fegefeuers, der Hölle und des Vorhofes des Paradieses, in welchem die Seelen der Frommen bis zum jüngsten Tage harren. Flammenkugeln, deren Funken die Seelen der Verdammten bilden, steigen im Höllenbrunnen auf und nieder. In weisse Kleider gehüllt, erwarten die Guten auf Blumenwiesen das letzte Gericht. Beda erzählt ferner die Vision eines Kranken, welcher zwei Bücher sah, in welche Engel seine guten Thaten, Teufel dagegen die Sünden einschreiben. Jenes war winzig klein, dieses ein riesiger Codex. Ein drittes Gesicht, von welchem Beda berichtet, schildert die Strafen des Kaiphas und der Männer, welche Christum zum Tode verurtheilt haben, in der Hölle. Solche Visionen wurden das ganze Mittelalter hindurch gedichtet und erzählt, von Walahfrid Strabo's berühmter Visio Wettini bis zu den zahlreichen Visionen herab, welche Cäsarius von Heisterbach seinem Dialogus miraculorum einverleibt hat. Aus dem

---

[3]) Early text society, 1876. Den Hymnus De die iudicii (Daniel thes. hymn. I. Nr. CLXI.), dessen Kenntniss wir Beda verdanken, setze ich als bekannt voraus. Er bietet keine neuen Züge. Am interessantesten ist die deutliche Anknüpfung an die Parabel von Lazarus und die Empfehlung der Werke der Barmherzigkeit.

letzteren lernen wir den Glauben an den Erzengel Michael als »Praesentator animarum«, den Angstschweiss Maria's bei dem jüngsten Gerichte kennen und erfahren, wie die Strafen und Belohnungen der Auferstandenen beschaffen sind. »Pix, nix, nox, vermis, flagra, vincula, pus, pudor, horror« sind die Qualen der Verdammten.

Die karolingische Periode, welche den Visionen só willigen Eingang in die Litteratur verschafft, hat sich auch sonst mit den letzten Dingen eifrig beschäftigt und in zahlreichen poetischen Werken ihre Gedanken über das jüngste Gericht, über Hölle und Paradies niedergelegt. Aus Paulinus Aquilensis: De nativitate domini (Dümmler, Poetae latini aevi Carolini I, 146) erfahren wir die Höllenstrafe des Herodes:

> Herodes iacet in profundo tartari
> combustus flammis, laceratus vermibus
> pice decoctus, dissipatus sulphure
> infelix ille.

Die unschuldigen Kinder dagegen wohnen im Paradiese in goldenen Häusern, an Milchbächen und honigsüssen Wässern. Theodulf stellt nicht allein im Anschluss an Cyprianus die Anzeichen des bevorstehenden Weltendes auf (es ist bezeichnend, dass nicht gewaltige Stürme, sondern die langsam versiegenden Kräfte der Natur den Untergang der Erde ankündigen), sondern beschreibt auch die landschaftlichen Schönheiten des Paradieses und widmet der Auferstehung des Fleisches ein besonderes Gedicht. Die ausführlichste poetische Schilderung des jüngsten Gerichtes danken wir Hrabanus Maurus, zugleich die anschaulichste. Dadurch unterscheidet sich seine Darstellung (in dem Rhythmus de fide catholica von der 74. Strophe angefangen) zu ihrem Vortheile von jener Theodulf's. An dem Tage, den Hrabanus Maurus

> dies planctus et lacrimae
> dies irae et vindictae,
> tenebrarum et nebulae

nennt, steigt der Richter vom Himmel herab. Die leuchtende Kreuzesfahne wird ihm vorgetragen, die Posaunen erschallen aus den vier Weltecken. Die Trompete des ersten Erzengels weckt die Todten. Den thronenden Richter umgibt die zitternde Engelschaar, zitternd stehen auch die Auferstandenen vor dem Richterstuhle, wenn ihnen die Bücher ihres Gewissens vor die Augen gerückt werden. Die Auserwählten steigen zum himmlischen Jerusalem empor, wo Tausende von Engeln den Jubelreigen anstimmen, die 24 Aeltesten, mit Kränzen in den Händen zu Füssen des Lammes, das Lob der Dreieinigkeit singen u. s. w. Die Verdammten dagegen werden von Flammen verzehrt und stürzen in die Hölle.

Ubi habentur tenebrae
vermes et dirae bestiae
ubi ignis sulphureus
ardet flammis edacibus
ubi rugitus hominum
fletus et stridor dentium.

Der Satan selbst wird im Tartarus wieder gefesselt und in ewiges
Feuer geworfen.

Zur selben Zeit, in welcher die kirchlichen Kreise des Nordens die
Aufmerksamkeit den letzten Dingen zuwandten, begann auch die Volks-
phantasie sich des gleichen Stoffes zu bemächtigen. Wenn auch dem
Muspilli wegen seines eigenartigen Inhaltes keine weite Verbreitung und
langdauernder Einfluss zugeschrieben werden kann und das übrigens
nur als Fragment erhaltene Gedicht schwerlich sich so tief dem allgemeinen Bewusstsein einprägte, dass die Künstler von demselben ihre
Anregungen holten, so darf diese uralte poetische Schöpfung doch auch
von Kunsthistorikern nicht unbeachtet bleiben. Wir ersehen aus dem
Muspilli, dass die altchristlichen Traditionen vom Kampfe der Engel
mit dem Teufel, und des Elias mit dem Antichrist, vom Weltbrande
noch leben. Sie müssen aber bereits einen längeren Weg zurückgelegt
haben, ehe sie die eigenthümliche Verbindung mit altheimischen Gedanken im Geiste des Dichters eingingen. Wir erkennen aber ferner
aus dem fast leidenschaftlichen Ton der Schilderung den gewaltigen
Ernst der Auffassung, die Tiefe des Eindruckes auf die neubekehrten
Völker des Nordens [4]).

In der karolingischen Periode, unter den nordischen Völkern,
werden die Vorstellungen vom allgemeinen Weltgerichte im wahren
Sinne des Wortes lebendig. Die Lehre verwandelte sich in einen festen,
die Phantasie belebenden Glauben. Damit hängt zusammen, dass auch
die bildlichen Darstellungen des jüngsten Gerichtes in der karolingischen
Periode und im Norden die erste Pflege fanden. Garrucci hat zwar
in seiner Storia dell' arte cristiana eine Terracottascheibe der Barba-
rini'schen Bibliothek publicirt, welche dem Stile nach noch in die vor-
karolingische Zeit fallen dürfte und nach seiner Ansicht das jüngste
Gericht wiedergibt. Auf einem hölzernen Stuhle sitzt ein jüngerer kurz-
haariger Mann, welcher den linken Arm auf das Knie stützt, die rechte

---

[4]) In der »Metrical Paraphrase Pseudo-Caedmon's« aus dem 10. Jahrhundert
fällt die zahme Schilderung des »Doomsday« um so mehr auf, als der Verfasser in
der Schöpfungsgeschichte dem phantastischen Zuge freien Lauf liess. Die Beschreibung des jüngsten Gerichtes bewegt sich genau in den Geleisen der biblischen
Erzählung.

Hand mit zwei ausgestreckten Fingern emporhält. Die Füsse sind bekleidet, über die kurzärmelige Tunica ist lose ein Mantel geworfen.
Links vom Stuhle liegen zwei Geldsäcke (?) mit dem Monogramm Christi
bezeichnet, rechts eine Geissel und ein undeutlicher Gegenstand. Zu
beiden Seiten des Mannes sitzen je drei bärtige Gestalten, gleichfalls
mit nackten auf die Kniee gestützten Armen. Schrankenwerk scheidet
diese obere Scene von der unteren, wo eine grössere Zahl langgekleideter
Personen, Männer, Frauen, ein Kind, dargestellt sind, welche alle empor-
blicken und zum Theile auch die Arme emporstrecken. Garrucci will
aus den verwischten Buchstaben, welche die obere Scene umgeben, die
Worte Electi und Reprobi herauslesen. Kraus, welcher die Terra-
cotta in seinem Werke über die Oberzeller Wandgemälde reproducirt,
sagt sehr höflich: »Die Umschriften lassen sich auf der Abbildung nicht
mehr vollständig constatiren.« Man darf wohl hinzufügen: auch auf
dem Originale nicht. Offenbar hat der Wunsch, in dem Bilde das
jüngste Gericht zu finden, Garrucci's Auge bei der Lesung der Buchstaben geleitet. Es ist geradezu undenkbar, dass die beiden Worte über
den Köpfen der Apostel, denn dafür nimmt Garrucci die sechs Beisitzer,
angebracht worden waren. Gegen die Deutung des Bildes als jüngstes
Gericht sprechen die von dem Typus vollständig abweichende Gestalt der
mittleren thronenden Figur, die auf dem Boden liegenden Gegenstände,
die Scheidung der Scenen durch ein Schrankenwerk und die Haltung
der unteren Figuren, in welchen man nimmermehr Auferstandene erblicken kann. So hat es denn mit der Behauptung volle Richtigkeit,
dass erst im karolingischen Zeitalter im Norden deutliche Bilder des
jüngsten Gerichtes uns entgegentreten. Es haben sich sowohl Beschreibungen der Bilder, wie diese selbst, verhältnissmässig zahlreich erhalten.
Unter den »Inscriptiones locorum sanctorum« Alcuin's befinden sich zwei,
welche offenbar auf Bilder des jüngsten Gerichtes Bezug nehmen [5]. Für
die Klosterkirche von S. Avold stiftete Alcuin folgende Inschrift:

> Hac sedet arce deus iudex, genitoris imago,
> Hic seraphim fulgent domini sub amore calentes;
> Hic inter cherubim volitant arcana tonantis;
> Hic pariter fulgent sapientes quinque puellae,
> Aeterna in manibus portantes luce lucernas.

Wir haben uns diese Inschrift nothwendig unter einem Gemälde (in der
Apsis?) zu denken, welches Christum darstellt, auf dem Firmamente
thronend, von Seraphim und Cherubim umgeben, darunter die fünf
klugen Jungfrauen, deren Gegenwart bei der zweiten Ankunft Christi

---

[5]) Dümmler, Poetae latini aevi Carol. I. 330, 338.

zu den beliebtesten Schilderungen des ganzen Mittelalters gehört. Minder anschaulich lautet die Inschrift für die den hh. Michael und Petrus geweihte Grabcapelle »in cimiterio Sancti Amandi«. Der Dichter ruft den hier beigesetzten Brüdern zu:

> Vos in pace dei cari requiescite fratres,
> Donec ab aetheria clamet pius angelus arce:
> Surgite nunc prumptim terrae de pulvere fratres,
> Vos vocat adveniens iudex e culmine caeli.
> Ante dei Christi magnum modo state tribunal,
> Ut condigna suis capiat quis praemia factis.

Da der Dichter die Leser dieser Worte weiter auffordert, des jüngsten Tages stets in Furcht eingedenk zu bleiben, so war die Inschrift an einem zugänglichen Orte aufgestellt. Der Gedanke liegt nahe, dass dieselbe auf einem Gemälde des jüngsten Gerichtes angebracht war. Und wenn dieses nicht zutrifft, so erfahren wir doch aus dem Gedichte, dass der Friedhof als der rechte Platz angesehen wurde, das Bild vom jüngsten Gericht im Bewusstsein zu wecken, und erkennen, in welcher Weise dasselbe im Geiste geschaut wurde.

Eine unmittelbare Beziehung zu einem Gemälde des jüngsten Gerichtes enthalten die S. Galler Versus de evangelio ad picturam [6]), welche einen vollständigen Bilderkreis, wie er an den Wänden einer Kirche angebracht war, uns vor die Augen führen. An der Westwand des Mittelschiffes war ein Thron gemalt, über welchem Posaunen blasende Engel und ein leuchtendes Kreuz sich befanden; unter dem Throne zwischen dem Paradiese und der Hölle sitzen mit Christus die Apostel, um die Guten und Bösen zu richten:

> Hic resident summi Christo cum iudice sancti,
> Justificare pios, baratro damnare malignos.

Unter den Gedichten des Florus Lugdunensis [7]) besitzen wir auch einen titulum Absidae, welcher gleichfalls ein Gemälde des jüngsten Gerichtes zum Gegenstande hat. Ueber der Krypta mit den Reliquien der Märtyrer erhebt sich der Altarraum, welchen das Bild Christi mit den vier Evangelistenthieren schmückt. Zugegen ist ferner (wahrscheinlich unter dem triumphirenden Christus) der Chor der Apostel mit Christus, um zu richten, und in einer unteren Zone Jerusalem mit dem Lamme und den vier Flüssen des Paradieses.

Daran reihen wir die Beschreibung eines kirchlichen Bilderschmuckes,

---

[6]) Ebend. II. 480.
[7]) Ebend. II. 348.

welchen Ekkehard IV. von S. Gallen für den Mainzer Erzbischof Aribo
am Anfange des 11. Jahrhunderts verfasst hat [8]):

> Ecce die summa praecedent crux, tuba, flamma
> Cuncta triumphantem, sponsamque thoro sociantem.
> Surgunt defuncti, sed sorte sub impare cuncti:
> Agnos pax dextris, hoedos locat ira sinistris,
> Bisseni proceres regi resident propriores,
> Regna poli dextris, qui dant erebumque sinistris.

Die Uebersicht dieser verschiedenen Bilderbeschreibungen lehrt uns,
dass die jüngste derselben sich dem Evangelium (Matth. 24, 30; 25, 41;
19, 28) am engsten anschliesst, dass aber ferner durchaus kein gemein-
samer Typus feststeht, welchen die einzelnen Bilder mehr oder weniger
genau wiederholen, vielmehr der aus der Schrift entlehnte Grundgedanke
frei bearbeitet wird. Am häufigsten kehren, ausser dem thronenden
Christus, die Motive der Posaunen blasenden Engel und der Apostel
als Beisitzer des Gerichtes wieder. Alle anderen Bildmotive wechseln.
Abermals ziehen wir den Schluss, dass, wie bei den rein poetischen
Schilderungen, so auch bei den malerischen Beschreibungen die Mannigfaltigkeit der Auffassung die Annahme eines zwingenden äusseren Einflusses, also insbesondere der byzantinischen Kunst, unbedingt zurückweist. Ehe wir an die Prüfung noch erhaltener Kunstdenkmäler aus
der karolingischen Periode schreiten, möchten wir noch als Unterschied
gegen die später herrschende Darstellung die Abwesenheit breiter Ausmalung äusserer Höllenqualen hervorheben, in welcher sich die folgenden, der religiösen Phantastik stärker zugeneigten Jahrhunderte gefallen.
Eine unscheinbare, aber dennoch wichtige Darstellung des jüngsten
Gerichtes lernen wir in dem berühmten Utrechtpsalter kennen. Den
Psalmen wurden hier, wie es auch sonst häufig vorkam, mehrere Gebet-
stücke, die sogenannten Cantica und das Symbolum Apostolorum an-
gefügt. Gleich den Psalmen empfing auch das Symbolum Apostolorum
von dem angelsächsischen Künstler des 9. Jahrhunderts eine reiche
Illustration. Die wichtigsten Glaubensartikel werden im Bilde vorgeführt:
ausser der Trinität, das Leiden und die Auferstehung Christi, seine
Himmelfahrt und das jüngste Gericht. Aehnlich wie bei allen Illustrationen des Utrechter Psalters wird hier gleichfalls die Zeitfolge des
Textes nicht eingehalten, sondern die einzelnen Scenen auf den ver-
fügbaren Raum des Blattes vertheilt. Unsere Aufmerksamkeit fesseln
nur die auf der rechten Hälfte des Blattes geschilderten Vorgänge.

---

[8]) Fr. Schneider, Der hl. Bardo, nebst Anhang: Der dichterische In-
schriftenkreis Ekkehard's des Jüngern. Mainz 1871.

Neben dem geöffneten Grabe Christi erblicken wir einen offenen Giebel-
bau mit einem Altar und einer Hängelampe (sancta ecclesia catholica),
darüber die Himmelfahrt Christi. Neben der ecclesia rechts steht ein
Engel auf einem Hügel, an dessen Fusse sich links und rechts grössere
Menschengruppen gesammelt haben. Jene links winkt der Engel mit
der Hand heran, gegen die zurückweichende Gruppe rechts stösst er
eine Lanze. In der Ecke ist Christus gezeichnet, welcher aus der
Vorhölle (ein viereckiger Behälter, aus welchem Flammen emporsteigen)
die Seelen herausholt, indem er zugleich auf eine Teufelsfigur den
Fuss setzt.

Wir entdecken in dem Utrechter Psalter die Darstellung des jüngsten
Gerichtes einem grösseren Bilderkreise organisch eingeordnet und stossen
hier wahrscheinlich auf einen der Hauptwege, auf welchem sich das
Bild des jüngsten Gerichtes von Geschlecht zu Geschlecht fortpflanzte.
Dasselbe hat im »Credo« seinen natürlichen Platz, und so oft das Glaubensbekenntniss illustrirt worden, empfing auch der Artikel: »venturus est
cum gloria iudicare mortuos et vivos« eine anschauliche Form. Allerdings sind wir vorläufig nicht im Stande, die fortlaufende Tradition
nachzuweisen. Wenn wir uns aber erinnern, dass mehrere Jahrhunderte
später das jüngste Gericht gleichfalls in Verbindung mit andern bildlichen Darstellungen des Credo auftritt, so können wir nicht zweifeln,
dass eine feste Ueberlieferung bestand. Als zusammenfassende Credo-
bilder müssen wir nämlich die bekannten italienischen Kanzelsculpturen
der Pisaner Schule auffassen. Der verfügbare Raum hinderte, jeden
einzelnen Glaubensartikel im Bilde vorzuführen, zwang vielmehr, auf
die wesentlichsten Abschnitte: Menschwerdung Christi, Passion und
zweite Ankunft, die Darstellung einzuschränken. Der enge und feste
Zusammenhang zwischen den einzelnen Bildern ist unbestreitbar; ihre
Beziehung auf die christlichen Grundlehren, wir möchten sagen auf die
christliche Predigt, wird durch die Einzelfiguren, welche die Felder
trennen, noch deutlicher gemacht.

Der Utrechter Psalter verdient noch in anderer Hinsicht besondere
Beachtung. Die zahlreichen Bilder der Hölle in demselben beweisen,
wie sich die Vorstellung derselben bereits vollständig in der Volksphan-
tasie eingebürgert hatte, während in dem gleichzeitigen byzantinischen
Chludoffpsalter, in den Homilien des Gregor von Nazianz (Pariser N.-
Bibl. Mnsc. Gr. Nr. 510) die Darstellungen der Hölle und des Teufels
einen viel geringeren Raum einnehmen, obschon Anlass genug zu ihrem
Auftreten geboten würde. Der Chludoffpsalter führt den Teufel in der
Gestalt eines Silen, kahlköpfig, dickbauchig, mit abstehenden Ohren oder
als Kynokephalen vor. Die Homilien zeigen den reichen Prasser ein-

sam schmachtend von Flammen umgeben [9]). Im Utrechtpsalter gehört der gewaltige Höllenrachen, in welchen Engel mit Lanzen oder Teufel mit Widerhaken die Bösen stossen, zu den gewöhnlichsten Vorstellungen. Die Teufel werden häufig durch Schlangenhaar, die Hölle als riesiger Kopf charakterisirt. Selbst das. Bild des jüngsten Gerichtes tritt uns, ja sogar mit abgeschliffenen Zügen, zum zweiten Male im Utrechtpsalter entgegen. Der Vers 49 des 88. Psalmes: »quis est homo qui vivet et non videbit mortem« wird in folgender Weise illustrirt. In einer Giebelhalle thront ein König, in den anstossenden Flügelbauten sitzen Männer. Vor den Hallen ruhen in mehreren Särgen Todte, welchen Engel nahen. Ohne die Kenntniss von Darstellungen des jüngsten Gerichtes wäre diese Scene schwerlich gezeichnet worden.

Ein von Keller in seiner bekannten Abhandlung über die irische Kunst in S. Gallen publicirtes Bild aus einem irischen Evangeliarium zeigt den segnenden Christus zwischen zwei Posaunenengeln, darunter in zwei Reihen die Apostel als Beisitzer des Gerichtes mit Büchern in den Händen. So liefern uns diese Beispiele, welche weitere Forschung gewiss noch ansehnlich vermehren wird, bereits die wichtigsten Elemente, aus welchen das Bild des jüngsten Gerichtes sich zusammensetzt: den thronenden Christus, die Apostel, die Posaunenengel, den Vollzug des Gerichtes durch einen Engel. Vollständig ausgebildet, für die ganze spätere Kunst typisch, erblicken wir das Gemälde des jüngsten Gerichtes an der Aussenseite der Westapsis in der Kirche zu Oberzell auf Reichenau. In drei Streifen baut sich dasselbe auf. Der unterste schmale Streifen, durch ein Kreuzbild getheilt, schildert die Auferstehung der Todten. Nackt entsteigen dieselben, die Arme flehentlich emporhebend, den Kopf gleichfalls nach oben gerichtet, dem Boden oder einem Plattengrabe. Den mittleren grössten Streifen nimmt der Weltrichter mit den Aposteln ein. Christus, doppelt so gross als die Apostel, bartlos, thront inmitten einer Mandorla. Seine Füsse ruhen auf dem Firmament, die Hände hält er ausgebreitet, mit der Handfläche nach aussen, die Wundmale weisend. Der Mantel, über beide Schultern geworfen, lässt Brust und Unterarme frei. Links von ihm steht die Madonna, gleichfalls in grösserem Massstabe als die Apostel gezeichnet, das Antlitz dem Richter zuwendend, die Linke zur Fürbitte erhoben, die Rechte zu dem nächst ihr sitzenden Petrus herabsenkend. Auf der andern Seite Christi steht

---

[9]) Man vergleiche damit die Scene in Echternacher Evang. fol. 78. v. Zwei Teufel harren auf die Seele des Prassers. Ein Teufel mit braunem Leibe, blauen Haaren trägt die Seele auf dem Rücken, so dass der Kopf nach unten hängt, in einen Flammenberg, in welchem nackte Gestalten und Teufel sich befinden und vier Teufel mit offenem Munde die Krallen dem neuen Ankömmling entgegenstrecken.

ein Engel, ein mächtiges, bis in den Bildrand hinaufreichendes Holzkreuz haltend. Je sechs Apostel sitzen rechts und links von der Mittelgruppe auf einer Bank. Sie halten Bücher (nur Petrus den Schlüssel) in den Händen, stellen die Füsse auf das ornamentale Band, welches den mittleren Streifen von dem unteren trennt, und kehren die Köpfe Christus zu. Soweit die verwischte Zeichnung Schlüsse gestattet, möchte man den leichten Wurf der Gewänder loben, besonders die Art und Weise, wie bei einzelnen Aposteln der über den langen Rock gezogene Mantel den einen Arm frei lässt, eine ungehinderte Bewegung desselben erlaubt. In dem obersten schmalen Streifen schweben vier in lange helle Gewänder gehüllte Engel, von welchen zwei die Posaunen (gekrümmte Hörner) blasen, zwei die Bücher des Lebens und des Todes tragen. Den Hintergrund bilden verschieden gefärbte Zonen. Sowohl diese Art, den Hintergrund zu gliedern, wie die Zeichnung der Gewänder erinnern auffallend an karolingische Miniaturen, wecken die Vermuthung, dass der Maler, welcher dieses Werk am Ende des 10. oder wahrscheinlicher im Anfange des 11. Jahrhunderts schuf, hier seine Anregungen gesucht und gefunden hat.

Das Gemälde in Oberzell ist die älteste monumentale Darstellung des jüngsten Gerichtes, zugleich die erste, welche die einzelnen Elemente der Handlung fester zusammenfasst, ein geschlossenes Bild des Ereignisses bietet. Das grösste Gewicht legen wir auf die Verbindung des Gerichtes mit der Auferstehung der Todten. Denn dadurch wurde für die weitere künstlerische Entwicklung der Typus gewonnen, von welchem sich die späteren Geschlechter nur in wenigen Fällen lossagten. Diese Verbindung des Gerichtes mit der Auferstehung bildet aber zugleich das wichtigste Merkmal, wodurch sich die abendländische Auffassung des Gegenstandes von der byzantinischen unterscheidet und unsere Kunst ihre volle Selbständigkeit von der byzantinischen beweist. Diese Selbständigkeit hat sich die abendländische Weise keineswegs erst im Laufe der Zeit allmählich und nach längerem Ringen erobert, sie bewährt sie vielmehr gleich ursprünglich. Die byzantinische Kunst trennt entweder die Auferstehung der Todten von dem jüngsten Gerichte, oder wenn sie dieselbe dem Bilde des Gerichtes hinzufügt, so holt sie das Motiv aus der Apokalypse, lässt das Meer und die Thiere die Todten herausgeben. Die mildere, der feineren menschlichen Empfindung entsprechendere Form, nach welcher die Todten nackt dem Grabe entsteigen, die einen verzagt und fürchtend, die anderen flehend, kennt die spätere byzantinische Kunst — und nur diese hat uns Bilder des jüngsten Gerichtes hinterlassen — nicht.

In welcher Richtung sich die Phantasie der byzantinischen Künstler

mit Vorliebe bewegte, darüber belehrt uns am besten die Legende vom
h. Methodius, welche uns ein Chronist des 10. Jahrhunderts (Theo-
phanis Contin.) bewahrt hat. Als das schrecklichste aller Bilder malte
Methodius dem Bulgarenfürsten Bogoris das jüngste Gericht an die Wand
eines Jagdhauses. Diese Betonung der Schrecknisse stimmt vollständig
mit der Beschreibung, welche Johannes Damascenus (8. Jahrhundert)
und noch früher der h. Basilius vom Gerichte entwerfen. Ausser auf
die allgemeine Volksstimmung und die Wandlung der byzantinischen
Phantasie seit dem Schlusse des vorigen Jahrtausends, welche wir zur
Erklärung der eigenthümlichen Darstellungsweise des jüngsten Gerichtes
anrufen, möchten wir auch auf die grösseren Hindernisse, welche sich
der Schilderung des Nackten in der byzantinischen Kunst entgegenstellen,
hinweisen. Das von Geschlecht zu Geschlecht sich steigernde Unver-
mögen zu plastischen Bildungen liess die Wiedergabe des Nackten immer
schwieriger erscheinen. Mit der Unfähigkeit, das Nackte zu gestalten,
ging die Unlust daran Hand in Hand. Es ist merkwürdig; bei uns will
man bis tief in das 12. Jahrhundert überall die Spuren mönchischer
Anschauungen und klösterlicher Kunst entdecken. In Byzanz, wo diese
Einflüsse seit dem 9. Jahrhundert immer stärker und ausschliesslicher vortreten, will man von ihnen nichts wissen, hält vielmehr diese unlebendige
Weise für das Muster der Volkskunst im Abendlande.

Im 11. Jahrhunderte war der abendländische Typus des Welt-
gerichtes in den wesentlichsten Zügen festgestellt. Seitdem lernen wir
entweder abgekürzte oder erweiterte Darstellungen desselben kennen.
Ist diese Thatsache richtig, so ergibt sich daraus für die ikonographische
Forschung die Pflicht, für die späteren Zeitalter die Methode zu wechseln.
Die Beziehungen zur Litteratur lockern sich, die Stilforderungen machen
sich in erster Linie geltend und bestimmen die grössere oder geringere
Gestaltenfülle, die Anordnung und Composition. Die Wichtigkeit der
litterarischen Werke sowohl kirchlicher wie poetischer Natur für das
Verständniss der Bilder soll keineswegs geleugnet werden. Bei dem
wesentlich zusammentragenden Charakter der betreffenden Schriften
holt sich aber die künstlerische Phantasie aus denselben keine neuen
Anregungen. Erst mit der grösseren Verbreitung der dramatischen Spiele
knüpft sich das Band wieder enger.

Zwei Schriften, die eine aus dem 12., die andere aus dem 13. Jahrhundert, dürften wohl die im Durchschnitte herrschenden Ansichten der
Zeitgenossen in sich fassen. Sie bestätigen unsere Meinung von dem
compilatorischen Charakter der meisten litterarischen Werke der frühmittelalterlichen Periode. Honorius Augustodunensis gibt in seinem
Elucidarium (Migne, pag. 1159—1164) eine ausführliche Schilderung der

letzten Dinge. Wir erfahren aus ihm das Dasein einer doppelten Hölle, einer oberen, in welcher die vor Christus verstorbenen Gerechten harren, und einer unteren, in welcher neun Arten von Strafen den Verdammten auferlegt sind: »ignis; frigor; vermes immortales, serpentes et dracones; foetor intolerabilis; flagra caedentium ut mallei ferrum percutientium; tenebrae palpabiles; confusio peccatorum, quia omnia peccata ibi patent omnibus; horribilis visio daemonum et draconům, ignea vincula, quibus in singulis membris constringuntur.« Den Verdammten werden die Leiber verdreht, die Köpfe nach unten, die Füsse nach oben gezogen. Nachdem Honorius dann das Zwischenreich des Antichrist beschrieben, geht er zur Erzählung der Ereignisse am jüngsten Tage über. Engel kündigen ihn durch Posaunenschall an. Am Tage der Auferstehung ist die Erde noch voll Menschen, welche erst jetzt sterben. »Electi viventes ab angelis rapientur et in ipso raptu morientur et reviviscent.« Auch die von den Thieren gefressenen Menschen stehen auf: quod caro hominis fuit, resurgit. Christus steigt in der Gestalt, in welcher er zum Himmel gefahren war, in das Thal Josaphat herab, mit allen Ordnungen der Engel. Das leuchtende Kreuz wird ihm vorgetragen, die Posaunen erschallen. Ihm zur Seite sitzen die Apostel, die Auferstandenen aber, bisher gemischt, werden von den Engeln geschieden, die Gerechten wie Schafe zur Rechten Christi, die Verdammten wie Böcke zur Linken aufgestellt, jene steigen nackt (sed omni decore) zum Himmel empor, diese fallen zur Erde herab. Ausser den Aposteln nehmen auch die Märtyrer, die heiligen Bekenner, Mönche und Jungfrauen an dem Richteramte Theil. (Die offenen Bücher, welche Honorius erwähnt, werden von ihm allegorisch gedeutet.) Nach dem Gerichte wird Satan mit allen Verdammten in den Pfuhl des Feuers und Schwefels geworfen, die Welt verbrennt und ersteht von neuem in schönerer Form mit einem ewigen Blumenflore, krystallhellem Wasser. »Labor et dolor non erit ultra.«

Mag auch die Beschreibung des Honorius keine unmittelbaren Beziehungen zur gleichzeitigen Kunst enthalten, so bleiben doch einzelne Punkte in derselben beachtenswerth. Im Anfange des 12. Jahrhunderts geschrieben, bringt uns Honorius' Schrift, ihrem zusammenfassenden Charakter entsprechend, über die überlieferten Anschauungen genaue Kunde. Wir dürfen aus ihr nicht bloss auf die Vorstellungen schliessen, welche im Anfange des 12. Jahrhunderts galten, sondern auch was in dem vorhergehenden 11. Jahrhundert geglaubt wurde. Diese Anschauungen und dieser Volksglauben haben nichts gemein mit den Vorstellungen und Bildern, welche uns als wesentliche Kennzeichen byzantinischer Auffassung vorgeführt werden. Es würde schwer halten, nach Honorius

ein Bild des jüngsten Gerichtes, wie es das Malerbuch vom Berge Athos
beschreibt, zu construiren, dagegen entdecken wir in Honorius sehr
viele Züge, mit welchen uns die abendländische, insbesondere nordische
Kunst seit der karolingischen Periode bekannt machte. Von Interesse
ist die Wahrnehmung, dass die »Schafe und Böcke« nur noch im Gleich-
nisse gebraucht, die Bücher des Lebens und der Sünde nur nebenbei
und in allegorischem, willkürlichem Sinne erwähnt werden. Nicht unwichtig erscheint ferner das Zugeständniss der Nacktheit auch für die
Seligen und das sichtliche Streben, das Schreckliche des Gerichtes zu
mildern. Nachdrücklich wird hervorgehoben, dass Gott keinen »furor«
und »ira« kenne, und der Schilderung der Seligkeit der Gerechten breiter
Raum gegönnt. Christus erscheint nach Honorius am Tage des Gerichtes
»in ea forma, qua ascendit«. Dass die abendländische Kunst sich an
diese Regel hielt, können wir durch ein Beispiel aus dem Ende des
10. Jahrhunderts belegen. In Aethelwold's Benedictionale [10]) wird zum
dritten Adventsonntage ein Bild gezeichnet, welches Christum als Weltrichter darstellt. Die Engel mit den Passionswerkzeugen über seinem
Haupte lassen darüber keinen Zweifel zu. Nun deckt sich die Gestalt
Christi in der Mandorla, von links nach rechts schreitend, im Profil
gesehen, mit dem Triumphalkreuz über der Schulter vollkommen mit
seiner Darstellung in der Himmelfahrt. Der einzige Unterschied waltet
dabei, dass er im Himmelfahrtsbilde die eine Hand emporhält, der ausgestreckten Hand Gottes entgegen, im Adventbilde dagegen ein Buch trägt.

Viel weniger anschaulich, noch ungleich lehrhafter ist die Beschreibung des letzten Gerichtes in der Legenda aurea des Jacobus a Voragine.
Er lässt derselben eine Aufzählung der Ereignisse, welche die Nähe des
jüngsten Tages verkündigen, vorangehen. Man erkennt das bevorstehende Weltende an fünf Vorzeichen: der Verfinsterung der Sonne, der
Blutfarbe des Mondes, dem Falle der Sterne, dem wirren Völkergedränge
auf Erden, dem aufgewühlten Meere. Es folgt sodann die Herrschaft
des Antichrist, welcher auf vierfache Art die Welt betrügen und sich
unterthan machen wird: durch Ueberredung, falsche Wunder, Bestechung
und Gewalt. »Tertium«, heisst es weiter, »quod praecedit iudicium erit
ignis vehementia, qui quidem praecedit faciem iudicis. Illum enim
ignem emittet Deus.« Hier besässen wir demnach ein litterarisches
Zeugniss für ein Bildmotiv, welches zuweilen in der Miniaturmalerei
auftritt, gewöhnlich als ausschliesslicher Besitz der Byzantiner in Anspruch genommen wird. Ein Feuerstrom geht von Christi Fusse aus
und reicht bis in die Hölle herab. Bei dem compilatorischen Charakter

---

[10]) Archaeologia brit. vol. XXIV.

der Legenda aurea und bei dem Umstande, dass Jacobus a Voragine
überall auf ältere Gewährsmänner sich beruft, müssen wir auch für dieses
Motiv eine in frühere Jahrhunderte zurückgehende Tradition annehmen.

Die Beschreibung des jüngsten Gerichtes selbst entbehrt in noch
höherem Masse, als dies bei Honorius der Fall ist, der anschaulichen
Züge. Die wenigen Thatsachen werden von einem Meere allegorisch-
moralischer Deutungen überschwemmt. Der Richter steigt in das Thal
Josaphat herab; er steht auf einem erhabenen Platze, um von allen
gesehen zu werden, und scheidet die Guten von den Bösen. Die Werkzeuge und Spuren der Passion: das Kreuz, die Nägel und Wundmale,
werden vorgehalten, das strenge Urtheil auf Grund der Zeugen: deus,
conscientia et angelus custos, gesprochen. Zusammengefasst wird der
Vorgang in folgenden Worten: »O quam angustae erunt tunc viae re-
probis. Superius erit iudex iratus, inferius horrendum chaos; a dextris
peccata accusantia, a sinistris infinita daemonia ad supplicium trahentia;
intus conscientia urens, foris mundus ardens.« Für die meisten Angaben nennt Jacobus a Voragine als Quellen ausser den Evangelien
und der Apokalypse die hh. Hieronymus und Gregor d. Gr.

Sollen die ikonographischen Studien einen gedeihlichen Fortgang
nehmen, so wäre es wohlgethan, wenn sich die Forscher über einzelne
wichtige Punkte zunächst einigten. Ist z. B. der Inhalt einer bildlichen
Darstellung bereits im Grundtexte deutlich wiedergegeben, so bedarf es
nicht erst des Hinweises auf spätere äussere Einflüsse, um die bildliche
Darstellung zu erklären. Die grössere Wahrscheinlichkeit spricht dafür,
dass der Künstler den Inhalt aus dem ihm zugänglichen Grundtexte
selbst schöpfte. Sind die wesentlichen Züge einer künstlerischen Composition durch eine längere Kette von Ueberlieferungen in der Litteratur
oder in der Kunst festgestellt, so muss in dieser heimischen Tradition
die Erklärung gesucht werden. Fremde, äussere Einflüsse können nur
in dem Falle angenommen werden, wo, sei es in der allgemeinen Auffassung, sei es in Einzelnheiten, die heimische Ueberlieferung fehlt.
Damit ist der angebliche Einfluss der byzantinischen Kunst auf das
Abendland, welcher »auch in stofflicher Beziehung viel weiter gehen
soll, als man gewöhnlich meint«, vollständig beseitigt. Vollends die
Behauptung, dass »fast alle gangbaren Typen der christlichen Kunst
von Byzanz ausgehen«, beruht auf einer gründlichen Missachtung und
Unkenntniss der Thatsachen. Unsere Untersuchung hat gezeigt, dass
im Norden Europas die Darstellung des jüngsten Gerichtes auf die
Grundtexte zurückgeht und dass von Beginn der karolingischen Periode
bis in das 11. Jahrhundert eine stetige und lebendige Tradition auf
abendländischem Boden sich erhalten hatte.

Um sodann über die weitere Entwickelung Klarheit zu gewinnen, muss auch das stilistische Element zu Rathe gezogen werden. Für die Anordnung und Gliederung der Composition, für die grössere oder geringere Breite der Schilderung, für die Auswahl der Scenen, aus welchen sich das jüngste Gericht zusammensetzt, erscheinen auch künstlerische Gründe massgebend. Besonderen Einfluss übten die Bestimmung des Werkes, seine Umgebung und das Material, in welchem es gearbeitet wurde. Plastische Darstellungen unterlagen anderen Regeln als malerische, und hier wieder müssen monumentale Schilderungen von den Illustrationen in Handschriften scharf unterschieden werden. Es war keineswegs gleichgiltig, ob dem Künstler ein einheitlicher oder ein gegliederter Raum zu Gebote stand. Ein Wandgemälde wurde anders componirt als ein Deckenbild, welches sich auf mehrere Gewölbekappen erstreckt. Flügelaltäre wieder begünstigten die Richtung der Composition in die Breite und die schärfere Trennung der einzelnen Scenen. Die Rücksicht auf diese Dinge führte zu manchen Aenderungen in der Auffassung und in der Composition, welche wir sonst leicht äusseren Einflüssen zuschreiben möchten. Das genügt aber nicht, um die verschiedenen Entwickelungsstufen in der bildlichen Wiedergabe des jüngsten Gerichtes klar darzulegen; es müssen ausserdem die Bilder nach der Zeitfolge und nach landschaftlichen Gruppen geordnet werden. Die letzte Forderung wird wahrscheinlich viele Ungläubige finden. Denn wir stehen der mittelalterlichen Kunst so gegenüber, wie bis vor Kurzem die Forscher auf dem Gebiete der classischen Kunst den archaischen Werken der Griechen gegenüberstanden. Man stellte das Schema eines allgemein giltigen archaischen Stiles auf und erläuterte dasselbe durch bunt aus allen Ecken und Enden von Hellas zusammengeraffte Beispiele. Dass auch innerhalb der strengen Gebundenheit der archaischen Kunst örtliche Gruppen vorhanden waren, hat die Archäologie erst seit Kurzem erkannt und glänzend bewiesen. Aehnliche örtliche Gruppen zeigt auch die mittelalterliche Kunst und sie wären längst anerkannt, hätte nicht der byzantinische Aberglauben den Blick getrübt. Wir wollen und können nicht die Schöpfungen des Mittelalters auf künstlerische Persönlichkeiten zurückführen. Damit ein Kunstwerk eine persönliche That werde, muss die Herrschaft über die technischen Mittel ein beträchtliches Mass erreicht haben. Im tieferen Mittelalter erstickte gewöhnlich der Kampf mit der Technik die persönliche Empfindung. Wohl aber entwickelten sich in den verschiedenen Landschaften verschiedene Typen, insbesondere in Bezug auf Formen und Maasse, unter dem Einflusse der herrschenden Race, der eigenthümlichen Umgebung, der localen Sitten und Anschauungen. Die Probe für die Wahrheit dieses Satzes kann leicht an Christusköpfen, Frauengestalten, an den Darstellungen der Geburt Christi, der Anbetung der Könige, der Kreuzigung u. a. gemacht werden, da dieselben durch Abbildungen eher zugänglich sind. Für das jüngste Gericht fehlt es leider noch an einer vollständigeren Sammlung von mittelalterlichen Schilderungen, welche nach Landschaften geordnet werden könnten. Wir müssen uns daher hier darauf beschränken, den Grundsatz festzustellen, ausserdem aber einzelne Unterschiede in der Auffassung, je nachdem das Werk plastischer oder malerischer Natur ist, anzudeuten.

Plastische Darstellungen des jüngsten Gerichtes fanden gewöhnlich ihren Platz an Portalen der Kirchen, offenbar in Anlehnung an die alte Sitte, das jüngste Gericht an der Westseite der Kirche den Gläubigen vor die Augen zu bringen. Der verfügbare Raum, der Halbkreis im Bogenfeld bedingte eine abgekürzte Darstellung. Sie schränkt sich im Wesentlichen auf die Wiedergabe des Richters ein, von der Mondorla eingeschlossen, von Engeln, welche die Posaune blasen oder die Passionswerkzeuge tragen und von den Evangelistenzeichen umgeben. Die Gestalt des Richters erinnert in dieser Auffassung an den triumphirenden Christus, wie er uns von der altchristlichen Zeit her bekannt ist. In der That hat auch dieser den späteren Künstlern zum Vorbilde gedient. Der richtende Christus unterscheidet sich von dem triumphirenden dadurch, dass er nicht mit der Rechten segnet, sondern die eine oder auch beide Hände, die Handfläche nach aussen gerichtet, um die Wundmale zu zeigen, emporhebt. Zuweilen treten Christus noch Maria und Johannes als Fürbitter zur Seite. Allmählich steigern sich die Maasse der Portale und es werden zum Bogenfelde noch die angrenzenden Theile, der Thürsturz und die Leibung des Bogens hinzugezogen. Dann wird auch Raum für die Wiedergabe der Auferstehung, des Paradieses und der Hölle gewonnen. Immer aber ragt die Gestalt des Richters über alle anderen Personen hervor und wird (im Gegensatze zu der späteren Malerei) durch grössere Dimensionen ausgezeichnet. Als Beispiel der einfachen Darstellung mag das Bild im Tympanon des Domes zu Wetzlar (Südportal des Thurmes) dienen: Christus thront mit ausgestreckten Armen und weist die Wundmale. Zu beiden Seiten knieen Maria und Johannes, in den Ecken schweben Engel mit Posaunen. Eine ausführlichere Schilderung versuchen die Sculpturen in S. Trophime (Arles) und am Bamberger Dome (Fürstenportal). Christus, umgeben von den apokalyptischen Thieren, hat in Arles die eine Hand erhoben und hält in der andern gesenkten ein Buch. Der Thürsturz, der sich zu beiden Seiten der Fassade über den Säulen als Fries fortsetzt, zeigt unter Christus die zwölf Apostel sitzend, mit Büchern in den Händen, links Abraham's Schooss und den Einzug in das Paradies, rechts eine Reihe nackter Männer, welche von einem grinsenden Teufel an einer Kette in die Hölle geschleppt werden. Am Bamberger Portale nimmt Christus die Mitte ein. Engel halten zu beiden Seiten die Passionswerkzeuge, Maria und Johannes der Täufer knieen zu seinen Füssen. Unten in der Mitte stehen die Todten auf, rechts werden die Seligen von Engeln in den Himmel aufgenommen, links die Verdammten an einer Kette zur Hölle geschleppt. Zwischen den Säulen des Portales stehen die Apostel auf den Schultern der Propheten, auf den Gesimsen der Säulen ist ein Engel mit der Posaune und Abraham's Schoss dargestellt. Die Portalsculptur am Dome zu Autun ist so häufig beschrieben worden, dass hier die einfache Erwähnung genügt.

Die Gewohnheit, Bilder des jüngsten Gerichtes an Portalen anzubringen, wurde auch während der Herrschaft der gothischen Baukunst beibehalten, doch empfing die Composition in doppelter Beziehung eine Wandlung. Durch die Anwendung des Spitzbogens wurde die Höhenrichtung bei der Anlage des Bogenfeldes begünstigt; um den Raum desselben harmonisch zu füllen, die Anordnung des Bildes in übereinander laufenden Streifen beliebt. Der Gegenstand selbst förderte die Theilung der Handlung in eine obere und untere Scene, die auffallend steile Anordnung wurde aber durch die Raumverhältnisse bedingt, wie auch die Streifencomposition die Regel für andere Schilderungen bildete. Weiter beobachten wir eine beträchtliche Erweiterung der Schilderungen, nicht bloss durch reichere Ausstattung des Vorganges, sondern auch durch Verbindung mit anderen Ideenkreisen. Das eine erklären die gothischen Bauformen, welche das Portale, ja die Fassade überhaupt in eine Bilderwand, durch die architektonischen Glieder wirksam getheilt und begrenzt, verwandeln; die andere Thatsache hat ihren Ursprung in der eigenthümlichen Geistesströmung, welche von der Mitte des 12. bis zum Anfange des 14. Jahrhunderts waltet. Wir besitzen für dieselbe keinen besseren Namen als den der encyclopädischen Richtung. Mit Vorliebe umfassten Schriftsteller und Künstler in ihren Werken den ganzen Weltkreis und trugen in jenen ihr ganzes Wissen von Gott und der Natur zusammen. Sie drangen nicht in die Tiefe der Dinge, bemühten sich dagegen eifrig, von einer Vorstellung zur andern die mannigfachsten, für uns oft seltsamsten Beziehungen zu flechten und auf diese Weise eine Einheit der Anschauungen festzustellen. Man hat oft von gothischen Fassaden rühmend hervorgehoben, sie zeigten sich dem Auge wie mit plastischem Schmucke übersponnen. Aehnliches liesse sich von dem ganzen Anschauungskreise des späteren Mittelalters behaupten. Er gleicht einem Spinngewebe, in welchem sich unzählige

Fäden, von einem Gegenstande zum anderen gezogen, kreuzen. Der typologischen, allegorischen und symbolischen Wechselbeziehungen gibt es kein Ende. Auch das Bild des jüngsten Gerichtes wird diesem Einflusse unterworfen. Es tritt nicht mehr selbständig auf, sondern bildet in der Regel nur einen Bestandtheil eines grösseren zusammenhängenden Bilderkreises. Auch wenn dasselbe für sich zur Darstellung gelangt, wird es doch gern als »secundus adventus« mit der ersten Erscheinung Christi in Verbindung gebracht, demselben noch die klugen und thörichten Jungfrauen, die Madonna als Vermittlerin, der Gekreuzigte als Erlöser nahe gerückt.

Wir können diesen Entwickelungsgang von der einfacheren zur verwickelteren Form an mehreren Beispielen verfolgen. Am Mittelportale in Amiens thront auf dem Pfeiler, welcher die Eingänge scheidet, Christus als Sieger über dem Löwen und Drachen. Am Tympanon sehen wir das jüngste Gericht in vier Abtheilungen dargestellt. Dem Erzengel Michael mit der Wage wird in der unteren Abtheilung eine grössere Rolle zugedacht. Aehnliche, noch reichere Darstellungen lernen wir an den Kathedralen von Wells und Bloxham kennen. Zu Chartres wurde das Bild des jüngsten Gerichtes an das südliche Querschiff verlegt. Das Bogenfeld zeigt in der oberen Abtheilung Christus mit der Madonna und Johannes, in der unteren wird die Scheidung der Auserwählten von den Verdammten vollzogen. Michael mit der Wage, die Mitte einnehmend, trennt die eine Gruppe von der andern. Die Verdammten werden von Teufeln mit Gabeln in den Rachen der Hölle (als riesiger Thierkopf gedacht) hineingetrieben. Die Leibung des Bogens bietet Raum für die Darstellung der Seligen und der Verworfenen. Unter dem Thürbogen auf dem Pfeiler, welcher die Eingänge trennt, ist Christus, zu beiden Seiten auf Pfeilern die Apostel gemeisselt. Der Giebel über dem Bogen zeigt die Madonna in Glorie von Engeln umgeben. Am Strassburger Münster ist das jüngste Gericht auf das Seitenportal rechts verwiesen worden. Das Bild ist in drei scharf getrennten Streifen angeordnet. Im obersten thront Christus mit ausgebreiteten Händen, die Wundmale zeigend. Zur Seite stehen Engel mit den Passionswerkzeugen, dem Kreuze, der Lanze und der Dornenkrone; in den Ecken schweben zwei Posaunen blasende Engel. Im Mittelstreifen stehen links die Seligen, nach Ständen geordnet, rechts werden die Verdammten in den fischartigen Höllenrachen, aus welchem Flammen züngeln, vom Teufel getrieben. Den untersten Streifen nehmen in lebendigerer Bewegung die Auferstehenden ein. An der Portalwandung sind die klugen und thörichten Jungfrauen dargestellt. Die Hauptpforte der Nürnberger Lorenzkirche zeigt das jüngste Gericht als Abschluss eines ausgedehnten Bilderkreises, welcher sich in vielen Abtheilungen an den Pfeilern, Seitenwandungen und dem hohen Bogenfelde hinzieht. Sonne und Mond dienen dem Weltrichter als Schemel, Engel mit Posaunen und den Marterwerkzeugen stehen zur Seite, Maria und Johannes knieen zu seinen Füssen. Die Gruppe der Seligen und jene der Verdammten, welche von einem Teufel an einem Stricke in den Höllenschlund gezogen werden, und die Auferstehenden füllen die unteren Abtheilungen des Bogenfeldes.

Bemerkenswerth ist das häufige Vorkommen des Erzengels Michael als Seelenwäger. So lange dieses Motiv in keinen älteren Darstellungen als jenen des 12. Jahrhunderts nachgewiesen, nicht auf altchristliche Kunsttraditionen zurückgeführt werden kann, müssen wir seine Uebernahme aus der antiken Kunst bezweifeln und dabei verbleiben, dass es in den bekannten biblischen Texten seine Grundlage besitzt. Die weite Verbreitung des Gedankens, dass bei dem Todtengerichte die Thaten gewogen werden, in der ganzen alten Welt spricht nicht für Entlehnung, sondern eher für eine ganz natürliche selbständige Entwickelung bei den verschiedenen Völkern. Dass die Seelenwägung in die späteren Jahrhunderte des Mittelalters mit grosser Vorliebe in die Scene des jüngsten Gerichtes eingeflochten wurde, darf man vielleicht aus dem stärkeren realistischen Zuge, aus der vorherrschenden Neigung, die Gerichtshandlung recht anschaulich auszumalen, erklären. Dadurch würde es begreiflich, dass die Seelenwägung auch unter den Bildwerken an der äusseren Chornische in Schöngrabern, welche sich ebenso durch Formenrohheit wie durch derb drastischen Ausdruck auszeichnen, Platz fand.

Von den Portalsculpturen, deren Verwandtschaft untereinander, durch die räumlichen Verhältnisse bedingt, keinem Zweifel unterliegt, wenden wir uns zu den Darstellungen des jüngsten Gerichtes auf mehreren selbständigen oder doch scharf abgegrenzten Flächen. An Stelle der mehr gedrängten, nur langsam aus dem Symbolischen in das Dramatische übergehenden Auffassung kommt hier eine breitere Erzählung, eine förmliche Trennung der Scenen zur Herrschaft, man möchte sagen, es wird ein epischer Ton angeschlagen. Das nächstliegende Beispiel bietet der Klosterneuburger Altar des Nicolaus von Verdun. Die beiden letzten Gruppen, aus je drei Emailbildern bestehend, behandeln die letzten Dinge. Die drei Scenen der ersten Gruppe (de secundo adventu) führen uns zunächst Christus auf dem Firmamente thronend vor, welcher zwei Engeln Spruchbänder übergibt, den Auftrag ertheilt, Weizen vom Spreu zu sondern, dann zwei Engel in ganzer Figur, welche die Posaune blasen und die Völker zum Gerichte sammeln, endlich wieder zwei Posaunen blasende Engel in verkürzter Gestalt und unter ihnen sechs Kistengräber, aus welchen nackte Männer und Frauen zum Leben sich erheben. Die zweite Gruppe zeigt im obersten Bilde das himmlische Jerusalem. Abraham, eine bärtige nur bis zur Brust sichtbare Gestalt, hält in seinem Schosse sieben nackte Menschen, zu deren Schutze zwei Engel ein Tuch ausspannen. Im Vordergrunde ist das himmlische Jerusalem gezeichnet, mit Mauern, Zinnen und geschlossenem Thore; innerhalb der Mauern stehen drei jubilirende Engel. Die mittlere Tafel mit der Unterschrift: »Judicium sedit« stellt den thronenden Christus dar, mit halbentblösster Brust und ausgebreiteten Armen, die Wundmale der Hände zeigend. Ihm zur Seite stehen zwei Engel mit den Passionswerkzeugen. Im untersten Bilde erblicken wir einen gewaltigen Thierrachen, aus welchem Flammenzungen aufsteigen mit den Köpfen der Verdammten dazwischen. Aus dem Höllenrachen erhebt sich Satan, behaarten Leibes, faunartig gebildet, und stösst einzelne Seelen in denselben.

Die in Copien erhaltenen Deckenbilder der kleinen Kirche in Ramersdorf, in welchen das jüngste Gericht übrigens nur als Bestandtheil eines grösseren Freskencyclus auftrat, offenbaren eine ähnliche Anordnung der Scenen. Dieselben vertheilen sich auf vier Gewölbefelder, von welchen zwei dem Mittelschiffe, zwei den Seitenschiffen angehören. Das eine Gewölbefeld des Mittelschiffes enthält ausser der Krönung Mariä und musicirenden Engeln den Sieg des Erzengels Michael über den Satan. Im nächstfolgenden (nach Westen zu) werden in den vier Kappen Christus als Weltrichter mit den Engeln, welche die Passionswerkzeuge tragen, und Maria und Johannes zu seinen Füssen, dann der Einzug in das (gothische) Thor des Paradieses, die Verjagung in die Hölle und endlich die Auferstehung bei dem Schalle der Posaunen dargestellt. Die Bilder des Paradieses und der Hölle wurden in die Seitenschiffe verlegt. Das Paradies versinnlicht Christus, welcher, ähnlich wie Abraham, in seinem Schoosse ein weisses Tuch hat, aus welchem viele kleine Köpfe (auch ein Papstkopf) hervorgucken. In der Hölle spielt ein menschenfressender Teufel mit Fledermausflügeln die Hauptrolle. Die Schilderung der Höllenqualen zeigt eine lebendige aber derbe Phantasie. Noch lebendiger mit einem Anflug von Humor äussert sich dieselbe in dem leider nur fragmentarisch erhaltenen Wandgemälde in Brauweiler. Hier wird die Verjagung in die Hölle so dargestellt, dass ein Engel mit dem Schwerte die Verdammten wegtreibt, ein Teufel an der Kette sie in die Hölle schleppt, ein anderer Teufel mit der Fidel dazu aufspielt. Die Ramersdorfer und Brauweiler Gemälde sind wohlgemerkt beinahe gleichzeitig und auch örtlich einander naheliegend.

Die Darstellungen des jüngsten Gerichtes in Bilderhandschriften müssen als eine besondere Gruppe behandelt werden. Sie haben in

der Regel mit den früher beschriebenen Gemälden den Zug in das
Breite, die grössere Ausdehnung des Inhaltes, den Einschluss, z. B. der
Vorgeschichte des Gerichtes gemeinsam. Sie unterscheiden sich aber
von ihnen doch wieder wesentlich durch die engere Beziehung der
Bilder zu dem gegebenen Texte. Der Illustrator ist von dem Schriftsteller abhängig und daher in viel geringerem Grade für die Wahl des
Gegenstandes, für die Composition verantwortlich, als der Künstler,
welcher die Aufgabe nur in allgemeinen Umrissen vorgeschrieben
empfängt. Was den Text betrifft, so muss wieder unterschieden
werden, ob derselbe erst in der Zeit, in welcher er illustrirt erscheint,
verfasst, oder ob er aus einer früheren Periode überliefert wurde. Im
letzteren Falle ist die Wahl der Gegenstände, der Inhalt der Darstellungen nur unter ganz bestimmten Bedingungen für die Zeit, in
welcher die illustrirte Handschrift geschaffen wurde, charakteristisch.
Nur wenn von einem Texte in derselben Zeit verschiedene Auffassungen
und Darstellungen vorkommen, oder derselbe im Verlaufe der einzelnen
Jahrhunderte in veränderter Weise anschaulich gemacht wurde, besitzt
man volles Recht, einen bestimmten Einfluss der Zeitrichtung auf die
eine oder die andere Auffassung anzunehmen. Ist vollends der Text
der Art, dass er die Phantasie streng bindet, ihr feste Formen vor-
schreibt, wie es z. B. in der Apokalypse der Fall ist, dann spricht die
grössere Wahrscheinlichkeit für eine unmittelbare Anregung des Illu-
strators durch den Text als für die Einwirkung zwischengeschobener
äusserer Einflüsse. Man sollte meinen, dass es überflüssig wäre, diese
Thatsachen noch nachdrücklich zu betonen. Einzelne Beispiele belehren
uns aber, dass dieselben noch keineswegs in das allgemeine wissenschaftliche Bewusstsein übergegangen sind. So lässt man den berühmten
Hortus deliciarum des Herrad von Landsperg noch immer als ein Denkmal
byzantinischen Einflusses auf die abendländische Kunst bestehen. Didron,
immer beflissen, den Werth der letzteren herabzusetzen und überall
byzantinische Muster, welche er mit altchristlichen verwechselte, zu vermuthen, hat diese Fabel aufgebracht und merkwürdigerweise bis jetzt
noch Gläubige gefunden. Sind die Illustrationen des Hortus formell
von der byzantinischen Kunst abhängig? Nein. Sie tragen in formeller
Beziehung das deutlichste Gepräge des bei uns im 12. Jahrhundert
herrschenden Stiles und zeigen in der Zeichnung der Köpfe, in dem
Wurf der Gewänder nicht die geringste Aehnlichkeit mit byzantinischen
Werken, nicht mit den älteren des 9. und 10. Jahrhunderts, unter
welchen sie tief stehen, ebenso wenig mit den gleichzeitigen, welche
sie an natürlichem Leben weit überragen. Das beweisen selbst die
dürftigen Proben bei Engelhardt, auf welche wir gegenwärtig fast allein

angewiesen sind [11]). Sollen aber nicht wenigstens »stoffliche« Einflüsse Geltung bewahren? Dann müsste man beweisen, dass erst Herrad von Landsperg aus byzantinischen Quellen geschöpft hat. War der Inhalt des Hortus deliciarum bereits seit vielen Menschenaltern im Abendlande eingebürgert, waren die einzelnen Gedankenkreise schon vor Jahrhunderten aus Byzanz nach dem Westen eingewandert, so erscheint doch offenbar die Aebtissin vom Odilienberge an dem Byzantinismus zunächst ganz unschuldig. Aus der Beschreibung der Handschrift bei Engelhardt lernen wir die lange Reihe von älteren Schriftstellern kennen, welche Herrad ausgezogen hat, und erfahren den rein compilatorischen Charakter des Werkes. Demselben ist übrigens der Stempel theologischer Gelehrsamkeit deutlich aufgedrückt. In der theologischen Welt haben bekanntlich auch die Aussprüche griechischer Kirchenväter (Basilius, Joh. Damasc. u. A.) noch aus der Zeit vor der Kirchentrennung grosses Ansehen bewahrt. Da nimmt es denn kein Wunder, dass in einem aus theologischen Büchern zusammengetragenen Texte auch jene Aussprüche Aufnahme fanden, und der Illustrator, welcher sich gern an den Text hielt, dieselben in die Bildform goss. Aus den Beziehungen, welche in der christlichen Vorzeit zwischen der römischen und griechischen Kirche walteten, darf man nicht schlechthin auf die spätere Abhängigkeit der lateinischen Kunst von der byzantinischen Kunst schliessen. Auf

---

[11]) Erst in der jüngsten Zeit sind aus dem Handexemplare des Grafen Bastard (jetzt im Besitze der Strassburger Universitätsbibliothek) mehrere bisher nicht edirte Blätter des Hortus deliciarum bekannt geworden. Die Gaz. archéol. hat 1884 drei Darstellungen: den Stammbaum Christi, die allegorische Figur der Kirche, inspirirt vom Canticum Canticorum, und die Kreuzigung reproducirt. Der grossen Güte des K. Oberbibliothekars in Strassburg, Herrn Prof. Barack danke ich die Kenntniss der Darstellung der Hölle, wodurch Engelhardt's Beschreibung wirksam ergänzt wird. Der Rahmen des Blattes bildet ein astiges Felsengeklüfte, aus dessen Höhlungen mitten in Flammen Verdammte und Teufel, Brustbilder und ganze Figuren, alle mit emporgesträubtem Haare herausJugen. Die Hölle selbst zerfällt in vier, durch ein wellenförmiges Band (Feuerstrom) getrennte Zonen. In den beiden oberen Zonen werden die Strafen bestimmter Sünden, z. B. Selbstmord, Unzucht, Betrug, Kindermord, Schmeichelei, Geiz versinnlicht. In der dritten Zone werden Juden und Gewaltthätige (armati) in grösserer Zahl in zwei Kesseln gebraten; in der untersten Zone endlich wird die Bestrafung der Habsucht noch einmal vorgeführt und dann (rechts) der gefesselte Lucifer, der in seinem Schoosse den Antichrist hält, geschildert. Die realistische Darstellung der verschiedenen Strafen unterscheidet das Blatt grundsätzlich von der byzantinischen Auffassung, der Humor, welcher aus der Zeichnung der zahlreichen Teufel mit ihren kurzen Schwänzchen, ihren Spitznasen, ihrem behaglichen Grinsen spricht, weist auf den Ursprung rein aus der heimischen Phantasie hin, ebenso wie die Formen, die Tracht, alle äusseren Kennzeichen darthun, dass das ganze Bild aus der Phantasie eines deutschen Künstlers des 12. Jahrhunderts hervorging.

keinen Fall kann dem Hortus deliciarum wegen seines deutlich ausgesprochenen theologisch gelehrten Charakters eine typische Bedeutung
für die deutsche Kunstanschauung des 12. Jahrhunderts zugesprochen
werden. Die Vergleichung mit den Darstellungen des jüngsten Gerichtes in anderen deutschen Handschriften des 11. und 12. Jahrhunderts (München, Bamberg, Wolfenbüttel u. s. w.) zeigt übrigens eine
grosse Mannigfaltigkeit der einzelnen verwertheten Motive. Hervorragende
Bedeutung besitzt die Darstellung des jüngsten Gerichtes in der Bamberger Apokalypse aus dem Anfange des 11. Jahrhunderts, weil es in
manchen Zügen mit der Freske der Georgskirche in Reichenau übereinstimmt. Christus, in doppelter Grösse thront in der Mitte der oberen
Abtheilung. Er hält ein riesiges Kreuz in der Rechten und hat die
offene Linke ausgestreckt. Zu beiden Seiten sind in zwei Reihen die
Engel (die äussersten Posaunen blasend) und darunter die Apostel mit
Büchern in den Händen gezeichnet. Unter Christus stehen zwei Engel
in langen Gewändern, welche Schriftrollen entfalten, links von ihnen
die Seligen, sich an die Engel freudig herandrängend, rechts die Verdammten, von den Engeln zurückweichend und von einem Teufel mit
struppigem Haare an einer Kette in die Hölle geschleppt. Ganz unten
erheben sich in der Mitte die Auferstandenen aus ihren Kistengräbern,
rechts sitzt der gebundene Satan, links ist der Evangelist Johannes, der
Schreiber der Apokalypse dargestellt. Je nachdem das Bild in Handschriften der Apokalypse oder der Evangelarien vorkommt, wechselt der
Umfang der Schilderungen, ändern sich auch der Ton und der Charakter
der Darstellung, wird bald auf die Vorgeschichte des jüngsten Gerichtes,
bald auf die Gerichtshandlung selbst, bald auf die Auferstehung, bald
auf die Beschreibung der Höllenqualen der grössere Nachdruck gelegt.

Die Untersuchung bis in die hellen Zeiten des 14. und 15. Jahrhunderts und vollends der Renaissance weiter zu führen, verzichten
wir. Gewiss wäre es von Interesse, die Bilder der älteren niederländischen und deutschen Schulen, dann die italienischen Schilderungen
von Giotto herwärts auf ihre Compositionen zu prüfen und unter
einander zu vergleichen. Mehrere der in den letzten Jahren aufgefundenen Darstellungen des jüngsten Gerichtes wie die Freske in
Millstadt in Kärnthen, das grosse, von Lübke eingehend beschriebene
Wandgemälde im Ulmer Dome u. a. haben unsere Anschauungen namhaft
erweitert und die Aufmerksamkeit auf diesen Bilderkreis aufgefrischt.
Darüber sind wir aber wohl alle einig, dass wir es hier überall mit
persönlichen Schöpfungen zu thun haben, die eigenthümliche Auffassung in den einzelnen Gemälden, die Verschiedenheit der Composition wesentlich auf die Eigenart der Künstler zurückgeht. Die Tradition

ist für sie vorwiegend ein todter Stoff, welcher erst ihre Phantasie belebt. So bedeutend ihr künstlerischer Werth und so gross ihre kunsthistorische Bedeutung sein mag: für den Ikonographen treten sie gegen die dürftigeren älteren Darstellungen an Wichtigkeit zurück.

Dagegen lohnt es sich, noch einen kurzen Blick auf die Bilder des jüngsten Gerichtes im mittelalterlichen Italien zu werfen. Wir entdecken sofort die scharfe Scheidung zwischen plastischer und malerischer Darstellung. Die Bildhauer der Pisaner Schule, welchen wir die berühmtesten Schilderungen des jüngsten Gerichtes verdanken, säumten nicht, den überlieferten Gedankenkreis der Natur des Materials, in welchem sie arbeiteten, entsprechend umzuformen. Sie drängen die Darstellung zusammen, kürzen sie ab, sie verzichten auf das phantastische Element, welches in der malerischen Wiedergabe der Scene so wirksam auftritt, ergehen sich dagegen mit Vorliebe in der Schöpfung nackter, bewegter Gestalten, kräftiger Charakterköpfe. Bezeichnend ist für ihre Richtung, dass sie die Verdammten nicht bloss passiv unter den Angriffen der Teufel erliegend darstellen, sondern zuweilen förmliche Kämpfe uns vorführen. Der symbolische Apparat ist einfachster Art. Christus thront in der Höhe, einmal von den Evangelistenthieren, gewöhnlich von Engeln umgeben. Unter Christus pflanzen Engel ein mächtiges Kreuz wie eine Fahne auf. Die freiere Gruppirung beschränkt sich auf die Auferstehenden und die Verdammten; die Apostel und Heiligen werden in mehreren Reihen übereinander dargestellt, die Eintönigkeit durch mannigfache Wendungen des Körpers und reicheres Mienenspiel gelöst. Am stärksten vom plastischen Geiste angeweht erscheinen die Kanzelsculpturen des Nicola Pisano. Aber auch die Sculpturen seiner Schüler in Pisa, Siena und Pistoja huldigen dem gleichen Grundsatze. Selbst in dem umfassendsten plastischen Bilde des jüngsten Gerichtes an der Fassade zu Orvieto, wo die Scene mehr in das Einzelne (Posaunen blasende Engel, die Verdammten an einer Kette vom Teufel in die Hölle getrieben u. s. w.) ausgemalt wird, beobachten wir den gleichen Vorgang, dass auf die Auferstandenen und Auferstehenden der grösste Nachdruck gelegt, den Formen und Gestalten die plastische Seite abgewonnen wird. Die Empfindung, dass das jüngste Gericht der plastischen Wiedergabe mannigfache Schranken auferlege, prägt sich am deutlichsten in einem Werke des 14. Jahrhunderts, dem silbernen Altarvorsatze im Dome zu Pistoja aus. Im ersten Felde der dritten Reihe stossen wir auf das jüngste Gericht. Christus steht auf einem erhöhten Hügel, in der einen Hand ein Buch haltend, zwei Finger der anderen Hand erhebend. Zu beiden Seiten schweben Posaunen blasende Engel. Unten stehen durch den Hügel

getrennt je sechs bärtige, bekleidete, die Hände emporstreckende
Männer, also die Apostel. Die Darstellung ist hier offenbar zur elemen-
tarsten Form zurückgekehrt.

Schade, dass wir keine frühmittelalterlichen plastischen Werke in
Italien, welche das jüngste Gericht versinnlichen, nachweisen können.
Der Gang der Entwickelung auf diesem Gebiete wird dadurch ver-
dunkelt. Die Frage, ob die durchaus selbständige, von vollkommener
Vertrautheit mit den Grenzen und den besten Wirkungsmitteln der
Plastik zeugende Auffassung bei den Pisanern auf einer plötzlichen
Kunstrevolution oder auf der endlichen Reife einer lang vorbereiteten
Kunstweise beruhe, bleibt ungelöst. Besser sind wir im Kreise der
Malerei daran. Abgesehen von der mehr decorativen Arbeit der
Kathedrale von Otranto, wo der Mosaikfussboden des südlichen Seiten-
schiffes Abraham's Schooss und die Hölle mit dem thronenden (an-
geketteten?) Satan in grober Zeichnung uns vorführt, besitzen wir
aus dem 11. und dem 12. Jahrhundert je ein monumentales Werk.
Das Wandgemälde in S. Angelo in Formis stammt aus der zweiten
Hälfte des 11., das Mosaikbild auf der Westwand des Domes in
Torcello aus dem 12. Jahrhundert. Merkwürdig, das jüngere Werk
ist offenbar unter dem unmittelbaren Einflusse der byzantinischen Kunst
entstanden, das ältere erscheint nicht allein von jenem wesentlich verschieden, sondern zeigt auch deutliche Anklänge an die im Abendlande
üblichen Schilderungen des jüngsten Gerichtes. Das Wandbild in
S. Angelo entstammt der Schule von Monte Cassino und ist, wie man
aus der grossen Zahl der Mönche unter den Seligen wie unter den
Verdammten ersieht, auch innerlich aus mönchischen, im Kloster ge-
pflegten Anschauungen hervorgegangen. Es ist gleichsam ad usum
monachorum componirt. Schon dadurch erscheint das Gemälde als
ein selbständig gedachtes, nicht nach fremden Mustern copirtes Werk.
Während das Mosaikbild in Torcello mit der Darstellung des jüngsten
Gerichtes noch die Niederfahrt Christi zur Vorhölle verbindet, die Engel
zu beiden Seiten des obersten Streifens in echt byzantinischer Prunk-
tracht auftreten, Christus als Weltrichter in den Maassen geradezu ver-
kümmert erscheint, unterhalb Christi auf einem Throne das Buch des
Lebens prangt (Etimasia), von Engeln und Seraphim bewacht, von den
knieenden Adam und Eva adorirt, rechts und links das Meer und die
Erde ihre Beute an Todten herausgeben, zuunterst Michael die Wage
hält, links Petrus und ein Engel die Paradiesespforte bewachen und
Abraham in seinem Schosse Seelen hält, rechts von einem Feuerstrome,
der von Christi Füssen ausgeht, umschlossen, der Höllenschlund sich
öffnet, in welchem Lucifer mit dem Verräther Judas auf dem Schosse

sich besonders bemerkbar macht, führt uns das Wandgemälde in
S. Angelo in einen ganz anderen Gedanken- und Gestaltenkreis ein.
Die Figur Christi in der Mandorla beherrscht die ganze Handlung; die
Scene ist viel geschlossener und zusammengedrängter, auf die Darstellung
des Gerichtes und seiner Folgen wesentlich beschränkt. Die Etimasia,
der Feuerstrom, die vielen episodischen Figuren fehlen. Im obersten
Streifen, oberhalb Christi, wecken vier Posaunen blasende Engel
die Todten zum Leben. Die letzteren steigen nackt aus Särgen empor.
Die phantastische Vorstellung der vom Meere ausgeworfenen Leiber
fand keinen Platz. Zwei Streifen zu beiden Seiten Christi zeigen anbetende Engel und die Apostel, unterhalb der Mandorla halten drei
Engel Spruchbänder in den Händen. Das Paradies ist als Palmengarten
dargestellt, in der Hölle, wohin die nackten Verdammten getrieben
werden, erscheint Lucifer gefesselt. Auch in Einzelheiten, wie Christus
z. B. die Hände ausbreitet (in Torcello beide Hände gleichmässig nach
aussen geöffnet, in S. Angelo mit der einen Hand abwehrend, mit der
andern heranwinkend), in den Kopftypen der Engel und Apostel, weichen
die beiden Bilder stark von einander ab. Wie in den Werken der
Schule von Monte Cassino überhaupt, bemerkt man in den Gewändern
der Apostel einen engeren Anschluss an die altchristlichen Vorbilder,
als dieses in den gleichzeitigen byzantinischen Gemälden der Fall ist.
Nur gezwungen und willkürlich kann man daher einen unmittelbaren
byzantinischen Einfluss in der Freske von S. Angelo behaupten. Das
Mosaikbild in Torcello allein offenbart ein Uebergreifen der byzantinischen
Kunst über ihren natürlichen Wirkungskreis hinaus.

Bei der Erörterung der Stellung, welche die Darstellung des jüngsten
Gerichtes in der byzantinischen Kunst einnimmt, darf man zwei Punkte
nicht übersehen. In der normanisch-byzantinischen Malerei auf Sicilien
des 12. Jahrhunderts späht man vergebens nach einem Bilde des
jüngsten Gerichtes [12]). In der Capella palatina hätte die Westwand einen
trefflichen Platz für dasselbe geboten. Dem Künstler genügte das Bild
des segnenden Christus mit den beiden Apostelfürsten zur Seite. Das
spricht nicht dafür, dass der Gegenstand in byzantinischen Kunstkreisen
rasche und weite Verbreitung gefunden. Ein anderer Umstand bestätigt
diese Vermuthung. Im Kosmos Indicopleustes findet sich die älteste
byzantinische Darstellung des jüngsten Gerichtes. Der vaticanische
Codex gilt als im 7. Jahrhundert geschrieben. Mag er auch schwerlich die Originalhandschrift des Kaufmanns von Alexandria sein,

---

[12]) In der Terra d'Otranto, an der Westseite der Capelle des hl. Stephan in
S o l e t o (14. Jahrhundert) befindet sich ein Wandbild des jüngsten Gerichtes,
welches wesentlich mit jenem in Torcello übereinstimmt.

wie Kondakoff behauptet, so dürfte er doch als treue Copie desselben
sich herausstellen. Wie fasst der Zeichner das jüngste Gericht auf?
Christus mit dem Kreuznimbus sitzt auf dem Polsterthrone, ruht mit
den Füssen auf einem Schemel und stützt die Linke auf ein mit sieben
Edelsteinen geschmücktes Buch. Die Rechte hat er über die Brust quer
gelegt. Unter Christus sind acht Engel mit Diademen in langen Tuniken
und noch tiefer unten dreizehn Männer, alle jugendlich, bartlos gezeichnet. Sie sprechen mit einander, nur die mittelste Figur blickt wie
die Engel aufwärts. In der untersten Zone endlich bemerken wir acht
Männer, Halbfiguren, welche der Erde entsteigen. Christi Triumph und
die Auferstehung der Todten bilden den eigentlichen Gegenstand der
Darstellung, das eigentliche Gericht tritt ganz zurück. Von dem Codex
besitzt die Laurentiana eine Copie, welche dem 10. Jahrhundert
angehört. Der Zeichner dieses Codex hat sich manche Aenderungen
erlaubt. An die Stelle der dreizehn Männer ist eine grössere Zahl von
Brustbildern getreten; die Engel tragen Stäbe, die Auferstandenen
sind wie Mumien in Tücher gehüllt. Den Grundtypus der Darstellung
hält er aber fest. Also hat noch im 10. Jahrhundert in der byzantinischen Kunst die ganz unentwickelte Darstellung des jüngsten Gerichtes nicht ihre Kraft verloren, Verständniss und Billigung gefunden.

Das Ergebniss unserer Studien lässt sich in folgenden Sätzen zusammenfassen. Die byzantinische Kunst besitzt in Bezug auf die Darstellung des jüngsten Gerichtes kein Anrecht auf Priorität, noch weniger
hat dieselbe die abendländische Kunst an ihr Vorbild gebunden. In
der lateinischen Welt hat das Bild des jüngsten Gerichtes bereits in
der karolingischen Periode die Phantasie mächtig gepackt. Schon damals
wurde die bildliche Wiedergabe desselben versucht und dann immer
weiter entwickelt. Der Kern der Darstellung erscheint bereits am
Ende des 10. oder am Anfange des 11. Jahrhunderts festgestellt. Ein
Jahrhundert später beginnt die künstlerische Ausgestaltung desselben.
Die Natur des Stoffes, in welchem der Künstler arbeitet, wirkt mit-
bestimmend auf die Composition, der immer stärkere Zug nach lebendiger
Wahrheit lockt zu breiterer Ausmalung, bis endlich die persönliche
Individualität des Künstlers ihr volles Recht ausübt. Das Bild des
jüngsten Gerichtes, weit entfernt davon, nach einem festen Schema
und starren Typus dargestellt zu werden, überrascht durch die Mannigfaltigkeit der Auffassung, welche es zulässt, ja geradezu herausfordert.
Die vergleichende Kunstgeschichte bestätigt das Wort des h. Augustinus,
dass über den »modus et ordo iudicii« jedermann die Meinung freistehe.

Bildercyclen und Illustrationstechnik im späteren Mittelalter.

Von **K. Lamprecht** in Bonn.

Gelegentlich des Erscheinens von:

Die Romfahrt Kaiser Heinrichs VII., ein Bildercyclus des Codex Bal-
duini Trevirensis, herausgegeben von der Direction der Königl. Preussischen
Staatsarchive. Erläuternder Text bearbeitet (unter Benutzung des litterarischen
Nachlasses von L. v. Eltester) von Dr. Georg Irmer, Archivsecretär in Marburg.
Berlin, Weidmann'sche Buchhandlung 1881. Fol. 39 Tafeln und 120 S. Text.

Ulrich Richental, Concilium ze Costenz 1414—1418 (nach dem Original
im Besitze des Grafen Gustav von Königsegg in Aulendorf, herausgegeben von
Th. Sevin; Lichtdruck von L. Bäckmann in Karlsruhe). Edition in 40 Exempl.,
126 Bll. Lichtdruck in Kl.-Fol. 1881. 160 M. —.

In den beiden genannten Veröffentlichungen sind in dankenswerther
Weise zwei Bildercyclen reproducirt worden, welche, kunsthistorisch wie cultur-
geschichtlich gleich wichtig, zwei der bedeutendsten Ereignisse am Beginn
des 14. und 15. Jahrhunderts in fast gleichzeitigen und für den jeweiligen
Stand der deutschen Malerei bezeichnenden Darstellungen vorführen. Hier wie
dort handelt es sich um politische Vorgänge, wie sie sich in den höchsten Schichten
der Nation abspielen, hier wie dort tritt zugleich der internationale Charakter
des Mittelalters im Kaiserreich und in der Universalkirche durch Hineinziehen
fremder, romanischer Volkselemente in der bildlichen Schilderung zu Tage. Ist
so die Grundlage des politischen Lebens, das beide Bildercyclen zur Darstellung bringen, die gleiche, so gehen sie doch vorwiegend auf verschiedenartige
Aeusserungen desselben aus; hier auf das kriegerische Leben des Ritters, die
sociale Stellung der weltlichen Aristokratie, dort dagegen auf Thun und
Treiben der geistlichen Aristokratie, namentlich der Spitze derselben, des
Papstes. Auf diese Weise ergänzen sich beide Cyclen; in beiden zusammen
liegt eine Schilderung des äusseren Daseins der höchsten socialen Schichten
unseres Volkes, geistlicher wie weltlicher Art, vor, welche zwei Jahrhunderte
umfasst und kaum eines der für eine solche Darstellung wichtigeren Momente
vermissen lässt.

Nicht minder wichtig wie diese inhaltliche, erscheint die formale Seite
beider Handschriften für die Entwicklung der Cyclenbildung und namentlich
der Illustrationstechnik im späteren Mittelalter. Während aber wenigstens die
Irmer'sche Publication der Realerklärung der Bilder wesentlich gerecht wird,

haben es die Editoren beider Bilderreihen unterlassen, ihren Stoff kunstgeschichtlich einzuordnen. Vielleicht mit Recht. Unsere Kenntniss der in den Kreis
dieser Schöpfungen gehörigen Erscheinungen ist noch so gering, auch die allgemeinsten Züge der Entwicklung noch so .nebelhaft umschrieben, dass ein
Editor, der ein monumentum aere perennius liefern soll, mit Recht Bedenken
tragen durfte, in einer Richtung Stellung zu nehmen, in der jedes Jahr noch
grundlegende Forschungen zu bringen vermag.

Anders der ausser des Bannes der Publication befindliche Historiker, er
wird gern die ihm sonst bekannten Fäden mit dem neuen Material verknüpfen,
auch auf die Gefahr hin, mehr Probleme, als abgeschlossene Resultate zu erhalten. Von diesem Standpunkte aus sei es gestattet, im Folgenden auf die
Bedeutung beider Publicationen hinzuweisen [1].

Es ist bekannt, dass sich schon die Miniaturmalerei des früheren Mittelalters wie der spätrömischen Epoche aus der Illustrationstechnik der Handschriften entwickelt hat. In welcher Weise man zum Bedürfniss der Illustration
kam, lehrt in ausgiebigster Weise der erst jüngst von Harnack und v. Gebhardt
entdeckte Codex Rossanensis des N. T. aus dem 6. Jahrhundert [2]. In den
Bildern dieser Handschrift herrscht noch durchaus der Charakter der sogen.
discursiven Malerei; die einzelnen Bilder sind in ihrer Composition nicht
einheitlich, nur einem Gesichtspunkte unterliegend; es sind keine Situations-
bilder, sondern Illustrationen, welche in Andeutungen, durch ineinander ver-
schwimmende Scenen den Fortgang der dargestellten Handlung umschreiben.
Diese Bilder wollen nicht ergötzen, sondern erzählen; sie sind geradezu ein
Surrogat für die Schrift, sie wandeln sich in sich selbst ab, wie Nebelbilder;
aus einer Situation erwächst schon die folgende, aus dieser eine dritte, vielleicht sogar noch eine vierte, das alles im Rahmen eines Bildes. Aus dieser
discursiven Malerei entfaltet sich dann die cyclische Malerei der karolingischen
Epoche, jene grossen gemalten Epopöen, welche nach Ermoldus Nigellus die
Kaiserpfalzen zierten, zu welchen uns aber nur in den Miniaturen einiger Ri-
tualhandschriften trümmerhafte Parallelen erhalten sind. Mit dem Ende der
Karolinger verfiel Wandmalerei und Miniatur, ein kurzes Nachblühen in der
Ottonenzeit unter Aufnahme fremder Elemente verzögerte nur den Verfall, ohne
neues Leben zu wecken. Aber mit dem Ende des 11. Jahrhunderts begann
der Deutsche aus eigner Kraft und unter Zuhilfenahme der unter dem Einwirken des romanischen Stils erworbenen architektonischen Anschauungen
eine neue Miniaturmalerei zu pflegen, welche sich wesentlich auf die Contou-
rirung, erst später auf die Farbe verlegte. Aus diesem Keim einer neuen
malerischen Anschauung entsprang in der 2. Hälfte des 12. Jahrhunderts die

---

[1] Ueber die .Publication Irmer's im Besonderen vergleiche man die Kritik
A. Springer's in dieser Zeitschrift Bd. 5, S. 239.

[2] Evangeliorum codex graecus purpureus Rossanensis (Σ) litteris argenteis
sexto ut videtur saeculo scriptus picturisque ornatus edd. O. v. Gebhardt und
A. Harnack. Mit 2 Schrifttafeln und 17 Umrisszeichnungen. Leipzig 1880. 4⁰.
XLIX S. Vergl. meine ausführliche Beurtheilung in den Bonner Jahrbüchern 69,
S. 90—98.

erste wahrhaft deutsche Illustrationsmanier: ihr gehören der Hortus deliciarum, die illustrirte Eneithandschrift u. A. m. an.

Und schon im 13. Jahrhundert wurde diese Illustrationsmanier populär, d. h. sie wurde zur Technik; Miniaturmalerei und Illustration im prägnanten Sinne scheiden sich. Damit wird die Illustration ganz ihren eigenen primitiven Gesetzen überlassen; der discursive Charakter mit dem Hintergrund der Belehrung tritt wieder bei ihr auf. Der erste deutliche Beweis für ihr volles Bestehen, so weit ich weiss, sind die illustrirten Sachsenspiegel zu Heidelberg, Dresden, Wolfenbüttel und Oldenburg. Von ihnen ist der erste und letzte veröffentlicht [3]), von den beiden andern finden sich bei Grupen [4]) einige Proben. Ich kenne von den beiden mittleren so gut wie unpublicirten — denn Grupen's Abbildungen sind nicht zu brauchen — nur den Dresdner aus eigener Anschauung; er scheint mir für den frühesten Charakter der deutschen Illustrationstechnik gerade besonders bezeichnend. Aller Nachdruck ist hier auf die materielle Darstellung gelegt, jede Gruppirung und jedes Ebenmass in künstlerischem Sinne ist der Verständlichkeit des Bildes untergeordnet. Und dabei handelt es sich hier anscheinend um einen der schwierigsten aller Illustrationsgegenstände: es sollen Rechtssätze im Bilde versinnlicht werden: eine Aufgabe, welche sich oft nur durch die wunderlichste Freiheit in der Composition lösen lässt, namentlich wenn dieselbe Person eine Rechtshandlung mit doppelten gleichzeitigen Beziehungen vorzunehmen hat. Da erscheinen dann Personen mit 4 Aermen, welche zwei discursive Bilder in der Weise verbinden, dass sie nach rechts wie nach links in eine gesonderte Rechtshandlung eingreifen; ebenso kommen Gestalten mit 2 Köpfen vor. Derartige Auffassungen erscheinen uns erstaunlich naiv, im Grunde aber beruhen sie auf einem ausserordentlich grossen Vorrath äusserer Imaginationskraft im ganzen Volke, aus welcher heraus der einzelne Zeichner ohne Schwierigkeiten schafft. Und diese Imaginationskraft prägte sich namentlich eben in den äussern Rechtsvorgängen aus. Es ist auf den ersten Blick sehr merkwürdig, dass die neue Illustrationstechnik sich sofort dem anscheinend schwierigsten Gegenstand, den sie wählen konnte, der Erläuterung von Rechtsbüchern zuwendet; in Wahrheit aber liegt die Sache umgekehrt. Gerade auf diesem Gebiete gab es die vollendetste Symbolik der äusserlichen, körperlichen Handlungen, war das stumme Spiel der Bewegungen und der Gesten an sich Rechtshandlung; gerade auf diesem Gebiete konnte vermöge der grossen allgemein vorhandenen Stärke der Imaginationskraft die discursive Malerei am wenigsten auffallen, ja war nothwendig.

---

[3]) Teutsche Denkmäler, herausgegeben von Batt, v. Babo, Eitelberger, Mone und Weber, 1. Lieferung; Heidelberg 1820, fol. Vergl. U. Kopp, Schriften und Bilder der Vorzeit, Mannheim 1819. — A. Lübben und F. v. Alten, Der Sachsenspiegel, Landrecht und Lehnrecht. Nach dem Oldenburger Codex picturatus von 1336. Oldenburg 1879.

[4]) In den Observationes rerum et antiquitatum Germanicarum et Romanarum. Halle 1763, 4°.

So darf man geradezu den Satz formuliren: die deutsche Illustrationstechnik des späteren Mittelalters ersteht aus dem vermehrten Bedürfniss der Belehrung in Laienkreisen auch ohne Kenntniss der Schrift, und ihre Möglichkeit
beruht auf dem Reichthum der überlieferten nationalen Rechtssymbolik. Erst auf
der Grundlage der Rechtssymbolik erwächst ein Verständniss der Eigenthümlichkeiten dieser Technik: da finden wir z. B. die Hände regelmässig ungemein
lebhaft agirend, es sieht aus, als hätte Jeder mit ihnen etwas anzudeuten und
auszusprechen, zudem sind die Hände regelmässig viel zu gross, so dass sie
auffallen und bedeutend wirken müssen. Wer die Bedeutung der Hand in
der Rechtssymbolik kennt, versteht das ohne Weiteres; die Hand spielte in ihr
die Hauptrolle, noch jetzt prägt sich das in einer grossen Anzahl von Redens-
arten aus: »Zu Handen dessen und dessen«, »in Händen halten«, »aus den
Händen geben« u. s. w. Eine Realerklärung jedes mittelalterlichen Bildes,
namentlich aber der eigentlichen Illustrationen muss daher der Action der Hände
die grösste Aufmerksamkeit widmen; wie viel auf diese Weise erst verständlich wird, habe ich in meinem Aufsatz über den Bilderschmuck des Codex
Egberti zu Trier und des Codex Epternacensis zu Gotha gezeigt[5]). Auch in
den Bildern des Balduineums zeigt sich die symbolische Bedeutung der Hand-
bewegungen noch sehr kräftig, vgl. z. B. Bl. 4a, 8b, 20a; Irmer hat dies Capitel
ganz übersehen, er gibt nur einmal S. 91 eine leise Andeutung. Nicht minder
ist in der Bilderchronik Richentals die Handsymbolik noch auf jeder Seite,
wenn auch abgeschwächt, vertreten. Weiterhin gehört in dies Gebiet der
Symbolik die Lehre vom Gebrauch grosser und kleiner Figuren; ursprünglich
nur in dem Verhältniss der Menschen zu den Heiligen angewandt, wird sie in
der Illustrationstechnik allgemeiner auf das Verhältniss der Höherstehenden zum
Untergebenen, namentlich der höheren Stände zu den niederen übertragen.
So erscheinen z. B. im Balduineum die Bürger bei Gerichtssitzungen des Kaisers
regelmässig kleiner, ebenso sind Ministerialen und gewöhnliches Volk, z. B.
Schiffsleute oder Krieger zu Fuss in Gegenwart der Herren kleiner gezeichnet,
vgl. Bl. 3a, 24b, 19b, 17b. Schliesslich ist bei colorirten Bildern die f'arben-
zusammenstellung von Bedeutung; aus dem Heidelberger wie dem Dresdner
Ssp. lässt sich eine ganze Farbenscala von den vornehmeren bis zu den geringeren Farben entwickeln. Den ersten Platz nehmen dabei Roth und Grün, und
zwar beide in hellen Nuancen ein, sie waren schon zur Zeit der Minnesänger
die höfischen Farben und erhalten sich als solche, wie ihre Bevorzugung im
Balduineum zeigt — das rothe und grüne Käppchen Balduins! — bis in's
14. Jahrhundert.

Neben diesen sehr äusserlichen Mitteln der Charakterisirung, wie sie die
Illustrationstechnik aus dem im 13. Jahrhundert schon absterbenden Leben
der deutschen Rechtssymbolik entnahm, bildet sie aber seit den Tagen der
letzten Staufer immer energischer die feineren Mittel bezeichnender Darstellung aus; die Farbensymbolik wird nur noch in ihren grössten Grundzügen,
z. B. in der Verwendung von Gelb für Judas Ischariot, festgehalten, ja theil-

---

[5]) Bonner Jahrbücher, Heft 70, S. 56—112. Mit 8 Tafeln.

weis humoristisch verwendet, wie denn z. B. der ältere Holbein als Augsburger Schwabe seine Missethäter gern in das bairische Blau-Weiss kleidet; die
Bezeichnung unter- und übergeordneter Personen durch die Grössenverhältnisse
hört auf, an die Stelle der Handsymbolik tritt die Symbolik des Gesichtsaus-
drucks. Schon die Ssp. kennen sie in ihren ersten Zügen; der Slave sieht
anders aus wie der Deutsche; der Wahnsinnige charakterisirt sich zwar noch
durch umgehangenen Tand und Schellen, trägt aber ausserdem ein verstörtes
Gesicht; niedrige Leute, namentlich Grundholde, haben Stulpnasen. In dieser
Art der Bezeichnung sind schon im Bulduineum ausserordentliche Fortschritte
gemacht, deutlich sind hier die gewöhnlichen Leute mit stark aufgestülpten
Nasen und bisweilen fuchsig rothem Haare (vgl. z. B. Bl. 6b) von den Bürgern
zu scheiden, bei welchen sich diese Eigenschaften weniger geltend machen
(vgl. z. B. Bl. 10b, 11b, 22a, 33a), und letztere weichen wieder merklich von der
aristokratischen Darstellung des Adels und des Clerus ab. Weiterhin ist der
Ausdruck für platte Gemeinheit (vgl. Bl. 13b) zweifellos beabsichtigt und gewonnen, ebenso gelangen die Erregungen der Trauer, des Schreckens, der
Ueberraschung (vgl. z. B. Bl. 33a, 36b) schon zur vollen Darstellung. Ja es ist
sogar der Versuch der Porträtbildung bei etwas abnormer natürlicher Vorlage
(vgl. Bl. 18a) gelungen, während freilich im Allgemeinen von einer porträtartigen
Wiedergabe noch nicht die Rede sein kann. Die Richental'sche Chronik endlich bezeichnet auf diesem Wege wieder einen grossen Schritt weiter; für die
ganze Scala menschlicher Gefühle steht dem Zeichner der Ausdruck zu Gebot,
nicht selten finden sich kräftige Anfänge einer scharfen Porträtirung. Auf
Grund grade der Richental'schen Chronik darf man behaupten, dass in der
ersten Hälfte des 15. Jahrhunderts die Illustrationstechnik in der lebendigen
und innerlichen Wiedergabe der einzelnen Charaktere einen Höhepunkt erreicht
hatte: sie war reif geworden für die Ablösung durch die vervielfältigenden
Künste.

    In der That wird man das Aufkommen der polygraphischen Gewerbe
und ihren ungemeinen Erfolg im 15. Jahrhundert nicht verstehen, wenn man
nicht eine sehr rasche Entwicklung der Illustrationstechnik nach Quantität und
Qualität vom 13. bis 15. Jahrhundert annimmt.

    Die Bilder der Sachsenspiegel sind ungemein roh gezeichnet, man kann
in ihnen beim besten Willen nichts mehr als einen flotten bis auf einen gewissen Grad schon fabrikmässigen Naturalismus entdecken; auf künstlerischen
Eindruck ist kein Werth gelegt, dieselben oder ganz ähnliche Bilder wiederholen sich bei passender Gelegenheit — eine für die deutsche Illustration bis
tief in's 16. Jahrhundert sehr bezeichnende Erscheinung —; Vieles wird in
der Darstellung nur angedeutet, namentlich die Scenerie wird nicht viel besser
behandelt wie etwa in den Schauspielen des 15. Jahrhunderts. Die Anlage
erfolgt in Federzeichnung, dazu kommt dann eine rohe Füllung in Wasserfarben, die Zeichnung ist flüchtig, grade Linien sind stets aus freier Hand
genommen, auf Verzeichnungen kommt es dem Maler nicht an, wenn sie nur
verdeutlichen, die Linearperspective steckt in den Kinderschuhen, eine Luft-
perspective existirt nicht. Diesen Kennzeichen der Sachsenspiegelzeichnungen

gegenüber zeigt das Balduineum erhebliche Fortschritte und ordnet sich grade dadurch ganz in die Entwicklung der Illustrationstechnik ein. Das Balduineum vermeidet discursive Malereien noch nicht ganz (vgl. Bl. 13b, 14a), aber der Drang zu scenischem Abschluss ist vorhanden. Es ist ebenfalls stark in Wiederholung ähnlicher Scenen, wie das im Gange der zu Grunde liegenden Handlung lag, aber es sucht doch derartige Scenen zu variiren, man vgl. Bl. 10b, 11a, 15b, 16b, 22a; Bl. 12b und 29a; Bl. 21a und 23a; Bl. 26b und 33a. Weiterhin ist ihm die andeutungsweise Darstellung nicht fremd: der Brand von Ballisten wird durch kleine Feuer im Hintergrund, ein verstörtes Lager durch einige am Boden liegende Töpfe gekennzeichnet; aber solche Dinge werden möglichst umgangen. Höchst bedeutend dagegen ist der Fortschritt gegenüber den Ssp. in der eigentlichen Technik, die Zeichnung ist genauer geworden, wenn auch noch immer etwas flüchtig, die Wasserfarben werden sehr discret angewandt, nur einige Bilder sind ganz farbig ausgeführt, grobe Verzeichnungen kommen nur selten vor (z. B. beim Knecht auf Bl. 6b), der Sinn für Perspective ist zwar noch wenig ausgebildet, aber es ist doch sorgsam vermieden, ihn allzuhäufig zu verletzen, vgl. Bl. 24b, 27ab, 34a.

Wie stellt sich nun zu alledem der Bildercyclus Richentals? Auf den ersten Blick ergibt sich eine weitere Ausbildung der bisherigen Illustrationstechnik; aber sie wird erst verständlich unter Zuhilfenahme einiger bibliographischer Notizen, welche ich im Laufe der letzten Jahre gesammelt habe und hier anführen will, obgleich sie wahrscheinlich nicht vollständig sind. Es wird eben nöthig sein, diese Fragen erst einmal anzuregen, lösen lassen sie sich nur durch gemeinsame Beiträge Mehrerer.

Das bairische Nationalmuseum enthält sub Inventar-Nr. 2060 eine Handschrift der unvollendeten Weltchronik des Rudolf von Ems (nicht der Bibel, wie das Inventar besagt), welche eine grosse Reihe von Illustrationen aufweist. Die sehr charakteristische Manier dieser Illustrationen findet sich wieder in der einzigen bisher bekannten Bilderhandschrift des Schwabenspiegels in Brüssel, Cod. Brux. Reness. 1. Beide Handschriften weisen nach Costüm wie Schriftzügen auf die Zeit von etwa 1420—1430; die Sprache führt auf Schwaben. Der Schwabenspiegel z. B. beginnt: Hie vohet sich an des bûches cappittel, das da saget von dem keiserlichen recht, das do gesetzet ist von keiser Karle, durch den alle recht bestattet sint, wenn got von hymel yme das oben herab gesant hat mit dem engel die recht zů haltende, die har nach geschriben stant. Bilder wie Schrift dieser beiden Handschriften erweisen sich aber wieder nahe verwandt mit den Bildern der Handschrift von Richental's Conciliumschronik, welche im Rosgartenmuseum in Constanz aufbewahrt wird; eine der beiden Hände, welche an den Bildern dieser Handschrift gearbeitet haben, scheint gradezu mit der Hand der Brüsseler und Münchner Handschrift identisch zu sein. Jedenfalls kann darüber kein Zweifel herrschen, dass Anordnung und Technik der Bilder wie der Schrift in allen drei Handschriften auf gemeinsamen Ursprung hindeutet; man wird nicht zu viel wagen, wenn man ihn in Constanz vermuthet. Da liegt denn ein Zusammenhang mit Ulrich Richental selbst, der sicher in Constanz lebte und der höchstwahrscheinlich

Constanzer Bisthumsschreiber war, sehr nahe; es fehlt nur noch eine genaue chronologische Fixirung der Handschriften auf seine Lebenszeit. Diese wird geliefert durch eine vierte Parallelhandschrift ganz gleichen Charakters, welche sich früher in der an Bilderhandschriften reichen Bibliothek der Eifelgrafen von Blankenheim befand und jetzt im Kölner Stadtarchiv verwahrt wird (Ms. theol. 250 und 251). Es sind 2 Papiercodices in gross Folio, wie die andern genannten Handschriften auch: eine deutsche Bibel alten und neuen Testaments in schwäbischem Dialekt. Am Schlusse des zweiten Bandes steht: Explicit liber iste per me Dieboldum de Dachstein proxima feria secunda ante nativitatem domini sub anno domini M° CCCC° XXVII°. Dachstein ist ein Dorf bei Molsheim im Elsass, der Verfertiger konnte leicht aus seinem Heimatsort nach Constanz hinübergewandert sein; das Jahr 1427 aber fällt in die Lebenszeit des Ulrich Richental, der 1378—1438 nachweisbar ist[6]).

Halten wir diesen Zusammenstellungen, welche Ulrich Richental die Vorstandschaft einer Fabrik für Codices picturati zuzuweisen scheinen, die über sein sicher beglaubigtes Werk, die Constanzer Concilschronik, überlieferten Nachrichten gegenüber, so kommen wir nur zur Bestätigung dieser Vermuthung. Berger[7]) kennt drei Handschriften derselben persönlich, die Handschrift des Rosgartenmuseums zu Constanz, die Aulendorfer und die Wolfenbüttler; sie alle sind gleichzeitig mit Ulrich Richental und illustrirt. Hierzu kommt eine ebenfalls illustrirte, aber unvollendete Handschrift in Wien, von welcher Lorenz, G.-Qu. I, 81 N. 2 spricht, ohne über ihre Datirung Sicheres anzugeben; eine fünfte endlich ist in Winterthur. Soweit man den Handschriftenbestand der Conciliumchronik bisher mit einiger Sicherheit kennt, ergibt sich also als höchst wahrscheinliches Resultat ihre fabrikmässige Anfertigung durch Ulrich. Ulrich wird eben zu jenen nicht seltenen Schriftstellern aus der Wende des 14. und 15. Jahrhunderts gehört haben, welche Autoren und Verleger ihrer Werke zugleich waren (zu ihnen ist z. B. Dietrich Engelhus zu zählen), nur dass bei Ulrich diese Verbindung noch eine besondere Nuance annahm; er war zugleich Vorstand einer Illustrationsfabrik für sein Werk wie andere Bücher.

Dass man von einer Fabrik im eigentlichen Sinne sprechen muss, lehrt die auch nur flüchtige Betrachtung der Bilder aller aufgezählten Handschriften; man sieht an ihnen deutlich, wie ein Arbeiter den Text herstellte, ein zweiter die Contouren der Bilder sowie etwaige Zuschriften zu denselben lieferte, wie schliesslich ein dritter oder gar noch mehrere Arbeiter diese Contouren mit Wasserfarben austuschten. Derjenige, welcher den Text geschrieben und damit die Hauptarbeit gethan, unterschrieb dann den Codex, so jener Diebold von Dachstein, welcher sich in den Kölner Codices nennt.

Natürlich musste unter solch fabrikmässiger Arbeitstheilung die Illustrationstechnik eine neue Bildungsstufe erreichen. Die grosse Gewandtheit, zu welcher es der Contourenzeichner brachte, machte sich doch auch künst-

---

⁶) Vergl. Lorenz, G.-Quellen I, 81.
⁷) Johann Huss und König Sigismund, Augsburg 1871.

lerisch bald wohlthuend geltend, die Scenen werden besser disponirt, namentlich die Pferde werden auseinandergehalten, welche auf den meisten Bildern des 14. und 15. Jahrhunderts so greuliche Verwirrung anzurichten pflegen. Dazu wird jetzt der Hintergrund zum ersten Male betont, es kommen Häuser und Strassen vor (Sevin'sche Ausgabe der Aulendorfer Handschrift S. 219, 224, 225), es macht sich ein Sinn für leidliche Perspective geltend, ja man versucht sich schon in schwierigeren Verkürzungen (a. a. O. S. 56). Auf der andern Seite zeigt sich ein fast völliger Verzicht auf die alten Mittel der Illustrationstechnik zur Charakterisirung: Variationen der Körpergrösse zur Bezeichnung social höherer oder niederer Stellung sind äusserst selten und kommen vielleicht nur in Folge ungeübter Perspective vor (a. a. O. S. 176, 177), die Bezeichnung durch Wappen und sonstige äussere Merkmale wird wenigstens für bekanntere Personen vorsichtig vermieden. Hier geht man vielmehr auf porträtmässige Wiedergabe aus, und häufig ist dieselbe anscheinend recht gut gelungen. Statt der Händesymbolik endlich tritt das Geberdenspiel der Physiognomie ein, namentlich das Auge wird ungemein und über die Maassen betont, es wird zu gross, glotzig und herausspringend gebildet, spricht aber meist zum Beschauer in vollster Deutlichkeit und in dem vom Maler beabsichtigten Sinne.

Nicht minder bedeutend wie die Fortschritte der Auffassung sind die neuen Errungenschaften der Technik. Man kann nicht flotter und doch bei geringen Hilfsmitteln charakteristischer darstellen, als es diese Miniatoren gethan haben. In scharfen und entschiedenen Strichen werfen sie ihre Bilder auf das Papier, die alten sorgfältig getuschten Schatten verschwinden zu Gunsten einer leisen Schraffirung, das Ganze wird dann mit Wasserfarben flüchtig behandelt. Und schliesslich geht man noch einen Schritt weiter; man zeichnet überhaupt keine Schatten mehr, sondern deutet sie dadurch an, dass man die Farbe nur an ihre Stelle setzt, die Lichter aber weiss lässt. Und im weitern Verfolg kommt man dazu, auf der Schattenseite ab und zu die Contouren gar nicht zu zeichnen — hier schloss ja die Farbe das Bild ab — sondern nur noch die Lichtseite in festen Strichen zu markiren.

Auf diese Weise war eine fabrikmässige Technik der Illustration erreicht, welche weiten Kreisen die Freude an bildlicher Darstellung erschloss und damit die Vorbedingungen für die materielle Existenz und den raschen Aufschwung der polygraphischen Gewerbe in der zweiten Hälfte des 15. Jahrhunderts schuf. Es ist bekannt, dass kaum eine Zeit in Deutschland mehr illustrirte Bilder gebraucht hat, als die erste Hälfte des 16. Jahrhunderts; erst die jüngste Gegenwart zeigt einen ähnlichen Aufschwung. Diese erste Blütheepoche der Bücherillustration bleibt unbegreiflich, so lange man nicht die Grundlage ihrer Existenzfähigkeit und raschen Ausdehnung in der fabrikmässigen Handillustration des späteren Mittelalters erkennt. Für das Verständniss dieser Dinge scheint mir aber zunächst in der Person des Ulrich Richental der Schlüssel zu liegen; möchte über ihn von berufener, namentlich auch localhistorischer Seite bald endgiltiges Licht verbreitet werden.

Zur Aufhellung des genannten Entwicklungsganges der spätmittelalterlichen Illustrationstechnik bedarf es indess der Publication ihrer wichtigsten Denkmäler; in dieser Richtung ist mit der Ausgabe der Aulendorfer Handschrift wie des Balduineums einer der wichtigsten Fortschritte gemacht worden; wir begrüssen ihn mit Freuden und in dankbarem Sinne gegenüber denen, welche die kostspielige Publication beider Denkmäler ermöglicht haben.

Beilagen.

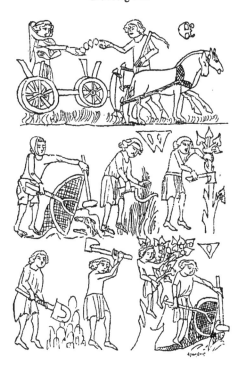

1) Cod. Dresd. M. 32 fol. Pgt. 92 beschriebene Bll., Bl. 29a Nr. 2 bis 4. Der Dresdner Sachsenspiegel stammt nach dem Costüm der Bilder und den paläographischen Merkmalen der Schrift aus der Wende des 13. und 14. Jahrhunderts, vielleicht liegt er noch etwas später. Die wiedergegebenen Bilder (in vierfacher Verkleinerung) illustriren folgenden Text: a) Sachsenspiegel ed. Homeyer Landr. II, 27, 3: En ydel wagen gift haluen toln iegen enen geladenen; die halue wagen den haluen deil; b) Sachsenspiegel Landr. II, 28, 1: Sve so holt houwet, oder gras snit, oder vischet in eines anderen mannes watere an wilder wage, sin wandel dat sint dre schillinge, den schaden gilt he vppe sin reht. c) Sachsenspiegel Landr. II, 28, 2: Vischet he in diken die gegrauen sin, oder houwet he holt dat gesat is oder barende bome, oder brict he sin ouet, oder howt he malbome, oder greuet he op stene die to marcstenen gesat sin, he mvt drittisch schillinge geuen.

2) Cod. Bruxell. Reness. 1 fol. Pp. ca. 1420 Bl. 269. Einzige illustrirte Handschrift des Schwabenspiegels; die Bilder sind für die Ikonographie des deutschen Rechts längst nicht von der Bedeutung, wie die des illustrirten Sachsenspiegels, einmal weil die rechtssymbolische Tradition vom 13. zum 15. Jahrhundert überhaupt einen starken Stoss erleidet, dann weil die Bilder nicht unter rechtskundiger Berathung, wie offenbar bei dem Sachsenspiegel, sondern rein fabrikmässig von den Illuminatoren hergestellt sind. Die Handschrift, welche noch wenig bekannt ist, enthält folgende Bilder:

a) Zum Landrecht. Zu Art. 6 [nach der Eintheilung der Handschrift] (= Lassberg 2), 10 (56), 18 (13), 22 (18), 28 (25 a b), 41 (38), 47 (46), 60 (59), 76 (78), 82 (85), 84 (87 a b), 93 (96), 102 (103 b), **110** [8]) (111), 114 (115), **127** (128), **130** (130 b c), 137 (137 a), **140** (138), 148 (144 a), **155** (149), 167 (159 a b), 172 (164), **178** (170 a b c), **186** (178. 179), **197** (185), 201 (190), 208 (201), 209 (201), 220 (212), **225** (218 a b), 235 (228), 244 (237), 250 (243), 261 (253 b c), 268 (260—2), **269** (262), **284** (278), 292 (286 a b), **298** (304), **308** (302 a b), 313 (307 a b), **317** (311), 332 (327), 334 (329—30), 342 (341), **351** (350), 361 (360), 378 (376).

b) Bilder zum Lehnrecht. Titelbild: Ertheilung von Lehnsbriefen; die Belehnten knieen. Weiterhin zu Art. 4 (4 a b c), **10** (10 a b), 16 (16 a b), 24

---

[8]) Von den Bildern zu fettgedruckten Artikelziffern habe ich Kopie genommen.

(23 a b), 33 (37), 42 (48), 60 (62 a b), 74 (76), 89 (91), **104** (107), 107 (110 a b), 122 (126 c d), 128 (133), **134** (141, 142 a, 143 b—144 b).

Das beigegebene Bild (in vierfacher Verkleinerung) illustrirt die Worte des Schwabenspiegels (ed. Lassberg 262, Gengler 215): Diz ist der iuden eit; den suln si sweren umbe ein ieglich dinc, daz hin ze ir eide stêt. Er sol uf einer suwe hute stên, und sol im diu rehte hant in einem buche ligen unz an die riste, und an dem buche suln diu funf buch herren Moysi geschriben sin; und sol der also sprechen, der im den eit da git, und sol der iude diu selben wort nach im sprechen etc.   *Lamprecht-Bonn.*

Die Porträtsstiche

*des Robert Boissard, der beiden J. Theod. de Bry, und der wahrschein-
liche Antheil von Corn. Galle dem Aelteren an dem J. J. Boissard'schen
Sammelwerke.*

Von Joh. Bapt. Janku.

Die Autorschaft der Künstler, welche die einzelnen Porträts in dem nach
Joh. Jac. Boissard genannten Sammelwerke: »Icones virorum illustrium«
gestochen haben, wird durch einige Umstände, welche die Herausgabe dieses
Sammelwerkes begleiteten, und auch durch die Frage nach dem Künstlermonogramm verdunkelt, welches — auf einer grossen Anzahl von Porträts
hier vorkommend — unrichtig gedeutet wurde, auf mehreren Porträts dagegen
fehlt, obgleich die Stichweise den Monogrammisten bezeugt. Auf diese Umstände
Rücksicht nehmend, ist die Beantwortung der Frage nach den Künstlern der
einzelnen Stiche noch nicht versucht worden. Nur gelegentlich erscheinen in
Handbüchern, welche Fragen aus der Geschichte des Kupferstiches behandeln,
allgemeine Bemerkungen über die mehr oder minder ausgedehnte Betheiligung
dieses oder jenes Meisters bei dem in Rede stehenden Sammelwerke; denn
die Bezeichnung des Theodor de Bry als Stecher der sämmtlichen Porträts,
wie der Titel zum I. und II. Theile der »Icones vir. illustr.« angibt, entsprach
ja dem Sachverhalte offenbar nicht, und die Worte: »in aere facta et edita
per heredes Theodori de Bry« im Titel zum III. und IV. Theile dieser Sammlung lassen der Auslegung in dieser Beziehung den weitesten Spielraum.

Allgemein-kunstgeschichtliche Grundlage ihrer Würdigung.

Die Porträtsstiche unseres Sammelwerkes gehören der älteren Stichweise
an, welche die einfache Wiedergabe der farblosen Zeichnung bezweckt und
die Abstufung von Licht und Schatten nur als Mittel der Modellirung ihrer
Gestalten, zur Formgebung benützt. Die strenge Einfachheit in der Charakteristik, wie wir sie im guten Cartonstich wahrnehmen, wird ihren Eindruck
auf den Kunstfreund niemals verfehlen. Allein unsere Stiche sind vom Ausgange jener Periode in der Geschichte des Kupferstiches, deren Höhe durch
Albr. Dürer und Marc-Antonio Raimondi bezeichnet werden. Die glückliche
Vereinigung vereinfachter edler Formenschönheit in den Hauptlinien mit um-

ständlichem Detail in, so zu sagen, begleitenden Episoden, welche einige
von Dürer's Schülern oder Nachfolgern zu erreichen vermochten, war zur Zeit
des älteren Joh. Theod. de Bry, diesseits der Alpen, einem platteren Realismus
gewichen. Unruhige Detaillirung drängt sich vor; jenem Detail ist aber nicht
nur die Technik des Grabstichels noch nicht gewachsen, sondern es fehlte das
einheitliche Augenmerk für Richtung und Grad der Abtönung. Dies ist im
Allgemeinen der Standpunkt in der historischen Entwicklung, von welchem
aus J. Theod. de Bry Vater und dessen gleichnamiger Sohn, dann Robert
Boissard, die uns nacheinander als die Verfertiger der Stiche der »Icones
vir. illustr.« entgegen treten, gewürdigt werden mögen.

Von dem Zeit- und Landesgenossen des älteren de Bry, Heinrich Goltzius,
dessen Meisterschaft in virtuoser Führung des Grabstichels die Technik der Stichkunst weit über die Grenzen seines Vaterlandes hinaus gefördert hat, sind die
de Bry's jedenfalls ganz unbeeinflusst geblieben. Und was die Erfassung der
künstlerischen Aufgaben des Kupferstiches betrifft, so haben erst die durch
Rubens und Ant. v. Dyck begründeten innigeren Beziehungen zwischen Malerei
und Kupferstich an dem Vorbilde der zur einheitlichen Lichtwirkung gestimmten Farben und ihres Helldunkels auch für den Stich das Maass der Vertheilung von Licht und Schattenwirkungen und correctere feinere Abtönung nach
Verschiedenheit der Oberflächen gebracht. So weit nun aber auch die weitaus
grössere Mehrzahl unserer Porträtsstiche von den soeben angedeuteten malerischen Erfolgen auf dem Gebiete des Kupferstiches entfernt sind, so werden
wir doch auch einer Anzahl von Porträts begegnen, deren Meister immerhin
einen erheblichen Schritt in dieser eben anbrechenden Richtung gemacht haben.

Das J. J. Boissard'sche Porträts-Sammelwerk im Allgemeinen.

Die Durchforschung der so reichhaltigen grossen Porträtssammlung der
Privatbibliothek Sr. Maj. des österr. Kaisers nach den Bildnissen des J. J. Boissard'schen Porträtssammelwerkes, welche dasselbst als Einzelnstiche nach Ständen und Berufskreisen den Portefeuilles eingereiht sind, ergab für mich den
Anlass, der Frage nach den Meistern dieser Stiche näher zu treten. Mit Rücksicht
auf die Eingangs dieses angedeuteten Schwierigkeiten der Frage, musste von
den 4 Theilen der »Icones vir. illustr.« nach ihrer zeitlichen Aufeinanderfolge
mit Beziehung auf ihre Herausgeber jeder Theil zunächst für sich durch-
geprüft werden. Von dem Ergebnisse theile ich hier das Wesentliche mit, so
weit es von allgemein kunstgeschichtlichem Interesse ist.

Die Grundlage meiner Arbeit bildete die erste und älteste Ausgabe des
J. J. Boissard'schen Sammelwerkes, dessen 4 Theile in den Jahren 1597—99 zu
Frankfurt a. M. erschienen sind. Diese Ausgabe enthält 200 Bildnisse und zwar
in ersten Plattenabdrücken, von Männern aus dem Zeitalter der Renaissance,
welche der humanistischen Geistesrichtung angehörten und auf die Förderung
derselben durch ihr litterarisches oder sonst öffentliches Wirken eingegriffen
haben. Das Boissard'sche Werk wurde weiterhin wiederholt ausgegeben und
jedesmal mit neuen Bildnissen späterer Künstler vermehrt, welche zur ersten
Ausgabe noch nicht mitgewirkt hatten. So in den Jahren 1628—32, dann

1645, und endlich die vierte Ausgabe 1650—54: »Boissard Jan. Jac. Bibliotheca chalcographica virorum illustrium« etc. in 9 Theilen mit 441 Bildnissen;
doch nehmen die in den wiederholten Zuwachsen zur ersten Ausgabe vertretenen Stecher, wie Paul de Zetter, Seb. Furck und Jost Amann das
Interesse wohl weniger in Anspruch.

　　Joh. Jac. Boissard, in der damals noch freien deutschen Reichsstadt
Besançon (Bisanz) in der Grafschaft Burgund im Jahre 1528 geboren, widmete,
voll Begeisterung für das classische Alterthum, sein Leben dem Studium und
dem Sammeln der Culturschätze desselben. Er hatte zu Strassburg studirt,
an der Universität in Leipzig den Philosophen und Geschichtslehrer Joach.
Camerarius gehört, und wurde zu Ingolstadt mit dem Mathematiker und Astronomen Philipp Apianus befreundet. Vom Jahre 1555 an durchwanderte er
sechs Jahre lang Italien und einen Theil Griechenlands, um Monumente und
Inschriften abzuzeichnen und zu notiren, und Antiquitäten zu sammeln. Erst
gegen das Ende seines Lebens gelangten seine Aufzeichnungen zur Publication,
wobei der zu Lüttich, gleichfalls im Jahre 1528 geborene Joh. Theodor de Bry,
Zeichner und Kupferstecher, welcher 1570 nach Frankfurt a. M. gekommen
und daselbst eine Buchhandlung eingerichtet hatte, die Ausführung der Zeichnungen Boissard's in Kupferstich und die Ausgabe der Werke desselben besorgte. So sendete Boissard dem de Bry, wie dieser in der Vorrede zu dem
im Jahre 1597 erschienenen I. Theile der »Icones vir. illustr.« ausdrücklich
bemerkt, die von dem ersteren gezeichneten Bildnisse berühmter Humanisten
zu dem gleichen Zwecke ein: »Er, de Bry, habe diese Bildnisse gestochen und
gebe sie sammt den von J. J. Boissard verfassten biographischen Notizen in
seinem Verlag heraus.« Nun lässt aber die offenbare Verschiedenheit des Stils,
nach Auffassung und Ausführung, welcher wir bei einigen Stichen schon in
diesem I. Theile der »Icones vir. illustr.« begegnen, keineswegs die Annahme
zu, dass Joh. Theod. de Bry der Aeltere wirklich die sämmtlichen Bildnisse des
I. Theiles selbst gestochen habe, wie Titel und Vorrede zum I. und II. Theile
besagen. Ja, wir werden sehen, dass unter den Bildnissen des II. Theiles sogar nur einige wenige Stiche von seiner Hand sind. — Wenden wir uns also
zunächst den Bildnissen des I. Theiles zu, von welchem Nagler im »Lexicon«,
wie schon Quandt und Rost in ihren Handbüchern sagen, dass der ältere
de Bry die »meisten« Porträts dieses Theiles gestochen habe, und fassen wir
vorerst des älteren de Bry's Manier ins Auge, um dasjenige bestimmt ausscheiden zu können, was nicht seine Weise zeigt.

Joh. Theod. de Bry sen.

　　Der ältere de Bry war Zeichner aber kein Maler; Licht und Schatten
und deren Uebergänge haben für ihn nur den Zweck der Modellirung. Was
seine Zeit in Ansehung der malerischen Wirkung des Kupferstiches bewegte,
dem stand er ferne. Seine Modellirungsmittel sind einfach. Im Gesichte wendet
er selten zwei Strichlagen übereinander an, und, wenn schon, immer nur in
ganz kleinen Partien. Zwischen die einfachen Strichlinien eingeschobene

Punktreihen kommen bei ihm oft vor.   Seltener wird die Punktirung auch für die Gewandbehandlung verwendet.

Für feinere Abtönung des Schattens verhält er sich sonst gleichgültig, wie namentlich jene monotonen, fast senkrechten Striche auf der Schattenseite des Gesichtes bezeugen, welche mit gleichmässiger Stärke, über die Wange bis zur Augenöffnung, ja bisweilen über diese oder jenseits derselben über die Stirne fortziehen.   Die an antike Porträtsbüsten erinnernde, conventionell gehaltene Kräuselung der Haare ist wohl mehr auf Rechnung des vom Studium der Antike erfüllten Zeichners, J. J. Boissard, zu setzen; denn diese Haarbehandlung kommt auch, obwohl seltener, bei den Stichen des Robert Boissard im II. Theile der »Icones vir. illustr.« vor.   Die Gewandung hat bei dem älteren de Bry ziemlich gehäufte Falten, deren plie und réplie nicht immer ganz klar erscheint.   Eine Gruppirung nach grösseren Maassen· fehlt meist; und wo es darauf abgesehen wäre, erscheint die Haltung, bei dürftiger Abtönung, schwerbrüchig.   Diese Schwierigkeit ist hier nur einmal, nämlich am togaartigen Gewande im Bilde des französischen Dichters Joh. Ant. Baif überwunden.   Die Schraffirung des älteren de Bry bewegt sich meist in eng gezogenen Linien und verfällt oft dem Kraftlosen.   Nicht Strenge, sondern eine gewisse Steifheit in der Führung des Grabstichels gibt seinen Gestalten oft Starrheit in den Zügen oder doch Härte im Ausdruck.   Als Belege des Gesagten mögen unter den 45 Bildnissen, welche von dem älteren de Bry in dem 51 Porträts enthaltenden I. Theile der »Icones« etc. gestochen sind, genannt werden: das des Boccaccio mit hartem Ausdruck und schroffen Absätzen der Licht- und Schattenpartien; die Bildnisse Poggio's und der zwei Rechtsgelehrten Joh. von Imola und Azo's mit der oben erwähnten reliefwidrigen, steifen Schraffirung über Nase und Lippen; dagegen wieder die individuell belebteren Bildnisse des italienischen Rechtslehrers Philippus Decius und des Cardinals Bessarion, bei denen die sonstigen Härten der Modellirung vermieden sind.   Ich bemerke hier gleich, dass schon unter den Bildnissen des II. Theiles der »Icones vir. illustr.« nur drei Bildnisse zuverlässlich von des älteren de Bry Hand sein dürften; nämlich das des französischen Bibliothekars Wilhelm Budaeus (Budé), das des Nürnberger Patriciers Wilibald Pirkheimer und das des gräflich Ant. Fugger'schen Bibliothekars Hieronymus Wolff. Diese drei Porträts haben alle Merkmale seines Grabstichels. Und nur weitere vier Bildnisse im II. Theile könnten, wie wir sehen werden, vielleicht von seiner Hand sein.

Die sämmtlichen von dem älteren de Bry gestochenen Porträts sind Brustbilder in ovaler Umrahmung, deren vier Zwickel von einfachen Blumenarabesken mit je einem Vogel oder sonstigen Thierbilde ausgefüllt sind. Keines derselben hat ein Monogramm, womit der Stecher sein Werk bezeichnet hätte.

Joh. Theod. de Bry jun.

Mitten unter den Stichen des älteren de Bry fällt eine Radirung in die Augen, die so viel realistisches Detail gibt, dass wir dabei nicht leicht an eine Arbeit aus der Hand des älteren de Bry denken können, da ihm ein solches Behagen an Detail nicht eigen war.   Dargestellt ist Erasmus von Rotterdam,

Hüftbild, schreibend. Eine dünne gehäufte Strichelung strebt nach möglichster
Treue in der Darstellung von Einzelheiten. Ein weiter Oberrock gibt den Anlass zu stark gehäuften Falten, und auch Hautrunzeln und Hautfalten sind
nicht gespart. Dies gilt auch von Händen und Fingern. Allein die Abtönung
von Licht und Schatten vermag dieser Detaillirung nicht ganz gerecht zu
werden. Schroffe Absätze des Schattens machen die Gewandung schwerbrüchig;
ihre Häufung erzeugt im Gesichte Flecken. Diese Eigenthümlichkeiten treten
noch deutlicher hervor in folgenden fünf Radirungen derselben Hand, welche
im II. Theile der »Icones« etc. vorkommen. Im Hüftbilde des gelehrten Latinisten Justus Lipsius ist das kleinliche Detail im Antlitze dem Gesammtausdruck der Züge noch abträglicher. Die Besonderheiten an der Kleidung sind
aber hier mit einer Präcision und die Haare mit einer natürlichen Freiheit
behandelt, welche diese Arbeit von jenen des älteren de Bry noch bestimmter
scheidet. Dieselbe Manier haben auch die Porträts des fränkischen Dichters
Paul Schede, des italienischen Rechtsgelehrten Andr. Alciatus, des braunschweigischen Rechtsgelehrten Andr. Cludius und des französischen Latinisten
Chabot (Peter Gualterius). Nur die Bildnisse der beiden Letztgenannten
sind Brustbilder, die übrigen Hüftbilder. Ich zweifle nicht, dass in den eben
besprochenen Radirungen, welche in den dunkleren Partien vom Grabstichel
Nachhülfe erhielten, Arbeiten des gleichnamigen Sohnes des älteren de Bry,
Joh. Theod. de Bry jun., vorliegen, von dem Nagler in seinem »Künstler-Lexicon«
und Rost im »Handbuche« sagen, dass er nebst seinem unbedeutenderen
Bruder dem Vater bei dessen Unternehmungen thätig mitgeholfen habe; ohne
aber über diese Mithülfe sich näher auszusprechen. Nagler nimmt »mehr Geist
und Geschmack«, und Rost »grössere Präcision«, als der Vater hatte, für den
Sohn in Anspruch; und dieses Urtheil kann im Ganzen genommen jedoch im
nachstehenden Sinne acceptirt werden. Besehen wir uns die Manier des jüngeren
de Bry etwas näher, so lässt sich eine grosse Verwandtschaft derselben mit den
Radirungen seines älteren Zeitgenossen, dem Jacob de Gheyn sen., nicht
verkennen. Rob. Boissard hat mit Jac. de Gheyn im Jahre 1597 in Kupfer
gestochene Maskeraden zu Frankfurt a. M. herausgegeben; und so mochte der
jüngere de Bry durch den mit ihm so nahe befreundeten R. Boissard mit Jacob
de Gheyn's Stichweise sich vertraut gemacht haben. Das, worin de Bry jun.
dem J. de Gheyn, der ein Schüler des Heinr. Goltzius war, nahe kommt, ist
aber hauptsächlich doch nur eine grössere technische Fertigkeit als diejenige
war, die dem de Bry Vater zu Gebote stand. Diese Fertigkeit befähigte ihn,
das Stoffliche in der Kleidung und sonstige Einzelheiten mit ziemlichem Erfolg
wiederzugeben. Das aber, worin de Bry jun. den malerisch geschulten J. de
Gheyn nicht erreichte, war der belebtere Ausdruck, die zur Einheit ge-
gestimmten Lichtwirkungen. Und eben weil die Radirungen, von denen die
Rede ist, nicht über den Gesichtspunkt des älteren de Bry, nämlich den der
einfachen Modellirung hinausreichen, möchte ich in den besprochenen Radirungen den Antheil des Sohnes an der väterlichen Unternehmung erkennen.
Auch diese Stiche tragen kein Künstlermonogramm. Ich übergehe das Bildniss
des pfalzgräflichen Arztes J. Posthius und das des Chr. Columbus, jedes mit

einem besonderen Monogramm, da sie den Zweck dieser Mittheilungen nicht berühren, wornach vom I. Theile der »Icones vir. illustr.« nur noch drei Bildnisse verbleiben, deren kunstgeschichtliche Würdigung um des Zusammenhanges willen mit künstlerisch verwandten Stichen aus den nächstfolgenden Theilen der »Icones vir. illustr.« etwas später in Betracht zu ziehen sein wird.

Robert Boissard.

Die Hauptmasse der 49 Porträts des II. Theiles der »Icones vir. illustr.«: nämlich 30 derselben zeigen das viel umstrittene Monogramm ℞. Dr. G. K. Nagler: »Die Monogrammisten« etc. I. B. München 1858, sagt in dem Artikel »Robert Boissard«, dass das Monogramm desselben, wie es vorstehend hier gegeben ist, auf den Bildnissen der Theologen Conrad Lautenbach, Joh. Pfauser und Georg Wicellius erscheint, welche in Boissard's »Bibliotheca Chalcographica« gehören. Thatsächlich kommen diese drei Bildnisse mit dem bezeichneten Monogramm und zwar schon in den »Icones vir. illustr.« nämlich, wie wir bereits wissen, in der ältesten Ausgabe des J. J. Boissard'schen Porträtwerkes vor; und zwar die zwei erst genannten in dem II. Theile, Wicellius im IV. Theile. »Diese Bildnisse seien,« meint Nagler, »in der Manier des Theod. de Bry gestochen und deswegen habe Christ [in seinem Buche über Monogramme] das Zeichen auf ihn gedeutet und beigefügt, dass damit Blätter in Boissard's Bildnisssammlung bezeichnet seien. Brulliot [in seinem Dictionnaire] habe das Zeichen auf dieselbe Art erklärt, doch ohne sich von der Richtigkeit dieser Erklärung überzeugen zu können. Hiernach bleibe nur Rob. Boissard über, dessen Blätter mit jenen des Renée Boyvin nur geringe Aehnlichkeit hätten.« Es liegt uns demnach ob, die Stichweise des Rob. Boissard etwas eingehender zu betrachten. Denn das lässt sich gar nicht in Abrede stellen, dass die drei von Nagler hervorgehobenen Bildnisse einen, man kann sagen principiellen Unterschied in der Weise der Behandlung aufzeigen.

Rob. Boissard ist entschieden klarer in der Modellirung von Kopf und Tracht als de Bry; Licht und Schatten sind in klaren Massen disponirt. Die Striche — weiter von einander abstehend — sind genährter und gewähren durch ihr Abnehmen einen leichteren Uebergang aus dem Schatten in die Lichtpartien. Er ist nicht sparsam mit der zweiten Strichlage in der Schattirung des Gesichtes, wendet dagegen die Punktirung zwischen den Strichreihen nicht an. Aber die kräftigere und in der Richtung decidirte Strichführung gibt bestimmtere Charakteristik, die Schwellung der Striche den Eindruck gerundeter Formen, und die Sicherheit der Zeichnung beseitigt das Starre, welches vielen Bildern des älteren Theod. de Bry anhaftet. Die Ausführung im Gewande ist oft recht trocken; aber der Faltenwurf ist immer explicirt, und klarer als bei de Bry sen. und bei aller Einfachheit charakteristischer für die Haltung der Figur als bei jenem. Die Hervorhebung des Details unterbleibt hier gänzlich. In dieser echten Weise des **Cartonstiches** ist Pfauser's Porträt gehalten, und die Mehrzahl der Bildnisse in den »Icones vir. illustr.«, welche sein Monogramm, wie es oben gegeben ist, tragen, sind in dieser Weise des Stiches

gearbeitet. Ich führe als Beispiele aus dem II. Theile an die Bildnisse des bai-
rischen Historikers Aventinus Johann, des Theologen Joh. Cochlaeus, des
sächsischen Rechtsgelehrten und Kammergerichtsrathes Joh. Schneidewin, des
prot. Theologen Joh. Marbach u. s. w. — In den obenerwähnten Bildnissen
des Lautenbach und des Wicellius ist aber die strenge Richtung des Cartonstiches verlassen. Die Köpfe in beiden Bildnissen sind radirt; eine feine, in
kurzen Strichlagen, übrigens mit der Regelmässigkeit des Grabstichels geführte
Schattirung, welche die oben hervorgehobenen Merkmale der Rob. Boissard'schen
Schraffirung im Wesentlichen erkennen lässt, erzielt eine mehr malerische
Weiche in den Formen. Während an den Köpfen nur einige wenige Striche
des Grabstichels hie und da der Radirung nachhelfen, ist die Gewandung bei
beiden mit dem Grabstichel ausgeführt und auch hier ist wieder, sowohl in
dem nach grösserem Faltenwurfe disponirten Kleide des Wicellius, als an den
enggefalteten Partien am Rocke Lautenbach's, die Faltung klar und weich. In
dieser mehr nach malerischer Abtönung strebenden Weise der Verbindung des
Grabstichels mit der Radirnadel fühlt Rob. Boissard, wenigstens dem Erfolge
nach zu urtheilen, sich heimischer; er bringt es darin weiter; wir empfinden
darin etwas von der Weichheit des Incarnats, und in einigen Bildern dieser Art
kommt volles persönliches Leben zur Anschauung. Im II. Theile der »Icones« etc.
sind die Bildnisse des Peter de la Ramée, Professor der Philosophie an der
Sorbonne, des französischen Dichters Peter Ronsard und des theologischen
Schriftstellers Hartmann Beyer in der letztgedachten Weise gearbeitet. Dass
wir aber in den Bildnissen Lautenbach's und des Wicellius und den übrigen
in ihrer Weise gearbeiteten Porträts thatsächlich Werke des Rob. Boissard's vor
uns haben, dafür liegt ein entscheidender Nachweis in dem dem I. u. II. Theile
der »Icones« etc. zu dem Titelblatte beigegebenen Bildnisse des Joh. Jac.
Boissard. Denn die Radirung dieses Brustbildes, das zwar kein Monogramm
hat, ist ein urkundlich nachgewiesenes Werk des Rob. Boissard. In der Vorrede
zum III. Theile der »Icones« etc. sagen nämlich die Söhne des de Bry ausdrücklich, »dass das Bildniss des J. J. Boissard von Robert Boissard, seinem
Verwandten, ,juvene artis clypticae solerti', gestochen worden sei.« Die Art
der Modellirung trifft in allem Charakteristischen mit der Radirweise bei den
Bildnissen des Wicellius und Lautenbach überein.

So obliegt Rob. Boissard noch der schraffirten Zeichnung in der Weise
des Cartonstiches; aber mit der Radirnadel, vom Grabstichel unterstützt, weiss
er malerische Auffassungen glücklich zu verwerthen. Dieses Schwanken zwischen
gegensätzlichen Richtungen ist eben ein eigenthümliches Moment in der kunstgeschichtlichen Entwicklung jener Zeit, welcher er angehört. Die grosse technische Kunstfertigkeit, welche des Heinrich Goltzius Arbeiten so berühmt
machten, steigerten überall die Ansprüche an den Rhythmus des Linienstiches.
Hiernach wandten sich Viele, insbesondere Maler, der Radirung zu, welche mit
weniger Zeit- und Müheaufwand zum Ziele führte, weil sie keine so kunstreiche
Verbindung mannigfacher scharf geschnittener Schraffirlagen erforderte, und
gewisse Wirkungen jener dadurch zu erreichen waren, dass man den geätzten
Strichen an entsprechender Stelle mit dem Grabstichel nachhalf. Diese Ver-

bindung der Radirkunst mit dem Grabstichel kommt nach Goltzius häufig vor. Die Radirung strebt aber vorerst überhaupt noch wesentlich gleiches, wie die Grabstichelkunst in Beziehung auf die Bezeichnung des Stofflichen an; nur sollte dabei der technische Theil erleichtert, und der Skizze ein freies Ausdrucks-mittel geschaffen werden. — Erst mit Rembrandt ändern sich die Ziele der beiden Weisen der Kupferstichkunst, indem seine Radirung, mit Verzichtleistung auf die stoffliche Bezeichnung, in bewusster Weise durch einfache Strichmassen das wechselnde Spiel von Licht und Schatten an der Verschiedenheit der Ober-flächen in rein malerischer Auffassung und Composition producirt.

René Boyvin hat an dem J. J. Boissard'schen Sammelwerke nicht mitgewirkt.

Robert Boissard war zu Valence um 1570 geboren, also noch nicht 30 Jahre alt, als seine ersten Arbeiten für die »Icones vir. illustr.« im Jahre 1598 erschienen, zu denen sein Verwandter J. J. Boissard die Zeichnungen geliefert hatte. Das obenerwähnte Urtheil Nagler's über des Robert Boissard Stichmanier kann, nach dem eben von mir Dargelegten, offenbar nur die einfache Grabstichelarbeit Rob. Boissard's im Auge haben, da alle Anhalts-punkte fehlen, dessen Kunstübung, welche Radirnadel und Grabstichel verband, zu dem älteren de Bry oder gar zu René Boyvin in nähere Beziehung zu bringen. Aber auch für die Grabstichelführung des Rob. Boissard ist Nagler's Meinung ungenau. Die »Aehnlichkeit« zwischen diesen drei Meistern redu-cirt sich eben einfach auf die allgemeine Kunstrichtung der Grabstichel-arbeiten jener Zeit. In Allem, was correcte Modellirung anbelangt, blieb der ältere de Bry am weitesten zurück. Dies gilt nicht nur von seiner technischen Fertigkeit; er ist auch noch am meisten im Banne der älteren deutsch-nieder-ländischen Weise befangen, welche einfache Zeichnung mit einer gewissen pein-lichen Treue von Detail gibt. Darum macht des älteren de Bry's Weise uns heute den Eindruck des Handwerksmässigen. R. Boyvin dagegen überragt in Bezug auf Modellirung und Kraft des Ausdruckes mit den sparsamen Mitteln der einfachen Zeichnung den Rob. Boissard erheblich. Auch an markiger Kraft und Sicherheit der Grabstichelführung hat Rob. Boissard den René Boyvin niemals erreicht. Malerischen Anwandlungen aber blieb René Boyvin ganz fern. Uebrigens ist es an der Zeit, einmal bestimmt festzustellen, dass R. Boyvin's Grabstichel zu dem Sammelwerke »Icones vir. illustr.« nichts beigetragen hat. Eine sorgfältige Vergleichung seiner Stichweise mit den Bildnissen, welche in diesem Sammelwerke vereinigt sind, lässt darüber gar keinen Zweifel. Nagler selbst bezeichnet auch kein einziges Bildniss als eine Arbeit Boyvin's; und Rob. Dumesnil, der im Peintre-Graveur die Porträts von Boyvin's Hand genau beschreibt, spricht eben, ohne allen Bezug auf die Stiche in der Boissard'schen Sammlung, von anderen Stichen, wo er dargestellte Personen anführt, von denen Bildnisse auch in dem J. J. Boissard'schen Sammelwerke vorkommen. In der That ist Boyvin bereits 17 Jahre vor dem Erscheinen des I. Theiles dieser Collection 1597, nämlich sehr wahrscheinlich schon im Jahre 1580 ge-storben. Für die Deutung des obigen Monogrammes auf R. Boyvin fehlt es

also durchaus an sachlichen Gründen. — Unter den erwähnten 30 Bildnissen
des II. Theiles der »Icones vir. illustr.«, welche das Monogramm ℞ haben,
befinden sich aber vier Porträts, welche die Stichweise des älteren Theodor
de Bry zeigen und daher auch ihm zuzuschreiben sein dürften. Nämlich die
Bildnisse des Joh. Hartung, Graecist zu Freiburg i. Br., und des Theologen
Alard von Amsterdam, welche die senkrechte Schraffirung der Schatten-
hälfte des Gesichtes ohne weitere Berücksichtigung der Reliefsunterschiede haben
— letzterer noch überdies die schwerbrüchige Gewandbehandlung — lassen mir
beide Bildnisse als Werke des älteren de Bry erscheinen. Bei Oldendorp's und
Schreccefuss' Bildnissen kann ich mich zwischen dem älteren de Bry und
R. Boissard nicht entscheiden. Dagegen sind drei Bildnisse unter jenen des
II. Theiles der »Icones vir. illustr.«, welche kein Monogramm haben, dennoch
zuverlässig von Rob. Boissard gestochen. Nämlich: Paracelsus, Agrippa und
Hutten. Klare und massvolle Schraffirung in sicher geführten, kräftigen
Strichen zeigen die Vorzüge des Rob. Boissard im besten Lichte. Man ver-
gleiche die augenfällig übereinstimmende Manier in den Bildern des Paracelsus
und des obenbeschriebenen Wicellius.

Von dem älteren de Bry haben wir im II. Theile unseres Sammelwerkes,
ausser den eben erwähnten vier Stichen mit dem Monogramm als wahrscheinliche Werke seiner Hand, anlässlich seiner dargelegten Stichweise schon oben
dreier Porträts in diesem II. Theile ohne Künstlermonogramm Erwähnung gethan,
nämlich: der Porträts des Wilhelm Budaeus, des Wilibald Pirkheimer
und des Hieron. Wolph. Hiernach ist de Bry sen. in diesem II. Theile mit
verhältnissmässig nur sehr wenigen eigenen Werken vertreten. Theod. de Bry sen.
ist am 17. März 1598, also noch in demselben Jahre, in welchem die Sammlung der Bilder des II. Theiles erschien, gestorben. Er war im Jahre 1528
geboren. Es ist daher begreiflich, dass er für den II. Theil nur wenige Bildnisse selbst vollendet hat. Dem Rob. Boissard war ja die Ausführung der
meisten Porträts übertragen. Wahrscheinlich erhielt er auch den Auftrag, die
oben erwähnten vier Bildnisse, deren Platten der ältere Theod. de Bry begonnen
haben dürfte, deren Abdrücke aber Rob. Boissard's Monogramm zeigen, mit
der letzten Handanlegung fertig zu stellen. So würde sich das Monogramm
auf denselben erklären, obgleich vieles in der Stichweise an Theod. de Bry sen.
erinnert. In den Bildnissen der »Icones vir. illustr.« kommt kein Monogramm
vor, welches auf Theod. de Bry zu beziehen wäre; denn gerade diejenigen
Stiche im I. Theile, für welche er ja ausdrücklich in seiner Vorrede sagte:
»scalpello meo effinxi«, haben kein Monogramm. Für den II. Theil aber gilt
eben das, was die Söhne des älteren de Bry in der Vorrede zum III. Theile
retrospectiv sagen, dass J. J. Boissard ihrem Vater die Besorgung und Herausgabe der Stiche der J. J. Boissard'schen Zeichnungen übertragen hatte. Die
wirkliche Ausführung der meisten Stiche des II. Theiles geschah von Rob.
Boissard. In dem im September 1598 — nach dem Tode des älteren de Bry und
des J. J. Boissard, die in eben diesem Jahre beide aus dem Leben schieden —
erschienenen III. Theile der »Icones vir. illustr.« sind von 50 Porträts 30 von

Rob. Boissard gestochen, welche sämmtlich sein Monogramm haben; sechs weitere Porträts tragen zwar auch das Monogramm desselben, sie dürften aber zu jenen Stichen gehören, welche der ältere de Bry für das Sammelwerk, das ihm so sehr am Herzen lag, vorbereitet hatte, und die in seinem Nachlasse sich vorgefunden haben mögen. Wenigstens zeigen die Bildnisse des Aepinus, Hyperius, Flaccius, Cruciger, Maior und Hieronimus von Prag eine gewisse Härte in der Modellirung, wenig decidirte, brüchige Gewandfalten, und die Physiognomie jenes Starre, welches charakteristisch dem älteren de Bry anhaftet. Vielleicht hat dann Rob. Boissard die diesfälligen Platten fertiggestellt und denselben hiernach sein Monogramm beigefügt. Im IV. Theile haben, unter 50 Bildnissen, 42 das Monogramm. Doch sind, meines Erachtens, nur 37 unzweifelhaft von ihm. Unter diesen möchte ich nur von den Bildnissen des humanistisch gelehrten Züricher Pfarrherrn Rud. Gualterus, und des Strassburger Arztes Joh. Quintherus bemerken, dass Rob. Boissard hier in den Gesichtszügen ein Detail in wenig gelungener Schattirung gibt, welches fast an die Weise des jüngeren de Bry erinnert, dass aber die decidirte Schraffirung des Gewandes und die charakteristische zweite Strichlage über den Handrücken keinen Zweifel an der Autorschaft Rob. Boissard's, die auch sein Monogramm bezeugt, zulässt. Von den übrigen monogrammirten fünf Bildnissen halte ich das Bildniss des Bucer noch für ein Werk des älteren de Bry; die vier noch übrigen Porträts, nämlich: Duza, Zell, Zwingli und Curio muss ich zwischen dem älteren de Bry und Rob. Boissard unentschieden lassen. Rob. Boissard ist also, der Zahl der Bildnisse seiner Hand nach, der am meisten betheiligte Künstler an dem Sammelwerke »Icones vir. illustr.« Er war im Auftrage des älteren Theod. de Bry und seiner Söhne hiefür thätig. Im I. Theile noch mit keinem Stiche vertreten, erscheint er im II. Theile mit 33 Bildnissen, unter denen nur drei Stiche sein Monogramm nicht haben. Dieser Fall, dass sein Monogramm auf Stichen seiner Hand fehlt, kommt weiter in den »Icones vir. illustr.« nicht mehr vor, dürfte also wohl nur eine zufällige Auslassung sein. Für das etwas öftere Erscheinen des Monogramms auf Stichen des älteren de Bry, welche übrigens nur eine verschwindend kleine Zahl zur Menge von unzweifelhaften Stichen von des letzteren Hand bilden, wurde die wahrscheinliche Erklärung oben versucht· Noch sei erwähnt, dass die Zeichnung der Umrahmung der Stiche, vom II. Theile der »Icones vir. illustr.« angefangen, allerdings reicher und mannigfacher sich gestaltet, dass aber äussere Anhaltspunkte für den Schluss auf den Autor sich hieraus nicht ergeben.

Auch J. Theod. de Bry jun. hat sich in der oben schon besprochenen Weise an der III. Porträtcollection des III. u. IV. Theiles betheiligt. Im III. Theile sind die Porträts von Carl Utenhoven, Nicol. Selnecer, Joseph Scaliger, Hieron. Mercurialis und Franz Hottomann von seiner Hand. Auch hier derselbe minutiöse Realismus, der uns keine Runzel erspart; Selnecer ist durch den Ausdruck der Persönlichkeit vielleicht das beste Bildniss unseres Realisten in dieser Sammlung. Im IV. Theile sind die 8 monogrammlosen Bildnisse von J. Theod. de Bry jun.

Ein Anonymus mit 12 Bildnissen; wahrscheinlich Cornelius Galle
der Aeltere.

Ich habe mir oben, bei der Besprechung der Bildnisse des I. Theiles
unseres Sammelwerkes, vorbehalten, auf 3 Bildnisse zurückzukommen, welche
in jenem Theile eingereiht sind, aber eine von de Bry Vater und Sohn so
wie auch von Rob. Boissard weit verschiedene Stichweise zeigen. Es sind dies
die Porträts des Picus, Fürsten von Mirandola, des französischen Dichters
Marot und des sächsischen Latinisten Petr. Apianus. Aus dem II. Theile der
»Icones vir. illustr.« gehören vier Bilder zu dieser Gruppe, nämlich: Clusius,
Sleidanus, Lassus und Brand. Ihnen, der Stichweise nach, zuzureihen, sind
aus dem III. Theile die Bildnisse des französischen Rechtsgelehrten Pet. Belloy,
des Rechtsgelehrten Tiberius Decianus, des Latinisten Pet. Victorius, genannt Florentinus, des Albertus Magnus und des Ptolomaeus von
Alexandrien. Diese Gruppe umfasst also 12 Stiche. Eine gewandte, feine, mit
Geschmack und Eleganz geführte Schraffirung steht hier im Dienste einer auf
malerische Wirkung gerichteten Darstellung. Der Meister dieser Stiche ist sich
der malerischen Mittel seiner Kunst, das Spiel von Licht und Schatten nach den
Nuancen des Reliefs und der Oberflächen zu produciren, wohl bewusst. Namentlich in den Bildnissen des Clusius und Lassus wird der Stich in dieser Richtung, unterstützt durch eine weiche und doch sichere Strichführung, gleichsam zum Gemälde. Wo der Künstler mehr detaillirt, dient dies zur Charakteristik, und das Besondere zerfliesst nicht in Einzelheiten zum Nachtheil
der Gesammtwirkung. Die Modellirung des Kopfes geschieht bald mit mehr,
bald mit weniger Detailstrichen; die Züge aber sind immer fein belebt. Der
besonders schön belebte Kopf des Belloy, die Brustbilder von Decianus und
Victorius mit der sparsamen aber fein abgetönten Schraffirung geben einen
vollen, lebenswahren Ausdruck. Man vergleiche auch die bei Decianus sichtbare Hand, die erste gut modellirte, auf die wir in unserem Sammelwerke
treffen, mit jener schon angedeuteten Manier des Rob. Boissard, den dem
Schatten zugewendeten Handrücken mit geradlinigen Oberstrichen zu bedecken.
Die Hüftbilder des Albertus Magnus und des Ptolomaeus sind mehr
plastisch in den Vordergrund des gedachten Bildraumes hingestellt. Im Hüftbilde des Marot ist aber die Position der Figur in einer bestimmten räumlichen Beziehung zum Hintergrunde gedacht und daher der Oberleib dieser
Intention gemäss in perspectiver Verkürzung gegeben. Dieses malerische Motiv
ist eine in den Bildern unserer Sammlung ganz vereinzelte Erscheinung. Wer
ist nun der Meister dieser Stiche, die, wie gesagt, nur in den ersten drei
Theilen der »Icones vir. illustr.« vorkommen. Sie nehmen, ihrem Kunstwerthe
nach, in dieser Collection zweifellos den ersten Platz ein. Mit der Malerkunst
musste der fragliche Stecher wohl vertraut sein. Darf Mathaeus Merian, der
Aeltere dieses Namens, als deren Autor angenommen werden? Seine äusseren
Lebensumstände könnten zu dieser Annahme führen. Nachdem Merian die
Tochter des jüngeren J. Theod. de Bry geehelicht hatte, »half er,« wie Nagler
in seinem Künstler-Lexicon sagt, »seinem Schwiegervater einige Zeit«, begab
sich aber dann mit seiner Frau nach Basel. Bald jedoch übernahm er, auf

beständiges Mahnen seines Schwiegervaters, dessen Verlagshandlung in Frankfurt a. M., woselbst dieser letztere im Jahre 1623 starb. Merian hatte damals durch seine Stiche der Gegenden um Heidelberg, Stuttgart und Schwalbach und seine Jagdscenen schon einen gesuchten Namen. Seine Mitwirkung an der Collection der »Icones vir. illustr.« müsste eben in die obengedachte Zeit gleich nach seiner Verehelichung fallen. Er war auch Maler, in der Aetzkunst, wie Nagler a. a. O. hervorhebt, sehr glücklich, und soll grosse Geschicklichkeit in der Perspective gehabt haben.

Allein die lebensvolle Individualisirung, das durchleuchtende malerische Gefühl und die geschilderte Erhebung der Strichführung in den in Rede stehenden Bildern der »Icones vir. illustr.« scheinen mir Merian's Stiche, deren Verdienste in der reinen Formbehandlung liegt, nicht zu erreichen, beziehungsweise noch nicht anzustreben. Merian dürfte daher aus stilistischen Gründen der Stecher jener Bildnisse nicht sein. Dagegen ist es im hohen Grade wahrscheinlich, dass wir in den fraglichen Stichen Werke des Cornelius Galle, des Aelteren dieses Namens, der im Jahre 1570 zu Antwerpen geboren war, vor uns haben. Und zwar dürften sie von ihm nach seiner Rückkehr aus dem Aufenthalte in Rom verfertigt worden sein. In Italien hatte Cornelius Galle nach malerischen Vorbildern zum Künstler sich ausgebildet, der den Grabstichel mit Gewandtheit und Geschmack führte. Er hatte nach Agostino Caracci gestochen, der, selbst ein ausgezeichneter Kupferstecher, die Kunst des Cartonstiches in Italien zum Stiche nach malerischen Motiven und Zielen reformirte. Auch nach Jac. Bassano, dem Meister des Colorits im Spiel von Lichter und Farben, hatte Galle gearbeitet. Da hatte er wohl erkennen gelernt, dass die Formgebung durch den Kupferstich im Medium richtiger Lichtwirkungen und einheitlich geordneter Abtönungen analog dem Gemälde erstrebt werden müsse. An den Vorbildern jener Maler gelangte er zu einer weichen, zarten Schraffirung, welche eben feinere Abtönungen zulässt, und zu jener Sorgfalt der Strichführung, welche das Relief der Flächen wiedergibt. Dies bringt dann die Weichheit des Fleisches und das volle Leben seiner Gestalten zum Ausdruck. Mir liegt das Bildniss des Statthalters Jan van Havre und das des Malers Artur Wolfart, bekannte Werke des älteren Cornel. Galle, zum Vergleiche mit den fraglichen Stichen aus den »Icones vir. illustr.« vor und ich finde beiderseits eine auffällende Uebereinstimmung in allen Details der Strichführung, welche die angedeuteten Vorzüge hier wie dort bewirken. Vollends hat der Vergleich des Stiches, welcher J. van Havre darstellt, mit jenem, womit Carl Clusius abgebildet ist, in mir die Ueberzeugung gebildet, dass dieser letztere und daher auch die übrigen Stiche der in Rede stehenden Gruppe von Bildnissen aus den »Icones vir. illustr.« von Cornel. Galle, dem Aelteren, gestochen seien. Wohl haben wir keine bestimmte Nachricht über Beziehungen desselben zu J. Theod. de Bry und seinem Porträtssammelwerke. Doch war ja der ältere de Bry, als Niederländer, ein Landsmann der Familie Galle. Und auch in Ansehung der in unserer Gruppe dargestellten Personen darf hervorgehoben werden, dass unter den 12 Bildnissen derselben vier von italienischen Celebritäten sich befinden, und dass, wenn von diesen auch Picus von Mirandola

und Orlando Lassus vielleicht noch nach J. J. Boissard's Zeichnungen gestochen worden sein mögen, doch wohl der Florentiner Victorius, und der
oberitalienische Decianus nur von einem Meister, der in Italien näher bekannt
war, in den III. Theil der »Icones vir. illustr.« gekommen sein dürfte.

Schlussergebniss.

Ueberblicken wir jetzt zum Schlusse die Bildnisse der »Icones vir. illustr.«,
welche ich in diesen Zeilen nach den Künstlern, die sie verfertigten, gruppirt
habe, noch einmal, so können wir uns nicht verhehlen, dass mit dem Einblicke
in das allmählige Werden des Neuen, zur Zeit des Heinrich Goltzius, welche
diese Porträtscollection gewährt, ein kunstgeschichtlich nicht uninteressantes
Moment sich uns darbietet. Der ältere de Bry, der den I. Theil fast aus-
sschliesslich füllt, vertritt noch ganz die ältere Stichkunst diesseits der Alpen;
er findet sich mit der Darstellung der Einzeldinge seines Gegenstandes mit
mässig guter Technik ab. Sein gleichnamiger Sohn, von einer besseren
technischen Schulung berührt, übt diese im Dienste einer möglichst treuen
Wiedergabe von vielem Detail. Dieses zu einem Ganzen zu stimmen: die
malerische Conception blieb ihm ferne. Rob. Boissard zeigt am sprechend-
sten in seiner Doppelmanier den Ansatz des Neuen und sein Verhältniss zum
Alten. Seine technische Sicherheit erhebt seine Zeichnung zu einem guten
Cartonstich; aber auch die feinere Abtönung, die weichere Linienführung nimmt
er auf, und in der Verbindung der Radirnadel mit dem Grabstichel gelingt
ihm die Verwerthung malerischer Auffassungen. In jener Verbindung erscheinen
eben die ersten wirklichen Erfolge, womit die Beziehungen bedeutender Maler
zum Kupferstiche sich äusserten. So bilden R. Boissard's Stiche die mittlere
Erhebung der aufsteigenden Curve, welche meine Gruppirung für den Kunstwerth der Bildnisse der in Rede stehenden Sammlung aufzeigt. Mit der letzt-
besprochenen Gruppe ist, nach principieller Auffassung, eine Höhe der
Kunst im Porträtkupferstiche erreicht, welche in Deutschland vor dem 30jäh-
rigen Kriege keine heimathliche Stätte hatte.

Das Hospital Santo Spirito zu Rom im 15. Jahrhundert.

Von Heinrich Brockhaus.

(Schluss.)

Wie die angeführten Daten beweisen, ist die gewöhnliche Annahme, welche den Neubau mit Sixtus IV. in Verbindung bringt und an den vielen Inschriften über den Fenstern von jeher einen Rückhalt hatte, richtig, so viel die eigentlichen Hospitalgebäude mit Ausnahme von Kirche und Campanile betrifft. An diesem Hospitale hat die Kunstweise Sixtus' IV. ihren Charakter scharf ausgeprägt, schärfer vielleicht als an den kirchlichen Bauten, bei denen grosse Verhältnisse und eine glänzende Ausschmückung ja nichts Ungewöhnliches sind. Ein solcher Bau, prachtvoll aufgeführt und monumental, verlangte auch im Innern eine in grossem Massstabe gehaltene Decoration. Diese wurde, dem Zeitgeschmacke entsprechend, zur Verherrlichung der Stiftung und ihrer Stifter, hauptsächlich Sixtus' IV., verwandt. Der Sculptur fielen, so viel sich sehen lässt, dabei nur kleinere Aufgaben zu; reichgeschmückte marmorne Portaleinfassungen und wappenhaltende Putten sind das Einzige, was von plastischem Schmucke noch zu sehen ist[30]). Dafür wurde der Maler in ausgedehntem Maasse in Anspruch genommen: er umzog den grossen Krankensaal in der Höhe der Fenster mit Fresken wie mit einem breiten Friese aneinandergereihter Bilder.

Diese Fresken sind von grossem Interesse. Zeitgenössische Schriftsteller erwähnen sie. Doch sind sie trotz ihres Alters und ihrer Ausdehnung der Aufmerksamkeit, welche den Renaissance-Malereien fortwährend geschenkt wird, grossentheils entgangen, woran das Schweigen aller Quellen über ihren Urheber einen Theil der Schuld trägt[31]). Ueber den Namen des Malers werden wir vielleicht immer im Ungewissen bleiben, da es scheint, als könne er selbst den Archiven nicht entlockt werden. Wir müssen uns damit begnügen, die

---

[30]) In dem einen Hofe befindet sich ferner ein Renaissance-Brunnen (wie in Anm. 17 auf Seite 288 statt Renaissance-Bäume gelesen werden muss).

[31]) In der älteren Litteratur werden sie besprochen von Aurelio Brandolini (Müntz, Bd. III, S. 167). dem Fortsetzer der Vita Sixti IV. und dem des Platina, in der neueren von Gregorovius, »Geschichte der Stadt Rom im Mittelalter«, VII, S. 633, Reumont, »Geschichte der Stadt Rom«, III, 1. Abth., S. 406. und Müntz, »Les arts à la cour des papes«, III, 22 fg., nicht von Crowe und Cavalcaselle.

Schule zu bestimmen, aus welcher der Unbekannte hervorgegangen ist. Und
diese gibt sich deutlich im Stile der Malereien zu erkennen, obschon sie durch
grobe Uebermalung ausser dem einstigen Reiz auch vielfach den bestimmten
Charakter eingebüsst haben. Wie nach ihrer Beschreibung dargelegt werden
soll, tragen die Bilder altumbrisches Gepräge.

Die lange Bilderreihe nimmt, mit den erklärenden, auf Scheintafeln
geschriebenen Unterschriften zusammen, ringsherum das oberste Drittel der
Saalwände ein. Sie wird von den Fenstern regelmässig unterbrochen, so dass
zwischen und über diesen abwechselnd ganze und kleinere halbe Felder entstehen, geschieden durch ionische Pilaster (mit guirlandengeschmückten Capi-
tälen), welche der Maler in gleichmässigen Zwischenräumen von einander
angebracht hat. Die Hauptdarstellungen sind in den 36 ganzen Feldern enthalten; nur ausnahmsweise werden zu gleichem Zwecke auch einige der über
den Fenstern liegenden halben Felder benutzt, welche sonst durchgehends
mit Spruchbänder haltenden Halbfiguren gefüllt sind.

Die Freskenreihe beginnt an der kurzen Wand, welche die beim Eintreten linke Saalhälfte abschliesst, an der östlichen Schmalwand des Gebäudes,
und setzt sich nach rechts hin weiter fort. Die ersten Bilder erzählen in
grösster Breite die Gründung des Hospitals durch Innocenz III., die grosse
Zahl der übrigen liefert eine ebenso ausführliche wie lobende Biographie
Sixtus' IV. Da eine vollständige Beschreibung und Erklärung dieser Fresken
in der kunstgeschichtlichen Litteratur noch fehlt, so möge hier eine solche,
erläutert durch die ursprünglichen Unterschriften, folgen [32]).

I. Oestliche Schmalwand.

Diese Wand enthält die Fresken 1—3, welche darstellen, wie Papst
Innocenz III. bewogen wird, für die verlassenen Kinder um Schutz zu flehen.

1. »Qualiter ex damnato coitu progenitos, ne in lucem veniant, crudeles
matres diversimode trucidant.« Wir blicken in das Innere einer Stube hinein,

---

[32]) Forcella, »Iscrizioni etc.«, VI, S. 417—440, gibt die Unterschriften in drei
Redactionen wieder, welche er (S. 380 u. 417) als die ursprüngliche, als eine
zweite von 1599 und eine dritte von 1650 erkennt. Der dritten gehören die jetzigen
Unterschriften an. Wie ich glaube, ist Forcella oder seinem Gewährsmann eine Verwechslung in die Feder gekommen: stilistische Verwandtschaft und die gemeinsame
Wiedergabe im Zusatz zur »Vita Sixti IV.« (Muratori, »Rerum italicorum scriptores«
III, pars II, col. 1065—1068) sprechen für die Zusammengehörigkeit derjenigen Unterschriften, welche er bei den ersten fünf Bildern als erste Redaction anführt, mit
denen, welche er von da an als zweite Redaction bezeichnet; wobei auch zu bedenken
ist, dass die Fresken 30—34 erst zur Zeit der zweiten Redaction entstanden sind.
Forcella hat übersehen, dass die Unterschrift von Bild 2 in den späteren Redactionen in zwei selbständige Hälften zerlegt worden ist, wodurch seine Anordnung
von Nr. 1292—1305 fehlerhaft geworden ist. In den Abweichungen bin ich der
Vita Sixti IV. gefolgt. Bei den Fresken 6a, 7, 8 habe ich zur zweiten Redaction
meine Zuflucht nehmen müssen, da mir bei diesen die erste unbekannt ist. Sicherheit ist vielleicht aus den Manuscripten, welche Forcella's Quelle bilden, zu erlangen.

n welcher links eine Wöchnerin im Bett liegt, rechts ein Mädchen ein blutendes Kind hält.

2. »Qualiter infantes de ponte in Tiberim projecti a piscatoribus rete pro piscibus capiuntur.« Von diesem Bilde sind nur ganz geringe Spuren der Landschaft übrig geblieben, da es im vorigen Jahrhundert durch ein Crucifix ersetzt worden ist.

3. »Qualiter piscatores compertos pueros Innocentio III. deferunt: quod indignum facinus illico detestatur.« In weissem Gewande, rothem Schultertuch und Kappe sitzt links der Papst und erhebt flehend die Arme, sichtlich davon ergriffen, dass vor ihm Jemand ein Kind emporhält.

II. Südliche Längswand der linken Saalhälfte.

Die ersten drei Bilder sind der Hospitalstiftung Innocenz' III. gewidmet, die übrigen schildern das wiederholte Eingreifen der Heiligen Franciscus und Antonius von Padua in die Kindheit des künftigen Papstes Sixtus' IV.

4. »Heic Innocentius III. de Comitibus admonetur per angelum, ut hospitale pro salvandis expositis aedificet, locumque in Saxia designat, ubi passim omnes recipi et educari debeant.« Renaissance-Pfeiler stützen die Decke des Schlafgemachs, in welchem Papst Innocenz III. ruht, auch im Schlafe die dreifache Krone auf dem Haupte tragend. Ueber ihm schwebt, mit erhobener Rechten ihn mahnend, ein grosser Engel; vor seinem Bette sitzen zwei rothgekleidete Jünglinge. Links im Hintergrunde sehen wir einen viereckigen, oben abgeschrägten Thurm.

5. »Heic Innocentius III. angelicae visioni parens in honorem Sancti Spiritus hospitale fundari et erigi facit.« Während die Bauleute bei der Arbeit sind, kommt von rechts der Papst herangeritten, begleitet von einem schwarzgekleideten Manne, der ein Kreuz trägt, und gefolgt von 2 Cardinälen. Er hat weisse Kleidung mit rothem Schultertuch und Kappe. Die Rechte erhebend weist er mit der Linken nach vorn, wo ein Mann gräbt oder Boden abgrenzt.

5a. »Heic Innocentius III. religiosos hospitali servientes instituit eisque assudarium et habitum donat, et ut expositorum saluti et educationi assistant, attentissime mandat.« Unter einem Baldachin sitzt rechts Papst Innocenz auf einem Thronsessel, geschmückt mit Goldmantel und dreifach gekrönter Tiara. Die Ordensmänner, denen er sich zuwendet, sind nicht mehr zu sehen.

6. »Ut divus Antonius cum beato Francisco Sixtum pariturae apparuit et alter chordam alter habitum infanti porrigebat.« Vor der Geburt des künftigen Papstes erscheinen seiner Mutter Luchina im Schlafe die beiden Heiligen Franciscus und Antonius auf Wolken. Sie reichen dem Kinde, das nackt vor ihnen kniet, Ordensgewand und Strick.

6a. »Grassante in Liguria peste Sixti uterque parens ut ob repentem contagionis luem subterfugerent Cellas pagum a Saona haud procul distantem se conferunt, ibique mater enixa tam felici partu pagum illum nobilitans eum in lucem edidit an. dni MCCCCXIIII.« Diese Unterschrift, welche uns überliefert wird, ist das einzige, was wir von dem Bilde wissen: es stellte danach

die Geburt des Knaben während der Flucht seiner Eltern dar. Das Feld ist
einfarbig blau übermalt.

7. »Cum autem baptismum puero conferendi tempus instaret, mater
visum illud, quod de beato Francisco objectum ei in somnis fuerat, in memoriam revocans, ob tanti viri pietatem ac sanctimoniam nomen Francisci in
sacro baptismatis fonte puero imponi religiosum ducit.« Die Taufe des Knaben
wird vor einem von 8 Säulen getragenen, auf allen Seiten offenen Kuppelraum,
um den sich ein Umgang legt, vollzogen. Die Mutter hält den Täufling über
das Becken, während der Priester aus einer Schale Wasser über ihn giesst.
Hinter der Mutter stehen 2 Frauen, hinter dem Vater, rechts, 3 Männer.

8. »Quodam die, dum puer in balneo a puellis pro consuetudine abluitur,
ita corpore fatixens elanguescit, ut animam agere videatur, unde pia mater,
visi illius in somno paulo ante sibi objecti memor beati Francisci habitu eum
indutum iri voto se astringit.« Der Kleine geberdet sich beim Baden unruhig
und streckt seine Aermchen den beiden Heiligen entgegen, welche ihm, wie
einst der Mutter, auf Wolken erscheinen und fordernd die Arme vorstrecken.
Eine Frau hält ihn über das Badegefäss, drei andere knieen daneben. Das
Zimmer, in dessen Ecke hinten ein leeres Bett steht, ist von flachem Back-
steinbogen überwölbt.

8a. »Heic Luchina somnii et visionis memor vovit se induturam filio Sancti
Francisci habitum facturamque, ut eundem sex mensibus ferret, quae sine
dilatione votum effectui mandat.« Hieraus erfahren wir den Inhalt des Bildes,
von dem nichts mehr zu sehen ist: die Mutter lässt den Kleinen für sechs
Monate das Franciscaner-Gewand anziehen, nachdem sie ihn, wie in der vorigen
Unterschrift erwähnt war, den Franciscanern versprochen hatte.

9. »Dum obstetrix puerum, cui Francisco nomen indiderant, in ulnis
per forum gestaret, saepe manus ad instar benedicentis ducebat, a senioribus
vero quibusdam factum admirantibus nutrici dictum est, infantem diligenter
observa quando ad aliquid magnum natus sit.« Vor der Stadt, deren Thürme
rechts hinten erscheinen, wird das Kindchen spazieren getragen. Man hat es
in eine Mönchskutte gekleidet und ihm die Haare geschoren. Mit der Rechten
macht es die typische Geberde des Segnens, worauf zwei von rechts heran-
kommende Männer aufmerksam werden. Den beiden Städtern folgt ein Knabe,
der einen Hund an der Leine führt. Links sitzt vor einem zinnengekrönten
Palast ein Mann, dem ein anderer einen rothen Geldbeutel (?) zu reichen
scheint. Im Mittelgrunde erhebt sich die Façade einer dreischiffigen Kirche
mit einem Rundfenster zwischen Thür und Giebeldreieck.

9a. »Transacto semestri amotoque habitu, quem ipse ex matris voto ges-
taverat, puer iterum in gravem aegritudinem incidit, repetito itaque voto mater
filium incolumem recipit, dumque puer jam grandiusculus foret, rursus ei
habitum vi detrahunt, qua ex re febre statim correptus intumescente gutture
tanta infirmitate liberari non posse videbatur, nisi mater denuo votum repe-
teret, quo habitum reassumeret.« Dieses Bild, das wie 6a und 8a nicht mehr
vorhanden ist, stellte der angeführten Unterschrift zufolge dar, wie der Knabe

ein zweites und drittes Mal beim Vernachlässigen des Gelübdes erkrankte, bei der Erneuerung desselben aber stets wieder genas.

10. »Dum puerulus juxta Savonae moenia solus vagaretur, casu e scopulo in mare praeceps labitur, cui pene submerso visum est manibus divorum Francisci atque Antonii attolli, ab astantibus vero procul tum visa est nubecula quaedam e celo prolapsa super puerum.« Die Heiligen Franciscus und Antonius schweben herab und ergreifen den jungen Mönch, um ihn aus dem Wasser zu retten. Links am Ufer baut sich eine thurmreiche Stadt auf, von deren einem Mauerthurme eine Fahne, mit einer Schlange im Felde, weht.

III. Südliche Längswand der rechten Saalhälfte.

Das Leben Sixtus' IV. bis zur Hospitalgründung wird hier erzählt.

11. »Nonum agens annum habitum sancti Francisci ob recuperatam valetudinem repetit.« In seinem neunten Jahre erwählt sich der künftige Papst von neuem das Franciscanergewand. In der Mitte des Bildes kniet er nackt vor einem Mönche, welcher rechts in einer Mauernische sitzt und zu dessen Seiten andere Mönche stehen und knieen. Mit beiden Händen greift er nach der Kutte, die jener über ihn hält, um sie sich über den Kopf zu ziehen. Hinter ihm, die linke Bildhälfte füllend, sehen wir eine dichte Gruppe, wohl von Verwandten (etwa 7 Personen), unter denen eine Frau auffällt, welche die Jacke des kleinen Franciscus in der Hand hält; zu vorderst stehen die Eltern: der Vater, in langes Gewand gekleidet und mit rother Mütze, sieht vor sich hin, hält die Linke auf die Brust und steckt den Daumen seiner rechten Hand in den Gürtel; neben ihm blickt die Mutter zu ihrem Kinde hinab und faltet die Hände.

11a. »Adeo brevi doctrina et eruditione profecit, ut juvenis adhuc publice Bononiae, Patavii, Florentiae, Papiae, Senis legerit.« Aus knabenhaftem Gesichte klug blickend, steht er auf dem Lehrstuhl, ein grosses aufgeschlagenes Buch vor sich. Von seinen Zuhörern sind nur noch 3 Jünglinge zu sehen.

12. »Praedicavit etiam in multis Italiae urbibus magna hominum corona et gratia.« Er lehrt in Mönchskutte von hölzernem Katheder herab und ist im Begriff, seine Beweisführung durch Abzählen an den Fingern zu unterstützen. Links sitzen Frauen (etwa 14 in 3 Reihen), welche theils aufmerksam das Gesicht zu ihm erheben, theils vor sich hinabsehen, rechts etwa ebensoviele Männer. Vorn haben auf einer querüber gestellten niedrigen Bank noch 3 Männer Platz genommen, von denen einer einen Hund mitgebracht hat.

12a. »Orta Brixiae de sanguine Christi inter fratres minores et praedicatores contentione, mandato Pii pontificis maximi publice disputans probavit, aliquid de sanguine Christi in terra remansisse, licet Deitas non esset illi juncta, ut ex clavis sanguine delibutis cernitur.« Von diesem Vorgange ist wenigstens noch Einiges zu erkennen, wenn auch die Hauptfigur fehlt. Ein Papst sitzt, von vorn gesehen, in Tiara und Goldmantel und erhebt die Rechte. Ueber die Brüstung, die hinter ihm angebracht ist, sieht Jemand herüber.

13. »Habito Perusii fratrum conventu magno hominum consensu Franciscus minorum generalis decernitur.« Ein Franciscaner hat inmitten von etwa

16 Genossen auf erhöhtem Sitze Platz genommen; ein anderer, offenbar der zum General Erwählte, kniet vor ihm. Viele Mönche stehen hinter der niedrigen Brüstung, welche den Raum abschliesst.

14. »A Paulo II. ob multiplicem doctrinam et singularem in rebus agendis prudentiam presbiter cardinalis tit. S. Petri ad vincula absens pronunciatur.« Hier wird die Uebergabe des Cardinalhutes dargestellt, den der Franciscaner knieend aus der Hand eines unter Baldachin sitzenden Cardinals (in rothem goldgesäumtem Mantel und rother Kappe) empfängt. Zu beiden Seiten sitzen noch 5 Cardinäle, links hält ein Chorknabe ein für den neuen Cardinal bestimmtes Gewand.

14a. »Mortuo Paulo omnium consensu pontifix decernitur.« Der neue Papst, auf welchen die Wahl gefallen ist, kniet, mit den Abzeichen der erlangten höchsten Würde, Goldmantel und Tiara, versehen, vor einem Cardinal, welcher gleichfalls in Goldmantel, die rothe Kappe auf dem Kopf, vor dem Altare auf hohem Sessel thront. Auf dem Altare stehen brennende Kerzen und ein Kelch.

15. »Praeterea vero coronam pontificiam apud Lateranum in magna celebritate et hominum multitudine suscipit.« Papst Sixtus lässt sich in vollem Ornate unter dem Baldachin tragen, die Hände zusammengelegt und erhoben. Vor ihm her reiten 3 Bannerträger und 6 Bischöfe, einige in rother, andere in weisser Kleidung; Bewaffnete folgen dem Zug.

15a. »Animum deinde ad restituenda loca pia adjiciens hoc hospitale invisit, quod vetustate paene collapsum a fundamentis instaurat.« Der Papst, in vollem Ornat, reitet, von 5 Cardinälen gefolgt, nach rechts hin, am alten Hospital vorüber, das im Mittelgrund dreiviertel der Bildfläche einnimmt.

16. »Iterum locum repetens, quum puellas puerosque expositos ad pedes ejus prostratos vidisset, pietate motus ad tantum opus conficiendum accenditur.« In der Mitte des Bildes sehen wir den von seinem Gefolge begleiteten Papst, welcher vom Pferde gestiegen ist. Er wendet sich mit segnender Geberde den Männern, Frauen und Kindern zu, die vor dem Hospitale mit gefalteten Händen rechts vor ihm knieen und als Angehörige von Santo Spirito das Wahrzeichen des Ordens, das Doppelkreuz Christi, auf dem Gewande tragen.

17. »Pontem quoque, quem merito ruptum appellabant, ad utilitatem populi romani peregrinaeque multitudinis ad jubilaeum venturae a fundamentis magna cura et impensis restituit.« Der Neubau des Ponte Sisto wird hier in lebendiger Weise veranschaulicht. Drei aus Quadern gefügte Bogen — selbst in Einzelheiten mit dem jetzigen Ponte Sisto übereinstimmend — spannen sich über den Fluss, dessen rechtes Ufer man nicht sieht. Die Holzgerüste sind noch nicht entfernt. Zehn Männer in kurzem Wamms und engen Beinkleidern sind beschäftigt, zum Bau der Brüstung Steine heraufzuziehen und zurechtzuhauen; die vordersten von ihnen knieen vor dem Papste nieder, welcher die Rechte erhebend mit geringer Begleitung von links heranschreitet.

17a. »Ut autem hoc hospitale obsoletum et sordidum in meliorem formam redigeret, totum usque a fundamentis disjecit.« Arbeiter reissen Dachstuhl und Mauern des alten Hospitals ein. Etwa 7 Personen sind erkennbar.

18. »Accitis undique optimis architectis conductaque magna fabrorum multitudine hospitale ipsum magno studio aedificat.« Das neue Hospital, an dessen Kuppel noch gebaut wird, nimmt den Mittelgrund des Bildes seiner ganzen Länge nach ein: über der vorliegenden offenen, durch eine niedrige Brüstung von der Strasse abgesperrten Loggia, zu welcher einige Stufen führen, erhebt sich die lange Mauer, von Pilastern gegliedert, zwischen denen wir abwechselnd leere Wandflächen und Felder, welche zweigetheilte Fenster enthalten, wahrnehmen. Von links her schreitet der Papst mit zwei Begleitern heran, erhebt die Rechte und weist mit der Linken vor sich hin. Vor ihm knieen zwei Männer, in deren einem die mit Doppelkreuz versehene schwarze Tracht den Vorsteher von Santo Spirito vermuthen lässt, während der andere, der in graues bis auf die Kniee reichendes Gewand gekleidet ist und seine Mütze in der Hand hält, vielleicht den Architekten darstellt. Was sonst noch auf dem Bilde vorgeht, dient zur Ausführung des Baues: in der Mitte gräbt ein Mann Theile alter Säulen aus, die gewiss in den Höfen Verwendung finden sollten, rechts trägt ein Pferd in Körben Material herbei, und auf dem Dache der Loggia, wie auf dem um den Kuppelraum erbauten Gerüste, sind Arbeiter beschäftigt.

IV. Westliche Schmalwand.

An dieser Wand werden die Neustiftungen der zum Hospital gehörigen Anstalten und der Kirche Sa. Maria del Popolo verherrlicht.

19. »Quum pueros expositos puellasque ad pedes ejus cum nutricibus prostratos videret, locum habitandi his assignat, mandatque puellas nubiles maritis cum dote locari, nonnullas vero religiosores servitio projectorum perpetuo dicavit.« Der Hof des Hospitals ist angefüllt mit Frauen, welche schwarze Tücher auf dem Kopfe haben, herangewachsenen Mädchen und kleinen Kindern, an denen sich die Fürsorge des Papstes erweisen soll. Sie alle knieen nieder, da der Papst von rechts hereingetreten ist und die vorderste Frau, neben der ein kleines Mädchen kniet, bei der Hand fasst. Ein Doppelgeschoss von Säulen umgibt den Hof; am unteren Gange, dessen Säulen Volutencapitäle haben und ein Kreuzgewölbe tragen, steht die Inschrift: »Sixtus IIII. fundavit.«

20. »Nobilium calamitate et aegritudine motus seorsum ab aliis locum idoneum decenterque ornatum his attribuit.« In den alten Aufzeichnungen der Unterschriften werden diese Worte mit geringen Veränderungen stets an dieser Stelle angeführt, so dass wir nicht daran zweifeln können, dass sie früher hier gestanden haben; jetzt aber liest man statt ihrer die folgenden Verse:

> »Lac pueris, dotem innuptis aegrisque medelam
> Mentibus haec affert corporibusque domus,
> Utque hominum generi valeat depellere morbos,
> Ad medicas artes hic via cuique patet.«

Diese erst später beigefügten Verse sind dem Gegenstande des offenbar alten Bildes bis in alle Einzelnheiten gut angepasst. Wie im vorigen Bilde erblicken wir auch hier den Papst wiederum in einem Hofe. Er spricht zu einem rothgekleideten Manne, dem Arzte, hinter welchem wir Männer auf

Krücken sehen. Weiter links wird ein Schwacher in einem Tragsessel getragen, Geld wird im unteren Säulengange dargereicht, während Ammen mit Säuglingen den oberen einzunehmen scheinen.

21. »Motus religione et singulari devotione, quam semper erga Beatam Virginem habuit, ecclesiam Sanctae Mariae de Populo a fundamentis erigit.« Dieses Bild beansprucht besonderes Interesse, weil es uns Sa. Maria del Popolo kurz nach ihrer Vollendung vor Augen führt; links, weiter im Hintergrund, stehen noch drei andere Kirchen, zu deren Benennung kein Anhalt geboten wird. Die Obermauer der Kirche zeigt dieselben rundbogigen zweigetheilten Fenster (deren Hälften oben im Kleeblattbogen enden und deren Lünette eine rosettenförmige Oeffnung hat), wie sie in Santo Spirito theilweise vorhanden sind. An das niedrige rechte Seitenschiff, das der Beschauer überblickt, sind vier dreiseitig abschliessende Capellen angebaut. Auf dem Mittelschiff erhebt sich rechts eine Kuppel, zu deren thurmartiger Behandlung ein Missverständniss beim Auffrischen der Malereien Anlass gegeben haben mag. Rechts davon steht der viereckige Thurm ganz frei, noch nicht, wie jetzt, in den umgebenden Bauten versteckt. Er hat 5 rechteckige Fenster über einander, über deren zweitem und viertem ihn Gesimse durchschneiden. Die hier dargestellte Façade zeigt die eine Abweichung von der wirklichen, dass zwischen Portal und Rundfenster noch ein dreitheiliges Fenster eingeschoben ist, wie es den übrigen, zweitheiligen, der Kirche entspricht.

V. Nördliche Längswand der rechten Saalhälfte.

Von den acht Bildern dieser Wand wiederholen die meisten mit geringer Abwechslung die Ceremonie, wie Könige und Fürsten den Papst demuthsvoll aufsuchen und, wenn sie im Unglücke sind, bei ihm grossherzige Aufnahme finden. Nur die Bilder 25, 27, 29 machen hiervon eine Ausnahme, indem sie die Ertheilung geistlicher Privilegien, die Gründung der Bibliotheksräume und den Zug gegen die Türken zur Darstellung bringen.

22. »Regem Daciae, Sueciae, Norvegiae Gothorumque ad limina apostolorum et ad sedem mira cum devotione venientem magnifice, ut pontificem decebat, in aedibus suis recepit.« Rechts thront der Papst, neben dem einige Cardinäle sitzen. Er erhebt die Hand und wendet sich zu dem graubärtigen König, welcher, eine Ordenskette um den Hals, zu seinen Füssen kniet. Das königliche Gefolge ist links in zwei Reihen angeordnet.

23. »Regem Ferdinandum mira religione ad jubilaeum suo pontificatu celebratum magno comitatu venientem regio ac splendido apparatu in palatio apostolico hospitio suscipit.« Wieder thront rechts der Papst auf lehnenlosem Sessel, und wieder kniet vor ihm ein König mit Krone und Ordenskette. Einige der links stehenden Männer lassen Musik ertönen zur Feier der Ankunft König Ferdinand's von Neapel, welcher, wenn man der Inschrift trauen darf, aus Religiosität im Jubiläumsjahre der Kirche einen Zug nach Rom unternahm.«

24. »Bossinae quoque rex atque Valachiae, licet gravis annis et senio esset confectus, ad visenda apostolorum limina veniens, Sixtum Pontificem

Maximum exosculatis ejus pedibus supplex adorat.« Hier wiederholt sich ein drittes Mal eine ähnliche Scene wie auf den Bildern 22 und 23.

25. »Privilegia quondam a summis pontificibus non sine caussa quatuor mendicantium ordinibus concessa, quieti ecclesiasticae et communi saluti consulens confirmat et auget.« Aus den Händen des Papstes, welcher in gleicher Weise wie vorher rechts auf seinem Thronsessel sitzt, nehmen zwei der vor ihm knieenden zehn Bettelmönche die Urkunden ihrer Privilegien in Empfang. Die Mönche sind in braune, schwarze und weisse Kutten gekleidet.

26. »Leonoram Ferdinandi regis Neapolis filiam duci· Ferrariae nuptui traditam Romaque transeumtem honorifice excipit, magnificentissimis insuper donis eam exornat.« Die Königstochter, welche auf ihrem Durchzuge mit unglaublicher Verschwendung gefeiert wurde, steht vor dem Papste, dem ihr Begleiter, der Bruder des Herzogs, den Fuss küsst.

27. »Templa, domum expositis, vicos et moenia, pontes,
Virgineam Trivii quod repararis aquam,
Prisca licet nautis statuas dare commoda portus,
Et Vaticanum cingere, Sixte, jugum:
Plus tamen urbs debet, nam quae squallore latebat,
Cernitur in celebri bibliotheca loco.«
Mit dem weit bedeutenderen Fresco des Melozzo da Forli im Vatican hat dieses hier nur den Gegenstand, die Gründung der neuen Bibliotheksräume, und die zur Unterschrift dienenden Verse gemein. Die Composition dagegen ist eine ganz andere. Vier eng hintereinander aufgestellte Pulte, auf denen Buch an Buch zur Benutzung aufliegt, nehmen die Bildfläche bis zu zwei Drittel ihrer Höhe ein. Zwischen ihnen hindurch führt, sie in eine linke und eine rechte Hälfte theilend, ein Gang, an dessen hinterem Ende der Papst steht, in weissem Hauskleid, rothem Schultertuch und Kappe. Die Hände auf das an der Ecke liegende Buch gelegt, spricht er nach links hin zu einem Cardinale, hinter dem noch zwei, anscheinend jüngere, dunkelgekleidete Männer stehen. Auch hinter dem Papst, auf der rechten Seite des Bildes, sieht man zunächst zwei Männer, von denen der eine dunkle Kleidung, der andere grünen Ueberwurf über rothem Gewande trägt, dann, weiter in der Ecke, einige Männer in enger Kleidung, gegürtetem Ueberwurf und rother Kappe, wie sie auch an anderen Stellen des Saales stehen und vorn in den aufliegenden Büchern blättern.

28. »Carlota Cypri regina spoliata regno fortunisque omnibus supplex ad Sixtum confugiens comitantibus Christophoro de Ruvere castellano Sancti Angeli et Dominico cubiculario secreto fratribus pientissimis benigne suscepta et bene sperare jussa, Pontificis munificentiam et gratiam summis laudibus extollit ob inclytam Sabaudiae familiam.« Noch einmal wird uns das Knieen einer königlichen Persönlichkeit vor dem Papste dargestellt. Hier ist es die Königin Carlota von Cypern, welcher nach ihrer Vertreibung durch die Türken bis zu ihrem Tod vom Papste Aufnahme gewährt wurde.

29. »Smyrnam ubi cepisset Oliverius cardinalis Neapolitanus, dux classis, portum Sataliae vi ingrediens, catenam inde ad nos retulit, quae ante valvas Sancti Petri adhuc visitur.« Die päpstliche Flotte, in deren vorderstem Schiffe

der Cardinal sitzt, liegt im Hafen vor einer befestigten Stadt. Die Bemannung eines Bootes ist noch mit einer Landtruppe in Kampf. Geharnischte Reiter sprengen im Galopp von rechts dem Strande zu und treiben einige durch spitze Mützen als Orientalen gekennzeichnete Gefangene (ungefähr sieben) vor sich her. Diesem Schauspiele sieht der Cardinal von seinem die Rovere-Flagge führenden Schiffe aus zu.

VI. Nördliche Längswand der linken Saalhälfte.

Die meisten Bilder dieser Wand gehören erst dem Ende des 16. Jahrhunderts an. Ihre ganze Compositionsweise zeigt dies, ebenso beweisen es die in den Ecken als Füllfiguren benutzten Landsknechte, Mohren und galoppirenden Pferde. Die Bilder 30—34, von denen dies gilt — während 35 und 36 wieder die Empfindungsweise des Quattrocento zeigen — sind im Folgenden durch Einklammern ihrer Beschreibungen als späte Zusätze gekennzeichnet.

(30. »Beatum Bonaventuram cardinalem olim et episcopum Albanensem ob ejus eximiam vitae sanctitatem quam plurimis illustratam miraculis postmodum vero diligenti ac studiosa indagine pervestigatam idem Sixtus IIII. Sanctorum numero celebri solemnique caeremoniarum pompa et apparatu inscribit.« Die Heiligsprechung des Buonaventura soll in einer weiträumigen Kirche vor sich gehen, wie sie ein Quattrocentist nicht sehen und nicht darstellen konnte. Links sitzt der Papst, von Bischöfen umgeben, unter einem Baldachin.)

(31. »Aedem sacram Deiparae Virginis titulo Pacis in ipso urbis medio eo quo praefulgit splendor, caenobium insuper illi contiguum maxima ex parte extruit, quae Beati Augustini ordinis regularibus canonicis e Lateranensi basilica evocatis ascribit.« Vor dem Papst, welcher mit seinen Cardinälen neben einem Kriegerzuge hält, kniet der Baumeister, für den schon Steine behauen werden.)

(32. »Aediles viarumque magistros, qui urbis vicos, ut erant inflexos ac sinuosos, plateas item inaequales et indistinctas, in praestantiorem distinctiremque formam redigerent, publicas denique structiones in augustiorem speciem renovarent, instituit.« Männer, mit Tafeln auf den Knieen, nehmen die Befehle des Papstes entgegen.)

(33. »Paleologo Peloponesi et Leonardo Tocco Epiri dynastis a Turcarum tyranno e dominiis ejectis vitae necessaria regali splendore suppeditari jubet Sixtus, Sophiae item Thomae Paleologi filiae, quae Ruthenorum duci nupserat, praeter amplissima alia munera sex millia aureorum in dotem largitur.« Die Tochter des Paläologus und ihr Gemahl — der übrigens in seinem Fürstenthume geblieben war und also den Feierlichkeiten in Rom nicht beiwohnte —, beide mit Krone auf dem Haupt, nehmen knieend einen Geldbeutel vom Papste an; zur Seite des Papstes stehen die beiden vertriebenen Fürsten.)

(34. »Variis parumque prosperis successibus ecclesia Dei usquequaque exagitata ingravescente insuper ob senilem aetatem podagra aerumnis confectus Sixtus IIII. postquam Petri sedem rexisset annos XIII dies quatuor excessit e vita XIII° augusti anno dni 1484 an. aetat. LXX. d. XXII.« Der verstorbene Papst liegt im Bischofsornat auf dem Katafalk, neben welchem Lichter brennen. Ihn umsteht eine Versammlung hoher Geistlicher, deren einer ein Weihrauchbecken schwingt.)

35. »Angelorum ministerio hospitale, Pons Sixtus ceteraeque ecclesiae a Sixto instauratae Domino praesentantur.« Zwei Heilige, vielleicht Maria und Franciscus, zeigen dem knieenden Papst, wie Gottvater mit Wohlgefallen auf ihn und seine von Engeln getragenen Bauten herabsieht: auf das Hospital (mit Loggia, zweitheiligen Fenstern und Kuppel), die neue Brücke, sodann eine Kirche und einen Palast.

36. »Pietatis praemio in Paradisi possessionem Sixtum IV. Beatus Petrus introducit.« Zur Belohnung für die bethätigte Frömmigkeit wird hier der Papst nach seinem Tode vom heiligen Petrus auf der Schwelle eines als »Paradisus« bezeichneten verschlossenen Gebäudes empfangen. Petrus ergreift ihn, der in päpstlichem Ornate heranschreitet, bei der Hand und ist im Begriffe, ihm die Thüre zu öffnen, über welcher zu seiner Bewillkommnung drei Engel Blumen von einer Loggia herabstreuen.

Mit diesem Bilde, der Aufnahme des Papstes in das Paradies, endigt der Freskencyclus. Ihm sind in den kleinen Feldern über den Fenstern, wo sie nicht für die Hauptdarstellungen mit benutzt wurden (in welchen Fällen sie in der Beschreibung die Bezeichnung 5a, 6a etc. erhielten), Halbfiguren eingeordnet, welche Spruchbänder mit auf den Sinn der Bilder bezüglichen Sprüchen halten [33]).

Welcher Maler hat nun diesen umfänglichen Freskencyclus geschaffen? Auf diese Frage, die sich uns aufdrängt, geben weder Bücher noch Urkunden, so viel deren bisher bekannt sind, irgend welche Antwort. Wir sind daher darauf angewiesen, ohne historische Grundlage, nur aus den Bildern heraus, Untersuchungen über seine künstlerische Herkunft und die Zeit seiner Thätigkeit anzustellen. Erschwert wird dies freilich dadurch, dass Alter und Uebermalung viele dieser Fresken hart mitgenommen und für die Forschung unergiebig gemacht haben. Namentlich sind die Fresken der Nordwand sehr entstellt, welche theils deshalb, theils auch wegen ihres späteren Ursprungs, vorläufig unbeachtet bleiben müssen. Verhältnissmässig am meisten noch haben die Bilder der Südwand von ihrem alten Charakter bewahrt. Wer sie nicht der Reihe nach mustern will — wozu man sich in einem mit Kranken gefüllten Raume höchst ungern entschliesst [34]) — sondern die Eigenart des betreffenden Malers, wie sie sich aus dem ganzen Cyclus ergibt, möglichst aus einem einzelnen Bilde kennen zu lernen vorzieht, der möge das oben beschriebene Bild 11 näher betrachten, welches die Einkleidung des neunjährigen Knaben darstellt.

---

[33]) Nur wenige von diesen Sprüchen sind uns in der ursprünglichen Redaction der Unterschriften bei Forcella, VI, S. 417—420, 439, 440, und in der »Vita Sixti IV.«, col. 1065, erhalten. Da die jetzt noch vorhandenen Sprüche mit jenen ursprünglichen nicht übereinstimmen und sich hierdurch als Zuthaten einer späteren Redaction zu erkennen geben, so bringe ich dieselben nicht zum Abdruck.

[34]) Im April oder Mai steht der Saal alljährlich einige Zeit wegen Reinigung leer. Zu anderer Zeit empfiehlt es sich, innen neben dem Haupteingang auf das Dach der Loggia zu steigen und die Fresken von dort aus durch die Fenster zu besehen, wozu die Erlaubniss gewiss gern ertheilt werden wird.

Es ist auch eines der besten und zieht den Blick des Eintretenden zuerst auf sich, verdient also in mehr als einer Hinsicht eine besondere Erwähnung.

Die Errungenschaften der florentiner Quattrocento-Kunst, das kräftige Erfassen der Erscheinungswelt, das strenge Charakterisiren, bleiben diesen Fresken durchaus fremd. Vielmehr spricht aus ihnen eine Weichheit, welche gleichmässig die Anordnung der Figuren, wie ihre Haltung und ihren Ausdruck bestimmt und uns auf die umbrische Kunst hinweist, deren innerste Eigenthümlichkeit eben diese weichliche Naturauffassung bildet. Eine milde Stimmung beherrscht die dargestellten Personen. Ihre Haltung ist eine ruhige, dabei in den kunstlos zusammengestellten Gruppen einförmige. Ist aber einmal Ruhe durch den Gegenstand des Bildes ausgeschlossen, so kommen eckige Formen, übertriebene, stereotype Bewegungen zum Vorschein, wie sie wohl zur typischen Darstellung einer bestimmten Thätigkeit dienen können, im ungezwungenen Verkehr aber in der Regel nicht vorkommen. Die Personen haben etwas mehr als halbe Bildhöhe, sind von gedrungenem Wuchs und werden von dicken Gewändern umhüllt, deren weiche Längsfalten schlicht herabfallen. Form und Ausdruck des Gesichts rufen Bilder früher umbrischer Maler ins Gedächtniss. Die Gesichter erscheinen zuweilen durch die auf den Ohren aufliegenden Haare verbreitert und enden in spitzem Kinn. Die vorherrschende Ruhe und Weichheit, der Fall der Gewandung, die Art der Bewegung bekunden eine ähnliche Naturauffassung wie die Fresken des Buonfigli im Stadthause zu Perugia, in denen sie jedoch besser verstanden und massvoller gehandhabt sind als hier. Solchen Fresken des Buonfigli scheint auch die Vorliebe für Architekturmalerei und die Art, wie die Gebäude zu Städten zusammengefügt sind, entlehnt zu sein. Die Perspective ist mangelhaft und übertrieben. Ein leichtgewellter Bergzug genügt als Abschluss des Hintergrundes. Ueber die Behandlung der Farben und der Beleuchtung kann bei dem schlechten Zustande, in welchem die Fresken sind, kein sicheres Urtheil ausgesprochen werden.

Gleichviel ob der Maler von Geburt Umbrer oder vielleicht Römer war, muss er in der altumbrischen Schule seine Lehrzeit verlebt haben, wahrscheinlich bei Benedetto Buonfigli, unter dessen Leitung er in Umbrien oder selbst in Rom [35]) seine Kunst erlernen konnte. Er war kein Meister ersten Ranges, sondern verwerthete, was er sich in der Lehrzeit angeeignet hatte, so gut es eben ging, ohne seinem Vorbilde an Bedeutung nahe zu kommen oder auch nur die überkommene Kunsttechnik weiterzubilden.

Wann er den Krankensaal ausgeschmückt hat, wird uns nirgends ausdrücklich gesagt, kann aber gleichwohl annähernd festgestellt werden. Dass der Tod Sixtus' IV. den Gegenstand einer der letzten Fresken bildet, darf uns nicht zu der Annahme verleiten, die sämmtlichen Fresken seien erst später, nach 1484, entstanden. Nur für die fünf Fresken 30—34 ist dieser Schluss richtig, für die anderen nicht. Dieselben gehören aber überhaupt nicht dem 15. Jahrhundert an, sondern sind erst über hundert Jahre später hinzugefügt worden, als man die Freskenreihe einer kostspieligen Auffrischung unter-

---

[35]) Vergl. Müntz, I, S. 93.

zog [36]). Die beiden folgenden Bilder 35 u. 36, mit welchen der Cyclus abschliesst, zeigen auffallenderweise wieder den naiven Quattrocento-Stil der Bilder 1—29 und sind daher offenbar mit ihnen gleichzeitig entstanden. Wenn sie auch die himmlische Belobigung des Papstes und seinen Empfang an der Paradiesespforte vor Augen führen, den Tod des Papstes also zur Voraussetzung haben, so kann dergleichen doch leicht noch bei Lebzeiten des Betreffenden, als sichere Bürgschaft seiner Verherrlichung, im Bilde erzählt werden. Wenigstens für die übrigen, der eigentlichen Lebensbeschreibung gewidmeten Bilder, mit welchen ihre Malweise genau übereinstimmt, liegt der Beweis der Entstehung vor 1484 vor. Wir finden ihn darin, dass in einer Sammlung lobpreisender Epigramme [37]), welche der Dichter dem Papst Sixtus überreichte, beim Besingen der neuen Hospitalschöpfung auf die Fresken hingewiesen wird mit den Worten:

> »Tolle oculos: vitamque mei moresque parentis
> Perlege; si nescis, singula picta vide.«

Für die nähere Zeitbestimmung gibt uns noch der Inhalt der Fresken einigen Anhalt. Das späteste Ereigniss, das einem der — übrigens nicht chronologisch geordneten — Bilder aus der Regierung Sixtus' IV. zu Grunde liegt, ist die Ertheilung der Privilegien an die Bettelorden (Bild 25). Bevor diese stattfand [38]), vor 1479, können also die Fresken nicht gemalt sein. Andererseits ist aber sehr wahrscheinlich, dass bereits 1482 ihr Plan abgeschlossen und die Ausführung weit vorgerückt, möglicherweise auch schon beendet war, weil die Namengebung und der Bau von S. Maria della Pace, welche den Dank für den Frieden mit Neapel im December 1482 bethätigen sollte, nicht neben den übrigen Stiftungen (Bild 15 a—21) verherrlicht wurden und die im April 1482 erfolgte Heiligsprechung des Buonaventura gleichfalls unerwähnt blieb, bis man Beides im folgenden Jahrhundert (in den Bildern 30 und 31) nachholte. Für die Entstehung der Fresken ergeben sich aus diesem Allem die Jahre 1479 bis Ende 1482, oder — da die letztere Angabe nicht als ganz feststehend betrachtet werden darf — bis 1484, dem Todesjahre des Papstes. Mit der engeren Begrenzung auf 1482 würde auch die schon erwähnte Inschrift gut übereinstimmen, welche dieses Jahr als Vollendungsjahr des Hospitals bezeichnet [39]). Beide Zeitbestimmungen, die eine, welche sich auf Vollendung des Gebäudes, die andere, welche sich auf den Abschluss der Fresken bezieht, stehen freilich nicht unumstösslich fest, verstärken jedoch gegenseitig ihre Glaubwürdigkeit.

Ungefähr dieselbe Zeit, welche sich hiernach für die malerische Ausschmückung des Krankensaals ergibt, hat freilich in Rom weit Schöneres und

---

[36]) Vergl. Forcella, VI, S. 380, und »Annalia canonicorum«, VI. id. jan.

[37]) »De laudibus Sixti Quarti« von Aurelio Brandolini: Müntz, III, S. 56 fg. und S. 167.

[38]) Die Bulle »Sacri praedicatorum« vom 26. Juli 1479 ertheilte zwar nicht allen vier Bettelorden, aber doch den Dominicanern und Franciscanern Privilegien.

[39]) Siehe S. 290.

wirklich Grossartiges in den Fresken der Sixtinischen Capelle hervorgebracht. Mit diesen verglichen erscheinen die Fresken in S. Spirito ohne Zweifel armselig und befangen. Aber in dem Urtheile über die letzteren darf man sich nicht hierdurch allein bestimmen lassen. Denn nach anderen Seiten hin besitzen diese Malereien einen dauernden Werth. Sie sind Zeugnisse einer Kunststufe, über welche wir ohne sie fast gar nicht Bescheid wüssten, der Malerei in Rom unmittelbar vor Eröffnung der Sixtinischen Capelle, 1484, und sie zeigen uns, wie man ein solches vom Geiste der Renaissance eingegebenes Thema, die Lebensbeschreibung eines Papstes, behandelte, Jahrzehnte bevor Pinturicchio seinen uns unbekannten Vorgänger durch herrliche Leistungen weit übertraf. Wer sich, ohne Kritik zu üben, dem Eindruck dieser Papstbiographie hingibt, dem erscheint Papst Sixtus im Lichte eines musterhaften Gebieters der christlichen Welt, und er ist versucht, dem in denselben Räumen gebildeten Urtheile [40]) des schon erwähnten dichtenden Höflings Sixtus' IV. beizustimmen, welcher zu dem Schlusse kam:

>Sancta fides, pietas, mores, sapientia, virtus,
Omnia in hoc demum sunt cumulata viro.«

Mag man nun diese Werthschätzung des Papstes gläubig hinnehmen oder sie gewissenhaft berichtigen, wie es die historische Wahrheit verlangt, so wird dadurch die hohe Bedeutung, welche Sixtus IV. als Stifter grosser Bauwerke und als Förderer der Kunst besitzt, durchaus nicht berührt. In dem segenbringenden Hospitale, das sein Wille nach einer langen Zeit des Halbschlafes zu neuem Wirken wiedererweckte, hat Papst Sixtus die Huldigung wohl verdient, welche ihm hier unter seinen Augen in einer Folge von Bildern aus seinem Leben dargebracht ward.

Die Regierungszeit Sixtus' IV. war offenbar die wichtigste Periode für das Hospital seit seinem Bestehen. Denn die Freigebigkeit und Energie dieses Papstes wirkten hier Grosses auf Jahrhunderte hinaus; sie führten durch, was frühere Jahrzehnte erstrebt und angebahnt hatten: die Wiederbelebung der Stiftung Innocenz' III. Auf das weitere Fortwirken dieser Bestrebungen, welche mit Eugen IV. begonnen und nach etwa vierzig Jahren in Sixtus IV. ihren Höhepunkt erreicht hatten, mag es uns gestattet sein, zum Schluss noch einen flüchtigen Blick zu werfen.

Der Campanile bestand bereits, und auch das monumentale Hospitalgebäude mit den anschliessenden Höfen war errichtet. Im folgenden Jahrhundert kamen nun noch zwei neue grosse Bauten hinzu: die Kirche und der Commendatoren-Palast.

Während der ersten Jahrzehnte nach dem Tode Sixtus' IV. und des Generalmagisters Innocentius Romanus, der beiden Erneuerer des Hospitalgebäudes, ruhte die Bauthätigkeit in S. Spirito. Nur einmal, kurz vor dem Wechsel des Jahrhunderts, hören wir von >zahlreichen, zweckmässigen Bauten«, durch

------

[40]) Epigramm des Aurelio Brandolini über S. Spirito: Müntz, III, S. 167.

welche Generalmagister Gratianus sein Hospital verschönerte[41]). Die Pontificate Innocenz' VIII., Alexander's VI., Julius' II. (1484—1513) hinterliessen hier keine dauernde Erinnerung. Leo X. (1513—21) soll sodann die Gebäude erweitert und neue Kreuzgänge, Offizinen und Wohnräume für Frauen und verlassene Kinder, Paul III. einen neuen Flügel hinzugefügt haben[42]).

Durch Erweiterung der sixtinischen Anstalten gewann das Hospital in dieser Weise grössere Ausdehnung, bis an seine Vorsteher eine neue grosse Aufgabe herantrat, der Neubau der Kirche.

Unter der Regierung Paul's III. (1534—1549) liess Generalmagister Franciscus Landi aus Bologna, welcher das Hospital von 1535 bis 1545 leitete, die Kirche von Grund aus neu erbauen. Ziemlich langsam ging darauf ihre Ausschmückung im Innern von statten, um welche sich besonders die Generalmagister Alexander Guidiccionus (1546—1552) und Bernardinus Cyrillus (1556? bis 1575) verdient machten[43]). Auf Bitten des letzteren vollzog schliesslich Cardinal Piccolomini mit Erlaubniss Pius' IV. die Weihe im Jahre 1561, wie eine Inschrift besagt[44]). Der eigentliche Bau fand jedoch, wie erwähnt, etwa zwanzig Jahre früher statt als die Weihe; er wurde 1538 begonnen, 1544 vollendet[45]). Wohl mit Unrecht gilt die neue Kirche für ein Werk des Antonio da Sangallo, mit dessen Bauten sie keine Aehnlichkeit besitzt, und unter dessen in den Uffizien aufbewahrten Zeichnungen, deren Zahl sich auf tausend beläuft, nur eine einzige, ein unausgeführter Portalentwurf[46]), auf sie Bezug hat. Weitere Nachforschungen werden vielleicht ergeben, wer sie erbaut hat. Dabei wird man nicht ausser Acht lassen dürfen, dass sich ihr Grundriss auf einem Zeichnungsblatte Michelangelo's findet, das auch einen Entwurf zum Jüngsten Gerichte und Studien zur Kreuzigung Petri in der Cappella Paolina enthält[47]). Die neue

---

[41]) Siehe seine Grabschrift von 1497 in den »Annalia canonicorum«, fol. 44, mit Abweichungen abgedruckt bei Forcella, VI, S. 386, fehlerhaft bei Adinolfi, S. 277.

[42]) Ueber Leo X. berichtet das »Resoconto statistico«, S. XV. Seine mir unbekannten Bauten bilden wohl den nicht zugänglichen »Cortile delle Zitelle«. Pistolesi behauptet in der »Descrizione di Roma, 1856«, S. 558 (und nach ihm Forcella, VI, S. 380): »Paolo III. v'annestò un nuovo braccio« und fügt hinzu: »Architetto Antonio da Sangallo«. Ich kann nicht sagen, ob Sangallo hier wirklich etwas gebaut hat.

[43]) Ausführlicheres enthalten Saulnier und die »Annalia canonicorum«.

[44]) Forcella, VI, S. 395.

[45]) F. Pietro Martire Felini da Cremona, »Trattato nuovo delle cose maravigliose dell' alma città di Roma«, Roma 1610, S. 53.

[46]) Vasari, ed. Sansoni, V, S. 485. Nur die kleine einschiffige Kirche S. Francesco di Pitignano (Nr. 503 der unausgestellten Zeichnungen des Antonio da Sangallo in den Uffizien) zeigt ähnliche Anordnung der Capellennischen. Auch dem Peruzzi (der 1536, also vor Beginn des Baues, starb) und seinem Sohn wird neuerdings die Kirche zugeschrieben: Vasari, ed. Sansoni, IV, S. 605.

[47]) In den Uffizien sehen wir auf Nr. 257 der unausgestellten Zeichnungen erstens einen mit Kreide gezeichneten Entwurf zu den Hauptgruppen der oberen Hälfte des jüngsten Gerichts, und zweitens verschiedene mit Feder gezeichnete Studien: den Grundriss der Kirche mit Wiederholung der Choranlage und Angabe

Kirche ist einschiffig und flachgedeckt. Ihre Langseiten lösen sich in je fünf halbrunde Capellennischen auf, und zwei Reihen von Pilastern, welche durch ein Gesims geschieden sind, gliedern zwischen Nischen und darüber zwischen Fenstern die Wände, auf denen die Holzdecke ruht. Die Sakristeiräume legen sich um den tiefen Chor herum.

Nach Beendigung der Kirche erbaute Generalmagister Bernardinus Cyrillus auch den grossen Commendatoren-Palast, welcher die Verbindung zwischen ihr und dem Hospital herstellt. Er erlebte jedoch die Vollendung dieses zweiten Unternehmens nicht, sondern musste sie, besonders die Hinzufügung der Façade, seinem Nachfolger Theseus Aldrovandus (1575—1582) überlassen.

Wie zu erwarten, war man nach Aufführung so ausgedehnter Baulichkeiten besonders darauf Bedacht, sie im Innern schön und prächtig herzurichten. Dass die Kirche mit Fresken ausgeschmückt wurde und eine vergoldete Decke erhielt, beweist den erlangten Wohlstand. Eine gleiche Pracht kam nun aber auch im grossen Krankensaale zur Entfaltung. Seine Wände behängte man mit kostbaren Goldteppichen, vor denen eine lange Reihe von Himmelbetten Aufstellung fand. Die neue Holzdecke wurde bemalt, der malerische Schmuck wurde aufgefrischt und bis in die Kuppel hinein fortgesetzt, wo man neben den Prophetenfiguren die Jahreszahl 1598 liest. Gewiss werden wir im Hinblick auf dieses grösste Hospital Roms den Ausspruch eines Deutschen berechtigt finden: »Die Hospitale zeigen eine solche Pracht, dass sie vor allen anderen modernen Kunstdenkmälern Roms Bewunderung verdienen« [48]).

Spätere Päpste haben bei Ausdehnung der Krankensaal-Anlagen den Saal Sixtus' IV. zum Vorbild genommen, wie die rechtwinklig daran stossende Sala Alessandrina und die grosse Sala Benedettina zeigen, welche letztere die Langseite des Hospitals nach der Engelsbrücke hin um 92 Meter verlängert [49]). So hat dieses Hospital bis auf neuere Zeiten herab fortwährend Vergrösserungen erfahren, welche ihm bei nunmehr fast siebenhundertjährigen Bestehen einen immer weiteren Wirkungskreis erschlossen haben.

Die Jahrhunderte, welche seit der Gründung des Hospitales vergangen sind, hat keines seiner Gebäude überdauert; die jetzige Anlage stammt der Hauptsache nach erst aus den siebziger Jahren des 15. Jahrhunderts. Die Neugründung des Hospitals war für Rom von gleicher, wenn nicht von grösserer Wichtigkeit wie die Restaurationen der Kirchen und die würdige Aufstellung der Vaticanischen Bibliothek, welche seitdem ja weit mehr den Namen Sixtus' IV. verbreitet haben. Gewiss trafen die Zeitgenossen mit ihrer hohen Werthschätzung

der Wandgliederung im Innern, sowie einen männlichen Oberkörper und zwei Köpfe. Letzteres sind Studien zum Schergen, welcher bei Aufrichtung des Kreuzes Petri den kurzen Kreuzesarm hält, und zum Kopf über dem die Treppe hinabschreitenden Manne desselben Frescos. Auch sie, wie die Figuren eines Oxforder Blattes (Nr. 77 in Robinson's »A critical account«) setzen voraus, dass die hinabschreitenden Männer die vom Beschauer aus rechte Seite der Composition einnehmen, nicht, wie auf einem Kupferstiche in Firmin Didot's »Gemäldegalerie etc.«, die linke Seite.

[48]) Laurentius Schraderus, »Monumenta Italiae, 1592«, fol. 112 vo.
[49]) Erbaut von Alexander VII. (1655—1667) und Benedict XIV. (1740—1758).

das Rechte. Eine Chronik berichtete über Sixtus IV.: »er habe (bis dahin) zehn Cardinäle erwählt, er habe auf eigene Kosten den Ponte rotto erneuern lassen, im Vatican schmücke er das Hospital S. Spirito mit einem schönen Gebäude, zu dessen Grund er mit seinen heiligen Händen die ersten Steine selbst gelegt habe.« Und nach einer anderen gleichzeitigen Nachricht legte er das grosse Hospital »zum Schmucke der Stadt, sowie zum bequemen Gebrauche der Pilger und der Kranken an« [50]). In der That trug das Hospital viel zur Verschönerung des vaticanischen Stadtviertels bei, als seine prächtige Façade noch bestand und die Loggia, offen und unerhöht, sich in regelmässigen Bogenlinien um das Gebäude herumzog. Ein Blick auf die Ansichten Roms in der Schädel'schen Weltchronik und in Mantua [51]), oder auch auf das Fresco Botticelli's in der Sixtinischen Capelle überzeugen uns davon, dass es zu den hervorragendsten Bauten im damals neu erstehenden Rom gezählt hat.

Die hohe Bedeutung, welche dem Hospitale S. Spirito demnach zuzusprechen ist, lässt uns hoffen, dass die Darlegung seiner Baugeschichte, sowie die Reconstruction seiner Architektur und die ausführliche Besprechung der im Saale vorhandenen altumbrischen Fresken ein willkommener Beitrag zu den kunstgeschichtlichen Forschungen sein wird, welche in jüngster Zeit mit Eifer auf dem Gebiete der römischen Frührenaissance vorgenommen werden.

---

[50]) Chronik des Filippo da Lignamine, und Vita Sixti IV.
[51]) Beide sind aufgenommen in de' Rossi's »Piante iconografiche«.

Dürer's männliches Bildniss von 1521 in der Dresdner Galerie.

Von **Karl Woermann**.

Um die Echtheit dieses charaktervollen Bildnisses, welche nur vorübergehend einmal im Katalog von 1846 angezweifelt worden ist, handelt es sich nicht. Das Monogramm, die Jahreszahl, das Gemälde, Alles ist unzweifelhaft echt. Die herben, eckigen Züge des Dargestellten sind ausserordentlich charaktervoll aufgefasst und wiedergegeben; die schwarze Kleidung hebt sich wirkungsvoll von dem warmen, wenngleich stumpfen, gelbrothen Grunde ab; die plastische, etwas glatte und harte Modellirung mit den grauen Schatten und hellen Lichtern ist auch anderen Werken Dürer's jener Epoche, z. B. der Lucretia von 1518 in der Münchener Pinakothek, eigen; das Eichenholz der Tafel weist, wie die Jahreszahl 1521, auf die Entstehung des Bildes während der niederländischen Reise des Meisters hin. Wenn das Werk beim ersten Anblick keinen erquicklichen Eindruck macht, so liegt das weniger an der Behandlung, die in ihrer Art meisterhaft ist, als an den unschönen Zügen der etwas starr und nüchtern aus grauen Augen dreinschauenden Persönlichkeit. Um diese Persönlichkeit nur handelt es sich gegenwärtig noch.

Den einzigen Anhalt zu ihrer Ermittlung gibt die nur theilweise sichtbare Aufschrift des Briefes, den sie in der Hand hält. Die Worte: »Dem pernh ... zw« sind sichtbar. Das heisst: »Dem Bernhard ... zu«.

Der Dresdner Katalog von 1812, der erste, welcher dem Dargestellten einen Namen zu geben versuchte, hielt sich an die letzten beiden Buchstaben und ergänzte »Zwingli«. Aber dass Zwingli nicht dargestellt sei, war leicht nachzuweisen. Seit 1822 glaubten die Kataloge eine Aehnlichkeit mit Lukas von Leyden feststellen zu können. Selbst Hübner's Katalog noch bemerkt in seiner ersten Auflage von 1856 zu unserem Bilde: »Gilt für das Bildniss des Lukas von Leyden«. Aber auch diese Hypothese hielt keinen Vergleich mit den bekannten Bildnissen des grossen holländischen Meisters aus. Die zweite Auflage des Hübner'schen Katalogs (1862) liess den Zusatz daher auch weg. In seiner dritten Auflage (1867) findet sich zum ersten Male mit dem Hinweise auf Dürer's Tagebuch die seitdem beibehaltene Bezeichnung des Dargestellten als Bernhard von Ressen.

Thausing erklärte diese Benennung 1872 in seiner Ausgabe des Dürer-
schen Reisetagebuches (S. 229—230) für wahrscheinlich, 1876 in seinem »Dürer«
(S. 429) für sicher; und es galt für unzweifelhaft, dass das Dresdner Porträt
Bernhard von Ressen darstelle, bis Ephrussi in seinem Werke »A. Dürer et
ses dessins« (Paris 1882) p. 275—278 in längerer Auseinandersetzung unter
Berufung auf das Bildniss Bernhard van Orley's in der bekannten alten, zum
Theil von H. Wierix gestochenen, von D. Lampsonius mit lateinischen Versen
versehenen, von H. Cock in Antwerpen veranstalteten Sammlung niederländischer Künstlerporträts des 15. und 16. Jahrhunderts, nachzuweisen versuchte, kein anderer, als dieser bekannte Brüsseler Maler sei in dem Dresdner
Bilde dargestellt. Der Verfasser jener Zeilen registrirte diese Ansicht Ephrussi's
im Nachtrag zur »Geschichte der Malerei« II. S. 793. Leitschuh aber eignete
sie sich in seiner vortrefflichen Ausgabe des Tagebuches (Leipzig 1884) S. 123
ohne weiteres an. Wer nun die Erwartung gehegt hätte, dass Thausing in
der 2. Auflage seines »Dürer« (1884) auf diese Frage zurückgekommen wäre,
würde enttäuscht worden sein. Thausing wiederholt in der neuen Auflage
einfach den auf unser Bild bezüglichen Passus der ersten, ohne der inzwischen
in Kennerkreisen vielfach besprochenen Ansicht Ephrussi's zu gedenken. Eben
deshalb ist es nothwendig, die Frage noch einmal kurz zu erörtern.

Dass das Bild einen gewissen Bernhard darstelle, den Dürer auf seiner
niederländischen Reise gemalt habe, muss den Ausgangspunkt der Untersuchung
bilden. Da Dürer die meisten Zeichnungen und Gemälde, die er in den Niederlanden geschaffen, in seinem Reisetagebuch verzeichnet hat, so liegt es nahe,
uns in diesem, nach einem Bernhard, den er dargestellt, umzusehen. In der
That nennt Dürer verschiedene Herren Namens Bernhard, die er gezeichnet
oder gemalt habe:

1) (Leitschuh S. 59): Item hab maister Bernhart, der Frau Margaretha
mahler (das war eben Bernhard van Orley) mit dem kohln conterfeit.

2) (Leitschuh S. 71): Item hab conterfet den klain Bernhart von Bresslen.

3) (Leitschuh S. 74): Ich hab dem Bernhart von Castell, dem ich das
gelt abgewann mit dem koln conterfet.

4) (Leitschuh S. 77): Item den Bernhart von Breslen hab ich mit öhl-
farben conterfet. (Hier ist »Breslen« nur eine Conjectur Leitschuh's, die übrigens
Thausing schon nicht für unmöglich erklärt hatte; in der Handschrift steht
Resten; Campe druckte Ressen; und factisch war die letztere ganz unbe-
rechtigte Lesart die allgemein übliche, von Thausing auch in seinem »Dürer«
angenommene Lesart geworden).

5) (Leitschuh S. 87): Ich hab dem Bernhart Stecher und sein weib
conterfet und ihm ein ganzen truck geschenkt und sein weib hab ich noch
einmal conterfet und hab 6 stüber geben vor dem täffelein zu machen.

Diese fünf Herren Bernhart würden auf drei reducirt werden, wenn
wir mit Leitschuh annehmen, dass der vierte mit dem dritten und der dritte
mit dem zweiten identisch sei. Dass aber dieser vierte in dem Dresdner
Bilde dargestellt sei, das haben Hübner, Thausing u. s. w. daraus entnommen,
dass Dürer nur von ihm sagt, er habe ihn mit Oelfarben porträtirt; im fünften

Falle scheint zwar, da von einem Täflein die Rede ist, auch ein Oelbild gemeint zu sein; aber dem Wortlaut nach müssen wir eher annehmen, dass
es sich hier um ein Doppelbild Stecher's und seiner Frau gehandelt habe.

Wenn nun Ephrussi trotzdem annimmt, das Dresdner Bild stelle Bernhard von Orley dar und sei nach der (unter Nr. 1) angeführten Kohlenzeichnung
gefertigt, so stützt er sich dabei lediglich auf die Aehnlichkeit des in dem
Bilde Dargestellten mit jenem Porträt Orley's in der Wierix-Cock-Lampsonius-
schen Sammlung; diese Aehnlichkeit müsste sehr überzeugend sein, wenn
sie uns zu Ephrussi's Ansicht bekehren sollte. In der That nun ist die
Aehnlichkeit mit dem Manne, welcher in den Hondius'schen Nachstichen des
bekannten Werkes die Unterschrift des »Bernardus Bruxellensis« trägt und
welches seitdem vielfach für dessen Bildniss ausgegeben worden ist, auch z. B.
in der Titelvignette zu A. Wauters' Artikel über ihn in der Histoire des peintres
de toutes les écoles, beim ersten Anblick eine äusserst auffallende; aber bei
näherem Zusehen entdeckt man bald, dass die Identität doch keine zwingende
ist; und dass die Aehnlichkeit in der That nur eine zufällige ist, beweist der
Umstand, dass jener Stich gar nicht Bernhard van Orley darstellt.
Schon Louis Alvin hat in seinem »Catalogue raisonné des Portraits gravés par
les trois frères Wierix« (Brüssel 1867) p. 39 darauf aufmerksam gemacht, dass
in den späteren Ausgaben des Antwerpener Künstlerporträt-Werks die Unterschriften unter den Meistern Dirk Bouts (Theodorus Harlemius) und Bernhard
van Orley verwechselt worden sind; und in der That kann sich jeder, dem
die erste Ausgabe von 1572 [1]) zugänglich ist, leicht davon überzeugen, dass
in dieser, welche selbstverständlich massgebend sein muss, der Meister, der
dem Dresdner Bilde so ähnlich sieht, als Theodor von Harlem bezeichnet
wird, wogegen der echte Bernhard von Brüssel, wie er hier dargestellt ist,
nicht die mindeste Aehnlichkeit mit unserem Bilde hat. Richtig benannt sind
beide Bildnisse übrigens noch auf den Porträttafeln zu Karel van Mander's
Lebensbeschreibungen der niederländischen und hochdeutschen Maler, Ausgabe
von 1764, Bd. I, Taf. G, 2 und H, 2.

Damit ist natürlich die ganze Ephrussi'sche Hypothese über den Haufen
geworfen, und es tritt, da Dürer gerade die in den Niederlanden in Oel ausgeführten Gemälde vollständig verzeichnet haben wird, die alte Annahme
Hübner's und Thausing's, dass jener Bernhard von Resten, oder wie er hiess,
dargestellt sei, voll in ihre Rechte.

Es fragt sich nun nur noch, ob wir in der That diesen Resten mit
jenem Breslen und diesen Breslen mit jenem Castell identificiren dürfen. Der
innere Grund, aus dem man zu dieser Identificirung seine Zuflucht genommen,
war wohl die Annahme, es sei unwahrscheinlich, dass Dürer gerade fünf
Herren Namens Bernhard in den Niederlanden gezeichnet oder gemalt haben
sollte. Drei, wird man angenommen haben, seien ihrer schon ganz genug. Für
die Identificirung Bernhard's von Castell mit Bernhard von Breslen, wird an-

---

[1]) Pictorum aliquot celebrium Germaniae inferioris effigies etc. Una cum
Doctiss. Dom. Lampronii elogiis. Antwerpiae. Apud Viduam Hieronymi Cock. 1572.

geführt (Leitschuh S. 157), dass die Herren von Castell im Breslau'schen begütert gewesen seien; für die Identificirung des Bernhard von Resten mit ihnen
kann man nur geltend machen, dass die Buchstabenformen der Wörter Breslen
und Resten allerdings so viele Aehnlichkeit mit einander haben, dass Hauer,
dem wir die einzige erhaltene Abschrift des Tagebuches verdanken, leicht
Resten für Breslen verlesen oder verschrieben haben könnte. Man wird zugeben können, dass beide Hypothesen wahrscheinlich seien und doch einen
zwingenden Grund für sie nicht anzuerkennen brauchen. Strenger wissenschaftlich ist es vorderhand wohl, sich, wie auch Thausing in seinem »Dürer«
es gethan, an die Lesart der Handschrift zu halten, wobei wir natürlich Campe's
Seh- oder Druckfehler zu berichtigen und mit Leitschuh die Lesart Resten statt
Ressen herzustellen haben.

Zum Schlusse sei nur noch daran erinnert, dass der Brief in der Hand
des Mannes auf dem Dresdner Gemälde weit eher auf einen Kaufmann, als
auf einen Maler hindeutet. Wozu sollte Bernhard von Orley mit einem Briefe
in der Hand dargestellt werden? Wir wissen hingegen ja, dass Holbein später
den Brief vorzugsweise zur Charakterisirung von Kaufleuten benutzte; und in
Geschäften wird Herr von Resten doch wohl in der Geschäftsstadt Antwerpen
gewesen sein, auch wenn er in Wirklichkeit Herr von Castell geheissen hätte
und im Breslau'schen begütert gewesen wäre [2]).

---

[2]) Nachträglich theilt S c h l i e mir mit, dass er das Bildniss B e r n h a r d v o n
O r l e y's auf verschiedenen Werken dieses Meisters (an der regelmässigen Wiederkehr derselben, dieselben Züge zeigenden, in der Regel ruhig beobachtend abseits
gestellten Gestalt) erkannt habe, nämlich »auf einem der Brüsseler Flügel zum
Wiener Mittelbilde, auf dem Hiobs-Altar, auf dem Gerichts-Altar in St. Jacques und
auf dem Güstrower Altar, auf letzterem sogar zweimal.« Soweit mir zur Zeit das
Material zur Nachprüfung dieser Entdeckung S c h l i e's zugänglich ist, bestätigt sich
dieselbe vollkommen, und es gereicht mir zur Beruhigung, hinzufügen zu können,
dass der Vergleich der Züge dieser Gestalt mit denjenigen unseres Dürerporträts gar
keine Aehnlichkeit zwischen beiden ergibt, wogegen eine Aehnlichkeit zwischen
jenem Typus auf den genannten Bildern und dem e c h t e n Bar. van Orley des
Lampsonius-Cock'schen Porträtwerks sehr wohl constatirt werden kann.

Berichte und Mittheilungen aus Sammlungen und Museen, über staatliche Kunstpflege und Restaurationen, neue Funde.

Oldenburg. Grossherzogliches Museum.

Von einigen Erwerbungen für die Grossh. Sammlungen möchte ich um so lieber Mittheilung machen, als es ja Thatsache, dass nicht selten Kunstwerke allein deshalb scheinbar verschwinden, weil sie an Orten bewahrt werden, welche noch nicht die Ehre haben von dem grossen Touristen- und Forscherstrome berührt zu werden. Was das Verschwinden solcher Kunstwerke angeht, so sind z. B. die beiden mächtigen Cartons von Julius Schnorr von Carolsfeld, »Die Boten von Bischof Pilgrim bringen die Nachricht vom Tode der Burgunder« und »Der Wittwe Rüdiger's wird die Nachricht von dessen Tode gebracht,« schon bei Gelegenheit der Ausstellung der Werke Schnorr's in Vergessenheit gerathen gewesen und doch gehören sie der öffentlichen Sammlung in Oldenburg an.

Diese Beispiele liessen sich leicht, besonders auf dem Gebiete der Kunst der Gegenwart vermehren, da diese Werke ja gewöhnlich zunächst der Oeffentlichkeit entzogen werden. So sei es mir denn gestattet, dann und wann zu berichten, was für uns erworben.

Auf dem Gebiete der Kunst der Gegenwart sind es u. a. zwei kleine landschaftliche Perlen von A. Lier, deren ich gedenken möchte.

Die eine, mit zwei Jägern und Hunden, in weitem Blachfelde einer hügeligen Gegend, deren Horizont von fernem Dorf begrenzt wird, trägt die Jahreszahl 1869, wo dies Bildchen mit einer Medaille ausgezeichnet wurde. Wie in so vielen Werken des verst. Meisters, liegt die ganze Landschaft im goldigen Abendlicht herbstlicher Sonne. Während der eine der Hunde nahes Wild anzieht, wendet sich der eine Jäger nach dieser Seite, der andere aber richtet die ermüdeten Schritte hügelansteigend dem fernen Dorfe zu. Die Klarheit der Farbe, die zierliche Staffage, so wirkungsvoll in die wellige, goldige Landschaft gestellt, erinnert unwillkürlich an Bürkel's anziehende Gestalten. Höhe 19 cm, Breite 40,2, Holz, Bez. A. Lier (A. Lier).

Die andere Landschaft flache sumpfige Waldgegend. Im glühenden, dunstigen Abendsonnenschein sehen wir stilles dunkles Wasser nach dem

Hintergrunde sich zu einem Canal verengend, dessen bruchig, buschige Ufer einfallendes Gevögel zum heimlichen Sammelplatz einladen; der Vordergrund ist mit Enten belebt. Höhe 20,6 cm, Breite 50, Holz, Bez. *Auer*

Beide wurden auf der internationalen Ausstellung in München 1883 angekauft.

Eine dritte Erwerbung ist die Kaffeekellnerin von Francesco Vinea, dem Florentiner. Eine Kellnerin im bayrischen Anzug, mit weisser Haube und, geblümtem Kleide, bringt mit lächelnder Miene, nicht ohne die Elfenbein-Zähne, nur zu sehr Liebhaberei Vinea's, zu zeigen, in silbernem Geschirr den Kaffee.

Dies Bild wurde in Berlin gekauft. Höhe 36 cm., Breite 26.

Ein viertes ist das prächtige Bild von H. Schilking, am Kellersee bei Eutin (Holstein). Im Auftrag gemalt. Das östliche Holstein hat unsere nordischen Künstler vielfach angezogen, aber die eigenthümliche, ich möchte sagen wenig ausgesprochene Configuration dieses lieblichen Landstriches macht es dem Künstler sehr schwierig, den Charakter des Landes in einer Landschaft auszudrücken. In der That sind eigentlich alle daran gescheitert, man hat wohl eine ganze Anzahl Veduten, aber Landschaften, von denen jeder, der einmal jene lachenden, welligen Gegenden, untermischt mit prachtvollen Buchenwaldungen, übersät mit hellen heitern und tief melancholischen Seen, welche man die Augen des Landes genannt, gesehen, sich von vornherein sagen muss, das kann nur in Ostholstein sein, dergleichen gibt es nur sehr wenige.

Dem Schreiber d. Z. ist kein Bild bekannt, welches den Charakter dieser Landschaft so bestimmt wiedergäbe, wie das des Professors Schilking. Es ist ein poetisch gestimmtes Waldbild mit klarem Durchblick auf und über den in der Tiefe glänzenden waldumsäumten Kellersee. Riesen von Buchen, deren reicher Blätterschmuck in vorzüglicher Weise zum plastischen Ausdruck gebracht wurde, stehen an sanft ansteigender Höhe im Vordergrunde. Es ist der berühmte Dom mit der colossalen Buche, der »Patriarch« genannt, in dessen Schatten wir wandeln. Das Blätterdach ist so dicht, dass es uns vor der glühenden Augustsonne schützt und Kühle bringt. Von hier aus blicken wir hinab auf den tiefen See, über den ein Kahn seine hellen Furchen zieht, und hinüber in weite Ferne, in welcher der Rauch aus einer friedlichen Hütte in der Luft sich kräuselt; gleich an diese Ferne schliesst sich am gegenüberliegenden Ufer ein dichter Wald, dessen stolze Wipfel vom Golde der Sonne umsäumt sind. Von hier sendet heiteres, sonniges Licht seine Fluthwellen in den hohen Wald, so dass das Licht glitzernd und flimmernd über den Erdboden gleitet. So sieht man es in Holstein, wo die dichten Laubkronen fast gar keinen Strahl durchlassen, gar oft. Erst wenn die Sonne niedriger steht und die scheidenden Strahlen schräg über die Erde gleiten, dringen sie in das Waldesdunkel, wie Irrlichter über dem dürren Laub schwebend, in den vom Winde leicht bewegten Halmen oder den Farrenblättern tanzend. Dieser Moment ist in Schilking's Bild prächtig und wohlthuend uns vor Augen geführt. Nicht allein in wirkungsvoller Weise, etwa im Sinne unserer modernen Impressionisten, deren Bilder man eigentlich Kegelbahnbilder nennen sollte, weil sie erst auf solche Entfernung wirken, sondern im soliden Sinne, strenger

Zeichnung und Gruppirung bis in die Einzelheit; das Ganze aber durchschauert der Geist der Macht des deutschen Waldes.

Von unserem Standpunkte aus können wir nur beklagen, dass dies Werk, wie ich meine, eines der bedeutendsten, welches unsere ja leider aussterbenden Maler deutschen Waldes geschaffen, nicht bei uns bleibt — es geht in Besitz des Herzogs Alexander von Oldenburg in Petersburg über. Höhe des Bildes 1,26, Breite des Bildes 1,76, Bez. H. Schilking 1883.

Eine andere Arbeit unseres Meisters sei hier nur kurz erwähnt, es ist ein Aquarell im Besitz der Grossherzogin von Oldenburg: Der »Visbecker Bräutigam«, es ist dies eine sagenreiche ungeheure Dolme von etwa 400 Fuss Länge, welche umgeben von Fuhren in einsamer Heide liegt; auch hier hat unser Meister meisterlich den ernsten Charakter dieser riesenhaften Steindenkmale urgeschichtlicher Zeit, vereint mit poetischer Stimmung, wiedergegeben. Wir freuen uns hinzufügen zu können, dass es dem Künstler vergönnt sein dürfte, von den zahlreichen Denkmalen derart, welche unsere Heiden schmücken, noch eine Anzahl in Aquarell auszuführen.

Die neuesten Erwerbungen wurden in Bremen gemacht, Nr. 97 des Katalogs, von P. Brandt, Warschau, »Aus Polen« und Nr. 32 von Hermann Baisch in Karlsruhe, »Belauscht«.

Wenden wir uns jetzt zu den Erwerbungen für das Antiquarium und die Gemäldesammlung, so sei hier zuerst einer interessanten Sammlung von Terracotten aus Tarent gedacht. Es sind 52 Stück, welche annähernd die Typen der dort so massenhaft vorkommenden Terracotten wiedergeben. Es sind nach dem Bullettino von 1881 bereits mehr als 25 000 gefunden, von denen aber nur eine völlig erhalten war; sie wurde mit 2000 Frcs. bezahlt und wanderte nach Paris. Diese Terracotten Grossgriechenlands, gefunden in der Nähe von Mare piccolo, von denen manche noch Spuren von Bemalung u. a. auch Früchte zeigen, sind den so wunderbar anmuthenden aus den Gräbern von Tanagra sehr nahe verwandt, ja bei einzelnen sollte man glauben, sie stammten sozusagen aus derselben Form.

Leider aber sind sie nicht so wohl erhalten, wie jene, da sie entweder am Erzeugungsorte liegen blieben oder, um Raum zu gewinnen, aus den Tempeln entfernt, in Gruben einfach übereinander geschichtet und mit Erde bedeckt wurden. Hier ruhten sie, bis Culturarbeiten sie heute wieder zu Tage förderten. Das Erhaltene meist Köpfchen und einige wenige halbzerbrochene Gewand-Figuren, ist von grösstem Reiz. Die Lieblichkeit des Ausdruckes, die leichte, ich möchte sagen schmeichelnde Behandlung des prachtvollen Haares, die Flüssigkeit der Gewandung sind ausserordentlich anmuthend. Von Neuem erhellt aus diesen Bruchstücken das feine Gefühl der Griechen für Schönheit der Linien und ihre grosse Formgewandtheit. Diese zeigt sich besonders auch in der Bewegung des Figürlichen, den Früchten, den Miniaturmasken, den Thierköpfen, welche trotz ihrer Kleinheit sehr fein und ausdrucksvoll modellirt erscheinen.

Die Sammlung älterer plastischer Kunstwerke erfuhr ferner eine nicht unwesentliche Ergänzung durch Erwerbung einer Anzahl vorzüglicher Bronze-

Copien (Sommer, Neapel) nach pompejanischen, herculanischen Bronzen u. s. w. aus dem Museo Borbonico in Neapel und der Abgüsse (Wasmuth, Berlin) der ebenso interessanten als wichtigen antiken Stucko-Reliefs, welche 1870 bei Gelegenheit der Regulirung des Tiber in der Nähe der Farnesina gefunden wurden. Ein neuer Beweis, wie sehr sich Raphael in seinen vaticanischen Decorationsarbeiten der Artikel anschloss.

Für die Grossherz. Gemäldesammlung im Augusteum wurden 1883 erworben: eine »Marine« von Anthonissen mit Monogramm. Die Mündung eines mächtigen Stromes sehen wir belebt mit Boten und grösseren segelnden Schiffen, auf leicht bewegtem Wasser. Im Hintergrunde die Stadt Antwerpen. Höhe 51, Breite 92, Eichenholz.

Ferner eine Landschaft von Corneille Dubois, flache mit Bäumen besetzte Landschaft, durch welche ein Fluss zieht, über den im Vorgrunde eine Holzbrücke führt, auf welcher Reiter. Die ganze Arbeit gemahnt an Hobbéma. Höhe 57, Breite 81, Eichenholz, Monogramm.

Pieter Bouts und Adriaen Boudewyns, von diesen beiden sich so anziehend ergänzenden Meistern ist ein vortreffliches Werk erworben, voll heiteren Lebens in Landschaft und lebenden Wesen. Es trägt den Namen Bouts kaum merkbar in der hellen Farbe einer Planke. Ein weiter Dorfplatz, geschlossen von fernen Bergen, umgeben von schildgeschmückten Gasthäusern, durchfurcht von sandigem Wege, wird am Markttage belebt von zahlreichen Gästen, welche, sich selbst stärkend, vor den Häusern halten und ihre Pferde füttern. Vor jenen wieder Marktschreier, ihre Waaren und Mittelchen anpreisend, während andere um Vieh feilschen. Den weiten Platz unterbrechen ein Ziehbrunnen und ein lustig über den Platz daherstürmendes Kinderpaar, eine Flügelmühle hoch in der Hand haltend. Alles athmet Leben und Vergnügen, dabei sind die Figürchen und Köpfchen voller feiner Charateristik. Das Bild zeigt deutlich den Einfluss v. d. Meulen's. Höhe 55, Breite 70, Leinwand.

Molenaer, Klaas. Winterlandschaft am Fluss, mit Schlitten und Schlittschuhläufern, im Hintergrunde Dorf und Städtchen mit Thurm. Gegen die rechte Seite aufsteigendes Ufer, welches von einem Schlitten mit einem Pferde erklommen wird, auf der Höhe beschneites Gehöft vor einem Walde. Das Eis ist reich belebt mit Kinderschlitten, Läufern, beladenen Marktschlitten und wiedrum Läufern bis weit in die Ferne. Kalte, schneegefüllte Wolken decken den Himmel, durch die oben rechts das Licht der Sonne mühsam bricht, ein schönes, winterliches Grau übersilbert das Ganze. Molenaer bez., Höhe 37, Breite 50, Eichenholz,

Von einem Monogrammisten *HK* finden sich unter Nr. 470 und 471 zwei Landschaften mit Vieh in Schwerin, welche dem B. Heemskerk angehören, wie zwei andere Gemälde derselben Galerie, Nr. 468 und 470. Heerde mit Bez. B. Heemskerk 1730 beurkunden. (Schlie, Beschreibendes Verzeichniss.)

Es dürfte nun nicht ohne Interesse sein, dass die hiesige Sammlung das Werk eines Meisters mit dem Monogramm *HK* erworben hat. Die grosse Aehnlichkeit dieser Handzeichen muss um so mehr auffallen, als unser Bild in seiner ganzen Auffassung und Behandlung nach sehr an A. Brouwer erinnert, den

Bode so bezeichnend den Meister des Bauernlebens nennt. Wenn er auch dessen Feinheit in der Farbe bei Weitem nicht erreicht, so ist die Wieder. gabe massiven Bauernlebens und Lustigkeit doch höchst wirksam. Es ist das Innere eines Bauernwirthshauses dargestellt. Nicht weniger als 21 männliche Figuren, theilweise mit Thonpfeifen bewaffnet, sitzen und stehen in dem dunstigen, weiten, mit Bretterverschlägen hie und da abgekleideten Raum, welcher mit Balken gedeckt ist, von denen Schinken u. s. w. herabhängen. Das Licht fällt von der rechten Seite durch ein weites Bogenfenster ohne jede landschaftliche Aussicht. An den Bretterverschlägen sieht man zerlumpte Kupfer- stiche und Tafeln angedeutet. Alle Figuren, welche sich in fünf Gruppen auflösen, zwischen denen blaue Krüge stehen und Karten am Erdboden liegen, sind von grosser Kraft. Die von Spiel und Trunk getrötheten Köpfe sind äusserst lebendig in ärgerlicher Leidenschaft des Spieles, oder grober Lustigkeit, grobkörnigen Erzählungen Einzelner lachend zuhörend. Wer war nun dieser Monogrammist? Höhe 48, Breite 83, Eichenholz.

Das letzte der zu erwähnenden Bilder ist ein vorzügliches Werk von G. Eckhout, »Satyr bei den Bauern«, die heiss und kalt blasen. (Aesop's Fabeln Nr. 64 ed. Hahn: Ἄνθρωπος καὶ Σάτυρος.) Inneres eines niederländischen Bauern- hauses; man sieht Vieh hinten im Stall und auf einem Verschlag auch Hühner, alles zur Familie gehörig. Bauer und Bäuerin sitzen am Tisch vor ihrer Schüssel mit dampfenden Klössen,. dem davoneilenden Satyr, welcher sich umwendend schäkernd mit dem Finger droht, nachblickend. Das Bild ist von vorzüglicher, wohlthuend klarer Stimmung. Bez. G. v. Eckhout F. Ano. 1653. Höhe 56, Breite 65, Leinwand. Es soll aus der Gräfl. Schimmelmann'schen Sammlung stammen.

An dieser Stelle möchte ich auch kurz bemerken, dass die Gypsabgüsse der · vielbesprochenen herrlichen in Eichenholz geschnitzten Saaldecke in Jever sämmtlich im Museum aufgestellt sind. Was die Art der Ausführung und den Inhalt der Darstellung angeht, so sei hier nur erwähnt, dass die den Saal schmückenden 28 Cassetten, von denen jede 1,61 m in's Geviert hat, sämmtlich untereinander durchaus verschieden sind, wir in ihnen also eine der reichsten, völlig erhaltenen Fundgruben der Renaissance besitzen. Im Uebrigen verweise ich auf das photographische Werk: Die Renaissancedecke im Schloss zu Jever. Leipzig 1883. E. Seemann. Die Gypsabgüsse sind käuflich bei H. Boschen, Oldenburg. Die Zeit der Entstehung dieser Decke ist zwar nicht absolut bekannt, ebensowenig das Monogramm E. S., welches ich an der Decke auffand; indess kann es nicht zweifelhaft sein, dass die Decke um die Zeit des zweiten Viertels des 16. Jahrhunderts entworfen und vielleicht erst etwas später vollendet wurde. Die wichtigsten Gründe für diese Annahme sind unter andern: die verstümmelte Jahreszahl an der Decke, das Vorkommen von ähnlichen, datirten Arbeiten in Jever aus den Jahren 1556—1562/64. Diese Arbeiten sind theilweise der Decke geradezu entnommen. Was den Meister E. S. angeht, so dürfte er, wenn auch Niederländer oder Burgunder, seine Schule in Italien gemacht haben, so sehr erinnern diese reizenden Arbeiten in der Flüssigkeit der Zeichnung und ihrer sprudelnden Fantasie, welche immer Neues bringt, an die Grotesken Raphaels und späterer italienischer Arbeiten.

Die hie und da aufgetauchte Annahme, dass die vorkommenden Formen von Hermen, Cartouche-Arbeiten u. dgl. m. mit der Zeit von etwa 1536—1550 nicht in Einklang zu bringen seien, ist schon aus dem Grunde hinfällig, weil wir nicht allein dergleichen Arbeiten selbst aus früherer Zeit haben, (man vergleiche z. B. nur Gewerbehalle 1874 pag. 36 die Zeichnung von Ortwein, Blei-Relief des 15. Jahrhunderts; ebenso die Blätter des K. K. österreichischen Gewerbemuseums, des Capitelsaales zu Münster, das Grabmal des Markgrafen Bernhard III. u. s. w.), sondern dieselben auch in Italien und Frankreich, (z. B. die Arbeiten in Fontainebleau von 1536 etc., besonders auch die Reliefs auf niederrheinischen Krügen) längst in Anwendung gekommen waren. Es liegt nicht der leiseste Grund vor, wonach angenommen werden müsste, Meister E. S. sei Schüler niederländischer Kunst gewesen, wenn auch sein inneres Ich sich niemals von seiner Heimat lösen konnte.

Ein weiterer Schmuck unseres Antiquariums ist das Facsimile in Gold, Silber und Emaille des bekannten Oldenburgischen Wunderhorns, an welches sich manche bis in das 10. Jahrhundert hinaufreichende Sage knüpft, welche jedoch erst im Jahre 1599 in der Chronik Hamelmann's vorkommen. Das wunderbar schön gearbeitete Horn hat eine ganze Litteratur hervorgezaubert, aber eigentlich nur theologischen Inhaltes. So behandelt ein Pastor um 1655 die Fragen (Manuscript):

1) Ob jene Jungfrau (welche dem verirrten Grafen Otto von Oldenburg 989 dies Horn gereicht) ein Mensch oder ein Geist gewesen?

2) Ob sie für einen guten oder bösen Geist zu halten?

3) Ob recht gewesen, dass der Graf das Horn genommen, den Trunk ausgegossen und das Horn behalten?

4) Endlich wie man sich bei solchen Zufällen verhalten könne.

Dass dies prächtige Gefäss nicht dem 10. Jahrhundert angehören kann, lehrt der erste Blick. Es ist neuerlich angenommen, der Schöpfer dieses schönen Werkes sei Daniel Areträus, welcher nach den Ann.: Corbeiensis in Corwey gelebt und 1455 in des Königs von Dänemark Dienste getreten sei, diesem aber steht wesentlich entgegen, dass Areträus bis dahin nur durch diese Notiz bekannt, und neueren Forschungen nach, gerade dieser Partie den Ann. gefälscht erscheinen. Die Wahrheit dürfte sein, dass dies reiche Werk der Goldschmiedkunst um 1447 von einem rheinischen Künstler, vielleicht cölnischen Meister geschaffen ist.

Damals befand sich König Christian I. von Dänemark in Cöln, um auf Wunsch des deutschen Kaisers gewisse Streitigkeiten zwischen dem Erzbischof von Cöln, Carl v. Burgund u. s. w. zu schlichten. Auf diese Vorgänge deuten namentlich die Wappen auf dem Horn, welche dem Theilhaber an dieser Mission angehören.

Bei dieser Gelegenheit gelobte der König den heil. drei Königen, deren Namen auf dem Horn stehen, ein Kleinod, wenn er Erfolg habe; diesen hatte er nicht, und so habe er das Kleinod behalten, sagt ein Chronist ohne jedoch die Art des Kleinods zu bezeichnen.

Mit dieser Ansicht scheint uns das Spruchband auf der Spitze des Deckels

VII   31

Drink all ut, wenig zu stimmen, es scheint eigentlich wahrscheinlicher, dass er diese Gabe seinem Bruder, dem streitbaren Grafen Gerhard, welcher in Cöln von Carl dem Kühnen zum Ritter geschlagen wurde, widmete; um so wahrscheinlicher wird diese Annahme, als das Horn seit jener Zeit im Besitz des Grafen von Oldenburg blieb, bis es Ende des 17. Jahrhunderts in der Zeit, wo die Grafschaft eine Provinz Dänemarks war, nach Copenhagen gebracht wurde.

Ein anderer Spruch um den Rand des Horns lautet: O Mater Dei Memento Mei, dieser Spruch verdient deshalb unsere Aufmerksamkeit, weil wir ihn auf einem Spruchband, in Verbindung mit dem der Zeit angehörigen Bildniss der Gemahlin des Königs wiederfinden. (Vergl. Hist. Tidskrift I, pag. 422.)

Abbildungen finden sich in Hamelmann's und Winkelmann's Chroniken, sowie in Anderssen's Rosenborgslott bei Kopenhagen, wo das Original aufbewahrt wird.

Eine Beschreibung der Einzelheiten, des im gothischen Stil aufgebauten, mit Figuren, Reitern, Löwen u. s. w. reich geschmückten Trinkhornes mit dem Spruch würde hier zu weit führen. Die Hinweisungen auf obige Abbildungen mögen genügen.   *v. Alten.*

New-York. Das Metropolitan-Museum.

Central-Park ist der technisch-moderne Name prachtvoller Kunstanlagen inmitten der Stadt. Pittoreske Hügel- und Waldabschnitte, glatte Fahrstrassen in anmuthig geschwungenen Curven, statuengeschmückte Alleen, die von einem monumentalen Brunnen geschmackvoll abgeschlossen werden, bilden jetzt eine von Architekten und Kunstgärtnern ausgeführte hoch interessante Landschaft, wo noch vor etwa 25 Jahren eine wüste Fläche von Felsblöcken und Wassertümpeln bedeckt war. Dieser Park ist der schönste Erholungsort von New-York; seine gefällige Anordnung, die darin zerstreuten zahlreichen nationalen Sculpturen mit vielen schönen baulichen Anlagen beweisen zumindest, dass die technische Thätigkeit der Amerikaner sich nicht allein auf den profanen Nutzbau (wie Eisenbahnen und Maschinen) erstreckt, sondern auch ästhetischer Auffassung und kunstgeläuterter Durchbildung fähig ist.

Wenn dennoch künstlerische Bestrebungen von öffentlichem Charakter noch nicht zahlreich zu Tage treten, so sind daran die politischen Einrichtungen der Bundesstaaten schuld, in welchen so wenig als möglich von oben regiert und somit auch nichts für öffentliche Kunstpflege gethan wird. Dazu müssen hier städtische Corporationen oder selbst Einzelne die Initiative ergreifen. So entstand das hiesige Kunstmuseum erst vor einigen Jahren durch reiche Privatpersonen im Subscriptionswege, erst später übergab ihnen das Stadtmunicipium im Central-Park einen Bau, der jetzt ihre Sammlungen enthält und eingedenk der städtischen Gründung Metropolitan-Museum genannt wird.

In den reichgeschmückten Park passt dieses Museum in seiner jetzigen Gestalt nur schlecht hinein. Es ist ein hässlicher und plump gegliederter Bau; die mächtig gewölbten Fenster im Mitteltract, deren spitzbogenförmige Umrisse von einem schwerfälligen Sandsteinaufputz unterstrichen werden, lassen auf eine modern gothische Stilisirung schliessen, wenn nicht zwei Flügel — für die Bildergalerie — mit Blendfenstern in den rohen angetünchten Backsteinwänden ohne eine Spur von Ornamentik sich anschlössen, an welche wieder hölzerne Treppenhäuser in der Art schweizerischer Sommerhäuschen angeklebt sind. Das Ganze, an welchem nach Bedürfniss ab- und zugebaut wird, ist nur provisorisch errichtet; an seine Stelle soll später ein Prachtbau mit einer Front von 900 Fuss Länge treten.

Den Hauptraum des Museums bildet eine einfach decorirte Halle mit hoher, von eisernen Schwibbbögen umspannter Glasdecke. Hier sind neben anderen Sammlungen in zierlichen Glasschränken auch die Cesnola-Funde aufgestellt. Ueber diese, welche durch Publicationen in jüngster Zeit genugsam bekannt geworden sind, sowie auch über die Anfänge eines Kunstindustrie-Museums mit vorwiegend didaktischem Zwecke gehen wir hinweg und wenden uns gleich zur Gemäldegalerie. Doch vorher sei noch besonders eines Werkes der Plastik gedacht.

Unvermittelt zu den übrigen Sammlungen, aber für sich selbst ein sehr anziehendes Object ist eine vollständige Altarwand mit Darstellung der Jungfrau Himmelfahrt in kräftigem Relief in gebranntem und glasirtem Thon von Luca della Robbia. Der berühmte Thonmodelleur fertigte sie für eine Kirche in Piombino an, von wo sie vor beiläufig fünfzig Jahren nach Florenz kam, um kürzlich von einem kunstsinnigen Amerikaner gekauft zu werden, der sie dem Museum schenkte. Die Jungfrau ist als frei emporschwebende Mittelfigur aufgefasst, von beflügelten Cherubim umringt, der sich von oben ein Engelpaar mit der Glorienkrone naht, während unter ihr vier tiarageschmückte Männer in verzückter Wonne emporschauen. — Der Hintergrund ist ultramarinblau untermalt und einige Stellen sind violett und citronengelb betupft. Eine architektonische Umrahmung bilden Flachrelief-Ornamente nach einigen Bauformen der italienischen Frührenaissance, die den florentinischen Meister des fünfzehnten Jahrhunderts lebhaft charakterisiren.

Nirgends tritt nun aber das frische Datum und der Privatcharakter des Museums im Gegensatz zu unseren reichdotirten Hof- und Staats-Kunstsammlungen so deutlich zu Tage als in der Bildergalerie. Obzwar die financielle Zukunft des Instituts gesichert ist, so fliesst sein regelmässiges Einkommen derzeit noch spärlich, es besteht aus Stiftungs- und Jahresbeiträgen, die von den Mitgliedern auch in Form von Kunstwerken entrichtet werden können. Die kostspieligen und überhaupt selten käuflichen Meisterwerke der grossen historischen Maler, namentlich der Cinquecentisten, sind demselben desshalb noch ebenso unerschwinglich, wie dem Kunstverein irgend einer grösseren Provinzstadt unserer Heimat. Dies vorangesetzt, muss man rückhaltlos anerkennen, dass mit beschränkten Mitteln ein bedeutendes Resultat erzielt wurde. — Eine repräsentative Vertretung der Hauptschulen wurde als gegenwärtig undurchführbar erkannt und auch noch nicht angestrebt. So wurden die kleinen Fonds nicht nach allen Richtungen verzettelt, sondern fast ausschliesslich zum Ankauf von flämischen und holländischen Meistern des siebenzehnten Jahrhunderts verwendet, um eine geschlossene, zum weiteren An- und Ausbau sich vortrefflich eignende Sammlung von etwa 150 guten Bildern einer Periode anzulegen, deren Hauptwerke durch realistisch-kraftvolle Auffassung jedes moderne, namentlich aber das amerikanische Publicum sympathisch berühren muss.

Unter den flämischen Meistern fällt vor Allem ein dem Rubens zu-geschriebenes gewaltiges Altarbild »Die Rückkehr der heiligen Familie aus Aegypten« in lebensgrossen Figuren auf. Es soll zur Gruppe jener 39 grossen Gemälde gehören, die Rubens zwischen 1621—1626 für die Jesuitenkirche zu Antwerpen zu entwerfen begann. Man sieht auf dem oberen Theil des Bildes Spuren von dem Kreisausschnitt der Altarwand, in die es eingesetzt wurde. Zu seiner jetzigen Rahmengrösse wurde das Bild erst später ergänzt (gleich-falls deutlich unterscheidbar) und dabei von Holz auf Leinwand übertragen. — Die einfach-grossartige Auffassung der Figuren bekundet des Meisters Antheil an dem Werk, das Colorit und andere Einzelheiten sind aber nicht tadellos; das Bild wurde höchst wahrscheinlich, wie so viele andere, unter seinen Augen und nach seinen Anordnungen von der Hand eines Schülers ausgeführt. Zwei andere »Rubens«: »Löwenjagd« und »Weibliches Porträt« sind un-zweifelhaft Copien. Von Gaspard de Crayer, dem Freunde Rubens', ist »Alexander und Diogenes« das beste historische Bild der Sammlung und dieses Meisters wohl überhaupt. Alexander steht im vollen Sonnenlicht vor dem hingekauerten Tonnenphilosophen, den Blick sinnend auf den Boden ge-richtet. Man kann angeborene Hoheit und Herrschergewalt nicht markiger als in dieser Heldenfigur voll strahlender Jugendkraft schildern und doch ist in ihr mit dem künftigen Welteroberer der philosophisch geschulte Zögling des Aristoteles vereinigt. Dieses Bild wurde vom Museum zu Gent der Kaiserin Josephine als Huldigungszeichen dargebracht und gerieth später in Privatbesitz. — Der Dritte im Freundesbund dieser zwei grossen Maler ist Jacob Jordäns. Eine neutestamentliche Scene, »St. Johann besucht das Kind Jesu «[1]), und ein »Triumph des Bacchus« rufen die typischen Vorzüge seiner leuchtenden Farben, noch mehr aber seine profan-vulgäre Bildung der Ge-sichtszüge in Erinnerung. — Von Abraham van Diepenbeck (Figuren) und Jan Wildens (Landschaft), Zeitgenossen des Rubens, ist »Jason's Erbeutung des goldenen Vliesses« von beträchtlichen Dimensionen und klarer Ausführung. — Rubens' grösster Schüler van Dyck ist durch ein mittelgrosses Altarbild sehr gut vertreten. Das Bild, früher Eigenthum des Madrider Museums, stellt die auf Wolken schwebende heilige Maria im Gebet um Aufhebung einer Seuche in Tarascon dar; eine reizend ausgeführte Engelschaar, in welcher ein kleiner Bengel ein verwestes Todtenhaupt — wohl das Sinnbild der Pest — fortträgt, während ein ihm zunächst schwebendes Brüderchen mit aller-liebster Geberde sich das Näschen zuhält, deutet die schleunige Gewährung der Bitte an. — Von anderen Schülern des Rubens sind Frans Snyders mit guten Stillleben und Cornelis de Vos mit einem tüchtigen Mädchen-Porträt zu erwähnen.

Unter den flämischen Genremalern finden wir den urgemüthlichen

---

[1]) Die mit diesem Zeichen versehenen Bilder wurden von dem französischen Kupferstecher Jules Jacquemart im Auftrag des Museums gestochen.

Bauern-Brueghel mit einer seiner bekannten derben Darstellungen einer allgemeinen Prügelei — und als hochverfeinerten Gegensatz dazu eine vortreffliche Leinwand des feinfühligen jüngeren Teniers: »Eine Dorfhochzeit« in dem köstlichen, goldbraunen Colorit dieses Meisters. Unter den Landschaften dieser Schule finden wir »Jan oder Sammt-Brueghel' durch drei reizende Bilder in kleinstem Format sehr charakteristisch vertreten. Seine Anwendung von Bleiglätte als Farben-Pigment hat sich durch Zersetzung und Nachblauen derselben auch hier empfindlich gerächt. Mit Umgehung mehrerer anderen im schwülstig-unnatürlichen Stil, die grossartige Schönheit der italienischen Landschaft nur schwächlich wiederspiegelnden Gemälde hebe ich eine kleine landschaftliche Perle von Louis de Marne, einem halb-modernen, der noch während des ersten Viertels unseres Jahrhunderts wirkte, hervor. Das Bildchen stammt aus der berühmten Collection Pommersfelden und stellt in köstlicher Naturfrische ein von einem Bach besäumtes Kornfeld vor, worin zierlich ausgeführte Figuren auf schmalem Pfad dahinschreiten, während ein Windstoss die goldigen Aehren beugt. — Der flämisch-französische Meister van der Meulen führt uns in die Reiterschlachten der Feldherren Ludwig des XIV. und sein begabter holländischer Schüler Hugtenburgh in das Kriegslager des Prinzen Eugenius. — Die mit minutiöser Sorgfalt ausgeführten Kirchenperspectiven des älteren und jüngeren Neefs führen die noch katholisch-idealistische Grundrichtung der älteren Schule auf ein mehr realistisches Gebiet hinüber.

Und dieses erschliesst sich uns voll und ganz, sobald wir vor den Bildern der holländischen Meister stehen, die hier an Zahl und Bedeutung die der flämischen Schwesterschule bei weitem übertreffen. Zwar vermissen wir Rembrandt, ihren genialen Reigenführer, und damit den geistigen Höhepunkt aller ihrer Bestrebungen, doch die Uebrigen sind in guter Zahl versammelt und aus den meisten ihrer Werke leuchten seine Lehren und sein künstlerisches Vermächtniss in unverkennlichen Zügen hervor. Keiner von ihnen besitzt aber die universelle Vielseitigkeit des Hauptmeisters, sondern jeder widmet sich — unseren zeitgenössischen Künstlern so ähnlich — in fast einseitiger Ausbildung einem scharf begrenzten Sonderfach, am liebsten der effectvoll beleuchteten Landschaft, den intimen Genrescenen, den schlichten, aber prägnant individualisirten Porträts, und der enge Kreis wird schliesslich mit ängstlicher Vermeidung der traditionellen Vorwürfe aus der Mythologie, der biblischen und weltlichen Geschichte — unseren modernen Künstlern wieder ganz ähnlich — durch eine sorgfältigere Beachtung des bis dahin so untergeordneten Thier- und Stilllebens beschlossen. Es sind etwas schwerfällig angelegte Plebejer und trotzige Protestanten, die hier am Werke sind und ein Volk vertreten, das der spanischen Uebermacht die bürgerliche und kirchliche Freiheit und den Meereswogen den Boden zu seinen Aeckern und Wiesen abgerungen und das durch die vieljährigen Kämpfe gegen alles Fremdländische misstrauisch und damit für alle Lebensregung auf der Heimatsscholle, für jeden stillen Reiz der einförmigen, berglosen, aber meer- und flussumgürteten Landschaft doppelt empfänglich geworden ist. Die Besten von ihnen mögen das Ideal-Schöne in fremden Werken kennen und zu schätzen wissen, sie selbst lehren und üben es nicht; sie lehnen es schweigend ab, sich dem grossen Wanderzug nach dem üppig-reichen, katholischen Süden anzuschliessen, sie gehen dadurch der Inspirationen des katholischen Gottesdienstes, der veredelnden Einwirkungen der Renaissance der antiken Kunstwelt verlustig, bewahren aber rein und unvermischt den herben, naturwüchsigen und kernigen Nationalstil, der nach mehr als zwei Jahrhunderten nichts von seiner Frische und nichts von seiner Stärke eingebüsst hat. Diese zähen Wasserbaumeister, die als Ketzer gegen den Papst und als Aufständische gegen den kaiserlichen Oberherrn siegreich das Feld behaupten, demokratisiren die Kunst!

Mit Rücksicht auf Raumverhältnisse muss ich es mir versagen, hier auf jeden einzelnen Meister ausführlich einzugehen. — Unter den Landschaftern ist Rangältester Jan van Goyen, der durch eine wundervoll duftige Ansicht von »Haarlem und Umgebung aus der Vogelperspective« und sein chef-d'œuvre »Der Moordeich *« (leider jetzt wegen Restauration unsichtbar) vertreten ist. Unter seinen Nachfolgern ragen Salomon Ruysdael und Meindert Hobbema um Haupteshöhe heraus. Ersterer steht zwar seinem berühmteren Bruder Jacob an poetischer Kraft bedeutend nach, übertrifft ihn jedoch an Feinheit der Ausführung, namentlich in kleinen Bildern. Sein Hauptwerk ist hier unter dem Titel »Marine«. Es ist die Mündung der Maas mit meisterhaft behandeltem Wasser, das vom Abendwind leicht gekräuselt und von einigen Fischerbarken durchfurcht wird. Auf der einen Seite steigt bereits die Nacht mit ihren tiefen Schatten über dem Wasser herauf, auf der andern sieht man das noch sonnenbeschienene Ufergelände allmählich in der Ferne verschwimmen. Ein grösseres zweites Bild mit näher gerückterem Ufer und schmäleren Wasserstreif, in breitem Vortrag, wiederholt, ohne die Feinheit des vorigen Bildes zu erreichen, einigermassen dasselbe. Das dritte, grösste Bild desselben Meisters stellt einen »Holländischen Kirmesszug« dar. In einer Winterlandschaft, unweit von den ersten Häusern des Dorfes, gruppirt sich eine sonderbare Cavalcade. Mynher und seine gewichtige Ehehälfte — stämmige, derbe Figuren — sitzen je zu zwei auf einem Pferde, und soweit das Auge sieht, trabt Ross an Ross mit seiner schwerwiegenden Doppellast heran. Durch putzige Figürchen, die seitwärts Schlittschuh laufen, wird das Ensemble verstärkt. — Den grössten Theil des Bildes nimmt aber ein klarer Winterhimmel von besonders kräftigen Pinselstrichen ein. Hobbema ist durch einen seiner sonnendurchfluteten Waldabschnitte vertreten, der sich hier nach der Mitte öffnet, um eine Biegung der Fahrstrasse und ein unter den Bäumen verstecktes Häuschen sichtbar werden zu lassen. — Diesen beiden Landschaften schliessen sich der vortreffliche Renier de Vries und der in Kunstsammlungen so seltene Pieter van Ash unmittelbar, und entfernter Jan van Heyden und Jan van Kessel mit vedutenartigen Schilderungen einzelner Strassen und Stadtkanäle an. — Der Rembrandt'schen Landschaft mit ihrer zauberhaften Beleuchtung kommt am nächsten eine mächtig angelegte Landschaft von Philip de Koninck. — Eine ganz exceptionelle Stellung nimmt aber der geniale Aart van der Neer mit einer »Waldschmiede bei Nacht« und einem grossartig empfundenen »Sonnenuntergang« ein.

Unter den Porträtisten steht voran Frans Hals, von dem das originellste Stück der ganzen Sammlung herrührt. Es ist eines jener zahlreichen Conterfeis, die Hals von einer in der Kunstwelt unter dem Namen »Hille Bobbe« bekannten Haarlemer Hexe mit besonderer Vorliebe anfertigte und von dem sich nur wiederholen lässt, was Lübke über dasselbe Bild im Berliner Museum sagte: »Eine geniale Apotheose gemeinster Hässlichkeit«, wobei man das Wort genial zu unterstreichen hat. Das hiesige Bild rührt aus der Sammlung des Lord Palmerston her. Eine vom selben Meister für ein grösseres Bild entworfene und von seinem Bruder Dirk Hals vollendete Oelstudie führt uns einen »Schützenaufzug zur Feier des westphälischen Friedens« vor. Von van der Helst ist hier sein Hauptbild, genannt »Die Musik«. Eine gutgenährte, hübsche Holländerin prüft eine Guitarre auf ihren Wohlklang in einer Landschaft mit obligatem Helldunkel. Eine herzlich nüchterne Allegorie, doch ohne Zweifel das schmeichelhafte Porträt von irgend Jemand. Ein zweites Bild von ihm ist das Porträt eines heimischen Bürgemeisters, eines jener lebenswarmen Bildnisse, die sich unverlöschlich ins Gedächtniss prägen. — Auch von Marten van Heemskerck, dem Bauernsohn, ist hier sein Hauptbild. Das Porträt seines Vaters, ein bartloses, strenges Puritanergesicht, den Bauernfilz auf kurzgeschorenem Haar, mit von hohem Alter nicht erweichten, sondern versteinerten Zügen, ein Bild von bewundernswerther Kraft der Modellirung. Das beste Porträt der Sammlung ist aber das »Bild eines niederländischen Edelmannes*«, das Hauptbild von Adrian de Vries. Der Maler hat es verschmäht, Brust und Hals durch mehr als flüchtige Umrisse anzudeuten, sein ganzes Können concentrirt sich in diesem Kopf, der mit sanftem, schwermüthigem Lächeln sich seitwärts nach dem Beschauer wendet. Die noch jugendweichen, milden Züge des Gesichts, die hellbraunen, müde blickenden Augen sind wie von einem belebenden Odem durchgeistigt. Ein daneben hängendes Selbstporträt von Terburg, correct, nüchtern, untadelhaft, mit ängstlich gefaltetem Sammtrock und zudringlichem Spitzenkragen, muss vor diesem Meisterwerk einfach erblassen. Viele Porträts von Vries passirten bis vor Kurzem unbeanstandet als Werke von Rembrandt und noch gegenwärtig ist die Zahl ihm zugeschriebener Werke auffallend gering. Das New-Yorker Bild trägt folgende Unterschrift: Fecit Hagae Comitis (im Haag) A. de Vries anno 1643. Im Belvedere hängt, wenn ich nicht irre, gleichfalls ein meisterhaftes Porträt von ihm. — Von anderen Porträtisten begnüge ich mich zu nennen: den grossen Kleinmaler für Stoffe und Gewänder Casper Netscher, Karel de Moor, Laurens van der Vinne, Pieter Nason, Michael Mierevelt, Nicholaas Maas und Aart de Gelder, die meisten Schüler und Nachahmer des Rembrandt.

Die in allen Bildergalerien vertretenen, überall bekannten Episoden aus dem niederländischen Dorfleben schildern auch hier neben den berufensten Interpreten des Genres: Isaac und Adriaan van Ostade und Jan Steen noch besonders bedeutend William Kalf* und Quiryn van Brekelenkamp. Unter deutschen Künstlern schliessen sich ihnen um dieselbe Zeit der vielseitige und gewandte Johannes Lingelbach (eine grosse Türkenschlacht von ihm: »Befreiung Wiens durch Sobieski« ist zu conventionell gehalten und entbehrt auch zu auffällig jeden historischen Werth — sogar die richtige Locallandschaft — als dass ich dabei hier zu verweilen hätte, dagegen sind seine im Museum befindlichen Bauernscenen und Landschaften sehr gut) und François de Paula Ferg, ein Oesterreicher, an. Zu einem verfeinerten Genre führen Philipp und Jan Wouverman mit ihren berittenen Edelleuten in effectvoll ausgeführten Landschaften. Von Thiermalern wähle ich die Namen Nicolas Berghem und Willem Romeyn, unter Stilllebendarstellern die beiden De Heem und Rachel Ruysch, um die Richtung der zahlreichen Uebrigen zu bezeichnen.

Die bedeutenden Bilder aus anderen Kunstschulen im Museum lassen sich an den Fingern herzählen. Man findet idyllische Kindergruppen von Albani (wahrscheinlich Studien zur Ausmalung eines Frieses), das anmuthige Bild eines ganz jungen italienischen Prinzen von Bordone, das schönste Fruchtstück der Sammlung von der Meisterhand des Velasquez, die geistreiche Studie einer »Orientalischen Jüdin« von Goya, ein mythologisch-lüsternes Bild von Boucher, ein gutes, naturalistisches Genrebild des ausserhalb Frankreichs so seltenen Ant. Le Nain, einen guten weiblichen Studienkopf* von Greuze (zu seinem grossen Louvre-Gemälde »Malédiction paternelle) und schliesslich als pièce de résistance eines der feinsten Bildnisse von Lucas Cranach, dem Jüngern: »Porträt einer deutschen Edeldame«, das mit seinen hell leuchtenden Farben so schmuck und frisch sich gibt, als ob es vor Kurzem erst die Staffelei verlassen hätte. Es stammt aus der Collection des Grafen Festetics.

Der nicht unbeträchtliche Kunstwerth der Sammlung hat schwer darunter zu leiden, dass den Museumsmitgliedern werthlose Copien und Falsificate unter den prunkvollsten Namen schenk- oder leihweise an die Wände der Galerie zu hängen erlaubt ist. Nur selten findet man darunter gute Sachen, so letzthin namentlich eine kleine reizende Landschaft von Adam Elzheimer, ferner Ansprechendes von Delaroix, David Wilkie, Gainsborough und Reynolds. Eine besonders glorreiche Stelle nimmt aber unter den Leihobjecten die Madonna dei Candelabri ein, der erste authentische Raphael, der je nach Amerika kam. Sein gegenwärtiger Besitzer Munro-Butler-Johnstone aus England wünscht das Bild dem Museum zu verkaufen.

Die Museums-Sammlungen werden schliesslich durch eine kleine Zahl moderner Sculpturen und halbjährliche Ausstellungen von modernen Bildern aus dem Privatbesitz reicher Bürger mit den Kunstbewegungen der Gegenwart verknüpft.

New-York.   *Emil Kegel.*

Litteraturbericht.

Theorie und Technik der Kunst. Kunstunterricht.

Semper, Gottfried, Kleine Schriften, herausgegeben von Manfred und Hans Semper. Berlin und Stuttgart, W. Spemann. 1884. Mk. 12.

Eine Sammlung der »Kleinen Schriften« Gottfried Semper's darf in den weitesten Kreisen auf freudiges Willkommen rechnen. Je mehr man bedauern muss, dass es dem grossen Meister nicht vergönnt gewesen, sein Hauptwerk, »den Stil«, zu Ende zu führen, mit um so grösserem Dank wird jeder, auch noch so kleine Beitrag, der geeignet ist, das Bild von der Thätigkeit des Verstorbenen als Gelehrten und Kritiker abzurunden, entgegenzunehmen sein. Eine Anzahl der hier gesammelten Abhandlungen sind bereits früher im Druck erschienen, z. Th. sogar allgemein bekannt; der grössere Theil jedoch erscheint hier zum ersten Mal. Mehrere der Aufsätze waren ursprünglich nicht in deutscher Sprache geschrieben: die Herausgeber haben es unternommen, dieselben zu übersetzen. Man kann über die Berechtigung eines solchen Verfahrens gewiss verschiedener Meinung sein: eine Nothwendigkeit lag hier kaum vor. Es geht durch die Uebersetzung, mag sie noch so geschickt und gut sein, doch ein gutes Stück Individualität verloren; den Einwand der »materiellen Schwierigkeiten« fremder Sprachen für manchen Leser kann man doch kaum gelten lassen. Die Leser Semper'scher Schriften werden oder sollten darüber doch wohl hinweg sein!

Die Aufsätze sind in vier Abschnitte gebracht: Kunstgewerbliches, Archäologie der Architektur, Urelemente der Architektur und Polychromie, Reisebriefe, Berichte u. dergl. Im ersten Abschnitte finden sich eine Reihe von Aufsätzen, welche als Vorarbeiten zu den betr. Abschnitten im »Stil« gelten können. Angehängt sind einige Bemerkungen über kunstgewerblichen Unterricht, welche, s. Z. für die Einrichtung der Curse im Kensington Museum verwerthet, zeigen, wie Semper gleich im Anfang die Sache richtig angefasst hat. Der zweite Abschnitt enthält historische Untersuchungen architektonischer Fragen; hier zeigt sich so recht, wie Semper den Geist der antiken Bauformen erfasst hat im Gegensatz zu den Stockphilologen, die am Buchstaben hängen. Selbst wo man nicht mit dem Autor übereinstimmen kann, findet man immer anregende neue Gedanken. Leider vermisst man im folgenden

Abschnitt die schönen Arbeiten, »die vier Elemente der Baukunst« und
»Wissenschaft, Industrie und Kunst«, die sich aus äussern Gründen nicht
haben in die Sammlung bringen lassen. Dafür enthält derselbe aber zwei der
trefflichsten Arbeiten Semper's, wahre Musterarbeiten auf kunstphilosophischem
— sit venia verbo — Gebiet: »über die formelle Gesetzmässigkeit des
Schmuckes« und über »Baustile«. Der letzte Theil enthält Varia; in den
Reiseerinnerungen tritt der Meister uns besonders lebendig entgegen. — Es ist
ein hoher Genuss, das Buch durchzugehen, man wird stets gern von Neuem
darnach greifen. Ueberall findet man eine Fülle neuer Ideen, aus weiten und
tiefgehenden Studien entsprungen; und selbst Bekanntes regt durch die Art
und Weise des Vortrages immer von Neuem an. Jedenfalls wird die vorliegende Publication dazu beitragen, das Bild und die Persönlichkeit des
grossen Meisters immer deutlicher der Nachwelt vor Augen zu stellen; hoffen
wir, dass die in Aussicht genommene Veröffentlichung des unvollendeten dritten
Theils vom »Stil« bald folgen werde.   *A. P.*

Falke, J. von, Aesthetik des Kunstgewerbes. Ein Handbuch für Haus,
    Schule und Werkstätte. Stuttgart, W. Spemann. (Mit 215 Abbildungen.)
    M. 12. —.

Wohl nur selten kann ein Autor sein Buch mit solch stolzer Vorrede
in die Welt senden, wie Jacob von Falke seine Aesthetik des Kunstgewerbes.
Mit Befriedigung darf gerade Falke es eingestehen, dass seine vielfachen
trefflichen Anregungen, sein Ringen und Streben nicht zum kleinsten Theil
am Aufschwung der modernen Kunstindustrie Schuld sind. Als vor fast
zwanzig Jahren seine »Geschichte des modernen Geschmacks« erschien, da fand
sie zunächst Eingang in die Kreise, wo der Boden zur Aufnahme der Saat
schon vorbereitet war; tiefer in das Volk drang schon die »Kunst im Hause,«
die durch meisterhafte Form populärer Darstellung auch den mittleren Classen
verständlich war. Nun tritt der Verf. mit einem »Handbuch für Haus, Schule
und Werkstätte« hervor, welches sich nicht zum geringsten Theil an das
heranwachsende Geschlecht wendet, ein Lehrbuch und Familienbuch zu werden
bestimmt ist, dessen Inhalt zum Gemeingut des Volkes, gleichsam ein Stück
des Elementarunterrichtes häuslicher Erziehung werden soll. Denn noch
längst nicht sind die allgemeinsten Regeln des guten Geschmackes selbst in
den gebildeten Kreisen fest gewurzelt, so dass es dringend noth thut, sie in
leicht fassbarer Form bequem zugänglich zu machen. Diesen Zweck wird
das Buch ohne Zweifel im weitesten Umfang erreichen: es ist nach allen
Richtungen vortrefflich geeignet, anzuregen. Es gliedert sich in drei Theile:
die »Geschichte des Geschmackes«, die »allgemeinen Grundsätze der gesammten
Kunstindustrie«, endlich die »einzelnen Zweige der Kleinkunst unter ästhetischen,
historischen, technischen Gesichtspunkten«. Unterstützt werden die Ausführungen
durch eine grosse Zahl trefflicher, speciell für diesen Zweck neu angefertigten
Abbildungen.

Aber nicht bloss ein Lehrbuch für Schule, Haus und Werkstätte liegt
hier vor: so einfach sich das Ganze liest, so bekannt einem Alles vorkommt,
so steckt doch eine gute Portion Material darin, dessen Kenntniss auch

Kreisen ausserhalb der Schule und Werkstätte, recht wohl zuträglich ist. Namentlich enthält die zweite Abtheilung eine Reihe von Betrachtungen, die zu dem Besten gehören, was auf kunstphilosophischem Gebiete je geschrieben worden ist. Wird somit das Buch in erster Linie an den Orten sich einbürgern, für die es bestimmt ist, — namentlich sollte es wegen der vornehmen und künstlerischen Ausstattung auf Schulen, auch höheren Schulen als Prämie recht häufig Verwendung finden, — so darf es zugleich in der Bibliothek keines Kunstfreundes und Künstlers fehlen.   *A. P.*

Kunstgeschichte. Archäologie.

Gesammelte kunsthistorische Schriften, von **R. Eitelberger von Edelberg.** III. Band. Die Aufgaben des Zeichenunterrichts und vier kunsthistorische Aufsätze. Mit 46 Holzschnitten. Wien 1884. Wilhelm Braumüller, k. k. Hof- und Universitätsbuchhändler. 8⁰. XVI und 390 S.

Die vier Vorträge über die Aufgaben des Zeichenunterrichtes u. s. w., welche den dritten Band der gesammelten Schriften eröffnen, bilden eigentlich einen Nachtrag zu dem zweiten Bande, der ausschliesslich Abhandlungen und Vorträge über österreichische Kunstinstitute und kunstgewerbliche Zeitfragen enthielt. Was den Inhalt und die Tendenz dieser vier Vorträge betrifft, so wurde darüber bereits gelegentlich der Separatausgabe derselben an dieser Stelle gehandelt (Repertorium, Bd. VI. S. 367).

Der zweite Theil des Bandes bringt vier kunsthistorische Abhandlungen in etwas bunter Mischung, jede aber von hervorragendem Interesse und eminentem Werth. Die erste Abhandlung ist dem Portrait gewidmet — sie dat. vom Jahre 1860; wie der Verf. selbst in dem jetzt dazu geschriebenen Nachwort betont, richtete sich die Spitze derselben gegen die damals herrschenden Stilisten, »welche das Portrait geringschätzten und gewissermassen als eine tiefere Stufe der Kunst angesehen haben.« Weil der Verf. aber eine durchaus positive und schöpferische Natur ist, so richtet sich auch seine Polemik nicht gegen das Einzelne, Besondere: er analysirt die Aufgaben des Portraitmalers, zeigt den Zusammenhang zwischen der Bildnissmalerei und Geschichtsmalerei und gibt diesen seinen Deductionen Halt durch die knappe aber immer in das Schwarze treffende Charakteristik der hervorragenden Bildnissmaler aller Zeiten und Nationen. So polemisirt der Verf. nicht gegen Personen, sondern gegen principielle Irrthümer, und wenn wir heute hervorragendere Bildnissmaler besitzen als es vor zwanzig Jahren der Fall war, so sind doch noch die Mehrzahl der Künstler und die Laien von jenen Irrthümern befangen, die der Verf. bekämpft und schon deshalb ist dessen Aufsatz noch heute zeitgemäss und wird es noch lange bleiben — abgesehen davon, dass jede theoretische Erörterung, die Fundamentales gibt, überhaupt einen vom Zeitwandel unabhängigen Werth behauptet.

Eine sachliche Bemerkung in dieser Abhandlung ist dem Ref. unklar geblieben. Es heisst da auf S. 201: Aber vor dem 13. Jahrhundert dürften eigentliche Portraite derselben (von Christus und Maria) nicht in der Plastik,

vor dem Ende des 14. nicht in der Malerei vorkommen. In Bezug auf
Christus haben Mittelalter und Renaissance doch die Grundlinien des basilikalen Typus nicht wieder geändert. Bei der Maria aber blieb der Typus
gerade nur traditionell bis Giotto; von Giotto an verschwindet ein bestimmter —
ich möchte sagen canonischer — Typus ganz aus der Kunst. So zeigt zwar die
Maria vom 14. Jahrhundert eine Portraitdarstellung aber diese bewahrt keine
»sagenhaften Elemente«, sondern ist von der Wahl der Modelle abhängig;
der Christustypus bleibt canonisch festgestellt und das Individuell-porträtartige
kommt bei ihm nie in Frage. Ob bei Schöpfung des basilikalen Christustypus
die Legende oder die gnostische Unterschiebung antiker Götterideale stärker
betheiligt war, ist hier nicht zu untersuchen.

Es folgt nun die Abhandlung über Goethe als Kunstschriftsteller. Grenzgebiete bleiben immer am Längsten unbebaut. So fehlt auch heute noch eine
erschöpfende Behandlung von »Goethe's Verhältniss zu der bildenden Kunst.«
Zweierlei müsste diese Arbeit leisten: erstens Zusammenstellung und Prüfung
aller Aussprüche Goethe's über bildende Kunst; dann Prüfung der Leistungen
der Kunst, welche im Banne der Goethe'schen Kunstlehre entstanden sind. Der
Verf. wollte hier nur Goethe als Kunstschriftsteller charakterisiren, wollte nur
andeuten, was bei ihm zu finden sei, und wollte die Entwickelung und den
Wandel andeuten, der in Goethe's Kunstanschauung wahrnehmbar ist. Der
Verf. hat Recht, ein lückenloses System lässt sich aus Goethe's Aussprüchen
nicht construiren. Der Jüngling beugt sich nur vor dem Gewaltigen, Erhabenen;
der Mann vor dem Harmonischen, Schönen und der Greis ist leicht grillig. Und
darum kann auch jedes ästhetische Glaubensbekenntniss, das sinnigste aber auch
das unsinnigste sich noch auf Goethe als auf einen apostolischen Zeugen berufen,
kann es und hat es gethan. Wer die Kunst- und Litteraturgeschichte unseres
Jahrhunderts kennt, bedarf keines Beweises. Die von der Gesellschaft der W. K. F.
Prämiirten sind verschollen — aber auch Preller ist ganz ein Kind Goethe'schen
Kunstgeistes und Goethe'scher Kunstlehre gewesen. Man lese Roquette's schönes
Buch über Preller. Des Verf. Aufsatz kann viel zur Klärung und Belehrung
über Goethe als Kunsttheoretiker beitragen; mit Grimm's Capitel in dessen
Vorlesungen über Goethe gehört er zu dem Besten und Eingehendsten, was
über Goethe als Kunstschriftsteller gesagt wurde. Erschöpfend konnte der
Verf. nicht sein, hatte auch nicht die Absicht es zu sein, aber seine Arbeit
steckt voll von Anregungen und wird weiter wirken.

Es folgt nun die Studie über Spielkarten. Die Einleitung gibt den
gegenwärtigen Standpunkt der Forschung über die Entstehung der Spielkarten
und erstes Auftreten derselben in den verschiedenen europäischen Ländern.
Die wissenschaftliche Bedeutung der Abhandlung liegt aber darin, dass eine
bedeutende Fülle neuen Materials von hervorragender Bedeutung für die Geschichte dieses Kunstindustriezweiges bekannt gemacht wird. Das Material
ist zumeist der Hauslab'schen Sammlung entnommen, die augenblicklich im
Besitze des Fürsten von Lichtenstein, vielleicht aber bald im Staatsbesitze sich
befinden wird. Die nicht gerade grosse Litteratur über Spielkarten ist durch
die Abhandlung des Verfassers wirklich bereichert worden.

Den Schluss des Bandes bildet die Abhandlung über Cividale in Friaul und seine Monumente. Sehen wir von Localschriftstellern ab, so war der Verf. der Erste, der die kunstwissenschaftliche Durchforschung des Friaul durchführte. Wenn nun auch seit der Zeit, der diese Studien entstanden (1857 und 59), die Kunstgeschichte nicht gefeiert hat, wenn namentlich die longobardischen Monumente des Friaul von der Aufmerksamkeit profitirten, die in jüngster Zeit diesem Architecturstil zugewendet wurde, so bleibt doch des Verf. Abhandlung von grundlegender Bedeutung. Der Verf. hat bei Revidirung des alten Textes die neue Litteratur berücksichtigt, auch Mothes wurde noch benützt. Die Bezeichnung Baptisterium des Calixus für die Aedicula mit dem Immersionsbrunnen, die noch in der Domkirche von Cividale erhalten, behielt der Verf. mit Recht bei, trotz der Polemik, die Mothes dagegen führt (Die Baukunst des Mittelalters in Italien S. 267, Anm. 520). Der Ausdruck Baptisterium bezeichnet Taufcapelle und wenn früher diese Aedicula in einem besonderen Bau neben der Kirche sich befand, so war dieser allerdings der Baptisterialbau, aber doch eben nur, weil die Aedicula mit dem Immersionsbrunnen sich darin befand. Dass die Taufkirche niedergerissen wurde, weiss der Verf. so gut wie Mothes (vergl. Einleitung zur Beschreibung des Altars Pemmo's). Für Schnaase's präcise Datirung des sog. Pemmo'schen Altares auf 738 ist der Verf. nicht verantwortlich; er nennt ihn den sog. Pemmo'schen Altar und gibt im Uebrigen die Inschrift, die dann ja den Sohn des Pemmo Ratchis als Stifter nennt. Gelegentlich der Beschreibung einiger Codices und Kunstwerke im Capitelarchive (jetzt Stadtarchiv) sei nur erwähnt, dass die locale und zeitliche Bestimmung des Codex Gertrudianus, wie sie vom Verf. gegeben wurde, nun schon einstimmig acceptirt worden; auch Kraus, der früher an den Ursprung dieses Codex in der Reichenau dachte, scheint jetzt in dieser Bestimmung schwankend geworden zu sein und Trier für wahrscheinlich zu halten. (Man vgl. den Text zur Ausgabe des Codex Egberti, S. 7.) Ein glänzendes Zeugniss für die Umsicht und den Scharfsinn, welche die histor. und archäolog. Forschungen des Verf. auszeichnen. *H. J.*

Kleine Schriften von **Hermann Hettner**. Nach dessen Tode herausgegeben. Braunschweig, Druck und Verlag von Friedrich Vieweg und Sohn. 1884. 8°. VIII und 563 S.

Hermann Hettner's Tod hat auf dem Gebiete der Litteratur- und Kunstgeschichte eine Lücke geschaffen, die nicht sobald gefüllt sein wird. Auf dem Gebiete zweier Wissenschaften besass er das Heimrecht, und der verstockteste Magister hätte es nicht wagen dürfen, ihm dieses hier oder dort streitig zu machen. Auf beiden Gebieten schuf er ganz aus dem Vollen heraus. Sein Wissen war reich und gründlich, aber es war nicht todter Stoff bei ihm, zu dem Erworbenen trat das Angeborene: der Tief- und Fernblick für das Leben der Ideen, ihr erstes Aufblitzen, ihr wandelreiches Leben, ihr Versinken. Es war die glücklichste Harmonie bei ihm zwischen Thatsachenforschung und philosophisch vertiefter Auffassung der Dinge. Dem Kunsthistoriker leistete bei ihm der Litterarhistoriker die besten Dienste. Das scheinbar selbstverständliche Axiom, dass Litteratur und Kunst in einem und demselben

Zeitalter von denselben Ideen und Stoffen sich nähren, hat er doch erst durch
eine Reihe der glücklichsten Nachweise populär gemacht. Seine »Italienischen
Studien« sind gerade in dieser Richtung von grundlegender Bedeutung. So
wird auch nicht bloss der Litterarhistoriker, sondern auch der Kunsthistoriker
der Wittwe des Verstorbenen herzlichen Dank wissen, dass sie mit glück-
lichem Griff eine Reihe in Zeitschriften und Zeitungen verstreuter Abhandlungen sammelte und so wieder dem Genuss und der wissenschaftlichen Verwerthung zugänglicher machte. In das Gebiet der Kunstgeschichte schlagen
gleich eine Reihe von Biographien: die von Alfred Rethel, Ernst Rietschel,
Peter Cornelius, Moritz Schwind, Gottfried Semper; knapp und formvollendet
in der Fassung, warm in der Färbung, steht der Verfasser doch im Urtheil
auf der Höhe des Historikers, nicht der Tageschronisten. Man lese da vor
Allem die Biographien des Cornelius und Schwind's und man wird dies Urtheil
nicht enkomiastisch finden. An der Spitze der kunstgeschichtlichen Abhandlungen steht die über die neapolitanische Malerschule. Sie wurde 1846 geschrieben. Die thatsächlichen Angaben darin stimmen heute zum grossen
Theile nicht mehr. Aber unbenommen bleibt Hettner das Verdienst, der
Erste gewesen zu sein, der die neapolitanische Malerei einer kritischen Wür-
digung unterzogen ·hat. Und wie lange blieb es auch wieder still nach ihm!
Crowe & Cavalcaselle und Milanesi haben es viel später angefangen, hier einige
Ordnung zu schaffen. Und sehr weit sind wir auch heute noch nicht.

Die Abhandlung »Die Franciscaner in der Kunstgeschichte« ist jungen
Datums — aber die »Fachleute« lieben es nicht, schönwissenschaftliche Revuen
zu lesen, gut also, dass diese feinsinnige Studie mit dieser Sammlung auf
das Bücherbrett des Gelehrten gelangen wird. Wie ausgezeichnet ist die allgemeine Charakteristik der Franciscanerkunst im Gegensatz zur Dominicaner-
kunst! Aber auch der concrete, ganz positive Fund mangelt nicht für die
Erklärung einiger neuer Motive (Fusskuss in der Anbetung der Könige, Darstellung des Mutterglücks der Madonna): es ist die »Meditatio Vitae Christi«
des Buonaventura. Die vorzügliche baugeschichtliche Studie »Der Zwinger in
Dresden«, der bis zur Wahrscheinlichkeit gediehene Nachweis, dass ein bisher
ganz ungekannter Name, Heinrich Knopf, der Name des Schöpfers der Pracht-
rüstung Churfürst Christian's II. sei — sind den Fachgenossen aus der Zeitschrift für bildende Kunst, wo sie zuerst erschienen, wohl in lebhafter Erinnerung.
Von den Abhandlungen, welche der Geschichte der modernen Kunst gewidmet
sind, nimmt den ersten Rang ein die im Jahre 1846 geschriebene: »Drangsale,
Hoffnungen der modernen Plastik«. Welche frischen kräftigen Geister besass doch
jene Zeit des Drucks! Welche Ursprünglichkeit, welcher Glanz und welche
Kühnheit des Gedankens, welche Sicherheit des Urtheils, welche prophetische
Bestimmtheit in der Skizzirung des Programms der Zukunft ist dieser Arbeit des
blutjungen Forschers und Aesthetikers eigen! Markig in Gedanken, markig in
Worten, ist die Lectüre dieser Abhandlung ein wahrhaft köstlicher Genuss. Daran
schliessen sich: Zur Charakteristik der neuen Historienmalerei (gelegentlich
der Bilder von Rudolph Lehmann: Papst Sixtus V. die pontinischen Sümpfe
segnend), der Landschaftsmaler Ernst Willers, das neue Museum in Dresden,

der Bau der Kreuzschule in Dresden, Joh. Schilling's Gruppen für den Treppen-
aufgang der Brühl'schen Terrasse in Dresden und die Besprechung der Entwürfe für das Wellington-Denkmal in der St. Paulskirche zu London. Von
den Gelegenheitsreden gehört hierher die Festrede bei der Säcularfeier der
königlichen Kunstakademie zu Dresden, die bei der Enthüllung des Winckel-
manndenkmals in Dresden und die Gedächtnissrede am Grabe des Julius
Schnorr von Carolsfeld. — Keine der in diesem Bande vereinten kleinen
Schriften Hettner's möchten wir missen; das am Schlusse des Bandes folgende
Verzeichniss der sämmtlichen Schriften Hermann Hettner's lässt uns dagegen
bedauern, dass einige kürzere Artikel nicht noch die Auswahl vermehrt haben.

H. J.

Architektur.

Die Baukunst des Mittelalters in Italien, von Dr. **O. Mothes**, K. S.
Baurath. Jena, Costenoble 1884.

Ein dickleibiges Buch von 51 Bogen Gross-Octav über die Baukunst
des Mittelalters in Italien, sollte man eine solche Erscheinung heutigen Tags
für möglich und nöthig halten, nachdem der Gegenstand durch die Werke
von Schnaase, Lübke, Kugler, Hübsch, Boito und wie die Autoren heissen,
zur Erschöpfung behandelt erschien? Und doch hatte der Verfasser des
vorliegenden Buches Recht, wenn er neuerdings über die Baukunst des
Mittelalters in Italien sein Werk bearbeitete, durchaus selbständig, unabhängig von den Vorgängern stehend und vielfach im Widerspruch mit ihnen,
aber doch vor Allem als ausübender Architekt an die Sache sich heran-
machend, der das Meiste selbst gesehen und abgebildet hat, über das er
spricht. So widerspricht er im Text wie in einer Unzahl von Anmerkungen
rückhaltlos den seither vorgebrachten Ansichten und wohl in den meisten
Fällen auch mit Recht. Es bleibt Sache der Specialforscher, seine Meinungen
einer Kritik zu unterziehen, ich beabsichtige hier nur, eine allgemeine Charakteristik des Buches zu geben. Die vielen Abbildungen sind im Ganzen
charakteristisch gezeichnet, wenn sie auch weit hinter denen eines Viollet-
Le-Duc zurückbleiben an geschmackvoller Darstellungsweise und obgleich sie
zu gehäuft erscheinen, weil oft auf einem Holzstock zu viel Details untergebracht sind, die wegen ihrer Kleinheit an Deutlichkeit verlieren.

Das Buch ist kein Lesebuch, sondern ein Nachschlagewerk für solche,
welche Specialstudien betreiben wollen. Es umfasst einen unübersehbaren
Stoff an Einzelheiten, und ist aus diesem Grunde auch nicht übersichtlich
genug behandelt. Eine Eintheilung in 7 Capitel ist bei dem Ueberreichthum
an Detail zu ungenügend, eine specificirtere Gruppirung wäre bei einer
2. Auflage sehr wünschenswerth. Die Register sind auch nicht so gedruckt,
dass man einen Gegenstand leicht findet, sie müssten zu dem Ende nicht so
platzsparend gedruckt sein. In Bezug auf den Text darf man wohl für eine
2. Auflage den Wunsch aussprechen, er möchte von nicht selten vorkommenden Provincialismen frei gemacht werden, sowie von nicht allgemein gebräuchlichen Ausdrücken wie »Knönch« statt Canonicus.

Auf den Inhalt des Buches ausführlicher einzugehen ist mir nicht möglich. Es ist eine Arbeit, der man den enormen Fleiss des Verfassers bereit-
willig zugestehen muss. Wer weitere Studien über die mittelalterliche Baukunst Italiens machen will, wird stets auf das Werk zurückgreifen müssen.
Wo man über einen speciellen Bau Auskunft sucht, wird man sie in reichlichem
Maasse finden, kritisch beleuchtet und gesichtet, bekleidet von dem nöthigen
archäologischen Beiwerk und in vielen Fällen illustrirt durch Abbildungen.

Ueber einen Punkt vermisse ich erwünschte Aufschlüsse bei Durchsicht
des Werkes, über den Zusammenhang deutsch-mittelalterlicher Bauten mit
den italienischen, der in vielen Fällen kaum zu bezweifeln ist.

Ich will unter vielen Einzelheiten, die mich an diesem Werk gefreut
haben, nur den schiefen Thurm von Pisa erwähnen, den ich dieser Tage
wieder sah. Der Verfasser gibt von jedem Stockwerk des Thurmes in Centi-
metern genau die Höhedifferenzen auf der geneigten und entgegengesetzten
Seite an, sowie, wie die Meister am Bau die Sockel der Säulenbasen und die
Säulenschäfte erhöhten, um die nöthige Ausgleichung herzustellen. Mag der
Verfasser diese, wie viele ohne Quellenangabe mitgetheilten, Notizen der
Autopsie und Selbsterforschung verdanken oder nicht, an einem so scheinbar
nebensächlichen Beispiel erkennt man die Gewissenhaftigkeit, mit der der
Verfasser zu Werke ging. Polemik gegen den Verfasser mögen die unter-
nehmen, welche gründlichere Studien über die mittelalterliche Baukunst
Italiens betreiben. Das Buch von Mothes aber wird stets als die erste gründliche Arbeit über den Gegenstand von Werth bleiben. Darum sei es Jedermann bestens empfohlen.   T.

Beissel, Stephan, S. J., Die Baugeschichte der Kirche des heiligen
   Victor zu Xanten, nach den Originalrechnungen und andern hand-
   schriftlichen Quellen dargestellt. Mit vielen Abbildungen. Freiburg im
   Breisgau. Herder'sche Verlagshandlung 1883.

Es ist ein wenig bekanntes, von Reisenden meist schnell durchfahrenes
Ländchen, das Herzogthum Cleve, und doch birgt es in der Stiftskirche zu
Xanten und der Nicolaikirche zu Calcar Kunstwerke oder vielmehr eine
Häufung von solchen, wie sie in andern Gegenden Deutschlands sich auf eine
viel grössere Strecke vertheilen. Der grösste Reiz, den speciell Xanten darbietet, ist der, dass die dortige Stiftskirche und ihre Umgebung fast unversehrt die Stürme des dreissigjährigen Krieges, der französchen Revolution und
nicht zuletzt auch der Verbesserungswut des vorigen und dieses Jahrhunderts
entgangen ist. Dazu kommt dann das historische Interesse. Liegt doch
Castra Vetera oberhalb der Stadt am Fürstenberg, der Ort Birten, an deren
Mauern sich einst das Geschick des jungerstandenen deutschen Reiches ent-
schied, jetzt im Strombett des Rheines, ist Xanten selbst, auf den Resten
einer römischen Colonie erbaut, die angesehenste Stiftskirche des Erzbisthum
Köln gewesen. Doppeltes Interesse hat die Kirche für den Kunstfreund aber
deshalb, weil die handschriftlichen Quellen zu ihrer Geschichte fast unversehrt
erhalten sind, wie das wohl nirgends sonst der Fall ist. Die Baurechnungen
heben mit dem Jahre 1356 an und gehen fast ohne Unterbrechung bis 1807.

Dazu kommt dann die riesenhafte Fülle anderweitigen Materiales zur Geschichte des Stiftes, das viele wichtige Angaben für die Baugeschichte enthält: Urkunden, Copiebücher, Chroniken, Nekrologien, Rechnungen u. s. w.
So ist es dem Bearbeiter möglich, einen Einblick in das Leben eines reichen
und mächtigen Stiftes zu geben, aus dessen Mitte der Gründer des Prämon-
stratenserordens, der h. Norbert, hervorging und von dessen Pröpsten zwei
den päpstlichen Stuhl bestiegen.

Es ist also eine dankbare Aufgabe, die der Verfasser sich stellte, wenn
auch Auszüge aus den Baurechnungen von Scholten und Junkmann bereits
1852 veröffentlicht waren — wohl die erste Publication solcher Art — eine
sehr gute Aufnahme in 79 Originalphotographien, von Wolff besorgt, seit
1881 vorliegt, und letztere Arbeit neben unserer nöthig bleiben wird. Die
Arbeit ist in populärer Darstellung gefasst, wodurch dieselbe allzu breitspurig
und hie und da auch allzu glorificirend geworden ist. Es war dadurch
auch bedingt, dass manche Fragen einbezogen sind, die direct mit dem Thema
nicht in Verbindung stehen. Der erste Theil ist wesentlich historisch, er
befasst sich mit der Geschichtlichkeit des Martyriums der thebäischen Legion
und des h. Victor, mit der angeblichen Gründung der Stiftskirche durch die
h. Helena, der complicirten Frage der Entstehung des Namens Troja für
Xanten, kurz mit der ganzen Gründungsgeschichte von Xanten. Ich verzichte
auf eine Kritik dieses Theiles hier näher einzugehen, die nicht in allen
Punkten beistimmend lauten kann.

Nach mehreren Bränden älterer Bauten erstand seit 1109 eine neue
romanische Kirche, deren östlichster Theil 1128 durch den h. Norbert geweiht wurde, bis 1213 waren das ganze Schiff und die drei untersten Geschosse
des Westbaues, der aus zwei flankirenden Thürmen und dem Mittelbau bestehen
sollte, vollendet. Am Südthurme wurden dann noch im Anfang desselben Jahrhunderts zwei weitere Geschosse aufgesetzt, denen zwischen 1378 und 80 dann
das letzte Geschoss folgte. Ganz nach dem Muster dieses wurde dann ebenfalls zu gothischer Zeit der Nordthurm, nur im Detail ein wenig abweichend,
ausgeführt. So ist wunderbarer Weise die Harmonie der Westfaçade dadurch
gewahrt, dass dieselben Steinmetzen, welche für den Chor gothisches Maasswerk arbeiteten, hier romanische Profile nachahmten. Bei der Sucht mittelalterlicher Baumeister, nur eigene Gedanken vorzubringen, keine Rücksicht
auf die Einheit des Werkes zu nehmen, ist diese gerade entgegengesetzte,
wohl einzig dastehende Bauweise wohl nur dadurch zu erklären, dass in
Xanten der technische Werkmeister viel abhängiger war von seinem Magister
fabricae, der aus der Zahl der Canoniker genommen war, als die andern
mittelalterlichen Baumeister von ihren oft wechselnden Kirchenpflegern. Von
diesem romanischen Bau ist uns nur der interessante Westbau erhalten. Seit
1263 begann dann um den zunächst noch erhaltenen romanischen Ostbau
ein neuer gothischer zu erstehen. Damals war der Bruder des Erzbischofs
Konrad von Hochstaden, der den Bau des Kölner Domes begann, Friedrich,
Propst von Xanten. In ihm darf man aber nicht mit dem Verfasser einen
besonderen Förderer des Baues sehen, da er ja sich weigerte von dem Terrain

der Propstcurie für den Bau Grund und Boden abzutreten. Der Bau stand
unter nordfranzösisch-belgischem Einfluss, nicht, wie man bisher annahm,
unter kölnischem, der erst langsam, aber immer stärker auftritt. Der Fortbau
wurde durch einen Brand, der den Westbau stark beschädigte, im Jahre 1372
aufgehalten, erst 1437 war der östliche Theil vollendet, nach einer Pause
begann 1483 der Bau des Verbindungsstückes zum Westbau, welches 1519
beendet wurde. Es wird der Fortgang des Baues auf Grund der Baurechnungen Jahr für Jahr, Säule für Säule, Fenster für Fenster nachgewiesen.

Mit als der beste Abschnitt des Buches darf der »die Verfassung des
Xantener Kapitels und die Bedeutung seiner Stiftsrechnungen« betitelte be-
zeichnet werden. So schwer es ist, von manchen Einzelheiten des Kloster-
lebens sich ein richtiges Bild zu machen, um so lieber wird man zu dieser
Darstellung einer sehr complicirten Stiftsorganisation aus der Hand eines
Verfassers greifen, der selbst einem Orden angehört.

Sehr interessant sind die Angaben über die Stellung des Architekten
(Magister lapicida); ursprünglich hatte er eine Laienpräbende inne, war also
lebenslänglich angestellt; später schloss der mit dem Bauwesen beauftragte
Canoniker, der Magister fabricae, mit jedem Baumeister einen Vertrag, der
meist sich auf Ausführung einer bestimmten Arbeit bezog, selten auf lange
Jahre festgesetzt war. Ganz in gleicher Weise beginnen sehr früh Verträge,
die man als Accordverträge bezeichnen muss. Es werden so Gewölberippen
nach bestimmtem Modell fertig von auswärts geliefert. Man sieht, wie früh
solche Accordarbeiten der »Kunst« der Steinmetzen das Feld abgewannen.
Die gewissenhafte Bearbeitung der Baurechnungen zeigt ferner, dass die Zahl
der beschäftigten Arbeiter stets eine sehr niedrige war, und diese meist aus
der nächsten Nähe stammten. Ein Verkehr mit dem Süden Deutschlands
bestand in keiner Weise. Um so mehr ist es zu bedauern, dass der Verfasser
ganz und gar die Steinmetzzeichen bei Seite gelassen hat. Es würde dadurch
ein Studium des Einflusses der Xantener Meister auf die Umgebung möglich
gewesen sein. Das Material des Xantener Münsters, ein Vorposten der Haustein-
bauten gegenüber dem Gebiete des Backsteins, stammt wie das des Kölner Doms
vom Drachenfels (nicht »Drachenfeld«, wie der Verfasser constant schreibt); für
die feineren Arbeiten wurden »Münstersteine« genommen, worunter die Steine
der Baumberger Hügel bei Münster zu verstehen sind, die auch bei St. Lam-
berti und Liebfrauen in Münster und neuerdings wieder für feinste Arbeiten
sehr stark verwandt wurden.

Der beigegebenen Illustrationen (Grundrisse, Grundrissvergleichungen,
Säulenprofile, Maasswerk u. s. w.) sind zwar »viele«, besser wäre es schon
gewesen, wenn ein grosser Plan mit Angabe aller Details und Anbauten beigegeben und neben der Westfaçade eine gleiche Ansicht für die Seitenfront
und dazu gute Querprofile gegeben wären. An manchen Stellen leidet unter
dieser mangelhaften Illustrirung die Verständlichkeit des Buches.

Leider hat der Verfasser auch nicht seine Studien auf das reiche Mobiliar
ausgedehnt; davon sind nur einzelne Reliquienschreine und die um 1250 gefertigten Chorstühle, welche aus dem alten romanischen Baue in den gothischen

übertragen wurden, eingehend behandelt. Aber abgesehen von diesen Mängeln, von manchen schiefen, allgemeinen Urtheilen (z. B. über den Einfluss byzantinischer Kunst, über den Einfluss der Bettelorden auf die Verbreitung der Gothik u. s. w.) ist das Buch eine sehr dankenswerthe Leistung.

Donaueschingen. Dr. *A. Schulte.*

Heinrich Freiherr von Ferstel, Festschrift bei Gelegenheit der feierlichen Enthüllung seines Denkmals am k. k. österreichischen Museum für Kunst und Industrie. Wien 1884. Verlag des k. k. österr. Museums.

Am 30. Mai d. J. wurde das Denkmal Ferstel's im österr. Museum, dem, wenn auch nicht gewaltigsten, doch liebenswürdigsten Werke dieses Künstlers enthüllt. Es besteht in einer Büste aus Laaser Marmor von Tilgner's genialer Hand und wurde angebracht über der Erinnerungstafel an die feierliche Schlusssteinlegung des Museumsbaues. Den feierlichen Act begleitete eine Gedenkrede, gesprochen von J. v. Falke.

In knappen Zügen wird darin die Wirksamkeit Ferstel's geschildert, seine Bedeutung für die Entwicklung der Architektur des 19. Jahrhunderts festgestellt. Dem Adel der Form vermält sich ein Ton warmer herzlicher Verehrung, der auch in der energischen Vertretung der noch unerfüllten künstlerischen Forderungen Ferstel's zu Worte kommt und praktische Erfolge erzielen möge.

Diese Festrede von Falke's eröffnet die bei dieser Gelegenheit publicirte Festschrift; es folgen dann die Aufsätze Eitelberger's, des vieljährigen Freundes des geschiedenen Künstlers: der eine bespricht die Bauthätigkeit Ferstel's seit dem Jahre 1879; der zweite lenkt die Aufmerksamkeit auf die zu wenig beachtete litterarische Wirksamkeit Ferstel's; der dritte bespricht dessen Stellung zur Wiener Gesellschaft. Der letztere schliesst mit Wiedergabe des letzten Schriftstückes Ferstel's, den von ihm auf dem Sterbebett geschriebenen Brief an Theophil Hansen, zu dessen 70. Geburtstag. Der Brief ist aus Zeitungen bekannt, aber wir danken es Eitelberger von ganzem Herzen, dass er dieses litterarische Vermächtniss des Künstlers durch Publication in der Festschrift vor der Vergessenheit gesichert hat. Einen Wunsch hat Eitelberger durch seinen Aufsatz über Ferstel's litterarische Wirksamkeit lebhaft rege gemacht: würde er nicht die einzelnen litterarischen Publicationen Ferstel's durch eine Gesammtausgabe dem Kunsthistoriker und dem Architekten zugänglicher machen, als sie es jetzt in Fachzeitschriften oder gar in Actenbündeln sind?

Die Festschrift ist mit einer Reihe von Illustrationen ausgestattet; zunächst bringt sie das Bildniss Ferstel's, radirt von der Meisterhand W. Unger's, dann eine Reihe von Photozinkographien, welche ausgeführte Bauten oder Entwürfe Ferstel's nach der trefflichen Nachzeichnung Carl Hrachowina's vor das Auge führen und so der Denkschrift nicht blos einen künstlerisch vornehmen, sondern auch instructiven Charakter verleihen. Die Leitung des österr. Museums hat mit Herausgabe der Denkschrift nicht blos Ferstel, sondern auch sich selbst geehrt.

M a l e r e i.

Albrecht Dürer's Tagebuch der Reise in die Niederlande. Erste voll-
ständige Ausgabe nach der Handschrift Johann Hauer's mit Einleitung und
Anmerkungen, herausgegeben von **Dr. Friedrich Leitschuh**. Leipzig, F. A.
Brockhaus 1884. 8º XII und 207 S.

Der Kunsthistoriker benützte bisher bei Studien über Dürer's Reise in die
Niederlande vor Allem Campe's »Reliquien« vom Jahre 1828 und Thausing's
1872 erschienene Ausgabe von »Dürer's Briefen, Tagebüchern und Reimen«.
Campe gab den alten Text, liess ihn aber so gut wie uncommentirt, Thausing
übertrug Campe's Text ins moderne Deutsch und lieferte eine Reihe werth-
voller Anmerkungen. Stets war man also genöthigt, sich den Text aus Campe
zu holen und die Anmerkungen bei Thausing nachzulesen. Das hat wohl
heute noch keine Schwierigkeit, denn jeder Kunsthistoriker dürfte im Besitze
beider genannter Bücher sein, aber Campe's »Reliquien« sind schon selten geworden, und die Kunsthistoriker mehren sich von Jahr zu Jahr. Es ist deshalb eine neue Ausgabe des Tagebuches sowohl mit altem Text als auch mit
reicher Commentirung mit einer gewissen Dankbarkeit aufzunehmen. Leitschuh
bietet uns eine solche Ausgabe. Er hat zu diesem Zwecke die von ihm in
der königlichen Bibliothek zu Bamberg entdeckte Hauer'sche Abschrift des
Tagebuches diplomatisch getreu wiedergegeben und in der angedeuteten Weise
mit Noten versehen.

Ueber die Auffindung der Hauer'schen Abschrift, über ihre Beziehungen
zu Murr's Auszügen, zu Campe's »Reliquien«, über ihre Geschichte sind wir
durch G. Kinkel in der Zeitschrift f. bild. Kunst (XIV. Bd. 1878/79, S. 382 ff.)
unterrichtet worden. Leitschuh kommt auf diese Fragen in seiner Einleitung
ausführlich zu sprechen, wie er denn überhaupt an die Arbeit im Ganzen
grossen Fleiss gewendet hat.

Die Vorrede wird Thausing's Verdiensten gerecht (S. IX: »Ich muss
hier nochmals bemerken, dass Thausing mit wirklich musterhaftem Fleisse
vorgearbeitet hat. Ich konnte mich in vielen Fällen, namentlich aber da, wo
es die Ermittelung niederländischer Künstler galt, welche Dürer meist nur
mit ihren Vornamen zu bezeichnen pflegt, rückhaltlos der Führung Thausing's
anvertrauen.«), orientirt uns über die Principien, nach denen der Autor bei
Herausgabe des neuen Buches verfahren ist und nennt die Namen derer, die
ihn bei der Arbeit unterstützt haben.

Die sorgfältig gearbeitete Einleitung (S. 1—45) muss allerdings dem
Gelehrten allzubreit angelegt erscheinen [1]), mag aber dem nicht gelehrten
Leser einen guten Begriff von dem Zusammenhange des Tagebuches mit der
Lebensgeschichte Dürer's geben. Werthvoll sind die Uebersicht über die Ge-
schichte der Hauer'schen Abschrift (S. 21 ff.) und die Mittheilungen über Hauer
selbst, einen Schöngeist des 17. Jahrhunderts. Er war Stecher im weitesten
Sinne des Wortes, Maler und Kunsthändler, dilettirte in der Optik, Schrift-
stellerei etc. Wichtig für uns ist es, dass er ein begeisterter Verehrer Dürer's

---

[1]) S. 7—15 müssten nach meinem Geschmacke gänzlich gestrichen werden.

gewesen. Als solcher »sammelte Hauer fleissig dessen Kupferstiche und Holz-schnitte und trug sich, wie aus seinen hinterlassenen Collectaneen zur Genüge hervorgeht, mit dem Gedanken, eine Biographie Dürer's herauszugeben. Er verfasste unter dem Titel »Urtheil und Meinung über etliche Albrecht Dürer'-sche Stücke« ein Verzeichniss von Kupferstichen, welche unecht und von Oel-gemälden, welche echt seien. (Vergl. Murr's Journal Bd. 14, S. 95—102, darnach Leitschuh S. 27.) Als Dürer-Verehrer fertigte er auch die Abschrift des Dürer'schen Tagebuches nach dem damals in der Imhof'schen Bibliothek befindlichen Originale. Die Abschrift tauchte später in der Bibliotheca Eb-neriana auf, gelangte von dort in den Besitz des Hauptmann's H. A. Derschau, dann an Jos. Heller und von diesem endlich an die königl. Bibliothek zu Bamberg (Leitschuh S. 32). Als der heutige Herausgeber dieser Abschrift im Jahre 1874 die Leitung der Bibliothek übernahm, fand er letztere »in einem Zustande« vor, der »aller Beschreibung spottet«. Er hatte mehrere Jahre mit der Ord-nung der Bibliothek zu thun und stiess bei dieser Arbeit u. a. auch auf die Hauer'che Abschrift des Tagebuches. So berichtet Leitschuh (S. 33, 34). Hier-auf geht er zur Beschreibung der Handschrift über und spricht von der Be-deutung und dem Werth derselben. Die Abschrift dürfte nach dem Original collationirt sein. Murr's Auszug aus der Hauer'schen Abschrift und ihre unter Mitwirkung von Heller geschehene Herausgabe durch Campe werden eingehend besprochen. (S. 41). »Die Campe'sche oder besser Heller'sche Ausgabe hält sich in Sprache und Orthographie ziemlich genau an den Hauer'schen Text, ohne ihn wesentlich zu modernisiren. Kleinere Abweichungen sind jedoch nicht gerade selten und dürfte wohl manche derselben auf Rechnung des Heller'schen Schreibers zu setzen sein. Hier und da finden sich übrigens auch kleine, absichtliche Auslassungen, und dies besonders dann, wenn die Textentzifferung besondere Schwierigkeiten bietet. Im Grossen und Ganzen aber ist die Wiedergabe des Tagebuches in den »Reliquien» voll-ständig und correct.« Nochmals kommt der Autor auf die Thausing'sche Ausgabe zu sprechen und zum Schluss macht er es wahrscheinlich, dass die Abschrift, die van Eye im Besitz eines Freiherrn Gross von Trockau erwähnt, nicht eine Abschrift von Dürer's Tagebuch, sondern von Neudörffer's »Ver-zeichnuss der Werkleuth« sei. Die Hauer'sche Abschrift müsse also einst-weilen als Codex unicus gelten. Von S. 45 bis 92 folgt der Text des Tage-buches, hierauf die Noten, unter denen folgende hervorgehoben werden müssen:

Zu S. 47 Z. 14 »Hans mahler« ist Hans Wolf und nicht Katzheimer,

S. 51 Z. 30 Vermuthung über Lewbehen,

S. 53 Z. 9 über Lorenz Staiber,

S. 57 Z. 32 über Bonysius,

S. 60 Z. 21 über Herrn von Rogendorff,

S. 63 Z. 9 über Niclaus Ziegler. Als ein Nachtrag zu dieser Anmerkung ist Leitschuh's Artikel: »Niklas Ziegler, Albrecht Dürer und Hans Schäufelein« in der Münchener Allgem. Ztg. vom 7. Februar des laufenden Jahrganges zu betrachten. Leitschuh stellt dort die Vermuthung auf, der liegende todte Christus, den Dürer Ziegler geschenkt habe, stehe in Zusammenhang mit dem

Altarwerk Schäufelein's in Nördlingen. Der Beweis hiefür müsste allerdings erst geliefert werden.

Zu Seite 63 Z. 15 über den »dialogus«,

S. 63 Z. 32 über die Familie Meyding,

S. 64 Z. 9 über die Porphyrsäulen in Aachen (nach Kinkel a. a. O),

S. 64 Z. 24 über die Bildnisse von Paulus Topler und Merten Pfinzing,

S. 64 Z. 25 und 26 über Kaiser Heinrich's Arm und »unser frauen . . . . gürtel«. (Beide Reliquien scheinen ursprünglich zum Bamberger Domschatz gehört zu haben.)

S. 66 Z. 12 Einiges Neue über Staiber,

S. 66 Z. 20 und 24 über Förherwerger (vermuthlich Fernberger) und Nicolaus Groland,

S. 66 Z. 27 über »mein confirmacia«,

S. 69 Z. 13 über »herrn Lasarus« Ravensburger,

S. 74 Z. 28 über Bernhart von Castell,

S. 77 Z. 11 und 12 über die Kramerin und Lochingerin,

S. 78 Z. 5 über Hanns Lüber,

S. 78 Z. 24 über Rudigers gemahlt cappeln (nach Kinkel der Reisealtar Kaiser Karl's V.),

S. 79 Z. 10 über Jan Profoss,

S. 81 Z. 20 über Paul Geiger,

S. 87 Z. 30 über das Bildniss des Lucas v. Leyden (Dürer-Zeichnung in Lille),

S. 88 Z. 18 über Anthonj Hannolt,

S. 91 Z. 15 über »die besten stuck aus mein ganzen truck«.

So findet sich denn manch' neue Mittheilung unter Leitschuh's Noten, die der neuen Ausgabe des Tagebuches auch einen gewissen selbständigen Werth verleihen, und die es uns auch vergessen machen, dass hie und da eine überflüssige Zeile zu finden ist, wie z. B. die Bemerkung, dass Vitruv ein Werk über Architektur geschrieben hat u. a.

Die beigegebenen Register über Personen und Orte erweisen sich als zuverlässig.   *Dr. Th. Fr.*

Die Wandgemälde der St. Georgskirche zu Oberzell auf der Reichenau, aufgenommen von **Fr. Baer,** erzbischöflichem Bauinspektor zu Freiburg i. Br., mit Unterstützung der Grossherzoglich Badischen Regierung herausgegeben von **Dr. Fr. X. Kraus,** o. ö. Prof. an der Universität Freiburg, Grossherzogl. Conservator der kirchlichen Alterthümer. Freiburg i. Br. Commission der Herder'schen Verlagsbuchhandlung. 1884. Fol.

Sintlaze's Au hatte früher das Eiland geheissen, dem Natur und Kunst gleich gütig ihre Reize verliehen haben. Später die Reichenau genannt, ist es seit Anfang des 8. Jahrhunderts ein Hauptsitz christlicher Cultur für die alamannischen Lande geworden. Damals war es, als Sanct Pirmin die Insel zur Stätte seines Wirkens wählte; dann vertrieb ihn die Empörung des Alamannenherzogs Theodebald gegen Karl Martell. Aber was Pirmin gegründet hatte, blieb bestehen, ein Stift des St. Benedictenordens, das Jahrhunderte lang eine blühende Schule der Kunst und Wissenschaft gewesen ist.

Schon aus dem 8. Jahrhundert liegen Nachrichten über eine rege Bauthätigkeit vor, aber monumentale Unternehmungen scheinen doch erst seit
Beginn des folgenden Jahrhunderts ins Werk gesetzt worden zu sein. 888
wird von dem Bau der Georgskirche zu Oberzell gemeldet, und diese ist es,
welcher forthin eine hervorragende Stellung unter den Denkmälern aus dem
hohen Mittelalter gewahrt bleiben wird. Ihre Anlage weist mancherlei Eigenthümliches auf. Dem ursprünglich einschiffigen Langhause folgt ein ebenfalls
flach gedeckter Querbau, dessen Flügel ehedem halbrund schlossen, während
der Chor, unter dem sich eine primitive Krypta befindet, die landesübliche
Anlage auf quadratischem Grundrisse zeigt.

Zu Ende des 10. Jahrhunderts (985—97) war Witigowo Abt von Reichenau geworden. Ein gleichzeitiger Berichterstatter hat ein Gedicht über
dessen Unternehmungen hinterlassen. Neun Bauten werden aufgezählt, die
alle der Initiative dieses Prälaten ihre Entstehung oder Erneuerung verdankten
und dermassen imponirten, dass eine Zeit lang sogar die Vorwürfe verstummten,
welche sonst dem Abte für sein weltliches Auftreten gemacht werden wollten.
Dass Witigowo auch die Georgskirche erneuert habe, wird zwar nirgends bemerkt, ist aber sehr wahrscheinlich, da die sparsamen Details des Schiffes
den ausgesprochenen Stilcharakter dieses Zeitalters tragen. Damals nämlich
scheint die Erweiterung des Langhauses in eine dreischiffige Anlage stattgefunden zu haben. Den westlichen Abschluss desselben bildet eine halbrunde
Apsis. Ueber die Zeit ihrer Erbauung mag man rechten. Jedenfalls ist bei
dem Versuche, den ursprünglichen Westabschlusse des Langhauses als einen
horizontalen zu reconstruiren, die Hindeutung auf eine vorgebliche Analogie
mit der Stiftskirche von Schännis im Canton St. Gallen zurückzuweisen.

Schon längst war St. Georg eines Wandgemäldes wegen bekannt gewesen.
An der äusseren Rundung der Westapsis war dasselbe im Jahr 1846 zum Vorschein gekommen, und auch im Innern der Kirche, heisst es, hätten »Spuren von
Malereien aus allen Wänden hervorgeschaut.« Jenes erstere Bild, eine figurenreiche Darstellung des jüngsten Gerichtes, ist durch Adler veröffentlicht worden,
der geneigt war, dasselbe frühestens aus der ersten Hälfte des 11. Jahrhunderts
zu datiren, während sich Kraus für eine ältere Entstehungszeit aus der Grenz-
scheide des 10. und 11. Jahrhunderts entscheidet, dabei aber zugibt, dass
wesentliche Unterschiede zwischen diesem Bilde und den nunmehr wieder auf-
gedeckten Malereien in der Kirche bestehen.

Diesen Letzteren ist nun der Hauptinhalt der Abhandlung gewidmet und
wir freuen uns, dass Verf. dieselbe mit dem Lobe eines wackeren Priesters,
des Herrn Pfarrverwesers Feederle eröffnet, dessen Einsicht und treuer Ausdauer
vornehmlich die Hebung und Rettung dieser einzigartigen Schätze zu verdanken ist.

Nachrichten von Wandgemälden aus dem ersten Jahrtausend sind viele
bekannt, aber leider steht dazu die Summe der noch erhaltenen Werke in keinem
Verhältnisse, und diesseits der Alpen vollends hätte man bisher vergeblich nach
einem Cyklus aus dieser Frühzeit geforscht. Die Entdeckung auf der Reichenau
ist mithin für die deutsche Kunstgeschichte von geradezu epochemachender

Bedeutung, wozu noch kommt, dass, Dank der umsichtigen Leitung, das ganze
System der ursprünglichen Gliederung nachgewiesen werden konnte. Selbst
die Trageglieder entbehrten der farbigen Ausstattung nicht; die Säulenschäfte
waren mit einem tiefrothen Anstriche versehen, die Capitäle mit gelb in Gelb
gemalten Blattornamenten geschmückt. So wird es erklärlich, warum sich
die Steinmetzen begnügten, diese Knäufe als glatte Trapezblöcke zu gestalten,
es war eben von Anfang an darauf abgesehen, den Mangel plastischen Zierathes
durch farbige Decorationen zu ersetzen. Zwischen den Archivolten füllen
Medaillons die dreieckigen Zwickel, sie enthalten die Halbfiguren von Propheten
(oder Bischöfen und Aebten?). Dann folgt ein bunter, dreifach in die Perspective gezogener Mäander. Er bildet die Basis einer Folge von Bildern, welche
auf blauem Grunde mit überlebensgrossen Figuren die acht Wunder des Heilandes darstellen. Ein zweiter Mäanderfries zieht sich unter den Fenstern hin,
zwischen denen die Hochwände mit den Colossalfiguren der Apostel geschmückt
sind. Ein dritter Mäander schliesst die Oberwände unter der Decke ab. Mit
derben schwarzbraunen Linien sind die Figuren herzhaft gezeichnet, die nackten
Theile fleischroth und mit graublauem Schatten etwas schwer modellirt. In
den Gewändern fällt die ausgiebige Verwendung von Deckweiss auf, mit dem
die zwischen den Falten befindlichen Flächen schematisch specialisirt sind. Aus
genauer Untersuchung geht hervor, dass die Malereien al secco und zwar sofort
nach der Erbauung des Langhauses ausgeführt worden sind. Dass ursprünglich
auch der Chor bemalt war, zeigen die Spuren von Bildern, die an der Stirn-
wand des Triumphbogens zum Vorscheine gekommen sind. Leider schliesst
die dicke Oelfarbe, mit der ein »Restaurator« die Wände anstreichen liess,
jede Möglichkeit einer erfolgreichen Nachforschung aus.

Auf die kunstgeschichtliche Stellung dieser Malereien übergehend, hebt
Verfasser hervor, dass die grossen historischen Wandbilder sowohl der Gegenstände willen, als auch hinsichtlich deren Behandlung und der hiebei verwendeten Typen auf altchristliche Wurzeln weisen. Es sind dieselben Vorwürfe,
mit denen sich die Kunst des 5—6. Jahrhunderts befasste und deren noch
ein Reichenauer Schriftsteller des 9. Jahrhunderts gedenkt. Die einzige Darstellung, die auf altchristlichen Bildwerken fehlt, ist die Heilung des Aus-
sätzigen. Elfenbeine des 10.—11. Jahrhunderts sind die ersten Denkmäler,
auf denen sich dieselbe nachweisen lässt.

Auf denselben Zusammenhang mit altchristlichen Kunsttraditionen deutet
der Stil unserer Wandgemälde hin. Man weiss, dass die Mosaikkunst seit dem
6. Jahrhundert mehr und mehr dem Byzantinismus verfiel, während die Miniaturmalerei bis zur Ottonenzeit von diesen Einflüssen unberührt geblieben
ist. Allein auch damals ist nur die Hofkunst eine byzantinisirende geworden,
neben welcher das Nachleben einer älteren Richtung, der altchristlich-karo-
lingischen, in zahlreichen Werken nachgewiesen werden kann. So ist es bezeichnend, wie auf den Reichenauer Bildern Christus noch durchwegs nach altchristlicher Auffassung mit dem bartlosen jugendlichen Antlitze erscheint. »In
der Kleidung — führt Verfasser aus — zeigt sich das allerentschiedenste
Fortleben altrömischer Traditionen, ohne irgend welches Anklingen byzan-

tinischer Eigenthümlichkeiten.« Ebenso liegen unverkennbar römisch-italienische
Vorbilder den Baulichkeiten zu Grunde, und spricht sich endlich in der allgemeinen Auffassung »eine Freiheit und Grossartigkeit der Behandlung, eine
dramatische Bewegung der Gestalten, gepaart mit monumentaler Würde aus,
wie sie selten oder kaum in einem Werke der Byzantiner getroffen werden.«
Dies Alles führt Verfasser auf den Gedanken, dass die Malereien von Künstlern herrühren, welche in Italien gewesen waren und dort mit den altchristlichen Traditionen nähere Fühlung gewonnen hatten.

In der That werden gegen diese Annahme, wie gegen die Datirung der
Reichenauer Bilder aus dem Ende des 10. Jahrhunderts gewichtige Zweifel sich
kaum erheben lassen und namentlich steht die Uebereinstimmung des Rankenwerks
in den trennenden Bordüren mit Zierathen romanischen Stiles der Annahme eines
so frühen Ursprunges in keinem Falle entgegen. Weiss man doch, dass bereits
die Karolingerzeit eine Reihe von Zierathen ausgebildet hat, die sich als directe
Vorläufer der nachmals von der Steinplastik übernommenen Motive zu erkennen
geben. Sehr werthvoll sind die Parallelen, die sich zu dem Inhalte unserer Bilder
in einer Reihe von kirchlichen Wandmalereien von der zweiten Hälfte des 4. bis
zum Ablaufe des 10. Jahrhunderts nachweisen lassen (S. 13) und die ausführliche
Abhandlung über die Darstellungen des jüngsten Gerichtes, dessen Abbildung
an der westlichen Apsis Verfasser nicht später als das Jahr 1000 datirt.

Man ist sich gewohnt, die Untersuchungen Franz Xaver Kraus' mit allem
Aufwande eines vielseitigen Wissens geführt zu sehen. Den früheren Abhandlungen des Verfassers reiht sich die vorliegende würdig an. Die Beschreibungen der Bilder sind knapp, präcis und mit demselben Rückblicke auf die
Entwickelung der Ikonographie verbunden, für die wir dem Verfasser zu besonderem Danke verpflichtet sind. In dem stattlichen Atlas vermissen wir die
Beigabe einer Gesammtübersicht der beiden Langwände, und glaubten wir uns
Angesichts des grossen Farbendruckblattes zu erinnern, dass die charakteristische Specialisirung der Gewandpartien mit deckweissen Lineamenten in Wirklichkeit eine noch eingehendere ist. Im Uebrigen ist gerade diese Tafel eine
willkommene Gabe und der Charakter der Orginale auch auf den Contourblättern
mit Treue wiedergegeben.   *J. R. Rahn.*

Henry Hymans. Notes sur quelques oeuvres d'art conservées en
    Flandre et dans le nord de la France. (Extrait du Bulletin des Com-
    missions royales d'art et d'archéologie, année 1883.) 8⁰.

Der rührige und von warmem Interesse für die Kunst seines Heimat-
landes erfüllte Forscher berichtet in diesen Blättern in ausführlicher und fesselnder Weise über die Gemälde, welche er auf einer Tour durch die nord-
französchen Städte Lille, Douai, Arras, St. Omer, Dünkirchen, Bergues, sowie
die westflandrischen Veurne (Furnes), Dixmuiden, Brügge, Ypern und Kortryk
(Courtray) in Museen, Privatsammlungen, Kirchen etc. angetroffen hat. Theils
handelt es sich hierbei darum, die Veränderungen, welche im Laufe der letzten
Jahrzehnte im Besitzstand dieser Sammlungen erfolgt sind, zu constatiren,
theils um eine kritische Sichtung des bereits früher Vorhandenen.

Wir wollen im Folgenden nur die wichtigsten positiven Resultate heraus-
heben und hoffen, dadurch Lust zum Durchlesen des ganzen inhaltreichen Aufsatzes zu erwecken.

Das Museum von Lille besitzt jetzt das nach dem Urtheil des Verfassers
hervorragendste Werk des Jean Bellegambe, ein kleines aber vorzüglich durchgeführtes und vortrefflich erhaltenes Triptychon, den Quell der Erlösung darstellend, mit Katharina und Johannes Ev. auf den Flügeln. Scheibler, in seinem
ausführlichen den Meister behandelnden Aufsatz des Meyer'schen Künstler-
lexikons, kannte das Bild noch nicht und wies deshalb der Anbetung der
Könige in der Kathedrale von Arras den ersten Platz an, während H. im
Weiteren ausdrücklich hervorhebt, dass das Liller Bild auch dieses übertreffe.
Ferner befindet sich jetzt auch das Tryptychon mit der h. Dreieinigkeit, ehemals bei Dr. Tesse (Scheibler Nr. 5) im Museum von Lille. — Eine bemerkens-
werthe Darstellung des h. Amandus, welche unter dem Namen des Lambert
Lombard geht, weist H. auf Grund der Vergleichung mit einem seit einigen Jahren
in den Besitz der Genter Archive übergegangenen Bande mit aquarellirten
Costümblättern des Lucas de Heere letzterem Meister zu; eines dieser Costüm-
blätter zeigt dieselben Modelle, welche für das Gemälde gedient haben. —
Weiterhin werden als Werke seltener Meister das lebensgrosse Bildniss eines
Mannes, von Wybrand de Geest 1659, und eine Landschaft mit Vieh, von Joh.
Bapt. Wolfert 1650, hervorgehoben.

Im Museum von Douai findet H. eine beträchtliche Anzahl interessanter
Bilder zu verzeichnen. Eines derselben bringt er in Phototypie. Es ist eine
dem 15. Jahrhundert angehörende kleine Darstellung der Mannalese, von sehr
guter Erhaltung und leuchtendem Colorit. H. ist geneigt, sich der Angabe
des Katalogs, dass das Bild der deutschen Schule angehöre, anzuschliessen;
die Belebtheit der Physiognomien scheint ihm dafür zu sprechen und er fühlt
sich an Schongauer erinnert. Nun kann aber, selbst auf Grund des unzureichenden Lichtbildes, mit Bestimmtheit ausgesprochen werden, dass hier keine
deutsche Malerei vorliegt; andererseits ist auch der vlämische Charakter nicht
stark hervortretend. Dagegen finden wir uns eher an Werke der früh-
holländischen, durch Dirk Bouts beeinflussten Schule erinnert und sehen uns
in dieser Ansicht noch bestärkt durch die Aehnlichkeit mancher Typen mit
Figuren des xylograghischen Speculum humanae salvationis, welches ja höchst
wahrscheinlich in Holland um die sechziger Jahre entstanden und von mehreren Forschern sogar auf Dirk Bouts selbst zurückgeführt wird. — Bei den
Leiden des Hiob hält H. gleichfalls an der Benennung des Katalogs fest und
erklärt das Bild für eines der Hauptwerke des Hieronymus Bosch, während
es Wörmann dem Herri Bles zugewiesen hatte. Zugleich schreibt H. dem
Bosch ein Roger van der Weyden genanntes Diptychon zu, welches das
Jüngste Gericht und die dem h. Bernhard erscheinende Madonna darstellt. —
In einem kleinen Rundbilde der Toilette einer Sirene, welches leider verputzt
ist, aber in der feinen Landschaft noch Zeugniss ablegt von seiner ehemaligen Vortrefflichkeit, erkennt er eine Art Seitenstück zu dem reizenden
»Liebeszauber« genannten Bilde des Leipziger Museums, welches Lücke im

17. Bande der Zeitschrift für bildende Kunst vorgeführt hat; also ein weiterer
Repräsentant jener so seltenen, ihrer Zeit aber so beliebten genreartig-alle-
gorischen Motive. — Dem Bernaert von Orley schreibt er eine Madonna
(Nr. 283) und eine Kreuzigung Petri zu. — Bei Besprechung der grossen Altarflügel des Jean Bellegambe weist er dem Meister die Madonna Nr. 47 des
Brüsseler Museums, die Scheibler nicht verzeichnet, zu. — Zu den Werken
des 17. Jahrhunderts übergehend zählt H. zwei Rubens auf: Pan und Ceres,
und die meisterhafte Skizze zu zwei Trauben pressenden Genien; auch die Anbetung der Hirten ist er geneigt, trotz der trockenen Ausführung für ein Werk des
Meisters zu halten, das bald nach seiner Rückkehr aus Italien entstanden wäre.
Van Dyck ist durch eine Beweinung Christi, ferner eine Composition in lebensgrossen Figuren: die hh. Placidius und Maurus, welche vom h. Benedict im
Beisein zweier Personen (deren eine auf Grund der Porträtähnlichkeit als
Richard Weston Herzog von Portland bestimmt wird, wodurch sich die Entstehungszeit des Bildes auf die Jahre 1632—34 festsetzen lässt) empfangen
werden, und ein fälschlich dem Jordaens zugeschriebenes Bildniss, welches
durch Vergleichung mit einem Stich als dasjenige des Hubert Duhot und somit als ein Werk des van Dyck nachgewiesen wird, vertreten. Dazu kommen
drei prächtige Studien von Jordaens; ein Selbstbildniss des Peeter Snayers, das
im Katalog fälschlich für eine Copie nach van Dyck ausgegeben wird; ein früher
und vortrefflicher Teniers, eine Hexenscene von 1633; ein ländliches Fest von
M. van Hellemont, und endlich das imposante Reiterbild Ludwig XIV. von
Adam Frans van der Meulen, welches der König selbst der Stadt nach erfolgter Annexion im Jahre 1668 geschenkt hat.

Unter mehreren holländischen Bildern der Galerie zu Arras wird ein weibliches Porträt von Nic. Maes vom Jahre 1667 besonders hervorgehoben, dann
aber ausführlich die grosse (in einer Phototypie beigegebene) Grablegung besprochen, welche auf Grund der Vergleichung mit den Radirungen in über-
zeugender Weise dem Jan Corn. Vermeyen zugeschrieben wird. In der Leuchtkraft des Colorits wirkt noch die Weise des Quentin Massys bis zu einem
gewissen Grade nach; Composition dagegen, Formgebung und Gesichtstypen
gehen, wie die Abbildung des sehr interessanten Werkes deutlich zeigt, bereits
völlig auf italienische Vorbilder zurück. Das Studium Raphael's und besonders
den Einfluss seiner unmittelbaren Schüler machen sich hier unverkennbar
geltend. Zu berichten ist auch, dass das Bild aus dem Besitz der Franciscaner von Arras stammt, die in besonders nahen Beziehungen zu Karl V.,
dem Gönner Vermeyen's, standen. In der Kathedrale von Arras werden noch
die beiden bekannten Gemälde des Bellegambe besprochen.

Das Museum von St. Omer besitzt ein Selbstbildniss von Alb. Cuyp nebst
Frau und Kind in hübscher Landschaft, welches sich als aus dem Anfang der
sechziger Jahre des 17. Jahrhunderts stammend datiren lässt.

Im Museum von Dünkirchen ist ein miniaturartig ausgeführtes Feld-
lager von Rob. van den Hoecke, von 1665, hervorzuheben.

Das nahe gelegene Bergues aber besitzt in seiner Martinskirche eines
der schönsten Bilder des Otto Venius, Magdalena die Füsse Christi waschend,

eine bis auf wenige Einzelheiten genau mit dem Bilde seines grossen Schülers
Rubens in der Eremitage zu St. Petersburg, einem frühen Werk des letzteren,
übereinstimmende Composition.

Ein dem Lod. de Deyster zugeschriebenes, in Colorit wie Ausführung
meisterliches Triptychon der St. Nicolauskirche zu Furnes, die Kreuzigung
Christi und auf den Flügeln Salomo mit der Königin von Saba und die Auffindung des Kreuzes enthaltend, führt wegen seiner unverkennbaren Abhängigkeit von Tintoretto den Verfasser dazu, es mit dem Namen des Peter Vlezick
in Verbindung zu bringen, indem er die bezüglichen Stellen des van Mander
ins Gedächtniss zurückruft. Von einem Triptychon der St. Walpurgakirche
daselbst, mit der Geburt Christi und der Heimsuchung sowie der Darstellung
im Tempel auf den Flügeln, welches er dem Carel van Yper gibt, bringt er
das Monogramm bei, welches sich wohl auf diesen Künstler deuten lässt.

Brügge gibt Anlass zu einer lauten Klage über die schlechte Aufstellung
der herrlichen Kunstwerke, wobei zugleich mitgetheilt wird, dass das Hauptbild des sogen. Mostaert, die Mater dolorosa, jetzt in einer Seitencapelle der
Frauenkirche fast verborgen ist. Im Museum wird auf zwei Miniaturen hingewiesen, die sich laut der Inschrift auf der Rückseite des Rahmens als Werke
des Gerard David herausgestellt haben, wodurch auch seine Mitthätigkeit am
Codex Grimani, wie kürzlich Weale in The hours of Albert of Brandenburg
ausgeführt hat, sehr an Wahrscheinlichkeit gewinnt. H. schreibt ihm ferner
eine Miniatur des Louvre, das Bildniss eines Mannes, zu. — Als eine sehens-
werthe Privatsammlung mit Werken des 15., 16. und 17. Jahrhunderts wird
die des Dr. de Meyer genannt.

In Ypern werden als die hervorragendsten Werke des dortigen Meisters
Carel von Yper eine Anbetung der Könige mit Donatoren, beim Senator Baron
Surmont, und einige Bildnisse im Besitz des Herrn Arth. Merghelynck genannt.
Auch zwei ehemals van der Weyden benannte Bildnisse des Brüsseler Museums,
Nr. 65 und 66, werden ihm zugewiesen. Im Museum von Ypern ist er gut
durch eine Krönung Maria's vertreten. Daselbst isf auch einer der letzten
und zugleich hervorragendsten Schüler des Rubens, Johannes Thomas, zu
studiren, dessen Hauptbild, Franz de Mamez zu Füssen der h. Jungfrau, von
1645, in der dortigen Martinskirche sich befindet. Von Rubens ist eine schöne
Landschaft, von dem seltenen Pieter Steenwyck ein Selbstbildniss da.

Hiermit sei der flüchtige Ueberblick über diese an Früchten so reiche
Studienreise beschlossen. Bei der grossen Zahl der angeführten Meister erweist sich das alphabetische Namenregister als eine sehr willkommene Beigabe.   *W. v. S.*

Die Schätze der Grossen Gemäldegalerien Englands. Herausgegeben
   von Lord Ronald Gower. Leipzig, Otto Schulze, 11 Querstrasse. Lieferung 5—10.
   Diese sechs Lieferungen bringen in trefflichen Lichtdrucken 18 Tafeln
mit Gemälden hervorragender Meister aus englischem Privatbesitz. Bridgwater
House ist mit der nach der Sammlung genannten Madonna Raphael's in be-

sonders gutem Lichtdruck und den Musicanten des Willem van Mieris vertreten,
Stafford House, durch Murillo's hl. Justa und hl. Rufina, Deepdene durch
Cuyp's Hirt mit Kühen, Dover House durch die wunderbare Skizze Gainsborough's zu einem Frauenporträt, das in der Sammlung als Skizze zu Gains-
boroug's lebensgrossen Porträt der Herzogin Georgiana von Devonshire gilt, das
aber nach den Ausführungen des Textes eher Lady Elisabeth Forster darstellt.
Aus Hertfort House werden vier Werke gebracht: Meissonnier's Le Capitaine
(Eingebildet), Greuze: Mädchen mit Tauben, Hobbema's Wassermühle und
das Bildniss der Maria Stuart aus der Schule Janet's. Der Sammlung Chis-
wickhouse entnommen ist das Bildniss eines kleinen Mädchens, das dort unter
Velasquez' Namen geht, das aber der Verfasser des Textes auf das Urtheil des
Dr. J. P. Richter hin dem Alfonso Sanchez Coello — einem in England sehr
seltenen Meister — zuschreibt. Aus Grosvenor House werden das Meisterwerk
Gainsborough's, der blaue Knabe und Hogarth's Knabe mit dem Drachen reproducirt, aus Schloss Howard's Sammlung das Bildniss van Dyck's von Fr.
Snyders, aus der Sammlung des Marquis von Bute Gerard Dou's: Kopf eines
alten Mannes. Von grossem historischen Interesse ist die Collection der Stuart-
Bildnisse, Miniaturen von Nicholas Hillard, Peter Olliver, Isaac Oliver und Pe-
titot im Pfarrhaus zu Trentham.

Biblische Bilder für Schule und Haus. Nach Zeichnungen von Fritz
  Roeber in Düsseldorf, mit begleitendem Texte versehen von Giebe, Regie-
  rungs- und Schulrath in Liegnitz. — 1. Lieferung. — Bagel, Düsseldorf.

In dem Prospecte der Verlagshandlung wird das Unternehmen, dessen
erste Lieferung uns hier vorliegt, bezeichnet als »darauf gerichtet, unseren
wichtigsten Erziehungsanstalten, der Schule, der Kirche und dem Hause, ein
ebenso künstlerisch vollendetes wie pädagogisch zweckmässiges Lehr- und Lern-
mittel« in die Hand zu geben.

Zu unserem Bedauern müssen wir es aussprechen, dass das Unternehmen
nach der künstlerischen Seite hin gewichtigen Zweifeln in Bezug auf seinen
Werth unterliegt, und nach der pädagogischen als verfehlt bezeichnet werden
muss, ja dass es geradezu ein Unglück wäre, wenn diese Blätter jemals wirklich ihren Weg in die »Volksschule, in die Confirmandenstube, in die Vor-
classen der Gymnasien, Realschulen, höheren Mädchenschulen, Kleinkinder-
schulen, Taubstummen-Anstalten, Rettungshäuser« u. s. w. wie der Prospect
es annimmt, den Weg finden könnten.

Die Lithographien von einem ziemlichen Umfang (84 × 69 cm mit dem
Rand, sind in Kreidemanier mit Tondruck auf starkem Kupferdruckpapier hergestellt. Die technische Ausführung ist vorzüglich; in den Darstellungen selbst
dagegen tritt uns das, was bei Bildern zur heiligen Geschichte für Schule,
Kirche und Haus vor Allem erkennbar sein muss, die fromme Versenkung in
den Inhalt derselben, die Entwickelung der sogenannten heilsgeschichtlichen
Bedeutung des Vorgangs und der auf das Grosse und Erhabene gerichtete Geist
historischer Kunst in keiner Weise entgegen. Die »neue Auffassung«, welche
an den Bildern gerühmt wird, besteht in dem Herausarbeiten greller Effecte,

in dem Anbringen von genrehaften Zügen, in der Verwendung von Typen
aus den Illustrationen zu modernen Reisebeschreibungen und ägyptologischen
Werken. In einem wunderbaren Missverständniss seiner Aufgabe verwandelt
der Künstler überall die Historie in das Genre. An die Stelle der von innen
ausgehenden Bewegung tritt ein äusserlich theatralisches Pathos auf dem
Hintergrunde einer stimmungsvollen Landschaft oder eines fleissigen Architektur-
bildes, wie denn überhaupt die Seitencoulisse, der Hintergrund und das ethno-
graphische Detail das Beste an diesen Bildern ist. Die Figuren bieten eine
eigenartige Mischung der süsslichen Sentimentalität der ersten Düsseldorfer
Schule mit nüchterner akademischer Pose und ganz modernen Elementen.
Die Körper sind im Einzelnen besser gelungen als die meist inhaltsleeren Köpfe.
Die Composition geht überall, mit Ausnahme des Bildes »Joseph wird von
seinen Brüdern verkauft«, nicht über die gewöhnliche Illustrationstechnik hinaus. Es ist als ob für den Zeichner dieser Bilder niemals ein Cornelius oder
Overbeck, ein Schnorr oder Gustav König gelebt hätte, von Albrecht Dürer
und der Reihe der grossen Italiener von Giotto bis Masaccio und Raphael ganz
zu geschweigen. Und das wird uns als »künstlerische Leistung ersten
Ranges« angepriesen! Haben wir noch Augen? Leben wir noch in der Nach-
wirkung einer grossen Epoche, oder sind wir daran, in schnellstem Falle in
eine künstlerische Barbarei mit gleissender Aussenseite zu versinken? Was soll
aus Kindern werden, welche mit solchem Stoff genährt sind? Das Einfache,
edel Grosse unserer Meister wird ihnen als eine öde Langeweile erscheinen,
das auf die äusserliche Wirkung hin Geschaffene wird sie entzücken. — Es
ist ein Schritt weiter in der Amerikanisirung des Geschmacks, vor welcher
die heranwachsenden Geschlechter zu bewahren, wir alle Ursache haben.

Die Bilderreihe beginnt mit der Austreibung aus dem Paradies. Man
fragt billig, wo denn, da nach dem Prospect »die Hauptmomente der heilsgeschichtlichen Thatsachen sowohl des alten wie des neuen Testaments zur
Darstellung kommen« sollen, wo denn die »Schöpfung« und der »Sündenfall«
geblieben ist. In der Austreibung erscheint der Engel im Strahlennimbus
mit dem Flammenschwerte, unmittelbar aus einer Zeichnung von Gustav Doré
herausgeschnitten. Das ist nicht jene Aufnahme und selbständige Weiter-
bildung der Motive, wie sie von allen grossen Künstlern den Werken ihrer
Vorfahren gegenüber geübt wurde, sondern etwas ganz Anderes! »Kain und
Abel« wurde zur melodramatischen Scene, die Sündfluth zur beliebigen Episode
aus dem Verlaufe einer Springfluth oder der Rheinüberschwemmung von 1882,
und gerade bezüglich dieses Bildes wird uns versichert: »So wie hier hat
man die Sündflut noch nicht heranrauschen gesehen.« Dieselbe Zusage wird
uns auch bei dem folgenden Bilde: »So wie hier ist Israel's Opferung noch
nicht dargestellt worden.« — Wer die Arbeiten der französichen und deutschen Akademiker aus der bedenklichsten Zeit des vorigen Jahrhunderts kennt,
der wird glauben, in diesem Bilde Roeber's einem alten Bekannten zu begegnen. Am erträglichsten, aber auch nur unter dem Gesichtspunkte des
ethnographischen Genrebildes sind die zwei Blätter aus der Geschichte Joseph's.

Das wäre die künstlerische Seite dieser Bilder; es braucht darnach über die pädagogische nicht mehr viel gesagt zu werden, wenn wir uns die Wahrheit vor Augen halten, dass für die Jugend und für das Volk das Beste erst gut genug ist. Wären diese Zeichnungen irgendwo in einer Ausstellung erschienen, sie hätten unsere Seelenruhe nicht gestört und wir hätten sie »zu dem Uebrigen« gelegt. Da sie aber »für die religiöse, sittliche und ästhetische Bildung unserer Jugend« als etwas, das »alle bisherigen Arbeiten auf diesem Gebiete übertrifft« angepriesen werden, da sie unter der Flagge eines königlich preussischen Regierungs- und Schulraths und in trefflicher Ausstattung, getrieben von dem Winde moderner buchhändlerischer Reclame in die Welt gehen, und sich »Kirche, Schule und Haus« erobern wollen, so wäre Schweigen ein Unrecht. Es ist nicht wahr, was der Prospect sagt, dass die bisher für die Schule bestimmten biblischen Bilder entweder unselbständige Reproductionen von Bildern waren, welche ursprünglich zu einem ganz anderen Zweck entworfen wurden, oder dass ihrer Conception jede künstlerische Auffassung mangelte. Haben wir nicht die »Bibel in Bildern« von Julius Schnorr, welche künstlerisch und pädagogisch eine Leistung ersten Ranges und ein Volksbuch im besten Sinne ist?   *Dr. A. Schricker.*

Kunstindustrie. Costüme.

Documents pour servir à l'histoire de la fabrication du Point d'Alençon par **Louis Duval,** Archiviste du Département de l'Orne. Alençon 1883.

   Dieser Extrait du Bulletin de la Société historique et archéologique de l'Orne umfasst zwei in mehrfacher Hinsicht sehr beachtenswerthe Aufsätze. Der erste behandelt das Verhältniss Colberts zur französischen Spitzenindustrie, der zweite deren Schicksale in der Zeit der späteren Regierung Ludwig's XIV., beide stützen sich auf Actenstücke, welche der Verfasser in dem von ihm verwalteten Archiv entdeckt hat. Während aber die Documente der zweiten Abtheilung vornehmlich dazu dienen, eine schon bekannte Thatsache, nämlich den unheilvollen Einfluss der Aufhebung des Edicts von Nantes auf den Gewerbfleiss des Landes, näher zu beleuchten, lassen die für die erste Abtheilung benutzten amtlichen Correspondenzen und Gerichtsverhandlungen die bisherigen Darstellungen des Entstehens der französischen Spitzenindustrie als völlig unwahr erscheinen und liefern einen sehr interessanten Beitrag zur Geschichte des Monopols. Die Quelle, aus welcher jene Darstellungen geschöpft waren, das Werk des gelehrten Compilators Odolant Desnos: Memoires historiques sur Alençon et sur ses seigneurs (Alençon 1787) leidet bereits an erheblichen Irrthümern; aber schon ein Nachkomme desselben hielt es für nöthig, diese noch zu vermehren und unter den Händen späterer Bearbeiter des Themas ist, wie wir nun erkennen, ein förmlicher Roman daraus geworden. Bekanntlich wird allgemein Colbert das Verdienst beigemessen, die französische Spitzenindustrie aus dem Nichts hervorgerufen zu haben; er soll auf »seinem Schlosse Lonrai« die erste Werkstätte unter Leitung venezianischer Arbeiterinnen eingerichtet haben, von welcher aus die Kunst weiter verbreitet, und durch systematische Begünstigung bei Hofe und durch das Verbot fremder Einfuhr gefördert zur

mächtigen Industrie erwachsen sei. Aber abgesehen davon, dass ihm das Schloss
Lonrai gar nicht gehört hat, sondern viel später durch Erbschaft an seine
Schwiegertochter gekommen ist, und dass erst zu Anfang unseres Jahrhunderts
dort Spitzen gemacht worden sind, hat er grade dieser Industrie gegenüber
viel mehr den fiscalischen Standpunkt als den des weitblickenden, das Volk
zur Arbeit erziehenden Staatsmannes eingenommen. Im Jahre 1664 trat der
Conseil de commerce ins Leben, 1665 wurde die Spitzenfabrication für ein
Monopol erklärt und behufs deren Ausbeutung eine Actiengesellschaft privi-
legirt. Aber schon dreissig Jahre früher blühte in Alençon und der Umgegend
als Hausindustrie das Spitzennähen; Duval ist der von dem Referenten wiederholt ausgesprochenen Ansicht, dass diese Technik sich aus und neben der
eigentlichen Passementerie entwickelt habe. Diese Hausindustrie sollte nun in
der Staatsfabrik aufgehen. Von Ablösung oder Entschädigung ist keine Rede.
Durch Ordonnanzen und Strafen soll der Widerstand der nach Tausenden
zählenden Arbeiterinnen gebrochen werden; aber je rücksichtsloser die In-
tendanten und Agenten die Befehle des Ministers ausführen, um so einmüthiger
ist die ganze Bevölkerung in der Abwehr, und nach zehnjährigem erbitterten
Kampfe findet die Regierung nicht gerathen, das abgelaufene Privilegium der
Actiengesellschaft zu erneuern. Bis dahin ist die Bezeichnung point de France
ausschliesslich auf die Erzeugnisse der Staatsfabrik angewandt worden; nachher
kommt er allgemein in Gebrauch, und die besonderen Namen point d'Alençon,
point d'Argentan verschwinden nach und nach.

Die vollständig oder auszugsweise vom Verfasser mitgetheilten Documente
enthalten übrigens noch mancherlei Material von allgemein kulturgeschichtlicher Bedeutung.   *B. B.*

The industrial arts of Denmark from the earliest times to the da-
nish conquest of England. By J. J. A. Worsaae. With map and
woodcuts. London, Chapman & Gall.

Welche Stellung der hochverdiente Director des Nordischen und des
Ethnographischen Museums in Kopenhagen in der nordischen und der vergleichenden Alterthumskunde einnimmt, ist wohlbekannt; da aber die sehr zahlreichen Arbeiten, welche er im Laufe von vierzig Jahren auf diesem Gebiete
geliefert hat, von »Danmark's Oldtid«, 1843, bis »Fra Steen- og Bronzealderen
i den gamle og den nye verden« 1880 — mit wenigen Ausnahmen nur in
dänischer Sprache erschienen sind, darf Bekanntschaft mit seinen Werken nicht
allgemein vorausgesetzt werden. Das vorliegende, in der Sammlung der South
Kensington Museum Art Handbooks erschienene Buch fasst nun in übersichtlicher, durch 242 vorzügliche Abbildungen von Capitän P. Madsen illustrirter Darstellung des Verfassers Ansichten von dem Entwickelungsgange der nordischen
und insbesondere der dänischen Kunst bis zum Jahre 1000 zusammen.
Worsaae weist der Ostsee eine ähnliche Bedeutung für den Norden zu, wie
das mittelländische Meer sie für das classische Alterthum hatte, und lässt die
von Vorderasien aus zugeführte Kultur auf dem dänischen Boden, Dank seiner
Inselgestalt, zuerst und dauernd Fuss fassen. Mit der Technik der Bronze·

bereitung, dann der Bearbeitung des Eisens seien die Ornamentformen als religiöse Symbole ins Land gekommen; und der Nachweis der Wandlungen, welche in der Bedeutung solcher Symbole sich vollzogen haben, der Beziehungen auf die nordische Mythologie, der Vermischung dieser mit christlichen Vorstellungen (wie Thor's Hammer, die heilige Schlange, Freia's Stern u. a. neben dem Kreuz vorkommen) ist eine der Hauptaufgaben, welche sich der Verfasser gestellt hat.   *B. B.*

Kataloge.

Beschreibendes Verzeichniss der Werke neuerer Meister in der Grossherzoglichen Gemäldegalerie zu Schwerin. Schwerin 1883. Druck der Bärensprung'schen Hofbuchdruckerei.

Kurzes Verzeichniss der Bilder in der Grossherzoglichen Gemäldegalerie. Zweite Auflage ebenda 1883.

Catalogue des Tableaux du Musée National à Stockholm. Stockholm, Imprimerie Ivar Hoeggström 1883.

Im Anschluss an das »beschreibende Verzeichniss der Werke älterer Meister« hat der rastlos thätige Director der Schweriner Galerie das beschreibende Verzeichniss der Werke neuerer Meister erscheinen lassen. Die Grundsätze, nach welchen der Verfasser das »beschreibende Verzeichniss« abfasst, sind bekannt und haben auch vollkommene Billigung erfahren (vgl. Repertorium IV, S. 209 ff.). So finden wir auch hier sämmtliche Künstlerbezeichnungen in Facsimile wiedergegeben, finden auch hier die genaue Beschreibung der Bilder. Kritische Controversen gab es natürlich hier nicht zu berühren. Und da auch die Künstlerbiographien ganz kurz gehalten wurden, so hat das beschreibende Verzeichniss der nahezu 200 Nummern moderner Gemälde einen ziemlich geringen Umfang erhalten. Die Mecklenburger geben der Sammlung natürlich die besondere Signatur; es sind darin 40 Künstler mit 150 Gemälden vertreten. Das »kurze Verzeichniss der Bilder«, das den Zwecken des eiligen Besuchers trefflich zu entsprechen scheint, ist bereits in zweiter Auflage erschienen. Das ist zugleich ein Zeugniss für den erfreulichen Aufschwung, den der Besuch der Galerie im neuen Hause und unter der neuen Leitung gewonnen hat.

Der vierte Band des Repertorium's brachte einen ausführlichen Bericht über die Gemäldesammlung des National-Museums in Stockholm; dort wurde von einem Beamten der Anstalt selbst mit Besonnenheit und Objectivität über den Gemäldebesitz des Museums gehandelt, zugestanden zugleich, dass die Verwaltung wohl wisse, dass eine Reihe traditioneller Meisternamen unrichtig sei. Der nun zur Ausgabe gekommene Katalog, der zunächst nur als Führer für den flüchtigen Besucher der Galerie gedacht ist — ein kritischer Katalog ist in Vorbereitung — trägt schon dem damals gemachten Eingeständniss Rechnung; allerdings konnten, wie in der Vorrede betont wird, zunächst nur die augenfälligsten Irrthümer berichtigt werden, da das kritische Examen noch nicht beendet ist. Wir erhalten eine kurze Geschichte der Galerie, dann folgt, nach Schulen geordnet, das alphabetische Verzeichniss der Meister. Die bio-

graphischen Daten beschränken sich auf Angabe des Geburts- und Todesjahres. Dann Angabe der Localschule, kurze Beschreibung des Bildes, Angabe
der Maasse und Namhaftmachung der Signatur, wo eine solche sich findet.
Ein Künstlerverzeichniss und ein Register der Gemälde nach den Nummern
geordnet, schliesst den Katalag, der ein vortreffliches Zeugniss gibt von der
reformirenden Thätigkeit, welche die Verwaltung des Museums übt.

Notizen.

(M. Rolenaer.) Im vorletzten Hefte des »Repertoriums« (S. 215) kommt
O. Eisenmann auf das im herzoglichen Museum zu Braunschweig befindliche
Bild eines »Zahnarztes« (Nr. 572) zurück, über welches ich in meinen »Beiträgen
zur niederländischen Kunstgeschichte« (II. S. 339 ff.) gesprochen habe, und
welches ehedem dem Jacob Moelaart, später dem Cornelis Molenaer
und endlich dem Jan Mienze Molenaer zugeeignet war. Das Gemälde trägt
folgende hier noch einmal mitgetheilte Bezeichnung:

Dass der Name dieser Bezeichnung richtig wiedergegeben worden ist, wird
allgemein und auch von Eisenmann zugestanden, dass derselbe aber
M. Rolenaer gelesen werden müsse oder dürfe, wird bestritten und für ein
Unding erklärt. Eisenmann fügt zu dem schon von mir angezogenen Grunde,
dass, »weil man einen Künstler Namens Rolenaer in den Handbüchern nicht
fand, man seine Zuflucht zu dem ähnlich klingenden Molenaer genommen
hat«, noch anderweitige hinzu. Er »hält das R im Anfange des Namens für
das harmlose Schluss-R des Namens Molenaer und es scheint ihm Rolenaer
ein Unding von Namen zu sein, das in ganz Holland weder je vorkam noch
vorkommt; es ist, wie wenn man aus Müller — Rüller machte, eine Namensbildung, die sicher in Deutschland nicht zu finden ist«. Was soll man dazu
sagen! Wie ist es möglich, dass das Anfangs-R dieses Namens M. Rolenaer
das harmlose Schluss-R des Namens Molenaer sein soll? Woher weiss Eisenmann, dass der Name Rolenaer in ganz Holland niemals vorgekommen ist?
Wie kann er denselben hochdeutsch als Rüller lächerlich machen wollen?

   Mein geehrter Herr College Eisenmann nehme mir diese Fragen nicht
übel — sie sind nur durch die Nothwehr veranlasst —, und er wolle gestatten,
auf dieselben noch kurz einzugehen.

Was die erste der Fragen betrifft, so bin ich in der grössesten Verlegenheit, denn ich habe kein Verständniss dafür, wie ein grosses R am
Anfange eines Namens das Schluss-r eines anderen gleich endigenden
Namens sein soll, zumal doch dies Schluss-r hier nicht fehlt. Die Urkunde
ist über allem Zweifel klar und deutlich, und es ist unmöglich, das Anfangs-R
zu unterdrücken oder umzudeuten. Es steht im unzweifelhaftesten Zusammenhange da und verlangt, ohne Voreingenommenheit, einfach und sachlich im
gegebenen Zusammenhange gelesen zu werden. Kein Mensch mit gesunden
Augen, der sehen will, kann den Namen anders als M. Rolenaer lesen. Die
Frage ist zunächst gar keine kunstgeschichtliche, da es sich lediglich um die
richtige Lesung einer Urkunde handelt — sie ist auch nicht einmal eine
philologische, da das Wort völlig klar ist und nur gelesen werden will —, sie
ist eine reine archivalische, und ich muss bedauern, dass man auf dem Gebiete
der kunstgeschichtlichen Forschung noch immer bisweilen mit den klarsten
Urkunden, wenn man sie nicht versteht oder nicht zu deuten weiss, auf eine
allen Grundsätzen der Archivwissenschaft zuwider laufende Weise umgeht.
Geschrieben steht M. Rolenaer und folglich muss gelesen werden M. Rolenaer,
nicht Meyer, Schulze, Müller oder Molenaer. Das, denke ich, ist doch sonnenklar.

Molenaer, in altvlämischer Schreibweise Meulener (gesprochen Mölener)
lautet auf hochdeutsch allerdings Müller. Aber muss denn darum nun Rolenaer,
wie Eisenmann als selbstverständlich hinstellt, auch Rüller heissen? Eisenmann hat den Namen augenfällig gar nicht verstanden. Denn Rolenaer heisst
hochdeutsch Roller. Im Neuholländischen lautet das Wort jetzt ebenso wie
im hochdeutschen Roller, im älteren Niederländischen aber lautete es Rollener,
und dass diess dem hochdeutschen Roller gleich ist, kann man schon aus
des Kilianus Dufflaeus »Etymologicum« ersehen, wo es eben mit Roller erläutert und mit aurigo und expeditus ins Lateinische, mit roullier ins Französische übersetzt wird. Die Bedeutung, die in dem lateinischen aurigo und
dem französischen roullier oder wie man jetzt schreibt roulier als Fuhrmann,
Fuhrknecht, Kärner u. dergl. mehr liegt, ist in dem noch jetzt gebräuchlichen
hochdeutschen Rollknecht erhalten und wird durch das Rollen der Räder eines
Wagens begründet. Das Wort Roller, altniederländisch Rollener, ist also ein
ganz gewöhnliches, oft vorkommendes Wort und kein »Unding«. Im späteren
Holländischen wird es Rolenaer, im Neuniederländischen Rolenaar geschrieben.
Mit seinem Ausfluge auf das Gebiet der niederländischen Sprache ist Eisen-
mann, wie mir scheint, also nicht gerade besonders glücklich gewesen.

Nun behauptet aber Eisenmann noch, dass diess von ihm gänzlich miss-
verstandene Wort Rolenaer als Eigenname »in ganz Holland weder je vorkam noch vorkommt«. Ob er das wirklich weiss? Ich weiss es ganz sicher
nicht, denn ich kenne keineswegs alle in Holland je vorgekommenen und noch
vorkommenden Namen. Ich kenne nicht einmal entfernt alle deutschen Eigen-
namen, nicht entfernt die eigenthümlichen Namen in den einzelnen Landschaften und erlebe es, dass mir fast alle Tage ein mir bis dahin unbekannter
Name begegnet. Neulich fand ich sogar in einer einzigen Zeitungsnummer,
sozusagen auf Einem Haufen: Kiepe, Johow, Seidenschnur, Pausegram, Bier-

sack, Berlinerblau. Wer das nicht erlebt hat, glaubt's nicht und hält solche Namen für niemals vorgekommen und nirgends vorkommend oder für »Undinge«. Und da soll wirklich Rolenaer oder Rollener niemals und nirgends der Name eines Niederländers gewesen sein! Das ist doch jedenfalls eine allzu kühne Behauptung. Die Bezeichnung des fraglichen Bildes widerlegt dieselbe urkundlich und unbedingt. Aber auch wie viele Namenbildungen gibt es noch jetzt in Niederland und Deutschland, die von Roll und Rollen herkommen! Ich will nur den Berliner Wohnungsanzeiger aufschlagen: Roll, Rolla, Rollbes, Rolle, Rollenhagen, Rollens, Roller, Rollert, Rollescheck, Rollin, Rollius, Rollmann, Rollnick, Rollscheck, Rollwitz — dazu Rolke, Röleke, Röll, Rölle, Rölling und anderes mehr. Aber Eisenmann erklärt, dass die »Namenbildung — nämlich Roller (Rollener, Rolenaer) — sicher in Deutschland nicht zu finden ist.«

Ich werde an dem in meinen »Beiträgen« eingenommenen Standpunkte unbedingt festhalten. Ich nehme die Urkunde, wie sie vorliegt, geschrieben steht und gelesen werden muss, in reiner Sachlichkeit und ohne alle Voreingenommenheit. Ich begreife nicht, wie man aus dem urdeutlichen M. Rolenaer ein J. M. Molenaer herauslesen und deuteln kann, und verstehe auch künstlerisch und kunstgeschichtlich den ganzen Streit nicht, da das Bild für Jan Mienze Molenaer zu gering ist, überhaupt nur einen sehr mittleren Rang einnimmt und endlich wegen einer groben Zotigkeit, die hier nicht weiter bezeichnet werden kann, sich eigentlich selbst einen Platz ausserhalb einer öffentlichen Gemäldegalerie anweist.

Was die Jahreszahl der Bezeichnung betrifft, so ist diese Sache in den »Beiträgen« genugsam behandelt worden.

Braunschweig. *H. Riegel.*

(Wo haben wir uns die Heimat des Meisters E. S. von 1466 zu denken?) Passavant hat in seinem Peintre-Graveur das Verdienst, zuerst mit Gründen die niederländische oder niederrheinische Herkunft des Meisters abgelehnt zu haben. Ohne Zweifel ist dieser Nachweis eine der besten Partien des so ungleichen Passavant'schen Buches. Mit Recht betont Letzterer die Verschiedenheit zwischen dem Verfertiger des Stiches mit dem Wappen Karl's des Kühnen von Burgund und dem Meister von 1466. An dem oberdeutschen Charakter des E. S. zu zweifeln, ist nach Passavant nicht mehr gestattet; wohin kämen wir denn, wenn wir unzweifelhafte Facta, wie Inschriften, nicht mehr beachteten? Die Herkunft oder mindestens der Ort seiner Thätigkeit lässt sich jedoch noch schärfer umgrenzen, als mit dem allgemeinen Ausdruck Oberdeutschland, wenn man die Inschriften genauer charakterisirt. Auf der grösseren Madonna von Einsiedeln (B. 35) heisst es: »dis (nicht dit; es ist ein langes »s«) ist die engelwichi zu unser lieben frouwen zu den einsidlen«. Auf dem Blatte P. 154 steht: »Wer ihs in sinem herczen tret, dem ist alle zit die ewig froed berait«. Beide Blätter sind mit dem Zeichen des Meisters versehen, also nicht etwa ihm bloss vermuthungsweise zugeschrieben. Die Schreibart »zit«, »sinem«, »wichi«, ferner »ein« in »einsidlen« weist ent-

schieden nach Südwestdeutschland. In Bayern war diese noch mittelhoch-
deutsche Schreibweise längst verdrängt, man schrieb hier z. B. sein, zeit,
ain etc. Auf die Gesetze dieser Lautänderung einzugehen, ist hier nicht der
Ort, es genügt die Thatsache. Auch ins Schwäbische drang diese bayrisch-
österreichische Orthographie ein, Augsburg steht ganz unter ihrem Einflusse,
während in Ulm bereits der Gebrauch schwankt. Nicht minder sind Nürnberg
und seine weitere Umgebung auszuschliessen; wenn sie auch an der bayerischen
Schreibung nicht theilnehmen, so haben sie den mittelhochdeutschen Charakter
doch abgestreift. Die Gegenden östlich der Iller scheinen als Sitz des Meisters
E. S. ganz ausgeschlossen; am liebsten würden wir ihn im oberen Rheinthal
suchen, wohin ja auch die niederländische Kunstweise, die er sich in der
That angeeignet hat, zuerst in Oberdeutschland eingedrungen zu sein scheint.
Dazu kommt noch sein unzweifelhafter Einfluss auf den Kolmarer Meister
M. Schongauer. Ich glaube nicht, dass wir ihn zu weit von diesem zu denken
haben werden. Passavant war der erste, der auf die Thatsache, dass E. S.
das österreichische Wappen gestochen, hinwies. Dieser Zusammenhang mit
Oesterreich, bezw. mit Kaiser Friedrich III., ist richtig, jedoch gab es auch in
Südwestdeutschland österreichische Gebiete, und um das Wappen nachzubilden,
brauchte der Künstler nicht in Oesterreich selbst gewesen zu sein. Und wenn
er auch, was ja möglich ist, sich daselbst einmal aufgehalten hat, so können
wir hier nicht das eigentliche Feld seiner Thätigkeit erblicken; wir stellen ihn
uns nur als Alamannen vor. Auch scheint mir zweifelhaft, ob er, wie Herr
v. Wurzbach will, noch in den 80er Jahren thätig war, er müsste denn von der
weiteren Entwicklung der deutschen Kunst nicht mehr berührt worden sein;
auf keinen Fall aber geht es an, ihm die Dürer'sche Zeichnung von 1485
aufs Conto zu schreiben. *Wilhelm Schmidt.*

Bibliographische Notizen.

Geschichte der Wandmalerei in Belgien seit 1856. Nebst Briefen
von Cornelius, Kaulbach, Overbeck, Schwind und Anderen an Godfried Guffens
und Jan Swerts. Von Herman Riegel. Berlin, Ernst Wasmuth 1882. Der
Verf. behandelt darin eine kurze »Episode« der modernen Geschichte der
Malerei in Belgien — denn nicht mehr als eine Episode bilden die Bestrebungen, die Wandmalerei in Belgien unter deutschem Einfluss populär zu
machen. Es sind eigentlich nur drei hervorragende Namen, welche mit diesen
Bestrebungen verknüpft sind: Godfried Guffens, Jan Swerts und Hendrick
Leys. Die Polemik, welche gegen diese Bestrebungen durch Du Mortieu, aber
auch durch den feinsinnigen ausgezeichneten Historiker der belgischen Kunst
Henri Hymans geführt wurde, ist doch etwas ernster zu nehmen als dies
der Verfasser thut. Dass diese Bestrebungen nicht ihre Stütze im nationalen
Geiste fanden, dass sie einen akademischen Zug im allgemeinen Sinne des

Wortes an sich tragen, ist unleugbar. Hymans hatte recht diese Momente
hervorzuheben. Ebenso wird Hymans auch ausser Belgien mit seinen Schluss-
worten nicht ganz ohne Anhang stehen. Jedenfalls aber freuen wir uns, in
der Schrift Riegel's die treffliche Darstellung dieser kurzen, bereits historisch
gewordenen, Episode der Geschichte der belgischen Malerei erhalten zu haben.
Von den zweiundsechzig Künstlerbriefen, welche der Darstellung als Anhang
beigegeben worden sind und die durchaus den lebendigen Verkehr der Träger der
deutschen Richtung, Guffens' und Swerts, mit deutschen Künstlern bezeugen,
zeichnen sich namentlich die Briefe Overbeck's, Kaulbach's und Schwind's
durch gedankenreichen Inhalt aus.

Untersuchungen zur Geschichte der schlesischen Maler (1500
bis 1800). Verfasst im Namen des Vereins für Geschichte der bildenden Künste
zu Breslau von Alwin Schultz. Breslau 1882. Verlag von Wilh. Gottl. Korn.
In alphabetischer Reihenfolge behandelt der Verf. eine grosse Zahl von Künstlern,
deren biographische Notizen sich namentlich in Breslauer Archiven ermitteln
liessen. Wie der Verf. hervorhebt, handelte es sich für ihn besonders darum, seine
Untersuchungen über die Geschichte der Breslauer Malerei, die er in seiner
Geschichte der Breslauer Maler-Innung nur bis 1523 fortgeführt, zum Abschluss
zu bringen. Das that er in den vorliegenden Untersuchungen. Dass er damit den
umfangreichsten Theil der Arbeit für ein künftiges Lexikon der schlesischen
Künstler geleistet hat, ist zweifellos. Er hat mit diesen letzten Untersuchungen
ein schwerwiegendes Abschiedsgeschenk der Stätte seiner früheren Wirksamkeit gemacht, das ihm gewiss nicht vergessen werden wird. Der Stoff war
wahrlich kein »dankbarer« — die Arbeit aber ist eine ausserordentlich grosse
gewesen, da der weitaus grösste Theil der Angaben aus einer gewaltigen
Urkundenmasse hervorgeholt werden musste. Die Kunstgeschichte kann für
solche mühevolle Unternehmungen nicht genug dankbar sein — sie mangeln
uns noch an allen Orten und Enden.

Die Zeitschrift »Studi in Italia« bringt im 2. Fasc. des laufenden Jahrgangs eine zusammenfassende baugeschichtliche Studie von Eugène Müntz über
den Palazzo Venezia in Rom. Der Verf. ergänzt darin seine im II. Band
von »Les Arts à la Cour des Papes« über dies Bauwerk niedergelegten Forschungen dahin, dass er mit Hilfe feinsinniger Analyse des Stils der einzelnen
Theile des Bauwerks und Prüfung der an den verschiedenen Stellen vorkommenden Wappen und Inschriften, eine Geschichte des Baues im eigentlichen Sinne gibt. Die Resultate der in der früher genannten Arbeit niedergelegten urkundlichen Untersuchung bleiben natürlich unangefochten. Der
Beginn des Baues fällt auf 1455. Ein kräftiger Fortschritt im Bau ist aber
erst von 1464 an, dem Antritt des Pontificats durch Pietro Barbo, nachweisbar.
In dieser Zeit erscheint auch Giacomo da Pietrasanta als leitender Architekt. Mit
diesem zugleich arbeiteten hier der junge Giuliano da San Gallo, Meo del Caprino,
Giovannino de' Dolci, und »wahrscheinlich« auch Bernardo di Lorenzi. Ja, wenn
uns endlich auch Bernardo di Lorenzo, eine greifbarere Künstlerpersönlichkeit würde! Ursprünglich sollte die Façade gegen Piazza Venezia hin

von zwei Thürmen flankirt werden; es kam dann nur der links zur Ausführung, der 1471 noch im Baue war. Dieser Theil gegen die Piazza Venezia
ist der älteste Bautheil, er fällt im Wesentlichen noch in die Cardinalszeit des
Pietro Barbo, ebenso. der prächtige Hof; interessant ist die ausgesprochene
Vermuthung, dass die Portiken wahrscheinlich eine solche Ausdehnung erhalten sollten, dass die Kirche S. Marco in den Palast eingeschlossen gewesen
wäre. Der Theil des Palastes, welcher gegen die Via del Plebiscito liegt, dürfte
zum Mindesten noch begonnen worden sein vor Erhebung Pietro Barbo's auf
den päpstlichen Stuhl; die Vollendung hat er aber erst nach dem gegen die
Piazza Venezia gewendeten Theil erhalten; es bauten an ihm nicht bloss noch
Pietro Barbo nach seiner Papsterhöhung, auch Marco Barbo's Wappen erscheinen hier, und der letzte Theil der sich gegen die Via degli Astalli wendet,
ist erst von dem Nachfolger Marco Barbo's, im Cardinalat, von Lorenzo Cibo
errichtet worden. Der Palazetto Venezia ist erst zur Zeit des Pontificats
Paul's II. begonnen und unter diesem auch durchgeführt worden. Der Verf.
geht gewiss nicht fehl, das einzige Cardinalswappen des Brunnens auf Marco
Barbo zu beziehen. Der Architekt des Palazetto ist mit dem Architekten
der Porticus von St. Apostoli identisch, und man wird an keinen Andern als
an Giacomo da Pietrasanta denken dürfen. Die Uebersetzung ist von Prof.
Giov. Gatti besorgt, der dem Texte noch mehrere Anmerkungen zugesellt, unter
denen eine bereits von Müntz reproducirte urkundliche Notiz, welche das Belvedere Cassino als Schöpfung des Giacomo da Pietrasanta sicher stellt.

In den Bulletins der Academie Royale de Belgique (3me série, t. VII,
No 2) gibt H. Hymans einen ausserordentlich willkommenen Beitrag zu einer
Biographie des Marinus (Marin le Zelandais de Romerswael), für die bisher
mit Ausnahme der kurzen Notiz bei Van Mander jede Grundlage fehlte. Marinus
ist darnach ca. 1497 geboren. Sein Vater Claes war gleichfalls Maler, er liess
sich als solcher 1475 in die Lucas Gilde in Antwerpen aufnehmen. 1509 ist er in
der Lehre bei Simon Van Daele; ob er darnach in die Werkstätte des Quintin
Metsys trat, bezweifelt der Verfasser. Die letzte urkundliche Erwähnung geschieht 1567 (23. Juni), leider in fataler Sache: der Künstler wird verurtheilt
wegen Theilnahme an der Plünderung der Westmonsterkerk in Middelburg.
Mit Max Rooses ist auch der Verfasser der Ansicht, dass mehr als ein Werk
vom ihn unter dem Namen des Quintin Metsys geht, dass demnach die Kunstgeschichte auch noch nicht die Abrechnung zwischen diesen beiden Künstlern
vollzogen hat, die ihn immer nur als Nachahmer des Quintin Metsys zu behandeln pflegt.

Nur mittelbar von kunstgeschichtlichem, aber von unmittelbarem hohem
litteraturgeschichtlichem Interesse ist die kleine Publication, die Ferdinando Rossi
Foglia besorgte: Cenni Biografici intorno a Veronica Gambara da
Correggio (Correggio 1884). Rossi Foglia gibt zunächst einen Wiederabdruck
der kurzen Biographie der Veronica von Rinaldo Corso (Ancona, 1566), deren
seltenes Vorkommen Julius Meyer in seiner Correggio-Biographie beklagte. Dieser
Biographie schliesst dann der Herausgeber die Publication einer Reihe bisher

unedirter Briefe der geistvollen Frau und liebenswürdigen Dichterin an, die nicht unebenbürtig neben Victoria Colonna stand. Die Briefe sind sämmtlich von grossem Interesse, hervorheben möchte ich besonders den auf S. 27 und S. 29 fg.; diese sind wichtige Zeugnisse der Stimmung, welche in den auch aufgeklärtesten Kreisen Italiens über die von Luther ausgegangene Bewegung herrschend war. — Das Büchlein ist Director Julius Meyer gewidmet.

Wir haben an dieser Stelle schon mehr als einmal den Mangel eines einheitlichen Vorgehens bei der Aufnahme und Inventarisirung deutscher Kunstdenkmäler beklagt. Wir hoben hervor, dass eine solche Organisation Sache des Reiches wäre. Es liegt uns nun der Separatabdruck einer Studie von Dr. J. Jastrow vor, die in der »Zeitschrift für preussische Geschichte und Landeskunde« (1883) erschien, »Zur Erforschung und Erhaltung der Kunstdenkmäler im preussischen Staatsgebiet,« die eine klare und bündige Darlegung des ganzen Standes der fraglichen Angelegenheit gibt. Der Verfasser verfolgt den Gang der Gesetzgebung und legt dann dar, was vom Staat, den Provinzen und den Privaten bisher geleistet worden sei, und nach welchen Grundsätzen dies geleistet worden sei. Der Verfasser muss zugeben, dass in Bezug auf Conservirung, Inventarisirung und Aufnahme ein einheitlicher Plan mangle; wenn er sich dennoch nicht dafür entscheiden mag, dass das Reich seine Competenz auf diese Frage erstrecke, so können wir diese Zartfühligkeit nicht verstehen. Darin stimmen wir ja mit dem Verfasser überein, dass für die Inventarisirung und Aufnahme der Denkmäler nicht mehr volle praktische Erfolge sich erzielen liessen, da allein von den preussischen 12 Provinzen zwei die Inventarisirung bereits abgeschlossen, zwei andere dieselbe ziemlich weit fortgeführt, in sechs anderen die Arbeiten bereits begonnen haben; man denke jedoch, dass es noch Theile des Reiches gibt, wo für die Sache noch gar nichts geschehen und dann, dass für die Conservirung der Denkmäler überhaupt erst die leitenden Grundsätze festgestellt werden müssten. — Die Classificirung der Denkmäler kann nicht dem Belieben einer Provinz und sollte nicht dem Belieben eines deutschen Theilstaates anheimgestellt werden und die Conservirung der ausgewählten Denkmäler müsste auch in financieller Hinsicht Sache des Reiches bilden. So bestärkt uns denn die vorliegende Studie, welche den ganzen Stand der Frage, auch nach der juristischen Seite hin, so klar darlegt, wie dies nie vorher geschehen, in unserer Ueberzeugung, dass das Reich für seine Denkmäler, welche die Geschichte der Nation illustriren, Sorge tragen müsse und dies sobald als möglich.

Ueber die aus Anlass der zweiten Säcularfeier der Befreiung Wiens von den Türken in Krakau veranstaltete historische Ausstellung liegt nun ein Bericht vor aus der Feder des Krakauer Professors der Kunstgeschichte Maryan Sokolowski: Wystawa Zabytków z czasów Jana III. w Sukiennicach Krakowskich w roku 1883. Der Verfasser gibt darin zunächst eine Uebersicht der Ausstellung, dann bespricht er die textile Abtheilung, darauf die Möbel, im vierten Capitel die Werke der Goldschmiedekunst, und im fünften die Waffen, Rüstungen und die Porträts. Schon die Namen der Aussteller, deren Liste die

Brochüre gibt, beweisen, dass diese Exposition an Hervorragendem, Interessanten und Bedeutenden keinen Mangel litt.

Von gleichem Verfasser, der emsig bemüht ist, die Resultate der deutschen Kunstforschung seinem Lande zu vermitteln, liegt auch die Uebersetzung
von Prof. Dr. Benndorf's Bericht über zwei österreichische archäologische Expeditionen nach Kleinasien vor.

Das Lexikon der bildenden Künste von H. A. Müller (Leipzig, Verlag des bibliographischen Instituts, ist mit der 17. Lieferung vollständig geworden. Es wird dem Laien ein gutes Handbuch sein, da es kurz und in meisten
Fällen zuverlässig über alle Fragen, welche Kunstgeschichte, Archäologie, Ikonographie, Kunsttopographie, Kunsttechnik stellen, Aufschluss gibt. Wer öfters
auf Irrthümer oder Lücken stösst, der bedenke, welches Material hier zu über-
wältigen gewesen ist; im Ganzen haben wir den Eindruck gewonnen, dass
wir es hier nicht mit blosser Compilation zu thun haben, sondern dass viel
Einzelstudien dem Handbuche zu Grunde liegen.

Von Woltmann-Wörmann's Geschichte der Malerei, Leipzig, E. A.
Seemann, ist die erste Lieferung des dritten Bandes erschienen. Es kommt
darin zur Behandlung die italienische Malerei der zweiten Hälfte des 16. Jahrhunderts, selbstverständlich in zwei Capitel getrennt, da die Venezianer ihre
eigenen Wege gehen. Der zweite Abschnitt behandelt die spanische Malerei im
16. Jahrhundert; der dritte Abschnitt dann die niederländische Malerei in der
zweiten Hälfte des 16. Jahrhunderts.

Im Verlag der Weidmann'schen Buchhandlung in Berlin ist das erste Heft
des Katalogs der Bibliothek des Kunstgewerbe-Museums zu Berlin
erschienen. Er bringt die Abtheilungen: Bibliographie, Lexika, Zeitschriften,
Jahrbücher, Aesthetik und Kunstphilosophie, Mythologie, Geschichte der Kunst
und des Kunstgewerbes, Architektur. Der Katalog soll in 4—5 Heften erscheinen, jedes Heft zum Preise von 40 Pfennig.

Schliesslich möchten wir die Aufmerksamkeit lenken auf den 39. Kata-
log des Ludwig Rosenthal'schen Antiquariats in München. Die einzelnen
Nummern sind fachmännisch beschrieben; die fünf Lichtdrucke, welche dem
Katalog beigegeben sind, bilden ab 1) zwei Miniaturen einer Handschrift der
Goldenen Schmiede des Konrad von Würzburg von 1450; vier Miniaturen
eines Officium Beatae M. Virginis aus dem 14. Jahrhundert; ein Blatt mit dem
Hymnus an Maria, gedruckt auf Velin, aus der ersten Zeit nach Erfindung des
Drucks, und noch ein Blatt mit Notenschrift und Initial eines Antiphonarium
aus dem 11. Jahrhundert.

Franz Schestag †.

Am 26. Juni l. J. starb in der Sulz bei Wien Dr. Franz Schestag im 45. Lebensjahre an einem Herzleiden, das erst in den letzten Jahren auftrat, aber einen rapiden Verlauf nahm. Er war geboren zu Schonberg in Mähren; an der Universität Wien machte er seine Studien. Noch Student, wurde er schon von dem Unterzeichneten zu den Vorarbeiten bei der Gründung des österr. Museums berufen, später wurde er Mitglied des Instituts für österr. Geschichtsforschung. Sobald das österr. Museum ins Leben getreten war, übernahm Schestag die Leitung der Bibliothek und der mit der Bibliothek verbundenen Kupferstich-Vorbildersammlung. Als die Gründung des Repertoriums von dem in Wien 1873 zusammengetretenen kunstgeschichtlichen Congress beschlossen worden war, wurde Schestag die Leitung dieses Fachorgans anvertraut. Der Umfang und die Gründlichkeit seines Wissens, die Objectivität seines Urtheils befähigten ihn in besonderer Weise zu dieser Vertrauensstellung. Ueberbürdung mit Arbeiten zwangen ihn später, die Leitung des Repertoriums niederzulegen.

Als Bibliothekar des österr. Museums verfasste er den ersten Katalog der Bibliothek und später den illustrirten Ornamentstichkatalog des Museums. Ihm war es nicht gegeben, sich leicht auszusprechen, aber wenn er es einmal that, so geschah es jedesmal gründlich und wissenschaftlich correct. Er führte zuerst die wissenschaftliche Behandlung des Ornamentensticches in die deutsche Kupferstichkunde ein, die von den älteren Forschern vernachlässigt wurde. Seine Abhandlung über Punzenstiche und der Ornamentstichkatalog haben einen bleibenden Werth und sind in ihrer Art unübertroffene Arbeiten, gleich wichtig für Fachgelehrte, als für Kunstkenner und Sammler. Ein gewissenhafter, ehrlicher Kunstforscher, war ihm die schöngeistige und rein philosophische Behandlung der Kunstgeschichte zuwider. Als es sich darum handelte, die Stelle eines Custos an der Hofbibliothek, welche der jüngere Bartsch eingenommen hatte, zu besetzen, so war es begreiflich, dass die Hofbehörde, insbesondere der Oberstkämmerer Graf Franz Crenneville, ein besonderer Gonner der graphischen Künste, sein Augenmerk auf den gelehrten, sachkundigen Bibliothekar des österr. Museums, F. Schestag, gelenkt hat. Liebenswürdig und entgegenkommend jedem Fachmann gegenüber, füllte Schestag in der Hofbibliothek seine Stellung in glänzender Weise aus. Leider war es ihm nicht gestattet, die Uebertragung der kaiserl. Kupferstichsammlung in das neue Semper-Hasenauer'sche Hofmuseum zu erleben. Er starb mitten in den Vorarbeiten zur Ausstellung der Kupferstichsammlung in dem kunsthistorischen Hofmuseum. Er betheiligte sich auch an den wissenschaftlichen Arbeiten für das Jahrbuch der Hofmuseen, und hinterlässt eine unvollendete Arbeit für dasselbe, über das sog. Dürersche Gebetbuch des Kaisers Max, welche im Herbst erscheinen sollte. Wie alle deutschen Mährer war er kaiser- und reichstreu, und hatte nichts gemein mit jenen slavophilen Mährern, die nicht wissen, ob sie Oesterreich oder Bohmen angehören sollen. Er wurde am 29. Juni l. J. in Schönberg begraben, betrauert von allen, welche ihm im Leben näher gestanden sind. Er wurde vom Kaiser wiederholt ausgezeichnet; die Wittwe trauert ihm mit zwei Kindern nach.

Hütteldorf bei Wien, im Juli 1884.   *R. v. Eitelberger.*

Verzeichniss der wichtigeren Besprechungen.

Adamy. Architektonik. — Einführung in die antike Kunstgeschichte. (Schneider, Deutsche Litteratur-Ztg., 25.)

Arbeiten, kunstgewerbliche, aus d. kulturhistorischen Ausstellung in Graz 1883. (Wastler, Zeitschr. f. bild. Kunst, B. 24.)

Archiv für christliche Kunst, herausgeg. von F. X. Schwarz. (Zeitschr. f. bild. Kunst, B. 24.)

Bigot, Ch. Raphael et la Farnesine. (Le Livre, avril.)

Bilderatlas, kulturhistorischer. I. Alterthum, bearbeitet von Th. Schreiber. (Litterar. Centralblatt, 21. — Zeitschr. f. bild. Kunst, B. 28.)

Bode, W. Studien zur Geschichte der holländischen Malerei. (Litterarisches Centralbl. 16.)

Bonnaffé, E. Dictionnaire des amateurs français au XVIIe siècle. (Duplessis, Courrier de l'Art, 26.)

Bouchot, H. Les portraits aux crayons des XVIe et XVIIe siècles, conservés à la Bibliothèque nationale (1526 bis 1646). (Le Livre, juin.)

Bucher, Br. Real-Lexikon der Kunstgewerbe. (Folnesics, Zeitschr. f. bild. Kunst, B. 24.)

Castan, A. Le missel du cardinal de Tournai à la bibliothèque de Sienne. (Rev. de l'art chrét., II, 2.)

Cavallucci, J. Les Della Robbia, leur vie et leur œuvre. (Linas, Revue de l'art chrét., Nouv. Sér., II, 2.)

Catalogue des figurines de terre-cuite du Musée du Louvre. (Dumont, Journ. des Savants, févr., mars.)

Centralblatt für das gewerbliche Unterrichtswesen in Oesterreich. Redig. von Fr. R. v. Haymerle. (Mitth. d. Oesterr. Museums, 224.)

Colfs, J. F. La filiation généalogique de toutes les écoles gothiques. (Revue de l'art chrét., N. Sér., II, 2.)

Crowe u. *Cavalcaselle.* Raphael. (Grimm, H., Deutsche Litteratur-Ztg., 12. — Neue evangel. Kirchen-Ztg., 15.)

Curtius u. *Kaupert.* Karten von Attika. (Engelmann, Zeitschr. f. bild. Kunst, B. 30.)

Descemet, Ch. Les bas-reliefs assyriens de la bibliothèque Vaticane. (Revue de l'art chrét., N. Sér., II, 2.)

Dieulafoy, M. L'art antique de la Perse. (Revue critique, 22.)

Eitelberger, R. v. Gesammelte kunsthistorische Schriften, IV. Bd. (Mitth. d. Oesterr. Museums, 225.)

Eudel, P. 60 planches d'orfèvrerie. (Zeitschr. f. bild. Kunst, B. 30.)

Falke, J. v. Die Aesthetik des Kunstgewerbes. (Folnesics, Zeitschr. f. bild. Kunst, 6.)

Fischbach, Fr. Ornamente der Gewebe. — Geschichte d. Textilkunst. — Die künstlerische Ausstattung der bürgerlichen Wohnung. (Zeitschr. f. bild. Kunst, 6.)

Fratini, G. Storia della Basilica e del Convento di S. Francesco di Assisi. (Mazzatinti, Archiv. stor. per le Marche, I, 1.)

Friedrich, C. Die altdeutschen Gläser. (Zeitschr. für bild. Kunst, B. 30.)

Gaedertz, Th. Hans Memling und dessen Altarschrein im Dom zu Lübeck. (Litterar. Centralbl., 16.)

Gay. Glossaire archéologique. (Revue critique, 19.)

Bonnaffé, E. Le Glossaire archéologique du moyen âge et de la renaissance, de M. Vict. Gay. 8⁰, 16 p. avec fig. Paris, imp. Quantin. (Extr. de la Gaz. d. B.-Arts, janv. 1884.)

Genolini, A. Maioliche italiane. (Faloci Pulignani, Archiv. stor. per le Marche, I, 1.)

Gerlach. Allegorien u. Embleme. (Grand-Cartelet, J., Rev. des arts décor., 10.)

Gerspach. La mosaïque absidale de Saint Jean de Latran à Rome. (Revue de l'art chrét., N. Sér., II, 2.)

Geymüller, E. de. Raffaello Sanzio studiato come architetto. (Zeitschrift f. bild. Kunst, B. 25.)

Gilbert. Geschichte u. Topographie der Stadt Rom im Alterthum. I. (Förster, Deutsche Litteratur-Ztg., 22.)

Gonse, L. L'art japonais. (Pabst, Zeitschr. für bild. Kunst, 8.)

Grimm, H. Fünfzehn Essays. III. Folge. (Litterar. Centralbl., 13.)

Guilhermy, F. de, et R. de *Lasteyrie.* Inscriptions de la France du Ve au XVIIIe siècle. (Revue critique, 18.)

Hauser, Al. Stil-Lehre der architektonischen Formen. (Folnesics, J., Allg. Kunst-Chronik, 20.)

Hettner, H. Kleine Schriften. (Grenz-
boten, 15.)
Heuzey, L. Catalogue des figurines de
terre cuite du Musée du Louvre. (Fa-
briczy, Zeitschr. f. bild. Kunst, B. 34.)
Jessen, P. Die Darstellung des Weltge-
richts bis auf Michelangelo. (Litterar.
Centralbl., 14. — Zeitschr. f. bild. Kunst,
B. 37.)
Joanne, P. Collection des Guides-Joanne :
Italie et Sicile. (Gauchez, L'Art, 479.)
Karabacek, J. Die Persische Nadelarbeit
Susanschird. (Rev. des arts décor., 11.)
Lami, St. Dictionnaire des sculpteurs.
(Leroi, Courrier de l'Art, 19.)
Langer, C. Anatomie der äussern For-
men des menschlichen Körpers. (Langl,
Zeitschr. f. bild. Kunst, B. 26.)
Lauser, W. Eine Orientreise. Beschrie-
ben vom Kronprinzen Rudolf von Oester-
reich. (Allg. Kunst-Chronik, 20.)
Law, E. Catalogue of the pictures in
the Royal Collection at Hampton Court.
(Decamps, Courrier de l'Art, 26.)
Lindau, M. B. Lucas Cranach. (Litterar.
Centralbl., 25.)
Lionardo da Vinci. *Uzielli,* Gustav. Sul
modo di publicare le opere di L. da V.
Besprechung der verschiedenen Aus-
gaben. (Il Buonarroti, Ser. III, vol. I, 10.)
Lipperheide, Frieda. Muster altalieni-
scher Leinenstickerei. (Stockbauer,
Archiv f. kirchl. Kunst, 5.)
Mallet. Cours élémentaire d'archéologie
religieuse. (Mobilier, Revue de l'art
chrét., Nouv. Sér. II, 1.)
Manzoni, G. Annali tipografici dei Son-
cino. (Renier, Archivio stor. per le
Marche, I, 1.)
Martha, J. Manuel d'archéologie étrusque
et romaine. (Gauchez, Courrier de l'Art,
26.)
Maspero, G. Guide du Visiteur au Musée
de Boulaq. (Lerois, Courrier de l'Art, 17.)
Meyer, Ad. Die Münzen der Stadt Dort-
mund. (Friedensburg, Deut. Litteratur-
Ztg., 24.)
Meyer, Bode u. *Scheibler.* Beschreibendes
Verzeichniss der Gemälde der königl.
Museen zu Berlin. (Deut. Litter.-Ztg., 14.)
Milchhöfer. Anfänge der griechischen
Kunst. (Academy, 629.)
Mitchell, L. M. A history of ancient sculp-
ture. (Furtwängler, Deut. Litter.-Ztg., 16.)
Müller, H. A. Lexicon der bild. Künste.
(Schultz, Deutsche Litter.-Ztg., 21.)
Müntz, E. La tapisserie. (Athenæum. 2948.)
Murray. History of Greek sculpture.
(Benndorf, Academy, 618.)
Perrot u. *Chipiez.* Geschichte der Kunst

im Alterthume. (Krall, Oesterr. Monats-
schrift f. d. Orient, 3.)
Popelin, Cl. Le songe de Poliphile ; nou-
velle édition. (Lavoix, H., Gazette des
B.-Arts, avril.)
Rambert. Alexandre Calame. (Courrier
de l'Art, 24. — Le Livre, Juin.)
Redtenbacher, R. Architektonik der mo-
dernen Baukunst. (Mothes, Allg. Kunst-
Chronik, VIII, 11.)
Reid, G. W. Early italian engravers. (Art
Journal, April.)
Reumont. Lorenzo de' Medici il Magnifico.
(Geiger, Zeitschr. f. bild. Kunst, 7.)
Reusens. Éléments d'archéologie chrétienne.
(Rev. de l'art chrét., N. Sér., II, 2.)
Riegel, H. Beiträge zur niederländischen
Kunstgeschichte. (Zeitschrift für bild.
Kunst, B. 28.)
Roddaz. L'art ancien à l'exposition natio-
nale Belge. (Rev. de l'art chrét., N.Sér.,
II, 2.)
Roquette, O. Friedrich Preller. (Litterar.
Centralbl., 23.)
Samwer, K. Geschichte des älteren rö-
mischen Münzwesens. (Litterar. Central-
blatt, 13.)
Schmidt, C. Zur Geschichte der ältesten
Bibliotheken u. der ersten Buchdrucker
zu Strassburg. (Schulte, Westdeutsche
Zeitschr., III, 2.)
Sick, J. Fr. Notice sur les ouvrages en
or et en argent dans le Nord. (Blätter
f. Kunstgewerbe, 4.)
Sommerard, Du. Catalogue du musée des
Thermes et de l'hôtel de Cluny. (Rev.
critique, 21.)
Steffen u. *Lolling.* Karten von Mykenai.
(Engelmann, Zeitsch. f. bild. Kunst, B.36.)
Taylor, Isaac. The alphabet, an account
of the origin and development of letters.
(Halévy, Oest. Monatssch. f. d. Orient, 5 ff.)
Thausing, M. Wiener Kunstbriefe. (Con-
way, Academy, 626.)
Vernarecci, A. Ottaviano de' Petrucci da
Fossombrone inventore dei tipi mobili
metallici fusi. (Mazzatinti, Archiv. stor.
per le Marche, I, 1.)
Vorsterman van Oyen, A. A. Het Vorsten-
huis Oranje-Nassau van de vroegste
tijden tot heden. (Goeckingk, Deutsch.
Herold, 5.)
Voss, G. Das jüngste Gericht in der bil-
denden Kunst des frühen Mittelalters.
(Zeitschr. f. bild. Kunst, B. 37.)
Warsberg, A. Frh. v. Homerische Land-
schaften. (Benndorf, Deut. Litt.-Ztg., 20.)
Weale and *Ellis.* The Hours of Albert
of Brandenburg. (Rev. de l'art chrét.,
N. Sér. II, 1.)

BIBLIOGRAPHIE.

(15. Juni bis Anfang November 1883.)

I. Theorie und Technik der Kunst. Kunstunterricht.

Attems, Heinr. Graf v. Reform des gewerblichen Unterrichtes mit besonderer Berücksichtigung der Alpenländer. 8⁰, 32 S. Wien, Hölder. M. —. 72.

Auerbach, F. Die Sinneswahrnehmungen u. die Künste. (Gegenwart, 29.)

Baes. Recherches sur les matières colorantes employées par les artistes dans les divers procédés de peinture en usage dans l'antiquité, pendant le moyen-âge et à l'époque de la renaissance. (Bullet. des comiss. royales d'art et d'archéologie, XXII, 1. 2.)

Baumgarten, O. Der Stil in den Erzeugnissen der Menschenhand. (Pallas, IV, 7. 8.)

Beckendorf, Marie v. Musterblätter für Blumenmalerei. Kleine Vorlagen für Gouache, Aquarell- u. Porzellan-Malerei. 2. Lfg. 6 (chromolith.) Bl. 2. Aufl. 4⁰. Leipzig, Arnold. M. 4. —.

Bellavitis, Ernesto. Elementi di prospettiva concorrente, insegnati nell' università di Padova. (32 p. con 4 lit.) 16⁰. Padova, tip. del Seminario.

Bénard. La division des arts dans l'esthétique allemande. (Revue philosophique, 9.)

— Le problème de la division des arts dans son développement historique. (Revue philosophique, 8.)

Bendel, Heinrich. Zur Frage der gewerblichen Erziehung in der Schweiz. Studie. III, 46 S. 4⁰. Winterthur, Kieschke. M. —. 90.

Bernimolin, H. École industrielle de Tournai. Description des procédés de moulage. 8⁰, 118 p. Tournai, Vasseur-Delmée. Autographié. fr. 3. —.

Bes, K. Handleiding behoorende bij de elementaire, klassikale teekenmethode voor de lagere of volksschool. 1e gedeelte. 2e druk. 4⁰, 16 bl. en 60 gelith. pl. Groningen, J. B. Wolters. F. 4. 90.

Beunier, W. Das Kunstgewerbe und die höheren Lehranstalten. (Westdeut. Gewerbebl. 10.)

Nueva biblioteca ilustrada. Modelos para dibujo en 6 cuadernos: Paisages, cabezas, figuras, animales, frutos. Paris, Déjardin.

Nueva biblioteca ilustrada. Pequeño colorista. N⁰ˢ 24 et 25. Paris, Déjardin.

Brünn, die k. k. Staatsgewerbeschule. (Mährisch. Gewerbebl., 7. 8.)

Brunetière. Les critiques d'art au XVII⁰ siècle. (Revue des Deux Mondes, 1er juillet.)

Charles, N. Notices générales sur l'organisation du corps humain ou abrégé d'anatomie et de physiologie humaines, avec un appendice sur les tempéraments. 8⁰, 62 p. Liège, G. Bertrand et Cie. fr. 1. —.

Charvet, L. et J. Pillet. Enseignement primaire du dessin à l'usage des écoles primaires (cours élémentaire et une partie du cours moyen) et des lycées et collèges (classe préparatoire, huitième et une partie de la septième. Livre du maître. Première partie. (Programmes officiels.) 18⁰, XII, 239 p. avec 170 fig. Paris, Delagrave.

Colin, P. Organisation et direction d'une classe de dessin; section normale pour la préparation des candidats aux certificats d'aptitude à l'enseignement du dessin, conférence faite le 22 mars 1883 à l'École des Beaux-Arts. 18⁰, 52 p. Paris, Delagrave.

Colomb, F. Méthode et cours de dessin pour les écoles et pensionats. 3e division. 1er et 2e cahiers. 8⁰, à 16 p. avec fig. Paris, Gedalge.

Decorator's Assistant a Modern Guide for Decorative Artists and Amateurs, Painters, Writers, Gilders, etc. Containing upwards of 600 Receipts, Rules, and Instructions for Mixing, Preparing, and Using Dyes, Stains, Oil and Water Colours etc. 12⁰, p. 166. London, A. J. Barnes. 2 s. 6 d.

Decorde. Notice historique sur l'Académie des sciences, belles-lettres et arts de Rouen. 8⁰, 19 p. Rouen, imp. Cagniard.

Le parfait dessinateur au fusain, au charbon, à l'estompe; procédé de l'aqua-pastel, etc. (37 p. avec vign.) 16⁰. Paris, Le Bailly.

École (l') de dessin. 1re année. N⁰ 9. Paris, Monrocq.

Elm, Hugo. Der deutsche Handfertigkeits-Unterricht in Theorie u. Praxis. Ein Handbuch über diese Lehrdisziplin für Unterrichts-Ministerien, Staats- und städtische Behörden, Schulvorstände etc. Nebst einem Begleitwort von Direct. Rath a. D. E. v. Schenckendorff. XVI, 208 S. Weimar, B. F. Voigt. M. 4. 50.

L'enseignement artistique en Belgique, à propos de l'Exposition de l'ancien atelier Portaels. (La Fédération artistique, 33 ff.)

L'enseignement des travaux manuels de garçons ou la réforme scolaire de Clarson Kaas. (De Volksschool, 5e année, N⁰ 4, Ypres.)

Die Entwicklung des gewerblichen Unterrichts-
wesens in Oesterreich. (Kunst u. Gewerbe, 9.)

Etwas vom Einfluss der Mode auf die Kunst.
(Allg. Ztg., B. 283.)

Fiorelli, direttore generale delle antichità e
belle arti. Sull' ordinamento del servizio
archeologico: relazione a S. E. il Ministro
della istruzione pubblica. 4⁰, 24 p. Roma,
tip. Forzani e C.

Fortbildungsschulen, die gewerblichen, in Baiern.
(Kunst u. Gewerbe, 7.)

Fried, Karl Heinr. Uebungsbuch f. ornamentales Freihandzeichnen zum Gebrauche an
technischen u. humanistischen Mittelschulen,
Lehrerbildungsanstalten, Fortbildungsschulen
u. f. den Selbstunterricht. 1. Heft. Kurven-
Uebgn. (24 lith. Taf. u. Text, 14 S.) gr. 4⁰.
Augsburg, Kuczynski. In Mappe. M. 7. —.

Gegenbauer, C. Lehrbuch der Anatomie des
Menschen. Mit 558 zum Theil farbigen Holzschnitten. 8⁰, XVI, 984 S. Leipzig, Engelmann. M. 24. —.

Gobin, A. Nouvelle méthode d'enseignement de
la perspective par des projections lumineuses,
suivie de l'exposé d'un programme pour l'enseignement rationnel du dessin. 8⁰, 24 p. avec
fig. Paris, Delagrave.

Gœtz, W. Die Centralstelle für Gewerbe u.
Handel im Königreiche Württemberg und die
durch sie bewirkte Gewerbeförderung auf dem
Wege theoretischer u. praktischer Schulung.
(Schweizer. Gewerbebl., 12 ff.)

Goupil, F. La Perspective expérimentale, artistique, méthodique et attrayante, ou l'Or-
thographe des formes, science indispensable
aux amateurs et artistes, aux photographes,
aux peintres, sculpteurs etc. (62 p. et planches.)
8⁰. Paris, Le Bailly. (Bibliothèque artistique.)

— Traité méthodique du dessin, de l'aquarelle
et du lavis appliqués à l'étude de la figure en
général, du portrait d'après nature, etc. 8⁰,
80 p. Paris, Le Bailly.

Grand-Carteret, J. Les écoles d'art industriel
en Suisse. (Courrier de l'Art, III, 35 ff.)

Gründling, Paul u. Frz. Hannemann. Theorie
und Praxis der Zeichenkunst f. Handwerker,
Techniker u. bild. Künstler. Ein Vademecum
über alle Zweige u. Gebiete des Zeichnens
nach den neuesten Erfindungen, Erfahrungen
u. den bewährtesten Methoden. 4. Aufl. von
Thon-Hertel's Lehrbuch der Linear-Zeichen-
kunst (Reisskunst) neu bearbeitet. Mit einem
Altas v. 30 lith. Fol.-Taf., enth. über 500 Fig.
8⁰, XX, 193 S. Weimar, B. F. Voigt. M. 9. —.

Grunow, C. Plastische Ornamente der italienischen Renaissance als Vorlagen für Schule
u. Werkstatt hrsg. 1. 2. Lfg. (à 10 Lichtdr.-
Taf.) f⁰. Berlin, Wasmuth. à M. 10. —.

Ueber Handfertigkeitsunterricht. (Mittheil. d.
Oesterr. Museums, 214 ff.)

Harris, A. Technical art education. (Art Journal, September.)

Henriet, L. d'. Cours de dessin des écoles primaires, enseignement gradué concordant avec
les articles des nouveaux programmes officiels.
Dessin linéaire, dessin d'ornement, dessin
d'imitation. Cours élémentaire. Livre du maître.
12⁰, 199 p. avec 257 fig. Paris, Hachette et Cie.

— Cours rationnel de dessin à l'usage des écoles
élémentaires. Dessin linéaire, ouvrage contenant 351 grav. et un album de 48 modèles litho-
graphiés. Tracés géométriques, représentation
des corps perspective cavalière, etc. Texte.
2e partie, gr. 8⁰, à 2 Col. 169 p. Paris, Hachette et Cie. 8 fr. avec l'album.

Hirth, Georg. Neue Kunst in alten Bahnen. (Zeitschr. d. Kunstgewerbe-Ver. in München, 5. 6 ff.)

Klimke, Aug. Anleitung zum Malen auf Porzellan f. Dilettanten. 2. verm. Aufl. m. 50
(eingedr.) Holzschn. (91 S.) 8⁰. Leipzig, Köss-
ling. M. 1. 75.

Leclercq, Em. L'art est rationnel. (Journal
des Beaux-Arts, 13.)

— La beauté dans la nature et dans l'art. 12⁰,
106 p. Bruxelles, lib. Office de Publicité. fr. —.60.

Le Mercier, F. Manuel de dessin linéaire à
l'usage des écoles primaires. Cours élémentaire et Cours moyen. 12⁰, 48 p. avec 103 fig.
Saint-Brieuc, imp. Guyon-le-Touliquen.

Louis, Edm. Académies de Gand, Louvain, Malines, Liège. (La Fédération artist., 37—40.)

— De l'influence du procédé sur la conservation
de la peinture. (La Fédération artist, 41—44.)

— L'enseignement de l'architecture en Belgique.
(La Fédération artistique, Nos 46—49.)

— La valeur et les tendances de l'enseignement
artistique en Belgique, à propos de l'exposition
de l'ancien atelier Portaels. 8⁰, 44 p. Namur,
A. Wesmael-Charlier. (Extr. de la Fédération
artistique.) fr. 1. 25.

Lupus. Die bildende Kunst und unsere höheren
Schulen. (Gymnasium, 7.)

Meinke, E. Was nennen wir schön? Die Prinzipien der Aesthetik, dargestellt. 8⁰, 33 S. Po-
sen, Heine. M. — 60.

Menendez y Pelayo, M. Historia de las ideas
estéticas en España. Tomo I. 8⁰, XX, 437 p.
Madrid, Murillo. 20 y 24.

Molénat, C. A. Une révolution artistique néces-
saire. 8⁰, 16 p. Paris, imp. Dubuisson et Cie.

Muckley, W. J. Handbook for Painters and Art
Students on the Use of Colours. New edit.
London, Baillière. 3 s. 6 d.

Müller. Uebungsstoff für das geometrische
Zeichnen. Im Auftrage der kgl. württemberg.
Centralstelle für Gewerbe und Handel bearb.
Mit 21 lith. Taf. 8. Aufl. 8⁰, 118 S. Esslingen,
Fröhner. M. 1. 75.

Onufrio, Enrico. La formule del bello e dell'
arte. 32⁰, 19 p. Palermo, tip. Lorsnaider.

Passepont, J. L'étude des ornements. (Revue
des arts décor., IV, 3 ff.)

Paul, Rich. Kunst und Kirche. (Zeitschr. d.
Kunstgewerbe-Vereins in München, 9. 10.)

Perry. The Sirens in ancient literature and art.
(Nineteenth Century, Juli.)

Renzis, F. de. Conversazioni artistiche. 1⁰ mi-
gliaio. 8⁰, p. IV, 346. Roma, A. Sommaruga
e C. L. 3. —.

Reymond. L'esthétique de M. Taine. (Le Contemporain, 10 ff.)

Rosenstein. De kunst, de kunstenaar en de kri-
tiek. (De Portefeuille, 7.)

Schasler, Max. Die Farbenwelt. 2. Abtheilung:
Das Gesetz der Farbenharmonie in seiner Anwendung auf das kunstindustrielle Gebiet. Mit
e. Farbentaf. 8⁰, 48 S. (Sammlung gemein-
verständl. wissensch. Vorträge, herausg. v. Rud.
Virchow u. F. v. Holtzendorff, Heft 415.) Berlin, Habel. M. 1. 60.

Schoenlaub, Jos. Musterblätter f. technische
Schulen. (36 Taf. auf Carton mit 4 S. Text.)
f⁰. München, Exped. d. k. Central-Schulbücher-
verlags. In Mappe. M. 6. —.

Schwedler, Aug. Untersuchungen über das Wesen
der Perspective. Populär dargestellt, nebst
einigen Beispielen für die prakt. Anwendung.
8⁰, IV, 107 S. Berlin, Ernst & Korn. M. 3. —.

Standage, H. C. The Artist's Table of Pigments. f⁰. London, W. W. Gardner. 1. s. —.

Stockbauer. Die gewerbliche Erziehung in Oesterreich. (Allg. Ztg., B. 277.)

Tarde. L'archéologie et la statistique. (Revue philosophique, 10.)

Thyes, E. Étude préliminaire du dessin linéaire pratique, à vue, sans crayon ni papier. Extrait de la 2me édit. du guide méthodique pour les jeux de construction. Méthode inductive à l'aide d'un nombre très restreint de prismes et de cubes. 1 feuille in plano avec la boîte contenant les prismes et les cubes. Bruxelles, imp. E. Guyot. fr. 1. 50.

Ueber volksthümliche Kunst. Eine Stimme aus Norddeutschland. (Schweizer. Gewerbebl., 21.)

Vallet, P. L'Idée du beau dans la philosophie de Saint Thomas d'Aquin. 18⁰, XII. 364 p. Paris, Roges et Chernoviz.

Vassallo, C. Dante e le belle arti: discorso per distribuzione di premii, ecc. 8⁰, p. 39. Asti, tip. Paglieri e Raspi.

Venanzi, A. Sull' insegnamento del disegno: quattro lettere a proposito del libro: Gli elementi del disegno e gli stili dell' ornamento di C. Boito. 16⁰, p. 42. Assisi, tip. Froebel del collegio „Principe di Napoli". L. 1. —.

La vérité dans l'art. (L'Art moderne 36—39.)

Verax. Académie royale des Beaux-Arts d'Anvers. (La Fédération artistique, Nos 37—40.)

Véron, Eug. La réorganisation de l'école nationale des Beaux-Arts. (Courrier de l'Art, 42 ff.)

Weisse, G. Die Allegorie in Litteratur, Kunst u. Leben der italienischen Renaissance. (Deutsches Kunstbl., II, 21.)

White, W. Aesthetical Sanitation. 8⁰. London, Stanford. 1 s. —.

II. Kunstgeschichte. Archäologie. Zeitschriften.

Album Caranda. (Suite.) Sépultures mérovingiennes d'Armentières. Explication des planches; extraits du Journal des fouilles. 1881. (28 p. et pl. 12 à 22.) 4⁰. Saint-Quentin, imp. Poette.

Aldenkirchen. Drei liturgische Schüsseln des Mittelalters. (Jahrbücher d. Ver. von Alterthumsfreunden im Rheinlande, LXXV.)

Altarwerk, das, der beiden Brüsseler Meister Jan Bormann und Bernaert van Orley in der Pfarrkirche zu Güstrow. 9 Fol.-Photogr. mit kurzer Erläuterung von Hofr. Dir. Dr. Frdr. Schlie. (2 S.) f⁰. Güstrow, Opitz & Co. In Mappe. M. 30. —.

Altendorff, H. A. Abbildungen einiger alterthümlicher Gegenstände aus den Sammlungen der Gesellschaft, zusammengestellt u. mit Erläuterungen versehen. (Mittheil. d. deut. Gesellsch. zur Erforschung vaterländ. Sprache in Leipzig, VIII, 1.)

Annales de la Société académique d'architecture de Lyon. T. 7. Exercice 1881—1882. gr. 8⁰, LXXXVIII, 197 p. et pl. Lyon, imp. Perrin.

Annales de la Société historique et archéologique de Gâtinais, 1883. 1er trimestre. 8⁰, 64 p. Fontainebleau, imp. Bourges.

Annales de la Société libre des Beaux-Arts et comité central des artistes. 30e vol. (Années académiques 1881—1883.) 8⁰, 214 p. Paris, Loones.

Annales du cercle archéologique d'Enghien Tome Ier, livr. 1—4. Années 1880—83. 8⁰, 482 p., 9 pl. et 1 fac-similé. Enghien. La livr. 10. —.

Annuaire illustré des Beaux-Arts et catalogue illustré de l'exposition nationale 1883. Revue artistique universelle publiée sous la direction de F. G. Dumas. 8⁰, XXX, 314 p. Contenant 257 reprod. de tableaux et statues des diverses expositions artistiques de l'année 1883. Paris, Baschet. fr. 5. —.

Antigüedades corianas. (Revista de España, 28. Sept.)

Aquileja. Gräberfunde an der Columbara bei Aquileja und die Ausgrabungen an der Beligna. (Mittheil. d. k. k. Central-Commiss., N. F., IX, 4.)

Archæology in South-West of Scotland. (Scottish Review, Mai.)

Artistes et artisans néerlandais établis à Lyon au XIVe siècle. (Bull. mens. de numismatique et d'archéologie, II, 7—10.)

Arzruni. Neue Beobachtungen am Nephrit und Jadeit. (Zeitschr. f. Ethnologie, XV, 4.)

Assos. Conclusion of the work of the Archæological Institute at Assos. (The Nation, 30. August.)

Athen. The art remains of Athens. (The Nation, 13. Sept. N.)

Aubé, La théologie et le symbolisme dans les catacombes de Rome. (Revue des deux mondes, 15 juillet.)

Babelon, Ern. Chimère, bas-relief de la collection de Luynes. (Gazette archéol., 9.)

— Terres cuites grecques de la collection Bellon. (Gazette archéol. p. 145.)

Barbier de Montault, H. La Croix à double croisillon. 8⁰, 84 p. et pl. Montauban, imp. Forestié. (Extr. du Bull. de la Soc. archéolog. de Tarn-et-Garonne.)

— L'église royale et collégiale de S. Nicolas à Bari, Deux-Siciles. (Revue de l'art chrétien, octob.)

Bargés, J. J. L. Notice sur les antiquités de Belcodène (ancien Castrum de Bolcodenis, Bouches du Rhône). 4⁰, 82 p. avec fig. et 14 pl. Paris, Leroux.

Barnabei. The discovery of Egyptian antiquities in Rome. (Academy, 18. Aug.)

Bauch, G. Laurentius Corvinus, der Breslauer Stadtschreiber u. Humanist. (Zeitschr. d. Ver. f. Gesch. Schlesiens, XVII.)

Baudry, P. Notes archéologiques. 8⁰, 20 p. Rouen, imp. Cagniard. (Extr. du Bull. de la comm. des antiquités de la Seine-Inférieure.)

Baumgarten, Fr. Grabmonument aus der Argolis. (Mitth. d. deut. archäol. Instit. in Athen, VIII, 2.)

Beavington-Atkinson, J. Children in modern German art. (Art Journal, Septemb.)

Bénard, P. L'Art national ancien et la Basilique de Saint-Quentin, conférence faite à la Société académique de Saint-Quentin, le 17 mars 1882. 8⁰, 34 p. et 2 pl. Saint-Quentin, imp. Poette.

Bent. A Visit to Samos. (Academy, 579.)

Bernard, E. Découverte d'une statue de Bacchus dans la rue des Fossés Saint-Jacques. Notice. (39 p. et héliogravure.) 8⁰. Paris, De Soye et fils. fr. 2. —.

Berrini, O. Trattatello elementare di antichità greche e romane, prescritto dai recenti programmi ministeriali alla III e IV classe ginnasiale: nuova edizione. 8⁰, p. 119. Torino, tip. G. Bruno e C. L. 1. 25.

Bézier, P. Inventaire des monuments mégalithiques du département d'Ille-et-Vilaine. 8⁰, XXI, 280 p., 30 pl. et carte. Rennes, Caillière.

Biese. Hatten die Römer ein Verständniss für Naturschönheit? (Preuss. Jahrbücher, 5.)

Bindi, Vincenzo. Artisti abruzzesi. Pittori, scultori, architetti, maestri di musica, fonditori, cesellatori, figuli dagli antichi al moderni. Notizie e documenti. 8⁰, p. 302 Napoli, F. Furchheim, L. 14. —.

Birch, Sam. Observations on the Canopic vases from Tel-Basta. (Proceedings of the soc. of biblical archæology, 3. April.)

— On Rome Ostraka or inscribed potsherds of the time of the twelve Cæsars. (Proceedings of the soc. of biblical archæology, 6. März, 1. Mai.)

Bliggenstorfer, B. Die alte Kirchendecke von Weissingen. — Römische Funde im Schürhof. (Antiqua, 1883.)

Böhlau, J. Die Ermordung des Hipparchos, attischer Stamnos. (Archäolog. Ztg., 3.)

Boissier. Promenades archéologiques. La maison de campagne d'Horace. (Revue des deux mondes, 15 juin.)

Boissoudy, A. de. Le Grand orgue de la cathédrale de Bourges. 8⁰, 32 p. Bourges, imp. Sire.

Bologna, C. Inventario de' mobili di Francesco di Angelo Gaddi (1496); aggiuntivi i Riccordi del Gaddi stesso, dal 1478 al 1496. 4⁰, p. 42. Firenze, tip. Civelli.

Bonnell, Ernst. Beiträge zur Alterthumskunde Russlands. (Von den ältesten Zeiten bis zum J. 400 n. Ch.) Hauptsächlich aus den Berichten der griech. u. latein. Schriftsteller. I. Bd. Lex.-8⁰, IV, 503 S. St. Petersburg 1882. Berlin, Puttkammer & Mühlbrecht. M. 10. —.

Bonstetten, de. Un symbole réligieux de l'âge de bronze. (Revue archéologique, juillet.)

Bossert. Zur Geschichte der Kunst in Franken. (Württemberg. Vierteljahrshefte für Landesgeschichte, VI, 1.)

Brambilla, A. Scavi di Monza. (Bullett. dell' instit. di corresp. archeol., 8. 9.)

Brötzingen. Die römische Ruine bei B. (Correspondenzbl d. Gesammt-Ver. der deut. Geschichts-Ver, XXXI, 4. 5.)

Brun, Carl. Kleinere Nachrichten zur Schweizer Kunstgeschichte u. Topographie. (Anzeiger f. schweiz. Alterthumskunde, 2 p.)

Bulletin archéologique de l'Association bretonne, publié par la classe d'archéologie. 3e série, t. 2. 25e session du congrès breton, tenue à Chateaubriant en 1882. 8⁰, LIX, 252 p. et pl. Saint-Brieuc, imp. Prud'homme.

Bulletin de la Société archéologique, scientifique et littéraire de Béziers. 2e série, T. 11. (1882.) 8⁰, 437 p. Béziers, impr. Granié et Malinas.

Bulletin de la Société nivernaise des sciences, lettres et arts. T. 1. (11e vol. de la coll.) 8⁰, XII, 503 p. Nevers, Michot.

Bulletin et Mémoires de la Société archéologique du département d'Ille-et-Vilaine. T. 16. (Première partie.) 8⁰, XLVIII, 136 p. et pl. Rennes, imp. Catel et Cie.

Bunnell, Lewis. The antiquities of Autun. (Archæological Journal, 158.)

Cartwrigt, Julia. Roman remains at Ravenna. (Portfolio, 167.)

Cassez. Das Denkmal der Vertheidigung von Paris 1870—1871. (Allg. Kunstchronik, 32.)

Cavallari. Sulla topografia di talune città greche di Sicilia e dei loro monumenti. (Archivio storico Siciliano, VII. 1—4.)

Cermák, Clem. und J. Hendrich. Die Leichenbrandstätte bei Ksin. (Mittheil. d. k. k. Centr.-Commiss., N. F., IX, 2.)

Chabouillet, A. Canéphore ou cariatide longtemps désignée sous le nom d'Angérona. (Gazette archéol., 9.)

Chamberlain. On two questions of Japanese archæology. (Journ. of the R. Asiatic Society, XV, 3.)

Chatsworth. Drawings found at Ch. (Athenæum, 4. Aug.)

Christ, K. Ringwälle im hessischen Odenwald. (Correspondenzbl. d. Gesammtver. d. deut. Gesch.-Ver., XXXI, 4. 5.)

Cicerchia, V. Iscrizione votiva prenestina. (Bullet. dell' instit. di corresp. archeol., 8. 9.)

Le Cimetière gallo-romain de la Fosse-Jean-Fat à Reims, album composé de 4 pl. in f⁰, 1 en noir et 3 en chromolithogr. Reims, E. Renart.

Clermont-Ganneau. Notes d'archéologie orientale : Découvertes à Emmaus Nicopolis ; Patène du mont des Oliviers ; les deux larrons. (Revue critique, 37.)

Closmadeuc, G. de. Cromlech d'Er-Lanic et le golfe du Morbihan à l'époque dite celtique. 8⁰, 19 p. et pl. Vannes, imp. Galles. (Extr. du Bull. de la Soc. polymathique, 1re semestre 1882.)

Collinet, E. Recueil des restes de notre art national du XVe au XVIIIe siècle. 3e année, livr. 4—9. Liège, lith. Claesen. Par an 30. —.

Collignon. Stèle funéraire attique représentant une scène de Palestre. (Bull. de correspondance hellénique, VII, 5. 6.)

Cournault, Ch. Tumulus de Lunkhofen (Argovie). (Revue archéologique, XXXVIII, p. 52—53.)

Curtius, E. Dionysos von Kalamis. — Ein vierseitiger Siegelstein. (Archäolog. Zeitung, 3.)

— Studien über das Tempelgebiet von Olympia. (Sitzungsberichte der königl. preuss. Akademie der Wissenschaften zu Berlin, Nr. 32. 33.)

Daleau, F. Quelques stations préhistoriques des environs de Bergerac (Dordogne). 8⁰, 6 p. Paris, imp. Chaix.

Da Ponte, Nicolò. La civiltà umana, ossia Origine e progresso dell' industria, del commercio e delle arti presso i popoli antichi, mediœvali e moderni : ricerche storiche 1e disp. 8⁰, 16 p. Bari, L. Francillo. L. — . 50. (Saranno 3 vol. di almeno 500 pag. ciascuno.)

The date of Cleopatra's needle. (Athenæum, 11. August.)

Decca, Camillo. Saggio di archeologia ed araldica biblica, ossia Studii bibliocritici comparativi sui capi delle tribù d'Israele e gli apostoli di Gesù Cristo. 8⁰, p. 106. Piacenza, tip. Tedeschi. L. 2. —.

De Feis, Leop. I dadi scritti di Toscanella ed i numeri etruschi. (Giornale ligustico, X, 7. 8.)

De la Croix, R. P. Les fouilles de Sanxay (Vienne). (Revue catholique, 8e livr.)

Delos. Ausgrabungen der Franzosen auf Delos. (Centralbl. f. Bauverwaltung, 41.)

Di Lorenzo, Gius., arciprete. Antichi monumenti di religione cristiana in Toscanella descritti ed illustrati. 32⁰, p. 54. Rocca San Casciano, tip. Cappelli.

Doblhoff, J. Auf dem Trümmerfelde Aventicums, des „Caput Helveticorum". (Monatsbl. des wissensch. Clubs in Wien, IV, 10.)

Documents et rapports de la Société paléontologique et archéologique de l'arrondissement judiciaire de Charleroi, fondée le 27 nov. 1863. Tome XII. 8⁰, p. XXII–516, 7 pl. et 1 plan. Mons, H. Manceaux. fr. 12. —.

Dragatsis, J. Tête d'Homère. — Antiquités du Pirée. (ΠΑΡΝΑΣΣΟΣ, Februar.)

Dragatzi. Les theâtres du Pirée. (Rev. critique d'histoire, 32.)

Drion, A. L'Antiquité pittoresque. I. Les origines du monde, paysages d'orient, premiers agissements, histoire, culte, arts primitifs, monuments des trois races du globe, jaune, blanche et noire, etc. gr. 4⁰, 336 p. Limoges, E. Ardant et Cie.

Du Chatellier. Nouvelles explorations dans les communes de Plozévet et de Plouhinec, sépultures de l'époque de bronze. (Revue archéologique, juillet.)

Du Chatenet, E. Pompéi et Herculanum, découverte et description de ces deux villes romaines. 12⁰, 120 p. Limoges, E. Ardant et Cie.

Duhousset. Le cheval dans l'art. (Gazette des B.-Arts, nov. ff.)

Dumas, F. G. Annuaire illustré des Beaux-Arts, Catalogue illustré de l'Exposition nationale, 1883. 8⁰, 314 p. London, Chatto. 5 s.

Dumont. Du style géométrique sur les vases grecs. (Bull. de correspondance hellénique, VII, 5. 6.)

Ebhardt. Die neuesten ägyptisch Ausgrabungen in Rom. (Gegenwart, 34.)

Edwards, Amel. B. Ancient Egyptian art. (Portfolio, 163 ff.)

Egyptian antiquities found at Rome. (Academy, 7. Juli.)

Essenwein, A. Mittelalterlicher Brauch und das Leben im deutschen Hause. (Anz. f. Kunde d. deut. Vorzeit, Aug. ff.)

Fernique, Emman. Bronze représentant Angitia. (Gazette archéol., p. 223.)

Fidlère, O. État civil des peintres et sculpteurs de l'Académie royale; billets d'enterrement de 1648 à 1713, publiés d'après le registre conservé à l'École des Beaux-Arts. 8⁰, XI, 94 p. Paris, Charavay frères.

Fiorelli, G. Istituzioni di antichità romane, ad uso delle scuole ginnasiali e liceali. 2ₐ ediz. 12⁰, p. IV, 248. Torino, stamp. Reale di I. Vigliardi. L. 1. 80.

Fischer. Neuentdeckte Hünengräber. (Jahresber. d. hist. Ver. für Unterfranken 1881—82.)

Flouest, E. Antiquités gauloises découvertes dans le département de la Haute-Marne. (28 p. avec figures et planche.) 8⁰. Nogent-le-Rotrou, impr. Daupeley-Gouverneur. (Extrait des Mémoires de la Société etc., T. 43.)

Förster, E. Fünf Bücher Leonardo da Vinci's. (Allg. Ztg., B. 162 ff.)

Fontenay, H. de. Épigraphie autunoise. Inscriptions du moyen âge et des temps modernes pour servir à l'histoire d'Autun. T. 1. 4⁰, VI, 430 p. et 33 pl. Paris, Champion. (Extr. des Mém. de la Soc. éduenne, t. 7 à 11, nouv. série.)

Forrer, R. Metall auf der Pfahlbaute Robenhausen. — Ein antiquarischer Streifzug. (Unterhaltungsbl. f. Freunde der Alterthumskunde, 1882—83.)

— Die Pfahlbaute auf dem „Grossen Hafner" bei Zürich. (Anzeiger f. schweizer. Alterthumskunde, 4.)

Forrer, R. jr. Das vorgeschichtliche Beil. Ein noch unveröffentlichtes Fundstück aus dem Kesslerloch bei Thayngen. (Antiqua, 1—4.)

Forrer, R. jr. Ein prähistorisches Refugium; Schmuckgegenstände. (Antiqua, 1883.)

Francesco (San) d'Assisi, e la sua influenza religiosa, civile, letteraria ed artistica in occasione del suo settimo centenario: articoli estratti dalla Sicilia cattolica (settembre e ottobre 1882). 16⁰, p. 302. L. 2. 70.

Französische Künstler und Kunstrichtungen der Gegenwart. (Allg. Zeitg., 175 ff.)

Furtwängler. Kentaurenkampf und Löwenjagd auf zwei archaischen Lekythen. (Archäolog. Ztg., XLI, 2.)

Galleria, la, giornale settimanale artistico-letterario, illustrato. Anno I. 4⁰. Milano, tip. B. Colombo. L. 3. —. per anno.

Gailliard, Edw. Glossaire flamand de l'inventaire des archives de Bruges (section première, première série) de M. L. Gilliodts-Van Severen. 4⁰, XI, 734 p. Bruges, imp. Gailliard. fr. 30. —.

Gatti, G. Iscrizione di Segni. (Bullett. dell' instit. di corresp. archeol., 8. 9.)

Gauthier, T. Les Tombes et les Inscriptions de l'église abbatiale de Thenley (Haute-Saône). 8⁰, 50 p. et 6 pl. Vesoul, imp. Suchaux. (Extr. du Bull. de la Soc. d'agriculture, sciences et arts de la Haute-Saône, année 1882.)

Gentile. Un rappresentante del realismo nell' arte antica. (Rendiconti del Reale Istituto Lombardo, VIII. IX.)

Gerber. Naturpersonification in Poesie und Kunst der Alten. (Jahrb. für klass. Philologie, XIII. Supplb., 2. H.)

Gerson. Les pierres tumulaires hébraïques de Dijon. (Revue des études juives, avril—juin.)

Girard. L'asclépieion d'Athènes. (Revue critique d'histoire, 32.)

Giuriato, G. Memorie venete nei monumenti di Roma: aneddoti storici e letterarii. (Archivio Veneto, nuova serie, tomo XXV, parte I.)

Godard-Faultrier, V. Découvertes archéologiques (15 p. et 3 planches). 8⁰. Angers, impr. Lachèse et Dolbeau. (Extrait des Mémoires de la société nationale d'agriculture, sciences et arts d'Angers 1882.)

Goncourt, E. et J. de. Renée Mauperin (382 p. et 2 eaux-fortes d'Edmond Morin). 32⁰. Paris, Charpentier. fr. 4. —. (Petite bibliothèque Charpentier.)

Grandi (I) italiani. — Michelangelo Buonarroti. 16⁰, p. 63. Milano, E. Sonzogno. L. —. 15.

Grillwitzer, Alex. Ueberblick über die Geschichte der Darstellung Christi am Kreuze bis zum dreizehnten Jahrhundert. (Kirchenschmuck, 7 ff.)

Grimouard de Saint-Laurent. L'iconographie de Saint-Joseph. (L'Art chrétien, 3.)

Guglia, E. Venedig u. sein Kunstgebiet. (Allg. Kunstchronik, 37.)

Guide (le) de l'amateur, arts et sciences pratiques, découpure, sculpture, marqueterie, tour, électricité, mécanique, photographie, etc., paraissant le 5 de chaque mois. 1re année. N⁰ 1. 5 oct. 1883. 4⁰, à 2 col., 8 p. Paris, imp. Verneau. Abonn.: fr. 7. —.

Guthe, Herm. Ausgrabungen bei Jerusalem, im Auftrage d. Deutschen Vereins zur Erforschung Palästinas ausgeführt u. beschrieben. Mit 11 (lith.) Taf. [Aus „Zeitschr. d. Deutschen Palästina-Vereins"]. IV, 305 S. Leipzig, Baedeker. M. 8. —.

Hartel. Ein griechischer Papyrus aus dem J. 487 n. Chr. (Wiener Studien, V, 1.)

Haweis. Colours and cloths of the middle ages. (Contemporary review, Sept.)

Heckmann, M. Die Ausgrabungen an der alten Peterskirche im Gartenfelde. — Römische Funde bei Weisenau. — Römische Felsendenkmäler. (Zeitschr. d. Ver. z. Erforschg. d. rhein. Gesch. in Mainz, III, 2. 3.)

Heiblg, W. Scavi di Chiusi. (Bullett. dell' instit. di corresp. archeol., 10.)

— Scavi di Corneto. (Bullett. dell' instit. di corresp. archeol., 6.)

— Scavi di Vulci. (Bullett. dell' instit. di corresp. archeol., 8.)

Hellbach, J. Zur Geschichte des Königsstuhls und der Wenzelskapelle. (Rhenus, I, 3—6.)

Henzen, G. Diploma militare dell' imperatore Domiziano. (Bullett. dell' instit. di corresp. archeol., 6.)

— Iscrizione ostiense. (Bullett. dell' instit. di corresp. archeol., 10.)

Héron de Villefosse. Rapports sur une inscription romaine découverte prés d'Aflau et sur un bas-relief antique découvert à Châlons-sur-Saône. 8⁰, 10 p. et pl. Paris, imp. nat. (Extr. du Bull. du comité des travaux historiques et scientifiques; archéologie.)

Hettner, Felix. Zu römischen Inschriften aus Roermond, Aachen, Mainz u. Worms. (Westdeutsche Zeitschr., 4.)

Heydemann, H. Remarques sur un moule en terre cuite. (Gazette archéol., p. 7 ff.)

Hirschfeld. Ein Ausflug in den Norden Kleinasiens. III. (Deutsche Rundschau, Sept.)

— Gallische Studien. (Sitzungsber. d. kais. Akad. d. Wissensch., phil.-hist. Cl., CIII, 1.)

Hochstetter, Ferd. v. Die neuesten Gräberfunde v. Watsch u. St. Margarethen in Krain und der Culturkreis der Hallstädter Periode. Mit 2 (lith.) Taf. u. 18 (eingedr.) Holzschnitten. [Aus „Denkschriften der k. Akademie d. Wiss."] 50 S. gr. 4⁰. Wien, Gerold's Sohn. M. 5. —.

Hohenbühel, Ludw. Frhr. v., genannt Heufler zu Rasen. Maria Loreto bei Hall. Ein Beitrag zur Kunde Tirols. 12⁰, 43 S. Innsbruck, Wagner. M. —. 54.

Holtzmann. Zur Entwicklung des Christusbildes der Kunst. (Jahrbücher f. protest. Theologie, 1884, 1.)

Hübner, E. Zu den Quellen der rheinischen Alterthumskunde. (Westdeutsche Zeitschr., 4.)

Hülsen, Chr. Die Auffindung der römischen Leiche vom J. 1485. (Mittheil. d. Instit. für österr. Geschichtsforschung, IV, 3.)

Humann. Bericht über die Reise nach Angora. (Sitzungsberichte der königl. preuss. Akademie der Wissenschaften zu Berlin, 31. 34.)

Intra. La piazza di Sordello in Mantova. (Archivio storico Lombardo, X, 2.)

Inventario del mobiliario, alhajas, ropas, armería y otros efectos del Excmo. señor D. Beltrán de la Cueva, tercer duque de Alburquerque, hecho en el año 1560. Publicado en la Revista de Archivos, Bibliotecas y Museos. 8⁰, 147 p. Madrid, imp. de Hernando. 12 y 14. (Tirada aparte de 100 ejempl.)

Invention de la sépulture des patriarches Abraham, Isaac et Jacob, à Hébron, le 25 juin 1119. (Comptes rendus des séances de l'Académie des inscriptions, janv.—mars.)

Jahrbuch, bibliographisches, für Alterthumsfreunde. Hrsg. v. Prof. Conr. Bursian. 5. Jahrg. 1882. gr. 8⁰, IV, 112 S. Berlin, Calvary & Co. M. 3. —.)

James, A. Note sur l'art anglais. (Revue artistique, N⁰ 166—167.)

Jenny, S. Funde aus der Bronze-Zeit in Vorarlberg. (Mittheil. d. k. k. Centr.-Commiss., N. F., IX, 3.)

Jordana y Morera. La pintura y la escultura en los Estados Unidos. (Revista contemporanea, 30. April.)

Jullien, A. La Nièvre à travers le passé, topographie historique de ses principales villes, décrites et gravées. (244 p. et 33 eaux-forts dessinées et gravées par l'auteur.) f⁰. Paris, Quantin. fr. 125. —.

Jung, J. Ueber einige Alterthümer aus dem Hallist u. Umgegend. (Sitzungsber. d. gelehrt. esthnisch. Gesellsch. zu Dorpat 1882—83.)

Kaden. Das ligurische Palmyra. (Westermann's Monatshefte, Nov.)

Karabacek, J. Der Papyrusfund von El'Faijûm. (Denkschr. d. kais. Akad. d. Wissensch., phil.-hist. Cl., XXXIII.)

Keymeulen, L. v. Ferdinand de Braekeleer. (Revue artistique, 170—171.)

Kind. Der Saleer Bronzefund. (Anzeiger f. schweizer. Alterthumskunde, 3.)

King, J. Cleopatra's Needle : a History of the London Obelisk. With an Exposition of the Hieroglyphics. With Illustr. 8⁰. London, Tract Society. 2 s. 6 d.

Kirchhoff, Fr. Chr. Neue Messungen der Ueberreste vom Theater d. Dionysus zu Athen aus dem 5. Jahrh. vor Christi Geburt nebst einigen Bemerkgn. Neue Folge zur Vergleichung der Ueberreste etc. 1882. Mit e. Steindr.-Taf. (7 S.) 4⁰. Altona, Schlüter. M. 1. —.

Klebs, Rich. Der Bernsteinschmuck der Steinzeit von der Baggerei bei Schwarzort und anderen Localitäten Preussens. (Schriften der physikal.-ökonom. Gesellschaft zu Königsberg, XXIII, 1. 2.)

Klein. Die griechischen Vasen mit Meistersignaturen. (Denkschriften der kais. Akad. d. Wissenschaften, phil.-hist. Cl., XXXIII.)

Köhl. Ueber einen in der Nähe von Worms entdeckten römischen Votivstein. (Correspondenzblatt d. Gesammt.-Ver. d. deut. Geschichtsver., XXXI, 6.)

Koehler, U. Aus den attischen Marineinschriften. (Mitth. d. deutschen archäolog. Instit. in Athen, VIII, 2.)

Kofler, Friedr. Die alten befestigten Wege des Hoch-Taunus u. ihr Zusammenhang mit den dort befindlichen Ringwällen. (Westdeutsche Zeitschr., 4.)

Korolkow, D. Megarische Inschriften. (Mittheil. d. deut. archäol. Instit. in Athen, VIII, 2.)

Krause, Karl Chr. Fr. Reisekunststudien. Aus dem handschr. Nachlasse des Verf. hrsg. von DD. Paul Hohlfeld u. Aug. Wünsche. [Zur Kunstlehre IV.] 8⁰, XVIII, 230 S. Leipzig, O. Schultze. M. 5. —.

Kühne. Die ältesten Metallalterthümer Pommerns. (Baltische Studien, XXXIII, 4.)

Lacava, Mich. Les enceintes de villes pélasgiques ou cyclopéennes de l'ancienne Lucanie. (Gazette archéol., p. 81 ff.)

Lamprecht. Kunstgeschichtlich wichtige Handschriften des Mittel- und Niederrheins. (Jahrbuch d. Vereins v. Alterthumsfreund. im Rheinlande, 74.)

Langiani, Rod. La basilica Matidies e Marcianes dei cataloghi. (Bullett. della commiss. archeol. communale di Roma, Januar—März.)

Lapierre, E. Le midi romain et du moyen âge. 4⁰, 35 p. Toulouse, imp. Chauvin et fils.

Laumonier, J. Les Monuments mégalithiques. 8⁰, 16 p. Poitiers, imp. Tolmér et Cie. (Extr. du Bull. de la Soc. des antiquaires de l'Ouest, 3e trimestre 1882.)

Lavergne, A. Compte rendu des excursions faites par la Société française d'archéologie dans le département du Gers en 1881. 8⁰, 102 p. Auch, imp. Foix. (Extrait de la Revue de Gascogne.)

Ledrain, E. Notes sur quelques monuments á inscriptions sémitiques provenant des pays assyro-babyloniens. (Gazette archéol. p. 73 ff.)

Lemaitre, Raoul. De la disposition des rameurs sur la trière antique. (Rev. archéol., mars—avr.)

Lenormant, Fr. Basrelief découvert prés de Roum-Qalah. (Gazette archéol., p. 121.)

— — La catacombe juive de Venosa. (Revue des études juives, avril—juin.)

— — Héra Areia ou Argeia? (Gazette archéol., p. 139.)

— — Premier rapport à M. le Ministre de l'instruction publique sur une mission archéologique dans le midi de l'Italie. (Gazette archéol., p. 11—72.)

— — Premier rapport etc. (Gazette archéol., p. 191—213.)

— — Vases peints de Cypre. (Gaz. archéolog, p. 149.)

Le Page-Renouf, P. On strange mythological figures designed upon an Egyptian papyrus. (Proceedings of the soc. of biblical archæology, 1. Mai.)

Lételié, J. A. Les Fouilles gallo-romaines de Sanxay et le P. Camille de La Croix. 8⁰, 7 p. et plan. Pons, imp. Texier.

Lhomond. De viris illustribus urbis Romae a Romulo ad Augustum. Nouv. édit., avec des notes, un vocabulaire spécial et un index historique, géographique et archéologique par M. Charrier. 18⁰, 299 p. Paris, Delagrave.

Liebenau, Th. v. Die Antiquitäten von Seedorf. (Anzeiger f. schweizer. Alterthumskunde, 2.)

Limbourg, de. Cimetière belgo-romain découvert à Theux. (Bullet. de l'Instit. archéol. liégeois XVII, 1.)

Linas, Ch. de. Les disques crucifères, le flabellum et l'umbella. (Revue de l'art chrétien, octob.)

Liste des périodiques français et étrangers qui se trouvent à la bibliothèque de l'Université (à la Sorbonne). 1883. 8⁰, à 2 col., XII p. Paris, Klincksieck.

Löwy, Eman. Untersuchungen zur griech. Künstlergeschichte. (III, 127 S.) Abhandlungen d. archäologisch-epigraphischen Seminars der Universität Wien. Hrsg. v. O. Benndorf u. O. Hirschfeld. IV. gr. 8⁰. Wien, Gerolds Sohn. M. 4. 80. (I—IV. M. 22. 80.)

Longpérier, A. de. Vase d'argent antique, appartenant à M. le baron R. Seillière. (Gazette archéol. 1883, p. 1 ff.)

Lotz. Neue Ausgrabungen in der Römerstadt Heddernheim. (Correspondenzbl. d. Gesammt-Ver. d. deut. Gesch.-Ver., XXXI, 4. 5.)

Lützow, C. v. Die Ergebnisse der österreichischen Expeditionen nach Lykien. (Zeitschr. f. bild. Kunst, 11.)

Louis, E. La valeur et les tendances artistiques en Belgique. (La Fédération artist., 37—40.)

Lugari, G. Intorno ad alcuni monumenti antichi existente al IV miglio dell' Appia: studii. f⁰. Roma, tip. Befani.

Mähly, J. Römische Kriegsalterthümer. (Blätt. f. litterar. Unterhaltung, 33.)

Mailly, E. Sur quelques desiderates de l'histoire de l'art en Belgique. (Bull. de l'Acad. royale des sciences, des lettres et des beaux-arts de Belgique, 7, 1883.)

Mallat. Quelques mots sur la renaissance. (L'Art chrétien, 3.)

Mallet, J. Cours élémentaire d'archéologie réligieuse. 8⁰, VIII, 343 p. avec. fig. Paris, Poussielque fr.

Mancini, Riccardo. Scavi di Orvieto e Taranta. (Bullett. dell' instit. di corresp. archeol., 5.)

Marucchi. Il tempio d'Iside presso la Minerva e le recenti scoperte. (Nuova Antologia, 1. Juli.)

— Scavi di Roma; il nuovo obelisco dell' Iseo. (Nuova Antologia, 1. Aug.)

Maspero, G. Statuette égyptienne de bronze incrusté d'argent de la collection G. di Demetrio, actuellement au musée d'Athènes. (Gazette archéol., p. 185.)

Mau, A. Scavi di Pompei. (Bullett. dell' instit. di corresp. archeol., 6 ff.)

Mayerhöfer, Dr. Ant. Die Brücken im alten Rom. Ein Beitrag zur römischen Topographie. Mit e. Karte. (III, 96 S.) 8⁰. Erlangen, Deichert. M. 2. —.

Mehlis, C. Ein frühchristlicher Grabstein von Leistadt i. d. Pfalz. — Archäologische Funde bei Dürkheim a. d. Hardt. (Correspondenzbl. d. Ges.-Ver. d. deut. Geschichtver., XXXI, 4. 5.)

— — Rufiana-Eisenberg. Ein Beitrag zur Topographie und Archäologie der Rheinlande. (Mittheil. d. hist. Vér. der Pfalz, XI.)

Mémoires de la Société archéologique et historique de l'Orléanais. T. 19. (Concours de 1830, ouvrages couronnés.) 8⁰, LXII, 847 p. Paris, à la Société bibliographique.

Mémoires de la Société des antiquaires de la Morine. T. 18 (1882—1883). 8⁰, 508 p. Paris, Champion.

Menant, Joach. Les sacrifices sur les cylindres chaldéens. (Gazette archéol., p. 214.)

Merlo. Meister Godefrit Hagene. — (Jahrbücher d. Ver. von Alterthumsfreunden im Rheinlaude, LXXV.)

Mertz, Mich. Beitrag zur Feststellung der Lage u. der jetzigen Beschaffenheit der Römermauer zu Köln. 28 S. m. 2 Taf. in Aubeldr. 4⁰. Köln, Neubner. M. 2. —.

Messager des sciences historiques ou archives des arts et de la bibliographie de Belgique. 1re livr. 1883. Gand, Lemaire. Par an fr. 15.—.

Messikomer, H. Ausgrabungen auf der „Heidenburg" im Aathal. (Anzeiger f. schweizer. Alterthumskunde, 2.)

— — Die Epoche zwischen Stein- u. Bronzezeit. (Antiqua, 1883.)

— — Die Industrie der Pfahlbauten — keltische u. römische Ueberreste in der Umgebung von Pfäffikon, Schweiz. (Unterhaltungsbl. f. Freunde der Alterthumskunde, 1882—83.)

Messikomer, Jac. Die Construction der Pfahlbauten-Verzierungen an Töpfen; neueste Funde aus der Pfahlbaute Robenhausen; die Heidenburg bei Uster. (Antiqua, 1883.)

— — Die Grösse der Pfahlbauhütten zu Robenhausen u. Niederweil. (Antiqua, 1883, 1—4.)

— — Kupfer aus der Pfahlbaute Robenhausen. (Ausland, 1883, 1.)

Meyer, A. B. Die „Nephritfrage" in Amerika. (Ausland, 23.)

— — Ein Rohnephrit-Fund in Steiermark. (Ausland, Nr. 27.)

Milchhöfer, A. Zur ältesten Kunst in Griechenland. (Archäolog. Zeitg., 3.)

Minguez, Martin. La civilización egipcia y griega en América. (Revista comtemporánea, 30. Juni.)

Mithoff, H. Wilh. H. Taschenwörterbuch für Kunst- u. Alterthums-Freunde. Mit (eingedr.) Holzschnitten. 12⁰, IV, 379 S. Hannover, Helwing. M. 4. —.

Mittheilungen der deutschen Gesellschaft zur Erforschung vaterländischer Sprache u. Alterthümer in Leipzig. VIII. Bd., 1. Hft. (24 S. m. 9 Lichtdr. u. 1 Steintaf.) 8⁰. Leipzig, T. O. Weigel. M. 3. —.

Mittheilungen des Vereins f. Geschichte u. Topographie Dresdens u. seiner Umgebung. 4. Hft. 8⁰, II, 80 S. Dresden, Tittmann. M. 1. —.

Möller, Fritz. Ein Nymphäum in Sablon bei Metz. (Westdeut. Zeitschr. II, 3.)

Mondello, F. Bozzetti biografici di artisti trapanesi de' secoli XVII, XVIII e XIX. 32⁰, p. 64. Trapani, tip. G. Modica-Romano.

Mordtmann u. **Müller**. Sabäische Denkmäler. (Denkschr. d. kais. Akadem. d. Wissensch., phil.-hist. Cl., XXXIII.)

Morey, P. Les Artistes lorrains à l'étranger. 8⁰, 52 p. Nancy, Berger-Levrault et Cie. (Extr. des Mém. de l'Acad. de Stanislas pour 1882.)

Müller, Herm. Alex. Lexikon der bild. Künste, Technik u. Geschichte der Baukunst, Plastik, Malerei u. der graphischen Künste; Künstler, Kunststätten, Kunstwerke. Mit 480 (eingedr.) Abbildgn. (In 17 Lfgn.) 1. Lfg. (64 S.) 8⁰. Leipzig, Bibliogr. Instit. M. —. 50.

Müller, Sophus. Den europäiske Bronzealders Oprindelse og förste Udvikling, oplyst ved de äldste Bronzefund i det sydöstlige Europa. (Aarböger, Kongel. Nordiske Oldskrift-Selskab 1882, 4, 1883, 1.)

Muoni, Damiano. Antichità romane a Fornove e Martinengo nel Basso Bergamasco. 8⁰, 11 p. Milano, tip. Bortolotti di C. Dal Bono e C. 1882. (Dall' Archivio storico lombardo.)

Nadaillac, de. L'Amérique préhistorique. 8⁰, VIII, 588 p. avec 219 fig. Paris, G. Masson.

— — Nouvelles découvertes préhistoriques aux Etats-Unis. 8⁰, 12 p. Paris, imp. Hennuyer. (Extr. des Bull. de la Soc. d'anthropologie, séance du 17 mai 1883.)

Naeher. Die Ausgrabung der römischen Niederlassung, genannt die Altstadt bei Messkirch. (Jahrb. des Vereins von Alterthumsfreunden im Rheinlande, 74.)

Nanc, J. La collection d'objets d'art et d'antiquités du cav. Carlo Morbio. (La Fédération artistique, 41—44.)

Noé, H. Studienblätter aus Istrien und Friaul. (Allg. Ztg., B. 128 ff.)

Notice descriptive et historique des objets d'art, sculpture, peinture, gravure, céramique et objets divers composant la collection artistique au musée Saint-Jean, par Aug. Giffard. 12⁰, 86 p. Angers, imp. Lachèse et Dolbeau.

Nüscheler-Usteri, A. Die Glockeninschriften im reformirten Theile des Kantons Bern. (Arch. d. hist. Vereins d. Kantons Bern, X, 3. 4.)

Obélisque (1') de Louqsor et les découvertes de Champollion. Édition revue par E. du Chatenet. 12⁰, 120 p. Limoges, E. Ardant et Cie.

Ohnefalsch-Richter, M. Mittheilungen aus Cypern. (Mittheil. d. deut. archäol. Institutes in Athen, VIII, 2.)

Oliphant. Cave tombs in Galilee. (Fortnightly Review, Juli.)

Orsi. Monumenti christiani del Trentino anteriori al Millä. (Arch. stor. per Trieste, II, 2-3.)

Oude Nederlandsche Kunstenaars. (De Dietsche Warande, IV, 5.)

Paglierani, Franco. Delle vicende dell'arte italiana nel medio evo e nel Risorgimento: conferenza tenuta in Urbino pel centenario di Raffaello. 8⁰, p. 38. Imola, tip. Galeati e Fr.

Palumbo, V. D. Note sur quelques-unes des dernières découvertes archéologiques en Grèce. (Muséon. T. II, N⁰ 2.)

Paris artistique, journal des artistes et des amateurs, paraissant le jeudi. 1re année. N⁰ 1. 20 septembre 1883. 4⁰ à 4 col., 4 p. Paris, imp. Denolly. Abonn.: France, un an, fr. 10., union postale, un an, fr. 12.

Parrocel, E. L'Art dans le Midi; Célébrités marseillaises; Marseille et ses édifices, architectes et ingénieurs du XIXᵉ siècle. T. II. 12⁰, 355 p. Marseille, Chatagnier. fr. 4. 50.

Patkanoff, K. et A. H. Sayce. De quelques nouvelles inscriptions cunéiformes découvertes sur le territoire Russe. (Muséon, N⁰ 3.)

Pavie, T. et **Godard-Faultrier**. Découverte d'un puits funéraire, commune de Vern, arrondissement de Segré (Maine-et-Loire). 8⁰, 12 p. et pl. Angers, imp. Lachèse et Dolbeau. (Extr. des Mém. de la Soc. nat. d'agriculture, sciences et arts d'Angers, 1882.)

Pepe, L. Notizie storiche ed archeologiche dell' antica Gnathia. 8⁰, con 5 carte litogr. Ostuni, tip. „Ennio". L. 3. —.

Perrot, G. Comparaison de l'Egypte et de la Chaldée. (Revue archéol., mai, juin.)

Petersen. Der Streit des Poseidon und der Athena. (Wiener Studien, V, 1.)

Die Pflanze als Symbol 1) in der heiligen Schrift u. in dem christlichen Leben; 2) in der christlichen Kunst (Hagiographie, Malerei u. Sculptur). (Kirchenschmuck, 10 ff.)

Pietrogrande, Giacomo. Notizie archeologiche di Este. 8⁰, 11 p. Venezia, tip. M. Fontana. (Dall Ateneo, serie VII., vol. I, n. 1.)

Pigorini. Le spade e gli scudi delle terre, mare dell' età del bronzo e delle necropoli laziali della 1a età del ferro. (Bull. di paletnologia italiana; anno 9⁰, num. 1 a 7.)

Pinchart. Correspondance artistique du comte de Cobenzl. I. (Compte rendu de la Comm. d'histoire de l'Acad. royale de Belgique, IV, S. XI, 2 ff.)

Pinches, Th. G. On babylonian tablets relating to House-Holdings. (Proceedings of the society of biblical archæology, 6. Febr)

Pitre du Déneuc de Lisle. Les Stations primitives de la Bretagne. 8⁰, 25 p. et pl. Saint-Brieuc, Prud'homme.

Poggi, V. Appunti di epigrafia etrusca. (Giornale ligustico, X, 5.)

Porte, Wilh. Judas Ischarioth in der bild. Kunst. Inaugural-Dissertation. 8⁰, 118 S. Berlin. Jena, Deistung. M. 2. —.

Portioli. La chiesa e la madonna della Vittoria di A. Mantegna in Mantova. (Archivio stor. Lombardo, X, 3.)

Procès-verbaux et documents de la Commission historique et archéologique du département de la Mayenne. T. 2. (1880—81.) 8⁰, 258 p. avec pl. Laval, imp. Moreau.

Promis, V. Vaso romano con bollo trovato presso Torino. (Atti della Soc. di archeol. di Torino, IV, 4.)

— — Reliquiario armeno, già esistente nel convento del Bosco presso Alessandria in Piemonte: brevi cenni. 4⁰, p. 8 con 4 tav. Torino, E. Loescher. (Dalle Mem. della R. Accad. delle Scienze di Torino, serie II, t. XXXV.)

Pulignani. Le arti e le lettere alla corte dei Trinci di Foligno. (Giorn. storico della lett. ital., I, 2.)

Purgold. Jason im Stierkampf. (Archäolog. Zeitung, XLI, 2.)

De Quatrefages. Sur quelques monuments et constructions préhistoriques à propos d'un monument mégalithique de l'île de Tonga-Tabou. (Revue d'ethnographie, II, 2.)

Quidi. Appendice all' articolo „Iscrizione greca medioevale corcirese. (Bull. della Comm. archeolog. communale di Roma, XI, 1.)

Quintard, L. Dissertation sur la station appelée Mose inscrite sur la Table de Peutinger (voie romaine de Reims à Metz). 18⁰, 15 p. Nancy, imp. Saint-Epore.

Radimsky. Urgeschichtliche Forschungen in der Umgegend von Wien, in Mittel-Steiermark. (Mittheil. d. Anthropolog. Ges. in Wien, XIII, 1.)

Romberg, G. Kunstleben in Oberösterreich. (Allg. Kunst-Chronik, 39 ff.)

Ramsay. Some recent researches in Asia Minor. (Academy, 11. Aug.)

Rassam, H. On recent discoveries of ancient Babylonian cities. (Proceedings of the society of biblical archæology, 6. März.)

Rauschenberg. Die Funde in R. 1830 und 1836. (Correspondenzbl. d. Gesammtver. des deutschen Gesch.-Ver., XXXI, 4. 5.)

Reinach. Fouilles de Délos. L'Inopus et le sanctuaire des Cabires. (Bull. de correspondance hellénique, VII, 5. 6.)

Reumont, A. Del Luogo di sepoltura di Lorenzo il Magnifico. (Archivio stor., XII, 4.)

Réunion des sociétés des beaux-arts des départements à la Sorbonne, du 28 au 30 mars 1883. 7e session. (Discours, procès-verbaux et rapports.) 8⁰, 266 p. Paris, Plon et Cie.

Royer, E. Anwendung der Steinwerkzeuge. (Mittheil. d. Anthropol. Ges. in Wien, XIII, 1.)

Reynolds, Elmer R. Avanzi preistorici nelle vallate del Potomac e della Shenandah meridionale: relazione; versione dall' Inglese di Filippo Lanziani. (Atti della provinziale Accademia delle belle arti in Ravenna, degli anni 1881—82. 8⁰. Ravenna, tip. Calderini.)

Ribbach, E. Geschichte der bildenden Künste, m. besonderer Berücksichtigung der Hauptepochen derselben dargestellt. Mit 166 Abbildgn. im Text u. 24 Vollbildern. XVI, 856 S. Berlin 1884. Friedberg & Mode. M. 15. —.

Richter, J. P. Leonardo da Vinci and the Duke of Mantua. (Academy, 581.)

Ricque, C. Les sépultures du plateau de Chauveau, près Vermenton, Yonne. (Soc. des scienc. hist. et nat. de l'Yonne, Bulletin 1882, 2e sém.)

Der Rinne-Kalns u. seine Bedeutung für die ostbaltische Archäologie. (Sitzungsber. d. gelehrt. esthnisch. Gesellsch. zu Dorpat 1882—83.)

Rioja, Perez. Antigüedades sorianas. (Revista de España, 28. Juni.)

Ritz, R. Gräberfunde aus dem Wallis. (Anzeig. f. schweiz. Alterthumskunde, 3.)

Rivett-Carnac. L'âge de la pierre dans l'Inde. (Revue archéol., mars, avril.)

Robert, C. Der Muttermord des Orestes. — Herakles und Acheloos. (Archäolog. Ztg., 3.)

Roblou, F. Mithra et l'Apollon des Mystères. (Gaz. archéol., p. 132.)

Rodt, E. v. Kunstgeschichtliche Denkmäler der Schweiz. I. Ser. 22 autograph. Blätter. Bern, 1883. f⁰.

Rohault de Fleury, C. La Messe, études archéologiques sur ses monuments. Continuée par son fils. 3 vol. Paris, V⁰ Morel et Cie.

Rom. Les fouilles récentes du Forum. (Journ. des Beaux-Arts, 10.)

Rondot, N. Les artistes et maîtres de métier étrangers ayant travaillé à Lyon. (Gaz. des B.-Arts, août.)

Rossbach. Zur ältesten griechischen Kunst. (Archäolog. Ztg., XLI, 2.)

Rossi, G. B. Insigne vetro rappresentante il templo di Gerusalemme. (Bullett. di archeol. crist., IV. Ser., I. 4.)

Rubbiani, A. L'agro dei Galli Boii (Ager Boiorum) diviso ed assegnato ai Coloni romani (anni 565—571 di Roma). (Atti e memorie della r. deputazione di storia patria, März, April.)

Saalfeld, G. A. E. A. Der Hellenismus in Latium. Kulturgeschichtliche Beiträge zur Beurtheilung d. klass. Alterthums an der Hand der Sprachwissenschaft gewonnen. 8⁰, VII, 281 S. Wolfenbüttel, Zwissler. M. 6. —.

Sacken, Ed. Frh. v. Ueber die authentischen Portraits König Rudolfs von Habsburg u. dessen Grabsteine. (Blätt. d. Ver. f. Landeskunde von Niederösterreich, XVI.)

Saint Mark. With Maps, Notes, and Introduction by Thomas M. Lindsay. 12⁰, p. 96. London, Blackie. 4 d.

Saint-Paul, Anth. Histoire monumentale de la France (304 p. avec vign.). Paris, Hachette et Cie. (Biblioth. des écoles et des familles.) fr. 3. —.

Salvisberg, P. Schweizerische Kunst. (Allgem. Kunst-Chronik, 30.)

Santorin. Monuments de l'île de Santorin. (Gaz. archéol., p. 220.)

Sauveterre. Essai sur le symbolisme de la cloche dans ses rapports et ses harmonies avec la religion. 8⁰, XC, 529 p. Paris, libr. catholique internat. de l'oeuvre de Saint-Paul.

Scarth. Notice of some discovered roman antiquities at Sanxay, near Poitiers in France. (Journ. of the Brit. archæol. Assoc., XXXIX, 2.)

Schiller, H. Zur Topographie u. Geschichte des alten Alexandria. II. (Blätter f. d. bayr. Gymnasialschulwesen, XIX, 7.)

Schilling. Das alte Römerbad und ehemalige Pfarrdorf Gocking (Gögging). (Verhandl. des histor. Vereins f. Niederbayern.)

Schlumberger, J. Monuments byzantins. (Gaz. archéol., 10.)

Schmid, E. Schalensteine auf dem Bürenberg. (Anzeig. f. schweiz. Alterthumskunde, 2.)

Schön, Th. Nochmals über A. Dürer's adelige Abstammung. (Deutscher Herold, 9.)

Schreiber, Th. Neue Parthenosstudien. I. (Arch. Ztg., 3.)

Schreiner. Eining und die dortigen Römerausgrabungen in den Jahren 1879—1881. (Verhandl. des histor. Ver. f. Niederbayern, XXII, 3. 4.)

Schultz, A. Kunst und Kunstgeschichte. Eine Einführung in das Studium der neueren Kunstgeschichte. I. Abth.: Architektur und Plastik (III, 276 S.) mit 38 Vollbildern u. 120 in den Text gedr. Abbild. 8⁰. Leipzig, Freytag. M. 1. —. (Das Wissen der Gegenwart, 18. Bd.)

Sebregondi, F. Discorso per la distribuzione dei premii, il 23. giuglio 1882. 4⁰, 132 p. Milano, tip. Lombardi. (Atti della R. Accademia di belle arti in Milano, 1882.)

Selinunte-Monumenti cristiani. (Bullett. di arch⁻ crist., IV⁰ Ser., I, 4.)

Senfl von Zürich, Ludwig. Ein Beitrag zur Züricher isch. Kunstgeschichte. (Zürich. Taschenbuch, 1883.)

Serrure, C. A. Études gauloises. II. Les autels de Paris et les pierres du Framont. (Bullet. mensuel de numismat., III, 1. 2.)

Servanzi Collio, S. Descrizione di nove croci antiche stazionali e processionali. 8⁰, p. 41 con incis. Camerino, tip. Savini.

Setti. La mente di Michelangelo. (Nuova Antologia, 15. Aug.)

Silva, J. P. N. da. Decouverte d'une ville romaine en Portugal, en 1882. 8⁰, 6 p. Paris, imp. Chaix.

Stuart, V. On two Flint Instruments found whilst excavating at a ruined Pyramid between Gizeh and Abusir. (Proceedings of the soc. of bibl. archæology, 3. April.)

Studien, Berliner, für classische Philologie und Archäologie, herausgeg. v. Ferd. Ascherson. 1. Halbbd. 8⁰, IV, 356 S. Berlin, Calvary & Co. M. 7. 50.

Studien, Indische. Beiträge für die Kunde des ind. Alterthums. Im Vereine mit mehreren Gelehrten herausg. von Prof. Dr. A. Weber. Mit Unterstützung d. deutsch. morgenländ. Gesellschaft. 16. Bd. 8⁰, 480 S. Leipzig, Brockhaus.

Szaraniewicz, I. Halicz, eine wiedererstandene Fürstenstadt. (Sauer, Allg. Ztg., B. 207.)

Table des dix premiers volumes des Mémoires de la Société des antiquaires du centre. 8⁰, VII, 139 p. Bourges, imp. Pigelet fils et Dardy.

Tables générales du Recueil des bulletins de l'Academie royale des sciences, des lettres et des beaux-arts de Belgique, 2e série, t. XXI—L. (1867—1881). 8⁰, 380 p. Bruxelles, imp. F. Hayer.

Taillebois, E. Inscriptions gallo-romaines découvertes dans le département des Landes. '8⁰, 24 p. et pl. Dax, imp. Justère. (Extr. des Mém. du congrès scientifique de Dax.)

Tardieu, A. Découverte de l'établissement thermal gallo-romain de Royat, Puy-de-Dôme, France. (Bullet. dell' inst. di corresp. arch., 8. 9.)

Thuot. Forteresses vitrifiées de la Creuse. Une erreur archéologique en matière de géographie. 8⁰, 23 p. Guéret, impr. Dagenest. (Extr. des Mém. de la Soc. nat. et archéol. de la Creuse, 1883.)

Tischler, O. Beiträge zur Kenntniss der Steinzeit in Ostpreussen und den angrenzenden Gebieten. (Schriften d. phys.-ökonom. Gesellsch. zu Königsberg, 1882, 1. 2.)

— Beiträge zur Kenntniss der Steinzeit in Ostpreussen u. d. angrenzenden Gebieten. (II.) Mit 11 (eingedr.) Zinkogr. 4⁰, 32 S. Königsberg, Koch & Reimer. M. 1. 50 [Aus: „Schriften d. phys.-ökonom. Gesellsch."]

Tombeau pélasgique à Eleusis. (Gaz. archéol., 9.)

Toustain, Cte. de. Sur un vase antique d'argent découvert en Angleterre. (Gaz. archéol., p. 78 ff.)

Trautmann, Fr. Die Kennzeichen der Heiligen an Attributen u. Anderem. (Wartburg, 6. 7 ff.)

Truchet. Petit vocabulaire d'archéologie et principalement d'architecture réligieuse. 8⁰, 62 p. Saint-Jean-de-Maurienne, imp. Vulliermet.

Tscharner v. Bürier, B. v. Die bildenden Künste in der Schweiz im Jahre 1882. Bern, J. Dalp in Comm. 1883.

— Les beaux-arts en Suisse année 1882. gr. 8⁰, 52 S. mit 1 Heliogr. Bern, Dalp. M. 1. —.

Undset, Ing. Sui monumenti celtici in Italia. (Bullett. dell' instit. di corresp. archeol., 7.)

Urlichs, L. v. Pergamenische Inschriften. 16. Programm d. v. Wagner'schen Kunstinstitutes. gr. 8⁰, 31 S. Würzburg, Stahel. M. — 80.

Usinger, W. und W. Velke. Der Eigelstein bei Mainz. (Zeitschr. d. Ver. z. Erforsch. d. rhein. Gesch. in Mainz, III, 2. 3.)

Van Lerius, Th. Biographies d'artistes anversois; publiées par P. Génard. 8⁰, 394 p. Gand, Ad. Hoste. M. 7. —.

Vaudichon, G. de. La danse macabre. (Soc. des études histor. à Paris, L'investigateur, 1882, nov.—déc.)

Velke, W. Fibula aus dem 11. Jahrhundert. Römische Wasserspeier. (Zeitschr. des Ver. zur Erforsch. der rhein. Gesch. u. Alterthümer in Mainz, III, 2. 3.)

Vetro, Insigne, rappresentante il tempio di Gerusalemme. (Bull. di archeol. crist., IV. 8 , I, 4.)

Virchow. Ueber die Zeitbestimmungen der italischen und deutschen Hausurnen. (Sitzungsberichte d. k. preuss. Akad. d. Wissensch., 37.)

Vouga, A. Découverte d'une tombe romaine dans les environs de Boudry. (Musée Neuchâtelois, sept. 1882.)

— Les stations lacustres de Cortaillod. (Anzeig. für schweiz. Alterthumskunde, 4.)

Wackernagel, R. Reliquien, Ablässe u. Zierden zu St. Andreas in Basel. (Anzeig. f. schweiz. Alterthumskunde, 4.)

Wartmann, H. Das Kloster Pfävers. Herausg. vom histor. Verein in St. Gallen. St. Gallen, 1883. 4⁰.

Wastler, Jos. Steirisches Künstler-Lexicon. 8⁰, IX, 197 S. Graz, Leykam. M. 4.—.

Watkiss-Lloyd, W. On a greek vase from Kertch. (Portfolio, 162.)

Woldrich, Joh. N. Beiträge zur Urgeschichte Böhmens. (Mitth. d. Anthropol. Gesellsch. in Wien, XIII, 1.)

Wolff, G. Römische Todtenfelder in der Umgebung von Hanau. (Westd. Zeitschr., 4.)

Worthington. Celtic cross at St. Theath's Cornwall. (Journ. of the Brit. arch. ass., XXXIX, 2.)

Zach. Die im „Wälschen Hofe" zu Kuttenberg erhaltenen Kunstdenkmale. (Mittheil. d. k. k. Centr.-Comm., N. F., IX, 3.)

Zeitschrift für Kunst- und Antiquitätensammler. Unter Mitwirkung von Just. Brinckmann, R. Bergau, Alph. Dürr etc. herausg. von Geo. J. Bruck. I. Jahrg. 24 Nrn. (2 Bog. mit Kunstbeilagen.) 4⁰. Leipzig, Hucke. M. 20. —.

Zorli, Alb. La funzione sociale dell' arte: discorso. (Atti della prov. Accad. delle belle arti in Ravenna degli anni 1881—82. 8⁰, 132 p. Ravenna, tip. Calderini.)

II a. Nekrologie.

Bastard, le comte Aug. de, Herausgeber des „Recueil des miniatures des manuscrits." (Auber, Revue de l'art chrét., octob.)

Betti, Salvat., Secretär der Accademia di San Lucca in Rom, Litterat und Kunsthistoriker. (Allg. Ztg., B. 215.)

Daege, Eduard, Geschichts- und Genremaler. (Zeitschr. f. bild. Kunst, B. 38.)

Diehl, Hugo, Schlachtenmaler in München. (Allg. Ztg., B. 181.)

Dubufe, Louis Édouard, Maler in Paris. (Chron. des Arts, 27. — Courr. de l'Art, III, 33.)

Dupré, Giov., Bildhauer. (Schönfeld, Unsere Zeit, Juli.)

Fabris, E., Dombaumeister in Florenz. (Zeitschr. f. bild. Kunst, B. 39. — Allg. Ztg., B. 216.)

Fabris, E., Architekt, Schöpfer der neuen Dom-façade zu Florenz. (Kunst u. Gewerbe, 8.)

— In Morte di Emilio Fabris architetto: dis-corsi letti dinanzi al cadavere, — al collegio degli architetti ed ingegneri, — al collegio dei professori di arti. Iscrizioni. 8⁰, 23 p. con ritr. Firenze, Carnesecchi.

Förstel, Heinr. v., Architekt. (Eitelberger, Mitth. d. Oesterr. Museums, 215. — Löw, Wochenschr. d. österr. Ingenieur- u. Architekten-Vereins. — Archiv f. kirchl. Kunst, 10. — Lützow, Zeitschr. f. bild. Kunst, B. 39. — Köstlin, A., Allg. Bau-Ztg., 10. — Deut. Bau-Ztg., 63. 64. — Centralblatt d. Bauverwaltung, 29. — Journ. des B.-Arts, 16. — Allgem. Kunst-Chronik, 29. — Mittheil. d. k. k. Centr.-Comm., N. F., IX, 3. — Wochenblatt f. Architekten, 57. 58. 61. 62. — Monatsbl. d. wis-senschaftl. Clubs in Wien, IV, 10. — Allgem. Ztg., B. 200.)

Fleury, Édouard, Kunstschriftsteller. (Tarade, J. de, Courrier de l'Art, III, 28.)

Fumagalli, Ferd. Ricordo funebre a Ferdinando Fumagalli, motte il 24 gennajo 1883. 8⁰, 40 p. Milano, tip. E. Reggiani e C.

Heaton, Ch. (Monkhouse in Academy, 579.)

Jerichau, J. A., Bildhauer in Kopenhagen. (Chron. des Arts, 28.)

Jordan, F. S., Kupferstecher, Rektor der kais. Akademie in Petersburg. (Zeitschr. f. bild. Kunst, XIX, B. 2.)

Klein, Joh., Maler in Wien. (Koch, Zeitschr. f. bild. Kunst, B. 39. — Mittheil. d. k. k. Centr.-Comm., N. F., IX, 2.)

Legrand, Maxim. Jos., Porzellan- und Glasmaler in München. (Allg. Ztg., B. 181.)

Lentze, Karl, Geh. Oberbaurath a. D. (Glaser's Annalen f. Gewerbe u. Bauwesen, 15. Juli. — Centralbl. d. Bauverwaltung, 25—26.)

Merley, Louis, Bildhauer u. Medailleur in Paris. (Chronique des Arts, 30.)

Minor, Ferdinand, Genremaler in München. (Allg. Ztg., B. 181.)

Sacken, Eduard Freih. v., Director des k. Münz- und Antikencabinets in Wien. (Kenner, Mitth. d. k. k. Centr.-Comm., N. F., IX, 2.)

Schiffmann, Jost, Maler in München, früher Director des Salzburger Museums. (Allgem. Ztg., B. 181. — Zeitschr. d. Kunstgewerbe-Ver. in München, 5. 6.)

Seitz, Franz v., in München. (Holland, Zeitschr. d. Kunstgewerbe-Ver. in München, 7. 8.)

Severin, Julius, Genremaler in München, (Allg. Ztg., B. 181.)

Siegert, Aug., Genremaler in Düsseldorf. (Ztschr. f. bild. Kunst, XIX, B. 2.)

Walde, Herm., Kupferstecher in München. (Allg. Ztg., B. 181. — Regnet, Zeitschr. f. bild. Kunst, B. 39.)

Witte, Aug., Goldschmied in Aachen. (Revue do l'art chrétien, octob.)

Zimmer, Fr. Xav., Historienmaler in München. (Allg. Ztg., B. 181.)

III. Architektur.

Asmus, Emil. Wie Europa baut und wohnt. Eine vergleichende Darstellung von Typen ein-gebauter Wohnhäuser der Hauptstädte Europas, in gleichem Massstabe zusammengestellt und erläutert. I. Theil (38 Steintaf. u. 7 S. Text). f⁰. Hamburg, Strumper & Co. M. 15. —.

Auer, Hans. Die Entwicklung des Raumes in der Baukunst. (Allg. Bauzeitung, 8 ff)

Baille, V. Notice sur la vie et les oeuvres de M. Pierre Marnotte, président honoraire de la Société des architects du Doubs. 8⁰, 20 p. Besançon, imp. Jacquin.

Basilica (la) di San Marco in Venezia nel suo passato e nel suo avvenire. 8⁰, p. 34. Venezia, tip. dell' Immacolata.

Bazin de Gribeauval, Ch. Description historique de l'église et des ruines du château de Folle-ville (Somme). 8⁰, 68 p. et 7 pl. Sens, imp. Duchemin.

Beckherrn, Carl. Die St. Georgenkirche zu Rastenburg. gr. 8⁰, 68 S. [Aus altpreuss. Monatsschr.] Königsberg, Beyer. M. —. 50.

Beissel, St. Die Baugeschichte der Kirche des hl. Victor zu Xanten. Wie man im Mittelalter baute. (Kirchenschmuck, 11 ff.)

— Die Baugeschichte der Kirche des hl. Victor zu Xanten. (Stimmen aus Maria-Laach, Er-gänzungshefte, 23. 24.)

Berchet e Sagredo. Il Fondaco dei Turchi in Venezia: studii storici ed artistici, con docu-menti e tavole illustrate. 4⁰, p. 112. Venezia. L. 8. —.

Bernard, F. C. Salon des arts décoratifs. Rapport lu au congrès annuel des architectes de France, 11e session (1883). 8⁰, 14. p. Paris, Chaix. (Extr. de Bull. de la Soc. centrale des archi-tectes.)

Bickell, L. Zur Erinnerung an die Elisabeth-kirche zu Marburg u. zur 6. Säcularfeier ihrer Einweihung. (41 S. m. eingedr. Holzschn.) gr. 4⁰. Marburg, Elwert's Verlag. M. 1. 20.

Bishop, R. H. Pictorial Architecture of the British Isles. With about 150 Illustr. 4⁰. Lon-don, Christian Knowledge Society. 4 s.

Bonnardot, H. L'Abbaye royale de Saint-Antoine-des-Champs, de l'ordre de Citeaux, étude topo-graphique et historique. (VIII, 93 p. avec 5 planches et fac-similés.) 4⁰. Paris, Féchoz et Letouzey.

Bonelli, Pietro. Il palazzo Campanari sulla Via Nazionale di Roma. (Il Buonarroti, IIIᵃ Ser. I, 6.)

Bordenave-d'Abère, de. Morlaas et sa basilique. Nouv. édit. 8⁰, 14 p. et photogr. de la basilique. Pau, imp. Lalheugue. fr. 1. —.

Boussard, J. La maison française ce qu'elle est, ce qu'elle devrait être; conseils pratiques de construction. 12⁰, VIII, 110 p. avec 14 pl. et fig. Paris, A. Lévy.

Brunelli, D. Cenni storici sulla cattedrale di Forli, continuati fino ai nostri giorni dal can. A. Zoli. 16⁰, p. 175 con 6 fig. Forli, tip. Croppi.

Bucher, B. Für das Heidelberger Schloss. (Wester-mann's Monatshefte, Juli.)

Clairac, P. Diccionario general de arquitectura é ingeniería. Tomo II. 10⁰ cuad. 4⁰, 545 à 704 p. Madrid, imp. de Dubrull. 30 y 34.

Couard-Luys, E. Salomon de Brosse et ses enfants, possesseurs du fief de l'Argillière au comté de Senlis (1617—1642). 8⁰, 12 p. Nogent-le-Rotrou, imp. Daupeley-Gouverneur. (Extr. du Bull. de la Soc. de l'histoire de Paris et de l'Ile de France, mai—juin 1883.)

Dahn, F. Ueber germanischen Hausbau. (Gegen-wart, 27.)

Daly, César. Mosquée de Médine. (Revue génér. de l'architecture, 9. 10.)

Dehio. Die Genesis der christlichen Basilika. (Sitzungsber. d. phil.-philol. Cl. d. k. bayr. Akad. d. Wissensch. zu München 1882, II, 3, 1883, 1.)

Deininger, Jul. Das neue Wiener Rathhaus. (Allg. Kunst-Chronik, 37 ff.)

Description archéologique de l'église de Dieghem. (Revue d'archéologie théorique, par Jacobs, Nᵒ 5—6.)

Desforges, E. Notice historique sur le château de Saint-Germain-en-Laye, suivie d'un guide du musée. Avec 2 planches d'après les anciennes gravures originales de Rigaud. 8⁰, VIII, 228 p. Versailles, Lebon. fr. 5. —.

Dieulafoy. Mausolée de Chah Khoda-Bendé (Revue génér. de l'architect., 5. 6 ff.)

Doble. Notes and Queries on the „Eikon Basilike", II. (Academy, 577.)

Dufourcet, E. L'église de Saint-Paul-lès-Dax et son abside romane. 8⁰, 22 p. et planche. Dax, imp. Justère.

Doerpfeld, W. Die Skeuothek des Philon. (Mittheil. d. deut. archäol. Instit. in Athen, VIII, 2.)

Dolberg, L. Die heil. Bluts-Kapelle der Cistercienser-Abtei Doberan. (Anzeig. f. K. d. deut. Vorzeit, 9 ff.)

Een praatje over symboliek in de romaansche en gothische bouwkunde. (Nederlandsche Spectator, 27.)

Eitelberger, R. v. Die Schlusssteinlegung im neuen Rathhause in Wien. (Mittheil. d. österr. Museums, 217.)

El fine del domo di Milano sarà? L'Autore concorrente del progetto per la facciata del duomo di Milano all'on. Commissione giudicatrice del premio istituto dal defunto consigliere accademico L. Canonica. 4⁰, 6 p. Milano, tip. Wilmont.

Enich, Graf zu Leiningen-Westerburg. Neu-Leiningen, Beschreibung u. Geschichte der Burg. (Mittheil. d. hist. Ver. der Pfalz, XI.)

Enns. Das ehemalige Steyrer-Thor zu Enns. (Mittheil. d. k. k. Centr.-Commiss., N. F., IX, 3.)

Erdmann. Hippodamus von Milet und die symmetrische Städtebaukunst der Griechen. (Philologus, XLII, 2.)

Faucher, P. de. Notice sur l'ancienne chapelle et l'ermitage de Notre-Dame-des-grâces, appelé communément Saint-Aries, à Bollène. 8⁰, 32 p. Avignon, imp. Aubanel frères.

Favre, L. La porte de Vermondins à Boudry. (Musée Neuchâtelois, janv. 1883.)

Florenz. Ausbau der Domfaçade. (Kirchenschmuck, 10.)

Förster, J. M. Beiträge zur Geschichte der St. Michaels-Hofkirche. Ein Gedenkblatt zum 300. Jahrestage der Grundsteinlegung zum Kirchenbau (18. April 1583—1883). 8⁰, 53 S. München, Bartenhauser. M. —. 60.

Frey. Todesjahr des Arnolfo di Cambio. (Sitzungsbericht der k. preuss. Akad. der Wissensch. zu Berlin, 28—29.)

Friedel, Ernst u. Mart. Greb. Frühromanische Architekturreste aus Würzburg. (Archiv für kirchl. Kunst, 9 ff.)

Gladbach, E. Die alte Holzbauart im Kanton Zürich. (Ausstellungszeitg., offic. Organ der schweizer. Landesausstellung 1883, 28.)

Gouvenin, L. La Galerie des Cerfs au palais de Fontainebleau et l'Architecte Paccard. 8⁰, 14 p. Fontainebleau, imp. Bourger. (Extr. des Ann. de la Soc. hist. et archéolog. du Gâtinais.)

Gravina, T. Tecnologia estetica dell' architettura; ossia Teoria del bello nella costruzione degli edifizii. 8⁰, p. 406. Napoli, Salo. Barbieri. L. 5. —.

Gruyer. Le palais de Schifanoia à Ferrare. (Revue des Deux Mondes 1ᵉʳ août.)

Gurlitt, C. Eine Quelle zur Baugeschichte Dresdens. (Mittheil. d. Ver. f. Gesch. Dresdens, 1883, 4.)

Harless. Der Baumeister des Altenberger Münsters. (Jahrb. des Vereins von Alterthumsfreunden im Rheinlande, 74.)

Hartmann, Rud. Ueber die alten Dithmarscher Würschen und ihren Packwerkbau. Mit 1 Karte in Farbendr. 8⁰, 38 S. Hamburg, Boysen. M. 1. 20.

Haymann. Porlock Church and its Monuments. (Antiquary, June.)

Heigel, K. Th. Nymphenburg. (Zeitschrift d. Kunstgew.-Ver. in München, 7. 8 ff.)

L'hôtel de Don Juan Prado de Peralta, à Bruges. (La Flandre, 3ᵉ série, IV, 4—5ᵉ livr.)

Holzarchitektur vom 14.—18. Jahrh., herausg. vom Verbande deutscher Architekten- und Ingenieur-Vereine u. dem Gesammtvereine der deutschen Geschichts- und Alterthums-Vereine unter Leitung von Cuno u. C. Schäfer. (In 6 Lfgn.) 1. 2. Lfg. (à 10 lith., chromolith. und Lichtdr.-Taf.) f⁰. Berlin, Wasmuth. In Mappe à M. 12. —.

Huy. L'église des Frères-Mineurs à Huy. (Annales du Cercle butois des sciences, V. 3.)

Ilg, A. Ueber die beiden Architekten des österr. Barockzeitalters: Joh. Bern. Fischer von Erlach und dessen Sohn Jos. Emanuel. (Monatsblatt d. wissenschaftl. Clubs in Wien, IV, 11.)

Jost, J. B. D. Die alte Gereonskirche in Köln. (Rhenus, I, 3—6.)

Issel, H. u. J. Krusewitz. Der Façadenbau der deutschen Renaissance. Eine Sammlung der schönsten Motive d. Fachwerks u. Steinbaues im 16. Jahrh. u. in unserer Zeit. Façaden-Entwickelgn., Schnitte, Thüren und Portale, Giebel u. ornamentale Bautheile m. Massstäben u. e. illustr. Texte. (In 10 Hftn.) 1. Hft. (4 Steintaf.) f⁰. Leipzig, Scholtze. à M. 1. 20.

— Der Façadenbau d. französischen Renaissance. Eine übersichtliche Darstellg. der schönsten Architekturmotive d. 16. u. 17. Jahrhd. in Façaden-Entwickelungen, Schnitten, Thüren u. Portalen, Fenstern u. Lukarnen, Schornsteinen, Giebelausbildungen und ornamentalen Details m. Massstäben u. e. illustr. Texte. (In 12 Hftn.) 1. Hft. 4 Steintaf. f⁰. Leipzig, Scholtze. à M. 1. 20.

— Der Façadenbau d. klassischen Alterthums. Eine übersichtliche Darstellung der Bauformen der griech. u. röm. Architektur, nebst e. Anh.: Verhältnisslehre der klass. Baukunst. Façaden-Entwicklungen, Grundrisse, Schnitte; Säulenordngn. u. ornamentale Details m. Massstäben u. e. illustr. Texte. (In 10 Hftn.) 1. Hft. 4 Steintaf. f⁰. Leipzig, Scholtze. à M. 1. 20.

Join-Lambert, A. Note sur une maison de Bernay, lue à la Société libre de l'Eure (section de Bernay), le 14 janv. 1883. 8⁰, 8 p. Brionne, Daufresne.

Kasten, A. Beiträge zur Baugeschichte des Camminer Doms. Mit 4 Bl. Lith. [Aus: „Archiv f. christl. Kunst".] 4⁰, 15 S. Berlin, Prüfer. M. 2. 50.

Klasen, Ludw. Grundriss-Vorbilder von Gebäuden aller Art. Handbuch f. Baubehörden, Bauherren, Architekten, Ingenieure, Baumeister, Bauunternehmer; Bauhandwerker und techn. Lehranstalten. Mit über 100 Taf. in Photolith. u. vielen in den Text gedr. Abbildgn. 21.—24. Lfg. (S. 367—448 m. 8 Photolith.) 4⁰. Leipzig, Baumgärtner. à M. 3. —.

Kleindienst, Fr. Die Restauration des St. Stefansdomes in Wien, 1853—1880. (Wiener Dombauvereinsblatt, III, 20.)

Ein Königsschloss in den Karpathen. Castell Pelesch, Sommerresidenz des Königs von Rumänien. (Allg. Ztg., B. 300.)

Kuhn, Alb. Der jetzige Stiftsbau Maria-Einsiedeln. Mit 8 artist. (phototyp.) Beilagen. (VIII, 203 S.) 8⁰. Einsiedeln, Benziger. M. 6. —.

Lanciani. La basilica Matidies et Marcianes dei cataloghi. (Bull. della Comm. archeolog. communale di Roma, XI, 1.)

Langerock, P. und A. van Houcke. Oude bouwwerken in Vlaanderen. Anciennes constructions en Flandre. 4⁰, 2e année. 6e (dern.) livr., cont. les pl. 43 et 51—60. Gand, Stepman. 1. 75.

Lehfeldt, P. Neubauten in Berlin. (Allg. Kunst-Chronik, 41.)

Lejeune. Monographie archéo-historique de l'ancienne abbaye de Saint-Pierre, à Lobbes. Fin. (Documents et rapports de la Soc. paléontologique et archéologique du Charleroi, XII.)

Leroy, A. Instructions pratiques sur la comptabilité et l'administration des fabriques d'églises. 1re livr. 8⁰, p.1—100. Tournai, Vᵉ. H. Casterman. Le vol. 3. —. (L'ouvrage formera un vol. d'environ 300 p.)

Liebenau, Th. v. Zur Geschichte des Klosterbaues von St. Urban. (Anzeig. f. schweizer. Alterthumskunde, 3.)

Lucas, Ch. Églises circulaires d'Angleterre. (Revue de l'art chrétien, octobre.)

Magenta, Carlo. I Visconti e gli Sforza nel castello di Pavia e loro attinenze con la Certosa e la storia cittadina. Vol. I: Testo; Vol. II: Documenti con 17 tavole e disegni intercalati nel testo. 2 vol. f⁰. Milano, Hoepli. L. 120. —.

Marburg. Die Domkirche zu Marburg. (Kirchenschmuck, 8.)

— Das 600jähr. Jubiläum der Elisabeth-Kirche zu Marburg. (Allgem. Ztg., B. 129.)

— Die mittelalterlichen Bauten Marburgs. (Archiv f. kirchl. Kunst, 7.)

Martinikirche, die, in Breslau u. das v. Rechenberg'sche Altarwerk in Klitschdorf (Kr. Bunzlau). Festschrift zu dem 25jähr. Jubiläum d. Museums schles. Alterthümer am Festtage, dem 12. Jan. 1883, hrsg. v. dem Verein f. das Museum schles. Alterthümer. (35 S. m. 4 Taf.) 4⁰. Breslau, Trewendt. M. 3. —.

Meijer, jr., D. C. Het oude doolhof te Amsterdam. (Oud-Holland, I, 1 ff.)

Merlo. Die Dombaumeister von Köln. (Jahrb. des Vereins von Alterthumsfreunden im Rheinlande, 74 ff.)

Middleton. Fergusson's The Parthenon. (Academy, 584.)

Mille, J. La sainte église d'Aix et Arles, notre métropole, ou monographie historique et descriptive de la basilique métropolitaine Saint-Sauveur. 18⁰, 221 p. Aix, imp. Makaire. fr. 2. 50.

Müller, Paul. Das Riesenthor des St. Stephansdomes zu Wien. Seine Beschreibung u. seine Geschichte. Mit 6 Taf. u. 14 Abbildungen im Text (Zinkdr.). gr. 8⁰, 59 S. Innsbruck, Wagner. M. 3. —.

Müllner, Prof. Alf. Die Krypta in St. Florian. Ein Beitrag zur Baugeschichte der Stiftskirche St. Florian im Lande ob der Enns. (VIII, 51 S. mit eingedruckten Fig. u. 7 Steintaf.) gr. 8⁰. Linz, Ebenhöch. M. 2. 65.

Negrin, A. Raccolta di disegni autografati per edifizii pubblici e privati di città e di campagna. f⁰. (Ogni fasc. contiene 6 tav.) Vicenza, tip. Burato. Pubbl. mensile. Per un anno L. 20. —.

Normand, Charles. Essai sur l'existence d'une architecture métallique antique, au rôle du métal dans les constructions antiques. (Encyclopédie d'architecture. aug. ff.)

Notizie, Brevi, storiche intorno alla fabbrica della cattedrale di Pavia dalla sua origine nel 1488 all' anno 1883. 8⁰, p. 20. Monza, tip. de' Paolini di L. Annoni. c. 6.

Old Yorkshire. Edited by W. Smith. With an Introduction by Fr. Ross. 8⁰, p. 313. London, Longmans. 7 s. 6 d.

Pagart d'Hermansart. L'ancienne chapelle de Saint-Omer dans l'église de Notre-Dame de Saint-Omer et le Chanoine Guilluy. 8⁰, 16 p. Saint-Omer, imp. d'Hamont.

Palast-Architektur von Ober-Italien u. Toscana vom XV. bis XVII. Jahrh. II. Toscana. Mit Unterstützung des kgl. preuss. Ministeriums f. Handel u. öffentl. Arbeiten hrsg. v. J. C. Raschdorff. Mit Aufnahmen v. Emil Ritter v. Förster, A. Gnauth, Otto Raschdorff u. anderen Architekten. 1. Lfg. (20 Taf. in Lith., Chromolith. u. Kpfrst.) gr. f⁰. Berlin, Wasmuth. In Mappe M. 28. —.

Pasquier, F. Agrandissement d'une église rurale dans le Comté de Foix au XIVᵉ siècle, chartes de 1301—1309 relatives à Miglos. 8⁰, 12 p. Toulouse, imp. Chauvin et fils.

Petrie, W. M. F. Pyramids and Temples of Gizeh. 4⁰, p. 250 and 17 pl. London, Field & T. 18 s.

Portig, G. Unsere moderne Architektur. (Wissenschaftl. Beil. d. Leipziger Ztg., 68. 69 ff.)

Prokop, Aug. Zur Baugeschichte der Brünner Domkirche. (Mittheilgn. d. k. k. Centralcommission, N. F., IX, 2.)

Rahn, J. R. Ein Patrizierhaus des XVII. Jahrhunderts. Der „wilde Mann" in Zürich. (Züricher Taschenbuch 1883.)

Redtenbacher, Rud. Die Architektonik der modernen Baukunst. Ein Handbuch bei der Bearbeitung architekton. Aufgaben. (XXVI, 299 S.) Mit 895 (eingedr.) Fig. in Holzschn. 8⁰. Berlin, Ernst & Korn. M. 10. —.

— Studien über verschiedene Baumeister der italienischen Renaissance. (Allg. Bauzeitg., 6 ff.)

Reichensperger, Aug. Zur Frage wegen des Baues eines Reichstagsgebäudes. (Archiv für kirchl. Kunst, 7.)

Rhoen. Die St. Jakobskirche in Aachen. (Zeitschrift des Aachener Geschichtsvereins, V, 1. 2.)

Richter, Paul Em. Fischers, nicht Fischer von Erlach. (Zeitschr. f. bild. Kunst, 10.)

Ring, M. Die Marienburg, das hohe Haus des deutschen Ordens. (Westermann's Monatshefte, October.)

Rossignot, J. Monographie de Saint-Ferjeux-Besançon. 8⁰, 63 p. Besançon, imp. Jacquin.

Roussel, P. D. Le Château de Diane de Poitiers à Anet. (198 p. et album de 5 planches.) 18⁰. Paris, Marpon et Flammarion.

Ruhl. L'ancienne église St. Remacle à Verviers. (Bullet. de l'Instit. archéol. liégeois, XVII, 1.)

Ruhl, G. Quelques mots sur l'ancienne église Saint-Remacle à Verviers. (Bull. de l'Institut archéologique liégeois, t. XVII, 1re livr.)

Rziha, Frz. Studien über Steinmetz-Zeichen. (59 S.) Mit 69 (lith.) Taf. u. 46 Text-Illustr. 4⁰. Wien, Gerolds Sohn. M. 10. —.

Schäfer, C. Ueber das deutsche Haus. Vortrag, geh. zum Schinkelfest im Architekten-Verein am 13. März 1883. 8⁰, 23 S. Berlin, Ernst & Korn. M. — 80.

Scheins. Die Jesuitenkirche zum hl. Michael in Aachen. (Zeitschrift des Aachener Geschichtsvereins, V, 1. 2.)

Schloss, das, zu Heidelberg. Hrsg. von Frdr. Sauerwein. Mit Text v. Marc Rosenberg. Nach photogr. Aufnahmen in Lichtdr. ausgeführt. (96 Lichtdr. und 4 Stein-Taf. mit 1 Bl. Text.) gr. f⁰. Frankfurt a. M., Keller. In Mappe M. 100. —.

Schönherr, D. Zur Restaurirung des Rathhauses der Stadt Hall in Tyrol. (Mitth. d. k. k. Centr.-Commiss., N. F., IX, 3.)

Seidel. Die Frage der Wiederherstellung des Heidelberger Schlosses. (Zeitschrift für Baukunde, VI, 4.)

Seidel, G. F. Die königliche Residenz in München mit Unterstützung Sr. Maj. d. Königs Ludwig II. hrsg. Textband. 4⁰. Leipzig, Seemann. M. 12. —. Inhalt: Geschichte der Residenz in München, von ihrer frühesten Zeit bis herab zum J. 1777, nach archivalischen Quellen bearbeitet von Chr. Häutle. (X, 151 S.)

Sesiones del Congreso Nacional de Arquitectos, celebrado en 1881, por iniciativa de la Sociedad central, y documentos referentes al mismo. 4⁰, 288 p. Madrid.

Shadwell, A. The Architectural History of the City of Rome. Based on J. H. Parker's Archæology of Rome for use of Students. 2nd edit. 8⁰, p. 274. London, Parker. 6 s.

Siponto. Vues de la cathédrale de Siponto. (Gazette archéol., p. 233 ff.)

Steiner, P. Das Schloss zu Zabern. Vortrag, geh. im Vogesenclub zu Zabern. 8⁰, 20 S. Neuwied, Heuser. M. —. 60.

Storelli, A. Notice historique et chronologique sur les châteaux de Fongères· et du Gué-Péan. gr. 4⁰, 19 p. et 4 pl. gravées. Paris, Baschet.

— Notice historique et chronologique sur les châteaux du Moulin et de Cheverny. 4⁰, 19 p. avec 4 eaux-fortes et fig.· Paris, Baschet.

Thirion, H. Le Palais de la Légion d'honneur, ancien hôtel de Salm, étude précédée d'une notice historique sur le prince Frédéric de Salm-Kyrbourg. 8⁰, 116 p. et héliogravure. Versailles, Bernard. fr. 8. —.

Tozer, A rock hewn greek monastery in Apulia. (Antiquary, August.)

Ulm. Vom Ulmer Münster. (Zeitschr. f. bild. Kunst, B. 41.)

Vatel, C. Notice historique sur la salle du Jeu-de-Paume de Versailles depuis sa fondation jusqu'à nos jours, suivie de la liste complète et inédite des signataires du serment. 8⁰, 103 p. et grav. Versailles, Bernard.

Venables. The architectural history of Lincoln Cathedral. (Archæological Journal, 158.)

Verhaegen. Château de Laarne. Flandre orientale, Belgique. (Revue de l'art chrétien, octob.)

Villa-Amil y Castro, J. Los pertigueros de la iglesia de Santiago. 2ª parte. 8⁰. Madrid, impr. de Hernando. 4 y 5.

Vosmaer, C. Geschiedenis der bouwkunst in afbeelding. Uit den duitschen „Bilder-Atlas zur Geschichte der Baukunst" over gebracht. gr. 4⁰, 40 pl. Gand, J. Vuylsteke. 3. 50.

Vouga, A. Château de Boudry. (Musée Neu-châtelois, mars 1883.)

Voulot. Note sur une basilique romaine découverte à Grand. (Comptes rendus des séances de l'Académie des inscriptions, janv.-mars.)

Watkiss-Lloyd, W. The Parthenon. (Portfolio, 163.)

Wyrsch, Jac. Der Thurm an den „Seefuhren" zu Buochs. (Anzeig. f. schweizer. Alterthumskunde, 3.)

Zeller-Werdmüller, H. Das Haus zum Loch in Zürich. (Anzeig. für schweizer. Alterthumskunde, 2.)

Zürich. Das Rathhaus in Zürich. 12 Bl. Autographien. f⁰. (Architekton. Studienblätter, I.) Zürich, Orell, Füssli & Co., 1883. f⁰.)

Zur Entwicklung der kirchl. Baukunst in Russland. (Wochenbl. f. Architekten, 68 ff.)

IV. Sculptur.

Armstrong, Walter. Movement in the plastic arts. (Art Journal, Octob)

Art (L'). De modeler et de sculpter rendu facile, indications pratiques pour le modelage en terre ou en cire etc. 16⁰, 16 p. avec fig. Paris, Le Bailly.

Babelon, Ern. Vache de bronze du cabinet des médailles. Paris. (Gazette archéol., p. 91 ff.)

Bartholdi. La statue de Bartholdi. (Courrier de l'Art, III, 34.)

Bassi, D. Di una statuetta del Sonno che si conserva nel R. Museo torinese di archeologia, e del suo mito nell' antichità. (Atti della Soc. di Archeologia e Belle Arti per la provincia di Torino, vol. IV, fasc. 3⁰.)

Bigot. La sculpture en 1883. (Revue politique et littéraire, 25.)

Die Bleifiguren auf den Brunnen am Graben u. Franziskanerplatze in Wien. (Allg. Kunst-Chronik, 41 ff.)

Bloxam. Sepulchral recumbent effigy in Bettws y Coed Church, North Wales. (Archæologia Cambrensis, 54.)

Bouclon, A. de. Les Bas-Reliefs de La Selle, canton de Rugles (Eure). 8⁰, 17 p. Evreux, imp. de l'Eure.

Brailsford. The Ogle Altar Tomb at Bothal. (Antiquary, Juni.)

Brown, G. Baldwin. Sculptures from the Altar-base at Pergamos. (Art Journal, Octob.)

Brunn, H. Nordgriechische Sculpturen. (Mittheil. d. deutschen archäol. Instit. in Athen, VIII, 2.)

Bulliot, J. G. La Stèle funéraire du gladiateur éduen Columbus, conservée au musée de la Maison-Carrée à Nîmes. 8⁰, 11 p. Autun, imp. Dejussieu père et fils. (Extr. des Mém. de la Soc. éduenne, nouv. série, t. 11.)

Calverley. The sculptured cross at Gosforth, West Cumberland. (Archæological Journal, 158.)

Cavallucci, J. et E. Molinier. Les Della Robbia. (L'Art, 451 ff.)

Cenno storico del monumento equestre in Verona al re Vittorio Emanuele. II. 8⁰, 100 p. Verona, tip. della Nuova Arena.

Church, A. H. George Tinworth. (Portfolio, 163.)

Colvin, Sidney. Donatello. (Portfolio 165.)

Contratto stipulato in Vaticano il 29 aprile 1532 fra il duca d'Urbino Francesco Maria I e Michelangelo Buonarroti, per l'erezione del monumento a papa Giulio II; pubblicato per nozze Vaccaj-Gennari. 8⁰, 12. Pesaro, tip. Federici.

Courajod, L. Une édition avec variantes de bas-reliefs de bronze de l'armoire, de Saint-Pierre-aux Liens, au musée du Louvre et au South Kensington Muséum. Dessins par Ludovic Letrône. 16⁰, 16 p. avec 6 vign. Paris, Champion. (Extr. de la Gazette des B.-Arts, fév. 1883.)

— Quelques monuments de la sculpture funéraire des XVᵉ et XVIᵉ siècles. Dessins par Ludovic Letrône. 8⁰, 32 p. avec planches. Nogent-le-Rotrou, imp. Daupeley - Gouverneur. Paris. (Extrait des Procès-verbaux de la Société nationale des antiquaires de France, février et mai 1882.)

— Observations sur deux bustes du Musée de sculpture de la renaissance au Louvre. (Gaz. des Beaux-Arts, juillet.)

— La Statue de Robert Malatesta autrefois à Saint-Pierre de Rome, aujourd'hui au musée du Louvre. Dessins par Ludovic Letrône. 8⁰, 16 p. Paris, Champion. (Extrait de la Gazette des Beaux-Arts, mars 1883.)

Courajod, L. Les statues d'apôtres de la Sainte-chapelle de Paris. (Gazette archéol., p. 152.)

Curtius. Studien über die Tempelgiebel von Olympia. (Sitzungsber. d. kgl. preuss. Akademie d. Wissensch., 32. 33.)

Découverte, à Paris, d'une statue de Bacchus. (Comptes rendus des séances de l'Académie des inscriptions, avril—juin.)

Delcroix, V. Michel-Ange, sculpteur. (63 p. avec vignette.) 12⁰. Rouen, Mégard et Cie. (Bibliothèque morale de la jeunesse.)

Descrizione delle statue equestri poste sulla piazza del Comune in Piacenza: memorie, storie ed ammaestramento del popolo. 32⁰, 20 p. Codogno, tip. Cairo.

Distel, Th. Zacharias Wehme u. die Restauration des Moritzmonumentes zu Dresden im J. 1591. (Zeitschr. f. Museologie, 16.)

Duhamel, L. Le Tombeau de Raymond de Beaufort. 8⁰, 16 p. Paris, Champion.

Emerson. The dying Alexander of the Uffizi Gallery and the Gigantomachia of Pergamum. (American Journal of philology, IV, 2.)

Fabricius, E. e G. Wissowa. Sopra una statua del Museo Torlonia. (Bullett. dell' instit. di corresp. archeol., 6.)

Farcy, Louis de. Croix reliquaire à Vannes. (Revue de l'art chrétien, octob.)

Frosina-Cannella, G. D'una statuetta di bronzo trovata di recente in Selinunte. (Il Buonarroti, III⁰ Ser., I, 7.)

Germain, L. Monuments funéraires de l'église paroissiale de Montmédy. 8⁰, 17 p. Paris, à la libr. de la Société bibliographique. (Extrait de la Revue d'histoire et d'archéologie héraldique.)

Grangier, L. Les sépultures burgondes de Fétigny. (Etrennes fribourgeoises 1883.)

Grimm, H. Die Standbilder A.'s u. W.'s v. Humboldt vor der kgl. Universität zu Berlin. (Preuss. Jahrbücher, Juni.)

Guiffrey, Jules. Le tombeau des Poncher d'après un dessin inédit de Percier. (Gazette archéol., p. 169.)

Haltenhof. Die polychromen Versuche des H. Bildhauer Cauer in den kgl. Sammlungen der Gypsabdrücke zu Dresden. (Deut. Kunstbl., 22.)

Hodder Westropp, M. The cycle of developement of roman and greek sculpture: lectures. 16⁰, 170 p. Rome, printed at the Gould Memorial Home. L. 5. —

Ilg, A. Raphael Donner's Werke in Pressburg. (Allg. Kunst-Chronik, 26.)

Inauguration de la statue d'Edgar Quinet à Bourg, le 14 mai 1883. 8⁰, 108 p. et grav. Bourg, imp. Authier et Barbier.

Janitschek, Hub. Le buste de cire du Musée Wicar, et le cadavre de jeune fille découvert à Rome en 1485. (L'Art 458.)

Jenny, S. Ueber das Epona-Denkmal zu Bregenz, Vorarlberg. (Mittheil. d. k. k. Centr.-Commiss., N. F., IX, 3.)

Jouin, H. Antoine Coyzevox, sa vie, son oeuvre et ses contemporains, précédé d'une étude sur l'école franç. de sculpture avant le XVII⁰ siècle. 18⁰, 320 p. Paris, Didier et Cie.

Justi, Carl. Die Reiterstatue Philipps IV. in Madrid von Pietro Tacca. (Zeitschr. f. bild. Kunst, 10.)

Kanitz. Die Steinkanzel in K. (Mähren.) (Mährisch. Gewerbebl., 8.)

Kekulé, R. Ueber einige mit den Sculpturen von Olympia verwandte Werke. I. Der Dornauszieher. (Archäolog. Zeitung, 3.)

Kisa, A. Die Kanzel zu St. Jakob in Brünn. (Mährisch. Gewerbebl., 10.)

K leinpaul. Die nickenden Statuen. (Gegenwart,40.)

Kuhnert, E. De cura statuarum apud Graecos. [Aus: „Berl. Studien f. class. Philos. u. Archäol."] 8⁰, 72 S. Berlin, Calvary & Co. M. 2. 50.

Lasteyrie, R. de. Le Christ en croix. Bois sculpté de la collection Timbal. XII⁰ siècle. (Gazette archéol., p. 101.)

— Tête d'apôtre supposée du XIII⁰ siècle. (Gazette archéol., p. 164.)

Lenormant, Fr. Bacchus, bronze florentin de la renaissance. (Gazette archéol., p. 177.)

— Bas-relief de Mino da Fiesole. (Gazette archéol., p. 181.)

Longperier, A. de. Les plus anciens bronzes du monde. (Gazette archéol., p. 93 ff.)

Lübke, W. Die Reliefs von Gjölbaschi. (Allg. Zeitung, B. 132.)

De Madonna van Brugge. (De Nederlandsche Spectator, 18.)

Marburg. Das Tegetthoff-Denkmal in Marburg a. d. D. (Allg. Kunst-Chron., 32.)

Meier, F. J. Der Bildhauer Diderik Gercken. (Bremisches Jahrbuch., XII.)

Meye, H. and J. Schmidt. The Stone Sculptures of Copán and Quiriguá. 20 Plates in Phototype, with Introductory and Descriptive Text. Maps and Engravings. London, Asher. 50 s.

Michel, Edm. Tombeau de l'Abbé de Blanchefort, dans l'église de l'ancienne abbaye de Ferrières (Loiret.) (Gaz. des Beaux-Arts, sept.)

Milchhoefer, A. Lakonische Bildwerke. (Archäolog. Zeitung, 3.)

Mollnier, Emile. Quatre ivoires de l'époque carolingienne au musée du Louvre. (Gazette archéol., p. 109 ff.)

— Un ivoire italien du XV⁰ siècle au musée du Louvre. Le triomphe de la renommée. (Gazette archéol., p. 226.)

Nationaldenkmal auf dem Niederwald. (Zeitschr. f. bild. Kunst, B. 44. 45.)

Oeuvres de sculpture en bronze, contenant girandoles, flambeaux, feux, pendules, bras cartels, baromètres et lustres, inventées et dessinées par Jean-François Forty, gravées par Colinet et Foin. 49 pl. Paris, Calavas.

Pecht, F. Der Schöpfer des Niederwalddenkmals. (Aus allen Zeiten u. Landen, 12.)

Plon, E. Un portrait en cire peinte de Francesco de Medicis, ouvrage de Benvenuto Cellini. (Gaz. des Beaux-Arts, octob.)

Rahlenbeck, Ch. La statue de Marnix. (Revue de Belgique, 9e livr.)

Rayet, O. Fragments de statues de bronze du Musée de Constantinople. (Gaz. arch., p. 85 ff.)

Reinach, Sal. Statuette d'acteur comique au Musée de Constantinople. (Gazette archéol., 9.)

Rietschel's Lutherdenkmal zu Worms. Controverse über den Lutherkopf in Aufsätzen von Baehr, Donndorf, Kietz, Oppermann, Schnorr von Carolsfeld. (Dresdener Anzeiger 193, 194, 198, 201, 207, 212, 216, 221.)

Röder, v. Die Grabstätten des anhaltischen Fürstenhauses in der Schlosskirche zu Ballenstedt. (Mittheil. d. Ver. f. anhalt. Geschichte u. Alterthumskunde, III, 7.)

Schwerin, Freih. von. Adeliche Denkmäler in einzelnen schlesischen Kirchen. (Vierteljahrsschrift f. Heraldik, XI, 2.)

Semper. Pietro Tenerani. (Schluss.) (Deutsches Kunstblatt, II, 17.)

Sirr, Harry. English stall-work, canopies and rood-screens of the fifteenth century. (Art Journal, Octob.)

La statue de la république. Les Géants de bronze. (Courrier de l'Art, III, 27.)

Stier. Die Herzöge und Kurfürsten von Sachsen-Wittenberg aus dem Hause Anhalt und ihre Grabstätten in der Franziskanerkirche. (Mittheil. d. Ver. f. Anhalt. Gesch., III, 8.)

Urbani, Paolo. Il monumento nazionale a re Vittorio Emanuele con disegni, piante e spaccato in fotolitografia. Firenze, tip. dell' Arte della stampa. 1881.

Vaudin. Michel Bourdin, sculpteur, et le tombeau de Pierre Dauvet, seigneur de Saint-Valérien. (Soc. des sciences hist. et nat. de l'Yonne, Bulletin 1882, 2e sém.)

Vayra. Dell' artefice della lapide astese relativa al duca Carlo d'Orleans e di altri notizie artistiche astigiane. (Atti della Soc. di archeol. di Torino, IV, 4.)

Visconti. Di due statue togate in atto di dar le mosse di Circensi. (Bull. della Comm. archeolog. communale di Roma, XI, 1.)

Vries, Az. A. D. de. De Ruyter's lijk en begrafenis. (Oud-Holland, I, 1.)

Weissel. Die Sappho von Arles. (Oesterreichische Rundschau, I, 9.)

Winckel. Ein javanesischer Hanuman. Basrelief. (Zeitschr. f. Museologie, 13.)

Woldt. Die Steinsculpturen von Santa Lucia de Cotzamalguapa. (Westermanns Monatsh., Sept.)

Yriarte, Charles. Matteo Civitali, sculpteur Lucquois. (L'Art, 454 ff.)

Zernin. Das Nationaldenkmal auf dem Niederwald. (Allg. Ztg., B. 268 ff.)

Zorzi, A. P. Giuseppe Filiberti und ses fils. Jean Chenet und Marin Féron. (L'Art, 454.)

V. Malerei. Glasmalerei. Mosaik.

Album publié par l'Association des Aquafortistes anversois, sous le patronage du Cercle artistique. 3e année. 1882—1883. 4e livr. Anvers, imp. et lith. Mees et Cie. Par 4n fr. 24. —.

„Apoll and Narsyas" at the Louvre. (Academy, 21. Sept.)

Arundel society. Second ann. publ. 1883. Prophets and Sibyls, after the fresco by P. Perugino in the Sala del Cambio at Perugia. Drawn by Fattorini. Chromolith. by Fr. Frick, Berlin.

Atz, C. Beiträge zur Erhaltung monumentaler Malereien. (Kirchenschmuck, 8.)

Barrington. The Painted Poetry of Watts and Rossetti. (The Nineteenth Century, Juni.)

Beaver, Alf. Cognomens of painters. (Art Journal, Sept.)

Bertolotti. Il pittore romano Antonazzo e la sua famiglia. (Archiv. stor., archeol. e lett., IX, vol. V, 1.)

Bigot. La peinture en 1883. (Revue politique et littéraire, 23.)

Blutenburg. Neuaufgefundene Wandgemälde in der Kirche zu B. (Wartburg, 5.)

Bock. L'atelier Portaels. (La Jeune Belgique, 7.)

Böcklin. Zwei neue Gemälde von A. Böcklin. (Deutsche Rundschau, Juni.)

Bösch, Hans. Ein Brief des Goldschmieds Albr. Dürer d. Aelt. an seine Gattin Barbara v. J. 1492. (Zeitschr. f. bild. Kunst, 11.)

Brès, L. Une dynastie de peintres de marine: Antoine Roux et ses fils. 8⁰, 82 p. Marseille, lib. marseillaise. fr. 1. —.

Bredius, A. Eine Ter Borch-Sammlung in Zwolle. (Zeitschr. f. bild. Kunst, 11 ff.)

Burckhardt, Achill. Abbruch des Todtentanzes in Basel. (Basler Jahrbuch 1883.)

Cavallucci, C. J. Raffaello Sanzio: discorso letto al Circolo artistico fiorentino la sera del 28 marzo 1883 commemorandosi il IV centenario della nascita di Raffaello. 16⁰, 32 p. Firenze, tip. Bencini.

Cavazza, A. Cenni storici sulla tavola detta di S. Domenico che conservasi nella chiesa priorale ecc. di S. Maria della Purificazione in via Mascarella. 32⁰, p. 16. Bologna, tip. Mareggiani. L. — 25.

Centenario (nel IV) della nascita di Raffaello, l'Associazione artistica internazionale di Roma: scritti varii. 18⁰, 64 p. Roma, Somaruga e C.

Centenario (nel) di Raffaello d'Urbino à di XXVIII marzo 1883, il Comitato delle feste pubbliche, auspice il Comune di Roma. f⁰, p. 58, con tav. Roma, stamp. del Senato.

Chambers Lefroy, W. Notes on some national portraits. (Portfolio, 164.)

Champeaux, de. Deux vues de la Cité de Paris au XVe siècle. (Chronique des Arts, 23.)

Chesneau, E. La Peinture française au XIXe siècle. Les Chefs d'école: Louis David, Gros, Géricault, Decamps, Ingres, Eug. Delacroix. 3e édit., revue, annotee et complétée. 18⁰, XXXVII, 395 p. Paris, Didier et Cie.

Chennevières, Henry de. Andrea Solario. (Gaz. des B.-Arts, juillet.)

Claessens, H. Wiertz. 12⁰, 42 p. Bruxelles, L. Hochsteyn. fr. 2. —.

Courajod, L. Le Portrait de sainte Cathérine de Sienne de la collection Timbal au musée du Louvre. Dessins par Ludovic Letrône. 8⁰, 20 p. avec 2 portraits. Nogent-le Rotrou, imp. Daupeley-Gouverneur. Paris. (Extr. des Mém. de la Soc. nation. des antiquaires, T. 43.)

Cugy. Tableau de Hans Fries dans l'église de Cugy. (Etrennes fribourgeoises, 1883.)

Dahlke, G. Vier Altarflügel aus Pacher's Schule in Reischach bei Bruneck. (Allgem. Kunst-Chronik, 28 ff.)

D'Avril, Adolphe. L'oeuvre de Raphael au point de vue chrétien. (Revue de l'art chrétien, octob.)

Dei due ignoti pittori Luganesi del secolo XV. (Bollett. stor. della Suizzera ital., 6.)

Delcroix, V. Murillo, peintre. 12⁰, 63 p. Rouen, Mégard et Cie. (Bibliothèque morale de la jeunesse.)

— Salvator Rosa, peintre célèbre. 12⁰, 63 p. avec vign. Rouen, Mégard et Cie. (Bibliothèque morale de la jeunesse.)

Ducompex, E. A. Traité de la peinture en bâtiment et du décor. 2e édit., revue et augmentée de divers procédés et d'une notice sur le collage des papiers peints. 8⁰, 144 p. et pl. Paris, Ducher et Cie.

Dürer, Albr. Tagebuch der Reise in die Niederlande. Erste vollständige Ausgabe nach der Handschrift Joh. Hauers, mit Einleitg. u. Anmerkgn. hrsg. von Frdr. Leitschuh. 8⁰, XIII, 207 S. Leipzig, Brockhaus. M. 7.50., geb. M. 9.50., Ausg. auf holländ. Papier M. 15. —.

— Zeichnungen. In Nachbildgn., herausg. von Frdr. Lippmann. (I. Zeichnungen im kgl. Kupferstichkabinet in Berlin. — II. Zeichnungen im Besitz d. Hrn. William Mitchell in London. — III. Zeichnungen im Besitz d. Hrn. John Malcolm of Poltalsch in London. — IV. Zeichnungen im Besitz d. Hrn. Frederick Locker in London.) f⁰, 99 Bl. in Licht- u. Farbendr. u. 23 S. Text. Berlin, Grote. Geb. M. 250. —.

Erculei. Le pitture murali scoperte nel Palazzo dei Conservatori in Campidoglio. (Nuova Antologia, 15. Juli.)

Falorsi. Raffaello. (Rassegna Nazionale, Mai.)

Feuillet de Conches. Histoire de l'école anglaise de peinture jusques et y comprise sir Thomas Lawrence et ses emules. 8⁰, 489 p. Paris, Leroux.

Filangieri, Prince de Satriano, Gaët. Les peintres employés par les rois Angevins de Naples. (Gazette archéol., p. 183.)

Förster, E. Zum hundertsten Geburtstage von Peter v. Cornelius. (Allg. Ztg., B. 265.)

Gaedertz, Thdr. Hans Memling und dessen Altarschrein im Dom zu Lübeck. 8⁰, 50 S. Mit 1 Plan des Altarschreins. Leipzig, Engelmann. M. 3. —.

Genevay, A. Charles Le Brun et son influence sur l'art décoratif. (L'Art, 461 ff.)

Gilkin. Voyage d'un peintre dans l'Inde et à Ceylon. (Revue générale, sept.)

Glasdecoration. (Schweizer. Gewerbebl., 20.)

Glasmalerei, altkirchliche. Durch Fortschritte der Technik Rückkehr zu den alten Meistern. (Archiv f. kirchl. Kunst, 10.)

Glasmalerei, über alte und neue, im Bauwesen. (Deutsche Bauzeitung, 73. 74 ff.)

Goetz, W. Eine Klage über den Verfall der monumentalen Malerei. (Schweizer. Gewerbeblatt, 7.)

Göpel, Karoline, Sempre avanti! Das Jugendleben Raphael's. Zur 400jähr. Feier seiner Geburt geschildert. Mit e. Titelbild (in Lichtdr.): Raphael Santi im 3. u. im 9. Lebensjahre nach Giov. Santi. 8⁰, 40 S. Frankfurt a. O., Trowitzsch & Söhne. M. 1. 50.

Goldoni, Carlo. Teatro scelto, illustrato dal pittore Giacomo Mantegazza. 4⁰. Milano, E. Sonzogno. Abonam. all' opera. L. 25. —.

Gozzoli, Giov. Cenni sul pittore Michele de Napoli. 8⁰, p. 23. Roma, tip. Forzani e C. (Dalla Biogr. degli artisti viventi.)

Granberg, Olof. Drei unbekannte Gemälde von Rembrandt. (Zeitschr. f. bild. Kunst, XIX, 1.)

Grimm, Herm. Raphaels Gesichtsbildung. (Jahrb. d. kgl. preuss. Kunstsammlungen, IV, 3.)

Grote, Ludw. Lucas Cranach der Maler der Reformation. Eine biograph. Skizze. 8⁰, 111 S. Dresden, H. J. Naumann. M. — 50.

Gundert. Raphael. (Neue Blätter aus Süddeutschland für Erziehung und Unterricht, XII, 2.)

Hals. Le modernisme de Franz Hals. Franz Hals et Manet. (L'Art moderne, 36—39.)

Harrison, W. R. A Practical Guide to Decorative Painting for Walls, Panels, Screens, and Terra Cotta. 2nd edit. carefully revised, with entirely new Designs. 12⁰, p. 46. London, Barnard. 1 s. 6 d.

Havard, H. Johannes Vermeer, dit Van der Meer de Delft. (Gaz. des B.-Arts, septemb.)

Hulme, F. E. Flower Painting in Water-Colours. 3nd edit. 8⁰. London, Cassell. 5 s.

Hymans, H. Rubens d'après ses portraits: étude iconographique. (Bulletin Rubens, II, 1.)

— Un tableau retrouvé de Jean Van Eyck. (Bullet. des commiss. roy. d'art et d'archéol., XXII, 1. 2.)

Justi, C. Das Leben des hl. Bonaventura, gemalt von Herrera·d. Ae. und Zurbaran. (Jahrb. d. kgl. preuss. Kunstsammlungen, IV, 3.)

Kaulen. Der Historienmaler Alfred Rethel. (Deutsches Kunstbl., II, 21.)

Keymeulen, L. van. L'atelier de Henri Schaefels. (Revue artistique, Nᵒˢ 174—175.)

Klemt, Agathon. Der Balladensänger von Vacslav Brozik. (Allg. Kunst-Chronik, 26.)

König. Reisebriefe des Malers Franz Niklaus König. (Berner Taschenbuch, 1883.)

Lalanne, Lud. Une vente de tableaux à Amsterdam vers la fin du XVIIIᵉ siècle. (Courrier de l'Art, III, 32.)

Laufer, Ferd. Theodor Mintrop, der Ackerknecht u. Maler. (Allg. Kunst-Chronik, 32.)

Lauser, W. Concurs-Skizzen für die Friese im Gemeinderaths-Saale des neuen Rathhauses. (Allg. Kunst-Chronik, 40.)

— C. R. Hubers historische Portraits. (Allg. Kunst-Chronik, 26.)

— La peste à Tournai. (La Fédération artistique, Nᵒˢ 37—40.)

Lazzarini, Gian Andrea. Dissertazione sulla pittura. 8⁰, 46 p. Pesaro, tip. Federici. (Pubblicazione per nozze Vaccaj-Gennari.)

Lazzaroni, Michele. Osservazione sopra alcuni monumenti principali di Roma (per intelligenza del piano topografico della città nel sec. XV), dipinti a fresco da Benozzo Gozzoli. (18 p. con fotografie.) 8⁰. Roma, tip. Tiberina.

Lee, Vernon. The youth of Raphael. (Art Journal, Octob. ff.)

Lefort. Chronologie des peintures de catacombes de Naples. (Mélanges d'archéologie et d'histoire, III, 1. 2 ff.)

Lehfeldt, P. Das Panorama der „Schlacht bei Sedan" in Berlin. (Allg. Kunst-Chronik, 44.)

Lenormant, Fr. Peintures antiques découvertes à la Farnésine. (Gazette archéol., p. 98 ff.)

Lévêque. Raphaël. (Journal des Savants, juin.)

Lewis, Fl. China Painting. With 16 Original Coloured Plates. 4⁰. London, Cassell. 5 s.

Lindau, M. B. Lucas Cranach. Ein Lebensbild aus dem Zeitalter der Reformation. Mit einem (facsm.) Bildniss des Lucas Cranach. gr. 8⁰, X, 402 S. Leipzig, Veit & Co. M. 8. —.

Lützow, Carl von. Zur Erinnerung an Peter von Cornelius. (Zeitschr. f. bildende Kunst, XIX, 1 ff.)

Lucot. Les Verrières de la chapelle du petit séminaire de Saint-Memmie-les-Châlons. 8⁰, 12 p. Châlons-sur-Marne, Martin.

Lützow, C. v. Raphael Santi von Urbino. (Monatsblätt. d. Wissenschaftl. Clubs in Wien, IV, 10.)

Maler, die, der Gegenwart. 1.—6. Lfg. (32 Holzschnitttafeln m. 6 Sp. Text.) f⁰. Wien, Bondy. à M. 1. —.

Mamiani, Terenzio. Celebrando gli Urbinati il quarto centenario del sommo loro conterraneo Raffaele Sanzio parole. 8⁰, 48 p. Pesaro, tip. Federici.

Mantz, P. Le Rubens de Saint-Bavon. (La Fédération artistique, Nᵒˢ 37—40.)

Marx, Roger. Silhouettes d'artistes contemporains. Friant. (L'Art, 461.)

Matejko's „Sobieski vor Wien". (Zeitschr. f. bild. Kunst, B. 45.)

Mercer. The „Apollo and Marsyas" of Raphael. (Academy, 580.)

Michel, A. Jules Dupré. (L'Art, 460.)

Michel, Emile. Rubens au musée de Munich. (L'Art, 451.)

Michelangelos jüngstes Gericht. (Historisch-politische Blätter, XCI.)

Minghetti. Raffaello a Roma sotto Giulio II. (Nuova Antologia, fasc. XII.)

Minghetti. Raphael in Rom unter Julius II. I. (Deutsche Revue, Juli.)

— Raphael in Rom unter Leo X. (Deutsche Revue, Sept.)

— Ultimo-periodo de Raffaello. (Nuova Antologia, 15. Sept.)

— Ultimo periodo di Raffaello. 1517—1520. (Nuova Antologia, XVIII.)

Morelli, Giov. Italian Masters in German Galleries: a Critical Essay on the Italian Pictures in the Galleries of Munich, Dresden, Berlin. Translated from the German by L. M. Richter. 8⁰, p. 440. London, Bell and S. 8 s. 6 d.

Mons, G. de. L'ancien atelier Portaels. (Revue artistique, Nos 170—171.)

Müntz, Eug. Etudes bibliographiques sur Raphael. (Courrier de l'Art, III, 25 ff.)

— Le missel de Mathias Corvin à la bibliothèque royale de Bruxelles. (Gazette archéol. 1883, p. 116 ff.)

Munkacsy's, A., Schilderij in Arti. Red. Christus voor Pilatus. (De Portefeuille, Nr. 16.)

Oberzell. Die Inschriften der Wandgemälde von Oberzell auf der Reichenau. (Zeitschr. f. bild. Kunst, XIX, B. 1.)

Paliard. Remarques sur un dessin de madonne par Raphael, conservé à l'Académie des Beaux-Arts de Venise. (Chronique des Arts, 25.)

Pattison, Émilia F. S. Les dessins de Claude Lorrain. Le livre de vérité. Les dessins d'après nature. (L'Art, 456 ff.)

La peinture décorative appliquée aux monuments, depuis les temps antiques jusqu'à la fin de la période de la renaissance. (Revue d'archéologie théorique, par Jacobs, N⁰ 6.)

Pietsch, L. W. W. Wereschagin. (Nord und Süd, Juni.)

Portaels, Jean. (L'Art moderne, 21.)

Preller, Fried. (Grenzboten, 27.)

Rahn, J. R. Die Glasgemälde Christoph Murers im Germanischen Museum zu Nürnberg. (Anzeiger f. schweizer. Alterthumskunde, 4.)

Regnet, C. A. Wilhelm Lindenschmit's Wandgemälde im neuen Rathhause zu Kaufbeuren. (Kunst u. Gewerbe, 11.)

Reichau, H. Raphael. (Pallas, IV, 3—6.)

Renan, Ern. Les mosaiques de Hamam-Lif. (Revue archéol., mars—avril.)

Riegel, Herm. Peter Cornelius. Festschrift zu d. grossen Künstlers hundertstem Geburtstage, 23. Septbr. 1883. 8⁰, XXII, 457 S. Mit 4 Lichtdr. u. 4 Holzschn. Berlin, v. Decker. M. 9. 50.

— Der hundertste Geburtstag von Cornelius. (Allg. Zeitung, B. 130.)

Roever, N. de. Een huwelijk van Rembrandt, waarvan de eerste afkondiging twee eeuwen na zijn dood heeft plaats gehad. (Oud-Holland, I, 2.)

— Jets over de kinderen en de begraafplaats van Antonie Palamedesz. (Oud-Holland, I, 2.)

— Meindert Hobbema. (Oud-Holland, I, 2.)

— Nadere bizonderheden betreffende Jan Theunisz Blanckenhoff, Jan Maat. (Oud-Holland, I. 1 ff.)

Rooses, M. Petrus-Paulus Rubens en Balthazar Moretus. (Bulletin Rubens, T. II, 1—2e livr.)

Rossetti, J. O. L. „On a Painting by Rosseti of Snowdrops in an Outlined Hand". (Academy, 579.)

Rossi, Ad. Genealogia e parentela di Raffaello. 1 tav. pubblicata per cura dell' Accad. di Belle Arti di Perugia, in occasione del centenario. Perugia, lit. Tilli.

Rubens, le, de S. Bavon. (Fédération artistique, 37.)

Ruelens, M. C. Les amis de Rubens. I. Nic Rockox. (Bulletin Rubens, T. II, 1.)

Ruggeri, Augusto. Pel IV centenario di Raffaello Sanzio: discorso commemorativo, letto in Perugia ecc. 8⁰, 32 p. Perugia, tip. Boncompagni e C.

Rusconi. Il mosaico antico della cattedrale di Novara. Novara, tip. commerciale.

Sahan. Die ältere deutsche Glasmalerei auf der ersten Stufe der Entwicklung. (Deutsch-evangel. Blätter, VIII, 8.)

Sala, G. A. Dutch Pictures. With some Sketches in the Flemish Manner, and Pictures done with a Quill. New edit. 8⁰, p. 396. London, Vizetelly. 5 s.

Schaaffhausen, Herm. Der Schädel Raphaels. Zur 400jährig. Geburtstagsfeier Raphael Santi's. 4⁰, 31 S. m. 2 Steintaf. Bonn, Cohen & Sohn. M. 3. —.

Schaufuss, L. W. Die Diagnostik in der Malerei. (Zeitschr. f. Kunst- u. Antiquitäten-Sammler, 1.)

Schultze. Der Maler W. Weretschagin. (Russische Revue, 6.)

Selvatico, P. Istanza all J. R. Luogotenenza (5 genn. 1856), per salvare i capolavori della pittura, pubblicata dal dott. R. Galli per nozze Ferruzzi-Sorgato. Venezia, stab. dell' Emporio.

Setti, A. Gli affreschi del palazzo Finzi in Sassuolo (prov. di Modena). 8⁰, p. 63. Milano, tip. Gius. Civelli.

Shee. Painters and their patrons. (Nineteenth Century, August.)

Springer, Ant. Raphaels Schule von Athen. Erläuternder Text zu dem Kupferstiche von Louis Jacoby m. (20 eingedr.) Illustr. (in Lichtdr., Lichtkpfrst. u. Zinkogr.) u. (8) Kunstbeilagen (in Fcsm. Kupferferst.) [Aus: „Die graph. Künste."] (LIV S.) Wien, Gesellschaft f. vervielfältigende Kunst. M. 15. —.

Stella, Guglielmo. Le pavement de la chapelle de Sainte Catherine à Sienne. (L'Art, 452.)

Stephens, F. G. The earlier works of Rossetti. (Portfolio, 162.)

Tessier, A. Di Francesco Maggiotto, pittore veneziano. 8⁰, p. 27. Venezia, tip. Visentini.

Van den Branden. Geschiedenis der Antwerpsche schilderschool. Bekroond met den eersten prijs in den wedstrijd geopend door de Regeering der stad Antwerpen. 8⁰, 42e livr. (p. 1313—1328.) Anvers, J. E. Buschmann. F. —. 40.

Un vitrail du XVIe siècle, représentant la famille van der Vorst, et qui se trouvait autrefois à l'église des SS. Michel et Gudule, à Bruxelles. (Revue d'archéologie théorique, N⁰ 7.)

Vitraux anciens. Planches, Nos 1 et 27. Paris, chromolith. Jehenne.

Vries Az, A. D. de. Het testament en sterfjaar van Gabriel Metsu. (Oud-Holland, I, 1.)

— Otto Marseus. (Oud-Holland, I, 2.)

— Rembrandt's dochter, Cornelia van Rijn, en haar echtgenoot Cornelis Suythof. (Oud-Holland, I, 3.)

— Willem Schellinks, schilder, teekenaar, etser, dichter. (Oud-Holland, I, 2.)

Wattenbach, W. Das paläographische Prachtwerk des Grafen Bastard. (Neues Archiv der Gesellsch. f. ältere deutsche Geschichtskunde, VIII, 3.)

Wauters, A. J. Le père de Nicolas Berchem. (Chronique des Arts, 26. 27.)

Wauters, A. J. Les commencements de l'ancienne école flamande de peinture antérieure aux Van Eyck. (Bull. de l'Acad. royale des sciences, des lettres et des beaux-arts de Belgique. 3e série, t. V, N⁰ 2.)

— Note sur un portrait de Philippe-le-Beau, jeune. (Bull. de l'Acad. royale des sciences, des lettres et des beaux-arts de Belgique, 3e série, t. V, N⁰ 3.)

— Recherches sur l'histoire de l'école flamande de peinture avant et pendant la première moitié du XVe siècle. 1er fasc. 8⁰, 71 p. (Extr. des Bull. de l'Acad. royale de Belgique, 3e série, t. V, N⁰ 2.) Bruxelles, imp. Hayez. fr. 2. —.

— Recherches sur l'histoire de l'école flamande de peinture dans la seconde moitié du XVe siècle. 1—3e fasc. 8⁰, 182 p. (Extr. des Bull. de l'Acad. royale de Belgique, 3e série, t. III, N⁰ 4, et t. V, N⁰ 4.)

— La vie d'Antoine de Messine dit ordinairement Antonello de Messine et son influence sur l'école italienne. (Bull. de l'Acad. royale de Belgique, 3e sér., V. 4)

Wernike, Ewald. Malerurkunden aus Löwenberg i. Schl. (Anzeig. f. K. d. deut. Vorzeit. 8.)

Wolters. De schilder van Arezzo, enz. (De Nederlandsche Spectator, 19.)

VI. Münz-, Medaillen-, Gemmenkunde, Heraldik.

Amiet, J. Gallischer Goldstater, gefunden zu La-Tène, bei Marin. (Anzeiger f. schweizer. Alterthumskunde, 2.)

— Der Münzforscher Andreas Morellius von Bern. Berner Taschenbuch, 1883.)

Babelon. Numismatique grecque; monnaies royales inédites. (Revue numismat. IIIe S., I. 2.)

Bardt. Der Münzfund von Lieberose. (Zeitschr. f. Numismat., XI, 2.)

Bartels, M. Die Gemme von Alsen und ihre Verwandten. (Zeitschr. d. Ges. f. Anthrop., Ethnol. u. Urgeschichte zu Berlin, 1883, 1. 2.)

Barthélemy. Numismatique gauloise. (Revue numismatique, IIIe S., I. 1.)

Basseroche, A. de. Ueber den Ursprung u. das Wappen der v. Beaulieu-Marconnay. (Deutscher Herold, 7. 8.)

Berliner Siegel und Medaillen. (Schriften d. Ver. für die Gesch. Berlins, 1883, 2.)

Biondelli. Nuova serie di monete e medaglioni greci inediti o rari conservati nel Medagliere del R. Gabinetto numismatico di Milano. (Rendiconti del R. Istituto Lombardo, XV.)

Bissinger, K. Die letzten Kupferkreuzer süddeutscher Währung. (Blätter f. Münzfreunde, XIX, 110.)

Blanchard. Le gros tournois est imité du sarrazinas chrétiens d'Arras. (Revue numismat., IIIe S., I. 2.)

— Sur quelques points obscures de la numismatique de Charles VIII. (Revue numismatique, III. S., I, 1.)

Blankenburg, Ad. Heraldisches. (Allg. Kunst-Chronik, 32.)

Bonnaffé, Edm. Note sur une vente de médailles par Rubens. (Courrier de l'Art, III, 30.)

Brichaut, M. A. Jetons de numismates. (Revue belge de numismatique, XXXIX, 2.)

— Quelques médailles françaises. (Revue belge de numismatique, XXXIX, 2.)

Brichaut, M. A. Sur les collections numismatiques dans le royaume de Suède. (Revue belge de numismat., XXXIX, 3.)

Bunbury. Additional Tetradrachms of Alexander the Great. (Numismatic Chronicle, P. 1.)

— Rare and unpublished coins of the Seleucidan kings of Syria. (Numismatic Chronicle, II.)

Busson, A. Einige Bemerkungen über die hohenlohischen Fünfzehner kaiserlichen Gepräges vom J. 1685. (Blätter f. Münzfreunde, XIX, 109.)

Caire, Pietro. Numismatica e sfragistica novarese (Monete, sigilli e medaglie novaresi): Memorie I, II e III. 8⁰, VI, 259 p. Novara, tip. frat. Miglio. L. 6. —.

Cartan. Triens mérovingien de la ville d'Antre, Franche-Comté. (Revue numismat., IIIe S., I, 2.)

Catalogue de médailles, monnaies et jetons. 18⁰, 28 p. Bruxelles, imp. Moens père et fils. Par an fr. 3. —.

Catalogue de médailles, monnaies et jetons. N⁰ 2. 24⁰, p. 29—60. Bruxelles, imp. Moens, père et fils. Par an fr. 3. —.

Cessac. Denier inédit de Hugues XI de Lusignan, comte de la Marche. (Revue numismat., IIIe S., I, 2.)

Charbouillet. Sur des médailles romaines récemment acquises par le Cabinet de France. (Revue numismatique, IIIe S., I, 1.)

Chestret, de. Numismatique de la révolution liégeoise. (Revue belge de numismatique, XXXIX, 2.)

Clermont-Ganneau. Sceaux et cachets israélites, phéniciens et syriens, suivis d'épigraphes phéniciennes inédites sur divers objets. (Journal asiatique, VIIIe S. I 3, II 1.)

— Sceaux et cachets israélites, phéniciens et syriens, suivis d'épigraphes phéniciennes inédites sur divers objets et de deux intailles cypriotes. 8⁰, 48 p. et 2 pl. Paris, Leroux.

Cumont, G. La monnaie des Etats-Belgiques Unis. (Revue belge de numis., XXXIX, 2.)

Dannenberg. Zur Münzkunde des Harzes. (Zeitschr. f. Numismatik, XI, 2.)

De l'origine des émaux de l'écusson cantonal Fribourgeois. (Bullet. littéraire et scientif. Suisse 1882, 10. 11.)

Danacoisne, L. Description de soixante et onze tessères de bronze. 8⁰, 11 p. et 3 pl. Paris, imp. Pillet et Dumoulin. (Extr. de l'Annuaire de la Soc. franç. de numismatique et d'archéologie, année 1883.)

De Paolis, Nicola. Questioni archeologiche, storiche, giuridiche, araldiche, a rifermare la sua „Dissertazione sullo stemma di Marcianise" (Caserta 1878) e ribattere le opinioni opposte. 2 vol. 8⁰. Catania, tip. Nobile. 1882.

Deschamps de Pas. Étude sur les monnaies de Calais. (Extr. de la Revue belge de numismatique.) 8⁰, 50 p. et 1 pl. Bruxelles, imp. Fr. Gobbaerts.

— Les premières monnaies des comtes de Flandre. (Revue numismat., IIIe S., I, 2.)

Drenthe. Deux trouvailles de monnaies carolingiennes dans la province de Drenthe. (Bull. mens. de numismat., 11. 12.)

Ephrussi, Ch. Les médailleurs de la renaissance. (L'Art · 456.)

Erbstein, J. u. A. Im J. 1594 verfolgte italienische Nachahmungen von Strassburger halben Batzen. (Zeitschr. f. Museologie, 18.)

— Ein Doppelschilling Herzog Friedr. Ulrich's von Braunschweig mit der irrigen Jahrzahl 1612. (Blätter f. Münzfreunde, XIX, 109.)

Fahne, A. Denkmale und Ahnentafeln in Rheinland u. Westfalen. 6. Bd.: Der kleine Waldt der freyen Reichs statt Collen von Joan Gabr. v. der Ketten. 8⁰, III, 190 S. Düsseldorf, Schaub. M. 5. —.

Forrer, R. Der Bracteatenfund bei Steckborn. (Antiqua, 1883.)

Friedensburg. Die ersten Münzen der Pfalzgrafen Otto Heinrich u. Philipp. (Zeitschr. f. Numismat., XI, 2.)

Gallo, G. Granato con figura di Mercurio (per una incis.). 8⁰, p. 6. S. I., tip. del Calabrese.

Gandini, L. A. Intorno ad un disegno d'un tessuto attribuito al sec. XIII: descrizione. 4⁰, 8 p. Modena, Società tipogr.

Gardner. Early oriental coins. (Antiquary, sept.)

Gariel et Cocheteux. Philippe-Auguste et Louis VIII ont-ils frappé monnaie dans Tournai? (Revue belge de numismatique, 2.)

Gill. Seventeenth century tokens of Hampshire not described in Boyne's work. (Numismat. Chronicle, II.)

Halke, H. Einleitung in das Studium der Numismatik. 8⁰, XII, 164 S. Berlin 1882. F. & P. Lehmann. M. 3. —.

Head. Coinage of Alexander. (Numismatic Chronicle, P. 1.)

Hess, A. Die siebenbürgischen Münzen des fürstl. Montenuovo'schen Münz-Cabinets beschrieben. Mit 6 (lith.) Taf. 8⁰, XVI, 222 S. Frankfurt a. M., Hess. M. 8. —.

Hildebrand, H. Heraldiska studier. I. Det svenska riksvapnet. (Antiquarisk tidskrift för Sverige, Sjunde Delen 1883, 1—3e häftet.)

Hirsch, Alex. Die Medaillen auf den Entsatz Wiens 1683 beschrieben. 4⁰, VI, 35 S. Mit 8 (Lichtdr.-) Taf. Wien, Lechner's Verlag. M. 9.—.

Hohenlohe-Waldenburg, F. K., Fürst v. Der Reichsadler auf den Wappensiegeln d. deutschen Kaiser u. Könige. (Archiv d. hist. Ver. für Unterfranken, XXVI, 1. 2.)

Hohlfeld, V. Tabellarische Uebersicht der nach dem Conventions-, dem XIV Thaler- und dem XXX Thaler-Fusse geschlagenen Courant-Münzen des Königreichs Sachsen nebst einem Anhange von Probemünzen u. Abschlägen aus der Zeit von 1806–1873. (Blätter f. Münzfreunde, XIX, 110.)

Howorth. Some Re-Attributions. (Numismatic Chronicle, P. 1.)

Hultsch. Annähernde Bestimmung der Mischungsverhältnisse einiger Electromünzen. (Zeitschr. f. Numismat., XI, 2.)

Imhoof-Blumer, F. Choix de monnaies grecques de la collection de F.I.-B. 2e éd. (9 Kupfertaf. m. 1 Bl. Text.) gr. 4⁰. Paris, Leipzig, K. F. Köhler. 3 Ausg. à M. 12. —. f⁰. M. 16.—., auf chin. Pap. M. 20. —.

–- Monnaies grecques. Publié par l'académie royale néerlandaise des sciences. (IV, 518 S. m. 9 Lichtdr.-Taf.) Leipzig, K. F. Köhler. Cart. M. 45. —.

Jatta, Giul. Le monete greche di argento della Magna Grecia. 8⁰, p. 139. Trani, V. Vecchi e C.

Johannet, Edm. Andrieu, graveur en médailles. 1761—1822. (L'Art, 455.)

Joseph, P. Der Bretzenheimer Münzfund. (Zeitschr. d. Ver. z. Erforschung d. rhein. Gesch. in Mainz, III, 2. 3.)

Keary. Coinage of the British Islands. I. (Antiquary, Juni, August.)

Kuntz, C. Monete inedite o rare di zecche italiane. (Cont.) (Archeografo triestino, vol. X, fasc. 1—2.)

Le Blant. Une collection de pierres gravées à la bibliothèque de Ravenne. (Mélanges d'archéologie et d'histoire, III, 1. 2.)

Lenormant, F. L'archer crétois. (Revue numismat., IIIe S., I, 2.)

— Monnaies et Médailles. 8⁰, 328 p. avec 151 fig. Paris, Quantin. fr. 3. —. (Bibl. de l'enseignement des Beaux-Arts.)

— Les principes d'art des anciens dans la composition et la décoration des monnaies. (L'Art, 452 ff.)

— Sur une monnaie de Sybaris. (Revue numismatique, IIIe S., I, 1.)

Lepaulle, E. Note sur l'atelier monétaire de Lyon à l'époque de la réforme de Dioclétien, à propos d'une trouvaille faite à Lancié en 1880. 4⁰, 25 p. et pl. Lyon, imp. Perrin.

Lind, K. Sphragistische Denkmale Albrechts, des ersten habsburgischen Herzogs von Oesterreich u. seiner Gemahlin Elisabeth. — Die Ruhestätten der ersten österreichischen Habsburger. (Blätter f. Landeskunde v. Niederösterreich, XVI.)

Luschin v. Ebengreuth, A. Das Münzwesen in Oesterreich zur Zeit König Rudolfs I. von Habsburg. (Blätter d. Ver. f. Landeskunde v. Niederösterr., XVI.)

Maxe-Werly. Monnaies seigneuriales françaises inédites ou peu connues. (Revue numismat., IIIe S., I, 2.)

Medaglia (la) monumentale in onore di C. Cantu. Presentazione ed elenco dei sottoscrittori. 8⁰, 58 p. con encis. Torino, V. Bona tip.

Médailles frappées en l'honneur de Belges établis à l'étranger. (Bullet. mens. de numismat., 11. 12.)

Meissner, M. J. Ueber Christian Wermuth und seine satirischen Medaillen. (Blätter f. Münzfreunde, XIX, 109.)

Menadier, J. Ueber die herzogl. Münzsammlung zu Braunschweig. (Numismat.-sphragist. Anzeiger, XIV, 3—6.)

Menant, J. Les Pierres gravées de la haute Asie; Recherches sur la glyptique orientale. 1re partie: Cylindres de la Chaldée. gr. 8⁰, VII, 263 p. avec 167 fig. et 6 pl. hors texte. Paris, Maisonneuve et Cie.

Meyer-Kraus, B. Wappenbuch der Stadt Basel. f⁰. Basel, Detloff. 1883.

Mommsen, Th. Der Denarschatz von Ossolaro. (Zeitschr. f. Numismat., XI, 2.)

Monete scoperte a Tenero nell' inverno 1881—1882. (Bollett. stor. della Svizzera ital., novemb. 1882.)

La monnaie de Tournai sous les rois de France. (Bull. mensuel de numismatique et d'archéologie, II, 7—10.)

Les monnaies de Jean de Bavière et de sa veuve Elisabeth de Görlitz, ducs du Luxembourg. (Bull. mensuel de numismatique et d'archéologie, II, 7—10.)

Monnaies féodales: Minorité de Philippe-le-Beau (Brabant), Jean II comte de Namur. (Bull. mensuel de numismatique, Nos 11—12.)

Montagu. Silver Stycas of Northumbria and York. (Numismatic Chronicle, P. 1.)

Muret. Monnaies antiques, rares ou inédites, du cabinet de France. (Rev. numismat., VII, S. I, 1.)

Nahuys, M. Le droit de battre monnaie possédé et exercé par les comtes de Hohenlohe. (Revue belge de numismatique, XXXIX, 3.)

— Deux médailles en l'honneur du général F. A. de Favrat Jacquier de Bernay. (Revue belge de numismat., 4.)

Nahuys, M. Zur Geschichte des französischen Blasons. (Monatsbl. d. k. k. herald. Gesellsch. Adler in Wien, 1883, 32.)

Newald, J. Beiträge zur Geschichte des österr. Münzwesens während der Zeit von 1622—1650. (Blätter d. Ver. f. Landeskunde von Niederösterreich, XVI.)

Notice sur deux trouvailles des monnaies carlovingiennes, faites dans la province de Drenthe (Pays-Bas). (Bull. mensuel de numismatique, Nos 11—12.)

Oman. Gardner's Types of Greek Coins. (Academy, 577.)

Orgels. Documents relatifs à la S. Barthélemy et aux médailles frappées pour la glorification de cet événement. (Bullet. mens. de numismat., III, 1. 2.)

Paluzie y Cantalozella, E. Blasones españoles y apuntes históricas de las cuarenta y nueve capitales de provincia. 8⁰, 196 p. Madrid, B. Perdiguero y Comp. 7 y 8.

Petenegg, E. G. Gf. v. Das Stammwappen des Hauses Habsburg. (Blätter d. Ver. f. Landeskunde v. Niederösterr., XVI.)

Petersen, H. Skoldefrisen i Sorö Kirke. Et kritisk Bidrag til dansk Heraldik. (Aarböger. Kongelige Nordiske Oldskrift-Selskab, 1882, 4. 1883, 1.)

Pinchart. Monnayage à l'atelier de Reckheim, en 1385. (Revue belge de numismatique, XXXIX, 3.)

Promis. Monete di zecche italiane inedite o corrette: memoria IV (con tavole). (Miscellanea di storia italiana, edita per cura della Regia Deputazione di storia patria, Tomo XXI.)

Pownall. Papal medas of the fifteenth century. (Numismatic Chronicle, II.)

Rahn, J. R. Der Schild von Seedorf. (Anzeiger f. schweizer. Alterthumskunde, 2.)

Riocour, E de. Les Monnaies lorraines. 8⁰, 108 p. Nancy, imp. Crépin-Leblond. (Extr. des Mém. de la Soc. d'archéol. lorraine pour 1883.)

Ritsert, Fr. Zu Conrad Grünenbergs, Ritters u. Bürgers zu Constanz, Wappenbuch. (Correspondenzbl. d. Gesammtver. d. deut. Gesch.-Ver., XXXI, 4. 5.)

Roman. Monnaies mérovingiennes des cités d'Embrun et de Gap. (Rev. numism., IIIe S. I, 2.)

Roumieux, Ch. Description d'une troisième série de cent médailles génevoises inédites. (Bullet. de l'institut national génevois, XXIV.)

Sallet, v. Deutsche Guss-Medaillen aus dem XVI. u. dem Beginn des XVII. Jahrh. — Fulvia oder Octavia. (Zeitschr. f. Numismat., XI, 2.)

Samwer, K. Geschichte des älteren römischen Münzwesens bis ca. 200 v. Christi (554 der Stadt). Aus den hinterlassenen Papieren hrsg. von M. Bahrfeldt. Mit 4 Lichtdr.-Taf. u. e. (chromolith.) Karte. 8⁰, 215 S. Berlin, Kühl. M. 7. —.

Saurma-Jeltsch, H. Frhr. v. Schlesische Münzen u. Medaillen. Namens des Vereins f. das Museum schles. Alterthümer hrsg. 2 Theile (IV, 79 S. m. 55 Holzschn.-Taf.). 4⁰. Breslau, Woywod. M. 10. —.

Schalk, K. Wiener Münzverhältnisse im ersten Viertel des XV. Jahrhunderts. (Mittheil. d. Instit. f. österr. Geschichtsforschung, IV, 4.)

Schlumberger. Documents pour servir à l'histoire des thèmes byzantins (sceaux de plomb inédits de fonctionnaires provinciaux). (Revue archéologique, mai—juin.)

— Sceaux byzantins. (Bull. de correspondance hellénique, 3—4.)

Schodt, de. Terme sur les médailles d'Octave Auguste. (Revue belge de numismat., 4.)

Schratz, W. Münzfund in Regensburg. (Numismat.-sphragist. Anzeiger, XIV, 3—6.)

— Die Regensburger Rathszeichen. (Verhandlungen d. hist. Ver. von Oberpfalz, XXXVII.)

Serrure, R. Numismatique féodale. Monnaies d'or inédites des comtes de Ligny en Barrois. (Bull. mensuel de numismatique et d'archéologie, 3e année, Nos 1—2.)

Sforza, G. Illustrazione storica di alcuni sigilli antichi della Lunigiana. (Giornale ligustico, X, 4.)

I sigilli antichi della Svizzera italiana. (Bollet. stor. della Svizzera ital., 6.)

Sigles des division de la drachme lors de l'étalon d'argent en Egypte. (Rev. égyptolog., III, 1.)

Smith, A. The Human Hand on Hiberno-Danish Coins. (Numismatic Chronicle, P. 1.)

Sorlin - Dorigny. Le droit de monnayage des communautés non musulmanes de l'empire ottoman. (Revue numismat., IIIe S., I, 2.)

Stenzel, Th. Die neuesten Münzfunde in Anhalt. (Mittheil. d. Ver. f. anhalt. Gesch., III, 7.)

Le système monétaire en Flandre sous les ducs de Bourgogne. (La Flandre, 3e série, t. IV, 4—5e livr.)

Taillebois, E. La Monnaie morlane au nom de Centulle, à propos de la découverte de 707 deniers et oboles faite à Pessan (Gers). 8⁰, 19 p. Dax, imp. Justère. (Extr. du Bull. de la Soc. de Borda.)

— Recherches sur la numismatique de la Novempopulanie depuis les premiers temps jusqu'à nos jours. 8⁰, 56 p. Dax, imp. Justère. (Extr. des Mém. du congr. scientifique de Dax.)

Thomas, E. Coins of the East India Company, in Bombay under the Charters of Charles II. (Numismatic Chronicle, P. 1.)

Tournal. La corporation des tailleurs de pierres de Tournai. (Messager des sciences histor., 2.)

Trouvaille de monnaies du XIIIe siècle à Mobiville, Namur. (Bullet. mens. de numismat., III, 1. 2.)

Trouvailles de monnaies carlovingiennes dans la province de Drenthe. (Bull. mensuel de numismatique et d'archéologie, II, 7—10.)

Vallier, G. Bretagne et Dauphiné, notice sur des médailles et jetons frappés aux armes de France, Dauphiné et Bretagne. 8⁰, 53 p. et 2 pl. Tours, imp. Bousrez.

Van Vleuten. Ringsheimer Münzfund. (Jahrbücher d. Ver. von Alterthumsfreunden im Rheinlande, LXXV.)

Die Vierthaler Joachim's I. von Brandenburg. (Numismat.-sphragist. Anzeiger, XIV, 3—6.)

Waddington. Numismatique de l'Isaurie et de la Lycaonie. (Revue numismatique, IIIe S., I, 1.)

Wakeford. On a hoard of early english coins of Henry I and Stephen 1135—1140. (Numismatic Chronicle, II.)

Wauters. Le monnayage de l'or en Belgique au XIIe et au XIIIe siècle. (Bull. mensuel de numismatique et d'archéologie, II, 7—10.)

Weil. Bericht über antike Numismatik 1877—1880. (Jahresber. über die Fortschritte der classischen Alterthumswissenschaft, 7. 8.)

Wright, W. Four ancient oriental gems. (Proceed. of the soc. of biblical archæol., 3. April.)

Zeller, G. Des Erzstiftes Salzburg Münzrecht u. Münzwesen nebst Verzeichniss der salzburg. u. auf Salzburg Bezug habenden Münzen u. Medaillen. 2. verm. u. verb. Aufl. (III, 127 S. u. 1 Steindr.-Taf.) 4⁰. Salzburg, Dieter. M. 8. —.

Zimmermann, P. Zur welfischen Siegelkunde. (Anzeiger f. K. d. deut. Vorzeit, 7.)

VII. Schrift, Druck u. graphische Künste.

Achaintre, A. Étude sur les impressions en couleur. 18⁰, 68 p. et portr. Paris, Lahure.

Ambros, Jos. Die Rundschrift. Systematisch geordneter Uebungsstoff für Bürger-, Gewerbe-, Handels- u. Mittelschulen, Lehrexbildungsanstalten wie zum Selbstunterrichte. Grosse Ausg. 4⁰, 31 Bl. Wien, Pichlers We. & Sohn. M. 1. —.

Amman's, Jost, Ehebrecherbrücke des Königs Artus. Fcsm.-Reproduction d. aus 8 Blättern bestehenden Original-Holzschnittes (Andresen Nr. 73) nach dem einzigen bekannten Exempl. in d. Sammlg. d. † k. k. Feldzeugmeisters Ritter v. Hauslab zu Wien. gr. f⁰. Leipzig, Hirth. In Mappe M. 15. —.

Bernoni, Dominico. Antonio Blado e la sua stamperia in Roma (nel secolo XVI) con notizie sulla edizione principe delle opere di Nicolo Machiavelli. 8⁰, 27 p. Ascoli, stab. di Emidio Cesari. L. 1. —.

Bucher. Zum achtzigsten Geburtstage L. Richters. (Grenzboten, 40.)

Bücher-Ausstattung, Ueber modernste. (Blätter f. Kunstgew., 10.)

Bürde, E. Neue Goethe-Illustrationen. (Allg. Kunst-Chronik, 36.)

Bulletin de la Société des bibliophiles bretons et de l'histoire de Bretagne. 6e année. 1882—1883. 8⁰, 63 p. Nantes, imp. Forest et Grimaud.

Catalogo delle migliori stampe d'incisioni in rame che esistono nella R. Calcografia di Roma. 32⁰, p. 32. Roma, tip. Forzani e C.

Catalogue des Alsatica de la bibliothèque d'Oscar Berger-Levrault. 2 vol. 8⁰. 1re partie. (XVIIe et XVIIIe siècles; Consulat et Empire.) VIII, 208 p.; 2e partie (XIXe siècle). 203 p. Nancy, imp. Berger-Levrault et Cie.

Catalogue des livres précieux, manuscrits et imprimés faisant partie de la bibliothèque de M. Ambroise Firmin-Didot, de l'Académie des inscriptions et belles-lettres (théologie, jurisprudence, sciences, arts, lettres, histoire), dont la vente aura lieu du 11 au 16 juin 1883. 8⁰, 192 p. Paris, Vᵉ Labitte.

Claye, J. Typographie; Manuel de l'apprenti compositeur. 3e édit., revue, corrigée et augmentée. 18⁰, IV, 207 p. Paris, Quantin. fr. 3. —.

Conway. Upon some of the block-books of the Netherlands. (Bibliographer, Juli.)

Delaborde, H. La Gravure en Italie avant Marc-Antoine (1452—1505). (291 p. avec 106 grav. dont 5 hors texte.) 4⁰. Paris, Rouam. fr. 25. —. (Bibliothèque internationale de l'Art.)

Delisle, L. Les manuscrits du comte d'Ashburnham. (Bibliothèque de l'école des chartes, 2e et 3e livr.)

— Les très anciens manuscrits du fonds Libri dans les collections d'Ashburnham-Palace. (Comptes rendus de l'académie des inscriptions et belles lettres, janvier—mars.)

— Les très anciens monuments du fonds Libri dans les collections d'Ashburnham-Palace. 8⁰, 32 p. Paris, imp. nationale. (Extr. des Comptes rendus de l'Académie des inscriptions et belles-lettres 1883.)

— Les manuscrits du comte d'Ashburnham; rapport adressé à M. le ministre de l'instruction publique et des beaux-arts. 8⁰, 23 p. Paris, Champion. (Extr. de la Bibl. de l'Ecole des chartes, 1883.)

Delisle. Les manuscrits du comte d'Ashburnham, rapport au ministre de l'instruction publique et des beaux-arts, suivi d'observations sur les plus anciens manuscrits du fonds Libri et sur plusieurs manuscrits du fonds Barrois. 4⁰, VIII, 127 p. Paris, imp. nationale.

— Notice sur les manuscrits disparus de la bibliothèque de Tours pendant la première moitié du XIXe siècle. 4⁰, 204 p. Paris, imp. nationale. (Extraits des notices et extraits des manuscrits. T. 31, première partie.)

Diaz y Pérez. Las bibliotecas en España. (Revista contemporánea, 15. Sept.)

Diegerick, A. Essai de bibliographie yproise. (Ann. de la Soc. histor., archéol. et litt. de la ville d'Ypres et de l'ancienne West-Flandre, t. IX, 3e—4e livr.)

Dutuit, E. Quel est l'inventeur de l'imprimerie? (Le Livre, octobre.)

Faloci-Pulignani, M. Della storia del Perdono di Assisi stampata in Trevi nel 1470. Notizia bibliografica. 8⁰, 16 p. Foligno, tip. Sgariglia. 1882.

Ein merkwürdiger noch unbeschriebener Kupferstich. (Zeitschr. f. Museologie, 21.)

El incunable más antiguo de la antigua biblioteca del que fué Colegio mayor de Santa Cruz de Valladolid. (Revista de archivos, 8.)

Falk. Zur Erfindungsgeschichte der Buchdruckerkunst. (Zeitschr. d. Ver. z. Erforschg. d. rhein. Gesch. in Mainz, III, 2. 3.)

Félix, J. Les anciens imprimeurs. Certificat de l'examen universitaire d'un imprimeur rouennais. 8⁰, 15 p. Rouen, imp. Cagniard.

Franken, D. et J. P. van der Kellen. L'oeuvre de Jean van de Velde. 8⁰, 200 p. Paris, Rapilly.

Frantz, A. Geschichte des Kupferstichs. Ein Versuch. 8⁰, 307 p. Magdeburg, Creutz. M. 6. —.

Goebel, Th. Friedrich König u. die Erfindung der Schnellpresse. Ein biograph. Denkmal. (VIII, 279 S. m. eingedr. Holzschn., 5 Lichtdr. u. 1 Fcsm.) gr. 4⁰. Stuttgart, Kröner. M. 15. —.

Hauréau. Sur les manuscrits disparus de la bibliothèque de Tours. (Journal des Savants, septembre.)

Herbst, A. G. Canzlei-Initialen, entworfen und für den Schreibunterricht hrsg. qu. f⁰, 11 lith. Bl. Hamburg, Döring. M. 2. —.

Ilgenstein. Ein neuer Druck Gutenbergs in deutscher Sprache. (Neuer Anzeiger f. Bibliographie, 10.)

Japanisches Papier. (Schweizer. Gewerbebl., 15.)

Klein, Johs. Der Rosenkranz in 20 Bildern, geschnitten u. in Farben ausgeführt von Heinrich Knöfler. Begleitet mit e. erklär. u. anreg. Text. 16⁰, 19 S. Würzburg, Woerl. M. 3. —.

Kronprinz-Album. 24 Lichtkupferstiche. Text von O. Berggruen. (Gesellsch. f. vervielfält. Kunst in Wien, 1883.)

Lefèvre, T. Guide pratique du compositeur et de l'imprimeur typographiques, suivi de notions précises sur les divers cliches et sur la galvanoplastique. Nouv. édit., augmentée et refondue en un seul vol. 8⁰, XIV, 756 p. avec fig. et 7 pl. Paris, Firmin-Didot et Cie.

Le Petit, J. L'ornementation des livres, à propos de l'exposition rétrospective de l'Union centrale. (Gaz. des B.-Arts, août.)

Le Vavasseur, G., de Contades et Gaulier. Cantou de Briouze: essai de bibliographie cantonale. 12⁰, 102 p. Paris, Champion.

Lukas v. Leyden, Das Leiden Christi. 14 Blätter in Kupfer gestochen von J. Müller. gr. 8⁰, 4 S. Text. Regensburg, Manz. M. 2. 80.

Lübke, W. Ein florentiner Holzschnitt des XV. Jahrhunderts. (Zeitschr. f. bild. Kunst, 11.)

Mayer, A. Wiens Buchdruckergeschichte 1482 bis 1882. Hrsg. von den Buchdruckern Wiens. I. Bd. 1482—1682. gr. 4⁰, XVI, 404 S. m. Buntdrucktitel u. in den Text gedr. Holzschn. Wien, Frick. M. 24. —.

Meta, Osc. Der Steindrucker an der Schnellpresse, nebst e. Abhandlg. über die Farben in der Chromolithographie. 8⁰, IV, 59 S. Wien, Heim. 1884. M. 2. —.

Meyer, B. Glasphotogramme f. den kunstwissenschaftlichen Unterricht, im Projectionsapparat zu gebrauchen. 1. Verzeichniss (Nr. 1—4000). Mit e. Einleitg. u. e. reich illustr. Abhandlg. üb. „Projectionskunst". gr. 4⁰, XXXII, 128 Sp. Karlsruhe, Selbstverlag. (3 Ausgaben à M. 2. —., M. 3. —., M. 5. —.)

Michel Angelo. Die Propheten u. Sibyllen in der Sixtina. 13 Blätter u. dem Bildnisse Michel Angelo's gestochen von F. Ruscheweyh. gr. 8⁰, 7. S. Text. Regensburg, Manz. M. 2. 80.

Munier, M. Die Paläographie als Wissenschaft u. die Inschriften des Mainzer Museums. 4⁰, 29 S. m. 1 Taf. Mainz, Diemer. M. 1. —.

Muther, R. Die ältesten deutschen Bilder-Bibeln. Bibliographisch u. kunsthistorisch beschrieben. 8⁰, 68 S. München, Huttler. M. 1. 50.

— Die deutsche Bücherillustration der Gothik u. Frührenaissance. 1460—1530. (In ca. 6 Lfgn.) 1. Lfg. f⁰, XVI, 40 u. Illustr. 56 S. Leipzig, Hirth. M. 20. —.

— Illustrirte Prachtwerke des 15. u. 16. Jahrh. (Grenzboten, Nr. 29.)

Noir et blanc, journal des arts graphiques. (Dessin, gravure, eau-forte, lithographie, aquarelles, pastels, miniatures, faïences, etc. etc.) 1re année. N⁰ 1. 1er août 1883. f⁰, à 3 col. 4 p. Paris, un an fr. 5. —. (Paraît le 1er et le 15 de chaque mois.)

Nordhoff, J. B. Nachlese zur Buchdruckergeschichte Westfalens. (Zeitschr. d. Ver. f. Gesch. Westfalens, Bd. 41.)

Omont, H. Notes sur quelques manuscrits d'Autun, Besançon et Dijon; précédées du projet d'un catalogue général des manuscrits de France en 1725. 8⁰, 51 p. Paris, Champion.

Pantassi, V. I codici miniati. 8⁰, 97 p. con 20 tav. Torino, E. Loescher. L. 4. —.

Perin, C. Recherches bibliographiques sur le département de l'Aisne. Catalogue des tables des livres, chartes, lettres-patentes, édits, arrêts, lois, biographies, notices et documents imprimés concernant le département de l'Aisne. Troisième partie. 8⁰, VII, 555 p. Soissons, imp. Fosse-d'Arcosse fils.

Priscianese, Francesco, tipografo di Roma nel secolo XVI. Del governo della Casa d'un signore in Roma (1543); ristampa, con prefazione di L. Bartolucci. 16⁰, XI, 83 p. Città di Castello, L. Lassi. L. 4. —.

Raffael Santi. Die Loggien im Vatican zu Rom. 43 Tafeln (in Lichtdr.) nach den Kupferstichen von Volpato und Ottaviani, m. e. Vorwort von Ad. Rosenberg. 2 S. Text. Berlin, Wasmuth. In Mappe M. 40. —.

Raphael's Madonnen und heilige Familien, in Nachbildungen nach Kupferstichen u. Photographien hrsg. v. Ad. Gutbier. Mit einer Einleitung v. Wilh. Lübke. Lichtdr. v. Martin Rommel in Stuttgart. 4⁰, 20 S. m. 44 Taf. Dresden 1883, Gutbier. M. 30. —.

Raphael. Die Stanzen d. Vatikan in Nachbildgn. nach Kupferstichen hrsg. v. Ad. Gutbier. Mit erläut. Text v. Wilh. Lübke. Lichtdruck von Martin Rommel in Stuttgart. (In 9 Lfgn.) 1. Lfg. (4 Taf.) 4⁰. Dresden, Gutbier. M. 3. —.

Raphael u. Marc Anton. Christus und die Apostel. 13 Blätter gestochen von F. Ruscheweyh. 8⁰, 7 S. Text. Regensburg, Manz. M. 2. 80.

Robertson, H. R. The Art of Etching Explained and Illustrated, with Remarks on the Allied Processes of Drypoint, Mezzotint and Aquatint. 12⁰, p. 62. London, Winsor & Newton. 1 s.

Rouveyre, E. Connaissances nécessaires à un bibliophile. 3e éd., revue, corrigée et augmentée. Première partie, accompagnée de 7 pl. et de 5 spécimens de papier. 8⁰, XIV, 200 p. Paris, Rouveyre et Blond. fr. 5. —.

Russi, M. Paleografia e Diplomatica de documenti delle provincie napolitane. 16⁰, con 20 tav. Napoli.

Saggio dei caratteri delle tipografia Elzeviriana di Adelaide vedova Pateras. Roma, tip. Elzeviriana nel Ministerio delle finanze.

Schiffmann, F. J. Samuel Apiarius, der älteste Buchdrucker Solothurns, 1565—1566. (Archiv f. Gesch. des deutschen Buchhandels, VIII; Bibliographie u. litter. Chronik der Schweiz, 3.4.)

Schorn, O. v. Die Schrift u. ihre Reform. (Kunst u. Gewerbe, 10 ff.)

Sepp, Chr. Bibliographische mededeelingen. 8⁰, 4 en 273 bl. Leiden, E. J. Brill. F. 3. 25.

Ueber Spielkarten. (Blätter f. Kunstgew., 11 ff.)

Springer, Anton. Zum achtzigsten Geburtstage Ludwig Richters. (Zeitschr. f. bild. Kunst, 12.)

Stang's, Rudolf, Stich der Pseudo-Fornarina. (Allg. Zeitg., B. 280.)

Tourneux, M. Greuze et ses graveurs. (Courrier de l'Art, 41.)

Vandenpeereboom, A. Guillaume du Tielt, graveur; note sur sa vie et ses oeuvres. (Ann. de la Soc. hist. archéol. et litt. de la ville d'Ypres en Flandre, t. IX, 3e—4e livr.)

Van Deyssel. Gustave Doré. (De Dietsche Warande, IV, 5.)

Vautier, B. Kurzweil und Zeitvertreib. Bilder aus dem Leben in 12 Bleistiftzeichnungen (in Lichtdr.). f⁰. München, Ackermann. In Mappe M. 20. —.

Vorsterman van Oyen. Les Van Ghelen, imprimeurs. (Messager des sciences historiques, 1re livr. 1883. Gand.)

Vries Az, A. D. de. De plaatsnijder en landmeter Cornelis Florissen van Berckenrode en zijn familje. (Oud-Holland, I, 1.)

Weisse, G. L. Richter. (Deut. Kunstbl., III, 1.)

Wessely, J. E. Adrian Ludwig Richter. (Graphische Künste, VI, 1.)

Wiener Buchdruckerkunst. (Allgemeine Kunst-Chronik, 40)

VIII. Kunstindustrie. Costüme.

Andree. Die Durchbohrung der Steingeräthe bei den Naturvölkern. (Globus, 11, 12.)

Arendt, K. Sammlung verschiedener, nach eigenen Entwürfen meist im apostol. Vikariate Luxemburg ausgeführter Altäre, Kanzeln u. sonstiger Kirchenmöbel im romanischen u. gothischen Stile. Praktisches Hilfsbuch für Architekten, Kirchen- u. Gemeindevorstände, Kunst- u. Gewerbeschulen, sowie f. Kunstfreunde u. Kunsthandwerker. Suppl. 1. Lfg. (3 Taf. in Aubeldr. m. 1 Bl. Text.) gr. f⁰. Luxemburg Brück. M. 4. —.

Arnoux. Les arts décoratifs. (La jeune Belgique, sept.)

Ashenhurst, T. R. Design in Textile Fabrics. With 10 Coloured Plates and 106 Diagrams. 256 p. London, Cassell. 4 s. 6 d.

Aus'm Weerth. Römische Gläser. (Jahrb. des Ver. von Alterthumsfreunden im Rheinlande, 74.)

Aynard, E. L'Industrie lyonnaise de la soie au point de vue de l'art et de l'enseignement technique, observations présentées à la Société d'économie politique de Lyon, le 26 janvier 1883. 8⁰, 40 p. Lyon, imp. Mougin-Rusand.

Bapbst, G. L'orfèvrerie d'étain dans l'antiquité. (Revue archéol., mars, avril.)

Beaurepaire, H. Les tapisseries de Saint-Mammès. (Courrier de l'Art, 37.)

Beissel. Der Marienschrein des Aachener Münsters. (Zeitschr. d. Aachener Geschichtsvereins, V, 1. 2.)

Blez, J. de. L'art du cuivre au Cachemire. (Revue des arts décor., IV, 1.)

Bindi, V. Le majoliche di Castelli ed i pittori che le illustrarono: notizie storiche. Seconda ediz., modificata e corretta, in molte parti interamente rifatta, e di non poche notizie inedite accresciuta. 8⁰, p. 302. Napoli, F. Furchheim. L. 14. —.

Bippen, W. v. Bremische Kanonen. Inschriften nebst anderen Mittheilungen über das städtische Geschütz. (Bremisches Jahrbuch, XII.)

Ritard, A. Les Arts et Métiers illustrés. Livr. 1—2. gr. 8⁰, p. 1 à 16. Paris, Rouff et Cie. La livr. 10 c.

Bled, O. Notice sur la cloche de l'église de Saint-Denis et sur la bancloque de Saint-Omer. 8⁰, 50 p. Saint-Omer, imp. D'Homont.

Bliggenstorffer, B. Die Angriffswaffen des Mittelalters. (Antiqua, 1883.)

Boeheim, W. Die Sammlung alter Geschütze im k. k. Artillerie-Arsenal zu Wien. I. (Mittheilungen d. k. k. Centr.-Commiss., N. F., IX, 2.)

Brailsford. A Transitional Period in Arms and Armour. (Antiquary, july.)

Brentari, O. L'arte aurificiaria a Bassano: notiziette, pubblicate da V. Brandestini per nozze Brandestini-Ziz. 32⁰, p. 32. Bassano, tip. Pozzato.

Bronzestudien. (Kunst u. Gewerbe, 10.)

Bruck, G. J. Orientalische Keramik. (Zeitschr. f. Kunst- u. Antiquitäten-Sammler, 1 ff.)

Bruzza, L. Frammento di un disco di vetro che rappresenta i Vicennali di Diocleziano. Roma, tip. Salviucci, 1882.

Bureau, Th. Technologie des matières textiles. Notes prises au cours professé à l'école spéciale des arts et manufactures de l'Université de Gand. 4⁰, 235 p. avec 17 pl. hors texte et de nombreuses fig. dans le texte. Gand, A. Hoste. Autographie. fr. 17.

Cellière, L. Traité élémentaire de peinture en céramique. 4e édit., revue et augmentée. 8⁰, IV, 132 p. Beauvais, imp. Pere.

Cesnola, di. On specimens of ancient goldsmiths art found in Cyprus. (Journ. of the Brit. archæol. Association, XXXIX, 2.)

— Un saggio sull' arte antica del fondere l'oro in Cipro. (La Cultura, 2.)

Champier, V. La cassette Farnese au musée de Naples. (Revue des arts décor., IV, 4.)

Chodzkiewicz, L. Une tente persane du XVIe siècle. 8⁰, 6 p. Paris, imp. nationale. (Extrait du Journal asiatique.)

Christy, E. Motifs de decoration usuelle. Recueil de 30 pl., comprenant 225 compositions d'ornementation de frises, voussures, panneaux, pilastres, panneaux de porte etc. Paris, A. Calavas.

Claretta, G. Di una nobile famiglia subalpina benemerita dell' industria serica nel secolo XVI e di analoghe relazioni del Piemonte col Genovesato. Genova. (Dal Giornale Ligustico d'Archeologia.)

Da Lezze, Z. Sull' arte della spaderia nella prov. di Brescia nel 1610. 8⁰, p. 14. Venezia, tip. Fontana.

Darcel, A. Coffret d'ivoire et bronze au Musée de Munich. (Gazette archéol., 9.)

Demarteau. Orfévrerie liégeois du XIIe siecle. Le retable de St. Remacle à Stavelot. (Bullet. de l'Instit. archéol. liégeois, XVII, 1.)

Drechsler-Arbeiten. Entwürfe von Architekt Julius Knobel. (Westdeut. Gewerbebl., 6.)

Dumont. Decouverte d'un poisson en or, faite en Allemagne. (Comptes rendus des séances de l'Académie des inscriptions, janv.—mars.)

Duplan, A. Notes sur le trésor de Vinzier. 8⁰, 12 p. Chambéry, imp. Chatelain. (Extr. des Mém. de l'Acad. de Savoie, 3e série, t. 9.)

Elfenbeinfächer. (Mährisch. Gewerbebl., 1.)

Erzeugnisse der Silber-Schmiede-Kunst aus dem 16. bis 18. Jahrh. im Besitze der Hrn. Jul. u. Karl Jeidels in Frankfurt a. M. Photogr. Aufnahmen u. Lichtdr. v. Kühl & Co. 1. u. 2. Serie. (à 25 Bl. m. 1 Bl. Text.) Frankfurt a. M., Jügel's Nachf. In Mappe. M. 60. —.

Essenwein, A. Mittelalterlicher Hausrath u. das Leben im häuslichen Hause. (Anzeiger f. K. d. deut. Vorzeit, 8 ff.)

Falke, J. v. Zur Aesthetik des Diamanten. (Vom Fels zum Meer, Octob., 1.)

Fiévet. Les grès-cérames émaillés en teintes plates bleues de Ferrière-la-Petite. (Documents et rapports de la Soc. paléontologique et archéologique de Charleroi, XII.)

Fischbach, F. Die Gewebe Italiens. (Kunst u. Gewerbe, 8.)

Foy, J. La Céramique des constructions: briques, tuiles, carreaux, poteries, carrelages, céramiques, faiences décoratives. gr. 3¹, VIII, 264 p. et 12 pl. Paris, Ducher et Cie. (Extr. des Annales industrielles)

Frauberger, H. Schmiedeeiserne Ankerschlüssel. (Westdeut. Gewerbebl., 5.)

Friedel, E. Der Bronzepfahlbau in Spandau. (Archiv f. Anthropologie, XIV, 3. 4.)

Die Gala-Geschütze der kaiserl. Yacht „Hohenzollern", angefertigt durch die Gussstahlfabrik von Fried. Krupp in Essen. (Westdeut. Gewerbeblatt, 7.)

Geiges, Fr. Unsere alten Münsterglocken. (Schau in's Land zu Freiburg i. Br, X, 4.)

Giraud, J. B. Les origines de la soie, son histoire chez les peuples de l'Orient. 8⁰, 76 p. Lyon, imp. Perrin.

Goetz, W. Die decorative Kunst im Handwerk. (Schweizer. Gewerbebl., 11.)

Gold and Silver Plate. (Antiquary, june.)

Gorgolewski, J. Ouvrages en métal des Hutsules. (Revue des arts décor, IV, 2.)

Grès cérames des armoiries liégeoises. (Bull. de l'Inst. archéol. liégeois, t. XVII, 1re livr.)

Die Theodor Graf'schen Textilfunde in Aegypten. (Kunst u. Gewerbe, 7.)

Guimet, E. Note sur la réunion des ouvriers de l'ameublement à Paris. 8⁰, 8 p. Lyon, imp. Plan. (Extr. des Mém. de l'Acad. des sciences, belles-lettres et arts de Lyon, vol. 22e de la classe des lettres.)

Hack, Th. Der Geschützgiesser Hans von Köln und der Büchsengiesser Hans Schilling. (Mittheil. d. Ver. f. lübeckische Gesch., 1883, 1—3.)

Havard, H. L'Art dans la maison (grammaire de l'ameublement). 4⁰, X, 474 p. avec vign. et 52 pl. hors texte, dont plusieurs en couleur. Paris, Rouveyre et Blond. fr. 25. —.

Helbig. Une oeuvre de Gérard Loyet, graveur de sceaux, orfèvre etc. du duc Charles de Bourgogne. (L'Art chrétien, 3.)

Heyne, M. Ueber Basler Goldschmiedezeichen. (Anzeiger f. Kunde d. deut. Vorzeit, Aug.)

Indische Shawls. (Blätter f. Kunstgew., 9.)

Jaennicke, F. Zur Geschichte des Porzellans in Europa. (Kunst u. Gewerbe, 9 ff.)

Japing, Ed. Kupfer u. Messing, sowie alle technisch wichtigen Kupferlegirungen, ihre Darstellungsmethoden, Eigenschaften u. Weiterverarbeitung zu Handelswaaren. Handbuch für Hüttenleute u. Metallarbeiter. Mit 41 (eingedr.) Abbildg. 8⁰, IV, 208 S. Wien, Hartleben. M. 3. —. geb. M. 3. 80.

Kinkel, G. Die burgundischen Tapeten in Bern. (Bund, Sonntagsbl., 1883, 13 ff.)

Kongress deutscher Kunstgewerbe-Vereine zu München. (Zeitschr. f. bild. Kunst, XIX, B. 2. — Kunst u. Gewerbe, 8. 10. — Zeitschr. des Kunstgew.-Vereins in München, 9. 10.)

Koppmann, K. Giesser und Geschütze. (Mittheil. d. Ver. f. Hamburg. Gesch., VI, 4—6.)

Korsak, A. de. Dictionnaire de motifs décoratifs. Planches, N⁰ˢ 57 à 64. Paris, E Bigot.

Kuhnt, Fr. Sammlung moderner Zimmereinrichtungen aus den Industrie-Ausstellungen zu Halle u. Karlsruhe. Liefg. 7—10 (à 10 Lichtdr.-Taf.) f⁰. Dresden, Gilbers' Verl. à M. 10. —.

Die Kunst zu drehen. (Schweizer. Gewerbebl., 21.)

Kunstgewerbe, das orientalische. (Oesterr. Monatsschrift f. d. Orient, 7.)

Lauser, W. Die Ka'ah im k. k. Oesterr. Museum. (Allg. Kunst-Chronik, 25.)

Lemoine, L. Les Artisans et l'Industrie, autrefois et aujourd'hui. 18⁰, 141 p. Paris, Martin.

Loris, G. de. L'habitation américaine. (Revue des arts décor., IV, 2 ff.)

Limburg-Stirum. Rachat des cloches de Gand en 1678. (Messager des sciences historiques, 1ʳᵉ livr., 1883. Gand.)

Louis, E. La question des arts décoratifs. (La Fédération artistique, N⁰ˢ 45—48.)

Manteuffel, E. v. Album altdeutscher Leinenstickerei. 5 Hefte. gr. 8⁰, à 11 Steintaf. mit 4 S. Text. Harburg, Elkan. In Mappe. M. 7. —.

Ménard, R. La décoration des plafonds. (Revue des arts décor., IV, 2 ff.)

Meraviglia-Crivelli, K. Gf. Die Prager Zunftfahnen. (Monatsschr. d. k. k. herald. Gesellsch. Adler in Wien, 1883, 32.)

Milet, A. Notice sur D. Riocreux, conservateur du musée céramique de Sèvres. 8⁰, 130 p. et portr. de Riocreux. Paris, lib. de l'Art.

Möbeltischler, Der praktische. Eine Sammlung grösstentheils ausgeführter Arbeiten u. Details in natürl. Grösse. Hrsg. v. Wilh. Kick. 2. Serie. 6 Lfgn. (à 4 Steintaf. mit 7 Bog. Details). f⁰. Stuttgart, Wittwer. à M. 2. 50.

Monument du Costume. Texte accompagné des 24 estampes dessinées par Moreau le Jeune en 1776—1783, pour servir à l'histoire des modes et du costume dans le XVIIIᵉ siècle, gravées au burin par Dubouchet. Notice de Ph. Burty. 8⁰, 106 p. et 4 livr. de grav. Paris, Conquet.

Morgan. Names of members of clockmakers company of London, from the period of their incorporation in 1631 to the year 1732. (Archæological Journal, 158.)

Müller, E. 25 (lith.) Blatt Decken-Skizzen. Für Decorations- u. Zimmermaler. 1. Serie. 4⁰. Frankfurt a. M., Rommel. M. 4. 50.

Negri, P. Le arti industriali: frutti di studii artistici. 8⁰, 137 p. Torino, Magliano. L. 2. 50.

Nélis, A. La fabrication de la tapisserie de Hautelisse à Middelbourg, en Flandre. 8⁰, 57 p. Bruges, imp. Aimé de Zuttere. (Extr. des Ann. de la Soc. d'émulation pour l'étude de l'histoire et des antiquités de la Flandre, 4ᵉ série, tome V.)

Noëlas. Histoire des faïenceries roanno-lyonnaises. Illustrée de 60 pl. gravées par l'auteur. 8⁰, XII, 296 p. Roanne, Raynal.

Nüscheler-Usteri. Die Glockeninschriften im reformirten Theile des Kantons Bern. (Archiv des histor. Vereins des Kantons Bern, X, 3. 4.)

Ueber Paramentik. (Kirchenschmuck, 7.)

Pattern Book for Jewellers, Gold and Silversmiths. Part I. 4⁰. London, A. Fischer. 1 s. 6 d.

Permezel, L. L'Industrie lyonnaise de la soie, son état actuel, son avenir. (Rapport présenté à la Société d'économie politique de Lyon, le 19 janvier 1883.) 4⁰, 71 p. avec tableaux. Lyon, imp. Perrin.

Personico. La fabbrica di vetri in Personico. (Bollet. stor. della Svizzera ital., V, 1.)

Pinchart, A. Les fabriques de verres de Venise d'Anvers et de Bruxelles au XVI—XVIIᵉ siècle. (Bull. des comm. royales d'art et d'archéologie, 21ᵉ année, N⁰ˢ 9—12.)

Pitre du Dréneuc de Lisle. Les Armes de bronze de la Brétagne (épées, dagues, poignards). 8⁰, 13 p. et 2 pl. Saint-Brieuc, Prud'homme.

Polisch, Ch. Motifs de décoration moderne. Reproduction des cartons et poncis. 1ᵉ série (25 Lichtdr.-Taf.). f⁰. Berlin, Claesen & Co. In Mappe. M. 35. —

Portefeuille, le, de l'ébéniste par Merlin. 4ᵉ et dernière livraison. Paris, Vᵉ A. Morel et Cie. fr. 10. —.

Pritzlaff, J. Der Goldschmied. Ein vollständ. u. prakt. Hand- und Hilfsbuch f. den Juwelier, Gold- und Silberschmied, sowie verwandte Zweige. Die wichtigsten in diesem Fach vorkommenden chemischen u. technischen Operationen und Verrichtungen mit den neuesten Verbesserungen, nebst Legirungs- und Preis-Tabellen für Gold und Silber. 8⁰, VIII, 62 S. Leipzig, Schlag. M. 2. —.

Racinet, A. Geschichte des Costums in 500 Taf. in Gold-, Silber- u. Farbendruck. Mit erläut. Text. Deutsche Ausg. bearb. v. Ad. Rosenberg. I. Bd. (100 Taf. m. 100 Bl. Text.) 4⁰. Berlin, Wasmuth. M. 40. —.

Reents, R. Praktische Anweisungen für Holz- u. Marmormalerei nach französischer Methode. Ein Handbuch für Fachmänner. 8⁰, 16 S. Augsburg, Wolff. M. — 30.

Reinach. Histoire de la tapisserie. (Revue politique et littéraire, 26.)

Reyer. Anfänge der Metall-Cultur. (Deutsche Rundschau, Sept.)

— Die Kupferlegirungen, ihre Darstellung und Verwendung bei den Völkern des Alterthums. (Archiv f. Anthropologie, XIV, 3. 4.)

Roever, R. de. Bijdragen tot de geschiedenis van de Amsterdamsche potten- en plateelbakkerijen. I. (Oud-Holland, I, 1.)

Roever, R. de. Eenige bescheiden betreffende de koninklijke porselein-fabriek te Berlijn 1780—1782. (Oud-Holland, I, 2.)

— Een vorstelijk geschenk. Een blik op de vaderlandsche nijderheid in den aanvang der zeventiende eeuw. (Oud-Holland, I, 3.)

Saward, B. C. Decorative Painting: a Practical Handbook on Painting and Etching upon various Objects and Materials for the Decoration of our Homes. 8⁰, 210 p. London, L. U. Gill. 7 s. 6 d.

Sevin, T. de. Le Trésor de Grenade. 4⁰, 9 p. avec fig. Toulouse. imp. Chauvin et fils.

Schubert, A. Gothisches Hausaltärchen in Eichenholz mit Einlage von gemalten Fayenceplatten. (Archiv f. kirchl. Kunst, 11.)

Schuermans. Grès des paysans limbourgeois de Raeren. (Publications de la Soc. historique et archéologique dans le duché de Limbourg, XIX.)

Spaniens Goldschmiedekunst im Mittelalter. (Archiv f. kirchl. Kunst, 10.)

Teissier, O. et J. Laugier. Armorial des échevins de Marseille de 1660 à 1790. (190 p. avec 68 planches.) 4⁰. Marseille, imp. Olive. (Extrait de la Provence artistique et pittoresque 1882.)

Urbani de Gheltof, G. M. L'intaglio in legno a Venezia nel medio evo e nel rinascimento; note. 8⁰, 26 p. Venezia, tip. Fontana.

Vaissier, A. Les poteries estampillées dans l'ancienne Séquanie. 8⁰, 44 p. Besançon, imp. Dodivers et Cie.

Valabrègue, A. Les ornements de la femme: la table à ouvrage et les outils de travail. (Revue des arts décor., IV, 1 ff.)

Van Duyse, H. Les grès wallons. (La Fédération artistique, 34, 37—40.)

Van Someren, J. F. Jets over Magnus Hendricksz en Hendrick Magnusz, „vermaarde boekbinders" der 17e eeuw. (Oud-Holland, I, 3.)

Werchowsky, O. Russische, kleinrussische u. südslavonische Stickmuster. (20 Chromolith.) f⁰. St. Petersburg, Röttger. M. 8. —.

Wien. Aus dem Schatze des Kapuziner-Klosters i. W. (Mittheil. der k. k. Central-Commiss., N. F., IX, 3.)

Wüste, J. Ueber Glas und seine Verwendung im Kunstgewerbe. (Pallas, IV, 3—6.)

Zechlin. Inschriften an Kirchengeräth aus Schivelbein u. Umgegend. (Baltische Studien, XXXIII, 3.)

IX. Kunsttopographie, Museen, Ausstellungen.

Annuaire des musées cantonaux et des autres institutions cantonales patriotiques d'initiative privée. (4e année.) 8⁰, 243 p. Caen, imp. Le Blanc-Hardel. fr. 3. —.

Baedeker, K. Northern Germany: Handbook for Travellers. 7th edit. revised and augmented. p. 422. London, Dulau. 6 s.

— Switzerland and the Adjacent Portions of Italy, Savoy, and the Tyrol. Handbook for Travellers. 10th edit. 12⁰. London, Dulau. 7 s.

Bucher, B. Die kleinen Museen. (Blätter für Kunstgewerbe, 9.)

Dahlke, G. Im Fassathale, Tirol. (Allg Zeitg., B. 227.)

Delaville Le Roulx, J. Les Archives, la Bibliothèque et le Trésor de l'ordre de Saint-Jean de Jérusalem à Malte. 8⁰, 291 p. Paris, Thorin. (Bibl. des Ecoles franç. d'Athènes et de Rome, 32e fasc.)

Dictionnaire historique et archéologique du département du Pas-de-Calais, publié par la Commission départementale des monuments historiques. T. 3. Arrondissement de Saint-Omer. 8⁰, 253 p. Arras, Sueur-Charruey.

Hale, E. E. Seven Spanish Cities. Descriptive of a Tour in Spain by the Author. 16⁰. (Boston) London. 5 s.

Inventaire général des richesses d'art de la France. Archives du musée des monuments français. 1re partie: Papiers de M. Alb. Lenoir, et documents tirés des archives de l'administration des beaux-arts. 8⁰, 463 p. Paris, Plon, Nourrit et Cie.

Lübke, W. Alte Kunstwerke in Tirol. (Allg. Zeitg., B. 208 ff.)

Lützow, C. v. I tesori d'arte dell' Italia: opera di gran lusso, splendidamente illustrata da 50 acqueforti e da 250 incisioni in legno. Disp. 1—4. gr. 4⁰. Milano, Frat. Treves. Compl. L. 75. —.

Murray's Handbook for Travellers in Northern Italy. 15th edit. carefully revised. With a Travelling Map and 32 Plans of Towns. Galleries, etc. 12⁰, p. 566. London, Murray. 10 s.

Die Museologie als Fachwissenschaft. (Zeitschr. f. Museologie, 15 ff.)

Myskovszky, V. Kunstdenkmale des Mittelalters u. d. Renaissance in Ungarn. (In ca. 10 Lfgn.) 1. Lfg. (10 photolith. Taf.) gr. f⁰. Wien, Lehmann. M. 8. —.

Narducci. De l'utilité d'un catalogue général des bibliothèques d'Italie. (Revue critique d'histoire et de littérature, 19.)

Paterson's Guide-Books, 1883. Scotland, 2 s. 5 d. and 1 s.; Edinburgh, 1 s. and 6 d.; Glasgow, 1 s. and 6 d.; Trossachs, 1 s. and 6 d.; Land of Scott, 6 d. London, Paterson.

Pecht, Fr. Das deutsche Kunstgewerbe und die Ausstellung. (Zeitschr. d. Kunstgewerbe-Vereins in München, 3. 4 ff.)

Raffaelli, F. Guido storico-artistico della prov. di Macerata. 4⁰, XII, 1 a 96 p. Fermo, tip. Bacher. (L'opera sarà di 4 fascicoli.)

Regnet. Kunstausstellungen und Prämiierungen. (Gegenwart, 39.)

Schneider. Die württembergischen Schlösser u. Burgen um 1600. (Württemberg. Vierteljahrshefte für Landesgeschichte, VI, 3.)

Vögelin, S. Die Errichtung eines schweizerischen National-Museums. Rede, gehalten im schweizer. Nationalrath 9. Juli 1883. (Separatabdruck aus d. „Anzeiger des Bezirkes Uster". Uster, 1883.)

Zahn, J. v. Die deutschen Burgen in Friaul. Skizzen in Wort und Bild. 8⁰, IV, 68 S. mit eingedr. Zinkogr. Graz, Leuschner & Lubensky. M. 3. —.

Admont.
— Die Stiftsbibliothek zu Admont. (Mitth. des Ver. f. Gesch. d. Deutschen in Böhmen, XXI, 4.)

Amiens.
— Catalogue de la 25e exposition de la Société des amis des arts du département de la Somme. (1883.) 18⁰, 100 p. Amiens, imp. Delattre-Lenoel.

Amsterdam.
— Catalogue illustré officiel de la section des beaux-arts de l'exposition universelle d'Amsterdam (1883), contenant environ 200 reproductions

d'après les dessins originaux des artistes, publié sous la direction de F. G. Dumas. 8⁰,
III, 124 p. et grav. Paris, Baschet. fr. 3. 50.

Amsterdam.
— Catalogue de l'exposition spéciale de la ville
de Paris et du département de la Seine à l'exposition internationale d'Amsterdam, en 1883.
8⁰, 183 p. Paris, Chaix.

— Exposition d'Amsterdam. (L'Art moderne,
36—39.)

— Exposition internationale coloniale et d'expor-
tation générale, Amsterdam, 1883. Section belge.
Catalogue des beaux-arts. (Auch in holländischer Sprache.) 12⁰, XVII, 33 p. Bruxelles,
J. Decq.

— Die internationale Export- u. Colonialausstel-
lung zu Amsterdam. (Allg. Ztg., 143 ff.)

— Von der Ausstellung in Amsterdam. (Blätter
f. Kunstgewerbe, 10.)

— Billung, H. Die kunstgewerblichen Alterthümer auf d. Amsterdamer Ausstellung. (Kunst
u. Gewerbe, 11.)

— Champier, Vict. L'exposition d'Amsterdam.
(Revue des arts décor., IV, 3.)

— Darcel, A. L'exposition rétrospective d'Amsterdam. (Gaz. des B.-Arts, octob.)

— Dumas, F. G. Catalogue illustré officiel de
la section des Beaux-Arts de l'exposition
universelle d'Amsterdam, contenant environ
200 reproductions d'après les dessins originaux des artistes. 8⁰, L, 319 en II bl. met af-
beeld. Amsterdam, L. van Bakkenes en comp.
F. 1. 90.

— Havard, H. L'exposition d'Amsterdam. (Gaz.
des B.-Arts, août.)

— — L'exposition d'Amsterdam. (Gaz. des B.-
Arts, nov.)

— — L'ameublement français à l'exposition
d'Amsterdam. (Rev. des arts décor., IV, 2.)

— Leroi, P. Le musée de la Société royale archéologique à Amsterdam. (L'Art, 456.)

— Pecht. Der Kunstpavillon auf der Amsterdamer Ausstellung. (Deutsches Kunstbl., 20.)

— Rosenberg, A. Die internationale Kunstausstellung in Amsterdam. (Zeitschr. f. bild. Kunst,
B. 41.)

— — Die Ausstellung in Amsterdam und das
Projekt einer Weltausstellung in Berlin. (Grenzboten, 34 ff.)

— Les collections Jacob de Vos à Amsterdam.
(Journ. des B.-Arts, 9.)

Antwerpen.
— Académie royale des beaux-arts d'Anvers. (Rev.
artistique, 172—173.)

— Cercle artistique d'Anvers. (Rev. artistique,
1er juin.)

— Exposition du Cercle artistique d'Anvers. (La
Fédération artist, 30.)

— Exposition d'objets d'art industriel à Anvers.
(Rev. artist., 172—173.)

— Godard-Faultrier, V. Musée d'antiquités d'Angers: Saint Jean; Toussaint; Notice à l'appui
de la 2e édit. de l'Inventaire raisonné 1841—42.
8⁰, 39 p. Angers, Germain et Grassin. (Extr.
de la Rev. de l'Anjou.)

— Huault-Dupuy, V. Le Salon de 1882. 8⁰, 35 p.
Augers, imp. Lachèse et Delbeau.

— L'héan, J. Cercle artistique d'Anvers. (Rev.
artistique, 166 ff.)

— Moderatus. De tentoonstelling van 13 maart
1883, in de „Cercle artistique". (De Vlaamsche
Kunstbode, 13e année, 4—6e livr.)

Bar.
— Miroualt. Notes sur l'ancien château de Bar.
8⁰, 31 p. Bar-le-Duc, imp. Ve Rolin, Chuquet
et Cie.

Barcelona.
— Fontanals de Castillo. El arte, el publico y
la critica artistica en Barcelona. (Boletin del
Ateneo Barcelonés, 13.)

Berlin.
— Die Berliner grosse Ausstellung von 1883.
(Deutsche Rundschau, Juli.)

— Die Eröffnung der grossen Berliner Kunstausstellung. (Allg. Ztg., B. 129.)

— Die Architektur auf der Kunstausstellung.
(Schluss.) (Zeitschr. f. Baukunde, VI, 4.)

— Laforgue, Jul. Le Salon de Berlin. (Gaz. des
B.-Arts, août.)

— Lehfeldt, P. Die Ausstellung der k. Akademie
der Künste. (Allg. Kunst-Chronik, 25.)

— Rosenberg, A. Die grosse Kunstausstellung
in Berlin. II. (Grenzboten, 23.)

— — Die akademische Kunstausstellung in Berlin. (Zeitschr. f. bild. Kunst, 11.)

— — Die Ausstellung von Werken älterer Meister
in Berlin. (Zeitschr. f. bild. Kunst, 10 ff.)

— Bode, W. u. R. Dohme. Die Ausstellung von
Gemälden alter Meister im Berl. Privatbesitz.
(Jahrb. d. k. preuss. Kunstsamml., IV, 3 ff.)

— Exposition de quelques oeuvres de J. Hübner
à Berlin. (Journ. des B.-Arts, 9.)

— Amtliche Berichte aus d. k. Kunstsammlungen.
(Jahrb. d. k. preuss. Kunstsamml., IV, 3.)

— Gauchez, L. Une acquisition du Musée de
Berlin. (Deux tableaux.) (L'Art, 452.)

— Meyer, Jul. Beschreibendes Verzeichniss der
Gemälde in den k. Museen zu Berlin. 2. Aufl.
Unter Mitwirkung von L. Scheibler und
W. Bode bearb. 8⁰, X, 595 S. mit 1 lith. Grund-
riss. Berlin, Weidmann. M. 4. —.

— Kunstgewerbe-Museum zu Berlin. 5. Sonder-
ausstellung 5. Juni bis 8. Juli 1883: Hochzeits-
geschenke Ihrer k. Hoheiten des Prinzen u. d.
Prinzessin Wilhelm v. Preussen. 8⁰, 16 S. Berlin, Weidmann. M. —. 15.

— Pabst, A. Die Sammlungen des Berl. Kunstgewerbe-Museums. (Zeitschr. f. bild. Kunst,
XIX, 1 ff.)

— Die Manuscripten-Sammlung des Lord Ashburnham. (Neuer Anz. f. Bibliographie, 5—6.)

Blois.
— Bournon, F. Notice sur la bibliothèque de
Blois. (Le Livre, août.)

Breslau.
— Die Sonderausstellungen textiler Kunst im
Museum schlesischer Alterthümer zu Breslau.
(Zeitschr. f. bild. Kunst, B. 42.)

Brünn.
— Die Denkmalfrage in Brünn. (Mähr. Gewerbeblatt, 6.)

— Kisa, A. Zu den Ausstellungen des heimischen
Kunstgewerbes im mährisch. Gewerbemuseum.
(Mähr. Gewerbebl., 9.)

Brüssel.
— Catalogue of the picture Galleries in the Royal
museum, place du Musée, and Wiertz's Museum
near the Luxembourg station. 18⁰, 40 p. Bruxelles, Spineux et Cie. fr. —. 50.

— Hymans, L. Bruxelles à travers les âges, dé-
dié avec la gracieuse autorisation de LL. AA.
RR. Mgr le comte et Mme la comtesse de Flandre
à son Altesse royale Mgr le prince Baudouin.
1re et 2e livr., avec nombreuses grav. sur bois.
4⁰, p. 1—64. Bruxelles, Bruylant-Christophe et
Cie. La livr. fr. 2. —.

Brüssel.
— L'Exposition des Aquarellistes. (La Jeune Belgique, 7.)
— Exposition des élèves de Portaels. (Journ. des B.-Arts, 11.)
— Ancien atelier Portaels. Exposition de peinture, sculpture, architecture. Catalogue. 4⁰, 6 p. texte, 23 eaux-fortes, avec liste des oeuvres exposées. Bruxelles, A. Deswarte.
— Rock. L'atelier Portaels. (La Jeune Belgique, 7.)
— Société centrale d'architecture de Belgique. 10e anniversaire de sa fondation. Exposition nationale d'architecture de 1883, réglement. 8⁰, 15 p. Bruxelles, imp. de l'Alliance typogr.
— Ernal. Exposition de la Société centrale d'architecture de Belgique. (La Fédération artistique, 45—48.)
— Compartiment Wiertz. (Journ. des B.-Arts, 15.)
— Rousseau, M. J. Le Musée des plâtres au palais des Académies. (Bull. des comm. royal. d'art et d'archéol., 21e année, 9—12.)
Caën.
— Catalogue de l'exposition des beaux-arts de la ville de Caën. (Concurs régional de 1883.) 12⁰, X, 107 p. Caën, Le Blanc-Hardel.
— Exposition, l', de Caën, industrielle, commerciale, maritime, artistique, scolaire etc., paraissant le samedi (N⁰ 1.) 26 mai 1883. f⁰, 4 p. Caën, imp. Vᵉ Domin. Abonnement: pour toute la durée de l'exposition (ville) fr. 3. —. idem (poste) fr. 3. 50. Un N⁰ fr. —. 20.
— Guide de l'étranger dans la ville de Caën pendant l'exposition (1883). 8⁰, 47 p. Caën, imp. Adeline. fr. —. 30.
— Garnier, Éd. Exposition de Caën. (Rev. des arts décor., IV, 2.)
Cahors.
— Catalogue du musée de Cahors, redigé par la commission d'organisation du musée. 8⁰, 143 p. Cahors, imp. Laytou. fr. —. 50.
Cairo.
— Lane-Poole, Stan. The museum of arab art at Cairo. (Art Journal, September.)
Charleroi.
— Cobaux, E. Compte-rendu de la cérémonie de l'inauguration du Musée archéologique de Charleroi, le 13 juillet 1879. 8⁰, 19 p. Mons, H. Manceaux. (Extr. des opusc. hist. de la ville de Charleroi, t. II, 1883.)
Courtrai.
— Fritz. Société des beaux-arts de Courtrai. (La Fédération artist., 41—44.)
Darmstadt.
— Nick, G. Verzeichniss der Druckwerke und Handschriften der Bibliothek d. histor. Vereins f. d. Grossh. Hessen. Auf Grund des Ende 1882 vorhandenen Bestandes bearbeitet. gr. 8⁰, VIII, 208 S. Darmstadt, Klingelhöfer. M. 2. —.
Dijon.
— Catalogue des ouvrages exposés dans la salle des états de Bourgogne par la Société des amis des arts de la Côte-d'Or. Troisième exposition des beaux-arts. 1er juin à 15 juill. 1883. 16⁰, 71 p. Dijon, imp. Darantière. fr. —. 50.
Douai.
— Valabrègue, A. Le Musée de Douai. (La Fédération artist., 41—44.)
Edinburgh.
— Exposition de tableaux anciens à Edinbourg. (Chronique des Arts, 31.)
— Richter, J. P. Ausstellung von Werken alter Meister in E. (Zeitschr. f. bild. Kunst, B. 45.)
Fano.
— Francolini, E. Guida di Fano, storico-ar-

tistico. 3a ediz. corretta ed ampliata. 16⁰, 74 p. Fano, tip. Sonciniana. L. —. 75.
Florenz.
— La Galeria des Uffizi. (Journ. des B.-Arts, 15.)
Franchimont.
— Body, A. Notice descriptive et historique du château de Franchimont, avec un plan du château et une eau-forte, par le comte A. Du Chastel. 2e édit. 12⁰, 78 p. Verviers, J. Engel. M. 1. 50.
Freiburg i. S.
— Collections archéologiques du Musée cantonal. (Etrennes fribourgeoises, 1883.)
Gent.
— Gand. Guide historique et topographique de la ville, avec gravures représentant les principaux monuments. 18⁰, 189 p. Gand, A. Hoste. fr. 1. 50.
— Salon de Gand. (Chron. des Arts, 31.)
— Lagye, G. Le salon gantois. (La Fédération artistique, 45—48.)
— Varenbergh, E. Exposition des arts industriels à Gand. (Messages des scienc. histor., 1re livr. 1883, Gand.)
Göttingen.
— Die Universitäts-Bibliothek in G., nebst Bemerkungen über Bau und Einrichtungen von Bibliotheken. (Centralbl. f. Bauverwaltg., 31.)
Graz.
— Die Ausstellung culturhistorischer Gegenstände in Graz. (Allg. Ztg., B. 213.)
— Von der culturhistorischen Ausstellung in Graz. (Kirchenschmuck, 8 ff.)
— Ausstellung kunsthistorischer Gegenstände. (Kunst u. Gewerbe, 9.)
— Die culturhistorische Ausstellung in Graz. (Mitth. d. k. k. Centr.-Comm., N. F., IX, 3.)
— Die culturhistorische Ausstellung in Graz u. das künftige Landesmuseum. (Mitth. d. Oesterr. Museums, 216.)
— Guglia, Eug. Ausstellung culturhistorischer Gegenstände in Graz. (Allg. Kunst-Chron., 31.)
— Von der weiland „Schatz-, Kunst- und Rüstkammer" in der k. k. Burg zu Graz. (Kirchenschmuck, 10.)
Grenoble.
— Explication des ouvrages de peinture, dessin, sculpture, architecture, gravure, photographie, exposés au musée-bibliothèque de Grenoble, le 1er août 1883. (14e expos.) 12⁰, 111 p. Grenoble, imp. Allier père et fils. fr. —. 50.
— Reymond, Marc. Exposition de Grenoble. (Chron. des Arts, 29.)
Haarlem.
— Catalogus der voorwerpen, modellen en afgietsels in het Museum van kunstnijverheid, op het Paviljoen te Haarlem. 8⁰, 56 bl. Haarlem, erven Loosjes. f. —. 30.
Hamburg.
— Pecht, Fr. Neuere Kunst in Hamburg. (Allg. Ztg., B. 167.)
Havre.
— Le Havre d'autrefois, reproduction d'anciens tableaux, dessins, gravures et antiquités se rattachant à l'histoire de cette ville. Texte par Ch. Roessler. Ouvrage publié sous la direction de M. Alerix-Guislain Lemale. 4⁰, 280 p. avec 65 pl. hors texte et 71 grav. et fac-similés d'autogr. dans le texte. Le Havre, imp. du commerce.
Ischia.
— Renan, A. Ischia, souvenirs et impressions. (Gaz. des B.-Arts, octobre.)
Köln.
— Garthe, H. La collection Garthe, de Cologne. (Bull. mensuel de numismatique et d'archéol., 3e année, 1—2.)

Kopenhagen.
— **Ehrenberg, C.** Die nordische Kunstausstellung in Kopenhagen. (Deutsch. Kunstbl., 24)

Lancashire.
— The Lancashire exhibitions. (Art Journ., Oct.)

Laon.
— Catalogue illustré de l'exposition de peinture, gravure, médailles et faïences de la Société académique de Laon. 4⁰, XV, 109 p. et 10 photogr. de M. Dollé. Laon, imp. Cortilliot. fr. 2. —.
— **Valabrègue, A.** L'exposition de Laon. (Courr. de l'Art, III, 34 ff.)

Leipzig.
— Ausstellung d. Leipz. typographischen Gesellschaft. (Zeitschr. f. Kunst- u. Ant.-Sammler, 1.)

London.
— The Royal Academy; The Institute of Painters in Water Colours. (Athenæum, 2901.)
— **Beaver, A.** The art salons of 1883. (Art Journal, October.)
— **Duret, Th.** Les expositions de Londres. Dante Gabriel Rossetti. (Gaz. des B.-Arts, juillet.)
— **Wedmore.** Genre in the summer exhibitions. (Fortnightly Rev., Juni.)
— **Middleton.** The St. Maurice collection of Arab art. - (Academy, 11. Aug.)
— **Monkhouse.** The Verlat Exhibition. (Academy, 580.)
— The Art of Michel-Angelo Buonarroti, as illustrated by the various Collections in the British Museum. With Illustr. by L. Fagan. 8⁰. London, Dulau. 26 s.
— **Traill.** Hellenism in South Kensington. (Fortnightly Rev., Juli.)

Lüttich.
— Exposition de Liège. (La Fédération artist., 28.)
— Le Musée archéologique de Liège. (La Fédération artist., 41—44.).
— **Linas, C. de.** L'Art et l'Industrie d'autrefois dans les régions de la Meuse belge, souvenirs de l'exposition rétrospective de Liège en 1881. 8⁰, 168 p. Paris, Klincksieck. (Tiré à 70 exemplaires pour le commerce.)

Lyon.
— Catalogue des livres de la bibliothèque de Notre-Dame-de-Grâces, Lyon. 12⁰, 132 p. Lyon, imp. Albert.
— Annales du musée Guimet. T. 5. 4⁰, XIII, 579 p. Paris, Leroux.
— **Milloué, L. de.** Catalogue du musée Guimet. 1re partie: Inde, Chine et Japon, précédée d'un aperçu sur les religions de l'Extrême-Orient, et suivie d'un index alphabétique des noms des divinités et des principaux termes techniques. Nouv. édit. 18⁰, LXVIII, 323 p. et pl. Lyon, imp. Pitrat aîné.

Madrid.
— Códices de la biblioteca del Duque de Osuna. (Revista de archiv., bibliotecas y museos, IX.)
— Exposición nacional de minería, artes metalúrgicas, cerámica, cristalería y aguas minerales. Catálogo general, publicado por el Ministerio de Fomento. 4⁰, X, 216 p. Madrid, Est. tip. de los Sucesores de Rivadeneyra. (Nicht im Handel.)
— **Navarro, B.** La biblioteca del real monasterio de San Lorenzo del Escorial. (Revista de España, 13. Juni.)
— The museum of the Prado. (Art Journ., Sept.)

Magdeburg.
— **Hülsse, Fr.** Zur Geschichte der Magdeburger Stadtbibliothek. (Geschichtsbl. d. Ver. f. Gesch. des Herzogth. u. Erzstiftes Magdeb., XVIII, 2.)

Mailand.
— Industrie (le) tessili alla Esposizione Industriale del 1881. gr. 8⁰, p. 21, 14, 18, 19, 23, 12. Milano, U. Hoepli. L. 2. 50.
— **Bresciani, A.** L'armeria antica del re Carlo Alberto; Il museo Campana; Descrizioni di opere di natura, di arte e di antichita. 32⁰, 126 p. Milano, Muggiani e C. L. —. 50.

Mainz.
— Die Stadtbibliothek zu Mainz. (Neuer Anz. f. Bibliographie, 6.)
— **Lindenschmit, H.** Römische Waffen aus der Kaiserzeit im Mainzer Museum. (Zeitschr. des Ver. z. Erforsch. d. rhn. Gesch. in Mainz, III, 2.3.)

Moskau.
— Kunst- u. Gewerbeausstellung, Russische, von 1882 in Moskau. qu. f⁰, 85 Lichtdr. mit 26 S. deutsch., engl. u. französ. Text. Leipzig, Gerhard. In Mappe. M. 50. —.

Mülhausen.
— **Darcel, A.** Exposition rétrospective de Mulhouse. (Chron. des Arts, 24.)
— **Énault, L.** L'exposition triennale de Mulhouse. (Courrier de l'Art, III, 28.)
— **Michel.** Les expositions d'art de Mulhouse. (Rev. alsacienne, juin.)

München.
— Aus dem Kunstverein. (Wartburg, 5.)
— Die Architektur auf der diesjährigen internationalen Kunstausstellung zu M. (Deutsche Bau-Ztg., 75. 76. — Wochenbl. f. Architekt., 75. 76.)
— Die internationale Kunstausstellung. (Allgem. Kunst-Chronik, 26 ff.)
— Katalog, illustrirter, d. internationalen Kunstausstellung im k. Glaspalast in München 1883. I. Aufl. Ausg. am 1. Juli 1883. VIII, 238 S. mit eingedr. Lichtdr. u. 1 lithogr. Plan. München, Verlagsanstalt f. Kunst u. Wissensch. M. 2. 60.
— **Koppel.** (Westermann's Monatshefte, Nov.)
— **Pecht, Fr.** Die internationale Kunstausstellung in M. (Deutsches Kunstbl., II, 21 ff.)
— Die Münchener internationale Kunstausstellung. (Allg. Ztg., B. 183 ff.)
— **Philalethes.** Die dritte internationale Kunstausstellung in M. (Wartburg, 6. 7.)
— **Pietsch, L.** (Nord u. Süd, October ff.)
— **Ramberg, G.** Die internationale Kunstausstellung. (Allg. Kunst-Chronik, 27)
— **Regnet, C. A.** Die deutsche Kunst auf der internationalen Ausstellung 1883. (Allg. Kunst-Chronik, 29 ff.)
— — Die Kleinkunst der internationalen Kunstausstellung·1883. (Kunst u. Gewerbe, 10.)
— — Oesterreich-Ungarn in der internationalen Kunstausstellung zu München 1883. (Allgem. Kunst-Chronik, 34.)
— **Rosenberg, A.** Die internationale Kunstausstellung in M. (Grenzboten, 38 ff. — Zeitschr. f. bild. Kunst, XIX, 1 ff.)
— Das bayrische Nationalmuseum und seine Zukunft. (Allg. Ztg., B. 186 ff.)

Namur.
— L'exposition triennale de Namur. (L'Art moderne, 27.)

Olmütz.
— **Kisa, A.** Ueber einige Oelgemälde des XVI. u. XVII. Jahrhunderts in Olmütz. (Allg. Kunst-Chronik, 34 ff.)
— **Prokop, A.** Aus Olmütz. (Mittheil. d. k. k. Centr.-Comm., N. F., IX, 3.)

Oran.
— **Demaeght, L.** Accroissements du musée archéol. d'Oran. (Bullet. trimestriel des antiq. africaines, juillet.)

Padua.
— **Guglia**, E. Die Kunstschätze von Padua. (Allg. Kunst-Chronik, 38.)

Paris.
— Almanach Grévin, catalogue illustré du musée Grévin; préface par A. Wolff. 8⁰, 63 p. Paris, imp. Chaix.
— Catalogue de l'exposition des arts incohérents, du 15 oct. au 15 nov. 1883. 18⁰, 32 p. Paris, Chaix. fr. —. 50.
— Catalogue des sculptures appartenant aux divers centres d'art et aux diverses époques, exposés dans les galeries du Trocadéro (musée de sculpture comparée, moulages.) 8⁰, XXII, 72 p. Paris, imp. Chaix.
— Catalogue officiel des ouvrages de peinture, sculpture, architecture, gravure et lithographie des artistes vivants, exposés au palais des Champs-Elysées, le 15 sept. 1883. 18⁰, XX, 348 p. Paris, Motteroz. fr. 1. —.
— Exposition du Cercle des Aquarellistes et des Aqua-fortistes. (L'Art moderne, 20.)
— Exposition de peinture. Cent chefs-d'oeuvre des collections parisiennes Ouverture le 12 juin 1883. 8⁰, 136 p. Paris, imp. Pillet et Dumoulin.
— Die nationale Kunstausstellung von Paris. (Allg. Zeitg., B. 295 ff.)

Paris-Salon.
— Le Salon de Paris. (L'Art moderne, 19 ff. — (La Fédération artistique, 28 ff.)
— **Beaulieu**, C. de. Le Salon de 1883, publié dans la Gazette du dimanche. 8⁰, 23 p. Paris, Bloud et Barral.
— **Corroyer**, E. Salon d'architecture de 1883. (Revue de l'architecture, 5. 6.)
— **Dargenty**, G. Le Salon national. (L'Art, 459.)
— **Devillers**. Le Salon de Paris. I. (La Peune Belgique, 7.)
— **Enault**, L. Paris-Salon triennal 1883. Edition ornée de 36 gravures en phototypie. 8⁰, XII, 84 p. Paris, Bernard et Cie. fr. 7. 50.
— **Flamache**. Salon de Paris. (Revue artistique, août.)
— **Hamerton**, P. G. Paris. (Portfolio, 162 ff.)
— **Houssaye**. Le Salon de 1883. (Revue des deux mondes, 1ᵉʳ juin.)
— **Jouin**, H. La sculpture an Salon de 1883. (Gaz. des B.-Arts, juillet.)
— **Lauser**. Vom Pariser „Salon". (Gegenwart, 22.)
— **Maret-Leriche**, J. Salon de Paris 1883. Sculpture, la médaille d'honneur. (La Fédération artistique, Nᵒˢ 28—31.)
— **Roger-Ballu** et **Dubufe fils**. Dialogue sur le Salon de 1883. (La nouv. Revue, 15 juin.)
— **Rosenberg**. Der Pariser Salon. I. (Grenz-boten, 30. — Zeitschr. f. bild. Kunst, B. 38 ff.)
— **Thomas**, A. L'architecture au Salon de 1883. (Encyclopédie d'architecture, juin.)
— **Wedmore**. The Parish Salon. (Academy, 578.)
— **D'Abrest**, P. Zwei Stunden in der Renaissance. Collection Spitzer. (Allg. Kunst-Chronik, 30.)
— **Baignères**, A. Exposition de „Cent chefs-d'oeuvre des collections Parisiennes". (Gaz. des B.-Arts, août.)
— — — L'Exposition des portraits du siècle. (Revue politique- et littéraire, 19.)
— **Beale**, S. Soph. The Louvre: a Complete and Concise Handbook to all the Collections in the Museum: being an Abridgment of the French Official Catalogues. 16⁰, p. 252. London, Harrison. 3 s.

Paris.
— **Bernard**, F. C. Salon des arts décoratifs. 8⁰, 14 p. Paris, Chaix. (Congrès annuel des architectes de France, 11ᵉ session, 1883. Extr. du Bull. de la Soc. centrale des architectes.)
— **Berty**, A. et **L. M. Tisserand**. Topographia historique du vieux Paris. Région du faubourg Saint-Germain. 4⁰, XX, 539 p. avec 34 pl. hors tente, 6 bois gravés et feuilles de plan. Paris, Champion. fr. 50. —.
— **Chennevières**, H. de. Les donations et les acquisitions du Louvre depuis 1880. (Gaz. des B.-Arts, octob. ff.)
— **Courajod**, L. Le Baron Charles Davillier et la collection léguée par lui au Musée du Louvre. (Gaz. des B.-Arts, sept.)
— **Cousin**, J. La Bibliothèque et le Musée Carnavalet, allocution prononcée à la Société de l'histoire de Paris, et de l'Ile-de-France, le 8 mai 1883. 8⁰, 7 p. Nogent-le-Rotrou, imp. Daupeley-Gouverneur.
— **Darcel**, A. Les envois de Rome. (Chronique des Arts, 25.)
— **Dargenty**, G. Au Louvre. (Courrier de l'Art, III, 33.)
— **Le Breton**, G. Collections Spitzer: les étoffes et les broderies. (Gaz. des B.-Arts, octob. ff.)
— **Lefort**, P. L'exposition nationale de 1883. (Gaz. des B.-Arts, octob. ff.)
— **Lostalot**, A. de. Expositions diverses à Paris. I. Exposition internationale de peinture. II. Exposition de portraits du siècle. (Gaz. des B.-Arts, juillet.)
— **Sulzberger**, M. Silhouettes et profils de l'exposition des portraits à Paris. (Revue de Belgique, 7ᵉ livr.)
— **Vaesen**. Catalogue du fonds Bourré à la Bibliothèque nationale. (Bibl. de l'école des Chartes, 1883, 1.)
— **Vogüé**, de. Aux portraits du siècle. (Revue des Deux Mondes, 15 mai.)

Pesaro.
— **Vanzolini**, G. Guida di Pesaro, 1883: storia, monumenti, industria, commercio, con la carta topografica della città. 2ª ediz. 16⁰, p. 158. Pesaro, tip. A. Nobili. L. 1. 25.

Petersburg.
— **Penther**, D. Kritischer Besuch in der Ermitage zu St. Petersburg. (Allg. Kunst-Chronik, 33 ff.)

Pont-Audemer.
— Catalogue de la bibliothèque Canel, léguée à la ville de Pont-Audemer. 8⁰, 767 p. et portr. par M. Adeline, d'après un médaillon de M. Montier. Rouen, imp. Deshayes.

Prag.
— Vom alten und vom neuen Prag. (Allg. Kunst-Chronik, 35.)

Pratolino.
— **Noël**, G. Les collections du Château de Pratolino. (L'Art, 452.)

Raincy.
— Catalogue de la première exposition de la Société régionale des amis des arts du Raincy, ouverte du 13 juillet au 15 août, dans la grande salle du Casino. 18⁰, 34 p. Paris, Chaix. fr. —. 25.

Riga.
— Katalog der Riga'schen culturhistorischen Ausstellung. (Gesellsch. f. Gesch. u. Alterthumsk. der Ostseeprov. Russlands, 1883.)

Rom.
— Album-Ricordo dell' Esposizione di belle arti a Roma, 1883. (IV, p. 36 con 60 grandi incisioni.) f⁰. Milano, frat. Treves. L. 10. —.

Rom.
— **Bournet, A.** Rome, études de littérature et d'art. 18⁰, 316 p. Paris, Plon, Naurrit et Cie.
— **Jordani, H.** De formae urbis Romae fragmento novo, disputatio. 4⁰, p. 10, con una tab. Romae, ap. Salviuccium.
— **Lanciani.** Il codice barberiniano XXX 89 contenente frammenti di una descrizione di Roma del secolo XVI. (Archivio della Soc. Romana di storia patria, VI, 3. 4.)
— **Visconti, P. E.** Catalogo del museo Tortonia di sculture antiche; con pianta litografica degli edifizii che lo contengono. 16⁰, 205 p. Roma, tip. Tiberina.

Rom. Ausstellung 1883.
— **Billung, H.** Das italiénische Kunstgewerbe auf der internationalen Kunstausstellung zu Rom. (Kunst u. Gewerbe, 9.)
— **Boito.** La Mostra di belle arti e la Nuova Galleria Nazionale. (Nuova Antologia, fasc. X.)
— **Malaspina.** La mostra internazionale di belle arti in Roma. (Rassegna Nazionale, Mai.)
— **Schulze, F. O.** Rückblicke auf die römische Kunstausstellung. (Deutsches Kunstbl., 22.)

Rouen.
— **Beaurepaire, C. de.** L'ancienne bibliothèque de l'Académie de Rouen, discours d'ouverture prononcé à l'Académie des sciences belles-lettres et arts de Rouen, le 2 août 1882. 8⁰, 23 p. Rouen, imp. Cagniard.

Saint-Émilion.
— **Gout, P.** Exploration archéologique de la ville de S. Émilion. (Gaz. des B.-Arts, août.)

S. Gimignano.
— **Lee, V.** San Gimignano of the many towers. A note on a tuscan mediæval stronghold. (Portfolio, 166.)

Saint-Michel.
— **Corroyer, E.** Guide descriptif du mont Saint-Michel. (159 p. avec 61 fig. ou planches.) 8⁰. Paris, Ducher et Cie.

Saint-Quentin.
— **Valabrègue, Antony.** Le Musée de S. Quentin. (Courrier de l'Art, 37.)

Sèvres.
— **Champfleury.** Le baron Charles Davillier et ses collections céramiques léguées par lui au musée de Sèvres. (L'Art, 461 ff.)

Stuttgart.
— **Krell, P. F.** Stuttgarter Kunstzustände. (Allg. Zeitung, B. 205.)

Tournai.
— Tournai, le Grand Place, le Beffroi et la Cathédrale. (Le Nord Contemporain, N⁰ˢ 40—41. Bruxelles.)
— Cathédrale de Tournai. Guide du visiteur. 12⁰, 30 p. et nombreuses grav. Tournai, Vasseur-Delmée. fr. —. 50.

Trier.
— Führer durch das Provinzial-Museum zu Trier. 2. Aufl. 8⁰, 68 S. Trier, Lintz. M. —. 75.

Valenciennes.
— **Valabrègue, A.** Le musée Carpeaux à Valenciennes. (Courrier de l'Art, 40.)

Verona.
— **Sgulmèro, P.** Incunabuli della Biblioteca comunale di Verona. 8⁰, 32 p. Venezia, tip. Visentini. (Dall' Archivio Veneto.)

Versailles.
— Exposition de Versailles Société des Amis des Arts de Seine-et-Oise. (Chronique des Arts, 30.)

Viterbo.
— **Oddi, G.** Le arti in Viterbo: appunti storici. 16⁰, p. 64. Viterbo, tip. Agnesotti.

Weimar.
— Zuwachs der grossherzogl. Bibliothek zu Weimar in den J. 1881 u. 1882. gr. 8⁰, 59 S. Weimar, Böhlau. M. —. 25.

Wien.
— Historische Ausstellung der Stadt Wien. (Wissenschaftl. Beil. d. Leipziger Ztg., 78. 79.)
— **Guglia, E.** Historische Ausstellung der Stadt Wien. (Allg. Kunst-Chronik, 39. 42)
— Internationale graphische Ausstellung in Wien. (Allg. Zeitg., B. 293 ff.)
— Exposition internationale des arts graphiques à Vienne. (La Fédération artistique, N⁰ˢ 37—40.)
— **Lauser, W.** Internationale Ausstellung der graphischen Künste in Wien. (Allg. Kunst-Chronik, 39 ff.)
— Die Ausstellung der Münzforscher in Wien. (Allg. Kunst-Chronik, 36.)
— Die historische Bronzeausstellung im Oesterr. Museum. Frédéric Spitzer's Bronzen. (Frimmel, Mittheilg. d. Oesterr. Museums, 216.)
— **Feldmann, S.** Die historische Bronzeausstellung im Oesterr. Museum. (Westdeut. Zeitschrift, 6.)
— **Mehringer, R.** Die historische Bronzeausstellung im k. k. Oesterr. Museum. (Allgem. Kunst-Chronik, 27 ff.)
— Ausstellung kunstindustrieller Objecte aus Japan. (Mittheilgn. d. Oesterr. Museums, 214.)
— **Lauser, W.** Ausstellung der Kunstgewerbeschüler. (Allg. Kunst-Chronik, 44.)
— **Lerol, P.** Un maestro collectionneur. M. Godefr. Preyer. (L'Art, 460.)

Ypern.
— **Duyse, H. van.** L'exposition d'art ancien, à Ypres. (La Fédération artistique, N⁰ˢ 45—49.)

Zürich.
— Katalog, illustrirter, der Kunstausstellung auf der schweizerischen Landesausstellung Zürich 1883, mit (106 zinkogr.) Original-Zeichn. ausstellender Künstler u. e. ästhetisch-krit. Studie von Dr. Paul Salvisberg. gr. 8⁰, VI, 170 S. Zürich, Orell, Füssli & Co. M. 2. —.
— Catalogue officiel de la quatrième exposition nationale suisse. Zurich 1883. Réd.: Notices introductives: Hardmeyer-Jenny. 8⁰, CLI, 355 S. Zürich, Orell, Füssli & Co. M. 2. —.
— Katalog, officieller, der 4. schweizer. Landesausstellung in Zürich 1883. Red.: Gruppeneintheilung: J. Hardmeyer-Jenny. Katalog: H. Paur. 8⁰, CXLIII, 349 S. Zürich, Orell, Füssli & Co. M. 2. —.
— Guide illustré de l'exposition nationale suisse. Zurich 1883. Avec 3 plans et 20 illustrations. 8³, 60 S. Zürich, Orell, Füssli & Co. M. 1. —.
— „Durch die Ausstellung", illustrirter Führer. Erinnerungsbuch an die schweizerische Landesausstellung. Mit 20 Illustrationen der vorzüglichsten Ausstellungsobjekte u. 3 Orientirungsplänen. 8⁰, 48 S. Zürich, Orell, Füssli & Co. M. —. 60.
— Die schweizer. Landesausstellung in Zürich 1883. (Mittheil. d. technologischen Gewerbe-Museums, 43 ff.)
— Landesausstellung, die schweizer., in Zürich 1883. Mit Ansichten (in Holzschn.) u. (lithogr.) Plan der Ausstellung. 8⁰, 33 S. Zürich, Schmidt. M. —. 40.
— Die schweizerische Landesausstellung in Z. (Allg. Zeitg., B. 123 ff.)

Zürich.
— Ein Rundgang durch die schweizer. Kunstausstellung in Zürich. (Zeitschr. f. bildende Kunst, B. 44.)
— Souvenir de l'exposition nationale suisse. 16⁰, 19 Steintaf. Zürich, Orell, Füssli & Co. M. 1. 50.
— Schweizerische Landesausstellung, Zürich 1883. Gruppe 38: Alte Kunst. (Zeitschr. f. Kunstu. Antiquitäten-Sammler, 2. 3.)
— Ueber die schweizerische Landesausstellung (Schweizer. Gewerbebl., 9 ff.)
— L'esposizione d'arte antica a Zurigo. (Arte e storia, 32.)
— Brun, C. Die Werke der verstorbenen, und die Werke der lebenden Meister auf d. schweizer. Landesausstellung. (Schweizer. Bauzeitung, 5. 6. 11—14.)

Zürich.
— Frizzoni, G. L'esposizione di arte antica a Zurigo. (Arte e storia, II, 32.)
— Grand-Carteret, J. L'exposition suisse de Zurich. (Courrier de l'Art, III, 29 ff.)
— Tallichet. L'exposition nationale suisse à Zurich. (Bibliothèque universelle et Revue suisse, mai.)
— William-Hausheer, Th. Die Waffen im Kunstpavillon der schweizerischen Landesausstellung. (Neue Züricher Zeitung 1883, 208.)
— Ziegler, G. Briefe von der schweizer. Landesausstellung in Zürich 1883. Auf Veranstaltung des schweizer. Gewerbevereins aus dem „Landboten u. Tageblatt der Stadt Winterthur" abgedruckt, 8⁰, III, 127 S. Winterthur, Bleuler-Hausheer & Co.

BIBLIOGRAPHIE.

(Anfang November 1883 bis Mitte März 1884.)

I. Theorie und Technik der Kunst. Kunstunterricht.

Die Aesthetik der Nihilisten. (Allg. Ztg., B. 325.)

Aldenhoven, C. Die Widersprüche der Kunstkritik. (Die Nation, I, 11.)

Benapiani, L. Hayez, e le „Reminiscenze di arte" del prof. Mongeri. 16⁰, p. 20. Milano, L. Robecchi. L. —. 50.

Bes, L. Handleiding bij het teekenen naar de natuur, in zoo nauw mogelijk verband met het teekenen naar het schoolbord. Bewerkt in aansluiting met zyne elementaire, klassikale teckenmethode voor de lagere- of volksschool. 1e gedeelte. 4⁰, 21 bl. en 30 gelith. pl. Groningen, J. B. Wolters. f. 2. 90.

Bildungswesen, das industrielle, in Bayern. (Centralbl. f. d. gewerbl. Unterrichtswes. in Oesterreich, Supplem. I, 1. 2.)

Calderon, P. H. Realism in art. (Art Journ., Febr.)

Carrier-Belleuse, A. Application de la figure humaine à la décoration et à l'ornementation industrielle. (20 pl.) 1re livr. Paris, Goupil et Cie.

Chardon, C. A. Cours pratique de dessin linéaire, de géométrie et d'architect., ouvrage à l'usage des écoles, des pensions, des cours d'adultes, des arpenteurs, etc.: géométrie, arpentage et dessin linéaire élémentaire. 14e édit. 8⁰, à 2 col. 48 p. avec 20 pl. et 356 dessins. Paris, Hachette et Cie.

Charvet, L. et J. Pillet. Enseignement primaire du dessin, à l'usage des écoles primaires (cours élémentaire et une partie du cours moyen) et des lycées et collèges (classe préparatoire, 8me et une partie de la 7me). Livre du maître. 1re part. 12⁰, XII, 239 p., 170 fig. Paris, Delagrave.

Cocilovo, S. Del sentimento religioso nelle arti belle: studio. 8⁰, p. 21. Palermo, tip. Virzi.

Collingwood, W. G. Philosophy of Ornament: 8 Lectures on the History of Decorative Art, given at University College, Liverpool. Illustr. 8⁰. (Orpington.) London, Allen. 7 s. 6 d.

Colomb, F. Méthode et cours de dessin pour les écoles et pensionnates (3 divis., 12 cahiers). Livre du maître. 16⁰, 14 p. Paris, Gedalge.

Darchez, V. Nouveaux exercices de dessin à main levée d'après les derniers programmes officiels. Cours élémentaire. 7 cahiers in 4⁰ de 16 p. chacun, avec fig. Paris, Ve Belin et fils.

Decaux. Action de la lumière du jour et de la lumière électrique sur les couleurs employées en teinture et en peinture à l'eau et à l'huile. 4⁰, 24 p. Paris, imp. Tremblay.

Dessin, le. Revue de l'enseignement, fac-similés par les procédés phototypiques d'E. Bernard et Cie. 1re année. N⁰ 1, 15 oct. 1883. 4⁰, à 2 col., 8 p. et 2 pl. Paris, imp. Bernard et Cie. Abonn.: un an, 34 fr.; six mois, 20 fr. —. Un num., 2 fr. —. (Deux num. par mois.)

Dumont, A. Rapport à l'Académie des inscriptions et belles-lettres, de la commission des Écoles d'Athènes et de Rome, sur les travaux de ces deux écoles pendant l'année 1883. 4⁰, 36 p. Paris, imp. Firmin-Didot et Cie.

Durand-Gréville. De la conservation des tableaux. (Rev. politique et littéraire, 15.)

Ebe, G. Akanthus. Handbuch der ornamentalen Akanthusformen aller Stilarten f. Architekten, Maler, Bildhauer u. Kunsthandwerker. 1. Lfg. 12 (heliogr.) Taf. mit Text. gr. 4⁰, 12 S. Berlin, Ernst & Korn. M. 8. —.

Ehrenberg. Die Erhaltung und Wiederherstellung älterer Bau- u. Kunstdenkmäler. (Grenzboten, 2.)

Der Einfluss der Staats-Gewerbeschulen auf die gewerbliche Praxis und Litteratur. (Centralbl. f. d. gewerbl. Unterrichtswes. in Oesterr., II, 4.)

Expériences sur la solidité des couleurs. (Chron. des Arts, 7 ff.)

Fabriczy, C. v. Reorganisation der École des beaux-arts zu Paris. (Zeitschr. f. bild. Kunst, B. 5.)

Falke, Jak. v. Aesthetik des Kunstgewerbes. Ein Handbuch f. Haus, Schule u. Werkstätte. 8⁰, VIII, 476 S. mit eingedr. Holzschn. u. 1 Chromolith. Stuttgart, Spemann. M. 10. —.

— Aesthetik und Praxis. (Nordwest, VII, 6.)

Fellner, Al. u. Frz. Steigl. Der Zeichenunterricht u. seine Hilfswissenschaften. Ein Lehrbuch f. Lehrer an Volks- u. Bürgerschulen u. verwandten Anstalten. 6. Thl. Methodik des Zeichenunterrichts an Volks- u. Bürgerschulen. Mit 47 Textfig. 8⁰, IX, 108 S. Wien, Hölder. M. 1. 60.

Ferrey. Symbolism in early and mediaeval art. (Journ. of the Brit. archæol. Assoc., XXXIX, 4.)

Folnesics, J. Der gewerbliche Unterricht in der Schweiz. (Centralbl. f. d. gewerbl. Unterrichtswesen in Oesterreich, Supplem. I, 1. 2.)

Fürstenberg. Vorschule der Perspektive, nebst Bemerkungen, das Zeichnen nach Modellen betr., für den Schul- u. Selbstunterricht. Zweite, umgearbeit. u.. erweit. Aufl. Mit 65 in den Text eingedr. Holzst. gr. 8⁰, XI, 76 S. Braunschweig, Vieweg & Sohn. M. 1. 80.

Girard, H. Toujours la question d'art, étude. (Journ. des gens de lettres belges, 4e année, Nos 1—2, Bruxelles.)

Girod, F. Cours de geométrie théorique et pratique à l'usage des lycées et des collèges etc., contenant de nombreuses applications au dessin linéaire, à l'architecture etc., et plus de 1000 exercices proposés de géométrie pur et appliquée. 8⁰, 392 p. avec fig. Paris, André-Guédon. fr. 4. —.

— Traité élémentaire de géométrie à l'usage des lycées, des collèges etc., contenant des applications au dessin linéaire, à l'arpentage etc., et un grand nombre d'exercices proposés de géométrie pure et appliquée. 3e édit., revue et corrigée. 8⁰, 279 p. avec 398 fig. Paris, André-Guédon. fr. 3. —.

Götze. Welche Wege hat die Verbreitung des Handfertigkeits-Unterrichts in Zukunft einzuschlagen? (Arbeiterfreund, XXI, 4.)

Grothe, H. Ueber die technischen Fachschulen. Bericht, erstattet an den Centralverein der deutschen Wollenwaaren-Fabrikanten. 8⁰, 55 S. Berlin, Burmester & Stempell. M. 1. —.

Gurlitt, Cornel. Der Stil des 19. Jahrhunderts. (Westdeutsch. Gewerbebl., Jan. ff.)

Guyau. Un problème d'esthétique. L'antagonisme de l'art et de la science. (Rev. des deux mondes, 15 nov.)

Haite's Plant Studies for Artists, Designers, and Art Students. Part 1. 4⁰. London, Quaritch. 5 s.

Jappy, C. La critique d'art. (La Fédération artistique, 11e année, Nos 1—5.)

Interian de Ayala, J. El pintor cristiano y erudito, ò tratado de los errores que suelen cometerse frecuentemente en pintar y esculpir las imágenes ragradas. Dividido en ocho libros con un apéndice. Tom. I y II. 8⁰, 284, 316 p. Madrid, Lip. de Perdiguero. 10 y 12.

Kettle, R. Our national art education. (Art Journal, Jan. ff.)

Die Kirche und die Kunst, die Kirche und die Style. (Kirchenschmuck, 1884, I.)

La Gournerie, J. de. Traité de perspective linéaire, contenant les tracés pour les bas-reliefs et les décorations théâtrales, avec une théorie des effets de perspective. 2e édit. Texte et pl. 4⁰, XII, 199 p. et album in f⁰ de 40 pl. Paris, Gauthier-Villars. fr. 5. —.

Lagye, G. La restauration des tableaux. (La Fédération artistique, 11e année, Nos 1—5.)

Langer, C. Anatomie der äusseren Formen des menschlichen Körpers. Mit 120 Holzschn. gr. 8⁰, XII, 296 S. Wien, Töplitz & Deuticke. M. 9. —.

Marichal, C. Allerlei over Kunst. Natuur en Kunst in hun wederzijdschen invloed op poësis. Wulpschheid der hedendaagsche Kunst. (Onze Vlaamsche Wekker, 2e année, Nos 6—9, Louvain.)

Massarani. La critique d'art depuis Diderot. (Revue internat., I, 3.)

— Carlo Blanc e la critica d'arte in Francia negli ultimi 50 anni. (Memorie del R. Istituto Lombardo di Scienze e Lettere; classe di Lettere e Scienze morali e politiche, vol. XV, fasc. I.)

Mazzanti, F. Ornamenti italiani inediti disegnati a mezza macchia. Fasc. 1. (10 tav.) f⁰. Torino, Loescher. L. 4. —. (L'opera consterà di 10 fasc.)

Melani, A. Un libro di prospettiva del 1732. (Il Bibliofilo, Nr. 5 —11.)

Mothes, O. Theologen u. Künstler beim Kirchenbau. (Archiv f. kirchl. Kunst, VIII, 2 ff.)

Müller, F. Bemerkungen über den sogenannten Kunstunterricht auf Gymnasien. (Neue Jahrbücher f. Philologie, 128. Bd., 5.)

Noiré. Das Problem der Anthropologie: die menschliche Kunst u. ihre Bedingungen. (Nord und Süd, December.)

Orgels, P. Quelques mots sur l'art. (La Renaissance, N⁰ 1, déc. 1883, Bruxelles.)

Parvillée, A. Etude sur l'enseignement raisonné de l'art céramique. gr. 16⁰, 63 p. et pl. en couleur. Paris, Mary et fils.

Passepont, J. L'étude des ornements. Postes et flots grecs. (Rev. des arts décor., janv. ff.)

Perl, G.. Applicazioni della geometria descrittiva alle ombre, alla prospettiva lineare ed aerea, al taglio delle pietre e del legname. 2a ediz., riveduta ed aumentata di un Appendice per Giul. Bellotti, con un atlante di 304 fig. 8⁰, VI, 383 p. Firenze, Fel. Paggi. L. 15. —.

Pianese, G. e G. Piccone. Manuale di geometria adatta alle arti e mestieri; e nozioni tecniche generali. 8⁰, p. 200, con 160 incis. intercalate. Torino, Roux e Favale. L. 2. —.

Pidoll, Mich., Freihr. v. Psychische Elemente der bildenden Kunst. (Mittheil. des Oesterr. Museums, 218.)

Portretteer-recht. (De Portefeuille, 35.)

Rade, M. Auswahl von Ornamenten des königl. histor. Museums zu Dresden. Zum prakt. Gebrauch herausg. f⁰, 100 Lichtdr.-Taf. mit 4 Bl. Text. Dresden, Römmler & Jonas. M. 60. —.

Réglement de l'École nationale et spéciale des beaux-arts. 8⁰, 35 p. Paris. imp. Quantin.

Reichelt, Auguste. Neue grosse Blumenvorlagen [Rosen]. qu.-gr.-Fol., 4 Blatt. Leipzig, Baldamus. M. 20. —.

Reymond, M. L'Esthétique de M. Taine. 8⁰, 63 p. Paris, imp. Levé. (Extr. du Contemporain.)

Robinson, L..G. English art as seen through french spectacles. (Art Journal, Febr.)

Rosenberg. Kunst und Künstler. (Grenzboten, 1.)

Rosenstein. Künstler, Kritiker und Publicum. (Gegenwart, 52.)

Schaufuss, L. W. Die Diagnostik in der Malerei. (Zeitschr. f. Kunst- u. Antiquit.-Sammler, I, 1.)

Schenckendorff, E. v. Ueber Bedeutung u. Ziel des Handfertigkeits-Unterrichts. (Centralbl. f. d. gewerbl. Unterrichtswesen in Oesterr., Suppl. I, 1. 2.)

Schlegel, A. W. Vorlesungen über schöne Litteratur und Kunst. 1. Thl. (1801—1802). Die Kunstlehre. (Deutsche Litteraturdenkmale des 18. u. 19. Jahrh. in Steindrucken, Nr. 17.) 8⁰, LXXII, 370 S. Heilbronn, Henninger. M. 3. 50.

Schultz A. Kunst und Kunstgeschichte. 2. Abth. Malerei und vervielfält. Künste. (Das Wissen der Gegenwart. 21. Bd.) 8⁰, 244 S. m. Illustr. Prag, Tempsky. M. 1. —.

Schulze, H. Der elementare Zeichenunterricht. Praktische Winke für Zeichenlehrer an Volksu. höheren Schulen. Mit 180 Fig. (8 Steintaf.) gr. 8⁰, 16 S. Reichenbach i. Schl., Hoefer in Comm. M. 1. —.

Schulze, L. Das Studium der christlichen Kunstarchäologie. (Evang. Kirchen-Ztg., 5.)

Steindorff, H. Schattirungskunde. Eine neue Methode der Uebertragung v. Curven gleicher Helligkeit unter Zugrundelegung der Normalkugel u. eine direkte Darstellung d. Helligkeitswerthe durch die Sonne als Lichtquelle. Mit 5 (lith. u. chromolith.) Taf. f⁰, 6 S: Stuttgart, Wittwer. M. 3. —.

Stingl, J. Ueber Theorie u. Praxis im Gewerbe. (Centralbl. f. d. gewerbl. Unterrichtswesen in Oesterr., Suppl. I, 1. 2.)

Die Style. (Kirchenschmuck, 1883, 12.)

Sulzberger, M. L'enseignement artistique supérieur. (Rev. de Belgique, 1, 1884.)

Tarde. L'archéologie et la statistique. (Revue philosophique, 11.)

Töpffer, R. Réflexions et menus propos d'un peintre genévois, ou Essai sur le beau dans les arts. Précédés d'une notice sur la vie et les ouvrages de l'auteur, par A. Aubert. Nouv.éd. 18⁰, XXIV, 412 p. Paris, Hachette et Cie. fr. 3. 50.

Venturi, R. Considerazioni sul gusto pittorico di nostri tempi. (Commentarii dell' Ateneo di Brescia per l'anno 1883.)

Verhaert, P. Eenige beschouwingen over Kunst. (Nederlandsche Dicht- en Kunsthalle, 6e année, livr. 6.)

Villette, T. et H. Courcenet. Cinq cent cinquante problèmes de géométrie pratique et de dessin linéaire avec les solutions raisonnées (préparation aux examens de l'enseignement primaire, certificat d'études, brevet de capacité). 12⁰, 196 p. avec 209 fig. Paris, Bayer et Cie.

Der Zopf. (Blätter f. Kunstgew., XIII, 1.)

II. Kunstgeschichte. Archäologie. Zeitschriften.

Adamy, Rud. Einführung in die antike Kunstgeschichte. Mit 123 Illustr. gr. 8⁰, V, 194 S. Hannover, Helwing. M. 3. —.

Adolph, H. Das alte Taufbecken i. d. St. Johanniskirche zu Thorn. (Zeitschr. d. hist. Ver. f. d. Reg.-Bez. Marienwerder, 1883, 6—8.)

Allen. On the circle of stones at Calderstones, near Liverpool. (Journ. of the Brit. archæol. Assoc., XXXIX, 3.)

Altendorff, H. Die Kirche in Priessnitz u. ihre Kunstschätze. (Wissensch. Beil. d. Lpz. Ztg., 6. 7.)

Archæological excavations in Westmoreland. (Antiquary, Febr.)

Archives, nouvelles, de l'art français, recueil de documents inédits publiés par la Société de l'histoire de l'art français. 2⁰ série, t. 4. Scellés et inventaires d'artistes, publ. par J. Guiffrey. 1ʳᵉ part. 8⁰, XXIII, 430 p. Paris, Charavay fr.

Armellini, M. Lezioni popolari di archeologia cristiana. 16⁰, 382 p. Roma, per cura della Voce della Verità.

Art (L') en Italie; revue hebdomadaire: Beauxarts, littérature, archéologie, théâtre, arts industriels, sport etc. Directeur A. Durand. Année Iᵉ, N⁰ 1 (6 janv. 1884). 4⁰, p. 12 à 3 col. Rome, Tip.-Editr. Romana. (Parait tous les dimanches.) Abonn.: fr. 12. —. par an.

Arte (L') moderna in Italia· studii, biografie e schizzi della princip. Maria della Rocca; con disegni autografi dei principali artisti viventi. 4⁰, 287 p., illustr. da 95 disegni autogr. di Morelli, dal Bono, Michetti ecc. Milano, frat. Treves. L. 40. —.

Aymonier. Sur les inscriptions en vieux Khmêr. (Journ. asiatique, VIII, Sér. II, 2.)

Babelon, E. Antéfixe de terre cuite. (Gazette archéol., VIII. 12.)

— L'histoire grecque de M. Curtius et les récentes découvertes archéologiques sur la Grèce. (Rev. des questions historiques, octob.)

Babelon, E. Vénus cypriote de la collection de Luynes. (Gaz. archéol., VIII, 11. 12.)

Bapst, G. Testament du roi Jean le Bon et Inventaire de ses joyaux à Londres, publiés d'après deux manuscrits inédits des archives nationales. 8⁰, 59 p. Paris, imp. Lahure.

Barbier de Montault, de. Le Trésor de la basilique royale de Monza. 1ʳᵉ part.: les Reliques. 8⁰, 297 p. avec pl. et fig. Tours, imp. Bou,rez. (Extr. du Bull. monum., N⁰ˢ 2—3, 1882.]

Bary, von. Senam et tumuli de la chaîne de montagnes de la cote tripolitaine. (Revue d'éthnographie, II, 5.)

Bayet, C. L'Art byzantin. 8⁰, 320 p. avec 105 fig. Paris, Quantin. fr. 3. —.

Beaurepaire, E. de. Notice biographique sur M. A. M. Laisné, président de la Société d'archéologie d'Avranches. 8⁰, 19 p. Saint-Lô, imp. Elie fils.

Beltz. Untersuchungen z. Bronzezeit in Mecklenburg. (Jahrb. d. Ver. f. Mecklenb. Gesch., 48.)

Bequet, A. Nos fouilles en 1881—1882. (Ann. de la Soc. archéol. de Namur. Tom. XVI, 1ʳᵉ liv.)

Berger, Ph. Stèles trouvées à Hadrumète. (Gaz. archéol., I, 5.)

Berthelé, J. La Question de Sanxay, à propos du Memoire du P. de La Croix; réponse à M. Hild. 8⁰, 35 p. Poitiers, imp. Oudin.

Bertolotti, A. Giunte agli „Artisti lombardi in Roma. (Arch. storico Lombardo, anno X, fasc. I.)

Bertling. Die Wachstafeln der Danziger Stadtbibliothek. (Zeitschr. d. Westpreuss. Geschichtsvereins, 11.)

Bertrand, A. Cours d'archéologie nationale. La Gaule avant les Gaulois d'après les monuments et les textes. 8⁰, 215 p. avec fig. Paris, Leroux. fr. 6. —.

Blind, K. Les dernières découvertes de M. Schliemann à Troie. (Rev. internat., I, 3.)

Blümner, H. Die Barbaren in d. antiken Kunst. (Vom Fels zum Meer, März.)

Bötticher, E. Die Masken von Ceylon und der ägyptische Cultus. (Ausland, 3. 4.)

— Schliemann's Troja (Hissarlik) eine Feuer-Nekropole der Urzeit. — Analogien der Funde von Hissarlik. (Zeitschr. f. Museol., 1884, 1. 3.)

— Schliemann's Troja eine urzeitliche Feuernekropole. (Ausland, 1883, 51.)

Bohn, R. Die Stoa König Attalos d. Zweiten zu Athen. Mit 2 Kupfertaf. [Aus: „Zeitschr. für Bauwesen"]. gr. 4⁰, 9 S. Berlin, Ernst & Korn. M. 3. —.

Bonvalot. Les ruines de la vallée du Sourkhane. (Revue d'éthnographie, II, 5)

Brent. On a group of prehistoric remains. on Dartmoor. (Journ. of the Brit. Archæol. Association, XXXIX, 3.)

Brugsch, H. Baalbeck. (Westermann's Monatshefte, December.)

Bruun, H. v. Ueber tektonischen Styl in griechischer Plastik und Malerei. (Sitzungsber. d. phil. u. hist. Cl. der k. bair. Akad. d. Wissenschaften, III.)

Bruzza. Iscrizione in onore di Jallia Bassia. (Bullet. della Commiss. archeolog. comun. di Roma, XI, 3.)

Bulletin de la Société des sciences et arts de l'île de la Réunion. Année 1882. 8⁰, 209 p. et pl. Saint-Denis de la Réunion, imp. Lahuppe.

Bulletin de la Société d'études scientifiques et archéologiques de la ville de Draguignan. T. 14. (1882—1883). gr. 8⁰, 543 p. Draguignan, imp. Latil.

Caffi, M. Di Vincenzo Civerchio da Crema, pittore, architetto, intagliatore, del sec. XV—XVI:
notizie e documenti. Firenze, tip. Cellini.

Cagnat. Supplément;à l'épigraphie du Kef. (Bull.
épigraph. de la Gaule, III, 5.)

Carapanos. Inscriptions de l'oracle de Dodone
et pierre gravée. (Revue archéol., décemb.)

Cartwright, Julia. Roman remains at Ravenna.
(Portfolio, December.)

Casati, C. Leone Leoni d'Arezzo, scultore e
Giov. Paolo Lomazzo, pittore milanese: nuove
ricerche. 16⁰, p. 103 con fotograf. Milano,
U. Hoepli. L. 2. —.

Chodzkiewicz. Archéologie religieuse slave.
(Comptes r. de l'Acad. des inscr. et belles-lettres,
juill.—sept.)

Colombo , R. G. Documenti e notizie intorno
gli artisti vercellesi ecc. 8⁰, p. 501. Vercelli,
tip. Guidetti.

Comité archéologique et historique de Noyon.
Compte-rendus et mémoires lus aux séances.
T. 6. 8⁰, LXXIV, 334 p. et pl. Noyon, imp.
Andrieux.

Conze. Zur Topographie v. Pergamon. (Sitzungsberichte d. k. preuss. Akad. d. Wissensch., 3.)

Corroyer, Ed. Les arts décoratifs à l'Opéra.
(Gaz. des B.-Arts, janv. ff.)

Cosnac, G. J. de. Les Richesses du palais Mazarin. Correspondance inédite de M. de Bordeaux,
ambassadeur en Angleterre. Etat inédit des
tableaux et des tapisseries de Charles Ier mis
en vente au palais de Somerset en 1650. Inventaire inédit dressé d'après la mort du cardinal Mazarin en 1661. gr. 8⁰, VI, 436 p. et grav.
Paris, Renouard.

Curtius, E. Die Giebelgruppen des Zeustempels
in Olympia u. d. rothfigurigen Vasen. (Archäol.
Ztg., XLI, 4.)

Décombe, L. Description de divers objets anciens
et notamment de haches et épées en bronze
trouvés à Rennes. 8⁰, 15 p. et pl. Rennes,
Caillière. (Extr. du t. 16 des Mém. de la Soc.
archéol. d'Ille-et-Vilaire.)

Dennis, G. The Cities and Cemeteries of Etruria.
With Map, Plans, and Illustr. New edit. 2 vols.
8⁰, p. 1190. London, Murray. 21 s. —.

Derenbourg, J. & H. Etudes sur l'épigraphie du
Yémen (Ire série). 8⁰, 84 p. et 5 pl. Paris,
imp. nat. (Extr. du journ. asiatique.)
— Sur l'épigraphie du Yemen. (Journal asiatique
VIII, Ser. II, 2.)

Dieulafoy, M. L'Art antique de la Perse: Aché-
ménides, Parthes, Sassanides. Ire Part. Monuments de la vallée du Polvar-Roud. gr. 4⁰, IV,
68 p. et 20 pl. Paris, Libr. centr. d'architecture.

Discovery of Roman Remains in Westmoreland.
(Antiquary, Januar.)

Doblhoff, J. Auf dem Trümmerfelde Aventicums,
d. „Caput Helvetiorum". Eine Studie. [Aus
„Monatsblätter d. Wissenschaftl. Club."] Lex.-8⁰,
40 S. m. eingedr. Fig. u. 2 Taf. Wien. (Basel,
Schwabe.) M. 2. —.

Domaszewski, A. v. Inschriften aus Kleinasien.
(Archäol. epigr. Mittheil. aus Oesterreich, VII, 2.)

Dubois, F. Inscriptions de Sporades. (Bullet. de
corresp. hellénique, VIII.)

Dütschke, H. Kleobis u. Biton. (Archäol. epigr.
Mitth. aus Oesterreich, VII, 2.)

Duke, F. von. Parisurtheil auf attischer Amphora.
(Archäolog. Ztg., XLI, 4.)

Edwards. The destruction and preservation of
Egyptian Monuments. (Academy, 616.)
— Petrie's pyramids and temples of Gizeh. (Aca-
demy, 601.)

Edwards. A Theban tomb of the Eleventh Dy-
nasty. (Academy, 612.)

Eitelberger, R. v. Die neuesten Publicationen
über Lionardo da Vinci mit besonderen Rücksichten auf Lionardo's Entwürfe für Kirchen-
bauten. (Mitth. d. Central-Commiss., N. F., IX, 4.)

Erwerbung des Papyrusfundes von El Faijûm.
(Mitth. d. Oesterr. Museums, 220.)

Es, A. H. G. P. van den. De studie van de Grieksche
oudheidkunde gedusende de laatste jaren. Re-
devoering uitgesproken in de faculteit des letteren en wijsbegeerte aan de universiteit van
Amsterdam den 1. Oct. 1883. 8⁰, 31 bl. Groningen,
J. B. Wolters.

Evans. Schliemann's Troja. (Academy, 608.)

Evrard , W. Lucas de Leyde et Albert Dürer.
La vie et l'œuvre de Lucas de Leyde, son école,
ses gravures, ses peintures , ses dessins , catalogues et prix de cinq cents de ses ouvrages.
8⁰, 830 p. Bruxelles, G. A. Van Trigt. fr. 15. —.

Fabri, Timotheus. De Mithrae dei solis invicti
apud Romanos cultu. Dissertatio inauguralis
historica et archæologica. gr. 8⁰, 120 S. Elber-
feldae. (Göttingen, Vandenhœck & Ruprecht.)
M. 2. 40.

Faivre. Les Origines de Bellevaux. 8⁰, 16 p.
Besançon, imp. Dodivers. (Extr. du Bull. de
l'Acad. de Besançon, 21 déc. 1882.)

Fernique. Sur les fouilles faites à Préneste en
1882. (Revue archéol, octob.)

Ferri. Leonardo da Vinci secondo nuovi documenti. (Nuova Antologia, 20.)

Förster, E. Antonio Fregoso und Leonardo da
Vinci. (Allg. Ztg., B. 324 ff.)

Fontrier. Inscriptions d'Asie Mineure, Phila-
delphie et Magnesie du Méandre. (Bullet. de
corresp. hellénique, VIII.)

Foucart. Bas-relief du Pirée. Culte de Zeus
milichios. (Bullet. de corresp. hellenique, VIII.)

Fournel, V. Les Artistes français contemporains,
peintres-sculpteurs. Illustré de 10 eaux-fortes
et de 176 grav. gr. 8⁰, XI, 544 p. Tours, Mame
et fils. fr. 15. —.

Furtwängler, A. Der Goldfund v. Vettersfelde.
43. Programm zum Winckelmann's-Feste der
archäolog. Gesellschaft zu Berlin. Mit 3 (heliograv.) Taf. gr. 4⁰, 54 S. m. eingedr. Fig.
Berlin, G. Reimer. M. 3. —.
— Kopf aus Lerna. (Mittheil. d. deut. archäol.
Instituts in Athen, VIII, 3.)

Gaillard, F. Fouilles des dolmens du Port-
Blanc à Saint-Pierre-Quibéron (février 1883);
rapport. 8⁰, 16 p. et 6 pl. Vannes, imp.
Galles. fr. 1. —.

Galesloot, L. Le monument mégalithique de
Duysbourg composé de trois monolithes. (Bull.
des comm. royales d'art et d'archéologie,
N⁰. 5—6, 1883. Bruxelles.)

Gareis, F. Römisches u. Germanisches in Ober-
hessen. (Dritter Jahresb. d. Oberhess. Ver. f.
Localgesch.)

Ghirardini. Di una stele sepolcrale greca scoperta
in Roma. (Bullet. della Commiss. archeol.
comun. di Roma, XI, 3.)

Une glaive en bronze daté du XIVe siècle avant
notre ère. (Revue archéologique, sept.)

Gonse, L. L'Art japonais. 2 vol. in 4⁰, contenant 64 grandes planches hors texte à l'eau-
forte, en chromolith. et fac-similés d'aquarelles
typogr., etc., et plus de 1000 grav. T. 1, IV,
315 p.; t. 2, 375 p. Paris, Quantin. fr. 200. —.

Gozzadini, G. Di recenti scavi e ritrovamenti
di antichità nel Bolognese. (Atti e Mem. della
R. Deput. di storia patria per le province di
Romagna, 3e serie, vol. I, fasc. IV.)

Gozzoli, G. Gli artisti viventi. Roma, tip. Forzani e Cie.

Grandi (I) italiani: Leonardo da Vinci. 16⁰, 63 p. Milano, E. Sonzogno. L. — 15.

Gregorovius. Ritt nach dem Toten Meer. (Unsere Zeit, 1.)

Hamy, E. T. Commentaire sur un basrelief aztèque de la collection Uhde. (Revue d'éthnographie, II, 5.)

— Note sur une inscription chronographique de la fin de la période aztèque appartenant du musée du Trocadéro. 8⁰, 14 p. avec fig. Paris, Leroux.

Hellbach, J. Zur Geschichte des Königsstuhls u. der Wenzelskapelle. (Rhenus, Beiträge zur Gesch. des Mittelrheins, I, 9.)

Heydemann, H. Alexander d. Grosse u. Dareios Kodomannos auf unteritalischen Vasenbildern. Mit 1 (lith.) Doppeltaf. u. 2 (eingedr.) Holzschn. [8. Hallisches Winkelmannsprogramm.] gr. 4⁰, 26 S. Halle, Niemeyer. M. 2. —.

— Analekten zu den Kunstdarstellungen aus der Niobesage. (Berichte über d. Verhandlungen der Kgl. Sächs. Gesellsch. d. Wissensch. zu Leipzig, phil.-hist. Cl. 1883, I, II.)

Hettner, F. Der Fund im Grabe d. hl. Paulinus zu Trier. (Westdeutsche Zeitschr., III, 1.)

— Jupiter m. d. Rad. (Westdeutsche Zeitschr., III, 1.)

Hild, J. A. Les Fouilles de Sanxay, à propos du Memoire archéologique sur les découvertes d'Herbord, dites de Sanxay, par le R. P. Cam. de la Croix, S. J., mort 1883. 8⁰, 16 p. Poitiers, Blanchier. (Extr. du Bull. mensuel de la faculté des lettres de Poitiers, juillet 1883.)

Hirschfeld, G. Ein Ausflug in den Norden Kleinasiens. (Deut. Rundschau, Januar.)

— Pausanias und Olympia. (Neue Jahrbücher f. Philologie, 128. Bd., 10, 11.)

Holm. Das alte Syrakus. (Zeitschr. f. allgem. Gesch., 2.)

Husson, M. A. L'art en France en XVI⁰ et en XVII⁰ siècle. (Rev. nouvelle d'Alsace-Lorraine, III, 6 ff.)

Husson, C. et P. Benoit. Note au sujet de fouilles faites du canton du Haut-de-Fossé, territoire de Royaumeix (Regia Mansio). 8⁰, 8 p. Nancy, imp. Crépin-Leblond. (Extr. du Journ. de la Soc. d'archéologie lorraine, août 1883.)

Jahrbuch des niederösterreichischen Gewerbevereines. 1. Jahrg. gr. 8⁰, LVI. 199 S. Wien, Wallishausser in Comm. M. 3. —.

Jahresbericht üb. die Fortschritte der classischen Alterthumswissenschaft, hsg. v. Conr. Bursian. 10. Jahrg. 1882. Neue Folge. 2. Jahrg. [Mit den Beiblättern: Bibliotheca philologica classica 10. Jahr. (1883) u. Biograph. Jahrbuch f. Alterthumskunde. 6. Jahrg. (1883)]. 30. bis 33. Bd. 12 Hefte. gr. 8. (32. Bd. 1. Heft. 96 S.) Berlin, Calvary & Co.

— Dasselbe. Begründet v. Conr. Bursian, hrsg. v. Iwan Müller. 11. Jahrg. 1883. (Mit abgeschl. Beiblättern.) 34. bis 37. Bd. 12 Hfte. gr. 8⁰. (36. Bd. 1. Hft. 96 S.) Ebd. M. 36. —.

Joubert, A. Recherches épigraphiques: le Mausolée de Cathérine de Chivre; l'Enfeu des Gaultier de Brullon. Avec 5 dessins de T. Abraham et un portr. inédit du voyageur. Le Gour de La Bouillaye. 2⁰ édit., revue et augmentée. 8⁰, 59 p. Laval, imp. Moreau. fr. 8. —.

Klein, W. Terracottagruppe des Oesterreichischen Museums. (Archäol.-epigr. Mittheil. a. Oesterreich, VII, 2.)

Kleinschmidt, A. Die Renaissance u. die Vorläufer der Reformation. (Europa, 45 ff.)

Klitsche de la Grange. Sopra gli oggetti ceramici trovati nelle tombe antiche del territorio delle Allumiere. (Bullet. dell' instit. di corr. archeol., Nov.)

Koehler, U. Attische Psephismen aus den Jahren der Theuerung. (Mitth. d. deut. archäol. Instit. in Athen, VIII, 3.)

Kunst, moderne, in Nederland. Etsen door P. J. Arendsen. Met inleident woord van C. Vosmaer. Opgedragen aan Z.M. den Koning. (1e serie). 1e et 2e afl. gr. f⁰. 2 staalgrav. met tekst. Amsterdam, Tj. van Holkema. per afl. fr. 3. —. (Compl. in 12 afl.)

Künstler-Jahrbuch, allgemeines deutsches, f. 1884. Hrsg. von Thd. Seemann. 16⁰, 128 u. 368 S. Dresden, Gilbers. M. 3. —.

Kuhnert, E. De cura statuarum apud Graecos. (Berliner Studien f. kl. Philol. u. Archäol., I.)

Zur Kunst-Archäologie des Mittelalters. (Allg. Ztg., B. 37.)

La Blanchère, de. Sur l'âge des gravures rupestres des inscriptions sahariennes et de l'écriture libyque. (Bullet. de corresp. africaine, sept.—décemb.)

Ladenburg. Römische Meilensteine zu L. (Correspondenzblatt d. Gesammt-Vereins d. deut. Geschichs-Ver., 11, 12.)

Lagye, G. Nos artistes. (François-Auguste Bossuet.) (La Fédération artist., N⁰ 50—52, 1883.)

— Les transfuges de l'art flamand. (La Fédération artistique, N⁰ 50—52, 1883.)

Lasteyrie, R. de. Phalère en or, trouvée à Auvers (Seine et Oise.) (Gaz. archéol., VIII, 11. 12.)

Le Blant. Sur les récentes découvertes d'antiquités égyptiennes faites à Rome. (Comptes rend. de l'Acad. des inscr. et belles-lettres, juill.—sept.)

Le Bon, G. Les arts arabes. (Gaz. des B.-Arts, dec.)

Leitschuh, F. Niklas Ziegler, Albrecht Dürer u. Hans Schäufelein. (Allg. Ztg., B. 38.)

Lenormant, F. Tête d'un guerrier gaulois. (Atti e Mem. della R. Deput. di storia patria per le provincie di Romagna, 3e serie, vol. I, fasc. IV.)

Lepsius. Die Längenmasse der Alten. (Sitzungsbericht d. k. preuss. Akad. der Wiss., 46.)

Le Roy, P. Notes sur la topographie du Gastinois aux époques celtique et gallo-romaine en ce qui concerne plus particulièrement l'arrondissement de Montargis. 8⁰, 35 p. Fontainebleau, imp. Bourges. (Extr. des Ann. de la Soc. hist. et archéol. du Gâtinais.)

Levi, D. La mente di Michelangelo. 16⁰, 250 p. Milano, tip. Golio. L. 5. —.

Lolling, H. G. Ausgrabungen am Artemision auf Nordeuboea. (Mitth. d. deut. archäol. Instit. in Athen, VIII. 3.)

Longpérier, A. de. Oeuvres. Réunies et mises en ordre par G. Schlumberger. T. 3. Antiquités grecques, romaines et gauloises. 2me partie (1862—1883.) 8⁰, 436 p., avec grav. et 9 pl. hors texte. Paris, Leroux. fr. 20. —.

Lumbroso, G. Necropoli tipo Villanova in Ungheria. (Atti e Mem. della R. Deput. di storia patria per le provincie di Romagna, 3a serie, vol. I, fasc. IV.)

Mähly, J. Zur Kunst u. Dichtung des Alterthums. (Blätt. f. litterar. Unterhaltg., 1883, 52.)

— Schliemann's Troja. (Blätter f. literar. Unterhaltung, 10.)

Manzo. Su un' Epigrafe Milliaria, rinvenute nelle vicinanze di Buca. (Giornale Napoletano, 24.)

Martha. Stèle avec inscriptions trouvée au lac Stymphale. (Bullet. de corresp. hellénique, VIII.)

Marucchi. Le Catacombe romane. (Nuova Antologia, 23.)

Mather, J. Life and Teaching of John Ruskin. 2ed edit. 8⁰, p. 166. London, Limpkin. 2 s. 6 d.

Mau, A. Scavi di Pompei. (Bullet. dell' instit. di corr. archeol., Decemb.)

Mehlis. Ein römischer Ringwall. (Correspondenzbl. d. Gesammtver. d. deut. Geschichtsver., 11. 12.)

Mémoires de la Société académique d'archéologie, sciences et arts du département de l'Oise. T. 11. 8⁰, 676 p. et 13 pl. Beauvais, imp. Pére.

Mémoires de la Société archéologique de Touraine. T. 32. 8⁰, 448 p. Tours, Suppligeon.

Mémoires de la Société des antiquaires du Centre. 1883. 12e vol. Fasc. 1. 8⁰, 191 p. Bourges, imp. Pigelet et fils et Tardy.

Mémoires de la Société historique et archéolog. de l'arrondissement de Pontoise et du Vexin. T. 5. 8⁰, VIII, 211 p. Pontoise, imp. Pâris.

Mémoires de la Société nationale des antiquaires de France, t. 43. (5e série, t. 3.) 8⁰, 136 p. avec pl. Paris, Dumoulin.

Messikomer, Sohn. Holzgeräthe aus der Pfahlbaute Robenhausen. (Ausland, 42.)

Meynell, W. Some Modern Artists and their Works. 4⁰, p. 250. London, Cassell. 12 s. 6 d.

Michel, E. Le Baron A. Th. de Girardot archéologue, sa vie, son œuvre. 8⁰, 27 p. Orléans, Herluison. (Extr. des Ann. de la Soc. hist. et archéol. du Gâtinais.)

Milani, L. A. I frontoni di un tempio toscanico scoperti in Luni. (Museo italiano di antichità classica, diretto du Dom. Comparetti, vol. I, punt. I. Firenze.)

Milchhöfer, A. Pergamon. (Deutsche Rundschau, Febr.)

— Professor Sayce und die „trojanischen Inschriften". (Allg. Ztg., B. 355.)

Miln, J. Exploration de trois monuments quadrilatères, par feu James Miln. Publiée par l'abbé Luco. 8⁰, 16 p. et pl. Vannes, imp. Galles. fr. 1. 50.

— Quelques explorations archéologiques de feu J. Miln. Publiée par l'abbé Luco. 8⁰, 24 p. et 2 pl. Vannes, imp. Galles. fr. 1. 50.

Mitteilungen d. Alterthumsvereins zu Plauen i. V. 3. Jahresschrift auf d. J. 1882—83. Hersg. v. Joh. Müller. gr. 8⁰, VIII, 106 S. Plauen, Neupert in Comm. M. 2. 80.

Molinier, E. Plaques d'ivoire du Musée du Louvre. (Gaz. archéol., IX, 2.)

Mommsen, Th. Inschrift aus Kostolac (Archäol.-epigr. Mittheil. aus Oesterreich, VII, 2.)

Monatsblatt des Alterthums-Vereines zu Wien. Hrsg. u. Red.: Joh. Newald. 1. Jahrg. 1884. 12 Nrn. (à ½ B.) 4⁰. Wien, Kubasta & Voigt in Comm. M. 2. 40.

Montaiglon, A. de. Procès-verbaux de l'Academie royale de peinture et de sculpture (1648—1793), publiés pour la Société de l'histoire de l'art français d'après les registres originaux conservés à l'École des B.-Arts. T. 5. (1726—1744.) 8⁰, 387 p. Paris, Charavay frères.

Montault, de. Le tresor de la basilique de Monza. (Bullet. monumental, 7.)

Mowat. Buste de Mercure en bronze entouré des divinités du Capitole. (Gaz. archéol., IX, 1.)

— Les inscriptions et les tuiles legionnaires de Mirebeau (Côte d'Or.) (Bullet. épigraph. de la Gaule, III, 5.)

— Les tuiles de la Legion VIIIe Augusta à Strassbourg et à Viviers, Ardèche. (Bullet. épigraphique de la Gaule, III, 6.)

Müntz, E., e A. L. Frothingham, jun. Il tesoro della basilica di San Pietro in Vaticano dal XIII al XV secolo: con una scelta d'inventarii inediti. Roma.

Museo italiano di antichità classica, diretto da Dom. Comparetti. Vol. I., punt. 1a. 4⁰, p. 138 con 9 tav. Firenze, Loescher. L. 20. —.

Muther, R. Kaiser Maximilian I. als Kunstfreund. (Grenzboten, 3 ff.)

Myers. Roman villa at Benizza, Corfu. (Journ. of the British Archæol Association, XXXIX, 4.)

Nadaillac, de. L'Art préhistorique en Amérique. 8⁰. 31 p. Paris, imp. Quantin. (Extr. de la Rev. des Deux Mondes, livr. du 1er nov. 1883.)

Nicaise, A. Le Cimetière gallo-romain de la Fosse Jean-Fat; Urnes à visage, stèles funéraires avec inscriptions et sculptures à Reims. 8⁰, 20 p. Reims, Renart.

Niepce. Les trésors des églises de Lyon. (Revue lyonnaise, 15 nov.)

Orozen, Ign. Zwei neu gefundene Römersteine aus Unter-Steiermark. (Mittheilungen des hist. Ver. für Steiermark, 31.)

Osborn, H. S. Ancient Egypt in the Light of Modern Discoveries. Illustr. With Map. 12⁰. (Cincinnati.) London. 6 s. 6 d.

Overbeck, J. Pompeji, in seinen Gebäuden, Alterthümern u. Kunstwerken dargestellt. 4. im Vereine mit Aug. Mau durchgearb. u. verm. Aufl. m. 30 grösseren zum Thl. farb. Ansichten u. 320 Holzschn. im Texte, sowie einem grossen (lith.) Plane. Lex.-8⁰, XVI, 676 S. Leipzig, Engelmann. M. 20. —.

Owen. Two old Country Residences. (Antiquary, Decemb.)

Pachtler, M. Schliemann's Ausgrabungen in Troja. (Stimmen aus Maria Laach, XXVI, 2.)

Pais, E. Iscrizioni sospette delle Alpi marittime. (Bullett. dell' instit. di corr. archeol., Nov.)

Palustre, L. La Vierge de la Sauvetat. (Bullet. monumental, 6.)

Perrot. Les sarcophagues anthropoïdes du musée de Palermo. (Revue archéol., decemb.)

Petersen, H. Ueber die verschiedenen Formen der Steinaltergräber in Dänemark u. deren Zeitverhältnisse zu einander. (Archiv f. Anthropologie, XV, 1. 2.)

Pfleiderer, Rud. Albrecht Dürer. Ein deutsches Künstlerleben. (Schmidt's deutsche Jugendbibliothek, 60. Bd.) Mit 4 Abbild. 12⁰, 156 S. Kreuznach, Voigtländer. M. —. 75.

Pigorini, L. Terramara dell' età del bronzo situata in Castione dei Marchesi (territorio parmigiano), con 5 tav. (Atti della R. Accad. dei Lincei, anno 1882—1883, serie III, vol. VIII, Roma.)

Pompeji. The house of the chase. (Portfolio, Decemb.)

Pottier, E. Etude sur les lécythes blancs attiques à représentations funéraires. 8⁰, 164 p. Paris, Thorin. (Bibl. des Écoles franç. d'Athènes et de Rome, 30e fasc.)

— Quam ob causam Græci in sepulcris figlina sigilla deposuerint. 8⁰, 130 p. et pl. Paris, Thorin.

Pottier et Reinach. Fouilles dans la Nécropole de Myrina. (Bulletin de correspondance hellénique, VIII.)

Prologo, A. I primi tempi della città di Trani, e l'origine probabile del nome della stessa. Giovinazzo, Reale Ospizio.

Promis, V. Vaso romano con bello trovato presso Torino. (Atti della Soc. di Archeologia e belle arti di Torino, vol. 4, fasc. 4.)

Pulignani. Le arti e le lettere alla corte dei Trinci di Foligno. (Giornale stor. della letteratura ital., 4. 5.)

Ravaisson-Mollien, C. Les Manuscrits de Lionard de Vinci; les Manuscrits B et D de la bibliothèque de l'Institut. 4⁰, 402 p. et pl. Paris, Quantin. fr. 150. —.

Rayet, O. Basrelief en terrecuite de la collecion de Luynes. (Gazette archéol., VIII, 11. 12.)

— Thésée et le Minotaure; la fuite de Dédale, peintures d'un skyphos trouvé en Grèce. (Gazette archéol., IX, 1.)

Reinach, S. Fouilles dans les nécropoles de Watsch et Sanct-Margarethen en Carniole. (Revue archéol., novemb.)

— Statuette de Bacchus, bronze du cabinet des médailles. (Gaz. archéol., VIII, 11. 12)

Reusens, Ch. Cimetières à fleur du sol pendant les trois premiers siècles del' ère chrétienne. (Revue catholique, 1883, 10 ff.)

Revillout, E. et **Krall.** La vie d'artiste ou de bohème en Egypte. (Revue égyptologique, III, 2.)

Révoil, G. Notes d'archéologie et d'ethnographie recueillies dans le Comal. 8⁰, 33 p. avec fig. Paris, Leroux.

Richard-Desaix, U. François-Auguste Charodeau, peintre et sculpteur (1840—1882). Avec 2 facsimiles d'autographes. 8⁰, 52 p. Châteauroux, imp. Majesté.

Rioja. Antigüedades sorianas. (Revista de España, 378)

Robert, U. Etude historique et archéologique sur la roue des juifs depuis le XIIIᵉ siècle. 8⁰, 23 p. avec fig. Paris, Durlaches. (Extr. de la Revue des études juives, t. 6.)

Roger-Ballu. Les dessins du siècle. Livr. 1. 4⁰, 8 p. et 10 dessins photogr. et imprimés en couleur sur papier teinté. Paris, Barchet. (L'ouvrage sera compl. en 6 livr. du prix de fr. 5. chacune.) Compl. fr. 60. —.

Rossi. G. B. de. Iscrizione storica dei tempi di Damaso papa nel cimitero di S. Ippolito. (Bullett. di archeol. cristiana, IVᵃ Ser., II, 1. 2.)

Rossignol, J. P. Discussion sur l'authenticité d'une clochette d'or lettrée découverte à Rome et prise pour une amulette, suivie de questions sur le mauvais oeil, sur les amulettes, les cloches-amulettes et leur origine. 8⁰, 79 p. et pl. Paris, Vᵉ Labitte.

Die Ruinen von Baalbeck u. Palmyra. (Deutsche Bau-Ztg., 13. 14.)

Saalfeld, Günther Alex. E. A. Haus u. Hof in Rom im Spiegel griechischer Kultur. Kulturgeschichtliche Beiträge zur Beurtheilg. d. klass. Alterthums, an der Hand der Sprachwissenschaft gewonnen. gr. 8⁰, VII, 274 S. Paderborn, F. Schöningh. M. 4. —.

Saint-Paul, Ant. Le carnet d'un archéologue (cathédrale de Toulouse, église de Saint-Gaudens, abbaye de Bonnefout etc.) (Bullet. monumental, 6.)

Satriano. Antique ou de la renaissance? la tête de cheval colossale du musée de Naples. (Gaz. archéol., IX, 1)

Schiaparelli, E. Il libro dei funerali degli antichi Egiziani. (Atti della R. Accad. dei Lincei, anno 1882—1883, serie III, Vol. VIII, Roma.)

— Monumenti egiziani rinvenuti di recente in Roma nell' arco dell' Isèo del Campo Marzio; notizie. Roma, tip. Salviucci.

Schliemann, H. Exploration of the Tumulus at Marathon. (Academy, 616.)

— Troja. Ergebnisse meiner neuesten Ausgrabungen auf der Baustelle von Troja, in den Heldengräbern, Bunârbaschi u. anderen Orten d. Troas im J. 1882. Mit Vorrede von A. H. Sayce. Mit 150 Abbildgn. in Holzschn. u. 4 Karten u. Plänen in Lith. gr. 8⁰, XLV, 462 S. Leipzig, Brockhaus. M. 30. —

Schliemann. Troja: Results of the Latest Researches and Discoveries on the Site of Homer's Troy and in the Heroic Tumuli and other Sites, made in the year 1882; and a Narrative of a Journey in the Troad in 1881. Preface by A. H. Sayce. With 150 Woodcuts and 4 Maps and Plans. 8⁰, 458 p. London, Murray. 42 s.

Schliemann's Troja. — Zu Schliemann's Entdeckungen. (Allg. Ztg., B. 333, 346.)

Schmitter. Inscriptions inédites de Cherchell. (Bullet. épigraph. de la Gaule, III, 5.)

Schneider, Rob. Ueber zwei Bronzebilder des gehörnten Dionysos. (Jahrb. d. kunsth. Sammlungen d. A. Kaiserhauses, II.)

Schneider, F. Zur Einhorn-Legende. (Archiv f. kirchl. Kunst, VII, 12.)

— Die Pfarrkirche zu Kenzingen u. ihre Wandmalereien. (Schau in's Land, X, 2.)

Schoener. Die neuen Ausgrabungen auf dem römischen Forum. (Westermann's Monatshefte, Febr.)

Schreiber, Th. Der altattische Krobylos. (Mitth. d. deut. archäol. Instit. in Athen, VIII, 3.)

Seemann, E. A. Illustrations of the History of Art. 200 Woodcuts. Textbook. 8⁰. London, A. Ackermann. 45 s. & 7 s. 6 d.

Sewell. On some New Discoveries in Southern India. (Journ. of the R. Asiatic Society of Great Britain, XVI, 1.)

La scoperta dell' Atrium Vestae. (Nuova Antologia, 22.)

Smart, W. John Ruskin: his Life and Work. 8⁰, 52 p. London, Simpkin. 1 s. —.

Soultrait, de. Notice sur les manuscrits du trésor de l'église métropolitaine de Lyon. 8⁰, 24 p. Lyon, Brun. (Extr. de la Revue lyonnaise, 1883, t. 5.)

Steche, R. Ueber einige Monumentbauten Sachsens aus der 2. Hälfte des XVI. Jahrh. (Neues Archiv f. sächs. Geschichte, IV.)

Story of Ida: Epitaph on an Etrurian Tomb. By Francesca. Edit. with Pref., by J. Ruskin. 8⁰. (Orpington) London, Allen. 3 s. —.

Studniczka, F. Vermuthungen zur griechischen Kunstgeschichte. Lex.-8⁰, 45 S. Wien, Konegen. M. 3. —.

— Mithräen u. andere Denkmäler aus Dacien (Archäol.-epigr. Mitth. a. Oesterreich, VII, 2 ff.

Tardieu, A. et F. **Boyer.** La Ville gallo-romaine de Beauclair, commune de Voingt, prés d'Herment (Puy-de-Dôme), fouilles et découvertes. Ouvrage orné d'une carte, de plans, du dessin d'une vase avec inscription à la pointe et d'une peinture murale coloriée à la main. 4⁰, 14 p. Moulins, imp. Desrosiers.

Tarent. Ausgrabungen und Funde in Tarent. (Zeitschr. f. bild. Kunst, B. 6.)

Thausing, M. Dürer. Geschichte seines Lebens u. seiner Kunst. Mit Illust. u. Titelkpfr. 2. verb. Aufl. in 2 Bdn. 1. Bd. gr. 8⁰, XVI, 384 S. Leipzig, Seemann. M. 10. —.

— Wiener Kunstbriefe. Mit e. Titelbildnisse (in Holzschn.) u. e. erklär. Holzschn. am Schluss. gr. 8⁰, VII, 398 S. Leipzig, Seemann. M. 6. —.

Tissot. Inscriptions découvertes par M. Fonssagrives en Tunisie. (Bullet. épigraph. de la Gaule, III, 5.)

Tosi, G. Dei culti e delle arti egiziane in Roma: Cenni storici. 16⁰, p. 74. Roma, tip. Asmanni.

Tremlett. On Stone Circles in Brittany. (Journal of the Anthropological Institute, XIII, 2.)

Ujfalvy, K. E. v. Aus dem westlichen Himalaya. Erlebnisse u. Forschungen. Mit 181 Abbildgn. nach Zeichngn. v. B. Schmidt u. 5 (lith. u. chromolith.) Karten. gr. 8⁰, XXVI, 330 S. mit 4 Tab. Leipzig, Brockhaus. M. 18. —.

Undset, J. Iscrizioni latine ritrovate nella Scandinavia. (Bullett. dell' Instit. di corr. archeol., Decemb.)

— Zwei Grabstelen von Pesaro. (Zeitschr. für Ethnologie, XV, 5.)

Vaisz, J. Studien z. ungarischen Kunstgeschichte in ital. Archiven. (Ungar. Revue, Jan., p. 76.)

Van Bastelaer, D. A. Notice biographique et bibliographique sur Pierre-Constant Van der Elst, président d'honneur de la Société paléontologique et archéologique de Charleroi. 8⁰, 10 p. Mons, Monceaux. fr. —. 50.

Van de Vyvere, G. Notice sur la croix conservée dans la chapelle de Sainte-Croix, à Gayck. (Bull. des comm. royales d'art et d'archéologie, N⁰ 3—4, 1883.)

Van Hoffs, F. Pästum. (Vom Fels z. Meer, Dec.)

Van Robais, A. Notes d'archéologie, d'histoire et de numismatique, 3e série (Abbeville et environs; Monnaies de Ponthieu, de Quentowic et de Montreuil-sur-Mer; Potiers gallo-romains. 8⁰, 76 p. et 5 pl. Abbeville, imp. Paillart.) (Extr. des Mém. de la Soc. d'émul. d'Abbeville.)

Le vase de bronze du Catillon, commune de Saint-Jean sur Tourbe (Marne), d'après les notes de M. Fourdrignier. (Revue archéol., oct.)

Vases grecs trouvés à Marseilles. (Comptes de l'Acad. des inscr. et belles-lettres, juill.—sept.)

Vayra, P. Le lettere ed i atti delle Corte di Savoia nel sec. XV. — Inventarii dei castelli di Ciamberi, di Torino, e di Ponte d'Ain (1417—98), publicati sugli originali inediti. 8⁰, 244 p. Torino, frat. Bocca. L. 5. —.

Visconti, C. L. Di un torso di statua rappresentante la Minerva Parthenos di Fidia. (Bullettino della commiss. archeol. roman. di Roma, XI, 3.)

Vogué, de. Inscriptions palmyriennes inédites. (Journal asiatique, VIIIe Sér., II, 2.)

Vullo Guzzardella, G. Sull' antica città che esistette nel sito dell' odierna Butera. 8⁰, 19 p. Palermo, tip. Virzì.

Der Weihwasserkessel im Speyerer, ehemals Mainzer Dome. (Geschichtsbl. f. d. mittelrhein. Bisthümer, 1.)

Wessely, J. E. Kunstübende Frauen. gr. 4⁰, VIII, 78 S. m. 28 Lichtdr.-Taf. Leipzig, Lemme. M. 30. —.

— Das weibliche Modell in seiner geschichtlichen Entwicklung. gr. 8⁰, IV, 119 S. m. 30 Lichtdr. u. Titel in Lichtdr. Leipzig, Lemme. M. 40. —.

Winterberg. Die neuesten römischen Ausgrabungen, insbesond. am Palatinus. (Unsere Zeit, 2.)

Witte, de. Sur un groupe de bronze représentant Hermès et Dionysos. (Comptes r. de l'Acad. des inscr. et belles-lettres, juillet—septemb.)

Wolff, G. Ausgrabungen im römischen Grenzwall bei Hanau. (Correspondenzbl. d. Ges.-Ver. d. deut. Geschichtsver., 8—10.)

Yriarte, Ch. La Vie d'un patricien de Venise au XVIe siècle, d'après les papiers d'Etat des Frari. 8⁰, XXII, 378 p. avec 136 grav. et 8 pl. Paris, Rothschild. fr. 30. —.

Zeitschrift für allgemeine Geschichte, Kultur-, Litteratur- und Kunstgeschichte. 1. Jahrgang. 1884. 12 Hfte. (5 B.) gr. 8⁰. Stuttgart, Cotta. à Heft M. 1. —.

Zeller-Werdmüller, H. Denkmäler a. d. Feudalzeit im Lande Uri. (Das Kästchen von Attinghusen.) (Mittheil. der antiqu. Gesellschaft, der Gesellschaft für vaterländische Alterthümer in Zürich.) 21. Bd., 5. Hft. gr. 4⁰, 32 S. mit eingedr. Holzschn. u. 3 Taf. Zürich, Orell, Füssli & Co. M. 4. —.

Zielinski. Der Feueranbläser und der Dornauszieher. (Rhein. Museum f. Philologie, N. F., XXXIX, 1.)

II a. Nekrologie.

Amati, M., Architekt. Pampuri, In morte dell' architetto Marco Amati. (Atti dell' Accad. Fisiomedico-statistica in Milano 1883.)

Begas, Oscar, Historien- und Porträtmaler in Berlin. (Zeitschr. f. bild. Kunst, B. 6. — Courr. de l'Art, 46.)

Bender, Carl, Architekt in Wien. (Lützow, Zeitschrift f. bild. Kunst, B. 19. — Allgem. Kunst-Chronik, VIII, 7.)

Braun, Reinhold, Genremaler in München. (Regnet, Zeitschr. f. bild. Kunst, B. 17. — Allgem. Kunst-Chronik, VIII, 6. — Allg. Ztg., B. 67.)

Bruzza, Luigi, Archäologe. (Rossi, Bullett. di archeol. cristiana, IVa Ser. II, 1. 2.)

Butin, Ulysse, Seemaler in Paris. (Chron. des Arts, 39. — Zeitschr. f. bild. Kunst, B.14.)

Chenavard, Antoine Maria, Architekt in Lyon. (Zeitschr. f. bild. Kunst, B. 21.)

Cramer, A. J. G. von, Porträt- und Genremaler. (Bund, Allg. Kunst-Chronik, VIII, 3.)

Dumont, Augustin, Bildhauer in Paris. (Chron. des Arts, 5. — Courrier de l'Art, 5.)

Gedon, Lorenz, Bildhauer in München. (Hirth, Zeitschr. d. Kunstgew.-Ver. in München, 1. 2. — Allg. Ztg. B. 67. — Allgem. Kunst-Chronik, VIII, 1. — Illustrirte Ztg., 2116. — Courrier de l'Art, 7.)

Hendschel, Albert, Maler und Illustrator. (De Portefeuille, 30.)

Hettner, Hermann, Kunstschriftsteller. (Strauss u. Torney, Allg. Ztg., B. 40.)

Hofstetten, Fr.X., Landschaftsmaler in München. (Allg. Ztg., B. 44.)

Jäger, Gustav Maria, Maler in Wien. (Schäffer, Graph. Künste, VI, 3.)

Jordan, F. J. Kupferstecher, Rector der k. Akademie der Künste in Petersburg. (Zeitschr. f. bild. Kunst, B. 2.)

Leloir, Louis, Maler in Paris. (Hustin, L'Art, 474. — Chron. des Arts, 5. — Courr. de l'Art, 5.)

Lenormant, François, Archäologe. (De Witte u. de Lasteyrie, Gazette archéol., 1883, 11. 12. — Chron. des Arts, 39. — Le Livre, janv. — Muséon, N⁰ 1, 1884. — Zeitschr. f. bild. Kunst, B. 14.) Henzey, Delisle et R. de Lasteyrie. Discours prononcés sur la tombe de M. Franç. Lenormant, le 11 déc. 1883. gr. 8⁰, 19 p. Paris, imp. Chamerot.

Lesueur, J. B. C., Architekt in Paris. (Chron. des Arts, 41. — Zeitschr. f. bild. Kunst, B. 14.)

Lüderitz, Gustav, Kupferstecher in Berlin. (Zeitschrift f. bild. Kunst, B. 20.)

Lueger, Michael, Landschaftsmaler in München. (Allg. Ztg., B. 44.)

Mayr, K. Friedr., Kupferstecher in München. (Allg. Ztg., B. 67.)

Mella, Graf, Edoardo Arborio, Architekt und Kunstschriftsteller in Vercelli. (Zeitschrift f. bild. Kunst, B. 18.)

Perrey, Aimé, französlscher Bildhauer. (Ztschr. f. bild. Kunst, B. 10.)

Sacken, Ed. Freih. v., Archäologe, Director des k. k. Münz- u. Antikenkabinets in Wien. (Kemer, Jahrb. d. kunsthist. Samml. des A. Kaiserh., II.)

Sagstätter, Herm. Gottf., Genre- und Historien- maler. (Allg. Ztg., B. 44.)

Salies, A. de. (Nécrologie.) Par Ch. Bouchet. 8⁰, 9 p. Vendôme, imp. Lemercier. (Extr. de Bull. de la Soc. archéolog. du Vendômais.)

Schönlaub, Fidelis, Bildhauer in München. (Allg. Ztg., B. 44.)

Seitz, Franz von, Maler in München. (Hirth, Zeitschr. d. Kunstgew.-Ver. in München, 1. 2.)

Siegert, August, Genremaler. (Zeitschr. f. bild. Kunst, B. 2.)

Siemering, E. Fr., Genremaler in München. (Allg. Ztg., B. 44.)

Tonetti, Antonio, Maler in Neapel. (Courrier de l'Art, 48.)

Tingry-Lehuby. — Tournade. Notice nécrolo- gique sur Tingry-Lehuby, lue à l'assemblée générale de la Société centrale des architectes le 19 juill. 1883. 8⁰, 4 p. Paris, imp. Chaix.

Ulmann, Benjamin, Maler in Paris. (Chron. des Arts, 9. — Courr. de l'Art, 10. – Zeitschr. für bild. Kunst, B. 21.)

Ulrici, Hermann, Kunstschriftsteller. (Carriere, Allg. Ztg., B. 39. – Kirchner, F., Illustrirte Ztg., 2117. — Neue evangel. Kirchen-Ztg., 6.)

Varin, Pierre Amadée, Kupferstecher in Crouttes. (Courrier de l'Art, 44.)

III. Architektur.

Alt, Th. Der Meister des Ottoheinrichbaues. (Zeitschr. f. bild. Kunst, 4 ff.)

Angelucci, A. Note allo Studio storico-archi- tettonico sul castello di Brolio del gen. Raff. Cadorna. 4⁰, p. 15, con una tav. Torino, tip. Fodratti.

Arnstadt. Die Wiederherstellung d. Liebfrauen- kirche zu A. (Deutsche Bau-Ztg., 89. 90.)

Bargllli, F. La cattedrale di Fiesole. 8⁰, 244 p. Fiesole, tip. Righi. L. 2. 50.

Barth, F. Die Klosterkirche zu Amelungsborn im Braunschweigischen. (Archiv f. kirchliche Kunst, VIII, 2.)

Baumeister, ein schwäbischer, der Renaissance. (Aberlin Tretsch.) (Zeitschr. f. bild. Kunst, B. 19.)

Bauriss. ein alter, zu ein. Thurmhelm am Strass- burger Münster. Herausg. von der Bernischen Künstlergesellschaft. gr. 4⁰, 11 S. mit 1 Photo- lith. Bern, Dalp. M. 1. 20.

Berghuis, F. L. Beknopt handboek voor burger- lijke bouwkunde. Met 100 fig. 8⁰, 8 en 155 bl. met 3 uitsl. gelith. pl. Groningen, J. B. Wolters. fr. 4. 50.

Berg van Dussen, Muilkerk. De Waalsche ker- ken in de Nederlanden. (De Gids, Nov.)

Bourgeois, A. Fondation de Notre-Dame-de- Recouvrance à Mirebeau. 8⁰, 23 p. Dijon, imp. Meuch et Cie. (Tiré à 50 exempl. num)

Bracali, C. Descrittione del convito del magn. Piero Soderini perpetuo gonfaloniere della città di Firenze etc. 16⁰, p. 29. Firenze, tip. M. Cellini e C. (Per nozze Ricci Petrocchini- Ciccolini Silenzi.)

Die Burg Dankwarderode in Braunschweig. (Con- tralbl. f. Bauverwaltg., 52.)

Die Burg Heinrichs des Löwen. (Deutsche Bau- Ztg., 11. 12.)

Canzler, A. Das neue Justizgebäude in Dresden. Mit 6 Kupfertaf. f⁰, 5 S. Berlin, Ernst & Korn. M. 8. —.

Capannari, A. Le basiliche cristiane: conside- razioni storico-artistiche. 8⁰, p. 24. Roma, tip. della Camera dei Deputati.

Castellazzi, G. Il palazzo di Or San Michele, i suoi tempi ed il progetto del suo restauro. 8⁰, p. 82. Firenze, tip. frat. Bencini. L. 4. —.

Chisholm. The old palace of Chandragiri. (In- dian Antiquary, Novbr.)

Choisy, A. L'Art de bâtir chez les Byzantins. f⁰, 196 p. avec 178 fig. et 25 pl. exécutées sur les dessins de l'auteur, par L. Bescherer. Paris, libr. de la Soc. anonyme de publ. périod.

— Etudes sur l'architecture grecque. 2e étude: les Murs d'Athènes d'après le devis de leur restauration. 4⁰, p. 13 à 24 et pl. Paris, libr. de la Soc. anonyme de publ. période.

— Etudes sur l'architecture grecque. 3e étude: l'Erechthéion. 4⁰, 190 p. Paris, imp. Mouillot.

Cianferoni, A. R. La facciata del duomo di Firenze: dialogo. 32⁰, p. 7. Firenze, tip. Salani.

Clairac, P. Diccionario general de arquitectura é ingenieria. Tomo II. Cuad. 11. (Enc—Esm.) 4⁰, p. 705 à bl. Madrid, Impr. de P. Dubrull. 30 y 34.

Colfs, J. F. La filiation généalogique de toutes les écoles gothiques. 2e édit. 8⁰, T. I. École mère gothique. 265 p. T. II. École gothique- allemande. 401 p. Ouvrage orné d'un grand nombre de vign. explicatives. Liège, Baudry. fr. 40. —.

Conti, A. Sculture e mosaici nella facciata del duomo di Firenze: argomenti e spiegazioni. 8⁰, p. 126. Firenze, tip. dell' Arte della stampa. L. 1. 50.

Del Marmol, E. Ancien palais des évêques à Namur. (Ann. de la Soc. archéol. de Namur. Tom. XVI, 1re livr.)

Del Moro, L. Sulla facciata di Santa Maria del Fiore: notizie. 8⁰, p. 15. Firenze, tip. Car- nesecchi e Figli.

Desjardins, E. L'Arc d'Orange, derniers travaux depuis Caristie. 8⁰, 16 p. Paris, Chaix. (Extr. du Bull. de la Soc. centrale des architectes, séance du 13 juin 1883.)

Dietterlin, W. Das Buch der Architektur. Ein- theilung, Symmetrie u. Verhältnisse d 5 Säulen- ordnungen in ihrer Anwend. bei Kunstarbeiten. 2. Aufl. In Facsim.-Druck nach der 1598 er- schienenen Orig.-Ausg. (In 20 Lfg.) 1. Lfg. f⁰, 10 Taf. mit 1 Bl. Text. Berlin, Claesen & Co. M. 6. —.

Doerpfeld, W. Der Tempel der Athena in Tegea. (Mitth. d. deutschen archäol. Instit. in Athen, VIII, 3.)

Ducourtieux, P. Le nouvel hôtel de ville de Limoges. 12⁰, 32 p. et pl. Limoges, Ve Du- courtieux. fr. —. 25.

Durand, L. Le portail de Pompierre, Vosges. (Gaz. archéol., IX, 1.)

Dvořák, M. Maria Loretto am Hradschin zu Prag. 8⁰, III, 92 S. Prag, Neugebauer. M. 2. 40.

Entwürfe und Aufnahmen. Herausg. vom akad. Architektenverein der techn. Hochschule zu München. Jahrg. 1883. 6 Hfte. (à 10 autogr. Taf) f⁰. München, Buchholz & Werner. M. 15.—.

Zur Erklärung der Steinmetzzeichen. (Wochenbl. f. Architekten, 91. 92.)

Fage, R. Le château de Puy-de-Val, description et histoire. Avec un dessin de M. L. Bourdery et deux chromolith. exécutées par M. Ducros sur les cartons de M. C. Calmon. 8⁰, 73 p. et pl. Tulle, imp. Crauffon.

Fergusson, J. The Temple of Diana at Ephesus, with Special Reference to Mr. Wood's Discoveries of its Remains. 4⁰. London, Trübner. 5 s.

Folnesics, J. Das neue Parlamentsgebäude in Wien. (Allg. Kunst-Chronik, VII, 49.)

Giullani. Dante et le dome de Florence. (Rev. internationale, 25 déc.)

Graz. Ein Kirchenpaar zu Graz. (Kirchenschmuck, 1884, 1 ff.)

Gurlitt, C. Zur Baugeschichte Berlins. (Ztschr. f. bild. Kunst, B. 18 ff.)

— Die Entwicklung der Architektur in Sachsen am Hofe der beiden August. (Wissensch. Beil. d. Leipz. Ztg., 11. 12.)

Hacker, H. Ueber westpreussische Wohnhäuser im nordischen Typus. (Zeitschr. d. hist. Ver. f. d. Reg.-Bez. Marienwerder, 1883, 6—8.)

Das Heidelberger Schloss. (Centralbl. der Bauverwaltung, 2.)

Zur Heidelberger Schlossfrage. (Allg. Ztg., B. 45.)

Henderson. The church of Ashford Carbonel. (Journ. of the Brit. archæol. Assoc., XXXIX, 3.)

Hoffmann, P. Studien zu Leon Battista Alberti's zehn Büchern: De re aedificatoria. Inaug.-Diss. gr. 8⁰, 53 S. Frankenberg-Leipzig, Hinrichs. M. 1. —.

Hunt, A. Old Kensington. (Art Journal, März.)

Jlle, C. d'. L'Abbaye de Volx et la Chapelle romane de Notre-Dame de Beaunis, discours 8⁰, 16 p. Digne, imp. Barbaroux, Chaspoul et Constans.

Kirche, eine unterirdische byzantinische. (Neue evangel. Kirchen-Ztg., 9.)

Klenze, Leo von. (Deutsche Bau-Ztg., 17. 18.)

Kolbe, W. Die Erbauung der St. Elisabethkirche in Marburg. Zur Erinnerung an die 6. Säcularfeier ihrer Einweihung am 1. Mai 1883. 8⁰, 41 S. Marburg, Elwert. M. — . 50.

Küstermann, O. Urkundliche Nachrichten über Merseburger Capellen und Kirchen. (N. Mitth. aus d. Gebiete hist.-antiquar. Forsch., XVI.)

Lambert, A. Madonna di San Biagio prés Montepulciano batie par Antonio di San Gallo de 1518 à 1528. gr. f⁰, 7 Lichtdr.-Taf. mit 1 Bl. Text. Stuttgart, Wittwer. M. 9. —.

Lambert, A. et A. Rychner. L'architecture en Suisse aux différentes époques. Fragments, recueillis et publiés. f⁰, 57 Lichtdr.-Taf. mit 1 Bl. Text. Basel, Georg. M. 60. —.

Lehfeldt, P. Neubauten in Berlin. (Allg. Kunst-Chronik, VII, 51.)

Lemonnier, Ch. La cathédrale de Malines. (Journ. des gens de lettres belg., 4e année, N⁰ˢ 1—2, Bruxelles.)

Lessing, J. Zeughaus und Ruhmeshalle in Berlin. (Westermann's Monatshefte, März.)

Loth und Waage im Bauwesen. Von einem ältern Zimmermann. (Schweiz. Gewerbebl., IX, 1.)

Louis, Edm. La décoration architecturale et la question des arts décoratifs. (La Fédération artistique, N⁰ 11—14, 1884.)

Lucae, R., J. A. Becker u. E. Giesenberg. Das Opernhaus zu Frankfurt a. M. Herausg. von E. Giesenberg. Mit 13 Kupfertafeln. f⁰, 15 S. Berlin, Ernst & Korn. M. 24. —.

Martini. La facciata di Santa Maria del Fiore. (Nuova Antologia, 1.)

Meynis, D. Date de la crypte de Saint-Irénée, réponse à M. Steyert. 8⁰, 20 p. Lyon, imp. Albert.

Meunier, P. Souvenir de Vézelay; Iconographie de l'église de Vézelay. 4e édit, revue et augmentée. 12⁰, 72 p. Avallon, imp. Barré.

Mittheilungen, historische, über den Dom zu Florenz. (Wochenblatt f. Architekten, 87. 88.)

Mitra. On the Temples of Deoghar. (Journ. of the Asiatic Soc. of Bengal, P. I, vol. LII, 1. 2.)

Mothes, O. Zeichendeuterei. Ueber Zeichen im Allgemeinen, über Steinmetzzeichen insbesondere. (Zeitschr. f. Kunst- u. Ant.-Sammler, 7 ff.)

Mühlmann, F. Eine unterirdische byzantinische Kirche im Sprengel des Bischofs v. Chalcedon. (Archiv f. kirchl. Kunst, VIII, 1.)

Müller, P. Das Riesenthor des Stephansdomes zu Wien. (Litterar. Centralbl., 52.)

Müntz, E. Le palais de Venise, à Rome. (L'Art, 466.)

Muset. Monographie de l'église de S.-Colombe, à La Flèche. Avec une introduction de M. D. Jacquet. 8⁰, XVI, 138 p. et 3 photogr. La Flèche, imp. Besnier-Jourdain.

Oppenheim. Restauration der Katharinenkirche zu O. (Deutsche Bau-Ztg., 11. 12.)

Nordhoff, J. B. Die früheste Ziegelfabrication u.-Architektur in Norddeutschland. (Allg. Ztg., B. 325.)

Palustre. L'ancienne cathédrale de Rennes. (Bullet. monumental, 7.)

Paulasek, J. Die Pfarrkirche St. Margarethen a. d. Raab. (Kirchenschmuck, 1883, 12 ff.)

Perret de La Menue, C. E. Biographie de Tony Desjardins, architecte. 8⁰, 46 p. et ports. Lyon, imp. Perrin.

Pinall, G. Ultima catastrofe dell' arco dei Gavi già esistente in Verona. Lettera. 8⁰, p. 15. Verona, tip. Franchini. (Per nozze De Betta-Turella.)

Poggi, G. Per la facciata di S. Maria del Fiore: parere. 8⁰, p. 19. Firenze, tip. G. Barbèra.

Regnet, K. A. Schloss Oelkofen. (Illustrirte Ztg., 2116.)

Rich Jones, W. H. On old Wiltshire manor house. (Art Journ., Dec.)

Rotta, P. Sulle sette antiche basiliche stazionali di Milano. San Stefano (5ª basilica), cenni storici ed illustrativi. 8⁰, p. 84. — San Simpliciano (resta basilica), p. 68 con 3 tav. Milano, tip. del Riformatorio Patronato.

Schöner, R. Das römische Pantheon. (Allgem. Ztg., B. 320 ff.)

Semper, G. Die Florentiner Dom-Façade. (Allg. Kunst-Chronik, VII, 51.)

Stendhal, de. La chartreuse de Parme. Réimpression textuelle de l'édit. originale, illustrée de 32 eaux-fortes, composées et gravées par V. Foulquier. Préface de Fr. Sarcey. 2 vol., 8⁰, T. 1, XXX, 390 p.; t. 2, 436 p. Paris, Conquet. (Tirage unique à 500 exempl. num., 120 fr. —.)

Stiller. Der Palazzo del Te zu Mantua von Giulio Romano. (Allg. Bau-Ztg., 1.)

Stöter. Geschichte u. Beschreibung d. St. Nikolai-Kirchenbaues in Hamburg. Mit 19 (Lichtdr.-) Abbild. f⁰, in einer Mappe. gr. 8⁰, XI, 215 S. Hamburg, Boysen in Comm. M. 30. —.

Strigler, Ph. Mittheilung über die im J. 1875 zum Abbruch gelangten Baureste in dem Saale zu Nieder-Ingelheim. (Correspondenzblatt des deut. Geschichts-Ver, 8—10.)

Tedeschi. Di Luciano da Lovrana architetto del secolo XV. (Archiv. stor. lombardo, X, 4.)

Theaterbauten, neue, in Oesterreich. (Mitth. des Oester. Museums, 220 ff.)

Venables. The architectural history of Lincoln cathedral. (Archæological Journal, 160.)

Medicäische Villen in d. Umgegend von Florenz. (Globus, 5.)

Vollendung u. Enthüllung der neuen Westfaçade am Dom zu Florenz. (Allg. Ztg., B. 4.)

Vasmaer, C. Geschiedenis der bouwkunst in af-beelding. Mit den Duitschen „Bilderatlas zur Geschichte der Baukunst" overgetracht. 4⁰, 4 bl. en 4⁰ pl. Leyden, A. W. Sijttoff. f. 1. 80.

Well, A. Die Kirche Santa Maria Maggiore und das Konzil von Trient. 8⁰, 86 S. Trient, Seiser. M. 1. —.

IV. Sculptur.

Bloxam. On the sepulchral effigy of a Pilgrim in St. Mary's Church, Haverfordwest. (Archæol. Cambrensis, 56.)

Das v. Bothmer'sche Epitaphium i. d. St. Michaels-kirche in Hildesheim. (Deut. Kunstbl., III, 8.)

Bouffier, F. u. H. Das National-Denkmal auf dem Niederwald, illustr. m. Holzschn. Nebst 1 Karte in Buntdr. (Pracht-Ausg.) 2. verm. Aufl. gr. 8⁰, 100 S. Wiesbaden, Gestewitz. M. 4 —.

Brès, L. Le monument de Saint-Lazare à Marseille. (Courrier de l'Art, 50.)

Brizio, E. Un emulo di Fidia. Mirone. (Nuova Antilogia, XLIII, 5.)

Cathiau, Thom. Das National-Denkmal auf dem Niederwald vom politisch-nationalen, geschicht-lichen u. ästhetisch-künstlerischen Standpunkte, m. einem Rückblick auf das Hermanns-Denkmal im Teutoburger Walde und den Dom zu Köln und mit einem Führer auf und rings um den Niederwald. Erinnerungsblätter an die feier-liche Enthüllung des Denkmals am 28. Sept. 1883. 8⁰, VII, 144 S. m. eingedr. Holzschnitten. Mainz, Müller. M. 2. —.

Chardin, P. Le Calvaire de Kergolleau en Plouezec (Côtes-du-Nord). 8⁰, 17 p. et blasons. Nogent-le-Rotrou, imp. Daupeley-Gouverneur. (Extr. des Mém. de la Soc. nat. des antiqu. de France, t. 43.)

Chevalier, U. Notice historique sur le Mont-Calvaire de Romans. 8⁰, 31 p. Montbéliard, imp. Hoffmann. (Extr. de Bull. d'hist. ecclésiast. et d'archéolegie religieuse des diocèses de Valence, Digne etc., livr. 16, 7 et 20.)

Coquet, A. Notices sur les marbres de Saillon (Valais); l'Abbaye de Haute-Combe; Rapport sur les Mémoires de l'Acad. de Savoie. 8⁰, 29 p. Lyon, imp. Perrin. (Extr. du t. 7 des Ann. de la Soc. acad. d'architecture.)

Courajod, L. La Buste de Jean d'Alesso au musée du Louvre. Dessins par Lud. Letrône. 8⁰, 21 p. avec facsimiles et armoiries. Nogent-le-Rotrou, imp. Daupeley-Gouverneur. (Extr. des Mém. de la Soc. nat. des antiqu. de France, t. 43.)

— La buste de Pierre Mignard au musée du Louvre. (Gaz. des B.-Arts, févr.)

— Un fragment du retable de Saint-Didier d'Avignon, sculpté par Fr. Laurana, au musée du Louvre. (Gaz. des B.-Arts, févr.)

Dossi, C. I mattoidi al primo concorso per il monumento in Roma a Vittorio Emanuele II; note. 16⁰, p. 115. Roma, A. Sommaruga & Cie. L. 2. —.

Essenwein, A. Die hl. Elisabeth. Holzsculptur von Tillmann Riemenschneider. (Auzeig. des Germ. Nationalmuseums, 3.)

Fabretti, A. Relazione sopra un lavoro del signor Corrado Lange dal titolo „Der Cupido des Michelangelo in Turin." (Atti della R. Acad. delle Scienze di Torino, vol. XVIII, disp. 7ª.)

Fraccaroli, G. Lo scultore Innocenzo Frac-caroli: discorso commemorativo. 8⁰, p. 47. Verona, H. F. Münster. L. 1. 25.

Funk. Die Zeit der Hippolytstatue. (Theolog. Quartalsschr., LXVI, 1.)

Galland, G. Grabdenkmal in der Kirche des Dorfes-Midwolde. (Zeitschr. f. bild. Kunst, 3.)

— Das Karmarsch-Denkmal in Hannover. (Zeit-schrift f. bild. Kunst, B. 4.)

Grandi, (J) italiani: Benvenuto Cellini. 16⁰, p. 63. Milano, E. Sonzogno. L. —. 15.

Guglia, E. Neues über Canova. (Allg. Kunst-Chronik, VIII, 8 ff.)

Guiffrey, J. Fragment du monument de Gilles Malet conservé à. Soisy-sous-Etiolles. 8⁰, 8 p. Paris, imp. nat. (Extr. du Bull. des travaux hist., archéol., N⁰ 2.)

Hamy, E. T. Commentaire sur un bas-relief aztèque de la collection Uhde. 8⁰, 16 p. avec. fig. Paris, Leroux. (Extr. de la Revue d'ethno-graphie, t. 2, N⁰ 4, 1883.)

James. On Buddhist Images in Ceylon. (Indian Antiquary, janv.)

Lachèse, E. Antoine Coysevox, sa vie, son œuvre, etc., par M. H. Join. 8⁰, 5 p. Angers imp. Lachèse et Dolbeau. (Extr. des Mém. de la Soc. nat. d'agriculture, scienc. et arts d'Angers, 1883.)

Lind, K. Ueber mittelalterliche Grabdenkmale. Eine Studie. 3 Abschnitte. [Aus: „Jahrb. d. Wiener Volksschriften-Vereins"] gr. 8⁰. (Mit eingedr. Fig. u. Taf. I. (44 S.) — 2. (54 S.) — 3. (57 S.) Wien, Kubasta u. Voigt. à M. 1. 50.

Michel, E. Tombeau de l'Abbé de Blanchefort dans l'église de l'ancienne abbaye de Ferrières (Loiret). 8⁰, 6 p. avec fig. Paris, Quantin. (Extr. de la Gaz. des B.-Arts, août 1883.)

Michelet. Die Venus von Milo. (Vossische Ztg., Sonntagsbeilage 1884, 1—4.)

Mitchell, L. M. A History of Ancient Sculpture. With numerous Illustr., including 6 Plates in Phototype. 8⁰, 796 p. London, Paul. 42 s. —.

Murray, A. S. A History of Greek Sculpture under Pheidias and his Succesors. With Illustr. Vol. 2., 8⁰. London, Murray. 31 s. 6 d.

Nationaldenkmal, das, auf dem Niederwald. (Deut. Kunstblatt, III, 2.)

Noiré. Das Nationaldenkmal auf dem Nieder-wald als Kunstwerk. (Gegenwart, 42.)

Perkins, C. C. Historical Handbook of Italian Sculpture. With an Etched Frontispice and many Engrav. 8⁰ (NewYork). London 21 s.

Pérot, F. Notice sur le tombeau du duc de Montmorency érigé dans la chapelle de la Visitation à Moulins, précédée d'une esquisse historique de la vie du duc et de la duchesse de Montmorency. 8⁰, 31 p. et pl. Moulins, imp. Desrosiers. (Extr. du Bull. de la Soc. d'ému-lation de l'Allier.)

Prüfer, Th. Schnitzaltar der Kirche zu Lindow in Mecklenburg-Strelitz. (Archiv für kirchl. Kunst, VII, 12.)

Rahlenbeek, Ch. La statue de Marnix. 8⁰, 12 p. Bruxelles, C. Muquardt. (Extr. de la Revue de Belgique.) M. 1. —.

Schlosser, Max u. Rich. Glocker. Zeichnungen von leicht ausführbaren und stil-gerechten Aufnahmen und Entwürfen v. Grab-denkmälern, f. Bildhauer u. Steinmetzen hrsg. (In 10 Heften.) 1. Heft. Fol. 6 Steintaf. Ravens-burg, Dorn. M. 1. 50.

Talansier, C. La Statue de la Liberté éclairant le monde. 8⁰, 36 p. avec 26 Fig. et pl. Paris, imp. Chaix. (Extr. de journ. Le Génie civil.)

Treu, G. Sollen wir unsere Statuen bemalen? Ein Vortrag. gr. 8⁰, 40 S. Berlin, Oppenheim. M. 1. —.

Tschudi, H. v. Giovanni Dalmata. (Jahrb. d. kgl. preuss. Kunstsammlungen, IV, 4.)

Van de Casteele, D. Le sculpteur Paul-Louis Cyfflé et sa manufacture de porcelaine à Hastiere-Lavaux. (Ann. de la Soc. archéol. de Namur. Tom. XVI. 1re livr.)

Van Drival, E. Notice sur une pierre tombale de grand chantre, conservée au musée d'Arras; suivie de; les Calices funéraires, du même musée. 8⁰, 11 p. Arras, imp. de Sède et Cie.

Vayra, P. Dell' artefice della lapide astese relativa al duca Carlo d'Orléans, e di altre notizie artistiche astigiane. (Atti della Soc. di Archeol. e Belle arti di Torino. vol. 4, fasc. 4.)

Warsberg, A. Homerische Landschaften. Die lykischen Relieffunde. (Allg. Ztg., B. 34.)

Westwood. Sepulchral Stone in the Churchyard of Fishguard. (Archæologia Cambrensis, 56.)

V. Malerei. Glasmalerei. Mosaik.

Abgrall. Peintures de la chapelle S. Michel à Douarnenez. (Bullet. monumental, 6.)

Aus dem Leben St. Benedikts nach St. Gregor d. Gr. Fresken der Beuroner Schule. 21 Phot. m. 1 Titelbild in Golddr., nebst erläut. Text. qu. gr. 4⁰, 10 S. Freiburg i. B., Herder. M. 25.—.

Bailo, L. Degli affreschî salvati nella demolita chiesa di Santa Margherita in Treviso : relazione. 16⁰, p. 52. Treviso, tip. Zoppelli.

Beaurepaire, de. Peintures du XVIe siècle, nouvellement découvertes dans l'église S. Michel de Vaucelles, à Caen. (Bullet. monument., 8.)

Beaver, A. Misnomers of painters. (Art Journal, Nov.)

Beavington Atkinson, J. The monastic orders in German art. (Art Journal, Febr.)

Bigot, Ch. Les fresques de Raphaël à la Farnésine. (Gazette des B.-Arts, dec.)

— Raphaël et la Farnésine. 4⁰, 135 p. avec 15 grav. hors texte, dont 13 eaux-fortes de T. de Mare, d'après les peintures de Raphaël. Paris, imp. Quentin. fr. 40. — .

Bode, W. Adriaen Brouwer. Ein Bild seines Lebens u. Schaffens. (Graph. Künste, VI, 2.)

Bryant's Dictionary of Painters and Engravers. Edited by Rob. Edm. Graves. New edit. P. 1. 8⁰. London, Bell and Sons. 5 s —.

Celentano, R. Due settennii nella pittura: notizie e lettere intime, publicate nel 20⁰ anniversario della sua morte. dal frat. Luigi. 8⁰, 590 p. Roma, tip. Bodoniana. L. 7. —.

Chennevières, H. de. Jean-Étienne Liotard. (Chron. des Arts, 6.)

Colvin. The „Venice Sketch book" and other early works of Raphael. (Academy, 601.)

Cornelius, P. v. Ein Maler von Gottes Gnaden. 8, 58 S. Hamburg, Agentur des Rauhen Hauses. M. —. 60.

Crowe. Raphael's Drawings. (Academy, 606.)

— J. A., u. G. B. **Cavalcaselle**. Raphael, sein Leben u. seine Werke. Aus dem Engl. übers. v. Carl Altenhoven. Mit 19 Taf. in Lichtdr. Gr. 8, VII, 304 S. Leipzig, Hirzel. M. 10. —.

Czermak, A. Ueber die Prager Malerzeche. (Allg. Kunst-Chronik, VIII, 7.)

D'Abrest, P. Manet. (Allg. Kunst-Chron., VIII, 5.)

Delalain, P. et About. M. Louis Bréton. Notices biographiques. 18⁰, 20 p. avec 5 grav. au trait, d'après des fresques d'Orcagne et de Giotto. Paris, imp. Pillet et Dumoulin.

Delisle, L. Peintures, ornements, écritures et lettres initiales de la Bible de Charles le Chauve, conservée à Paris, publiès par le comte Aug. de Barland. (Paris, 1883, gr.-F⁰), 8⁰, 13 p. Nogent-le-Rotrou, imp. Daupeley-Gouverneur. (Extr. de la Bibl. de d'École des chartes, t. 44, 1883.)

Distel, Th. Zacharias Wehme's sogen. Türkenbuch 1582. (Zeitschr. f. bild. Kunst, B. 12.)

Dowden. The Drummond missal. (Academy, 606.)

Eastlake. Five great Painters: Essays, reprinted from the Edinburgh and Quarterly Reviews. (Leonardo da Vinci, Michelangelo, Titian, Raphael, A. Dürer.) 2 vols., 8⁰, 490 p. London, Longmans. 16 s.

Edwards, Amelia B. Gustave Doré. Personal recollections of the artists and his works. (Art Journal, Nov. ff.)

Engelmann, R. Die Inschriften d. Wandgemälde von Oberzell auf der Reichenau. (Zeitschr. f. bild. Kunst, B. 1 ff.)

Faucon, M. L'oeuvre de Fra Angelico à Rome. (L'Art, 465 ff.)

Frimmel, Th. Josef Anton Koch's Mitwirkung an Humboldt's Reisewerk. (Zeitschr. für bild. Kunst, B. 13.)

Frizzoni, G. La galerie nationale de Londres et la Vièrge aux Rochers. (Gaz. des B.-Arts, mars.)

— Liberale da Verona und sein „Tod der Dido". (Zeitschr. f. bild. Kunst, 5.)

Frothingham, A. L. Les mosaïques de Grotta-ferrata. (Gaz. archéol., VIII, 11. 12.)

Führich, F. v. Erinnerungen aus einer Künstler-wohnung. (Histor.-polit. Blätter, XCII, 9.)

Glasmalerei, über alte und neue, im Bauwesen. (Deutsche Bauzeitg., 103, 104.)

Gonse, L. Manet. (Gaz. des B.-Arts, févr.)

Grimm, H. Cornelius betreffend. (Deut. Rund-schau, März.)

Guiffrey, J. Date du décès de François Clouet. (Revue de l'art français, 1.)

Hauck, G. Arnold Böcklin's Gefilde der Seligen u. Goethe's Faust. Mit 1 Photolith. 8⁰, 60 S. Berlin, Springer. M. 1. 40.

Hustin, A. Ulysse Butin. (L'Art, 469.)

Iwanoff, A. Darstellungen aus der heiligen Geschichte. Hinterlassene Entwürfe. 7. Heft. qu. Fol., 15 Chromolith. Berlin, Asher & Cie. in Comm. M. 80. —.

Keyser. St. Christopher as portrayed in England during the Middle Ages. (Antiquary, Novemb.)

Lasteyrie, R. de. Miniatures inédites de l'Hortus deliciarum. (Gaz. archéol., IX, 2.)

Lee, Vernon. Lombard colour studies. (Art Journal, März.)

Lefort. Les scènes de banquets peintes dans les catacombes de Rome et notamment celle des SS. Marcellin et Pierre. (Revue archéol., octobre.)

Liliencron, R. Frh. v. Ueber den Cyklus der Raffael'schen Stanzenbilder. (Allg. Ztg., B. 309. ff.)

Lumbroso. Sul dipinto pompeiano in cui si é ravvisato il giudicio di Salomone. (Archivio per lo studio delle tradizioni popolare.)

Makart, Hans, als Architekt. (Wochenblatt für Architekten, 89. 90.)

Marx, R. C. A. Sellier (1830—1882) et l'exposition de ses œuvres à l'école des B.-Arts. (L'Art, 469.)

Mehlis, Ein zweites Madonnenbild v. der Limburg bei Dürkheim. (Correspondenzbl. d. Ges. Ver. d deutsch. Geschichtsver., 8—10.)

Meyer, W. Ueber das Gebetbuch Karls d. Kahlen in der königl. Schatzkammer in München. (Sitzungsber. d. phil. u. hist. Cl. d. k. bayer. Akad. d. Wiss., III.)

Meynell, A. Laura Alma-Tadema. (Art Journal, novembre.)

Michel. Claude Lorrain. (Rev. des deux-mondes, 15. janv.)

Michelozzo Michelozzi a Scio. (Giornale ligustico, X, 11. 12.)

Mitzschke, P. Jaroslav Cermák u. sein Gemälde „Die Husiten vor Naumburg." gr. 8⁰, 8 S. Naumburg, Domrich. M. —. 20.

Monkhouse. The works of Alfred Hunt. (Academy, 614.)

Morgan. On the roman mosaic pavements at Brading, isle of Wight. (Journ. of the Brit. archæol. Association, XXXIX, 4.)

Müntz, E. Les Historiens et les Critiques de Raphaël (1483—1883), essai bibliographique pour servir d'appendice à l'ouvrage da Passavant, avec un choix de documents inédits ou peu connus. 8⁰, 178 p. et portr. de Raphaël. Paris, Hachette et Cie. (Bibl. internat. de l'Art.)

Munkacsy's Christus vor Pilatus. (Neue evang. Kirchen-Ztg., 7. — Gegenwart, 7.)

Paliard. Le Plafond du Perugin à la salle de l'incendie du bourg. (Chron. des Arts, 34 ff.)

Pattison, M. Claude Lorrain, sa vie et ses œuvres, d'après des documents inédits. Suivi d'un Catalogue des œuvres de Claude Lorrain, conservées dans les musées et dans les collections particulières de l'Europe. 4⁰, 320 p. avec 36 grav. dont 4 hors texte. Paris, Rouam. fr. 30. —

— The Glass-Painting of Jean Cousin at Sens. (Academy, 607.)

Pautassi, V. I codici miniati. 16⁰, 99 p. con 20 tav. Torino, Lœscher. L. 4. —.

Payer's erstes Bild des Franklin-Cyklus. Wartburg X., 10. 11.)

Petrangolini, L. Raffaele Sanzio: elogio funebre, recitato in Urbino il 6 aprile 1883. 16⁰, p. 13. Urbino, tip. Rocchetti.

Portig, Gust. Das Weltgericht in der Malerei. (Wissensch. Beil. der Leipziger Ztg., 92—95.)

Quesnel. Raphaël d'Urbin. (Biblioth. univers. et Revue suisse, janv.)

Rosenberg, A. Eduard von Gebhardt, ein Maler der Reformation. (Vom Fels zum Meer, Dec.)

— Die niederländische Genre- und Landschaftsmalerei. (Grenzboten, 5 ff.)

— „Christus vor Pilatus". (Zeitschrift f. bild. Kunst, B. 22.)

Rousseau, J. et A. Robaut. Camille Corot. Suivi d'un appendice. 4⁰, 64 p. avec le portr. de Corot et 34 grav. sur bois et dess. reproduisant des œuvres du maître. Paris, Rouam. fr. 2. 50.

Roy, J. J. E. Eustache Lesueur, surnommé le Raphaël français. 12⁰, 143 p. et grav. Tours, Mame et fils.

Ruelens, C. La miniature initiale des chroniques de Hainaut, à la bibliothèque de Bourgogne à Bruxelles. (Gaz. archéol., VIII, 11. 12.)

St. Bormans. Jean Ramée, peintre Liégeois. (Messager des sciences histor., 1883, 3, Gand.)

Sandys, Frederick. (Art Journal, mars.)

Schaufuss, L. W. Giorgione's Werke, unter Berücksicht. der neuesten Forschungen v. Crowe u. Cavalcaselle, Jordan, Lemorlieff untersucht. Mit 7 Abbildgn. u. 2 Taf. in Lichtdr. gr. 8⁰, 88 S. Leipzig, T. O. Weigel. M. 2. 40.

Schorn, O. v. Malerei u. Illustration in Japan. (Vom Fels zum Meer, April.)

Schrott, J. Rafaels Parnass. (Allg. Ztg., B. 10.)

Schultz, Alw. Ezechiel Paritius, Hofmaler der Herzoge von Brieg und seine Kunstsammlung. (Anz. f. Kunde d. deut. Vorzeit, 1883, 11. 12.)

Selleny's, Josef, Novara-Studien. (Allg. Kunst-Chronik, VIII, 9.)

Sharp, W. Tintoretto's „Satan". (Art Journ., dec.)

Some japanese painters. (Art Journal, janv.)

Thode, H. Pisanello's Todesjahr. (Zeitschr. f. bild. Kunst, 3.)

Ubaldini, il pittore Domenico, detto Puligo à Genova. (Giornale ligustico, X, 11. 12.)

Vallet, E. La „Chasse au lion" d'Eugène Delacroix. (Courrier de l'Art, 52.)

Van Dyck en France, octobre 1641. (Revue de l'art Français, 1.)

Venetianer Maler, die modernen. (Allg. Kunst-Chronik, VIII, 2.)

Villefosse, A. H. de. Peinture murale dans un hypogée, prés de Pæstum. (Gaz. archéol., VIII, 11. 12.)

Vingtrinier, A. et R. de **Cazenove.** Montessuy, peintre Lyonnais. Suivi de lettres complémentaires. 8⁰, 40 p. avec vignette. Lyon, imp. Waltener et Cie. (Extr. de Lyon-Revue.)

Waller and Phillips. The „Apollo and Marsyas. (Academy, 597.)

Wallis. The „Apollo and Marsyas" and the „Venice Sketch Book". (Academy, 599 ff.)

— The „Venice Sketch Book". (Academy, 602.)

Watts, George Frederick. (Art Journal, janv.)

Wauters, A. J. Découverte d'un tableau daté de Hans Memling 1472. (Chronique des Arts, 36.)

— La Peinture flamande. 8⁰, 408 p. avec 108 fig. Paris, Quantin. 3 fr. (Bibl. de l'enseignement des B.-Arts.)

Weale. Dürer's Netherland's Journ. (Acad., 615.)

Wickhoff, Fr. Ueber einige Zeichnungen des Pinturicchio. (Zeitschr. f. bild. Kunst, 2.)

Wurzbach, A. v. Zur Rehabilitirung Jan Schoreels. (Zeitschr. f. bild. Kunst B. 7.)

VI. Münz-, Medaillen-, Gemmenkunde, Heraldik.

Aufleger, O. Verzeichniss griechischer Münzen, meist aus dem kgl. Münzkabinet zu München, welche in galvanoplast. Nachbildungen von O. A. in München zu beziehen sind. gr. 8⁰, 14 S. mit 7 Lichtdr.-Taf. München, Franz. M. 3. —.

Babelon, E. Les monnaies de bronze de M. Aburius Geminus. (Rev. de numismat., I, 3. 4.)

Bahrfeldt, M. Der Denarfund von Maserà. (Zeitschrift f. Numismat., XI, 3.)

Bardt. Der Bracteatenfund von Gross-Briesen. (Zeitschr. f. Numismat., XI, 3.)

— Der Bracteatenfund von Gross-Briessen. Mit 2 (Lichtdr.-) Taf. [Aus: „Numismat. Zeitschr."] gr. 8⁰, 33 S. Berlin, Weyl. M. 2. 50.

Berliner Stadtwappen. (Deut. Herold, XIV, 12, XV, 1.)

Bidie. The Pagoda or Varába coins of Southern India. (Journ. of the Asiatic Soc. of Bengal, P. I, vol. LII, 1. 2.)

Blancard. Gillats ou carlins de rois angevins de Naples. (Revue de numismat., I, 3. 4.)

— La Maille d'argent de Fauquemberque au type de la dame au Faucon. 8⁰, 3 p. Marseille, imp. Barlatier-Feissat père et fils.

Boutkowski, A. Monnaies grecques inédites, autonomes et impériales. (Revue numismat., IIIe Sér., I, 3. 4.)

Brambilla, C. Monete di Pavia raccolte ed ordinatamente descritte. 4⁰, p. 500, con 12 tav. in rame. Pavia. L. 20. —.

Branchi. Illustrazione storica di alcuni sigilli antichi della Lunigiana. (Giornale Ligust., X, 11. 12.)

Brichaut, A. Numismatique maçonnique. (Rev. belge de numismat., 1, 1884.)

Bunbury. Rare and unpublished coins of the Seleucidan Kings of Syria. (Numismat. Obronicle, 1883, 2.)

— Unpublished Cistophori. (Numism. Chronicle, 1883, 3.)

Cantarelli. Sur les Utriculaires. (Bullet. épigraph. de la Gaule, III, 5.)

Catalogue of a collection of Mohammedan Coins by E. T. Rogers Bey. (Numism. Chron., 1883, 3.)

Chaplain. Note sur M. Gatteaux, de l'Académie des beaux-arts. 4⁰, 7 p. Paris, imp. Firmin-Didot et Cie.

Cumont, G. Bibliographie générale et raisonnée de la numismatique belge. 8⁰, 472 p. Bruxelles, imp. Fr. Gobbaerts. fr. 15. —.

Dancoisne, L. Les petits méreaux de plomb d'Arras aux types de mailles. (Revue belge de numismat., 1, 1884.)

Deloche. Monnaies mérovingiennes inédites (cité d'Angoulême). (Revue de numismat., I, 3. 4.)

— Le monnayage en Gaule au nom de l'empereur Maurice Tibère. (Mém. de l'Instit. national de France, XXX, 2.)

Friedländer, J. Die Medaille des Nicolaus Forzorius. (Zeitschr. f. Numismat., XI, 3.)

— Medaillenmodelle des XVI. Jahrhunderts aus Solenhofener Stein im germanischen Museum. (Anzeig. d. germ. Nation.-Mus., 3.)

Gariel. Les monnaies carolingiennes. (Revue de numismat., I, 3. 4.)

Gelre. Wapenboeck, ou Armorial de 1334 à 1372, contenant les noms et armes de princes chrétiens, ecclésiastiques et séculiers, suivis de leurs feudataires, selon la constitution de l'Europe et particulièrement de l'empire d'Allemagne, conformément à l'édit de 1356 appelé la Bulle d'or, précédé de poésies héraldiques. Publié pour la première fois par V. Bouton. T. 3: Armorial. gr. 4⁰, XXIV, 434 p. avec photograv. et planches coloriées hors texte, 51 à 79. Valenciennes, imp. Giard et Seulin. (Cette publ. formera cinq vol.)

Gill. Seventeenth century tokens of Hampshire not described in Boyne's Work. (Numismat. Chronicle, 1883, 2.)

Goffinet. Une monnaie de la seigneurie de Chassepierre et Cugnon. (Inst. archéol. du Luxembourg. Annales, Tome XV, 29e fasc.)

Gouw, J. E. Die Münzen der spanischen Niederlande seit 1598. (Numismat.-sphrag. Anzeiger, XIV, 8. 9.)

Gritzner, M. Herald.-decorative Musterblätter. Herausg. nach amtl. Quellen u. besten herald. Vorbildern. Bl. 1—6, 8—22, 26, 33—39. Lith. u. color. Impr.-Fol. Frankfurt a. M., Rommel in Comm. à M. —. 60.

Hauptmann. Die Fahnen und Feldzeichen des Mittelalters. (Deutsch. Herold, XIV, 10.)

— Die Städtewappen. (Deutsch. Herold, XV, 2.)

Head. On two unique coins of Aetna and Zancle. (Numismat. Chronicle, 1883, 3.)

Hildebrandt, Ad. M. Heraldisches Musterbuch. Für Edelleute, Kunstfreunde, Architekten, Bildhauer, Holzschneider, Graveure, Lithographen, Wappenmaler etc. 2. Aufl. 1. Hft. gr. 4⁰, II, 10 S. mit 8 Steintaf. Berlin, Mitscher & Röstell. M. 4. —.

Hirsch de Gereuth. Rare and inedited Sicilian Coins. (Numismatic Chronicle, 1883, 3.)

Jaekel. Die friesische Wede. (Zeitschr. f. Numismatik, XI, 3.)

Joseph, P. Historisch-kritische Beschreibung d. Bretzenheimer Goldguldenfundes (vergraben um 1390). Nebst einem Verzeichniss der bisher bekannten Goldgulden v. Florentiner Gepräge. Mit 2 Lichtdr.-Taf. gr. 8⁰, 96 S. Mainz, v. Zabern. M. 2. 50.

Kuntz, C. Monete inedite e rare di zecche italiane: VI. Ferrara. (Archeografo triestino, vol. X, fasc. III—IV.)

La Blanchère, de. Monnaies d'or de Ptolémée, roi de Maurétanie. — Inscriptions de Gunugus. (Bullet. de corresp. africaine, sept.—decemb.)

Laugier, J. Monnaies inédites ou peu connues de papes et légats d'Avignon, appartenant au cabinet des médailles de Marseille. 8⁰, 31 p. Tours, imp. Bousrez.

Lauzun, Ph. Le Sceau de la ville de Condom au XIIIe siècle, avec la description de quelques autres sceaux relatifs à la Gascogne. 8⁰, 20 p. Auch, imp. Foix.

Liste alphabétique des ateliers monétaires de Charles-le-Chauve (type du monogramme entouré de la formule royale ou impériale). (Bull. mensuel de numismat. et d'archéologie, N⁰ 3, 1883, Bruxelles.)

Les mailles du monétaire Simon sont battues à Arras. (Bull. mens. de numismat. et d'archéol., N⁰ 4, 1883, Bruxelles.)

Marsy, de. Les Sceaux picards de la collection Charvet. 8⁰, 18 p. Amiens, imp. Delattre-Lenoël. (Extr. de la Picardie, août 1883.)

Medaglia (La) monumentale in onore di Cesare Cantu. Presentazione, ed Elenco dei soscrittori. 4⁰, p. 58. Torino, tip. Bona.

Meyer, Ad. Die Münzen der Stadt Dortmund. Mit 7 (lith.) Taf. gr. 8⁰, 122 S. Wien (Berlin, Stargardt). M. 9. —.

Mitzschke, P. Der Schutzheilige von Eisenach im Eisenach.Stadtsiegel. (Deut.Herold,XIV,11.)

Mommsen, Th. Numismatische Notizen. (Sitzgs.-berichte d. k. preuss. Akad. d. Wiss., 43.)

— Ruscino oder Varus. (Zeitschr. f. Numismat., XI, 3.)

Muret. Monnaies de Lydie. (Rev. de numismat., I, 3. 4.)

Nani-Mocenigo, F. Stemma e bandiera di Venezia. 8⁰, p. 22. Venezia, tip. di A. Francesconi.

Numismatique alsacienne. La collection de M. Eug. Chaix. (Bull. mensuel de numismatique et d'archéol., N⁰ 4, 1883, Bruxelles.)

La numismatique de la deuxième race et les travaux de M. E. Gariel. (Bull. mensuel de numismat. et d'archéol., N⁰ 4, 1883, Bruxelles.)

Oman. The British Museum catalogue of Greek coins. (Academy, 599.)

Pierre gravée représentant César recevant la tête de Pompée. (Comptes r. de l'Acad. des inscr. et belles-lettres, juill.—sept.)

Ponton d'Amécourt, de, et **E. de Moré de Préviala.** Monnaies mérovingiennes du Gévaudan. 8⁰, 136 p. et 5 pl. Paris, imp. Pillet et Dumoulin. (Extr. de l'Ann. de la Soc. franç. de numismat. et d'archéologie, 1883.)

Poutkowski. Monnaies grecques inédites (autonomes et impériales. (Rev. de numism., I, 3. 4.)

Pownall. Papal medals of the 15th century. (Numismat. Chronicle, 1883, 2.)

Quarré, L. Une monnaie frappée à Lille. (Rev. belge de numismat., 1, 1884.)

Ramé, L. Notes sur le sceau de Thomas James, évêque de Léon et de Dol, sur l'origine de Michel Columba et sur le tombeau de Guill. Gueguen, évêque de Nantes. 8⁰, 15 p. avec fig. et pl. Paris, imp. nat. (Extr. du Bullet. des travaux histor.)

Revillout. Sur les monnaies égyptiennes. Note annexe sur l'Argenteus Outen. (Revue égyptologique, III, 2.)

Rietstap, J. R. Wapenboek van den Nederlandschen adel. Met genealogische en heraldische aanteekeningen. Opgedragen aan Z. M. den Koning. 1e deel. f⁰, 2, XIV, 243 bl. met 52 gelith. gekl. wapenkaarten. Groningen, J. B. Wolters. f. 100. —.

Rodgers. Coins supplementary to Thomas' „Chronicle of the Pathán Kings of Delhi". (Journ. of the Asiatic Soc. of Bengal, P. I, vol. LII, 1. 2.)

Rondot, N. Jean Marende et la médaille de Philibert le Beau et de Marguerite d'Autriche. 8⁰, 39 p. Lyon, imp. Pitrat aîné.

Rossbach, O. Griechische Gemmen ältester Technik. (Archäolog. Ztg., XLI, 4.)

Rouyer, J. Jeton de Jacques Charmolue, changeur du Trésor, sous les règnes de Louis XII et de François Ier. (Rev. de numismat., I, 3. 4.)

— Jeton de Jacques Charmolue, changeur du trésor sous les règnes de Louis XII et de François Ier. 8⁰, 7 p. Paris, imp. Boudet. (Extr. de la Rev. numismat., 3e série, t. Ier, 1er trim. 1883, p. 465.)

— Jetons historiques du petit module des règnes de Henri IV et de Louis XIII. (Rev. belge de numismat., 1, 1884.)

Sacken, E. Frh. v. Zur Gemmenkunde. (Jahrb. d. kunst-hist. Samml. des A. Kaiserhauses, II.)

Schalk. Wiener Münzverhältnisse im ersten Viertel des 15. Jahrhunderts. (Mitth. d. Instit. f. österr. Geschichtsforschung, IV, 4.)

Schlösser, E. Die Münztechnik. Ein Handbuch f. Münztechniker, Medaillenfabrikanten, Gold- u. Silberarbeiter, Graveure u. techn. Chemiker. Mit 121 in d. Text eingedr. Illustr. gr. 8⁰, VIII, 251 S. Hannover, Hahn. M. 7. —.

Schlumberger, G. Description de cinq sceaux de l'époque byzantine. (Revue numismatique, IIIe Ser. I, 3. 4.)

— Cinq sceaux de l'époque byzantine. 8⁰, 12 p. Paris, imp. Boudet. (Extr. de la Rev. numism., 3e série, t. 1, prém. trimestre, 1883.)

Schodt, A. de. Monnaies gauloises à l'inscription AV AV CIA. (Rev. belge de numismat., 1, 1884.)

— Numismatique yproise. (Rev. belge de numismatique, 1, 1884.)

Schraffirungen, die heraldischen. (Deutscher Herold, XV, 1.)

Servanzi-Collio, S. Disegno e descrizione d'una medaglia pontifica del sec. XV e di un reliquiario di metallo del sec. XIV al XV ecc. 4⁰, p. 8. Camerino, tip. Savini.

Six, J. P. Du classement des séries cypriotes. (Revue numismat., 3e sér., I, 3. 4.)

Stickel. Zur orientalischen Sphragistik. (Ztschr. d. deut. morgenländ. Ges., 3.)

Tergast. Die Münzen Ostfrieslands. 1. Thl. Bis 1466. Mit in den Text gedr. Abbild. Lex.-8⁰, XII, 160 S. Emden, Haynel. M. 4. 50.

Varenbergh, E. La médaille Rouvroy. (Messager des sciences histor. ou archives des arts et de la biliogr. de Belgique, 4e livr., 1883.)

Wakeford. On a hoard of early english coins of Henry I and Stephen 1135—1140. (Numismat. Chronicle, 1883, 2.)

Weissbecker, H. Wappenzeichnungen nach Siegeln aus dem Archive der ehemals freien Reichsstadt Rothenburg a. d. Tauber. (Deutscher Herold, XV, 2 ff.)

Wessely. Zum Münzwesen d. späteren römischen Kaiserzeit. (Wiener Studien, V, 2.)

VII. Schrift, Druck u. graphische Künste.

Annuaire de la Société des Amis des livres. (1882.) 8⁰, 116 p. avec portr. et 2 grav. Paris, imp. Motteroz.

Balsch. Ueber die Holzschneidekunst. (Deutsch. Kunstblatt, 7.)

Berndt, L. Grammatik der Chemigraphie, nebst Lexikon des Nützlichen u. Wissenswerthen auf chemigraph. Gebiete. Mit vielen Text- u. Probe-Illustr. 8⁰, VIII, 180 S. Leipzig, M. Schäfer. M. 4. —.

Bernoni, D. Antonio Blado e la sua stamperia in Roma (nel sec. XVI) Con notizie sulla ediz. principe delle opere di N. Machiavelli. 8⁰, p. 27. Arcoli Piceno, tip. Cesari.

Bibliographie Arménienne, 1565—1883 (in lingua armena). 8⁰, XXXII, 737 p. Venezia, tip. Armena.

Bongi, S. Annali dello stampatore Gabriello Giolito dé Ferrari. (Il Bibliofilo, 2, 1884.)

Bosse, Frdr. Anleitung zum Ornamentieren im Buchdruckgewerbe. gr. 8⁰, VI, 110 S. Leipzig, Waldow. M. 4. 50.

Brinkman's Catalogus der boeken-, plaat- en Kaartwerken, die gedurende de jaren 1850—1882 in Nederland zyn uitgegeven of herdrukt; in alphabetische volgorde gerangschikt met vermelding van den naam des uitgevers of eigenaars, het jaar van uitgave, het getal deelen, de platen en kaarten, het formaat en den prijs, door R. van der Meulen. 1. afl. (Vel 1—10.) 8⁰, bl. 1—80 in 2 Kolommen. Amsterdam, C. L. Brinkmann. fl. 2. 50.

Catalogue à consulter pour l'organisation et la direction d'une bibliothèque populaire destinée à des lecteurs adultes, précédé d'une notice explicative sur le catalogue et de renseignements sur l'organisation d'une bibliothèque. 8⁰, 160 p. Paris, Chaix. (Extr. du Bull. N⁰ 20 de la Ligue française de l'enseignement.)

Cerquand, J. F. L'Imagerie et la Littérature populaires dans le Comtat-Venaissin (1600 bis 1830); essai d'un catalogue. 8⁰, 55 p. Avignon, Seguin, frères.

Champier, Victor. Les almanachs illustrés aux XVIIe et XVIIIe siècles. (Le Livre, décembr.)

Chanteau, F. de. Etude sur une collection d'exlibris. 8⁰, 24 p. Bar-le-Duc, imp. de l'Oeuvre de Saint-Paul.

Charité. Offrande artistique et littéraire de la Belgique aux victimes d'Ischia, due à de Battincourt, sous les auspices des légations de L. L. M. M. le roi d'Italie et le roi des Pays-Bas. gr. 4⁰, 20 p. Nombreuses grav. et autographes. Bruxelles, Rozez. fr. 2. —.

Claudin, A. Un nouveau document sur Gutenberg. (Le Livre, novembr.)

— Un nouveau document sur Gutenberg: temoignage d'Ulric Gering, le premier imprimeur Parisien, et de ses compagnons, en faveur de l'inventeur de l'imprimerie. 8⁰, 4 p. Paris, imp. Quantin.

Colombo, A. Due orfani illustri: notizie di Giovanni Pirotta e Giovanni Silvestri, tipografi-editori milanesi. 8⁰, p. 1 a 18 num. e 1 non num.; con ritratti e vign. Milanò, stab. tip. ditta G. Agnelli.

Contades, Cte de. Auguste Paulet-Malassis. (Le Livre, mars.)

Cugnoni, G. Il primo Concetto della Biblioteca Casanatense. (Il Bibliofilo, num. 9—11.)

Dagnin, A. Bibliographie Haute-Marnaise; Catalogue d'ouvrages et de pièces concernant le département de la Haute-Marne, offerts à la bibliothèque départementale Barotte. 8⁰, 137 p. Paris, Champion. fr. 3. —.

Delisle, L. Les livres d'heures du duc de Berry. (Gazette des B.-Arts, févr. ff.)

Duplessis, G. Illustrations pour les œuvres de Musset. (Gazette des B.-Arts, févr.)

Dutuit, E. Une des plus anciennes gravures connues avec date. (L'Art, 475.)

Dürer. Wie verkaufte Albrecht Dürer seine Kupferstiche? (Zeitschr. f. Kunst- u. Antiqu. Sammler, 5 ff.)

Elenco generale dei Tipografi e Litografi italiani. 2ᵃ ediz. ampliata e corretta, con aggiunte di indirizzi, etc. 16⁰, p. 113 à 2 col. Firenze, Agenzia Tipogr. L. 1. —.

Engravings of Mr. S. Cousins. (Academy, 606.)

Zur Erfindung der Geschichte der Buchdruckerkunst. (Centralbl. f. Bibliothekwesen, I, 3.)

Falk. Missale moguntinum, sine loco. (Centralblatt f. Bibliothekwesen, 2.)

Favier, J. Coup d'oeil sur les bibliothèques des couvents du district de Nancy pendant la Révolution, ce qu'elles étaient, ce qu'elles sont devenues. 8⁰, 60 p. et armes. Nancy, Sidot fr. (Extr. des Mém. de la Soc. d'archéologie lorraine pour 1883.)

Forques, Eugène. F. Lamennais, critique et bibliophile. (Le Livre, janv.)

Fumagalli, G. Delle insegne tipografiche, e specialmente delle italiane: prime note. 8⁰, p. 22. (Firenze.) L. 1. —.

Fureteur, Ant. Les étrennes littéraires. Essai bibliographique. (Le Livre, janv.)

Gianandrea, A. Di una collezione di opuscoli e fogli volanti concernenti l'assedio di Vienna del 1683, etc. (Il Bibliofilo, 12, 1883.)

Giráldez, J. Tratado de la tipografía, ó arte de la imprenta. 4⁰, XXXII, 274 p. Madrid, Viuda e hijos de D. J. Cuesta. 32 y 36.

Grand-Carteret, J. La caricature allemande. (Le Livre, dec.)

La gravure en France. (Chron. des Arts, 6.)

Gutenberg's, Johann, erste Buchdruckerpresse v. J. 1441 im Bibliogr. Museum v. H. Klemm zu Dresden. (Zeitschr. f. Museologie, 4.)

Handzeichnungen, fünfzig, alter Meister aus der J. A. G. Weigel'schen Sammlung. In Lichtdr. v. Martin Rommel & Co. gr.-Fol. 1 Bl. Text. Stuttgart, Engelhorn. M. 50. —.

Hodson, J. S. An Historical and Practical Guide to Art Illustration in connection with Books, Periodicals, and general decoration. With num. Specimens of the various Methods. 8⁰, p. 224. London, Low. 15 s. —.

Hohenbühel, Lud. Frhr. v, genannt Heufler zu Rasen. Die Holzschnitte der Handschrift des Heilthum-Büchleins im Pfarrarchive zu Hall in Tirol. Ein Beitrag zur Kunst- und Kulturgeschichte d. beginn. 16. Jahrh. Mit 23 Textbildern. [Aus: „Mittheilgn. der k. k. Centralcommission z. Erforsch. u. Erhalt. d. Kunst- u. histor. Denkmale."] gr. 4⁰, 39 S. Innsbruck, Wagner in Comm. M. 3. —.

Hrachowina, C. Initialen, Alphabete und Randleisten verschiedener Kunstepochen. [Publicat. d. k. k. österr. Museums f. Kunst u. Industrie.] 1. Lfg. Fol. 7 S. m. 8 Taf. Wien, Graeser. M. 4. —.

Hupp, Otto. Alphabete und Ornamente. qu. 4⁰, 23 S. München, Bassermann. M. 1. 50.

Ilgenstein, H. Ein neuer Druck Gutenberg's in deut. Sprache. (Neuer Anz. f. Bibliogr., 11.)

L'imprimerie et la librairie dans la Haute-Marne et dans l'ancien diocèse de Langres, par deux bibliophiles langrois. (Revue critique, 47.)

Künstler-Album, internationales. Auswahl von 25 Lichtdr. nach Handzeichnungen hervorrag. Künstler der Neuzeit, herausg. von der Wiener Künstler-Genossenschaft. Fol. Wien, Lechner. M. 25. —.

Linde, van de. Die k. Landesbibliothek zu Wiesbaden. (Centralbl. f. Bibliothekswesen, IX, 2.)

Lozzi, C. e G. **Cugnoni.** La R. Calcografia Romana alla mostra di Roma. (Il Bibliofilo, N⁰ 5—8.)

Lübke, W. Die Photographie i. d. Kunstlitterat. (Gegenwart, 51. 52.)

Lumbroso, G. Di un libro poco noto sui costumi di Romagna. (Atti e Mem. della R. Dèput. di storia patria per le provincie di Romagna, 3ᵃ serie, vol. I, fasc. IV.)

Marsy, de. Bibliographie picarde. 8⁰, 38 p. Amiens, imp. Delatte-Lenœl. (Extr. de la Picardi, juillet-août 1883.)

Minguez, M. Alfabetos de España en la edad antigua. (Revista contemporanea, 15. Nov.)

Muster altdeutscher Alphabete, entworfen von M. Beeg-Aufsess, und moderner Monogramme, entworfen von J. v. Salzberg. Fol., 8 Bl. in Farbendr. Leipzig, Heitmann. M. 3. —.

Odagir, H. Le Procédé au gélatino-bromure, suivi d'une note de M. Edw. Milsom sur les clichés portatifs et de la traduction des notices de R. Kennett et H. G. Palmer. Nouveau tirage de la 1ʳᵉ édition. 18⁰, 56 p. avec 5 fig. Paris, Gauthier-Villars.

Pattison, Ém. Les eaux-fortes de Claude Lorrain. (L'Art, 465.)

Pecht, Fr. Die Sixtinische Madonna u. Mandel's Stich derselben. (Allg. Ztg., B. 306.)

Perreau, C. L'arte tipografica nella Corea. (Il Bibliofilo, N⁰ 9—11.)

Petit, A. P. La Photographie industrielle. 18⁰, 116 p. avec 24 fig. Paris, Gauthier-Villars.

Pizzighelli, J. et **Hübl.** La Platinotypie, exposé théorique et pratique d'un procédé photogr. aux sels de platine permettant d'obtenir rapidement des épreuves inaltérables. Traduit de l'Allemand par M. H. Gauthier-Villars. 16⁰, XIV, 90 p. et carte. Paris, Gauthier-Villars. fr. 3. 50.

Quack. Unger's laatste etsen. (De Gids, Febr.)

Raad en liefhebbers van boeken. (De Portef., 36.)

Reid, G. W. Facsimile Reproductions of the Works of the Italian Engravers of the 15ᵗʰ Century. London, Quaritch. 63 s.

Ribeyre, F. Cham, sa vie et son œuvre. Préface par A. Dumas fils. 18⁰, XVI, 291 p. avec portr. à l'eau-forte de Le Rat d'après Yvon, héliograv. d'après Gust. Doré et facsimilé d'aquarelles et de dessins. Paris, Plon et Cie. fr. 5. —.

Riccardi, P. D. de' Bergolli, sacerdote, libraio e tipografo modenese del sec. XVI. (Il Bibliofilo, 12. 1883.)

Rondot, N. Mathieu Greuter, tailleur d'histoires en tailles douce. 1566—1638. (Revue de l'Art française, 1.)

Russi, M. Paleografia e diplomatica de' documenti delle provincie napolitane. p. XVII e 200, con 20 tav. Napoli, F. Furchheim. L. 10. —.

Schorn, O. v. Heinrich Aldegrever. (Kunst u. Gewerbe, 1.)

Seghers, L. Antike Alphabete, Initialen, Fragmente etc., ausgezogen aus Missalen, Bibeln, Manuscripten etc. vom 12. bis zum 19. Jahrh. 2. Aufl., qu. 4⁰, 24 Steintaf. mit 1 Blatt Text. Köln, Mayer. M. 4. 50.

Springer, A. Ed. Mandels Stich der Sixtinischen Madonna. (Zeitschr. f. bild. Kunst, B. 5.)

Steffenhagen, Emil. Die Klosterbibliothek zu Bordesholm u. die Gottorfer Bibliothek. Zwei bibliographische Untersuchungen. (Zeitschr. d. Gesellschaft für schleswig-holstein-lauenburg. Gesch., XIII.)

Stein, H. Bibliogr. des bibliographies, compte rendu d'un ouvrage récent. 8⁰, 7 p. Tours, imp. Rouillé-Ladevèze.

Thausing. Michel Wohlgemut als Meister W. u. der Ausgleich über den Verlag der Hartmann-Schedel'schen Weltchronik. (Mittheil. d. Instit. f. österr. Geschichtsforschung, V, 1.)

Thomas, L. Bibliographie de la ville et du canton de Pontoise. 8⁰, VIII, 24 p. avec facsimilés. Pontoise, imp. Paris. (Extr. des Mém. de la Soc. hist. et archéol. de l'arrondissement de Pontoise et du Vexin.)

Veuclin, E. L'Imprimerie à Bernay depuis son établissement jusqu'en 1883. 8⁰, 39 p. Bernay, imp. Veuclin.

Waldow, A. Anleitung zum Farbendruck auf der Buchdruckpresse und Maschine. Mit Berücksicht. d. Iris-, Bronze- u. Blattgolddrucks. gr. 8⁰, V, 112 S. mit 2 Farbentaf. Leipzig, Waldow. M. 3. 50.

— Kurzer Rathgeber f. d. Behandlung d. Farben bei Ausführung von Bunt-, Ton-, Bronze-, Blattgold- u. Prägedrucken auf d. Buchdruckpresse u. Maschine. 3. verm. u. verb. Aufl. gr. 8, 34 S. Ebd. 1884. M. 1. 50.

Wunder, die, von Maria Zell. Facsimile-Reproduction der 25 Holzschnitte eines unbekannten deutschen Meisters um 1520, nach dem einzigen bekannten Exempl. in d. Samml. d. Hrn. Alfr. Coppenrath in Regensburg. Fol. Leipzig, Hirth. M. 16. —.

Wurzbach, A. v. Name u. Herkunft d. Meisters E. S. v. J. 1466. (Zeitschr. f. bild. Kunst, 4.)

VIII. Kunstindustrie. Costüme.

Aitchison, G. Iron. (Art Journal, Dec.)

Bapst, G. Etudes sur l'étain, dans l'antiquité et au moyen, âge; orfèvrerie et industries diverses. 8⁰, X, 335 p. et 9 pl. Paris, G. Masson.

— L'orfèvrerie d'étain. L'oeuvre de Fr. Briot. (Revue des arts décorat., nov. ff.)

Baisch, F. Schaper. (Westermann's Monatsh., Dec.)

Barbier de Montault, R. La Crosse d'un abbé d'Airvault (XII, XIIIe siècle). 8⁰, 14 p, Poitiers, imp. Tolmer et Ce. (Extr. des Bull. de la Soc. des antiquaires de l'Ouest, 1882.)

Blondel, S. L'Art intime et le Goût en France (grammaire de la curiosité). Illustr. de M. M. Arents, Bourdin, Fraipont, Lenoir etc. gr. 8⁰, titre et pages 1 à 16 et pl. Paris, Rouveyre et Blond. (L'ouvrage sera publié en 25 livr. à fr. 1. —.)

— Les arts décoratifs pendant la Révolution. (Revue libérale, janvier.)

Bock, F. Zur Geschichte des Goldfadens in alter, neuerer u. neuester Zeit. (Kunst u. Gewerbe, 2 ff.)

Bottrigari, E Delle antiche tappezzerie che erano in Bologna e di quelle che vi si trovano tuttavia. (Atti e Mem. della R. Deput. di storia patria per le provincie di Romagna, 3a serie, vol. I, fasc. 1V.)

Bronze-Gefässe u. -Geräthe, ostasiatische, in Umrissen. Ein Beitrag zur Gefässlehre. Zum Studium u. zur Nachbildg. f. Kunstindustrie u. gewerbl. Lehranstalten. Unter Leitung von H. Herdtle aufgenommen u. autograph. von Schülern der Kunstgewerbeschule d. k. k. österr. Museums. gr.-Fol., 28 Bl. m. 1 Bl. Text. Wien, Hölder. M. 8. —.

Bruck, G. O. Orientalische Keramik. (Zeitschr. f. Kunst- u. Antiq.-Sammler, I, 1 ff.)

Bucher, B. Murano. (Vom Fels zum Meer, Februar.)

Buchner. Kunst u. Witz d. Neger. (Ausland, 1.)

Bulletin technique des arts et manufactures. N⁰ 1. (nov. 1883.) 8⁰, 19 p. Mayenne, imp. Derenne. Abonn.: un an fr. 10. —.

Burty, Ph. La nouvelle porcellaine de Sèvres. (Revue des arts décorat., novemb.)

Chaffers, W. Hall Marks on Gold and Silver Plate. 6th edit. 8⁰. London, Bickers. 16 s. —.

Champeaux, de, Darcel, G., Le Breton, Gasnault, G. Bapst, Duplessis, Rioux de Maillon, V. Champier. Les Arts du bois, des tissus et du papier, mobilier national et privé, tapisseries, tissus, objets orientaux, livres et reliûres, gravures, papiers peints, salle rétrospective du mobilier moderne; reproduction des principaux objets d'art exposés en 1882 à la 7e expos. de l'Union centrale des arts décoratifs. Ouvrage contenant 338 illustr. 4⁰, IV, 417 p. Paris, Quantin. fr. 40. —.

Champier, V. La décoration des horloges. (Revue des arts décorat., décemb.)

— Le mobilier contemporain. (La nouvelle Revue, 1. novemb.)

Chinese guilds and their rules. (The China Review, XII, 1.)

Claux, V. du. Les gobelins à la chambre. (Courrier de l'art, 50.)

Corroyer, Ed. Les arts décoratifs à l'opéra. (Gaz. des B.-Arts, janv. ff.)

Coxon, H. Oriental Carpets: How they are made and conveyed to Europe. With a Narrative of a Journey to the East in Search of them. 8⁰, 76 p. London, Unwin. 3 s. 6 d.

Cunningham. Relicts from ancient Persia in Gold, Silver and Copper. (Journ. of the Asiatic Soc. of Bengal, P. I, vol. LII, 1. 2.)

Darcel, A. Artisan française à Pise. (Revue de l'art franç, 1.)

— La tenture des actes des Apôtres de Mortlake. (Chronique des Arts, 38 ff.)

Decoratie in verband met de dramatische Kunst. (De Portefeuille, 29.)

Dekoration innerer Räume. 25 Taf. in Farbendr. [Aus: „Architekton. Skizzenbuch".] Fol., 1 Bl. Text. Berlin, Ernst & Korn. M. 60. —.

Ebhardt's Costümbilder. 1—3. Hft., hoch 4⁰, à 6 color. Taf. m. 1 Bl. Text. Berlin, Ebhardt. à M. 2. —.

Eitelberger, R. v. Zur Frage der Hausindustrie mit besonderer Berücksichtigung österreich. Verhältnisse. (Mitth. d. Oester. Museums, 221.)

Eudel, P. J.'orfèvrerie fausse. (Revue des arts décorat., janv.)

— La truquage de tissus. (Revue des arts décorat., décemb. ff.)

Fagan, L. Collectors' Marks. With frontispice by the Author. 16⁰. London, Field & T. 21 s. —.

Fagniez. L'industrie en France sous Henri IV. (Revue historique, XXIII, 2.)

Fischbach, F. Gesch. der Textilkunst. (Litterar. Centralbl., 51.)

— Die künstlerische Ausstattung der bürgerl. Wohnung. (Populäre kunstgewerbliche Vorträge, Nr. 1.) 8⁰, 43 S. Basel, Schwabe. M. 1. —.

— Ornament of Textile Fabrics. Portfolio. London, Quaritch. 150 s. —.

Frati, L. Osservazioni critiche nel libro del Signor E. Molinier „Les majoliques italiennes en Italie", e segnatamente sull' articolo concernente Bologna. (Atti e Mem. della R. Deput. di storia patria per le provincie di Romagna. 3e serie, vol. I, fasc. IV.)

Friedrich, C. Einfache Erklärung einiger mittelalterlicher Gemmen aus Glas. (Wartburg, XI, 1. 2 ff.)

— Die Geschichte der niederländischen Glasindustrie im 16. u. 17. Jahrh. (Wartburg, X, 12.)

Die Fürstenberger Porzellanfabrik. (Zeitschr. f. Kunst- u. Antiqu.-Sammler, 11.)

Genick, A. Griechische Keramik. 40 (chromolith.) Taf., ausgewählt u. aufgenommen. gr.-Fol. Mit Einleitg. u. Beschreibg. v. Adf. Furtwängler. gr. 4⁰, 24 S. Berlin, Wasmuth. M. 80. —.

Zur Geschichte des Porcellans. (Blätter für Kunstgew., XIII, 2 ff.)

Givelet, C. et L. Demaison. Les Toiles brodées, anciennes mantes ou courtes-pointes conservées à l'hôtel-Dieu de Reims. Suivies d'une étude comparée entre les toiles de Reims et celles des musées de Suisse et d'Allemagne. 8⁰, 35 p. et 6 pl. Reims, imp. Monce.

Götze, W. Vom Arbeitsunterricht in Frankreich. (Nordwest, VIII, 6.)

Grothe. Die Construktion der Webstühle, die Fachbildung u. die Eintraggeräthe beim Weben im Alterthum. (Verhandl. d. Ver. zur Beförd. d. Gewerbfleisses, VII.)

Guibert, L. Les Anciennes corporations de métiers en Limousin. 8⁰, 20 p. Paris, imp. Boudet. (Extr. de la Réforme sociale.)

Hanausek, Ed. Die Technologie der Drechslerkunst. Die Lehre v. den Rohstoffen u. deren Verarbeitg. Hrsg. v. der Handels- u. Gewerbekammer f. das Erzherzogth. Oesterreich unter der Enns. Bearb. in deren Auftrage. gr. 8⁰, XVI, 312 S. Wien, Gerold's Sohn in Comm. M. 4. —.

Handtmann, E. Taufbecken der Kirche zu Seedorf bei Lenzen a. d. E. (Archiv f. kirchliche Kunst, VIII, 3.)

Haushofer, K. Ueber Schmucksteine. (Zeitschr. d. Kunst-Gew.-Ver. in München, 1. 2.)

Heyden, Adf. Das Tafelsilber Ihrer königlichen Hoheiten d. Prinzen u. der Prinzessin Wilhelm v. Preussen. Festgeschenk zu höchstderen Vermählg. am 27. Febr. 1881, dargebracht von preuss. Städten. Text v. Jul. Lessing. Lichtdruck von Alb. Frisch. gr.-Fol., 25 Lichtdr.-Taf. mit 11 S. Text. Berlin, Bette. M. 100. —.

Hübler, Elis. Vorlagen f. Aetzarbeiten. Musterblätter f. häusl. Kunstarbeit, nebst e. Anleitg. zum Aetzen v. Stein, Metallen etc. Nach deren Tode herausg. v. Hilda Kunkel. 1. Lfg. Fol. 6 Chromolith. m. 2 S. Text. Leipzig, Arnold. M. 4. —.

Humphreys, Mary G. The progress of American decorative art. (Art Journal, Januar.)

Jung, E. Die Mode in ihren Beziehungen auf unser Hauswesen. (Schweiz. Gewerbeblatt, IX, 5 ff.)

Kalesse, E. Schmiedeiserne Gitterwerke der Renaissance in Schlesien. (Kunst u. Gewerbe, 2.)

Korth, L. Goldarbeiterrechnung für d. Herzog Wilhelm IV. von Jülich und Berg aus den J. 1480 u. 1481. (Anz. f. Kunde d. d. Vorzeit, 1883, 11. 12.)

Kunst-Schmiede-Arbeiten, moderne. Nach Entwürfen v. Fr. Hitzig, Gropius & Schmieden, Ende u. Böckmann, C. Zaar u. A. ausgeführt v. E. Puls, M. Fabian, A. L. Benecke etc. 32 (Kpfr.-)Taf. [Aus: „Architekton. Skizzenbuch".] Fol., 1 Bl. Text. Berlin, Ernst & Korn. M. 26. —.

Die Kunsttöpferei in Rairen. (Deutsche Bauztg., 101. 102.)

Kutschmann, Th. Die Kunst im Handwerk. (Schorer's Familienblatt, V, 2–4.)

Lange. Materialien zur Geschichte des Zunftwesens in Fürstenfeld. (Beiträge zur Kunde steiermärk. Geschichtsquellen, XIX.)

Lasteyrie, R. de. Chasse en cuivre doré, conservée dans l'église de Moissat-Bas (Puy-de-Dôme.) (Gaz. archéol., VIII, 11. 12.)

Lessing, J. Philipp Hainhofer u. d. Pommer'sche Kunstschrank. (Jahrb. d. kgl. preuss. Kunstsammlungen, V, 1.)

Licht, Elektrisches u. Kunstgewerbe. (Blätter f. Kunstgewerbe, XIII, 1.)

Lind, K. Alter Ofen im niederösterreichischen Landhause. (Mitth. d. Central-Comm., N. F., IX, 4.)

Ludwig, E. u. Otto Horn. Muster-Vorlagen und Motive z. Decoration v. Buchdecken u. -Rücken. Hrsg. v. Horn & Patzelt in Gera. 1. Lfg. gr. 4⁰, 4 S. m. 1 lith. u. 3 chromolith. Taf. Gera, Griesbach. M. 1. 50.

Eine Mahnung bez. des Niedergangs der Thon-Fabricate. (Deut. Bau-Ztg., 3. 4.)

Mattei, P. S. Antichi disegni a penna per modelli di ricami e merletti. (Il Bibliofilo, 2, 1884.)

Meister, H. Plaudereien aus dem Kannenbäckerland. (Westdeut. Gewerbeblatt, Januar ff.)

Mely, F. de. Les origines de la céramique italienne. (Gazette des B.-Arts, févr.)

Ménard, René. La décoration des plafonds. (Revue des Arts décorat., nov. ff.)

Messikomer. Die Industrie auf der Pfahlbaute Bobenhausen. (Ausland, 46.)

Meyer, H. Die schweizerische Sitte der Fenster-u. Wappenschenkung vom XV. bis XVII. Jahrh. Nebst Verzeichniss der Zürcher Glasmaler von 1540 an u. Nachweis noch vorhandener Arbeiten derselben. Eine kulturgeschichtl. Studie. gr. 8⁰, XX, 384 S. Frauenfeld, Huber. M. 5. —.

Milanesi, G. Maso Finiguerra et Matteo Dei. (L'Art, 474.)

Möbel-Bazar, neuer Stuttgarter. Entworfen und gezeichnet v. theoretisch u. praktisch gebildeten Fachmännern. 1. Jahrg. 1883. 12 Hfte., 6 Steintafeln. Fol. Stuttgart, Horster. à Hft. M. 1. 50.

— Dasselbe. 2. Jahrg. 1884. 12 Hfte., à 4 Steintaf. m. 2 Bog. Bschrbg. Fol. Ebd. à Hft. M. 2. —.

Molmenti. Il lusso de la Dogaressa di Venezia nel secolo XV. (Nuova Antologia, 4.)

Morgan. Ancient clocks at Wells, Rye and Dover. (Archæological Journal, 160.)

Mowat. Marques de Bronziers sur objets trouvés ou apportés en France. (Bullet. épigraphique de la Gaule, III, 6.)

Much, M. Der Bronze-Helm aus dem Passe Lueg bei Salzburg. (Mitth. d. Centr.-Comm., N. F., IX, 4.)

Müntz, E. Les Fabriques de tappisseries de Nancy. 8⁰, 22 p. Nancy, imp. Crépin-Leblond. (Extr. des Mém. de la Soc. d'archéologie lorraine pour 1883.)

Muster altdeutscher u. moderner Stickereien. Herausg. v. M. Beeg-Aufsess. C. v. Braumühl, M. Meyer, Jos. Merz, J. v. Salzberg u. A.: Ausg. A. Fol., 15 Bl. in Farbendruck. Leipzig, Heitmann. M. 5. —.; Ausg. B., 30 Bl. M. 10. —.; Ausg. C., 60 Bl. M. 20. —.

Muster, gothische, v. Schmiede- u. Schlosser-Arbeiten aus dem gothischen Musterbuche von V. Statz u. G. G. Ungewitter, enth. Thürbeschläge, Schlossdecken, Thürgriffe, Ringe, Klopfer u. Aehnliches. 15 (lith.) Taf. m. vielen Abbildgn. nebst erläut. Texte. Fol., 1 Bl. Text. Leipzig, T. O. Weigel. M. 4. —.

Musterschatz von Handarbeiten. Eine Sammlung farb Musterblätter f. Kreuzstich, Application u. Phantasiearbeiten. 18 Stahlst.-Taf. mit der Hand colorirt. Fol., 4 S. Text. Berlin, Ebhardt. M. 10. —.

Negri, P. Le arti industriali: frutti di studii artistici. 8¹, 137 p. Torino, Magliano. L. 2. 50.

Pancrazi, A. Elementi di tecnologia meccanica relativi alla lavorazione del legname: fasc. I. 16⁰, 16 p. Potenza, tip. Magaldi e della Ratta.

Ponsonailhe, C. Sébastien Bourdon, sa vie et son œuvre, d'après des documents inédits tirés des archives de Montpellier. Eaux-fortes par S. Hanriot, E. Marsal et G. Boutet, dessins et autographe. 8⁰, 331 p. Montpellier, imp. Martel aîné.

Prevost, G. Le Nu, le Vetement, le Parure chez l'homme et chez la femme. 12⁰, 408 p. Paris, Marpon et Flammarion. fr. 5. —.

Rasmussen, Sara. Klöppelbuch. Eine Anleitung zum Selbstunterricht im Spitzenklöppeln. Mit 10 Phototyp , 2 lith. Taf. u. zahlreich. Holzschn. 4⁰, 48 S. Kopenhagen, Höst & Sohn. M. 9. —.

Renouard, fils. Les plantes textiles exotiques. (Annales agronomiques, IX, 12.)

Rosenberg, M. Goldschmiede-Arbeiten der Renaissance in München. (Allg. Zeitg., B. 60.)

Scholz, E. Praktische Vorlagen f. kunstgewerbliche Metall-Arbeiten. Silber — Zink — Bronze — Eisen. 1. Abth. Fol., 10 z. Thl. farb. Steintaf. m. 1 Bl. Text. Berlin, Schmidt & Sternaux. M. 12. —.

Schuermans, M. H. Verres à la vénitienne fabriqués aux Pays-Bas. (Bull. des comm. royales d'art et d'archéologie, N⁰ 3—4, 1883.)

Sichel, P. Notes d'un bibeloteur en Japon ; Avec une préface de M. Edm. de Goncourt. gr. 16⁰, X, 86 p. Paris, Dentû.

Siena. Ueber den Fussboden des Palazzo del Magnifico in S. (Kunst u. Gewerbe, 2.)

Soil, E. Recherches sur les anciennes porcelaines de Tournai, histoire, fabrication, produits. 8⁰, 365 p. et 20 pl. Hors texte dont 4 en phototypie. Tournai, Vasseus-Delmée. M. 12. —.

Stein, H. Les tapisseries dites de Notre-Dame à Pontoise (Courrier de l'Art, 1.)

Strausz. Bosnische Industrie. (Oesterr. Monatsschrift f. d. Orient, 10.)

Ein Susanschird-Teppich. (Oesterr. Monatsschr. f. d. Orient, 2.)

Tinajero Martinez, V. La cerámica de las Indias. 4⁰, 63 p. Madrid, Est. tip. de El Correo. 4 y 5.

Ubicini-Cattaneo, G. Guida a tutti i lavori di ricamo, illustrata. 8a ediz. 16⁰, 224 p. Milano, Garbini. L. 2. —.

Van de Casteele. Le sculpteur P. L. Cyfflé et sa manufacture de porcelaine à Hastières-Lavaux. (Annales de la soc. archéol. de Namur, XVI, 1.)

Véron, E. Mémoire des modèles de bronze, cizelure et dorure de porcellaines, faites pour le service de Madame la Duchesse de Mazarin.., par Gouthière ciseleur doreurs du Roy en 1781. (L'Art, 466 ff.)

Weale. Tournay porcelain. (Academy, 613.)

Weber, Max. Die chinesische Thonindustrie. (Schweizer. Gewerbebl. IX, 3 ff.)

Weber, Mart. Das Schleifen, Polieren, Färben u. künstlerische Verzieren d. Marmors, wie auch aller anderen Steinarten, welche zu Monumenten, Säulen, Statuen etc. verarbeitet werden. Nebst Mittheilg. vorzügl. Vorschriften zur Darstellg. d. Stucco lustro, d. Gips- u. andern künst. Marmors. Für Künstler u. Techniker, namentlich Architekten, Bild- u. Steinhauer, Stuckateure etc. 3. neu durchges. u. verm. Aufl. 8⁰, X, 133 S. Weimar, B. F. Voigt. M. 1. 20.

Wiener Spitzen. (Allg. Kunst-Chronik, VIII, 1.)

Zierstücke d. älteren, deutschen, französischen u. italienischen Kunstgewerbes zumeist aus dem 16. Jahrh. Nach den Originalen in der Kunstsammlg. v. Eug. Felix in Leipzig. In Metall, Thon u. Glas. Essgeräthe. Grosser u. kleiner Hausrath verschiedener Art. Kirchliche Geräthschaften, Reliefs u. Medaillons aus Stein. Gemaltes u. Gezeichnetes. Sonderausgb. d. Atlas zum „Katalog der Kunstsammlg. von Eug. Felix in Leipzig". 30 Lichtdr.-Taf. in Fol. m. beschreib. Texte. (6 S. Text.) Leipzig, T. O. Weigel. M. 30. —.

Zimmerschmuck im Schirmvogteiamt zu Zürich. (Zürcher Taschenbuch, 1884.)

Zinngeschirr. (Zeitschr. für Kunst- u. Antiqu.-Sammler, 9.)

IX. Kunsttopographie, Museen, Ausstellungen.

Alterthümer, vorgeschichtliche, der Prov. Sachsen u. angrenzender Gebiete. Herausgeg. von der histor. Commission der Prov. Sachsen. 1. Abth. 1. Lfg. 52 S. u. 2 Taf. f⁰. Halle, Hendel. M. 3. —.

Antichan, P. H. Le Pays des Kroumirs. 8⁰, 192 p. avec vign. et grav. Paris, Delagrave.

Berlepsch, H. E. v. Skizzen aus Spanien. (Zeitschrift f. bild. Kunst, 2 ff.)

Bézier, P. Inventaire des monuments mégalithiques du département d'Ille-et-Vilaine. gr. 8⁰, XVII, 283 p. et 31 pl. Rennes, imp. Catel et Cie.

Burgen von Tirol in Bild und Wort. Original-Aufnahmen von B. Johannes, k. k. Hof-Photograph, Partenkirchen. Text von Heinr. Noè. qu. gr. 8⁰, 18 Lichtdr.-Taf. mit 20 S. Text. Partenkirchen (Meran, Plant). M. 5. 40.

Gauthier, J. Répertoire archéologique du canton de Baume-les-Dames (Doubs). 8⁰, 15 p. et grav. Besançon, imp. Jacquin.

— Répertoire archéologique du canton de Clerval (Doubs). 8⁰, 12 p. Besançon, imp. Jacquin.

Guérin, V. La Terre sainte (deuxième partie) : Liban. Phénicie, Palestine occidentale et méridionale, Pétra, Sinaï, Egypte. gr. 4⁰, 516 p. avec 19·pl. en taille-douce, 200 grav. sur bois et 3 cart. color. Paris, Plon, Nourrit et Cie. fr. 50. —.

Hymans, H. Notes sur quiques œuvres d'art conservées en Flandre et dans le nord de la France. (Bull. des commiss. royales d'art et d'archéologie, Nos 5—6, 1883, Bruxelles.)

Ilg, A. Ueber Kunstwerke in Ober-Oesterreich. (Mittheil. d. k. k. Centr.-Comm., N. F., IX, 4.)

Inventaire général des richesses d'art de la France. 8⁰, Paris, Plon, Nourrit et Cie.

Extraits:

Berrier, P. et H. Jouin. Histoire et description de la bibliothèque Mazarine. 24 p. fr. 1. 50.

Chabrol, W. Histoire et description du Palais-Royal et du Théâtre-Français. 52 p. fr. 2. 50.

Clément de Ris, L. Histoire et description de l'église de Notre-Dame-de-Grâce de Passy 6 p. fr. 1. —.

Extraits:

Clément de Ris, L. Histoire et description de l'église de Sainte-Clotilde. 12 p.

— Histoire et description de l'église de Saint-Etienne-du-Mont. 22 p.

— Histoire et description de l'église du Saint-Germain-l'Auxerrois. 16 p. fr. 1. —.

— Histoire et description de l'église de Saint-Lambert de Vaugirard. 8 p. fr. 1. —.

— Histoire et description de l'église de Saint-Laurent. 10 p. fr. 1. —.

— Histoire et description de l'église de Saint-Louis-d'Antin. 8 p. fr. 1. —.

— Histoire et description de l'église de Saint-Nicolas-du-Chardonnet. 16 p.

— Histoire et description de l'église de Saint-Pierre du Gros-Caillou. 8 p. fr. 1. —.

— Histoire et description de l'église de Saint-Augustin. 14 p. fr. 1. —.

— Histoire et description de l'église de Saint-Honoré. 4 p. fr. 1. —.

— Histoire et description de l'église de Saint-Jean-Baptiste de Grenelle. 6 p. fr. 1. —.

— Histoire et description de l'église de Saint-Philippe-du-Roule. 8 p. fr. 1. —.

— Histoire et description du temple de l'oratoire. 4 p. fr. 1. —.

— Histoire et description du temple de Panthémont (culte reforme). 4 p. fr. 1. —.

Destailleur et **L. Paté.** Histoire et description du musée de Châlon-sur-Saône. 22 p. fr. 1. 50.

Goddé, J. Histoire et description de l'église Saint-Jacques-du-Haut-Pas. 14 p. fr. 1. —.

— Histoire et description de l'église de Saint-Séverin. 22 p. fr. 1. 50.

Gruyer, A. Histoire et description de l'église de Sainte-Marie-Madelaine. 22 p. fr. 1. 50.

Guiffrey, J. Histoire et description de l'église de Notre-Dame de Granville (Manche). 8 p. fr. 1. —.

— Histoire et description de l'église de Notre-Dame-de-Bonne-Nouvelle. 10 p. fr. 1. —.

— Histoire et description du palais des Archives nationales. 27 p. fr. 1. 50.

Guiffrey, J, et **Delerot.** Histoire et description de la bibliothèque de la ville de Versailles. 16 p. fr. 1. —.

Guiffrey, J., et **Louvrier de Lajolas.** Histoire et description du palais de l'Institut. 28 p. fr. 1. 50.

Jouin, H. Histoire et description de la colonne de la Grande-Armée place Vendôme. 28 p.

— Histoire et description de l'arc de triomphe de l'Etoile. 32 p. fr. 1. 50.

— Histoire et description de l'arc de triomphe du Carroussel. 20 p. fr. 1. 50.

La Cour de la Pijardière. Histoire et description des archives de l'Hérault. 6 p. fr. 1. —.

Lafenestre, G., et **E. Michel.** Histoire et descript. du musée de Montpellier. 191 p. fr. 4. —.

Marcille, E. Histoire et description du musée d'Orléans. 116 p. fr. 3. —.

Michaux, L. Histoire et description de la tour Saint-Jacques-la-Boucherie. 8 p. fr. 1. —.

— Histoire et description de l'église de la Trinité. 16 p. fr. 1. —.

— Histoire et description de l'église de Saint-Ambroise. 10 p. fr. 1. —.

— Histoire et description de l'église de Saint-Bernard. 12 p. fr. 1. —.

— Histoire et description de l'église de Saint-François-Xavier. 10 p. fr. 1. —.

Extraits:

Michaux, L. Histoire et description de l'église de Saint-Sulpice. 28 p. fr. 1. 50.

— Histoire et description de fontaines publiques de Paris. 54 p. fr. 2. 50.

— Histoire et description du campanile de Saint-Germain-l'Auxerrois. 6 p. fr. 1. —.

— Histoire et description du théâtre de la Gaîté. 8 p. fr. 1. —.

— Histoire et description du théâtre du Châtelet. 6 p. fr. 1. —.

— Histoire et description du théâtre du Vaudeville. 6 p. fr. 1. —.

— Histoire et description du Théâtre-Lyrique. 6 p. fr. 1. —.

Nuitter, Ch. Histoire et description du nouvel Opéra. 47 p. fr. 2. —.

Paté, L. Histoire et description de l'église de Saint-Marcel (Saône-et-Loire). 6 p.

— Histoire et description de l'église de Saint-Vincent de-Châlons-sur-Marne. 10 p.

— Histoire et description de l'hôpital de Châlons-sur-Saône. 8 p. fr. 1. —.

Queyron. Histoire et description de l'église de Notre-Dame. 52 p. fr. 2. 50.

Ronchaud, L. de. Histoire et description de l'église de Saint-Merry. 24 p. fr. 1. 50.

Saint-Victor, P. de. Histoire et description de l'église de S.-Germain-des-Prés. 20 p. fr. 1. 50.

— Histoire et description de l'église de Saint-Thomas-d'Aquin. 12 p. fr. 1. —.

Kunstausstellungs-Kalender, allgemeiner, 1884. VI. Jahrg. Nach Original-Berichten. 12⁰, 44 S. München (Leipzig, Del Vecchio). M. —. 50.

Lübke, W. Der preussische Kunstetat. (Allg. Zeitg., 1884, B. 1.)

Martellière, P. Notes archéologiques sur l'arrondissement de Pithiviers. 8⁰, 14 p. Fontainebleau, imp. Bourges. (Extr. des Ann. de la Soc. hist. et archéol. du Gâtinais.)

Murray's Handbook of the Punjab, Western Rajputana, Kashmir, and Sindh. With a Map. 12⁰, 320 p. London, Murray. 15 s. —.

Neumann, W. A. Erinnerung an Palästina. (Oesterr. Monatsschr. f. d. Orient, X, 1.)

Nihoul, G. Antiquités de Grand-Leez et des environs. (Ann. de la Soc. archéol. de Namur, Tom. XVI, 1re livr.)

Sind die Prinzipien, nach denen ein Kunstfreund seine Privatsammlung verwaltet und vermehrt, dieselben, welche für öffentliche Anstalten dieser Art massgebend sind? (Zeitschr. f. Museologie, 24.)

Amsterdam.

— **Boglietti.** Esposizione d'Amsterdam. (Nuova Antologia, 19.)

— **Danel, L.,** et **E. J. Asser.** L'Imprimerie et la Photographie à l'Exposition internationale et coloniale d'Amsterdam, rapport. 4⁰, 82 p. Lille, imp. Danel.

— **Thibaudeau, F.** L'Imprimerie à l'exposition internationale et coloniale d'Amsterdam; rapport. 8⁰, 42 p. et pl. Angers, imp. de la Libr. générale.

Angers.

— **Godard-Faultrier, V.** Musée d'antiquités d'Angers; S.-Jean Toussaint, donateurs (1841—1882). 8⁰, 32 p. Angers, Germain et Grassin. (Extr. de la Revue de l'Anjon.)

Antwerpen.

— **Lhéan, J.** Cercle artistique d'Anvers. (Rev. artistique, Nᵒˢ 181.)

— **Moderatus.** Tentoonstelling in de Kunst-kring. (De Vlaamsche Kunstbode, 13e année, 11e livr.)

Antwerpen.
— Un nouvéau musée à Anvers. (Chronique des Arts, 39. 40..)

Avignon.
— Une visite au palais des papes d'Avignon. Guide de l'étranger dans ce monument, orné d'un plan inédit. 12⁰, 60 p. Paris, Champion. fr. 1. 50.

Basel.
— Die Kunstausstellung schweizerischer Künstler in Basel. (Zeitschr. f. bild. Kunst, B. 14.)

Beaumont.
— Catalogue de la bibliothèque Despeyrous père et fils à Beaumont (Tarn-et-Garonne). 8⁰, 164 p. Toulouse, imp. Passeman et Alquier.

Bergues.
— Valabrègue, A. Le musée de Bergues (département du Nord). (Courrier de l'Art, 45.)

Berlin.
— Ausstellung der königl. Porzellan-Manufactur. (Kunst u. Gewerbe, 3.)
— Ausstellung des Vereins der Künstlerinnen in Berlin. (Zeitschr. f. bild. Kunst, B. 22.)
— Die 9. Ausstellung des Vereins der Künstlerinnen. (Gegenwart, 9)
— Bode, W. u. R. Dohme. Die Ausstellung von Gemälden älterer Meister im Berliner Privatbesitz, veranstaltet zu Ehren der silb. Hochzeit Ihrer K. u. K. Hoheiten d. Kronprinzen u. der Fr. Kronprinzessin d. Deut. Reichs u. v. Preussen im J. 1883. [Aus: „Jahrb. d. k. preuss. Kunstsamml." IV, 4.]. f⁰, 123 S. mit eingedr. Holzschn., Künstlermonogrammen u. 11 Taf. in Heliogr. u. Radirungen. Berlin, Weidmann. M. 20. —.
— Curtius, E. Die Sammlung Sabouroff in B. (Westermann's Monatshefte, Febr.)
— Ephrussi, Ch. Exposition de maîtres anciens. (Gaz. des B.-Arts, mars.)
— Krause, E. Die Sammlung des Dr. Riebeck. (Deutsche Litteratur-Ztg., 6 ff.)
— Kgl. Museen; kgl. National - Galerie; Kunstgewerbemuseum. — Amtliche Berichte. (Jahrb. d. kgl. preuss. Kunstsammlungen, IV, 4.)
— Riebeck's, E., asiatische Sammlung ethnographischer und kunstgewerblicher Gegenstände. (Wochenbl. f. Architekten, 2. 3.)
— Katalog der 7. Sonder-Ausstellung des Kunstgewerbe-Museums zu Berlin, 27. Nov. 1883 bis 1. Febr. 1884. Asiatische Sammlung. [ethnogr. u. kunstgewerbl. Gegenstände] des Hrn. Dr. Emil Riebeck. Mit 1 Karte (in Lichtdr.). 8⁰, 22 S. Berlin, Weidmann. M. —. 20.
— Siebente Sonder-Ausstellung im Kunstgewerbe-Museum zu Berlin. (Zeitschr. f. bild. Kunst, B. 10.)
— Die VII. Sonder-Ausstellung im Gewerbe-Museum. (Gegenwart, 8.)

Breslau.
— Bahrfeldt, E. Die Ausstellung von Stickereien, Häkel- u. Knüpfarbeiten des Museums schlesischer Alterthümer zu Breslau. (Kunst u. Gewerbe, 1883, 12.)
— Courajod, L. Les médaillons de cire du musée de Breslau. (Gaz. des B.-Arts, mars.)
— Kalesse, E. Führer durch die Sammlungen des Museums schlesischer Alterthümer. (Schlesiens Vorzeit in Bild u. Schrift, 52—55.)

Brügge.
— Duclos, A. Bruges en trois jours. Promenades dans la Venise du Nord. 12⁰, 302 p., 5 cartes et plusieurs grav. Bruges, F. Claeys et Vande Vyvere-Petyt. fr. 3. —.

Brünn.
— Das erste Decennium d. mährischen Gewerbe-Museums. (Mitth. d. Oesterr. Museums, 221.)

Brüssel.
— Catalogue de la bibliothèque de feu M. Fr. Vergauwen, membre du Sénat, président de la Société de bibliophiles Flamands. Tome Ier. 8⁰, 231 p. Bruxelles, Olivier.
— Catalogue de l'exposition d'arts industriels anciens et modernes (dentelles-broderies, passementeries, boutons, éventails, fleurs artificielles) et concours organisés par la section de l'enseignement industriel de l'Union syndicale. Bruxelles, 1882—1884 (palais des B.-Arts). 12⁰, 189 p. Bruxelles, imp. Ch. Vanderauwern. fr. 1.—.
— Chardel. Exposition d'architecture. (Jeune Belgique, N⁰ 11, 1883.)
— L'Exposition de la Société d'architecture de Belgique. (Revue artistique, Nᵒˢ 178—179, 1883.)
— Lagye, G. La peinture. (La Fédération artistique, Nᵒˢ 50—52, 1883.)

Budapest.
— Goldschmiedekunst-Ausstellung. (Allg. Kunst-Chronik, VIII, 8 ff.)

Caën.
— Porée. Une visite à l'exposition d'art rétrospectif de Caën. 8⁰,16 p. Bernay, imp. Vᵃ Lefèvre.

Châteauroux.
— Catalogue des livres imprimés et manuscrits de la bibliothèque de la ville de Châteauroux, fait par M. Jos. Patureau. 8⁰, 379 p. Châteauroux, imp. Aupetit.

Dresden.
— Die typographische Ausstellung des Hrn. Buchhändlers H. Klemm zu Dresden im October u. Novemb. 1883. (Zeitschr. f. Museologie, 22.)
— Ausstellung seltener kirchenhistorisch. Manuscripte und Druckwerke. (Zeitschr. f. Kunst- u. Antiqu.-Sammler, 4 ff.)
— Ausstellung von Gemälden Arnold Böcklin's. (Zeitschr. f. bild. Kunst, B. 12.)
— Biedermann, D. Frh. v. Die Ausstellung seltener kirchenhistorischer Manuscripte u. Druckwerke in Dresden. (Wissenschaftl. Beilage d. Leipziger Ztg., 88. 89.)
— Die Böcklin-Ausstellung. (Allg. Kunst-Chron., VII, 51.)
— Dresdner königl. Galerie. Neue Erwerbungen. (Zeitschr. f. Kunst- u. Antiqu.-Sammler, 5 ff.)

Edinburgh.
— Bredius. Dutch pictures recently exhibited at Edinburgh. (Academy, 608.)

Enghien.
— L'exposition d'antiquités de 1882. (Ann. du cercle archéol d'Enghien, T. II, 1re livr.)

Florenz.
— Catalogo della R. Galleria degli Arazzi, con una introduzione di C. Rigoni. XXI, p. 88. Firenze, tip. Frat. Bencini. L. 1. —.
— Pecht, Fr. Artistisches aus Florenz. (Allg. Ztg., 1. 2.)
— Redtenbacher, R. Neue Mittheilungen aus den Uffizien in Florenz. (Ztschr. f. bild. Kunst, B. 16.)

Frankfurt a. M.
— Städel'sches Kunstinstitut. Amtlicher Bericht. (Jahrb. d. k. preuss. Kunstsammlungen, IV, 4.)

Freiburg i. Br.
— Peregrinus. Ein süddeutsches Städtebild. (Gegenwart, 48.)

Gent.
— Flamache, V. Exposition triennale de Gand, 1883. (Revue artist., Nᵒˢ 178—179, 1883.)
— Verhaeren, E. Le salon de Gand. (Jeune Belgique, N⁰ 11, 1883.)

Girgenti.
— Picone, G. Novella guida per Girgenti e suoi dintorni. 16⁰, 59 p. Girgenti, tip. Carini. L. 1. —.

Glasgow.
— **Gray.** The exhibition of the Glasgow Institute. (Academy, 615.)

Graz.
— Das Steiermärkische Landschaftl. Johanneum in G. (Neuer Anzeiger f. Bibliographie, 11.)

Kassel.
— Bilder-Galerie, Kasseler. 24 Photographien nach Kreidezeichnungen. gr. 8⁰. Kassel, Kay. M. 10. —.
— Königl. Gemälde-Galerie. Amtliche Berichte. (Jahrb. d. k. preuss. Kunstsammlungen, IV, 4.)
— **Lübke.** Die Kasseler Galerie, photographirt von Fr. Hanfstängl. (Allg. Ztg., 315.)

Kiel.
— **Handelmann,** Heinr. Der Fremdenführer im Schleswig-Holsteinischen Museum vaterländ. Alterthümer zu Kiel. gr. 8⁰, 23 S. mit Illustr. Kiel, v. Maack. M. —. 60.

Kopenhagen.
— **Ahlberg.** Exposition de Copenhague; l'art scandinave et finlandais. (Nouv. Rev., 15 déc.)
— **Ehrenberg.** Die nordische Kunstausstellung in Kopenhagen. (Deutsches Kunstbl., III, 2.)
— **Pabst,** A. Die Sammlung Frohne in Kopenhagen. 28 Taf. in Lichtdr. von J. Nöhring. f⁰, 6 S. Berlin, Bette. M. 40. —.

Köln.
— **Michel,** E. Le Musée de Cologne. Suivi d'un catalogue alphabétique des tableaux de peintres anciens qui y sont exposés. 4⁰, 88 p. et grav. Paris, Bouam.

Linz.
— **Berger,** O. Die Sammlung W. Loewenfeld. (Allg. Kunst-Chronik, VIII, 2.)

London.
— The royal academy. — Old masters' exhibition. (Art Journal, Febr.)
— **Donner,** u. v. **Richter.** Kunstleben in London. (Deutsches Kunstbl., V.)
— Institute of Painters in Oil Colours: a Catalogue of the first Exhibition, containing 100 Illustr. by the Artists. 8⁰. London, Graphic office. 1 s. —.
— **Lefevre.** Statues and monuments of London. (The Nineteenth Century, Januar.)
— **Phillips,** Cl. Exposition d'hiver à l'académie des B.-Arts de Londres. (Gaz. des B.-Arts, févr.)
— — Some pictures at Burlington House. (Academy, 611.)
— **Price.** Exhibition of objects from ancient grave-mounds in Peru. (Journ. of the Anthropological Institute, XIII, 3.)
— **Redgrave,** G. R. The Jones bequest to South Kensington Museum. The miniatures. (Art Journal, Nov. ff.)
— **Richter,** J. P. The Dutch and Flemish pictures at Burlington House. (Academy, 610.)
— — The italian pictures at Burlington House. (Academy, 611.)
— The Royal Society of painters in Water-Colours. (Academy, 606.)
— **Wallis,** Henry. The National Gallery recent acquisitions. (Art Journal, Nov.)

Luxeuil.
— **Soultrait,** de. Notice sur les monuments civils de Luxeuil. 8⁰, 31 p. et pl. Besançon, imp. Dodivers et Cie. (Extr. du Bull. de l'Acad. de Besançon, 20 juill. 1882.)

Lyon.
— Le Salon Lyonnais. (Courrier de l'Art, 7.)

Madrid.
— **Valverde,** E. Plano y guía del viajero en Madrid. Illustrado con profusión de grab. 8⁰, 208 p. y el plano. Madrid, Murillo. 12 y 14.

Mailand.
— **Cavaleri,** M. Il museo Cavaleri e il municipio di Milano, vol. III, 4⁰, XXIV, 1304 p. Milano, stab. Civelli.
— Esposizione industriale italiana del 1881 in Milano: Relazioni dei giurati. Le arti usuali (carrozzeria, vestimenta, mobilie, armi portatili, oreficeria, industrie casalinghe). 8⁰, p. 35, 21, 23, 32, 44, 39. Milano, Hoepli. L. 4. —.
— Esposizione nazionale del 1881 in Milano. Relazione generale, compilata dall' ing. Amabile Perrugia. 8⁰, p. VI, 172, e I a DCCXVI di Allegati, con tav. e piante. Milano, tip. Bernardoni di C. Reberetini e Co. L. 10. —.
— **Monkhouse,** C. The Poldi-Pezzoli Museum at Milan. (Art Journal, Januar ff.)

Mantua.
— **Intra,** G. B. La piazza di Sordello in Mantova. (Arch. stor. Lombardo, anno X, fasc. II.)

Marburg.
— **Kolbe,** W. Die Sehenswürdigkeiten Marburgs u. seiner Umgebungen in geschichtlicher, kunst- u. kulturhistor. Beziehung. Mit 26 (autotyp. u. Holzschnitt-) Illustr. gr. 8⁰, VII, 145 S. Marburg, Elwert's Verlag. M. 2. 50.

Modena.
— **Venturi,** Ad. La R. Galleria Estense in Modena. 8⁰, p. 485, con 131 incisioni di Angerer e Göschl di Vienna. Modena, Paolo Poschi e Co.

Monreale.
— **Giaconia,** S. Guida pei monumenti di Monreale. 16⁰, 48 p. Palermo, L. Pedone Lauriel. L. 1. —.

München.
— Die Architektur auf der internationalen Kunstausstellung in M. (Wochenbl. f. Architekten, 85, 86.)
— **Brown,** B. German painting at the Munich international exhibition. (Art Journal, Nov.)
— Exposition internationale de Munich. (La Fédération artist., N⁰ 6—9, 1883.)
— **Friedrich,** C. Die Venetianergläser in der Mustersammlung des Bair. Gewerbemuseums. (Kunst u. Gewerbe, 3 ff.)
— **Grand-Carteret,** J. Exposition internationale de Munich. (L'Art, 467 ff.)
— **Pecht,** F. Die moderne Kunst auf der internationalen Kunstausstellung zu München 1883. 19 Briefe. 8⁰, VI, 206 S. München, Verlagsanstalt f. Kunst u. Wissenschaft. M. 3. —.
— — Münchener Kunst. (Allg. Ztg., B. 314, 339, 1884, 6, 26, 75.)
— **Trautmann,** Fr. Die Cimeliensammlung der k. Hof- und Staatsbibliothek in München, mit besonderer Rücksicht auf den Münchener Maler Hans Muelich aus dem 15. Jahrhundert. (Wartburg, XI, 1. 2 ff.)

Nancy.
— **Marx,** R. L'Art à Nancy en 1882, avec une lettre d'A. Hepp et 10 pl. reproduisant les dessins inédits de Friant, Jeanniot, Martin, Prouvé, Schiff, Sellier et Voirin. 8⁰, X, 120 p. Nancy, Wiener.

Nemours.
— **Doigneau,** E. Nemours: temps géologiques, temps préhistoriques, temps historiques. 8⁰, 252 p. avec 105 photograv. d'outils de pierre et coupes de terrains. Paris, Garcet et Nisius.

Nizza.
— **Brès,** L. Exposition des beaux-arts à Nice. (Courrier de l'Art, 10.)
— Catalogue des beaux-arts de l'exposition internationale de Nice. Section belge. 12⁰, 24 p. Nice, imp. Berna et Barral.
— Catalogue général officiel de l'exposition internationale de Nice (1883—1884). Exposition gé-

nérale des produits de l'agriculture, de l'industrie, des arts industriels et de l'art ancien. 13e édition. 4⁰, IV, 104 p. Paris, imp. Lahure. fr. 2. —.

Nogent le Rotrou.

— **Rougé**, J. de. Notes sur la collection egyptienne du musée départemental archéologique de la Loire-Inférieure. 8⁰, 22 p. et 5 pl. Nogent-le-Rotrou, imp. Daupeley-Gouverneur. (Extr. des Mém. de la Soc. nat. des antiqu. de France, t. 43.)

Nürnberg.

— Berichte über die baier. Landes-Industrie-, Gewerbe- und Kunst-Ausstellung zu Nürnberg 1882. Herausg. vom Ausschusse d. polytechn. Vereins in München, red. von E. Hoyer. Mit 42 Text-Fig. [Aus: „Baier. Industrie-u. Gewerbeblatt"]. gr. 8⁰, IV, 315 S. München, Litterar.-artist. Anstalt. M. 3. —.

— Die Sammlungen des Germanischen National-Museums. (Anzeig. d. Germ. Nat.-Mus., 1, 3 ff.)

— **Eelking, H.** Das Germanische National-Museum im J. 1883. (Nordwest, VII, 8. 9.)

— **Essenwein, A.** Katalog der im Germanischen Museum befindlichen Glasgemälde aus älterer Zeit. (Anzeig. d. Germ. National-Museums, I, 1. 2 ff.)

— — Zur Geschichte des Germanischen National-museums. (Anz. d. Germ. National-Mus., I, 1. 2.)

Orléans.

— Notice sommaire des monuments et objets divers relatifs à l'histoire de Paris et de la révolution française exposés au musée Carnavalet, suivant l'ordre des salles parcourues par les visiteurs. 5e édit. 12⁰, 20 p. Orléans, imp. Jacob.

Orvieto.

— **Piccolomini Adami, P.** Guida storico-artistica della città d'Orvieto e suoi contorni, preceduta da cenni storici-cronologici e dalla topografia della città. 16⁰, 376 p. Siena, tip. all' insegno di San Berhardino. L. 2. —.

Palma.

— Palma, die Stadt. [Aus: „Die Balearen, in Wort und Bild geschildert"]. Von Erzherzog Ludwig Salvator. f⁰, 309 S. mit 127 eingedr. Holzschnitt. u. 3 Plänen. Leipzig, Brockhaus. M. 60. —.

Paris.

— **Bouchot, H.** Les Portraits aux crayons des XVIe et XVIIe siècles conservés à la Bibliothèque nationale (1525—1646), notice, catalogue et appendice. 8⁰, 416 p. avec 2 portr. en fac-similé. Paris, Oudin et Cie.

— Catalogue de la bibliothèque du dépôt de la guerre. [Ministère de la guerre.] T. 1, 8⁰, 502 p. Paris, imp. nat.

— Catalogue d'éstampes et dessins de toutes les écoles relatifs au costume du XVIe au XVIIIe siècle, donc la vente aura lieu les 10 11 et 12 mars 1884. 8⁰, 77 p. Paris, Clément. (683 num.)

— Catalogue de l'exposition des œuvres d'Ed. Manet à l'École nationale des beaux-arts Préface d'Em. Zola. 18⁰, 72 p. Paris, imp. Quantin. fr. 1. —.

— Catalogue des dessins de l'école moderne exposés à l'École nationale des beaux-arts, au profit de la caisse de secours de l'Association. (févr. 1884.) 12⁰, VI, 172 p. Paris, imp. Chaix. fr. 1. —.

— Catalogue et description des objets d'art de l'antiquité, du moyen âge et de la renaissance, exposés au musée des Thermes et de l'hôtel de Cluny, par E. Du Sommerard. 8⁰, XXXIV, 702 p. Paris, imp. Chaix.

— Catalogue illustré des œuvres de C. A. Sellier

(1836—1882) exposées à l'École des beaux-arts; notice de Jul. Claretie. 8⁰, 46 p. avec portr. de Sellier par F. Gaillard et 9 reproductions d'après les dessins originaux de Sellier. Paris, Barchet.

Paris.

— **Charley, J.** Le Cabinet de M. Joseph Fau. (L'Art, 472.)

— **Chennevières, H.** de. La collection de dessins modernes au Luxembourg. (Courrier de l'Art, 50.)

— — Exposition de l'art du XVIIIe siècle. (Gaz. des B.-Arts, févr.)

— **Dargenty, G.** L'art du XVIIIe siècle. (Courrier de l'Art, 52.)

— — Exposition des dessins de l'école moderne. (Courrier de l'Art, 8.)

— — Exposition du Cercle artistique et littéraire de la rue Volney. (Courrier de l'Art, 5.)

— — Exposition du Cercle de l'Union artistique. (Courrier de l'Art, 7.)

— — Exposition Grenier. (Courrier de l'Art, 3.)

— — Exposition Manet. (Courrier de l'Art, 2.)

— — L'exposition Sellier. (Courrier de l'Art, 51.)

— **Dufour, V.** Bibliographie artistique, historique et littéraire de Paris avant 1879. 8⁰, VIII, 543 p. et 4 pl. Paris, Laporte. 20 fr. —.

— **Endel, P.** L'Hôtel Drouot et la Curiosité en 1883. Préface par Ch. Monselet. 3e année. 18⁰, XVI, 411 p. et portr. de l'auteur. Paris, Charpentier et Cie. fr. 3. 50.

— L'exposition de l'Union artistique. (Chron. des Arts, 6.)

— **Gilbert, P.** Exposition des aquarellistes français. (Gaz. des B.-Arts, mars.)

— Die nationale Kunstausstellung von Paris. (Allg. Ztg., 1883, B. 295; 1884, B. 50.)

— **La Gournerie, E.** de. Histoire de Paris et de ses monuments. 8e édit. 4⁰, 400 p. et grav. Tours, Mame et fils.

— **Leroi, P.** Sixième exposition de la Société d'aquarellistes français. (L'Art, 475.)

— **Loudun, E.** L'exposition nationale. (Revue du monde catholique, 1 novbr.)

Paris. Louvre.

— L'Apollon et Marsyas du Louvre. (Chron. des Arts, 37.)

— **Chennevières, H.** de. Catalogues du Louvre. (Courrier de l'Art, 52.)

— **Courajod, L.** Le Baron Charles Davillier et la collection léguée par lui au musée du Louvre. Dessins par L. Letrône. gr. 8⁰, 34 p. avec vign. et portr. Paris, Plon Nourit et Cie. (Extr. de la Gaz. des B.-Arts, sept. 1883.)

— — Observations sur deux bustes au musée de sculpture de la Renaissance au Louvre. Dessins par L. Letrône. 8⁰, 24 p. Paris, Menu. (Extr. de la Gaz. des B.-Arts, juillet 1883.)

— **Heuzey, L.** Les Figurines antiques de terre cuite du musée du Louvre. Classées d'après le catalogue du même auteur; gravées par A. Jacquet. 4⁰, à 2 col., IV, 36 p. et 60 pl. Paris, Ve Morel et Cie. (L'ouvrage a été publié en 4 livr. à fr. 15. —.

— **Lostalot, A.** de. Les terres cuites de Myrian au Louvre. (Chron. des Arts, 39.)

— **Marx, R.** L'exposition des œuvres de Sellier à l'École des beaux-arts. (Chron. des Arts, 40.)

— **Michel, A.** L'exposition des dessins du siècle. (Gaz. des B.-Arts, mars.)

— **Nadal, V.** Paris artistique, le Château de Madrid (1530—1883); Souvenirs historiques; la Maison actuelle. 8⁰, 16 p. Paris, Marpon et Flammarion.

Paris. Salon
— **About, E.** Quinze journées au salon de peinture et de sculpture (année 1883.) 18⁰, 236 p. Paris, Libr. des bibliophiles. fr. 3. 50.

— **Brown, R.** The triennal Salon of 1883. (Art Journal, novbr.)

— **Burty, P.** Salon de 1883. 120 pl. en photogr. par Goupil et Cie., et 30 dessins d'après les originaux des artistes. 4⁰, XII, 196 p. Paris, Barchet. fr. 60. —.

— **Lafenestre, G.** Le Livre d'or du Salon de peinture et de sculpture, catalogue descriptif des œuvres récompensées et des principales œuvres hors concours. Orné de 16 pl. à l'eau-forte gravées sous la direction de M. Edm. Hédouin. 4⁰, VIII, 135 p. Paris, libr. des bibliophiles. fr. 25. —.

— **Tournade.** Compte rendu du Congrès annuel des architectes de France (11e session, année 1883), sur l'architecture au Salon de 1883. 8⁰, 28 p. Paris, Chaix et Cie. (Extr. du Bull. de la Soc. centrale des architectes.)

— **Veron, T.** Dictionnaire Véron, ou organe de l'Institut universel des sciences, des lettres et des arts du XIXe siècle (section des beaux-arts.) 9me annuaire. T. 2: Exposition nationale de 1883. 18⁰, VIII, 352 p. Paris, Bazin. fr. 5. —.

Ravenna.
- Eine Woche in Ravenna. (Allg. Ztg., B. 352 ff.)

Rom.
— Album der Ruinen Roms in 42 Ansichten u. Plänen (in Tondr.), nebst e. (chromolith.) Stadtplane v. J. 1877. Mit Einleitg. u. Tafelerklärg. v. F. Reber. gr. 4⁰, 36 S. Leipzig, T. O. Weigel. M. 30. —.

—. **Billung,** Herm. Les arts décoratifs à l'exposition des B.-Arts à Rome. (Revue des arts décorat., novembre.)

— **Dyer, T. H.** The City of Rome, its Vicissitudes and Monuments. 2nd edit. revised. 12⁰, p. 480. London, Bell & Sons. 5 s. —.

— **Gehuzac,** N. Les antiques de la collection Castellani. (L'Art, 474.)

— **Gilbert,** Otto. Geschichte u. Topographie der Stadt Rom im Alterthum. 1. Abthlg. gr. 8⁰, III, 368 S. Leipzig, Teubner. M. 6. —.

— **Leroi, P.** Alessandro Castellani; sa collection. (L'Art, 473.)

— **Paul, R.** Rom. (Zeitschr. d. Kunst-Gewerbe-Vereins in München, 1883, 11. 12.)

— **Visconti, P. E.** Catalogue du musée Torlonia de sculptures antiques, avec plan lithographié des salles qui les composent. 8⁰, p. XV, 343. Rome, tip. Tibérine.

Rosock.
— **Krause,** L. Alterthümer in der Umgegend von R. (Jahrbücher des Vereins f. Mecklenb. Geschichte, 48.)

Rouen.
— **Le Breton, G.** Le Musée céramique de Rouen. 20 pl. par Goutzwiller, héliogr. Dujardin. 8⁰, 67 p. Rouen, Augé.

Siena
— Guida artistica della città e contorni di Siena, compilata da una società di amici. 16⁰, p. 204. Siena, tip. di L. Lazzari. L. 1. 50.

— Exposition de Spa. (La Féderation artistique, Nos 50—52, 1883.)

Spalato.
— **Chiudina.** Notizie suella città di Spalato. Venezia, tip. Fontana. (Per nozze Ostani-Solitro.)

Termonde.
— Catalogue général de la bibliothèque publique de la ville de Termonde, 1re partie. 8⁰, 148 p. Termonde, imp. de D. Grootjans. fr. 2. —.

Triest.
— **Cimino Faliero De Luna,** A. La esposizione austro-ungarica a Trieste nell' anno 1882; relazione, etc. 16⁰, p. 21. Bologna, Soc. tip. già Compositiori.

Turin.
— Torino e la Esposizione italiana del 1884, giornale ufficiale della Esposizione. Editori Roux e Favale di Torino e frat. Treves di Milano. In form. grandissimo, p. 8, con num. incis. Milano, tip. dei frat. Treves. (Abbon. a 40 num. L. 12. —. ogni num. Cent. 25.)

Venedig.
— **Wolf, A.** Neue Erwerbungen für die Galerie der Akademie zu Venedig. (Zeitschr. f. bild. Kunst, B. 18.)

— **Zorzi,** A. P. Sant' Elena et Santa Marta. (L'Art, 468.)

Vierzon.
— **Toulgoët-Tréanna,** de. Histoire de Vierzon et de l'abbaye de Saint-Pierre, avec pièces justificatives, plans, sceaux, monnaies seigneuriales. 8⁰, XII, 536 p. Paris, Picard.

Wien.
— Die historische Ausstellung in Wien. (Archiv f. Artillerie- u. Ingenieur-Offiziere, 6.)

— Die historische Ausstellung der Stadt Wien. (Zeitschr. f. bild. Kunst, B. 4.)

— **Boeheim,** W. Ueber einige Jagdwaffen und Jagdgeräthe in den kais. Sammlungen. (Jahrb. d. kunsth. Sammlungen d. A. Kaiserhauses.)

— **Chmelarz,** E. Zur Geschichte der Bibliothek des k. k. österr. Museums. (Mitth. des österr. Museums, 219.)

—- **Eitelberger,** R. v. Die moderne Graphik auf der Wiener internationalen graphischen Ausstellung 1883.) (Mitth. d. österr. Mus., 222 ff.)

— **Ilg,** A. Die Limousiner Grisaillen in d. kais. Sammlungen. (Jahrb. d. kunsth. Sammlungen d. A. Kaiserhauses, II.)

— Katalog der Bibliothek des k. k. Oesterreich. Museums für Kunst und Industrie. Ausgegeben im December 1883. 8⁰, XVI. 581 p. Wien, Verlag des k. k. Oester. Museums. fl. 3. —.

— Katalog, illustrirter, der ersten internationalen Special-Ausstellung der graphischen Künste in Wien. Lex.-8⁰. (XXXV, 185 S. mit 53 Taf. in Holzschn., Kpfrst., Stahlst., Radirg., Stylogr., Lith., Heliogr., Hochätzg., Lichtdr., Photolith. in Farben u. Pantogr.) Wien, Gesellschaft f. vervielfältigende Kunst. M. 12. —.

— Aus dem Wiener Künstlerhause. (Zeitschr. f. bild. Kunst, B. 10.)

— Kunstausstellung im Künstlerhaus. (Allgem. Kunst-Chronik, VIII, 4.)

— **Lauser,** W. Collection Conrad Bühlmaier. (Allg. Kunst-Chronik, VIII, 9.)

— **Neumann,** W. A. Der alte Mariä-Empfängniss-Altar zu St. Stephan. Ein Baustein zu seiner Geschichte. (Der Töpfer-Altar. (Wiener Dombauvereins-Blatt, 23. 24.)

— Quellen zur Geschichte der kaiserl. Haussammlungen und der Kunstbestrebungen des Allerdurch. Erzhauses: Urkunden u. Regesten aus d. k. k. Statthalterei-Archiv in Innsbruck, herausg. von David Schönherr. (Jahrb. der kunsth. Sammlungen d. A. Kaiserhauses, II.)

— **Robertson,** J. F. The Vienna international exhibition of the graphic arts. (Art Journ., Dec.)

— **Wickhoff,** Fr. Die Weihnachtsausstellung im Oesterreichischen Museum. (Mitth. d. österr. Museums, 220.)

Zürich.
— **Berlepsch,** H. E. v. Die Kunst auf d. schweizerischen Landes-Ausstellung. (Deut. Kunstbl., 9.)

Zürich.
— **Folnesics**, J. Die schweizerische Landes-Ausstellung in Zürich. (Mittheil. des österr. Museums, 218.)

— **Iklé**, L. Bericht über Gruppe 5 d. schweizerischen Landes-Ausstellung, Zürich 1883. Die Stickerei. gr. 8⁰, 16 S. m. 1 Curventaf. Zürich, Orell, Füssli & C⁰. fr. 1. —.

— Schweizerische Landes-Ausstellung, Zürich 1883: Alte Kunst. (Zeitschr. f. Kunst- u. Ant.-Sammler, 3.)

— Die Monogramme auf den Glasgemälden der schweizerischen Landes-Ausstellung, Zürich. (Zeitschr. f. Kunst- u. Antiqu.-Sammler, 5 ff.)

Zürich.
— **Parisse**, E. L'Exposition nationale suisse de Zürich. 8⁰, 13 p. Paris, imp. Capiomont et Renault.

— **Rahn**, J. Rud. Bericht über Gruppe 38 der schweizerischen Landes-Ausstellung, Zürich 1883. Alte Kunst. gr. 8⁰, 67 S. Zürich, Orell, Füssli & C⁰. fr. 1. —.

— **Vögelin**, S. Das alte Zürich. Historisch u. antiquarisch dargestellt. 2. durchaus umgearb. u. vermehrte Aufl. 11. (Schluss-) Lfg. gr. 8⁰, XII, u. S. 481—671. Zürich, Orell, Füssli & Co. fr. 3. —.

BIBLIOGRAPHIE.

(Von Mitte März bis 1. Juli 1884.)

I. Theorie und Technik der Kunst. Kunstunterricht.

Aphorismen über kirchliche Kunst. (Allg. evang. Kirchen-Ztg., 19 ff.)

Art (L') moderne et son programme. (Rev. artist., N° 189, Bruxelles.)

Barnard, G. Handbook of Foliage and Foreground Drawing. New edit. 8⁰, p. 116. London, Routledge. 5 s.

Biedermann, D. v. Die Schildsagen und ihre Bedeutung für die Kunst. (Deutsches Kunstblatt, 11. 12.)

Bildungswesen, das industrielle, in Bayern. (Centralbl. f. d. gewerbl. Unterrichtswesen in Oesterreich, Suppl. I, 1. 2.)

Boutereau, C. Nouveau manuel complet du dessinateur, ou Traité théorique et pratique de l'art du dessin. Nouv. édit., accompagnée d'un atlas de 20 pl. renfermant plus de 500 fig. 18⁰, VIII, 460 p. Paris, Roret. fr. 5. —.

Brockmann, K. Der gewerbliche Unterricht im Grossherzogthume Hessen. (Centralbl. f. das gewerbliche Unterrichtswesen in Oesterreich, Suppl. I, 3.)

Bruhns, Al. Die pädagogische Bedeutung des Handfertigkeitsunterrichts in historischer Beleuchtung. (Mitth. d. k. k. Oesterr. Museums, 223.)

Carrière. Die Aesthetik des Kunstgewerbes. (Gegenwart, 10.)

Cartlidge, S. J. Elementary Perspective Drawing, including the Projection of Shadows and Reflections. 4⁰. London, Blackie. 1 s.

Cassagne, A. Traité pratique de perspective appliquée au dessin artistique et industriel. Nouv. édit., revue et augm. 8⁰, VIII, 288 p. avec 265 fig. et 60 eaux-fortes. Paris, Fouraut et fils.

— Guide des modèles à Silhouette (suite à l'Alphabet du dessin), premières applications du dessin d'après nature, fabriques, ornements, objets usuels, étude de la forme, de la couleur, du relief et de la perspective. 8⁰, VIII, 220 p. avec 322 fig. Paris, Fouraut et fils.

Champetier de Ribes. La propriété artistique: dessins et modèles d'art décoratif. (Revue des arts décor., 9.)

Chlumecky, R. v. Ueber die Handfertigkeit in der Volksschule. (Mitth. d. Oesterr. Museums, 225.)

Cros, H. et C. **Henry**. L'Encaustique et les autres procédés de peinture chez les anciens, histoire et technique. 8⁰, 136 p. avec 25 fig. Paris, Rouam. (Bibl. internat. de l'Art.)

Ducompex, E. A. Traité de la peinture en bâtiment et du décor. 2e partie. Manuel technologique du peintre. 8⁰, 112 p. Paris, Ducher et Cie.

Fechner, H. Lessings Laokoon und das Prinzip der bildenden Künste. (Zeitschr. f. bild. Kunst, 8 ff.)

Flach-Ornamente. Ein Musterbuch für Dessinateure, Fabrikanten von Tapeten, Geweben, Teppichen u. A. (In 25 Lfgn.) 1. Lfg. gr. 4⁰ (6 Taf., wovon 2 in Farbendruck). Stuttgart, Engelhorn. M. 1. —.

Götz, H. Zeichnungen und kunstgewerbliche Entwürfe. Lichtdr. von J. Schober in Karlsruhe. (In 15 Lfgn.) 1. u. 2. Lfg. gr. f⁰ (à 2 Bl. mit 2 Bl. Text). Stuttgart, Neff. M. 4. —.

Goupil. Manuel général de la peinture à l'huile etc., l'Art de la restauration et conservation des tableaux, suivi d'un abrégé historique sommaire sur les diverses écoles de peinture des maîtres anciens et de la peinture à la cire. 8⁰, VI, 144 p. Paris, Le Bailly.

— Traité méthodique et raisonné de la peinture à l'huile, contenant les principes du coloris ou mélanges des couleurs appliqués à tous les genres: paysages, fleurs, fruits, animaux, figures etc., suivi de l'Art de la restauration et conservation des tableaux. 4e édit., refondue d'après un nouveau plan. 8⁰, 64 p. Paris, Le Bailly.

Grita, S. Polemiche artistiche. 16⁰, p. 283. Roma, tip. Nazionale. L. 2. —.

Guyau. Les Problèmes de l'esthétique contemporaine. 8⁰, VIII, 260 p. Paris, Alcan. fr. 5. —.

Hamerton, P. G. Soul and matter in the fine arts. (Portfolio, Januar.)

Hauser, A. Styl-Lehre der architektonischen u. kunstgewerblichen Formen. Im Auftrage d. k. k. Minister. f. Cultus u. Unterricht verf. 2. Thl. Auch u. d. T.: Styl-Lehre der architektonischen Formen des Mittelalters. Mit 115 Orig.-Holzschn. gr. 8⁰, VIII, 132 S. Wien, Hölder. M. 2. —.

Herdtle, H. Mustergiltige Vorlageblätter zum Studium d. Flach-Ornamentes der italienischen

Renaissance. Orig.-Aufnahmen aus Santa Maria Novella und dem Palazzo Riccardi in Florenz u. aus S. Petronio in Bologna. In natürlicher Grösse aufgenommen. Lichtdr. von J. Schober in Karlsruhe. (In 10 Lfgn.) 1. Lfg. Imp.-Fol. (3 Bl.) Stuttgart, Neff. M. 4. 50.

Hodgson, J. E. Academy Lectures. (Art, as influenced by the Times, and Artists of the Past.) 8⁰, p. 310. London, Trübner. 7 s. 6 d.

Hoskus, W. Das Kunstwerk u. die künstlerischen Elemente. (Wissensch. Beilage der Leipziger Ztg., 20. 21.)

Jurisch, E. Questions de géométrie descriptive, mathématiques spéciales, à l'usage des candidats à l'École polytechnique et à l'École centrale des arts et manufactures. 8⁰, 174 p. avec fig. et 66 pl. Paris, Delagrave. fr. 4. —.

Kasten-Katzow. Pfarrer und Künstler beim Kirchenbau. (Archiv f. kirchliche Kunst, 5.)

Little, J. S. What is Art? 8⁰, p. 182. London, Sonnenschein. 3 s. 6 d.

Martha. La précision dans l'art. (Revue des deux-mondes, 15 mars.)

Meyer, F. Das gewerbliche Schulwesen im Grossherzogthume Baden. (Centralbl. f. d. gewerbl. Unterrichtswesen in Oesterr., Suppl. I, 3.)

Muster-Ornamente aus allen Stilen in historischer Anordnung. Nach Orig.-Aufnahmen von Jos. Durm, Fr. Fischbach, A. Gnauth etc. 2. Aufl. 18.—25. [Schluss-]Lfg. Fol. (à 12 Holzschn.-Taf.) Stuttgart, Engelhorn. à M. 1. —.

Naske, A. Die Prinzipien der orientalischen Flächendecoration. (Westdeutsches Gewerbeblatt, II, 5.)

Nesbitt, S. and G. Brown. Handbook of Model and Object Drawing, adapted for use in Schools of Art, Board and Elementary Schools, and for Art Students in general. 12⁰, p. 160. London, Collins. 2 s.

Noire, L. Das Problem der Anthropologie: Die menschliche Kunst und ihre Bedingungen. (Deutsche Bücherei, Nr. 34.) gr. 8⁰, 16 S. Breslau, Schottländer. M. —. 50.

Pawlowski, G. Théorie de la figure humaine. (L'Art, 481.)

Pottier, E. De la place que doit occuper l'archéologie dans l'enseignement de l'art, leçon d'ouverture du cours d'archéologie et d'histoire de l'art à l'École des beaux-arts. 8⁰, 25 p. Paris, imp. Schiller.

Reber, F. Die Keim'sche Wandmalerei. (Allg. Ztg., B. 94.)

Regnet. Die neue Mineralmalerei. (Gegenwart, 16.)

Schenckendorff, E. v. Ueber Bedeutung u. Ziel des Handfertigkeits-Unterrichts. (Centralbl. f. d. gewerbl. Unterrichtswesen in Oesterreich, Suppl. I, 2.)

Schreiber, T. Traité de dessin professionnel des arts et métiers, à l'usage des chefs d'ateliers, des ouvriers et des écoles de dessin. 4⁰, à 2 col., 172 p. et atlas de 40 pl. Paris, Lainé.

Schulze, H. Farbige Elementar-Ornamente von aufsteigender Schwierigkeit. Für die Unterstufe höherer Schulen und die Oberstufe mehrklass. Volksschulen, insbesondere auch für höhere Töchterschulen, Fortbildungs- u. techn. Schulen mit ausdrückl. Betonung der Farbe entworfen. (In 10 Lfgn.) 1.—3. Lfg. 4⁰ (16 farb. und 12 schwarze Taf.). Mit Text. gr. 8⁰, 16 S. Leipzig, T. O. Weigel. à M. 3. —.

Skizzenbuch für häusliche Kunst. Red.: Oscar Hülcker. 1. Jahrg. 1884. 12 Nrn. (à ½—¾ B. mit 2 Beilagen: Vorlagen für Majolika-, Holz-, Marmor-, Porzellan-, Leder-, Stoff-, Glasmalerei

u. Aetzerei f. Zink, Glas, Kupfer etc.) gr. 4⁰ Berlin, Gottheil in Comm. Vierteljährl. M. 3. —.

Tourneux, Maur. Conseils inédits de Diderot à Catherine II sur l'enseignement des Beaux-Arts. (L'Art, 482 ff.)

Trobridge, G. The Principles of Perspective, as applied to Model Drawing and Sketching from Nature. With 23 Plates and other illustrations. London, Cassell. 2 s. 6 d.

Villari, P. Arte, storia e filosofia: saggi critici. 16⁰, IX, 563 p. Firenze, G. C. Sansoni. L. 5. —.

Weir, H. Outline Drawing Lessons. With Introduction by T. Sullivan. 8⁰. London, Partridge. 6 d.

Wiessner, E. Der Zweck und die Entwicklung des Handfertigkeits-Unterrichts für Knaben. (Pädagog. Blätter f. Lehrerbildung, XIII, 2.)

Zeichenunterricht, der, und seine Hilfswissenschaften. Ein Lehrbuch f. Lehrer an Volks- u. Bürgerschulen u. verwandten Anstalten. Herausg. von Al. Fellner u. Frz. Steigel. 1. Thl. gr. 8⁰. (Grundzüge der Projections-Lehre und Perspective. Bearb. von Prof. Julius Kajetan. Mit 164 Textfig. X, 85 S.) Wien, Hölder. M. 1. 80.

II. Kunstgeschichte. Archäologie. Zeitschriften.

Academy Notes, 1884. With 152 Illustr., 130 being facsimiles of Sketches by the Artists. Edited by Henry Blackburn. 8⁰, London, Chatto. 1 s.

Allen and Westwood. Discovery of Two Ogham Stones at Castell Villia, and Four Crosses at St. Eldren's Pembrokeshire. (Archæologia Cambrensis, V. Ser., 1.)

Andree, R. Die Metalle bei d. Naturvölkern m. Berücksicht. prähistorischer Verhältnisse. Mit 57 Abbildungen im Text. gr. 8⁰, XVI, 166 S. Leipzig, Veit & Cie. M. 5. —.

Antiqua. Unterhaltungsblatt f. Freunde d. Alterthumskunde. Hrsg. v. H. Messikomer u. R. Forrer. Red.: R. Forrer jr.. Jahrg. 1884. 12 Nrn. (B. m. autogr. Beilagen.) gr. 8⁰. Hottingen b. Zürich. Dresden, v. Zahn & Jænsch in Comm. M. 6. 50.

Atz, C. Die christliche Kunst in Wort u. Bild od. prakt. Handbuch zur Erforschg. u. Erhaltg. d. Kunstdenkmale m. mancherlei Fingerzeigen bei Restaurirgn. oder neuen Werken. 2. reich verm. Aufl. m. sehr vielen Illustr. 1. u. 2. Lfg. Lex.-8⁰, III, 96 S. Bozen. Würzburg, Woerl. à M. 1. 30.

Ausgrabungen auf dem Georgenberg bei Goslar. (Centralbl. f. Bauverwaltung, 13.)

Ausgrabungen, über die letzten, d. Hanauer Geschichtsvereins in Gross-Krotzenburg u. Rückingen. (Deutsche Bauzeitg., 19. 20.)

Bach, M. Das Monogramm Sürlin's. (Zeitschr. f. bild. Kunst, B. 30.)

Baux, A. et L. Gouin. Essai sur les nurages et les bronzes de Sardaigne. 8⁰, 24 p. avec fig. Paris, Reinwald. (Extr. de la Revue: Matériaux pour l'histoire primitive de l'homme, 3e série, t. 1.)

Baye, J. de. Cimetières gaulois de Mareuil-le-Port. 8⁰, 4 p. et 2 pl. (Extr. du Bull. des travaux histor., archéologie, N⁰ 1 de 1884.)

Beauregard, O. L'antiquité du fer en Egypte. (Bullet. de la soc. d'anthropol. de Paris, IIIe sér., VII, 1.)

Bell. Palæolithic Remains in Surrey. (Antiquary, April.)

Berger, Ph. Stèles trouvées à Hadrumète. (Gazette archéol. IX, 3.)

— **Stef.** Der Grabfund von Holubic. (Mitth. d. Central-Commiss., N. F., X, 2.)

Berlepsch, H. E. v. Antiquarische Streifzüge u. Skizzen. (Wartburg, 5. 6 ff.)

Bertrand. L'Amentum et la Cateia sur une plaque de ceinture en bronze, avec figures, du cimetière gaulois de Watsch, Carniole. (Revue archéol., févr.)

— Rapport fait à l'Académie des inscriptions et belles lettres au nom de la commission des antiquités de la France, sur les ouvrages envoyés au concours de l'année 1883. 4⁰, 23 p. Paris, impr. Firmin-Didot et Cie.

Bibliotheca philologica classica. Verzeichniss der auf dem Gebiete der class. Alterthumswissenschaft erschienenen Bücher, Zeitschriften, Dissertationen, Programm-Abhandlungen, Aufsätze in Zeitschriften u. Recensionen. Beiblatt zum Jahresbericht über die Fortschritte der class. Alterthumswissenschaft. 11. Jahrg. 1884. 4 Hfte. gr. 8⁰. 1. Hft. 116 S. Berlin, Calvary & Cie. M. 6. —.

Bilco. Inscription archaïque découverte à Elatée. (Bullet. de corresp. hellénique, VIII, 3.)

Bilderatlas, kulturhistorischer. I. Alterthum, bearb. v. Th. Schreiber. 100 Taf. m. erklär. Text. (In ca. 10 Lfgn.) 1. Lfg. Fol. (10 Holzschnitttafeln.) Leipzig, Seemann. M. 1. —.

Bilderbogen, kunsthistorische. I. Suppl. Die Kunst d. 19. Jahrh. Neue vollständig umgearb. u. verb. Aufl. in 82 (Holzschn.-)Taf. Mit Textbuch v. Ant. Springer. (In 8 Lfgn. à 12 Tfln.) Leipzig, Seemann. Fol. à M. 1. —.

Bindi, V. Artisti abruzzesi (pittori, scultori, architetti, maestri di musica, fonditori, cesellatori, figuli, dagli antichi ai moderni). Notizie e documenti. Napoli, tip. De Angelis.

Blavette. Fouilles d'Eleusis. Enceinte de Déméter. (Bullet. de corresp. hellénique, 4. 5.)

Blind, K. Troy Found Again. (Antiquary, April.)

Bötticher, E. Nachweis des sepulcralen Charakters d. Funde von Hissarlik an ägyptischen Analogien. (Ausland, XV, 5.)

— Zur Discussion über Schliemann's Troja. (Zeitschr. f. Museologie, 8.)

Bombicci, L. I mastri nella natura, nella scienza e nell' arte: due conference al Circolo degli artisti bolognesi. 8⁰, p. 81. Bologna, Zanichelli. L. 1. —.

Bonnaffé, E. L'histoire des amateurs. (Revue des arts décoratifs, 8.)

— Sabba de Castiglione: Notes sur la curiosité italienne à la renaissance. (Gaz. des B.-Arts, juillet ff.)

Botti, G. Notizie di alcuni monumenti egizii e di arte congenere. 8⁰, p. 46, con tav. Cagliari, tip. del Commercio.

Bruzza, L. Notizia di una patena di argento col simbolo del pesce, di un cucchiaio, e di una copertura di evangeliario pure di argento. (Bullet. di archeol. cristiana, Ser. IV, II, 1. 2.)

Cagnat, R. Explorations épigraphiques et archéologiques en Tunisie. Fasc. 2. 8⁰, 160 p. avec carte et pl. 12 à 19. Paris, Thorin. fr. 7. 50. (Extr. des Archives des missions scientifiques et littéraires, 3e série, t. 11.)

— Explorations épigraphiques et archéologiques en Tunisie. (Revue critique, 24.)

Castan, A. Le Portrait du président Richardot au musée du Louvre, restitué à Rubens. 8⁰, 28 p. Besançon, imp. Dodivers et Cie. (Extr. des Mém. de la Soc. d'émulation du Doubs.)

Castelfranco. Gruppo lodigiano della 1a eta del ferro. (Bullet. di paletnologia italiana. IX, 11. 12.)

Cesnola, A. P. di. Salaminia (Cyprus): the History, Treasures, and Antiquities of Salamis in the Island of Cyprus. With Introduction by S. Birch. 2nd edit. 8⁰, p. 310. London, Whiting. 21 s.

Comparetti, D. Sopra un' iscrizione cretese scoperta lo scorso anno a Venezia: memoria. (Atti della R. Accad. dei Lincei, 1882—83, Serie 3a, Vol. XI, Roma.)

Conrady. Die Limesstation Niedernberg am Main. (Korrespondenzbl. der Westdeutsch. Zeitschr., III. S.)

Corblet, J. Des vases et des ustensiles eucharistiques. (Revue de l'art chrét., nouv. sér., II, 2 ff.)

Curtius. Eleusinion u. Pelasgikon. (Sitzungsber d. kgl. preuss. Akademie der Wiss., XXIII.)

Dehaisnes, C. André Beauneveu, artiste du XIVe siècle. (Revue de l'art chrét., nouv. sér., II, 2.)

Delattre. Inscriptions de Carthage. (Bulletin épigraph., IV, 1.)

Denkmäler d. klassischen Alterthums zur Erläuterung d. Lebens der Griechen und Römer in Religion, Kunst u. Sitte. Lexikalisch bearb. v. B. Arnold, H. Blümner, W. Deecke etc. u. dem Hrsg. A. Baumeister. Mit etwa 1400 Abbildgn., Karten u. Farbendr. (In ca. 40 Lfgn.) 1. Lfg. 4⁰, VIII, 48 S. München, Oldenbourg. M. 1. —.

Diaz y Pérez, N. Diccionario histórico, biografico, crítico y bibliográfico de autores, artistas y extremeños ilustres. Cuad. I. 4⁰, 21 p. Madrid, Pérez y Boix. 4 y 5.

Diehl. Découverte à Rome de la maison des Vestales. (Revue archéol., févr.)

Dietrichson, L. Antinoos. Eine kunstarchäolog. Untersuchg. gr. 8⁰. (XIV, 357 S. m. 18 Steintaf. u. 1 Lichtdr.) Christiania, Aschehoug & Cie in Comm. M. 7. —.

Dumont. Vases grecs trouvés à Marseille. (Bullet. de corresp. hellénique, VIII, 3.)

Duvernoy, C. Note sur une enceinte récemment découverte à Mandeure (Doubs). 8⁰, 16 p. Nogent-le-Rotrou, imp. Daupeley-Gouverneur. (Extr. des Mém. de la Soc. nat. des antiquaires de France, t. 44.)

Ebers, G. Der geschnitzte Holzsarg des Hatbastru im ägyptologischen Apparat d. Universität zu Leipzig. Mit 2 lith. u. 3 Lichtdr.-Taf. [Aus: „Abhandlgn. d. k. sächs. Gesellsch. der Wiss."] 8⁰, 62 S. Leipzig, Hirzel. M. 6. —.

Edwards. Discovery of the Necropolis of Tanis. (Academy, 626.)

Eitelberger v. Edelberg, R. Gesammelte kunsthistorische Schriften. 3. Bd. Die Aufgaben d. Zeichenunterrichtes. Das Porträt. Goethe als Kunstschriftsteller. Ueber Spielkarten. Cividale in Friaul. Mit 46 Holzschn., XVI, 390 S. gr. 8⁰. Wien, Braumüller. M. 8. —.

Elenci degli oggetti di arte antica scoperti per cura della Commissione archeologica comunal dal 1 gennaio a tutto il 31 dicembre 1883. (Bullet. della Commiss. archeol. comun. di Roma 1883, 4.)

Elter, A. Antichità Pontine. (Bullet. dell' instit. di corr. archeol., 1884, 4.)

Engel, Arthur. Choix de tessères grecques en plomb, tirées des collections athéniennes. (Bullet. de correspondance hellénique, VIII, 1. 2.)

Engelmann. Archäologie. (Zeitschr. für Gymnasialwesen, Juni.)

— **R.** Drei Bronzen. (Archäologische Zeitung, XLII, 1.)

Essai monographique sur le triptyque de Philippe-le-Beau et de Jeanne de Castille, originaire de Zieriekzee. (Revue d'archéologie théorique, par J a c o b s. Nos 9 –10, 1883.)

Evoluzione (L'): Arti belle; Letteratura; giornale diretto da F. V a s q u e z. redatto da C. P a r l ag r e c o. Anno I, No 1. 40. Napoli, tip. A. Tòcco e C. Anno L. 6. —.

Fabricius, E. Alterthümer auf der Insel Samos. (Mitth. d. deut. archäol. Instit. in Athen, IX, 2.)
— Inschriften aus Lesbos. (Mitth. d. deut. arch. Instit. in Athen, IX, 1.)

Faloci Pulignani, M. Le arti e le lettere alla corte dei Trinci di Foligno. (Giornale stor. della letterat. ital., I, 2.)
— Le iscrizioni mediaevali di Foligno. (Archivio storico per le Marche e per l'Umbria, Vol. I, fasc. I, Foligno.)

Fiorelli, G. Notizie degli scavi di antichita. (Atti della R. Accad. dei Lincei, 1882—83, Serie 3a, Vol. XI, Roma.)

Fisenne, L. v. Kunstdenkmale des Mittelalters. 3. Serie. 6 Lfgn. Fol. (1. Lfg. 4 S. m. 24 autogr. Taf.) Aachen, Cremer. M. 13. —.

Förster, R. Analekten zu den Darstellungen d. Raubes u. d. Rückkehr der Persephone. (Philologus, Zeitschr. f. das klass. Alterthum. Hrsg. von Ernst v. Leutsch. 4. Suppl.-Bd., 6. Hft.)

Forrer, R. Pfahlbau Wollishofen bei Zürich. (Anzeig. f. schweiz. Alterthumskunde, 1 ff.)

Frankfurter, S. Epigraphischer Bericht aus Oesterreich. (Archäol.-epigr. Mitth. a. Oesterreich, VIII, 1.)

Frimmel, Th. Beiträge zu einer Ikonographie d. Todes. (Mitth. d. k. k. Centr.-Commission, N. F., X, 2.)

Gaillard, F. Le cimetière celtique de l'île Thinic à Portivy en S. Pierre Quiberon. (Bullet. de la soc. d'anthropol. de Paris, IIIe sér., VII, 1.)

Galassini, A. Giovanni Dupré nei suoi scritti minori. Firenze, Cellini e C.

Galesloot, L. Sur différents groupes de sept tertres ou tumulus qui ont existé dans les environs de Louvain, d'après d'anciens documents. (Bull. des comm. royales d'art et d'archéologie, Nos 7–12, 1883, Bruxelles.)

Geffroy, A. L'École française de Rome, ses premiers travaux, antiquité classique, moyen-âge. 80, 108 p. Paris, Thorin. (Extr. du Compte rendu de l'Acad. des sciences morales et polit.)

Geiger, L. Ungedruckte Briefe Winckelmann's. (Zeitschr. f. bild. Kunst, 6.)

Genevay, A. Charles le Brun. (L'Art, 483 ff.)

Germain, L. Inscription d'autel du XVe siècle à Marville (Meuse). 80, 8 p. Nancy, imp. Crépin-Leblond. (Extr. du Journ. de la Soc. d'archéologie lorraine, février 1884.)

Gilman, J. Mongolian ruins. (American antiquarian and orient. Journal, VI, 2.)

Gozzadini, G. Di due statuette etrusche e di una iscrizione etrusca dissotterrate nell' Appennino bolognese: memoria. (Atti della R. Accad. dei Lincei, 1882—83, Serie 3a, Vol. XI, Roma.)

Graf. Sesostris oder Memnon? Ein Versuch über das Felsenrelief von Karabel bei Nymphi in Kleinasien. (Ausland, 9.)

Gratacap, L. P. Mexican antiquities. (American antiquarian and orient. Journal, V, 4.)

Grousset. Un sarcophage chrétien inédit. (Mélanges d'archéologie, III, 4e ser.)

Guasti, C. Intorno alla casa abitata da Leonardo da Vinci. (Il Buonarroti, Ser. IIIa, I, 11.)

Guiffrey, J. Quittances d'artistes peintres, sculpteurs, graveurs et architectes, tirées de diverses collections. (Rev. de l'art franç., 2 ff.)

Hammerman, A. Militärdiplom aus Heddernheim. (Korrespondenzbl. d. Westdeutsch. Ztsch., III, 5.)
— Zur Zeitbestimmung d. Mainzer Römerbrücke. (Westdeutsche Zeitschr., III, 2.)

Hamy, M. Le Tzompantli, étude d'archéologie mexicaine. (Bullet. de la société d'anthropologie de Paris, 3e sér., VI, 4.)

Hauser, A. Ausgrabungen in Carnuntum. (Archäol.-epigr. Mitth. aus Oesterreich, VIII, 1.)
— Bon. Funde zu Trögg-Velden. (Mitth. der Centr.-Commiss., N. F., X, 2.)

Helbig, J. A quelle époque faut-il rapporter les clefs de la confession de S. Pierre, conservées à l'église de S. Servais à Mæstricht et celle de Sainte-Croix à Liège. (Revue de l'art chrét., nouv. sér., II, 1.)

Helleputte, G. Matériaux pour servir à l'histoire des vases aux saintes huiles. (Revue de l'art chrét., nouv. sér., II, 2.)

Henzen, G. Le castra peregrinorum ed i frumentarii. (Bullett. dell' instit. di corr. archeol. 1884, 1. 2.)

Hercourt, G. d'. A propos des truddhi de la terre d'Otrante, comparés par M. Lenormant aux nuraghes de la Sardaigne. (Bullet. de la soc. d'anthropol. de Paris, IIIe sér., VII, 1.)

Héron de Villefosse, A. Feuillet d'un diptyque consulaire du Musée du Louvre. (Gazette archéologique, IX, 4.)
— Notes sur les diptyques consulaires de Limoges. (Gazette archéol. 5.)

Hertzberg. Byzantinische Kaiserpaläste. (Historische Zeitschr., 3.)

Heuzey, L. La stèle des Vautours. (Gazette archéol., 5.)
— Trois monuments attribués à la Grèce du Nord. (Bullet. de correspond. hellénique, 4. 5.)

Hirschfeld. Inschriftliche Funde in Caruntum. (Archäol.-epigr. Mitth. aus Oesterreich, VIII, 1.)

Holwerda. Het attische volk en de kunst van Phidias I. (De Gids, April ff.)

Houghton, W. The birds of the Assyrian monuments and records. (Transactions of the soc. of biblical archæology, VIII, 1.)

Hübner, E. Altgermanisches aus England. (Westdeutsche Zeitschr., III, 2.)

Jebb. Homeric Troy. (Fortnightly Review, April.)

Jenny, S. Bauliche Ueberreste von Brigantium. Römische Villa auf dem Stein-Bühel. (Mitth. d. Centr.-Commiss., N. F., X, 1.)

Kielhorn. Three inscriptions from Kanheri. (Indian Antiquary, Mai.)

Kieseritzky, G. Athena Parthenos der Eremitage. (Mitth. d. deutsch. archäol. Institute in Athen, VIII, 4.)

Köhler, U. Eine Illustration zu Theognis. (Mittheil. d. deut. archäol. Instit. in Athen, IX, 1.)
— Inschrift des Glaukon. (Mittheil. d. deutsch. archäol. Instit. in Athen, IX, 1.)
-- Prähistorisches von den griechischen Inseln. (Mitth. d. deut. archäol. Instit. in Athen, IX, 2.)

Koenen, v. Ueber prähistorische Funde dicht bei Göttingen. (Nachrichten von der kgl. Gesellsch. d. Wissensch. zu Göttingen, 3 –5.)

Koepp, F. Herakles und Alkyoneus. (Archäol. Zeitung, XLII, 1.)

Koldewey, R. Das Bad von Alexandria Troas. (Mitth. d. deut. arch. Instit. in Athen, IX, 1.)

Korolkow, D. Inschriften aus Akraiphia. (Mitth. d. deut. arch. Instit. in Athen, IX, 1.)

Künstler u. Kunsthandwerker in Hildesheim aus dem Mittelalter und der Renaissance-Periode. (Deutsche Bauzeitung, 21. 22.)

Lagumina, B. Note sicule orientali. I. Iscrizione ebraica di S. Marco. II. Iscrizione arabica di Siracusa. III. Nuovi documenti sulla porta araba Babas Sudan. (Archivio Storico Siciliano, nuova serie, anno VIII, fasc. I—II.)

Lanciani. Il tempio di Apolline Palatino. Il tempio della Vittoria. Supplementi al volume VI del Corpus Inscriptionum Latinarum. (Bulletino della Comm. archeol. communale di Roma, XI, 4.)

Lang, A. The iron age in Greece. (Antiquary, IX, 51.)

Lea, W. Church Plate in the Archdeaconry of Worcester; being an Inventory and Notice of the Sacred Vessels in use in the different Churches. With an Explanatory Introduction. 8⁰, p. 80. London, Simpkin. 4 s.

Lebègue. Inscription sur un vase de plomb. (Bulletin épigraphique, IV, 1.)

Le Blant, Ed. Sur une pierre tumulaire portant les mots: „Christus hic est". (Bullet. d'hist. du diocèse de Dijon, II, 2.)

Lepsius, H. Ueber die Masse im Felsengrabe Ramses IV. (Zeitschr. f. ägyptische Sprache, 1.)

Limbourg, Ph. de. Fouilles archéologiques, à Theux. 2e rapport. (Bull. de l'Instit. archéolog. liégeois, Tome XVII, 2e livr.)

Lolling, H. G. Inschriften aus den Küstenstädten des Hellespontos und der Propontis. (Mitth. d. deut. arch. Inst. in Athen, IX, 1.)

— Mittheilungen aus Thessalien. I. Ormenion und Aisoneia. (Mitth. d. deut. archäol. Instit. in Athen, IX, 2.)

Loos, G. de. Sur les antiquités franques découvertes à Manche. (Bull. de l'Institut archéolog. liégeois, Tome XVII, 2e livr.)

Lovisato, D. Di alcuni armi ed utensili di fueghini e degli antichi Patagoni: memoria. (Atti della R. Accad. dei Lincei, 1882—83, Serie 3a, Vol. XI, Roma.)

Lübke, Wilh. Zur französischen Renaissance. (Deutsche Bücherei Nr. 35.) gr. 8⁰, 32 S. Breslau, Schottländer. M. —. 60.

Lüssner, M. Ausgrabungen bei Königgrätz. (Mitth. d. Centr.-Commiss., N. F., X, 2.)

Mau, A. Scavi di Corneto e di Pompei. (Bullett. dell' instit. d. corrisp. archeol., 1844, 1 ff.)

Mehlis, C. Grabhügel u. Verschanzungen bei Thalmässing in Mittelfranken. Mit 2 v. Hauptm. Göringer ausgeführten Taf. [Aus: „Archiv f. Anthropol."] gr. 4⁰, 26 S. Nürnberg, Schrag in Comm. M. 2. —

Meier, P. J. Sopra alcune tazze di Brygos. (Bullett. dell' instit. di correspond. archeolog., 1884, 3.)

Mémoires de la Société des antiquaires de l'Ouest. T. 5. de le 2e série. Année 1882. 8⁰, XLV, 406 p. Poitiers, Druineaud.

Mémoires de la Société d'archéologie lorraine et du Musée historique lorrain. 3e série. 11e vol. 8⁰, XXVI, 405 p. et pl. Nancy, Wiener.

Mémoires de la Société historique et archéologique de Langres. T. 3, 4⁰, 102 p. et pl. Paris, Dumoulin.

Messikomer, H., Sohn. Zur Nephritfrage. (Anzeig. f. schweizer. Alterth.-Kunde, 2.)

Meyer, G. Noch einmal die Etrusker Frage. (Allg. Ztg., B. 164.)

Milliard, A. L'Age de la pierre à Fedry (Haute-Saône). 8⁰, 11 p. Vesoul, imp. Suachaux. (Extr. du Bull. de la Soc. d'agriculture, sciences et arts de le Haute-Saône année 1883.)

Molinier. Inventaire du trésor du saint-siège sous Boniface VIII. (Biblioth. de l'École des chartes, 45.)

Morelli, J. Notizia di opere di disegno, pubblicata e illustrata. 2e ediz. riv. e aumentata per cura di G. Frizzoni. 8⁰, p. XL, 266. Bologna, Zanichelli. L. 4. —

Müller, Sophus. Ursprung und erste Entwicklung der europäischen Bronzecultur, beleuchtet durch die ältesten Bronzefunde im südöstlichen Europa. Aus dem Dänischen übersetzt von J. Mestorff. (Archiv f. Anthropologie, XV, 3.)

Muoni, D. Preziosità artistiche nella chiesa dell' Incoronata presso Martinengo: impressioni e note. (Archivio storico Lombardo, seconda serie, anno XI, fasc. 1.)

Mutter. Kardinal-Erzbischof Albrecht von Brandenburg als Kunstfreund. (Grenzboten, 25.)

Nicaise. Le tumulus d'Attancourt, Haute Marne. (Comptes rendus de l'Académie des inscriptions, octob.—décemb.)

Ollier de Marichard. Découverte d'un trésor de l'âge du bronze au Dévoc, grottes de Vallon (Ardèche). 8⁰, avec fig. Paris, Reinwald. (Extr. de la Revue: Matériaux pour l'histoire primitive de l'homme, 3e série, t. 1.)

Ollivier-Beauregard. En Orient; l'Antiquité du fer en Egypte. 8⁰, 30 p. Paris, Maisonneuve et Ce. (Extr. des Bull. de la Soc. d'anthropologie.)

Oppert, J. Flemming. Die grosse Steinplatten-inschrift Nebukadnezars. (Götting. gelehrte Anzeigen, 9.)

Ossorio y Bernard, M. Galeria biográfia de artistas españoles del siglo XIX, 4⁰ á 2 col. VIII, 749 p. y grab. Madrid, Murillo. 92 y 100.

Ottenthal, E., v. Kunsthistorische Notizen aus den päpstlichen Registern. (Mitth. d. Instit. f. österr. Geschichtsforschung, V, 3.)

Pachtler, M. Schliemanns Ausgrabungen in Troja. (Stimmen aus Maria Laach, XXVI, 3.)

Park-Harrison. Saxon Remains in Minster Church, Isle of Sheppy. (Archæolog. Journal, 161.)

Peet, Stephen D. The emblematic mounds of Wisconsin. (American antiquarian and orient. Journal, VI, 1.)

Perrot, Georges. Statuette en bronze de la Comagène. (Gazette archéol., IX, 3.)

Pervanoglu. Die neuesten prähistorischen Funde Istriens. (Mitth. d. k. k. Centr.-Commiss., N. F., X, 2.)

Pesi di bronzo e di piombo latini e greci. (Civiltà cattolica, quad., 810.)

Petric on the Pyramids and Temples of Gizeh. (Athenæum, 2940.)

Petroz, P. Un critique d'art au XIXe siècle. 18⁰, 84 p. Paris, Alcan.

Pfau, Ludw. Zur Charakteristik d. Herrn Lübke. [Aus: „Beobachter"]. 8⁰, (31 S.). Stuttgart, Dietz. M. —. 50.

Philippucci. Inscription archaïque de Samos. (Bull. de correspondance hellénique, VIII, 1 ff.)

Piehl. Stèle de l'époque de Ramsès IV, conservée au Musée de Boulaq; sur une découverte concernant le second pylone de Karnak. (Zeitschr. f. ägypt. Sprache, 1.)

Pigorini. Appunti per lo studio dei vasi antichi di pietra ollare. (Bullet. di paletnologia italiana, IX, 11. 12.)

Pinches, Th. G. The antiquities found by Mr. H. Rassmann at Abu-Habbah (Sippara). (Trans. act. of the soc. of biblical archæol., VIII, 2.)

Portig, Gust. Zur Kunstgeschichte. (Blätter f. literar. Unterhaltung, 20.)

Pottier. Les terres cuites dans les tombeaux grecs et les lécythes blancs attiques à représentation funéraires. (Revue critique, 13.)

Primo, pseud. di **Primo Levi.** Il secondo Rinascimento, vol. I. Forma e colore. 1883—84. 16⁰, p. 616. Roma, L. Perelli. L. 3. —.

Rassam, H. Recent discovery of ancient Babylonian cities. (Transaction of the soc. of biblical archæol., VIII, 2.)

Reinach, Salomon. Deux têtes archaïques du Musée de Constantinople. (Gazette archéolog., IX, 3.)

— Monuments figurés de Delos. (Bullet. de corresp. hellénique, VIII, 3.)

Rejou, Leon. L'atelier du Moulin-de-Vent, dans le canton de Pons. (Bullet. de la soc. d'anthropol. de Paris IIIᵉ sér., VII, 21.)

Reusens. Éléments d'archéologie chrétienne 2ᵉ édit., revue et considérablement augmentée. Tome Iᵉʳ, 1ʳᵉ partie, illustrée de 261 grav. Louvain, Ch. Peeters. (L'ouvrage formera, 2 vol.)

Revillout. L'étalon d'argent en Egypte. (Revue archéologique, févr.)

Revue de l'art français ancien et moderne, publiée par la Société de l'Histoire de l'art français, paraissant tous les mois. N⁰ 1. janvier 1884. 8⁰, 16 p. Paris, Charavay fr. Abonn. annuel: Fr. 6. —

Roberts. Greek inscriptions in the British Museum. (Academy, 627.)

Romilly Allen, J. Crosses at S. Edren's church, Pembrokeshire. (Archæologia Cambrensis, XIV, 4, 56.)

Rossi, G. H. de. Del Luogo appellato ad Capream presso la via nomentana dall' età arcaica ai primi secoli cristiani. (Bullet. della Comm. archeol. comun. di Roma, XI, 4.)

— Selinunte, monumenti Cristiani. (Archivio Storico Siciliano, nuova serie, anno VIII, fasc. I—II.)

Salinas, A. Escursioni archeologiche in Sicilia. II. Mussomeli e Sutera. (Archivio Storico Siciliano, nuova serie, anno VIII, fasc. I—II.)

Salvisberg, P. Kunsthistorische Studien. 1. Hft. gr. 8⁰. Stuttgart, (Bonz' Erben). M. 3. —

Schiller, Herm. Nekrolog auf Prof. Wilh. Clemm in Giessen. [Aus: „Biograph. Jahrb. f. Alterthumskunde"]. 8⁰, (128 S.), Berlin, Calvary & Co. M. 1. 20. —

Schliemann, H. Das sogen. Grab der 192 Athener in Marathon. (Zeitschr. f. Ethnologie XVI, 2.)

Schneider, Ludw. Reihengräber bei Neu-Bydžow. (Mitth. d. Centr. Commiss. N. F., X, 2.)

Schuermans, H. Trouvailles faites en Belgique. (Westdeutsche Zeitschr. III, 2.)

Schoemann, G. F. Antiquités grecques. Traduite de l'allemand par C. Galuski. T. 1. 8⁰, VII, 654 p. Paris, Picard. (L'ouvrage complet formera 2 vol.)

Sedlmayer, Heinr. Steph. Die Ausgrabungen auf dem Forum romanum. Ein Vortrag. gr. 8⁰. (22 S. mit 1 Grundriss.) Wien, Konegen. M. —. 60.

Semper, H. Kunsthistorische Reiseerinnerungen. (Zeitschr. f. allg. Geschichte. 5.)

Shufeldt, R. W. Esplorazione di un shell-mound indiano presso Nuova Orleans, Luisiana. (Archivio per l'anthropol. XIII, 3.)

Simpson. The archLological survey of Western India. (Academy, 623.)

Société historique et archéologique dans le duché de Limbourg. Répertoire alphabétique des mémoires, notices et articles qui ont paru dans les vingt premiers volumes des publications de la société, suivi d'une table alphabétique des noms d'auteur et des grav. et lithogr. publiées. 1863—1883. 8⁰, 56 p. Maestricht, F. J. Teelen. fr. —. 60.

The State of Art in France. (Blackwood's Edinburgh Magazine, April.)

Steffen. Karten von Mykenai. Auf Veranlassg. d. kaiserl. deutschen archäolog. Instituts aufgenommen. 2 Blatt: Mykenai u. Umgebg., 1 : 12,500; Akropolis v. Mykenai, 1 : 750, Kpfrst. u. chromolith. Imp.-Fol. Mit erläut. Text v. St., nebst e. Anh. üb. die Kontoporeia u. das mykenisch-korinth. Bergland v. H. Lolling. Mit (chromolith.) Uebersichtskarte v. Argolis. gr. 4⁰. (48 S. mit eingedr. Fig.) Berlin, D. Reimer. M. 12. —.

Stephens, G. Handbook of Old Northern Runic Monuments of Scandinavia and England. Abridged from the larger Work, in 3 vols, folio, retaining all the illustrations. 4⁰. London, Williams & N. s. 40. —

Stern, Lud. Aegyptische Ausgrabungen in Rom. Geschichte der Obelisken in Aegypten, Europa u. Amerika. Unabhängigkeit der ältesten ägyptischen Kunst, asiatisches in der mittlern u. neuen. (Zeitschr. f. d. gebildete Welt, V, 6.)

Sterrett, J. R. S. Inscriptions of Tralles. (Mittheil. d deut. archäol. Inst. in Athen, VIII, 4.)

Stevens. On the Remains found in an Anglo-Saxon tumulus at Taplow, Bucks. (Journ. of Brit. archæol. Assotiation, XL, 1.)

Stokes, M. Hades in art. (Art Journal, Juli ff.)

Stone. The excavated temples of India and their Antiquity. (Transactions of the Roy. Society of Literature, XIII, 1.)

Studien, indische. Beiträge f. die Kunde d. ind. Alterthums. Im Vereine mit mehreren Gelehrten hersg. von Albr. Weber. Mit Unterstützg. der Deutschen morgenländ. Gesellschaft. 17. Bd. gr. 8⁰. (1 Hft. 176 S.) Leipzig, Brockhaus. M. 15. —.

Studniczka. Bildwerke aus Carnuntum. (Archäol. epigr. Mitth. aus Oesterreich VIII, 1.)

Sur le- fer en Egypte. (Bullet. de la soc. d'anthropologie de Paris, 3ᵉ Ser., VI, 4.)

Sybel, L. v. Ἕκτορος λύτρα, Relieffragment zu Athen. (Mitth. d. deut. arch. Inst. i. Athen, IX, 1.)

Tavernier, E. La Renaissance provençale et Roumanille. 8⁰, 27 p. Paris, Gervais. (Extr. du Correspondant.)

Téglás u. König. Neue Inschriften aus Dacien. (Archäol.-epigr. Mitth. a. Oesterreich, VIII, 1.)

— Temples Rasâlû and Sâlivâhana of Siâlkot. (Indian Antiquary, Juni.)

Thomas, Cyrus. Who were the mound builders. (American antiquarian and oriental Journal, VI, 2.)

Točilescu. Neue Inschriften aus der Dobrudscha und Rumänien. (Archäolog.-epigr. Mitth. aus Oesterreich, VIII, 1.)

Un monument mégalithique ou Dolmen, à Duysbourg, près de Tervueren. (Revue d'archéologie théorique, par A. Jacobs, Nᵒˢ 11—12, 1883. Bruxelles.)

Van Overloop, E. De la méthode dans les études préhistoriques. (Revue de Belgique, 3ᵉ livr., mars 1884.)

Van Robais, A. Découverte d'antiquités gallo-romaines, à Eu (Seine-Inférieure). (Bull. mensuel de numismatique et d'archéologie, Nᵒˢ 5—7, nov. 1883 à janvier 1884, Bruxelles.)

Venturi, G. B. Notizie di artisti reggiani non ricordati dal Tiraboschi. (Atti e Mem. delle

RR. Deputazioni ·di Storia patria per le prov. Modenesi e Parmensi; serie III, vol. IV, parte I, Modena.)

Vouga, A. Les stations lacustres de Cortaillod. objets recueillis de 1878 à 1883. (Anzeig. f. schweizer. Alterth.-Kunde, 2.)

— La station lacustre de l'âge de pierre polie de Forel, dans le canton de Fribourg en 1883. (Anzeig. f. schweiz. Alterth.-Kunde, 1884, 1.)

Voulot, F. Le dieu au marteau et une nouvelle triade gauloise sur un cippe vosgien. (Bull. mensuel de numismatique et d'archéologie, N⁰ 5−7, nov. 1883 à janvier 1884, Bruxelles.)

Wagner, E. Römisches Kastell in Schlossau. (Korrespondenzbl. d. Westdeutschen Zeitschr., III, 7.)

Warsberg, v. Brindisi. (Unsere Zeit, 4.)

Watkins. The Archeology of Angling. (Antiquary, Juni.)

Watkis Lloyd, W. Chaldæan and assyrian art. (Portfolio, March.)

Westwood, J. O. Sepulchral stone in the churchyard of Fishguard. (Archæologia Cambrensis, XIV, 4, 56.)

Wolters, P. Eros u. Psyche. (Archäologische Zeitschr., XLII, 1.)

Wortham. Monumental Brasses of Cambridgshire. (Antiquary, April.)

Wussin, J. und A. Jlg. Kunsthistorische Beiträge aus dem Gleinker Archiv. (Mitth. d. Centr. Commiss. N. F., X, 1 ff.)

II a. Nekrologie.

Achtermann, Wilhelm, Bildhauer. (Archiv für kirchl. Kunst, 7. — Kirchenschmuck, 6.)

Angeli, Helen Cordelia, englische Aquarell-Malerin. (Art Journ., April.)

Balze, Paul, Maler in Paris. (Chron. des Arts, 16.)

Burnier, Rich., Landschaftsmaler in Düsseldorf. (Zeitschr. f. bild. Kunst, B. 25.)

Butin, Ulysse, Maler in Paris. (Revue de l'art française, 1.)

Dumont, Aug. Alex., Bildhauer in Paris. (Revue de l'art française, 2.)

Faustner, Leonhard, Glas-, Architektur- und Landschaftsmaler in München. (Regnet, Zeitschr. f. bild. Kunst, B. 29.)

Friedländer, Jul., Director des Münzkabinets der kgl. Museen in Berlin. (Frizzoni, Chron. des Arts, 24.)

Gedon. Ein Künstlerleben. (Allgemeine Kunst-Chronik, 26. — Schneider, Fr., Zeitschr. des Kunstgewerbe-Ver. in München, 5. 6.) .

Graeb, Karl, Architektur- und Landschaftsmaler in Berlin. (Zeitschr. f. bild. Kunst, B. 28.)

Günther, Otto, Genremaler in Weimar. (Zeitschrift f. bild. Kunst, B. 29.)

Gugitz, Gustav, Architekt. (Carinthia, 6.)

Jundt, Gustav, Maler in Paris. (Courrier de l'Art, 23. — Allg. Kunst-Chronik, 21. — Zeitschr. f. bild. Kunst, B. 33.)

Leitch, W. L., englischer Aquarellmaler. (Art Journal, April.)

Leloir, Alex.-Louis, Genremaler in Paris. (Rev. de l'art française, 2.)

Lenormant, François. (Revue de l'art chrétien, N. Sér., II, 2. — Revue numismat., II, 1.)

Lenormant, Fr., Archäologe. (Sayce, In memoriam F. L. Academy, 618.) — Van den

Gheyn, J. Précis historiques, mélanges réligieux, littéraires et scientifiques. Bruxelles 1884, 2.)

Lesser, Alex., Maler in Warschau. (Zeitschr. f. bild. Kunst, B. 24.)

Mercuri, J. E., Kupferstecher. (Zeitschr. f. bild. Kunst, B. 33.)

Quicherat, Jules, Archäologe, Professor d. École des Chartes in Paris. (Revue de l'art chrét., N. Sér., II, 2.)

Richter, Gustav, Maler in Berlin. (Baisch, Deut. Kunstblatt, 15. — Allg. Kunst-Chronik, 22. — Rosenberg, Zeitschr. f. bild. Kunst, B. 27. — Daheim, XX, 37. — Allg. Ztg., B. 130.)

— Ludwig, Maler und Illustrator in Dresden. (Allg. Kunst-Chronik, 26. — Allg. Ztg., B. 175.)

Schestag, Fr., Custos der kaiserl. Kupferstich-Sammlung in Wien. (Chmelarz, Mitth. d. Oesterr. Museums, 226.)

Schrödter, Ad., Maler: (Kaulen, Deutsch. Kunstblatt, 11. 12.)

Trost, Karl, Maler in München. (Allg. Ztg.,118.)

Ulmann, Benj., Maler in Paris. (Zeitschr. f. bild. Kunst, B. 24.)

Vollmar, Ludwig, Maler in München. (Allgem. Ztg., 93.)

III. Architektur.

Alt, Theod. Noch einmal der Meister des Otto-Heinrichs-Baues. (Zeitschr. f. bildende Kunst, B. 28.)

Architettura (L') del legno: istruzioni teorico-practiche, e Raccolta di motivi per costruzioni civili, stradali, architettoniche ed artistiche. 240 tav. in 4⁰ gr., con testo relativo, divise in 60 disp. Milano, B. Saldini. Ogni disp. L. 1. —.

Baudry, P. Église de Saint-George de Boscherville. (Rev. de l'art chrét., nouv. sér., II, 2.)

Bernard, F. C. Notice sur le château de Gisors. 8⁰, 6 p. Paris, Chaix.

Bethke, H. Holzbauten. Wohnhäuser, Villen u. ähnliche Bauten aus Block-Ständer u. Riegelwerk. Mit Benützung altdeutscher u. schweizer Motive f. zeitgemässe Bedürfnisse entworfen u. gezeichnet. (In 10 Lfgn.) 1. Lfg. gr. Fol. (5 Chromolith.) Stuttgart, Wittwer. M. 6. —.

Boissoudy, A. de. La Cathédrale de Bourges. 8⁰, 16 p. Bourges, impr. Sire.

Breymann. Ueber die Klosterkirche in Hecklingen. (Mitth. d. Ver. f. Anhaltische Gesch., III, 9.)

Brugg. Baugeschichtliches aus B. (Anzeiger f schweizer. Alterth.-Kunde. 1884, 1 ff.)

Canetta, .P.· La chiesa e la torre di S. Giov. in Conca in Milano. (Archiv. storico Lombardo, seconda série, anno XI, fasc. 1.)

Capogrossi Guarna, B. La chiesa di San Girolamo della Carità, Ferrara. (Il Buonarroti, ser. III, I, 11.)

Choisy, A. Etudes épigraphiques sur l'architecture grecque. 4⁰, VIII, 243 p., avec fig. et pl. Paris, impr. Mouillot.

Clark, G. T. Mediæval Military Architecture in England. Illustr. 2 vols. 8⁰. London, Wymans. 31 s. 6 d.

Description archéologique de l'église d'Hérent (Brabant). (Rev. d'archéol. théorique, par Jacobs, N⁰s 9−10, 1883.)

Dion, A. de. La Tour centrale de Bayeux et M. Ruprich-Robert. 8⁰, 16 p. Tours, impr. Bousrez. (Extr. du Bull. monum. 1883.)

Durm, J. Das Heidelberger Schloss. Eine Studie üb. d. Meister, die ursprüngl. Gestalt d. Otto-Heinrichsbaues u. die Frage d. Wiederherstllg. Mit Zeichngen. (eingedr. Holzschn. u. 1 Taf.). Aus: Centralbl. d. Bauverwaltung. gr. 4^0, 12 S. Berlin, Ernst & Korn. M. 3. —.

— Die Propyläen in Athen. (Zeitschr. für bild. Kunst, 9 ff.)

Der Entwurf zur Vollendung des Ulmer Münster-turmes. (Deutsche Bau-Ztg. 42—44.)

Die Farbe in der Architektur. (Schweizer Gewerbebl., 13 ff.)

Ferstel, Erinnerung an. (Allg. Kunst-Chron., 23.)

Genée, R. Die Marienburg, ihr Verfall und ihre Wiederherstellung. (Voss. Zeitg., Sonntagsbeil., 13, 14.)

Gozzadini, G. Il palazzo detto di Accursio. (Atti e Mem. della R. Deputazione di Storia patria per le prov. di Romagna, serie III, vol. I, fasc. IV, Modena,)

Gurlitt. Paul Buchner, ein Baumeister der Renaissance (1531—1607).

Hallatt, G. W. T. Hints on Architectural Draughtsmanship. 12^0, p. 80. London, Spous. 1 s. 6 d.

Hope. The architectural history of the Cluniac Priory of S. Pancras at Lewes. (Archäolog. Journ. 161.)

Klenze, L. v., als Architekt. (Deutsche Bauztg. 23, 24.)

Lachner, C. Die Holzarchitektur Halberstadts. (Zeitschr. f. bild. Kunst, 6.)

Langl's J., Bilder zur Geschichte. Ein Cyklus der hervorragendsten Bauwerke aller Culturepochen in Lichtdr. nach den Orig.-Oelbildern. Mit erklär. Texte. (In 10 Lfgn.) 1. Lfg. Lex.-8^0. (6 Bl. m. 6 Bl. Text.) Wien, Hölzel. M. 2. —.

Ledieu, A. Une église rurale de Picardie. (Rev. de l'art. chrét., nouv. sér., II, 2.)

Lind, K. Die alten Wehrbauten zu Freistadt in Oberösterreich. (Mitth. d. Centr.-Commiss., N. F., X, 2.)

Literatur, die, der letzten sechs Jahre (1877-1882) aus dem Gesammtgebiete d. Bau- u. Ingenieurwesens, mit Einschluss des Kunstgewerbes, in deutscher, französ. u. engl. Sprache. Nebst ein. Nachtrag, enthalt. die Erscheinungen aus dem Gebiete der Elektrotechnik vom J. 1883. gr. 8^0, III, 316 S. Wien, Gerold & Co. M. 5. —.

Lübke, W. Die Frauenkirche zu Esslingen. (Arch. f. kirchl. Kunst, 4.)

Der Meister des Otto-Heinrich Baues. (Zeitschr. f. bild. Kunst, B. 27 ff.)

Mongeri. Il castello di Milano; storia e arte. (Rendiconti del R. Istit. Lombardo, VII, VIII.)

Morin, E. Etudes sur l'architecture, dessin, forme, composition. 4^0, IX, 208 p. et 46 pl. Paris, Ve Morel et Cie.

Neuwirth, J. Die Bauthätigkeit der alamannisch. Klöster St. Gallen, Reichenau u. Petershausen. (Sitzungsber. d. kais. Akad. d. Wissensch., phil.-hist. Cl., Bd. CVI, 1).

Paglia. La casa Giocosa di Vittorino da Feltre in Mantova. (Arch. stor. Lombardo XI, 1.)

Passepont, J. Les principales moulures et leur ornementation. (Rev. des arts décor. 11.)

Petrie. The Great Temple of San. (Acad. 619.)

Portig. Gottfr. Semper u. die Architektur der Gegenwart. (Unsere Zeit, 5.)

Prokop, A. Die Pfarrkirche von Doubravník (bei Burg Pernstein) in Mähren. (Mittheil. der Centr.-Comm., N. F., X, 1.)

Rájendralála Mitra. On the temples of Deoghar. (Journal of the Asiatic society of Bengal, LII, I, 2.)

Reber. Denkrede auf Leo v. Klenze. (Zeitschr. f. Baukunde, VII, 3.)

Repulles y Vargas, E. M. Restauración del Templo de San Jerónimo el Real en Madrid. Madrid, impr. de Fortanet. 4^0, 28 p. y 6 láms. 20 y 22.

Riaño. La Alhambra. (Rev. de España 385.)

Riewel. Die Spitalkirche in Waidhofen an der Ybbs. (Mittheil. d. Central-Comm., N. F., X, p. XXIX, ff.)

Schick. Das altchristliche Taufhaus neben der Kirche in 'Amwâs. (Zeitschr. d. deut. Palästina-Vereins, VII, 1.)

Schlepps, F. August Reichensperger und die christlich-germanische Baukunst. gr. 8^0, 67 S. Greifenberg i. P. (Leipzig, Scholtze.) M. 2. —.

Schnerich, A. Die Kirchen Klagenfurts im Allgemeinen u. die Dom- u. Stadtpfarrkirche im Besonderen. (Kirchenschmuck, 4.)

Sewell, R. On some new discoveries in Southern India. (Journ. of the R. Asiatic Societ., XVI, 1.)

Stein, H. Van Ruysbroeck. (Courr. de l'Art, 12.)

Vom Ulmer Münster. (Zeitschr. f. bild. Kunst, B. 36.)

Van Assche & J. Helbig. Recueil de modèles artistiques du moyen-âge. 1re livr.: Monographie de l'église paroissiale de Saint-Christophe, à Liége. XVI pl. et texte explicatif. Bruges, lithogr. Ve J. Petyt. M. 9. —.

Wallé, P. Wer ist der Architekt des Zeughauses zu Berlin? (Zeitschr. f. bild. Kunst, B. 29.)

Wastler, J. Das Mausoleum Ferdinand II. in Grätz. (Mitth. d. Centr.-Commiss., N. F., X, 1.)

Wheatley. History and development of the House. (Antiquary, März.)

Wien. Das neue Rathhaus in W. (Monatsbl. d. Alterth.-Vereins zu Wien, 6 ff.)

Zahn. Die Stiftskirche St. Nicolai in Aken a. E. (Gesch.-Bl. f. Stadt u. Land Magdeburg XIX, 1.)

IV. Sculptur.

Antik-Stuckreliefs aus dem Museo Tiberino zu Rom. (Deutsche Bau-Ztg., 19. 20.)

Babelon, E. Victoire, bronze de la collection de Janzé au Cabinet des médailles. (Gaz. archéol., 5.)

Blanchère, de la. Basrelief du tombeau d'un fabricant de voiles (Terracine). (Revue archéol., mars.)

Bloxam, M. H. On the sepulcral effigy of a pilgrim in St. Mary's church, Haverfordwest. (Archæologia Cambrensis, XIV, 4, 56.)

Boetticher, A. Die Laokoon-Gruppe u. der Gigantenfries. (Allg. Ztg., B. 147.)

Brichaut. La statue de la Liberté éclairant le monde. (Revue belge de numismat., XL, 2.)

Cavallucci, C. Jac. Manuale di storia della scultura. 8^0, p. 416, con illustr. Torino, Loescher. L. 6. —.

Civiletti. Die Kanarisgruppe von B. Civiletti in Palermo. (Zeitschr. f. bild. Kunst, 6.)

Conze. Grabstatue aus Tarent. (Sitzungsber. d. kgl. preuss. Akad. der Wiss., 27. 28.)

Courajod, L. Le Buste de Pierre Mignard, du musée du Louvre. 8^0, 16 p. avec dessin par L. Letrône. Paris, Menu. (Extr. de la Gaz. des B.-Arts, févr. 1884.)

— La part de l'art italien dans quelques monuments de sculpture de la première renaissance française. (Gaz. des B.-Arts, juin ff.)

Courajod, L. Une sculpture en bois peinte et dorée de la première moitié du XIIᵉ siècle. (Gazette archéol., IX, 3 ff.)

Edwards. A. Colossus of Colossi. (Academy, 630.)

Fraccaroli, G. Lo scultore Innocenzo Fraccaroli: discorso commemorativo. 8⁰, p. 47. Verona, Münster. L. 1. 25.

Furtwängler, Ad. Archaische Sculpturen. (Mittheil. d. deut. archäol. Instit. in Athen, VIII, 4.)

Gosse. Equestrian Sculpture for London. (Fortnightly Review, April.)

Heath, R. The works of François Rude. (Art Journal, Mai.)

Die Holzschnitzwerke der Decke in dem Audienzsaale des Schlosses zu Jever. (Zeitschr. f. Kunstu. Antiqitäten-Sammler, 13.)

Kisa, A. Polychrome Plastik. (Allg. Kunst-Chronik, 21 ff.)

Koehler, U. Praxiteles der ältere. (Mitth. des deut. archäol. Instit. i. Athen, IX, 1.)

Lami, S. Dictionnaire des sculpteurs de l'antiquité jusqu'au VIᵉ siècle de notre ère. 18⁰, VIII, 149 p. Paris, Didier. fr. 4. —.

Le Blant. Les ateliers de sculpture chez les premiers chrétiens. (Mélanges d'archéologie, III, 4. 5.)

Lehfeldt, P. Herter's sterbender Achilles. (Allg. Kunstchronik, 19.)

Leroi. La statue d'Adrien-Dubouché. (L'Art, 478.)

Müntz, E. La statue du pape Urbain V au Musée d'Avignon. (Gazette archéol., IX, 3.)

Palustre, Léon. Michel Colombe. (Gaz. des B.-Arts, mai ff.)

Reid, G. W. The naming of St. John. From a carving attributed to Albrecht Dürer. (Portfolio, April.)

Robert, C. Die Ostmetopen des Parthenon. (Achäol. Zeitung, XLII, 1.)

— Der Bildhauer Polykles u. seine Sippe. (Hermes, XIX, 2.)

Rossbach, O. Die dreizehnte Südmetope des Parthenon. (Archäol. Zeitung, XLII, 1.)

Rude, François. Head of Christ on the cross by Fr. Rude. From the marble in the Louvre. (Portfolio, Mai.)

Schmarsow, A. Ein Entwurf Michelangelos zum Grabmal Julius II. (Jahrb. d. kgl. preuss. Kunstsammlungen, V, 2.)

Semper. Zur römischen Renaissance-Sculptur. (Deutsches Kunstblatt, 17.)

Signatures et inscriptions des sculptures de l'exposition de l'art au XVIIIᵉ siècle. (Rev. de l'art franç., 2.)

Soest, Albert, v. (Blätter f. Kunstgewerbe, 4.)

Sollen wir unsere Statuen bemalen? (Deutsche Rundschau, Mai.)

Statue, die, der Freiheits-Göttin am Eingang des Hafens von New-York. (Deutsche Bauzeitung, 47. 48.)

Stephens, F. G. Hugh Lupus, earl of Chester after G. F. Watts. (Art Journal, Juni.)

Tourneur. Histoire de Job à la cathédrale de Reims; Interprétation d'un groupe de statues au portail nord. 8⁰, 35 p. Reims, imp. Monce.

Vachon, M. La vie et l'œuvre de Pierre Vaneau, sculpteur français du XVIIᵉ siècle, et le monument de Jean Sobieski. 4⁰, 68 p. avec une restitution du monument par Ed. Corroyer, 4 photogr. et 19 dessins. Paris, Charavay fr.

Venturi, A. Un ignoto gruppo marmoreo di Cristoforo Solari: nota, con documenti. 4⁰, p. 15. Modena, tip. Toschi e C.

— Eine unbekannte Marmorgruppe des Cristoforo Solari. (Mitth. d. Instit. f. österr. Geschichtsforschung, V, 2.)

Visconti e Lanciani. Il busto di Anacreonte scoperto uegli orti di Cesare. (Bullet. della Commiss. archeol. commun. di Roma, XII, 1.)

V. Malerei. Glasmalerei. Mosaik.

Adams, M. B. Artist's Homes. A Portfolio of Drawings. f⁰. London, Batsford. 21 s.

Armstrong, Walther. On the authorship of some italian pictures. (Portfolio, March ff.)

Arty. Psyche et l'Amour par Paul Baudry. (L'Art 480.)

Atz, K. Tessenberg i. Pusterthal u. seine Wandgemälde. (Mitth. d. Centr.-Commiss., N.F., X, 2).

Bailo, L. Affreschi salvati nella demolita chiesa di Santa Margherita in Treviso: relazione. 8⁰, p. 52. Treviso, L. Zoppelli. L. —. 75.

Bellio. Illustrazione di manoscritti geografici della Biblioteca comunale di Palermo. (Arch. stor. Siciliano, N. S., VIII, 3, 4.)

Bley, Fritz. Edouard Manet. (Zeitschr. f. bild. Kunst, 8.)

Bode, W. Adriaen Brouwer. Ein Bild seines Lebens u. s. Schaffens. Mit Illustr. u. Kunstbeilag. [Aus: „Die graph. Künste".] f⁰. (52 S. mit eingedr. Holzschn. u. Heliograv. u. 7 Radirungen.) Wien, Gesellsch. f. vervielfält. Kunst. M. 15. —

— Dürer's Bildniss des Kurfürsten Friedrich von Sachsen, gen. der Weise. (Jahrb. d. k. preuss. Kunstsammlungen, V, 2.)

Bubeck, W. Die Entwicklung der Glasmalerei. (Schweizer. Gewerbebl., 9 ff.)

Calvin. Underscribed drawings by Victor Pisano. (Academy, 627.)

Carboni, P. Raffaello letterato, archeologo, patriotta. (Fanfulla della Domenica, V, 12, suppl.)

Carocci, G. Raffaello a Firenze. (Arte e storia, II, 12.)

Cassez. Meissonier. (Allg. Kunst-Chr., 24.)

Castan, M. L'un des peintres du nom de Coxie aux prises avec l'inquisition. (Bullet. de l'Acad. roy. de Belgique, 11.)

— Contribution à la biographie du portraitiste A. de Vries. (Bull. de l'Acad. roy. des sciences etc., de Belgique, 3ᵉ série, t. VII, N⁰ 2.)

— Les relations du peintre Théodore Van Loon avec la citadelle de Pallas, à Louvain. (Bull. de l'Acad. roy. des sciences etc., de Belgique, 3ᵉ série, t. VII, N⁰ 2.)

Cavalcaselle, G. B. e F. A. Crowe. Raffaello, la sua vita e le sue opere: edizione originale italiana. Vol. I. 8⁰, p. XI, 415. Con 10 tav. inc. Firenze, succ. Le Monnier. L. 10. —.

Chambers Lefroy, W. Portraits. (Portfolio, Mai).

Chiappelli, A. L'arte di Raffaello. (Preludio, Ancona, VII, 9.)

— I dipinti di Raffaello nella stanza della segnatura. (Arte e storia, II, 12 ff.)

Church, A. H. The master of San Martino. (Portfolio, Februar.)

Cros, H. et Charles Henry. Histoire de la peinture à l'encaustique. (L'Art, 479 ff.)

Dahlke, G. Drei Flügeltafeln aus Ambras. (Allg. Kunst-Chronik, 14 ff.)

Délisle, L. Le sacramentaire d'Autun. (Gazette archéol., 5.)

Diehl. Peintures byzantines de l'Italie méridion. (Bullet. de corresp. hellénique, 4, 5.)

Distel, Th. Einiges über den kursächsischen Hofmaler Friedrich Bercht, 1575 ff. (Zeitschr. f. Museologie, 5.)

Duret, Th. Sir Joshua Reynolds et Gainsborough aux expositions de la Royal Academy et de la Grosvenor Gallery. (Gaz. des B. Arts, avril.)

Dyck, van, en France. (Revue de l'art franç., 1884, 1.)

Earle. Facsimiles of Anglo-Saxon Manuscripts. (Academy, 629.)

Filangeri. Di un dipinto finora attribuito ad Antonio Solario detto lo Zingaro. (Arch. stor. per le province Napolitane, XI, 1.)

Franciosi, G. Dante e Raffaello. (Memorie della R. Accad. di scienze, Modena, Ser. II, 1.)

Frölich, X. Schloss Rheden, insbesondere das alte Wandgemälde in der Kapelle derselben. (Altpreuss. Monatsschr., XXI, 1, 2.)

Frommann, Fr. J. Zur Charakteristik Friedr. Preller's. (Zeitschr. f. bild. Kunst, B. 31.)

Garstein, N. Edouard Manet. (Art Journ. April.)

Gebhardt, O. v. Ein Codex Corvinianus in der Universitätsbibliothek zu Göttingen. (Centralbl. f. Bibliothekswesen, I, 4.)

Geymüller, E. di. Raffaello Sanzio, studiato come architetto coll' ajuto di nuovi documenti. 4⁰. p. VIII, 113, con 8 tav. e 70 illustr. dagli originali ovvero da ritocchi. Milano, U. Hœpli. L. 60. —.

Graves, A. A Dictionary of Painters who have exhibited Works in the Principal London Exhibitions of oil Paintings from 1760 to 1880. 8⁰. London, Bell & S. 31 s. 6 d.

Grimm, H. Der erste Band des Corpus sämmtlicher Handzeichnungen Albrecht Dürers. (Deutsche Rundschau, X, 9.)

Guizot, Guillaume. Munkacsy et Paul Baudry. (Gaz. des B.-Arts, juin.)

Harck, F. Die Fresken im Palazzo Schifanoja i. Ferrara. (Jahrb. d. k. preuss. Kunstsammlungen, V, 2.)

Hoffmann, R. Munkacsy's Christus vor Pilatus. (Kirchl. Monatsschr., III, 6.)

Hohenbühel-Heufler. Die Wappen der Zinnen auf der Hofmauer des Rathhauses zu Häll in Tyrol. (Mittheil. d. Central-Commiss., N. F., X, p. XXXIII.)

Hymans, L. Paul Vitzthumb. (L'Art, 480.)

Jouin, H. Les portraits d'artistes français à la Villa Médicis. (Rev. de l'art franç., 4 ff.)

Klemt, A. Božena, Gemälde von Franz Ženíšek. Allg. Kunst-Chr., 18.)

Kolb, H. Glasmalereien des Mittelalters u. der Renaissance. Orig.-Aufnahmen. (In 10 Hftn.) 1. Heft. f⁰. (6 Chromolithogr. m. 6 Bl. Text.) Stuttgart, Wittwer. M. 10. —.

Koppel, E. Arnold Böcklin. (Vom Fels zum Meer, Juli.)

Kraus, Fr. X. Die Miniaturen d. Codex Egberti i. d. Stadtbibliothek zu Trier. In unveränderl. Lichtdr. herausg. hoch 4⁰. (27 S. m. 60 Taf.) Freiburg i/Br.. Herder. M. 36. —.

— Die Wandgemälde der S. Georgskirche zu Oberzell auf der Reichenau. Aufgenommen v. Frz. Bär. Mit Unterstützg. der grossherzogl. bad. Regierg. herausg. gr. f⁰. (VII, 23 S. m. 16 lith. u. chromolith. Taf. Ebenda. M. 36. —.

Lange, J. Den antike Malerkunsts Leoninger. (Nord. Tidskrift for Filologie, VI, 3.)

Lauser. Steinle's Parcivalbilder. (Allg. Kunst-Chronik, 25.)

Lecoy de la Marche. La miniature en France du XIIIᵉ au XVIᵉ siècle. (Gazette des B.-Arts, juillet)

Lehfeldt, P. Menzel's „Piazza d'erbe" zu Verona. (Allg. Kunst-Chronik, 26.)

Leighton's, Fred., Cymon and Iphigenia. (Art Journal, May.)

Lewin, Th. Notizen über einige holländ. Meister (Zeitschr. f. bild. Kunst, B. 35.)

Loustau. Inscription d'une mosaique trouvée à Orléansville. (Bull. épigraphique, IV, 1.)

Lostalot, A. de. Le portrait de M. Edmond About par Paul Baudry: Liste des portraits peints par l'artiste. (Gaz. des B.-Arts, avril.)

Lützow, C. v. Ein Jugendwerk von Bernaert van Orley. (Zeitschr. f. bild. Kunst, 7.)

Magni, B. Raffaello Archeologo. (La scuola Romana, I, 5.)

Marks. The St. Anna of Lionardo da Vinci. (Transactions of the R. Society of Literature, XIII, 1.)

Menzel, Ad. Ein neues Bild von A. M.: Piazza d'Erbe zu Verona mit Staffage. (Zeitschr. f. bild. Kunst, B. 36.)

Monceaux, H. Les Cousin de Sens. (L'Art, 476 ff.)

Morelli, Giov. Italian Masters in German Galleries: a Critical Essay on the Italian Pictures in the Galleries of Munich, Dresden, and Berlin. Translated from the German by L. M. Richter. 8⁰. London, Bell & S. 8 s. 6 d.

Müntz, E. Les mosaiques chrétiennes. (Rev. archéol., janvier.)

Muther, R. Die Anfänge der Genremalerei. (Allg. Ztg., B. 169.)

Nolhac, Pierre de. Une galerie de peinture au XVIᵉ siècle: Les collections de Fulvio Orsini. (Gaz. des B.-Arts, mai.)

Nordhoff, J. B. Johann Christoph Rincklake. (Westdeutsche Zeitschr., III, 2 ff.)

Norman, H. Hogarth and the pirates. (Portfolio, January.)

Pellet, M. La mosaique de Nimes. Le mariage d'Admète. (L'Art, 478.)

Pfeiffer. On two pictures by G. F. Watts. (Academy, 627.)

Piéterment. Note sur la valeur des renseignements que les anciennes peintures égyptiennes peuvent fournir aux naturalistes, aux ethnographes et aux historiens. (Bullet. de la soc. d'anthropol. de Paris, 3ᵉ série, VI, 4.)

Piles, R. de. La vie de Rubens. (Bull. Rubens, Tome II, 3ᵉ livr.)

Pinset, R. et J. d'Auriac. Histoire du portrait en France. 4⁰, 279 p. et 39 grav. Paris, imp. Quantin.

Portig, G. Zur Raphael-Literatur. (Blätter für literar. Unterhaltung, 23.)

Prenca, G. Raffaello da Urbino. (Preludio, Ancona, VII, 7.)

Radford, G. Turner in Wharfedale. (Portfolio, March.)

Raffael. I disegni di Raffaello che pi conservano nelle Gallerie di Firenze. (Arte e storia, II, 12.)

Raffaello, la madonna di Foligno. (Il Polifono, Foligno, I, 2.)

Raffaello, la Madonna di Foligno. (Cronaca Marchegiana, Camerino, VII, 7.)

Rahn, J. R. Die Wandgemälde in der Klosterkirche zu Kappel. (Anzeig. f. schweiz. Alterth.-Kunde, 2 ff.)

Raphael of Urbino. (The International Review, New York, Mai, Juni.)

Regnet, C. A. Edmund Blume. (Allgem. Kunst-Chronik, 21.)

— Dr. Michael Haubtmann. Ruinen des Parthenon zu Athen. (Allg. Kunst-Chronik, 23.)

Reynolds, S. Joshua. Mrs. Pelham feeding chickens, engraved by Alfred Dawson. (Portfolio, Januar.)

Robertson, J. F. George Jamesone, the Scottish limner. (Art Journal, Juli.)

Roncagli, G. Di una pittura dell' antichissima Scuola bolognese anteriore a Cimabue. (Atti e Mem. della R. Deputazione di Storia patria per le prov. di Romagna, serie III, vol. I, fasc. IV, Modena.)

Rooses, M. De Antwerpsche schilderschool tot aan den dood van Rubens. (De Toekomst. 6e série, 3e année, N⁰ 3, 4 ff., Gand.)

— et C. Ruelens. Le portrait de Richardot au Louvre. (Bull. Rubens, Tome II, 3e livr.)

— M. Petrus Paulus Rubens en Balthasar Moretus. Eene bydrage tot de geschiedenis der Kunst. 8⁰, 134 p. Anvers, Vᵉ de Bakker. M. 3. —.

Rosenberg, A. Zu Menzel's fünfzigjährigem Künstlerjubiläum. (Daheim, XX, 32. — Ueber Land u. Meer, LII, 33.)

— Alex. Calame. (Grenzboten, 21.)

— M. Munkacsy. (Grenzboten, 11.)

Rossetti, W. M. Notes on Rossetti and his works. (Art Journal, Mai ff.)

Ruskin on the storm cloud of the nineteenth century. (Art Journal, April.)

Salvisberg. Die neuen Wandmalereien im Pantheon zu Paris. (Allg. Ztg., B. 140.)

Schaufuss, L. W. Seit wann und von wem ward auf Kupfer gemalt? (Zeitschr. f. Kunst- und Antiquitäten-Sammler, 15 ff.)

Schmid's, Mathias, Geburtshaus. (Allg. Kunst-Chronik, 14.)

Segers, G. Rubens en Vondel. (Nederlandsche Dicht- en Kunsthalle, VI, Nr. 10.)

Sharp, W. Monte Oliveto and the frescoes of Sodoma. (Art Journal, April ff.)

Toman. Ein neuer Raphael. (Zeitschr. f. Kunst-u. Antiquit.-Sammler, 13.)

Valentin, V. Steinle's Parzival. (Zeitschr. für bild. Kunst, B. 34.)

Waller. The „Apollo and Marsyas". (Acad., 618.)

Weiske, A. Louis Bokelmann's „An der Spielbank von Monte Carlo". (Allg. Kunst-Chr., 24.)

Zimmern, H. Sir Josua Reynolds. (Westermann's Monatsh., Mai.)

VI. Münz-, Medaillen-, Gemmen-kunde, Heraldik.

Aquilla Smith. Saxon Coins found in Ireland. (Numismat. Chronicle, 1883, 4.)

Babelon. La loi Plautia-Papiria et la réforme monétaire de l'an de Rome 89 av. J. C. (Rev. numismat., II, 1.)

Bahrfeldt, M. Geschichte des ältern römischen Münzwesens bis c. 200 v. Chr. (Numismatische Zeitschrift, XV.)

Barthélemy, de. Monnaies gauloises au type du cavalier. (Revue numismat., II, 1.)

— Sur les monnaies gauloises découvertes à Jersey en 1875. (Revue numismat., II, 2.)

Botta, C. A. Armorial de l'empire de Russie. (Giornale araldico-genealogico-diplomatico, dir. dal cav. G. B. Di Crollalanza, num. di genn. ad aprile.)

Brichaut. Description de la collection de J. F. H. Oldenburg, contenant les monnaies de la Suède, des possessions nationales, celles de Hesse du Landgrave Frédéric (le roi Frédéric I). (Revue belge de numismat., XL, 2.)

Callot. Décoration héraldique de la voiture. 8", 64 p. avec fig. Paris, imp. Chamerot. fr. 5. —.

Chestret de Haneffe. Numismatique liégeoise. (Rev. belge de numismat., XL, 2.)

Clericus, L. Die Städtewappen. (Deutscher Herold, 5. 6.)

Cocheteux. De l'enchainement des systèmes monétaires romains, mérovingiens et carlovingiens. (Revue belge de numismat., XL, 2.)

Dannenberg. Zwei Funde von Denaren des X. u. XI. Jahrhunderts. (Zeitschr. f. Numismatik, XI, 4.)

Deloche. Cachet en or à double inscription de l'époque mérovingienne. (Comptes rendus de l'Acad. des inscript., octobre—décembre.)

— Sur quelques cachets et anneaux de l'époque mérovingienne. (Revue archéol., mars.)

— Monnaies mérovingiennes. (Revue numismat., II, 1.)

Engel, A. Monnaies grecques rares ou inédites du musée de l'École évangélique et de la collection de M. Lawson à Smyrne. 8⁰, 23 p. et 2 pl. Paris, imp. Boudet. (Extr. de la Revue numismat., 3e série, t. 2.)

Erman, A. Deutsche Medailleure des 16. und 17. Jahrhunderts. (Zeitschr. f. Numism., XII, 1.)

Evans. Further Notice of some Roman Coins discovered in Lime Street, London. (Numismat. Chronicle, 1883, 4.)

Falchi, J. Vetulonia e le sue monete confrontate con le monete di Populonia e di Roma, considerazioni sulla riduzione dell' asse. (Bull. dell' instit. di corr. archeol., 1884, 1. 2.)

Frati, L. Delle monete gettate al popolo nel solenne ingresso in Bologna di Giulio II per la cacciata di Gio. II Bentivoglio. (Atti e Mem. della R. Deputazione di Storia patria per le prov. di Romagna, serie III, vol. I, fasc. IV, Modena.)

Fryer. On an engraved Gem found at Cuddy's Cove. (Journ. of the brit. archæol. Association, XL, 1.)

Gauthier, J. Les Sceaux et les Armoiries des villes et bourgs de Franche-Comté. 8⁰, 26 p. Besançon, imp. Dodivers et Cie. (Extr. du Bull. de l'Acad. de Besançon, 13 juillet 1882.)

Gentili di Rovellone. Di una moneta inedita di papa Clemente VII e della zecca di Fabriano nel sec. XVI. (Bull. di numismatica, Camerino, I, 2. 3.)

Greene. The Medaillon of Philibert the Fair of Savoy and Margaret of Austria. (Numism. Chronicle, 1883, 4.)

Hazlitt. The coins of Venice. (Antiquary, Mai.)

Kenner. Münze von Ninive. (Numismat. Zeitschrift, X.)

Lane-Poole. The Arabian Historians on Mohammedan Numismatics. (Numism. Chron., 1.)

Laugier, J. Monnaies inédites ou peu connues de papes et légats d'Avignon, appartenant au cabinet des médailles de Marseille. 8⁰, 31 p. Tours, imp. Bousrez.

Leroi, P. La collection de médailles artistiques de la renaissance de M. J. C. Robinson. (L'Art, 480.)

Lex, L. Note sur un denier inédit de Château-Landon, attribuable à Louis VII (1137—1180). 8⁰, p. 3. Paris, imp. Boudet.

Lippi. Una moneta sonosciuta di Tebe Lucana. (Arch. stor. per le province Napolitane, XI, 1.)

Man, M. de. Monnaies anglo-saxonnes, mérovingiennes et carolingiennes, trouvées à Dombourg (Zélande). (Bullet. mens. de numismat. et d'archéol., Nᵒˢ 5—7, nov. 1883 à janv. 1884, Bruxelles.)

Maxe-Werly. Monnaies inédites d'Adhémar de Monteil, évêque de Metz et de Henri IV, comte de Bar. (Revue numismat., II, 2.)

— Numismatique soissonnaise. (Rev. numismat., II, 1.)

Meyer, Ad. Die Münzen der Stadt Dortmund. (Numismat. Zeitschrift, XV.)

Möller, Fritz. Zu dem Denarfund von Metz. (Westdeutsche Zeitschr., III, 2.)

Montagu. On an unpublished Penny of William I and on the Word „Pax". (Numism. Chron., 1.)

Müller, Jos. Venezianer Münzen im XIII. Jahrhundert und ihr Einfluss auf das mitteleuropäische Geldwesen. (Numismat. Zeitschr., XV.)

Müller, Sophus. Ueber die barbarischen Gemmen. (Zeitschr. f. Ethnologie, XVI, 2.)

Müntz, E. L'atelier monétaire de Rome. Documents inédits sur les graveurs de monnaies et de sceaux, et sur les médailleurs de la cour pontificale depuis Innocent VIII jusqu'à Paul III. (Revue numismat., II, 2.)

Paole. Athenian Coin-Engravers in Italy. (Numismat. Chronicle, 1883, 4.)

Peez. Eine neue Münze von Celenderis mit dem Bilde des Traian Decius. (Numismat. Zeitschrift, XV.)

Ponton d'Amécourt, de. Monnaies de l'heptarchie anglo-saxonne. Un triens de Winchester (royaume de Wessex). 8⁰, 18 p. avec fig. Paris, imp. Pillet et Dumoulin. (Extr. de l'Ann. de la Soc. franç. de numismat. et d'archéol.)

Rondot, Nat. Les graveurs de la monnaie de Troyes du XIVᵉ au XVIIIᵉ siècle. (Revue de l'art franç., 2.)

Rouyer. Quelques anciens méreaux de Tournai et souvenirs qui s'y rattachent. (Rev. belge de numismat., XL, 2.)

Sacchetti, G. Tecnologia e terminologia monetaria. 32⁰, XIV, 192 p. Milano, Hoepli. L. 2. —

Santoni, M. Della zecca e delle monete di Camerino. (Bull. di numismat., Camerino, I, 1.)

Santoni, M., e F. Raffaelli. La zecca di Macerata. (Bull. di numismat., Camerino, II, 2. 3.)

Schlumberger, G. La Vierge, le Christ, les Saints sur les sceaux byzantins des Xᵉ, XIᵉ et XIIᵉ siècles. 8⁰, 28 p. Nogent-le-Rotrou, imp. Daupeley-Gouverneur. (Extr. des Mém. de la Soc. nat. des antiquaires de France, t. 44.)

Serrure, R. Gros au cavalier frappé à Maubeuge (Nord). (Bull. mens. de numismat. et d'archéol., Nᵒˢ 5—7, nov. 1883 à janv. 1884, Bruxelles.)

— Quelques mots sur l'introduction de la réforme monétaire de Saint-Louis dans les Pays-Bas méridionaux. (Bull. mensuel des numism. et d'archéol., Nᵒˢ 5—7, nov. 1883 à janv. 1884, Bruxelles.)

Stickel. Eine der älteren armenischen Münzen. (Numismat. Zeitschr., XV.)

Streeter, E. W. Precious Stones and Gems, their History and Distinguishing Characteristics. 4th edit. 8⁰. London, Bell. 15 s.

Thomas, L. Numismatique et Sigillographie pontoisiennes. 8⁰, 45 p. avec sceaux et pl. Pontoise, imp. Paris.

Tonini, P. P. Otto sigilli cortonesi del museo nazionale di Firenze. (Giorn. araldico geneal.-diplomatico, dir. dal cav. G. B. Di Crollalanza, num. di genn. ad aprile.)

Vaillant, V. J. Joseph Roettiers, graveur en médailles et en monnaies. (Revue de l'art franç., 5.)

Vallier, G. Petit supplément à la numismatique papale d'Avignon. 8⁰, 16 p. avec dessins. Tours, imp. Bousrez.

Vitalini, O. Di alcune monete inedite e non ancor segnalate. (Bullett di numismat., Camerino, I, 1.)

Wauters, A. Le monnayage de l'or en Belgique du XIIᵉ au XIIIᵉ siècle. (Bullett. mensuel de numismat. et d'archéol., Nᵒˢ 5—7, nov. 1883 à janv. 1884, Bruxelles.)

Wroth. Cretan Coins. (Numismat. Chronicle, 1.)

VII. Schrift, Druck u. graphische Künste.

Annuario della Libreria, Tipografia e delle Arti affini in Italia, pubblicato per cura del Comitato Direttivo dell' Associazione Tipografico-Libraria Italiana. Anno I (1884). 16⁰, p. 413, con 3 ritratti. Milano, tip. di C. Rebeschini e C. L. 5. —.

Bechstein, R. Die deutsche Druckschrift und ihr Verhältniss zum Kunststil alter und neuer Zeit. Vortrag, geh. in der Aula der Universität zu Rostock. (Sammlung von Vorträgen. Hrsg. von W. Frommel u. Frdr. Pfaff. 11. Bd. 7. Hft.) 8⁰, 32 S. Heidelberg, C. Winter. M. 1. 40.

Bösch, H. Eine projectiert gewesene zweite Ausgabe der sogen. Schedel'schen Chron. (Anz. d. german. Nat.-Museums, I, 5.)

Colombo, A. Due orfani illustri: notizie di G. Pirotta e G. Silvestri, tipografi editori milanesi. 16⁰, p. 19. Milano, Colombo e Lozza.

Conway, W. M. The Woodcutters of the Netherlands in the 15th Century. 8⁰, p. 364. London, Cambridge Warehouse. 10 s. 6 d.

Cousin, J. Bibliographie et bibliothéconomie. De la classification des bibliothèques. 8⁰, 8 p. Paris, A. Durand et Pédone-Lauriel.

Duplessis, G. Les emblèmes d'Alciat. (Courrier de l'Art, 20 ff.)

— Essai bibliographique sur les differentes éditions des Icones Veteris Testamenti d'Holbein. 8⁰, 20 p. Nogent-le-Rotrou, imp. Daupeley-Gouverneur. (Extr. des Mém. de la Soc. nat. des antiquaires de France, t. 44.)

— Les Livres à gravures du XVIᵉ siècle: les Emblèmes d'Alciat. 8⁰, 68 p. avec grav. Paris, Rouam. (Bibl. intern. de l'art.)

Dutuit, E. Une des plus anciennes gravures connues avec date. (L'Art, 475.)

Falk. Hat sich Joh. Fust zu Mainz eines Nachdrucks Joh. Mentelin zu Strassburg gegenüber schuldig gemacht? (Centralbl. f. Bibliothekswesen, I, 6.)

Frimmel, Th. Zur Kritik von Dürer's Apokalypse u. seines Wappens m. d. Todtenkopfe. gr. 8⁰. (IV, 43 S.) Wien, Gerold's Sohn. M. 1. 20.

Gimingham, A. E. Types and Antitypes of our Lord and Saviour Jesus Christ. Containing Parallel Passages from the Old and New Testament. Illustrated by vignettes after the Italian and german Schools, with elaborate borders and initial letters adapted from an illuminated Copy of the Gopsels in the British Museum and certain missals of the 13th Century. 4⁰. London, Christian Knowledge Society. 3 s. 6 d.

Grand-Cartenet, John. La caricature allemande. (Le Livre, avril.)

Haeghen, Ph. van der. La bibliothèque de Marie-Antoinette. (Le Livre, mai.)

Ilgenstein. Einige unbeschriebene Einblattdrucke des 15. Jahrhts. (Centralbl. f. Bibliothekswesen, I, 4.)

— Ueber die früheste Buchdruckergeschichte Ulms. (Centralbl. f. Bibliothekswesen, I, 6.)

Inventarium der herzogl. Bibliothek zu Rivoli 1561. (Neuer Anz. f. Bibliogr., 4.)

Klemm, H. Beschreibender Catalog d. bibliogr. Museums von H. K. 1. u. 2. Abth.: Manuscripte u. Druckwerke des 15. u. 16. Jahrhts. aus den 18 frühesten bis 1470 bekannt gewordenen Druckstädten, zusammen über 1000 Gegenstände umfassend. 8⁰. (VIII, 509 S. m. 1 color. Steintaf.) Dresden, H. Klemm. M. 6. —.

Konfirmations-Zeugnisse, 40, m. Randzeichngn. von Osc. Pletsch. Hrsg. u. m. Bibelsprüchen u. Liederversen versehen von v. der Trenck. 1. Sammlg. qu. gr. 4⁰. Leipzig, A. Dürr. M. 1. 50.

Lehrs, M. Jörg Sürlin d. Jüngere als Kupferstecher. (Zeitschr. f. bild. Kunst, B. 36 ff.)

Lichtwark, A. Das Ornament der Kleinmeister. (Jahrb. d. k. preuss. Kunstsamml., V, 2.)

Lostalot, A. de. Artistes contemporains: Felix Bracquemond, peintre graveur. (Gaz. des B.-Arts, mai ff.)

Machon, L. Discours pour servir de régle ou d'avis aux bibliothécaires. Publié, et augmenté d'une notice sur Louis Machon et sur la bibliothèque du premier président messire Arnaud de Tontac, pas Dasquit de Saint-Amand. 8⁰, 77 p. Bordeaux, imp. Gounouilhou. (Extr. du t. 3 des publ. de la Soc. des bibliophiles de Guyenne.)

Manzoni, G. Annali tipografici del Soncino. vol. 3⁰, solo pubbl., p. 504, con 6 tav. Bologna, G. Romagnoli. L. 14. —.

Merlo, J. J. Anton Wönsam von Worms, Maler und Xylograph zu Köln. Sein Leben u. seine Werke. Nachträge. Mit 2 Holzschn. gr. 8⁰. (56. S) Leipzig, Barth. M. 2. 80.

Ridolfi, E. Commemorazione di A. Pieroni incisore. 8⁰, p. 40. Lucca, tip. Giusti. (Dal vol. XXIII degli Atti della R. Accad. Lucchese.)

Seidlitz, W. v. Die gedruckten illustr. Gebetbücher des XV. u. XVI. Jahrhts. (Jahrb. d. k. preuss. Kunstsamml., V, 2.)

Steffenhagen, E. u. A. Wetzel. Die Klosterbibliothek zu Bordesholm u. die Gottorfer Bibliothek. Drei bibliograph. Untersuchungen. Zur Eröffnung des neuen Bibliothekgebäudes der Universität zu Kiel hrsg. gr. 8⁰ (VII, 232 S.) Kiel, Universitäts-Buchhdlg. in Comm. M. 6. —.

Susan, B. E. Un bibliophile contemporain (le baron James de Rothschild). 8⁰, 16 p. Paris, imp. Quantin.

Wessely, J. E. Adrian Ludwig Richter zum 80. Geburtstage. Ein Lebensbild. [Aus: Die graph. Künste.] f⁰. (16 S. m. eingedr. Holzschn. u. Heliogr. u. 11 Taf. in Radirung u. Heliogr.) Wien, Gesellsch. f. vervielfält. Kunst. M. 12. —.

VIII. Kunstindustrie. Costüme.

Amman, Jost. Stände u. Handwerker, m. Versen v. Hans Sachs, Frankfurt a M. bei S. Feyerabend 1568. (116 Bl.) (Liebhaber-Bibliothek alter Illustratoren in Facsimile-Reproduction. 7. Bdchn.) gr. 8⁰. München, Hirth. M. 7. 50.

Arbeiten, kunstgewerbliche, aus der culturhistorischen Ausstellung zu Graz 1883. Photographisch aufgenommen v. Leop. Bude in Graz. Lichtdr. von A. Naumann & Schröder in Leipzig. Ausgewählt v. Bildh. Prof. Carl Lacher. 1.—5. Lfg. Fol. (à 10 Taf.) Graz, Goll. à M. 12. —.

Artists at Home. Part 1. 4⁰. London, Law. 5 s.

Avanzo, D. Renaissance-Möbel im Charakter d. XV. u. XVI. Jahrh. Eine Sammlg. v. Entwürfen f. Tischler, Ateliers für Wohnungseinrichtungen, Decorateure u. Fachschulen. 2. Abth. 1. Lfg. f⁰. (6 photolith. Tafln.) Wien, Gräser. M. 4. 80.

Baldassarri, Fr. Lo sportello della nicchia dell' immagine della Vergine Immacolata nella chiesa di S. Francesco di Faenza, lavoro del cav. G. B. Gatti: illustrazione. 8⁰, p. 14. Faenza, tip. Marabini.

Bapst, Germain. Les coupes phénico-assyriennes. (Revue des arts décor., 9.)

Baumann, L. und E. Bressler. Barock. Eine Sammlg. von Plafonds, Cartouchen, Consolen, Gittern, Möbeln, Vasen, Oefen, Ornamenten, Interieurs etc., zumeist in kaiserl. Schlössern, Kirchen, Stiften u. anderen Monumentalbauten Oesterreichs aus der Epoche Leopold I. bis Maria Theresia aufgenommen und gezeichnet. 1. Lfg. f⁰. (10 Tafln.) Wien, Schroll. M. 6. —.

Beck, L. Die Geschichte des Eisens in technischer u. kulturgeschichtlicher Beziehung. (In 2 Abthlgn.) 1. Abthlg. Von der ältesten Zeit bis um d. J. 1500 n. Chr. Mit 315 in d. Text eingedr. Holzst. gr. 8⁰, X, 1047 S. Braunschweig, Vieweg & Sohn. M. 30. —.

Berger, G. L'Art dans l'industrie. 8⁰, 16 p. Paris, imp. Chaix. (Extr. du journ. le Génie civil.)

Bertholet et ses relieurs, 1743. (Bull. de la Soc. des bibliophiles liégeois. 6e fasc. 1883.)

Böheim, W. Der Florentiner Waffenschmied Pifanio Tacito. (Zeitschr. f. bild. Kunst, 7.)

Buchner. Ueber einige Fertigkeiten der Bantu-Neger. (Oester. Monatsschrift f. d. Orient, 4.)

Burkhardt, C. A. H. Geschichte des Gewerbevereines zu Weimar 1833—1883. Festschrift z. Feier d. 50jähr. Jubiläums, im Auftrag d. Vereines quellenmässig bearb. gr. 8⁰. (85 S.) Weimar 1883 (Hensz Sohn). M. 1. 20.

Colbert und die Spitzenindustrie. (Blätter für Kunstgew., 6.)

Cuturi, T. Le corporazioni delle arti nel comune di Viterbo. (Archivio della Soc. romana di Storia patria, vol. VII, fasc. I—II.)

Darcel, Alfr. Orfèvres parisiens et blésois du XVIe siècle. (Rev. de l'art franç., 4.)

Distel, Th. Arbeiten der Goldschmiede Dietm. Roett (1466), Dietr. Holtermann u. Johann Reser (1583), Mathes Karl (1587), Georg Beierla u. Fr. Andres (1602 ff.). (Zeitschr. f. Museologie, 6.)

Duveyrier, H. L'anneau de bras des Touareg. (Revue d'ethnographie, nov.—déc.)

Enquête sur la situation des industries d'art. Dépositions des délégués lyonnais, publiées par la chambre de commerce de Lyon. 4⁰, XI, 61 p. Lyon, imp. Pitrab aîné.

Eudel, P. Soixante planches d'orfèvrerie de la collection de Paul Eudel, pour faire suite aux Eléments d'orfèvrerie composés par Pierre Germain. 4⁰, XXXII, 19 p. et 60 pl. Paris, Quantin.

Fortnum, C. D. E. Bronzes. (The Watchmaker, Jerveller and Silversmith, february 1883.)

Friedrich, C. Die altdeutschen Gläser. Beitrag zur Terminologie und Geschichte des Glases. Hrsg. vom bayr. Gewerbemuseum in Nürnberg. gr. 8⁰. (VIII, 264 S. m. eingedr. Fig.) Nürnberg, Bieling. M. 6. —.

Gand, E. Monographies des tissus artistiques les plus remarquables au point de vue de l'ingéniosité des armures employées pour lier l'envers, l'endroit et le façonné de ces étoffes, analyse, mise en carte, image des contextures. T. er. 1er fasc. Pl. 1. gr. 8⁰, 24 p. Paris, Baudry.

Gewerbe-Zeitung. Illustrirte Rundschau üb. die Fortschritte u. Erfahrgn. auf gewerbl. Gebiete. Wochenschrift f. Werkstatt, Schule und Haus. Hrsg.: Adolf Fritze. 1. Jahrg. '1884· 52 Nrn. (B. m. eingedr. Holzschn.) Grosz-Lichterfelde, Fritze in Comm. Vierteljährl. M. 1. —.

Goldschmiedearbeiten, gefälschte. (Zeitschr. für Kunst- u. Antiquitäten-Sammler, 15.)

Goldschmiedekunst in Ungarn. (Allgem. Ztg., B. 88.)

Gothein. Aus der Geschichte d. Handwerks im Grossherzogthum Baden. (Bad. Gew.-Ztg., 27.)

Gravier, Léop. Les tapisseries d'Aubusson (Courrier de l'Art, 26.)

Gurlitt, C. Ueber Musterzeichner der Textilindustrie. (Westdeut. Gewerbebl., II, 6.)

Histoire de l'origine, du progrès, de la splendeur et de la décadence des manufactures des tapisseries de la ville d'Audenarde. (La Flandre. 3e série, t. VII, 2e livr.)

Huard, L. Le Monde industriel: Découvertes, inventions modernes, grandes usines, arts industriels, petits métiers. 4⁰, à 2 col. (divisé en 2 t), 1196 p. avec grav. Paris, Boulanger.

Huber-Liebenau, Th. Alte und neue deutsche Renaissance an u. in unserer Wohnung. (Samml. von Vorträgen. Hrsg. von W. Frommel und Rd. Pfaff. 1. Bd., 8. Heft. 8⁰, 40 S. Heidelberg, C. Winter. M. —. 80.

Lederplastik, die moderne, u L. Klöpfer's Atelier für Lederpressungen in München. (Zeitschrift f. Kunst- u. Antiquitäten-Sammler, 14.)

Lederplastik, die wiederauflebende. Bezügliche Erfindung von J. Klöpfer in München. (Wartburg, 7. 8.)

Lefroy. On some pottery, Flint Weapons and other objects from British Honduras. (Archaeological Journ., 161.)

Lehmann, O. Das Kunstgewerbe m. besonderer Rücksicht auf d. Textilindustrie. (Europa, 19 ff.)

Lessing, J. Philipp Hainhofer u. d. Pommer'sche Kunstschrank. (Jahrb. der kgl. preuss. Kunstsammlungen, V, 1 ff.)

Linas, Charles de. Gourde antique en bronze émaillé. (Gazette archéol., IX, 4.)

— Une plaque d'émail limousin et la chasse de saint Etienne à Grandmont. (Revue de l'art chrét., nouv. sér., II, 2 ff.)

Lipp, W. Die Metallbearbeitekunst in Pannonien im Zeitalter der Völkerwanderung. (Ungarische Revue, 4.)

Mantz, P. Les meubles du XVIIIe siècle. (Revue des arts décor., 10 ff.)

Marx: Zimmerdecke im Rathhause zu Görlitz, 1568. (Westdeut. Gewerbebl., II, 6.)

Maussier. Histoire des faïenceries roanno-lyonnaises par Noelas, illustrée de 60 pl. gravées par l'auteur. Compte rendu bibliographique. 8⁰, 4 p. Saint-Etienne, imp. Théolier et Cie.

Meister, H. Plaudereien aus d. Kannenbäckerlande die Euler. (Westdeut. Gewerbebl. II, 4.)

Ménard, R. Histoire des arts décoratifs. 3 vol. n⁰ 1. l'Orfèvrerie, 88 p., 2. la Décoration en Egypte, 91 p.; 3. la Décoration au XVIIIe siècle, le style Louis XV., 89 p. Paris, Rouam. à 75 c.

Ménard, R. Histoire des arts décoratifs; la Décoration au XVIe siècle, le Style Henri II. 16⁰,

84 p. avec vign.; la Décoration au XVIIIe siècle, le Style Louis XVI. ' 78 p. avec vign. Paris, Rouam. à 75 c. (Bibl. populaire des écoles de dessin.)

Molinier, Emile. Les origines de la céramique italienne. (Courrier de l'Art, 24.)

Mothes, O. Zum Kapitel d. Fälschungen. (Ztsch. f. Kunst- u. Antiquitäten-Sammler, 13.)

Mowat. Marques de Bronciers sur objets trouvés ou apportés en France. (Bullet. épigraph, IV, 1.)

Müntz, E. Notes sur l'histoire de la tapisserie. (Chronique des Arts, 14 ff.)

Nogent, P. Une collection d'orfèvrerie française (Eudel). (Gaz. des B.-Arts, avril.)

Oreficeria (La) artistica: albo di 100 tavole, con 200 e più disegni scelti fra quelli eseguiti nelle principali officine di oreficeria italiane e forestiere. 4⁰, gr. Milano, U. Hoepli. L. 20. —.

Pape, J. Der Möbeltischler d. Renaissance. 10 Lfgn. gr. f⁰. (60 Chromolith.) Dresden, Gilbers. à M. 10. —. (cplt. 63. —.)

Pecht, F. Die Meissener Porzellanfabrik. (Vom Fels zum Meer, Mai.)

Pesi di piombo e di bronzo latini e greci. (La Civiltà cattolica. quad. 809—810. Firenze.)

Piat, Adolphe. Une suite aux éléments d'orfèvrerie de Pierre Germain. (L'Art 478.)

Pulszky, F. v. Die Kupferzeit in Ungarn. (Ungarische Revue, Mai ff.)

Regnet, C. A. Münchener Kunstgewerbe. (Allg. Kunst-Chronik, 22.)

Reyer. Altorientalische Metallurgie. (Zeitschr. d. deut. morgenländ. Gesellsch. XXXVIII, 1.)

Santoni, A. L'arte della seta a Camerino. (Archivio storico per le Marche e per l'Umbria, Vol. I, fasc. I. Foligno.)

Schlagintweit, Em. Handel u. Gewerbe in Ahmedabad, im westlichen Britisch-Indien. (Oesterr. Monatsschr. f. d. Orient, 6.)

Scholz, E. 100 Motive f. Kunst-Schmiedearbeiten. 1. Sammlg. gr. 4⁰. (30 Steintafeln mit 1 Bl. Text.) Berlin, Polytechn. Buchh. M. 8. —.

Schuermans, H. Verres à la vénitienne fabriqués aux Pays-Bas. (Bull. des comm. royales d'art et d'archéol., N⁰s 7—12, 1883, Bruxelles.)

Schweizer, F. Die St. Lux- und Loyen-Brüderschaft von Zürich. (Anz. f. schweizer. Alterthumskunde, 1.)

Scuola (La) dell' Arte: raccolta di modelli ad uso degli artisti ed industriali. Pubblicazione artistica in tre parti: Parte I : Falegnami ebanisti; Parte II: Falegnami di fabbrica; Parte III: Fabbri ferrai e costruttori in genere. Esce, per ciascuna Parte, in fasc. mensili. f⁰. Milano, Vallardi. Per una Parte L. 30. —. all' anno. Per le tre Parti L. 80. —. all' anno.

Skizze einer Gesch. des chinesischen Porzellans. (Zeitschr. f. Museologie, 11 ff.)

Spon's Architects' and Builders' Pocket Book of Useful Memoranda and Prices. By W. Young. 11th edit. 32⁰. London, Spon. 3 s. 6 d.

Stein, H. Inventaire du mobilier de M. Guillaume as Feives, bourgeois de Paris (1302). 8⁰, 10 p. Nogent-le-Rotrou, imp. Daupeley-Gouverneur. (Extr. du Bull. de la Soc. de l'histoire de Paris et de l'Ile de France, nov.—déc. 1883.)

Strausz, Ad. Ueber einige bosnische Industrie-Artikel. (Westdeut. Gewerbebl., 3.)

Sylvester, W. A. The Modern House-Carpenter's Companion and Builder's Guide: being a Handbook for Workmen, and a Manual of Reference for Contractors and Builders. With 45 Pl. 3rd edit. (Boston.) London. 10 s. 6 d.

Das Tafelsilber Ihrer kgl. Hoh. des Prinzen und d. Prinzessin Wilhelm. (Kunst u. Gewerbe, 7.)

Un Tapis d'orient, exposé au Musée des arts décoratifs. (Revue des arts décor., 11.)

Ujfalvy, Ch. E. de. L'art des cuivres anciens dans l'Himalaya occidental. (Revue des arts décor., 9.)

Van Assche & J. Helbig. Recueil de modèles artistiques du moyen-âge, 2e liv.: Menuiserie et serrurerie du XVe et XVIe siècle, XLII pl. et texte exploratif. Gand, H. Stepman. M. 9. —.

Vandecasteele, D. L'ancienne faïence liégeoise. (Bull. de l'Institut. archéolog. liégeois. Tome XVII, 2e livr.)

Vercontre. Sur la céramique romaine de Sousse. (Revue archéol., janvier.)

Verfall des maurischen Kunstgewerbes u. Handwerks. (Allg. Ztg., B. 176.)

Vollrath, K. Das Breslauer Kunstgewerbe. (Allg. Kunst-Chronik, 25.)

Vorbilder f. d. Kleinkunst in Bronce. 20 (photolith.) Taf.-Abbildgn. verschiedener Objecte aus der Antike, dem Mittelalter u. d. Renaissance. Zum Gebrauch f. kunstindustrielle u. gewerbliche Lehranstalten. Unter Leitung v. Archit. Prof. H. Herdtle aufgenommen von Schülern d. Kunstgewerbeschule d. k. k. österr. Museums. f⁰. (1 Bl. Text.) Wien, Hölder. M. 10. 80.

Wheatley, H. B. Handbook of Decorative Art, in Gold, Silver, Enamel on Metal, Porcelain, and Earthenware. Illustr. 8⁰. London, Low. 10 s. 6 d.

Wohnungs-Einrichtungen aus d. elektrischen Ausstellung zu Wien im J. 1883. Mit e. Vorwort von R. v. Eitelberger und erklär. Texte von A. Décsey. (In 5 Heften.) 1. Hft. qu.-f⁰. (5 Photogr.) Wien, Lechner. M. 10. —.

Wolf, A. Venetianische Kunst-Industrie. (Allg. Kunst-Chronik, 12.)

Zeller-Werdmüller, H. Der Fintansbecher von Rheinau. (Anzeig. für schweizer. Alterthumskunde, 1.)

IX. Kunsttopographie, Museen, Ausstellungen.

España, sus monumentos y artes, su naturaleza e historia. Esta obra escrita por Em. Castelar, P. de Madrazo, M. Murguia, Fr. Pí Margall, P. Piferres etc., con un prólogo de A. Cánovas del Castillo. Edición de gran lujo, profusamente ilustrada. Esta obra consta de 17 a 20 tomos. Barcelona, D. Cortezo y Comp. 4⁰. Cuad. 1 à 4, pág. 1 á 320, y varias láms. Cada cuad. 4 y 5.

Gourdault, J. A travers le Tyrol. gr. 8⁰, 368 p. avec 62 grav. et carte. Tours, Mame et fils.

Kunstpflege, das österreichische. (Allg. Kunst-Chronik, 19.)

Lecocq, A. Variétés historiques, archéologiques et légendaires du dép. d'Eure-et-Loir. 8⁰, 317 p. et grav. Chartres, Petrot-Garnier. fr. 9. —.

Lehmann, E. Die Verwaltung der preussischen Kunstanstalten. (Allg. Kunst-Chronik, 18.)

Museographie der Schweiz, Westdeutschland, Holland, für das Jahr 1883. (Westdeutsche Zeitschr., III, 2.)

Ohlenschlager. Die Sammlungen provinzialer Alterthümer im Königreich Bayern. (Westdeut. Zeitschr., III, 2.)

Pecht, Fr. Ueber die staatliche Kunstpflege in Preussen. (Archiv f. kirchl. Kunst, 6.)

Regnet. Die staatliche Kunstpflege in Würtemberg. (Deut. Kunstbl., 16.)

Amsterdam.
— Dumas, V. Rapport sur l'exposition internationale et coloniale de la ville d'Amsterdam (Hollande). 8⁰, 20 p. Marseille, imp. Doucet.

Antwerpen.
— Cercle artistique d'Anvers. (La Fédération artistique, Nos 19—22.)
— Exposition du cercle des aquarellistes au Palais des Beaux-Arts. (La Fédération artistique, Nos 24—27, Bruxelles.)
— Lagye, G. Cercle artistique de Bruxelles et d'Anvers. (La Fédération artist., Nos 15—18, 1884.)
— Lhéan, S. Cercle artistique d'Anvers, Exposition de Pâques. (Rev. artist., N⁰ 191.)
— Van Keymeulen, L. Cercle artistique d'Anvers. (Rev. artist., N⁰ 189, Bruxelles.)
— Van Mol, J. B. Anvers monumental artistique et pittoresque. Nouveau guide descriptif de la ville d'Anvers, de ses monuments et œuvres d'art. 12⁰, 138 p. avec nombreuses grav. Bruxelles, lib. Office de Publicité. M. 1. —.

Berlin.
— Amtliche Berichte aus den kgl. Kunstsammlungen. (Jahrb. d. k. preuss. Kunstsammlungen, V, 1. 2.)
— Bötticher, E. Kritisches aus der Berliner Galerie. (Zeitschr. f. Museologie, 7.)
— Conze, A. u. A. Furtwängler. Erwerbungen der kgl. Museen im Jahre 1883. (Archäolog. Ztg., XLII, 1.)
— Katalog der 8. Sonder-Ausstellung des Kunstgewerbemuseums zu Berlin, 11. März bis 6. April 1884: Künstlerischer Nachlass des Prof. Johs. Klein [† 1883] u. Entwürfe älterer u. neuerer Glasmalereien. 8⁰, 12 S. Berlin, Weidmann. M. —. 10.
— Laforgue, J. L'exposition de Ad. Menzel à la National-Galerie. (Gaz. des B.-Arts, juillet)
— Leixner, O. v. Die amtlichen Publicationen der National-Galerie u. die Berliner Künstlerschaft. (Vossische Ztg., Sonntagsbeil. 11. 12.)
— Lindenberg, Paul. Berlin. 2. Bdchn. Die National-Galerie. Eine Wanderung durch dieselbe, nebst dem vollständ. Verzeichniss der Gemälde u. Sculpturen, sowie ihrer Meister u. d. biograph. Notizen der letzteren. (Universal-Bibliothek Nr. 1870). 16⁰, 132 S. Leipzig, Ph. Reclam jun. M. —. 20.
— Rosenberg, A. Ausstellung von Werken G. Richters in der Berliner National-Galerie. (Zeitschr. f. bild. Kunst, B. 33.)
— Treitschke. Die königl. Bibliothek in Berlin. (Preuss. Jahrbücher, 5.)

Bordeaux.
— Explication des ouvrages de peinture, sculpture, architecture, gravure et lithographie des artistes vivants exposés dans les salons de la Soc. des Amis des arts de Bordeaux, le 22 mars 1884. 12⁰, 75 p. Bordeaux, imp. Gounouilhou. fr. —. 50.
— Ordinaire de Lacolonge. Souvenirs de l'exposition de Bordeaux en 1882. 8⁰, 20 p. Bordeaux, imp. Gounouilhou. (Extr. des Actes de l'Acad. des sciences, belles-lettres et arts de Bordeaux, 1er fasc. de 1882 et 1883, 44e année.)
— Vallet, E. Exposition de la Société des Amis des Arts de Bordeaux. (Courrier de l'Art, 5.)

Bourg.
— Brossard, J. Description historique et topographique de l'ancienne ville de Bourg, capitale de la province de Bresse. 8⁰, 255 p. Bourg-en-Bresse, imp. Authier et Barbier.

Bremen.
— Die 24. Ausstellung des Kunstvereins zu Bremen. (Zeitschr. f. bild. Kunst, B. 33.)
Breslau.
— **Kalesse**, E. Note sur la collection des médaillons de cire du musée des Antiquités silésiennes. (Chron. des Arts, 24.)
Brüssel.
— Cercle artistique de Bruxelles. (La Fédération artistique, Nos 15—18, 1884.)
— **Lhéan**, J. Exposition du 16 mars, au cercle artistique. (Revue artist., N⁰ 190.)
— **Louis**, E. L'exposition des arts industriels. III. Les broderies, les passementeries etc. (La Fédération artist., Nos 15—18, 1884.)
Budapest.
— **Bucher**, B. Die Goldschmiedekunst-Ausstellung in B. (Mitth. d. Oesterr. Museums, 225. — Falke, J. v., Wiener Ztg., Mai.)
— **Pabst**, A. Die historische Goldschmiede-Ausstellung in B. (Zeitschr. f. bild. Kunst, B. 35.)
Calcutta.
— **Fletcher**, C. The Calcutta exhibition. (Art Journal, April.)
Cambridge.
— Exhibition of portraits at Cambridge. (Portfolio, Juni.)
— The archæological Museum at C. (Acad., 627.)
Dresden.
— Die Galerie Meyer in D. (Deutsches Kunstblatt, 17.)
— **Wörmann**, K. Neuerworbene Bilder alter Meister in der kgl. Gemäldegalerie zu Dresden. (Zeitschr. f. bild. Kunst, B. 26.)
Düsseldorf.
— **Levin**, Th. Repertorium der bei der königl. Kunst-Akademie zu Düsseldorf aufbewahrten Sammlungen. gr. 8⁰, X, 393 S. Düsseldorf, de Haen. M. 2. 50.
Florenz.
— **Hase**, A. J. C. Florence. 8⁰, p. 234. London, Smith & E. 2 s. 6 d.
— **Horner**, S. and Joanna. Walks in Florence and its Environs. With Illustr. New edit-revised and enlarged. 2 vols. 8⁰, p. 1072. London, Smith & E. 21 s.
Friesach i. Kärnten.
— **Hauser**, H. Kurzgefasste Profan- u. Kirchengeschichte der Stadt Friesach in Kärnten, 810 bis 1884, nebst einem Führer f. Fremde u. Einheimische. 12⁰, 133 S. Friesach (Klagenfurt), Heyn. M. 1. 20.
Gent.
— **Lagye**, G. Exposition du cercle artistique gantois. (La Fédération artist., Nos 15—18, 1884.)
— Tentoonstelling in den letter- en kunstkring te Gent. (De Vlaamsche Kunstbode, 1884, 4e livr.)
Graz.
— **Wastler**, Jos. Zur Geschichte der Schatz-, Kunst- und Rüstkammer in der k. k. Burg zu Grätz. (Mitth. d. k. k. Centr.-Comm., N. F., X, 2.)
Haag.
— Moderatus. Tentoonstelling 'n den Kunstkring. (De Vlaamsche Kunstbode, 14e année 1884, 2e livr.)
Jamnitz.
— **Trapp**. Jamnitz in Mähren. (Mitth. d. k. k. Centr.-Comm., N. F., X, 2.)
Kassel.
— Die hessische Landes-Ausstellung kunstgewerblicher Alterthümer. (Allg. Ztg., B. 172.)
Lodi.
— Elenco degli Espositori premiati alla Esposizione provinciale di Lodi 1883. 8⁰, 81 p. Lodi, tip. Wilmant. L. —. 40.

London.
— The royal scottish academy. (Art Journal, April.)
— **Duret**, Th. Exposition de la Royal Academy et de la Grosvenor Gallery. (Gaz. des B.-Arts, Juni.)
— The exhibition of the Royal Academy. (Art Journal, Juni.)
— **Mancino**, L. Les collections de Narford Hall et la galerie de leigh court. (L'Art, 482.)
— **Monkhouse**. The Royal Academy. (Academy, 627 ff.)
— — The R. Institute of painters in Water-Colours. (Academy, 626.)
— **Phillips**, Cl. The Grosvenor Gallery. (Academy, 627 ff.)
— — Nouvelles acquisitions de la National Gallery. (Chronique des Arts, 17.)
— — Musée de South Kensington. (Chronique des Arts, 24.)
— Spring exhibitions. The Grosvenor and the Water-colour Societies. (Art Journal, Juni.)
Lüttich.
— Album de l'exposition de l'art ancien, au pays de Liège. 1re partie, orfévrerie religieuse. 1re livr. f⁰, 30 pl., avec texte explicatif. Bruxelles, Ch. Claesen. Ouvrage compl. fr. 45. —.
Lyon.
— **Charvet**, E. L. G. L'exposition des Arts décoratifs de Lyon. (Rev. des Arts décor., 8.)
— Lyon. Salon, revue illustrée de l'exposition des Amis des arts de 1884. (Févr. 1884.) Supplément illustré publié par l'Express de Lyon. f⁰, à 3 col., 12 p. avec grav. Lyon, imp. Waltener et Cie. Un num. fr. —. 50.
— **Niepce**, L. Archéologie lyonnaise. Les Chambres de merveilles ou cabinets d'antiquités de Lyon depuis la Renaissance jusqu'en 1789. 8⁰, 219 p. Lyon, Georg.
Madrid.
— Catálogo de la Exposición Nacional de Bellas-Artes de 1884. 8⁰, 164 p. Madrid, M. Tello. 2. 50 y 3.
— Zwei historisch merkwürdige Bilder des Lucas Cranach in Madrid. (Zeitschr. f. bild. Kunst, B. 37.)
Mailand.
— **Kalesse**, E. Die Stoffsammlung des Museums Poldi-Pezzoli in M. (Kunst u. Gewerbe, V.)
— **Novicow**, J. Le musée Poldi à Milan. (L'Art, 476.)
Marseille.
— **Bouillon-Landais**. Les nouvelles sculptures du Musée de Marseille. (Courrier de l'Art, 11 ff.)
München.
— Die Kunstsammlung Lorenz Gedon. (Zeitschr. d. Kunstgew.-Ver. in München, 5. 6. — Kunst u. Gewerbe, 7.)
— **Krell**, P. F. Die Münchener Kunstindustrie und der Export. (Allg. Ztg., B. 84 ff.)
— **Michel**, Émile. Les tableaux de Murillo au musée de Munich. (L'Art, 483.)
— **Pecht**, F. Münchener Kunst. (Allgem. Ztg., B. 75, 90, 113, 141, 161, 171.)
— **Regnet**, C. A. Aus Münchener Kunstwerkstätten. (Allg. Kunst-Chronik, 19.)
Nancy.
— La vingt-cinquième exposition de la Société lorraine des Amis des arts. (Courr. de l'Art, 25.)
Nizza.
— Catalogue général officiel de l'exposition internationale de Nice (1883—1884). 2e édit. 4⁰, 104 p. Paris, imp. Lahure. fr. 2. —.

Nizza.
— Béon, A. Les Belges au salon de Nice. (La Fédération artistique, Nos 24—27, Bruxelles.)
— Böttcher, K. Führer durch die internationale Ausstellung in Nizza. 8⁰, 53 S. Karlsbad, Feller. M. 1. —.
— Énault. L'exposition de Nice. (La nouvelle Revue, 1er mars.)
— Kleist, S. v. Nizza und seine Weltausstellung. (Allg. Ztg., B. 92.)
Nürnberg.
— Festing, F. La galerie des tableaux du Musée national germanique à Nuremberg. (Revue de l'art chrét., nouv. sér., II, 1.)
— Friedrich, C. Die Venetianergläser in der Mustersammlung des Bayrischen Gewerbemuseums. (Kunst u. Gewerbe, VI.)
— Das Bayrische Gewerbemuseum. (Allg. Kunst-Chronik, 17.)
Paris.
— Cassell's Illustrated Guide to Paris. 12⁰, 320 p. London, Cassell. 1 s.
— Catalogue des dessins de l'école moderne exposés à l'École nationale des beaux-arts (févr. 1884), par l'Association des artistes. 12⁰, VI, 184 p. Paris, imp. Chaix. fr. 1. —.
— Catalogue et description des objets d'art de l'antiquité, du moyen-âge et de la renaissance, exposés au musée des Thermes et de l'hôtel de Cluny, par E. du Sommerard: 8⁰, XXXIV, 702 p. Paris, imp. Chaix.
— Catalogue de la 6e exposition de la Société d'aquarellistes français (1884). 4⁰, 39 p. et grav. Paris, imp. Jouaust et Sigaux.
— Chapu, H. Rapport sur la sculpture à l'Exposition internationale de 1878 à Paris. 8⁰, 16 p. Paris, imp. nat.
— Dargenty. Exposition internationale. (Courr. de l'Art, 15.)
— Galland. Les compositions de P. V. Galland au Musée des Arts décoratifs. (Rev. des Arts décor., 9.)
— Garnier, E. Les collections Spitzer: La verrerie. (Gaz. des B.-Arts, avril.)
— Gonse, L. Nos collections nationales. (Chron. des Arts, 12.)
Explication des ouvrages de peinture, sculpture, architecture, gravure et lithographie des artistes vivants, exposés au palais des Champs-Elysées, le 1er mai 1884. 12⁰, CXXXIV—441 p. Paris, Bernard et Cie. fr. 1. —.
— Leroi, P. Sixième exposition de la Société d'aquarellistes français. (L'Art, 475.)
— Lostalot, A. de. Expositions diverses: Oeuvres de M. J. F. Raffaelli. (Gaz. des B.-Arts, avril.)
— Die Ausstellung von Meissoniers Gemälden. (Allg. Ztg., B. 167.)
— Michel, A. Exposition des œuvres de Meissonier. (Gaz. des B.-Arts, juillet.)
— Neuda, Gotth. Die österreichisch-ungarischen Künstler in Paris. (Allg. Kunst-Chronik, 22.)
— Phillips. Modern Drawings at the École des Beaux-Arts. (Academy, 619.)
Paris. Salon.
— Legeay, F. Les Artistes de la Sarthe au Salon de 1882. 8⁰, 8 p. Le Mans, imp. Monnoyer. (Extr. du Bull. de la Soc. d'agriculture, sciences et arts de la Sarthe.)
— Catalogue et Livret illustré du Salon (1884, 6e année), contenant environ 500 reproductions d'après les dessins originaux des artistes, publié sous la direction de F. G. Dumas. 8⁰, LXXX p. et grav. Paris, Barchet. fr. 6. —.

Paris. Salon.
— Catalogue illustré du Salon (1884, 6e année), contenant environ 300 reproductions d'après les dessins originaux des artistes, publié sous la direction de F. G. Dumas. 8⁰, LXXII p. et grav. Paris, Barchet. fr. 3. 50.
— Illustrated Catalogue of the Paris Salon. Edited by F. G. Dumas. 8⁰. London, Chatto. 3 s.
— Salon 1884. Médailles d'honneur. (Courrier de l'Art, 22.)
— Enault, L. Paris-Salon, 1884. (6e année). Edition ornée de 40 grav. en phototypie. 1er vol. 8⁰, 92 p. Paris, Bernard et Cie. fr. 7. 50.
— Fourcaud, Salon 1884. (Gazette des B.-Arts, mai ff.)
— Houssaye. Le Salon de 1884. (Rev. des deux-mondes, 1er juin.)
— Jouin, H. La Sculpture aux salons de 1881, 1882, 1883, et à l'exposition nationale de 1883. 8⁰, 128 p. Paris, Plon, Nouvrit et Cie.
— Die Pariser Kunstausstellung 1884. (Allgem. Ztg., B. 154 ff.)
— Michel, A. Le Salon de 1884. (L'Art, 479 ff.)
— Scharp, W. The Paris Salon. (Art Journal, Juni ff.)
— Thurat. Le salon de 1884. (Rev. du monde latin, II, 4.)
— Salon annuel des peintres japonais. 2e année. (Catalogue.) 18⁰, 21 p. Paris, imp. Pillet et Dumoulin.
Ravenna.
— Cartwright, Julia. Gothic remains at Ravenna. (Portfolio, April ff.)
Rom.
— Demora, G. B. Il piano regolatore di Roma e le antichità classiche. 32⁰, p. 136. Roma, tip. Capaccini. L. 1. —.
— Forbes, S. R. Rambles in Rome. An archæological and historical Guide to the Museums etc. Maps and Illustrations. New edit. 8⁰. London, Nelson. 3 s. 6 d.
— Giovenale, G. B. Il museo artistico industriale. (La Rassegna Italiana, anno IV, vol. I, fasc. 2.)
— Gregorovius, F. Una pianta di Roma delineata da Leonardo da Besozzo milanese: memoria. (Atti della R. Accad. dei Lincei, 1882—83, serie 3a, vol. XI, Roma.)
— Middleton. The Castellani Collection. (Academy, 619.)
— Il Museo Nazionale preistorico ed etnografico di Roma: relazione di Luigi Pigorini a S. E. il ministro. 8⁰, p. 22, con 1 tav. Roma, tip. dei frat. Bencini.
— Semper. Die Büstensammlung im Conservatorenpalast zu Rom. (Deutsch. Kunstbl., 15 ff.)
Rottweil.
— Bach, Max. Rottweil am Neckar und seine Kunstschätze. (Zeitschr. f. bild. Kunst, 9.)
Rouen.
— Cusson, H. Histoire d'un tableau du musée de Rouen. 8⁰, 27 p. Rouen, imp. Cagniard. (Extr. du Bull. de la Soc. d'émulation du commerce et de l'industrie de la Seine-Inférieure.)
Saint-Jean-de-Losne.
— Carlet, J. Description de la ville de Saint-Jean-de-Losne, suivie de relations historiques, concernant cette ville. 12·, VI, 81 p. Beaune, imp. Batault.
Salzburg.
— Noël Gehuzac. Le Musée de Salzbourg. (L'Art, 479 ff.)
Siracus.
— Cavallari, S., A. Holm e C. Cavallari. Topo-

grafia-archeologica di Siracusa, eseguita per ordine del Ministéro della P. I. f⁰, 417 p. con 3 tav. ed un atl. di XV tav. Palermo, tip. del giorn. Lo Statuto. L. 80. —.

Spalato.
— Chiudina, G. Notizie sulla città di Spalato. 8⁰, p. 14. Venezia, tip. Fontana.

Stuttgart.
— Mayer, L. Die Staatssammlung vaterländischer Kunst- und Alterthumsdenkmale. (Württemb. Vierteljahrschrift, VII, 1.)

Turin.
— Amandi, G. S. Guida-ricordo di Torino e dell' Esposizione nazionale italiana 1884; illustrata con incis. e corredata dalle piante colorate di Torino e dell' Esposizione. 16⁰, p. 224. Torino, Soave e C. L. —. 80.

— Brunialti, A. Un sguardo generale all' esposizione di Torino. (Nuova Antologia, IIᵃ ser., 45, 9.)

— Esposizione generale italiana in Torino 1884. Catalogo Ufficiale della sezione Storia dell' Arte. Guida illustrata ab Castello feudale del secolo XV. 8⁰, p. 168, con molte tav. ed incis. nel testo ed 1 pianta. Torino, Vinc. Bona. L. 2. —.

— Lostalot, A. de. L'exposition de Turin. (Gaz. des B.-Arts, juillet.)

— Mariani. L'exposition nationale italienne à Turin. (Revue internationale, II, 2.)

— Marucchi. La storia di Roma all' Esposizione di Torino. (Nuova Antologia, 10.)

— Noël, G. Hier et demain. (L'Art, 478.)

— Rorbonese, E. Torino illustrata e descritta: guida per il 1884. 16⁰, p. 550, con molte illustr., pianta, ecc. Torino, G. B. Petrini. L. 4. —.

— Rossi, F. Il museo Egizio di Torino; guida. 16⁰, p. 103. Torino, Unione. L. 1. —.

Venedig.
— Cartwright, J. The artist in Venise. (Portfolio, Januar ff.)

— Hare, A. J. C. Venice. 8⁰, 186 p. London, Smith & E. 2 s. 6 d.

Wien.
— Distel, Th. Geschenke Karl Augusts z. Ambraser Sammlung. (Zeitschr. f. bild. Kunst, 9.)

— Eitelberger, R. v. Der Laaser Marmor auf d. XIV. Jahresausstellung im Künstlerhause zu Rom. (Mitth. d. Oesterr. Museums, 224.)

— Ferstel - Feier und Ferstel - Ausstellung im Oesterr. Museum. (Mitth. d. Oesterr. Museums, 225 ff.)

— Folnesics, J. Die vierte Möbel-Industrie-Ausstellung. (Mitth. d. Oesterr. Museums, 225.)

— Frimmel, Th. Die historische Bronze-Ausstellung im Oesterr. Museum. (Zeitschrift für bild. Kunst, 6 ff.)

— Lauser, W. Die XIV. Jahres-Ausstellung im Künstlerhause. (Allg. Kunst-Chron., VIII, 11 ff.)

— Ramberg, G. Aus dem österreichischen Museum. (Allg. Kunst-Chronik, 18.)

Zürich.
— Bachelin, A. Rapport sur le groupe 37 de l'exposition nationale suisse à Zürich 1883: Art contemporain. Beaux-arts. gr. 8⁰, 60 S. Zürich, Orell, Füssli & Co. fr. 1. —.

— Davinet, Ed. Bericht über Gruppe 10 der schweizerischen Landesausstellung Zürich 1883: Holzschnitzerei. gr. 8⁰, 26 S. Zürich, Orell, Füssli & Co. fr. 1. —.

— Stadler, J. Bericht über Gruppe 37 d. schweizerischen Landesausstellung Zürich 1883: Kunst der Gegenwart. gr. 8⁰, 36 S. Zürich, Orell, Füssli & Co. fr. 1. —.

Lightning Source UK Ltd.
Milton Keynes UK
UKHW020131220119

335965UK00009B/611/P